Environmental Science G. Tyler Miller · Scott Spoolman

16e

환경
과학
개론

(사)한국환경과학회 역

Australia · Brazil · Mexico · Singapore · United Kingdom · United States

Environmental Science,
16th Edition

G. Tyler Miller
Scott Spoolman

ISBN-13: 979-11-5971-265-4

Cengage Learning Korea Ltd.
14F YTN Newsquare 76 Sangamsan-ro
Mapo-gu Seoul 03926 Korea
Tel: (82) 2 330 7000
Fax: (82) 2 330 7001

Cengage Learning is a leading provider of customized learning solutions with office locations around the globe, including Singapore, the United Kingdom, Australia, Mexico, Brazil, and Japan. Locate your local office at: **www.cengage.com**

Cengage Learning products are represented in Canada by Nelson Education, Ltd.

To learn more about Cengage Learning Solutions, visit **www.cengageasia.com**

Printed in Korea
Print Number: 01   Print Year: 2020

옮긴이 머리말

사단법인 한국환경과학회는 1992년 창립되어, 심각한 지구촌 환경 문제의 전반에 대한 인식과 문제해결을 위해 여러 분야의 다양한 의견을 교류하고 현장에 적용하여 환경개선의 기초를 마련했으며, 환경 문제의 이해를 높여 우리 사회의 발전과 공익에 기여하고 있습니다.

우리가 직면한 환경 문제의 심각성을 알리고자 많은 연구자들이 여러 학자들의 책을 찾아 읽고 토의하는 과정에서 G. Tyler Miller와 Scott Spoolman이 공동 집필한 *Environmental Science*를 번역하고자 의견을 모았으며, 이번에 번역하게 된 제16판은 15판까지의 내용에 더해서 기후변화와 함께 나타날 수 있는 환경 문제와 지속 가능한 개발과 함께 보전하고 유지해야 할 것들에 대한 새로운 정보를 많이 담고 있습니다.

따라서 환경과학에 처음 입문하는 학생들에게 인간과 지속 가능성, 지속 가능한 생태계, 생물 다양성, 지속 가능 자원과 환경의 질, 지속 가능한 사회에 대해 비교적 자세히 소개해 환경정책을 공부하는 학생에게도 다양한 정보를 제공할 수 있도록 노력했습니다. 이는 환경과학을 공부하는 이·공학도에게 기본적인 소양을 쌓게 할 수 있다는 점과 지속 가능한 환경정책과 현실 세계의 환경 문제들을 각 나라의 현장에서 적용된 사례들을 소개하면서 적용 가능성을 제시했다는 점에서 환경 분야 전문가나 공무원 및 일반인들에게도 좋은 지침서가 될 수 있을 것입니다.

사단법인 한국환경과학회의 전문가들에게 해당 분야에 대한 번역에 앞서 우리나라에 적용 가능한 내용을 담을 수 있도록 요청한 바, 많은 노력에 의해 새로운 번역본이 탄생하게 되었으며, 이 책이 환경과학이나 환경공학을 공부하는 학생, 중고등학교 교사, 환경 관련 공무원 및 연구원들에게 지침서로서 활용되길 바라며, 보다 나은 번역을 위해 수고하신 교수님들께 역자 대표로서 진심으로 감사드리며, 그분들의 노고가 환경과학을 공부하고 연구하는 모든 이에게 희망의 메시지가 되길 바랍니다. 아울러 실생활에서 적극적으로 활용해주기를 희망합니다.

번역을 하면서 부족하거나 잘못된 부분은 앞으로도 계속 수정 보완할 계획이니 독자 여러분들의 진심어린 조언을 부탁드리는 바입니다.

끝으로 이 책의 번역으로 새로운 책이 탄생할 수 있도록 오랫동안 인내해주신 ㈜북스힐의 조승식 사장님과 이승한 부장님께 감사드리며, 각 장의 문장과 글자 하나하나에 대해 열정을 보여주신 편집부 직원들에게도 고마움을 전합니다.

2020년 1월
번역을 마무리 하면서…
옮긴이 대표 (사)한국환경과학회 회장 박문기

이 책을 가르치는 교수들에게 학습목표를 달성할 수 있도록 세 가지 목표를 제시했다. 첫째, 지구의 생명이 어떻게 살아남고 번성했는지에 대한 과학적인 핵심을 학생들에게 설명한다. 둘째, 우리가 직면하고 있는 다양한 환경 문제를 과학적 핵심을 통해 학생들이 이해할 수 있게 하고 그에 대한 가능한 해결책을 평가할 수 있도록 도움을 준다. 셋째, 학생들에게 우리의 삶과 경제를 지지할 수 있도록 우리가 어떻게 지구를 대해야 하는지, 그리고 우리의 자손들은 어떤 태도를 가져야 하는지에 대한 우리의 생각을 스스로 변화시키도록 한다.

이 책의 통합 주제인 **지속 가능성**의 관점에서 환경 문제와 가능한 해결책을 알아볼 것이다. 우리는 사람들이 편안하고 만족스러운 삶을 살 수 있으며, 지속 가능성이 개인 선택과 공공 정책 제정의 주요 수단 중 하나가 될 때 사회가 더 번영할 것이라고 믿는다. 지속 가능성은 이 책의 기초이며, 학생들이 이를 이해하기 위해 꾸준히 노력할 것을 당부한다.

National Geographic Learning과의 파트너십을 유지할 수 있음을 기쁘게 생각하며 유익한 사진과 수많은 지도, 세상에 긍정적인 변화를 만드는 National Geographic의 탐험가들에 대한 이야기를 추가했다. 이런 도구를 통해 우리는 다양한 환경과학의 좋은 소식을 지속적으로 전하고, 젊은이들이 자신의 세대와 미래 세대를 위해 더 살기 좋은 세상을 만드는 데 전념할 수 있도록 영감을 불어넣을 수 있기를 소망한다.

이 판의 새로운 점들은 무엇인가?

- **자연에서 배움을 강조**: 우리는 생체모방 원리를 소개하는 1장의 핵심 사례 연구(지구로부터 배우기)에서 이것을 확립한다. **과학적 핵심**과 1장의 뒷부분에서 생체모방 원리 및 응용, 생체모방 선구자인 Janine Benyus에 대해 깊이 있게 탐구할 것이다. 우리의 경제와 생활양식을 더 지속 가능하게 만들기 위해 Benyus가 그랬듯 생체모방이 자연의 천재성을 사용할 수 있는 기회를 증대시킨다는 것을 발견하게 된다.

- **자연에서 배우기**: 대부분의 장에서 나타나는 다양한 산업 분야 및 연구 분야에서 생체모방의 구체적인 응용에 관련된 사례가 추가되었다.

- National Geographic Learning을 통해 학생들의 관심을 끌 수 있는 **효율적 디자인의 시각적 요소**를 포함했다.

- 이 책의 17개 장 중 8개 장에 포함된 새로운 **핵심 사례 연구**는 장의 개념과 원칙을 적용하는 데 사용하기 위해 중요한 실제 이야기를 최우선으로 했다.

- 데이터 그래프에 관련된 모든 그림의 캡션에 새로운 질문을 추가하고 더불어 학생들이 표에서 제시된 **데이터를 분석**할 수 있도록 설계했다. 장 끝의 연습문제를 통해 이를 보완했다.

- 실생활과 동떨어지지 않도록 **실제 통계 자료**를 사용했다.

- 미국의 환경 보전 및 보호 역사에 대한 새로운 논의가 추가되었다.

'지속 가능성'은 이 책의 통합주제다

환경을 걱정하는 사람들의 21세기 표어인 지속 가능성은 이 책의 가장 중요한 주제다.

여섯 가지 지속 가능성의 원리는 이 책의 지속 가능성 주제를 수행하는 데 중요한 역할을 한다. 이런 원리는 1장에 소개된다. 그림 1.2(6쪽), 그림 1.7(10쪽)에 그려져 있으며, 그림에도 나타나 있다.

우리는 자료를 통합하기 위해 다음 다섯 가지 하위 주제를 이용한다.

- **자연 자본**. 지속 가능성은 모든 생명과 경제를 지원하는 자연 자본과 자연 서비스에 의존한다. 그림 1.3(7쪽), 그림 7.16(169쪽)에 제시되어 있다.

- **자연 자본의 파괴**. 인간 활동이 어떻게 자연 자본을

파괴할 수 있는지 설명한다. 그림 6.3(121쪽), 그림 10.11(264쪽)에 제시되어 있다.

- **해결책.** 균형 잡힌 해결책을 제안하고 학생들이 그것을 비판적 사고로 평가할 수 있도록 돕는다. 그림 9.12(224쪽), 그림 13.23(390쪽)에 제시되어 있다.

- **상충 관계.** 해결책을 찾는 것에는 반드시 반대급부가 있다. 어떤 해결책도 장점과 단점을 비교해야 하기 때문이다. 상충 관계 도표를 통해 다양한 환경 기술과 환경 문제에 대한 해결책의 장점과 단점을 나타낸다. 그림 10.18(271쪽), 그림 16.10(515쪽)에 제시되어 있다.

- **개별적 문제.** 개별적 문제 박스와 몇 개의 핵심 사례 연구는 좀 더 지속 가능한 삶을 향해 나아갈 수 있도록 다양한 과학자들과 시민들이 시행한 것을 설명한다(개별적 문제 1.1, 9쪽; 개별적 문제 7.1, 163쪽; 개별적 문제 15.1, 482쪽 참조). 그리고 **우리는 무엇을 할 수 있는가?**를 통해 우리가 직면한 문제를 독자가 어떻게 해석할 수 있는지에 대해 다룬다(그림 8.11, 197쪽; 그림 11.20, 315쪽). 개인이 할 수 있는 여덟 가지 주요 방법을 그림 17.24(563쪽)에 요약해 놓았다.

이 책의 또 다른 특징은 무엇인가?

- **최신 범위.** 이 책은 급변하는 환경과학 분야에서 최신 자료가 반영되는 것으로 평가되어왔다. 마지막 판 이후, 2013년부터 2017년 사이에 출간된 수천 가지의 기사와 연구를 이용해 이 책의 정보와 개념을 업데이트했다. 새로 추가되거나 업데이트된 주제로는 생체모방, 훼손, 공공 용수의 납 중독 문제의 증가, 해양 산성화, 배터리 기술 발전이 있으며, 책에서 다루는 다른 주제는 합성생물학; 제왕나비에 대한 위협; 중국·인도·미국의 인구 동향; 아프리카 사바나; 핵심종 코끼리; 기후변화와 생물종 멸종; 미서부의 산불;

해파리 개체 수 폭발; 해양 보호구역 및 해양 보존; 과도한 비료 사용의 효과; 수경재배가 맹그로브 숲에 끼친 영향; 유기농 무경운농법; 심해 채굴; 타르 샌드에서 중유를 만드는 비용; 미국의 천연가스 생산량 증가; 천연가스 생산으로 인한 메테인 누출; 중국의 석탄 연소 및 대기 오염; 공유 태양광 발전; C. diff 슈퍼박테리아; 에볼라 바이러스; 흡연 및 전자담배의 영향; 대기 오염으로 인한 중국·인도에서의 사망률; 알래스카의 기후변화 사례 연구; 석탄 사용량의 전반적 감소가 있다.

- **개념 중심 접근.** 학생들이 핵심 주제에 집중할 수 있도록 각각의 주요 장에서 반드시 이해해야 하는 내용이 포함된 질문과 1~3개 정도의 개념이 포함되어 있다. 각 절은 핵심 질문과 개념으로 시작한다(3, 99쪽 참조). 또한 각 절에서 개념 적용을 언급하고 강조한다.

- **과학에 기초한 범위.** 2~7장은 과학적 원리를 다루고 과학자들이 어떻게 일하는지 논의한다. 중요한 환경과학 주제들이 과학적 핵심 박스(21, 84쪽 참조)에서 깊이 있게 탐구되고 다양한 사례 연구(84, 93쪽 참조)와 수많은 그림으로 통합되어 있다.

- **세계적 관점.** 이 책은 첫째로 생태학적 수준에서 어떻게 세상의 생명들이 생물권 내에서 연결되고 살아가는지 설명하고, 둘째로 세계의 정보와 사진을 제시하는 것을 통해 세계적 관점을 시사한다. 기본 텍스트에 30개 이상의 지도가 포함되어 있어 학습에 도움을 준다. 각 장의 끝에는 세계적 관점을 적용한 연습문제가 있다.

- **핵심 사례 연구.** 각 장은 핵심 사례 연구로 시작되고(32, 100쪽 참조) 장 전체에 적용된다. 이런 적용 사례는 (핵심 사례 연구)로 표시된다(10, 83쪽 참조). 각 장은 개념 연결하기 박스로 끝나고(72, 180쪽 참조), 핵심 사례 연구와 장의 다른 자료들을 지속 가능성 원리

와 연결시킨다.

■ **사례 연구.** 17개의 핵심 사례 연구에 추가적으로 40개 이상의 사례 연구(84, 93, 122쪽 참조)가 이 책에 제시되어 있다(자세한 차례는 xvi~xxiii쪽에 제시). 제시된 사례는 각각 특정 환경 문제와 그 해결책에 대한 심층적 시각을 제공한다.

■ **비판적 사고.** 학습을 위한 스킬에서는 학생들을 위한 비판적인 사고 기술을 설명한다(x쪽). 비판적 사고의 적용은 몇 가지 형태로 책에서 다룬다.

▶ 수십 개의 생각해보기 연습문제. 학생들에게 자료를 바로 분석해보도록 한다(35, 136쪽 참조).

▶ 모든 과학적 핵심 박스

▶ 책에 있는 그림 캡션들(그림 1.11, 15쪽; 그림 3.10, 60쪽 참조)

▶ 장 끝의 비판적 사고 문제(47, 182쪽 참조)

■ **시각적 학습.** National Geographic의 사진을 다수 수록한 시각적으로 흥미로운 환경과학 책이다(그림 1.6, 9쪽; 각 장의 도입부 사진, 30~31쪽; 그림 5.10, 109쪽 참조). 130개 이상의 도표를 추가하고, 각 도표는 복잡한 아이디어를 현실 세계와 관련하여 이해할 수 있는 방식이 나타날 수 있도록 고안되었다(그림 3.12, 61쪽; 그림 7.8, 157쪽 참조).

■ **유연성.** 폭넓은 환경과학 강의의 수많은 다양한 필요를 만족시키기 위해, 우리는 교수들이 장과 장 내에서 절의 순서를 바꾸고 학생들을 혼란스럽게 하는 용어와 개념을 노출시키지 않도록 책을 유연하게 편집했다. 1장에서 기본 용어를 정의하고 지속 가능성, 인구, 오염, 자원, 경제 발전과 문제에 대한 전체적인 개요를 제공하기 때문에 교수들이 1장부터 시작하기를 추천한다. 1장은 교수들에게 다른 장을 어떤 순서로든 진행할 수 있는 발판이 된다. 주로 사용되는 순서는 1장에 이어 기초과학과 생태계 개념을 소개하는 2~7장을 수업하는 것이다. 그러면 나머지 장들을 원하는 순서대로 수업할 수 있다. 어떤 교수들은 기초과학과 생태계 개념 이전에 1장과 17장으로 환경 경제, 정치, 세계관을 다루기도 한다.

■ **교재 내 학습 도움.** 각 장은 그 장이 어떻게 구성되어 있는지 보여주는 핵심 질문 목록으로 시작된다(119쪽 참조). 새로운 핵심 용어가 소개되고 정의될 때마다 고딕체로 나타냈다. 학생들이 다양한 환경 문제와 해결책을 배운 직후에 그 부분에 대해 비판적으로 생각할 수 있도록 대부분의 장에 생각해보기 연습문제를 포함하여 학습 효과를 높였다(14, 134쪽 참조). 대부분의 그림에 포함된 캡션은 학생들이 그림의 내용에 대해 생각해보도록 관련 질문을 포함하고 있다(15, 60쪽 참조). 책을 읽는 동안 학생들은 인간 활동과 환경에 미친 영향, 환경 및 사회 문제, 환경 문제와 해결책을 연결시킨 연관성 박스를 볼 수 있다(59, 136쪽 참조). 이 판의 새로운 점은 생체모방의 적용을 요약한 자연에서 배우기 박스다(60, 87쪽 참조). 각 장의 내용은 세 가지 핵심 주제로 끝을 맺는데, 이는 각 장에서 반드시 알아야 할 세 가지 내용을 요약, 강조한다(45, 145쪽 참조). 마지막으로 개념 연결하기 부분은 핵심 사례 연구와 다른 장의 내용을 지속 가능성의 원리와 연결시킨다(25, 95쪽 참조). 이런 마무리 특징은 학생들에게 메시지들이 어떻게 연결되는지를 이해시키고 지속 가능성에 대한 그 장의 주요 메시지를 보강한다.

각 장은 고딕체로 표시된 주요 용어를 포함하는 장 복습 문제; 학생들이 자신의 삶에 배운 것을 적용하도록 고무시키는 비판적 사고; 학생들이 다양한 환경과학자들의 작업을 경험하도록 돕는 환경과학 실천하기; 생태 발자국 데이터 또는 기타 환경 데이터(114~115, 289~293쪽 참조)를 중심으로 하는 데이터 분석 또는 생태 발자국 분석 문제로 마무리된다.

도서와 보충 자료의 개선을 위한 안내

이 책의 개선 방안에 대한 여러분의 의견을 환영한다. 오류, 편견 또는 혼란을 주는 설명을 발견하면 다음 주소로 전자 메일을 보내주기 바란다.

mtg89@hotmail.com

spoolman@tds.net

대부분의 오류는 이 판의 추후 인쇄본과 미래의 개정판에서 수정될 수 있다.

감사의 글

우리는 *Environmental Science*의 이전 15판, *Living in the Environment*의 19판, *Sustaining the Earth*의 11판, 그리고 *Essentials of Ecology*의 8판을 좋아해준 많은 학생들과 선생님들, 그리고 책의 개선을 위해 많은 도움이 되는 제안을 해주시고 오류를 수정해주신 분들께 감사드리고 싶다. 이 세 책의 다양한 판의 오류를 지적해주고 중요한 개선점을 제안해주신 300명 이상의 검토위원들께도 깊은 감사를 드린다.

교재를 제작하는 것은 대단히 힘든 일로, 재능 있는 제작팀의 절대적인 기여로 완성할 수 있었다. 콘텐츠 개발자 Oden Connolly, 제작 담당자 Hal Humphrey와 Valarmathy Munuswamy; Editorial Services의 교열 담당자 Lumina Datamatks; 조판 담당자 Lumina Datamatics; 사진 조사원 Venkat Narayanan; 아티스트 Patrick Lane; 개발 팀장 Lauren Oliveira; Cengage Learning의 열심히 일하는 판매사원들에게 특별히 감사드린다. 마지막으로 매우 재능 있는 프로젝트 매니저 April Cognato와 그녀의 헌신적인 팀을 만나 영감을 얻고 방향을 잡고 전폭적인 지지를 받아가며 이 책을 비롯한 다른 책들을 함께 즐겁게 작업할 수 있어 정말 행운이었다고 말하고 싶다.

G. Tyler Miller

Scott E. Spoolman

G. TYLER MILLER

G. Tyler Miller는 환경과학, 기초생태학, 에너지, 환경화학에 입문하는 사람들을 위한 다양한 책을 64편 집필했다. 1975년부터 Miller가 집필한 환경과학 관련 책은 미국을 포함한 전 세계에서 가장 널리 사용되는 책이다. 이 책은 거의 300만 명이 넘는 학생들이 사용했으며 8개의 언어로 번역되었다.

Miller는 화학, 물리학, 생태학에 전문적 지식을 가지고 있다. 그는 버지니아 대학에서 박사 학위를 받았으며, 환경 교육에 기여한 공로로 두 번이나 명예박사 학위를 받았다. 그는 20년 동안 대학생들을 가르쳤으며 1975년에 환경과학 전반의 내용을 집필하기로 결정하기 전, 획기적인 학제 간 학부 과학 프로그램을 발달시켰다.

현재 그는 환경 교육 개선을 위한 Earth Education and Research의 대표다.

그는 미래에 대한 자신의 희망을 다음과 같이 말했다.

만약 내가 살아갈 시간을 선택해야 한다면 그건 다음 75년 동안일 것이다. 그 이유를 말하자면 첫째, 우리의 생명유지 시스템을 우리 스스로 파괴하고 있다는 압도적인 과학적 증거들이 있기 때문이다. 즉 우리는 지속 불가능하게 살아가고 있다. 둘째, 이 책에서 설명한 것처럼 다음 75년 정도까지는 남아 있는 자연과 함께 좀 더 지속 가능한 삶을 어떻게 살아가야 하는지 배울 기회가 있기 때문이다.

나는 똑똑하며 재능이 있고, 훌륭한 세 아들(Greg, David, Bill)이 있어 행운아다. 특히 Kathleen을 아내이자 최고의 친구 그리고 보조 연구원으로 맞이할 수 있어 영광스러웠다. 자연에 깊은 관심을 가지고 삶의 동반자로 여기는 훌륭하고 내적으로나 외적으로나 아름답고 강한 여성과 함께 한다는 것은 너무나 감격적인 일이다. 그녀는 나의 영웅이며, 나는 이 책을 그녀와 지구에게 바치고 싶다.

SCOTT E. SPOOLMAN

Scott Spoolman은 교육관련 출판을 30년 넘게 해온 작가다. 그는 Tyler Miller와 처음엔 객원 편집자로서, 지금은 *Living in the Environment, Environmental Science,* 그리고 *Sustaining the Earth*와 같은 몇몇 책의 공동 집필자로서 2003년부터 함께 일해 왔다. Norman Myers와 함께 *Environmental Issues and Solutions: A Modular Apprach*를 공동 집필했다.

Spoolman은 미네소타 대학에서 과학저널리즘 석사 학위를 받았으며, 과학, 환경공학, 정치, 경제 분야에서 수많은 기사를 썼다. 그는 대학의 임학 책 시리즈 원고 검토 편집자로서 활동했다. 그는 또한 자연과 사회과학 분야와 관련된 고등학교 교재와 70여 개 대학 교재의 편집위원으로 활동했다.

시간이 나면 가족(아내인 환경 교육자 Gail Martinelli와 아들 Will과 Katie)과 함께 그가 태어난 위스콘신의 숲과 호수를 탐험하는 것을 즐긴다.

Spoolman은 Tyler Miller와의 공동 작업에 관해 다음과 같은 이야기를 했다.

나는 방대하고 복잡한 환경과학 분야와 관련해 철저하고 확실하며 매력적인 Miller 전통을 이어갈 수 있게 Tyler Miller와 공동저자로서 집필할 수 있어서 영광스러웠다. 나는 Tyler Miller의 열정을 공유하건대 이 책과 멀티미디어 보충자료들이 학생들과 교육자들에게 소중한 도구가 될 것이라고 보장한다. 이를 위해 우리는 다양한 학제 간 분야를 유익하고 냉엄할 뿐만 아니라 감동적이고 동기 부여를 할 수 있는 방식으로 소개하고자 노력했다.

만약 모든 문제의 이면이 정말로 기회라면 학생들이 환경 관련 일을 시작하는 역사적으로 가장 흥미진진한 시간 중 하나가 될 것이다. 환경 문제는 수없이 많고, 심각하며, 위협적이지만 흥미롭고 새로운 일자리 창출의 기회가 되기도 한다. 우리는 이런 가능성과 함께 학생들을 고무시키고 그들이 과학적 초점을 유지하도록 북돋우며 보람 있고 성취감을 주는 일자리를 향해 나아가도록 이끄는 것을 가장 높은 우선순위로 정했다. 그리고 그렇게 함으로써 지구에서의 지속적인 삶에 도움이 되고자 한다.

나의 환경 여정-G. Tyler Miller

나의 환경 여정은 미국 지질조사국의 생물물리학자인 Dean Cowie의 인구와 오염 문제에 대한 강의를 들은 1966년 이후부터 시작했다. 그것은 나의 삶을 변화시켰고, 나는 그에게 그가 한 말 가운데 반만 유효하더라도 나의 남은 생애 동안 학생들에게 환경과학 기초에 대해 알 수 있도록 가르치고 글을 쓰는 데 시간을 보내야 한다는 윤리적인 의무를 느낄 것이라고 말했다. 환경 관련 문헌을 6개월 동안 공부하며 나는 그가 이 문제의 심각성을 너무 과소평가했다고 말했다.

나는 학부 환경 교육 프로그램을 개발했고, 1971년에는 (열역학) 에너지 법칙과 화학, 생태학 사이의 연결과 관련된 학제 간 학문인 환경과학의 첫 입문서를 발간했다. 1975년 *Living in the Environment*의 첫 번째 판을 출판한 후로 이 책에서 파생된 다른 책들을 완성했다.

나는 1985년부터 깊은 숲속에서 학교버스를 개조하여 환경과학 연구실로 삼아 환경과학 책을 쓰면서 10년을 보냈다. 나는 구조를 가열하기 위한 수동적인 태양 에너지 설계의 활용을 평가해보았고, 여름마다 약 1달러의 비용으로 땅을 이용한 냉각(지열 냉각)을 위해 어스 튜브를 땅에 묻었으며, 뜨거운 물을 이용하기 위해서 능동적이고 수동적인 시스템을 구성했다. LPG를 이용한 효율이 높은 순간온수기를 설치하고, 에너지 효율이 높은 창문과 기기를 설치했다. 퇴비화 처리가 되는(물이 필요 없는) 변기와 바이오농약을 사용하고, (음식물 쓰레기를 퇴비로 만들었으며, 풀이나 잔디 깎는 기계가 아닌) 자연적 방식으로 작물을 기르며 우리가 직면하고 있는 주된 환경 문제들에 대한 다른 수많은 잠재적인 해결책을 실험해보았다.

또한 내 주변의 동식물을 공부하면서 자연이 어떻게 작동하는지를 배우고 생각하며 시간을 보냈다. **자연에서 살았던 경험**이 이 책의 소재로 나타나 있다. 그 경험은 또한 이 책의 통합적인 주제로서 지속 가능성에 대한 여섯 가지 간단한 원리를 찾게 해주었고 이 원리들은 내 삶이 좀 더 지속 가능하도록 적용시킬 수 있게 도와주었다.

나는 대부분의 사람들이 사는 도시에서 더 지속 가능하게 사는 방법을 배우기 위해 1995년에 숲에서 나왔다. 그때부터 나는 두 도시에 살았는데 하나는 소도시였고, 다른 곳은 대도시였다.

1970년대부터 나의 목표는 최대한 차를 적게 타는 것이었다. 나는 집에서 일하므로 침실에서 의자와 노트북까지 왕복하는 '저공해 통근자'다. 나는 보통 여동생과 출판인을 만나기 위해 1년에 한두 번 정도 비행기를 탄다.

이 책에서 배우겠지만, 삶은 환경적 상충 효과를 포함한다. 대부분의 사람들처럼 나도 여전히 환경에 큰 영향을 주고 있지만 그것을 줄이기 위해 노력하고 있다. 당신도 나와 함께 좀 더 지속 가능한 삶을 위해 노력하고 당신이 배운 것들을 다른 사람과 나누길 바란다. 그것은 언제나 쉽지 않지만 확실히 즐거운 일이다.

세상을 연결시켜 생각하는 것을 그들의 삶에서 일찍 시작한 학생들은, 그들의 생각이 매년 바뀐다고 하더라도 배움의 삶을 시작한 것이다.

Mark Van Doren

환경과학을 공부하는 이유는 무엇일까?

환경과학을 공부하러 온 것을 환영한다. 환경과학은 지구가 어떻게 작동하고, 우리가 어떻게 지구와 상호작용하며 우리가 직면한 환경 문제를 해결해야 하는지를 공부하는 학제 간 학문 분야다. 환경 이슈는 당신 삶의 모든 부분에 영향을 미치므로, 이 책에서 논의되는 개념, 정보, 이슈와 당신이 밟아가는 코스는 현재와 앞으로의 삶에서 매우 유용할 것이다.

당연히 우리는 편견을 가지고 있지만, 당신이 배울 수 있는 것 중 가장 중요한 과목이 환경과학이라고 확신한다. 지구가 어떻게 작동하며 우리의 선택과 활동이 어떻게 지구의 생명유지 시스템에 영향을 주는지, 어떻게 우리의 환경적 영향력을 줄일 수 있는지를 배우는 것보다 중요한 것이 무엇이란 말인가? 우리가 지구의 생명유지 시스템을 저하시키는 활동을 자제함으로써 더 지속 가능하게 살 수 있도록 배워야 함을 가리키는 증거들이 있다. 이 책을 통해 우리, 우리의 경제, 모든 생명체가 살아가는 데 필요한 지구를 바라보는 관점과 지구를 대하는 태도를 배웠으면 한다.

당신도 학업과 학습의 기술을 향상시킬 수 있다

당신의 학습 능력을 최대화시키는 것은 학업과 학습 능력을 향상시키기 위해 노력하는 것을 수반한다. 이를 위한 몇 가지 방안을 제안한다.

배움을 향한 열정을 가져라. 성공을 위한 열쇠다.

계획적이 되어라. 계획하기는 중요한 인생 스킬이다.

매일 할 일을 적어라. 중요도 순으로 항목을 적고 가장 중요한 일에 초점을 맞춰 이를 해내기 위해 시간을 할당한다. 가장 중요한 항목을 완수하기 위해 스케줄을 수정한다.

공부에 방해되는 것이 없는 환경에서 공부 루틴을 만들어라. 매일 공부 계획을 세우고 그것을 지킨다. 조용하고 밝은 장소에서 공부한다. 매시간 쉬는 시간을 갖는다. 쉬는 시간마다 숨을 깊이 들이쉬고 몸을 움직인다. 당신이 집중할 수 있도록 도와줄 것이다.

미루지 마라. 독서나 과제를 뒤로 미루지 않는다. 매일 특정 시간을 공부하는 시간으로 확보하고 하루 일과의 일부분으로 만든다.

산으로부터 언덕을 만들어라. 짧은 기간 내에 책 또는 책의 한 장을 다 읽는 것, 논문을 쓰는 것, 시험을 위한 벼락치기를 하는 것은 어려울 수 있다. 대신에 큰 과제(산)를 작은 과제(언덕)로 나눈다. 매일 몇 쪽의 책을 읽거나 몇 개의 문단을 적고, 공부하고 배운 내용을 복습한다.

읽으면서 질문을 하고 그 질문에 답하라. 이를테면 "특정 세부 절 또는 단락의 주요 내용이 무엇인가?"와 같은 것이다. 장의 주요 부분과 마지막 복습 부분에 나열된 핵심 질문과 개념에 연관시켜 자신만의 질문을 해본다.

핵심 용어에 집중하라. 특히 집중해야 하는 핵심 용어는 가늘고 굵은 고딕체로 표시하여 강조했다. 각 장의 마지막에 있는 복습 부분에도 핵심 용어가 고딕체로 표시되어 있다. 핵심 용어를 숙지하기 위한 자신만의 플래시 카드를 만들 수도 있을 것이다.

읽고 있는 것과 소통하라. 당신은 형광펜이나 볼펜, 여백에 별표를 표시하는 것과 같은 방법으로 핵심 문장이나 문단을 표시할 수 있다. 또한 메모를 추가하거나 내용에 강조 표시를 하는 것, 또는 페이지 한쪽을 접어서 나중에 다시 볼 중요한 페이지를 표시할 수도 있다.

학습을 강화시키기 위해 복습하라. 각 절을 시작하기 전에, 이전 절에서 배운 내용을 복습하고 할당된 부분을 읽는다.

메모를 잘 하는 사람이 되어라. 무슨 수업이든지 주요 요점과 핵심 정보를 기록하는 것을 익힌다. 수업 후에는 가능한 빨리 복습하고, 노트를 작성하고, 정리한다.

배운 것이 무엇인지를 체크하라. 각 장의 마지막에 그 장의 모든 핵심 내용을 다루는 복습 질문이 있다. 각 장을 공부한 후 이 복습 질문에 답해볼 것을 권한다. 책 전체를 본 뒤에 이 질문에 답하려고 한다면 양이 너무 많을 것이다.

학습을 강화시키고 집중하기 위해 질문에 대한 답을 작성해보라. 각 장과 많은 그림의 캡션, 그리고 각 장의 마지막에 있는 비판적 사고의 문제에 대한 답을 작성해본다. 이 문제들은 핵심 아이디어에 대해 비판적으로 사고하고 그것들을 다른 아이디어와 당신의 삶에 연결시킬 수 있도록 고안되었다. 또한 모든 각 장의 마지막에 있는 복습 질문에 당신의 답을 작성해본다. 답안은 복습과 시험 준비를 위해 보관해둔다.

버디 시스템을 활용하라. 노트를 비교하고, 내용을 복습하며, 시험에 대비하기 위해 스터디 그룹의 일원이 되거나 친구들과 같이 공부를 한다. 어떤 것을 남에게 설명하는 것은 생각을 집중시키고 학습 능력을 강화시키는 데 큰 도움이 된다. 교수나 조교가 제안하는 모든 복습 수업에 참가하자.

교수님의 시험 스타일을 파악하라. 당신의 교수가 다지선다형, 빈칸 채우기, O/×, 에세이 문제 중 어떤 것을 선호하는가? 어느 범위가 책에서 나오고 어느 범위가 수업에서 제시한 자료에서 출제되는가? 당신의 학습과 공부 방법을 이 방식에 맞춘다.

좋은 수험자가 되어라. 벼락치기를 하지 않는다. 시험 전에도 잘 먹고 충분한 수면을 취한다. 제시간이나 더 이른

시간에 시험장에 도착하자. 심호흡을 몇 번 해서 스스로를 진정시키고 산소 흡입량을 증가시킨다. (시험 중에도 10~15분마다 심호흡을 한다.) 시험지를 살펴보고 잘 아는 문제에 대해 먼저 답하고, 그 뒤에 어려운 문제를 푼다. 다지선다형 문제의 경우 선택지를 줄이기 위해 제거 과정을 거친다. 에세이 문제의 경우 답을 작성하기 전에 생각을 정리한다. 문제의 의미를 이해하지 못한다면 경험에서 우러난 추측을 한다. 부분 점수를 받거나 0점을 받는 일을 피할 수 있다. 점수를 얻기 위한 다른 전략은 "만약 이 질문의 의미가 이렇다면, 답은 _____이다"와 같이 답을 작성함으로써 당신의 지식과 추론을 보여주는 것이다.

낙관적이고 현실적인 관점을 발달시켜라. "잔이 반이나 비었구나"라는 생각 대신에 "잔이 반이나 찼구나"라고 생각할 수 있는 사람이 되자. 비관적인 생각, 두려움, 불안감, 과도한 걱정(특히 당신이 통제할 수 없는 일에 대한 걱정)은 파괴적이고 무기력해질 수 있다.

삶을 즐길 수 있는 시간을 가져라. 매일, 자연과 아름다움 그리고 우정을 즐기고 웃을 수 있는 시간을 갖는다.

당신도 비판적인 사고력을 향상시킬 수 있다

비판적인 사고는 정보와 아이디어를 분석하고, 그들의 유효성을 평가하며, 결정을 내리는 데 필요한 기술을 발전시키는 것을 포함한다. 비판적 사고는 사실과 생각을 구별할 수 있게 도와주고, 증거와 논쟁을 평가할 수 있게 해주며, 어떤 주제에 대해 자신의 입장을 세우고 주장할 수 있게 도와준다. 또한 정보를 통합시키고 그들의 관계를 살펴볼 수 있게 하며, 다양한 문제와 결정을 다룰 수 있도록 당신의 지식을 적용할 수 있게 도와준다. 좀 더 비판적으로 생각할 수 있는 방법을 학습하기 위한 몇 가지 기본적인 기술을 제시한다.

모든 것에 대해 그리고 모두에게 질문하라. 모든 좋은 과학자가 그렇듯이, 회의적인 사람이 되자. 이 책을 포함하여 당신이 듣고, 읽는 모든 것을 평가하는 과정 없이는 신뢰하지 않는다. 다른 정보와 의견을 찾아보자.

당신의 편견과 믿음을 확인하고 평가하라. 우리는 부모님과 선생님, 친구, 역할 모델, 자신의 경험을 통해 습득된 편견과 믿음을 가지고 있다. 당신의 기본 신념과 가치, 편견은 무엇인가? 그것은 어디에서 왔는가? 그것의 기본 가정은 무엇인가? 당신의 믿음, 가치 그리고 가정이 옳다는 것을 어떻게 확신하며 왜 그렇게 생각하는가? 미국 심리학자이자 철학자인 William James는 "많은 훌륭한 사람들은 그들의 편견을 바꿀 때 자신들이 생각을 한다고 생각했다"라고 말했다.

열린 생각을 가지고 유연하게 사고하라. 다른 관점을 고려할 수 있도록 열린 생각을 한다. 더 많은 정보를 얻을 때까지 결정을 보류하고 당신의 생각을 기꺼이 바꿀 수 있도록 한다. 어떤 문제에 대해 유용하고 용인 가능한 해결책이 여러 개 존재할 수 있고, 극히 일부의 문제만이 흑과 백으로 논의될 수 있음을 기억하자. 당신이 동의하지 않는 견해를 가진 사람들의 관점을 더 이해할 수 있도록 그들의 관점으로 보려고 시도해본다. 이 책에서 배우겠지만, 모든 환경 문제를 다룰 때에는 상충 효과가 있다.

당신이 아는 것에 대해 겸손해져라. 어떤 사람들은 자신이 아는 것에 대해 매우 자신감이 있어서 더 이상 생각하고 질문하지 않는다. 미국의 작가 Mark Twain의 말을 바꿔 말하면, "우리가 아는 것은 사실이지만 그렇지 않으면 우리에게 상처가 된다."

하나의 주제와 관련된 정보가 어떻게 얻어졌는지 평가하라. 당신이 듣거나 읽은 사실은 직접적으로 얻은 지식과 연구에 기초한 것인가 아니면 전해들은 이야기인가? 출처를 알 수 없는 자료가 이용되지는 않았는가? 그 정보는 재현 가능하고 과학적으로 널리 받아들여진 것인가, 아니면 타당하기는 하나 추가 연구가 필요한 예비 결과인가? 정보는 일부 고립된 이야기나 경험에 기초한 것인가 아니면 그 분야의 전문가에게 검토 받은 신중하게 시행된 연구의 결과인가? 근거가 없고 의심받은 과학적 정보나 믿음을 바탕으로 하지는 않았는가?

나타난 증거와 결론에 대해 의문을 가져라. 당신이 다루는 정보를 토대로 하는 결론과 주장은 무엇인가? 그것을 지지 하기 위해 어떤 증거가 제시되었는가? 증거는 그것을 뒷받침하는가? 그 결과를 평가하기 위해 좀 더 많은 정보가 필요한 것은 아닌가? 더 합리적인 결과는 없는가?

기초 신념과 가정의 차이를 밝혀내려 노력하라. 겉보기에는 대부분의 주장 또는 의견 불일치는 특정 사실, 결론의 유효성, 의미에 대한 다른 견해를 포함한다.

좀 더 깊이 살펴보면, 대부분의 불일치는 세상을 어떻게 바라보고 해석하는지에 대한 기초 가정(종종 숨겨진)이 다른 것에서부터 오는 것임을 알 수 있다. 이런 기본적인 차이를 발견하는 것은 사람들이 서로의 관점을 이해하고 그들의 기본 가정, 믿음, 원칙에 대해 동의하거나 동의하지 않는 것을 가능하게 한다.

증거를 보여주고 결론에 도달하는 모든 이유를 발견하고 평가하려고 노력하라. 이 분야에 대한 그들의 전문 지식은 무엇인가? 진술되지 않은 가정이나 믿음, 편견 또는 가치는 없는가? 개인적인 의제는 없는가? 그들의 증거와 결론을 받아들임으로써 그들이 얻는 재정적이거나 정치적인 이익이 없는가? 다른 기본 가정 또는 믿음을 가진 조사관이 같은 자료를 가지고 다른 결론에 도달할 수는 없는가?

불확실성을 예상하고 용인하라. 과학자들이 어떤 것에 대해서도 절대적인 증명 또는 확신을 수립할 수 없음을 기억하라. 그러나 과학의 목표는 데이터에 대해 높은 수준의 확실성(최소 90%)을 제공하고 데이터를 설명하는 데 사용되는 과학 이론을 제공하는 것이다.

당신이 듣고 읽은 것에 대한 논리적인 오류와 논쟁의 속임수를 살펴보라. 논쟁의 속임수에 대한 여섯 가지 예시를 나타내었다. 첫째, 논쟁 자체가 아니라 논쟁에 대해 발표하는 사람을 비판한다. 둘째, 사실과 논리보다 감정에 호소한다. 셋째, 증거 하나 또는 한 결론이 거짓이라면 그것과 관련된 다른 모든 증거와 결론이 거짓이라고 주장한다. 넷째, 결론이 과학적으로 증명되지 않았기 때문에 거짓이라고 말한다. 과학자들은 어떤 것도 절대적으로 증명하지 않지만 결과와 이론에 대해 높은 수준의 확실성(최소 90%)을 확립하기 위해 노력한다. 다섯째, 중요한 요점으로부터 관심을 돌리기 위해 무관하거나 오해의 소지가 있는 정보를 사용한다. 여섯째, 많은 선택권이 있을 때 오직 어느 하나 또는 대안을 제시한다.

인터넷에서 읽은 모든 것을 믿지 마라. 인터넷은 거의 모든 주제나 문제에 대해 대체 가능한 설명과 의견을 제공하는 멋지고 쉽게 접근 가능한 정보원이다. 다수는 주류 미디어 및 학술지에서 이용 가능하지 않다. 모든 종류의 블로그는 주된 정보 원천이 되었고, 어떤 사람들에게는 표준 뉴스 매체보다 더 중요하다. 그러나 인터넷은 온전히 공개되어 있기 때문에 편집 통제력이나 전문가의 검토 없이도 아무나 자기가 원하는 것을 올릴 수 있다. 그러므로 인터넷에 있는 정보를 평가하는 것은 당신의 비판적인 사고를 연습할 수 있는 좋은 방법 중 하나다. 인터넷을 이용하되 비판적으로 생각하고 조심스럽게 받아들여야 한다.

증거를 평가하는 원칙이나 규칙을 만들어라. 증거와 주장을 평가하기 위한 원칙으로서 활용할 수 있는 지침서 목록을 작성하라. 당신의 경험을 토대로 이 목록을 끊임없이 평가하고 수정한다.

많은 양의 정보가 아닌 지혜를 추구하는 사람이 되어라. 많은 사람들은 교육 목표가 최대한 많은 정보를 모으는 것이라

고 생각한다. 우리는 정보와 아이디어의 홍수로부터 세상을 이해하고 결정을 내릴 때 가장 유용한 몇 가지 지식 덩어리를 어떻게 걸러낼 수 있는지를 배우는 것이 주된 목표라고 생각한다. 이 책은 사실과 숫자로 가득 차 있지만 그것은 핵심 주제, 과학 법칙, 이론, 개념 및 연관성을 이해하는 데까지만 유용하다. 환경과학을 공부하는 주된 목표는 자연이 어떻게 작동하고 지속 가능하게 하는지(환경적 지혜) 알아내고 환경적 지혜의 원칙을 활용하여 인간 사회와 경제가 좀 더 지속 가능하고, 더욱 공정하며, 모두에게 즐겁고 더욱 이익이 될 수 있도록 하는 것이다. 작가 Sandra Carey는 "지식을 지혜라고 오해하지 마라. 하나가 생계를 꾸려가도록 한다면 다른 하나는 삶을 살 수 있도록 한다"라고 했다.

비판적 사고를 실천하는 데 도움이 되도록, 각 장에서 생각해보기 박스와 많은 표의 캡션, 각 장의 마지막에서 찾을 수 있는 질문을 이 책 전체에 걸쳐 제공했다. 이들 질문의 다수는 정답이나 오답이 없다. 비판적인 사고 능력을 향상시키는 좋은 방법은 답을 동료나 반 친구들과 비교하고 답에 어떻게 도달했는지 토론하는 것이다.

이 책에서 제공하는 학습 도구들을 활용하라

이 교재에는 학습 기술을 향상시키고 적용하는 데 도움이 되는 여러 가지 도구가 포함되어 있다. 첫째, 각 장의 처음에 제시된 핵심 개념을 활용하자. 예습과 복습에 이것을 사용할 수 있다.

다음으로, 우리가 세 가지 로고를 사용한 것에 주목하라. 핵심 사례 로고는 각 장의 시작 부분에 나타난 **핵심 사례 연구**와 각 장의 내용이 어떻게 연결되는 보여주고, 이 문장에서처럼 굵은 글씨에 색깔로 기입되어 있다. 당신은 또한 글줄에서 자주 나타나는 두 개의 아이콘을 찾을 수 있을 것이다. 지속 가능성 로고 ✦를 보면, 당신이 방금 그림 1.2(6쪽), 그림 1.7(10쪽)에 요약되어 있

는 여섯 가지 지속가능성의 원리와 직접적으로 연관된 내용을 읽었다는 것을 알 수 있을 것이다. Good News 로고 GOOD NEWS 는 우리가 직면한 환경 문제를 다루는 사람들의 많은 성공 사례 주변에서 나타난다.

또한 우리는 연관성 박스를 통해 환경 문제 또는 과정과 우리가 매일 사용하는 제품, 서비스 또는 우리가 먹고 마시는 활동 사이의 놀라운 연관성을 보여주고자 했다. 본문에 간간히 나타나는 생각해 보기 박스와 연관성 박스는 당신이 환경에 미칠 수 있는 영향에 대해 신중히 생각해볼 수 있도록 하기 위한 것이다.

이 판의 새로운 요소는 자연에서 배우기다. 대부분의 장은 이들 중 하나 이상을 포함하고 있으며, 각각은 과학자와 공학자가 문제를 해결하거나 기술을 향상시키기 위해 어떻게 생체모방(이 판의 주요 새로운 주제)을 통해 자연의 교훈을 적용하는지 예시를 제시한다.

각 장의 마지막에 각 장에서 당신이 알아야 하는 세 가지 핵심 주제로 여기는 것을 열거했다. 그 목록 바로 뒤에 개념 연결하기 박스가 있다. 이 기능은 핵심 사례 연구와 핵심 주제가 어떻게 관련되어 있는지를 신속하게 검토하고, 핵심 사례 연구 및 장 전체에서 논의된 과제를 다루기 위해 지속 가능성의 원리를 적용하는 방법을 설명한다.

마지막으로 각 장에 해당되는 질문 목록과 복습 부분을 포함시켰다. 이 질문들은 각 장의 모든 핵심 소재와 용어를 다룬다. 각 장에서, 실제 세계와 자신의 삶에 장의 소재를 적용시키는 데 도움이 되는 비판적 사고 질문이 이어진다; 과학자의 일을 경험할 수 있도록 돕는 환경과학 실천하기; 그리고 과학적 연구 데이터를 해석하고 사용하는 방법을 배울 수 있는 데이터 분석 또는 생태 발자국 분석 문제가 있다.

당신만의 학습 스타일을 찾아라

사람들은 각자의 학습 방법을 가지며 당신만의 학습 스타일을 아는 것은 도움이 된다. 시각적 학습자는 삽화와 도표를 보고 읽음으로써 가장 잘 익히고, 청각적 학습자는 듣고 논의함으로써 가장 잘 배운다. 그들은 공부할 때 소리 내어 읽거나 공부와 복습을 위해 강의를 녹음하는 것으로 도움을 많이 받을 수 있을 것이다. 논리적 학습자는 주로 기억에 의존하기보다는 주제를 발견하고 이해하기 위해 개념과 논리를 이용해서 가장 잘 배운다.

우리는 당신이 자신의 학습 스타일을 알고, 이 책을 효율적인 도구로 활용할 것을 권고한다.

이 책은 미래의 긍정적이고 현실적인 환경 비전을 제시한다

우리의 목표는 현실적인 낙관주의를 바탕으로 환경적 미래의 긍정적인 비전을 제시하는 것이다. 이를 위해 환경 문제에 대한 사실을 제시할 뿐만 아니라 서로 다른 관점을 균형있게 제시하기 위해 노력했다. 우리는 다양한 기술의 장단점과 환경 문제에 제안된 해결책을 고려하고 있다. 우리는 환경 해결책이 대개 당사자 사이에서 절충점을 필요로 하며, 최고의 해결책은 모두가 이익을 얻는 상생 해법이라고 주장한다. 또한 환경 문제에 대처하기 위한 노력의 좋은 소식뿐 아니라 나쁜 소식까지 제시하고 있다.

결론, 견해, 신념을 형성하지 않고는 환경과학과 같은 중요하고 복잡한 주제를 공부할 수 없다. 그러나 상충되는 입장을 평가하고 대부분의 환경 해결책과 관련된 절충안을 이해하기 위해 그런 결과는 비판적 사고가 기반이 되어야 한다고 주장한다. 이를 위해 우리는 이 책 전반에 걸쳐 비판적인 생각을 강조하고, 학교 및 일상생활에서 읽고 듣는 모든 것에 대해 비판적으로 사고하는 연습을 하도록 권장한다.

이 책을 향상시킬 수 있도록 도움을 요청한다

넓고 다양한 환경과학 학문으로부터 수많은 주요 개념을 다루고 연결하는 것을 연구하여 책을 쓰는 것은 도전적이고 흥미로운 일이다. 거의 매일, 우리는 자연에서 새로운 연결을 배운다. 그러나 이렇게 복잡한 책에는, 미처 수정하지 못한 오타나 당신의 지식과 연구에 기초하여 의문을 가질만 한 서술과 같은 오류가 있을 수밖에 없다. 우리는 당신이 찾은 오류를 수정하고 당신이 찾은 모든 편견을 지적해주고 이 책을 향상시키기 위한 방법을 제시해 주는 것을 환영한다. 제안이 있다면 Tyler Miller(mtg89@hotmail.com) 또는 Scott Spoolman(spoolman@tds.net)에게 전자 우편을 보내주기 바란다.

이제 지구의 생명유지 시스템이 어떻게 작동하며 어떻게 이 행성을 적어도 우리가 지금 누리는 것만큼 좋은 상태로 남겨둘 수 있는지에 대한 매력적이면서도 중요한 연구로 여정을 시작해보자. 즐거운 시간이 되길.

차례

1장

환경과 지속 가능성

자연 지원 시스템을 지속적으로 파괴하고도 살아남은 문명은 없으며, 우리 또한 마찬가지일 것이다.

레스터 브라운(Lester R. Brown)

캘리포니아 세쿼이아 국립공원의 숲과 같은 숲은 모든 생명과 경제를 유지하는 데 도움이 된다.

robertharding/Alamy Stock Photo

지구로부터 배우기

지속 가능성이란 생명과 인간 경제 체제가 무한정 변화하는 환경 조건 속에서 살아남거나 적응할 수 있도록 지원하는 지구의 자연적 시스템 능력이다. 지속 가능성은 이 책의 핵심 주제이자 통합 주제다.

지구는 지속 가능한 시스템의 주목할 만한 예시이다. 생명은 약 38억 년 동안 지구상에 존재해왔고, 이 기간 동안 지구는 여러 번의 치명적인 환경 변화를 겪었다. 거대한 운석 충돌, 수백만 년 동안 지속되는 빙하기, 육지의 얼음을 녹이고 해수면을 수백 미터 높이로 상승시킨 긴 온난화 기간, 그리고 전 세계종의 절반 이상을 휩쓸어버린 다섯 차례의 대멸종이 이런 환경 변화에 해당된다. 이런 극적인 환경 변화에도 불구하고, 놀랄 만큼 다양한 생물들이 살아남았다.

그렇다면 이런 생물들은 어떻게 그 어려운 상황에서 살아남을 수 있었을까? 인간 훨씬 전에 생물들은 햇빛을 이용하여 음식을 만들고 생존에 필요한 모든 영양소를 재활용할 수 있는 능력을 개발했었다. 생물들은 음식을 찾고 생존하는 다양한 능력 또한 발달시켰다. 예를 들어 거미는 재빠르게 날아다니는 곤충을 잡을 수 있을 정도로 강력한 거미줄을 만든다. 또 다른 예시로 박쥐는 먹이를 찾고 충돌을 피하기 위한 레이더 시스템을 가지고 있다. 이런 많은 능력과 재료는 고온 또는 고압 공정이나 우리가 제조 시 사용하는 유해 화학 물질을 사용하지 않고 개발되었다.

그렇기 때문에 다수의 과학자들이 우리에게 지속 가능한 삶을 사는 방법에 대해서 지구로부터 배우기를 권고하고 있다. 생물학자 재닌 베니어스(Janine Benyus)는 이 분야의 선구자이다. 1997년에 그는 자연이 38억 년 동안 지구상에서 생명을 유지했던 독창적인 방법을 이해하고, 흉내 내고, 목록화하려는 급속도로 성장하는 과학적 노력을 설명하기 위해 **생체모방**(biomimicry)이라는 용어를 만들었다. 그는 지구의 생명유지 시스템을 세계에서 가장 오래되고 성공적인 연구개발 연구소로 보고 있다.

도마뱀은(그림 1.1, 왼쪽) 어떻게 창문, 벽, 천장에 달라붙어 걸을 수 있을까? 과학자들은 이 작은 도마뱀의 발끝 굴곡에는 수십억 개의 미세한 털이 빼곡히 나 있고, 표면의 가장 작은 굴곡과 갈라진 틈을 잡기 위해 여러 부분으로 나뉘어져 있음을 알게 되었다(그림 1.1, 오른쪽). 그들은 털이 빠질 때까지 발을 기울여서 철갑을 풀어준다.

이런 발견으로 독소가 함유된 접착제와 테이프를 대체할 수 있는 끈끈한 무독성의 '도마뱀 테이프'가 개발되었다. 이것은 생체모방이나 지구의 지혜의 훌륭한 예로서, 그런 많은 예시들은 이 책 전반에 걸쳐 나타날 것이다.

자연은 우리에게 유일한 고향인 이 경이로운 행성에서 더 오래 살 수 있는 방법을 가르쳐 줄 수 있다. 베니어스가 말한 것처럼, 수십억 년의 시행착오를 거친 연구 및 개발 끝에, "자연은 무엇이 작동하고, 무엇이 적절하며, 무엇이 지구상에서 지속되는지를 잘 알고 있다."

그림 1.1 도마뱀(왼쪽)은 발가락에 난 수십억 개의 미세한 털로 인해 표면에 달라붙는 놀라운 능력을 가지고 있다(오른쪽).

1.1 지속 가능성의 주요 원리는 무엇인가?

개념 1.1A 지구상의 생명체는 태양 에너지, 생물 다양성, 화학적 순환에 의해 수십억 년 동안 지속되어 왔다.

개념 1.1B 우리의 삶과 경제는 태양에서 공급되는 에너지, 지구가 제공하는 천연자원과 생태계 서비스(**자연 자본**)에 의존하고 있다.

개념 1.1C 우리는 지속 가능성의 여섯 가지 원리를 따름으로써 더 지속 가능한 삶을 살 수 있다.

환경과학은 자연과의 관계를 연구하는 학문이다

환경(environment)은 우리 주변을 둘러싼 모든 것으로, 태양과 모든 생물체(식물, 동물, 박테리아 등)는 물론이고 우리와 상호작용하고 있는 무생물(공기, 물, 햇빛)을 포함한다. 인류의 과학적, 기술적 진보에도 불구하고, 우리의 삶은 햇빛과 지구의 깨끗한 공기와 물, 식량, 주거지, 에너지, 비옥한 토양, 살기 좋은 기후 및 지구의 **생명유지 시스템**(life-support system)의 다른 구성 요소들에 의존하고 있다.

환경과학(environmental science)은 자연 환경의 연관성에 대한 연구이다. 이는 **(1)** 지구(자연)가 어떻게 작동하고 생존하고 번성하는지, **(2)** 인간이 환경과 어떻게 서로 상호작용하는지, **(3)** 인간이 어떻게 더 지속 가능한 삶을 살 수 있는지에 대한 학제적 연구다. 환경과학은 다음과 같은 질문들에 대해 답변을 제시하고자 한다. 우리가 직면한 환경 문제는 무엇인가? 얼마나 심각한가? 그 문제들은 어떻게 상호작용하는가? 원인은 무엇인가? 자연은 어떻게 그런 문제들을 해결해냈고, 그렇다면 또 우리는 어떻게 해결할 수 있을까? 이런 질문에 답하기 위해 환경과학은 생물학, 화학, 지질학, 공학, 지리학, 경제학, 정치학, 윤리학과 같은 분야의 정보와 견해들을 모두 통합한다.

환경과학의 중요한 요소인 **생태학**(ecology)은 생물체가 환경의 부분인 생물 및 무생물과 어떻게 상호작용하는지에 초점을 맞춘 생물학의 한 분야다. 각각의 유기체 또는 생명체는 **종**(species)에 속하고, 여기서 종이란 다른 집단과 차별화되는 독특한 특징들을 가진 유기체군을 말

한다.

생태학의 중요한 핵심은 생태계를 연구하는 것이다. **생태계**(ecosystem)란 제한된 땅의 면적이나 물의 체적 내에서 그들이 서로 상호작용을 하거나 또는 그들 주변의 무생물, 화학물질 및 물리적 요소와 상호작용을 하는 생물들의 생물학적 군집이다. 예를 들면 산림 생태계는 식물, 동물, 그리고 유기물을 분해하는 생명체로 구성되어 있으며, 이들은 그들 서로 간에 또는 숲의 공기, 물, 토양에 존재하는 화학물질과 상호작용을 하고 있다.

환경과학과 생태학을 인간과 다른 종을 위해 지구의 생명유지 시스템을 보호하고자 전념하는 사회 운동인 **환경보호주의**(environmentalism), 즉 **환경 운동**(environmental activism)과 혼동해서는 안 된다.

지구로부터 배우기: 세 가지 과학적 지속 가능성의 원리

현대 인류는 생명체가 지구상에 존재해온 38억 년에 비하면 눈 깜짝할 사이에 불과한 20만 년 전에 출현했다. 지구상에서의 짧은 시간 동안, 특히 1900년 이래로, 인간은 지구 생태계의 거의 모든 영역으로 확장하고 그 영역을 지배했다.

이처럼 인간의 영향력이 커지면서 열대 우림과 산호초와 같은 생명체의 생물학적 중심지와 많은 종의 생존이 위협 받는다. 뿐만 아니라, 지구의 공기, 물, 토양에 오염물질까지 생성한다. 많은 환경과학자들은 인간이 모든 생명과 인간 경제를 지탱하는 지구의 생명유지 시스템을 약화시키고 있다고 경고한다.

다음의 설명과 그림 1.2(**개념 1.1A**)에 요약된 바와 같이, 지구의 작용에 대한 과학적 연구에 따르면 세 가지 자연적 요인이 지구 생명체의 장기적인 지속 가능성에 중요한 역할을 한다는 사실이 밝혀졌다. 자연으로부터 얻은 중대한 교훈인 세 가지 과학적 지속 가능성의 원리를 이해한다면 우리는 보다 지속 가능한 미래로 나아갈 수 있을 것이다.

• 태양 에너지: **태양 에너지**(sola energy)는 지구를 따뜻

태양 에너지

화학적 순환

생물 다양성

그림 1.2 환경 조건의 급격한 변화에도 불구하고 자연이 어떻게 38억 년 동안 지구상에서 거대한 다양성을 유지했는지에 기반을 둔 세 가지 과학적 지속 가능성의 원리(**개념 1.1A**)

하게 하고 식물이 식물과 동물의 생존에 필요한 화학 물질인 **영양물질**(nutrients)을 생산하기 위해 필요로 하는 에너지를 공급한다.

- 생물 다양성: 다양한 유전자, 종, 생태계 및 생태계 과정을 **생물 다양성**(생물학적 다양성의 줄임말)이라고 한다. 생물종 간의 상호작용은 중요한 생태계 서비스를 제공하고 어떤 개체군도 너무 많아지지 않도록 조절한다. 생물 다양성은 또한 종이 변화하는 환경 조건에 적응하고 새로운 종이 생겨나서 치명적인 환경 변화에 의해 멸종된 종을 대체할 수 있는 방법을 제공한다.

- 화학적 순환: 영양염이 환경(주로 토양과 물)으로부터 다양한 생물체로 이동했다가 다시 생물에게 필요한 환경으로 돌아오는 것을 **화학적 순환**(chemical cycling) 또는 **영양염 순환**(nutrient cycling)이라고 한

다. 지구는 태양으로부터 지속적으로 에너지를 공급받지만 생명을 유지시키는 새로운 화학물질은 공급받지 못한다. 생물체는 생물 및 무생물 환경과 수십억 년 간의 상호작용을 통해서 생존에 필요한 화학물질을 재활용하는 방법을 개발해왔다. 이는 생물체에서 배출되는 폐기물과 부패한 시체가 다른 생물이 사용할 수 있는 양분이나 원료가 됨을 의미한다. 자연에서 **폐기물 = 유용한 자원**이다.

지속 가능성의 핵심 요소

지속 가능성은 이 책의 중심이 되는 통합 주제이며, 우리가 부주제로서 사용하는 여러 개의 핵심 요소를 갖고 있다. 그중 하나가 천연자원과 생태계 서비스로 구성된 **자연 자본**(natural capital)으로서 인류와 그 외 종들을 생존

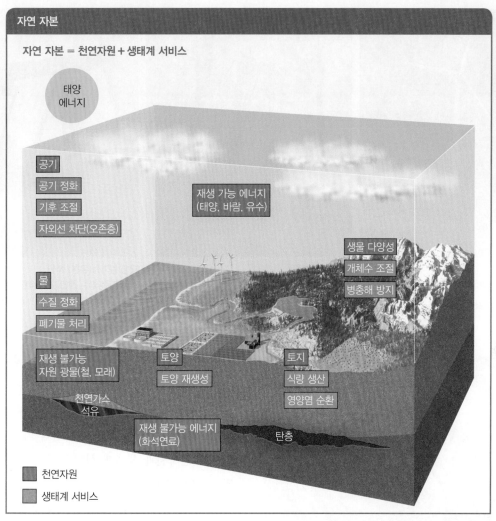

자연 자본

자연 자본 = 천연자원 + 생태계 서비스

태양
에너지

공기
공기 정화
기후 조절
자외선 차단(오존층)

재생 가능 에너지
(태양, 바람, 유수)

생물 다양성
개체수 조절
병충해 방지

물
수질 정화
폐기물 처리

재생 불가능
자원 광물(철, 모래)

토양
토양 재생성

토지
식량 생산
영양염 순환

천연가스
석유

재생 불가능 에너지
(화석연료)

탄층

천연자원

생태계 서비스

그림 1.3 **자연 자본**은 지구상의 생물과 인간 경제를 부양하고 지속시키는 천연자원(파란색)과 생태계 서비스(주황색)로 구성된다(개념 **1.1B**).

하게 하며 인간의 경제를 지탱하게 한다(그림 1.3).

천연자원(natural resource)은 자연이 제공한 인류에게 필수적이거나 유용한 물질과 에너지다. 천연자원은 다시 무한 자원, 재생 가능 자원, 재생 불가능(유한) 자원 이렇게 세 가지 범주로 분류된다(그림 1.4). **무한 자원**(inexhaustible resource)은 인간의 시간대에 영원히 지속될 것으로 예상되는 자원이다. 한 예로 **태양 에너지**(solar energy) 우리가 태양이라고 부르는 별의 죽음까지 적어도 50억 년 동안 지속될 것으로 예상된다. **재생 가능 자원**(renewable resource)은 우리가 자연이 재생할 수 있는 것 이상으로 자원을 사용하지 않는 한, 자연 기작을 통해 보충되기 때문에 반복적으로 사용할 수 있는 자원이다. 이와 같은 재생 가능 자원으로 숲, 초원, 비옥한 표토, 어류, 맑은 공기와 깨끗한 물 등이 있다. 공급 가능한 양의 감소 없이 사람들이 영구적으로 재생 가능 자원을 최대로 많이 사용할 수 있는 생산량을 **지속 가능 생산량**(sustainable yield)이라고 부른다.

재생 불가능 자원(nonrenewable resource) 또는 **유한 자원**(exhaustible resource)은 지각에 한정된 양만 존재하거나 비축되어 있는 자원이다. 그들이 지질작용을 통해 형성되기까지 수백만 년에서 수십억 년이 걸린다. 그보다 훨씬 작은 인간의 시간 규모에서는 자연이 대체하는 것보다 빨리 사람들이 재생 불가능 자원을 사용할 수 있다. 재생 불가능 자원의 예로는 석유, 천연가스, 석탄(그

무한 자원
태양 에너지, 풍력 에너지, 지열에너지

재생 가능 자원
나무, 표토, 담수

재생 불가능(유한) 자원
화석연료(석유, 천연가스, 석탄), 철, 구리

그림 1.4 우리는 무한, 재생 가능, 그리고 재생 불가능(유한) 천연자원의 조합에 의존한다.

그림 1.5 지난 수십 년 동안 미국 와이오밍 주의 노천 광산에서 채굴한 석탄을 자연 공정으로 대체하는 데는 100만 년 이상이 걸릴 것이다.

림 1.5), 구리 및 알루미늄과 같은 금속 광물자원이 있다.

생태계 서비스(ecosystem service)는 금전적 비용 없이 생명과 인류의 경제를 지원하는 건강한 생태계가 제공하는 자연 서비스다(그림 1.3). 예를 들어 숲은 공기와 수질을 정화시키고, 토양침식을 줄이고, 기후를 조절하고, 영양물질을 재활용하는 데 도움이 된다. 따라서 우리 인류의 삶과 경제 사회는 태양 에너지와 더불어 지구가 제공하는 천연자원과 생태계 서비스(자연 자본)에 의해 유지된다(**개념 1.1B**).

주요 생태계 서비스로는 공기와 수질 정화, 표토의 재생, 수분 제거, 병충해 방지 등이 있다. 또 다른 중요한 예는 **과학적 지속 가능성의 원리**인 영양염 순환이다. 표토에서 영양염 순환이 일어나지 않는다면 육지식물도, 수분 매개자도, 우리와 다른 동물들을 위한 먹이도 없을 것이다.

두 번째 지속 가능성의 요소는 이 책의 또 다른 부주제로서, 인간이 여러 활동을 통해 **자연 자본**을 파괴시킨다는 것이다. 자연이 회복할 수 있는 것보다 더 빨리 재생 가능 자원을 사용하거나 오염 물질과 폐기물을 배출하여 지구의 일반적으로 재생 가능한 공기, 물, 토양에 과중한 부하를 유발함을 의미한다. 예를 들면 세계 여러 지역의 사람들은 생물학적으로 다양한 울창한 숲을 에너지, 물, 비료 및 살충제를 대량으로 값비싸게 투입해야 하는 작물 재배지(그림 1.6)로 대체하고 있다. 인간의 여러 활동은 공기에 오염물질을 추가하고 화학물질과 폐기물을 자

재닌 베니어스: 자연에서 얻는 지속 가능한 디자인과 생활의 영감

재닌 베니어스(Jenine Benyus)는 자연이 어떻게 작용하는지, 그리고 어떻게 하면 더 지속 가능한 삶을 살 수 있는지에 대해 평생 관심을 가져왔다. 그는 지구상에 살았던 99%의 종이 변화하는 환경 조건에 적응할 수 없어서 멸종되었다는 것을 깨달았다. 그는 살아남은 종들을 우리가 배울 수 있는 **자연 천재**의 예로 본다.

베니어스는 문제를 해결하거나 제품을 디자인해야 할 때, 우리는 다음과 같은 질문을 해야 한다고 말한다. 자연이 이런 일을 했나? 그리고 어떻게 그렇게 했을까? 또한 자연이 우리가 하지 말아야 할 것에 대한 단서로서 하지 않는 것에 대해서도 생각해봐야 한다고 그는 주장한다. 예를 들면 자연은 분해하여 재활용될 수 없는 폐기물이나 화학물질을 생산하지 않는다.

베니어스는 유치원에서 12학년까지 및 대학생을 위한 커리큘럼과 생체모방 전문가를 양성하기 위한 2년 프로그램을 개발한 비영리 생체모방 연구소(Biomimicry Institute)를 설립했다. 뿐만 아니라 그는 Biomimicry 3.8이라는 네트워크를 구축했는데, 이는 38억 년 동안 생명체들이 베니어스가 **생존을 위한 천재**(genius for surviving)라고 부르는 것을 개발했음을 의미한다. 그것은 생체모방의 사례를 공유하는 과학자, 공학자, 건축가 및 디자이너의 네트워크다.

정작용을 통해 정화시킬 수 있는 속도보다 더 빠르게 강, 호수 및 바다에 버린다. 인간들이 사용하는 플라스틱 및 기타 합성 물질의 대부분은 분해되어 다른 생물들에 의해 영양분으로 사용될 수 없기 때문에 야생동물에게 독이 되고 영양염 순환을 방해할 수 있다.

세 번째 지속 가능성의 요소는 우리가 직면하고 있는 환경 문제에 대한 해결책을 찾는 것을 포함한다. 인간은 지구의 자연 자본을 보호하고 지속 가능하게 사용하기 위해 함께 노력할 수 있다. 예를 들면 산림 감소에 대한 해결책은 숲이 다시 회복하는 것보다 빠른 속도로 개벌하거나 태우지 않는 것이다(그림 1.6). 이를 위해서는 시민들이 숲이 제공하는 생태계 서비스에 관해 교육을 받아야

그림 1.6 한때 다양한 아마존 열대 우림 지역이었던 브라질의 마투그로수. 현재는 광활한 콩밭으로 둘러싸여 있다.

하며 숲이 지속 가능하게 이용되는 것을 보고 노력해야 한다.

환경보호가 어떤 집단이나 특정 산업에 경제적으로 부정적인 영향을 미칠 때 갈등이 생기기도 한다. 그런 갈등을 처리하기 위해 종종 양측이 타협하거나 절충하는 것이 네 번째 지속 가능성의 요소이자 이 책의 또 다른 부주제이다. 예를 들면 울창한 숲의 평온한 지역을 개간하는 대신에 이미 개벌되었거나 훼손된 지역에 나무를 심고 수확할 것을 약속하는 목재 회사에, 정부는 새로운 나무를 심는 데 (비용의 일부를) 보조금을 지급할 수 있다.

당신을 포함한 각 개인은 더 오래 지속되는 삶을 배우는 데 중요한 역할을 한다. 따라서 **개별적 문제**가 다섯 번째 지속 가능성의 요소이자 이 책의 또 다른 부주제다.

추가된 세 가지 지속 가능성의 원리

경제학, 정치학, 윤리학 연구로부터 지속 가능성의 원리가 추가되었다(그림 1.7).

- **전체 비용 책정**(경제학): 일부 경제학자들은 우리가 재화 및 서비스를 생산하고 사용하는 데 드는 유해 환경 비용 및 보건 비용을 시장 가격에 포함시킬 방법을 찾도록 촉구한다. **전체 비용 책정**(full-cost pricing)이라고 불리는 이 관행은 소비자에게 그들이 사용하는 재화와 서비스의 유해한 환경 영향에 대한 정보를 제공해줄 것이다.
- **상생 해법**(정치학): 정치학자들은 우리에게 환경뿐만 아니라 가장 많은 사람들에게 혜택을 줄 수 있는 협력과 타협을 바탕으로 환경 문제에 대한 **상생 해법**(win-win solutions)을 모색하도록 촉구한다.
- **후세에 대한 책임**(윤리학): 윤리는 무엇이 옳고 무엇이 그른지에 대한 생각을 집중적으로 연구하는 철학의 한 분야다. 환경윤리학자들에 따르면, 우리는 지구의 생명유지 시스템을 미래 세대와 여타 종의 이익을 위해서 물려받은 상태 또는 더 좋은 상태로 유지할 책임이 있다.

이런 여섯 가지 지속 가능성의 원리는 우리가 보다 지속 가능하게 살 수 있도록 도와주는 지침이 될 수 있다. 여기에는 생체모방을 지구로부터 더 지속 가능하게 사는 방법을 배우는 도구로 사용하는 것도 포함된다(핵심 사례 연구와 개별적 문제 1.1).

자원 사용과 이로 인한 환경 영향이 다른 국가들

유엔은 주로 1인당 평균 소득을 가지고 전 세계 국가들

그림 1.7 경제학, 정치학 및 윤리학에 기초한 세 가지 지속 가능성의 원리는 환경적으로나 경제적으로 더 지속 가능한 미래로의 전환을 도울 수 있다.

경제학
전체 비용 책정

정치학
상생 해법

윤리학
후세에 대한 책임

을 경제적으로 선진국이나 개발도상국으로 구분한다. 선진국은 1인당 평균 소득이 높은 산업화된 국가를 말하고, 미국, 일본, 캐나다, 호주, 독일 및 대부분의 유럽 국가들이 포함된다. 세계 인구의 17%를 차지하는 이들 국가는 지구 천연자원의 약 70%를 사용하고 있다. 세계 인구의 4.4%에 불과한 미국은 세계 자원의 약 30%를 사용하고 있다.

그 외의 다른 국가들은 **개발도상국**으로 분류되는데, 대부분 아프리카, 아시아, 남미의 국가들이 이에 속한다. 이들 국가 중에 중국, 인도, 브라질, 태국, 멕시코와 같은 나라들은 **중진국**이며 그 외 나이지리아, 방글라데시, 콩고, 아이티와 같은 나라들은 **저소득국가** 또는 **최빈개발도상국**이다. 세계 인구의 83%를 차지하는 개발도상국은 천연자원의 약 30%를 사용하고 있다.

1.2 우리는 어떻게 지구에 영향을 미치는가?

개념 1.2A 인간은 모든 생명과 인간 경제를 뒷받침하는 자연 자본을 유지, 증대 또는 저하시키는 힘으로 지구를 지배하고 있다.

개념 1.2B 생태 발자국이 증가함에 따라, 우리를 유지시켜주고 있는 지구의 자연 자본은 점점 고갈되고 더 저하되고 있다.

좋은 소식:
많은 사람들이 더 나은 삶의 질을 누리고 있다

만물의 영장인 인간은 지구의 생명유지 시스템을 유지시키거나 저하시킬 수 있는 대단한 힘을 가지고 있다. 예를 들어 인간은 숲을 보존할 것인지 또는 축소할 것인지 여부를 결정한다. 인간 활동은 대기 온도, 해수의 산성도와 온도 그리고 어떤 종이 생존하고 멸종하게 될 것인지 영향을 미친다. 동시에, 창의적 사고와 과학적인 연구, 시민들의 정치적 압력과 규제법 등으로 많은 사람들, 특히 선진국에 있는 많은 사람들의 삶의 질이 향상되었다.

인간은 유용한 물질과 제품들 사이에 놀라운 관계를 개발했다. 우리는 엄청난 양의 에너지를 공급하는 목재,

화석연료, 태양, 바람, 흐르는 물, 원자핵 및 지구의 열(지열에너지)을 사용하는 방법을 배웠다. 대부분의 사람들은 도시와 건물 내의 인공 환경에서 일하며 살고 있다. 우리는 인간의 두뇌 능력을 확장하기 위해 컴퓨터를 발명했고, 반복적인 업무를 정확하게 수행할 수 있는 로봇, 그리고 동시에 글로벌 커뮤니케이션이 가능한 전자 네트워크를 발명했다.

전 세계적으로 수명이 연장되고 유아사망률이 감소하고 있으며, 교육은 늘어나고, 일부 질병은 정복되고 있으며, 인구 증가율은 둔해지고 있다. 7명 중 1명은 극심한 가난에 시달리고 있지만, 우리는 인류 역사상 가장 큰 빈곤의 감소를 목격했다. 식량은 일반적으로 더 풍부하고 안전하게 공급되며, 공기와 물은 전 세계의 많은 지역에서 깨끗해지고 있고, 독성 화학물질에 대한 노출은 더 피할 수 있다. 사람들은 몇몇 멸종 위기종과 생태계를 보호했고, 초원과 습지 일부를 복원했으며 어떤 지역에서는 숲이 다시 자라고 있다.

많은 재정지원을 받은 과학 연구 및 기술 발전은 삶과 환경의 질을 향상시키는 데 도움을 주었다. 교육도 많은 시민들에게 기업과 정부가 함께 환경의 질을 개선하도록 노력해야 한다고 주장하게 했다. 우리는 보다 지속 가능한 길로의 전환을 도울 수 있는 정보에 대한 접근성이 확대되고 세계적으로 연결된 종이다.

나쁜 소식:
전체적으로, 우리는 지속 불가능하게 살고 있다

많은 과학적 증거에 의하면, 인간은 지속 불가능하게 살고 있다. 사람들은 **환경 저하**(environmental degradation) 또는 **자연 자본의 파괴**(natural capital degradation)로 알려진 과정을 통해 지속적으로 지구의 생명을 유지하는 많은 자연 자본을 낭비하고, 고갈시키며 저하시킨다(그림 1.8).

야생생물보호협회(Wildlife Conservation Society)와 컬럼비아 대학 국제 지구 과학 정보 네트워크 센터의 연구에 따르면, 생태 발자국이 지구에 영향을 미친 것처럼 인간 활동이 직접 지표면(남극 대륙 제외)의 약 83%에 영

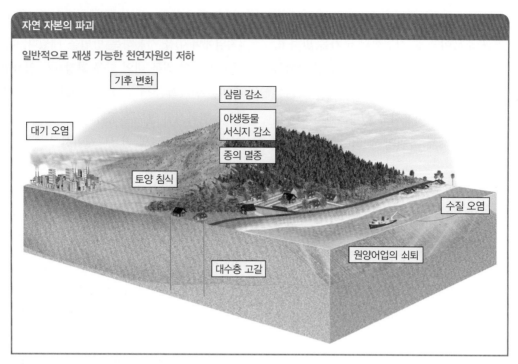

그림 1.8 자연 자본의 파괴: 인구 증가 및 1인당 자원 소비량 증가로 인해 인간 생태 발자국이 증가하면서 정상적으로 재생 가능한 천연자원과 생태계 서비스는 저하되었다(그림 1.3).

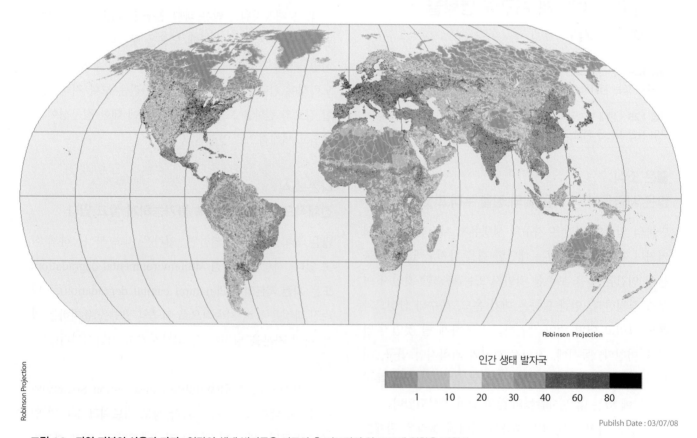

Robinson Projection

인간 생태 발자국

1   10   20   30   40   60   80

Publish Date : 03/07/08

그림 1.9 자연 자본의 사용과 파괴: 인간의 생태 발자국은 지구의 총 지표면의 약 83%에 영향을 미친다.

향을 미치고 있다(그림 1.9). 이 땅은 도시 개발, 작물 재배, 가축 방목, 광업, 목재 절단 및 에너지 생산과 같은 중요한 목적으로 사용된다.

그러나 세계 여러 지역에서 재생 가능한 산림은 줄어들고 있으며(그림 1.6), 사막은 늘어나고, 표토는 침식되고 있다. 하층 대기가 따뜻해져, 유빙과 많은 빙하가 예상하지 못한 속도로 녹고 있으며, 해수면은 상승하고 해양 산성도가 증가하고 있다. 많은 지역에서 더 강력한 홍수와 가뭄, 극심한 날씨, 그리고 산불이 나타나고 있다. 여러 지역에서 하천은 말라버렸으며, 전 세계 풍부한 산호초 중 20%가 사라지고 일부는 사라질 위기에 처하고 있다. 인류 출현 이전보다 최소 100배 이상 빠르게 종들이 멸종하고 있다. 그리고 금세기 동안 멸종률이 적어도 100배 이상 증가하여 인간 활동에 의한 여섯 번째 대멸종이 예상되고 있다.

2005년, 유엔은 95개국 1,360명의 전문가들이 4년간 연구한 새천년 생태계 평가를 발표했다. 이 연구에 따르면, 1950년 이래로 인간 활동이 지구 생태계 서비스(그림 1.3의 주황색 박스 참조)의 약 60%를 남용했다. 이 연구자들은 "인간 활동은 지구의 자연 기능에 심각한 부담을 주어 미래 세대를 지속시킬 수 있는 지구 생태계의 능력을 더 이상 당연시 할 수 없게 되었다"라고 경고했다. 그들은 또한 이들 복잡한 문제에 대한 과학적, 경제적, 정치적 해결책이 수십 년 내에 이행될 수 있을 것이라고 결론지었다. 그 연구 이후, 지구의 생태계에 대한 인간 활동의 유해한 환경 및 건강 문제가 증가했다.

일반적으로 공유할 수 있는 재생 가능 자원의 감소: 공유지의 비극

개방형 자원은 재생 가능 자원으로 누구에게 소유되어 있지 않으며 거의 모든 사람이 사용할 수 있다. 예로 대기와 대양 그리고 물고기 등이 있다. 덜 개방적이지만 종종 공유 자원의 다른 예는 초원, 숲, 하천, 대수층, 지하수 등이 있다. 이들 재생 가능 자원의 대부분은 환경 저하되어왔다. 1968년 생물학자 하딘(Garrett Hardin, 1915~2003)은 그런 퇴보를 공유지의 비극이라 일컬었다.

공유 또는 개방형 재생 가능 자원의 저하는 각 사용자가 "내가 좀 사용하거나 오염시킨대도 크게 문제될 것 없지, 어쨌든 이건 재생 가능한 자원이잖아"라는 이유로 발생한다. 사용 수준이 작을 때는 이와 같은 논리도 작동한다. 그러나 널리 이용 가능하거나 공유되는 재생 가능 자원을 이용하려는 사람이 많아지면 자원을 악화시키고, 결국은 고갈되거나 파괴될 수 있다. 그렇다면 어느 누구도 혜택을 누리지 못하고 모두가 잃어버리게 된다는 것이다. 이는 비극이다.

이런 어려운 문제를 해결할 수 있는 한 가지 방법은 공유 또는 개방형 재생 가능 자원을 예상한 지속 가능 수확량보다 훨씬 낮은 수준으로 사용하는 것이다. 이는 자원을 적게 사용하거나, 자원에 대한 접근을 규제하거나, 또는 둘 다 동시에 적용하는 것에 동의함으로써 수행된다.

또 다른 방법은 공유 재생 가능 자원을 개인 소유로 전환하는 것이다. 그 이유는 뭔가를 소유하게 되면, 자신의 투자 대상을 보호하려고 더 노력할 것이기 때문이다. 그러나 역사는 이런 것이 반드시 일어나는 것이 아니라는 것을 보여준다. 게다가 이와 같은 방법은 대기와 같이 개인 소유로 분할하거나 팔 수 없는 개방형 자원에 대해서는 실현 가능한 접근법은 아니다.

늘어나는 생태 발자국

인간 활동에 의한 환경 저하의 영향은 **생태 발자국**(ecological footprint)−지구의 천연자원, 생태계 서비스 및 생명유지 시스템에 대한 개인, 도시 및 국가의 유해한 총 환경 영향의 대략적인 척도−으로 묘사될 수 있다. **1인당 생태 발자국**(per capita ecological footprint)은 특정 지역이나 주어진 인구에서 개인의 평균 생태 발자국이다. 그림 1.9는 인간 생태 발자국이 지표면의 83%에 영향을 미친 것을 보여주며, 그림 1.10은 북아메리카의 인간 생태 발자국을 보여준다.

지속 가능성의 중요한 척도는 **생태용량**(biocapacity), 즉 **생물학적 능력**(biological capacity)으로, 이는 주어진 시간 내에 인구, 도시, 지역, 국가 또는 세계가 사용하는 재생 가능 자원을 재생성하고 해당 폐기물 및 오염을 흡

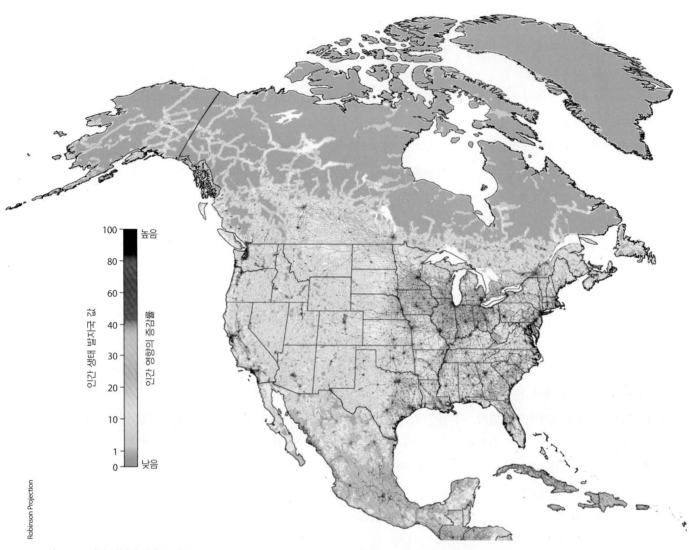

그림 1.10 자연 자본의 사용과 파괴: 북아메리카의 인간 생태 발자국. 인간 활동에 의해 영향을 받는 각 영역의 비율을 색으로 구분했다.

Compiled by the authors using data from Wildlife Conservation Society and Center for International Earth Science Information Network at Columbia University.

수하는 지역의 생태계 능력이다. 특정 지역(예: 도시, 국가 또는 세계)의 총 생태 발자국이 생태용량보다 큰 경우, 이 지역은 **생태 적자**에 있다고 한다. 그런 적자는 사람들이 그런 자본이 제공하는 재생 가능 자원과 생태계 서비스에서 벗어나 살기보다는 천연자원을 고갈시키면서 지속 불가능하게 살고 있을 때 발생한다. 그림 1.11은 생태 채무국과 채권국의 지도이다.

생태 발자국 자료와 모형은 1990년대부터 사용되어왔다. 완전하지는 않지만, 개인, 국가 및 지구 환경 영향의 대략적인 추정치를 제공한다. 2016년, 세계자연보호기금 (World Wide Fund for Nature, WWF)과 글로벌생태발

자국네트워크(Global Footprint Network)에서는 2014년 세계 평균 1인당 재생 가능 자원 소비량을 미래까지 유지하기 위해서는 1.6개의 지구가 필요하다고 추정한다. 그리고 2030년까지 2개의 지구와 2050년까지 3개의 지구가 필요할 것이라고 예상했다. 지구의 천연자원 및 생태계 서비스에 대한 현재와 미래의 차월 사용 계획 및 그에 따른 환경 저하가 차세대로 전달될 것이다.

1.6 2014년 세계 평균 1인당 재생 가능 자원 사용률을 미래까지 유지하는 데 필요한 지구의 수

Compiled by the authors using data from Global Footprint Network and WWF: *Living Planet Report 2014*.

그림 1.11 생태 채무국과 채권국. 일부 국가의 생태 발자국은 생물 다양성이 넘쳐나는 반면, 다른 국가는 생태 보호구역을 지정하고 있다. **비판적 사고:** 미국은 왜 생태 채무국이라고 생각하는가?

생태 보호구역
- ∅ < 생태용량의 50%
- ▨ > 생태용량의 50%y

생태 적자
- ▨ > 생태용량의 50%
- ▦ < 생태용량의 50%

- ⠿ 자료 부족

이 책에서 우리는 유해한 생태 발자국을 줄이고, 지구에 대항하기보다는 환경과 협력을 통해 유익한 환경 영향을 증가시키기 위해 기존 및 신기술과 경제 도구를 사용하는 방법에 대해 논의한다. 예를 들어 우리는 황폐화 된 토지에서 숲을 재분화하고 퇴화된 습지와 초원을 복구하여 종의 멸종을 방지할 수 있다.

IPAT는 또 다른 환경 영향 모형이다

또 다른 환경 영향 모형은 1970년 초반, 과학자 에를리히(Paul Ehrlich)와 홀드런(John Holdren)에 의해 개발되었다. IPAT 모형에서 인간 활동으로 인해 발생하는 환경 영향(I)은 인구(P), 부 또는 1인당 자원 소비량(A), 기술에 의한 긍정적 또는 부정적 환경 효과(T)의 세 가지 요소로 구성된다. 다음 방정식은 IPAT 모형을 요약한 것이다.

환경 영향(I) = 인구(I) × 부(A) × 기술(T)

T 요인은 해로울 수도 있고 유익할 수도 있다. 오염물 배출 공장, 기름 소모가 많은 자동차, 석탄 화력 발전소와 같은 몇몇 기술은 T 요인을 올리면서 유해한 환경 영향을 증가시킨다. 다른 기술은 T 요인을 줄임으로써 유해한 환경 영향을 줄여준다. 예를 들면 오염 제어 방지 기술, 연비 좋은 자동차, 환경 영향이 적게 전기를 생산하는 풍력 터빈과 태양 전지다. 자연 과정을 모방하는 기술(**핵심 사례 연구**)을 개발함으로써, 과학자와 공학자는 환경에 긍정적인 영향을 줄 수 있는 방법을 찾고 있으며, 이 책을 통해 그런 생체모방의 발전을 소개할 것이다.

개발도상국에서는 국가 환경 영향을 결정할 때, 인구의 규모가 부 또는 1인당 자원 소비량보다 더 중요한 요소이다. 선진국에서는 1인당 자원 소비량과 환경 친화적인 유익한 기술을 개발할 수 있는 능력이 국가의 환경 영향에 중요한 역할을 한다.

문화 변화는 생태 발자국을 줄이거나 늘일 수 있다

약 10,000~12,000년 전까지 만해도 인간은 주로 야생 동물을 사냥하거나 그들의 유해를 청소하고 야생 식물을 모아 음식을 얻은 수렵채집가였다. 수렵채집가는 소규모로 살았고, 자원을 거의 소비하지 않았으며, 소유물이 거의 없었고 생존에 필요한 충분한 식량을 찾기 위해 필요한 만큼 이동했다.

그 이후로 세 가지 주요 문화 변화가 일어났다. 첫 번째는 농업 혁명이다. 약 1만 년 전, 인간은 식량, 의류 및 기타 목적으로 동식물을 키우고 번식하는 방법을 배웠고 식량을 찾기 위해 자주 이동하는 대신 마을에 살기 시작했다. 인간들은 믿을 만한 식량원을 더 가지고, 더 오래 살았으며, 성인으로 살아남은 어린이를 더 많이 낳았다.

두 번째는 약 300년 전, 사람들이 공장에서 대량 생산을 위한 기계를 발명하기 시작한 산업 혁명이다.

많은 사람들이 농촌 마을에서 도시로 이주하여 공장에서 일했다. 이 변화는 화석연료(석탄 및 석유와 같은)로부터 에너지를 얻는 방법과 다량의 식량을 재배하는 방법을 배우는 것과 관련이 있다. 또한 점점 더 많은 사람들이 더 길고 건강한 삶을 누릴 수 있게 하는 의학적 진보와도 관련이 있다.

세 번째는 약 50년 전, 모든 종류의 정보 및 자원에 대한 신속한 접속을 위한 지구 규모의 새로운 기술을 개발하면서 정보 세계화 혁명이 시작되었다.

이 세 가지 문화 변화는 우리에게 더 많은 에너지와 새로운 기술을 제공하여 우리의 기본적인 욕구와 원하는 것을 얻기 위해 지구의 자원을 더 변화시키고 통제했다. 또한 식량 공급이 늘어나고 수명이 길어졌기 때문에 인구 증가도 가능했다. 게다가 이런 문화 변화는 더 큰 자원 사용, 오염 및 환경 저하, 생태 발자국 확대를 초래했다(그림 1.9 및 1.10).

다른 한편으로는 기술적인 도약으로 인해 우리는 에너지와 자원의 사용을 줄여, 폐기물 생산과 오염을 줄임으로써 생태 발자국을 줄일 수도 있었다. 예를 들어 에너지 효율이 높은 LED 전구, 에너지 효율이 큰 자동차와 건물, 재활용, 지속 가능한 농업, 태양 및 풍력 에너지를 사용한 전기 생산이 증가하고 있다.

많은 환경과학자들과 다른 분석가들은 새롭게 떠오르는 네 번째 큰 문화 변화의 증거로 그런 발전, 즉 금세기 동안 지속 가능하게 살아갈 수 있는 **지속 가능성 혁명**(sus-tainability revolution)이라고 본다. 이것은 모든 생명과 경제를 지원하고 우리가 저하시킨 자연 자본을 회복시켜 자연 자본의 파괴와 고갈을 피하는 것을 포함하고 있다(그림 1.3). 이런 변화는 자연이 어떻게 38억 년 이상 지속되어 왔는지를 배우고, 이 교훈을 통해 자연으로부터 생태 발자국을 줄이고 유익한 환경 영향을 증가시키는 것을 포함한다.

GOOD NEWS

1.3 무엇이 환경 문제를 일으키는가?

개념 1.3A 환경 문제를 일으키는 중요한 원인은 인구가 증가하고, 낭비적이고 지속 불가능한 자원을 사용하며, 빈곤, 시장 가격에 환경 비용을 포함하지 않으며 자연과의 조화가 줄어들기 때문이다.

개념 1.3B 환경 세계관은 우리가 지속 불가능하게 살아갈지 아니면 좀 더 지속 가능하게 살지를 결정하는 중요한 역할을 한다.

인구는 빠른 속도로 증가하고 있다

매년 2% 증가하는 인구와 같이 양적 자료가 단위 시간당 일정한 비율로 증가할 때 **지수 성장**(exponential growth)이 일어난다. 지수 성장은 처음에는 천천히 시작하지만 불과 몇 차례만 배가되어도 엄청난 수로 증가한다. 이는 매번 두 배로 증가할 때마다 이전 성장분 전체를 포함하여 배가되기 때문이다. 지수적으로 증가하는 양의 데이터를 그리면 J형 곡선이 생긴다.

지수 성장의 엄청난 힘을 보여주는 한 예로, 박테리아가 20분마다 2개의 균으로 분리되는 단순한 형태의 세균 증식을 고려하자. 하나의 박테리아로 시작하여 20분 후에 2개가 될 것이며, 1시간 후에는 8개가 될 것이다. 10시간 후 1,000개가 넘을 것이며, 단지 36시간 후에는 (번식을 방해하지 않는다고 가정할 때) 지표면 전체에 깊이 0.3 m의 박테리아 층이 형성되기에 충분할 것이다.

인구는 현재 지수적으로 성장하여 74억에 이르게 되었다(그림 1.12). 2016년에 인구 성장률은 1.21%이다. 이 성장률은 비록 작지만 세계 74억 인구에 8,970만 명이 추가되었다. 2050년까지 인구는 99억 명에 달할 것이며, 평생 25억 명이 추가될 것이다.

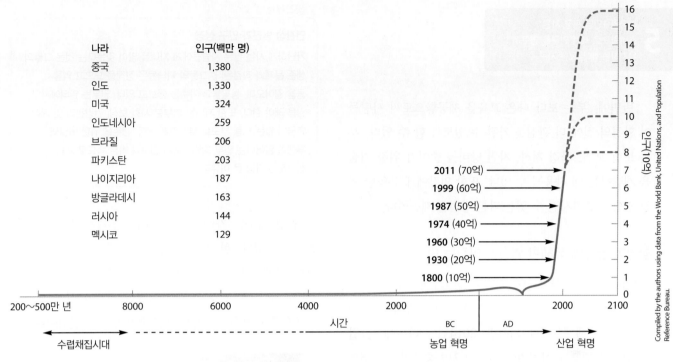

나라	인구(백만 명)
중국	1,380
인도	1,330
미국	324
인도네시아	259
브라질	206
파키스탄	203
나이지리아	187
방글라데시	163
러시아	144
멕시코	129

그림 1.12 지수 성장: J형 곡선은 과거에 지수적으로 성장한 세계 인구를 나타내며, J형 성장 곡선이 S형 곡선으로 변함에 따라 2100년에 인구의 안정화가 가능함을 보여준다. 상위 10개국(왼쪽)은 세계 인구의 거의 60%를 차지한다. **데이터 분석:** 1960~2016년 세계 인구는 몇 퍼센트 증가하는가? (그림은 비율이 맞지 않음)

Compiled by the authors using data from the World Bank, United Nations, and Population Reference Bureau.

생각해보기

> **연관성 지수 성장과 배가되는 시간: 70의 규칙**
>
> 대략적인 인구 배가 시간은 70의 규칙을 사용하여 계산할 수 있다(이 규칙은 지수적으로 증가하는 모든 양에 적용할 수 있다).
>
> 배가 되는 시간(년) = 70/연간 성장률(%)
>
> 세계 인구는 매년 약 1.21% 증가하고 있다. 이 비율이라면, 인구가 배가되는 데 얼마나 오래 걸릴까?

지구가 영구적으로 얼마나 많은 사람들을 수용할 수 있는지는 아무도 모른다. 1인당 평균 자원 소비량이 지구의 자연 자본을 얼마나 심각하게 파괴시킬지 아무도 모른다. 하지만 인류의 크고 확장된 생태 발자국과 그로 인한 자연 자본의 광범위한 파괴는 불안한 경고 신호이다(**개념 1.3A**).

일부 분석가들은 우리가 2050년까지 인구 99억 대신 80억으로 인구 증가를 둔화시킴으로써 심각한 환경 저하를 줄이기를 요구한다. 이를 위한 방법으로 6장에서 논의하게 될 경제 발전을 통한 빈곤 감소, 가족계획의 촉진 그리고 여성의 지위 향상 등을 들 수 있다.

부와 지속 불가능한 자원 사용

더 많은 사람들이 더 많은 소득을 얻음에 따라 세계적으로 증가하는 많은 소비자들의 생활양식은 늘어나는 부나 1인당 자원 소비량에 기초를 두고 있다. 개개인이 보다 지속 가능하게 살 수 없다면, 1인당 총 자원 소비량과 평균 자원 소비량이 증가할수록 환경 저하, 자원 낭비 및 오염도 증가하게 된다(**개념 1.3A**).

부가 환경에 미치는 효과는 극적이다. WWF와 글로벌생태발자국네트워크(Global Footprint Network)는 세계 인구의 4.4%에 불과한 미국이 전 세계 생태 발자국의 약 23%를 차지하고 있다고 추정한다. 미국의 평균 개인 소비량은 인도의 약 30배이며, 세계에서 가장 가난한 나라의 100배나 된다. WWF는 모든 사람이 재생 가능 자원을 2014년 평균 미국인과 같은 비율로 사용한다면 세계 인구를 영구히 유지하기 위해서는 5개 상당의 지구가 필요하다고 예상했다.

반면에, 부는 보다 나은 교육을 제공함으로써 사람들이 환경의 질에 더 관심을 가질 수 있도록 할 수 있다. 부는 또한 오염, 환경 저하, 자원 낭비를 줄이기 위한 기술을 개발하는 데 사용될 수 있다. 또한 인간에게 유익한 환경 영향을 증가시킬 수 있는 다른 방법을 제공한다.

환경과 건강에 유해한 영향을 미치는 빈곤

빈곤(poverty)은 사람들이 충분한 음식과 물, 주거지, 의료, 교육에 대한 그들의 기본적인 욕구를 충족시킬 수 없는 상태다. 세계은행에 의하면, 2014년에 하루에 3.1달러 이하로 힘겹게 살아가는 사람이 3명 중 1명, 즉 25억의 인구가 고통을 겪고 있다고 했다. 또한 세계은행에 따르면 미국 인구의 거의 3배에 달하는 9억 명에 달하는 사람들이 하루에 1.9달러 이하의 **극심한 빈곤상태**에서 살고 있다고 한다. 많은 사람들이 물 한 병이나 커피 한 잔 값보다 적은 돈으로 살고 있다. 당신은 이렇게 살 수 있는가? 반면 극심한 빈곤상태에서 살고 있는 전 세계 인구 비율은 1981년 52%에서 2014년에는 14%로 감소했다.

빈곤은 환경과 건강에 여러 유해한 영향을 끼친다(**개념 1.3A**). 세계에서 가장 가난한 사람들의 일상생활은 살기 위해 필요한 음식과 물, 요리와 난방을 위한 연료를 얻는 데 주력하고 있다. 이들은 당장의 생존이 너무 절박하여 장기적인 환경의 질이나 지속 가능성에 대해 걱정할 수 없다. 따라서 이들은 생존을 위해 총체적으로 숲, 토양 및 초원을 약화시키고 어장과 야생 생물의 개체를 고갈시킬 수 있다.

빈곤이 항상 환경 저하로 이어지는 것은 아니다. 일부 가난한 사람들은 장단기 생존 전략의 일부로 그들이 의존하는 토양을 보존하고 나무를 심고 키움으로써 유익한 환경 영향을 증가시킨다.

생각해보기

연관성 빈곤과 인구 성장

가난하게 사는 많은 사람들에게 자녀를 많이 갖는다는 것은 그들의 생존 문제와 직결된다. 그들의 자녀들은 장작을 모으고 먹을 물을 길어오며, 농작물과 가축을 돌보고 있다. 일부는 일터에서 일을 해야 한다. 또한 자녀는 대부분 사회 보장, 건강관리 및 퇴직 연금이 없는 노령 부모를 부양하게 된다. 생존을 위한 매일의 투쟁이 일어나는 일부 최빈국에서 인구가 빠른 속도로 계속 성장하는 가장 큰 이유다.

환경 저하는 가난한 사람들에게 건강상 심각한 영향을 줄 수 있다. 한 가지 문제는 건강에 필요한 단백질과 다른 영양소 부족으로 생명을 위협하는 **영양실조**다(그림 1.13). 또 다른 건강 문제는 적절한 위생 시설과 깨끗한 음용수를 이용할 수 없기 때문에 발생하는 질병이다. 세

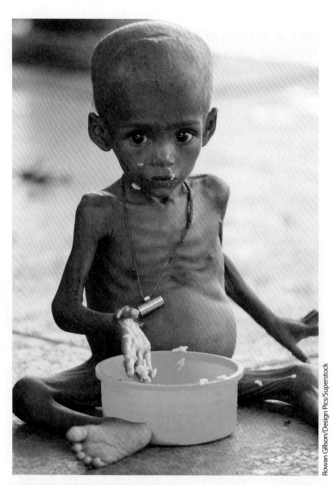

그림 1.13 방글라데시의 굶주리는 어린이와 같이 개발도상국에서는 5세 미만의 어린이 3명 중 1명이 칼로리와 단백질 부족으로 인한 심각한 영양실조로 고통 받고 있다.

Rowan Gillson/Design Pics/Superstock

계 인구의 1/3 이상이 변변한 화장실이 없으며, 뒤뜰, 골목길, 도랑과 하천을 사용해야 한다. 결과적으로, 전 세계 인구의 9명 중 1명은 먹고 씻고 요리하는 데 필요한 물을 사람과 동물의 배설물에 의해 오염된 곳에서 얻게 된다. 많은 가난한 사람들에게 또 다른 건강 문제는 주로 난방과 요리에 사용되는 덮개 없는 화로나 환기가 불량한 스토브에서 발생하는 연기로 인한 실내 대기 오염이다(그림 1.14). 세계보건기구(WHO)에 따르면, 실내 대기 오염으로 인해 저개발국에서 매년 약 430만 명이 목숨을 잃는다고 한다.

2010년 세계보건기구는 빈곤과 관련된 대부분의 요인으로 인해 매년 5세 미만의 어린이 700만 명(하루 평균 19,000명)이 목숨을 잃는다고 추정했다. 이것은 '승객 200명을 가득 태운 여객기 95대가 매일 충돌사고로 전원 사망'하는 것과 같다. 뉴스 매체는 이렇게 계속 일어나는 인류의 비극을 거의 보도하지 않는다.

생각해보기

빈곤, 부 그리고 환경 문제
어떤 사람들은 개발도상국가의 급속한 인구 증가가 환경 문제의 주요인이라고 생각한다. 또 다른 사람들은 선진국의 높은 1인당 자원 소비량이 더 중요한 요인이라고 말한다. 어떤 요인이 더 문제라고 생각하는가? 그 이유를 설명하라.

유해 환경 비용과 보건 비용이 포함되지 않은 재화와 서비스 가격

환경 문제의 또 다른 근본 원인은 재화와 서비스가 어떻게 시장에서 가격이 이루어지는가와 관련이 있다(**개념 1.3A**). 소비자에게 재화를 공급하기 위해 자원을 사용하는 회사는 일반적으로 그런 상품을 제공하기 위해 발생하는 유해 환경 비용과 보건 비용을 지불하도록 요구받지 않는다. 예를 들어 목재 회사는 숲을 개벌하는 데에는 비용을 지불하지만 이로 인해 발생하는 환경 저하와 야생 생물 서식지의 손실에 대해 비용을 지불하지 않는다.

회사의 첫 번째 목표는 소유주 또는 주주들을 위해 이윤을 극대화하는 것이므로 이런 비용을 자발적으로 가격에 추가하는 경향은 없다. 재화와 서비스의 가격에는 유해 환경 비용과 보건 비용을 대부분이 포함하고 있지 않기 때문에 소비자와 의사결정권자는 이런 유해한 영향을 평가할 효과적인 방법이 없다.

또 다른 문제는 정부가 회사에게 그들의 사업을 운영하면서 자원을 사용하는 것을 돕는 세금우대나 지불금과 같은 **보조금**을 주는 것이다. 보조금은 일자리를 창출하고 경제를 활성화하는 데 도움을 주지만 환경적으로 유해한 보조금은 오히려 자연 자본의 고갈과 파괴를 조장하게 된다.

환경경제학자들에 의하면, 재화와 서비스에 유해 환경 비용과 보건 비용을 시장 가격에 포함시키거나, 모든 경제를 지탱하고 있는 자연 자본에 금전적 가치를 부여한다면 우리는 유익한 환경 영향을 증가시킬 수 있으며 보

Ted Spiegel/National Geographic Creative

그림 1.14 덮개 없는 화로와 환기가 불량한 스토브로 인한 실내 대기 오염은 개발도상국의 많은 가난한 사람들의 건강을 위협하는 주요인이다.

다 더 지속 가능하게 살 수 있다고 한다. 이런 유해 환경 비용과 보건 비용을 모두 포함하는 전체 비용 책정은 강력한 경제 도구이자 여섯 가지 지속 가능성의 원리 🌿 중 하나가 된다.

경제학자들은 향후 20년에 걸쳐 전체 비용 책정을 구현하는 두 가지 방법을 제안한다. 하나는 환경적으로 유해한 정부 보조금을 자연 자본을 유지하거나 회복시키는 유익한 보조금으로 전환하는 것이다. 환경적으로 유익한 보조금의 한 예로 지속 가능한 산림 경영, 저하된 토양에 다시 이식, 지속 가능한 농업, 풍력 및 태양력을 이용한 발전시설에 대한 보상금을 들 수 있다. 전체 비용 책정의 두 번째 방법은 오염과 폐기물에는 중세를 가하고 소득과 부에 대한 세금은 줄이는 것이다. **보조금 변화와 세금 변화**는 17장에서 논의한다.

사람들은 점점 자연으로부터 고립되고 있다

오늘날 전 세계 인구의 절반 이상과 선진국에서는 4명 중 3명이 도시 지역에 거주하고 있으며, 시골에서 도시로의 생활 전환이 빠른 속도로 진행되고 있다. 도시의 생활환경과 휴대 전화, 컴퓨터 및 기타 전자 장치의 사용 증가로 사람, 특히 어린이들이 자연 세계로부터 멀어지고 있다.

어떤 이들은 이것이 **자연 결손 장애** 현상을 일으킨다고 주장하는데, 이 장애가 있는 사람은 스트레스, 불안, 우울증 및 기타 문제로 고통 받을 수 있다. 연구에 따르면 자연을 체험하고 접하는 것은(1장 도입부 사진 참조) 스트레스를 줄이고 정신력을 향상시키며 상상력과 창조력을 활성화시키고 건강을 향상시킬 수 있다. 또한 사람들이 자연으로부터 격리되면 자연의 영향을 인식하지 못하기 때문에 해로운 환경 영향을 줄이는 방식으로 행동할 가능성이 적다는 것을 보여준다(**개념 1.3A**).

환경 세계관

환경 문제가 지속되는 또 다른 이유는 지구 환경 문제의 본질과 심각성뿐 아니라 이에 대한 해결법이 사람마다 다르기 때문이다(**개념 1.3B**). 이런 차이는 주로 환경 세계관의 차이로 발생한다. **환경 세계관**(environmental worldview)은 자연 세계가 어떻게 작동하며, 어떻게 환경과 상호작용해야 한다고 생각하는 일련의 가정과 가치로 이루어져 있다.

환경 세계관은 부분적으로는 **환경 윤리**(environmental ethics)에 의해 결정되는데, 환경윤리는 어떻게 우리가 환경을 다루는 것이 옳고 그른지에 대한 믿음이다. 다음은 환경과 관련된 중요한 윤리적 질문이다.

- 우리는 왜 환경에 관심을 가져야 하는가?
- 우리는 지구에서 가장 중요한가, 아니면 단지 지구의 다른 수백만 생물종의 하나일 뿐인가?
- 우리는 인간 활동이 다른 종들을 멸종시키지 않는다는 것을 알아야 할 의무가 있는가? 그렇다면 우리는 모든 종을 다 보호해야 하는가 아니면 일부 종이면 되는가? 우리 사회는 보호해야 할 종과 아닌 종을 어떻게 결정해야 하는가?
- 우리는 미래 세대에게 최소한 우리가 물려받은 상태 또는 더 좋은 상태로 자연계를 전달할 윤리적 의무가 있는가?
- 모든 사람들은 인종, 성, 나이, 출생지, 소득, 사회 계급이나 기타 요인에 관계없이 환경 위험으로부터 동등한 보호를 받을 자격이 있는가?
- 개인과 사회 전체가 보다 지속 가능한 삶을 추구해야 하는가? 그렇다면 어떻게 해야 하는가?

생각해보기

> **우리의 책임**
> 위의 질문에 대한 여러분의 답은 무엇인가? 여러분의 대답을 강의를 듣고 있는 친구들과 비교해 보라. 여러분의 생각을 기록했다가 이 과목을 마칠 때 다시 이 질문에 대한 여러분의 생각이 바뀌었는지 보라.

환경 세계관에 대해 폭넓은 차이를 사람들은 논리적으로는 자신의 세계관과 일관된 자세로 동일한 자료를 사용한다 하더라도, 그런 질문에 대해 상당히 다른 결과에 도달하게 된다. 이는 서로 다른 가정과 도덕적, 윤리적 또는 종교적 신념으로 시작하기 때문이다. 환경 세계관은

생체모방 원리

재닌 베니어스(개별적 문제 1.1)는 "생명체는 삶에 도움이 되는 조건을 스스로 만들어낸다"고 생체모방 연구에서 밝혔다. 그녀는 다음과 같은 질문을 통해 우리가 생산하고 사용하는 재화와 서비스를 평가할 것을 요구한다. 자연이 할 수 있는 것인가? 생명을 유지하는 데 도움이 되는가? 그것이 지속될 것인가?

베니어스는 생체모방을 세 단계로 인지한다. 첫 번째는 고래의 지느러미나 새의 날개와 같이 종의 장기 생존을 향상시킨 것으로 여겨지는 종의 특징을 모방하는 것이며, 두 번째는 한 걸음 더 나아간 단계로 종의 과정을 모방하는 것이다. 예를 들어 종들이 독소를 생산하거나 사용하지 않으면서 장기간 생존에 유리한 껍질과 깃털을 생성하듯이 제품을 제조하는 데 고온 또는 고압 공정을 거치지 않는 것이다. 세 번째는 심화 단계로 산림과 산호초와 같이 자연 생태계의 유리한 환경 효과와 장기적인 생존 전략을 모방하는 것이다.

1997년 이래로, 생체모방 분야에서 일하는 과학자와 공학자 및 다른 사람들은 지구상의 생명이 수십억 년 동안 유지되어온 몇 가지 원칙을 밝혀내었다. 그들은 다음과 같은 생명을 발견했다.

- 햇빛 아래 활동한다.
- 에너지를 낭비하지 않는다.
- 변화하는 환경 조건에 적응한다.
- 개체 수 조절 및 적응을 위한 생물 다양성에 의존한다.
- 한 유기체의 배출 물질이 다른 유기체의 자원이 되므로 낭비가 없다.
- 스스로 환경을 오염시키지 않는다.
- 지구의 화학적 순환에 의해 재생할 수 없는 화학물질을 생성하지 않는다.

자연에서 배우고 그런 원리를 적용함으로써 혁신적인 과학자와 공학자 및 기업가는 미래까지 인류와 경제를 부유하게 하고 지속될 수 있도록 친환경 재화와 서비스, 수익성 높은 사업을 창출함으로써 **생체모방 혁명**을 선도한다.

비판적 사고

이런 생체모방 원리 중 어느 것이 당신 인생에서 따라 다니는가? 이들 원리를 모두 지키면 당신의 생활방식은 어떻게 바뀔 수 있을까? 당신은 이 원리를 거부하겠는가? 받아들이겠는가? 그 이유를 설명하라.

17장에서 상세히 논의하며, 여기서는 간략히 소개한다.

환경 세계관에는 인간 중심, 삶 중심, 지구 중심의 세 가지 주요 범주로 나눌 수 있다. **인간 중심 환경 세계관**(human-centered environmental worldview)은 자연 세계를 주로 인간 삶의 지원 시스템으로 보고 있다. 이 세계관은 행성 관리 세계관과 집사 세계관으로 나눌 수 있다. 두 세계관 모두 인간은 자연으로부터 분리되어 자연을 책임져야 하며 인간을 위해 지구를 관리해야 한다고 주장한다. 또 천연자원이나 생태계 서비스를 저하시키거나 고갈시키면 우리는 대체물을 찾기 위해 기술 대안을 사용할 수 있다고 주장한다. 집사 세계관은 사람들이 현재와 미래의 인간 세대를 위해 행성을 돌보는 책임자, 즉 관리자가 될 책임이 있다고 덧붙인다.

생명 중심 환경 세계관(life-centered environmental worldview)에 따르면, 모든 종은 잠재적으로나 실제적으로나 관계없이 사회에 대한 그들의 생태적 역할을 수행함으로써 가치가 있다. 결국 종은 모두 멸종하게 된다. 그러나 생명 중심 환경 세계관을 가진 대부분의 사람들은 각의 종이 모든 생명을 유지하는 생물권의 고유한 부분이므로 인간 활동이 종의 멸종을 부추기지 말아야 한다고 생각하고 있다.

지구 중심 환경 세계관(earth-centered environmental worldview)에 따르면, 인간은 자연에 의존하는 자연의 일부이며, 지구의 자연 자본은 인간뿐만 아니라 모든 종을 위해 존재한다고 한다. 이런 관점에서 보면, 우리의 경제적 성공과 함께 장기적으로 생존하고 있는 우리의 문화와 종 그리고 다른 많은 종으로 이루어진 지구상의 생명체가 어떻게 수십억 년 동안 지속되어 왔는지를 배우고(그림 1.2), 자연으로부터 배울 점(핵심 사례 연구와 과학적 핵심 1.1)을 사람들이 생각하고 행동하는 방식으로 적용하는 것이다.

미국 내 환경보전과 보호 증가

1600년대 초 유럽 식민지 개척자들이 북미에 도착했을 때 아메리카 대륙 원주민들은 수천 년 동안 지속 가능하게 살고 있었다. 식민지 개척자들은 북아메리카를 무한

한 자원을 가지고 있는 정복해야 할 황무지로 인간을 위해 관리해야 하는 땅으로 여겼다. 정착민들이 대륙을 가로 질러 퍼져 나가면서, 산림을 개간하여 촌락을 이루고, 초원을 갈아 농작물을 심고, 금, 납 및 기타 광물을 채취했다.

1864년에, 과학자이자 버몬트 의회 의원인 조지 퍼킨스 마시(George Perkins Marsh)는 미국의 자원이 무한하다는 생각에 의문을 제기했다. 그는 과학적 연구와 사례 연구를 통해 과거 문명의 부상과 쇠퇴가 토양, 물 공급 및 기타 자원의 사용과 오용에 어떻게 연관되어 있었는지를 보여주었다. 마시는 미국 내 환경 보전 운동의 창시자 중 한 사람이다.

20세기 초반, 이 운동은 모든 미국 시민들이 공동 소유한 공영 토지를 사용하는 방법에 대한 이견으로 두 개의 파벌로 나뉘어졌다. 자연주의자인 존 뮤어(John Muir, 1838~1914)(그림 1.15)가 이끄는 **보전주의자**들은 일부 공공 토지를 황무지 그대로 유지하여 영구히 보전될 수 있기를 바랐다. 루스벨트(Theodore Roosevelt, 1858~1919; 애칭은 테디) 대통령(그림 1.16)과 미국 초대 산림청장 핀쇼(Gifford Pinchot)에 의해 추진된 **보존주의자**들은 모든 공공 토지는 사람들에게 주로 자원을 제공하기 위해 현명하고 과학적으로 관리되어야 한다고 주장했다.

야생 생물 관리자, 교수이자 작가인 레오폴드(Aldo Leopold, 1887~1948)(그림 1.17)는 보존주의자 관점에서 교육을 받았지만 보전주의자로 전향했다. 그는 임업, 토양 보전, 야생 생물 생태 및 야생환경보호의 개척자가 되었다. 1935년, 그는 미국 야생 환경학회를 설립하는 데 도움을 주었다. 특히 1949년에 그의 저서인 《모래 군의 열두 달(Sand County Almanac)》을 통해 환경 윤리 분야의 초석을 마련했다. 그는 인간이라는 종의 역할은 자연을 정복해서는 아니 되며 보호해야 한다고 주장했다.

20세기 후반에는, 지구의 공기, 물, 토양의 질과 야생 생물의 보전을 포함하여 자원 보존의 개념이 넓어졌다. 그런 노력에 있어 저명한 개척자는 생물학자 카슨(Rachel Carson, 1907~1964)(그림 1.18)이며, 그녀의 저서 《침묵의 봄(Silent Spring)》이 1962년에 출판되었다. 그녀의 책은 DDT와 같은 살충제의 광범위한 사용으로 공기, 물

그림 1.15 환경보존운동가인 존 뮤어는 1964년까지 입법화되지 않았던 황무지를 국가의 공공 토지로 지정해야 한다고 촉구했다. 1890년에는 요세미티를 국립공원으로 지정하는 데 기여했고, 1892년에 시에라클럽(민간 환경운동단체)을 설립했다. 시에라클럽은 오늘날 환경을 위해 일하는 정치적 힘이 되고 있다.

그림 1.16 루스벨트가 대통령이 될 때까지 연방의 땅 위 숲과 야생동물은 효과적인 보호를 받지 못했다. 그의 임기(1901~1909)는 **자연보호의 황금시대**라 불렸다. 그는 36개의 국립 야생동물보호구역을 설립했고 국가 삼림보호구역의 크기를 3배 이상 늘렸다.

및 야생 동물이 오염되었음을 서술했다. 이 영향력 있는 책은 오염 문제에 대한 대중의 인식을 높였으며, 몇몇 위험한 살충제의 규제를 이끌어냈다.

1940~1970년 미국은 급속한 경제 성장과 산업화를 겪었다. 산업화의 부산물은 대기와 수질 오염의 증가 그리고 고형 및 유해 폐기물의 큰 증가로 나타났다. 많은 도시에서 대기 오염이 너무 심해 운전자는 주간에 헤드라이트를 사용해야 했다. 매년 수천 명이 대기 오염의 해로운 영향으로 사망했다. 오하이오 주 클리블랜드를 거치며 이어지는 쿠야호아 강이 기름과 다른 가연성 오염물질로 오염되어 여러 차례 화재를 일으켰다. 1969년에 캘리포니아 해안에 끔찍한 기름 유출사건이 발생했다. 흰머리수리, 회색 곰, 미국흰두루미, 송골매와 같이 잘 알려진 야생생물종들이 위험에 처하게 되었다. 이들 문제에 대한 각성이 증가하면서 미국 국민들은 정부의 조치를 요구했다. 첫 번째 지구의 날인 1970년 4월 20일, 2,000개 이상의 미국 지역 사회와 대학 캠퍼스에 2,000만 명 이상이 집회에 참석하여 환경 품질 개선을 요구했다. 지구의 날과 그로 인한 상향식 정치 압력 때문에 미국 정부는 1970년에 환경보호국(Environmental Protection Agency, EPA)을 설립했고 그 시기에 미국의 환경법이 대부분 통과되고 정착되었다. 이 기간은 환경의 **10년**으로 알려지게 되었다.

1970년 이래 많은 풀뿌리 환경 단체들이 환경 위협에 대처할 수 있도록 도움을 주었다. 많은 대학 캠퍼스에서 환경 문제에 대한 관심이 커졌으며, 그 결과 환경과학 및 환경 연구 과정과 프로그램이 늘어났다. 게다가 비판적이며, 복잡하고, 보이지 않는 많은 환경 문제에 대한 인식이 높아졌다. 환경 문제는 생물 다양성에 대한 위협, 지하수 공급 부족 (대수층 고갈), 해양온난화와 산성화, 지구 대기온난화 및 기후변화를 포함한다.

1980년대에는 일부 기업 총수, 지주 그리고 연방정부의 자금 지원이 거의 없거나 전혀 없이 환경법과 규제를 이행해야 하는 것에 분개한 주정부 및 지방 정부 공무원들의 반발이 있었다. 그들은 환경법이 경제 성장을 저해하고 사유 재산권과 일자리를 위협하고 있다고 주장했다. 1980년 이래 그들은 1970년대에 통과된 많은 환경법을 약화시키거나 폐지하고 EPA를 없애기 위해 노력했다. 1980년대 이래로 환경 운동가와 지지자들은 중요한 환경

그림 1.17 레오폴드는 환경윤리학의 선구자로, 그의 책인 《모래 군의 열두 달》은 현대 환경 보전과 환경 운동에 영감을 불어넣었다.

그림 1.18 카슨은 광범위한 살충제 사용으로 인한 해로운 영향을 경고했다. 많은 환경 사학자들이 미국 현대 환경 운동의 시작으로 카슨의 모닝 콜(wake-up call)을 이야기한다.

법이 약화되거나 폐지되는 것을 막기 위해 많은 시간과 자원을 소비해야 했다.

1.4 환경적으로 지속 가능한 사회란 무엇인가?

개념 1.4 지속 가능하게 살아가는 것은 자연 자본의 고갈이나 질적 저하 없이 지구의 자연 소득만을 의지하며 살아가는 것을 의미한다.

자연 자본을 보호하고 자연 소득에 의지하여 살아가는 것

환경적으로 지속 가능한 사회(environmentally sustainable society)는 자연 자본을 보호하고 자연 소득에 의지하며 살아가는 것이다. 이는 미래 세대의 기본적 요구를 충족시키기 위한 능력을 손상시키지 않으면서 그 사회 구성원들의 현재와 미래의 기본 자원 요구를 만족시키는 것이다. 이것은 윤리적 지속 가능성의 원리 🌱와 부합한다.

100만 달러의 복권에 당첨되었다고 상상해보자. 당신이 이 돈(당신의 자본)을 투자하여 1년에 10%의 이윤을 얻는다고 가정하자. 단지 이자나 자본 소득만으로 살아간다면, 당신은 지속 가능한 연간 소득이 10만 달러가 된다. 당신은 자본을 잠식하지 않고 영구적으로 매년 10만 달러를 지출할 수 있다. 그러나 소득보다 꾸준히 지출하면 자본은 고갈된다. 심지어 이자를 모으면서 연간 1만 달러만 쓰더라도 18년이 되는 해에 당신은 파산하고 말 것이다.

오래된 교훈이 있다. '당신의 자본을 쓰지 말고 자본이 주는 소득만으로 살아라.' 당신이 자본을 고갈시키거나 낭비한다면 지속 가능한 생활에서 지속 불가능한 생활로 옮겨지게 될 것이다.

같은 교훈이 지구의 자연 자본(그림 1.3)을 사용하는 데도 적용된다. 이 자연 자본은 현재와 미래의 사람들과 지구의 다른 모든 종이 이용할 수 있는 천연자원과 생태계 서비스에 대한 글로벌 신탁기금이다. '지속 가능하게 산다'는 것은 식물, 동물, 토양, 청정한 공기, 깨끗한 물과 같이 지구의 자연 자본이 제공하는 재생 가능한 **자연 소득**(natural income)을 이용하여 생활하는 것을 의미한다. 이 자연 소득을 공급하는 지구의 자연 자본을 보존하고 보충함으로써 사람들은 생태 발자국을 줄이고 유익한 환경 영향을 확대할 수 있다(**개념 1.4**).

이 책을 쓰는 우리의 목적 중 하나는 우리가 보다 지속 가능하게 살 수 있는 방법에 대한 현실적인 비전을 제시하는 것이었다. 우리는 이 비전으로 하여금 두려움, 우울함, 운명을 고정시키는 것이 아니라, 지구가 삶과 인간 경제를 어떻게 유지하는 방법과 활력 있고 현실적인 희망에 관한 교육을 제공하는 데 기초를 두고 있다.

핵심 주제

- 태양과 기타 재생 가능 에너지원의 에너지를 더 많이 의존하며, 자연 자본의 보존을 통해 생물 다양성을 지키고, 지구의 중요한 화학적 순환을 방해하지 않음으로써 보다 지속 가능한 미래를 보장할 수 있다.

- 보다 지속 가능한 미래를 달성하기 위한 주요 목표는 재화와 서비스의 시장 가격에 유해 환경 비용 및 보건 비용을 포함시키는 전체 비용 책정이다.

- 환경 문제에 대한 상생 해법을 찾고 지구의 생명유지 시스템을 우리가 물려받은 상태 또는 더 좋은 상태로 유지한다면, 자신과 미래 세대에 도움이 된다.

지구와 지속 가능성으로부터 배우기

유일하고 진정으로 지속 가능한 시스템인 지구가 행성의 환경 조건에 있어서 과도하고 장기적인 변화가 있었음에도 어떻게 38억 년 동안 놀라운 생물 다양성을 유지했는지 이해함으로써 자연으로부터 배운 핵심 사례 연구를 통해 이 장을 열었다. 대답의 일부는 우리의 경제와 사회 시스템의 설계 및 관리, 그리고 개인 생활양식에 여섯 가지 지속 가능성의 원리를 적용하는 방법을 배우는 것이다 (그림 1.2 및 1.7 참조).

우리는 빠르게 증가하는 생물 다양성의 손실을 늦추고, 폐기물 및 오염물질의 생산을 크게 줄이며, 보다 지속 가능한 에너지원으로 전환하고, 보다 지속 가능한 형태의 농업과 토지 및 물 사용을 촉진하기 위해 그런 전략을 사용할 수 있다. 또한 이들 원칙을 사용하여 빈곤을 크게 줄이고 인구 성장을 늦출 수 있다.

당신은 인류가 보다 지속 가능한 미래를 창출할 것인지 또는 더 이상 환경 파괴와 혼란으로 지속 불가능한 길로 나아갈지를 결정하는 데 중요한 역할을 할 21세기 전환기 세대의 일원이다. 우리를 살게 하고 경제를 지원하는 지구와 더욱 지속 가능한 관계를 발전시키기 위해 애쓰고 있기 때문에 살아 있는 것은 대단히 흥미롭고 도전적인 시간이다.

Pecold/Shutterstock.com

복습

핵심 사례 연구

1. 지속 가능성이란 무엇인가? 생체모방이란 무엇인가? 지구로부터 배우는 것이 왜 좀 더 지속 가능한 방법을 배우는 중요한 열쇠가 되는지 설명하라.

1.1절

2. 1.1절의 세 가지 핵심 개념은 무엇인가? 환경을 정의하고 환경과학, 생태학, 환경보호주의(환경 운동)를 구분하라. 종(species)을 정의하라. 생태계란 무엇인가? 태양 에너지, 생물 다양성, 영양물질과 화학적 순환(영양염 순환)을 정의하라. 그리고 그들이 왜 지구상의 생물에게 중요한지 설명하라.

3. 자연 자본을 정의하라. 천연자원을 정의하고 무한 자원과 재생 가능 자원, 재생 불가능(유한) 자원을 구분하라. 지속 가능 생산량은 무엇인가? 생태계 서비스를 정의하고 그 예를 두 가지 제시하라. 자연 자본을 어떻게 저하시키는지 세 가지 예를 들어보라. 환경 문제 해결책을 찾기 위해 어떻게 절충할 것인지 설명하라. 우리가 직면한 환경 문제를 다루는 데 개별적 문제가 왜 중요한지 설명하라. 경제적, 정치적, 윤리적 지속 가능성의 원리는 무엇인가? 전체 비용 책정은 무엇이며 그것이 왜 중요한가? 생체모방 분야가 크게 성장할 수 있도록 장려한 베니어스(Janine Benyus)의 역할을 설명하라.

4. 선진국과 개발도상국을 정의하고 구분하라. 고소득, 중소득 및 저소득 국가의 예를 각각 들어라.

1.2절

5. 1.2절의 두 가지 핵심 개념은 무엇인가? 인간은 삶의 질을 어떻게 개선했는가? 인간의 삶은 지속 가능할 수 없는가? 환경 저하(자연 자본의 파괴)를 정의하고 세 가지 예를 제시하라. 인간 활동으로 인해 지구의 자연 또는 생태계 서비스가 몇 %나 저하되었는가? 공유지의 비극

은 무엇이며 이에 대응할 수 있는 두 가지 방법은 무엇인가?

6. 생태 발자국이란 무엇인가? 1인당 생태 발자국은 무엇인가? 생태용량 또는 생물학적 능력은 무엇이며, 생태 적자란 무엇인가? 생태 발자국의 개념을 이용하여 우리가 얼마나 지속 불가능하게 살고 있는지 설명하라. 환경 영향을 추정하기 위한 **IPAT** 모형은 무엇인가? 지난 10,000년에 걸쳐 일어난 세 가지 주요 문화 변화가 어떻게 우리의 전반적인 환경 영향을 증가시켰는지 설명하라. **지속 가능성 혁명**은 어떤 것을 포함하고 있는가?

1.3절

7. 1.3절의 두 가지 핵심 개념은 무엇인가? 우리가 직면한 환경 문제의 다섯 가지 근본 원인은 무엇인가? **지수 성장**이란 무엇인가? **70의 규칙**이란 무엇인가? 현재 인구는 얼마인가? 매년 얼마나 많은 인구가 추가되는가? 2050년에 세계 인구는 얼마나 많아질 것으로 추정하는가? 부가 잠재적으로 미치는 유해한 환경 영향과 유익한 환경 영향을 요약하라.

8. **빈곤**이란 무엇인가? 세 가지 유해한 환경과 보건 영향은 무엇인가? 하루에 1.9달러에 해당하는 삶으로 고통을 받고 있는 사람이 전 세계 몇 %나 되는가? 하루에 3.1달러로 살아가는 사람이 몇 %인가? 빈곤과 인구 성장은 어떻게 연결되어 있는가? 많은 가난한 사람들이 직면하고 있는 세 가지 주요 보건 문제를 나열하라.

9. 재화와 서비스 가격에 유해한 환경 및 보건 비용을 포함하지 않는 것이 우리가 직면한 환경과 보건 문제에 어떻게 영향을 주는지 설명하라. 정부 보조금과 자원 사용, 환경 저하에는 어떤 관련이 있는가? 시장 가격에 재화와 서비스의 유해한 환경과 보건 비용을 포함시키는 두 가지 방법은 무엇인가? 자연과 고립이 늘어남에 따라 자연 자본의 중요성을 인지 못함과 자연에 대한 지식 부족이 우리가 직면한 환경 문제를 얼마나 강화시킬 수 있는지 설명하라. **환경 세계관**은 무엇인가? **환경 윤리**란 무엇인가? 환경과 관련된 다섯 가지 주요 윤리적 질문은 무엇인가? 인간 중심, 생명 중심, 지구 중심 환경 세계관을 구별하라. 생체모방의 세 가지 단계는 무엇인가? 생체모방의 일곱 가지 핵심 원리를 나열하고 미국에서 환경 보전과 보호 증가를 요약하라.

1.4절

10. 1.4절의 핵심 개념은 무엇인가? **환경적으로 지속 가능한 사회**란 무엇인가? **자연 소득**이 무엇이며 그것이 지속 가능성과 어떻게 연관되어 있는가? 1장의 세 가지 핵심 주제는 무엇인가?

참고 : 핵심 용어는 고딕체로 표기하였다. 이 용어의 의미를 아는 것은 여러분이 이수하는 과정에서 도움이 될 것이다.

비판적 사고

1. 생체모방이 왜 그렇게 중요한가? 유익한 목적으로 흉내 낼 수 있다고 생각되는 자연의 예를 찾으라. 그 목적과 생체모방이 어떻게 적용될 수 있는지 설명하라.

2. 당신의 생활방식에서 가장 환경적으로 지속 불가능한 세 가지 요소는 무엇이라 생각하는가? 여섯 가지 지속 가능성의 원리(그림 1.2 및 1.7)를 적용하여 생활방식을 보다 환경적으로 지속 가능하게 하는 두 가지 방법을 나열하라.

3. 다음 각 활동에 대해 세 가지 과학적 지속 가능성의 원리 중 하나 이상을 명시하라. (a) 알루미늄 캔 재활용 (b) 기계 대신 갈퀴를 사용하여 낙엽 치우기 (c) 차보다 걷거나 자전거 타기 (d) 물건을 살 때 장바구니 사용 (e) 초원 또는 다른 저하된 생태계 복원을 돕는 자원 봉사

4. 다음과 같은 제안에 동의 또는 동의하지 않는 이유를 설명하라.

   a. 더 많은 소비자가 없으면 경제 성장이 멈출 수 있으므로 인구 안정화는 바람직하지 않다.

   b. 우리는 기술을 사용하여 대체물을 찾고 자원 낭비를 줄일 수 있기 때문에 세상은 자원이 부족하지 않다.

   c. 환경에 미치는 영향을 줄이면서 생태 발자국을 줄일 수 있다.

5. 생태 발자국이 큰 국가는 유해한 환경 영향을 줄여 생태 발자국을 줄이고, 생태 발자국이 작은 국가와 미래 세대를 위해 더 많은 자원을 남겨야 하는가? 설명하라.

6. 예방할 수 있는 영양실조와 전염병으로 적어도 5세 이하의 어린이가 매일 19,000명(분당 13명) 이상 죽는다는 기사를 읽는다면, 당신은 어떤 말을 할 것인가? 이 문제를 어떻게 처리할 것인가?

7. 다음과 같은 제안에 동의 또는 동의하지 않는 이유를 설명하라. (a) 인간은 다른 종류의 생명보다 우월하다. (b) 인간은 지구를 책임지고 있다. (c) 다른 종류의 생명의 가치는 그들이 인간에게 유용한지 아닌지에 달려 있다. (d) 모든 종류의 생명은 존재할 권리가 있다. (e) 어떤 식으로든 경제 성장은 좋다. (f) 자연은 인간이 사용할 수 있는 거의 무한한 자원 창고다. (g) 환경 문제는 기술로 해결할 수 있다. (h) 미래 세대에 대해 아무런 의무가 없다. (i) 다른 종류의 생명에 대해 어떤 의무도 없다.

8. 당신은 환경 세계관에 대해 가진 기본 신념이 무엇인지 답하라. 이 과정이 끝나면 답변으로 돌아가 당신의 환경 세계관이 바뀌었는지 확인하라. 당신의 환경 세계관에 포함된 신념들이 질문 7에 답한 것과 일치하는가? 환경에 영향을 미치는 당신의 행동이 환경 세계관과 일치하는지 설명하라.

환경과학 실천하기

인터넷에서 사용할 수 있는 많은 추정 도구 중 하나를 사용하여 자신의 생태 발자국을 추정해보라. 이 추정에 의하면 당신의 생태 발자국은 생각한 것보다 큰가 또는 작은가? 왜 그렇게 생각하는가? 당신의 생태 발자국을 줄일 수 있는 세 가지 방식을 기술하라. 일주일 동안 그것 중 하나를 시도해보고, 이 변화에 관한 보고서를 작성해보라. 유익한 환경 영향을 증가시킬 수 있는 세 가지 방법을 기술하라.

생태 발자국 분석

한 국가나 세계의 1인당 생태 발자국이 재생 가능 자원을 보충하고 자원 사용 결과로 발생하는 폐기물과 오염을 흡수할 수 있는 1인당 생태용량보다 크다면, 국가나 세계는 생태 적자라 할 수 있다. 그 반대인 경우, 국가나 세계는 생태 흑자라 할 수 있다. 세계 생태 채무국과 채권국을 나타낸 그림 1.11을 참조하라. 다음 자료를 보고 나열된 국가의 생태 적자와 흑자를 계산해보라(다음 예의 값들은 세계를 대상으로 계산된 것이다).

1. 생태 적자가 가장 큰 3개국은 어디인가? 왜 이들 국가에 적자가 발생했다고 생각하는가?
2. 생태 흑자가 가장 큰 나라를 순위대로 나열하라. 왜 이들 국가에 생태 흑자가 가능했다고 생각하는가?
3. 1인당 생태 발자국이 가장 큰 나라부터 순위를 매겨보라.

	1인당 생태 발자국 (헥타르/인)	1인당 생태용량 (헥타르/인)	생태 흑자(+) 또는 적자(−) (헥타르/인)
전 세계	2.6	1.8	−0.8
미국	6.8	3.8	
캐나다	7.0	13	
멕시코	2.4	1.3	
브라질	2.5	9	
남아프리카	2.5	1.2	
아랍 에미리트연합	8.0	0.7	
이스라엘	4.6	0.3	
독일	4.3	1.9	
러시아연방	4.4	6.6	
인도	0.9	0.4	
중국	0.5	0.8	
호주	7.5	15	
방글라데시	0.65	0.35	
덴마크	4.0	4.0	
일본	3.7	0.7	
영국	4.0	1.1	

Compiled by the authors using data from World Wide Fund for Nature Living Planet Report 2014.

2장

과학, 물질, 에너지, 시스템

과학은 사실들의 집합이다. 집이 돌로 지어지듯 과학은 사실로 이루어진다. 그러나 돌을 쌓아 올렸다고 해서 집이 되는 것은 아니며, 사실을 축적했다고 해서 반드시 과학이 되는 것은 아니다.

앙리 푸앵카레(Henri Poincaré)

캘리포니아 세쿼이아 국립공원에서 3,200년 된 자이언트세쿼이아를 측정하는 연구원

Michael Nichols/National Geographic Creative

과학자는 자연에 대해 어떻게 배우는가? 숲을 이용한 실험

벌목 회사가 여러분의 집 뒤 언덕에 있는 모든 나무를 베어 버릴 계획이라고 가정해보자. 여러분은 걱정이 될 것이고, 발생 가능한 해로운 환경 영향을 알고 싶을 것이다.

이런 효과에 대해 배우는 한 가지 방법은 **대조실험**을 실시하는 것이다. 이런 실험을 실행하기 위해 과학자는 벌목된 이후에 바뀔 수 있는 토양 영양분 함량과 수분 손실 같은 주요 변수를 확인함으로써 시작한다. 그런 다음 두 그룹을 설정한다. 하나는 선택된 변수가 알려진 방법으로 변경되는 **실험군**(experimental group)이고, 다른 하나는 선택된 변수가 변경되지 않는 **대조군**(control group)이다. 그런 다음 두 그룹의 결과를 비교한다.

1963년에 식물학자인 보만(F. Herbert Bormann)과 숲 생태학자인 라이컨스(Gene Likens)는 그런 대조실험을 시작했다. 그들의 목표는 벌목되지 않은 숲(대조구)과 벌목된 숲(실험구)에서 수분 및 토양 양분의 손실을 비교하는 것이었다.

연구자들은 뉴햄프셔 주에 있는 허바드 브룩 실험 숲(Hubbard Brook Experimental Forest)에 몇몇 산림 계곡의 바닥과 개울을 가로질러 V자 모양의 콘크리트 댐을 건설했다(그림 2.1). 댐은 각 산림 계곡을 떠나는 모든 지표수가 댐을 가로질러 흘러가야 댐의 부피와 용해된 영양분 함량을 측정할 수 있도록 설계되었다.

먼저, 연구가들은 계곡 내 한 지점(대조구)에서 자연 상태의 산림 지대에서 흐르는 물의 양과 용해된 토양 영양분을 측정했다(그림 2.1, 왼쪽). 측정된 결과에 따르면, 자연스럽게 형성된 울창한 숲은 토양에 화학 영양분을 보유하고 물을 저장하는 데 매우 효과적이었다.

다음으로 그들은 가까운 계곡에 실험 숲을 설치했다(그림 2.1, 오른쪽). 어느 겨울 그들은 계곡의 모든 나무와 관목을 베어내고 내버려 둔 다음, 식물의 재성장을 막기 위해 그 주변에 제초제를 뿌렸다. 그런 다음 3년간 실험구 숲의 물과 양분의 유출량을 대조구 숲의 유출량과 비교했다. 과학자들은 물을 흡수하고 유지하는 데 도움이 되는 식물이 없기 때문에 산림 골짜기에서 흘러나오는 물의 양이 30~40% 증가됨을 알아냈다. 이 초과된 물이 지표상에 급속하게 흐르면서 토양이 침식되고 표토에서 질산염과 같은 용해된 영양분이 제거되었다. 일반적으로 실험구 숲의 주요 영양분의 손실은 근처의 삼림이 제거되지 않은 대조구 숲의 6~8배다.

이 장에서 여러분은 과학자가 자연을 연구하고 세상을 구성하는 물질과 에너지에 관해 어떻게 연구하는지 자세히 배울 것이다. 또한 과학적 가설과 과학 이론의 중요한 차이점에 대해서도 배울 것이다. 그리고 물질과 에너지에서 변화를 지배하는 세 가지 과학 법칙에 대해서 배울 것이다.

그림 2.1 필드 대조실험은 숲에서 삼림 벌채로 인한 수량 및 토양 영양분의 손실을 측정했다. 숲이 우거진 계곡(왼쪽)은 대조구이며, 벌채된 계곡(오른쪽)은 실험구이다.

2.1 과학자가 하는 일은 무엇인가?

개념 2.1 과학자는 자연이 어떻게 작용하는지에 대한 데이터를 수집하고 가설과 이론과 법칙을 개발한다.

과학자들은 자연이 어떻게 작용하는지 알아내기 위해 증거를 수집한다

과학(science)은 자연이 어떻게 작용하는지 발견하고 자연에서 일어날 가능성이 있는 것을 설명하기 위해 그 지식을 사용하는 것에 초점을 맞춘 연구 분야다. 과학은 자연계 사건들의 질서 정연한 원인과 결과 패턴을 따른다는 가정에 근거한다. 이런 패턴은 (감각과 감각의 확장을 위한 도구를 사용한) 주의 깊은 관찰, 측정, **핵심 사례 연구**에 설명된 것과 같은 실험을 통해 이해할 수 있다.

과학자들은 자연계가 어떻게 작용하는지에 대한 지식과 이해를 증진시키기 위해 다양한 **과학적 방법**(scientific methods) 또는 관습을 사용한다. 그림 2.2에 과학적 과정을 요약했다. 이런 연구를 수행할 때, 과학자들은 연구 문제를 인식하고, 관련 데이터를 수집하고, 데이터를 설명하는 가설을 제안하고, 가설을 검증하기 위해 데이터를 수집하고, 필요에 따라 가설을 수정한다. 이 과정에서 과학자들은 자연이 어떻게 작용하는지에 대해 더 배우기 위해 많은 다양한 방법을 사용한다(**개념 2.1**).

이런 과정에 대해서 신비한 것은 아무것도 없다. 여러분은 결정을 내리기 전에 그것을 항상 사용한다. 유명한 물리학자 아인슈타인이 말했듯이 "과학이란 온통 일상적인 생각을 다듬어놓은 것에 불과하다."

이 장의 **핵심 사례 연구**에서, 보만과 라이컨스는 숲속의 땅을 개간하는 것이 물을 저장하고 토양 영양분을 유지하는 능력에 어떻게 영향을 미칠 수 있는지를 알아내기 위해 과학적 과정을 이용했다. 그들은 자신의 질문에 답하기 위해 **데이터**(data), 즉 정보를 수집하는 실험을 설계했다(그림 2.1). 그런 다음 그들은 수집한 데이터에 대한 검증 가능한 설명인 **과학적 가설**(scientific hypothesis)을 제안했다. 가설은 "만약, ~한다면" 문장으로 작성할 수 있다. 보만과 라이컨스는 그들의 자료를 설명하기 위해 다음과 같은 가설을 내놓았다. 만약 토지가 식물이 없

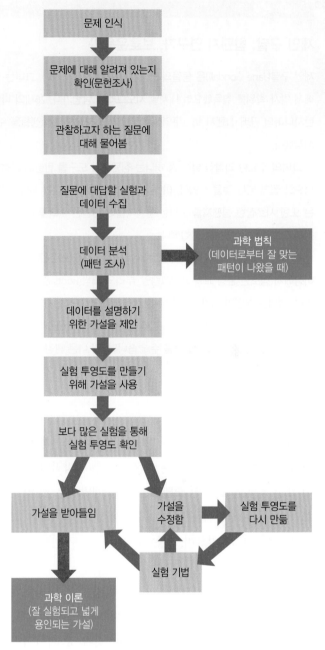

그림 2.2 과학자들이 자연계가 어떻게 작용하는지에 대한 아이디어를 발견하고 실험하기 위해 사용하는 일반적인 과정

고 비와 녹는 눈에 노출된다면, 땅은 수분 보유량이 적어지고 토양 영양분을 잃게 된다. 그들은 토양 영양분 질소에 대한 이 가설을 실험했고 인에 대한 대조실험을 반복했다.

보만과 라이컨스는 자신의 연구를 설명하는 과학 기사를 썼고 그 분야의 다른 과학자들은 그들을 평가했다. 이런 검토와 다른 과학자들의 추가 연구는 그들의 결과와

제인 구달: 침팬지 연구가, 보호운동가

제인 구달(Jane Goodall)은 동물의 행동을 연구하는 과학자다. 그녀는 영국 케임브리지 대학에서 박사 학위를 취득했으며 내셔널 지오그래픽 탐험가다. 26세의 나이에 그녀는 아프리카 탄자니아의 곰베 침팬지 보호구역에서 침팬지의 사회와 가족생활을 수십 년 동안 연구하기 시작했다.

그녀의 주요한 과학적 발견 중 하나는 침팬지가 도구를 만들고 사용한다는 것이다. 그녀는 침팬지가 잔가지나 풀잎을 변형시킨 후 흰개미 둔덕으로 찔러 넣는 것을 보았다. 이 원시적인 도구에 흰개미가 붙었을 때, 침팬지는 그것을 꺼내어 흰개미를 먹었다. 구달과 몇몇 다른 과학자들은 또한 사로잡힌 침팬지를 포함한 침팬지들이 간단한 수화를 배우고, 간단한 산수를 하고, 컴퓨터 게임을 하고, 관계를 발전시키고, 서로를 걱정하고 보호할 수 있음을 관찰했다.

1977년, 그녀는 거대한 유인원 개체 수와 서식지를 보존하기 위한 단체인 '제인 구달 연구소'를 설립했다. 1991년, 구달은 전 세계 130개국 이상에서 청소년 환경 교육 프로그램인 '뿌리와 새싹(Roots & Shoots)'을 운영하기 시작했다. 그녀는 과학적 공헌과 보존 노력으로 많은 상을 받았다. 그녀는 성인과 어린이를 위해 27권의 책을 썼고 침팬지의 삶과 중요성에 관한 12편이 넘는 영화에 출연했다.

구달은 1년에 300일 이상 전 세계를 돌아다니며 사람들에게 멸종 위기에 처한 침팬지와 환경을 보호해야 할 필요성에 대해 교육하고 있다. 그녀는 말한다. "저는 속도를 늦출 수 없습니다. 더 나은 환경 지킴이가 될 새로운 세대를 양성하지 않는다면, 무슨 소용이 있겠습니까?"

가설을 지지했다.

자연을 연구하는 또 다른 방법은 복잡한 자연계의 움직임을 이해하거나 설명하는 데 사용되는 대략적인 물리적 또는 수학적 표현인 **모델**(model)을 개발하는 것이다. 보만, 라이컨스 등이 수행한 연구에서 얻은 데이터는 그런 모델에 입력되었으며, 이는 또한 그들의 가설을 뒷받침했다.

잘 검증되고 널리 인정되는 과학적 가설 또는 관련된 가설의 집합체를 **과학 이론**(scientific theory)이라고 한다. 이것은 과학의 가장 중요하고 확실한 결과 중 하나이며 많은 증거에 기반을 두고 있다. 보만과 라이컨스 및 다른 과학자들이 수행한 연구는 나무와 다른 식물들이 흙을 제자리에 유지하고 토양이 식물을 지탱하도록 하는 물과 영양분을 유지하도록 돕는다는 과학 이론을 이끌었다.

호기심이 많고 의심이 가득한 과학자들

훌륭한 과학자들은 자연이 어떻게 작용하는지에 대해 궁금해 하지만(개별적 문제 2.1), 새로운 데이터와 가설에 대해서도 회의적이다. 과학자들은 "증거를 보여주세요.

당신의 데이터를 설명하기 위해 제안한 과학적 생각이나 가설의 근거를 설명하세요"라고 말한다.

과학적 과정의 중요한 부분은 과학자들이 사용한 방법의 세부 사항, 실험 결과 및 가설에 대한 추론을 발표하는 **동료 평가**(peer review)인데 같은 분야에서 일하는 다른 과학자들이 그들이 발표한 것을 평가하는 것이다. 과학 지식은 이런 자기 교정 방식으로 발전하고 있으며, 과학자들은 이 데이터와 동료의 가설을 의심하고 확인하고 수정한다.

과학에서 중요한 것은 비판적 사고와 창의력이다

과학자들은 자연의 세계를 배우기 위해 논리적 추론과 비판적 사고 기술을 사용한다.

비판적으로 생각하는 것은 다음 세 단계를 포함한다.

- 읽거나 듣는 모든 것에 대해 의심한다.
- 증거를 보고 다양한 출처의 의견과 함께 관련 정보를 평가한다.
- 개인적인 가설, 편견, 믿음을 확인하고 평가하고, 결론에 도달하기 전에 사실과 의견을 구분한다.

논리와 비판적 사고는 과학에서 매우 중요한 도구로, 상상력, 창의력, 직감만큼이나 중요하다. 물리학자 아인슈타인에 따르면, "새로운 과학적 사고에 완벽히 논리적인 방법은 없다."

이론과 법칙은 과학의 가장 중요하고 확실한 결과다

우리는 결코 과학 이론을 가볍게 여겨서는 안 된다. 그것은 광범위하게 실험되었고, 광범위한 증거에 의해 뒷받침되며, 일부 현상에 대한 유용한 설명으로 연구 분야 또는 관련 분야의 대부분의 과학자들에 의해 받아들여진다. 그래서 여러분이 누군가가 "그건 단지 이론일 뿐이다"라는 말을 듣게 되면, 여러분은 그 사람이 과학 이론이 무엇인지, 그것이 어떻게 과학의 주요 결과물 중 하나라는 것인지 명확히 이해하지 못한다는 것을 알게 될 것이다.

과학의 또 다른 중요하고 신뢰할 수 있는 결과는 **과학 법칙**(scientific law) 또는 **자연 법칙**(law of nature)이다. 우리가 자연에서 항상 같은 방식으로 일어나는 것을 관찰한 것에 대한 잘 검증되고 널리 받아들여지는 설명이다. 그 예로 중력의 법칙이 있다. 서로 다른 높이에서 떨어지는 물체에 대해 수천 가지 관측과 측정을 한 후, 과학자들은 다음과 같은 과학 법칙을 발견했다. 모든 물체는 예측 가능한 속도로 지표면으로 떨어진다. 예를 들어 제한 속도보다 더 빨리 차를 운전하면 사회의 법률을 위반할 수 있다. 그러나 당신은 중력의 법칙과 같은 과학 법칙을 깨뜨릴 수는 없다.

과학은 신뢰할 수 있고, 신뢰할 수 없을 수도 있고 잠정적일 수 있다

신뢰할 수 있는 과학(reliable science)은 연구 중인 분야에서 전문가로 구성된 과학자들 대부분이 광범위하게 받아들이는 데이터, 가설, 모델, 이론 및 법칙으로 구성된다. 동료 평가 없이 신뢰할 수 있는 것으로 제시되거나 동료 평가 또는 추가 연구의 결과로 폐기된 과학적 결과와 가설은 **신뢰할 수 없는 과학**(unreliable science)으로 간주된다.

적절한 실험과 동료 평가를 거치지 않은 예비 과학적 결과는 **잠정적인 과학**(tentative science)으로 간주된다. 이런 결과와 가설 중 일부는 검증되고 신뢰할 수 있는 것으로 분류될 것이다. 하지만 다른 사람들은 신용을 떨어뜨리고 신뢰할 수 없는 것으로 분류될 수 있다. 이것이 과학 지식이 발전하는 방법이다.

과학에는 한계가 있다

환경과학과 과학에는 일반적으로 여러 가지 한계가 있다. 첫 번째 한계는, 과학적 연구는 어떤 과학 이론이 절대적으로 사실이라는 것을 증명할 수 없다. 이는 측정, 관측, 모형 및 결과 가설과 이론에 어느 정도는 항상 불확실성이 있기 때문이다. 대신, 과학자들은 특정 과학 이론이 자연계의 일부 측면을 이해하는 데 매우 높은 **확률**이나 **확실성**(일반적으로 90~95%)을 가지고 있다는 것을 밝혀내려고 한다.

많은 과학자들은 '절대적인 증거'를 잘못 이해할 수 있기 때문에 증거라는 단어를 사용하지 않는다. 예를 들어 대부분의 과학자들은 "담배가 폐암을 유발한다는 것을 과학적으로 증명했다"라고 좀처럼 말하지 않을 것이다. 대신, 그들은 "오랫동안 정기적으로 담배를 피우는 사람들의 폐암 발생률이 크게 증가한 것은 수천 건의 사례에서 압도적으로 나타난다"라고 말할지 모른다.

생각해보기

과학적 증거
과학이 어떤 것을 절대 증명할 수 없다는 사실이 그 결과가 유효하지 않거나 유용하지 않다는 것을 의미하는가? 설명하라.

과학의 두 번째 한계는 과학자들이 항상 자신의 결과와 가설에 대한 편견에서 자유롭지 않다는 것이다. 그러나 증거와 안전 점검에 대한 높은 기준은 개인의 편견과 과학적 결과를 왜곡하는 경향을 발견하거나 크게 감소시킨다.

세 번째 한계는 자연계의 많은 시스템이 복잡한 상호작용을 가진 엄청난 변수를 포함한다는 것이다. 이는 이 장의 **핵심 사례 연구**에 기술된 것과 같은 대조실험에서 한

번에 하나의 변수를 테스트하는 것은 너무 어렵고, 비용이 많이 들며, 시간이 많이 소요된다. 이를 해결하기 위해, 과학자들은 많은 변수의 상호작용을 고려할 수 있는 **수학적 모델**을 개발하고, 그들은 그 모델을 초고속 컴퓨터에서 실행한다.

과학의 네 번째 한계는 통계 도구의 사용을 포함한다. 예를 들어 침식된 토양의 미터톤 수를 정확하게 측정할 수 있는 방법은 없다. 대신에 매년 전 세계적으로 과학자들은 통계적 표본 추출과 수학적 방법을 사용하여 그런 수치를 추정한다.

이런 제한에도 불구하고, 과학은 자연이 어떻게 작용하는지에 대해 배우고 미래에 그것이 어떻게 행동할지 예측하는 가장 유용한 방법이다.

2.2 물질이란 무엇이며 변화할 때 어떤 현상이 일어나는가?

개념 2.2A 물질은 원소와 화합물로 구성되어 있으며, 이것은 다시 원자, 이온, 분자로 나누어질 수 있다.

개념 2.2B 물질은 물리적 또는 화학적 변화를 받더라도 원자가 생성되거나 없어지지 않는다(**질량 보존의 법칙**).

원소와 화합물의 물질 구성

물질(matter)은 무엇이든지 질량을 가지고 공간을 차지한다. 그것은 세 가지 **물리적 상태**(고체, 액체, 기체) 중 하나로 특정 압력과 온도에서 두 가지 **화학적 형태**로 존재할 수 있다(**개념 2.2A**).

그림 2.3의 금이나 수은 같은 **원소**(element)는 독특한 특성을 가진 물질의 기본 형태로서, 화학적 수단으로 더 단순한 물질로 분해될 수 없다. 화학자들은 각각의 원소를 탄소는 C, 금은 Au와 같은 독특한 한두 개의 문자 기호로 나타낸다. 과학자들은 화학적 작용을 바탕으로 알려진 원소들을 **주기율표**(periodic table of elements)라고 하는 도표에 배열했다. 표 2.1에 이 책에서 물질을 이해하기 위해 알아야 할 원소 및 기호를 나열했다.

그림 2.3 수은(왼쪽)과 금(오른쪽)은 화학 원소이다. 각각은 고유한 특성으로 구성되어 있으며 더 단순한 물질로 분해할 수 없다.

표 2.1 이 책에서 많이 사용되는 화학 원소

원소	기호	원소	기호
비소	As	납	Pb
브로민	Br	리튬	Li
칼슘	Ca	수은	Hg
탄소	C	질소	N
구리	Cu	인	P
염소	Cl	나트륨	Na
플루오린	F	황	S
금	Au	우라늄	U

어떤 물질은 탄소(C)와 산소 가스(O_2)와 같은 하나의 원소로 구성된다. 그러나 대부분의 물질은 둘 이상의 다른 원소가 일정한 비율로 결합된 **화합물**(compound)로 구성된다. 예를 들어 물(H_2O)은 수소와 산소 원소를 포함하는 화합물이고 염화나트륨(NaCl)은 나트륨과 염소 원소를 포함한다.

물질의 구성 요소인 원자, 분자, 이온

가장 기본적인 물질의 구성 성분은 **원자**(atom)이며, 원소를 쪼개어도 독특한 화학적 성질을 나타내는 가장 작은 단위이다. 모든 원소는 원자로 구성되었다는 생각을 **원자론**(atomic theory)이라고 하며 화학에서 가장 널리 받아들여지는 과학 이론이다.

원자는 믿을 수 없을 정도로 작다. 예를 들어 300만

개 이상의 수소 원자를 나란히 정렬하면 문장의 끝에 있는 점 하나에 해당된다. 슈퍼 현미경으로 원자를 볼 수 있다면, 각각의 다른 형태의 원자가 세 종류의 아원자 입자[즉 전기적으로 중성인 **중성자**(neutron), 양(+)전하를 띠고 있는 **양성자**(proton), 음(−)전하를 띠고 있는 **전자**(electron)]를 가지고 있다는 것을 알 수 있을 것이다.

각 원자는 **핵**(nucleus)이라고 하는 매우 작은 중심을 가지고 있는데, 핵은 하나 이상의 양성자와 대부분의 경우 하나 이상의 중성자를 포함한다. 핵의 바깥 부분에서 하나 이상의 매우 빠르게 움직이는 전자를 발견한다(그림 2.4).

각 원소는 원자의 핵에 있는 양성자의 수와 동일한 고유한 **원자 번호**(atomic number)를 가지고 있다. 핵에 6개의 양성자가 있는 탄소(C)는 원자번호가 6이고, 우라늄(U)은 핵에 92개의 양성자를 가지고 있으므로 원자번호는 92이다.

전자는 양성자와 중성자에 비해 질량이 매우 적기 때문에 대부분의 원자 질량은 핵에 집중되어 있다. 원자의 질량은 핵에 있는 중성자와 양성자의 총합인 **질량수**(mass number)로 표시한다. 예를 들어 핵에 6개의 양성자와 6개의 중성자를 가진 탄소 원자(그림 2.4)의 질량수는 12개(6 + 6 = 12)이고, 핵에 92개의 양성자와 143개의 중성자를 가진 우라늄 원자의 질량수는 235개(92 + 143 = 235)이다.

특정 원소의 원자핵에 들어 있는 양성자수는 같다. 그

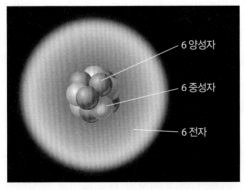

그림 2.4 C-12의 단순 모형. 핵은 양전하를 띤 6개의 양성자와 전기적으로 중성인 6개의 중성자로 구성된다. 핵 주위에서 음전하를 띤 6개의 전자를 발견할 수 있다.

런데 그 원소의 원자핵에 들어 있는 중성자수가 다르면 질량수가 달라질 수 있다. 원자 번호는 같지만 질량수가 다른 원소를 **동위원소**(isotope)라고 한다. 과학자들은 동위원소의 질량수를 원소의 이름이나 기호에 첨부하여 동위원소를 확인한다. 예를 들어 가장 일반적인 탄소 동위원소 3개는 C-12(양성자 6개와 중성자 6개, 그림 2.4), C-13(양성자 6개와 중성자 7개), C-14(양성자 6개와 중성자 8개)이다.

물질의 두 번째 구성 요소는 **분자**(molecule)로, 화학 결합이라고 알려진 힘에 의해 결합되는 동일하거나 다른 원소 두 개 이상의 원자가 조합된 것이다. 분자는 많은 화합물의 기본 구성 성분이다. 물(H_2O)과 수소 가스(H_2)를 예로 들 수 있다.

어떤 물질의 세 번째 구성 요소는 **이온**(ion)이다. 그것은 음전하인 전자를 잃거나 얻어서 발생하는 하나 이상의 순 양전하 또는 음전하를 가진 원자 또는 원자단이다. 화학자는 이온의 기호 뒤에 있는 위 첨자를 사용하여 양전하 또는 음전하의 수를 표시한다.

양이온의 예로는 수소 이온(H^+)과 나트륨 이온(Na^+)이 있으며, 수산화 이온(OH^-), 염화 이온(Cl^-), 식물 성장의 필수적인 영양소인 질산염 이온(NO_3^-)은 음이온이다. 이 장의 핵심 사례 연구에서, 보만과 라이컨스에 의해 수행된 대조실험에서 삼림이 황폐된 지역(그림 2.1, 오른쪽)에서 질산염 이온의 손실(그림 2.5)을 측정했다. 표 2.2에 이 책에서 사용된 화학 이온을 나타내었다.

이온은 용액의 **산성도**(acidity)를 측정하는 데 중요하다. 산성도는 특정 용액의 부피에서 수소 이온(H^+)과 수산화 이온(OH^-)의 상대적인 양을 기반으로 한다. 과학자들은 산성도의 척도로 **pH**를 사용한다. 순수한 물(상수도나 빗물이 아님)은 H^+와 OH^- 이온의 수가 동일하며, 이것을 중성 용액이라 하고 pH는 7이다. 산성 용액은 수산화 이온(OH^-)보다 수소 이온(H^+) 이온이 더 많으며 pH는 7보다 작은 값이다. 염기성 용액은 수산화 이온이 수소 이온보다 더 많아 pH는 7보다 큰 값을 나타낸다.

수산화 이온보다 수소 이온이 더 많은 용액은 산성 용액이며 pH는 7보다 작다. 염기성 용액은 수소 이온보다

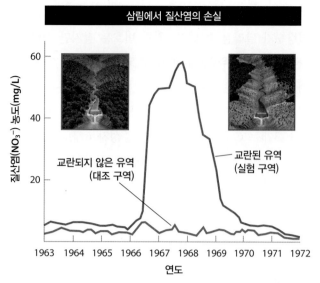

삼림에서 질산염의 손실

질산염(NO_3^-) 농도(mg/L)

교란되지 않은 유역
(대조 구역)

교란된 유역
(실험 구역)

1963 1964 1965 1966 1967 1968 1969 1970 1971 1972
연도

그림 2.5 허바드 브룩 실험 숲에 있는 삼림에서 질산염 이온(NO_3^-)의 손실(핵심 사례 연구, 그림 2.1, 오른쪽) **데이터 분석:** 1965년과 1967년과 1968년 사이의 최고 농도 시간 사이에 질산염의 농도가 얼마나 증가했는가?

Compiled by the authors using data from F. H. Bormann and Gene Likens.

표 2.2 이 책에서 많이 사용되는 화학 이온

양이온	기호	음이온	기호
수소 이온	H^+	염화 이온	Cl^-
소듐 이온	Na^+	수산화 이온	OH^-
칼슘 이온	Ca^{2+}	질산 이온	NO_3^-
알루미늄 이온	Al^{3+}	탄산 이온	CO_3^{2-}
암모늄 이온	NH_4^+	황산 이온	SO_4^{2-}
		인산 이온	PO_4^{3-}

수산화 이온을 더 많이 가지며 pH가 7보다 크다. pH 척도의 각 단위 변화는 용액에서 수소 이온 농도의 10배 증가 또는 감소를 나타낸다. 예를 들어 pH가 3인 산성 용액은 pH 4인 용액보다 10배 더 산성이다.

화학자들은 화합물 안에 있는 각 형태의 원자나 이온의 수를 나타내기 위해 **화학식**(chemical formula)을 사용한다. 화학식은 존재하는 각 요소에 대한 기호를 포함하고 아래 첨자를 사용하여 화합물의 기본 구조 단위에 있는 각 요소의 원자 또는 이온 수를 표시한다. 이 책에서 자주 만나는 화합물과 구조식의 예로 염화나트륨(NaCl)과 물(H_2O, 'H two O'로 읽음)이 있다. 이 책에서 환경과학 연구에 중요한 화합들을 표 2.3에 수록했다.

표 2.3 이 책에서 많이 사용되는 화합물

화합물	화학식	화합물	화학식
염화소듐	NaCl	메테인	CH_4
수산화소듐	NaOH	글루코스	$C_6H_{12}O_6$
일산화탄소	CO	물	H_2
이산화탄소	CO_2	황화수소	H_2S
일산화질소	NO	이산화황	SO_2
이산화질소	NO_2	황산	H_2SO_4
일산화이질소	N_2O	암모니아	NH_3
질산	HNO_3	탄산칼슘	$CaCO_3$

유기 화합물은 생명의 화학물질이다

플라스틱, 식탁의 설탕, 비타민, 아스피린, 페니실린 그리고 우리 몸을 구성하는 대부분의 화학물질은 **유기 화합물**(organic compound)인데, 이 화합물은 최소한 두 개의 탄소 원자에 하나 이상의 다른 원소의 원자와 결합되어 있다. 단 하나의 탄소 원자로 이루어진 메테인(CH_4)은 예외다.

수백만 개의 알려진 유기(탄소 기반) 화합물은 천연가스의 주성분인 메테인(CH_4)과 같은 탄소 및 수소 원자의 탄화수소 화합물이다. 탄소, 수소, 산소 원자를 포함하는 단당류 탄수화물(단순당)도 포함한다. 예를 들어 글루코스($C_6H_{12}O_6$)는 대부분의 식물과 동물이 에너지를 얻기 위해 세포에서 분해하는 포도당이다.

생명체에 필수적인 몇 가지 더 크고 더 복잡한 유기 화합물을 중합체라고 한다. 그것은 많은 단순한 유기 분자(단량체)가 화학 결합하여 서로 연결될 때 형성되는데, 이것은 마치 화물 열차로 연결된 차량과 같다. 유기 중합체의 세 가지 주요 형태는 포도당과 같은 탄수화물, 몸 안에서 많은 중요한 역할을 하는 단백질과 뉴클레오타이드라고 하는 단량체로 형성되고 생식에 중요한 역할을 하는 RNA와 DNA(그림 2.6) 같은 핵산이다.

물질은 세포, 유전체, 염색체를 통해 생명체가 된다

모든 유기체는 하나 이상의 **세포**(cell)로 구성되어 있다. 세포는 생명의 기본 구조이고 기능적인 단위체다. 모든 생물은 세포로 구성되어 있다는 주장이 **세포 이론**(cell

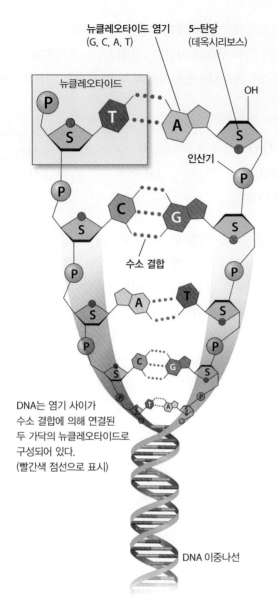

그림 2.6 뉴클레오타이드의 나선(helical) 가닥으로 구성된 DNA 분자. 뉴클레오타이드는 인산, 당(데옥시리보스), 염기가 결합해 만들어진 분자다. 뉴클레오타이드에 결합되는 염기는 A, G, C, T 네 종류다.

그림 2.7 세포, 핵, 염색체, DNA, 유전자 사이의 관계
Flashon Studio/Shutterstock.com

theory)으로, 이는 생물학에서 가장 널리 받아들여지는 과학 이론이다.

일부 DNA 분자(그림 2.6)에는 **유전자**(gene)라고 불리는 뉴클레오타이드의 특정한 배열이 있다. 이 DNA의 각 부분에는 특정 단백질을 만들기 위한 유전자 정보라고 하는 명령이나 암호가 들어 있다. 각각의 암호화된 정보 단위는 동물이나 식물에서 번식하는 동안 부모로부터 자손에게 전달되는 **특성**(trait), 즉 특징을 이끈다.

수천 개의 유전자가 하나 이상의 단백질 주위에 둘러싸인 이중 나선 구조의 DNA 분자인 하나의 **염색체**(chromosome)를 이룬다. 당신의 염색체 DNA에 암호화된 유전 정보는 당신을 참나무, 모기 그리고 당신의 부모와 다르게 만드는 것이다. 그림 2.7은 세포에서 유전 물질의 관계를 보여준다.

물리 및 화학적 변화

물질은 물리적 화학적으로 변한다. 물질이 **물리적 변화**(physical change)를 거쳐도 화학적 구성은 변하지 않는다. 알루미늄 포일을 작은 조각으로 자르더라도 여전히 알루미늄 포일이다. 얼음이 녹아 물이 되고 물이 끓어 물과 수증기가 되어도 H_2O 분자로 구성되어 있다.

화학적 변화(chemical change), 즉 **화학 반응**(chemical reaction)이 일어나면, 물질의 화학적 구성이 바뀐다. 화학자들은 **화학식**을 사용하여 화학물질이 어떻게 재배치되는지를 나타낸다. 예를 들어 석탄은 거의 모두 탄소(C) 원소로 이루어져 있다. 석탄이 화력 발전소에서 완전히 연소될 때, 석탄에 포함된 탄소(C)는 대기 중의 산소 가스(O_2)와 결합하여 기체 화합물인 이산화탄소(CO_2)를 생성한다. 화학자들은 화학 반응을 표현하기 위해 아래와 같은 간단한 화학식을 사용한다.

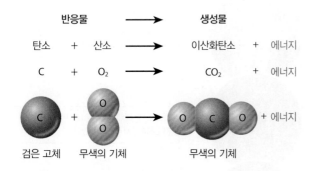

물질 보존의 원칙

원소와 화합물을 하나의 물리적 또는 화학적 형태에서 다른 형태로 바꿀 수는 있지만, 물리적 및 화학적 변화의 과정에서 어떤 원자도 새로 만들거나 파괴할 수 없다. 우리가 할 수 있는 전부는 그것들을 다른 공간적 형태(물리적 변화)나 다른 결합(화학적 변화)으로 재배열할 뿐이다. 수천 번의 측정 결과를 바탕으로 이런 사실은 **물질 보존의 법칙**(law of conservation of matter)으로 알려져 있다. 물질이 물리적 또는 화학적 변화를 거칠 때마다 어떤 원자가 생성되거나 파괴되는 것은 아니다(**개념 2.2B**).

화학자들은 원자가 생성되거나 파괴되지 않는다는 사실을 설명하기 위해 화학 반응의 반응식에서 균형을 맞춤으로써 과학 법칙을 따른다. 물(H_2O)을 전기분해하면 수소(H_2)와 산소(O_2)가 발생하며 다음과 같은 식으로 나타낼 수 있다.

H_2O	$\rightarrow$	H_2	+	O_2
2 H 원자		2 H 원자		2 O 원자
1 O 원자				

이 반응식은 좌변에는 산소 원자가 한 개 있지만 우변에는 산소 원자가 두 개 있어 균형이 맞지 않는다. 이 반응식의 균형을 맞추기 위해 아래 첨자를 바꿀 수는 없다. 원자의 배열이 바뀌면 다른 물질을 유도할 수 있기 때문이다. 대신, 화학식의 균형을 맞추기 위해 계수를 맞춘다. 예를 들어 물 분자 앞에 2를 쓴다.

$2 H_2O$	$\rightarrow$	H_2	+	O_2
4 H 원자		2 H 원자		2 O 원자
2 O 원자				

이 반응식은 아직도 균형이 잡히지 않았다. 비록 반응식의 양쪽에서 산소 원자의 수는 현재 동일하지만, 수소 원자의 수는 같지 않기 때문이다. 반응 생성물의 수소 분자 수가 2여야 한다는 점을 생각하면 이 문제를 해결할 수 있다.

$2 H_2O$	$\rightarrow$	$2 H_2$	+	O_2
4 H 원자		4 H 원자		2 O 원자
2 O 원자				

이제야 화학 반응식의 균형이 잡혔고 물질 보존의 원칙이 지켜졌다.

2.3 에너지란 무엇이며 변화할 때 어떤 현상이 일어나는가?

개념 2.3A 물리적 또는 화학적 변화에서 에너지가 한 형태에서 다른 형태로 전환되어도 에너지는 생성되거나 파괴되지 않는다(**열역학 제1법칙**).

개념 2.3B 물리적 또는 화학적 변화에서 에너지가 한 형태에서 다른 형태로 전환될 때 처음 가진 에너지보다 적거나 저급한 에너지로 변화한다(**열역학 제2법칙**).

에너지는 여러 형태로 제공된다

과학자들은 **에너지**(energy)를 일을 하거나 열을 전달하는 능력으로 정의한다. 여러분이 이 책을 바닥에서 집어 올려 책상에 올려놓았다고 가정해 보자. 이때 여러분은 일을 하거나, 책을 한 곳에서 다른 곳으로 옮기기 위해 일정한 양의 힘을 사용해야 한다. 과학적 관점에서 보면 어떤 물체가 특정 거리(일 = 힘 × 거리)를 이동할 때 일을 한 것이다. 난로와 같은 뜨거운 물체를 만지면 난로에서 손가락까지 열(열에너지)이 전달된다.

에너지는 두 가지 주요 유형, 즉 **이동 에너지**(운동 에너지)와 **저장 에너지**(위치 에너지)가 있다. 움직이는 물질은 **운동 에너지**(kinetic energy)를 가지고 있다. 이것은 움직임과 관련된 에너지다. 예를 들면 흐르는 물이나 고속도로를 달리는 자동차, 전기(전자가 전선에서 전도물질로 흐르는 것), 바람(그림 2.8에서 보는 바와 같이 전기를 생산할 수 있는 공기의 움직임)이 있다.

운동 에너지의 또 다른 형태는 **열**(heat), 즉 **열에너지**(thermal energy)다. 이는 물체, 물, 대기와 같은 기체 내 움직이는 모든 원자, 이온 또는 분자의 총 운동 에너지다. 물체가 뜨거워질수록 물체 내 원자, 이온 또는 분자의 움직임이 빨라진다. **온도**(temperature)는 물질 내 원자, 이온 또는 분자의 평균 열 또는 열에너지를 측정한 것이다. 서로 다른 온도의 두 물체가 접촉할 때, 열은 좀 더 따뜻한 물체에서 좀 더 차가운 물체로 흐른다. 뜨거운 난로를 처음 만졌을 때 이를 배워 알고 있다.

또 다른 형태의 운동 에너지로는 **전자기 복사**(electromagnetic radiation)가 있다. 여기서 에너지는 전기장과 자기장의 변화로부터 형성된 파동의 형태로 한 곳에서 다른 곳으로 이동한다. 여러 가지 다른 형태의 전자기 복사가 있으며(그림 2.9), 파장(파의 연속적인 마루와 마루, 골과 골 사이의 거리)과 에너지양이 각각 다르다. 짧은 파장은 긴 파장보다 더 큰 에너지를 갖는다.

또 다른 주요 에너지 유형은 **위치 에너지**(potential energy)로서, 이것은 사용하기 위해 저장되어 있는 잠재 에너지이다. 예를 들면 손에 들고 있는 돌멩이, 댐 안에 담겨 있는 물, 석탄의 탄소 원자 또는 여러분이 먹는 음식의 분자에 저장되어 있는 화학적 에너지 등이 있다.

racorn/Shutterstock.com

그림 2.8 움직이는 공기 덩어리 내의 기체 분자에 의해 생성된 운동 에너지는 풍력 터빈의 날개를 회전시킨다. 그러면 터빈은 운동 에너지를 다른 형태의 운동 에너지로 전환시킨다.

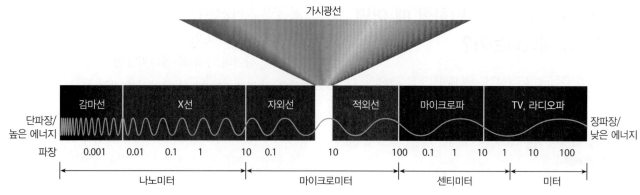

가시광선

| 감마선 | X선 | 자외선 | 적외선 | 마이크로파 | TV, 라디오파 |

단파장/
높은 에너지

장파장/
낮은 에너지

파장 0.001 0.01 0.1 1 10 0.1 10 100 0.1 1 10 1 10 100

나노미터　　　　　　마이크로미터　　　　　센티미터　　　　미터

그림 2.9 **전자기 복사선**은 에너지 함량이나 파장(연속적인 마루와 마루나 골과 골 사이의 거리)이 다른 전자기파의 영역으로 구성되어 있다.

우리는 위치 에너지를 운동 에너지로 바꿀 수 있다. 만약 여러분이 책을 손에 들고 있다면, 이것은 위치 에너지다. 그러나 여러분이 발 위로 책을 떨어뜨린다면, 위치 에너지가 운동 에너지로 바뀌게 된다. 휘발유가 자동차 엔진 안에서 연소되면 휘발유 분자의 화학 결합에 들어 있던 위치 에너지가 운동 에너지로 전환되어 차가 추진력을 얻게 된다. 댐의 물이 수로를 통해 흐르는 경우(그림 2.10), 댐의 발전기를 통해 전기나 다른 형태의 운동 에너지로 바뀜으로써 위치 에너지가 운동 에너지로 된다.

우리를 따뜻하게 해주고 우리와 다른 유기체의 식량 공급의 기초가 되는 식물을 지원(광합성)하는 에너지의 약 99%는 태양 에너지의 지속 가능성의 원리에 따라 무료로 제공되는 태양으로부터 나오는 전자기 복사다. 이 본질적으로 고갈되지 않는 태양 에너지가 없다면 지구는 얼어붙을 것이고 우리가 알고 있는 생명체는 존재하지 않을 것이다.

99% 태양으로부터 직접 나와 모든 생명체에 의해 사용되는 전체 에너지 백분율

상업용 에너지(시장에서 판매되는 에너지)는 지구에 직접 입사되는 태양 에너지의 1%에 해당한다. 세계에서 사용되는 상업용 에너지의 약 90%와 미국에서 사용되는 에너지의 90%는 석유, 석탄, 천연가스 등 재생 불가능한 화석 연료를 연소해서 만든다. 이를 화석연료라고 하는데 고대 식물과 동물의 부식층이 지각에서 높은 열과 강한 압력에 노출되었기 때문이다.

에너지 품질에 따른 다양한 에너지

어떤 에너지는 다른 에너지보다 더 유용하다. **에너지 품질**(energy quality)은 유용한 일을 할 수 있는 에너지의 능력을 측정하는 척도다. **고품질 에너지**(high-quality energy)는 유용한 일을 할 수 있는 높은 능력을 가진 집중된 에너지다. 예를 들어 매우 높은 온도, 집중된 태양빛, 빠르게 부는 바람, 그리고 가솔린, 천연가스 또는 석탄이 연소될 때 방출되는 에너지 등이 있다.

반면, **저품질 에너지**(low-quality energy)는 너무 분산되어 있어 유용한 일을 할 능력이 거의 없다. 예를 들어 바다나 대기 중에 움직이는 수많은 분자들은 엄청난 양의 에너지를 가지고 있지만, 너무 널리 퍼져 있고 온도가 낮아 일로는 사용할 수 없기 때문에 저품질 에너지다.

에너지 변화는 두 가지 과학 법칙에 의해 지배된다

수백만의 물리적, 화학적 변화에서 에너지가 한 형태에서 다른 형태로 전환되는 것을 측정하고 관찰한 후, 과학자들은 그 결과로 **에너지 보존의 법칙**(law of conservation of energy)으로 알려진 **열역학 제1법칙**(first law of thermodynamics)을 만들었다. 이 법칙에 따르면, 물리적, 화학적 변화 후에 에너지는 한 형태에서 다른 형태로 전환될 수는 있지만, 창조되거나 파괴되지는 않는다(개념 2.3A).

이 과학 법칙은 우리가 아무리 노력하거나, 아무리 똑

Songquan Deng/Shutterstock.com

그림 2.10 댐 뒤로 보이는 저수지에 저장된 물은 위치 에너지를 가지고 있어 물이 터빈을 회전시키고 전기를 생산하는 댐에 내장된 수로를 통해 흐를 때 운동 에너지가 된다.

똑하더라도, 물리적 또는 화학적 변화 후에 유입 에너지보다 많은 유출 에너지를 만들어낼 수 없다는 것을 말해준다. 이것은 거스를 수 없는 자연 기본 법칙 중 하나다.

열역학 제1법칙은 "에너지는 창조되거나 파괴되지 않으며 단지 한 형태에서 다른 형태로 전환되는 것을 말해주기 때문에, 에너지 부족에 대해서는 걱정할 필요가 없을 거야"라는 착각에 빠질 수 있다. 그러나 자동차에 휘발유를 넣고 운행하거나 휴대전화 배터리가 소모될 때까지 사용할 때, 무언가를 잃게 될 것이다. 무엇일까? 그 해답은 유용한 일을 하는 데 사용할 수 있는 에너지의 양인 에너지의 **품질**이다.

수천 번의 실험은 물리적 또는 화학적 변화에서 에너지가 한 형태에서 다른 형태로 전환될 때마다 처음 시작할 때의 에너지보다 저품질이거나 덜 유용한 에너지로 변하는 것을 보여준다(개념 **2.3B**). 이것을 **열역학 제2법칙** (second law of thermodynamics)이라 한다. 저품질 에너지는 보통 열의 형태로 나타나 자연으로 유입된다. 공기나 물 분자의 무질서한 움직임은 이 열을 더욱 분산시켜 에너지 품질이 너무 낮아 많은 유용한 일을 할 수 없을 정도로 온도를 낮춘다. 다시 말해 에너지가 한 형태에서 다른 **형태로 변화될 때, 유용한 에너지는 항상 덜 유용한 에너지로 변화한다.** 이것은 우리가 유용한 일을 수행하기 위해 고품질 에너지를 재활용하거나 재사용할 수 없다는 것을 의미한다. 음식, 휘발유 탱크, 석탄 덩어리의 고품질 에너지가 방출되면, 그것은 저품질의 열로 분해되어 환경으로 확산된다. 열역학 제2법칙은 우리가 위배할 수 없는 자연의 또 다른 기본 법칙이다.

2.4 시스템이란 무엇이며 변화에 어떻게 반응하는가?

개념 2.4 시스템의 구성 요소는 (물질과 에너지의) 입력, 처리, 출력이며 피드백은 그들의 행동에 영향을 미칠 수 있다.

시스템 및 피드백 루프

시스템(system)은 정기적으로 기능하고 상호작용하는 모든 구성 요소 집합이다. 그 예로 세포, 인체, 숲, 경제, 자동차 그리고 지구가 있다.

대부분의 시스템은 세 가지 핵심 요소로 구성된다. 즉 환경으로부터 물질, 에너지 및 정보 **입력**(input), 시스템 내에서 물질, 에너지 및 정보 **흐름**(flow) 또는 **처리**(throughput), 환경으로 생성물, 폐기물 및 에너지(일반적으로 열) **출력**(output)이다(그림 2.11)(**개념 2.4**). 입력에 필요한 것을 제공하고 물질과 에너지로 배출되는 시스템의 출력물을 흡수, 희석하는 환경의 능력보다 처리량이 많으면 시스템은 지속 불가능하게 될 수 있다.

대부분의 시스템은 **피드백**(feedback), 즉 시스템 내 변화를 증가시키거나(순 피드백) 감소시키는(역 피드백) 과정에 의해 영향을 받는다. **피드백 루프**(feedback loop)라고 불리는 이런 과정은 물질, 에너지 또는 정보의 출력이 시스템에 입력으로 피드백될 때 발생하며, 해당 시스템 내에서 변화를 이끈다(**개념 2.4**). **순 피드백 루프**(positive feedback loop)는 시스템을 같은 방향으로 변화시킨다. 예를 들어 연구자들이 허바드 부룩 실험 숲(**핵심 사례 연구**)의 하천 계곡에서 식생을 제거했을 때 강수되어 흐르는 물이 침식과 영양분 손실을 야기하여 식생이 더 많이 죽는 것을 발견했다(그림 2.12) 식생이 토양을 제자리에 고정시키지 않으면서 흐르는 물이 훨씬 더 많은 침식과 영양분 손실을 야기하여 더 많은 식물이 죽게 되었다.

자연계가 순 피드백 루프에 갇히게 되면 **생**

태학적 티핑 포인트(ecological tipping point)에 도달할 수 있으며, 그 지점을 넘어서면 시스템이 너무 급격하게 변화하여 심각한 저하나 붕괴를 겪을 수 있다. 티핑 포인트에 도달해서 이를 넘어서는 것은 고무줄을 늘이는 것과 같다. 원래 길이의 몇 배까지 늘일 수 있지만, 어느 순간 고무줄이 끊어지는 되돌릴 수 없는 티핑 포인트에 도달하게 된다. 이 책 전반에 걸쳐 많은 종류의 생태학적 티핑

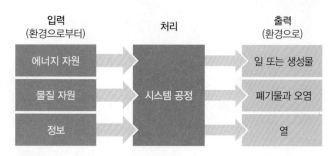

그림 2.11 시스템의 단순화된 모델

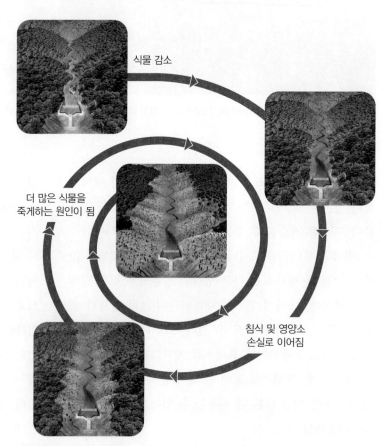

그림 2.12 순 피드백 루프. 계곡의 식물이 감소하면 침식을 증가시켜 영양분 손실을 유발되어 더 많은 식물이 죽게 되고, 더 많은 침식과 영양분 손실이 초래된다. **질문:** 여러분은 자연에서 또 다른 순 피드백 루프를 생각할 수 있는가?

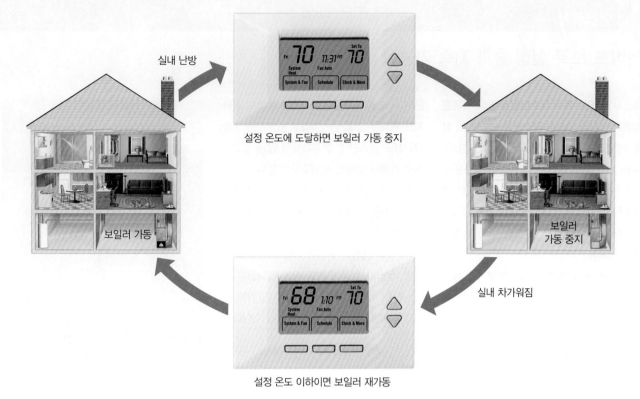

실내 난방

설정 온도에 도달하면 보일러 가동 중지

보일러 가동

보일러 가동 중지

실내 차가워짐

설정 온도 이하이면 보일러 재가동

그림 2.13 역 피드백 루프. 보일러에 의해 실내가 일정한 온도에 도달하면, 온도 조절기가 보일러를 끄도록 하여 실내는 계속해서 따뜻해지는 대신 식기 시작한다. 실내 온도가 설정 온도 이하로 떨어지면, 다시 보일러를 켜 원하는 온도에 도달할 때까지 난방을 진행한다.

포인트에 대해 논할 것이다.

역 또는 **수정 피드백 루프**(negative, or corrective, feedback loop)는 시스템을 반대 방향으로 변화시킨다. 역 피드백 루프의 예로는 실내에서 측정된 온도 정보를 사용하여 난방 또는 냉방 시스템을 켜고 끄는 온도 조정 장치가 있다(그림 2.13).

역 피드백 루프의 또 다른 예는 알루미늄의 재활용이다. 알루미늄 캔은 많은 양의 에너지와 물질을 필요로 하고 오염과 고형 폐기물을 생산하는 광업과 제조 시스템의 산물이다. 우리가 산출물(사용된 캔)을 재활용하게 되면, 그것은 알루미늄 채굴과 캔을 제조하려는 필요성이 줄어든다. 결국 에너지와 물질 입력과 해로운 환경 영향을 감소시키게 된다. 이것이 화학적 순환의 지속 가능성의 원리를 적용한 것이다.

핵심 주제

● **물질 보존의 법칙**에 따라 물질에 물리적 또는 화학적 변화가 일어날 때 원자는 창조되거나 소멸되지 않는다. 그러므로 우리는 물질을 없앨 수 없다. 다만 한 물리적 상태나 화학적 형태에서 다른 상태로 바꿀 수 있을 뿐이다.

● **열역학 제1법칙**, 즉 **에너지 보존의 법칙**에 따르면 물리적 또는 화학적 변화가 일어날 때 에너지는 한 형태에서 다른 형태로 전환될 수는 있지만 창조되거나 소멸되지 않는다. 이것은 그런 변화가 일어날 때 우리가 투입한 것보다 더 많은 에너지를 얻을 수 없다는 것을 의미한다.

● **열역학 제2법칙**에 따르면, 물리적 또는 화학적 변화에서 에너지가 한 형태에서 다른 형태로 전환될 때, 항상 처음보다 저품질이거나 덜 유용한 에너지를 얻게 된다. 이것은 우리가 고품질 에너지를 재활용하거나 재사용할 수 없다는 것을 의미한다.

허바드 브룩 실험 숲과 지속 가능성

핵심 사례 연구에서 대조실험을 통해 벌목된 숲에서는 자연 자본이 감소됨을 보이며 이 장을 시작했다(그림 1.3 및 오른쪽 사진 참조). 특히, 나무와 식물의 손실은 화학적 순환의 지속 가능성의 원리에 기초한 중요한 생태학적 기능인 물과 다른 중요한 식물 영양소를 보존하고 재활용할 수 있는 숲의 능력을 변화시킨다.

이런 식물의 개간은 태양 에너지와 생물 다양성의 지속 가능성의 원리도 위배했다. 예를 들어 황폐한 숲에서 동물의 먹이를 생산하기 위해 태양 에너지를 이용하는 식물의 대부분이 사라졌다. 식물이 사라지면 동물도 사라지고 황폐한 숲에서는 생활을 지탱하는 생물 다양성도 감소한다. 환경과학의 많은 결과는 이런 종류의 실험에 기반을 두고 있다.

이 책의 전반에 걸쳐 우리는 과학자들이 어떻게 자연에 대해 배우는지에 대한 다른 예들을 탐구한다. 우리는 지구가 어떻게 작동하고, 우리의 행동이 환경에 어떻게 영향을 미치며, 우리가 환경 문제를 어떻게 해결할 수 있는지를 이해하는 데 도움을 주기 위해 이 결과를 어떻게 사용할 수 있는지 볼 것이다.

steve estvanik/Shutterstock.com

복습

핵심 사례 연구

1. 허바드 브룩 실험 숲에서 수행된 대조구 과학 실험에 대해 서술하라.

2.1절

2. 2.1절의 핵심 개념은 무엇인가? 과학이란 무엇인가? 각 단계에 관련된 과학적 과정을 서술하라. 데이터란 무엇인가? 과학적 가설을 정의하라. 모델이란 무엇인가? 과학 이론이란 무엇인가? 동료 평가란 무엇이며 왜 중요한가? 과학자인 제인 구달의 업적을 요약하라.

3. 과학 법칙, 즉 자연 법칙을 정의하고 예를 제시하라. 왜 과학 이론과 법칙이 가장 중요하고 가장 확실한 과학의 결과인지 설명하고, 왜 사람들이 종종 이론이란 단어를 부정확하게 사용하는지 설명하라.

4. 신뢰할 수 있는 과학, 신뢰할 수 없는 과학, 잠정적인 과학을 구별하라. 과학의 네 가지 한계는 무엇인가?

2.2절

5. 2.2절의 두 가지 핵심 개념은 무엇인가? 물질은 무엇이며, 그것의 세 가지 물리적 상태는 무엇인가? 원소와 화합물을 구별하고 각각 예를 들어 설명하라. 주기율표는 무엇인가? 원자를 정의하고 원자론을 설명하라. 양성자, 중성자, 전자를 구별하여 설명하라. 원자의 핵은 무엇인가? 원소의 질량수와 원자 번호를 구별하여 설명하라. 동위원소란 무엇인가? 분자와 이온을 정의하고 각각 예를 들어 설명하라. 산성도란 무엇인가? pH란 무엇인가? 화학식을 정의하고 두 가지 예를 들어 설명하라.

6. 유기 화합물을 정의하고 두 가지 예를 들어 설명하라. 생명체에서 중요한 세 가지 유기 중합체는 무엇인가? 세포를 정의하고 세포 이론을 설명하라. DNA란 무엇인가? 유전자, 특성, 염색체를 정의하라. 물질의 물리적 변화와 화학적 변화(화학 반응)를 정의 및 구별하고 각각의 예를 제시하라. 물질 보존의 법칙은 무엇인가?

2.3절

7. 2.3절의 두 가지 핵심 개념은 무엇인가? 에너지란 무엇인가? 운동 에너지를 정의하고 두 가지 예를 제시하라. 열(열에너지)이란 무엇인가? 온도를 정의하라. 전자기 복사를 정의하고 두 가지 예를 제시하라. 위치 에너지를 정의하고 두 가지 예를 제시하라. 상업용 에너지는 무엇이고 그것의 몇 퍼센트가 화석연료에 의해 제공되는가? 모든 에너지의 몇 퍼센트가 태양으로부터 나오는가?

8. 에너지 품질이란 무엇인가? 고품질 에너지와 저품질 에너지를 구별하고 각각의 예를 제시하라. 열역학 제1법칙(에너지 보존의 법칙)은 무엇이고 왜 중요한가? 열역학 제2법칙은 무엇이고 왜 그것이 중요한가? 왜 열역학 제2법칙이 우리가 고품질 에너지를 재활용하거나 재사용할 수 없음을 의미하는지 설명하라.

2.4절

9. 2.4절의 핵심 개념은 무엇인가? 시스템을 정의하고 예를 제시하라. 시스템의 입력, 처리(흐름) 및 출력을 구별하라. 피드백이란 무엇이며, 피드백 루프는 무엇인가? 순 피드백 루프와 역(수정) 피드백 루프를 구별하고 각각의 예로 설명하라. 생태학적 티핑 포인트란 무엇인가?

10. 2장의 세 가지 핵심 주제는 무엇인가? 허바드 브룩 실험 숲의 대조실험이 어떻게 세 가지 과학적 지속 가능성의 원리를 나타내었는지 설명하라.

비판적 사고

1. 이 장의 핵심 사례 연구에서 설명한 대조실험에서 우리는 어떤 생태학적 교훈을 배울 수 있는가?

2. 연못에 있는 모든 물고기가 죽어가는 것을 볼 수 있다고 가정하자. 핵심 사례 연구와 그림 2.2의 과학적 과정을 통해 이 물고기들의 죽음의 원인을 어떻게 확인할 수 있을지 서설하라.

3. 다음 문장에 답하라.
   a. 과학자들은 누구도 흡연으로 인해 절대적으로 사망한다는 사실을 증명하지 않았다.
   b. 자연 온실 가스 이론(수증기와 이산화탄소와 같은 기체가 낮은 대기층을 따뜻하게 데운다는 것)은 그냥 과학 이론이기 때문에 믿을 수 없는 발상이다.

4. 나무는 성장하고 그 질량은 증가한다. 이것이 왜 질량 보존의 법칙에 위배되지 않는지 설명하라.

5. 질량 보존의 법칙 때문에 쓰레기에서 유기물을 제거할 수 있는 방법이 없다면, 왜 전 세계는 폐기물로 가득차지 않는가?

6. 어떤 사람이 자동차 엔진에 당신의 금전적 투자를 원하고, 당신의 투자가 기계 작동에 사용하는 연료의 에너지보다 더 많은 에너지를 생산할 것이라고 주장한다. 당신은 어떻게 대답할 것인가? 설명하라.

7. 왜 우리는 연료로서 기름을 한 번만 사용할 수 있는지, 다시 말해 왜 우리가 연료의 고품질 에너지를 재활용할 수 없는지를 열역학 제2법칙을 이용하여 설명하라.

8. a. 어느 날 당신이 질량 보존의 법칙을 폐지할 힘을 가졌다고 가정하라. 그 힘으로 할 수 있는 세 가지가 무엇인지 선택하여 설명하라.
   b. 어느 날 여러분이 열역학 제1법칙을 위배할 힘을 가졌다고 가정하라. 그 힘으로 할 수 있는 세 가지가 무엇인지 선택하여 설명하라.

환경과학 실천하기

아직 입증되지 않았기 때문에 과학적 가설의 신뢰를 떨어뜨리려는 신문이나 잡지 기사 또는 웹에서 논란이 될 가능성이 있는 새로운 과학적 가설의 보고서를 찾아라.

다음 작업을 수행하여 분석하라.

(1) 출처(작성자 또는 조직)를 확인하라. (2) 저자가 제시한 대체 가설이 있는 경우 탐지하라. (3) 저자의 주요 목표를 결정하라(예: 원래 가설을 오해하거나, 대체 가설을 진술하거나, 새로운 질문을 제기하는 것). (4) 저자들이 자신의 입장에 대해 제시한 근거를 요약하라. (5) 저자의 증거를 원래 가설에 대한 증거와 비교하라. 여러분의 분석을 요약한 보고서를 작성하고 친구들과 비교해보라.

데이터 분석

허바드 브룩 실험 숲의 대조실험(핵심 사례 연구)에서 칼슘 손실을 비교한 오른쪽 그래프를 검토하라. 이 수치는 두 현장의 질산염 손실을 비교한 그림 2.5와 매우 유사하다. 그래프를 공부한 후 다음 질문에 답하라.

1. 실험 장소에서의 칼슘 손실은 몇 년도에 급격히 증가하는가? 몇 년도에 최고가 되는가? 몇 년도에 다시 안정되는가?

2. 두 지점에서의 칼슘 손실은 몇 년도에 가장 근접하는가? 1963~1972년 동안 다시 가까워진 적이 있는가?

3. 이 그래프는 숲이 우거진 지역에서 나무를 베어내면 나무가 제자리에 있는 것보다 더 빨리 영양분을 잃게 된다는 가설을 뒷받침할 수 있는가? 설명하라.

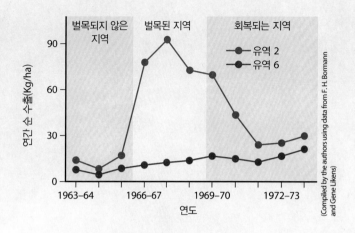

(Compiled by the authors using data from F. H. Bormann and Gene Likens)

3장

생태계: 생태계란 무엇이고
어떻게 작용하는가?

생태학 제1법칙: 모든 것은 다른 모든 것과
관계되어 있다.

베리 코모너(Barry Commoner)

핵심 질문

3.1 지구의 생명유지 시스템은 어떻게
작동하는가?

3.2 생태계의 주요 요소는 무엇인가?

3.3 생태계에서 에너지는 어떻게 작용하는가?

3.4 생태계에서 물질은 어떻게 순환하는가?

3.5 과학자는 어떤 방식으로 생태계를
연구하는가?

열대 숲의 나무에서 생태를 연구하는
과학자
Bill Hatcher/National Geographic Creative

열대 우림이 사라지고 있다

열대 우림(tropical rain forests)은 지구의 적도 근처에 위치해 있으며 놀라울 만큼 다양한 생물종을 포함한다. 이는 지구 토지 표면의 7%에 불과한 면적이지만, 이제까지 알려진 육상 동식물종의 절반가량이 열대 우림에 서식하고 있다. 열대 우림은 거의 매일 비가 오고 적도에 가깝기 때문에 연중 따뜻하고 습한 날씨다. 열대 우림의 생물 다양성 때문에, 이곳은 생태계 연구를 위한 훌륭한 자연적인 실험실이라고 할 수 있다(3장 도입부 사진 참조).

지금까지 인간 활동은 지구 열대 우림의 절반 이상을 파괴해왔다. 인간은 농작물을 재배하거나, 목축, 주거지 건축 등을 통해 끊임없이 열대 우림을 파괴하고 있다(그림 3.1). 생태학자들이 경고하기로는, 보호조치 없이는 이번 세기가 끝나기 전에 대부분의 열대 우림은 사라지거나 파괴될 것이라고 한다.

왜 열대 우림이 사라지는 점에 대해 주목해야 하는가? 과학자들은 세 가지 이유를 든다. **첫째**, 열대 우림이 사라지는 것은 동식물종의 서식지를 파괴함으로써 이들의 멸종을 야기한다. 핵심종의 소멸은 이들이 지탱하는 다른 종의 소멸로 이어지는 파급 효과를 낳을 것이다.

둘째, 열대 우림의 파괴는 지구온난화를 앞당기고, 기후변화를 가속화한다. 어떤 이유로 이런 현상이 나타날까? 나무가 다시 자라는 것보다 빠르게 사라진다는 것은 인간에 의해 대량의 화석연료가 소비될 때 발생되는 이산화탄소(CO_2)의 방출이 광합성을 통해 제거될 수 없다는 것을 의미한다. 그 결과 초래된

대기 중 이산화탄소의 증가는 지구온난화와 기후변화를 야기하며, 이는 15장에서 자세하게 살펴볼 것이다.

셋째, 열대 우림의 대량 감소는 한 번 파괴된 열대 우림이 다시 회복되는 것이 힘들 정도로 지역적 기후패턴을 변화시킨다. 만약 돌이킬 수 없을 정도로 생태학적 티핑 포인트에 도달한다면, 열대 우림은 건조해져서 생태학적으로 덜 다양한 열대 초원이 되고 말 것이다.

이 장에서는, 열대 우림의 생물적 요소와 무생물적인 요소 및 다른 생태계에 대해 언급할 것이며, 이것들이 어떻게 작동하는지, 어떻게 인간 활동이 영향을 미치고 있는지, 그리고 어떻게 이를 지속시킬 수 있을지에 대해서도 살펴보고자 한다.

Left: United Nations Environment Programme ; Right: United Nations Environment Programme

그림 3.1 자연 자본의 파괴: 볼리비아의 산타크루즈 시의 열대 우림이 1975년(왼쪽)과 2003년(오른쪽) 사이에 농작, 목축, 주거환경 확대 등으로 인해 얼마나 감소되었는지에 대한 인공위성 사진. 사진은 최신 자료이나, 열대 우림의 황폐화는 2003년 이래로 계속되어 오고 있다.

3.1 지구의 생명유지 시스템은 어떻게 작동하는가?

개념 3.1A 지구의 생명유지 시스템의 네 가지 주요 요소는 대기권(공기), 수권(물), 지권(바위, 토양 및 침전물), 생물권(생물)으로 분류된다.

개념 3.1B 생명은 생물권을 통한 태양으로부터 에너지 흐름과, 생물권 내 영양염 순환, 그리고 중력에 의해 유지된다.

지구의 생명유지 시스템의 네 가지 주요 요소

지구의 생명유지 시스템은 서로 상호작용하는 주요한 네 권역(그림 3.2), 즉 대기권(공기), 수권(물), 지권(바위, 토양, 침전물), 생물권(생물)으로 구성되어 있다**(개념 3.1A)**.

대기권(atmosphere)은 지표면을 둘러싸고 있는 얇은 공기층이며, 중력에 의해 유지되고 있다. 대기권의 내부 층이라 할 수 있는 **대류권(troposphere)**은 적도 해수면 위 약 19 km, 북극과 남극 위 약 6 km에 걸쳐 있다. 대류권의 대부분은 인간이 호흡하는 공기로 이루어져 있는데,

78%는 질소(N_2)이고, 21%는 산소(O_2)이다. 나머지 1%의 대부분은 수증기, 이산화탄소, 메테인이다. 대류권은 지구의 기상 현상이 발생하며, 생명체가 생존할 수 있는 층(層)이다.

성층권(stratosphere)은 대류권의 상부에 위치해 있는 대기층이다. 성층권은 지표면 위 17~50 km에 걸쳐 있다. 오존층이라고 하는 성층권의 낮은 층 부분에는 태양의 유해 자외선의 95%를 막아주기에 충분한 오존가스 필터가 있다. 이를 통해 성층권은 생명이 지표면에서 살아갈 수 있도록 하는 지구의 보호막 역할을 한다.

수권(hydrosphere)은 지표면과 이에 근접해 있는 물을 함유하고 있다. 이는 대기 중에는 수증기로 존재하고, 지표면과 지하에서는 액체 상태의 물로서 존재하며, 극빙, 빙산, 빙하, 영구 동토층에서는 얼음의 형태로 존재한다. 지표면의 71%를 차지하는 바다는 지구에 있는 물의 97%를 포함하고 있으며 지구 생물종의 절반가량을 지탱한다. 지구상 물의 약 2.5%는 담수이며, 그중 3/4는 얼음이다.

지권(geosphere)은 암석, 광물, 토양 등을 포함한다. 이는 매우 뜨거운 핵, 두꺼운 맨틀, 암석과 토양의 지각으로 이루어져 있다. 지각의 상층부는 유기체가 생존을 위해 필요로 하는 토양 화학물질과 양분으로 이루어져 있다. 또한 석탄, 기름, 천연가스 등의 재생 불가능한 화석연료와 인간이 추출하여 사용하는 광물 등으로 구성된다.

생물권(biosphere)은 생명이 존재하는 대기권, 수권, 지권을 말한다. 만약 지구를 사과 하나의 크기로 가정한다면, 생물권은 사과 껍질 정도의 두께에 불과할 것이다.

지구의 생명체를 지탱하는 세 가지 요인

지구의 생명은 상호 연결된 세 가지 요인에 달려 있다**(개념 3.1B)**.

- 첫째, 고품질 에너지의 편류(偏流). 태양 에너지의 지속 가능성의 원리🌱에 의해 식물과 동물에게 에너지를 제공함으로써 이들의 성장을 돕는다. 태양 에너지가 이산화탄소 및 대류권 내에 존재하는 기체와 상호작용함에 따라 대류권이 따뜻하게 되는 데 이를 **온실효**

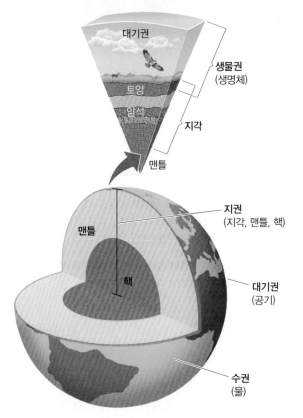

그림 3.2 자연 자본: 지구는 육지**(지권)**, 공기**(대기권)**, 물**(수권)**, 생명체**(생물권)**로 이루어져 있다**(개념 3.1A)**.

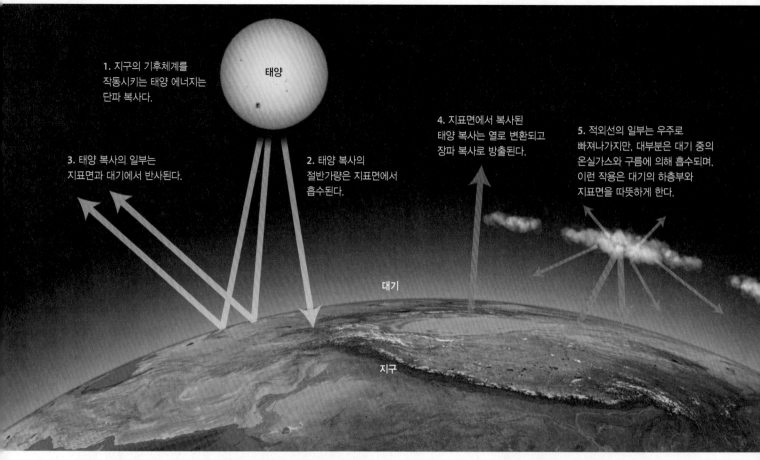

1. 지구의 기후체계를 작동시키는 태양 에너지는 단파 복사다.

태양

2. 태양 복사의 절반가량은 지표면에서 흡수된다.

3. 태양 복사의 일부는 지표면과 대기에서 반사된다.

4. 지표면에서 복사된 태양 복사는 열로 변환되고 장파 복사로 방출된다.

5. 적외선의 일부는 우주로 빠져나가지만, 대부분은 대기 중의 온실가스와 구름에 의해 흡수되며, 이런 작용은 대기의 하층부와 지표면을 따뜻하게 한다.

대기

지구

그림 3.3 온실과 같은 지구. 고품질의 태양 에너지는 태양으로부터 지구로 흘러들어온다. 이는 지구의 공기, 물, 토양, 생물체와 상호작용하는 과정에서 저품질의 에너지로 전환되며(대부분은 열), 결국에는 우주로 되돌려 보내진다. 지구의 대기 중에 있는 몇몇 기체는 태양 에너지를 열의 형태로 보존하여 지구를 따뜻하게 하는데 이것이 온실효과다.

National Geographic Visual Atlas of the World. Washington, DC: National Geographic Society, 2008.

과(greenhouse effect)라 한다(그림 3.3). 이런 작용이 없다면 지구는 인간 및 다른 생명체가 살아가기에 너무나 추운 환경이 될 것이다.

- 둘째, 생물권을 통한 영양염 순환. **영양염**(nutrients)은 유기체가 생존하기 위해 반드시 필요한 화학물질이다. 지구가 우주로부터 받아들일 수 있는 물질의 양은 한정적이므로, 고정된 영양분 공급은 지구의 생명을 지탱하기 위해 순환되어야만 한다. 이것이 바로 화학적 순환의 지속 가능성의 원리이다.

- 중력은 행성이 대기권 내에 머무를 수 있도록 하며 공기, 물, 토양, 유기체를 통해서 화학적 순환과 이동이 가능하게끔 한다.

3.2 생태계의 주요 요소는 무엇인가?

개념 3.2A 몇몇 생물은 스스로 영양분을 생성하고, 그 밖의 생물은 다른 생물을 소모해서 영양분을 얻으며, 일부는 다른 생물체의 잔류물질과 폐기물을 분해하여 영양분을 재활용한다.

개념 3.3B 토양은 육상식물이 살 수 있도록 영양분을 제공하며 물을 정화하고 지구의 기후를 조절하는 재생 가능 자원이다.

생태계의 주요 요소

생태학(ecology)은 생물이 또 다른 생물 그리고 물리적 환경과 어떻게 상호작용하는지에 대해 중점을 두는 학문이다. 과학자들은 물질을 작게는 원자에서 크게는 은하계까지 분류한다. 생태학자들은 이 중 다섯 단계에서의 상호작용을 연구한다. **생물권**(biosphere), **생태계**(ecosystem),

생물권	생물체가 나타나는 지구의 대기, 물 토양
생태계	물질 및 에너지 등 무기적 환경과 생물군이 상호작용하는 공동체
군집	특정 지역에 서식하며 상호작용하는 다른 종들의 모임
개체군	특정 지역에 서식하는 같은 종의 개체의 무리
생물 개체	살아 있는 개별적인 개체
세포	생명의 근본적이며 구조적이고 기능적인 단위
분자	같거나 다른 원소의 두 개 이상의 원자의 화학 결합
원자	화학 성질을 보이는 원소의 가장 작은 단위

그림 3.4 생태학이 초점을 맞추는 것은 그림에서 위로부터 다섯 단계에 해당한다.

군집(community), 개체군(population), 생물 개체(organism)가 그것이며 이는 그림 3.4에 나타나 있다.

생물권과 생태계는 생물과 무생물로 구성된다. 생물은 식물, 동물, 미생물 등을 말하며, 무생물은 물, 공기, 영양분, 암석, 열, 태양 에너지를 말한다.

생물은 **영양 단계**(trophic level), 즉 영양소를 어떻게 얻는지에 따라 생산자와 소비자로 유형을 나눌 수 있다.

생산자(producer)는 주변 환경의 화합물과 에너지를 통해 영양소를 만드는 생물을 말한다(**개념 3.3A**). 식물들은 **광합성**(photosynthesis)을 통해 태양 에너지를 이산화탄소와 물을 결합하여 포도당($C_6H_{12}O_6$)과 같은 탄수화물을 만드는 데 사용하며, 이는 식물들이 화학 에너지를 저장하는 곳으로 사용된다. 이런 과정에서 산소(O_2) 가스가

대기 중으로 방출된다. 산소는 인간과 동물이 살아가는 데 필수적이다. 광합성 과정은 아래와 같은 화학 반응을 통해 나타낼 수 있다.

이산화탄소 + 물 + **태양 에너지** → 포도당 + 산소
$$6CO_2 + 6H_2O + 태양 에너지 \rightarrow C_6H_{12}O_6 + 6O_2$$

약 28억 년 전에, 남세균(cyanobacteria)은 광합성을 하기 시작했다. 수백만 년 후에, 산소 수준은 21%에 도달하여 인간과 동물이 산소를 호흡하며 생존할 수 있을 정도가 되었다.

육상에서 대부분의 생산자는 나무 또는 풀과 같은 녹색식물이다. 담수 및 해양 생태계에는 해안선 가까이에 생장하는 조류와 수중식물이 주요 생산자이다. 개빙(開氷)구역에서는 물에 떠다니는 미생물인 **플랑크톤**이 주요 생산자다.

생태계에 존재하는 다른 생물로는 스스로 먹이를 생산할 수 없는 **소비자**(consumer)를 들 수 있다(**개념 3.2**). 이들은 다른 생산자나 다른 소비자 또는 이들의 사체 등을 먹음으로써 살아간다.

소비자에는 몇 가지 유형이 있다. **1차 소비자**(primary consumer), 또는 **초식동물**(herbivore)은 주로 녹색식물이나 해조류를 먹고 사는 동물을 말한다. 애벌레, 기린, 동물성 플랑크톤 등을 예로 들 수 있다. **육식동물**(canivores)은 다른 동물의 고기를 섭취하는 동물을 말한다. 즉 거미나 사자(그림 3.5) 또는 대부분의 작은 어류는 초식동물의 고기를 섭취하는 **2차 소비자**(secondary consumer)다. 호랑이, 매, 범고래와 같은 육식동물은 다른 육식동물의 고기를 섭취하는 **3차 소비자**(tertiay consumer)다. 이런 관계는 그림 3.6에 나타나 있다. 돼지, 쥐, 사람과 같은 **잡식동물**(omnivores)은 다른 동물이나 식물을 먹는다.

생각해보기

당신은 무엇을 먹었는가?
가장 최근에 한 식사에서 당신은 초식동물, 육식동물, 잡식동물 중 어디에 해당하는가?

그림 3.5 먹이를 먹고 있는 사자

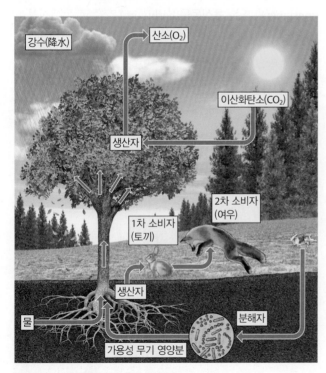

그림 3.6 생태계의 주요 생물, 무생물 요소

분해자(decomposer)는 동식물의 잔해를 분해함으로써 영양분을 얻는다. 분해 과정은 이런 영양분을 토양, 물, 공기로 환원시켜 생산자에 의해 재사용된다(**개념 3.2A**). 대부분의 분해자는 박테리아와 곰팡이류다. **데트리터스 식자**(detritus feeder), 또는 **잔사식 생물**(detritivores)이라고 하는 다른 분해자가 있는데, 이들은 다른 생물의 사체나 잔해물을 통해 영양분을 섭취한다. 지렁이, 몇몇 땅벌레, 하이에나, 대머리독수리 등이 그 예다.

잔사식 생물과 분해자는 나무줄기를 단순한 무기 분자로 변형시켜 식물이 양분처럼 흡수할 수 있도록 한다(그림 3.7). 자연 생태계에서 생물의 잔해와 사체는 다른 생물이 화학적 순환의 지속 가능성의 원리를 유지하게 하는 원천이다. 만약 분해자와 잔사식 생물이 없다면(과학적 핵심 3.1), 지구는 부엽토, 동물의 배설물과 사체, 낙엽, 쓰레기 등으로 가득찰 것이다.

가장 중요하지만 눈에 보이지 않는 생물들

이들은 어디에나 있다. 당신의 신체나 또는 몸속에 수십억 개가 있으며, 흙 한줌과 바닷물 한 컵에도 마찬가지다.

이들을 가리켜 **미생물**(microbe 또는 microorganisms)이라 하며, 이는 수천 종의 박테리아, 원생동물, 균류, 플랑크톤을 포괄하는 개념이다. 미생물은 지구의 생명유지 시스템에서 중요한 역할을 한다.

인간의 장에 있는 박테리아는 섭취된 음식을 분해하고, 인간의 코에 있는 미생물은 해로운 박테리아가 폐에 도달하는 것을 막는다.

다른 미생물들은 물에 존재하는 동·식물의 사체를 분해하여 물을 정화시켜 사람이 먹을 수 있도록 하는 역할을 한다. 토양에 존재하는 박테리아와 균류는 유기 폐기물을 분해하여 식물이 흡수하는 영양분으로 바꾸어 주며, 이를 통해 인간 또는 다른 동물이 식물을 섭취할 수 있다. 이런 작은 생물체들이 없다면 인간은 매우 곤란할 것이다.

바다에 있는 플랑크톤의 경우 지구의 산소를 공급하는 역할을 한다. 또한 인간이 화석과 천연가스, 석유를 사용할 때 발생하는 이

산화탄소를 제거함으로써 대기의 평균 온도를 조절하는 역할을 한다. 또한 미생물들은 식물의 병을 치료할 수 있으며 해충의 수를 조절할 수 있다. 즉 미생물은 지구의 자연 자본에 있어 매우 중요한 부분이다.

비판적 사고

지구에서의 번식에 있어, 미생물이 인간보다 유리한 두 가지 이점은 무엇인가?

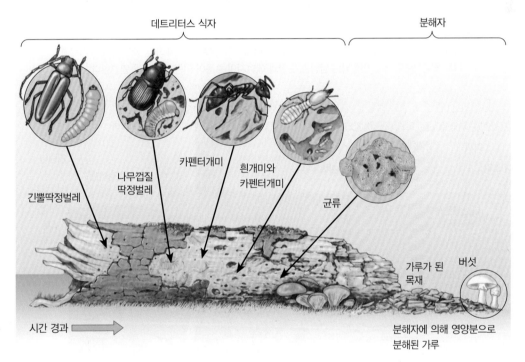

그림 3.7 다양한 데트리터스 식자와 분해자(대부분은 곰팡이와 박테리아)는 통나무의 일부를 먹어치우거나 분해하여, 복잡한 유기 화학물을 단순한 무기 영양분으로 바꾸어 이를 생산자들이 섭취할 수 있도록 한다.

생산자, 소비자, 분해자는 세포 호흡을 통해 포도당과 다른 유기 화합물에 저장된 화학 에너지를 사용한다. 대부분의 세포에서, 포도당과 다른 유기 화합물을 이산화탄소와 물로 전환하는 **유기 호흡**(aerobic respiration)을 통해 에너지가 방출된다. 이는 다음과 같다.

포도당 + 산소 → 이산화탄소 + 물 + **에너지**
$$C_6H_{12}O_6 + 6O_2 \rightarrow 6CO_2 + 6H_2O + 에너지$$

효모와 일부 박테리아와 같은 분해자는 포도당 또는 다른 유기 화합물을 산소 없이도 분해하여 에너지를 얻는

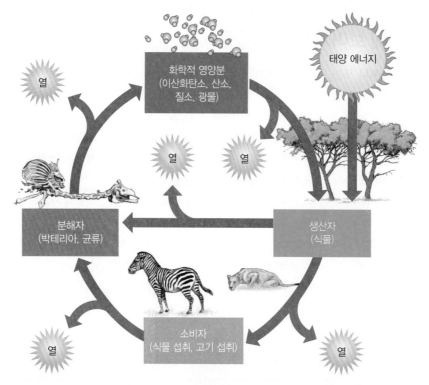

그림 3.8 자연 자본: 생태계의 주요 요소는 에너지, 화학물질, 유기체이다. 태양에서 유기체를 거쳐 최종적으로 열로 변환되는 영양염 순환과 에너지의 흐름이 이런 요소들을 연결한다.

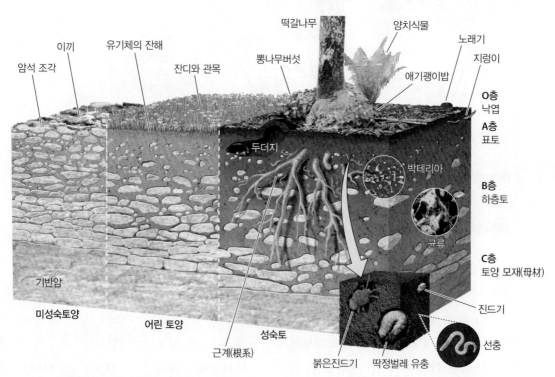

그림 3.9 자연 자본: 토양의 구성과 토양단면. **비판적 사고:** 이 그림에서 나무는 토양의 형성에 있어 어떤 역할을 수행한다고 생각하는가? 나무가 없다면 토양의 형성 과정이 바뀔 것인가?

다. 이런 형태의 세포 호흡을 **혐기 호흡**(anaerobic respir-ation) 또는 **발효**(fermentation)라고 한다. 탄수화물과 물 대신에, 이런 과정의 결과물은 메테인 가스(CH_4), 에틸알코올(C_2H_6O), 초산($C_2H_4O_2$, 식초의 중요 요소), 황화수소(H_2S, 썩은 계란과 같은 냄새가 나는 독성 가스)이다. 오로지 식물만이 광합성을 할 수 있고, 다른 유기체들은 유기 호흡이나 혐기 호흡을 해야 한다는 점을 주목하라.

요약하자면, 생태계와 생물권은 두 가지 과학적 지속 가능성의 원리, 즉 태양 에너지의 편류(偏流)와 영양염 순환을 통해 유지되고 있다(그림 3.8)(**개념 3.1B**).

토양은 생명이 살아갈 수 있는 기반

토양(soil)은 암석의 조각, 무기 영양분, 부패하는 유기물, 물, 공기, 살아 있는 유기체의 복합물로서 동물 생태계를 지탱한다(**개념 3.2B**). 토양은 지구 자연 자본의 가장 중요한 요소 중 하나다. 토양은 물을 정화시키고 식물의 성장에 필요한 대부분의 영양소를 공급한다. 유기 호흡을 통해, 토양에 살고 있는 생물들은 대기 중의 이산화탄소를 제거하고 유기 화합물의 형태로 저장함으로써 지구의 기후를 조절하는 역할을 한다.

대부분의 **성숙토**에는 여러 층(토양층위)이 존재한다. 토양층위의 수직적 분포를 **토양단면**(soil profile)이라 한다(그림 3.9, 오른쪽). 성숙토의 주요 층은 **O**(부엽토), **A**(표토), **B**(하층토), 그리고 토양 모질물을 형성하는 **C**(기반암)이다.

대부분 식물의 뿌리와 토양 생물의 대부분은 토양의 위 두 층(層), 즉 O층과 A층에 존재한다. 비옥한 토양의 경우 O층과 A층에는 박테리아, 균류, 지렁이, 수많은 작은 벌레들이 풍부하며 이들은 서로 먹이가 되거나 분해를 하며 상호작용을 한다.

표토 한 움큼 분량에는 수십억의 박테리아 등이 포함된 분해자들이 있다. 이들은 토양의 유기 화합물을 분해하여 **부식**(腐植, humus)으로 변화시킨다. 농작물이 자라기 좋은 비옥한 토양은 표토층이 두터워 부식과 광물 입자가 많다.

토양은 재생 가능 자원이지만 그 속도가 매우 느려서 만약 인간이 그 속도보다 빠르게 고갈시킨다면 재생 불가능하게 되고 말 것이다. 2.5 cm의 표토가 형성되는 데 수백, 수천 년이 걸린다. 토양에서 식물이 제거되면 비바람에 의해 표토가 부식되고 만다. 이것이 바로 표토를 보호하는 지속 가능성의 중요한 이유다. 토양의 침식과 보호에 대해서는 10장에 상세하게 기술되어 있다.

3.3 생태계에서 에너지는 어떻게 작용하는가?

개념 3.3 에너지가 먹이 사슬과 먹이 그물을 통해 순환하면서, 고품질 화학 에너지의 총량은 각각의 연쇄 단계에서 감소한다.

먹이 사슬과 먹이 그물을 통한 생태계 에너지 흐름

생물의 몸과 잔해에 영양분의 형태로 저장된 화학 에너지는 한 영양 단계에서 다른 단계로 흘러들어간다. 각각 다음 단계의 생물을 위한 영양소나 에너지로 작용하는 생물의 일련 단계를 **먹이 사슬**(food chain)이라 한다(그림 3.10). 생물에 의한 에너지의 사용 및 전달은 열역학 제2법칙에 따라 고품질 에너지가 저품질 에너지로 손실되는 과정을 거친다. **에너지 흐름 피라미드**(pyramid of energy flow)는 각각의 영양 단계에서 에너지 손실을 도식화한 것이다. 그림 3.11은 먹이 사슬의 각 단계에서 90%의 에너지 손실을 가정하고 각각의 단계에서 에너지 손실을 나타낸다.

생각해보기

> **연관성 에너지 흐름과 인간의 생존**
> 인간이 소, 돼지, 양, 닭과 같은 초식동물을 직접 먹지 않고 에너지 흐름 피라미드 상 낮은 단계의 곡물, 야채, 과일 등을 먹기 때문에 지금과 같이 많은 수의 인류가 살아갈 수 있는 것이다. 지구상 인간의 대략 2/3가량은 고기를 먹을 여유가 없기 때문에 밀, 쌀, 옥수수를 주식으로 삼고 살아간다.

자연 생태계에서, 대부분의 소비자는 한 가지 이상의 생물을 섭취하며, 대부분의 생물은 하나 이상의 소비자에 의해 잡혀 먹히거나 분해된다. 즉 대부분 생태계 생물

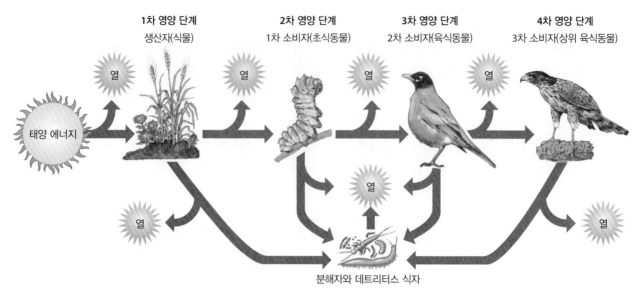

1차 영양 단계	2차 영양 단계	3차 영양 단계	4차 영양 단계
생산자(식물)	1차 소비자(초식동물)	2차 소비자(육식동물)	3차 소비자(상위 육식동물)

태양 에너지

열 열 열 열

열

열 열

분해자와 데트리터스 식자

그림 3.10 먹이 사슬에서, 영양소의 화학 에너지는 다양한 영양 단계로 흘러들어간다. **비판적 사고:** 점심에 무엇을 먹었는지 생각해보라. 먹이 사슬의 어떤 단계에 있는 음식을 먹었는가?

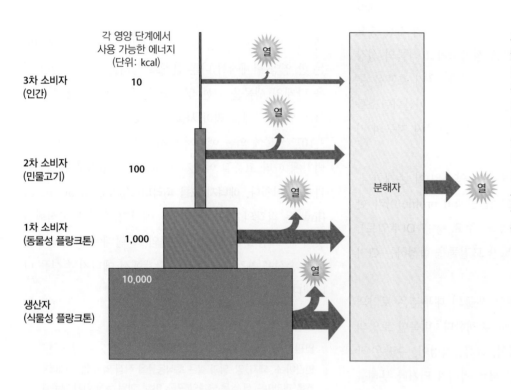

각 영양 단계에서
사용 가능한 에너지
(단위: kcal)

3차 소비자
(인간)   10

2차 소비자
(민물고기)   100

1차 소비자
(동물성 플랑크톤) 1,000

생산자
(식물성 플랑크톤) 10,000

열 열 열 열

분해자

열

그림 3.11 먹이 사슬과 먹이 그물의 각 영양 단계에서 사용 가능한 화학 에너지의 감소를 나타내는 **에너지 흐름 피라미드.** 이 모델은 한 단계에서 다음 단계로의 전이에 있어 90%의 에너지 손실이 일어난다고 가정한다. 칼로리와 줄로 단위가 표시되었다. 1 kcal = 1,000 cal = 4,184 J **비판적 사고:** 채식 위주의 식단이 육류 위주의 식단보다 에너지 효율성이 높은 이유는 무엇인가?

들은 **먹이 그물**(food web)이라는 서로 연결된 먹이 사슬의 복잡계를 형성한다. 먹이 사슬과 먹이 그물은 생산자와 소비자 그리고 분해자가 생태계 에너지 흐름과 관련하여 어떻게 서로 연결되어 있는지 나타낸다. 그림 3.12는 바다의 먹이 그물을 나타내고, 그림 3.13은 육지의 먹이 그물을 나타낸다.

생각해보기

자연에서 배우기

생물의 사체는 다른 생물의 먹이가 되기 때문에 자연에는 낭비라는 것이 없다. 과학자들과 공학자들은 음식과 쓰레기의 낭비를 줄이거나 막기 위해 먹이 그물을 연구한다.

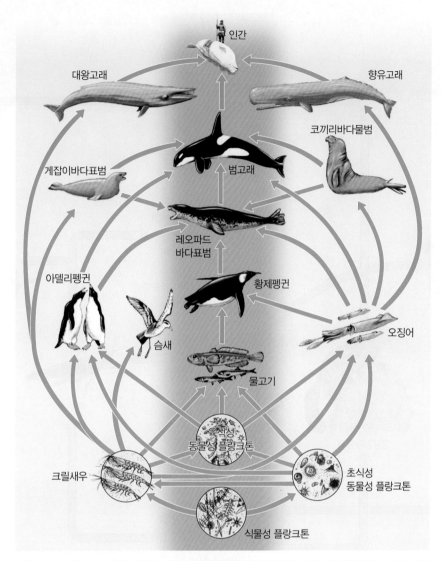

인간

대왕고래   향유고래

코끼리바다물범

게잡이바다표범   범고래

레오파드
바다표범

아델리펭귄   황제펭귄

슴새   오징어

물고기

유식성
동물성 플랑크톤

크릴새우   초식성
                                              동물성 플랑크톤

식물성 플랑크톤

그림 3.12   매우 단순화된 남반구 해양의 먹이 그물. 가운데 진한 부분은 단순한 먹이 사슬을 나타
낸다. 분해자 및 데트리터스 식자는 여기에 나타나 있지 않다. **비판적 사고:** 당신이 속해 있는 먹이
그물을 생각해볼 수 있는가? 간단한 도표를 그려보라.

생태계별 화학 에너지 생산 속도의 차이

과학자들은 생태계를 비교하고 각 생태계가 어떻게 상
호작용하는지를 이해하기 위해 생태계가 화학 에너지를
생산하는 비율을 측정한다. **1차 총생산량**(gross primary
productivity, GPP)이란 식물 또는 플랑크톤 같은 생태계
의 생산자가 태양 에너지를 화학 에너지로 전환시키는 비
율을 말한다. 생산자는 생존, 성장, 번식을 위해 유기 호
흡을 하는 과정에서 스스로 저장한 화학 에너지를 사용해
야만 한다.

1차 순생산량(net primary productivity, NPP)이란, 생

산자가 광합성을 통해 화학 에너지를 저장하고 생산한 값
에서 유기 호흡을 통해 이 화학 에너지를 사용한 값을 뺀
비율을 말한다. 이는 생산자가 얼마나 빨리 화학 에너지
를 생산할 수 있는지를 측정한 양이다.

육상 생태계와 수생 생물분포대는 그림 3.14에서 보
는 것과 같이 NPP가 다르다. 낮은 NPP에도 불구하고,
외양(外洋)은 지구의 다른 어떤 생태계나 생물분포대보
다도 더 많은 생물량을 생성한다. 이는 바다가 지표면의
71% 이상을 차지하며, 이곳에는 플랑크톤을 비롯한 수많
은 생산자가 살고 있기 때문이다.

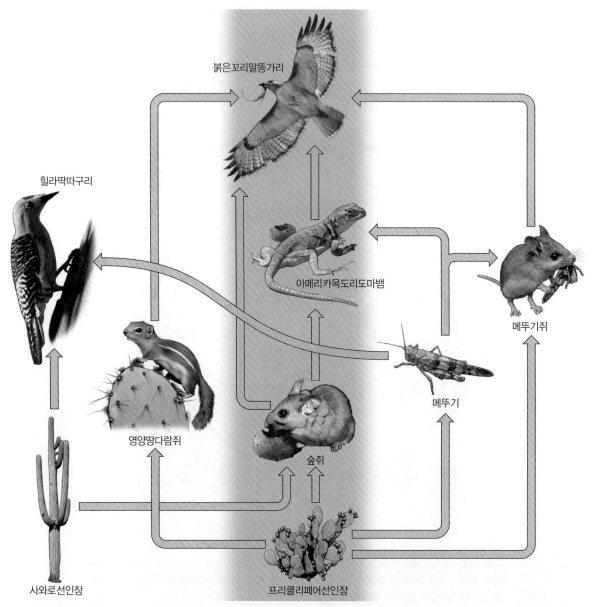

붉은꼬리말똥가리

힐라딱따구리

아메리카목도리도마뱀

메뚜기쥐

영양땅다람쥐

숲쥐

메뚜기

사와로선인장

프리클리페어선인장

그림 3.13 매우 단순화된 사막 생태계의 먹이 그물. 가운데 진한 부분은 단순한 먹이 사슬을 나타낸다. 분해자 및 데트리터스 식자는 여기에 나타나 있지 않다.

열대 우림은 수많은 다양한 나무와 식물이 있어 소비자를 지탱하기에 충분하므로 NPP가 배우 높다. 이런 열대 우림이 경작이나 목축 등으로 인해 파괴된다면(**핵심 사례 연구**), NPP가 급격이 줄어들고 많은 동식물이 멸종할 것이다.

NPP로 나타나는 식물만이 소비자를 위한 양분이 될 수 있다. 그러므로 지구의 NPP는 궁극적으로 인간을 포함한 소비자 수의 상한선을 제한한다고 볼 수 있다. 이것이 자연이 주는 중요한 교훈이다.

3.4 생태계에서 물질은 어떻게 순환하는가?

개념 3.4 영양분의 형태로서, 물질은 생태계와 생물권을 순환하며, 인간 활동은 이런 화학적 순환을 대신하기도 한다.

생태계 내 및 생태계 간의 영양염 순환

영양소를 구성하는 원소 및 화합물은 물, 공기, 토양, 암석, 생물체를 통해 생태계 내에서 끊임없이 순환하는데,

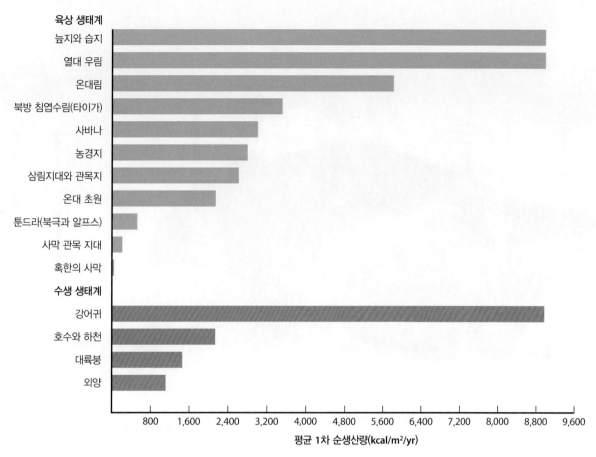

늪지와 습지

열대 우림

온대림

북방 침엽수림(타이가)

사바나

농경지

삼림지대와 관목지

온대 초원

툰드라(북극과 알프스)

사막 관목 지대

혹한의 사막

수생 생태계

강어귀

호수와 하천

대륙붕

외양

평균 1차 순생산량(kcal/m²/yr)

그림 3.14 주요 생물분포대와 생태계의 **1차 순생산량**을 연간 1제곱미터당 킬로칼로리로 측정한 값. **데이터 분석:** 가장 생산적인 것 세 개와 가장 덜 생산적인 것 세 개는 무엇인가?

Compiled by the authors using data from R. H. Whittaker, Communities and Ecosystems, 2nd ed., New York: Macmillan, 1975.

이를 **영양염 순환**(nutrient cycles) 또는 **생물지화학 순환**(biogeochemical cycle)이라고 한다. 이는 화학적 순환의 지속 가능성의 원리가 작용하는 것을 말한다. 이런 순환은 태양 에너지와 지구의 중력의 직·간접적인 영향에 의해 이루어지며 이에는 물, 탄소, 질소, 인, 황 순환 등이 있다. 인간 활동을 이런 순환을 변화시키고 있다(그림 1.3 참조)(**개념 3.4**).

생각해보기

연관성 영양염 순환과 생명
영양염 순환은 과거, 현재, 미래의 생명을 연결한다. 이 책을 읽고 있는 당신의 피부에 있는 탄소 원자는 먼 과거에는 오크나무의 잎사귀였다던가, 공룡의 피부 또는 석회석 층의 일부분이었을 수도 있다. 또는 당신이 방금 막 들이마신 숨은 당신의 할머니나, 조지 워싱턴, 또는 25,000년 전에 살았던 사냥꾼이 들이마셨던 질소(N_2)와 같은 것일 수도 있다.

물 순환

물(H_2O)은 지구상에 생명이 있게 해주는 정말 놀라운 물질이다(과학적 핵심 3.2). **수문적 순환**(hydrologic cycle) 또는 **물 순환**(water cycle)이란 그림 3.15와 같이 지구의 물이 모아지고, 정화되며, 분배되는 과정을 말한다.

태양은 물 순환에 필요한 에너지를 제공한다. 태양 에너지는 수증기를 발생시켜 바다, 호수, 강, 토양, 식물 등에 존재하는 물을 기화시킨다. 이 중 대부분은 대기 중으로 기화하여 구름의 물방울이 된다. 이는 다시 중력에 의해 지표면에 비나 눈 또는 진눈깨비 등의 형태로 낙하한다.

육상 생태계에 강수되는 물은 **지표 유출**(surface run-off)이 된다. 즉 지표면을 흐른 물이 하천, 강, 호수, 습지, 바다 등으로 흘러들어가는 것이다. 일부는 토양의 상

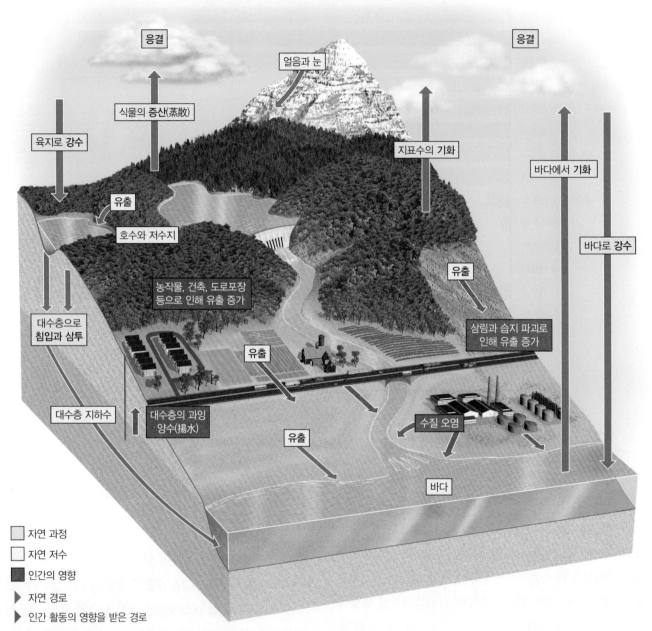

그림 3.15 **자연 자본:** 다양한 물리적 형태로 생물권을 흐르는 **물 순환**을 단순화한 모델. 붉은 화살표와 박스는 물 순환에서 인간 활동에 의한 주요 영향을 나타낸다. **비판적 사고:** 당신이 물 순환에 직간접적으로 영향을 미치는 세 가지 경로는 무엇인가?

층으로 스며들어 일부는 식물이 흡수하고, 일부는 대기 중으로 증발한다.

일부 강수(降水)는 토양으로 깊이 스며들어 **지하수**(groundwater)가 된다. 지하수가 모이면 모래의 아래층에 위치하며 물을 함유하는 **대수층**(帶水層, aquifer)이 된다. 일부는 빙하가 되기도 한다.

지구의 물 중 약 0.024%만이 인간과 생물들이 이용할 수 있는 담수에 해당한다. 나머지는 너무 염분에 많거나 지하 깊숙이 있어 추출하는 데 비용이 많이 들거나, 빙하의 형태로 존재한다.

0.024% 인간과 생물에게 공급되는 지구의 담수 백분율

물의 고유한 속성

물이 없다면 지구에는 생명체가 살 수가 없다. 물은 독특한 속성의 조합을 가진 물질이다.

- **물은 넓은 범위의 온도에서 분자 간에 인력(引力)이 있어 액체로 존재한다.** 물이 더 좁은 범위의 온도에서만 액체 상태로 존재한다면 바다는 오래전부터 얼음의 형태로 존재했거나 기화되어 없어졌을 것이다.

- **온도의 큰 변화 없이도 다량의 열을 저장할 수 있기 때문에, 물은 온도가 천천히 변한다.** 이런 물의 특성 때문에 기후변화로부터 생물을 보호하고, 지구의 기후를 완화시켜주며, 차량의 엔진과 발전소에서 냉각수로서도 유용하게 활용할 수 있다.

- **분자 사이의 인력 때문에, 물을 기화시키기 위해서는 다량의 에너지가 필요하다.** 물이 수증기로 변할 때 많은 열을 흡수하며, 수증기가 다시 응축되어 액체 상태로 변화할 때 열을 방출한다. 이는 지구에 열을 분배하고 광역 및 국지 기후를 결정하는 작용을 한다. 물이 기화되는 작용은 차가워지는 과정이라 할 수 있는데, 땀이 피부에서 증발할 때 차가워지는 현상이 이로써 설명된다.

- **물은 다른 액체보다 더 많은 화합물을 용해시킬 수 있다.** 물은 용해된 영양분을 생물의 조직으로 운반하고, 조직에서 생산된 쓸모없는 부산물을 씻어내며, 수용성(水溶性)의 쓰레기를 제거하고 희석하는 역할을 한다. 이런 특성은 반대로 수용성의 쓰레기가 물을 쉽게 오염시킨다는 것을 의미한다.

- **물은 바다에 사는 생물에게 해가 되는 자외선의 파장을 걸러내는 역할을 한다**(그림 2.9 참조). 이는 수생 생태계에 생명이 존재할 수 있도록 한다.

- **대부분의 액체와는 달리, 물은 얼어붙을 때 부피가 팽창한다.** 따라서 얼음은 밀도가 액체 상태의 물보다 낮기 때문에 물 위에 떠다닐 수 있다. 그렇지 않다면 추운 지방에 있는 호수나 시냇가는 윗부분부터 얼어붙어서 생명이 살 수 없을 것이다. 또한 이로 인해 물이 얼면 파이프나 자동차의 기관 본체, 도로포장을 깨트리거나 암석에 균열(그림 3.9에서 볼 수 있듯이 이로 인해 토양이 형성된다)이 가게끔 하는 것이다.

비판적 사고

위에 서술된 물의 특징 중 두 가지를 골라서, 각각의 특성이 없다면 지구가 어떻게 달라질지 설명해보라.

인간 활동은 주로 세 가지 방식으로 물 순환을 바꾼다(그림 3.15의 붉은 화살표와 박스 참조). 첫째, 인간은 강, 호수, 대수층으로부터 물을 끌어다 쓰는데, 이 속도는 자연적으로 다시 모이는 속도보다 빠르다. 그 결과 일부 대수층은 고갈되고 있고 많은 강이 더 이상 바다로 흐르지 않는다.

둘째, 인간은 농작, 채굴, 도로건설 등을 위해 초목(草木)을 없애고 많은 토지를 건물, 콘크리트, 아스팔트로 덮어버린다. 이는 물의 유출을 가속화시켜 원래대로라면 다시 채워질 지하수의 생성을 저해한다.

셋째, 인간은 농작과 도시개발을 위해 습지를 배수하고 매립한다. 그렇지 않다면 습지는 홍수 조절 기능을 할 수 있다. 습지는 폭우를 흡수하고 급격하게 녹는 눈을 저장함으로써 스펀지처럼 기능할 수 있다.

탄소 순환

탄소는 탄수화물, 지방, 단백질, DNA, 생명을 유지하기 위해 필요한 여러 유기 화합물의 기본 구성 요소다. 그림 3.16에서 보는 바와 같이 탄소의 다양한 화합물은 생물권, 대기권, 수권과 지권의 일부를 통해 순환한다.

탄소 순환(carbon cycle)의 핵심 요소는 이산화탄소(CO_2) 가스다. 이는 대류권의 0.040%에 해당한다. 이산화탄소의 양은 지구의 대기 온도에 중대한 영향을 미치고(그림 3.3의 온실효과 참조) 지구의 기후를 결정하는 데 중요한 역할을 한다.

생산자가 광합성을 통해 공기와 물에 있는 이산화탄소를 제거하고, 생산자, 소비자와 분해자가 유기 호흡을 통해 대기 중으로 내뿜음으로써 탄소는 생물권을 순환한다.

일반적으로, 이산화탄소는 대기 중에 100년 이상을 머물러 있다. 그중 일부는 바닷물에 용해된다. 바다에 서식하는 분해자는 오랜 시간 동안 가라앉아 있는 저부 퇴적물 내 불용성(不溶性) 탄산염광물이나 탄산연암에 저장되어 있던 탄소를 방출한다.

수백만 년 동안, 깊게 매장되어 있는 죽은 식물이

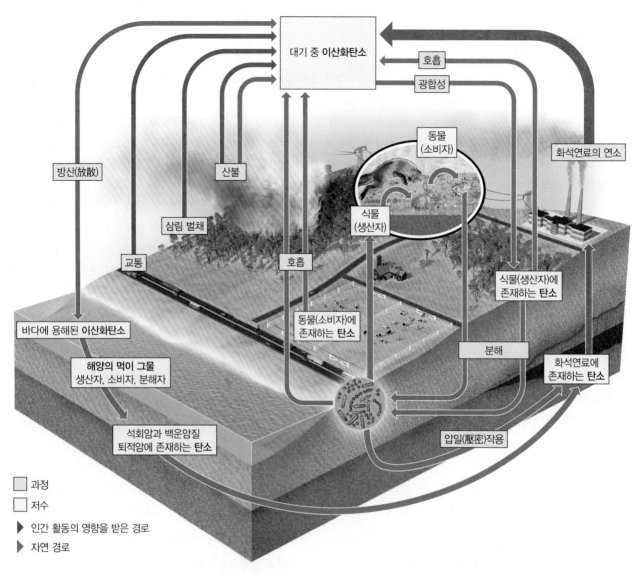

대기 중 **이산화탄소**

호흡

광합성

동물
(소비자)

화석연료의 연소

방산(放散)

산불

삼림 벌채

교통

호흡

식물
(생산자)

식물(생산자)에
존재하는 **탄소**

바다에 용해된 **이산화탄소**

동물(소비자)에
존재하는 **탄소**

해양의 먹이 그물
생산자, 소비자, 분해자

분해

화석연료에
존재하는 **탄소**

석회암과 백운암질
퇴적암에 존재하는 **탄소**

압밀(壓密)작용

과정

저수

▶ 인간 활동의 영향을 받은 경로

▶ 자연 경로

그림 3.16 자연 자본: 다양한 화학적 형태의 **탄소 순환**을 단순화한 모델. 붉은 화살표는 인간 활동에 의한 주요 해로운 영향을 나타낸다. **비판적 사고:** 당신이 탄소 순환에 직간접적으로 영향을 미치는 세 가지 경로는 무엇인가?

나 해조류의 사체에 있는 탄소는 석탄, 석유, 천연가스와 같은 탄소를 함유하는 **화석연료**로 변환되어 왔다(그림 3.16). 그러나 인간은 겨우 수백 년 만에 매우 많은 양의 화석연료를 추출하여 사용했다. 이는 자연적인 탄소 순환보다 많은 양의 이산화탄소를 대기 중으로 보내는 것이다(그림 3.16의 붉은 화살표 참조). 탄소 순환에 혼란이 야기된 것이 지구의 기후변화와 관련이 있다는 명백한 과학적 증거가 있다. 바다는 이런 이산화탄소를 제거하지만, 그 결과 바닷물의 산성이 증가하고 있다. 이는 산성을 덜 띠는 바닷물에 적응된 생물에게는 좋지 않은 소식이다.

또한 열대 우림과 같이 탄소를 흡수하는 식물을 그것이 자라는 속도보다 빨리 없애버림으로써(핵심 사례 연구) 인간은 자연적인 탄소 순환을 바꾸기도 한다(그림 3.1). 이는 대기 중의 초과 이산화탄소를 제거하는 탄소 순환을 악화시키고 기후변화에 기여한다. 9장에서는 바다의 산성화를, 15장에서는 기후변화를 다룰 것이다.

질소 순환

질소 가스(N$_2$)는 대기의 78%를 차지하며, 단백질, 비타민, DNA의 중요 요소다. 그러나 대기 중의 질소 가스는

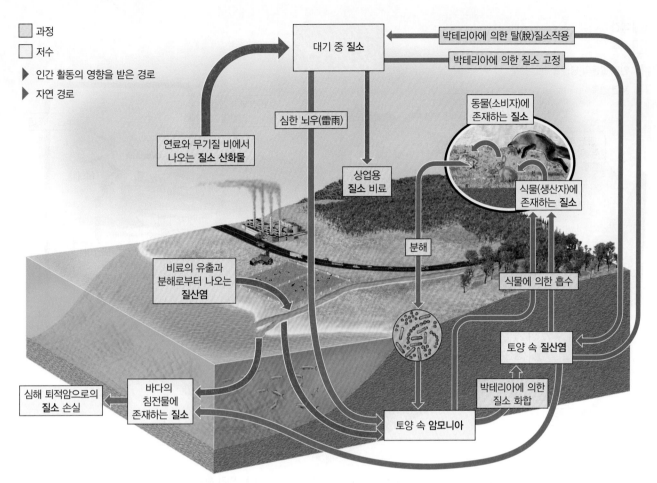

그림 3.17 자연 자본: 다양한 형태의 **질소 순환**을 단순화한 모델. 붉은 화살표는 인간 활동에 의한 주요 해로운 영향을 나타낸다. **비판적 사고:** 탄소 순환과 질소 순환이 연계되는 두 가지 방법은 무엇인가?

직접 흡수되어 영양소로 사용되지 않는다. 대신 질소를 함유하는 암모니아(NH_3), 암모늄 이온(NH_4^+), 질산염 이온(NO_3^-)으로서 질소 생물권을 순환하는데, 이를 **질소 순환**(nitrogen cycle)이라 한다(그림 3.17).

이와 같은 형태의 질소는 질소 가스를 암모니아로 변환시키는 태양열과 표토층에 존재하는 박테리아에 의해 만들어진다. 표토와 저부 퇴적물(底部堆積物)에 있는 박테리아는 암모니아(NH_3)를 암모늄 이온(NH_4^-)과 질산염 이온(NO_3^-)으로 변환시키며 이는 식물의 뿌리에서 흡수된다. 그리고 식물들은 이런 형태의 질소를 사용하여 다양한 단백질, 핵산, 비타민을 생성한다. 동물은 데트리터스 식자와 분해자처럼, 이렇게 질소 함유 화합물인 식물을 섭취한다. 침수토양(浸水土壤)과 호수, 바다, 늪지, 저부 퇴적물(底部堆積物)에 존재하는 박테리아는 질소 화합물을 질소 가스로 변환시키고, 이런 질소 가스는 다시 질소 순환을 시작하게 된다.

인간 활동은 질소 순환을 교란하곤 한다(그림 3.17의 붉은 화살표 참조). 석유를 비롯한 연료가 연소될 때 발생하는 고온은 질소 가스를 대기 중 질소와 산소를 산화질소(NO)로 변환시킨다. 대기 중의 산화질소는 이산화질소(NO_2)와 질산 수증기(HNO_3)로 전환되어 **산성강하물**(酸性降下物, acid deposition), 즉 산성비의 형태로 지표면에 다시 내리게 된다. 산성 강하물은 석조 건물과 조각상에 악영향을 준다. 또한 삼림 등의 식물 생태계를 파괴하며, 연못과 호수의 생물을 죽일 수도 있다.

인간은 또한 비료를 만드는 과정에서 암모니아와 암모늄 이온을 만들기 위해 대기 중에 있는 많은 양의 질소 가스를 사용한다. 게다가 질소를 함유한 비료나 흙에 뿌

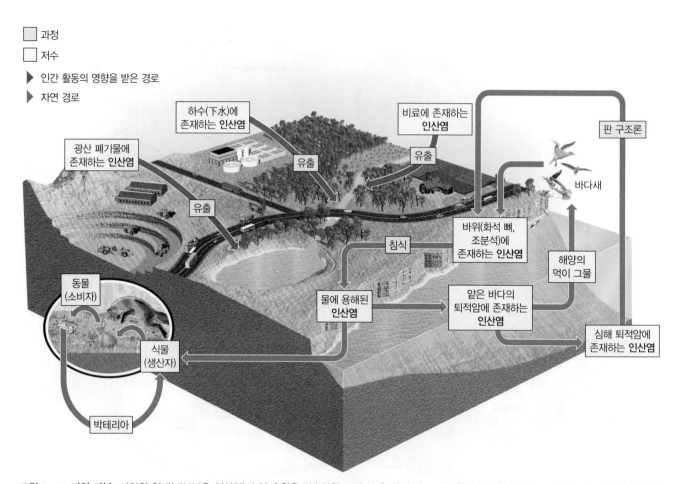

그림 3.18 자연 자본: 다양한 형태(대부분은 인산염)의 **인 순환**을 단순화한 모델. 붉은 화살표는 인간 활동에 의한 주요 해로운 영향을 나타낸다. **비판적 사고:** 인 순환과 질소 순환이 연계되는 두 가지 방법은 무엇인가? 인 순환과 탄소 순환이 연계되는 두 가지 방법은 무엇인가?

려진 유기성 동물질 비료가 혐기성 세균의 작용에 의해 온실가스인 아산화질소를 대기 중에 방출한다.

또한 다량의 질산염이 바다에 침투됨으로써 해양 생태계의 질소 순환에도 영향이 미친다. 농사를 짓고 하수 처리를 하는 과정에서 질산염은 물줄기를 오염시킨다. 이렇게 되면 해조류가 과도하게 번식하여 수생 생태계를 파괴할 수 있다.

인 순환

인(P)은 생물에게 꼭 필요한 성분이다. 이는 DNA와 세포 조직의 생산에 필요하고, 뼈와 치아의 생성에도 중요하다.

인 순환(phosphrous cycle)이란 인이 물, 지각, 생물을 통해 순환하는 것을 말한다(그림 3.18). 대부분의 인 순

환에 있어 인 화합물은 인산 이온(PO_4^{3-})을 포함하고 있으며, 이는 식물의 중요한 영양소다. 인은 기체 형태로는 거의 존재하지 않기 때문에 대기 중에서는 순환하지 않는다. 인의 또 다른 특성은 물, 탄소, 질소보다 느리게 순환한다는 점이다.

물이 노출된 암석 위로 흐르게 됨에 따라, 인산 이온을 함유하는 무기 화합물을 천천히 침식시킨다. 이런 이온들을 토양으로 옮기게 되고, 인산 이온은 토양에서 식물 등의 생산자에 의해 흡수된다. 인 화합물은 먹이 그물에 의해 생산자에게서 소비자에게로, 다시 데트리터스 식자와 분해자에게로 이전(移轉)된다.

인산염의 경우에는 강과 개천을 통해 바다로 흘러 들어간다. 인산염은 바다에서는 해양퇴적물로서 수백만 년간 축적되며, 시간이 흐름에 따라 지각 변동에 따라 융기

토마스 러브조이: 삼림연구원, 생물 다양성 교육자

수십 년 동안 보존생물학자이자 내셔널 지오그래픽 탐험가로 활동한 토마스 E. 러브조이(Thomas E. Lovejoy)는 과학자 집단과 대중에게 열대 우림의 이해와 보호 필요성의 인식에 대한 교육을 하는 데 있어 중요한 역할을 해왔다. 그는 1965년부터 브라질에 있는 아마존에서 연구를 수행해왔다. 이 연구의 주요 목표는 국립공원 및 동식물보호구역에서 생물 다양성을 유지하기 위한 최소한의 면적을 측정하는 것이다. 1980년에, 그는 **생물 다양성**(biodiversity)이란 용어를 만들었다.

그는 대중에게 큰 인기를 얻은 텔레비전 시리즈 〈네이처(Nature)〉에 자주 출연하기도 했다. 또한 생물 다양성을 보존하는 것에 관련된 다양한 서적 및 기사를 기술했다. 또한 조지 메이슨 대학에서 환경과학과 환경정책을 가르친 것 외에도, 세계자연보호기금(World Wildlife Fund, WWF)의 프로그램의 책임자 및 생태보전협회(Society for Conservation Biology)의 회장을 맡기도 했다. 2012년에는 이런 활동에 대한 공로를 인정받아 푸른 지구상(Blue Planet Prize)을 수여받았다.

Luiz Rampelotto/ZUMAPRESS/Newscom

(隆起)가 일어나면 퇴적된 인산염이 다시 위로 올라오게 된다. 그리고 침식을 통해 다시 인 순환 과정으로 들어오게 된다.

대부분의 토양은 인산염의 함유량이 아주 적기 때문에 식물의 생장이 제한된다. 그렇기 때문에 인간은 인산염을 땅에 뿌림으로써 토지를 비옥하게 한다. 인의 부족은 또한 담수하천과 호수의 생산자 수와 성장도 제한한다. 인 화합물은 용해도(溶解度)가 낮아 수생 생태계에 인산 이온을 많이 방출하지 않기 때문이다.

비료를 대량으로 만들기 위해 다량의 인산염이 사용됨에 따라, 인 순환(그림 3.18의 붉은 화살표 참조)이 방해를 받는다. 열대 우림이 파괴됨으로써(핵심 사례 연구), 표토가 더욱 침식되고 농도가 낮아지게 된다.

침식된 표토와 논밭, 정원, 골프 코스 등에서 씻겨 내려온 비료는 다량의 인산 이온을 하천, 호수, 바다로 이동시킨다. 그리고 바다에서 해조류와 같은 다양한 해양식물의 지나친 성장을 야기하여 물속 화학적 순환 과정에 악영향을 줄 수 있다.

생각해보기

> **자연에서 배우기**
> 과학자들은 인간이 배출하는 쓰레기를 어떻게 재활용할 것인지에 대한 해답을 얻기 위해 물, 탄소, 질소, 인 순환을 연구한다.

3.5 과학자는 어떤 방식으로 생태계를 연구하는가?

개념 3.5 과학자들은 현장 연구와 실험실 연구, 수학적 모델 등을 통해 생태계를 연구한다.

생태계에 대한 직접적인 연구

생태학자는 생태계에 대한 과학적 이해를 위해 몇 가지 접근법을 활용한다. 이는 현장 연구, 실험실 연구와 수학적 모델 등이다(**개념 3.5**).

현장 연구는 직접 생태계에 가서 연구를 하는 것을 말한다. 생태학자들은 다양한 방법을 활용한다. 물과 토양의 샘플을 채취하거나, 한 지역 안에 있는 종을 발견하고 연구하거나, 섭식 행동(攝食行動)을 연구하거나, 위성항법 시스템(global positioning system, GPS)을 활용하여 동물들의 움직임을 추적한다. 생태계에 대해 알려진 것의 대부분은 현장 연구를 통해 얻어낸 것이다(개별적 문제 3.1). 녹색 일자리: 생태학자

과학자들은 또한 열대 우림을 연구하기 위해 다양한 방법을 활용한다(핵심 사례 연구). 가령, 캐노피(숲의 나뭇가지가 지붕 모양으로 우거진 것)를 연구하기 위해 건설용 크레인을 사용하기도 한다. 또는 나무에 직접 올라가 줄과 도르래를 설치하거나(3장 도입부 사진 참조) 나무

지구 위험한계

과거 1만 년~1만 2천 년 간, 인간은 **홀로세**(Holocene)라고 하는 시대를 살아왔다. 홀로세란 기후를 비롯한 다른 환경적 조건이 안정적인 기간을 말한다. 홀로세의 안정성은 인간이 생존하고, 농경을 하며 지구의 자원을 활용할 수 있도록 했다(그림 1.9).

대부분의 지리학자들은 현재도 여전히 홀로세라고 주장하나 일부 과학자들은 그렇지 않다고 본다. 이들에 의하면 1750년경에 산업 혁명이 일어남으로써 인간은 **인류세**(Anthropocene)에 진입했다고 한다.

인류세에 접어들면서, 특히 1950년 이래로 인간의 생태 발자국은 매우 크게 확장되었고 지구의 생명유지 시스템에 스트레스를 가하고 있다.

2015년에, 스웨덴의 스톡홀름 복원력 센터의 스테판(Will Steffen)과 록스트롬(Johan Rockstrom)이 이끄는 18명으로 구성된 국제 연구팀은, 일정한 인간 활동의 결과로 아홉 가지 주요 **지구 위험한계**(planetary boundary), 즉 **생태학적 티핑 포인트**(tipping point)를 어느 정도 넘어선 것으로 추산하는 논문을 발표했다. 그들은 인간이 이런 지구의 위험한계를 넘어서면 갑작스럽고 오래 지속되거나 돌이킬 수 없는 환경 변화를 촉발시켜 지구의 생명유지 시스템과 경제를 심각하게 망가뜨릴 수 있다고 경고한다.

2015년에 연구자들이 추산한 바로는 인간은 네 가지 지구 위험한계를 넘어버렸다. **(1)** 과도한 비료 사용으로 인해 **질소 및 인 순환**이 **붕괴**되었고, **(2)** **단일재배**(monoculture) 등으로 **생물 다양성**이 **감소**되었으며, **(3)** 농경과 도시개발로 인해 **토지 체계**가 **변화**되었고, **(4)** 화석연료의 연소로 인한 이산화탄소의 과다 배출로 탄소 순환에 영향을 미침으로써 **기후변화**가 야기되었다.

연구자들은 이런 결과를 되돌리거나 제거하여 다음의 지구 위험한계를 넘지 않을 것을 경고한다. 즉 **(1)** 담수 사용 **(2)** 바다의 산성화 **(3)** 성층권의 오존 고갈 **(4)** 미세입자에 의한 공기 오염 **(5)** 유독성 중금속이나 인간의 내분비계에 지장을 주는 화학물질에 의한 오염이 그것이다.

지구 위험한계에 대한 좀 더 세밀한 연구가 시급하다. 이런 정보는 환경 영향을 확대하는 동시에 생태 발자국을 줄임으로써 그런 한계선을 넘어서지 않도록 하는 데 도움이 될 수 있다.

비판적 사고

지구 위험한계 중 가장 중요하다고 생각하는 두 가지를 뽑아보라.

꼭대기에 대(臺)를 설치하기도 한다. 이런 장비를 통해 과학자들은 종의 다양성이나 나무 꼭대기에 서식하는 생물을 관찰하며 생태계를 연구한다.

생태학자들은 한 지역을 격리하거나 변수를 만들어 다른 지역과 비교함으로써 연구를 하기도 한다. 이는 2장의 **핵심 사례 연구**에서 언급한 바 있다.

한편 항공기 또는 각종 장비가 장착된 인공위성을 통해 지표면을 관찰함으로써 데이터를 수집하기도 한다. 게다가 지리정보 시스템(geographic information system, GIS)을 이용하여 데이터를 획득하고 저장, 분석 등을 하기도 한다. 예를 들어 지리정보 시스템은 디지털 인공위성 이미지를 지도로 변환할 수 있다. 이런 지도는 식물의 다양성, GPP, 숲의 황폐화, 토양의 침식, 대기 오염, 가뭄, 홍수 등의 변수를 나타낸다.

일부 연구자들은 동물들에게 소형의 라디오 송신기를 부착하고, GPS를 활용하여 동물들이 얼마나 멀리 이동하는지를 관찰한다. 또한 타임랩스 카메라나 소형 카메라를 드론이나 나무에 장착하여 야생의 이미지를 촬영한다. 녹색 일자리: GIS 분석가, 원격 탐사 분석가

실험실 조사와 모델 연구

생태학자들은 실험실 연구를 행함으로써 현장 연구를 보충한다. 이때 세균배양관, 병, 수족관, 온실 등과 같은 단순화된 체계를 활용한다. 그리고 온도, 빛, 이산화탄소, 습도 등의 변수를 조절한다.

이렇게 단순화된 체계를 통해 과학자들은 통제된 실험을 수월하게 행할 수 있다. 실험실 연구는 일반적으로 현장 연구보다 빠르고 비용이 적게 든다는 장점이 있다. 그러나 이때 좀 더 복잡하고 환경이 수시로 변화하는 자연을 고려하여 실험실 연구가 이를 얼마나 잘 반영하는지를 항상 고려해야 한다.

1960년대 이래로, 생태학자들은 슈퍼컴퓨터를 활용

해 수학적 모델을 만들어 생태계를 연구한다. 수학적 모델은 현장 연구와 실험실 연구를 통해서는 다소 어려움이 있는 호수, 바다, 산림, 지구의 기후와 같은 크고 복잡한 체계를 연구하는 데 도움이 된다. 녹색 일자리: 생태계 모델 제작자

생태학자들은 지구의 생태계의 상황이 어떻게 변화하고 있는지에 대한 더 많은 연구를 필요로 한다. 이를 통해야만 지구의 생태계가 악화되는 것을 막을 전략을 수립할 수 있다. 또한 생태학적 티핑 포인트를 넘어 생태계가 붕괴하는 것을 막을 수 있다(과학적 핵심 3.3).

핵심 주제

- 생명은 태양에서 생물권을 통한 에너지의 흐름과 생물권 안의 영양염 순환을 통해 유지된다.

- 몇몇 생물은 스스로 영양분을 생성하지만, 일부 생물은 다른 생물을 섭취해야만 하고, 또 다른 생물은 다른 생물의 잔해물을 먹고 산다.

- 인간 활동은 영양염의 화학적 순환과, 먹이 사슬과 먹이 그물을 통한 에너지의 흐름에 영향을 미치고 있다.

열대 우림과 지속 가능성

매우 다양한 열대 우림의 중요성에 대해 논의하는 것으로 이 장을 시작했다(핵심 사례 연구). 열대 우림은 세 가지 지속 가능성의 원리가 어떻게 기능하는지 잘 보여주며, 이는 다른 생태계에도 마찬가지로 적용된다.

첫째, 열대 우림에 있는 생산자들은 태양 에너지에 의존하여 광합성을 함으로써 생물량을 생성한다. **둘째**, 열대 우림에 사는 생물들은 영양염 순환 과정과 생물권을 통한 에너지의 흐름에 참여·의존한다. **셋째**, 열대 우림은 지구 생물 다양성의 중요한 부분을 포함하고 있으며, 열대 우림에 사는 생물들의 상호작용은 복잡한 생태계가 유지되도록 한다.

책의 앞부분에서, 인간에 의해 지구 위험한계를 넘어서 지속적이고 해로운 영향이 미칠 수 있다는 점에 대해 언급했다. 책의 뒷부분에서는 이런 위험에 대해 조금 더 알아보고, 주요 지구 위험한계를 지켜나가며, 좀 더

Anneka/Shutterstock.com

지속성 있게 인간이 생존하고 인간이 지구에 환경적으로 긍정적인 영향을 미칠 수 있도록 하기 위해 여섯 가지 지속 가능성의 원리에 따를 수 있는 방법을 검토하고자 한다.

복습

핵심 사례 연구

1. 열대 우림이 파괴됨에 따라 발생되는 세 가지 악영향이 있는데, 무엇인가?

3.1절

2. 3.1절의 두 가지 핵심 개념은 무엇인가? 대기권, 대류권, 성층권, 수권, 지권, 생물권을 정의하고 구별하라. 상호 연결된 세 가지 요인이 지구의 생명을 지탱하는데, 이것은 무엇인가? 지구로 흘러들어가고, 지구에서 시작되는 에너지 흐름을 설명하라. 온실효과는 무엇이며 왜 중요한지 설명하라.

3.2절

3. 3.2절의 두 가지 핵심 개념은 무엇인가? 생태학을 정의하라. 생물 개체, 개체군, 군집, 생태계를 정의하고 예를 제시하라.

4. 생태계에 있어 생물 요소와 무생물 요소를 구별하고 각각의 예를 제시하라.

5. 영양 단계란 무엇인가? 생산자, 소비자, 분해자, 데트리터스 식자(잔사식 생물)를 구별하고 예를 제시하라. 광합성의 과정을 요약하라. 1차 소비자, 육식동물, 2차 소비자, 3차 소비자, 잡식동물을 구별하고 예를 제시하라.

6. 미생물의 중요성을 설명하라. 유기 호흡이란 무엇인가?

생태계와 생물권을 유지하는 두 가지 과정은 무엇이고 어떻게 연결되어 있는가? **토양**과 **토양단면**을 정의하라. 토양층위란 무엇인가? 네 가지 주요 층위를 말하라. 부엽토란 무엇이며 토양을 비옥화하는 데 있어 어떻게 연관되어 있는가?

3.3절

7. 3.3절의 핵심 개념은 무엇인가? 먹이 사슬과 먹이 그물을 정의하고 구별하라. 에너지가 먹이 사슬과 먹이 그물을 흘러가는 과정에서 어떤 일이 일어나는지 설명하라. 에너지 흐름 피라미드란 무엇인가?

8. **GPP**와 **NPP**를 구별하고, 각 개념의 중요성을 설명하라. 육상 생태계에서 가장 생산성이 높은 것 두 개는 무엇인가? 수생 생태계의 경우에도 대답하라.

3.4절

9. 3.4절의 핵심 개념은 무엇인가? 생태계에서 물질에는 어떤 일이 일어나는가? **영양염 순환**이란 무엇인가? 영양염 순환이 어떤 방식으로 과거, 현재, 미래를 연결하는지 설명하라. 물 순환을 설명하라. **지표 유출**이란 무엇인가? **지하수**를 정의하라. 대수층이란 무엇인가? 지구에 존재하는 물 중 몇 %만이 인간과 생물이 이용 가능한 담수인가? 물의 고유한 특성을 요약하라. 인간이 어떤 식으로 물 순환에 영향을 미치는지 설명하라. 탄소, 질소 및 인 순환을 설명하고, 인간이 어떻게 영향을 미치는지도 설명하라.

3.5절

10. 3.5절의 핵심 개념은 무엇인가? 과학자들이 생태계를 연구하는 세 가지 방식을 설명하라. 왜 생태계의 구조와 상태에 대해 더 많은 데이터를 확보해야 하는지 이유를 설명하라. 홀로세와 인류세를 구별하라. 과학자들이 언급하는, 인간이 현재 초과한 네 가지 지구한계를 나열하라. 3장의 세 가지 핵심 주제는 무엇인가? 열대 우림이 나타내는 세 가지 지속 가능성의 원리는 무엇인가?

비판적 사고

1. 열대 우림이 중요하지 않다고 여기는 사람들에게 어떻게 그 중요성(**핵심 사례 연구**)을 역설하겠는가?

2. 어떤 이유로 **(a)** 생물권을 통한 에너지의 흐름이 영양염 순환에 달려 있는지와 **(b)** 영양염 순환이 중력에 달려있는지 설명하라.

3. 미생물이 왜 중요한지 설명하라. 미생물이 인류 건강과 생활양식에 유익한 점 두 가지는 무엇인가?

4. 오늘 당신이 점심 또는 저녁으로 먹었던 음식의 목록을 작성하라. 각 음식이 어떤 생산자로부터 나왔는지 일련의 과정을 생각하라.

5. 열역학 제2법칙(2장 참조)을 활용하여 어째서 개발도상국의 가난한 사람들이 대부분 채식 위주의 식단으로 생활을 하는지 설명하라.

6. 인간에 의해 물 순환이 더욱 강화된다면 우리의 후손에게 어떤 영향이 미칠 것인가?

7. 생태계 내에 존재하는 **(a)** 분해자 **(b)** 생산자 **(c)** 곤충이 전부 멸종된다면 어떤 일이 일어나겠는가? 생태계에서 생산자와 분해자만 있고 소비자가 없다면 기능할 수 있는가? 설명하라.

8. 질소 및 인 순환의 붕괴, 기후변화와 같이 지구 위험한계를 넘어서는 것이 **(a)** 우리에게 **(b)** 우리의 자녀 **(c)** 우리의 후손에게 어떤 영향을 미칠지 설명하라.

비판적 사고 ● **73**

환경과학 실천하기

주위의 육상 생태계 또는 수생 생물분포대를 방문하여 주요 생산자, 1·2차 소비자, 데트리터스 식자, 분해자가 무엇인지 찾아보라. 그리고 각 생물의 예를 최소한 하나씩 제시하라. 이런 생물들이 먹이 사슬과 먹이 그물 안에서 어떻게 서로 연결되어 있는지 그려보라. 이런 먹이 사슬과 먹이 그물이 어떤 형태로 붕괴될 수 있는지 두 가지 경우를 생각하라. 당신의 연구와 그에 따른 요약하는 리포트를 작성하라.

데이터 분석

NPP란 생산자가 그들의 조직에 저장되는 화학 에너지를 만드는 비율이라는 점을 상기하라. 그림 3.14에서, 이는 1년 동안 특정 면적(m^2)에서 생산된 에너지(kcal)로 표시되어 있다. 그림 3.14를 보고 다양한 생태계별로 달라지는 NPP를 관찰하라. 그리고 다음의 질문에 답변하라.

1. 열대 우림의 대략적인 NPP는 얼마인가? 이 NPP의 1/3 정도를 생산하는 육상 생태계는 무엇인가? 열대 우림의 NPP와 비슷한 수생 생태계는 무엇인가?

2. 20세기 초에, 미국의 온화한 기후의 삼림이 농작을 위해 사라져버렸다. 이때 얼마나 많은 NPP가 감소되었을까?

3. 사막과 초원이 늪지와 습지보다 NPP가 낮은 이유가 무엇이라 생각하는가?

4. 강어귀의 NPP는 호수와 개천보다 얼마나 높은가? 왜 그렇다고 생각하는가?

4장

생물 다양성과 진화

생물학에서 진화의 빛을 제외하고는 아무것도
의미가 없다.

테오도시우스 도브잔스키(Theodosius Dobzhansky)

멸종 위기에 놓인 에콰도르의
San Lucas Marsupial 개구리
Pete Oxford/Minden Pictures

양서류는 왜 사라지고 있는가?

양서류는 동물계에 속하는 척추동물문 중 하나의 강을 구성하는 동물군으로 개구리, 두꺼비, 도롱뇽 등이 포함되며 지구상에서 물을 떠나 육지에 정착한 최초의 척추동물이다. 다른 어떤 종보다도 환경 변화에 더 효율적으로 적응하고 생존하여 왔으나 양서류의 세계는 급격한 변화에 직면하고 있다.

양서류의 생애는 육상 부분과 수중 부분으로 구분되며, 농약과 다른 많은 화학약품들 같은 인간 활동은 이들의 육상 및 수중 서식지를 오염시켜 왔다. 7,500종 이상으로 알려진 양서류는 이런 환경 변화에 적응하는 데 어려움을 겪고 있다.

1970년 이후로 수백 종의 양서류 군집이 감소하거나 사라지고 있다(그림 4.1). 국제자연보전연맹(International Union for Conservation of Nature, IUCN)에 따르면 보고된 양서류의 33%가 **멸종** 위기에 직면하고 있다. 개구리는 지금까지 지구상에 생존해온 그들의 역사적인 비율보다 10,000배 이상으로 멸종이 가속화되고 있다.

Joel Sartore/National Geographic Creative

그림 4.1　1970년 이후로 멸종된 200여 종의 양서류 중 일부 표본들

많은 양서류 종들의 감소에 대한 명확한 이유를 단 하나로 설명하기는 곤란하나, 다수의 연구자들이 양서류의 생애 주기 내 다양한 시점에서 영향을 주는 인자의 종류를 규명하고 있다. 수중의 오염물로 인해 개구리 알의 배를 보호하는 껍질이 생성되지 못하고, 개구리 성체가 먹는 많은 곤충에 함유된 살충제를 섭취하는 것이 제시되는 사례다. 우리는 이런 인자에 대한 연구와 이후 다음 장에서는 다른 인자에 대한 탐구를 진행하고자 한다.

일부 양서류의 멸종에 대해 우리가 왜 관심을 가져야 하는가에 대한 질문으로 과학자들은 세 가지 이유를 들고 있다. **첫째,** 양서류는 환경 조건의 변화에 아주 민감하게 반응하는 **생물학적 지표**이다. 이들 변화는 서식지의 소실, 대기와 수계 오염, 자외선 방출과 기후 온난화가 포함된다. 양서류 종들의 개체 수 증가를 위한 생존 위협을 증대시키는 환경 조건은 많은 다른 많은 종들에게도 나쁜 쪽으로 진행될 것이다.

둘째, 성체 개구리는 생물군집에서 중요한 역할을 한다. 개구리는 많은 종의 새보다 많은 곤충(모기를 포함하여)을 먹는다. 일부 서식지에서는 특정 양서류 종의 멸종으로 이들 양서류나 그들의 유충을 먹는 수생 곤충, 파충류, 조류, 어류, 포유동물 및 다른 양서류와 같은 동물이 개체 수가 감소하거나 또는 멸종으로 이어질 수 있다.

셋째, 양서류는 인류 건강에도 역할을 한다. 어떤 의약품은 특정 양서류의 피부에서 분비되는 화합물에서 유래한다. 이 화합물 중 많은 것들이 진통제, 항생제, 화상 및 심장병 치료에 사용되어 왔다. 만약 양서류가 사라진다면 이런 잠재적인 의학적 이익과 과학자들이 아직 발견하지 못한 다른 것들이 사라지게 될 것이다.

양서류에 대한 위협은 지구의 생물 다양성에 대한 더 큰 위협의 일부다. 이 장에서는 생물 다양성에 대해 어떻게 만들어지고, 왜 중요하며, 어떤 위협을 받는지를 학습하게 될 것이다. 또한 이들 위협에 대해 가능한 해결 방법을 고민하고자 한다.

4.1 생물 다양성은 무엇이며 왜 중요한가?

개념 4.1 유전자, 종, 생태계에서 발견되는 생물 다양성과 생태계 과정은 지구의 생명을 유지하는 원천이다.

생물 다양성은 생명의 다양성이다

생물 다양성(biodiversity) 또는 **생물학적 다양성**(biological diversity)은 지구상에 존재하는 생명의 다양성으로 그림 4.2에서 보는 바와 같이 4개의 구성 요소를 가진다. 첫 번째는 **종 다양성**(species diversity)으로 어떤 생태계에 존재하는 여러 종의 수와 풍부함이다. 지구에 존재하는 종의 수를 700만에서 1억 정도로 추정하고 있으나 700만에서 1,000만 정도가 가장 근접한 추정치로 보고 있다. 지금까지 생물학자들은 곤충의 약 200만 종(과학적 핵심 4.1)을 확인했다.

생물 다양성의 두 번째 구성 요소는 **유전적 다양성**(genetic diversity)으로 종 내 또는 개체군 내에 존재하는 유전자의 다양성이다(그림 4.3). 유전자는 생식을 통해 자손에게 전해지는 형질 정보로서 유전적 다양성을 보유한 종 개체군은 환경 변화에 더 잘 적응하고 생존할 수 있다.

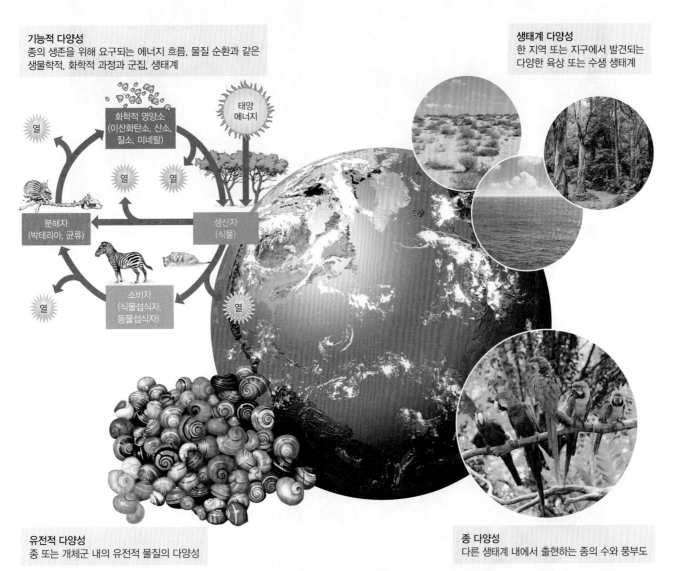

기능적 다양성
종의 생존을 위해 요구되는 에너지 흐름, 물질 순환과 같은 생물학적, 화학적 과정과 군집, 생태계

생태계 다양성
한 지역 또는 지구에서 발견되는 다양한 육상 또는 수생 생태계

열
화학적 영양소 (이산화탄소, 산소, 질소, 미네랄)
태양 에너지
열
열
분해자 (박테리아, 균류)
생산자 (식물)
소비자 (식물섭식자, 동물섭식자)
열
열

유전적 다양성
종 또는 개체군 내의 유전적 물질의 다양성

종 다양성
다른 생태계 내에서 출현하는 종의 수와 풍부도

그림 4.2 자연 자본: 이 그림은 지구의 **생물 다양성**의 주된 구성 요소, 즉 지구의 가장 중요하고 재생 가능 자원과 자연 자본의 핵심 성분(그림 1.3 참조)을 보여준다.

곤충은 우리 세계의 생명유지 역할을 한다

지구상에 알려진 종들의 대부분은 곤충으로, 많은 사람들은 **해충**으로 인식하고 있다. 왜냐하면 곤충은 식량에 대해 인간과 경쟁하고, 우리를 물고 화끈거리게 만들며, 말라리아 같은 질병을 감염시키고, 우리의 집과 정원이나 잔디밭 등을 침범한다. 이런 곤충에 대한 두려움으로 지구의 생명을 유지하는 곤충의 역할에 대해 간과하게 된다.

예를 들면 곤충에 의한 **수분**(pollination)은 현화식물의 생식을 가능하게 하는 생명유지 생태계 서비스다. 많은 현화식물종은 그들의 생식을 위한 꽃의 수분을 곤충에 의존하고 있다(그림 4.A, 왼쪽). 또한 곤충은 유기 잔재물과 영양원을 토양으로 돌려주는 분해자이자 데트리터스 식자다(그림 3.9 참조). 그리고 버마재비 같은 곤충은 다른 곤충을 포식하며 해충으로 알려진 곤충종 개체군의 절반 이상을 조절한다(그림 4A, 오른쪽). 이런 비용이 들지 않는 해충의 조절은 생명유지를 위한 또 다른 생태계 서비스다.

비판적 사고

상기에서 논의된 것 외에 당신의 삶에 이익을 주는 곤충 3종을 생각해보라.

그림 4.A 곤충의 중요성: 벌(왼쪽)과 많은 다른 곤충들은 인간을 포함한 식물 섭식자들의 식량 생산을 위해 현화식물의 수분을 수행한다. 나방을 먹고 있는 포식자 사마귀(오른쪽)와 많은 다른 곤충 종들은 해충으로 분류되는 대부분 곤충 종들의 개체군을 조절한다.

그림 4.3 카리브 해 달팽이 한 종의 개체군 사이에서 유전적 **다양성**은 껍질 색상, 밴드 무늬에서 변이를 볼 수 있다. 유전적 다양성은 화학적 구성, 다양한 화학물질에 대한 민감성과 행동을 포함한 미약한 차이도 내포한다.

에드워드 윌슨: 생물 다양성의 옹호자

미국 남동 주에서 자란 에드워드 윌슨(Edward O. Wilson)은 소년 시절 9살부터 곤충에 대해 흥미를 가지게 되었다. 그는 "모든 어린이가 곤충과 함께 하는 시기를 가지듯이 나는 내 것만이 아닌 주위의 여러 자연과 함께 자랐다"라고 말했다.

대학에 입학하기 전, 윌슨은 개미 연구를 전공할 것이라고 결심했고, 이제 개미에 대한 세계적 전문가 중 한 명이 되어 개미의 의사소통 방법과 사회적 행동에 대한 비밀을 풀어냈다.

시간이 지남에 따라 윌슨은 자신의 초점을 전체 생물권을 포함하도록 확대했다. 윌슨의 획기적인 저서 중 하나는 1992년에 출판된 《생명의 다양성(The Diversity of Life)》이다. 이 책에서 그는 생물 다양성의 원리와 실질적인 쟁점을 누구보다 더 완벽하게 제시했다. 오늘날, 그는 생물 다양성에 대한 세계 최고의 전문가 중 한 사람으로 인정받고 있다. 그는 국제적인 보전 노력의 필요성에 대한 집필 및 강의와 세계적으로 잘 알려진 종의 정보를 온라인으로 데이터베이스화 하는 하버드 대학의 〈생명 백과사전(Encyclopedia of Life)〉 작업에 깊이 관여하고 있다.

윌슨은 국내외 상을 100개 이상 수상했고 33권의 책을 저술했으며, 그중 두 권은 논픽션 부문 퓰리처상을 수상했다. 2013년에는 내셔널 지오그래픽 협회의 최고 상인 허버드 메달(Hubbard Medal)을 받았다. 생물 다양성의 중요성에 대해 그는 다음과 같이 쓰고 있다. "우리가 그것이 무엇인지조차 모른다면 어떻게 지구의 생명체를 멸종에서 구할 수 있을까요? 저는 그저 지구를 약간 아는 행성이라 부르고 싶습니다."

세 번째 구성 요소인 **생태계 다양성**(ecosystem diversity)은 사막, 초원, 숲, 산지, 해양, 호수, 강, 습지와 같은 지구상의 생물학적 군집 다양성을 언급한다. 생물학자들은 육상 생태계를 구별되는 기후와 어떤 현저한 종들(식물)에 의해 특정화된 산림, 사막, 초원 같은 지역인 **생물군계**(biomes)로 분류한다. 그림 4.4는 미국 중부지역을 가로 지르는 주요 생물군계를 보여주고 있으며 7장에서 상세히 논의한다.

네 번째 생물 다양성 구성 요소는 **기능적 다양성**(functional diversity)로서 먹이 사슬과 먹이 그물 내 종들 간의 상호작용으로 생태계(그림 3.8 참조) 내에서 발생하는 에너지 흐름 및 물질 순환과 같은 다양한 과정을 말한다.

우리 경제를 지탱하고 삶을 유지하는 자연 자본(그림 1.3 참조)을 증가시키거나 지속하는 생명의 원천이 지구의 생물 다양성이며 감소되는 것을 막고 보호해야 한다. 생물 다양성은 인간이 식량, 의약품, 건축 자재와 연료의 원천으로 사용하며 물과 공기의 정화, 표토층 복원, 폐기물의 분해 및 수분 같은 자연 생태계 서비스도 제공한다. 또한 지구상의 유전 정보와 종 그리고 생태계 다양성은 환경 변화에 대응하는 새로운 종과 생태계 서비스의 진화에 필수적이며, 지구의 생태학적 보험 정책이다. 윌슨(Edward O. Wilson)과 같은 연구자들에 대해 생물 다양성에 우리가 얼마나 많은 빚을 지고 있는지를 알아야 한다(개별적 문제 4.1).

4.2 생태계에서 종은 어떤 역할을 하는가?

개념 4.2A 각각의 생물종은 **지위**라고 하는 특정한 생태적 역할을 한다.

개념 4.2B 어떤 종은 특수한 생태계에서 네 가지 역할(토착종, 비토착종, 지표종, 핵심종) 중에서 한 가지 이상의 중요한 역할을 한다.

각각의 종은 역할을 한다

각각의 생물종은 서식지인 생태계 내에서 역할을 하고 있다(**개념 4.2A**). 생태학자들은 이런 역할을 **생태적 지위**(ecological niche), 또는 간단히 **지위**(niche)로 설명한다. 그것은 한 군집 내에 존재하는 생물종이 가지는 삶의 방식으로, 생물종이 생존하고 생식하기 위해 얼마나 많은

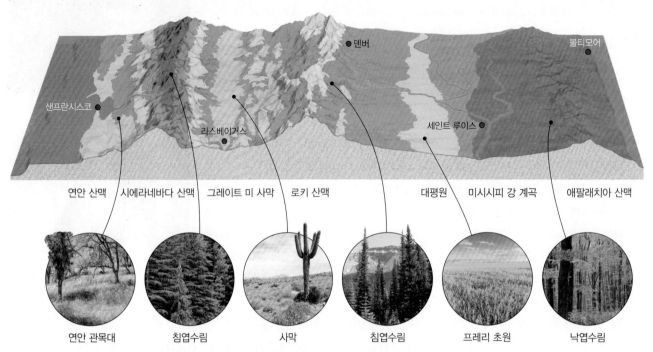

연안 산맥　시에라네바다 산맥　그레이트 미 사막　로키 산맥　　대평원　미시시피 강 계곡　애팔래치아 산맥

연안 관목대　　침엽수림　　　사막　　　침엽수림　　프레리 초원　　낙엽수림

그림 4.4 미국을 가로질러 위도 39도 지역을 따라 형성된 다양한 생물군계

First: Zack Frank/Shutterstock.com; Second: Robert Crum/Shutterstock.com; Third: Joe Belanger/Shutterstock.com; Fourth: Protasov AN/Shutterstock.com; Fifth: Maya Kruchankova/Shutterstock.com; Sixth: Marc von Hacht/Shutterstock.com

물과 햇빛이 필요하고, 얼마나 많은 공간이 필요하며, 무엇을 먹고, 또는 무엇이 그 생물종을 먹는지와 그 생물종이 극복 가능한 온도와 조건 등 모든 것들이 포함된다. 생물종의 지위는 그 종이 살고 있는 **서식지**(habitat)와 혼돈하지 말아야 한다. 생태적 지위는 생물종이 생활하고 생존을 위해 필요한 무언가를 얻는 장소 또는 생태계의 형태다.

생태학자들은 생물종의 지위에 따라 일반종 또는 특수종으로 구분한다. 미국너구리 같은 **일반종**(generalist species)은 넓은 범위의 생태적 지위를 가진다(그림 4.5, 오른쪽 곡선). 일반종은 많은 다른 장소들에서 살고 있고, 다양한 종류의 먹이를 먹으며 아주 넓은 범위의 환경 조건을 극복하곤 한다. 다른 일반종으로는 바퀴벌레, 쥐, 코요테, 흰꼬리사슴 등이 있다.

반면에 자이언트 판다와 같은 **특수종**(specialist species)은 좁은 생태적 지위를 차지한다(그림 4.5, 왼쪽 곡선). 이런 종은 단지 한 형태의 서식지에서만 생존할 수 있으며 단지 하나 또는 몇 종류의 먹이만 먹을 수 있고 환경 조건의 변화에 적응할 수 있는 범위가 협소하다. 예를

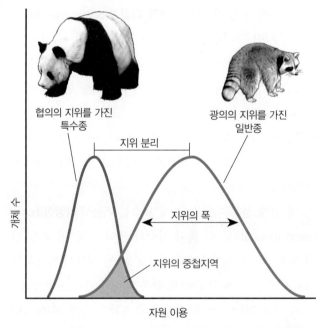

그림 4.5 자이언트 판다와 같은 협의의 지위를 가지는 특수종(왼쪽 곡선)과 광의의 범위를 가지는 미국 너구리와 같은 일반종(오른쪽 곡선)

들면 일부 도요새는 모래 해변이나 인접한 연안습지에서 발견되는 갑각류, 곤충이나 또는 다른 생물들을 먹고 생존하는 것으로 특화되어 있다(그림 4.6).

검정제비갈매기가 물 표면에서 작은 물고기를 잡는다.

갈색펠리컨은 공중에서 아래로 잠수하여 물고기를 잡는다.

뒷부리장다리물떼새는 부리로 진흙과 물 표면을 휘저어 작은 갑각류, 곤충, 식물씨를 찾아 먹는다.

재갈매기는 지칠 줄 모르는 청소동물(썩은 고기를 먹는 동물)이다.

붉은가슴도요 (깝작도요)는 조수가 남긴 벌레와 작은 갑각류를 쪼아 먹는다.

큰부리도요는 달팽이, 바다지렁이, 작은 갑각류를 찾아 깊은 진흙 안으로 주둥이를 넣는다.

플라밍고(홍학)가 진흙에서 미세한 생물을 먹는다.

검은머리흰죽지와 다른 잠수성 오리는 연체동물, 갑각류와 수생식물을 먹는다.

루이지애나황새는 물속을 걸어다니면서 작은 물고기를 잡는다.

검은머리물떼새는 좁은 부리로 대합조개, 홍합, 다른 조개류를 잡아먹는다.

꼬까도요는 조개껍데기와 조약돌 아래에 있는 작은 무척추동물을 잡아먹는다.

피리소리물떼새는 모래 해변에 있는 곤충과 작은 갑각류를 먹는다.

그림 4.6 이 그림은 연안습지에서 다양한 종들의 새가 특수화된 섭식 지위를 보인다. 이런 특수화는 종간 경쟁을 줄이고 한정된 자원을 나눈다.

이런 협의의 생태적 지위로 인해 특수종은 환경 조건의 변화에 더 많이 위험하며 또는 멸종에 이르게 된다. 예를 들어 중국의 자이언트 판다(그림 4.5, 왼쪽)는 서식지 소실, 낮은 출산율과 대나무를 주식으로 하는 특별한 먹이 등이 조합된 이유로 인해 멸종의 위험이 높다.

일반종과 특수종 중 어느 쪽이 유리할까? 열대 우림 지역 같이 환경 조건이 일정한 곳에서는 경쟁자가 적기 때문에 특수종이 유리하다. 급격히 변화되는 환경 조건하에서는 일반적으로 적응력이 큰 일반종이 유리하다.

종은 생태계 내에서 네 가지 주된 역할을 한다

생태적 지위는 어떤 종이 생태계 내에서 하는 특별한 역할에 따라 더 상세한 용어로 분류한다. 생태학자들은 이들의 역할에 따라 토착종, 비토착종, 지표종, 핵심종으로 설명한다. 어떤 종은 특수한 생태계에서 이들 네 가지 중 한 가지 이상의 역할을 한다(**개념 4.2B**).

토착종(native species)은 특별한 생태계 내에서 정상적으로 생활하고 번성하는 종이다. 새로운 생태계 내로 이동하거나 사고나 우연히 도입된 다른 종을 **비토착종** (nonnative species)이라고 한다.

어떤 사람들은 비토착종이 위험하다고 생각하지만 아닌 경우도 종종 있다. 예를 들면 어떤 식용작물, 꽃, 닭, 가축과 어류 등이 포함된 대부분의 재배 또는 가축화된 생물들은 인간에게 많은 이익을 주지만 비토착종이다. 그러나 일부 비토착종들은 생태계 내의 토착종과 경쟁하고 토착종의 개체 수를 감속시키는데, 이를 **침입종**(invasive species)이라고 한다.

예를 들면 1957년에 브라질은 야생 아프리카 벌을 수입하여 꿀 생산량을 증대시켰다. 그러나 더 공격적인 아프리카 벌이 브라질 토착 꿀벌 개체를 일부 대체하여 꿀의 생산량을 감소시키는 반대급부의 일이 발생했다. 그 이후로 아프리카 꿀벌은 남미를 가로질러 중미와 멕시코 및 미국 남부까지 확산되었다. 그들의 확산은 수천 마리의 가축과 천 명 정도의 사람을 죽게 만들었으며 대부분의 희생자들은 벌침으로 인한 알레르기가 원인이었다.

지표종은 경보 기능을 한다

지표종(indicator species)은 생물학적 화재경보기와 같아서, 군집 또는 생태계 내의 환경 변화에 대해 조기 경보를 제공한다.

예를 들어 이 장의 핵심 사례 연구에서 일부 양서류가 지표종으로 분류되고 있는 것을 학습했다. 한 연구에서 대기온난화로 야기되는 기후변화와 중남미의 열대 우림에 서식하는 어릿광대개구리의 알려진 종들 2/3가 멸종된 것 사이에 현저한 상관관계가 있음을 밝혔다. 다른 연구에서도 유사한 연관성이 밝혀졌으며 과학자들은 양서

양서류 감소 원인

양서류를 연구하는 과학자들 또는 파충류학자들은 이들 지표종이 감소되고 사라지는 원인에 대해 인간이 관련된 요인과 자연적인 요인을 규명했다.

자연적 위협의 하나는 특정한 양서류의 알을 섭식하는 편형동물과 같은 **기생체**다. 이것은 출생의 결함으로 인해 다리가 없거나 더 많은 다리가 만들어진다.

다른 자연적 위협은 **바이러스나 곰팡이성 질병**이다. 예를 들어 호상균(chytrid) 같은 곰팡이가 개구리의 피부를 공격하여 감염이 되고 피부를 두껍게 만들면 피부를 통한 물의 흡수를 감소시켜 탈수 증상으로 개구리를 죽음에 이르게 한다. 그러한 질병은 많은 양서류종이 번식을 위해 모이기 때문에 더 쉽게 확산될 수 있다.

서식지 분할과 소실은 양서류에게 다른 거대한 위협 요인이다. 경작과 도시 개발을 위해 담수 습지의 물을 채우거나 비우고 숲을 개간하는 결과로 인해 발생하는 것이 인간이 야기하는 대부분의 문제다.

인간과 연관된 다른 문제는 태양에서 기원하는 **높은 수준의 UV 복사**다. 과거 수십 년 동안 인간 활동에 의해 대기로 방출된 화학물질은 일부 성층권의 오존층을 파괴하여 오존을 감소시켰다. UV의 증가는 체온 상승을 위해 햇볕을 쬐고 있는 성체 양서류뿐만 아니라 얕은 연못에 있는 양서류 배아를 죽일 수 있다.

인간 활동으로부터 발생하는 **오염** 또한 양서류를 위협한다. 연못에 있거나 개구리가 잡아먹는 곤충에 의해 농약에 노출된 개구리와 다른 종들은 세균, 바이러스, 균에 의한 질병이나 일부 기생충에 대해 더 취약한 상태가 된다.

기후변화 또한 중요하다. 양서류는 아주 적은 온도와 수분에서도 민감한 감수성을 가진다. 더운 온도는 양서류의 조기 번식을 이끌고 가뭄이 길어지면 생존을 위해 수분에 의존하고 있는 개구리와 다른 양서류들의 개체군이 감소된다(그림 4.B).

남획은 인간이 만든 또 다른 위협으로, 특히 아시아와 유럽에서 개구리의 다리 고기를 얻기 위해 개구리를 잡는다. 그 외 다른 위협은 특정한 어류종 같은 **외래종 포식자와 경쟁**에 의한 것이다. 자연적이거나 인간이 우연히

Charles H. Smith/U.S. Fish and Wildlife Service

그림 4.B 코스트리카의 고위도 몬테베리데의 운무림 생태보존구역에 서식하는 황금두꺼비. 이 종은 서식지가 건조해지면서 1989년에 멸종되었다.

또는 고의로 양서류 서식지에 많은 종들을 옮겨 놓음으로써 일어난다.

대부분의 양서류 전문가에 의하면 장소에 따라 다양하며 양서류 종들의 멸종과 감소는 상기와 같은 요인들의 조합에 의해 발생한다.

비판적 사고

위에 열거된 요인 중 인간의 노력에 의해 가장 효과적으로 조절될 것으로 생각되는 세 가지는 무엇인가?

류 개체군의 적절한 감소 원인을 규명하기 위해 많은 노력을 경주하고 있다(과학적 핵심 4.2)

핵심종은 생태계에서 결정적인 역할을 한다

핵심종(keystone)은 특정 생태계에서 다른 종의 번성과 유형에 지대한 영향을 미치는 종이다. 핵심종이 사라지면 그 생태계는 급격히 변화되고 붕괴될 것이다.

핵심종은 생태계를 유지하는 데 몇 가지 결정적인 역할을 한다. 첫 번째가 식물 꽃의 수분을 수행하는 나비, 꿀벌, 벌새, 박쥐와 기타 다른 종이다(그림 4.A, 왼쪽). 또한 상위 포식자 핵심종은 먹이 활동을 통해 다른 종들의 개체군 숫자를 조절하는 것을 돕는다. 늑대, 레오파드, 사자, 미국악어(다음 사례 연구 참조) 그리고 일부 상어 종(두 번째 사례 연구 참조)이 좋은 예다.

핵심종의 소멸은 특정한 생태계 서비스를 그들에게 의존하고 있는 다른 종들의 개체 수 급감과 멸종으로 이어지게 한다. 이것은 과학자들이 핵심종을 규명하고 그들을 보호해야 하는 중요한 이유다.

사례 연구

미국악어: 거의 멸종 단계에 다다른 핵심종

미국악어(그림 4.7)는 미국 남동부에서 발견되며 주변 생태계에 중요한 역할을 하고 있는 지표종이다. 미국악어는

그림 4.7 핵심종: 미국악어는 미국 남동부 늪이나 습지 서식지에서 많은 다른 종의 생존을 유지하도록 돕는 생태학적으로 중요한 역할을 한다.

Martha Marks/Shutterstock.com

깊은 함몰지, 즉 악어 구덩이를 만든다. 이들 구덩이는 가뭄에도 담수로 채워져 수생 생물의 피난처로서, 물고기, 곤충, 뱀, 거북이, 새 등 많은 다른 동물들에게 식량과 물을 제공한다.

악어들이 만든 커다란 흙더미 둥지는 일부 왜가리의 둥지이자 섭식 장소로 이용되며, 오래된 악어 둥지는 붉은배거북이의 산란 장소다. 게다가 악어는 물고기 포식자인 동갈치를 먹어치움으로써 큰입우럭이나 잉어와 같은 낚시용 물고기 개체군을 유지하는 데 도움을 준다.

악어가 구덩이를 만들고 둥지를 틀면 식물이 해안선과 개방 수역으로부터 침투하는 것을 방지한다. 이런 생태계 서비스가 없다면 악어가 서식하고 있는 담수 연못과 연안습지는 관목과 교목으로 채워질 것이며 이 지역 생태계에서 수십 종이 사라질 것이다.

1930년대 미국에서는 색다른 악어고기와 고가의 신발, 벨트, 지갑의 재료로 사용되는 복부 가죽을 얻기 위해 사냥꾼들이 대량 살상을 했다. 다른 많은 사람들은 커다란 파충류를 혐오하거나 스포츠의 일환으로 악어를 사냥했다. 1960년대에 사냥꾼과 밀렵꾼들은 루이지애나 주에 서식하는 악어의 90%를 없애 버렸고, 플로리다 주 에버글레이즈의 악어 개체군도 멸종 위기에 직면하게 했다.

1967년 미국 정부는 미국악어를 멸종 위기종 목록에 등재했다. 사냥으로부터 보호를 받음으로써 1987년까지 많은 지역에서 악어의 개체군은 빠르게 회복되었고 멸종 위기종에서 삭제되었다. 오늘날 플로리다에는 백만 마리 이상의 악어가 서식하고 있고 자신의 시설물에서 발견되는 악어에 한해 소유자가 악어를 죽이는 것에 대해 허락하고 있다.

보존생물학자들에게 있어 미국악어의 회생은 야생생물의 보존에 관한 매우 훌륭한 성공 사례다. 그러나 최근에 인간이 우연히 또는 고의적으로 방출한 버마산 및 아프리카산 구렁이가 급격하게 증식하고 있으며 플로리다

주 에버글레이즈를 침입하고 있다. 이런 외래종 침입자는 어린 악어를 먹이로 하고 있어 에버글레이즈 미국악어의 장기적인 생존을 위협하고 있다.

핵심종 상어

전 세계에는 480종 이상의 상어가 분포하며 크기 또한 다양하다. 꼬마개상어는 금붕어 만하며 멸종 위기에 있는 고래상어는 도시버스 길이만큼 자라 성체 아프리카코끼리 두 마리 무게에 이르기도 한다(그림 4.8, 위).

어떤 상어 종은 그들의 생태계에서 핵심종이다. 가리비망치머리상어(그림 4.8, 아래)와 같이 먹이 그물의 최상 또는 근처의 영양 단계를 점하고 있는 상어는 상처를 입었거나 병에 걸린 동물들을 제거한다. 이런 생태계 서비스가 없다면 해양은 사체나 죽어가고 있는 어류와 해양 포유류로 가득할 것이다.

상어의 공격에 대한 대중 매체의 보도는 상어로부터 입게 되는 인간의 위협을 과장하고 있다. 전 세계에 걸쳐 큰백상어, 황소상어, 범상어, 장완흉상어, 망치머리상어

그림 4.8 플랑크톤을 먹고 사는 멸종 위기의 고래상어(위)는 인간에게도 우호적이다. 망치머리상어(아래)도 위험에 직면해 있다.

Colin Parker/National Geographic My Shot/National Geographic Creative

frantisek hojdysz/Fotolia LLC

와 같은 몇 종들이 매년 60~80명의 사람에게 상해를 입히고 있고 6명에서 10명을 사망케 한다. 플로리다 박물관의 역사에 기술되어 있는 상어의 공격 기록에 의하면, 떨어진 코코넛에 의해 또는 침대에서 떨어져 죽는 사람이 상어에 의한 공격보다 많은 것을 알 수 있다. 2016년의 자료에서 상어의 공격(4)보다 셀카 촬영(127)으로 죽는 사람이 더 많았다.

매년 인간은 2억 마리 이상의 상어를 죽이고 있으며, 그중 7,300만 마리는 샥스핀의 재료로 쓰이는 고가의 지느러미만 취하고 죽인다. 포획한 후에 지느러미가 제거된 상어는 산채로 바다에 버려져서 과다 출혈이나 헤엄을 칠 수 없어 죽게 된다. 또한 간, 고기, 가죽과 턱을 구할 목적으로 그리고 그들에 대한 두려움 때문에 상어를 죽이고 있다.

도려낸 상어 지느러미는 아시아에서 한 그릇에 100달러를 상회하는 고가의 요리와 만병통치약의 재료로 널리 사용되고 있다. 야생생물보호단체 와일드에이드(Wild-Aid)에 따르면 상어 지느러미가 향을 제공하거나 어떤 영양학적 또는 의학적 가치를 가질만한 증거는 없다. 또한 이 단체는 상어는 종종 수은과 다른 독성물질을 과량으로 함유하고 있어 이를 섭취하면 인류 건강에 위협이 된다고 한다.

2014년에 국제자연보전연맹(IUCN)은 일차적으로 남획에 의해 25%의 상어종이 멸종 위기에 처해 있다고 했다. 일부 상어들은 핵심종이기 때문에 그들의 멸종은 생태계와 그들이 제공하는 생태계 서비스를 위협에 빠뜨리고 있다. 상어는 생장 속도가 매우 느리고, 낮은 출산율로 인해 개체군의 감소에 취약하다. 상어는 오늘날 지구상에 가장 취약하고 가장 적게 보호받고 있는 동물 중 하나다.

생각해보기

> **자연에서 배우기**
> 상어의 피부는 작은 홈으로 되어 있어 물속을 매끄럽게 헤엄쳐 다닌다. 과학자들은 이를 선박의 선체 설계에 응용하여 물의 저항을 줄임으로써 에너지와 비용을 절약하는 데 주력하고 있다.

4.3 시간의 경과에 따라 지구의 생명은 어떻게 변화하는가?

개념 4.3A 자연선택을 통한 진화의 과학 이론은 지구상 생명체가 어떻게 시간의 경과에 따라 개체군 유전자 변화에서 기인하는가를 설명하는 것이다.

개념 4.3B 유전자 돌연변이가 생존을 위한 능력을 극대화하거나 이들 형질을 가진 자손을 생산하기 위해 유전형질을 일부 개체에게 전달할 때 개체군 진화가 일어난다(자연선택).

진화는 시간에 따라 생명이 어떻게 변화는가를 설명한다

지구는 환상적인 생물종 다양성을 어떻게 이어왔을까? 과학적인 답변은 **생물학적 진화**(biological evolution) 또는 간단히 **진화**(evolution)이며, 시간에 걸쳐 종들이 유전적으로 변화를 겪었다(**개념 4.3A**). 이런 과학 이론에 의거하면 종들은 오랜 과거, 즉 조상종으로부터 진화를 하게 된다. 이것은 특정 환경 조건하에서 가장 생존과 생식이 용이한 어떤 유전형질을 가지게 되는 개체들의 **자연선택**(natural selection) 과정에 의한다. 이들 개체는 그들의 자손에게 형질을 전달하게 된다(**개념 4.3B**).

거대한 과학적 증거의 실체가 이런 사고를 지지하고 있다. 그 결과로서 과거 38억 년에 걸쳐 어떻게 지구의 생명이 변화했고 현재의 종 다양성을 왜 만들어 왔는지를 설명하는 가장 널리 받아들여지는 과학 이론이 자연선택을 통한 생물학적 진화다.

생명의 역사에 관해 우리가 알고 있는 대부분의 지식은 과거 생물의 잔존물이나 흔적인 **화석**(fossils)으로부터 온다. 화석은 골격, 뼈, 치아, 패각, 식물 잎, 종자의 광물화 또는 암석화된 복제물 또는 바위에서 발견되는 이런 종류의 흔적이다. 과학자들은 화석 증거를 석회암과 사암 같은 연속적인 층을 가진 퇴적 암석에서 발견했다. 또한 그들은 지구의 극지방이나 산 정상부에 존재하는 빙하로부터 시추된 얼음 코어 샘플에 함유된 고대 생명의 증거도 연구했다.

이런 모든 증거의 실체들을 **화석 기록**(fossil record)이라고 한다. 이런 화석 기록은 과거 많은 시간이 생명 형태로 화석에 존재하지 않거나 일부 화석은 소실되기 때문에 균일하지 않으며 불완전하다. 우리가 발견한 화석들은 이미 살았던 모든 종의 단지 1%만을 반영할 것으로 추정하고 있다. 자연선택에 의한 진화의 세부 과정은 아직 많은 의문으로 남아 있으며 동시대에 지속적인 연구가 진행되고 있다.

진화는 유전적 변이와 자연선택에 의존한다

시간에 따른 변화와 하나의 공통 조상에 전해오는 생물에 대한 사고는 초기 그리스 철학자들로부터 논의되어 왔다. 1858년 자연과학자인 다윈(Charles Darwin, 1809~1882)과 월리스(Alfred Russel Wallace, 1823~1913)가 별도로 생물학적 진화를 위한 메커니즘으로 자연선택설의 개념을 제안하기까지 이런 사고에 대한 확실한 설명이 이루어지지 않았다. 다윈은 이런 증거를 수집하고 1859년 자연선택법에 의한 《종의 기원(On the Origin of Species by Means of Natural Selection)》이라는 책을 출판했다.

자연선택에 의한 생물학적 진화는 연속적인 세대를 통한 개체군의 유전적 구조 변화로 설명된다(**개념 4.3A**). 개체가 아닌 개체군이 유전적으로 다르게 변화되는 것에 의해 진화가 이루어진다. 이 과정의 첫 번째 단계가 **유전적 변이**(genetic variability)로 개체군 내 유전적 구조의 변이에 의한다. 이것은 유전자의 DNA에 암호화된 유전 명령들의 변화인 **돌연변이**(mutation)에 의해 일차적으로 일어난다. 생물의 생애 동안에 세포 내에 존재하는 DNA는 세포가 분열하거나 증식을 할 때마다 한 개씩 복제된다. 살아 있는 동안 이런 복제가 수백만 번 발생하며 다양한 돌연변이가 발생한다.

대부분의 돌연변이는 이들 수백만 개 분열체의 아주 작은 부분에서 발생하는 암호화된 유전 명령의 DNA가 우연히 변화하게 된다. 일부 돌연변이는 방사선, 태양으로부터 자외선, 돌연변이원으로 불리는 인공합성 또는 어떤 자연적인 화합물과 같은 외부 인자의 노출에 의해 발생한다.

돌연변이는 어떤 세포에서도 발생하지만 생식세포에 있는 유전자만이 자손에게 전달된다. 때때로 이런 돌연변이가 새로운 **유전형질**을 가지게 되어 다음 세대로 전달될 수 있으며, 이런 방법으로 개체군은 개체들 사이에서 유전적인 차이를 나타낸다.

생물학적 진화의 다음 단계는 자연선택으로 유전적 구성 변화에 의해 환경적 조건 변화에 잘 대응하는 개체군 진화로 설명할 수 있다. 자연선택을 통해 환경 조건이 개체군 내에서 어떤 개체의 생존과 생식을 유리하게 한다. 이들 유리한 개체는 개체군 내 다른 개체군보다 장점을 가진 유전형질을 가지며 이런 형질을 **적응**(adaptation) 또는 **적응형질**(adaptive trait)이라고 한다. 적응형질은 개개의 생물체를 개체군에서 다른 개체군보다 유전형질이 우세한 환경 조건하에서 높은 비율로 살아남거나 번식할 수 있도록 해준다.

자연선택에 관한 연구의 한 예는 유전적 내성으로 정상적으로는 개체군을 죽이는 화학물질(농약, 항생제)에 내성을 가지는 유전자를 보유한 몇몇 개체에서 나타난다. 내성을 가진 개체는 이런 유전형질을 보유하지 못한 개체군 개체보다 더 급격히 생장하고 번식한다. 유전적 내성은 짧은 시간에 많은 자손을 생산하는 세균이나 곤충과 같은 생물 개체군에서 빠르게 획득될 수 있다. 예를 들면 일부 질병을 야기하는 세균들은 광범위하게 사용하는 항세균 약제 또는 **항생제**에 대한 유전적 내성을 가질 수 있다(그림 4.9).

자연선택을 통해 인간은 많은 다른 환경에서 생존이 가능하고 성공적으로 생식이 가능한 형질로 진화했다. 지구의 지질학적, 생물학적 역사로 46억 년을 하루 24시간으로 본다면 인간 종은 자정 이전 1/10초 정도에 머물러 있다. 이런 짧은 시간에 인간은 생태 발자국을 지구의 육상 및 수생 생태계에 증가시키며 가장 우위를 점한 상황을 맞이하고 있다(그림 1.9 참조). 진화생물학자들은 지구상에서 인간이 가지는 우점 현상에 대한 세 가지 능력을 설명하고 있다.

- 마주보는 엄지손가락의 강력함으로 도구를 잡고 사용하는 능력이 다른 동물들의 엄지보다 탁월하다.
- 직립보행 능력은 민첩성과 손의 사용 능력을 자유롭게

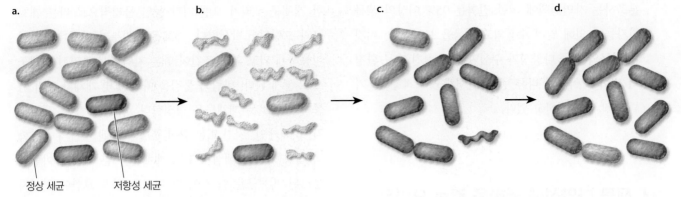

정상 세균   저항성 세균

그림 4.9 자연선택에 의한 진화: (a) 항생제에 노출된 세균의 개체군 (b) 항생제에 내성을 가진 유전형질을 보유한 개체를 제외하고는 사멸 (c) 내성 세균이 증식하여 궁극적으로 (d) 감수성 세균의 대부분 또는 전부가 교체된다.

했다.

- 복잡한 두뇌는 다양한 생각을 상호교환할 수 있는 능력을 포함하여 많은 기술들을 개발하도록 했다.

자연선택에 의한 생물학적 진화의 과정을 요약하면, 유전자가 돌연변이하고, 어떤 개체가 선택되고, 외부 환경 조건하에서 생존과 번식이 더 잘 될 수 있는 개체군으로 진화한다(**개념 4.3B**).

자연선택을 통한 적응은 한계가 있다

머지않은 장래에, 자연선택에 의한 새로운 환경 조건에 대한 적응은 우리를 위험으로부터 보호할 수 있을까? 예를 들면 우리 피부가 유해한 자외선의 영향에 적응하고 우리의 폐가 대기 오염에 대처할 수 있을까?

이 분야의 과학자들은 자연선택을 통한 적응에는 두 가지 한계가 있어 그 대답은 아니라고 할 것이다. **첫째**, 환경 조건에서 변화는 개체군 유전자 풀에 이미 존재하는 유전형질에서만 적응을 이끌거나 이런 형질이 우연한 돌연변이로부터 일어날 때만 발생한다.

둘째, 유익한 유전형질이 개체군에서 나타난다 하더라도 개체군의 적응 능력은 번식 능력에 의해 제한된다. 잡초, 모기, 쥐, 세균, 바퀴벌레와 같이 빠르게 번식하는 유전적으로 다양한 종의 개체군은 짧은 기간(며칠에서 몇 년)에 환경 조건의 변화에 흔히 적응한다. 반면 코끼리, 호랑이, 상어, 인간과 같이 자손을 빠르게 번식시킬 수 없는 종들은 자연선택을 통한 적응에 수천 년 또는 수백만

년이 걸린다.

자연선택을 통한 진화에 대한 오해

자연선택을 통한 생물학적 진화에 관해 오해를 하는 사람들이 있다. 여기에 다섯 가지의 공통되고 근거 없는 믿음이 있다.

- 적자생존은 강한 자가 살아남는 것을 의미한다. 생물학자에 있어서 적자라는 의미는 번식 성공의 정도이지 강한 자가 아니다. 결과적으로 가장 잘 적응한 개체가 가장 많은 자손을 남기는 것이며 물리적으로 강한 자가 그런 것은 아니다.

- 진화는 생명의 기원을 설명한다. 그렇지 않다. 하지만 이것은 38억 년 전 주변에 출현한 생명 이후에 어떻게 종들이 진화했는지 설명할 수는 있다.

- 인간은 유인원이나 원숭이로부터 진화했다. 화석과 다른 증거는 인간과, 유인원과 원숭이는 500~800만 년 전에 살았던 공통조상으로부터 다른 경로를 따라 진화했다는 것을 보여주고 있다.

- 자연선택에 의한 진화는 생물종을 보다 완전하게 적응하게 하려는 자연의 거대 계획의 일부분이다. 이런 계획에 대한 증거는 없다.

- 자연선택에 의한 진화는 단지 이론에 불과하므로 중요하지 않다. 이것은 특정한 연구 분야의 과학전문가들에 의해 널리 수용되고 광범위한 증거에 기반하고 있는 과학 이론의 개념에 대한 오해를 보여준다. 다수의 여

론조사는 자연선택에 의한 진화는 95% 이상의 생물학자들에 의해 널리 수용되고 있음을 보여준다. 이것은 지구의 생물 다양성과 수십만 년에 걸친 지구 환경의 변화에 어떻게 다른 종들의 개체군이 적응하는가를 가장 잘 설명하고 있다.

4.4 생물 다양성에 영향을 주는 요인은 무엇인가?

개념 4.4A 환경 조건의 변화로 인해 새로운 종의 생성과 현존하는 종의 멸종 간 균형이 지구의 생물 다양성을 결정한다.

개념 4.4B 인간 활동은 많은 종의 멸종을 야기하고 자연선택을 통해 새롭게 발생한 종이 살아갈 서식지를 파괴함으로써 생물 다양성을 감소시키고 있다.

새로운 종은 어떻게 생성되나?

어떤 환경 조건하에서 자연선택은 완전히 새로운 종을 이끌 수 있다. 이런 과정을 **종 분화**(speciation)라고 하며 한 종이 두 종 이상의 다른 종으로 진화한다.

종 분화, 특히 유성생식을 하는 종에서는 먼저 지리적 격리가 일어난 이후에 생식적 격리라는 두 단계를 거치게 된다. **지리적 격리**(geographic isolation)는 한 종의 동일한 개체군 무리가 오랜 기간 동안 물리적으로 다른 개체군과 고립되어 발생한다. 개체군의 일부가 먹이를 찾아서 이동하게 되고 환경 조건이 다른 지역에서 분리된 개체군으로 살게 된다. 바람과 물길을 따라 몇몇 개체가 멀리 이동하여 새로운 개체군을 형성한다. 하천의 범람, 새로운 길, 허리케인, 지진 또는 화산 폭발과 오랜 기간의 지질학적 작용(과학적 핵심 4.3)도 개체군을 분리한다. 이렇게 분리된 개체군은 종 간에 더 이상 유전자 교환이 없어지므로 상당히 다른 유전형질을 갖게 된다.

생식적 격리(reproductive isolation)에서 돌연변이와 자연선택에 의한 변화는 지리적으로 분리된 개체군의 유전자 풀에서 독립적으로 작용한다. 이 과정이 오랜 시간 동안 계속되면 유성생식을 하는 종의 고립된 개체군이 다른 유전형질을 만든다. 그리고 나면 그들이 만약 새로 만나서 교배가 이루어지더라도 살아 있는 생식 가능한 자손을 만들지 못한다. 이때 하나의 종이 둘로 분화되는 종 분화가 일어난다(그림 4.10).

인위 선택, 유전공학과 합성생물학

수천 년 동안 인간은 유사한 유전자를 가진 개체군의 유전적 특징을 변화시키는 **인위 선택**(artificial selection)을 했다. 먼저 식물이나 동물 개체군 내에 이미 존재하고 있

북극여우

북극여우는 두터운 모피, 짧은 귀, 짧은 다리, 짧은 코를 가지고 추위에 적응함. 흰색 털은 눈위에서 은폐하기에 좋음

초기 여우 집단 → 북쪽과 남쪽으로 퍼져 나가 분리됨

북쪽 개체군

다른 환경 조건은 다른 선택압으로 작용하여 두 개의 다른 종으로 진화

남쪽 개체군

회색여우

회색여우는 짧은 모피와 긴 귀, 다리, 코를 가지고 있어 열을 많이 발산하여 더위에 적응함

그림 4.10 지리적 격리가 생식적 격리, 유전자 풀의 분산과 종 분화로 이어진다.

생물 다양성에 영향을 주는 지질학적 과정

지표면은 오랜 역사를 거치면서 극적으로 변화하여 왔다. 과학자들은 지구 내부에 존재하는 거대한 용암의 흐름이 **지질구조판**(tectonic plates)으로 불리는 일련의 거대 고체판의 표면을 깨고 내부로 들어가는 것을 발견했다. 수억 년 동안 이들 판은 지구의 맨틀 위에서 천천히 이동하고 있다(그림 4.C).

암석과 화석 증거는 2억에서 2억 5,000만 년 전에 현존하는 지구상 모든 대륙이 판게아(그림 4.C 왼쪽)라고 불리는 거대 대륙으로 연결되어 있었음을 보여주고 있다. 대략 1억 7,500만 년 전에 판게아는 지구의 지질구조판이 이동하면서 분리되기 시작했고, 이동 결과 오늘날 대륙 위치로 되었다(그림 4.C, 오른쪽).

지질구조판의 이동은 지구 생명 진화와 분포에 두 가지 중요한 영향을 끼쳐왔다. **첫째,** 대륙과 해양분지의 위치가 지구 기후에 커다란 영향을 주었고, 그 결과 동식물이 서식하는 장소를 결정하는 중요한 역할을 했다. **둘째,** 대륙의 분리, 이동, 결합은 종이 새로운 환경으로 이동해서 적응하도록 했다. 이것은 종 분화를 통해 다수의 새로운 종을 형성했다.

대륙이 만나는 경계를 따라 지질구조판이 과거 대륙을 멀리 떨어지게 하거나 충돌시키고 또는 미끄러져 들어가게 했다. 판 경계를 따른 이들의 상호작용에 의해 발생하는 거대한 힘은 지진과 화산 폭발을 만들어낸다. 이들 지질학적 활동은 지각에 균열을 일으키고 각각의 틈새 면에 위치한 종의 개체군을 분리시켜 생물 진화에 영향을 미쳤다. 오랜 기간에 걸쳐 각기 분리된 개체군은 새로운 환경 조건에 대응하여 유전적으로 변화된 새로운 종을 형성했다.

지질구조판 경계를 따라 발생하는 **화산 폭발**은 서식지 파괴와 감소, 종 개체군 분리와 멸절에 의한 멸종과 종 분화에 영향을 준다. 이들 지질학적 과정은 12장에서 다룬다.

비판적 사고

지구의 지질구조판은 손톱이 자라는 것처럼 일정 비율로 이동한다. 만약 이동이 멈춘다면 미래 지구의 생물 다양성에 어떤 영향을 줄까?

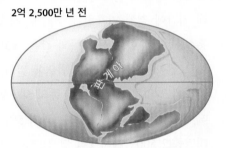

2억 2,500만 년 전   현재

그림 4.C 수백만 년에 걸쳐 지구의 대륙은 여러 거대한 지질구조판으로 매우 천천히 이동했다.
비판적 사고: 육지가 쪼개져 분리되면 종의 멸종은 어떻게 일어나는가?

는 인간이 원하는 유전형질을 선택했다. 이후 **선택 육종** 또는 **이종 육종**을 하여 원하는 형질을 가진 개체군 내의 개체군의 수를 늘리기 위해 번식의 기회를 가지는 개체군의 수를 조절했다.

인위 선택은 종 분화와는 다르다. 이것은 유전적으로 유사한 다른 종 또는 동일한 종 간의 유전적 다양성 내 이종 육종으로 제한된다. 우리가 먹고 있는 대부분의 곡물, 과일과 야채는 인위 선택에 의해 생산되었다. 게다가 인위 선택은 식량증산, 더 많은 유유를 생산하는 소, 더 빨리 자라는 나무 그리고 많은 다양한 개와 고양이를 만들어낸다. 그러나 전통적인 이종 육종은 느린 과정이다.

과학자들은 원하는 유전형질을 선택하거나 원하지 않는 유전자를 제거하는 빠른 유전자 조작 과정을 배웠다. 그들은 원하는 유전형질을 가진 DNA를 한 종에서 다른 종으로 이동하는 것이 가능하게 되었으며 이를 **유전공학**(genetic engineering)이라고 한다. 유전자 편집 과정을 통해 원하지 않는 형질을 제거하거나 원하는 형질을 발현하기 위해 DNA를 제거, 변화 또는 첨가하여 생물의 유전물질을 변화시킨다. 변형 작물, 신규의약품, 병충해 저항성이 강한 식물과 발육 기간이 짧은 동물 등을 생산하기 위해 과학자들은 유전공학을 사용한다.

그 결과 자연계에서 발견되지 않은 유전 정보가 변화된 생물체인 **유전자 변형 생물체**(genetically modified organisms, GMOs)가 등장하게 된다. 유전공학은 자연계에서 교배가 되지 않은 다른 종 간에 유전자를 이동시키는 것이 가능하다. 예를 들면 냉수성 어족으로부터 얻은 유전자를 토마토로 도입하여 추운 기후에 견딜 수 있도록 한다. 유전공학은 농학과 의학의 혁명이다. 그러나 이것은 논란이 많은 기술이며 10장에서 논의한다.

새로이 급격하게 성장하고 있는 유전공학의 형태가 **합성생물학**(synthetic biology)이다. 이로써 새로운 염기서열을 만들어 유전자 정보를 설계하고 자연계에서 발견되지 않은 세포, 조직, 신체 부분 및 생물체를 인공적으로 창출할 수 있게 되었다.

이 새로운 기술의 제안자들은 햇빛을 이용하여 수소를 생산할 수 있는 세균을 만들어 자동차 연료로 공급하는 데 사용하기를 원한다. 또한 그들은 질병을 예방하고 말라리아와 같은 기생성 질병을 퇴치하는 신약으로서 새로운 백신을 개발하는 방법으로 보고 있다. 합성생물학은 오염된 토양과 수계에 존재하는 폐유, 산업 폐기물, 독성 중금속, 살충제 및 방사성 폐기물을 분해하는 세균이나 조류를 만들어내는 것 또한 가능하다. 과학자들은 이런 목적을 달성하기 위해 오랜 길을 걸어 왔으며 가능성이 열렸다.

어떤 기술에서와 마찬가지로 합성생물학도 장점과 단점이 있다. 예를 들면 새로운 질병을 퍼트리거나, 외부 유류 저장고를 파괴하거나, 우리의 생존을 유지하는 화학적 순환을 교란하기 위해 치명적인 박테리아를 만드는 등 생물학적 무기로 이용될 수 있다. 이 같은 이유로 많은 과학자들은 신기술의 남용을 통제하기 위해 감시 및 법적 규제를 강화할 것을 요구하고 있다.

멸종은 종을 사라지게 한다

지구상 종 수와 유형에 영향을 주는 다른 요인은 온전한 종이 생존을 멈추는 **생물학적 멸종**(biological extiction), 간단히 **멸종**(extinction)이다. 환경 조건이 극적으로 또는

급격하게 변화될 때 종의 개체군은 세 가지 미래에 직면하게 된다. 자연선택을 통해 새로운 조건에 적응하거나, 가능하다면 더 좋은 조건을 가진 지역으로 이동하거나, 아니면 멸종한다.

단 하나의 지역에서 발견되는 종을 **고유종**(endemic species)이라 하며 특히 멸종에 취약하다. 고유종은 급격하게 변화하는 환경 조건에서 이동하거나 적응하는 것도 쉽지 않다. 이런 위험에 직면한 많은 종들이 현재 멸종한 황금두꺼비(그림 4.B) 같은 양서류다(핵심 사례 연구). 화석과 다른 많은 증거들은 지구상에 생존했던 모든 종의 99.9%가 현재 멸종한 것으로 보여준다. 오랜 지구 역사의 대부분을 통해 종은 낮은 속도, 즉 **배경멸종률**(background extinction rate)로 감소해왔다.

배경멸종률보다 급격히 빠른 속도로 멸종률이 상승하는 몇 차례의 **대멸종**(mass extinction)에 의해 지구에 존재하는 생물의 급격한 감소를 보여주는 증거가 있다. 오랜 기간에 걸친 기후변화, 해수면 상승으로 인한 대규모 홍수 및 거대한 운석 충돌과 같은 크고 광범위한 환경 변화로 인한 대변동은 넓은 범위에 걸쳐, 종종 전 지구적인 사건이고 일차적으로 모든 종의 50~95%를 사라지게 했다. 화석과 지질학적 증거는 과거 5억 년 동안 다섯 번의 대멸종(2,500만에서 1억 년 간격)이 있었다는 것을 보여준다(그림 4.11).

대멸종은 비어 있는 생태적 지위를 보충하거나 새로운 생태적 지위를 만들어내는 새로운 종의 진화를 위한 기회를 제공한다. 그림 4.11에 나타난 각각의 대멸종 이후 종 다양성 증대가 일어났음을 과학적 증거들이 보여주고 있다.

환경 조건 변화로서 종 분화와 멸종 간의 균형은 지구의 생물 다양성을 결정한다(개념 **4.4A**). 오늘날 수백만 종만이 존재하는 것은 평균적으로 종 분화가 멸종으로 나아가고 있음을 의미한다. 어쨌든 지구 대멸종 속도가 비약적으로 빨라지고 있다는 증거가 나타나 있고 8장에서 더 상세히 논의할 것이다. 인간 활동에 의해 대부분 야기되는 새로운 여섯 번째 대멸종의 초기를 겪고 있다고 많은 과학자들은 주장하고 있다.

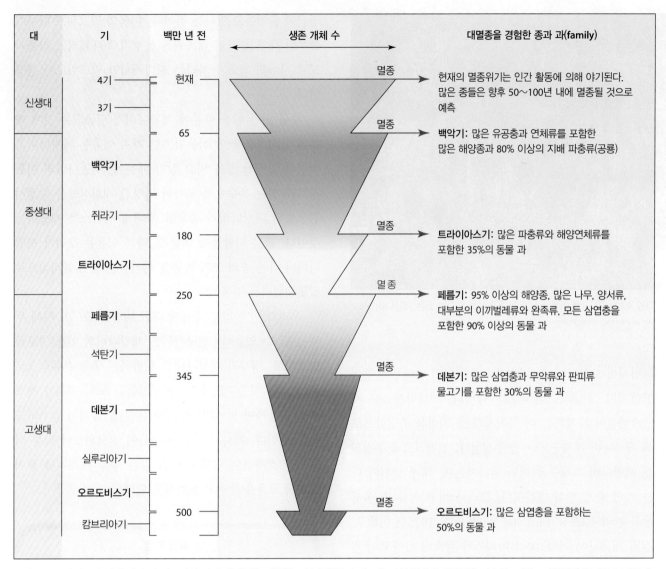

대	기	백만 년 전	생존 개체 수	대멸종을 경험한 종과 과(family)

신생대	4기 / 3기	현재	멸종	현재의 멸종위기는 인간 활동에 의해 야기된다. 많은 종들은 향후 50~100년 내에 멸종될 것으로 예측
중생대	백악기 / 쥐라기 / 트라이아스기	65 / 180	멸종 / 멸종	백악기: 많은 유공충과 연체류를 포함한 많은 해양종과 80% 이상의 지배 파충류(공룡) / 트라이아스기: 많은 파충류와 해양연체류를 포함한 35%의 동물 과
고생대	페름기 / 석탄기 / 데본기 / 실루리아기 / 오르도비스기 / 캄브리아기	250 / 345 / 500	멸종 / 멸종 / 멸종	페름기: 95% 이상의 해양종, 많은 나무, 양서류, 대부분의 이끼벌레류와 완족류, 모든 삼엽충을 포함한 90% 이상의 동물 과 / 데본기: 많은 삼엽충과 무악류와 판피류 물고기를 포함한 30%의 동물 과 / 오르도비스기: 많은 삼엽충을 포함하는 50%의 동물 과

그림 4.11 과거 5억 년에 걸쳐 지구는 다섯 번의 대멸종을 경험했고 인간 활동이 새로운 여섯 번째의 대멸종을 가속하고 있는 과학적인 증거를 보여준다.

사례 연구

위협받는 제왕나비

아름다운 북미 제왕나비(그림 4.12)가 곤경에 처해 있다. 이 종은 매년 북미 지역과 캐나다 일부 지역에서 3,200~4,800 km를 이동해서 소수만이 중부 멕시코 열대 우림으로 가는 것으로 알려져 있다. 그들은 예측 가능한 일정에 맞추어 도착하고 나중에 북미 주거지로 돌아간다. 미국 중서부에 있는 또 다른 제왕나비 개체군은 북부 캘리포니아의 해변으로 매년 짧은 여행을 한 다음 집으로 돌아온다.

그들의 연례 왕복 여행 중에, 이 두 제왕나비 개체군은 혹독한 날씨와 수많은 포식자로부터 심각한 위협에 직면하고 있다. 2002년에 단 한 번의 폭풍으로 제왕나비 개체군의 75%로 추정되는 개체 수가 멕시코로 가는 도중에 죽었다.

이동 중에, 제왕나비는 알을 낳기 위해 밀크위드 나무에 도착해야만 한다. 일단 제왕나비 유충이 부화하면, 애벌레는 밀크위드를 먹고 성장하여 나비가 된다. 이 나무가 없으면 제왕나비는 번식을 할 수 없어서 멸종에 직면하게 된다.

제왕나비들이 멕시코와 캘리포니아에 있는 겨울 숲

그림 4.12 긴 여행 이후에 나무에서 휴식을 취하고 있는 제왕나비
Michael Warwick/Shutterstock.com

목적지에 도착하여 휴식할 때 수백만 마리가 나무에 붙어 떨어지지 않는다(그림 4.12). 해마다, 생물학자들은 제왕나비들이 차지하는 이 목적지의 총 지역을 측정함으로써 제왕나비 개체군 크기를 추정한다. 전반적으로 추정되는 제왕나비 개체군은 매년 달라지는데, 대개 날씨와 다른 자연 환경 변화 때문이다. 그러나 미국 어류 및 야생동물 관리국(U. S. Fish and Wildlife)은 1975년 이래로, 전체 개체군이 거의 10억 마리까지 감소해 왔다고 추정한다.

문제는 제왕나비가 역사적인 자연 위협뿐만 아니라 인간 활동으로부터 나온 두 가지 심각한 위협에 직면하고 있다는 것이다. 하나는 대부분 불법인 벌목과 숲을 아보카도 농장으로 개간한 것 때문에, 북 캘리포니아에 위치한 해변 숲에서 경제 개발 때문에 멕시코에 위치한 작은 숲 서식지를 지속적으로 잃어버리는 것이다. 두 번째 위협은 이동 중에 제왕나비의 생존에 필수적인 밀크위드

접근이 줄어들고 있다는 것이다. 미국의 밀크위드 나무가 풍부한 대부분 자연 대초원은 농경지로 대체되고 작물과 도로 사이의 잡초가 자라는 지역에서만 밀크위드가 생장한다.

주된 인간 활동 때문에 제왕나비가 멸종되는 것에 왜 우리가 신경을 써야 하는가? 한 가지 이유는 제왕나비가 식물의 꽃에서 꿀을 먹고 살기 때문에, 제왕나비의 이동 경로에 있는 옥수수를 포함한 다양한 개화식물을 수정시킴으로써 제왕나비가 중요한 생태계 서비스를 제공하는 것이다. 많은 사람들에 의한 또 다른 이유는 우리가 제왕나비나 다른 종의 조기 멸종을 야기하는 것이 윤리적으로 잘못되었다는 믿음이다.

우리가 이 놀라운 종들에 대한 위협을 줄이기 위해 무엇을 할 수 있을까? 연구자들은 제왕나비의 이동 경로를 보호하고, 정부가 제왕나비를 위협하는 종을 분류함으로써 보호할 것을 제안한다. 연구자들은 또한 우리가 제초제를 사용하여 밀크위드를 죽이는 일을 급격히 삼가하도록 제안한다. 게다가 많은 시민들이 밀크위드와 다른 식물들을 식재하여 나비와 꿀벌 같은 수분 매개체를 끌어오도록 도움을 주려고 노력하고 있다.

핵심 주제

- 각 종은 그것이 발견되는 생태계에서 **지위**라고 불리는 특정한 생태적 역할을 한다.

- 환경 조건이 변하기 때문에 일부 개체의 유전자가 변이하여 생존 능력을 향상시키고 그러한 특성을 가진 자손을 생산하는 유전적 특성을 부여한다.

- 변화하는 환경 조건에 대응하는 멸종과 종 분화의 균형은 지구의 생물 다양성을 결정하며, 이는 지구의 삶과 경제를 유지하는 데 도움이 된다.

양서류와 지속 가능성

핵심 사례 연구에서 양서류 종의 소실이 증가되는 것을 기술하고 왜 양서류가 생태학적으로 중요한지를 설명하면서 이 장을 시작했다. 이 장에서 우리는 생물 다양성-유전학, 생태계, 기능적 다양성과 함께 세계 각지에서 발견되는 종의 수와 다양성의 중요성을 연구했다.

우리는 생태계에 존재하는 종이 수행하는 다양한 지위나 역할을 살펴보았다. 예를 들어 많은 양서류를 포함한 일부 종은 생물 다양성과 생태계, 생물권에 끼치는 위협에 관해 우리에게 경고하는 지표종이라는 것을 보았다. 미국 악어와 일부 상어 종과 같은 다른 종은 그 종이 살고 있는 생태계를 유지시키는 데에 중요한 역할을 하는 핵심종이다.

우리는 또한 자연선택을 통해 생물학적 진화에 관한 과학 이론을 연구했는데, 이로써 지구상의 생명체가 시간이 지남에 따라 어떻게 변하고, 개체군의 유전자가 어떻게 변하는지, 새로운 종이 어떻게 발생할 수 있는지를 설명할 수 있다. 우리는 지구의 생물 다양성이 환경 조건 변화에 대응하여 새로운 종 형성(종 분화)과 기존 종 멸종 사이의 균형에 의한 결과라는 것을 알게 되었다.

양서류와 다른 종들이 살고 있는 생태계는 세 가지 과학적 지속 가능성의 원리에 대한 실례다. 그들은 태양 에너지와 영양염 순환, 생물 다양성에 의존한다.

이런 자연 자본 형태가 어느 것이라도 붕괴된다면 이 종의 개체군과 생태계 저하를 초래할 수 있다.

복습

핵심 사례 연구

1. 양서류를 정의하라. 세계의 많은 양서류 종에 대한 위협을 설명하라. 양서류의 멸종을 가속하는 인간 활동을 왜 자제해야 하는지 설명하라.

4.1절

2. 4.1절의 핵심 개념은 무엇인가? 생물 다양성(생물학적인 다양성)을 정의하고 네 가지 주된 구성 요소를 나열하고 설명하라. 종 다양성, 유전적 다양성, 생태계 다양성 및 기능적 다양성을 정의하고 구별하라. 생물군계를 정의하고 세 가지 예를 제시하라. 생물 다양성은 왜 중요한가? 곤충의 중요성을 요약하라. 윌슨의 과학적 공헌을 요약하라.

4.2절

3. 4.2절의 두 가지 핵심 개념은 무엇인가? 생태적 지위와 서식지를 정의해 구별하고, 한 가지씩 예를 제시하라. 일반종과 특수종을 정의해 구별하고 각 종의 예를 제시하라.

4. 토착종, 비토착종, 지표종, 핵심종을 정의하고 구별하며 각 종에 대한 예를 제시하라. 침입종은 무엇인가? 많은 개구리 종과 멸종에 처한 다른 양서류를 위협하는 여섯 가지 요소를 나열하라. 핵심종으로서 미국악어의 역할을 설명하라. 생태학자들이 주장하는 상어를 보호해야만 하는 이유를 설명하라.

5. 4.3절의 두 가지 핵심 개념은 무엇인가? **생물학적 진화**(진화)와 **자연선택**을 정의하고 이것들이 어떻게 연관되어 있는 설명하라. 자연선택을 통한 생물학적 진화 이론은 무엇인가? 화석은 무엇이며 진화를 이해하기 위해 과학자들은 어떻게 화석을 이용하는가?

6. **유전적 변이**는 무엇인가? **돌연변이**는 무엇이고 자연선택을 통한 진화에서 돌연변이는 어떤 역할을 하는가? **적응**, 즉 **적응형질**은 무엇인가? 어떻게 유해한 박테리아가 항생제에 유전적으로 내성을 가질 수 있게 되는가? 어떤 세 가지 유전적 적응이 인간을 그렇게 강력한 종으로 만드는 데 도움을 주어왔을까?

7. 자연선택을 통한 진화에서 두 가지 한계점은 무엇인가? 자연선택을 통한 진화에 관한 흔한 오해 다섯 가지는 무엇인가?

8. 4.4절의 두 가지 핵심 개념은 무엇인가? **종 분화**를 정의

하라. 지리적 격리와 생식적 격리를 구분하고 그것이 어떻게 새로운 종의 형성을 이끄는지 설명하라. 지질학적 과정이 생물 다양성에 어떤 영향을 미칠 수 있는지 설명하라. **인위 선택**은 무엇인가? 유전공학의 과정을 설명하라. **유전자 변형 생물체(GMOs)**란 무엇인가? **합성생물학**을 정의하고, 자연선택에 의한 진화와 어떻게 다른지 설명하고, 그것이 가지고 있는 잠재적인 이점과 위험을 몇 가지 지적하라.

9. **생물학적 멸종(멸종)**은 무엇인가? **고유종**은 무엇이며 왜 그런 종은 멸종에 취약한가? **배경멸종률**과 **대멸종**을 정의하고 차이를 설명하라. 지구가 경험한 대멸종은 몇 번인가? 멸종 속도가 증가하는 주된 원인 중 하나는 무엇인가? 왜 제왕나비가 멸종 위협을 받는지 설명하라.

10. 4장의 세 가지 핵심 주제는 무엇인가? 양서류와 다른 종이 사는 생태계가 어떻게 세 가지 **과학적 지속 가능성의 원리**를 나타냈는지 설명하라.

비판적 사고

1. 대부분 또는 모든 양서류(핵심 사례 연구)가 멸종한다면 인간과 다른 종은 어떤 영향을 받을까?

2. 인간종은 핵심종인가? 설명하라. 만약 인간이 멸종한다면, 함께 멸종하게 될 세 가지 종은 무엇이고 개체 수가 아마도 증가하게 될 세 가지 종은 무엇인가?

3. 인간 활동으로 인한 멸종으로부터 제왕나비를 구하는 것에 대해 우리가 왜 신경을 써야만 하는가?

4. 만약 당신이 자이언트 판다를 멸종으로부터 구하는 것과 상어를 구하는 것 사이에서 선택을 해야만 한다면 어느 쪽을 선택할 것인가? 설명하라.

5. 당신에게 아래와 같이 말을 하는 사람에게 어떻게 대응할 것인가?
   a. 생물학적 진화는 단지 이론에 불과하기 때문에 생물

학적 진화를 믿어서는 안 된다.
   b. 자연선택은 인간이 오염물질을 해독하는 폐를 발달할 수 있게 해줄 것이기 때문에 우리는 대기 오염에 대해 걱정할 필요가 없다.

6. 멸종은 자연스러운 과정이므로 인간 활동의 결과로 생물종이 멸종될 때 생물 다양성의 손실에 대해 걱정할 필요가 없다고 말하는 사람에게 어떻게 대응할 것인가?

7. 지구의 생물 다양성의 일부 손실에 기여할 수 있는 우리 생활양식 세 가지 측면을 나열하라. 이 중 각각에 대해서, 이런 기여를 피하기 위한 방법은 무엇인가?

8. 축하한다! 여러분은 지구 생명체의 미래 진화에 책임을 지게 되었다. 여러분이 가장 중요하게 할 일로 생각하는 세 가지는 무엇인가?

환경과학 실천하기

초원, 숲 속, 정원, 습지대와 같은 것을 선택해서 생태계를 연구하라(만약 물리적으로 이것을 할 수 없다면, 생태계를 온라인이나 도서관에서 시각적으로 연구하라). 여러분의 생태계에 있는 다섯 가지 식물종과 다섯 가지 주요한 동물종을 정하고 나열하라. (a) 이들 종 중 어떤 종이 지표종인지, (b) 어떤 종이 핵심종인지에 대한 가설을 써라. 어떻게 당신의 가설에 도달하게 되는지 설명하라. 그리고 각각의 가설을 실험할 실험을 설계하고, 이 가설을 실행할 수 있는 무한한 수단을 가지고 있다고 가정한다.

데이터 분석

다음 표는 콜린스(J. P. Collins)와 크럼프(M. L. Crump), 러브조이(T. E. Lovejoy III)가 공동 집필한 책《Extinction in Our Times—Global Amphibian Decline》에서 보고된 매우 방대한 데이터 본문의 예다. 그것은 발견된 양서류 종의 수와 고유종이거나 각 지역에 고유한 양서류 종 수에 따라 세계의 여러 지역을 비교한다. 과학자들은 고유종이 비고유종보다 멸종에 더 취약하기 때문에 이런 비율을 알고 싶어 한다. 아래 표에 대해 연구하고 나서 다음 질문에 답하라.

1. 네 번째 열을 채우고 각 지역에 대한 고유종의 비율을 계산하라.
2. 어떤 두 지역이 가장 많은 고유종을 가지고 있는가? 고유종 중 가장 높은 비율을 가진 두 지역은 어디인가?
3. 어떤 두 지역이 가장 적은 고유종을 가지고 있는가? 고유종 중 가장 낮은 비율을 가진 두 지역은 어디인가?
4. 어떤 두 지역이 비고유종 중에서 가장 많은 수를 가지고 있는가?

지역	종 수	고유종 수	고유종 비율
북아메리카의 태평양/캐스케이드/시에라네바다 산맥	52	43	
미국 남부 애팔래치아 산맥	101	37	
미국 남부 해안 평야	68	27	
멕시코 남부 시에라마드레	118	74	
중미 서부의 고원지대	126	70	
코스타리카와 서부 파나마의 고원	133	68	
볼리비아와 페루의 열대 남부 안데스 산맥	132	101	
페루 남부의 아마존 상류 분지	102	22	

5장

종 간 상호작용, 생태 천이, 개체군 조절

자연에서, 우리 주변의 모든 단순 유기체는 개체 수를 늘리려고 노력하고 있음을 결코 잊지 말아야 한다.

찰스 다윈(Charls Darwin), 1859

5.1 종 간 상호작용은 어떻게 하는가?

5.2 군집과 생태계는 환경 변화에 어떻게 대응하는가?

5.3 개체군 성장의 한계는 무엇인가?

흰동가리는 말미잘에 살면서 보호를 받고 일부 포식자에게서 말미잘을 보호한다.

Morrison/Dreamstime.com

캘리포니아 남부 해달: 종의 복원

남부 해달(그림 5.1, 왼쪽)은 북미 태평양 연안을 따라 얕은 수심의 거대한 해초 숲(그림 5.1, 오른쪽)에 산다. 이 멸종 위기에 처한 종의 나머지 대부분은 산타크루즈 시와 산타바바라 시 사이 캘리포니아 해안에서 발견된다.

남부 해달(Southern sea otter)은 조개류와 다른 먹이를 찾기 위해 해양 바닥을 잠수하여 빠르고 민첩하게 수영한다. 그들은 수면에서 배영을 하고 복부를 식탁 삼아 먹이를 먹는다(그림 5.1, 왼쪽). 해달은 매일 체중의 20~35%에 해당하는 조개, 홍합, 새우, 성게, 전복과 다른 해저 저서동물을 먹는다. 그들의 두껍고 빽빽한 털은 기포를 가두어 해달을 따뜻하게 유지시킨다.

한때 캘리포니아의 남부 해안에서 약 16,000마리의 해달이 번성했던 것으로 나타났다. 1900년대 초, 해달의 고급스러운 모피를 얻으려는 모피거래업자에 의해 거의 멸종

될 정도로 사냥되었다. 어부들 또한 값비싼 전복과 조개류를 어획하기 위해 경쟁자인 해달을 포획했다.

해달의 개체 수는 미국 어류 및 야생동물 관리국에서 멸종 위기에 처한 종으로 지정했을 때인 1938년 50마리에서 1977년까지 1,850마리로 증가했다. 2016년까지 개체 수는 서서히 3,511마리로 늘어났는데, 멸종 위기종 명단에서 벗어나기 위해서는 더 많은 개체군이 필요하며, 3년 연속으로 그 이상을 유지해야 한다.

우리는 왜 캘리포니아 남부 해달에 관심을 가져야 하는가? 첫 번째로 윤리적인 이유가 있다. 많은 사람들은 인간 활동이 한 종의 멸종을 야기하도록 하는 것은 잘못이라고 믿는다. 또 다른 이유는 사람들은 물속에서 놀면서 매력적이고 지능이 높은 동물을 보는 것을 좋아하기 때문이다. 그 결과 수달은 관광수입

으로 매년 수백만 달러를 벌어들이는 데 도움을 준다. 세 번째 환경과학 연구의 핵심적인 이유는 생물학자들은 남부 수달을 **핵심종**(84쪽 참조)으로 분류한다. 과학자들은 남부 해달이 없어지면, 아마도 성게와 다른 해조를 먹이로 하는 종이 태평양 연안 해조 숲과 해조 숲이 지원하는 풍부한 생물 다양성의 대부분을 파괴할 것이라고 예상한다.

생물 다양성은 지구의 자연 자본에서 중요한 부분이며 세 가지 과학적 지속 가능성의 원리 중 하나이다. 이 장에서, 우리는 종이 어떻게 상호작용하는지 그리고 서로의 개체군을 조절하는 것을 돕는지 알아본다. 또한 우리는 어떻게 공동체와 생태계, 그리고 종의 개체군이 환경 조건 변화에 반응하는지 탐구한다.

그림 5.1 (왼쪽) 캘리포니아 몬테레이 만에서 멸종 위기종인 남부 해달이 조개껍질을 돌로 깨뜨리고 있다. (오른쪽) 그들은 거대 해조 숲에서 산다.

5.1 종 간 상호작용은 어떻게 하는가?

개념 5.1 종 간 상호작용의 다섯 가지 유형(경쟁, 포식, 기생, 상리공생, 편리공생)은 종의 자원 사용과 개체군 크기에 영향을 준다.

자원 경쟁

생태학자들은 먹이, 사는 장소, 공간과 같은 제한된 자원을 나눔으로써 종 간 상호작용의 다섯 가지 기본 유형을 발견했다. 그런 상호작용의 유형은 **종 간 경쟁, 포식, 기생, 상리공생, 편리공생**으로, 모두 생태계 종 간의 개체군 크기와 자원 사용에 영향을 준다(**개념 5.1**).

경쟁은 종 간 가장 일반적인 상호작용이다. 이것은 하나 이상의 종 구성원들이 먹이, 물, 빛, 그리고 공간과 같은 한정된 자원을 사용할 때 상호작용이 발생한다. 다른 종 간의 경쟁은 **종 간 경쟁**(interspecific competition)이라고 한다. 그것은 대부분의 생태계에서 동종 간의 **종 내 경쟁**보다 더 큰 역할을 한다.

두 종이 같은 자원을 두고 서로 경쟁할 때 그 지위가 서로 중첩된다(그림 4.5 참조). 중첩이 클수록, 주요 자원 경쟁은 심해진다. 만약 한 종이 하나 이상의 주요 자원을 가장 크게 공유할 수 있다면, 각각의 경쟁종들은 다른 지역으로 옮겨가야 하고(가능할 경우), 급격한 감소를 겪거나, 그 서식지에서 멸종된다.

인간은 공간, 식량 그리고 다른 자원에 대해 다른 많은 종과 경쟁한다. 인간의 생태 발자국의 성장과 증가(그림 1.9 참조)에 따라, 여러 다른 종의 서식지를 차지하여 그들의 생존을 위한 필요 자원을 빼앗고 있다.

자연선택이 발생할 충분한 시간 동안 동일한 자원을 두고 경쟁하는 일부 종은 경쟁을 줄이거나 피하는 방식으로 적응한다. 그중 한 가지 방법은 **자원 분배**(resource partitioning)를 통한 적응이다. 부족한 유사자원을 얻으려고 경쟁하는 종들은 더 특화된 특성을 진화시켜 시기와 방식과 장소를 달리하여 자원을 공유한다. 그림 5.2는 곤충을 먹이로 하는 조류의 자원 분배다. 적응을 통해 새들은 서로 가문비나무의 다른 부분을 먹고, 다른 종의 곤충을 먹음으로써 경쟁을 줄일 수 있다.

포식

포식(predation)에서, 한 종[**포식자**(predator)]이 먹이 그물의 한 부분으로서 다른 종[**피식자**(prey)]의 전부 또는 일부를 직접 먹는다. 사자(포식자)와 얼룩말(피식자)은 **포식**

블랙번솔새　　검은턱푸른솔새　　붉은뺨솔새　　밤색가슴솔새　　노란궁둥이솔새

After R. H. MacArthur, "Population Ecology of Some Warblers in Northeastern Coniferous Forests," *Ecology* 36:533–536, 1958.

그림 5.2 부의 공유: 메인(Maine) 주의 가문비나무 림에 서식하는 곤충을 먹이로 하는 5종의 휘파람새 간의 자원 분배. 각 종은 먹이에 대한 상호 간 경쟁을 최소화하기 위해 가문비나무의 각 특정 영역(노란색으로 강조된 영역)에서 섭식 행동을 하고, 다른 곤충을 먹이로 하여 경쟁을 최소화한다.

해조 숲에 대한 위협

해조 숲은 거대 해조라고 불릴 만큼 큰 해초 군락을 형성하고 있다. 해저에 고정되어 있으며 긴 잎은 햇빛이 비치는 수면을 향해 자란다(그림 5.1, 오른쪽). 양호한 조건하에서 잎은 하루에 0.6 m만큼 성장하며, 건물 10층 높이만큼 자랄 수 있다. 잎은 유연하여 매우 격렬한 폭풍과 파도에서도 살아남을 수 있다.

해조 숲은 많은 해양 동·식물을 부양하고, 생물학적으로 해양 생태계의 다양성 중 하나다. 이는 모래의 덫 역할과 파도의 힘을 둔화시켜 해안의 침식을 감소시키는 역할을 한다.

성게(그림 5.A)는 해조식물 먹는다. 이들은 많은 개체 수가 포식자로서 어린 해조식물의 기저를 먹기 때문에 해조 숲이 빠르게 파괴되고 있다. 캘리포니아의 산타크루즈 대학의 에스테스(James Estes)를 포함하는 생물학자들의 과학적 연구에 따르면 남부 해달(핵심 사례 연구)이 바다 속 성게의 개체군을 조절함으로써 해조 숲의 지속을 돕는 핵심종이라는 것을 보여준다.

해조 숲에 대한 두 번째 위협은 육지에서 흘러나오는 오수의 유입이다. 농약, 제초제가 포함된 오수는 해조식물과 다른 해조 숲 종을 죽이고 해조 숲의 먹이 그물에 혼란을 가져온다. 또 다른 오염물질은 비료 성분으로 식물을 영양소(대부분 질산 성분)가 되어 조류와 식물의 과성장을 일으키고 거대 해조의 성장에 필요한 햇빛을 차단한다.

일부 과학자들은 현재 세계 해양의 온난화가 차가운 물을 필요로 하는 해조 숲에 대한 위협이 되고 있다고 경고한다. 기후 모델에서 예측한 대로, 만약 금세기 동안 연안 해역이

그림 5.A 보라성게는 미국 캘리포니아 주의 연안 해역에서 서식하며 해조를 먹고 산다.

더 따뜻해지면, 캘리포니아 연안 해역의 해조 숲이 상당수 또는 대부분 사라질 수 있다.

비판적 사고

거대 해조 숲 생태계의 파괴를 줄일 수 있는 세 가지 방법을 나열하라.

자-피식자 관계(predator-prey relationship)에 있다(그림 3.5 참조). 이런 종 상호작용은 개체군 조절과 생태계에서의 다른 요인에 강한 영향을 미친다.

거대한 해조 숲 생태계에서, 성게는 해초의 일종인 해조를 먹이로 한다(과학적 핵심 5.1). 핵심종으로서, 남부 해달(핵심 사례 연구)은 성게를 먹이로 하여 해조 숲 파괴를 막는다.

포식자는 다양한 방법으로 먹이를 획득한다. 초식동물은 단순히 걷거나, 수영하거나, 초목 위로 날아 올라가서 먹이를 구한다. 치타와 같은 많은 육식동물은 속도를 이용하여 먹이를 쫓고 사냥한다. 독수리와 매는 하늘에서 먹이를 포착할 수 있을 만큼 시력이 발달했다. 암컷 아프리카 사자와 같은 일부 포식동물은 크게 무리를 지어 빠르게 달려 먹이를 사냥한다.

다른 포식자는 위장술을 사용하여 매복하고 있다가 습격한다. 예를 들어 사마귀(그림 4.A, 오른쪽 참조)는 자신과 비슷한 색깔의 꽃이나 식물 위에 앉아 매복하고 있다가 곤충을 공격한다. 흰족제비(족제비류), 눈올빼미, 북극여우는 눈 덮인 지역에서 먹이를 사냥한다. 사람들은 야생동물을 잡기 위해 위장하거나 위장 덫을 사용한다.

어떤 포식자는 먹이를 공격하기 위해 화학전을 펼친다. 예를 들어 몇몇 거미와 독사는 먹이를 마비시키고 그들의 포식자로부터 방어하기 위해 독을 사용한다.

피식자는 다양한 방법으로 포식자를 피해 왔다. 달리기, 수영, 또는 빠른 비행과 고도로 발달한 시각, 청각 및 후각으로 포식자의 존재를 감지한다. 다른 방법으로는 보호껍질(전복과 거북이), 두꺼운 나무껍질(거대한 세쿼이아 나무) 및 가시털(고슴도치, 성게), 가시(선인장, 장미 덤불)가 있다.

다른 피식자는 주변 환경에 숨기 위해 위장술을 사용한다. 일부 곤충종은 나뭇잎 위의 잔가지(그림 5.3a)나 새의 배설물을 닮았다. 가랑잎벌레는 나뭇잎 위에 있으면

(a) 자벌레

(b) 가랑잎벌레

(c) 폭탄먼지벌레

(d) 제왕나비

(e) 독화살개구리

(f) 제왕나비를 흉내 내는
총독나비

(g) 큰 동물의 눈을 닮은
나방의 뒷날개

(h) 건드리면 뱀 머리 모양으로
변하는 애벌레

그림 5.3 이 피식자들은 포식자를 피할 수 있는 특별한 방법을 개발했다. (a, b) **위장**, (c, d, e) **화학전**, (d, e, f) **경고색**, (f) **모방**, (g) **눈속임**, (h) **속임수**

거의 눈에 뜨지 않는다(그림 5.3b). 북극지방의 토끼도 흰색의 겨울 털을 가지고 있어서 눈 위에서 분간할 수 없다.

또한 피식자도 화학전을 펼친다. 피식자는 독이 있는 화학물질(서양협죽도), 불쾌한 물질(쐐기풀, 폭탄먼지벌레, 그림 5.3c), 고약한 냄새가 나는 물질(스컹크, 앉은부채, 방귀벌레) 또는 역겨운 맛(버터컵나비, 제왕나비, 그

림 5.3d)을 이용해 포식자를 물리친다. 일부 오징어와 문어는 공격을 받으면, 먹물을 뿜고 적의 눈을 피해 달아난다.

나쁜 맛과 냄새, 독성 또는 침이 있는 피식자 종은 **경계색**을 발달시켜 포식자로 하여금 먹으면 위험하다는 것을 경고한다. 이것의 예로는 역겨운 맛의 제왕나비(그림 5.3d)와 독화살개구리(그림 5.3e)가 있다. 보통 조류가 제왕나비를 먹을 때 토하고 제왕나비를 피해야 한다는 것을 배운다.

생각해보기

연관성 발색과 독성
생물학자 월슨(Edward O. Wilson)은 자연에서 알려지지 않은 동물종과 마주쳤을 때 발색에 근거한 위험성 평가의 두 가지 규칙을 제시했다. 첫째, 크기가 작고 눈에 띄게 아름다우면 독성이 있다. 둘째, 아름답고 쉽게 잡을 수 있다면 치명적이다.

어떤 나비종은 **모방**으로 알려진 보호 장치로 다른 더 위험한 종을 보고 비슷하게 행동함으로써 방어를 한다. 예를 들어 총독나비(그림 5.3f)는 제왕나비를 흉내 낸다. 다른 피식자 종은 포식자를 피하기 위해 눈속임을 이용한다. 어떤 종은 몸을 부풀리거나(복어) 날개를 펼치거나(공작) 포식자를 흉내 냄(그림 5.3h)으로써 포식자에게 겁을 주려고 한다. 일부 나방은 훨씬 큰 동물들의 눈처럼 보이는 날개를 가졌다(그림 5.3g). 또 다른 피식자 종은 물고기 떼나 영양 떼와 같이 큰 무리를 지어 살면서 보호를 받는다.

개체 수준에서, 포식자는 이익을 얻고 피식자는 해를 입는다. 개체군 수준에서, 포식자는 진화에 역할을 한다. 예를 들어 포식동물은 피식 개체군의 병들고 노약한 개체를 보다 쉽게 죽이고, 포식자를 보다 잘 방어할 수 있는 개체만 남게 된다. 그 개체는 더 오래 살고 보다 생존에 강한 새끼가 많이 남게 된다.

공진화

시간이 지나면서, 피식종은 포획이 더 어려워지게 하는 특성을 발달시킨다. 그러면 포식자는 피식자를 잡을 수

그림 5.4 공진화: 박쥐가 나방을 사냥하기 위해 초음파를 사용하고 있다. 박쥐는 먹이를 먹을 기회를 늘리기 위해 형질을 진화시키고, 나방은 잡아먹히지 않기 위해 형질을 진화시킨다.

있는 능력을 개발해야 하는 선택의 압력에 직면한다. 그러면 피식자 종은 더 효과적으로 포식자를 피할 수 있어야 한다.

이 앞뒤 변화를 **공진화**(coevolution)라고 하는데, 이것은 한 종의 유전자 풀에서 변화가 다른 종의 유전자 풀의 변화를 가져오는 자연선택 과정이다. 그것은 피식자와 포식자의 개체군 조절에 가장 중요한 규칙이 될 수 있다. 긴 시간에 걸쳐 그런 방식으로 상호작용을 할 때, 한 집단의 유전자 풀의 변화는 다른 집단의 유전자 풀에 변화를 가져올 수 있다. 이런 변화는 두 종이 더 경쟁적이 되거나 경쟁을 줄이는 데 도움을 줄 수 있다.

예를 들어 박쥐는 밤에 반향정위를 사용하여 나방과 같은 종을 잡아먹는다(그림 5.4). 즉 박쥐는 고주파를 발생시켜 물체에 부딪쳐 되돌아오는 음파를 받아 먹이의 위치를 추적하고 포획한다. 나방종은 박쥐가 발생시키는 고주파에 민감하게 반응하는 청각기관이 진화되었다. 나방은 박쥐가 발생시키는 주파수가 들리면, 땅으로 떨어지거나 날아서 도망간다. 일부 박쥐종은 음파의 주파수를 바꿈으로써 나방의 방어에 대응하는 방법을 진화시켰다. 그

다음 일부 나방은 자신의 고주파로 박쥐의 음파탐지시스템을 무력화시키도록 진화되어왔다. 일부 박쥐종은 음파탐지시스템을 끄고 나방의 소리를 감지하여 먹이의 위치를 찾는 데 적응했다. 이것이 공진화의 전형적인 예다.

기생, 상리공생, 편리공생

기생(parasitism)은 한 종(기생생물)이 다른 유기체(숙주)를 먹이로 할 때 발생한다. 기생생물은 숙주로부터 영양분을 섭취함으로써 이득을 얻는다. 기생생물 이득의 원천이 사라질 때까지 기생생물은 숙주를 약화시키지만 죽이지는 않는다. 기생생물은 식물, 동물 또는 미생물이 될 수 있다.

조충류는 숙주 안에서 사는 기생충이다. 겨우살이 식물이나 피를 빨아먹는 바다칠성장어(그림 5.5)와 같이 숙주의 외부에 붙어서 영양분을 흡수한다. 어떤 기생생물은 한 숙주에서 다른 숙주로 이동하고(벼룩, 진드기), 반면 다른 기생충은 성충이 되어도 한 숙주 안에서 지낸다(원생동물). 기생생물은 숙주에게는 유해하나 숙주 개체군 수를 억제하는 역할을 한다.

상리공생(murualism)에서 두 종은 서로에게 먹이, 사는 장소, 또는 다른 자원을 제공하여 양쪽 모두에게 이익이 된다. 한 예로 꿀벌(그림 4.A, 왼쪽 참조), 벌새 그리고 나비와 같이 꽃의 꿀을 먹이로 하는 종에 의해 수분이 이루어진다.

그림 5.6은 **영양**과 **보호**가 결합된 상리공생의 예를 보여준다. 그것은 코끼리, 코뿔소, 코알라와 같은 큰 동물

그림 5.5 기생: 흡혈 기생동물인 바다칠성장어는 오대호(미국, 캐나다)에 서식하는 호수송어에 붙어서 기생한다.

그림 5.6 상리공생: 소등쪼기새는 임팔라와 같은 동물의 몸에 기생하는 진드기를 먹이로 하고, 다가오는 포식자에 대해 경고해준다.

그림 5.7 편리공생: 이 벌레잡이 식물은 나무를 관통하거나 해를 끼치지 않으면서 나뭇가지에 붙어 있다. 이 육식성 식물은 주머니 안에 갇힌 곤충을 잡아먹는다.

의 머리나 등에 올라타는 새를 예로 들 수 있다. 새들은 동물들의 몸에서 기생생물과 해충(진드기나 파리)을 먹이로 제거하며, 포식자가 다가오면 종에게 경고하는 소리를 내기도 한다.

상리공생의 또 다른 예는 바다말미잘 안에 사는 흰동가리이다(5장 도입부 사진 참조). 바다 말미잘의 촉수는 다른 어류를 찌르거나 마비시킬 수 있어 흰동가리는 바다말미잘의 보호를 받으며 바다말미잘로부터 발생되는 음식찌꺼기를 먹이로 한다. 또한 흰동가리는 바다말미잘의 촉수에 영향을 받지 않아서 바다말미잘을 기생충이나 포식자로부터 보호한다.

상리공생은 종 간 협력의 형태로 보일 수도 있지만, 각 종은 자신의 생존만을 위해 행동하는 것이다.

편리공생(commensalism)은 한 종에게 이익이 되지만 다른 종에게는 이롭거나 해로운 영향이 거의 없는 상호작용이다. 예를 들어 착생식물(기생식물)은 열대 우림과 아열대숲의 나무줄기나 가지에 붙어 있다(그림 5.7). 착생식물은 햇빛을 더 잘 받을 수 있고, 습한 공기와 빗물에서 나온 물, 그리고 나무의 잎과 가지에서 떨어지는 영양분을 얻는다. 마찬가지로 둥지 틀어 생활하는 새도 나무에 해를 미치지 않으며 이득을 얻는다.

5.2 군집과 생태계는 환경 변화에 어떻게 대응하는가?

개념 5.2 군집과 생태계 종의 구성 및 구조는 **생태 천이**라는 환경 변화에 따라 변화한다.

군집과 생태계의 시간 흐름에 따른 변화: 생태 천이

생물학적 개체군과 생태계에서 수많은 종들과 유형은 화재, 화산, 폭발, 기후변화, 작물 재배를 위한 삼림벌채로 인한 환경 조건의 변화에 따라 달라진다. 일반적으로 주어진 구역에서 종 조성의 점진적인 변화를 **생태 천이**(ecological succession)라 한다(개념 5.2).

생태학자들은 초기 상태에 따라 천이를 두 가지 유형으로 구분한다. **1차 천이**(primary ecological succession)

는 토양이 없는 육상 생태계 또는 해저 퇴적물이 없는 수생 생태계의 생명력이 없는 땅에서 점진적으로 생물 개체군이 형성되는 것이다(그림 5.8). 빙하가 후퇴한 후에 노출된 암석, 새로이 형성된 용암, 방치된 고속도로 또는 주차장, 그리고 새롭게 만들어진 얕은 연못 또는 저수지 등에서 일어나는 천이가 대표적인 예다.

또한 1차 천이는 빙하가 흘러내린 호수 유역에서도 일어날 수 있다. 빙하가 녹으면 호수 분지는 퇴적토와 동식물을 축적하기 시작한다. 수백에서 수천 년 동안 호수는 퇴적물로 채워지고 육생 서식지가 된다.

또 다른 보다 일반적인 천이의 형태로 **2차 천이**(secondary ecological succession)는 기존의 식물군집 또는 생태계 자리에 일련의 새로운 군집 또는 생태계가 발달

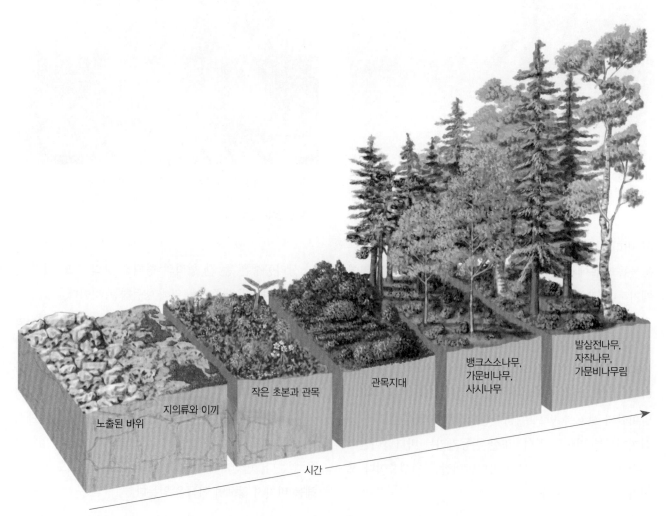

노출된 바위

지의류와 이끼

작은 초본과 관목

관목지대

뱅크스소나무, 가문비나무, 사시나무

발삼전나무, 자작나무, 가문비나무림

시간

그림 5.8 1차 천이: 슈페리어 호 서쪽 미시간 주의 아일로열(Isle Royal) 빙하가 후퇴함에 따라 노출된 암반에서 수천 년에 걸쳐 일어난 식물 군집의 1차 천이

하여 기존의 생물 종을 대체하거나 추가한다. 2차 천이는 생태계가 교란, 제거, 파괴되더라도 토양이나 해저 퇴적물이 남아 있다면 그 지역에서 시작된다. 2차 천이 후보지는 격리된 농토, 태워지거나 벌목된 삼림, 매우 오염된 개울, 그리고 범람된 토지 등으로 토양이나 퇴적물이 남아 있어 몇 주 이내에 새로운 식물이 발아될 수 있다(그림 5.9). 토양에 씨앗이 존재하거나, 바람, 조류, 다른 동물들을 통해 유입되어 발아가 시작된다.

생태 천이는 종 다양성을 증가시킴으로써 군집과 생태계의 생물 다양성을 풍부하게 하는 중요한 생태계 서비스이며, 이런 상호작용은 개체군 통제를 촉진하고 생태계의 지속 가능성을 강화하고 에너지 흐름과 영양염 순환을 향상시키는 먹이 그물의 복잡성을 증가시킨다. 1차 및 2차 천이는 자연 생태복원의 예다.

생존 시스템의 끊임없는 변화

모든 생존 시스템은 세포에서 생물권까지 환경 조건의 변화에 대응하여 지속적으로 변화한다. 생존 시스템에는 안정도, 지속 가능성, 그리고 초과 개체의 기대 수명을 규정할 복잡한 과정이 들어 있다. 안정성, 또는 외부의 스트레스와 교란을 견뎌낼 수용력은 단지 환경 조건 변화에 대해 반응함으로써 지속적으로 변화 유지된다. 예를 들어 성숙한 열대 우림의 일부 나무들은 죽어서 다른 것들이 그 자리를 차지한다. 하지만 나무를 자르고, 태우고, 파괴하지 않는 한 여전히 50년에서 100년은 열대 우림으로 지속될 것이다.

생존 시스템에서 안정성은 두 가지 측면으로 구분한다. 첫째는 **관성**(inertia), 즉 **지속성**(persistence)이다. 적당한 교란에서 살아남은 목초지 또는 숲의 생존 시스템

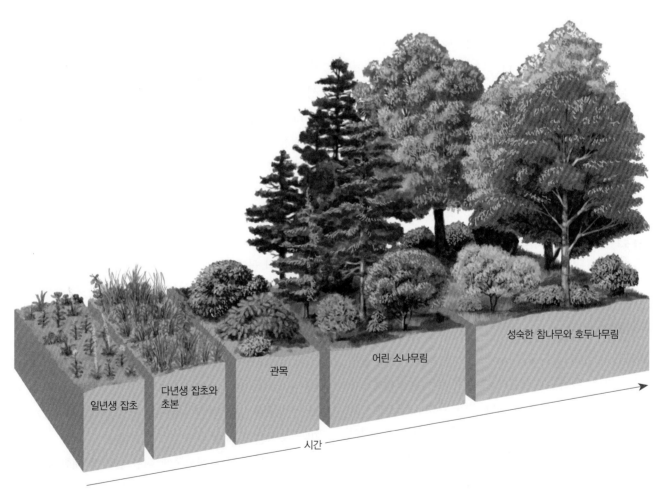

그림 5.9 2차 천이: 노스캐롤라이나 주의 버려진 농경지에서 일어난 식물 개체군의 **2차 천이**. 농경지가 버려진 다음 성숙한 참나무, 호두나무림으로 발달하기까지 약 150~200년이 걸린다. 삼림파괴나 산불과 같은 새로운 교란은 개척종에 유리한 조건을 제공한다.

능력이다. 둘째는 **회복력**(resilience)이다. 좀 더 많은 교란 이후의 2차 천이를 통해 회복된 생존 시스템 능력이다.

일부 생태계의 특징 중 하나로 열대 우림은 풍족하고 높은 관성을 가지고 중요한 변화 또는 훼손에 대해 저항을 한다. 그러나 한 번 열대 우림의 넓은 지역에 걸친 개척과 또는 심각한 훼손으로 생태학적 티핑 포인트(tipping point)에 도달한다면 2차 천이를 통해 회복되지 못하며 회복이 매우 힘들게 된다. 대부분의 다른 육상 생태계와 같이 열대 우림 내의 영양분은 표토가 아닌 초목 내에 저장되기 때문이다. 영양분이 풍족한 초목이 죽게 되면, 매일 내리는 비로 인해 남아 있는 토양 영양분이 대부분 제거되며, 개척된 지역은 새로운 열대 우림이 되지 못한다.

반대로 목초지는 대부분의 숲에서 보다 적은 다양성을 가지며, 결과적으로 낮은 관성을 가지고 쉽게 탈 수 있다. 하지만 식물 성분의 대부분이 땅속 뿌리에 저장되어, 화재 후 그 생태계는 높은 탄력성으로 빠르게 회복되며 뿌리 시스템을 통해 새로운 초지를 생산한다. 그러나 목초지는 뿌리를 파내거나, 다른 종을 심거나 또는 가축이나 다른 초식동물을 지나치게 많이 방목하면 파괴될 수 있다.

5.3 개체군 성장의 한계는 무엇인가?

개념 5.3 한정된 자원과 자원에 대한 종 간 경쟁으로 인해 개체 수는 무한히 증가할 수 없다.

개체군은 증가하거나, 감소하거나, 아주 안정적으로 유지될 수 있다

개체군(population)은 특정 지역에 모여 살면서 서로 자유로운 교배가 일어나는 생물 집단이다. 대부분의 개체들은 늑대 무리, 물고기 떼, 새 떼와 같이 **무리**나 **집단**에서 함께 산다(그림 5.10). 집단으로 산다는 것은 그들이 자원이 있는 곳에 뭉칠 수 있게 하고 포식자로부터 보호를 받을 수 있다.

개체군 크기(population size)는 시간당 개체군의 개별 생명체의 숫자다. 네 가지 변수(출생, 사망, 전입, 전출)가 개체군 크기의 변화를 지배한다. 개체군 수는 출생과 전입을 통해 증가하고 사망과 전출을 통해 감소한다.

개체군 변화 = 늘어난 개체 – 사라진 개체

개체군 변화 = (출생 + 전입) – (사망 + 전출)

개체군의 **연령 구조**(age structure, 한 개체군 내에서 다른 연령층에 속해 있는 개체의 분포)는 얼마나 빨리 성장하거나 감소하는가에 강한 영향을 미칠 수 있다. 일반적으로 연령층은 번식하기에 충분히 성숙하지 않은 개체(생식 이전 단계), 번식할 수 있는 개체(생식 단계), 번식하기에는 나이가 많은 개체(생식 후 단계)로 나뉜다.

생식 단계에 있는 개체의 대부분은 이 단계에 들어서게 될 경우, 개체군 크기는 시간에 따라 증가할 것이다. 반대로 생식 후 단계의 개체에 의해 지배되는 개체군 크기는 시간이 지남에 따라 줄어들 것이다.

여러 요인이 개체군 크기를 제한할 수 있다

생태계 내의 각 개체군은 생존 가능성이 가장 높은 **수용영역**(range of tolerance)인 다양한 물리·화학적 환경 변화의 적용범위가 있다. 예를 들어 송어 개체군(그림 5.11)은 좁은 수층의 띠(최적 영역 또는 범위) 안에서 번성할 것이며 소수의 개체들은 그 층의 위아래에서 생존할 수 있다. 만약 물이 너무 뜨겁거나 너무 차가워지면, 어떤 송어도 살아남을 수 없다.

다양한 물리·화학적 요소들이 개체군 내에서 유기물의 수와 개체 수를 얼마나 빨리 감소시키는지 결정할 수 있다. 이런 **제한요소**(limiting factor)는 정상적인 개체군 성장에서 다른 무엇보다 중요하다.

육지에서는 종종 강수량이 제한요소다. 사막 생태계의 낮은 강수량은 사막 식물의 성장을 제한한다. 주요 토양 영양소의 부족은 사막식물의 성장을 제한하여 그것을 먹는 동식물의 개체 수 또한 제한한다.

수중 시스템에서 개체군에 대한 물리적 제한요소에는 수온(그림 5.11), 깊이 및 투명도(어느 정도 빛을 받는지)가 포함된다. 다른 중요 요소는 영양분의 가용성, 산성

그림 5.10 호주 그레이트 배리어 리프에 서식하는 앤티어스(Anthias) 개체군(**무리**)

iStockphoto.com/Rich Carey

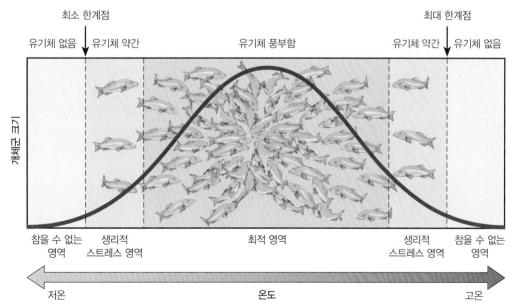

그림 5.11 송어의 수온 변화에 대한 허용 범위

도, 염도 그리고 산소포화도(용존산소량)이다.

또한 물리·화학적 요소가 너무 많으면 제한적일 수 있다. 예를 들어 너무 많은 물이나 비료는 육지식물을 죽일 수 있다. 수생 환경에서 산성도가 너무 높으면, 유기체 중 일부가 손상될 수 있다.

일부 개체군의 크기에 영향을 미칠 수 있는 추가적 요인은 정의된 영역 또는 부피 내의 개체군 내의 개체 수로 정의되는 **개체군 밀도**(population density)다. 밀도 의존 요소는 개체군 밀도 증가에 따라 보다 중요시된다. 밀집된 개체군에서 기생충과 질병이 더 쉽게 퍼질 수 있고, 더 높은 사망률을 초래한다. 반면에, 개체군의 밀도 증가는 성적 상대를 쉽게 만나게 하여 출생수가 증가되고 개체군 크기가 커지는 역할을 한다. 가뭄과 기후변화 등 기타 요소는 밀도와 상관없이 개체군 크기에 영향을 미칠 수 있기 때문에 **밀도 독립성**을 가진다.

무한 증가할 수 없는 개체군: J 곡선과 S 곡선

박테리아와 많은 곤충 종과 같은 일부 개체군은 그들의 수를 지수적으로 증가시키는 놀라운 능력을 가지고 있다. 예를 들어 개체군 성장에 대한 통제가 없다면, 매 20분마다 번식할 수 있는 박테리아의 종은 봄이면 36시간 만에 지표면 전체에 0.3 m 깊이의 층을 형성할 수 있을 정도로 충분히 증가될 것이다. 이런 숫자를 시간에 대해 정리하면 J자 모양(그림 5.12, 왼쪽)의 지수 성장 곡선을 얻을 수 있다. 이런 집단의 구성개체들은 일반적으로 조기 번식하고, 번식 시 많은 자손을 낳으며, 다중 번식하고, 세대 간 간격이 짧다.

그러나 자연에는 항상 개체군 증가에 제한이 있다(**개념 5.3**). 연구에 따르면 어떤 종이든 빠르게 증가하는 개체군은 결국 제한요소에 의해 내제된 크기의 한계에 도달한다. 이런 요소에는 햇빛, 물, 온도, 공간, 영양분, 포식자나 전염병 노출이 포함될 수 있다. **환경 저항**(environmental resistance)은 서식지의 이런 모든 요인을 합한 것이다.

제한요소는 주로 어떤 지역의 **수용력**(carrying capacity), 즉 특정 서식지가 유지할 수 있는 최대 개체 수를 결정한다. 개체군에 대한 수용력은 고정되어 있지 않으며, 환경 조건이 개체군 성장을 제한하는 요소를 바꾸면 증가하거나 감소할 수 있다. 개체군이 서식지의 수용력을 충족시키면, 지수 성장의 J형 곡선(그림 5.12, 왼쪽)은 로지스틱(logistic) 성장의 S형 곡선(그림 5.12, 오른쪽)으로 전환된다.

일부 개체는 지수 성장에서 로지스틱 성장으로 원활하게 전환하지 못한다. 대신, 그들에 공급된 자원을 다 써버리고 환경 수용력을 일시적으로 **초과**한다. 이런 경우, 개체군의 일부를 새로운 자원으로 전환하거나 자원이 더

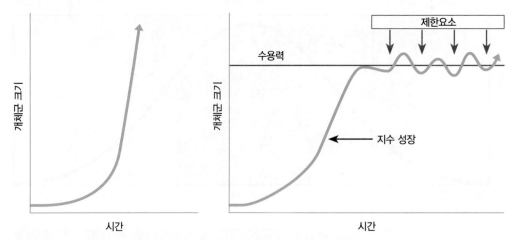

그림 5.12 종의 개체 수는 자원 공급이 풍부할 때 J형 곡선(왼쪽)으로 대표되는 **지수 성장**을 할 수 있다. 자원 공급이 제한적일 때, 개체군은 개체군 크기가 서식지의 수용력에 근접할 때 S형(오른쪽)으로 나타나는 **로지스틱 성장**을 한다.

그림 5.13 1910년 베링 해의 작은 섬, 세인트폴에 유입된 순록 개체군의 지수 성장, 초과 성장, 개체군 붕괴. **데이터 분석:** 1923년과 1940년 사이에 순록의 개체군은 몇 퍼센트 증가했는가?

많은 지역으로 이동하지 않으면, 개체 수가 급격히 감소하는 **개체군 붕괴**(population crash)가 일어난다. 이와 같은 현상은 1900년대 초 베링 해의 작은 섬에 순록이 유입되었을 때 일어났다(그림 5.13)

번식 전략

종의 번식 전략은 다양하다. 개체군 성장에 대해 높은 수용력을 가진 종을 **r-선택종**(r-selected species)이라 한다. 이 종은 수명 주기가 짧은 경향이 있고, 개체 수는 많고, 크기가 작은 개체를 낳는다. 그리고 선개체의 보살핌이나 보호를 거의 또는 전혀 받지 못한다. 결과적으로 많은 개체가 조기에 죽는다. 이런 손실을 극복하기 위해서 r-선택종은 많은 수의 개체를 낳지만 그중 소수만 살아남는다. 그리고 그들은 다시 종을 지탱할 많은 개체를 낳는다. r-선택종의 예로는 조류, 박테리아, 대다수의 곤충 등이 있다.

이런 종들은 기회주의적 경향이 있다. 그들은 조건이 좋을 때 또는 화재나 숲의 개벌과 같은 교란이 침입을 위한 틈새를 열어 새로운 서식지를 제공할 때 빠르게 번식하고 흩어진다. 일단 자리를 잡으면, 개체군은 불리한 환경 조건 변화나 더 경쟁력 있는 종의 침입으로 붕괴될 수 있다. 이것은 왜 대부분의 기회종(opportunity species)이 그들의 개체군 크기에서 불규칙하고 불안정한 주기를 겪

는지 설명해준다.

다른 하나는 **K-선택종**(K-selected species)이다. 그들은 삶의 후반부에 번식하는 경향이 있고, 개체를 거의 낳지 않으며, 수명이 길다. 전형적으로 K-선택종인 포유류종의 새끼 개체들은 안전한 곳에서 어미의 보호하에 자란다. 태어난 후, 그들은 천천히 성숙하고 한 개체 또는 두 개체인 선개체 의해 보살핌과 보호를 받는다. 어떤 경우에는, 그들은 번식기에 도달할 때까지 무리에서 산다.

K-선택종 개체군 크기는 환경 수용력(K)과 거의 일치하는 경향이 있다(그림 5.12, 오른쪽). K-선택종의 예로는 코끼리, 고래, 인간과 같은 대부분의 큰 포유동물, 맹금류와 선인장과 열대 우림 나무와 같이 대부분 크고 오래 사는 식물 들이 있다. 이에 해당하는 코끼리, 상어, 거대한 삼나무, 캘리포니아 남부 해달 등은 생식률이 낮아(**핵심 사례 연구**와 과학적 핵심 5.2)에 취약하다. 대부분의 유기체는 r-선택종과 K-선택종 사이의 생식 패턴을 가지고 있다.

> 생각해보기
>
> **r-선택종 및 K-선택종**
> 만약 금세기 동안 지구의 기온이 예상대로 크게 상승한다면, r-선택종이나 K-선택종 중 어떤 종이 유리한가? 그 이유를 설명하라.

종들의 평균 수명은 다양하다

생식 전략이 다른 종의 개체는 기대 수명도 다른 경향이 있다. 이것은 **생존 곡선**(survivorship curve)으로 설명될 수 있다. 이것은 다른 나이대에 생존하는 개체군의 비율을 보여준다. 일반적으로 세 가지 유형의 생존 곡선(지연 손실, 조기 손실, 지속적 손실)이 있다(그림 5.14). 지연 손실 개체군(코끼리나 코뿔소 같은 종)은 전형적으로 특정 나이까지는 생존율이 높고 그 다음에는 사망률이 높다. 지속 손실 개체군(새와 같은 종)은 모든 연령층에서 대략적으로 일정한 사망률을 보인다. 조기 손실 개체군(한해살이 식물이나 경골어와 같은 종)의 경우, 생존율은 초기에는 낮다. 이런 일반화된 생존 곡선은 실제 자연의 개략

캘리포니아 남부 해달의 미래

환경 조건의 변화에 따라 남부 해달(핵심 사례 연구)의 개체군이 변동하고 있다(그림 5.B). 한 가지 변화는 해달을 잡아먹는 오카(범고래) 개체군의 증가였다. 과학자들은 오카가 일반적으로 먹는 바다사자와 바다표범의 수가 감소하기 시작하면서 남부 해안에서 남부 해달을 더 많이 먹기 시작했다고 추측한다. 또한 2010년과 2016년 사이에 상어에 의해 죽거나 다친 남부 해달의 수가 증가했다.

또 다른 요인은 고양이의 내장에서 번식하는 기생충이 해달에 영향을 미친 것일 수 있다. 과학자들은 해안 지역의 주민들이 씻거나 화장실에 버린 고양이의 배설물이 해안가 주변의 하수구에 버려지기 때문에 일부 남부 해달이 죽을 수도 있다고 가정한다. 고양이 배설물에는 해달을 감염시키는 기생충이 포함되어 있다.

독성 조류도 해달을 위협한다. 해조류는 요소에서 번성한다. 요소는 비료의 주요 성분으로 비에 씻겨 해안가로 흘러 들어간다. 다른 오염물질로는 PCB와 기타 가용성 지방 독성 화학물질이 있다. 이 화학물질은 해달이 먹는 조개류의 조직 내에 높은 수준으로 축적되어 있어 해달을 죽일 수 있다. 남부 해달은 조개류를 무척 많이 먹고 해안 근처에 살기 때문에 해안가의 오염물질에 취약하다.

여기 나열된 요인들은 대부분 낮은 재생산율과 증가하는 사망률과 함께 인간 활동에서 기인한 것으로 멸종 위기에 처한 남부 해안의 개체군을 재건하는 데 방해가 되었다(그림 5.B). 하지만 2012년 이후, 해달의 개체군은 증가했는데, 아마도 그들이 선호하는 먹이인 성게의 수가 증가했기 때문일 것이다. 2016년 해달의 수는 3,511마리로 1985년 이래 가장 높았다. 해달이 연방 멸종 위기종 목록에서 벗어나기 위해서는 2년 연속 3,090마리 이상의 개체군을 유지해야 한다. 만약 멸종 위기종 목록에서 제외되더라도, 해달은 여전히 캘리포니아 주 법에 의해 보호될 것이다.

비판적 사고

변기로 버려진 고양이 배설물이 남부 해달을 죽이고 있을지도 모른다는 가설을 검증하기 위해 어떤 대조실험을 설계할 것인가?

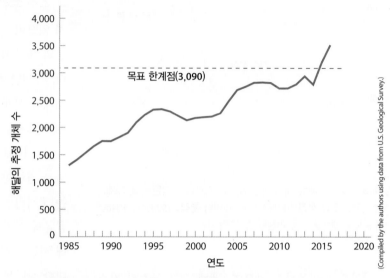

그림 5.B 캘리포니아 주 연안에서 남부 해달의 개체군 변화(1985~2016)

적인 모델일 뿐이다.

생각해보기

생존 곡선
인간에게 적용되는 생존 곡선의 유형은 어느 것인가?

자연의 개체군 조절에서 인간도 예외는 아니다

인간 또한 개체군 붕괴로부터 예외라고 할 수 없다. 아일랜드는 1845년에 진균이 감자 작물을 망쳐버린 이후 이런

충돌을 겪었다. 약 100만 명이 기아나 질병으로 인한 영양실조로 사망했고 수백만 명이 이주하여 아일랜드 인구가 급격히 줄었다.

14세기에 **흑사병**은 인구 밀도가 높은 유럽 도시에 확산되었고, 최소 2,500만 명의 사람을 죽였다. 유럽 인구의 1/3에게 병을 일으킨 박테리아는 보통 설치류에 산다. 그것은 감염된 설치류들을 먹거나 문 벼룩에 의해 인간에게 전염되었다. 그 질병은 위생 상태가 좋지 않고 쥐가 많은 복잡한 도시에서 산불처럼 번졌다. 오늘날 몇몇 항생제는 흑사병을 치료하는 데 사용될 수 있다.

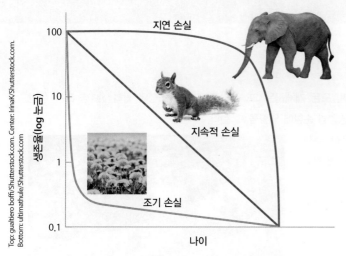

그림 5.14 서로 다른 종에 대한 생존 곡선. 서로 다른 연령층에서 생존하는 개체군의 수를 백분율로 나타내었다.

지금까지 인간은 기술적, 사회적, 기타 문화적 변화를 일으킴으로써 지구의 수용력을 확장시켰다. 인간은 이전에는 거주할 수 없었던 지역을 차지하기 위해 많은 에너지와 물질 자원을 사용해왔다. 농경지를 확장하고 자원을 얻기 위해 인간과 경쟁하는 다른 종의 개체군을 통제했다. 어떤 사람들은 인간의 기술적 독창성 때문에 생태 발자국을 무한정 확장할 수 있다고 말한다. 한편으로 다른 사람들은 인간은 자연이 결국 자원 기반을 초과하거나 약화시키는 개체군에 부과하는 한계에 도달할 것이라고 말한다. 우리는 6장에서 이런 문제를 논의한다.

핵심 주제

- 종 간의 특정한 상호작용은 자원과 개체군 크기에 영향을 미친다.
- 군집 또는 생태계의 종 구성과 개체군 크기는 **생태 천이** 과정을 통해 변화하는 환경 조건에 대응하여 바뀔 수 있다.
- 자연에서 개체군 성장은 항상 제한된다.

남부 해달과 지속 가능성

캘리포니아의 해달은 수중 해조 숲, 저서생물, 고래, 그리고 생존을 위해 서로 의존하는 다른 동물들로 이루어진 복잡한 생태계의 일부다. 해달이 성게를 먹으면 성게가 해면을 파괴하는 것을 막음으로써 핵심종으로 작용한다.

이 장에서는 생물 다양성이 어떻게 지속성을 촉진시키고 생태 천이를 통해 훼손된 생태계를 회복하고 인구의 크기를 제한하는 다양한 종을 제공하는지 중점적으로 다루었다. 대부분의 식물과 동물의 집단은 직간접적으로

태양 에너지에 의존하며, 모든 개체군은 그들이 사는 생태계에서 영양염 순환에 역할을 한다. 또한 서로 다른 육상, 수생 생태계의 다양한 종에서 발견되는 생물 다양성은 에너지 흐름과 영양염 순환을 위한 대체 경로를 제공하고, 환경 조건이 변함에 따라 자연선택을 위한 더 나은 기회와 자연 개체군 조절 메커니즘을 제공한다. 우리가 이런 경로를 방해할 때, 우리는 세 가지 과

학적 지속 가능성의 원리를 모두 위반한다.

fred goldstein/Shutterstock.com

복습

핵심 사례 연구

1. 남부 해달은 어떻게 그들의 환경에서 핵심종으로 작용하는가? 왜 우리가 이 종을 멸종으로부터 보호해야 하는지 설명하라.

5.1절

2. 5.1절의 핵심 개념은 무엇인가? 종 간 경쟁을 정의하고 예를 제시하라. 그것이 종 내 경쟁과 어떻게 다른가? 자원 분배를 정의하고 예를 제시하라. 그리고 그것이 어떻게 종의 다양성을 증가시킬 수 있는지 설명하라. 포식자를 정의하라. 포식자 종과 피식자 종을 구별하고 각각의 예를 제시하라. 포식자-피식자 관계는 무엇이며 왜 그것이 중요한가?

3. 해조 숲에 대한 세 가지 위협과 보존되어야 하는 이유를 설명하라. 포식자가 먹이를 먹을 기회를 늘릴 수 있는

세 가지 방법과 피식자 종이 포식자 종을 피할 수 있는 세 가지 방법을 설명하라. 공진화를 정의하고 예를 제시하라.

4. 기생, 상리공생, 편리공생을 정의하고 각각의 예를 제시하라. 포식과 함께 이런 각 종의 상호작용이 생태계 종의 개체군 크기에 어떻게 영향을 미칠 수 있는지 설명하라.

5.2절

5. 5.2절의 핵심 개념은 무엇인가? 생태 천이란 무엇인가? 1차 천이와 2차 천이를 구별하고 각각의 예를 제시하라.

6. 생존 시스템이 환경 조건의 변화에 대응하여 일정한 변화를 함으로써 일정 지속 가능성을 유지하는 방법을 설명하라. 생태계의 안정성 측면에서 관성(지속성)과 회복력을 구별하고 각각의 예를 제시하라.

7. 5.3절의 핵심 개념은 무엇인가? 개체군과 개체군 크기를 정의하라. 왜 대부분의 개체군은 무리생활을 하는가? 개체군 크기를 변화시키는 네 가지 변수를 나열하라. 이런 변수가 상호작용하는 방식을 나타내는 방정식을 작성하라. 개체군의 연령 구조란 무엇인가? 수용영역을 정의하라. 제한요소를 정의하고 예를 제시하라. 개체 밀도를 정의하고, 개체 밀도가 증가할 때 제한요소가 얼마나 중요하게 작용하는지 설명하라.

8. 개체군의 지수 성장과 로지스틱 성장을 구분하고 그들의 자연적인 성장 곡선을 설명하라. 환경 저항을 정의하라. 서식지나 생태계의 수용력은 얼마나 되는가? 개체군 붕괴를 정의하고 예를 제시하라.

9. 종에 대한 두 가지 다른 번식 전략을 서술하라. r-선택종과 K-선택종을 구분하고 각각의 예를 제시하라. 생존 곡선을 정의하고 곡선의 세 가지 형태를 서술하라. 왜 남부 해달의 회복이 늦어졌는가? 그리고 이런 회복력을 위협하는 요소는 무엇인가? 자연의 개체군 조절에 인간이 왜 포함되는지 설명하라.

10. 5장의 세 가지 핵심 주제는 무엇인가? 어떤 생태계에서 식물과 동물의 상호작용이 과학적 지속 가능성의 원리🌱와 얼마나 관련 있는지 설명하라.

비판적 사고

1. 남부 해달(핵심 사례 연구)이 주로 인간 활동 때문에 멸종된다면 어떤 변화가 발생하는가? 해달의 멸종을 막기 위해 우리가 할 수 있는 세 가지는 무엇인가?

2. 열역학 제2법칙(2장, 43쪽)과 먹이 사슬과 먹이 그물의 개념을 이용하여 포식자가 피식자보다 일반적으로 더 적은 수를 유지하는 이유를 설명하라.

3. 생태 천이가 우리가 어떤 피해를 입어도 치유할 것이기 때문에 인간 활동이 자연계에 미치는 영향에 대해 걱정하지 말아야 한다고 주장하는 누군가에게 어떻게 대답할 것인가?

4. 자연이 대체로 예측할 수 없기 때문에 생물과 생태계를 보존하려는 노력이 가치가 없다고 주장하는 누군가에게 어떻게 대답할 것인가?

5. 개체군 성장에 대해 높은 수용력을 가진 대부분의 종(박테리아, 파리, 바퀴벌레 등)은 작은 개체인 경향이 있는 반면, 개체군 성장에 대해 낮은 수용력을 가진 종(사람, 코끼리, 고래 등)은 큰 개체인 경향이 있는 이유를 설명하라.

6. 대부분의 해충과 유해 박테리아의 번식 전략은 무엇인가? 왜 이것이 우리가 그들의 개체군을 조절하기 어렵게 만드는가?

7. 미래에 인간의 개체군 성장을 제한하게 될 두 요소를 적어라. 우리가 그 한계에 근접하리라고 생각하는가? 설명하라.

8. 만약 인류가 개체군 붕괴를 겪는다면, 우리의 생태 지위의 일부를 차지하게 될 세 가지 종은 무엇이겠는가?

환경과학 실천하기

부분적으로 개간되거나 불에 탄 숲, 초원 또는 버려진 농작물 밭과 같은 인근의 가재 지역을 방문하여 2차 천이 징후를 기록한다. 관찰 결과를 기록하고 어떤 종류의 교란이 천이를 초래했는지에 대한 가설을 세워라. 천이가 자연적인지 인간에 의한 것인지에 대한 당신의 생각을 포함시켜라. 그 지역을 주의 깊게 검토하여 천이의 다른 단계에 있는 지점을 찾을 수 있는지 확인하고 이런 차이점을 발생시킨 교란의 종류에 대한 생각을 기록하라. 당신은 그런 지역의 생태 천이에 대한 주제를 연구하기를 원할지도 모른다.

데이터 분석

아래 그래프는 대서양의 Terre Adelie 섬에서 번식쌍 수의 항으로 황제펭귄 개체군 크기 변화를 보여준다. 과학자들은 이 데이터를 줄어들고 있는 펭귄의 얼음 서식지에 대한 자료와 함께 이 섬의 황제펭귄 수가 2100년에 멸종될 정도까지 전반적으로 감소하는 것을 예측했다. 그래프를 보고 질문에 답하라.

1. 펭귄 개체군 크기가 수용력에 근거하여 변한다면, 1960년부터 1975년까지 섬의 대략적인 수용력은 얼마인가? 1980년부터 2010년까지 섬의 대략적 수용력은 얼마인가?

2. 1975년부터 2010년까지 펭귄 개체군의 전반적인 감소율은 얼마인가?

3. 2010년과 2100년 사이 펭귄 개체군의 전반적인 예상 감소율은 얼마인가?

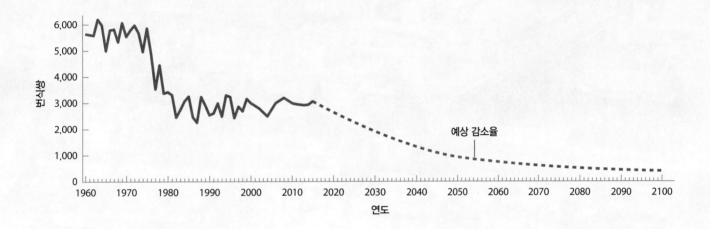

6장

인구와 도시화

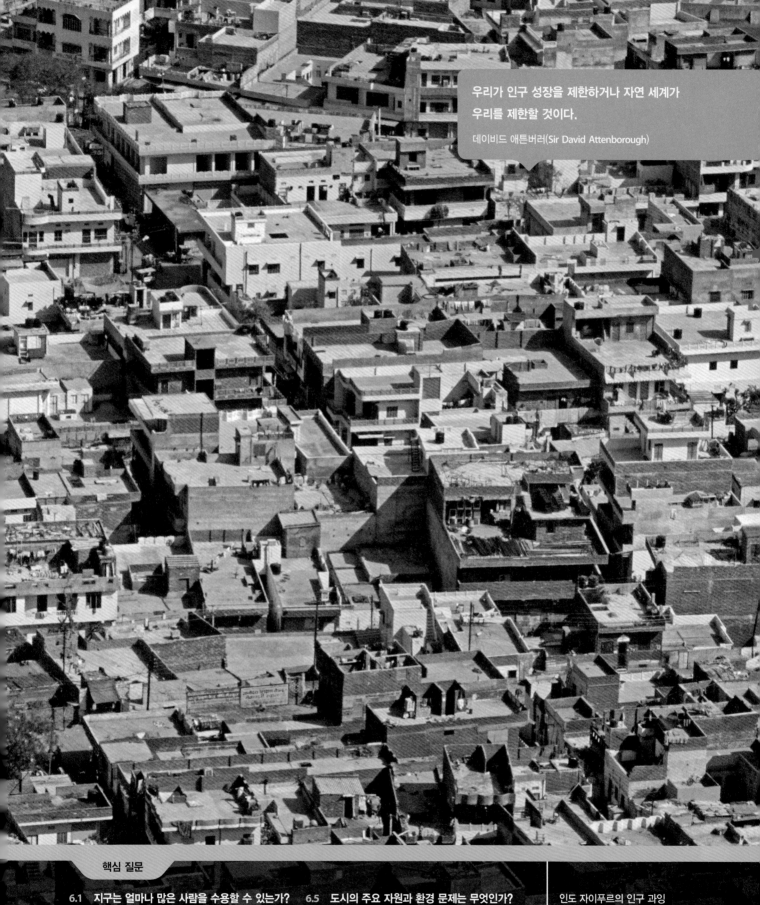

우리가 인구 성장을 제한하거나 자연 세계가
우리를 제한할 것이다.

데이비드 애튼버러(Sir David Attenborough)

인도 자이푸르의 인구 과잉
zanskar/Getty Images

지구: 74억 인구

우리는 지구의 인구가 최초 20억 명에 도달하는 데 약 20만 년이 걸렸지만, 20억 명이 추가되는 데에는 50년이 채 걸리지 않았고 (1974년까지), 그 다음 20억 명이 추가되는 기간은 25년에 불과했다는 것(1999년까지)에 주목할 필요가 있다. 이 후 16년이 흐른 뒤 지구의 인구는 74억 명에 이르고 있으며, 2016년 기준, 전 세계 인구 중 가장 높은 비율을 차지하는 세 국가는 13억 8,000만 명의 중국(그림 6.1), 13억 3,000만 명의 인도, 3억 2,400만 명의 미국 등이다. UN은 2050년까지 지구의 인구가 25억 명 증가할 것이며 총 인구가 99억 명에 달할 것이라고 예측했다.

그렇다면 현재 지구상의 인구가 1950년의 거의 3배인 74억 명 이라는 것이 문제인가? 매일 246,000명 이상이 식량을 구하기 위해 거리로 나오고 있으며, 그들 중 많은 수가 기아에 시달린다는 것이 문제인가? 아니면 2050년까지 지구상에 25억 명의 인구가 증가하는 것이 문제인가? 어떤 이들은 이런 점들이 문제가 되지 않으며, 수십억 명의 인구를 지탱할 수 있는 새로운 과학기술을 개발할 수 있다고 주장하고 있다.

실제로 많은 과학자들은 현재 인구의 지수 성장(그림 1.12 참조)이 지속 가능할 수 없다는 데에 동의하지 않고 논쟁을 벌이고 있다. 왜냐하면 인구 증가와 지속적인 경제 성장을 위해서는 더 많은 지구의 자연 자본을 소모하면서 생태 발자국을 넓혀 가야 하기 때문이다. 하지만 결과적으로 이런 현상은 우리의 삶과 생활방식, 지금의 경제 체제를 유지하고 있는 자연 자본을 저하시킬 것이다.

인구통계학자 등 인구전문가에 따르면, 인구의 급격한 증가를 설명하는 세 가지 주요 요소가 있다고 한다. **첫째**, 약 10,000년 간 유지되어온 초기 농업 문화로부터 발전된 현대의 농업기술에 의한 식량 생산의 증진, **둘째**, 인간이 지구상의 거의 모든 기후대에 적응하며 정주지역을 확장할 수 있도록 도움을 준 과학기술의 발전(그림 1.9). **셋째**, 위생과 건강 관리 그리고 감염병에 대한 항생제와 백신의 개발에 의한 사망률의 급격한 감소 등이다.

또한 인구전문가들은 그림 1.12에서 나타나는 것처럼 금세기 말에 인구 규모 변화에 대해 낮음, 중간, 높음으로 예측했다. 어느 누구도, 얼마나 오랫동안 이런 인구 성장이 지속 가능할 수 있는지 알 수는 없다.

이 장에서, 우리는 인구 증가의 경향, 인구 증가의 환경 영향, 인구 증가율을 완화시킬 수 있는 방법, 그리고 전 세계적으로 빠르게 성장하고 있는 도시 지역을 조금 더 지속 가능하고 쾌적한 공간으로 만들 수 있는가에 대한 방법 등을 검토하고자 한다.

그림 6.1 이 복잡한 거리는 세계 인구의 약 1/5이 살고 있는 중국에 위치하고 있다.

6.1 지구는 얼마나 많은 사람을 수용할 수 있는가?

개념 6.1 인구의 급격한 증가와 자연 자본에 대한 영향은 인구가 얼마나 오래 성장할 수 있는지에 대한 의문을 제기한다.

인구 성장

대부분의 지난 시간 동안 인구는 서서히 증가했다(그림 1.12, 곡선의 왼쪽 부분 참조). 그러나 지난 200년 동안 인구는 급속히 증가하여 결국 지수 성장의 J 곡선을 형성했다(그림 1.12, 곡선의 오른쪽 부분 참조).

인구통계학자 등 인구전문가들은 현재의 규모, 증가율, 인구 분포 등에 관한 세 가지 중요한 경향을 확인했다. 첫째, 인구 증가율이 1960년대 이래 둔화되고 있으나(그림 6.2), 세계 인구는 계속해서 증가(증가율: 1.21%)하고 있다는 것이다. 이 정도의 증가율이 적어보일 수 있으나, 2016년 동안 8,980만 명이 증가했고, 하루 평균 246,000명이 증가한 수치다.

둘째, 인구 증가는 지리적으로 균등하게 분포하지 않는다는 것이다. 2016년에 새롭게 증가한 8,980만 명 중 약 96%는 저개발국에서 증가되었으며, 선진국의 인구 증가

율에 비해 14배 빠른 속도다. 적어도 2016년에서 2050년 사이에 태어날 25억 명 중 95%는 저개발국에서 태어날

자연 자본의 파괴

자연을 인간의 필요에 맞게 바꾸는 것

생물 다양성 감소

순생산량의 이용 증가

박테리아에 의한 페스트 및 질병의 유전적 내성 증가

많은 자연의 포식자 멸종

자연 생태계에 교란종의 유입

보충될 수 있는 것보다 빠르게 재생 에너지를 이용

자연의 화학적 순환과 에너지 흐름을 교란

오염과 기후변화를 일으키는 화석연료에 의지

그림 6.3 인간 활동은 증가하는 인구의 요구와 필요성을 만족시키기 위한 적어도 8개의 주요 범주에서 우리의 삶과 경제를 지탱하는 자연 시스템과 생태계 서비스를 변화시키고 있다(**개념 6.1**). **비판적 사고**: 당신의 일상 속에서 환경에 이런 해로운 영향을 직간접적으로 끼치고 있는가? 어떤 것에서인가? 설명하라.

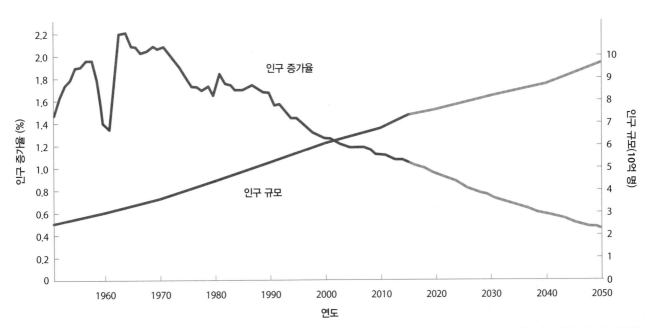

그림 6.2 1990∼2015년 인구 증가율 대비 2050년까지 전 세계 인구 규모 추정. **비판적 사고**: 일반적으로 1960년대 이후 연간 세계 인구 증가율은 감소하고 있는 반면, 인구가 계속 증가하는 이유는 무엇인가?

Compiled by the authors using data from United Nations Population Division, U.S. Census Bureau, and Population Reference Bureau.

얼마나 오랫동안 인구 증가를 유지할 수 있는가?

유한한 지구상에 인간의 인구 증가와 경제성장에 대해 물리적 제한요소가 있는가? 몇몇은 '있다'라고 대답한다. 하지만 다른 이들은 '없다'라고 답한다.

이런 논쟁은 약 200년 이상 지속되고 있다. 한 가지 관점은 지구의 생명유지 시스템을 저하시키는 사람들이 너무 많아 몇몇의 제한 요인의 수용력을 넘어선 상태다.

어떤 분석가들은 문제의 핵심은 저개발국에서 급속하고 과다하게 증가하는 인구 증가라고 말한다. 또한 핵심 요소로 1인당 자원소비량이 높은 풍족한 선진국의 **과소비**라고 말하는 분석가도 있다. 이런 논의는 무엇보다도 인구 증가 속도를 낮추거나 자원소비를 줄이면서 인간의 생태 발자국을 축소하는 데 중요하다. 몇몇은 둘 다 필요함을 주장한다.

인구 증가에 대한 또 다른 시각으로는 지금까지 기술 발전으로 인해 우리는 다른 생명체가 직면한 환경적 제한을 극복할 수 있었다

는 것이다. 이것은 인간에 대한 지구의 수용력을 증가시키는 데 영향을 끼친다. 몇몇 분석가들은 대부분의 세계에서 평균 기대 수명은 우리가 생명유지 시스템을 심각하게 훼손하고 있다는 몇몇 환경과학자의 끔찍한 경고에도 불구하고 안정적으로 증가해왔다고 지적한다.

분석가들은 기술적 능력으로 인해 어쨌든 1인당 자원 소비량과 인구 증가에 대한 제한이 거의 없다고 논쟁한다. 그들은 우리가 경제성장을 지속할 수 있고, 식량공급과 보건 분야 등에서의 과학기술 발전과 우리가 고갈시키고 있는 자원의 대체물을 찾음으로써 심각한 생명유지 시스템의 훼손을 피할 수 있다고 믿는다. 그들은 세계 인구 증가 또는 자원 소비를 줄일 필요가 없다는 생각을 갖는다.

인구 성장을 억제하고 종국엔 멈추도록 하는 것에 대한 지지자들은 약 9억 명에게 기초 필수품을 제공하지 못한다고 지적한다. 지

구상의 8명 중 1명은 하루에 약 1.9달러로 생존하고, 약 21억 명의 사람들은 하루에 약 3.1달러 이하로 생계를 유지한다. 이것은 심각한 질문을 야기한다. 2016∼2050년 사이에 추가적으로 약 25억 명이 증가할 것으로 예측되는데 어떻게 이들에게 기초 필수품을 제공할 것인가 하는 것이다.

많은 과학자들이 말하길, 조만간 인구 규모를 제어할 환경적 제한에 우리가 얼마나 근접해 있는지를 아는 사람은 없다. 그러나 과학자들은 이것이 우리가 직면해야 하는 지극히 중요한 과학적, 정치적, 경제적, 윤리적 문제라고 주장한다.

비판적 사고

당신은 인구 증가에 대한 환경적 제한이 있다고 생각하는가? 그렇다면 이런 제한에 얼마나 근접해 있는가? 설명하라.

것이다. 대부분의 저개발국은 이런 급속한 인구 증가의 압력을 해결할 수 있는 능력이 없다.

셋째, 많은 사람들이 시골에서 도시 지역으로 이동했다. 2016년에 세계 인구의 54%가 도시 지역에 살고 있으며, 이런 비율은 증가하는 추세다.

과학자 및 관련 분석가들은 이 문제에 대해 오랫동안 고민해오고 있다. 조만간 인구 증가를 제한하게 될 요소들을 회피하면서 얼마나 오랫동안 인구가 지속적으로 증가할 수 있는가? 전문가들은 지구가 무기한으로 많은 인구를 지탱할 수 있다는 데 동의하지 않는다(과학적 핵심 6.1). 지금까지 식량 생산과 의료 서비스 발전은 급격한 인구 감소를 예방해 왔으나 인간 활동이 대체 불가능한 자연 자본을 훼손하며 고갈시키고 있다는 광범위하고 명백한 증거가 있다(그림 6.3).

6.2 인구 크기에 영향을 주는 요인은 무엇인가?

개념 6.2A 인구 크기는 출생과 전입을 통해 증가하고, 사망과 전출을 통해 감소한다.

개념 6.2B 가임기 여성 한 명이 평생 낳을 것으로 예상하는 평균 출생아 수(합계 출산율)는 인구 크기를 결정하는 중요한 요인이다.

인구는 증가하거나, 감소하거나, 안정적으로 변함없이 유지될 수 있다

세계 인구 변화의 기본은 아주 단순하다. 만약 주어진 시간 동안 사망보다 출생이 더 많다면, 인구는 증가한다. 그리고 반대인 경우, 인구는 감소한다. 특정한 시간 동안 출생 수가 사망 수와 동일하다면, 인구 규모는 변하지 않는다.

특정 지역에서의 인구는 출생(출산), 사망(죽음), 이주 등 세 가지 요소가 상호작용하여 증가하거나 감소한다.

우리는 정해진 기간(보통 1년) 동안 들어오는 수(출생과 전입을 통해)에서 떠나는 수(사망과 전출을 통해)를 뺌으로써 한 지역의 **인구 변화**(population change)를 계산할 수 있다(**개념 6.2A**).

인구 변화 = (출생 + 전입) − (사망 + 전출)

(출생 + 전입)이 (사망 + 전출)보다 더 큰 경우 인구는 증가한다. 반대인 경우 인구는 감소한다.

출산율

인구 증가와 규모에 영향을 미치는 중요한 요소는 **합계 출산율**(total fertility rate, TFR)로서, 가임기 여성 한 명이 평생 낳을 것으로 예상하는 평균 출생아 수를 말한다(**개념 6.2B**). 다음의 사례를 살펴보자.

1955년에서 2016년 사이에 세계 합계 출산율은 5에서 2.5로 떨어졌다. 세계 인구 증가를 늦추는 것을 지지하는 사람들은 이것을 좋은 소식으로 여기고 있다. 그러나 인구 증가를 멈추기 위해서는 세계 합계 출산율을 2.1로 낮추어야 한다. 이는 유아사망률을 감안한 부모를 대체하기 위해 필요한 수치다.

아프리카는 합계 출산율 4.7로서 다른 어떤 대륙과 비교하여 두 배 이상의 빠른 속도로 증가했다. 2016~2050년 사이의 아프리카의 인구는 12억 명에서 25억 명으로 두 배 이상 증가할 것으로 추정되고, 2100년까지는 40억 명 이상 증가할 것이다. 아프리카는 세계에서 가장 가난한 대륙이다.

미국의 인구는 증가하고 있다: 인구 세계 3위

미국의 인구는 TFR와 출산율의 변동에도 불구하고 1900년 7,600만 명에서 2016년에 3억 1,200만 명으로 증가했다(그림 6.4). 베이비 붐으로 알려져 있는 1946년에서 1964년 사이의 높은 출산율 기간 동안, 7,900만 명의 사람들이 미국 인구에 추가되었다. 1957년의 베이비 붐 절정기 때, 평균 TFR는 여성당 3.7명이었다. 1972년 이후, 여성당 2.1명 이하를 유지하고 있으며, 이는 세계 합계 출산율 2.5와 비교된다.

TFR의 하락은 인구 증가율을 늦추었다. 그러나 미국의 인구는 아직 증가하고 있다. 미국 인구조사국에 따르면 2016년 미국의 인구는 300만 명이 증가했다. 약 220만 명은 사망자 수보다 출생자 수가 많아 더해진 인구이며, 나머지는 이민자와 피난민이었다. 1820년부터, 미국은 다른 모든 국가에서 합친 숫자보다 거의 두 배 많게 합법적 이민자와 피난민을 받아들여왔다. 미국은 역시 110만 불법 이민자가 거주하는 것으로 추정된다. 퓨(Pew) 연구 센터에 따르면 2005년 이후 불법 이민자의 유입은 점차 감소되고 있다.

1900년 이후 인구가 4배 증가한 것 외에도 20세기 미국에서 일부 놀라운 생활양식의 변화로(그림 6.5), 미국인은 오래 살게 되었다. 이와 함께 1인당 자원 소비량이 크게 증가했으며 1인당 생태 발자국이 훨씬 더 크게 증가했다.

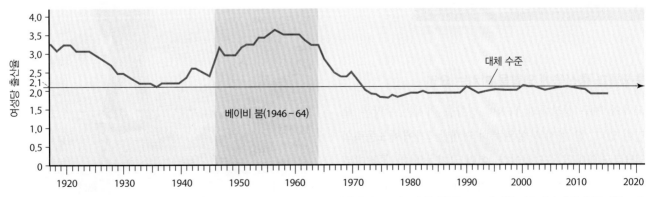

그림 6.4 1917년에서 2016년 사이 미국의 합계 출산율을 나타낸 그래프다. **비판적 사고:** 미국의 출산율은 1972년 이후 감소하여 대체 수준 이하로 유지되어 왔다. 그렇다면 미국의 인구가 여전히 증가하고 있는 이유는 무엇인가?

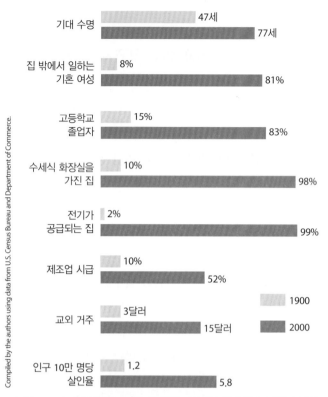

Compiled by the authors using data from U.S. Census Bureau and Department of Commerce.

기대 수명 — 47세 / 77세

집 밖에서 일하는 기혼 여성 — 8% / 81%

고등학교 졸업자 — 15% / 83%

수세식 화장실을 가진 집 — 10% / 98%

전기가 공급되는 집 — 2% / 99%

제조업 시급 — 10% / 52%

교외 거주 — 3달러 / 15달러 (1900 / 2000)

인구 10만 명당 살인율 — 1.2 / 5.8

그림 6.5 1900년에서 2000년 사이에 미국에서 몇몇 주요 변화가 발생했다. **비판적 사고:** 미국의 생태 발자국에 가장 큰 영향을 끼친 두 가지 변화 요인은 무엇이라 생각하는가?

미국 인구조사국은 미국 인구가 2016년 3억 2,400만 명에서 2050년쯤에는 7,400만 명이 증가한 3억 9,800만 명으로 증가할 것으로 추정했다. 높은 1인당 자원 소비량과 그로 인한 쓰레기 및 오염으로 인해 미국 인구의 증가는 엄청난 환경적 영향력을 가지고 있다.

7,400만 2016년에서 2050년 사이 추가될 것으로 예상되는 미국의 인구

출생률과 출산율에 영향을 미치는 요인

국가의 인구 성장률과 TFR에 영향을 미치는 수많은 요인이 있다. 한 가지 사실은 특히 저개발국가에서 노동력의 일부로서 아이의 중요성이다. 이런 국가들의 가난한 대부분의 사람들은 하루 3.1달러 이하의 돈으로 힘겹게 살아가고 있으며, 일부는 하루 1.9달러 이하로 살아간다. 이

런 빈곤층의 부부들은 먹을 물을 길어오고, 불을 지피고 요리를 하기 위해 나무를 캐오고, 농작물을 키우고 먹을 음식을 찾기 위해 많은 수의 아이들을 갖는다. 세계적으로 10명 중 1명은 5~17세에 가족의 생계를 위해 일을 한다(그림 6.6).

또 다른 경제적 요인은 아이를 양육하고 교육하는 데 드는 비용이다. 출산율과 출생률은 선진국에서 더 낮은 경향이 있다. 선진국에선, 아이가 10대 후반 또는 20대가 되기 전까지 노동력으로 투입되지 않기 때문에 양육하는 데 훨씬 더 큰 비용이 들어간다. 2016년 미국 농림부에서는 아이를 18세까지 양육하는 데 드는 비용이 평균 245,000달러라고 추정했다.

그림 6.6 하루의 대부분을 벽돌을 나르는 데 사용하는 어린 소년

연금 제도의 유용성은 특히 저개발국 빈곤층의 경우 아이들을 얼마나 많이 가질지에 대한 부부의 결정에 영향을 미칠 수 있다. 연금은 노년에 그들을 부양해줄 아이들에 대한 필요성을 줄인다.

도시화가 역할을 한다. 도시 지역에 사는 사람들은 보통 저개발국의 농촌 지역에 사는 사람들보다 가족계획 서비스에 대한 접근성이 더 용이하며 더 적은 아이들을 갖는 경향이 있다.

또 다른 중요한 요인은 **여성에 대한 교육 및 고용 기회**다. 합계 출산율은 여자들이 교육을 받을 수 있고 집밖에서 일해서 돈을 벌 수 있을 때 낮은 경향이 있다.

또한 **결혼 평균 연령**(더 정확하게 말해 여성이 첫아이를 갖는 평균 나이)도 한 가지 요인이다. 여성들은 보통 결혼 평균 나이가 25세 이상일 때 더 적은 아이를 가진다.

출생률과 TFR는 여성들에게 그들이 가질 아이의 공간과 숫자를 통제할 수 있도록 허락하는 신뢰할 수 있는 출산 억제법의 유용성에 영향을 받는다.

또한 **종교적 믿음, 전통, 문화적 규범**이 한 역할을 하기도 한다. 몇몇 국가에서, 이런 요소들은 낙태와 어떤 유형의 출산 억제를 강력하게 거부하는 수많은 사람들처럼 대가족을 선호한다.

사망률에 영향을 미치는 요인

지난 100년 동안 세계 인구의 급속한 증가는 주로(특히 저개발국에서) 사망률의 감소로 인해 발생해왔다. 저개발국에서 더 많은 사람들이 더 오래 살기 시작했으며, 면역제 및 항생제, 개선된 위생, 그리고 더 안전한 물 공급과 같은 의료 진보, 더 나은 영양분 공급, 음식 공급 및 배분의 개선으로 인해 유아의 사망이 줄어들었다.

한 나라 또는 지역에서 사람들의 전체 건강에 대한 유용한 지표는 **기대 수명**(life expectancy; 0세 출생자가 앞으로 생존할 것으로 기대되는 평균 생존연수)이다. 1955년에서 2016년 사이에 세계 평균 기대 수명은 48세에서 71세로 증가했다. 2016년에 일본의 기대 수명은 83세로 가장 길었다. 1900년에서 2016년 사이에 미국의 평균 기대 수명은 47세에서 79세로 증가했다. 연구에 따르면, 평균 7~10세까지 수명을 줄이는 빈곤은 기대 수명을 낮추는 가장 중요한 단일 요소다.

사람들의 전체 건강에 대한 또 다른 중요 지표는 **유아사망률**(infant mortality rate; 출생한 1,000명의 유아당 생후 1년 이내에 사망한 유아의 수)이다. 유아사망률은 영양과 건강에 대한 국가의 일반적 수준을 반영하기 때문에 사회의 삶의 질에 대한 가장 적합한 측정지표 중 하나로 여겨진다. 높은 유아사망률은 종종 불충분한 음식(영양부족), 빈약한 영양(영양실조, 그림 1.13 참조) 그리고 높은 전염병 발병률을 의미한다. 또한 유아사망률은 TFR에 영향을 미친다. 낮은 유아사망률을 가진 지역에서, 여성들은 초기에 죽는 아이가 별로 없기 때문에 아이들을 적게 가지려고 하는 경향이 있다.

선진국과 저개발국에서 유아사망률은 1965년 이후에 획기적으로 감소해왔다. 그렇다고 할지라도, 400만 명 이상의 유아(이들 중 대부분은 저개발국에 있음)가 예방을 할 수 있는 데도 불구하고 1세 이전에 사망한다. 하루 평균 11,000명의 유아가 불필요하게 목숨을 잃는다. 이것은 1세 이하의 유아 200명을 태운 여객기 55대가 매일 충돌사고로 전원 사망하는 것과 같다.

1900년에서 2016년 사이, 미국 유아사망률은 165에서 5.8로 떨어졌다. 이런 급격한 감소는 이 기간 동안 미국 평균 수명이 현저하게 증가한 주요 요인이었다. 그러나 49개의 다른 국가(대부분 유럽국가)는 2016년 기준 미국보다 낮은 유아사망률을 나타냈다.

이주

인구 변화에 있어서 세 번째 요인은 **이주**(migration)다. 이는 사람들의 이동으로 특정 지역으로 들어오는 전입과 그 지역에서 나가는 전출이 있다. 한 지역 또는 국가에서 다른 지역으로 이주하는 대부분의 사람들은 직장과 경제적 개선을 추구한다. 어떤 사람은 종교적 박해, 인종 충돌, 정치적 억압, 전쟁에 의해 이주한다. 또한 **환경적 피난처**로 이주하기도 하는데 물과 식량 부족, 토양 침식, 홍수 또는 다른 형태의 환경 훼손 등에 의해 그들의 집과 국가를 떠나고 있다.

6.3 인간의 연령 구조가 인구 성장 또는 감소에 어떤 영향을 미치는가?

개념 6.3 젊은, 중년 및 노년층의 남성과 여성의 수에 따라 인구의 증가 또는 감소 속도가 결정한다.

연령 구조

인구의 **연령 구조**(age structure)는 인구에서 젊은층, 중년층, 노년층의 남성과 여성의 수나 비율을 말한다(**개념 6.3**). 연령 구조는 합계 출산율과 나라의 인구가 증가하는지 또는 감소하는지를 결정하는 중요한 요인이다.

인구전문가들은 세 가지 연령 범주 각각에 있는 총 인구에서 남성과 여성의 숫자 또는 퍼센트 비율을 도표화함으로써 인구 연령 구조 도표를 만든다. 생식 이전(0~14세)은 일반적으로 아이들을 갖기에 너무 어린 사람들로 구성된다. 생식기(15~44세)는 일반적으로 아이를 가질 수 있는 사람들로 구성된다. 생식 이후(45세 이상)는 일반적으로 아이들을 갖기에 너무 나이 든 사람들로 구성된다. 그림 6.7은 급속한, 느린, 안정적 그리고 감소하는 인구 성장률을 가진 나라들에 대한 연령 구조 도표를 일반화하여 나타낸 것이다.

15세 이하의 대부분의 사람들을 가진 국가(그림 6.7에 있는 넓은 하단부로 나타나 있는, 왼쪽 끝)는 사망률이 급속히 증가하지 않는다면 급속한 인구 증가를 겪을 것이다. 이런 인구통계학적 가속도로 인해, 그런 나라에서의 출생아 수는 여성이 평균 1~2명의 아이들만 가진다하더라도 수십 년 동안 증가할 것이다. 그 이유는 엄청난 수의 여성들이 주요 생식기로 진입하기 때문이다. 대부분 미래 인구의 증가는 전형적인 젊은층 구조와 빠른 인구 증가율 때문에 저개발국가에서 발생할 것이다.

전 세계의 노인(65세 이상인 사람) 인구는 2016년에서 2050년 사이에 3배가 될 것으로 예상되며, 6명 중 1명은 노인이 될 것이다(다음 사례 연구 참조).

사례 연구

미국의 베이비 붐

국가의 연령대 분포의 변화는 오랫동안 지속적으로 경제적, 사회적 영향력을 미친다. 예를 들어 1946년에서 1964년 사이 미국 인구에 7,900만 명을 보탠 베이비 붐을 생각해보자. 시간이 지남에 따라, 이 그룹은 국가의 연령 구조를 통해 부풀어 오르는 것처럼 보인다. 이것은 그림 6.8에 나타나 있다.

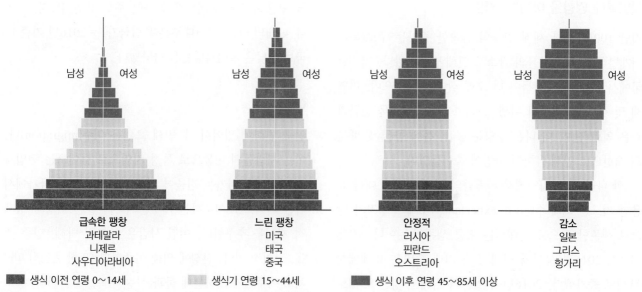

급속한 팽창
과테말라
니제르
사우디아라비아

느린 팽창
미국
태국
중국

안정적
러시아
핀란드
오스트리아

감소
일본
그리스
헝가리

■ 생식 이전 연령 0~14세   생식기 연령 15~44세   ■ 생식 이후 연령 45~85세 이상

그림 6.7 이 차트는 급속한(1.5~3%), 느린(0.3~1.4%), 안정적(0~0.2%), 감소하는 인구 증가율을 가진 국가들에 대한 보편화된 인구 연령 구조 도표를 나타낸 것이다. **질문:** 이 도표 중 어떤 것이 당신이 살고 있는 나라를 가장 잘 나타내고 있는가?

Compiled by the authors using data from U.S. Census Bureau and Population Reference Bureau.

수십 년 동안 베이비 붐 세대는 미국 성인 인구의 약 25%를 차지하고 있기 때문에 미국 경제에 상당한 영향을 미쳐 왔다. 베이비 붐 세대는 그들이 10대와 20대일 때 유스마켓(youth market)을 창출했으며, 이제 중후반 연령대와 함께 시니어마켓(senior market)을 형성하고 있다. 이런 경제적 영향력 외에도, 베이비 붐 세대는 점차 누구를 공직에 선출할지 그리고 어떤 법을 통과시킬지 결정하는 데 있어서 중요한 역할을 하고 있다.

첫 번째 베이비 붐 세대가 65세가 되기 시작한 2011년 이후, 65세 이상인 미국인 숫자는 2030년까지 하루에 약 10,000명의 비율로 증가할 것이다. 2015년과 2050년 사이에 65세 이상의 미국인 숫자는 4,800만 명에서 8,800만 명으로 증가할 것으로 추정된다. 이런 과정을 미국의 노령화라고 불러왔다. 근로 성인의 숫자가 노인의 숫자와 비례하여 감소하고 있기 때문에, 증가하는 노인 인구를 부양하는 데 필요한 세금 수입도 감소할 것이다.

그러나 2015년 미국 인구조사국에 따르면 밀레니얼 세대(1980년대 초반~2000년대 초반 출생한 세대)가 가장 큰 연령층을 형성하면서 베이비 붐 세대를 따라잡았으며, 결국 이런 변화는 정치적, 경제적 힘의 균형을 변화시킬 것이라고 했다. 이것은 미국의 노년층과 젊은층 간에 경제적, 정치적 갈등을 유발할 수 있다.

노년층으로 대부분 이루어진 인구는 급속히 감소할 수 있다

세계 인구의 노령화는 감소하는 출생률과 삶의 수명을 연장시키는 의료기술의 증진에 의한 것이다. 유엔(UN)은 2050년까지 전 세계 60세 이상의 인구가 15세 이하의 인구와 비슷하거나 능가할 것으로 예측했다.

세계 인구의 연령 구조와 65세 이상 사람들의 퍼센트 비율이 증가함에 따라, 많은 나라들이 인구 감소를 겪기 시작할 것이다. 인구 감소가 점진적으로 이루어진다면, 이로 인한 해로운 효과는 일반적으로 관리할 수 있다. 하지만 몇몇 나라는 상당히 빠른 감소를 겪고 있으며, 그로 인한 영향을 더 심각하게 느끼고 있다.

일본은 세계에서 가장 높은 노년층(65세 이상) 비중과 세계에서 가장 낮은 젊은층(15세 이하) 비중을 가지고 있다. 2016년 일본의 인구는 1억 2,500만 명이다. 2050년쯤, 인구가 1억 100만 명이 될 것으로 예측된다. 인구가 감소함에 따라, 증가하는 노년층을 부양하기 위해 세금을 내고, 근로하는 성인이 줄어들 것이다. 일본은 이민을 억제하고 있기 때문에, 향후 암울한 경제에 직면할 것이다.

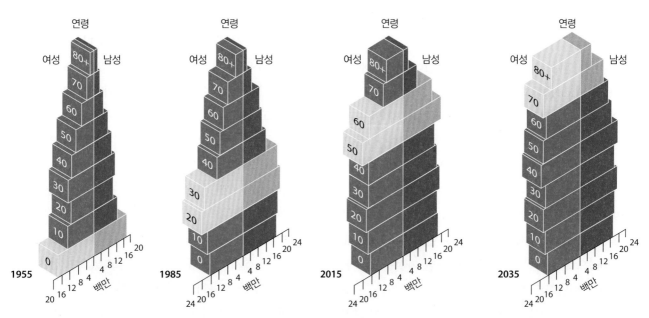

그림 6.8 이 차트는 1955년, 1985년, 2015년, 2035년(예상)에 대한 연령별 및 성별 미국 인구를 보여주면서, 미국의 베이비 붐 세대들을 추적한다.
Compiled by the authors using data from U.S. Census Bureau and Population Reference Bureau.

급속한 인구 감소로 인한 몇 가지 문제점

경제 성장을 위협할 수 있음

노동력 부족

근로자가 줄어들기 때문에 정부 세수 감소

기업가 정신과 새로운 사업 형성 감소

신기술 개발 가능성 감소

높은 연금과 건강 비용 자금을 지원해 줌으로써 공공 적자 증가

연금은 삭감되고 은퇴연령은 증가할 수 있음

그림 6.9 급속한 인구 감소는 몇 가지 문제점을 유발할 수 있다. **비판적 사고:** 가장 긴급하다고 생각하는 문제점 두 가지는 무엇인가?

그림 6.9는 급속한 인구 감소와 연계되는 몇 가지 문제점을 나열한 것이다.

6.4 우리는 어떻게 인구 성장을 늦출 수 있을까?

개념 6.4 우리는 경제 개발을 통해 빈곤을 줄이고, 여성의 지위를 향상시키고, 가족계획을 장려함으로써 인구 증가를 늦출 수 있다.

경제 개발

과연 우리가 인구 증가를 늦춰야 할지 말아야 할지에 대한 논쟁이 되고 있다(과학적 핵심 6.1). 몇몇 분석가들은 우리의 삶을 지지하는 환경 훼손을 줄이기 위해 인구 증가를 늦추는 것이 필요하다는 논쟁을 하고 있다. 그들은 여러 가지 방법을 제시하고 있는데, 그중 하나가 경제 개발을 통해 빈곤을 줄이는 것이다.

19세기 동안 산업화된 서방 유럽 국가의 출생률과 사망률을 조사한 인구통계학자들은 **인구 변천**(demographic transition)으로 알려진 인구 변동에 대한 가설을 개발했다. 국가가 산업화되고 경제적으로 발전함에 따라, 인구는 더 느리게 증가하는 경향이 있다. 그런 데이터에 근거한 가설에 따르면, 이런 변화는 4단계로 발생한다(그림

6.10).

몇몇 분석가들은 대부분의 저개발국이 향후 몇십 년 동안 인구 변천을 겪을 것이라고 믿고 있다. 그 이유는 대개 현대 기술이 경제 개발과 빈곤 감소에 도움을 주기 때문이다. 다른 분석가들은 몇몇 저소득 또는 저개발국가의 급속한 인구 증가, 전쟁, 극도로 빈곤함 그리고 환경 훼손 증가와 자원 고갈로 인해 이런 국가들은 인구 변천의 2단계에 머물러 있을 수 있다고 우려한다. 이것은 인간의 보건과 인구의 안정화를 위한 하나의 핵심요인으로써 빈곤을 줄이는 것이 필요함을 강조하고 있다.

여성의 교육 및 권한 부여

수많은 연구에 따르면 여성들은 교육을 받고, 출산을 조절할 수 있고, 돈을 벌고, 그들의 권리를 억압하지 않는 사회에서 살고 있는 경우, 아이를 더 적게 가지려는 경향이 있다.

오직 30%의 세계 소녀들이 중등 교육에 등록하고 있으며, 여러 연구에서 소녀들의 교육을 확산시키는 것이 그들의 미래와 인구 성장 둔화에 중요하다는 것을 나타내고 있다. 대부분의 사회에서 여성은 남성보다 더 적은 권리와 교육 및 경제적 기회를 가지고 있다.

여성들은 돈을 거의 받지 않거나 전혀 받지 않고 거의 모든 가사일과 아이 돌보는 일을 하고 있으며, 세계의 조직화된 보건 서비스를 모두 합친 것보다 더 많은 (가족 내에서의) 무임금 건강관리를 제공하고 있다. 또한 여성들은 아프리카, 라틴 아메리카, 아시아의 농촌 지역에서 물을 나르고 연료로 사용하기 위해 동물 대변과 나무를 모아서 나르고(그림 6.11), 작물을 재배하는 것과 연관된 작업 중 60~80%의 일을 하기도 한다. 한 브라질 여성이 관찰한 바에 따르면, "가난한 여성의 경우, 유일한 휴가는 잠잘 때뿐이다."

여성들은 모든 근로 시간 중 66%를 차지하고 있지만, 그들은 전 세계 수입 중 10%만을 받고 있으며 전 세계 토지 중 2%만을 소유하고 있다. 여성들은 또한 전 세계 빈곤층 중 70%를 차지하고 있으며, 7억 7,500만 명의 문맹 성인 중 66%를 차지하고 있다. 평균 5~7명의 아이를 가

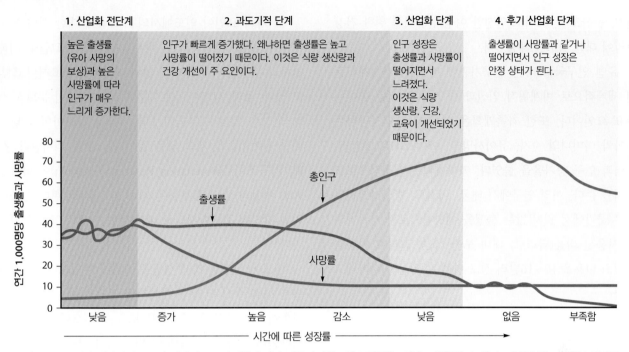

<table>
<tr><td>1. 산업화 전단계</td><td>2. 과도기적 단계</td><td>3. 산업화 단계</td><td>4. 후기 산업화 단계</td></tr>
</table>

1. 산업화 전단계

높은 출생률 (유아 사망의 보상)과 높은 사망률에 따라 인구가 매우 느리게 증가한다.

2. 과도기적 단계

인구가 빠르게 증가했다. 왜냐하면 출생률은 높고 사망률이 떨어졌기 때문이다. 이것은 식량 생산량과 건강 개선이 주 요인이다.

3. 산업화 단계

인구 성장은 출생률과 사망률이 떨어지면서 느려졌다. 이것은 식량 생산량, 건강, 교육이 개선되었기 때문이다.

4. 후기 산업화 단계

출생률이 사망률과 같거나 떨어지면서 인구 성장은 안정 상태가 된다.

연간 1,000명당 출생률과 사망률

80 / 70 / 60 / 50 / 40 / 30 / 20 / 10 / 0

총인구

출생률

사망률

낮음 / 증가 / 높음 / 감소 / 낮음 / 없음 / 부족함

시간에 따른 성장률 →

그림 6.10 국가가 산업화되고 보다 경제적으로 발전함에 따라 겪을 수 있는 인구 변천은 4단계로 발생할 수 있다. **비판적 사고:** 처음 3단계를 지날 수 없는 나라에 대해 어떻게 생각하는가?

Iv Nikolny/Shutterstock.com

그림 6.11 이 네팔인 여성은 집으로 땔감을 나르고 있다. 보통 그녀는 하루에 두 시간, 일주일에 2~3차례 나무를 모아 지고 간다.

지고 있는 글을 읽지 못하는 가난한 여성들은 거의 모든 여성들이 글을 읽을 수 있는 사회에서 2명 이하의 아이들과 비교된다. 이것은 모든 아이들이 최소한 초등학교 교육을 받을 필요가 있음을 강조하게 되는 부분이다. 더불어, 만약 아이들의 생존율이 증진된다면, 부모는 대부분의 아이들이 어른까지 생존할 것임을 자신하고 더 적은 아이들을 낳게 될 것이다.

저개발국에서의 여성 인구의 증가는 그들의 삶과 생식 행동을 책임져야 하는 것이다. 이 수치가 증가하더라도 개별 여성들에 의해 주도되는 상기 변화는 인구를 안정화시키는 데 중요한 역할을 하게 될 것이다. 또한 이런 변화는 인류의 보건을 증진시키고 빈곤과 환경훼손을 감소시킬 것이다.

가족계획

가족계획(family planning)은 얼마나 많은 아이를 가질지 그리고 언제 아이를 가질지를 부부가 선택할 수 있도록 해주는 교육적, 의료적 서비스를 제공한다. 이런 프로그램은 문화에 따라 다양하지만, 대부분 프로그램은 출산

간격, 출산조절, 그리고 임신한 여성과 유아를 위한 건강 관리에 대한 정보를 제공한다.

유엔 인구국과 다른 인구기관에 따르면, 가족계획은 전 세계적으로 비계획적 임신과 출생 및 낙태를 줄이는 주요 요인이다. 또한 가족계획은 임신 기간에 사망하는 태아와 어머니의 숫자, 유아사망률, 에이즈(HIV/AIDS) 감염과 인구 증가율을 줄였다. 가족계획은 재정적으로도 이익을 준다. 여러 연구에서 태국, 이집트, 방글라데시와 같은 국가에서 원치 않는 출생을 예방함으로써 가족계획에 사용된 비용(달러당) 대비 보건, 교육 그리고 사회적 서비스 비용을 10~16달러 정도 아낄 수 있음을 나타내고 있다.

사례 연구

인도의 인구 증가

거의 60년 동안 인도는 인구 증가를 억제하려고 시도했지만 그 성공은 미약했다. 전 세계에서 최초의 국가 가족계획 프로그램은 1952년 인도에서 시작되었다. 그 당시 인도의 인구는 거의 4억 명이었다. 63년의 인구 억제 정책 이후, 2016년에 인도는 세계에서 두 번째로 많은 인구인 13억 3,000만 명을 보유하게 되었다. TFR는 2.3명으로 증가했는데 이것은 국가 사망률이 감소하는 데 기인한다.

1952년에, 인도에선 500만 명의 사람들이 증가했다. 2016년에는 다른 어떤 나라보다도 많은 1,500만 명이 증가했다. 유엔의 예측에 따르면, 2029년까지 전 세계에서 가장 인구가 많은 나라가 될 것이며, 2050년쯤에는 17억 명의 인구를 보유할 것이라고 한다.

인도는 전 세계에서 네 번째로 경제 규모가 크며, 급증하는 중산층을 보유하고 있다. 그러나 이 나라는 인구가 지속적으로 급증하기 때문에 악화될 수 있는 환경 문제와 영양실조 그리고 심각한 가난에 직면해 있다. 인도는 세계 빈곤층의 1/3이 거주하고 있다(그림 6.12). 인도 도시 인구 4명 중 1명이 빈민가에서 살고 있으며, 농촌마을에 살고 있는 수억 명의 사람들이 번영과 발전을 누리지 못하고 있다.

세 가지 요인이 인도에서의 대가족에 대한 설명을 도와준다. 첫째, 가장 가난한 부부들은 노년에 그들을 위해 일하고 부양하기 위해 여러 명의 아이들이 필요하다고 믿고 있다. 둘째, 남자아이에 대한 인도의 강력한 문화적 선호 현상은 몇몇 부부들이 1명 이상의 남자아이를 낳을 때까지 아이들을 계속 낳을 것이라는 것을 의미한다. 셋째, 인구조회국(Population Reference Bureau)에 따르면 90% 이상의 인도 부부들은 최소 한 가지의 현대적 출산 억제 방법에 접근할지라도, 47%만이 실제로 그것을 사용한다.

인도는 급격한 경제 성장을 이룩하고 있으며, 이런 흐름은 향후 수십 년 동안 가속화될 것으로 예상된다. 이런 상황이 인도의 많은 사람들을 도울 수 있으나, 자연 자본 이용률이 증가하면서 인도와 더 나아가 지구의 자연 자본에 대한 압박을 증가시킬 것이다. 인도는 이미 심각한 토양 침식, 과도한 방목, 수질 오염, 그리고 공기 오염 문제 등에 직면해 있다. 반면에, 경제 성장으로 인해 인도는 인구 변천를 가속화시킴으로써 인구 증가를 완화시킬 수 있을 것이다.

사례 연구

중국의 인구 증가율 둔화

중국은 2016년 기준 13억 8,000만 명이 살고 있는 세계에서 가장 인구가 많은 국가다(그림 6.1). 인구조회국과 유엔인구기금에 따르면, 중국의 인구는 2030년에 약 14억 명까지 증가하다가, 2050년에는 13억 명으로 감소할 것이라고 추정한다.

1960년대 중국의 인구가 너무 빠르게 성장하여 대량 기아와 사회 격변의 심각한 위협이 있었다. 이를 피하기 위해 정부는 결국 세계에서 가장 집중적이고 사생활 침해적인 그리고 엄격한 가족계획과 출산조절 프로그램의 수립 방침을 취하게 된다. 목표는 '1자녀' 정책을 추진하면서 인구 성장을 급격히 감소시키는 것이었다. 정부는 결혼한 부부를 위해 피임, 불임, 낙태 등의 방안을 제공했다. 이와 더불어, 아이를 한 명 이상 낳지 않겠다고 서약

그림 6.12 인도 콜카타의 노숙자들

한 기혼 부부에게는 한 아이를 잘 키울 수 있도록 더 좋은 집, 더 많은 식량, 무료 건강보험, 급여 보너스, 취업 우대를 포함하여 다양한 혜택을 받을 수 있도록 했다. 서약을 깬 부부는 이런 혜택을 누릴 기회를 박탈당했다.

1978년부터 이런 정부의 조절 프로그램이 시작된 이후 중국은 국민들을 먹여 살리기 위한 인상적인 노력과 조절이 가능한 선에서 인구가 성장해오고 있다. 1972년과 2016년 사이, 국가는 TFR는 3.0에서 1.7로 감소했다. 중국의 인구는 현재 미국보다 느리게 증가하고 있다. 비록 중국이 대량 기아를 피했다고 하더라도 엄격한 인구 조절 프로그램은 인권 침해에 대한 비난을 받고 있다.

중국의 인구 조절 프로그램의 의도치 않은 결과는 아들을 선호하는 문화 때문에 많은 중국 여성들이 여아를 낙태한 것이다. 이로써 여성의 인구가 감소했고, 결과적으로 약 3,000만 중국 남성이 결혼할 여성을 찾기 어렵게 되었다.

1980년 이후, 중국은 급격한 산업화와 경제 성장을 이루어왔다. 지구정책연구소에 따르면, 1990년에서 2010년 사이 이런 과정을 통해 약 5억 명의 극빈층의 수를 줄였다고 한다. 또한 적어도 3억 명의 중국인(미국 전체 인구와 거의 비슷)이 중산층이 되는 데 도움을 주었다. 시간이 지나면서 중국에서 급격한 중산층의 증가는 1인당 더 많

그림 6.13 붐비는 상하이의 과거와 오늘날의 주택

Nikada/Getty Images

은 자원을 소비할 것이고, 중국의 생태 발자국은 자국 내에서 확대됨에 덧붙여 세계 다른 지역에서 확대된 소비를 위해 자원을 공급해야 할 것이다. 이것은 중국과 지구의 자연 자본에 대해 압박을 가할 것이다. 인도와 마찬가지로 중국은 과도한 방목, 수질 오염, 그리고 대기 오염 문제 등에 직면해 있다. 그리고 적어도 4억 명이 중국의 도시와 시골 마을에서 빈곤한 삶을 살고 있다(그림 6.13).

왜냐하면 '1자녀' 정책 때문에 최근에는 중국 인구의 평균 연령이 역대 가장 빠르게 상승하고 있다. 2016년에는 적어도 1억 3,700만 명이 65세 이상(세계 모든 국가의 동일 연령대에서 가장 많은 수)의 연령이었다. 반면, 중국의 인구가 아직은 감소하고 있으며, UN은 2030년까지 중국이 급격한 노년층을 지탱해야 하는 젊은 인력(15세~64세)이 매우 적어질 것으로 예측하고 있다. 이런 중국 인구의 고령화는 인력 감소, 지속적인 경제 개발을 지탱

할 제한된 자금, 그리고 증가하는 노년층을 돌봐야하는 자녀 및 손자녀 수의 감소 등을 야기할 것이다. 이런 염려와 다른 요인이 중국의 경제 성장을 저하시킬 것이다.

이런 염려 때문에, 2015년에는 중국 정부가 '1자녀' 정책을 폐지하고 '2자녀' 정책을 채택했다. 결혼한 부부는 두 자녀를 가질 경우 정부에 허가 요청을 할 수 있다. 그러나 중국인들은 소규모 가족화를 유지하고 있다. 왜냐하면 둘째를 양육하기 위한 높은 비용과 더불어 젊은 여성이 교육 증대 및 채용 기회 확대를 선호하기 때문에, 많은 부부들이 여전히 1자녀를 갖는 것을 선택하고 있다.

6.5 도시의 주요 자원과 환경 문제는 무엇인가?

개념 6.5 대부분의 도시는 높은 수준의 자원 사용, 쓰레기, 오염 및 빈곤으로 인해 지속 불가능하다.

세 가지 중요한 도시 동향

2016년 세계 인구의 54%, 미국인 중 82%(다음 사례 연구 참조), 중국인의 56%가 도시 지역에 거주하고 있다.

54% 도시 지역에 살고 있는 세계 인구의 백분율

도시 지역은 두 가지 방법, 즉 자연 증가(사망보다 많은 출산)와 이주(대개 농촌 지역으로부터 도시 지역으로)를 통해 성장한다. 농촌 사람들은 일자리, 식량, 주택, 교육 기회, 더 나은 건강관리를 찾기 위해 도시 지역으로 온다. 또한 어떤 사람은 가난, 농산물을 재배할 토지의 부족, 줄어드는 농촌 일자리, 기근, 전쟁, 그리고 종교적 및 정치적 분쟁과 같은 요인으로 인해 농촌에서 도시 지역으로 가야만 하는 경우도 있다.

도시 인구역학에 있어서 세 가지 주요한 동향은 다음과 같다.

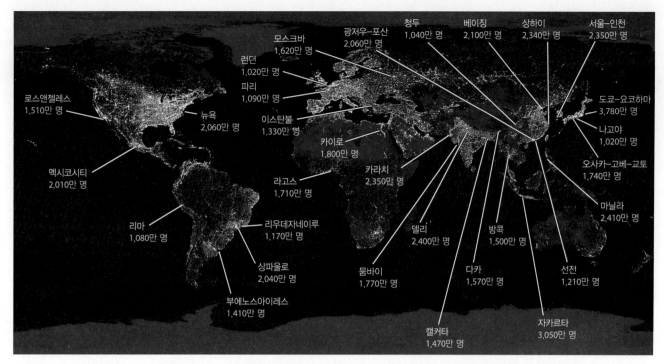

그림 6.14 2015년에 인구 1,000만 이상의 거대도시. **질문:** 2015년 기준, 세계에서 가장 번잡한 5대 도시는 어디인가? 순서대로 나열하라.

Compiled by the authors using data from National Geophysics Data Center, Demographia, National Oceanic and Atmospheric Administration, and United Nations Population Division.

1. 도시 지역에 거주하는 세계 인구의 비율이 급격히 증가했고, 이런 추세는 계속될 것으로 예상된다. 1850년과 2016년 사이 도시 지역에 거주하는 인구는 2%에서 54%로 증가했고 2050년까지 67%까지 이를 것이다. 2016년과 2050년 사이, 세계의 도시 인구는 40억 명에서 66억 명으로 증가할 것으로 추정된다. 26억 명 중 많은 새로운 도시 거주자들은 저개발국가에 살게 될 것이다.

2. 도시 지역의 수와 규모는 증가하고 있다. 2016년 기준 30개의 거대도시(megacity; 1,000만 명 이상을 보유한 도시 지역)가 있었고, 그중 22개는 저개발국가에 있다(그림 6.14). 이들 도시 지역 중 13개는 2,000만 명 이상을 보유한 특대도시(hypercity)다. 그중 가장 큰 특대도시는 일본 도쿄이며 3,780만 명(캐나다 전체 인구보다 많음)을 보유하고 있다. 2025년까지 거대도시의 수는 아시아에 21개를 포함하여 37개에 이를 것으로 예측된다. 몇몇 거대도시와 특대도시는 1억 명 이상을 보유한 거대한 대규모지역(megaregion)으로 합쳐지고 있다. 가장 큰 대규모지역은 중국의 홍콩(hongkong)-선전(Shenzhen)-광저우(Guangzhou) 지역이며 약 1억 2,000만 명이 거주한다.

3. 저개발국가에서 빈곤은 점점 도시화되어 가고 있다. 저개발국가에서 최소 10억 명의 사람이 도시나 도시외곽에 있는 판자촌과 비위생적이며 번잡한 빈민가에서 거주하고 있다(6장 도입부 사진 참조). 이 수치는 2050년까지 3배가량 늘어날 것이다.

생각해보기

여기서 논의된 세 가지 도시 동향 중 하나를 되돌릴 수 있다면, 어떤 것을 그렇게 하겠는가? 설명하라.

사례 연구

미국의 도시화

1800년에서 2016년 사이 도시 지역에 거주하는 미국의 인구는 5%에서 82%로 증가했다. 그림 6.15는 미국 내 백

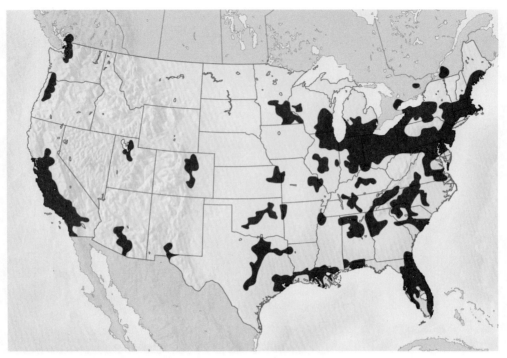

그림 6.15 미국 내 도시화(도시, 교외, 마을)된 지역(진한 색)이 국토에 우세하게 분포한다. **비판적 사고:** 대다수의 가장 큰 도시 지역이 물 근처에 위치해 있는 이유는 무엇인가?

Compiled by the authors using data from National Geophysical Data Oceanic and Atmospheric Administration and U.S. Census Bureau.

만 명 이상을 보유한 주요 도시 지역을 나타내고 있다. 이렇듯 시골에서 도시 지역으로의 전환은 3단계를 거쳐 일어나게 된다. 첫째, 사람들은 농촌 지역에서 대도시로 이주한다. 둘째, 수많은 사람들이 대도시에서 작은 도시와 외곽으로 이주한다. 현재 약 절반 정도의 도시 지역에 거주하는 미국인이 교외에서 거주하고 있으며, 거의 1/3이 중심 도시에 있고, 나머지는 교외를 벗어난 농촌 주택 개발지에 거주하고 있다. 셋째, 많은 사람들이 북쪽과 동쪽에서 서쪽과 남쪽으로 이주한다.

1920년 이후 미국에서 수많은 최악의 도시 환경 문제들이 상당히 줄어들었다(그림 6.5). 대부분 사람들은 더 나은 일자리와 주거 조건을 가지고 있으며, 공기와 물의 품질은 향상되었다. 보다 나은 위생, 깨끗한 공공 식수 공급, 그리고 의료 서비스는 전염병으로 인한 질병 발생률과 사망률을 줄였다. 도시 지역에 대부분의 인구를 집중시키는 것은 야생생물 서식처의 파괴와 훼손을 줄임으로써 생물 다양성을 보호하는 데 일조했다.

그러나 수많은 미국 도시(특히 낡은 도시)는 저하된 서비스와 노화된 인프라(거리, 다리, 댐, 전력 공급선, 학교, 송수관, 하수구)를 가지고 있다. 예를 들어 약 58,500개에 달하는 미국의 다리가 수리를 요한 채로 매일 이용되고 있다. 만약 끝과 끝을 붙여 놓는다면, 마이애미부터 뉴욕 시까지 이을 수 있다. 도시 인프라를 수리하고 현대화하는 예산은 인력과 관련 사업이 교외 지역 등으로 빠져나가면서, 지자체의 재산세 수입이 감소함에 따라 많은 도시 지역에서 감소하고 있다.

도시 스프롤(팽창)

미국과 몇몇 다른 나라에서, **도시 스프롤**(urban sprawl; 인근 미개발 지역으로까지 도시 개발이 확산되는 현상)은 주변의 농촌 및 야생지역을 훼손하고 있다(그림 6.16). 그 결과로 인해 생긴 마구잡이식 주택 개발, 쇼핑몰, 주차장 그리고 복합사무실이 다차선 고속도로와 프리웨이(freeway)에 엉망으로 연결되어 있다.

도시 스프롤은 충분히 여유 있는 땅, 자동차, 고속도로의 정부예산, 무계획적인 도시계획의 산물이다. 많은

1973

2013

그림 6.16 이 위성사진은 1973년에서 2013년 사이 네바다 주 라스베이거스 주위의 **도시 스프롤**(2013년 이후도 이런 경향 지속)을 나타낸 것이다. **비판적 사고:** 라스베이거스에서 인구 증가에 대한 제한요소는 무엇인가?

자연 자본의 파괴

도시 스프롤

토지와 생물 다양성	물	에너지, 공기 기후	경제 효과
농토 손실	지표면 물과 지하수의 사용 증가 및 오염	에너지 사용 및 폐기물 증가	도심 상업 지구의 쇠퇴
숲, 초원, 습지, 야생 서식지의 파괴와 손실	유출 증가 및 범람	이산화탄소와 기타 공기 오염물질의 배출 증가	중심 도시의 실업 증가

그림 6.17 이것들은 도시 스프롤의 원치 않는 몇 가지 영향, 즉 자동차 의존형 개발이다. **비판적 사고:** 가장 해롭다고 생각하는 영향 다섯 가지는 무엇인가?

사람들은 도시 중심지보다 교외 지역에 살기를 선호하는데, 이런 지역이 저밀도 생활과 더 넓은 토지 및 단독주택에 접근할 수 있는 기회를 제공한다. 종종 이런 지역들은 또한 새로운 공립학교와 낮은 범죄율을 가지고 있다. 그러나 도시 스프롤은 그림 6.17에 요약한 것처럼 여러 가지 환경 문제를 야기했다.

> **도시 스프롤**
>
> 여러분은 도시 스프롤의 장점이 단점보다 중요하다고 생각하는가?
> 여러분은 중심 도시, 교외 지역 또는 교외보다 외곽의 시골 택지
> 개발지 중 어느 곳에 사는 것을 선호하는가? 설명하라.

도시화의 장점

도시화는 여러 가지 이점을 가지고 있다. 경제적 견지에서 보면, 도시는 산업, 상업, 운송, 혁신, 교육, 기술 진보, 사회와 문화 다양성 그리고 일자리의 중심지다.

세계 여러 지역의 도시 거주민들은 농촌 거주민들보다 더 오래 살며, 유아사망률과 출산율이 낮은 경향이 있다. 이들은 농촌 지역 사람들보다 의료관리, 가족계획, 교육 그리고 사회적 서비스에 더 쉽게 접근한다.

도시 지역은 몇 가지 환경적 이점을 가지고 있다. 도시 지역에서는 재활용할 수 있는 물질을 모으기 때문에 재활용이 보다 경제적으로 실현 가능하다. 위성 영상에서 세계 인구의 54%를 포함하는 도시 지역이 남극 대륙을 제외한 지구 내륙의 단 2.8%만을 차지하고 있음을 볼 수 있다. 도시로 사람들을 집중시킨 것은 야생생물 서식지에 대한 훼손을 줄여 생물 다양성을 보전하는 데에도 일조한다. 중심 도시에서 고층 아파트나 상가 건물에 하는 냉난방이 교외 지역에서 단독주택과 소규모 상가 건물에 하는 냉난방보다 1인당 에너지 사용량이 적게 든다. 중심 도시는 또한 거주민들이 에너지 효율적인 대중교통과 걷기 그리고 자전거타기를 즐겨하기 때문에 에너지를 절약할 수도 있다.

도시화의 단점

대부분의 도시 지역은 생존 불가능한 시스템이다. 도시 인구는 지구 전체 토지의 단 2.8%만을 점유하고 있지만 지구 자원의 75%를 소비하며 세계 오염과 쓰레기의 약 75%를 배출하고 있다. 음식, 쓰레기 그리고 물질에 대한 이런 높은 자원 소비량과 그로 인한 높은 쓰레기 생산율(그림 6.18) 때문에, 대부분의 세계 도시 지역에서 그들의 경계선을 훨씬 넘어서는 커다란 생태 발자국을 남기고 있다. 여기에 왜 그런 것인지에 대한 몇 가지 이유가 있다.

대부분의 도시는 식생이 부족하다. 도시 지역에서, 건물과 도로, 주차장, 택지 개발을 위해 대부분의 나무, 관목, 초

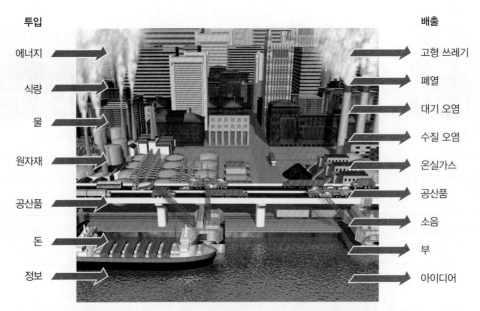

투입	배출
에너지	고형 쓰레기
식량	폐열
물	대기 오염
원자재	수질 오염
공산품	온실가스
돈	공산품
정보	소음
	부
	아이디어

그림 6.18 자연 자본의 파괴: 도시 지역에 거의 생존할 수 있는 시스템이 아니다. 일반적인 도시는 거대 물질과 에너지 자원의 사용을 위해 커다란 비도시 지역에 의존하면서, 쓰레기와 열을 엄청나게 배출한다. **비판적 사고:** 당신은 이런 영향을 다소 줄이기 위해 세 가지 과학적 지속 가능성의 원리를 어떻게 적용할 것인가?

원 그리고 기타 다른 식물을 파괴한다. 따라서 대부분의 도시는 공기 정화, 산소 발생, 대기 이산화탄소 제거, 토양 침식 조절, 야생생물 서식지 제공을 포함한 식생에 의해 무료로 공급되는 생태계 서비스로부터 혜택을 받지 못한다.

생각해보기

연관성 도시 생활과 생물 다양성 인지

최신 연구에 따르면, 대부분의 도시 거주자들은 숲, 초원, 강 그리고 기타 자연 지역으로부터 그들을 격리하고 있는 인공적인 환경에서 그들의 대부분 또는 모든 삶을 살아가는 경향이 있다는 것을 알리고 있다. 결과적으로 많은 도시 거주자들은 증가하는 위협 속에 놓여 있는 지구의 생물 다양성과 그들의 생활을 지탱해주는 다른 형태의 자연 자본과 그들이 살아가고 있는 도시를 보호해야 할 중요성에 대해 인지하지 못한다.

많은 도시는 물 문제를 가지고 있다. 도시가 확장되고 물 수요가 증가함에 따라, 고비용의 저수지와 운하를 지어야 하며, 보다 깊은 우물을 파야 한다. 이것은 농촌과 야생 지역의 지표수와 지하수를 고갈시킬 수 있다. 이와 더불어, 예상되는 기후변화는 몇몇 산 정상에 위치한 빙하의 녹는 속도를 가속시킬 것으로 예측된다. 연간 물 공급의 대부분을 빙하가 녹은 물에 의존하는 도시 지역은 심각한 물 부족에 직면할 것이다.

또한 홍수는 자연적인 범람의 영향을 받는 저지대 해안선 또는 강 근처 범람원에 지어진 몇몇 도시에서 더 큰 영향이 있다. 대부분의 도시에서 건물과 포장된 표면은 빗물을 빠르게 흘러가도록 하고 배수관을 넘쳐나게 하는 촉매제 역할을 한다. 더욱이 도시 개발은 종종 과도한 빗물을 흡수하는 천연 스펀지로서의 역할을 하던 습지의 상당한 지역을 파괴하고 훼손해왔다. 많은 해안 도시(그림 6.14)는 예상되는 기후변화 때문에 해수면이 상승함에 따라 금세기에 증가하는 범람 위협에 더욱더 직면하게 될 것이다.

도시는 오염과 건강 문제가 집중되는 경향이 있다. 높은 인구 밀도와 높은 자원 소비량으로 인해 도시는 전 세계에 걸쳐 대부분의 공기 오염물질과 쓰레기, 토양 및 위험 폐기물을 양산한다. 오염은 작은 지역에서 발생하고 농촌 지역에서 양산된 오염처럼 퍼지거나 희석될 수 없기 때문에, 일반적으로 오염 수준이 높은 편이다. 게다가 도시 지역의 높은 인구밀도는 특히 적합한 식수와 하수 시스템이 없는 경우, 전염병 확산을 증가시킬 수 있다.

도시는 과도한 소음에 노출되어 있다. 도시 내에는 사람과 차량이 밀집되어 있기 때문에, 대부분의 도시 거주자들은 **소음공해**(noise pollution; 어떤 원치 않고, 방해되고, 유해한 소리)를 겪는다. 소음공해는 청각에 해롭거나 청각을 방해할 수 있다. 또한 스트레스 야기, 혈압 상승 그리고 누군가의 집중력과 일의 효율을 방해할 수도 있다. 소음 정도는 데시벨(dBA) 소리압 수준(sound pressure units)으로 측정되며, 여러 인간 활동(그림 6.19)이 다양하게 측정된다. 85 dBA 이상의 소음 정도에 지속적으로 노출되면 영구적인 청력 손상을 야기한다. 110데시벨 이

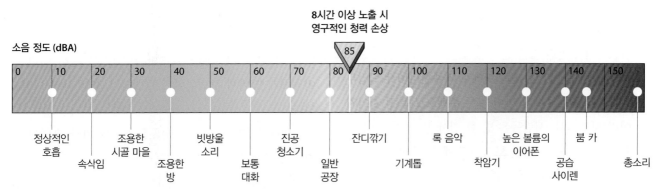

그림 6.19 몇몇 일반적인 소리에 대한 소음 정도(데시벨[dBA] 소리압 수준) **질문:** 얼마나 자주 여러분의 귀는 85(dBA) 이상의 소음에 노출되어 있는가?

상에 단 1.5분만 노출되어도 역시 동일한 손상을 입을 수 있다.

우리는 귀마개 또는 다른 보호 장치를 사용, 시끄러운 곳에서 활동 또는 작업하는 근로자의 보호, 시끄러운 영업 활동이나 기계를 사람으로부터 멀리 떨어뜨리는 것, 그리고 해롭지 않은 소리와 함께 유해한 소음을 약화시키거나 없애는 소음방지 기술 등을 통해 소음 공해와 청력 피해를 줄일 수 있다.

도시는 지역의 기후에 영향을 미친다. 평균적으로, 도시는 교외나 인근 농촌보다 더 따뜻하며, 비가 더 자주 내리고, 안개가 더 많으며 구름도 더 많다. 도시에서 자동차, 공장, 용광로, 불빛, 공기 상태 그리고 열을 흡수하는 어두운 지붕과 거리로 인해 생산되는 대량의 열은 시원한 교외와 농촌 지역으로 둘러싸인 따뜻한 **도시 열섬**(urban heat island)을 만들어낸다. 도시가 확대됨에 따라 이것은 오염 공기에 대한 자연적인 희석과 정화를 저해할 수 있다. 도시 열섬화로 인해 에어컨에 대한 의존도를 높일 수 있는데, 이것은 역으로, 더 많은 에너지의 소비, 열 방출, 온실가스 배출, 기타 대기 오염의 형성을 주도하고 있다.

생각해보기

도시화의 단점
도시화의 단점 중 가장 심각한 문제라고 생각하는 두 가지 요소는 어느 것인가? 설명하라.

빈곤과 도시 생활

빈곤은 저개발국가에 있는 수많은 도시 거주민들에게는 삶의 방식이다. UN연구에 따르면, 2015년 기준 10억 명의 사람들이 빈곤한 삶을 살고 있다.

이런 사람 중 몇몇은 빈민가에서 거주한다(6장 도입부 사진 참조). 공동 주택과 방이 많은 주택으로 특정 지어지는 이런 지역에서, 사람들은 방 한 칸에 몇 명이 같이 지낸다. 다른 사람들은 이런 도시 외곽에 있는 불법 점유지와 판자촌에서 거주한다. 이들은 얇은 금속판, 플라스틱 시트, 나뭇조각, 판자 그리고 기타 폐자재를 이용하여 판잣집을 지으며, 녹슨 선박 컨테이너와 버려진 자동차에서 거주한다.

판자촌과 불법 점유지 또는 거리(그림 6.12)에서 거주하는 빈민들은 보통 깨끗한 식수, 하수구, 전기 그리고 도로가 부족하며, 인근 공장에서 나오는 유해 폐기물과 심각한 공기 및 수질 오염을 겪고 있다. 대부분의 이런 거주지들은 특히 산사태, 범람 또는 지진에 취약한 지역에 위치해 있다. 몇몇 지방 정부는 정기적으로 불법 점유 판자촌을 불도저로 밀어내고, 불법 거주자들을 쫓아내기 위해 경찰을 투입한다. 사람들은 보통 다시 돌아오거나 다른 어떤 곳에 다시 판자촌을 짓는다.

몇몇 정부에서는 거주자의 토지에 법적 권리를 부여함으로써 이런 문제를 해결하기 위해 고심을 하고 있다. 그들은 가난한 사람들은 보통 영구적으로 살 수 있는 장소를 가지게 되면, 거주지의 상태를 개선하려고 한다는 증거에 기반을 두어 이런 정책을 추진한다.

사례 연구

멕시코시티

멕시코시티는 2,010만 명을 보유한 세계 특대도시 중 하나다(그림 6.14). 이곳의 주민 중 1/3 이상이 파벨라(favela)로 불리는 빈민가나 불법 거주지에 살고 있으며, 이곳은 물과 전기가 부족하다.

적어도 300만 명의 사람들은 하수시설을 갖추지 못하고 있다. 결과적으로 엄청난 양의 쓰레기가 배수로와 빈 공간 그리고 개천에 매일 버려지고 있으며, 이로 인해 쥐와 파리가 무진장 생겨나고 있다. 바람이 마른 배설물을 실어 나를 때, 배설물로 이루어진 눈이 도시를 뒤덮는다. 이런 박테리아가 다량으로 함유된 낙진은 특히 어린 아이들에게 있어서 광범위한 살모넬라와 간염 감염을 일으킨다.

1992년 UN은 멕시코시티를 지구상 가장 오염된 도시로 명명했다. 이후 멕시코시티는 대기 오염의 심각성을 줄이기 위한 진전을 만들어가고 있다. 2013년, 교통개발원(Institute for Transportation and Development)은 이

도시에 지속 가능한 교통상을 수여했는데, 간선급행버스 체계와 자전거 공유프로그램과 자전거도로를 확대했기 때문이었다. 1992년과 2013년에는 공기 오염 기준을 위반한 일수의 비율은 50%에서 20%로 줄었다.

도시 정부는 정유공장 및 제반 시설을 도시 외곽으로 이전시켰고, 중심부에서 차량 운행을 금지시켰으며, 1991년 이후 제조된 차량은 모두에 대해 대기 오염 조절 장치를 설치하도록 했다. 또한 가연 휘발유의 사용을 점진적으로 중단시켰으며, 공공 대중교통의 확장과 더불어 노후 버스, 택시, 배달 트럭을 오염원 배출이 적은 차량으로 대체하도록 했다.

멕시코시티는 아직 차량 수와 함께 인구가 증가하고 있어 갈 길이 멀다. 하지만 이런 진전은 사회공동체가 행동할 것을 결정한다면 그들이 속한 도시가 환경의 질적 개선을 위해 무엇을 할 수 있는지를 보여준 것이다.

6.6 교통은 도시 환경에 어떤 영향을 미치는가?

개념 6.6 몇몇 나라에서, 많은 사람들은 광범위하게 퍼져 있는 도시 지역에 살고 있으며 이동을 위해 대개 자동차에 의지함으로써 생태 발자국을 확대시키고 있다.

도시는 밖으로 또는 위로 증가할 수 있다

도시가 밖으로 퍼져 나갈 수 없는 경우, 이곳은 높은 인구 밀도를 가진 조그만 토지를 점유하기 위해 수직(위아래)으로 증가해야 한다. 홍콩, 중국 그리고 도쿄와 같은 **압축도시**(compact cities)에 사는 대부분의 사람들은 걷거나, 자전거를 타거나 또는 기차나 버스와 같은 대중교통을 이용하며 이동한다. 이들 아시아 도시 내 몇몇 고층빌딩은 식료품점부터 피트니스센터까지 모든 시설을 갖추고 있어, 거주민이 식품, 오락 및 기타 서비스를 위해 이동할 필요성을 줄인다.

세계의 다른 부분에선, 충분한 땅과 고속도로 네트워크를 조합시켜 거주민들이 대부분 이동을 위해 자동차를 사용해야 하는 분산된 도시(dispersed cities)를 만들었다(개념 6.6). 이 같은 도시들은 모든 대륙에서에서 확인되지만, 특히 북미 지역에서 일반적으로 발견된다. 그로 인한 도시 스프롤은 여러 가지 원치 않는 결과를 낳았다(그림 6.17).

미국은 자동차 중심 국가의 대표적인 사례다. 미국에너지정보국(U. S. Energy Information Agency, EIA)에 따르면, 세계 인구의 4.4%를 차지하는 미국은 세계 11억 자동차의 23%를 보유하고 있다. 분산된 도시 지역에서 운송 수단의 86%는 승용차이며, 76%의 주민들이 매일 출근하기 위해 홀로 차량을 운전한다(1980년 기준 최대 64%).

자동차의 장점과 단점

자동차는 이동성을 제공하고 이곳에서 저곳으로 이동하기 위한 편리하고 편안한 수단이다. 세계 경제의 상당 부분이 원동기 차량 생산과 차량을 위한 연료, 도로, 서비스 그리고 정비를 통해 이룩되기도 했다.

자동차의 혜택에도 불구하고, 이것은 사람과 환경에 수많은 해로운 영향을 미친다. 전 세계적으로, 매년 자동차 사고로 약 120만 명이 죽고(하루 평균 3,300명 사망), 또한 약 5,000만 명 이상이 부상을 당한다. 또한 매년 야생동물과 가정용 애완동물 5,000만 마리를 죽인다.

미국에서, 차량사고로 인해 매년 약 44,000명이 사망하고, 또 다른 200만 명이 부상을 입으며, 이 중 적어도 30만 명은 중상을 입는다. 자동차 사고는 미국 역사상 모든 전쟁을 합친 숫자보다 더 많은 미국인을 사망에 이르게 했다.

환경보호국(Environmental Protection Agency)에 따르면 자동차는 대기 오염을 발생시키는 세계에서 가장 큰 요인이다. 미국에서 매년 10만 명을 사망에 이르게 한다. 또한 기후를 변화시키는 이산화탄소 배출을 가장 빨리 증가시키는 원인이기도 하다. 미국의 자동차는 매년 평균적으로 1.8매트릭톤(2.2톤)의 이산화탄소를 배출한다. 이와 더불어, 세계 도시 토지의 최소 1/3과 미국 도시 토지의 절반이 도로, 주차장, 주유소 그리고 기타 자동차 관련 용도로 사용되고 있다.

자동차의 폭넓은 사용은 교통 체증을 유발한다. 만약 현재와 같은 경향이 지속된다면, 미국 운전자들은 곧 그들의 삶 중 평균 2년 정도를 교통 체증 속에서 보내게 될 것이다. 저개발국가에서 몇몇 도시의 교통 혼잡은 더 심하다. 도로가 많을수록 더 많은 사람들이 운전을 하고자 하는 생각을 갖게 되기 때문에 더 많은 도로를 건설하는 것은 해결 방안이 될 수 없다.

자동차 이용률 떨어뜨리기

자동차를 이용함으로써 야기되는 환경과 건강 비용의 대부분을 운전자에게 직접 부과함으로써 자동차의 해로운 영향을 줄일 수 있다고 몇몇 환경과학자들과 경제학자들이 제안하고 있다. 사용자 지불 접근법은 지속 가능성의 원리로, 전체 비용 책정을 이행할 수 있는 한 가지 방법이다.

이런 전체 비용 책정 단계에서의 한 가지 방법은 운전으로 인해 예측할 수 있는 해로운 환경 및 건강 비용을 충당하기 위해 휘발유에 세금이나 수수료를 부과하는 것이다. 국제기술평가센터(International Center for Technology Assesment)의 연구에 따르면, 그런 세금은 미국에서 휘발유 리터당 약 3.18달러에 달한다. 차량 소유주는 더 높은 의료 및 건강보험 청구서의 형태로 유해성 비용을 지불하게 될 것이다. 그들은 역시 자동차로 인한 대기 오염을 규제하고 줄이기 위한 연방, 주 그리고 지역의 노력과 페르시안 만 석유 공급의 군사 방어를 지원하기 위해 더 많은 세금을 지불한다. 그러나 대부분 운전자는 그들의 휘발유 사용에 대한 이와 같은 비용에 대해 관련이 없다.

많은 유럽 국가에서 했던 것처럼, 그런 세금을 점진적으로 도입하는 것은 보다 더 에너지 효율적인 자동차와 대중교통의 사용을 촉진시킬 것이다. 또한 오염과 환경 훼손, 해양 산성화를 감소시키고, 기후변화도 늦추는 데 일조한다.

이런 접근법의 지지자들은 정부에게 두 가지 주요 작업을 하라고 촉구하고 있다. 첫째, 휘발유의 대가로 그들이 지불하고 있는 이면의 환경 및 건강 비용에 대해 사람들을 교육시킬 프로그램에 대한 재원을 마련하라는 것이다. 둘째, 자동차의 대안으로 인도와 자전거 길 그리고 대중교통 시스템에 재원을 마련하기 위해 휘발유 세를 사용하라는 것이다. 이것은 수입세, 소득세 그리고 재산세 등을 감소시킬 수 있을 것이다. 그런 세금 이동(tax shift)은 휘발유 세금 상승을 보다 더 정치적으로 그리고 경제적으로 수용 가능하게 만들 수 있다.

그러나 휘발유에 무거운 세금을 매기는 것은 세 가지 이유 때문에 미국에서 어려운 일이다. 첫째, 이것은 두 단체로부터 강력한 반대에 부딪힌다. 한 단체는 이미 세금을 과다하게 납부하고 있다고 느끼는 사람들로 구성되어 있으며, 이 중 상당수가 그들이 휘발유에 대해 지급하고 있는 감춰져 있는 거대 비용에 대해 충분히 인지하고 있지 못하다. 다른 단체는 자동차 제작사, 기름과 타이어 회사, 도로 건설업자 그리고 수많은 부동산 개발업자와 같은 경제적, 정치적으로 강력한 운송 관련 산업으로 구성되어 있다. 둘째, 대부분의 미국 도시 지역이 분산되어 있는 특성은 사람들로 하여금 자동차를 이용하도록 만들고 있고, 높은 세금은 그들에게 경제적인 부담이 될 것이다. 셋째, 빠르고, 효율적이며, 신뢰할 수 있고, 비용이 싼 대중교통 선택과 자전거 길 그리고 인도는 미국에서 널리 이용할 수 있는 것이 아니다. 왜냐하면 휘발유에 대한 세금은 대부분 자동차를 위한 고속도로 건설 및 개선을 위해 사용되기 때문이다.

자동차 이용과 도시 정체를 줄이는 또 다른 방법은 주차 수수료를 올리고, 도시로 들어오는(특히 교통정체 피크 시간에) 도로, 터널, 다리에서 통행료를 부과하는 것이다. 인구가 밀집되어 있는 싱가포르는 자동차를 살 수 있는 권리를 제한하기 때문에 거의 정체가 없으며, 도시에 들어갈 때마다 운전자에게 통행료를 부과한다. 여러 유럽 도시들 역시 도심 중심에서 자동차를 이용할 경우 엄격한 통행료를 부과한다. 반면 다른 곳에서는 도시 거리에서 자동차 주차를 금지하고, 자전거도로를 네트워크화 했다. 중국 상하이는 자동차번호판 한 개당 9,000달러 이상의 높은 금액을 부과함으로써 자동차 이용을 저하시키려 애쓰고 있다.

미국에서 자동차 이용은 밀레니얼 세대가 운전을 하지 않거나 차를 구매하지 않기 때문에 앞으로는 감소할 것으로 추정된다. 더불어 휴대전화로 간단하게 부를 수 있는 자동차의 사용이 증가할 것이고, 2030년까지 미국자동차 이용의 66%를 차지할 것으로 추정하고 있다. 이것은 또한 주차장과 주차창고 건설의 필요성을 감소시킬 것이다.

300개 이상의 유럽 도시들은 차량에 대해 단기 임대를 제공하는 **차량 공유** 네트워크를 형성하고 있다. 회원들은 차량을 미리 예약해두거나 네트워크에 접속해서 가장 가까운 곳에 있는 자동차로 바로 간다. 독일 베를린에서, 차량 공유로 인해 차량 소유권이 75%까지 낮아졌다. 세계감시기구에 따르면, 유럽에서 차량 공유는 평균 운전자의 이산화탄소 배출량을 40~50% 정도 낮추었다고 한다. 차량 공유 네트워크는 여러 미국 도시 및 몇몇 대학 캠퍼스에서 이제 막 시작되었고, 일부 대형 자동차 임대 회사는 시간제로 자동차 임대를 시작했다.

자동차 대안

모터 차량에 대한 여러 가지 대안이 있다. 그림 6.20은 조금 더 지속 가능한 도시를 위한 교통 위계 체계를 나타낸다.

짧은 거리를 위해 광범위하게 이용되는 대안은 **자전거** (페달 동력)이다. 자전거는 적절하면서도 오염 배출이 없고, 운동기회 제공과 더불어 작은 주차공간을 필요로 한다. 경량의 전기 차량과 함께 자전거의 이용 역시 증가하고 있다.

자전거 타기는 덴마크의 코펜하겐과 네덜란드에 있는 모든 도시 이동 중 적어도 1/3을 차지하며, 이것은 미국의 경우 1%밖에 되지 않는 것과 대조적이다.

약 25%의 미국인들은 만약에 안전한 자전거도로와 보관공간이 확보된다면 직장과 학교에 자전거를 타고 갈 것

교통 우선순위

보행(걷기)
자전거
대중교통
상업용 차량
다인승 차량
1인승 차량

그림 6.20 조금 더 지속 가능한 도시를 위한 교통 우선순위. **비판적 사고:** 이와 같은 우선순위를 사용함에 있어 어떤 단점이 있다고 생각하는가? 설명하라.

이다. 80개의 미국 도시를 포함하여 50개국 700개 이상의 도시는 광범위하게 분포하는 자전거 정거장을 갖추고 있으며 자전거를 빌리기 원하는 개인에게 허용하는 **자전거 공유** 시스템을 갖추고 있다. 오리건 주 포틀랜드 시는 미국에서 가장 자전거 친화 도시 중 하나이며 광역버스 및 경전철체계를 갖추고 있다(그림 6.21).

모터 차량에 대한 여러 가지 대안은 각각 장점과 단점이 있다. 그림 6.22~6.25는 자전거, 간선급행버스(BRT)체계, 대량수송철도체계(도시 내), 고속철도체계(도시 간) 등에 대한 각각의 장점과 단점을 요약하고 있다.

생각해보기

자연에서 배우기
물총새의 긴 부리는 물고기를 사냥할 때 물을 튀기지 않고 빠른 속도로 잠수할 수 있도록 만든다. 일본에서 설계자들은 물총새의 부리 모양을 본떠서 초고속 열차의 전면 부를 설계함으로써 속도는 높이고, 소음은 줄일 수 있었다.

그림 6.21 1986년 이래로, 광범위한 자전거 사용과 경전철체계가 오리건 주 포틀랜드 시에서 자동차 사용을 줄이는 데 도움이 되었다.

Ken Hawkins/Alamy Stock Photo

상충 관계

자전거

장점	단점
조용하고 오염이 없음	사고에 대해 보호장치가 거의 없음
제작하는 데 자원이 거의 소모되지 않음	나쁜 날씨에 대한 보호장치가 없음
화석연료를 전혀 태우지 않음	먼 거리 이동 시 실용적이지 못함
주차 공간이 거의 필요치 않음	자전거 주차 공간이 아직 널리 퍼져 있지 않음

Tyler Olson/Shutterstock.com

그림 6.22 자전거의 장점과 단점. **비판적 사고:** 가장 중요하다고 생각하는 장점과 단점을 한 가지씩 제시하라.

상충 관계

버스

장점	단점
자동차 사용과 공기 오염을 줄임	여유 있는 요금을 요구하기 때문에 돈을 낭비할 수 있음
필요할 땐 경로를 다시 정할 수 있음	교통체증에 갇힐 수 있으며 소음과 오염을 유발
철도 시스템보다 비용이 저렴	탑승자들은 운송 스케줄을 지켜야 함

Isaak/Shutterstock.com

그림 6.23 간선급행버스(BRT)체계와 도시 지역 기존 버스체계의 장점과 단점. BRT체계는 버스를 이용하기 전에 전용 버스정류장의 기계에서 비용을 지불하고, 보다 빠른 탑승을 위한 문이 3~4개 있으며, 통상 전용차로가 있어 버스 이용을 보다 편리하게 만든다. **비판적 사고:** 가장 중요하다고 생각하는 장점과 단점을 한 가지씩 제시하라.

상충 관계	
대량 수송 철도	
장점	단점
자동차보다 공기 오염이 적으며, 에너지 소모도 더 적음	건설하고 유지하는 데 비용이 많이 듦
도로나 주차장보다 더 적은 토지를 씀	인구가 밀집되어 있는 지역에 설치해야만 경제적으로 효율이 높음
자동차보다 사고율이 더 적음	탑승자들은 운송 스케줄을 지켜야 함

그림 6.24 중철체계(지하철, 고가 철도 등)와 경전철체계(노면 전차, 트램 등)를 포함하는 도시 내 대중교통 철도체계의 장점과 단점. **비판적 사고:** 가장 중요하다고 생각하는 장점과 단점을 한 가지씩 제시하라.

상충 관계	
고속철도	
장점	단점
자동차와 비행기보다 탑승자당 에너지 효율성이 훨씬 좋음	사람들이 자주 다니는 곳에 설치해야만 금전적으로 효율이 높음
자동차와 비행기보다 공기 오염이 더 적음	인근 주민들에게 소음과 진동을 유발
항공 여행, 자동차, 도로, 주차장에 대한 필요성을 줄일 수 있음	보통 건설하고 운영하는 데 대규모 정부 보조금이 필요

그림 6.25 도시 간 고속철도체계의 장점과 단점. 서유럽, 일본 및 중국에는 시간당 최대 306 km의 속도로 도시 간을 연결하는 수많은 초고속 열차가 있다. **비판적 사고:** 가장 중요하다고 생각하는 장점과 단점을 한 가지씩 제시하라.

6.7 어떻게 도시를 더 지속 가능하고 살기 좋게 만들 수 있는가?

개념 6.7 생태도시는 사람들이 대부분의 이동을 위해 걷거나, 자전거를 타거나, 대중교통을 선택하도록 하며; 대부분의 쓰레기를 재활용하거나 재사용하도록 하며; 많은 작물을 재배하도록 하며; 주변 토지를 보전함으로써 생물의 다양성을 보호하도록 한다.

스마트 성장

스마트 성장(smart growth)이란 정책과 방법론으로 구성된 하나의 틀이며, 이는 자동차에 대한 의존도는 줄이면서 좀 더 환경 친화적이고 지속 가능한 도시 개발을 독려하기 위한 것이다. 이것은 생태 발자국을 줄이기 위해 토지사용제한법과 접근수단 증진을 위한 방법론 등을 활용한다.

스마트 성장은 스프롤(팽창)을 지양할 수 있고, 교통 체증을 줄이고, 생태적으로 민감하고 중요한 지역 및 수로를 보호할 수 있으며 살고 있는 주변지역을 더욱 즐거운 장소로 개발하도록 할 수 있다. 그림 6.26은 도시성장 조절과 팽창을 예방하기 위해 많이 활용되는 스마트 증진 기법을 목록화하여 보여주고 있다.

생태도시 개념: 보다 지속 가능한 도시

많은 환경과학자들과 도시계획가·조경가들은 우리에게 훌륭한 생태적 설계(우리에게 유해한 환경 영향을 줄이고, 유익한 환경 영향 늘리는)를 통해 새로운 그리고 기존의 도시 지역에 살기에 보다 더 즐겁고, 친환경적인 곳으로 만들 것을 요구하고 있다.

이런 경향의 중요한 결과물이 바로 차량 지향적인 도시가 아니라 사람 지향적인 **생태도시**(eco-city)다(개념 6.7). 이곳의 거주민들은 이동하기 위해 걷거나, 자전거를 타거나, 오염물질을 덜 유발하는 대중교통을 이용할 수 있다. 이곳의 건물, 차량, 기기는 에너지 효율성이 매우 높다. 지방 기후와 토양에 적응되어 있는 나무와 식물은 그늘, 미관, 야생 서식지를 제공하고 공기 오염, 소음, 토양 부식을 줄이기 위해 도시 전체에 심어져 있다.

생태도시에서 버려진 장소와 산업 지역은 정화되고 복원되고 있다. 인근의 숲, 초원, 습지, 농장은 보전되어 있다. 사람들이 먹는 대부분의 음식은 인근의 유기농 농장과 태양열 이용 온실, 공동체 정원 그리고 옥상과 뜰과 창가 화단의 조그만 정원에서 구한다. 모든 사람들은 공원을 쉽게 이용할 수 있다. 생태도시에 살거나 설계하는

똑똑한 성장 도구

제한과 규제

건축 허가 제한

도시 성장 경계선 긋기

도시 주변에 그린벨트 설정

구역제

주택과 소규모 사업을 조합하여 사용할 것을 촉진

대량 운송 시설 근처에 개발을 집중

기획

생태적 토지 사용 계획

환경 영향 평가

통합 지역 계획

보호

개방 공간 보존

새로운 개방 공간 매입

특정 유형의 개발 금지

세금

건물이 아니라 토지에 세금 부과

개발된 땅으로서 가장 높은 가치에 대해서가 아니라 실제 사용 가치에 대해 토지세 부과

세금우대 조치

특정 유형의 개발을 하지 않는다는 데 동의하는 소유자를 위해

도시에서 버려진 장소를 청소하고 개발하는 것에 대해

새로운 활력과 새로운 성장

기존의 도시와 마을에 활력 불어넣기

도시 내에 잘 설계된 신도시와 마을 짓기

그림 6.26 우리는 도시 성장과 스프롤을 예방하고 억제하기 위해 신도시화 도구나 이러한 똑똑한 성장을 사용할 수 있다. **비판적 사고:** 도시 스프롤을 예방하거나 억제하기에 가장 적합하다고 생각하는 도구 다섯 가지는 무엇인가? 어쨌든, 당신의 공동체에서 이미 시행되고 있는 도구는 무엇인가?

사람들은 미국 도시계획자인 멈포드(Lewis Mumford)가 30년보다도 이전에 말했던 충고를 심각하게 받아들인다. "빌어먹을 자동차는 잊어라. 그리고 연인과 친구들을 위한 도시를 건설하라."

생태도시는 현실적으로 불가능한 것이 아니라, 수많은 도시를 보다 친환경적으로 그리고 살만한 곳으로 노력하여 만들 수 있는 현실이다. 브라질의 쿠리치바가 그 사례다(다음 사례 연구 참조). 또한 다른 사례로는 콜롬비아

의 보고타, 뉴질랜드의 웨이타커시, 스웨덴의 스톡홀름, 핀란드의 헬싱키, 영국의 라이세스터, 네덜란드의 니어랜드 그리고 미국의 경우 오리건 주의 포틀랜드, 캘리포니아 주의 데이비스, 워싱턴 주의 올림피아, 테네시 주의 채터누가가 있다.

브라질 쿠리치바의 생태도시 개념

생태도시의 사례로서 쿠리치바(Curitiba)가 있다. 이 도시의 인구는 190만 명이며, 브라질의 "생태수도"로서 알려져 있다. 1969년 이 도시의 기획자들은 자동차가 아니라 저비용의 효율적인 대량 운송 시스템에 초점을 맞추기로 결정했다.

쿠리치바의 간선급행버스체계(BRT체계)는 도시 전체에 걸쳐 통근자들의 72%를 포함한 많은 수의 승객을 효율적으로 운송하고 있다. 이 급행버스체계의 5개 주요 '바퀴살(spoke)' 각각은 도시 중심과 외곽 지역이 서로 연결되어 있으며(그림 6.27의 지도 참조), 두 개의 버스 전용차로를 가지고 있다. 2단 및 3단 굴절 버스는 300명까지 승객을 수송할 필요가 있을 때 서로 연결될 수 있다. 넓은 버스문과 승객들이 버스에 타기 전에 요금을 계산할 수 있는 유리 튜브로 된 승차 플랫폼을 사용하여 승차는 신속하게 이루어진다(그림 6.27의 사진).

고층아파트 건축은 주요 버스길 근처에서만 허용되고 있으며, 모든 빌딩은 아래 두 개 층을 가게로 사용해야 한다. 이로 인해 거주민들은 굳이 이동할 필요가 없다. 시내 지역 중심가에서 49블록까지 자동차는 금지된다. 이 중심가는 버스정류장, 공원 그리고 도시의 대부분 지역을 가로지르는 자전거 길에 연결되어 있는 보행자 인도망을 갖추고 있다. 결과적으로 쿠리치바는 1인당 더 적은 에너지를 사용하며, 대부분의 비슷한 도시들보다 더 적은 교통 체증과 더 낮은 온실가스 및 공기 오염물질을 배출한다.

도시 내 위치한 여섯 개의 하천을 따라 입지한 건물들을 없앴고, 여러 개의 공원이 연계된 하천으로 서로 연결되었다. 자원활동가들은 도시 전체에 걸쳐 150만 그루 이

Top: Tungphoto/Shutterstock.com. Bottom: iStockphoto.com/Richard Schmidt-Zuper.

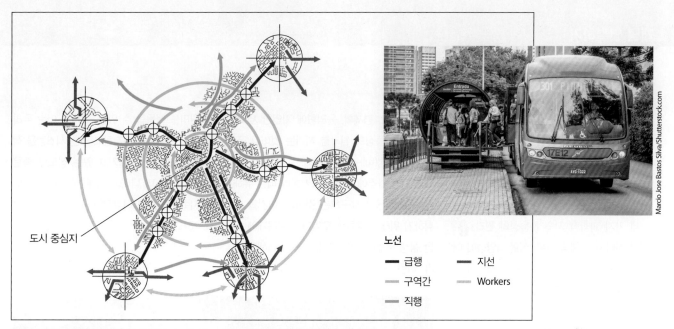

그림 6.27 해결책: 쿠리치바의 급행버스체제는 이 도시에서 자동차 사용을 크게 줄였다.

상의 나무를 심었다. 이 나무들은 허가 없이 하나도 잘려 나가지 않았으며, 벌목허가를 얻기 위해선 자르는 나무 한 그루당 두 그루의 나무를 새로 심어야 한다.

쿠리치바는 종이를 약 70% 재활용하며, 금속과 유리 그리고 플라스틱을 약 60% 재활용한다. 복원된 물질은 대개 그 도시에 있는 500개 이상의 주요 산업에 팔린다. 그리고 이 산업은 엄격한 오염 기준을 충족해야 한다.

이 도시의 가난한 사람들은 무료로 의료 및 치과 치료와 아이돌보미 그리고 직업훈련을 받으며, 40개의 급식소를 노숙자들이 이용할 수 있다. 쓰레기차가 다니지 않는 지역에 거주하는 가난한 사람들은 쓰레기를 수거해서 이것을 음식, 버스토큰 그리고 문구용품으로 교환할 수 있다. 이 도시는 기초 구직 기술과 직업훈련에서 가난한 사람들을 훈련시키기 위한 움직이는 교실로서 낡은 버스를 활용하고 있다. 다른 퇴역 버스는 저소득 부모에게 무료인 일일 건강 센터와 건강 클리닉 그리고 무료급식소로서 역할을 했다.

쿠리치바 시민 중 약 95%가 읽고 쓸 줄 알며, 성인 중 83%가 최소한 고등학교 교육을 받고 있다. 학교에 다니는 모든 아이들은 생태학을 배운다. 여론 조사에 따르면, 도시 거주자 중 99%가 다른 곳에서 살고 싶지 않다고 한다.

쿠리치바 역시 모든 도시들이 그러하듯이 1965년 이후 인구가 5배로 증가했기 때문에 여러 가지 도전에 직면해 있다. 이전에 청소했던 하천은 자주 오염물질로 뒤덮여 있다. 버스체제는 수용력 한계에 근접해 있으며, 자동차 소유는 증가하고 있다. 이 도시는 버스체제에 대한 압박을 경감시키기 위해 경전철체제를 건설할 것을 고려 중에 있다.

이런 국제적으로 칭송받는 도시계획 및 지속 가능성 모델은 건축가이며 전임 대학교수인 레르네르(Jaime Lerner)의 생각이다. 그는 1969년 이후 이 도시의 시장을 세 번이나 역임했다.

핵심 주제

- 인구 및 세계 1인당 자원 소비량은 지구의 자연 자본에 대한 증가하는 부담과 성장을 함께하고 있다.
- 우리는 경제 개발을 통해 빈곤을 줄이고 여성의 지위를 높이며 가족계획을 장려함으로써 인구 증가를 늦출 수 있다.
- 세계 인구의 절반 이상이 살고 있는 대부분의 도시 지역은 보다 지속 가능하고 살기 좋게 만들지 않으면 지속 불가능한 시스템이다.

인구 증가, 도시화, 지속 가능성

이 장에서, 우리는 인구 증가와 도시 지역의 확장, 이에 따른 환경의 영향, 인구 증가 속도 감소, 그리고 어떻게 도시를 보다 더 지속 가능하고 살만한 곳으로 만들 수 있는가를 살펴보았다.

세 가지 과학적 지속 가능성의 원리 (태양 에너지, 화학적 순환, 생물 다양성에 대한 의존)는 인구 증가와 도시 확장, 태양과 기타 재생에너지 과학기술을 광범위하게 적용하는 것과 관련하여 생기는 문제점을 다루는 데 있어서 우리를 이끌어 줄 수 있다. 우리는 인구, 1인당 자원 소비량 증가, 도시 지역 확장에 따라 증가하는 기후변화 원인가스의 오염과 배출을 줄일 수 있다. 더 많은 자원을 재사용 및 재활용함으로써 쓰레기 배출을 줄일 수 있고, 인간의 생태 발자국을 줄일 수 있다. 그리고 생물 다양성을 보전하는 데 초점을 맞추면서, 우리의 삶을 지원하고 다른 모든 종이 의존하며 살고 있는 자연 생태계를 유지하는 데 도움을 줄 수 있으며, 이것은 우리에게 유익한 환경 영향을 증진시킬 것이다.

지속 가능성을 향한 이런 변화가 만드는 것은 정치학, 경제학, 윤리학에 기인한 세 가지 지속 가능성의 원리를 지키는 것이다. 전체 비용 책정(full-cost pricing)은 재화와 서비스의 시장 가격에 포함된 도시화에 따른 유해한 환경 비용을 요구하는 것이다. 이것을 성취하기 위해 사람들은 오염과 도시문제에 대한 상생 해법을 찾기 위해 함께 노력해야 한다. 이런 해결안의 이행을 통해, 우리는 윤리

적 원리를 적용할 수 있을 것이다. 이는 우리에게 지구의 삶을 지지하고 있는 시스템을 적어도 우리가 지금 즐기고 있는 정도의 좋은 상태 그리고 더 나아가 미래 세대를 위해 더욱 지속 가능하고 이상적인 상태로 남길 것을 요구하고 있다.

JeremyRichards/Shutterstock.com

복습

핵심 사례 연구

1. 어떻게 전 세계 인구가 74억 명을 넘어설 수 있었는지에 대한 내용을 요약했다. 지난 200년간에 걸쳐 세계 인구 급증에 대해 설명하고 있는 세 가지 요인을 나열하라.

6.1절

2. 6.1절의 핵심 개념은 무엇인가? 인구통계학자에 의해 인식되는 세 가지 주요 인구 증가 경향을 요약하라. 매년 얼마나 많은 사람들이 늘어나고 있는가? 우리가 인

간의 필요를 만족시키기 위해 지구 생태계 서비스를 변화시킨 여덟 가지 주요 방식을 나열하라. 인구 증가의 지속 여부와 지속 기간에 대한 토론을 요약하라.

6.2절

3. 6.2절의 두 가지 핵심 개념은 무엇인가? 인구 증가와 감소에 영향을 주는 세 가지 변수에 대해 나열하라. 우리는 지역에서의 인구 변화를 어떻게 산정할 수 있는가? 합계 출산율을 정의하라. 1955년 이래로 세계의 TFR는

어떻게 변화했는가? 미국의 인구 증가에 대해 요약하라. 1인당 자원 소비량 증가를 이끌면서 20세기 미국 내에서 시작된 생활방식의 여섯 가지 변화에 대해 나열하라.

4. 출산율과 출생률에 영향을 주는 여덟 가지 요인을 나열하라. 기대 수명과 유아사망률을 정의하고 그것이 한 나라의 인구 크기에 어떻게 영향을 미치는지 설명하라. 이주란 무엇인가? 이주를 촉진시키는 요인은 무엇인가?

6.3절

5. 6.3절의 핵심 개념은 무엇인가? 한 인구의 연령 구조는 무엇인가? 연령 구조가 인구 성장과 경제 성장에 어떤 영향을 미치는지 설명하라. 인구통계학적 가속도는 무엇인가? 미국의 베이비 붐과 일련의 경제적, 사회적 효과를 설명하라. 노령화인구로 인한 급격한 인구 감소에 연관된 몇 가지 문제점은 무엇인가?

6.4절

6. 6.4절의 핵심 개념은 무엇인가? 인구 변천과 그 4단계는 무엇인가? 빈곤감소와 여성의 지위향상이 인구 증가를 늦추는 데 어떻게 도움을 줄 수 있는지 설명하라. 가족계획은 무엇이고 어떻게 인구 안정화에 이용될 수 있는가? 인도의 인구 증가 통제 노력을 설명하라. 중국의 인구조절 프로그램과 이 프로그램에 대한 최근의 변화에 대해 설명하라.

6.5절

7. 6.5절의 핵심 개념은 무엇인가? 세계 인구의 몇 %가 도시 지역에 거주하고 있는가? 도시 지역이 성장하는 두 가지 방식에 대해 나열하라. 세계 도시 성장에서의 세 가지 동향을 나열하라. 미국 내 도시 성장의 세 가지 양상에 대해 설명하라. 도시 스프롤(팽창)은 무엇인가? 미국 내 도시 스프롤을 촉진시킨 다섯 가지 요인을 나열하라. 도시 스프롤의 원하지 않는 다섯 가지 영향을 나열하라.

8. 도시화의 주요 장점과 단점은 무엇인가? 소음공해를 정의하라. 왜 대부분의 도시 지역이 지속 가능하지 않은 시스템인지 설명하라. 도시 지역 내 빈곤의 주요 양상을 설명하라. 멕시코시티의 주요 도시와 환경 문제점을 요약하고, 어떤 정부기관이 이들 문제점을 다루고 있는가?

6.6절

9. 6.6절의 핵심 개념은 무엇인가? 압축 도시와 분산된 도시를 구분하고 각각의 사례를 제시하라. 자동차를 사용하는 주요 장점과 단점은 무엇인가? 자동차 의존도를 줄이기 위한 네 가지 방법을 나열하라. 왜 미국 내 자동차 이용이 향후 20년에 걸쳐 줄어들 것으로 예측되는가? (a) 자전거 (b) 간선급행버스체계 (c) 도시 내 대량수송철도체계 (d) 도시 간 고속철도체계에 더 의존하는 것의 장점과 단점에 대해 나열하라.

6.7절

10. 6.7절의 핵심 개념은 무엇인가? 스마트 성장을 정의하고, 이것의 장점을 설명하라. 생태도시를 정의하고, 생태도시 모델을 설명하라. 어떻게 브라질 쿠리치바가 생태도시가 되려고 했는가에 대한 다섯 가지 사례를 제시하라. 6장의 세 가지 핵심 주제는 무엇인가? 어떻게 생태도시가 더욱 지속 가능한 도시 지역을 만들기 위해 여섯 가지 지속 가능성의 원리를 적용하고 있는지 설명하라.

비판적 사고

1. 여러분은 74억의 지구 인구가 너무 많다고 생각하는가? 설명하라. 만약 '예'라고 답한다면, 인구 증가를 늦추기 위해 무엇을 해야 한다고 생각하는가? 만약 '아니오'라고 답한다면, '너무 많다'라고 생각하는 인구 크기가 따로 있다고 생각하는가? 설명하라. 여러분이 살고 있는 국가의 인구가 너무 많다고 생각하는가? 설명하라.

2. 만일 쉼 없이 밤낮으로 일하면서 매순간 새로 오는 사람에게 인사를 할 수 있는 경우, 2016년에 증가한 8,890만 명과 인사하기 위해 몇 년이 걸릴까? 2016년 지구상에 살고 있는 74억 명과 인사하기 위해서는 몇 년이 걸릴까?

3. 주요 지역, 국가 또는 세계 환경 문제를 구분하고, 이 문제에 있어서 인구 증가의 역할을 설명하라.

4. 어떤 사람들은 가장 중요한 환경 목표는 세계의 인구 증가가 현재와 2050년 사이에 최소 92%가 될 것으로 예상되는 저개발국가에서 인구 증가율을 많이 줄이는 것이라고 생각하고 있다. 다른 사람들은 가장 심각한 문제는 세계 자원의 소비를 많이 하고 있는 저개발국가보다 1인당 생태 발자국이 훨씬 큰 선진국의 높은 1인당 자원 소비량에서 발생한다고 주장하고 있다. 이 문제에 대한 당신의 관점은 무엇인가? 설명하라.

5. 여러분은 지구의 인구 규모와 경제 성장에서 예측되는 확대가 지속 가능할 것이라고 생각하는가? 설명하라. 만일 그렇지 않다면, 이것이 어떻게 우리의 삶에 영향을 줄 것이라 생각하는가? 이것은 우리 후손들의 삶에 어떤 영향을 줄 것이라 생각하는가?

6. 차를 갖고 있거나 소유할 생각인 경우, 어느 경우나 차에 대한 의존도를 줄이면서 학교에 가거나 출근하는 데 자전거, 도보, 대중교통 또는 카풀 중 어떤 것을 장려할 것인가?

7. 여러분은 미국(또는 당신이 사는 국가)이 향후 20년에 걸쳐 도시 내 또는 주요 도시 간 이동을 위해 효과적인 급행철도네트워크를 포함하여 종합적이고 통합된 대량수송시스템을 개발해야 한다고 생각하는가?

8. 143~144쪽에 나열된 생태도시의 특성을 검토하라. 이 생태도시 모델이 얼마나 여러분이 살고 있는 도시 또는 인접한 도시에 근접하다고 생각하는가? 생태도시의 가장 중요한 특성 다섯 가지를 선정하고 여러분이 살고 있는 도시가 각각의 특성을 얻기 위한 방법을 설명하라.

환경과학 실천하기

여러분이 다니고 있는 캠퍼스는 도시 커뮤니티 같은 것이다. 생태도시의 다섯 가지 특성을 선정하고 여러분의 캠퍼스에 그것들을 적용하라. 각각의 특성에 대해

1. 이런 특성을 갖는 것에 대해 얼마만큼 잘 하고 있는지와 관련하여 캠퍼스를 측정하기 위해 1~10의 척도를 만들어라. (예를 들어 얼마나 잘 하고 있는가에 대해 학생들에게 '차량 이용'이라고 단적으로 제시하는 것보다는 우회적으로 선택권을 제시하라. 1은 '전혀 그렇지 않다'이고 10은 '아주 우수하다'이다.)

2. 연구를 이행하고 각각의 특성에 대해 캠퍼스를 측정하라.

3. 여러분의 조사과정과 왜 각각의 측정치가 선택되었는지에 대한 설명서를 작성하라.

얼마만큼 캠퍼스가 측정치를 개선할 수 있는지에 대해 제시된 계획을 작성하라.

데이터 분석

아래 도표는 A와 B 두 국가에 대한 선별된 인구 데이터를 나타낸다. 도표를 연구하여 다음 질문에 답하라.

	A 국가	B 국가
인구(백만)	144	82
조출생률	43	8
조사망률	18	10
유아사망률	100	3.8
합계 출산율	5.9	1.3
15세 이하 인구(%)	45	14
65세 이상 인구(%)	3.0	19
출생 시 평균 기대 수명	47	79
도시(%)	44	75

1. A 국가와 B 국가 인구에 대한 자연 증가율(이주가 아닌 출생과 사망에 따른) 계산하라. 각 국가에 대한 이 계산과 표에 있는 데이터를 기초로 해당 국가가 선진국인지 아니면 저개발국인지를 밝히고 당신의 답변에 대한 이유를 설명하라.

2. 두 국가는 각각 인구 변천(그림 6.10)에서 어떤 단계에 있는지를 설명하라. 각 국가가 인구 변천의 나중 단계로 나아가지 못하게 하는 요인을 논의하라.

3. 각 국가에서 15세 이하 인구 비율이 어떻게 인구당 그리고 전체 생태 발자국에 영향을 주는지 설명하라.

7 장

기후와 생물 다양성

우리가 어떤 것 하나를 골라내려고 할 때,
우리는 그것이 우주의 다른 모든 것과 연결되어
있음을 알게 된다.

존 뮤어(John Muir)

이집트 홍해의 산호초

Vlad61/Shutterstock.com

아프리카 사바나

지구는 방대한 생물종이 살아가는 터전(서식지)이다. 초원, 삼림, 사막과 같이 **육지**를 서식지로 삼는 생물군계(biome)와 바다, 산호초(7장 도입부 사진 참조), 호수, 강 등 **수중**을 서식지로 삼는 생물군계가 있다.

왜 어떤 지역은 초원인 반면 다른 지역은 삼림과 사막일까? 답은 기후 차이에서 찾을 수 있다. **기후**는 어떤 지역에서 최소 30년에서 수천 년 동안의 평균 기상 상태를 말한다. 기후 차이는 주로 장기간 동안 날씨의 차이로부터 발생하며, 주로 연평균 강수량과 기온으로 나타낸다. 이 차이가 세 가지 주된 기후 형태인 **열대지방**(일사를 가장 많이 받는 적도 근처 영역), **극지방**(일사를 가장 적게 받는 지구 극 근처 영역), **온대지방**(열대지방과 극지방 사이 영역)을 형성한다.

이 지역들을 살펴보면, 다양한 기후 조건에 적응하여 살고 있는 여러 가지 식생과 동물의 생태계를 발견할 수 있다. 예를 들어 열대지방에서 우리는 **사바나**라고 하는 초원을 발견할 수 있다. 사바나의 나무들은 대부분 키가 작고 군데군데 떨어져 있으며, 이곳의 날씨는 항상 덥고 우기와 건기가 뚜렷하게 나타나는 것이 특징이다. 동아프리카에 있는 사바나는 주로 풀을 뜯어먹으며 방목하는 동물들과 나뭇가지나 잎을 뜯어먹는 발굽이 있는 동물들의 거주지다. 또한 야생의 해충, 가젤, 영양, 얼룩말, 코끼리(그림 7.1), 기린뿐만 아니라 그들의 포식자인 사자, 하이에나, 인간과 같은 종들도 포함된다.

고고학적 증거에 따르면 인류는 아프리카 사바나에서 출현하여 식량을 구하기 위해 식용 식물을 채집하고 동물을 사냥했으며, 동물 가죽으로 옷을 만들어 입고 살았다. 약 10,000년 전 마지막 빙하기 이후로, 지구의 기후는 온난해졌고 인간은 수렵채집 생활에서 사바나와 다른 초원에서 작물을 재배하는 농경 사회로 전환하기 시작했다. 이후, 삼림을 정리하여 농지를 확장하고 마을을 이루며 도시를 건설하기에 이르렀다.

오늘날 아프리카 사바나의 광대한 지역이 경작되고 농경지로 전환되거나 가축 방목에 사용되고 있다. 도시도 그곳으로 확장되고 있으며, 인구 증가 추세가 가장 빠른 대륙인 아프리카의 인구가 증가함에 따라 추세는 계속될 것이다. 그 결과 수백만 년 동안 사바나를 배회한 코끼리, 사자 및 다른 동물의 개체 수가 줄어들고 있다. 이 중 많은 동물들은 서식지를 잃어서, 먹잇감으로, 상아를 얻기 위한 희생 등으로 죽어가기 때문에 앞으로 수십 년 이내에 멸종할 위기에 직면해 있다.

이 장에서는 기후를 결정하는 요소인 육상 및 수생 생태계의 본질 그리고 이런 자연적 형태에 대한 인간 활동의 영향을 공부한다.

그림 7.1 열대지방 아프리카 사바나의 코끼리들

7.1 기후에 영향을 주는 요인은 무엇인가?

개념 7.1 어떤 지역의 기후에 영향을 주는 주된 요인은 태양 에너지, 지구 자전, 대기 및 해양의 전 지구 순환, 대기 중 기체, 지표면 특성 등이 있다.

지구에는 다양한 기후 패턴이 있다

날씨와 기후의 차이를 이해하는 것이 중요하다. **날씨**(weather)는 어떤 지역에서 수 시간에서 수일 동안의 온도, 강수, 습도, 풍속, 구름양 등의 요인과 같은 하층 대기의 물리적인 상태를 말한다. 그 지역의 날씨 요소 중 가장 중요한 요소는 기온과 강수다.

기후(climate)는 날씨와 달리 한 지역의 최소 30년부터 수천 년 동안 대기 상태의 패턴이다. 날씨는 종종 매일, 계절이 바뀔 때마다, 다음 연도로 바뀔 때마다 변동한다. 하지만 기후는 최소 30년 이상 장기간의 평균 대기

상태이기 때문에 천천히 변화하는 경향이 있다.

어떤 지역의 기후에 영향을 미치는 핵심 요소에는 입사하는 태양 에너지, 지구의 자전, 전 지구 대기 및 물 순환, 온실가스, 지표면 특성 등이 있다(**개념 7.1**). 과학자들은 이런 요소와 수십 년 동안 세계 각 지역의 평균 기온 및 강수량을 통해 기후에 따라 세계의 각기 다른 다양한 지역을 설명해왔다. 그림 7.2는 주요 **해류**(ocean currents; 바람과 지형에 따라 형성되는 표면수의 움직임)와 함께 지구의 현재 주요 기후대를 보여준다.

몇몇 기후변화는 입사하는 태양 에너지의 변화, 지구 공전 궤도의 변화, 광범위한 화산 폭발, 해수 온도와 해류의 변화와 같은 자연현상에 의해 발생한다(**개념 7.1**). 지구의 자연적 온실효과를 변화시키는 이산화탄소 및 기타 온실가스의 대량 투입(그림 3.3, 과학적 핵심 7.1)과 같은 인간 활동 또한 기후변화를 야기한다.

지역의 기후를 결정하는 다음과 같은 몇몇 요소가 있다.

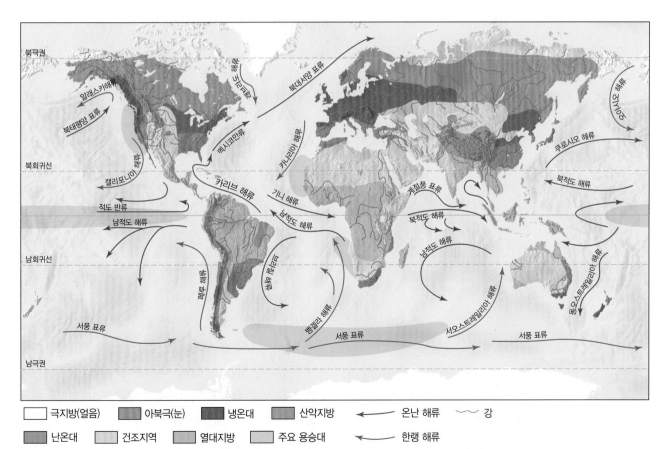

그림 7.2 자연 자본: 지구의 현재 기후대의 일반화된 지도에 주요 해류와 용승 지역(해양 바닥의 영양분을 표면으로 끌어올리는 해류)를 나타내었다.
질문: 이 지도에서 당신이 살고 있는 기후의 일반적인 형태는 무엇인가?

온실가스와 기후

하층 대기의 기체는 그 기체의 온도에 영향을 주고 그에 따라 지구의 기후에도 영향을 준다. 지표면에 도달한 태양 에너지의 일부는 대기 중으로 다시 방출된다. 수증기(H_2O), 이산화탄소(CO_2), 메테인(CH_4), 아산화질소(N_2O)를 포함하는 대기 중의 특정 가스 분자는 태양 에너지의 일부를 흡수하고, 일부는 적외선 복사(열)로 방출하여 지구 하층 대기의 온도가 상승한다. 이런 기체를 **온실가스**(greenhouse gases)라 한다. 온실가스는 하층 대기의 평균 기온을 결정하고 따라서 지구

의 기후를 결정하는 역할을 한다. 이처럼 하층 대기의 자연적인 기온 상승 현상을 **온실효과**(greenhouse effect)라 한다(그림 3.3 참조). 이런 자연적인 가열 효과가 없으면 지구는 현재 평균 기온인 15℃보다 훨씬 추워질 것이고 약 −18℃에 이르러 지구상 대부분의 생명체는 생존할 수 없을 것이다.

화석연료의 연소, 삼림 개간, 작물 재배와 같은 인간 활동은 다량의 온실가스(이산화탄소, 메테인, 아산화질소)를 대기로 방출한다. 기후 모델 예측을 통해 제시되는 다양한 과학

적 증거는 인간 활동이 지구의 온실가스 제거 기능인 탄소 및 질소 순환보다 더 빠르게 온실가스를 배출하고 있음을 보여준다. 이런 배출은 지구의 대기를 가열하고 지구의 자연적인 온실효과를 강화하고 지구의 기후를 바꾼다. 더 자세한 내용은 15장에서 다룬다.

비판적 사고

만약 인간 활동이 지구의 온실효과를 계속해서 강화한다면 우리의 삶은 어떻게 변할 것인가?

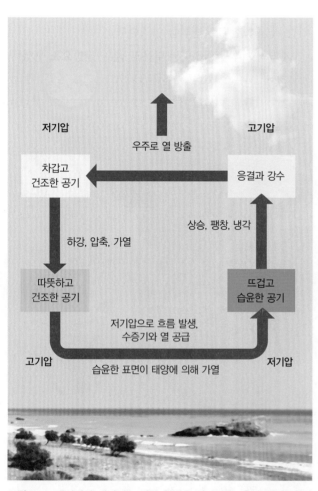

그림 7.3 대기에서 에너지는 **대류** 형태로 전달된다─온난습윤한 대기가 상승한 후 냉각되어 강수의 형태로 열과 수분을 방출하는 과정(그림 오른쪽 과정과 상단 가운데 과정). 한랭한 건조 대기는 하강하여 데워지고, 지표면을 가로질러 흐르면서 수증기를 흡수한다.

- 대기의 온실가스(과학적 핵심 7.1)
- 태양 에너지에 의해 이루어진 대류 세포 속 공기 순환(그림 7.3)
- 태양의 지표면 차등 가열. 태양광의 입사 각도에 따라 극지방보다 적도에서 대기가 가열되는 양이 훨씬 많다. 이것은 왜 적도 근처의 열대지방은 덥고 극지방은 추우며, 두 지역 사이에 있는 온대지방은 따뜻하고 시원한지 설명해준다.
- 전 지구 대기 순환의 패턴은 열대지방과 세계의 다른 지역 사이의 열과 강수를 불균일하게 분배한다(그림 7.4).
- 해양의 해류(그림 7.2, 그림 7.5)는 태양으로부터의 열을 분배한다.

지구의 공기 순환 패턴, 탁월풍 및 대륙과 해양은 6개의 해들리 세포(Hadley cells)를 형성하는 중요한 구성 요소이다. 해들리 세포란 따뜻한 공기가 상승하여 차가워지고, 다시 하강한 후 가열되어 상승하는 거대한 순환 패턴이 발생하는 넓은 지역들을 의미한다(그림 7.3, 7.4). 이와 같은 모든 요소가 어우러져서 그림 7.4에서 볼 수 있듯이 사막, 초원, 삼림과 함께 불규칙한 기후대의 분포를 야기한다(**개념 7.1**).

해양과 대기는 두 가지 방식으로 밀접하게 연결되어

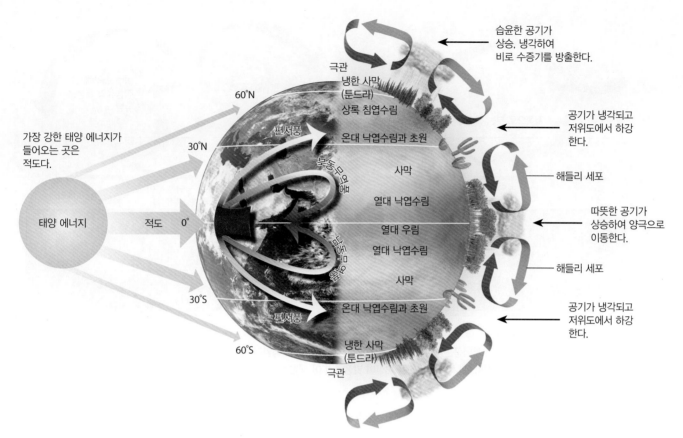

그림 7.4 전 지구 대기 순환: 해들리 세포(오른쪽)에서 순환하는 공기는 적도에서 상승하고 적도 쪽으로 다시 내려오게 되는데, 지구의 자전으로 인해 동쪽 또는 서쪽으로 편향된다(왼쪽). 이렇게 하여 지구의 탁월풍(편서풍, 북동무역풍, 남동무역풍)이 대기의 열과 수분을 분배하는 것을 돕고 결국 삼림, 초원, 사막의 다양함을 만든다.

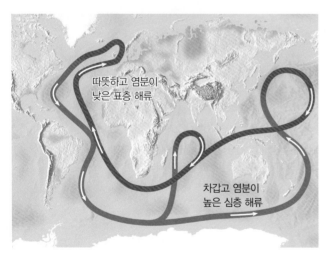

그림 7.5 심층과 표층 해류의 연결된 고리는 따뜻하고 차가운 바닷물을 지구의 다양한 곳으로 이동시킨다.

있다. 해류는 부분적으로 대기의 바람에 의해 움직이며 해양에서 방출된 열은 대기 순환에 영향을 준다. 해양과 대기의 상호작용 중 한 가지 예시는 엘니뇨−남방진동(El Nino−Southern Oscillation, ENSO)이다(그림 7.6). 이런 거대한 규모의 기상현상은 열대 태평양에서의 탁월풍이 약해지고 방향이 바뀌는 수 년의 주기로 발생한다. 결과적으로 평균을 웃도는 태평양 해수면 온난화로 인해 지구의 적어도 2/3가 넘는 지역에 1~2년 동안 날씨가 바뀐다. 예를 들어 어떤 지역에서는 1~2회 연속 온난한 겨울이 이어졌다.

지구 지표면 특징이 지역 기후에 영향을 미친다

지표면의 다양한 지형적 특징은 어떤 지역의 일반적인 기후와는 다른 국지적인 기후 조건을 형성한다. 예를 들어 산악 지형은 지상풍의 흐름을 방해하는데, 바다에서 육상으로 불어 들어오는 습윤 공기가 산맥을 만나면 공기는 상승하면서 한랭해지고 팽창한다. 결국 산의 풍상측에서 눈이나 비가 되어 내리면서 수분을 잃어버린다.

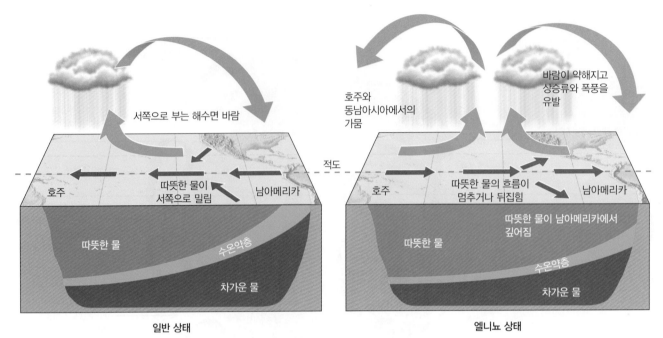

서쪽으로 부는 해수면 바람

호주와 동남아시아에서의 가뭄

바람이 약해지고 상승류와 폭풍을 유발

적도

호주 　따뜻한 물이 서쪽으로 밀림 　남아메리카

호주 　따뜻한 물의 흐름이 멈추거나 뒤집힘 　남아메리카

따뜻한 물이 남아메리카에서 깊어짐

따뜻한 물 　수온약층

따뜻한 물 　수온약층

차가운 물

차가운 물

일반 상태

엘니뇨 상태

그림 7.6 평상시 동쪽에서 서쪽으로 부는 무역풍은 페루 연안의 열대 태평양에서 차갑고 영양이 풍부한 하층해수가 해수면 위로 올라오는 용승을 야기한다(왼쪽). 무역풍 약화로 인해 몇 년 주기로 **엘니뇨-남방진동** 현상이 발생하면 이 패턴을 1~2년 동안 교란한다.

탁월풍이 바다로부터 수분을 흡수한다.

산맥의 풍상측에서 공기는 상승하여 한랭해지고, 수분을 방출한다.

산맥의 풍하측에서 공기는 하강하여 온난해지고 약간의 수분을 배출하며, 비그늘 효과를 일으킨다.

그림 7.7 비그늘 효과는 산사면의 풍하측에서 강수량을 감소시키고 지표면의 수분 손실을 일으킨다. 온난습윤한 해풍은 산맥의 풍상측 사면에서 눈이나 비로 내리면서 수분을 잃어버린다. 이로 인해 산맥의 풍하측에서 반건조 또는 건조 상태가 나타난다.

　　산꼭대기의 건조한 공기가 풍하측 사면을 따라 하강하면 공기는 데워진다. 이는 수분을 머금을 수 있는 능력은 증가하지만, 대신에 식물 및 토양을 건조시키는 경향이 있다. 이 과정을 **비그늘 효과**(rain shadow effect)라 한다(그림 7.7). 이런 과정은 수십 년 동안 높은 산맥의 풍하측 사면에 반건조성 또는 건조성 상태를 만들었다. 때로는 이런 효과가 미국 남서부 산맥의 풍하측 사면에 있는 모하비 사막의 '죽음의 계곡(Death Valley)'을 형성하기도 한다.

　　도시 또한 뚜렷한 미기후를 형성한다. 벽돌, 콘크리트, 아스팔트 및 기타 건축 구조물은 열을 흡수하여 저장하고 빌딩은 바람을 차단한다. 자동차와 빌딩의 냉, 난방 시스템은 많은 양의 열과 오염물질을 배출한다. 그 결과 평균적으로 도시에서는 연무와 스모그가 더 발생하고, 온도가 더 높으며, 주변의 교외 지역보다 풍속이 약한 경향이 있다. 이런 요소들이 도시를 **열섬**으로 만든다.

7.2 육상 생태계의 주요 형태는 무엇이고 인간 활동이 육상 생태계에 어떤 영향을 미치는가?

개념 7.2A 사막, 초원, 삼림 생물군계는 기후와 위치에 따라 열대, 온대, 한대 생물군계가 될 수 있다.

개념 7.2B 인간 활동은 지구상에 존재하는 많은 사막, 초원, 삼림이 제공하는 생태계·경제 서비스를 교란하고 있다.

기후는 육상 생물이 사는 곳에 영향을 준다

지구에서 어떤 지역은 사막이고, 다른 지역은 초원이며, 또 다른 지역은 삼림인지에 대한 이유는 기후의 차이로 설명할 수 있다(그림 7.2). 전 지구 대기 순환, 해류와 함께 연평균 강수량과 기온의 상호작용으로 그림 7.8에 요약된 것처럼 열대, 온대, 극지의 사막, 초원, 삼림이 형성된다(개념 **7.2A**).

기후와 식생은 위도와 높이, 즉 해발고도에 따라 달라진다. 지표에서 정상까지 높은 산을 오를 때, 다양한 식물의 변화를 관찰할 수 있다. 이것은 마치 적도에서 북극까지 이동할 때 관찰되는 패턴과 유사하다.

그림 7.9는 과학자들이 지구를 특정 기후나 식생에 의해 특화된 주요 **생물군계**(biomes)로 구분한 것이다. 육상 생물계와 수생 생태계의 다양성은 지구의 자연 자본의 중요한 요소 중 하나인 지구의 생물 다양성(그림 4.2 참조)의 네 가지 요소 중 하나다. 그림 4.4는 위도 39선을 따라 나열된 미국 주들의 주요 생물군계가 어떻게 기후와 관련이 있는지 보여준다.

그림 7.9에서 생물군계는 뚜렷한 경계를 나타내고, 각각의 생물군계는 대표적인 식생 유형으로 덮여 있다. 각각은 균일하지 않은 다양한 생물학적 군집을 이루지만, 전체적으로는 전형적인 생물군계의 유사성을 가지면서

그림 7.8 자연 자본: 오랜 시간에 걸쳐 제한요소로 작용하는 평균 강수 및 평균 기온은 어떤 특정 지역에서 사막, 초원, 삼림, 식물, 동물의 종류 및 그 지역(인간 활동에 의한 교란이 일어나지 않았다고 가정)에서 발견되는 세균, 곰팡이 등의 자연분해자를 결정하는 역할을 한다.

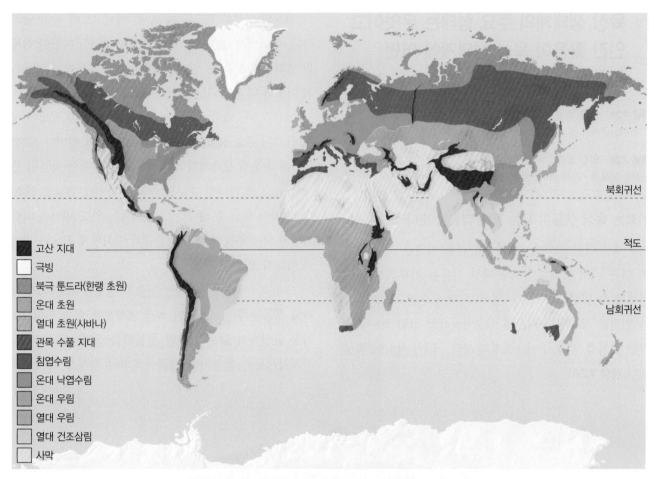

그림 7.9　자연 자본: 기후와 지배적인 식생의 상호작용에 의해 특성화된 지구의 주요 **생물군계**

범례:
- 고산 지대
- 극빙
- 북극 툰드라(한랭 초원)
- 온대 초원
- 열대 초원(사바나)
- 관목 수풀 지대
- 침엽수림
- 온대 낙엽수림
- 온대 우림
- 열대 우림
- 열대 건조삼림
- 사막

북회귀선
적도
남회귀선

모자이크로 대표 군집이 표현된다. 이런 조각들은 동식물에게 필요한 자원의 불규칙적인 분포 때문에 생기거나 인간 활동이 다년간에 걸쳐 식생을 제거, 변경시킴으로써 발생한다.

　서로 다른 두 생태계 또는 생물군 사이의 이행대(eco-tone)에 따라서도 차이가 존재한다. 이행대는 상이한 고유 서식지와 함께 두 생태계 사이 공통적인 서식지를 포함할 수도 있다. **주변효과**(edge effect)는 더 많은 종들의 다양성을 가지며 개별 생태계 중 더 높은 밀도의 생물체를 가지는 경향성이다.

사막의 유형

사막에서 연간 강수량은 적고 보통 연중 산발적으로 내린다. 주간에는 타는 듯한 태양이 지면을 데우고, 식물 잎이나 토양으로부터 수분을 증발시킨다. 야간에는 지면에 저장된 대부분의 열이 빠르게 대기 중으로 방출된다. 이것은 왜 사막에서 낮에는 뜨겁고 밤에는 추위에 떨게 되는지를 설명해준다.

　적은 강수량과 다양한 평균 기온의 상호작용으로 인해 열대, 온대 및 한대 사막을 형성하게 된다(그림 7.8, 7.9, **개념 7.2A**). 아프리카의 사하라나 나미브와 같은 **열대 사막**(그림 7.10, 위 사진)은 연중 내내 뜨겁고 건조하다(그림 7.10, 위 그래프). 그곳에는 식물이 거의 없고 지면이 딱딱하며 돌이나 모래가 바람에 날린다.

　온대 사막(그림 7.10, 가운데 사진)에서는 주간 기온이 여름철 온도는 높고 겨울철 온도는 낮으며 열대 사막에서보다 더 많은 강수가 내린다(그림 7.10, 가운데 그래프). 식생은 드문드문 넓게 분산되어 있고 건조한 환경과 온도

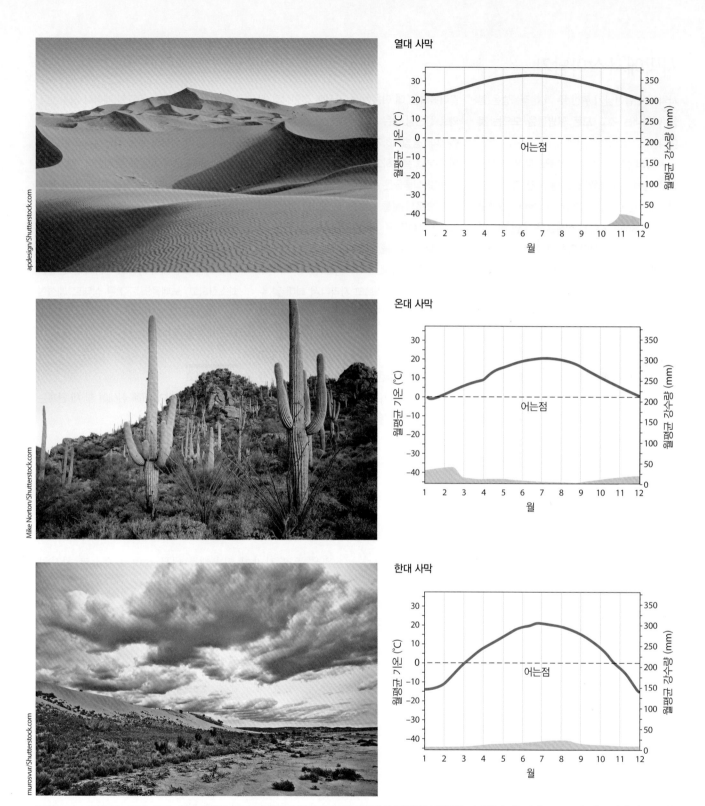

그림 7.10 그래프는 열대, 온대, 한대 사막의 연간 기온(빨간색)과 강수량(파란색)의 전형적인 변화를 나타낸다. 위 사진: 모로코에 있는 **열대 사막**. 가운데 사진: 캘리포니아 남동쪽 **온대 사막**으로, 이 생태계에서 유명한 사와로(saguaro) 선인장이다. 아래 사진: 몽골 고비 사막(**한대 사막**). **데이터 분석**: 세 가지 유형의 각 사막에서 연중 최고 기온 그리고 연중 최저 강수량이 나타나는 달은 몇 월인가?

사막에서 살아남기

사막에서 살아남기 위한 두 가지 적응법은 **열을 이겨내는 것과 모든 물방울을 모으는 것**이다.

사막의 식물들은 이를 바탕으로 많은 적응법을 통해 진화해왔다. 오랜 시간 덥고 건조한 기간 동안 메스키트(mesquite)와 크레오소트(creosote)와 같은 식물들은 휴면 상태로 살아남기 위해 자신의 잎을 떨어뜨렸다. 사와로 선인장(그림 7.10, 가운데 사진)과 같은 **다육다즙의 식물**은 증발을 통한 수분 손실을 막기 위해 잎이 없다. **기공**을 밤에만 열어서 이산화탄소(CO_2)를 배출하고 수분 손실을 최소화한다. 또한 선인장들은 물을 저장하고 그들의 확장 가능한 다즙의 조직에서 영양분을 합성한다. 선인장과 다른 사막 식물들의 가시는 그들이 가진 귀중한 수분을 노리는 초식동물들로부터 먹지 못하도록 막아준다.

몇몇 사막 식물들은 깊은 뿌리를 지하수를 끌어올리는 데 이용한다. 가시배 선인장과 사와로 선인장 같은 다른 식물들은 소나기가 내린 후에 광범위하게 뻗은 얇은 뿌리를 이용하여 수분을 흡수하고 흡습성 조직에 저장한다.

몇몇 식물들은 수분 손실을 막는 왁스코팅된 잎으로 수분을 보호한다. 해마다 야생화나 잎사귀 식물들은 씨앗이 발아할 수 있을 만큼 충분한 수분을 얻을 때까지 몇 년 동안이나 비활성 상태로 기다리기도 한다. 비가 오면, 이 씨앗들은 싹트고 자라나서 최대 몇 주 동안 형형색색의 꽃들이 사막에서 피어날 때가 있다.

대부분의 사막 동물은 크기가 작다. 몇몇은 낮 동안 서늘한 굴이나 바위의 갈라진 틈에서 더위를 이기고, 밤이나 이른 아침에 활동한다. 어떤 종들은 매우 덥고 건조한 기간 동안 휴면 상태로 지낸다. 낙타와 같은 큰 동물들은 수시로 많은 양의 물을 섭취하고, 지방 세포에 보관하여 필요할 때마다 사용한다. 또한 낙타의 두꺼운 털은 피부 밖에 얇은 공간을 만들어 외부와 열을 차단시키고 땀을 흘리지 않음으로써 체온을 유지한다. 캥거루쥐는 증발로부터 수분 손실을 막기 위해 물을 마시지 않는다. 그 대신 먹이인 씨앗의 지방을 분해하여 수분을 얻는다.

곤충 및 방울뱀과 같은 파충류는 두꺼운 피부 바깥 표면에서 증발로 인한 수분 손실을 최소화하고, 노폐물도 건조된 상태로 배설한다. 거미와 곤충은 이슬이나 음식 영양분으로부터 수분을 흡수한다.

비판적 사고

사막에서 살아남기 위해 취해야 할 세 단계는 무엇인가?

변화에 적응된 내건성 관목이나 선인장류 또는 다육식물이 주를 이룬다.

몽골 고비 사막과 같은 한대 사막(그림 7.10, 아래 사진)에는 식생이 거의 없다. 겨울은 춥고 여름은 온난하거나 덥고, 강수는 적다(그림 7.10, 아래 그래프). 모든 유형의 사막에서 식물 및 동물은 차가운 곳에서 머무르며 생존할 만큼의 물을 얻을 수 있도록 적응해왔다(과학적 핵심 7.2).

사막 생태계는 손상되기 쉽다. 왜냐하면 성장이 느린 식물, 종 다양성의 부족, 토양 내 느린 박테리아 활동으로 인한 느린 영양염 순환 및 매우 부족한 수분 때문이다. 자동차가 지나간 타이어 자국이 회복되려면 수십 년에서 수 세기가 소요될 수도 있으며, 그것은 또한 지하에 살아가는 다양한 동물들의 서식지를 파괴할 수도 있다. 식생의 부족(특히 열대 사막과 극지 사막)은 모래폭풍으로부터 강한 바람의 침식작용에 취약하게 한다.

초원의 유형

초원은 주로 사막이 되기에는 너무 습하고 숲으로 성장하기에는 너무 건조한 지역의 대륙 내부에 생성된다(그림 7.9). 주기적인 가뭄, 초식동물들의 방목, 때때로 발생하는 화재와 같이 관목과 나무의 개체 수가 너무 많아지지 않고 조절되면서 초원이 유지된다.

낮은 평균 강수량과 평균 온도의 상호작용으로 인해 열대, 온대, 한대(북극 툰드라)의 세 가지 유형의 초원이 형성된다(개념 7.2A). 열대 초원 중 하나인 사바나(핵심 사례 연구, 그림 7.11, 위 사진)는 넓게 분산된 덤불 나무들이 있으며 보통 연중 온난하고 건기와 우기가 교대로 나타난다(그림 7.11, 위 그래프).

동아프리카의 열대 사바나(핵심 사례 연구)는 누와 가젤, 얼룩말, 기린, 영양 등의 초식동물뿐만 아니라 그들의 포식자인 사자, 하이에나, 인간 등이 서식하는 곳이다. 코끼리는 풀, 나뭇잎, 나무껍질, 나뭇가지, 관목 등

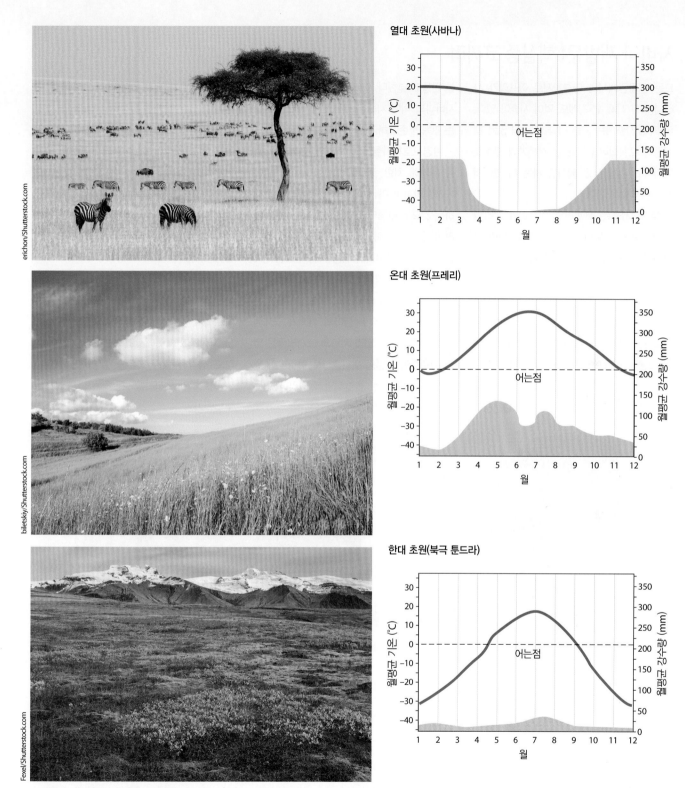

그림 7.11 그래프는 열대, 온대, 한대 초원의 연간 기온(빨간색)과 강수량(파란색)의 전형적인 변화를 나타낸다. 위 사진: 아프리카 케냐의 사바나(열대 초원)이며 얼룩말 떼가 풀을 뜯고 있다. 가운데 사진: 미국 일리노이 주의 프레리(온대 초원). 아래 사진: 아이슬란드의 북극 툰드라(한대 초원)의 가을 모습이다. **데이터 분석:** 세 가지 유형의 각 초원에서 연중 최고 기온 그리고 연중 최저 강수량이 나타나는 달은 몇 월인가?

사바나 재방문: 핵심종 코끼리

모든 생물권에서와 마찬가지로 아프리카 사바나(핵심 사례 연구)에도 먹이 사슬이 있다. 이 먹이 사슬에는 종종 하나 또는 더 많은 핵심종이 포함되며, 핵심종은 생태계의 구조를 유지하고 기능이 잘 되게끔 하는 데 있어서 중요한 역할을 한다.

생태학자들은 코끼리를 아프리카 사바나의 핵심종으로 본다. 그들은 관목과 어린 나무를 먹는다. 이것은 사바나에서 관목의 과성장을 막고 풀이 죽어나가는 것을 방지한다. 만약 그렇게 된다면 풀을 먹고 사는 영양이나 얼룩말 등의 동물들은 먹이를 찾아 사바나를 떠날 것이고 이들을 잡아먹는 사자와 하이에나 같은 육식동물 또한 가버릴 것이다. 코끼리들은 또한 건기 동안 물을 찾기 위해 땅을 파고 다른 동물들도 사용할 수 있는 물웅덩이를 만들고 넓힌다. 아프리카 코끼리가 없으면 사바나의 먹이 사슬은 무너질 것이고 사바나는 관목만 존재하게 될 것이다.

환경보호학자들은 아프리카 코끼리를 멸종 위기에 처한 것으로 분류한다. 1979년에 130만 마리의 야생 아프리카 코끼리가 존재하는 것으로 추정되었다. 오늘날에는 40만 마리의 추정치가 야생에 존재한다. 이 급격한 감소는 주로 코끼리의 귀중한 상아(그림 7.A, 왼쪽)를 노린 불법적인 밀렵이 2016년 기준 하루 평균 96마리의 동물에게 발생하기 때문이다. 1990년 이후로 상아의 거래가 국제적으로 금지되었고, 몇몇 지역의 코끼리들은 멸종 위협종이나 멸종 위기종으로 보호받아 왔지만, 상아를 노린 불법적인 코끼리 밀렵은 계속 되고 있다(그림 7.A, 오른쪽).

코끼리에 대한 또 하나의 주요 위협은 인간이 더 많은 토지를 확장하고 점령하면서 생긴 서식지의 소실과 분할이다. 코끼리가 농작물을 먹고 짓밟아 이로 인해 농부들이 몇몇 코끼리를 죽이게 된다. 이는 환경보호학자에 의해 발표되고 있는 문제다(개별적 문제 7.1). 만약 다수의 위협이 줄어들지 않는다면, 사바나에서 코끼리는 우리가 사는 동안 사라지게 될 것이다.

비판적 사고

아프리카 정부가 코끼리 서식지로 넓은 영역을 지정하고 그곳에서의 개발을 금지해야 한다고 생각하는가? 이유를 설명하라. 사바나의 아프리카 코끼리를 보존하는 다른 대안은 무엇인가?

그림 7.A 아프리카 코끼리가 멸종 위기에 처한 이유 중 하나는 상업적으로 가치 있는 상아 때문이다.

다양한 식물을 섭취하며 핵심종 역할을 한다(과학적 핵심 7.3). 초식동물 무리는 계절마다, 그리고 매년 변하는 강수(그림 7.11, 위 그래프의 파란 영역)와 먹이 다양성에 대응하여 물과 먹이를 찾기 위해 동아프리카의 열대 사바나를 가로질러 이동한다. 사막에서처럼 사바나의 식물들은 가뭄과 극심한 더위에 살아남도록 적응되었다. 많은 식물들은 지하수를 끌어올릴 깊은 뿌리를 가지고 있다.

온대 초원에서 겨울은 몹시 춥고 여름은 덥고 건조하다. 연 강수량은 부족하며 연중 고르지 않게 내린다(그림 7.11, 가운데). 매년 초원 대부분의 풀이 죽고 부패하기 때문에, 유기물질은 축적되어 깊고 비옥한 표토를 생성하게 된다. 표토는 얽히고설킨 두꺼운 뿌리 조직에 고정되어 있다. 만약 표토가 드러나면 강한 바람에 날려갈 수 있다. 이 생물권계의 초원은 가뭄에 적응되어 있으며 화재가 나더라도 뿌리는 제외하고 지면 위로만 타기 때문에 식물이 새로 자랄 수 있다. 세계의 수많은 온대 초원은 토

뚜이 세레이바타나: 코끼리 수호자

Courtesy Tom Dusenbery

1970년 이후로 캄보디아의 우림 면적은 인구 증가, 급속한 발전, 불법 벌채 및 전쟁으로 인해 국가 토지 면적의 70% 이상에서 3%로 감소했다. 심각한 삼림 손실로 인해 코끼리는 농경지에서 먹이와 물을 찾게 되었다. 그 결과 몇몇 가난한 농부들은 농작물을 보호하기 위해 코끼리를 죽였다.

1995년 이후로 삼림학 석사인 뚜이 세레이바타나(Tuy Sereivathana)는 두 가지 목표를 달성하기 위한 임무를 수행해왔다. 하나는 2030년까지 캄보디아의 멸종 위기에 놓인 아시아 코끼리의 개체 수를 두 배로 늘리는 것이다. 다른 하나는 농부들에게 코끼리와 다른 야생동물을 보호하는 것이 가난으로부터 벗어나는 데 도움이 됨을 보여주는 것이다.

세레이바타나는 농부들이 코끼리를 야간에 감시하는 것을 도와주었다. 그는 그들에게 코끼리가 겁먹고 달아나도록 경적과 폭죽을 이용하는 것과 코끼리에게 가볍게 충격을 주도록 태양 발전 전기 울타리를 이용하는 것을 가르쳤다. 그는 또한 코끼리들이 좋아하는 수박과 바나나 재배를 그만두고 코끼리들이 싫어하는 가지와 칠레 고추를 재배할 것을 권고했다.

2005년 이후로 세레이바타나의 노력 덕분에 캄보디아에서는 대부분 인간과의 충돌로 인해 코끼리를 죽이는 일은 발생하지 않았다. 2010년에 세레이바타나는 환경분야 노벨상으로 불리는 골드먼 환경상을 수상한 6인 중 한 사람이 되었다. 2011년에 그는 내셔널 지오그래픽 탐험가로 선정되었다.

양이 비옥하여 작물 수확(그림 7.12)과 가축 방목에 유용하기 때문에 농경지로 바뀌어왔다.

한대 초원 또는 툰드라는 북극의 남쪽에 위치한다(그림 7.9). 대부분 나무가 없는 평지로, 연중 매우 춥고 매우 차가운 바람에 휩쓸려온 얼음과 눈으로 덮여 있다. 주간이 짧은 겨울은 길고 적은 강수량은 대부분 눈으로 내린다.

눈 아래로 낮게 자라는 흡습성의 식물이 얼기설기 얽혀 집단을 이루고 있다. 춥고 바람이 많이 부는 툰드라에서 나무나 키가 큰 식물은 열 손실이 크기 때문에 살아남을 수 없다. 툰드라 식물의 연간 성장은 대부분 일광이 거의 하루 종일 비치는 여름철 7~8주 동안 발생한다.

극심한 추위로 2년 이상 얼어붙은 상태로 수분을 가지고 있는 지하의 토양인 **영구동토층**(permafrost)이 형성된다. 짧은 여름 기간 동안, 영구동토층은 배수를 통해 녹은 눈과 얼음을 머금고 있다. 그 결과 눈과 얼어붙은 지면의 토양이 녹으면서 얕은 호수, 늪, 습지, 연못과 다른 계절성 습지가 생성된다. 모기, 파리와 다른 곤충 떼가 이런 얕은 물웅덩이에서 번식한다. 그들은 툰드라의 여름철 습지와 연못에서 둥지를 틀고 번식하기 위해 남쪽에서 날아온 철새(특히 물새)의 서식지에서 먹이가 된다.

이런 생물계에서 동물들은 두꺼운 모피(북극 늑대, 북극 여우, 사향소)와 깃털(눈올빼미)과 지하에 거주하는 것(북극 나그네쥐)과 같은 적응을 통해 겨울의 극심한 추위에서 살아남는다. 순록과 다른 사슴 종들은 여름철에 풀을 뜯어먹기 위해 툰드라로 이주한다.

툰드라는 손상되기 쉽다. 짧은 성장 기간 때문에, 툰드라 토양과 식생은 상처나 이상이 생기면 매우 느리게 회복한다. 극지방 툰드라에서의 인간 활동(주로, 석유 및 천연가스의 시추 장소, 파이프, 광산 및 군사기지)은 수 세기 동안 상처를 남겼다.

삼림의 유형

삼림은 나무가 우거진 땅이다. 강수량의 변화와 평균 기온 변화의 상호조합으로 인해 **열대, 온대, 한대**(북부 침엽수림)의 세 가지 유형의 삼림이 형성된다(**개념 7.2A**, 그림 7.8, 7.9).

열대 우림(그림 7.13, 위 사진)은 적도(그림 7.9) 근처에서 나타난다. 온난다습한 공기가 상승하면 습도는 떨어

EPA Documerica/National Archives and Records Administration

그림 7.12 자연 자본의 파괴: 집중적으로 경작된 농경지는 생물학적으로 다양한 온대 초원(그림 7.11, 가운데 사진)을 단일 작물 재배지로 바꿔버린 한 예시다.

진다(그림 7.4). 이 무성한 삼림 지역은 기온이 높고 습한 날씨가 연중 계속되며, 거의 매일 강한 비가 내린다(그림 7.13, 위 그래프). 이런 고온다습한 기후는 다양한 동식물의 생존에 적합한 환경이다.

열대 우림은 연중 잎이 지지 않는 상록 활엽식물들이 대부분을 차지한다. 나무들의 꼭대기에는 두꺼운 **캐노피**(그림 7.13, 위 사진)가 형성되어, 지표면에 도달하는 대부분의 빛이 차단된다. 상대적으로 개체 수가 적은 지면 높이에서 사는 식물들은 그들에게 내려오는 희미한 햇빛을 받아들이기 위해 커다란 잎을 가지고 있다.

어떤 나무들은 햇빛을 흡수하기 위해 나무 꼭대기까지 덩굴이 뻗어 있다(**만경목**이라 부름). 캐노피 안에서 그 덩굴들은 한 나무에서 다른 나무로 뻗어서 삼림에 서식하고 있는 많은 생물종의 이동 통로가 된다. 커다란 나무 한 그루가 잘려서 쓰러지면 연결된 덩굴이 다른 나무들을 잡아당길 수 있다.

열대 우림의 1차 순생산량(NPP)은 매우 높다(그림 3.14 참조). 그곳에는 생명으로 가득하며 믿을 수 없는 생물 다양성을 보유하고 있다. 열대 우림의 면적은 지구 전체의 약 2%에 불과하지만, 생태학자들은 알려진 동·식물종의 최소 50% 이상을 포함하고 있다고 추정한다. 열대 우림의 나무 한 그루는 수천 종의 곤충들에게 서식처가 될 것이다. 열대 우림의 식물은 다양한 화학물질의 원천이며 세계의 처방 의약품 대부분을 만들기 위한 청사진으로 사용되어왔다.

우림의 생물종들은 그들의 높은 생물종 다양성에 기여하는 다양한 종류에 따라 성층화된 구조를 보인다. 우림의 대부분을 차지하는 식생 층은 그림 7.14에서 볼 수 있듯이 식물들의 햇빛에 대한 필요에 따라 구조화되어 있다. 수많은 동물들, 특히 곤충, 박쥐 및 새들은 햇살이 비치는 캐노피 층에서 그곳의 풍부한 서식지와 나뭇잎, 꽃, 과일들을 공급받으며 살아간다.

낙엽, 쓰러진 나무, 죽은 동물들은 고온다습한 환경과 분해자의 수가 많아 열대 우림에서 빠르게 분해된다. 이런 신속한 분해에 의해 생긴 영양분의 약 90%는 나무, 덩굴 그리고 다른 식물들에 의해 빠르게 흡수되지만 흡수되지 못한 영양분은 강수에 의해 표토층으로 흡수된다. 따라서 지표면에는 미량의 부엽토만 존재하게 된다. 비옥하

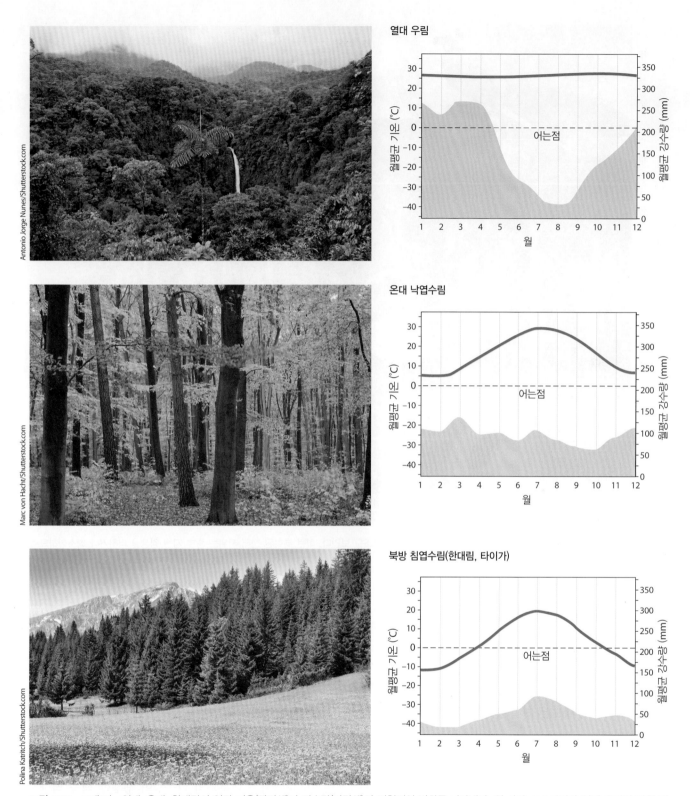

그림 7.13 그래프는 열대, 온대, 한대림의 연간 기온(빨간색)과 강수량(파란색)의 전형적인 변화를 나타낸다. 위 사진: 코스타리카 열대 우림의 닫힌 캐노피. 가운데 사진: 독일 함부르크 부근의 가을철 온대 낙엽수림. 아래 사진: 캐나다 북부 침엽수림. **데이터 분석:** 세 가지 유형의 각 삼림에서 연중 최고 기온 그리고 연중 최저 강수량이 나타나는 달은 몇 월인가?

45

40

35

30

25

20

15

10

5

0

높이(미터)

하피수리

토코투칸

양털 주머니쥐

아메리카 맥

검은왕관 앤트피타

발현층

캐노피층

하목층

관목층

지층

그림 7.14 열대 우림에 서식하는 동식물은 종류에 따라 성층화된 구조를 보인다. 이런 특화된 생태 지위는 종별 자원 경쟁을 피하거나 최소화하므로, 다양한 생물종이 공존할 수 있다.

지 않은 토양은 우림이 지속적인 경작이나 목축에 적합하지 않은 환경임을 잘 설명해준다.

지금까지 최소 절반 이상의 우림이 경작, 목축업과 같은 인간 활동에 의해 파괴되거나 훼손되었으며, 삼림 파괴 및 비 삼림화 속도는 점점 증가 추세에 있다(3장 **핵심 사례 연구** 참조). 생태학자들은 강력한 삼림 보호가 실행되지 않는다면, 삼림의 생물 다양성이 한 세대가 끝나기 전에 사라져 버릴 것이라 경고한다.

삼림의 두 번째 주요 형태는 온대 삼림이며, 그중 가장 흔한 것이 **온대 낙엽수림**(그림 7.13, 가운데 사진)이다. 전형적으로 따뜻한 여름, 추운 겨울 그리고 풍부한 강수량(여름철은 비, 겨울철은 눈)을 보인다(그림 7.13, 가운데 그래프). 그곳에는 참나무, 가래나무, 단풍나무, 사시나무, 자작나무와 같은 **활엽 낙엽수림**이 대부분이다. 이 숲에서 살아가는 동물종은 늑대, 여우, 살쾡이와 같은 포식자를 포함한다. 그들은 흰꼬리사슴, 다람쥐, 토끼, 쥐와 같은 초식동물을 먹는다. 이 숲에 사는 명금, 지빠귀 및 다른 새들은 봄철과 여름철에 짝짓기를 하고 새끼들을 기른다.

이 숲에서는 대부분의 나뭇잎이 생생한 색을 띠다가 (그림 7.13, 가운데 사진) 가을에 나무에서 떨어진다. 이는 나무가 휴면 상태가 됨으로써 추운 겨울에 살아남게끔 한다. 봄이 되면 나무는 새 잎을 내고 추운 날씨가 돌아오기까지 여름철에 생장한다.

열대 우림보다 기온이 낮고 분해자의 수가 적어 온대 삼림은 분해 속도 또한 느리다. 그 결과 온대 삼림은 부패 속도가 느린 나뭇잎 더미들이 쌓여서 두꺼운 층이 형성되고, 이는 영양분의 저장소가 된다.

전 지구적으로 온대 삼림의 면적은 다양한 인간 활동, 특히 벌목과 도시의 확장 등으로 인해 다른 어떤 삼림보다 더 빠르게 감소해왔다. 하지만 온대 삼림은 100~200년 이내로 2차 천이를 통해 원래의 면적을 다시 찾을 수 있을 것으로 예상된다(그림 5.9 참조).

온대 삼림의 다른 유형인 **연안 침엽수림**, 또는 온대 우림은 비가 충분히 오고 짙은 해무로부터 수분을 공급 받는 연안의 온대 지역에서 발견된다. 이 삼림은 연중 잎을 유지하는 자이언트세쿼이아(2장 도입부 사진 참조)와 같은 커다란 원뿔 형태의 침엽수림을 포함한다.

한대 삼림 또는 북부 침엽수림은 한대 수림 또는 타이가(taiga)라고도 불리며 북극 툰드라의 남쪽에서 발견된다(그림 7.9). 이런 아북극의 춥고 습한 기후의 겨울은 길고 매우 추우며 일조시간이 6~8시간에 불과하다. 짧은 여름에는 기온이 온난해지며 한여름에는 일조시간이 19시간에 이른다.

대부분의 북방수림은 가문비나무, 전나무, 삼나무, 독미나리, 소나무와 같이 연중 잎이 떨어지지 않는 몇몇 **침엽수** 또는 **상록 침엽수**다. 이들 대부분은 겨울의 추위와 가뭄, 적설에 견딜 수 있는 왁스코팅된 작은 바늘 모양의 잎을 가지고 있다. 이 지역은 겨울철 토양 수분의 응결로 인해 적은 종류의 식생들만이 생존 가능하므로 식물종의 다양성은 낮다.

상록 침엽수림을 이루는 나무들 아래쪽에 부분적으로 부패된 바늘 모양의 침엽수 잎들이 두꺼운 층을 이루고 있다. 낮은 기온과 왁스코팅된 얇은 잎 그리고 높은 산성의 토양 때문에 천천히 부패가 일어난다. 바늘 모양의 침엽수 잎이 부패되면서 얇아지고, 표층 토양의 영양분 부족으로 산성화되며, 산성화로 인해 삼림의 지면에서 관목을 제외한 식물들이 자라나는 것을 막는다.

곰, 늑대, 엘크, 스라소니 그리고 땅을 파고 사는 설치류의 다양한 야생동물이 서식하고 있다. 순록은 겨울철에 는 타이가에서 보내고 여름철에는 북극 툰드라에서 지낸다(그림 7.11, 아래). 짧은 여름 동안 명금과 다른 곤충을 먹이로 하는 새는 파리, 모기, 애벌레를 먹고 산다.

산지는 중요한 생태적 역할을 한다

세계에서 가장 아름다운 자연 환경은 지표면의 약 1/4를 차지하는 가파르거나 높은 지대에 위치한 고산 **지대**다. 약 12억 명(세계 인구의 16%) 정도가 산지 또는 언덕에 살고 40억 명(세계 인구의 54%) 정도가 산지의 영향과 물을 의존하며 살고 있다. 산사태나 눈사태와 같은 자연 재해와 벌목, 농사와 같은 인간 활동에 의해 산지의 토사는 쉽게 침식된다. 생물 다양성이 존재하는 산지는 인간 활동에 의한 변화의 바다로 둘러싸인 섬과 같이 생각할 수 있다.

산지는 중요한 생태적 역할을 한다. 육상 생태계에서 가장 큰 면적을 차지하는 것이 삼림 지역인데, 각각의 삼림 지역마다 지구상 어디에서도 볼 수 없는 고유종이 서식한다. 또한 산지는 인간 활동이나 기후변화로 인한 온도 상승에 의해 동물들이 저지대에서 더 높은 산지로 서식지를 옮길 때 보호구역으로서의 역할을 한다.

산지는 또한 물을 저장하는 주요 창고로서 물 순환(그림 3.15 참조)에 있어서도 중요한 역할을 한다. 겨울 동안 강수는 얼음이나 눈으로 저장된다. 따뜻한 계절인 봄과 여름에는 눈과 얼음의 많은 양이 녹고 시내로 흘러가 야생동물의 식수와 인간의 농작물에 물을 대는 데 쓰인다. 지난 40년간 대기가 따뜻해지면서 산꼭대기의 눈과 빙하의 녹는 시기가 해마다 빨라지고 있다. 이것은 작물에 물을 대는 여름 동안 필요한 물이 너무 빨리 방출되어 특정 지역에서의 식량 생산량을 줄이게 된다.

예상되는 것처럼, 대기가 계속해서 따뜻해진다면 더 많은 산 정상의 빙하가 금세기에 사라질 것이라고 과학적 증거와 기후 모델은 나타낸다. 이는 사람들이 자신의 고향에서 새로운 물의 공급원과 농작지를 찾기 위해 이주하도록 만들 수 있다. 산악 생태계의 생태적, 경제적, 문화적 중요성에도 불구하고, 정부 또는 여러 환경기관들은 이 분야를 보호하는 것에 대해 크게 관심을 두지 않고 있다.

육상 생태계에 주로 인간이 주는 영향

사막	초원	삼림	산지

큰 사막 도시들

오프로드 차량에 의한 토양 및 지하 서식지의 파괴

지하수의 고갈

토지 파괴와 채광으로 발생하는 오염

농경지로의 개조

초원을 태울 때 대기 중으로 CO_2 방출

가축의 방목

석유 생산 및 북극 툰드라의 오프로드 차량

농경지를 위한 개간, 가축의 방목, 벌목, 도시 개발

나무 농장으로 다양한 삼림의 전환

오프로드 차량에 의한 피해

시냇물의 오염

농업

벌목 및 채광

수력 발전 댐 및 저수지

도시 지역 및 발전소로부터 불어오는 대기 오염

오프로드 차량에 의한 토양 피해

그림 7.15 인간 활동은 세계의 사막, 초원, 삼림에 큰 영향을 미쳐 왔다. **비판적 사고:** 각각의 생물군계에 가장 해로운 영향을 주는 두 가지는 무엇인가?

Left: somchaij/Shutterstock.com. Left center: Orientaly/Shutterstock.com. Right center: Timothy Epp/Dreamstime.com. Right: Vasik Olga/Shutterstock.com.

생각해보기

연관성 산지와 기후

산지는 지구의 기후를 조절하는 데 도움을 준다. 많은 산 정상에 존재하는 빙하와 눈은 태양복사의 일부를 반사시켜 우주로 돌려보내서 지구를 서늘하게 한다. 하지만 많은 산 정상의 빙하가 녹고 있으며, 이는 주로 대기가 금세기 동안 따뜻해지고 있기 때문이다. 빙하가 태양 에너지를 반사하는 반면, 빙하가 녹으면서 드러난 어두운 암석은 태양 에너지를 흡수한다. 이는 상공의 대기를 데우고, 더 많은 빙하를 녹이고 대기를 보다 따뜻하게 만드는데 이 순환은 점차 증가하고 있다.

인간은 지구의 수많은 땅을 어지럽혀 왔다

2005년 새천년 생태계 평가(Millennium Ecosystem Assessment) 보고서에 따르면, 인간의 생태 발자국이 커지고 전 세계로 확장되면서(그림 1.9 참조) 세계의 주된 육상 생태계의 60%가 퇴화되거나 멸종된다고 한다. 그림

7.15에는 사막, 초원, 삼림, 산지에 인간이 영향을 주는 것들에 대해 요약되어 있다(개념 7.2B).

경제와 우리 자신 그리고 다른 동식물의 장기적 생존을 위협하지 않으면서 땅을 이용하려면 얼마나 길게 이용할 수 있을까? 아무도 모르지만 이 중요한 문제를 이해해야 할 필요성은 점차 커지고 있다.

7.3 수생 시스템의 주요 형태는 무엇이며 인간 활동의 영향은 무엇인가?

개념 7.3 지구의 대부분을 차지하고, 주요 생태계·경제 서비스를 제공하는 바다는 인간 활동에 의해 교란되고 있다.

지구의 대부분은 물로 덮여 있다

우주에서 볼 때 지구는 전체 표면의 약 71%가 바다로 덮

여 있는 푸른 행성으로 보인다. 세계 해양은 하나의 연속적인 흐름이지만 크게 네 지역(대서양, 태평양, 북극해, 인도양)으로 구분되며, 이 네 개의 해양이 지구상 물의 98%를 차지한다. 우리는 물 순환에 의해 지구 해양의 영향을 밀접하게 받는다(그림 3.15 참조).

수생 생물군계는 **수생생물분포대**(aquatic life zones)에서 생활한다. 생물권이 사는 데 있어서 해수와 담수는 필수적이고, 수생 생물의 분포는 대체로 물의 염분도에 의해 결정된다. 정해진 물의 부피에 염화나트륨 같은 소금이 다양하게 녹아 있다. 결과적으로 수생생물분포대는 크게 두 구역, 즉 **해수**(saltwater) 또는 **해양생물분포대**(marine life zones; 바다와 만, 하구, 연안습지, 해안선, 산호초 및 맹그로브 숲)와 **담수생물분포대**(freshwater life zones; 호수, 강, 시내 및 내륙습지)로 분류된다.

대부분의 수생 시스템에서는 여러 깊이에서 발견된 생물의 유형과 수를 결정하는 것은 수온, 용존산소량, 빛 그리고 광합성에 필요한 탄소(용해된 CO_2 기체), 질소(NO_3^-), 인(PO_4^{3-})과 같은 영양분이다.

71% 지표면을 덮고 있는 바다의 백분율

바다는 중요한 생태계 · 경제 서비스를 제공한다

바다는 인간과 다양한 종의 생물들뿐만 아니라 국가 차원의 관점에서, 중요한 생태계 · 경제 서비스(그림 7.16)를 제공한다. 해양생물 시스템은 생물 다양성의 중요한 보고다. 해양은 해안 지역, 외해, 해저의 세 가지 주요 생물권역으로 나눌 수 있다(그림 7.17).

해안 지역(coastal zone)은 따뜻하고 영양분이 풍부하며 완만하게 경사진 곳부터 대륙붕 얕은 가장자리까지는 수심이 얕다. 해안 지역은 전체 해양 면적의 10%보다 작지만 모든 해양생물종의 90%를 포함하는 매우 큰 해양어업 지역이다. 이 지역의 해양 수중 시스템에는 강과 바다가 만나는 **하구**(estuaries)(그림 7.18)와 연중 거의 대

자연 자본

해양 생태계

생태계 서비스
- 광합성에 의한 산소 공급
- 수질 정화
- 기후 조정
- CO_2 흡수
- 태풍의 영향을 줄여줌(맹그로브, 보초도, 해안습지)
- 생물 다양성: 종과 서식지

경제 서비스
- 식량
- 파도와 조수를 이용한 에너지 생산
- 제약 산업
- 항구와 수송 노선
- 휴양지
- 일자리
- 광물

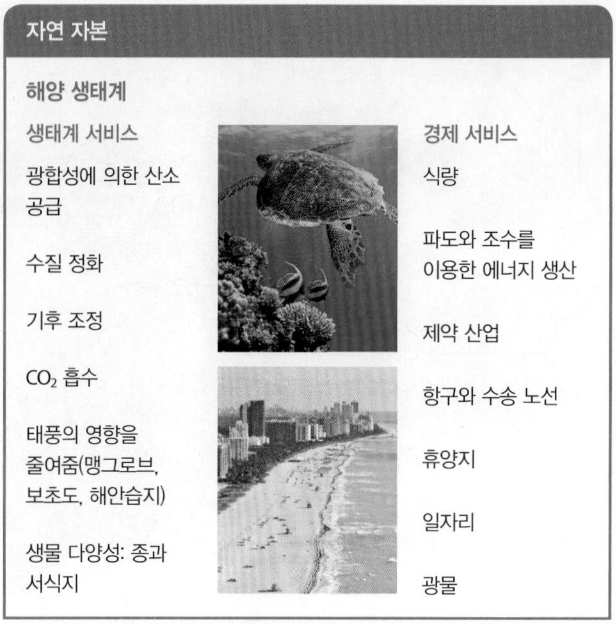

그림 7.16 해양 시스템이 제공하는 중요한 생태계 · 경제 서비스(**개념 7.3**). **비판적 사고:** 가장 중요하다고 생각하는 생태계 · 경제 서비스를 두 가지씩 제시하고 그 이유를 설명하라.

Top: Willyam Bradberry/Shutterstock.com. Bottom: James A. Harris/Shutterstock.com.

부분의 기간 동안 연안수로 덮여 있는 **연안습지대**(coastal wetlands)가 포함된다. 연안습지대에는 연안습지(coastal marshes)(그림 7.19)와 맹그로브 숲 지역(mangrove forests)(그림 7.20)이 포함된다. 또 다른 중요 연안 수중 시스템으로는 해조지역(sea-grass beds)(그림 7.21)과 산호초(coral reefs)(7장 도입부 사진과 과학적 핵심 7.4 참조)가 있다.

이런 연안 수중 시스템은 중요한 생태계 · 경제 서비스를 제공한다. 이 시스템은 유독성 오염물질을 여과하고 과도한 식물 영양소와 퇴적물 그리고 다른 오염물질을 흡수하면서 열대 해안 지역의 수질을 유지하는 데 도움을 준다. 그리고 다양한 수생동물과 육상동물에게 식량과 서식지를 제공한다. 또한 연안습지대는 파도의 충격을 흡수하고, 태풍과 쓰나미로 인해 범람한 물을 저장하여 태풍 피해와 해안 침식을 줄이는 역할을 한다.

외해와 대양저

대륙붕의 끝단에서부터 수심이 급격하게 증가하는 해양을 **외해**(open sea)라고 부르는데, 이 외해는 태양광 투과 정

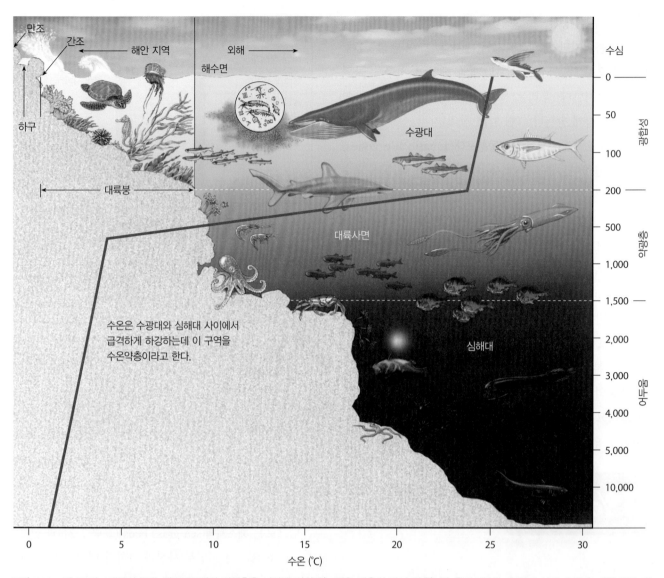

라조 만조
간조
해안 지역
외해
해수면
수광대
수심
0
50
100
200
500
1,000
1,500
2,000
3,000
4,000
5,000
10,000
수광대
중광대
무광대
하구
대륙붕
대륙사면
수온은 수광대와 심해대 사이에서
급격하게 하강하는데 이 구역을
수온약층이라고 한다.
심해대

0   5   10   15   20   25   30
수온 (℃)

그림 7.17 이 도표는 해양의 주요 생물분포대와 연직층을 나타낸 것이다(그림은 비율이 맞지 않음). 각 층의 깊이는 위치에 따라 수광대, 대륙사면, 심해대로 구분된다. 수온약층(빨간색 실선) 역시 위치에 따라 다르다. **비판적 사고:** 해양은 열대 우림과 얼마나 비슷한가? (힌트: 그림 7.14 참조)

도를 기준으로 세 개의 연직층(그림 7.17)으로 구분한다. 수심에 따라 수온 또한 달라진다(그림 7.17, 빨간색 선)

최상층인 수광대(euphotic zone)에서는 식물성 플랑크톤이 전 세계 광합성의 40%를 생산한다. 크고 빠른 포식자인 황새치, 상어, 참다랑어가 수광대에 서식하는 대표적인 어류들이다.

대륙사면(bathyal zone)은 적은 양의 태양광이 도달하는 중간층으로 태양빛이 적기 때문에 광합성 활동은 미미하다. 동물성 플랑크톤과 작은 어류 등이 밤에 먹이를 먹기 위해 이 구역으로 이동한다.

가장 깊은 층인 심해대(abyssal zone)는 매우 어둡고 춥다. 태양광에 의한 광합성이 이루어지지 않기 때문에 아주 적은 양의 산소만 분해된다. 그럼에도 불구하고, 해저 바닥에는 많은 생물종이 존재하는데, 그들이 살아갈 수 있는 영양분이 충분하기 때문이다. 대부분의 유기체는 상층 해양에서 죽어 부패된 시체가 해양 바닥까지 뿌려지는 현상(바다강설)을 통해 먹이를 공급받는다.

외해에서의 1차 순생산량(net primary productivity, NPP)은 해류가 심해로부터 올라와 영양소를 끌어올리는 용승 지역을 제외하면 굉장히 낮다(그림 3.14 참조). 그러

NASA/Landsat/Phil Degginger/Alamy Stock Photo

그림 7.18 하구의 위성사진. 미시시피 강은 퇴적물과 비료에서 나온 식물양분을 멕시코 만으로 옮기는 역할을 한다. 과도한 식물양분은 녹조(녹색 영역)를 발생시키며 이는 만 하부의 용존산소량을 저하시켜 해양 생태계에 악영향을 미친다.

jctdesign/Shutterstock.com

그림 7.19 미국 캘리포니아 주의 연안습지

Manit Larpluechai/Dreamstime.com

그림 7.20 태국 연안의 맹그로브 숲 지역

산호초

산호초(coral reefs)는 열대 지역의 맑고 따뜻한 연안에서 형성된다. 이 놀랍도록 아름다운 자연의 산물(7장 도입부 사진 참조)은 세계에서 가장 오래되고, 다양하고, 생산적인 생태시스템 중 하나다.

산호초는 폴립(polyps; 해파리의 일종)이라고 하는 작은 동물의 거대한 군락으로 이루어져 있다. 산호초는 부드러운 몸 주변에 석회암(탄산칼슘)으로 된 보호막을 분비하며 천천히 암초를 만든다. 폴립이 죽으면 비어 있는 표면에 암초가 더 자랄 수 있도록 막대 형태로 굳는다. 그 결과 틈, 바위, 구멍을 연결하여 다양한 해양생물을 위한 탄산칼슘으로 된 주거지를 형성한다.

산호초와 폴립 조직에 살고 있는 황록공생조류(zooxanthellae)는 서로 공생관계에 있다. 공생의 예로, 조류는 광합성을 통해 먹이와 산소를 폴립에게 공급하고, 폴립은 안전한 서식지와 영양을 조류에게 공급한다.

산호초는 대양저의 0.2%만 차지하지만, 중요한 생태계·경제 서비스를 제공한다. 예를 들어 심한 파도와 폭풍에 의한 침식으로부터 전 세계 해안가의 15%를 자연 방어막 형태로 보호한다. 또 산호초는 해양 유기생물의 25~33%에게 서식지를 제공하고, 세계 어획량의 약 10%를 생산하며, 연간 약 40억 달러에 해당하는 어업 및 관광 상품을 제공한다.

산호초는 성장 속도가 느리고 쉽게 파괴되기 때문에 훼손에 취약하다. 육지의 토양 등의 물질이 해양으로 침투되면 산호초에 서식하는 조류의 광합성에 필요한 태양광이 차단된다. 또한 산호초는 수온 18~30℃, 그리고 산성도가 높지 않은 수역에서만 자란다. 그렇기 때문에 수온을 상승시켜 산호초를 살 수 없게 만드는 **기후변화**와 폴립에 의한 탄산칼슘 생성을 방해하는 **해양 산성화**는 장기적으

그림 7.B 해양온난화와 토사의 퇴적과 같은 환경 변화 때문에 산호초는 하얗게 탈색되었고, 이로 인해 조류의 대부분을 잃었다.

로 볼 때 산호초의 생존을 가장 크게 위협하는 두 가지 요소가 된다.

오염, 수온 상승과 같은 스트레스로 인한 산호초 피해의 한 예는 **백화현상**(그림 7.B)이다. 이런 스트레스는 산호가 먹이로 삼는 조류를 죽게 만들고, 먹이가 없으면 결국 산호 폴립도 죽게 되어 탄산칼슘이 흰 뼈대의 형태로 남게 된다. 세계 산호초 모니터링 네트워크(Global Coral Reef Monitoring Network) 및 다른 과학자들의 연구에 따르면, 1950년부터 세계 산호초의 45~53%가 파괴되거나 분해되었고, 나머지 25~33%는 20~40년 이내에 사라질 것으로 추정되고 있다.

생물 다양성의 보고인 산호초가 해양 생태계 중에서 가장 크게 위협받고 있다. 백화현상과 해양 산성화는 산호초의 생물 다양성에 피해를 미쳐 산호초와 관련된 먹이 사슬과 그것들이 제공하는 생태계 서비스를 심각하게 훼손시킬 수 있다. 산호초의 훼손과 파괴는 어업과 관광업에 종사하는 대략 5억 명가량의 사람들에게 심각한 영향을 미칠 수 있다.

비판적 사고

세계 곳곳에 남아 있는 열대 산호초들 대부분이 사라지는 것이 우리 후손들의 삶에 어떤 영향을 미치는가? 산호초의 파괴를 막을 수 있는 두 가지 일은 무엇인가?

그림 7.21 캘리포니아 주에 있는 산 클레멘테 섬 부근의 해조지역. 해조지역은 다양한 해양생물에게 이로운 역할을 한다.
James Forte/National Geographic Creative

나 외해가 지표면의 대부분을 덮고 있기 때문에 지구 대부분의 NPP에 큰 기여를 한다.

인간 활동은 해양 생태 시스템에 영향을 미친다

특정 인간 활동은 여러 해양 수중 시스템에 의해 제공되는 다양한 생태계·경제 서비스를 교란하고 저해한다. 인간 활동에 의해 가장 큰 영향을 받는 것은 그림 7.22(**개념 7.3**)에 요약된 것과 같이 연안습지, 해안가, 맹그로브 숲 지역, 산호초다. 이런 인간 활동의 부정적 영향과 그 피해를 줄일 수 있는 방안들에 대해서는 9장에서 살펴볼 것이다.

해양 과학자들에 따르면 해양 시스템에 대한 가장 큰 위협은 기후변화다(15장 참조). 지구 대기와 해양의 평균 기온은 1980년 이후 계속 상승해왔고, 이는 지구의 평균 해수면 고도를 상승시켰다. 해수면 상승의 첫 번째 이유는 따뜻해진 해양수의 팽창이고, 따뜻해진 대기가 그린란드 및 다른 지역의 지표 빙하를 녹게 만들어 다량의 담수가 바다로 유입된 것이 그 두 번째 이유다. 해수면 고도의 상승은 금세기 동안 연안의 산호초, 습지와 같은 연안 생태계뿐만 아니라 많은 해안 도시도 파괴할 것으로 예상된다. 뿐만 아니라, 바다는 인간 활동에 의해 발생하는 대기

자연 자본의 파괴

해양 생태계와 산호초에 미치는 주요한 인간의 영향

해양 생태계   산호초

농업과 도시 개발에 의해 상실된 연안 저습지의 절반	해양온난화
농업, 수경재배, 개발에 의해 상실된 맹그로브 숲	심화되는 해양 산성도
연안 개발과 해수면 상승으로 인한 해안 침식	해수면 상승
준설과 저인망 어업으로 파괴된 대양저 서식지	토양 침식
적어도 20%가 심각하게 손상되고 25~33%로 더 위협받고 있는 산호초	비료 유출로 인한 조류 성장
	탈색
	UV 노출의 증가
	닻과 낚시와 잠수로 인한 손상

그림 7.22 인간 활동은 전체 해양 생태계(왼쪽), 특히 산호초(오른쪽)(개념 7.3)에 대한 주요 위협 요소다. **비판적 사고:** 해양 생태계에 대한 가장 큰 두 가지 위협 요소는 무엇인가? 그 이유를 설명하라. 산호초에 대한 가장 큰 두 가지 위협 요소는 무엇인가? 그 이유를 설명하라.

Top left: Jorg Hackemann/Shutterstock.com. Top right: Rich Carey/Shutterstock.com.
Bottom left: Piotr Marcinski/Shutterstock.com. Bottom right: Rostislav Ageev/Shutterstock.com.

중의 열과 CO_2를 흡수하므로 대기온난화와 해양의 산성화는 해양 생태계의 종 다양성을 파괴시킬 것이다. 이런 인간 활동의 부정적 영향과 그 피해를 줄일 수 있는 방안에 대해서는 9장과 15장에서 살펴볼 것이다.

7.4 담수 시스템의 주요 형태는 무엇이고 인간 활동은 어떤 영향을 미쳐왔는가?

개념 7.4 주요 생태계·경제 서비스를 제공하는 담수 호수, 강, 습지는 인간 활동에 의해 교란되고 있다.

물은 크게 고여 있는 담수와 흐르는 물 두 가지로 나뉜다

땅으로 침투되지 않거나 증발하지 않은 강수를 **지표수**(surface water)라 하며, 이 지표수가 시냇물이나 호수로 흘러가는 것을 **유출**(runoff)이라 한다. **유역**(watershed)이나 **배수지역**(drainage basin)은 유출, 퇴적물, 용해된 물질을 시냇물이나 호수로 옮긴다.

담수의 생물권역은 담수 호수, 연못, 늪지대 등 고여 있는 물과 시냇물, 강물 등의 흐르는 물로 나뉜다. 이 담수 시스템은 지구 전체 표면의 2.5% 이하를 차지하지만 여러 가지 중요한 생태계·경제 서비스를 제공한다(그림 7.23).

호수(lakes)는 담수를 저장하고 있는 큰 자연 지형으로 비, 유출, 시냇물, 강, 지하수 침투 등이 지표면의 함몰된

자연 자본

담수 시스템

생태계 서비스	경제 서비스
기후 조정	식량
영양염 순환	식수
폐기물 처리	관개용수
홍수 조절	수력 발전
지하수 저장	운송
서식지	레크레이션
유전자원 및 생물 다양성	일자리
과학적 정보	

Top: Galyna Andrushko/Shutterstock.com. Bottom: Kletr/Shutterstock.com.

그림 7.23 담수 시스템은 매우 중요한 생태계·경제 서비스를 제공한다(개념 7.4). **비판적 사고:** 가장 중요하다고 생각하는 생태계·경제 서비스를 두 가지씩 제시하고 그 이유를 설명하라.

그림 7.24 전형적으로 깊고 온난한 호수 지역은 뚜렷한 생물 분포대를 이룬다. **비판적 사고:** 호수가 열대 우림과 같은 구조를 가진다면 호수의 깊이는 얼마나 깊어야 하는가? (힌트: 그림 7.14)

지역에 고여서 형성된다. 함몰 지역은 주로 빙하작용, 지각이동, 화산활동 등에 의해 생성된다. 담수로 된 호수는 크기와 깊이, 영양분이 매우 다양하다. 호수들은 일반적으로 호수의 깊이와 해변으로부터 떨어진 거리에 따라 네 지역으로 구성된다(그림 7.24).

생태학자들은 영양분과 생산량에 따라 호수를 구분한다. 식물 영양분 공급이 적은 호수는 **빈영양호**(oligotrophic lake; 영양분이 부족한)라 한다. 이런 종류의 호수(그림 7.25)는 주로 깊고 가파른 둑을 가지고 있다. 빙하와 산속 시냇물은 호수와 같은 곳에 물을 공급하며 일부는 물을 흐리는 미생물 등을 침적시킨다. 물이 매우 맑으며 적은 수의 식물성 플랑크톤과 여러 어종(낙연어와 송어 같은)이 존재한다. 이런 호수는 부족한 영양분 때문에

1차 순생산량이 낮다.

시간이 지나면서 퇴적물, 유기재, 비유기적 영양분들은 대부분 빈영양호에서 씻기고, 식물은 성장하며 퇴적물은 분해된다. 호수가 영양분을 얻는 과정을 **부영양화**(eutrophication)라고 한다. 식물 영양분이 많이 공급되는 호수는 **부영양호**(eutrophic lake)라 한다(그림 7.26). 일반적으로 깊이가 얕고 탁한 갈색 또는 초록색을 띤다. 이런 호수는 풍부한 영양분 때문에 1차 순생산량이 높다. 대부분의 호수는 빈영양호나 부영양호에 해당된다.

대기와 근처 도시 또는 농업 지역의 인간들로부터 흘러들어오는 과도한 양의 영양분은 호수의 부영양화를 가속화시키는데, 이런 과정을 **문화적 부영양화**(cultural eutrophication)라고 한다.

그림 7.25 미국 오리건 주의 트릴리움 호수와 후드산

그림 7.26 이 부영양호는 과도한 식물양분을 공급받아왔다. 그 결과 표면이 해조류로 덮여 있다.

시냇물과 강

작은 시냇물은 유역에서 합쳐져서 강을 형성한다. 총체적으로 시냇물과 강은 고지대에 있는 상당한 양의 물을 호수나 바다로 운반한다. 일반적으로 시냇물은 세 구역을 따라 흐른다(그림 7.27). 고지대와 산의 상류수를 포함하는 원천 지역(source zone), 좀 더 넓고 낮은 고도의 유수를 포함하는 전이 지역(transition zone), 더 큰 강이나 바다를 향해 흐르는 강물을 포함하는 범람원 지역(floodplain zone).

시냇물은 하류로 흘러가면서 토지를 형성한다. 오랜 세월 동안 흐르는 물의 마찰에 의해 산은 평평해지고 깊은 협곡이 형성된다. 시냇물과 강은 모래, 자갈, 토양을 저지대로 운반하고 퇴적시킨다. 강은 **삼각주**(delta; 하류에 토사가 쌓여 형성되는 지형으로 종종 하구[그림 7.18]와 연안습지를 포함[그림 7.19])를 따라 흐르면서 여러 갈래로 나누어진다. 삼각주는 폭풍우나 태풍, 쓰나미 등에 의해 해안 지역에서 발생한 홍수의 속도를 감소시키고 매우 다양한 해양생물의 서식처를 제공한다.

내륙습지의 담수

내륙습지(inland wetlands)는 호수, 저수지를 제외한 지대로서 상당 부분이 신선한 물로 채워져 있고 해안에서 멀리 떨어져 있다. 내륙습지는 잔디, 갈대 등으로 채워진 늪(mash), 관목과 나무 등으로 채워진 습지(swamp), 피트홀(pothole)을 포함한다. 또 다른 예는 폭우나 홍수로 인해 시냇물과 강이 넘쳐 형성된 범람원(floodplain)이 있다.

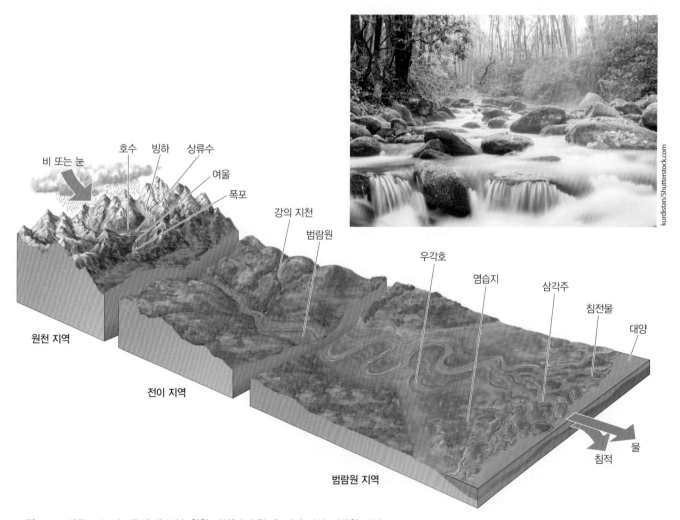

그림 7.27 하류로 흐르는 물의 세 구역. 원천 지역(사진 참조), 전이 지역, 범람원 지역

알렉상드리아 쿠스토:
환경 작가, 내셔널 지오그래픽 탐험가

알렉상드리아 쿠스토(Alexandria Cousteau)는 자크 쿠스토(Jacques-Yves Cousteau) 선장의 손녀이자 필립 쿠스토(Philippe Cousteau)의 딸로 태어난 것을 자랑스러워한다. 그녀의 아버지와 할아버지는 바다에 대한 수수께끼와 경이로움을 사진과 책을 통해 세상에 알린 전설적인 해저 탐험가다.

© Bill Zelman

그녀의 일은 지구를 보호하기 위해 보존적이면서도 지속 가능한 수자원 관리의 중요성을 알리는 것이다. 그녀는 물을 금세기의 주요 문제 중 하나로 만들 수 있는 방법을 찾고 있다. "우리는 물의 행성에 살고 있습니다. 그것은 우리 모두가 물의 영향을 받는다는 의미입니다. 물이 어디서 오고 또 어디로 가는지, 수질이 어떤지는 우리의 삶의 질과 복잡하게 연결되어 있습니다."

그녀는 그녀의 할아버지는 상상조차 하지 못한 이동 통신이나 SNS 등으로 소통한다. 그녀는 환경론자들이 그들의 행동이 지구의 물에 어떤 영향을 미칠지를 알리는 데 있어 새로운 미디어 기술과 도구가 활용될 수 있다고 믿는다. 예를 들어 미래에는 물의 양과 질을 아는 것이 스마트폰을 이용해서 날씨를 확인하는 것처럼 쉬운 일이 될 수도 있다고 생각한다.

그녀의 비영리 조직인 Blue Legacy International은 물의 행성에 관한 이야기, 사진 및 디지털 자원을 활용하여 다른 사람들이 물에 관한 문제를 조사하고 이해할 수 있도록 돕고 있다.

습지 중 일부는 연중 항상 물에 잠겨 있는 반면, 일부는 일정 기간 동안만 잠겨 있는데 피트홀, 범람원, 습지, 북극 툰드라지대가 그러하다(그림 7.11, 아래).

내륙습지는 다음과 같은 엄청난 생태계·경제 서비스를 제공한다.

- 유독성 폐기물 및 오염물질을 여과 및 분해한다.
- 폭풍 등으로 인해 범람하는 물을 흡수함으로써 홍수 피해를 줄이고 침식을 예방한다. 그리고 시냇물이나 호수에서 범람한 물을 흡수해서 다시 육상으로 내보낸다.
- 가뭄에도 시냇물이 흐를 수 있도록 유지시킨다.
- 대수층의 지하수를 채우는 데 도움을 준다.
- 다양한 종의 서식지를 제공함으로써 생물 다양성을 유지시킨다.
- 물고기, 조개, 블루베리, 크랜베리, 야생쌀, 목재와 같은 가치 있는 먹거리를 제공한다.
- 조류관찰자, 자연 사진 작가, 보트 타는 사람, 낚시꾼, 사냥꾼에게 오락거리를 제공한다.

인간 활동은 담수 시스템을 교란하고 저해한다

인간 활동은 크게 네 가지 방법으로 담수강, 호수, 습지와 같은 곳에서 생산되는 생태계·경제 서비스(개념 7.4)를 감소시킨다. 첫째, 댐과 운하는 전 세계 상위 237개 강의 유속을 40%가량 저하시킨다. 이는 삼각주나 강어귀의 유속을 줄임으로써 강 주변에 서식하는 육상 및 수중생물의 서식지를 파괴한다. 둘째, 홍수 조절용 제방과 둑은 범람원으로부터 강의 흐름을 끊고, 수중생물의 서식지를 파괴하고, 습지의 기능을 바꾸거나 감소시킨다.

셋째, 도시와 농장은 근처에 있는 시내, 강, 호수에 오염물을 증가시키고 식물의 영양분을 과도하게 공급한다. 예를 들어 호수로의 영양분 유입(부영양화, 그림 7.26)은 해조류 및 시안화박테리아의 기하급수적인 증가를 야기하여 호수 내 용존산소량을 감소시킨다. 이는 호수 내 어류 및 다른 생물군을 죽게 만들어 종 다양성을 감소시킨다.

넷째, 다수의 내륙습지의 물이 말라버리거나 농작물이나 콘크리트, 아스팔트, 빌딩의 건설로 인해 사라진다.

1600년대 미국에는 내륙습지가 50% 이상 있었지만, 이제 더 이상 존재하지 않는다. 대부분은 경작지로 전환되었다. 자연 자본의 피해는 미국의 홍수로 인한 피해 증가의 주요한 요인이 된다. 다른 많은 국가들도 이와 유사한 피해를 겪고 있다. 예를 들어 독일과 프랑스는 내륙습지의 80%가 사라졌다.

많은 과학자와 사람들이 수생 시스템을 이해하고, 그것들을 지속적으로 사용할 수 있는 방안에 대해 연구하고 있다(개별적 문제 7.2).

핵심 주제

- 기후의 차이, 특히 장기간 동안의 평균 기온 및 강수량의 차이가 지구상 사막, 초원, 숲의 분포를 결정한다.

- 해수 및 담수의 수생 시스템은 지표면의 3/4가량을 차지하며 지구의 대부분은 바다로 덮여 있다.

- 지구의 육상 및 수생 시스템은 중요한 생태계·경제 서비스를 제공하지만 인간 활동에 의해 저해, 교란되고 있다.

열대 아프리카 초원과 지속 가능성

핵심 사례 연구에서 지구 육상 생태계의 종 다양성이 어떻게 생겨났는지 물음으로써 이 장을 시작했다. 우리는 날씨와 기후의 차이를 비교해보고 어떻게 기후가 지구상 사막, 초원, 숲의 위치 및 생물 형태를 결정짓는 핵심 요소가 되는지를 살펴보았다. 특히 인류의 인구 증가 및 활동 영역 확대에 의해 위협받고 있는 대초원을 집중적으로 살펴보았다.

또한 우리는 기후가 육상의 생물 다양성과 생물군계 형태에 미치는 영향에 대해 논의했다. 이런 상호 관련성은 세 가지 과학적 지속 가능성의 원리와 일치한다. 지구의 역동적인 기후 시스템은 태양 에너지로부터 나오는 열을 분배하고 지구의 영양염 순환을 돕는다. 이는 지구에 서식하는 생물의 종 다양성을 발생시키고 유지하는 데 도움을 준다.

마지막으로 우리는 수생생물분포대를 살펴보고, 인간 활동이 어떻게 육상 및 수생 시스템이 주는 생태계 · 경제 서비스를 저해하는지 알아보았다. 과학자들은 육상과 수생 시스템의 상호관련성을 이해하고 인간 활동에 의해 파괴되는 것 중 가장 위험한 것이 무엇

인지에 대해 더 많은 조사를 할 필요가 있다고 한다.

복습

핵심 사례 연구

1. 아프리카 초원에 대해 서술하고, 왜 그것이 다른 유형의 생태계를 형성하는 기후 차이의 예시가 되는지 설명하라.

7.1절

2. 7.1절의 핵심 개념은 무엇인가? 날씨와 기후를 구별하라. 해류에 대해 설명하라. 하층 대기에서 공기 순환을 결정하는 주요 요인 세 가지를 설명하라. 기온과 강수량의 변화가 지구의 대기 순환과 해류에 어떻게 영향을 미치고, 또 그것이 삼림, 초원, 사막 형성에 어떤 영향을 주는지 설명하라.

3. 온실가스를 정의하고 세 가지 예를 제시하라. 온실효과가 무엇이고, 그것이 지구의 생명체와 기후에 있어 왜 중요한가? 비그늘 효과가 무엇이고, 그것이 어떻게 사막을 형성하는가? 도시는 왜 주변 시골 지역보다 더 많은 연무와 스모그를 형성하고, 기온이 높으며, 풍속이 약한 경향이 있는가?

7.2절

4. 7.2절의 두 가지 핵심 개념은 무엇인가? 생물군계란 무엇인가? 각각의 주요 생물군계(사막, 초원, 삼림)에는 왜 세 가지 주요 유형이 있는지 설명하라. 생물군계가 균일하지 않은 이유를 설명하라. 이행대와 주변효과란 무엇인가?

5. 사막의 세 가지 주요 유형이 기후와 식생에 따라 어떻게 다른지 설명하라. 왜 사막 생태계는 장기적인 피해에 취약한가? 사막의 식물과 동물은 어떻게 살아가는가? 초원의 세 가지 주요 유형이 기후와 식생에 따라 어떻게 다른지 설명하라. 사바나란 무엇인가? 사바나의 동물이 계절별 강수의 변화에 어떻게 적응하며 살아가는지 설명하라(핵심 사례 연구). 코끼리가 왜 아프리카 사바나에서 중요한 요소인가? 캄보디아의 코끼리의 멸종을 막기 위한 세레이바타나의 노력을 설명하라. 세계 곳곳의 온대 초원이 사라진 이유는 무엇인가? 북극 툰드라 지역을 설명하라. 영구동토층이란 무엇인가? 삼림의 세 가지 유형이 기온과 식생에 따라 어떻게 다른지 설명하라.

열대 우림의 생물 종 다양성이 매우 높은 이유는 무엇인가? 열대 우림의 토양에 식물 영양분이 거의 없는 이유는 무엇인지 설명하라. 온대 낙엽수림에는 왜 일반적으로 두꺼운 부식층이 존재하는가? 연안 침엽수림 또는 온대 우림은 무엇인가? 대부분의 상록 침엽수는 북방수림대의 추운 겨울에도 어떻게 살아남는가? 산악의 중요한 생태적 역할은 무엇인가?

6. 세계 주요 육상 생태계의 약 몇 퍼센트가 질적으로 저하되거나 지속 불가능하게 사용되고 있는가? 인간 활동이 어떤 방법으로 세계 사막, 초원, 삼림, 산악에 영향을 주는지 요약하라.

7.3절

7. 7.3절의 핵심 개념은 무엇인가? 지표면의 몇 %가 바다로 덮여 있는가? **수생생물분포대**이란 무엇인가? **해수(해양)생물분포대**와 **담수생물분포대**를 구분하고, 그 예를 각각 두 가지씩 제시하라. 수생생물분포대의 수심별 생물 종과 수를 결정하는 네 가지 요소를 나열하라.

8. 해양 시스템이 제공하는 주요 생태계·경제 서비스는 무엇인가? 해양의 세 가지 주요 생물분포대는 무엇인가? 해안 **지역**을 정의하고 **하구**와 **연안습지**를 구분하라. 왜 높은 1차 순생산량을 갖는지 설명하라. 연안습지, 맹그로브 숲, 해조지역의 생태적·경제적 중요성을 설명

하라. 산호초는 어떻게 형성되고, 기후변화와 해양 산성화가 어떻게 산호초의 형성을 저해시키는지 설명하라. **외해**를 정의하고, 그것의 세 가지 주요 구역을 설명하라. 인간 활동 중 해양 시스템에 위협이 될 수 있는 다섯 가지, 산호초를 위협하는 여덟 가지를 나열하라.

7.4절

9. 7.4절의 핵심 개념은 무엇인가? **지표수, 유출, 유역(배수지역)**을 정의하라. 담수 시스템이 제공하는 주요 생태계·경제 서비스는 무엇인가? 호수란 무엇인가? 깊은 호수에서 발견되는 네 구역은 무엇인가? **부영양화**란 무엇인가? 빈영양호와 부영양호를 구별하라. 문화적 부영양화란 무엇인가? 시냇물이 고지대에서 저지대로 흘러갈 때 거쳐 가는 네 구역을 설명하라. **삼각주**란 무엇인가? **내륙습지**를 정의하고 그것의 세 가지 예를 제시하라. 내륙습지가 주는 생태계·경제 서비스는 무엇인지 설명하라. 인간 활동이 담수 시스템을 교란하고 저해하는 네 가지 과정은 무엇인가? 알렉상드라 쿠스토가 사람들에게 수생 시스템의 중요성을 알리기 위해 했던 노력은 무엇인가?

10. 이 장의 세 가지 핵심 주제는 무엇인가? 육상 및 수생 시스템이 어떻게 과학적 지속 가능성의 원리의 살아 있는 예시가 될 수 있는지 설명하라.

비판적 사고

1. 아프리카의 사바나(핵심 사례 연구)가 세 가지 과학적 지속 가능성의 원리 🌱의 좋은 예인 이유는 무엇인가? 각각의 원리에 대해서 아프리카 사바나에 어떻게 적용하는지 제시하고 현재 사바나에 영향을 주고 있는 인간 활동에 의해 어떻게 위반되고 있는지 설명하라.

2. 각각의 다음 문장들이 기상의 경향인지, 기후의 경향인지를 결정하라. (a) 당신의 지역에서 여름에서 다음 여름까지 폭풍 발생 수 증가 (b) 1975~2017년까지 산 정상의 만년설 두께 20% 감소 (c) 특정 지역에서 10년 동안 겨울철 평균 기온 증가 (d) 1980년 이후 전 지구 평균 기온 증가

3. 열대 우림에 사는 대부분의 동물들은 왜 나무에서 사는가?

4. 그림 7.4에 제시된 탁월풍이 나타나지 않는다면, 그림 7.9에 제시된 세계의 삼림, 초원, 사막의 분포가 어떻게 달라지겠는가?

5. 어떤 생물군계가 (a) 작물 재배, (b) 가축 방목에 가장 적당한가? 세 가지 과학적 지속 가능성의 원리 🌱를 이용하여 이 생물군계에서 더 지속 가능하도록 작물 재배와 가축 방목에 대한 세 가지 지침을 제안하라.

6. 당신은 법정에서 열대 우림의 벌목을 줄이는 것에 대해 논쟁하는 피고측 변호사다. 이 생태계 방어에 대한 적절한 논거 세 가지를 제시하라. 산호초에 대해서도 제시하라. 만약 당신이 열대 우림과 산호초 중 한 가지만 선택해서 보호해야 한다면, 어느 것을 선택할 것인가? 설명하라.

7. 왜 바다의 산성화가 심각한 환경 문제로 대두되는가? 당신이 살아가는 동안 바다의 산성도가 급격히 증가한다면, 당신에게 어떻게 영향을 미칠 것인가? 이 문제에 대해 당신이 기여할 수 있는 방법에는 어떤 것이 있을까? 당신의 영향을 줄이기 위해 무엇을 할 수 있는가?

8. 당신의 친구가 담수 습지대를 포함하는 소유지가 있다고 가정해보자. 당신의 친구가 그 습지대를 잔디밭과 정원 공간을 늘리기 위해 채우려고 한다면 친구에게 뭐라고 말해줄 수 있을까?

환경과학 실천하기

당신이 사는 곳이나 학교 가는 길, 기타 숲과 같은 육상 생태계나 호수나 습지와 같은 수생 생태계와 같은 자연의 생태계를 찾아라. 그리고 그 생태계에 대한 당신이 아는 지배적인 식생이나 어떤 동물을 포함한 설명을 학습하고 적어라. 또한 그 생태계를 인간이 어떻게 교란하는지 적어라. 친구들과 비교해보라.

데이터 분석

이 절에서, 평균 기온과 평균 강수량의 장기간 변화가 세계의 여러 부분에서 발견되는 사막, 삼림, 초원의 유형을 결정하는 데 얼마나 중요한 역할을 하는지 배웠다. 아래의 그래프는 아프리카의 열대 초원(사바나)(핵심 사례 연구)와 미국 중서부의 온대 초원의 전형적인 연간 기후를 나타낸다.

1. 각 지역에서 가장 많은 강수량이 나타난 달은 몇 월인가?
2. 각 지역에서 가장 건조한 달은 몇 월인가?
3. 열대 초원에서 가장 추운 달은 몇 월인가?
4. 온대 초원에서 가장 온난한 달은 몇 월인가?

열대 초원(사바나)

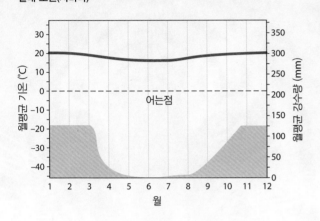

온대 초원(프레리)

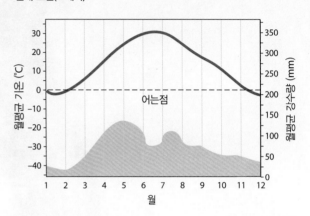

8장

생물 다양성의 유지: 종 보존

가장 무지한 단계의 사람은 한 종류의 동물 또는 식물에 대해 "그게 있어 봐야 무슨 소용이 있는데?"라고 말하는 사람들이다. 만일 토지의 메커니즘 전체가 유용하다면, 사람들이 그것을 이해하든 못하든 토지의 각 부분은 모두 유용할 것이다.

알도 레오폴드(Aldo Leopold)

핵심 질문

8.1 인간은 종의 멸종과 생태계 서비스에 어떤 역할을 하는가?

8.2 야생종과 그 생태계를 유지해야 하는 이유는 무엇인가?

8.3 인간은 어떻게 종의 멸종과 생태계 서비스 저하를 가속하는가?

8.4 야생종과 그 생태계를 어떻게 유지할 것인가?

유럽의 모든 꿀벌은 어디로 사라졌는가?

전 세계 평원과, 숲, 농장의 들판, 정원에서 부지런한 꿀벌이 이 꽃 저 꽃 사이를 날아다니며 벌집으로 가져갈 꿀과 꽃가루를 모으고 있다(그림 8.1). 꿀벌은 어린 꿀벌에게 단백질이 풍부한 꽃가루를 먹이고 큰 꿀벌은 꽃에서 채집하여 벌집에 저장되어 있는 꿀을 먹고 산다.

꿀벌은 우리에게 자연이 보유한 가장 중요한 생태계 서비스 중 하나인 **수분**을 제공한다. 수분은 벌의 몸에 묻은 꽃가루를 같은 꽃이나 다른 꽃 사이의 암술 생식기관에서 수술 생식기관으로 이동할 수 있도록 한다. 이런 수정을 통해 꽃은 열매를 맺을 수 있고 씨앗은 새로운 식물로 자랄 수 있다. 꿀벌은 많은 식물종과 여러 가지 채소, 과일, 아몬드와 같은 견과류를 포함한 우리의 가장 중요한 농작물의 일부를 수정시킨다. 유럽 꿀벌은 세계 식량 90%와 미국 식량 공급의 1/3을 제공하는 과일과 야채 농작물의 약 71%를 수정시킨다.

자연은 다양한 벌과 다른 야생 수분 매개체가 제공하는 무료 가루받이에 의지하고 있다. 반면에 광범위한 농경지와 과수원에서 상업적인 농업을 수행하는 농부들은 이 유일한 꿀벌에게 그들 농작물의 수분을 대부분 의존하고 있다. 다른 농작물 수정을 위해서 270만개의 벌집을 전국 각지의 농장에 트럭으로 배달해주는 상업적인 양봉업자들로부터 많은 미국의 재배업자들은 유럽 꿀벌을 대여 받는다.

그러나 유럽 꿀벌의 수분은 새로운 숙주와 바이러스, 곰팡이 병 노출을 포함한 다양한 원인으로 인해 1980년대 이래로 감소되어 왔다. 과거 수십 년 동안 새로운 위협이 등장하고 있다. 미국과 일부 유럽에서 엄청난 수의 유럽 꿀벌이 그들의 군집에서 특히 겨울 동안에 사라지고 있다. 2006년 이래로 이런 **군집붕괴현상**(colony collapse disorder, CCD)은 미국 내 유럽 꿀벌 집단의 23~43%까지 영향을 미쳤다. 연구자들은 유럽 꿀벌 개체 수의 이런 감소를 반전시킬 방법과 원인을 찾고 있다.

많은 농부들은 충분한 식량을 재배하기 위해 상업적 꿀벌 수분 시스템이 필요하다고 생각한다. 그러나 많은 생태학자들은 단일 꿀벌에 상당 부분을 의존하는 것은 지구 생물 다양성의 지속 가능성의 원리에 잠재적인 위험 요인으로 여긴다. 생태학자들은 유럽 꿀벌 개체 수가 지속적으로 감소한다면 이런 의존이 식량 공급을 위험에 처하게 할 수 있다고 경고한다.

꿀벌의 위기는 하나의 종 감소가 어떻게 주요 생태계와 생태계 서비스를 위협할 수 있는가를 보여주는 고전적인 사례다. 과학자들은 금세기 동안, 서식지 파괴와 기후변화 같은 인간 활동이 전 세계 동식물종의 1/4에서 1/2이 멸종되는 핵심적인 역할을 할 것 같다고 예측한다. 많은 과학자들은 이런 위험이 우리가 직면한 가장 심각하고 가장 장기적인 환경 및 경제 문제 중 하나로 여기고 있다. 이 장에서, 우리는 이 문제의 원인과 그것을 다룰 수 있는 가능한 방법에 관해 논의할 것이다.

그림 8.1 꽃에서 꿀을 빨고 있는 유럽 꿀벌

8.1 인간은 종의 멸종과 생태계 서비스에 어떤 역할을 하는가?

개념 8.1 종은 자연적인 속도보다 최소한 천 배는 빠르게 멸종해가고 있고, 금세기 말까지, 멸종률은 만 배나 더 빠를 것으로 예상된다.

멸종은 자연적이나 때로는 급격히 증가한다

어떤 종이 지구상 어디에서도 더 이상 발견되지 않는다면, **생물학적 멸종**(biological extinction)을 경험하게 되는 것이다. 멸종은 자연적인 과정이며 대부분 지구의 역사에서 느린 속도로 발생해왔다. 이런 자연적인 속도를 **배경멸종률**(background extinction rate)이라고 한다. 과학자들은 일반적인 배경률은 매년 지구상에 살고 있는 대략 백만 종 중 한 종이 멸종되는 것으로 추정하고, 이것은 매년 10종의 자연적 멸종을 이끈다.

그러나 멸종이 늘 지속적으로 일어나는 것은 아니다. 지질연대에서 비교적 짧은 시기에 발생하는 많은 생물종의 멸종을 **대멸종**(mass extinction)이라 한다. 지질, 화석과 다른 기록들은 지구가 다섯 번의 대멸종을 경험했으며, 그 멸종 시기에 존재하던 모든 종의 50~90%가 수천 년 동안에 걸쳐 멸종했다(그림 4.11 참조).

과거 대멸종의 원인은 정확하게 밝혀진 것은 아니지만 아마도 전 지구적인 환경 조건의 변화를 포함한다. 예로는 지구온난화와 냉각, 해수면의 큰 변화, 해수의 산성도, 다양한 대규모 화산 분출, 지구와 충돌하는 큰 유성과 혜성 같은 재난 등이다.

과학적인 증거들은 매번 대멸종이 일어난 후, 지구의 전반적인 생물 다양성이 결국 같거나 더 높은 수준으로 회복되었다는 것을 보여준다(그림 4.11 참조). 그러나 매번 회복에는 수백만 년이 걸렸다.

인간 개체군의 증가와 전 세계 지역으로 확산됨에 따라 크고 증가된 생태 발자국을 만들었으며, 멸종률이 가속화되어 왔음을 과학적인 증거들이 보여주고 있다(그림 1.9 참조). 생물 다양성 전문가인 윌슨(개별적 문제 4.1 참조)은 "산산조각내고, 살육하고, 갈아엎고, 닥치는 대로 소비하고, 인공물로 대체함으로써 자연계는 도처에서 눈앞에서 사라지고 있다"고 말했다.

과학자들은 현재 연간 멸종률은 적어도 자연적인 배경 멸종률(개념 8.1)의 천 배로 추정하고 있다. 지구상에 천만 종이 있다면 오늘날 매년 만 종이 멸종된다는 의미다.

생물 다양성 연구자들은 금세기 동안에, 일반적인 서식지 소실과 오염, 기후변화, 해양 산성화, 인간 활동이 다른 환경에 미치는 해로운 영향 때문에 멸종률은 적어도 만 배 정도 증가할 것으로 예상된다(개념 8.1). 이는 지상에 천만 종이 있다면 매년 십만 종이 사라질 것으로 예상되는 속도다. 금세기 말까지, 치타와 호랑이(8장 도입부 사진 참조), 사자를 포함한 대부분의 몸집이 큰 육식 고양이들은 동물원과 작은 야생동물 보호구역에서만 존재하게 될 것이다. 대부분의 코끼리와 코뿔소, 고릴라, 침팬지, 오랑우탄 등이 야생에서 사라질 것이다.

이것이 왜 그렇게 중요한 문제인가? 윌슨(Edward O. Wilson)과 핌(Stuart Pimm)을 포함한 생물 다양성 연구자들에 따르면, 이런 멸종률은 전 세계에 확인된 동식물 종 200만 여 종 중 20~50%가, 그리고 확인되지 않은 수백만 종과 일부 세계의 생태계 서비스와 함께 금세기 말에 사라질 수 있다는 것이다. 만약 이런 추정이 정확하다면(과학적 핵심 8.1 참조), 지구는 주로 인간 활동에 의해 유발되는 여섯 번째 대멸종에 진입하게 될 것이다. 이전의 대멸종과는 다르게 이 멸종은 수천 년(그림 4.11 참조)에 걸치지 않고 인간의 생애 동안에 일어날 것으로 예상된다. 보존과학자들은 인간의 생애 동안에 일어나는 이런 잠재적인 생물 다양성과 생태계 서비스의 대량 손실을 가장 중요하고 장기적인 환경 문제로 여긴다. 멸종이 증가함에 따라, 지구의 생명을 유지하는 생물 다양성은 생태계 붕괴를 야기하는 티핑 포인트에 도달하며 이로 인해 걷잡을 수 없이 또는 순 피드백 루프에서 더 많은 멸종이 발생할 수 있다.

20~50% 주로 인간 활동 때문에 금세기에 사라질 가능성이 있는 지구상 알려진 생물종의 백분율

멸종 속도 계산하기

과거 멸종률을 추정하여 미래 멸종률을 예상하는 과학자들은 세 가지 문제에 직면한다. **첫째**, 생물종의 자연 멸종은 일반적으로 매우 오랜 시간이 걸리기 때문에 문서화하는 것이 어렵다. **둘째**, 우리는 전 세계의 추정된 700만에서 1억 개의 생물종 중 단지 약 200만 개의 생물종만을 확인해왔다. **셋째**, 과학자들은 지금까지 확인해온 대부분의 생물종들이 갖는 자연과 생물학적 역할에 대해 극히 일부분만 알고 있을 뿐이다.

미래의 멸종을 추정하는 한 가지 접근법은 쉽게 관찰할 수 있는 포유류와 조류가 멸종되어 온 비율에 대한 기록을 연구하는 것이다. 대부분의 이런 멸종은 약 만 년 전에 인간이 지구를 지배하기 시작한 이래로 발생해왔다. 이런 정보는 그 시기 전에 발생했던 멸종에 관한 화석 기록과 비교하여 알 수 있다.

다른 접근법은 서식지의 감소가 어떻게 멸종률에 영향을 미치는가를 관찰하는 것이다. 윌슨(개별적 문제 4.1 참조)과 맥아서(Robert MacArthur)가 연구한 생물종–면적 관계는 주어진 면적 내에서 육상 서식지의 90% 손실은 그 지역에 살고 있는 종 약 50%의 멸종을 야기할 수 있음을 제시하고 있다.

과학자들은 특정 생물종이 위험에 처하거나 특정 기간 내에 멸종하게 되는 위험도를 추정하기 위해 수학적 모델을 이용한다. 이런 모델은 개체군 크기의 동향, 과거 및 미래의 서식지 이용 가능성의 변화, 다른 종과의 상호작용, 유전인자와 같은 요인들을 포함한다.

연구자들은 보다 나은 멸종률 추정치를 만들기 위해, 그런 멸종이 수분(핵심 사례 연구)과 같은 중요한 생태계 서비스에 미치는 영향을 예측하기 위한 더 많고 더 좋은 자료를 얻고, 그들이 사용하는 모델을 향상시키기 위해서 끊임없이 노력하고 있다. 이런 과학자들은 더 나은 자료와 모델에 대한 욕망으로 인간 활동에 의한 급속한 멸종과 그에 따른 생태계 서비스 손실을 방지하기 위한 활동을 늦추어서는 안 된다고 주장한다.

비판적 사고

멸종률이 추정치라는 것 때문에 멸종률을 신뢰할 수 없는가? 이유를 설명하라.

윌슨과 핌, 그리고 다른 멸종 전문가들은 두 가지 이유로 배경멸종률은 보다 낮아지고 이들보다 만 배나 빠른 멸종률을 예측하고 있다. **첫째**, 빠르게 증가하는 인구와 1인당 자원 소비량의 증가로 인한 유해한 환경 영향으로 멸종률과 그 결과로 발생하는 생태계 서비스에 대한 위협은 향후 50~100년 동안 급속히 증가할 것이다.

둘째, 우리는 새로운 생물종 출현의 잠재적인 장소로 기여하는 열대 우림, 열대 산호초, 습지, 하구와 같은 생물학적으로 다양한 환경들을 제거, 악화, 해체 및 단순화시키고 있다. 따라서 멸종률의 증가와 더불어 우리는 일부 생물종에 대한 종 분화율을 감소시킴으로써 생물 다양성의 장기 회복을 제한하고 있다. 다시 말해, 우리는 종 분화 위기를 초래하고 있다.

생물학자인 필립 레빈(Philip Levin)과 도날드 레빈(Donald Levin) 그리고 다른 생물학자들은 인간 활동이 일부 생물종에 대한 종 분화율을 감소시킬 가능성이 있는 반면, 잡초와 설치류, 바퀴벌레와 같은 곤충처럼 빠르게 번식하는 기회종의 종 분화율을 증가시킬 수 있다고 경고하고 있다. 이런 종들의 급격한 팽창은 다양한 다른 종들의 개체군을 감소시키며 멸종을 가속화하고 핵심 생태계 서비스를 위협한다.

멸종 위협종과 멸종 위기종은 생태계의 화재경보기다

생태학자들은 멸종 위기에 직면해 있거나 위협받고 있는 생물학적 멸종으로 진행하고 있는 종들을 분류한다. **멸종 위기종**(endangered species)은 생존하고 있는 개체 수가 너무 적어서 곧 멸종할 수 있는 생물종이다. **멸종 위협종**(threatened species)은 짧은 기간에는 살아남기에 개체 수가 충분하지만 점차 감소하고 있기 때문에 가까운 미래에 멸종하게 될 생물종이다. 일부 종들은 멸종할 가능성을 증가시키는 특징을 가지고 있다(그림 8.2).

국제자연보전연맹(IUCN)은 50년 동안 전 세계 종의 상태를 감시해왔고, 매년 심각한 위기종, 멸종 위기종, 멸종 위협종으로 분류한 적색목록을 발간한다. 1996~2016년까지 이 세 가지 범주에 속한 전체 종 수는 96%까지 증가했다. 그림 8.3은 2016년 적색목록에 있는 23,000종 중에 4종을 보여준다. 곤경에 처한 종의 실제 수는 훨씬 더 많을 것이다. 생물 다양성 전문가인 윌슨은

"가장 먼저 멸종되는 동물들은 크고, 느리고, 맛있으며, 상아나 가죽처럼 값진 신체 부위를 소유한 것들이다"라고 기술하고 있다.

	특성	예
	낮은 생식률 (K-전략)	푸른고래, 자이언트 판다, 코뿔소
	특수화된 지위	푸른고래, 자이언트 판다, 에버글레이즈, 연꽃
	좁은 분포	코끼리물범, 사막송사리
	높은 영양 단계에서 번식	벵골호랑이, 대머리독수리, 회색곰
	고정된 이동 양상	푸른고래, 미국흰두루미, 바다거북
	희귀성	아프리카제비꽃, 몇몇 난초
	상업적 가치	눈표범, 호랑이, 코끼리, 코뿔소, 희귀식물 및 조류
	넓은 활동 영역	캘리포니아콘도르, 회색곰

그림 8.2 멸종 위기가 가중되는 종의 특징

야생종과 그 생태계를 유지해야 하는 이유는 무엇인가?

개념 8.2 자연이 대규모 멸종으로부터 회복하는 데는 수백만 년이 걸리기에, 인간은 야생동물이 제공하는 생태계·경제 서비스 때문에, 그리고 야생종은 유용성에 상관없이 존재할 권리를 가지기 때문에 야생종의 멸종 가속화는 막아야 한다.

생물종은 지구 자연 자본의 필수적인 부분이다

세계자연보호기금(WWF)에 따르면, 겨우 61,000마리의 오랑우탄이 야생에 남아 있다(그림 8.4). 대부분은 아시아의 가장 큰 섬인 보르네오의 울창한 열대 우림 나무에서 살고 있다.

매우 영리한 이 동물이 매년 1,000~2,000마리가 사라지고 있는 것으로 추정되고 있다. 주된 이유는 그들의 열대 우림 서식지 많은 부분들이 야자수 농장을 위해 개간되고 있다. 야자수는 야자유의 재료로서 쿠키와 화장품과 같은 수많은 제품에 사용되고 자동차에 넣는 바이오디젤 연료를 생산하는 것에도 이용된다. 동물들이 감소하는 또 다른 이유는 불법밀수로 살아 있는 오랑우탄은 암시장에서 수천 달러에 팔리고 있다. 오랑우탄의 출생률이 낮기 때문에 수를 늘리는 데에 어려움을 겪고 있다. 긴급한 보호 조치가 없다면, 멸종 위기에 처한 오랑우탄은 앞으로 20년 이내에 사라질지도 모른다.

오랑우탄은 그들이 살고 있는 생태계에서 핵심종으

a. 멕시코회색늑대
애리조나와 뉴멕시코의 삼림에 약 97마리

b. 캘리포니아콘도르
미국 남서부에 410마리 (1986년 9마리로부터)

c. 미국흰두루미
북미에 442마리

d. 수마트라호랑이
인도네시아 수마트라 섬에 400마리 미만

그림 8.3 멸종 위기에 처한 자연 자본: 극심한 멸종 위기에 처한 생물 4종의 경우, 대개 인간 활동 때문에 멸종될 위협에 놓여 있다. 각 사진 아래의 숫자는 야생에 남아 있다고 추정되는 종들의 총 개체 수이다.

그림 8.4 **자연 자본의 파괴:** 멸종 위기에 처한 오랑우탄이 보르네오에 있는 급속히 사라져가는 열대 우림 서식지에서 발견되고 있다. **비판적 사고:** 만약 인간 활동이 우랑우탄의 멸종을 재촉한다면 미래는 어떻게 달라질까?

로 여겨진다. 과일과 식물 씨앗이 그들의 열대 우림 서식지를 통해 강물에서 분산되는 것이 중요한 생태계 서비스다. 만약 오랑우탄이 사라진다면, 많은 열대 우림 식물과 그 식물을 먹는 다른 동물이 위협을 받게 될지도 모른다.

오랑우탄이나 다른 동물이 인간 활동 때문에 야생에서 대거 사라지게 되는 것이 문제가 될까? 결국 새로운 생물종은 배경멸종 및 대멸종으로 인해 손실된 생물종의 자리를 차지하기 위해 진화한다. 그렇다면 향후 50~100년에 걸쳐 인간에 의한 멸종률 증가의 가속화에 대해 우리가 걱정해야 하는 이유는 무엇인가? 생물학자들에 따르면, 인간 활동이 다른 생물종의 멸종을 야기하거나 가속화시키는 것을 막기 위해 왜 우리가 노력해야만 하는지에 대한 네 가지 주된 이유를 제시한다.

첫째, 많은 사람들은 오랑우탄과 같은 야생동물이 우리에게 쓸모가 있든 없든 간에 존재할 권리가 있다고 생각한다(개념 8.2).

둘째, 세계의 생물종은 우리가 생명을 유지하는 데 도움을 주고 우리 경제를 지원하는 중요한 **생태계 서비스**(그림 1.3 참조)를 제공한다(개념 8.2).

셋째, 많은 종들은 우리가 의지하는 경제 서비스에 기여한다(개념 8.2) 다양한 식물종은 식량원, 연료, 목재, 종이와 의약품으로 경제적 가치를 제공한다(그림 8.5).

예를 들어 **생물탐사자**(bioprospector)들은 과학자들이 의약품을 만들기 위해 사용할 수 있는 동식물을 찾기 위해서 열대 우림과 다른 생태계를 탐사한다(자연에서 배우기 참조). 국제연합대학 보고서에 의하면, 모든 항암제의 62%가 생물탐사자들에 의해 발견된다. 전 세계에 알려진 식물종의 0.5% 미만이 의학적 특성을 위해 연구되어 왔

주목나무(Pacific yew)
Taxus brevifolia,
태평양 북서편, 난소암

일일초(Rosy periwinkle)
Cathranthus roseus,
마다가스카르
호지킨림프종,
림프구성 백혈병

인도사목(Rauvolfia)
Rauvolfia sepentina,
동남아시아, 불안,
고혈압

디기탈리스(Foxglove)
Digitalis purpurea,
유럽, 심부전을 위한
디기탈리스

기나나무(Cinchona)
Cinchona ledogeriana,
남아메리카, 말라리아
치료를 위한 퀴닌

엄나무(Neem tree)
Azadirachta indica,
인도, 많은 질병 치료
살충제, 살정제

그림 8.5 자연 자본: 이들 식물종은 **자연 약국**의 예다. 일단 식물 속에 있는 활성 성분이 확인되면, 과학자들은 보통 그것을 합성시켜 생산할 수 있다. 제일 많은 처방약 10가지 중 9가지의 활성 성분은 원래 야생식물에서 나왔다.

다. 녹색 일자리: 생물탐사자

생각해보기

자연에서 배우기
과학자 랭햄(Richard Wrangham)은 침팬지가 아플 때 스스로를 치료하기 위해서 어떤 식물을 먹는지 관찰하여 인간에게 유용한 의약 화합물을 찾고 있는 중이다.

생물종과 그들의 서식지를 보존하는 것의 다른 경제적인 이익은 생태 관광에서 나오는 수입이다. 급속도로 성장하는 이 산업은 환경친화적으로 적절하게 자연지역을 여행하도록 전문화되고, 전 세계적으로 관광 수입에서 분당 백만 달러 이상을 산출하고 있다. 보존생물학자 마이클 소울은 7세 정도의 살아 있는 수사자는 케냐에서 생태 관광을 통해 515,000달러 벌어들이지만, 가죽을 얻으려 죽이면 겨우 10,000달러 정도 밖에 벌어들이지 못하는 것으로 추정한다.

인간 활동으로 인해 멸종을 재촉하지 말아야 할 네 번째 주된 이유는 자연적인 종 분화는 우리가 금세기 동안 손실될 가능성이 있는 종들을 대체하는 데 500~1,000만 년이 걸릴 것이기 때문이다.

8.3 인간은 어떻게 종의 멸종과 생태계 서비스 저하를 가속하는가?

개념 8.3 종과 생태계 서비스에 대한 가장 큰 위협은 생태계의 소실이나 저감, 유해한 침입종, 인구 증가, 오염, 기후변화와 과도한 개발이다.

서식지 파괴는 가장 커다란 위협이다: HIPPCO를 기억하라

생물 다양성 연구자들은 생물종의 멸종에 대한 가장 직접적이고 중요한 원인과 생태계 서비스 위협을 약자인 HIPPCO를 사용하여 요약했다. HIPPCO란 서식지 소실과 감소, 단편화(**H**abitat destruction, degradation, fragmentation); 침입종(**I**nvasive species); 인구 증가와 자원 사용량 증가(**P**opulation growth and increasing use of resources); 오염(**P**ollution); 기후변화(**C**limate change), 과도한 개발(**O**verexploitation)의 머리글자를 딴 것이다 (**개념 8.3**).

생물 다양성 연구자들에 의하면, 야생종들에 대한 가장 큰 위협은 서식지 소실(그림 8.6) 및 감소, 단편화다. 특히 열대 우림 지역의 남벌(그림 3.1 참조)은 그들이 제

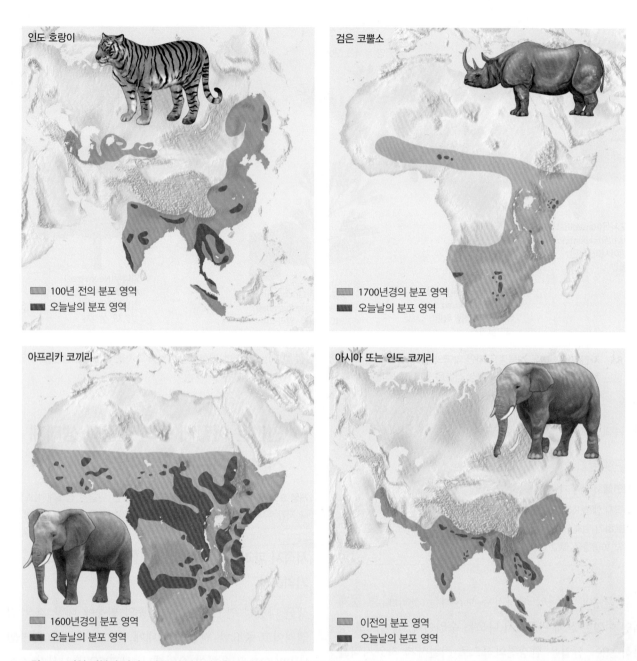

인도 호랑이

■ 100년 전의 분포 영역
■ 오늘날의 분포 영역

검은 코뿔소

■ 1700년경의 분포 영역
■ 오늘날의 분포 영역

아프리카 코끼리

■ 1600년경의 분포 영역
■ 오늘날의 분포 영역

아시아 또는 인도 코끼리

■ 이전의 분포 영역
■ 오늘날의 분포 영역

그림 8.6 자연 자본의 파괴: 이들 지도는 심각한 서식지 소실과 야생생물의 가치 있는 신체 부위를 얻기 위한 불법 사냥의 결과로 발생한 네 가지 야생생물종의 분포 영역 감소를 보여주고 있다. **비판적 사고:** 인간의 주거와 경작에 필요한 토지를 줄이더라도 당신은 이들의 분포영역이 확대된다면 이를 지지하겠는가? 설명하라.

Compiled by the authors using data from International Union for Conservation of Nature and World Wildlife Fund.

공하는 생태계 서비스와 종에 대한 가장 큰 위협이다. 다음으로 가장 큰 서식지에 대한 위협은 해안습지대와 산호초의 소실과 감소(과학적 핵심 7.4 참조), 농작물 재배를 위한 초원 경작(그림 7.12 참조) 그리고 강과, 호수, 바다의 오염이다.

지구상 다른 어느 지역에서도 찾아볼 수 없는 섬의 생

물종은 특히 서식지 소실, 감소, 또는 단편화되어 생존할 장소가 사라져버릴 경우 멸종에 취약하다. 이것은 미국 하와이 주를 형성하는 군도가 미국의 멸종 위험에 처한 생물종의 63%를 가진 '멸종 자본(extinction capital)'인 이유다.

서식지 단편화(habitat fragmentation)는 일반적으로 삼

그림 8.7 서식지 단편화는 야생생물 서식지인 초원과 삼림을 줄이거나 없앰으로써 생물 다양성을 감소시키고 생태계 서비스를 저하한다.

림 또는 자연 초원과 같은 대규모의 온전한 서식지가 도로, 벌목, 농경지, 도시 개발에 의해 더 작은 고립된 조각 또는 서식지 섬으로 나누어질 때 발생한다(그림 8.7). 서식지 단편화는 생물종 무리를 더 작게 나눌 수 있으며, 포식자, 경쟁종, 질병, 폭풍 및 화재와 같은 재난에 더욱 취약하고 고립된 그룹으로 점점 더 나눌 수 있다. 게다가 서식지 단편화는 분산된 새로운 지역을 생성하며, 그곳에서 서식하기 위해 먹이를 저장하고 짝을 찾기 위한 일부 생물종의 능력을 제한할 수 있다.

이로운 외래종과 유해한 외래종

많은 외래종의 유입을 통해 미국은 많은 이익을 얻었다. 생태학자인 피멘텔(David Pimentel)의 연구에 따르면, 일부 소와 가금류 및 다른 가축들뿐만 아니라 옥수수, 밀, 쌀 외 다른 식용작물 같은 외래종은 미국 식량공급원의 98%를 제공한다. 마찬가지로 외래 수종이 전 세계 나무 농장의 약 85% 정도를 차지한다. 1600년대에 영국인 정착민들은 꿀을 북미에 공급하기 위해서 매우 유익한 유럽 꿀벌을 가져왔다(핵심 사례 연구). 오늘날 벌들은 미국에서 재배되는 농작물 1/3을 수정한다.

도입된 종이 원래 서식지에서 자신의 개체군을 조절하던 포식자와 경쟁자, 기생체, 바이러스, 세균, 곰팡이 등을 새로운 서식지에서 만나지 않을 때 문제가 발생한다. 이 때문에 외래종이 많은 토착종 개체군과의 경쟁에서 앞서가 생태계 서비스를 혼란에 빠뜨리고, 질병을 전파하며, 경제적인 손실을 초래할 수 있다. 이런 외래종은 유해한 침입종으로 여겨진다. 생태계에 그런 종들이 퍼지는 것은 멸종과 생태계 서비스 손실의 두 번째 가장 큰 원인이다.

그림 8.8은 의도적으로 또는 우연하게 미국에 도입된

후 생태적·경제적 피해를 일으킨 7,100개의 침입종 중 일부를 보여주고 있다. 미국 어류 및 야생동물 관리국에 따르면, 미국에서 멸종 위기종 목록에 포함된 생물종의 약 42%와 미국 하와이 주 생물종의 95%는 침입종으로부터의 위협 때문에 적색목록에 등록되어 있다.

1930년대에 극도로 공격적인 빨간 불개미가 남미로부터 수입되는 목재나 커피 선적물에서 우연히 미국으로 유입되었다(그림 8.8). 이 개미들은 미국 남부에 천적도 없고 물에 뜰 수 있기 때문에 육지와 물을 통해 급속히 퍼져 나갔다. 그들은 또한 중국, 대만, 말레이시아, 호주를 포함한 다른 국가에도 침입했다.

이 불개미들이 한 지역을 침입할 때, 표층 토양의 비옥화와 종자의 확산, 파리, 빈대, 바퀴벌레 같은 해충의 통제와 같은 중요한 서비스를 제공하는 토종 개미 개체군의 90%까지를 대체했다. 불개미 군집이 있는 흙더미 중

하나 위로 걸어간다면, 십만 마리가 넘는 개미들이 고통스럽고 화끈거리는 침으로 당신을 공격하기 위해 개미집에서 쏟아져 나올 것이다. 불개미들은 어린 사슴, 땅에 둥지를 트는 새, 새끼 거북이, 갓 태어난 송아지, 애완동물 그리고 불개미 독에 알레르기가 있는 최소 80명의 사람들을 죽였다.

1950년대와 1960년대에 광범위한 살충제 살포로 인해 일시적으로 불개미의 개체 수가 줄었다. 그러나 살충제는 많은 토종 개미의 개체군 역시 감소시켰다. 게다가 광범위한 살충제 사용은 자연선택을 통해 살충제에 대한 불개미의 유전적 저항력의 발달을 촉진시켰다. 아주 작은 기생파리를 이용하여 불개미 개체군 통제에 약간의 성공을 보여왔으나 이 생태학적 접근이 어떻게 효과적으로 작동하는지 알아보기 위해서는 더 많은 연구가 필요하다.

버마왕뱀(Burmese python)은 외래종이 야생으로 탈

의도적으로 도입된 종

털부처꽃   아프리카 꿀벌(살인벌)   칡   뉴트리아   유럽야생돼지

우연히 도입된 종

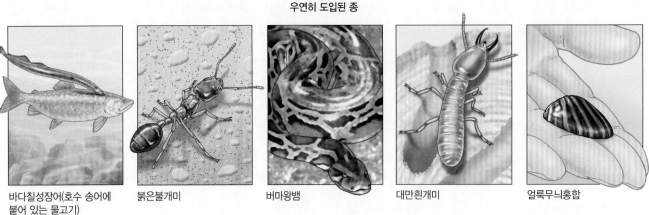

바다칠성장어(호수 송어에 붙어 있는 물고기)   붉은불개미   버마왕뱀   대만흰개미   얼룩무늬홍합

그림 8.8 의도적 또는 우연하게 미국에 도입된 7,100개의 유해 침입종

그림 8.9 에버글레이즈 국립공원에서 방금 1.8 m의 미국악어를 포식한 포획된 길이 4.6 m, 몸무게 74 kg인 버마왕뱀을 플로리다 대학의 연구자들이 들고 있다. **비판적 사고:** 만약 이 생태계에 버마왕뱀이 사는 것을 허용하면 어떤 일이 발생하며, 당신은 이 변화를 받아들이겠는가? 발생하는 문제는 무엇일까? 설명하라.

Dan Callister/Alamy Stock Photo

출하거나 방출되어 침입종이 될 때 발생할 수 있는 한 예다. 많은 뱀들이 애완동물로 팔리기 위해 아시아로부터 수입되었으나 이 파충류가 훌륭한 애완동물이 될 수 없다는 것을 알게 된 일부 구매자들이 플로리다 에버글레이즈의 습지에 그것들을 풀어놓았다.

버마왕뱀(그림 8.9)은 20~25년을 살 수 있고 5 m까지 자라며, 무게는 77 kg이 나가고 전신주만큼이나 굵다. 그것들은 왕성한 식욕을 가지고 있으며 날카로운 이빨과 먹이를 감싸 안아 먹이를 섭취하기 이전에 비틀어서 죽인다. 그들은 밤에 먹이를 먹고, 토끼, 여우, 너구리, 흰꼬리사슴과 같은 다양한 포유류와 새를 먹는다. 가끔 에버글레이즈 생태계의 핵심종인 어린 미국악어(4장 사례 연구, 84쪽)를 포함한 다른 파충류를 포식한다. 뱀들은 또

한 애완 고양이, 애완 개, 작은 농장 동물, 거위도 포식하는 것으로 알려져 있다. 연구들은 이런 뱀에 의한 포식이 에버글레이즈의 복잡한 먹이 그물과 생태계 서비스를 변화시키고 있음을 보여준다.

야생동물 과학자에 따르면 플로리다의 습지에 있는 버마왕뱀 개체군 조절은 통제가 불가능한 것으로 생각하고 있다. 뱀들은 찾아서 죽이거나 포획하기가 어려우며 빠른 속도로 번식한다. 뱀들은 한 지역에서 덫으로 잡아 다른 지역으로 옮기는 것은 뱀들이 잡힌 곳으로 되돌아올 수 있기 때문에 효과가 없다. 다른 우려는 버마왕뱀이 미국 남부 지역 절반에 습지로 퍼져 나갈 수 있다는 것이다.

칡(Kudzu)과 같은 일부 침입종은 의도적으로 생태계에 도입되었다(그림 8.8). 1930년대에 이 식물은 토양 침

그림 8.10 미국 조지아 주에서 칡이 자라면서 차를 덮었다.

식을 통제하기 위해 일본에서 들여와 미국 남동부에 심었다.

실제로 칡은 토양 침식에 효과가 있었다. 그러나 번식력이 뛰어나 언덕의 비탈과 정원, 나무, 강둑, 자동차 등 자신의 길을 가로막는 것은 무엇이든 덮어 버렸다(그림 8.10). 칡은 갈아엎거나 태워도 여전히 퍼져 나가고 있다. 칡은 햇빛 속이나 그늘에서도 자랄 수 있고, 심지어 제초제로도 죽이기가 힘들다(제초제는 상수원을 오염시킬 수 있다). "남부를 삼킨 덩굴"이라고 불리는 이 덩굴은 미국 남동부의 많은 지역을 통해서 퍼져 나갔다. 기후가 더 따뜻해짐에 따라 칡은 북부까지도 퍼져 나갈 수 있다.

침입 외래종은 또한 수생 생태계에도 영향을 미치며 1990년대 이래로 미국 모든 어류 멸종의 약 2/3에 책임이 있다. 미국의 5대호는 적어도 180종의 외래종 침입을 받아왔으며 그 수는 계속 증가하고 있다. 가장 큰 위협 중 하나는 물고기를 죽이는 바다칠성장어(그림 5.5 참조)이며, 이들은 호수 송어와 같은 5대호 어류의 개체군 일부를 고갈시켜왔다.

또 다른 수중 침입종은 얼룩무늬홍합(zebra mussel)이라는 엄지손톱 크기의 패류로서 급속히 번식을 해서 5대호에는 천적이 없다고 알려졌다(그림 8.8). 이 침입종은 다른 홍합종을 대체해왔으며 일부 수중 토종 생물종을 위한 먹이를 고갈시켜 왔다. 또한 얼룩무늬홍합은 관개 수로관을 막아 발전소와 도시 물 공급을 위한 냉각수 취수관의 기능을 정지시켰으며, 선박의 방향타를 움직일 수 없게 하고 배의 선체, 부두 및 다른 노출된 바다 표면에서 거대한 덩어리로 자라 엄청난 경제적인 손해를 끼쳐왔다. 얼룩무늬홍합은 많은 하천으로 확산되었으며 2016년에는 최소 24개의 주에서 발견되고 있는 것으로 보고되었다.

침입종 통제

일단 유해한 외래종이 어떤 생태계에 정착하게 되면 그 종을 제거하기는 거의 불가능하다. 미국은 그다지 성공적이지 않으면서도 다수의 증가하는 침입종을 전멸시키거나 조절하기 위해 매년 1,600억 달러 이상을 지불하고 있다. 따라서 외래종의 유해한 영향을 제한하기 위한 가장 좋은 방법은 그 외래종이 생태계로 유입되는 것을 막는 것이다.

과학자들은 다음과 같은 여러 방법을 제안하고 있다.

• 침입종에 취약한 생태계 유형 연구, 정착한 침입종 개체군을 조절하기 위해 천적, 기생체, 세균과 바이러스의 연구와 같은 침입자의 특성을 규명하기 위한 연구를 증대한다.

• 외래 식물종과 동물종을 추적하기 위한 육상 조사와 드론 인공위성 관찰을 증가시키고, 외래종이 어떻게 퍼져 나가고 그것들이 미칠 수 있는 해로운 영향을 예측하기 위해 보다 개선된 모델을 개발한다.

• 주요 유해 침입종을 확인하고 멸종 위기에 직면한 생물종에 대해 현재 이루어지는 것과 같이 이들의 국가 간 이동을 금지하는 국제 조약을 수립하고, 이런 금지조치에 대한 일환으로 수입품에 대한 검사를 강화한다.

• 외래식물과 애완동물을 사람들이 살고 있는 환경에 방출하는 것에 대한 영향에 대해 공공 교육을 실시한다.

그림 8.11은 유해한 침입종의 확산을 막거나 지연시키기 위해 우리가 할 수 있는 몇 가지 일들을 보여주고 있다.

침입종 통제

- 야생동식물을 사지 않고 자연 지역에서 야생동식물을 제거하지 않는다.

- 야생 애완동물을 다시 자연으로 돌려보내지 않는다.

- 수족관의 생물이나 사용하지 않는 미끼를 수로나 우수 배수관에 버리지 않는다.

- 야영을 할 때는, 캠핑지 지역 장작만을 사용한다.

- 야생 지역에 들어가기 전이나 나올 때 애완견의 발바닥, 산행 부츠, 산악자전거, 카누, 배, 자동차, 낚시 도구 및 기타 장비 등의 먼지를 닦고 세척한다.

그림 8.11 **개별적 문제:** 유해한 침입종의 확산을 방지하거나 지연시키는 몇 가지 방법. **비판적 사고:** 가장 중요하다고 생각하는 방법 두 가지는 무엇인가? 그 이유를 설명하라. 어떤 것을 실행할 계획인가?

$270만 세계적으로 침입종을 처리하는 데 지불할 것으로 추정되는 분당 유해 비용

인구 증가, 자원 이용, 오염과 기후변화는 생물종의 멸종을 야기한다

과거 및 미래 인구 증가(그림 1.12 참조)와 1인당 자원 소비량 증가율은 인간의 생태 발자국(그림 1.9 참조)을 크게 확장시켰다. 사람들이 지구상에 퍼져 나가고 자원 사용이 증가하면서 야생 서식지의 엄청난 영역을 없애고, 감소시키고, 단편화시켜 왔으며 많은 생물종 멸종의 원인이 되었다(**개념 8.3**)

인간 활동에 의한 대기 오염, 수질 오염, 토양 오염은 또한 멸종 위기에 처한 일부 종을 위협한다. USFWS에 의하면 살충제로 인해 매년 미국 농작물 1/3을 수정시키는 유럽 꿀벌 군집의 약 1/5이 죽는다(**핵심 사례 연구와 과학적 핵심 8.2**). USFWS는 살충제가 해마다 6,700만 마리의 조류와 600~1,400만 이상의 어류를 죽인다고 추정하고 있다. 또한 멸종 위협종과 멸종 위기종의 약 20%를 위협하고 있다.

1950년대와 1960년대에 모기를 죽이기 위해 광범위하게 사용한 살충제 DDT로 인해 물수리, 갈색펠리컨과 대머리독수리 같은 물고기를 먹는 새들의 개체 수가 급감했다. 환경에 잔존하는 살충제 DDT로부터 유래된 화학물질의 농축과 **생물농축(bioaccumulation)** 과정에 의해 생물체 조직에 흡수되고 축적된다. 먹이 사슬과 먹이 그물을 통해 위로 이동하면서 더 많은 화학물질이 농축되는 과정을 **생물증폭(biomagnification)**이라 한다(그림 8.12). 이것은 이 먹이 사슬의 최상위 포식자인 새들의 알껍데기를 너무나 얇게 만들어서 알들이 성공적으로 부화할 수 없게 되었다. 토끼와 땅다람쥐의 개체군 조절에 도움을 주는 초원매, 새매, 송골매와 같은 포식 조류도 급감했다. 1972년에 미국이 DDT 사용을 금지한 이래로 대부분 이런 조류들은 회복되었으며 이것은 오염 방지의 효과적인 한 예시다.

국제보존협회(Conservation International)에 따르면, 온실가스 배출량을 크게 줄이지 않으면 금세기 말까지 모든 육지 동식물의 1/4에서 1/2이 멸종하는 데 일조할 수 있다고 한다. 예를 들면 과학적인 연구는 기온 상승으로 북극 서식지의 바다 얼음을 녹이기 때문에 북극곰이 위험에 처해 있다는 것을 보여준다. 이런 유빙의 축소는 북극곰이 가장 좋아하는 먹이인 바다표범(그림 8.13)을 찾는 것을 더 어렵게 한다. IUCN과 미국 지질조사국은, 북극곰의 개체군은 서식지 손실과 먹이 부족으로 인해 2050년까지 30~35% 정도 줄어들 것으로 보고 있다.

야생종의 살해, 포획, 판매는 생물 다양성을 위협한다

일부 보호종들은 가치 있는 신체 부위로 인해 불법적으로 살해되거나 포획되어 산채로 수집가들에게 팔린다. 막대한 이익 때문에 조직범죄로 발전해 불법으로 야생종의 신체 부위 일부와 살아 있는 종의 개체가 밀수되고 있다. 체포되거나 처벌받는 밀수업자는 거의 없다.

밀렵업자와 조직범죄가 극심한 멸종 위기에 처한 동부 산악 고릴라(야생에 약 880마리가 남아 있음)와 자이언트 판다(2016년 기준 중국 야생에서 1,864마리가 남아 있음)를 죽이는 것은 비싼 모피 때문이며 그것은 아주 수익성이 좋다. 코뿔소 5종 중 4종이 심각한 멸종 위기에 처해 있는데 대부분 매우 가치가 높은 뿔로 인해 불법적

꿀벌 실종: 원인 조사

지난 50년 동안 미국 내 유럽 꿀벌의 개체군은 반으로 줄어들었다. 군집붕괴현상(CCD)이 2006년 등장한 이래로 미국 양봉업자들은 매년 평균 23~43%씩 벌집을 잃어왔다. 과학적인 연구는 이런 실종에 대한 몇 가지 가능한 이유를 발견했다. 이유는 숙주, 바이러스, 살충제, 스트레스, 식단이다.

꿀벌응애(Varroa mite)와 같은 **기생체**는 숙주인 성체 꿀벌과 애벌레의 피를 먹고 살면서 꿀벌의 면역체계를 약화시켜서 수명을 단축시킨다. 꿀벌응애는 아마도 남미에서 수입된 벌 중에서 1987년 미국에 처음 등장한 이래로 수백만 마리의 꿀벌을 죽여왔다.

몇몇 **바이러스**는 유럽 꿀벌의 겨울 생존에 영향을 미치는 것으로 알려져 있다. 한 예가 담배윤문병 바이러스인데 이것은 바이러스에 오염된 꽃가루를 먹고 사는 꿀벌을 감염시킬 수 있다. 이 바이러스는 꿀벌의 신경계를 공격한다고 여겨진다. 바이러스는 또한 꿀벌응애 안에서 탐지되어왔고, 진드기가 꿀벌을 먹고살 때 바이러스 확산에 도움을 줄지도 모른다.

꿀벌이 꿀을 찾아다닐 때, 농작물에 살포된 **살충제**에 노출되어 이를 다시 벌집으로 실어 나를 수 있다. 일부 연구는 널리 사용되는 살충제인 **네오니코티노이드**(neonicotinoid)가 벌의 신경계에 피해를 줌으로써, 벌집으로 돌아오는 능력을 감소시키고 CCD에 영향을 줄 수 있는 가능성을 보여준다. 이런 화학물질은 벌의 면역체계를 혼란시켜서 다른 위협이 끼치는 유해한 영향에 취약하게 만들 수 있다.

미국 전역에 걸쳐서 운반되는 꿀벌이 받는 **스트레스**가 또한 역할을 한다(그림 8.A). 들판에서 꽃을 옮겨 다니며 먹이를 구하고 살아가는 자연적인 방식이 아닌, 인위적인 꽃가루받이를 위해 트럭에 실려 다니며 전국을 이동하는 것이 스트레스를 주어 꿀벌은 면역체계가 약화되고 기생체, 바이러스, 곰팡이, 살충제 등에 의한 죽음에 취약하게 된다.

또 다른 요소는 먹이이다. 자연 생태계에서 꿀벌은 다양한 개화식물로부터 꿀과 꽃가루를 수집한다. 그러나 상업적 꿀벌은 대개 벌이 필요한 영양분이 결여되어 있는 한 가지 농작물이나 소수의 농작물에서 꽃가루나 꿀을 주로 먹이로 수집한다. 겨울에, 벌집 안에 있는 벌들은 대부분의 꿀이 판매용으로 제거되어져, 건강에 좋은 단백질은 없지만 칼로리만 제공하는 액상과당이나 설탕이 먹이로 이용된다.

벌 연구자들은 이런 요인들이 결합해서 유럽 꿀벌 개체 수 감소와 CCD가 일어난다는 데 점점 더 동의한다. 매년 이런 꿀벌의 죽음에 대한 문제가 지속된다면 꿀벌의 서비스를 이용하는 양봉업자와 농부의 비용을 증가시키며 많은 이들을 폐업하게 할 수 있다. 이것은 식량 가격의 상승을 초래한다.

비판적 사고
여러분은 여기에 묘사된 한 가지 이상의 위협들을 양봉업자가 줄일 수 있는 몇 가지 방안을 생각해낼 수 있는가? 설명하라.

그림 8.A 유럽 꿀벌 벌통이 아카시아 과수원에 있다. 꿀벌 임대를 하는 양봉업자는 매년 미국 전역으로 농부들에게 수백만 개의 벌통을 트럭으로 운반해준다.

그림 8.12 생물농축과 생물증폭: DDT는 동물의 지방 조직에 축적될 수 있는 지용성 화학물질이다. 먹이 사슬이나 먹이 그물에서, 축적된 DDT는 여기에 묘사된 미국 뉴욕 주의 먹이 사슬과 같은 각각의 더 높은 영양 단계의 동물 체내에서 생물적으로 농축된다. **비판적 사고:** 이 이야기가 오염 예방의 가치를 어떻게 설명하는가?

어류를 섭취하는 조류
(물수리)에서의 DDT
25 ppm

큰 물고기(동갈치)
에서의 DDT
2 ppm

작은 물고기(피라미)
에서의 DDT
0.5 ppm

동물성 플랑크톤
에서의 DDT
0.04 ppm

물 속의 DDT
0.000003 ppm
또는 3 ppt

그림 8.13 북극해의 유빙 위에서 북극곰이 주요 먹이인 턱수염물범을 죽였다. **비판적 사고:** 인간 활동으로 인해 금세기 동안 북극곰이 야생 상태에서 가장 먼저 멸종할 것이라는 문제에 대해 어떻게 생각하는가? 설명하라.

Vladimir Seliverstov/Dreamstime.com

그림 8.14 극심한 멸종 위기종인 북부의 흰코뿔소는 뿔 때문에 남아프리카에서 살해되었다. 이 종은 이제 야생에서 멸종했다. **비판적 사고:** 여러분은 불법적으로 이 동물을 살해한 밀렵꾼과 대화를 할 수 있다면 뭐라고 말할 것인가?

Avalon/Photoshot License/Alamy Stock Photo

으로 죽임을 당했기 때문이다(그림 8.14).

값비싼 상아 때문에 특히 아프리카 코끼리(그림 7.A 참조)의 불법 사냥은 상아의 국제 거래가 전면 금지됨에도 불구하고 최근 몇 년간 증가했다. 중국이 상아가 불법 거래되는 가장 큰 시장이고 다음이 미국이다. WildAid에 따르면 코끼리는 연간 30,000마리의 비율로 살해되고 있다.

1900년 이래로, 세계의 야생 호랑이 수는 99%까지 감소해왔는데, 대개 서식지 소실과 불법 밀렵 때문이다(그림 8.6). 전 세계에 남아 있는 3,890마리의 야생 호랑이의 절반 이상이 인도에 있고, 호랑이 보호구역을 지정하고 호랑이를 보호하기 위해서 다른 나라보다 더 많은 노력을 하고 있다.

벵골(인도)호랑이는 털이 값비싼 외투를 만드는 데 사용되기 때문에 위험에 처해 있다. 호랑이 한 마리의 뼈와 생식기는 암시장에서 수천 달러에 낙찰될 수 있다. WWF에 따르면 밀렵을 줄이고 호랑이 서식지를 보존하기 위한 긴급 조치가 취해지지 않는다면, 수마트라 호랑이를 포함한 어떤 호랑이도 2022년까지는 거의 남아 있지 않게 될 것이다(그림 8.3d). 과거 100년 동안에, 세계에서 가장 빠른 육상 동물인 치타의 수는 서식지 소실과 외투를 만들기 위한 밀렵업자들의 사냥으로 대략 100,000마리에서 7,100마리로 줄어들었다.

생각해보기

호랑이

전 세계의 모든 야생 호랑이가 사라지는 것이 당신에게 중요한 문제인가? 설명하라. 멸종으로부터 세계에 남아 있는 야생 호랑이를 보호하기 위해 도움을 줄 수 있도록 당신이 취할 수 있는 두 가지 단계를 열거하라.

세계적으로 애완용으로 야생종을 합법적 및 불법적으로 거래하는 것은 엄청난 규모이고, 매우 이윤이 많은 사업이다. 많은 애완용 야생동물 소유주들은 모든 살아 있는 동물들이 포획되어서 합법 시장 및 불법 시장에서 팔리는 과정에서 많은 동물들이 살해되거나 운송 중에 죽는다는 사실을 모른다. 국제자연보전연맹(IUCN)에 따르면, 60종 이상의 조류, 주로 앵무새는 야생 조류 거래 때문에 멸종 위기에 처해 있거나 멸종 위협을 받고 있다(다음 사례 연구).

애완용 야생동물을 구매하는 사람들은 또한 일부 수입된 이국 동물들이 한탄 바이러스, 에볼라 바이러스, 아시아 조류 독감, 주로 짧은 꼬리 원숭이 성체가 나르는 헤르페스 B 바이러스, 햄스터, 거북이, 이구아나와 같은 애완동물에서 오는 살모넬라와 같은 질병들을 옮긴다는 것을 모른다. 이런 질병들은 애완동물에서 주인에게로 쉽게 전파되고 이어서 다른 사람들에게 전파된다.

애완동물 거래로 인해 개체군이 격감된 다른 야생종으로는 양서류, 파충류와 대부분 인도네시아와 필리핀의 산호초에서 잡힌 열대어가 포함된다(4장 **핵심 사례 연구** 참조). 일부 잠수부들은 열대어를 기절시키기 위해서 유독한 시안화물이 든 플라스틱 용기를 사용하여 열대어를 잡는다. 열대어를 산 채로 잡기 위해 더 많은 열대어가 죽는다. 게다가 시안화물 용액은 산호초를 만드는 산호충을 죽인다.

특히 난초와 선인장과 같은 일부 열대 식물들은 가정 집과 사무실, 조경을 위해 수집가들에게 수천 달러를 받고 불법적으로 수확되어 팔리기 때문에 멸종 위기에 처해 있다(그림 7.10, 가운데 참조). USFWS에 따르면, 야생 조류를 수집하는 사람들은 브라질에서 밀수된 멸종 위기에 처해 있는 히아신스마코앵무(그림 8.15)를 수천 달러를 받

Roy Toft/National Geographic Creative

그림 8.15 브라질 마토 그로소에 있는 멸종 위기에 처한 히아신스마코 앵무와 같은 많은 야생동물이 아름다움과 즐거움의 원천이다. 서식지 손실과 애완동물 거래꾼들에 의해 야생에서 불법 포획됨으로써 이 종은 멸종 위기에 직면하고 있다.

훌리아나 마카도 페레이라: 보존 생물학자, 내셔널 지오그래픽 탐험가

매년 밀렵꾼들은 브라질의 자연 서식지에서 약 3,800만 마리의 야생동물을 불법으로 데려간다. 이런 동물 중 일부는 브라질에 남아 있고 나머지는 미국, 유럽 그리고 세계의 다른 나라가 종착지가 된다. 훌리아나 마카도 페레이라(Juliana Machado Ferreira)는 그녀의 조국인 브라질에서 이런 불법 야생동물 반출에 반대하며 투쟁하는 유전학 박사이자 보존 생물학자다.

그녀는 고도로 수익이 많은 이런 불법 무역에 반대해 싸우는 데 도움을 주기 위한 FREELAND Brasil을 설립했다. 브라질에 있는 많은 사람들은 앵무새, 마코앵무, 명금, 원숭이와 다른 야생동물을 애완동물로 자기 집에서 기르며 이것이 무해한 문화적 전통이라고 생각한다. 그녀의 재단은 인간의 즐거움을 위해 야생에서 새와 다른 동물을 잡아감으로써 생태계에 미치게 되는 유해함에 대해 대중들을 교육한다.

페레이라는 경찰이 압수한 불법 포획된 새의 원산지를 파악하여 새들이 살았던 곳으로 되돌려질 수 있도록 하기 위한 유전자 표지를 개발하기 위해 유전학 지식을 이용하여왔다. 페레이라는 또한 브라질 정부가 불법 야생동물 밀매를 금지하는 법을 통과시켜 강화하도록 노력하고 있다.

2014년에, 페레이라는 내셔널 지오그래픽 탐험가로 뽑혔다. 야생동물을 구조하여 돕는 데 사람들이 무엇을 할 수 있느냐는 질문에, "야생동물을 애완동물로 생각하지 마세요"라고 말했다.

고 판매할 것이다. 하지만 평생 야생에 남아 있는 한 마리의 히아신스마코앵무는 생태 관광 수입에서 165,000달러로 추정되는 돈을 벌어들일 수 있다(개별적 문제 8.1).

야생동물 고기에 대한 수요 증가는 일부 아프리카 생물종을 위협한다

수세기 동안 많은 서양과 중앙아프리카의 토착민들은 식량원으로 야생동물 고기를 얻기 위해 지속적으로 야생동물을 사냥해왔다. 지난 30년 동안, 일부 지역에서 야생동물 고기를 위한 사냥이 증가했다. 일부 사냥꾼들은 급속히 증가하는 인구에 식량을 제공하기 위해 노력해왔다. 다른 사냥꾼들은 고릴라와 다른 동물들의 색다른 고기를 대도시 식당에 제공함으로써 생계를 꾸려나간다(그림 8.16). 한때 숲에 접근을 가능하게 한 벌목 도로 덕분에 이런 사냥은 훨씬 더 쉬워졌다.

야생동물 고기 사냥은 왈드론붉은콜로부스 원숭이와 같은 적어도 하나의 동물종을 완전히 멸종하도록 만들었다. 야생동물 고기 사냥은 또한 오랑우탄과 고릴라, 침팬지, 코끼리, 하마의 일부 개체군 감소 원인이다(그림 8.4). 또 다른 문제는 어떤 형태로 야생동물 고기를 도살하여 먹는 것은 동물에게서 인간에게 전달되는 에볼라 바이러스, HIV/AIDS와 같은 치명적인 질병의 확산에 일조한다는 점이다.

미국 국제개발기구(USAID)는 양식 어류를 포함한 대체 식량원을 소개함으로써 일부 아프리카 지역에서 지속 불가능한 야생동물 고기 사냥을 줄이도록 노력하고 있다. 그들은 단백질원으로서 아프리카산 들쥐와 같은 몸집이 큰 설치류를 사육하는 법을 마을사람들에게 가르치고 있다.

사례 연구

조류가 보내는 충격적인 메시지

전 세계에 알려져 있는 10,000여 종의 조류 중 약 70%의 개체 수가 감소하고 있으며 이런 감소는 HIPPCO로 요약되는 인간 활동과 명백한 관련이 있다. 2014년 국제자연보전연맹(IUCN)의 멸종 위기종 적색목록에 따르면, 모든 조류의 약 1/8(13%)종이 주로 열대 우림 숲에서 서식지 소실, 감소, 및 단편화(HIPPCO에서 H)에 의해 멸종 위

그림 8.16 콩고에서 멸종 위기에 처한 저지대 고릴라와 쟁반에 담긴 고릴라 머리와 같은 야생동물 고기는 아프리카 서부와 중앙 지역에 사는 지역 사람들의 단백질 공급원으로 소비되며 국내 및 국제적으로 판매되고, 부유한 후원자들이 고릴라 고기를 신분과 힘의 원천으로 여기는 일부 식당에서 제공된다. **비판적 사고:** 이런 일이 식량으로 소를 죽이는 것과 어떻게 다를까?

Avalon/Photoshot License/Alamy Stock Photo

협을 받고 있다.

2014년 State of the Birds study에 따르면, 미국 내 조류의 1/3인 800종 이상이 멸종 위기에 처했거나, 멸종 위협 또는 숫자가 줄어들고 있으며, 대개 서식지 소실과 감소 때문이다(그림 8.3b와 c). 조류 개체 수의 급격한 감소는 장거리를 이동하는 명금종에서 발생하고 있다. 이 새들은 여름에는 북미의 깊은 숲속에서 살고, 중미나 남미 또는 카리브 제도에서 겨울을 보낸다. 연구에 따르면 개체군 감소의 일차적 원인은 서식지 소실과 북미와 중남미의 번식 장소 단편화 때문이다.

두 번째로 조류에 대한 가장 큰 위협은 침입종으로 불리는 비토착종이 의도적이거나 우연히 도입되어 전 세계 약 28%의 조류에 영향을 미친다. 이런 침입종(HIOOCP에서 I)은 갈색나무뱀과 몽구스다. 스미소니언 보존생물

연구소의 마라(Peter Mara)의 연구에 따르면, 미국 내 야생 고양이와 애완 고양이가 해마다 적어도 14억 마리의 새를 죽이고 있다.

HIPPCO에서 첫 번째 P인 인구 증가 또한 일부 조류를 위협하는데, 매년 더 많은 인간들이 육상 전역으로 퍼져 나가 목재와 식량 및 다른 자원들의 사용이 증대되면서 조류 서식지의 교란이나 파괴를 초래한다. 조류 전문가인 다니엘 클렘 주니어(Daniel Klem, Jr)에 따르면, 미국과 캐나다에서 매년 약 6억 마리의 새들이 유리창에 충돌하여 죽는다.

HIPPCO에서 두 번째 P인 오염 또한 새들을 위협한다. 수많은 새들이 기름 유출과 살충제와 제초제에 노출된다.

새들에 대해 또 다른 급격히 증가하는 위협은 HIP-

카간 하키 세케르시오글루:
조류 보호가, 내셔널 지오그래픽의 신흥 탐험가

카간 하키 세케르시오글루(Çağan Hakki Sekercioğlu)는 조류 전문가이자 열대 생물학자이며 야생동물 사진작가를 겸하고 있는 내셔널 지오그래픽 탐험가다. 그는 75개국에서 지구에 알려져 있는 조류의 64% 이상을 관찰했으며, 조류 생태에 관한 세계적인 데이터베이스를 개발해왔고 전 세계 조류 멸종의 인과 관계에 관한 전문가가 되었다.

최근에 그는 코스타리카 산림과 농경 지역의 조류 서식지 소실에 관한 영향을 추적하는 연구와 기후변화가 조류에 미치는 영향에 관한 연구에 집중했다. 기후변화가 새들을 산악 지대에서 더 높은 고도로 몰고 있는 것에 주목하고 있다.

세케르시오글루는 모국인 터키에 서식하는 조류와 다른 형태의 야생동물에 대한 위협에 관한 연구에 열중하고 있다. 2007년 그는 KuzeyDoğa를 설립했다. KuzeyDoğa는 터키 북동부의 야생동물을 보호하고 보존하기 위해 헌신하는 군집기반 보존기구이며 생태적 연구로 수상을 했다. 그는 최초로 터키의 야생동물 보호통로를 위한 계획을 개발했으며 2011년에는 올해의 과학자로 선정되었다.

광범위한 연구에 근거하여 세케르시오글루는 전 세계 알려진 멸종 위기에 처한 조류가 2013년에 약 13%에서 금세기 말에는 25%로 대략 두 배가 될 것으로 추정한다. 그는 "저의 궁극적인 목표는 야생동물이 인간 공동체의 보존에 도움을 준 것처럼 그들의 보존에 도움이 되어, 야생동물의 멸종을 방지하고 생태계 과정에서 필연적으로 따라오는 붕괴를 예방하는 것입니다. 저는 보존을 인간과 자연이 맞서는 것이 아니라 협동하는 것으로 봅니다"라고 말한다.

PCO에서 C인 기후변화다. WWE에서 수행된 연구는 점점 심해지는 폭염이나 홍수와 같은 기후변화의 영향이 세계 전 지역에서 일부 조류 개체군의 감소를 야기하고 있는 것을 발견했다. 이런 감소는 금세기 동안에 급격히 증가할 것으로 예측된다.

남획(HIPPO에서 O) 또한 조류 개체군에 대한 주요 위협이다. 전 세계 388종의 앵무새 중에서 52개 종이 위협을 받고 있으며, 부분적으로는 많은 앵무새가 애완동물로서 유럽과 미국 구매자들에게 판매 목적으로 종종 불법적으로 포획되기 때문이다(그림 8.15).

생물 다양성 과학자들은 이런 조류의 감소를 불안하게 보고 있다. 첫 번째 이유가 조류는 모든 기후와 생물군계에서 살고 있으며 그들 서식지의 환경 변화에 빠르게 반응하며 비교적 쉽게 추적이 가능하고 계수가 용이한 훌륭한 지표종이기 때문이다. 많은 조류 종의 감소는 광범위한 환경적 악화를 표시하는 것이다.

경보에 대한 두 번째 이유는 조류들이 전 세계에 걸쳐서 매우 중요한 생태계·경제 서비스를 수행하는 것이다. 예를 들어 많은 새들이 특히 열대 우림 지역에서 수분과 종자 분산에 중요한 역할을 하고 있다. 이들 조류의 멸종은 수분에 의존하는 식물 멸종을 초래할 수 있다. 그러면 이들 식물을 주로 먹고사는 일부 특화된 동물들 또한 멸종에 이르게 될지도 모른다. 연쇄 멸종은 순차적으로 인간의 식량 공급원에 영향을 미칠 수 있다. 생물 다양성 연구자들은 인간뿐만 아니라 조류들을 위해서도 환경상태에 대해 조류들이 인간에게 들려주는 이야기에 더욱 주의 깊게 귀 기울일 것을 권고하고 있다(개별적 문제 8.2).

8.4 야생종과 그 생태계를 어떻게 유지할 것인가?

개념 8.4 우리는 국가환경법과 국제조약을 제정 및 강화하며 야생보호 구역을 신설하고 보호함으로써 생물종의 멸종을 감소시키고 생태계 서비스를 유지할 수 있다.

조약과 법이 종을 보호하는 데 도움을 줄 수 있다

일부 정부는 자국의 환경법뿐만 아니라 국제협정과 조약을 만들고 강화하여 생물종 멸종의 감소와 생태계 서비스를 지속하기 위한 노력을 하고 있다(다음 사례 연구 참조) (**개념 8.4**).

주요 국제협정 중 하나가 1975년에 체결된 멸종 위기에 처한 야생 동식물종의 국제 거래에 관한 협약(Convention on International Trade in Endangered Species of Wild Fauna and Flora, CITES)이다. 181개국이 서명한 이 협약은 멸종 위협을 받거나 멸종 위기에 처해 있는 생명종의 사냥, 포획, 판매를 금지한다. 이 협약은 살아 있는 표본, 또는 신체 일부로 만든 제품을 상업적으로 거래할 수 없는 멸종 위기종인 931개의 생물종을 열거하고 있다. 또한 이 협약은 멸종 위기에 처한 약 5,600종의 동물과 30,000종의 식물에 대한 국제 거래를 제한하고 있다.

CITES는 코끼리, 악어, 치타, 침팬지를 포함한 멸종 위협에 받는 많은 동물의 국제 거래를 감소시키는 데 도움을 주고 있다. 이 협약은 또한 불법 야생동물 거래와 밀렵에 대한 대중들의 인식을 증가시켜 왔다.

그러나 국가별로 조약에 대한 집행이 상이하며 유죄 판결을 받은 위반자들이 단지 소액의 벌금만 지불하기 때문에 본 협약에는 한계가 있다. 또한 회원국들은 열거된 생물종을 보호하는 것으로부터 면제될 수 있고, 협약에 서명하지 않은 국가들에서 수익성이 높은 많은 야생동물 및 야생동물로 만든 제품의 불법거래가 계속되고 있다.

다른 중요한 국제협약은 196개국이 비준한 생물다양성협약(Convention on Biological Diversity, CBD)으로 전 세계 생물 다양성 손실률을 감소시키고, 유전자 자원 사용에서 나오는 수익을 공정하게 분배하기 위해 참여한 국가들과 법적인 약속을 하고 있다. 이 협약은 생태적으로 유해한 외래종 확산을 방지하거나 제어하는 것을 목표로 한다.

생물다양성협약은 개별 생물종보다는 오히려 생태계에 초점을 맞추기 때문에 국제법에 있어서는 획기적인 사건이다. 그러나 일부 주요 국가(2016년에 미국을 포함한)들이 그 조약을 비준하지 않고 있기 때문에 협약의 이행은 지체되고 있다. 게다가 이 협약은 중징계나 다른 강제 장치가 결여되어 있다.

사례 연구

미국 멸종위기종보호법

미국은 1973년에 **멸종위기종보호법**(Endangered Species Act, ESA)을 제정했으며 여러 번 개정을 거쳐 미국과 외국에 있는 멸종 위기에 처한 생물종을 확인하고 보호하고 있다(**개념 8.4**). ESA는 등재된 종들을 위한 회복 프로그램으로 목표는 보호받는 종의 개체군이 더 이상 법적 보호를 필요로 하지 않는 수준까지 회복하도록 돕는 것이며, 이때 그 종은 등재 항목에서 삭제된다.

멸종위기종보호법하에서 미국수산청(National Marine Fisheries Service, NMFS)은 멸종 위기에 처해 있고 멸종 위협을 받는 해양종을 발견하고 보호 목록을 작성하는 책임을 갖는 반면, 미국 어류 및 야생동물 관리국은 멸종 위기에 처해 있고 멸종 위협을 받고 있는 모든 생물종을 발견하고 보호 목록을 작성하는 책임을 가진다. 어떤 생물종을 목록에 추가하거나 삭제하는 정부기관의 결정은 경제적 또는 정치적 요인의 고려 없이 생물학적 요인에만 근거해야 한다. 그러나 두 공공기관은 멸종 위기에 처한 서식지 보호 여부와 방법을 결정하고 등록된 생물종의 복원 계획을 설정하는 데 경제적 요인을 사용할 수 있다.

멸종위기종보호법은 연방정부(국방부 제외)가 멸종 위기에 처하거나 위협을 받는 생물종을 위태롭게 하거나 보존 서식지를 파괴 또는 변경하는 사업들에 대해 실행, 기금조성, 권한부여를 금지하고 있다. 또한 이 법은 멸종 위기에 처해 있거나 멸종 위협을 받고 있는 생물종으로 만든 제품을 매매하거나 이들 생물종을 사냥, 살육, 수집 또는 상해를 입히는 행위도 불법으로 간주한다.

멸종 위기에 처한 종들의 서식지를 확실히 보호하기 위해서 사유지에서 저질러진 범법행위에 대해 최고 징역 1년, 벌금 100,000달러에 처해질 수 있다. 이 법은 극히 드물게 시행되었지만, 등록된 동물의 90% 정도가 사유지에 서식하고 있기 때문에 많은 논란이 되어왔다. 1982년 이래로 멸종위기종보호법은 사유지에 살고 있는 멸종 위기에 처한 종을 구조하는 데 도움을 주기 위해서 사유지 소유주에게 다양한 경제적 유인책을 제공하도록 개정되어왔다.

멸종위기종보호법은 야생동물과 야생동물로 만든 제품의 모든 상업적인 선적이 17개의 지정된 공항이나 항구 중에 한 곳으로 운송을 제한하고 있다. 미국 어류 및 야생동물 관리국에 소속된 120명의 정규직 검사관들은 매년 미국에 합법적으로 들여오는 2억 마리 이상의 야생동물 중 극히 일부만 검사한다. 매년 많은 야생동물이 불법적으로 반입되지만 멸종 위기에 처하거나 위협받는 동물 및 식물의 불법 선적물이 압수되는 경우는 거의 없다. 심지어 체포되어도 많은 위반자들은 기소되지 않고 유죄판결이 나더라도 소액의 벌금만 지불하고 풀려난다.

1973년부터 2017년 3월 사이에, 공식적으로 멸종 위기에 처하거나 위협을 받는 종 목록에 등록된 종들은 92종에서 1,652종으로 증가했으며, 등록된 종들의 70%는 활발한 복원 계획을 가지고 있다. 자연관리단(Nature Conservancy)의 연구에 의하면, 미국 국가 생물종의 33% 정도가 멸종 위기에 처해 있고 등록된 모든 종의 15%는 높은 위험에 처해 있다.

1995년 이래 멸종위기종보호법을 약화시키고 빈약한 예산을 줄이려는 수많은 노력이 있어 왔다. 이 법을 반대하는 사람들은 멸종 위기에 처한 동식물의 권리와 복지가 사람들의 권리와 복지보다 더 위에 있다고 주장한다. 이 법은 2017년 1월까지 겨우 30종만이 멸종 위기 목록에서 삭제되는 값비싼 실패작으로 비판자들은 이 법을 없애려고까지 한다.

대부분의 생물학자들은 몇 가지 이유로 이 법을 세계에서 가장 성공한 환경법으로 여긴다. 첫째, 생물종은 심각한 멸종 위기에 처했을 때에만 비로소 목록에 오르기 때문이다. 멸종위기종보호법을 지지하는 사람들은 이 법이 가장 심각한 사례, 즉 종종 회복할 희망이 거의 없는 환자를 유치하도록 배정된 병원의 응급실과 유사하다고 주장한다. 사람들은 그런 시설이 모든 환자나 대부분의 환자를 구할 수 있다고 기대하지 않는다.

둘째, 연방 자료에 따르면, 목록에 등록된 종의 절반 이상이 상태가 안정적이거나 향상되고 있으며, 90%가 복원 계획에 명시된 비율로 회복 중이며, 목록에 등록된 99%의 생물종이 여전히 생존해 있다. 비슷한 결과를 보이는 병원의 응급실이면 획기적인 성공 사례로 간주될 것이다.

셋째, 어떤 종이 멸종 위기에 처한 지점에 도달하는 데는 수십 년이 걸린다. 따라서 어떤 종이 멸종 위기 목록에서 삭제되는 지점으로 돌아가는 데는 수십 년이 걸린다.

넷째, 멸종 위기에 처한 종을 보호하기 위한 연방정부의 적은 예산은 최근 몇 년 동안 변동이 없거나 감소해왔다. 멸종위기종보호법 지지자들은 법을 강화하는 데 책임이 있는 연방정부 기관들이 그렇게 적은 예산으로 목록에 등록된 99%의 생물종을 그럭저럭 유지하거나 향상시키는 것에 놀라워하고 있다.

생물다양성협약에서 실시한 국가 여론 조사에 따르면, 미국인 3명 중 2명이 멸종위기종보호법이 강화되거나 독립적이길 원한다. 그러나 일부 의원들은 그 법을 약화시키거나 폐지하기 위한 노력을 계속해오고 있다.

미국국립과학원(National Academy of Sciences)은 이 법이 과학적이고 효과적으로 운영되기 위해서 세 가지 주요 변화를 권고했다.

- 법을 시행하기 위해 기금을 크게 증대시킬 것
- 복원 계획을 더 빨리 개발하는 데 보다 중점을 둘 것
- 어떤 종이 첫 번째로 목록에 등록되면 그 생물종의 서식지의 핵심을 가장 중요한 것으로 설정하고 그 지역을 최대한 보호할 것

그림 8.17 플로리다에 위치한 펠리컨 섬 국립야생동물보호구역은 미국 최초의 국립야생동물보호구역이다.

George Gentry/U.S. Fish and Wildlife Service; Inset: Chuck Wagner/Shutterstock.com

야생동물 보호구역과 다른 보호구역

1903년 루즈벨트(Theodore Roosevelt) 대통령(그림 1.16 참조)은 갈색펠리컨과 같은 새들을 멸종으로부터 보호하기 위해 플로리다 펠리컨 섬에 미국 최초의 연방야생동물 보호구역을 지정했다(그림 8.17). 2009년 갈색펠리컨은 루즈벨트 대통령의 초기 보호 덕분에 미국 멸종 위기종 목록에서 삭제되었다. 국립야생동물보호시스템(National Wildlife Refuge System) 내에 2016년까지 560개 이상의 보호구역이 지정되었다. 매년 4,700만 명의 미국인들이 사냥, 낚시, 도보여행, 조류 및 다른 야생동물을 관찰하기 위해 보호구역을 방문한다.

보호구역의 3/4 이상이 고니와 같은 철새를 보호하는 데 필수적인 습지 보호구역이다. 미국에서 멸종 위기에 처해 있고 멸종 위협을 받는 생물종의 1/4이 야생동물보호구역시스템 내에 서식지를 가지고 있고, 특정 멸종 위기에 처한 생물종을 위해 별도로 일부 보호구역이 확보되어 있다(개념 8.4). 이런 지역은 플로리다 키흰꼬리사슴, 갈색펠리컨, 흰파람고니의 개체 수 회복에 도움을 주고 있다.

GOOD NEWS

보호구역의 혜택에도 불구하고 회계감사원(General Accounting officer)의 연구에 따르면, 광업, 원유 채굴, 오프로드 차량과 같이 야생동물에게 유해한 활동이 야생동물보호구역의 약 60% 이상에서 발생하고 있다. 생물다양성 연구자들은 미국 정부에 별도의 보호구역을 더 많이 지정할 것과 보호구역 시스템에 대한 빈약한 예산을 증액하도록 촉구하고 있다.

종자은행과 식물원

최근 연구에 의하면 알려져 있는 전 세계 식물종의 약 1/4인 60,000~100,000종이 멸종 위기에 처해 있다. 종자은행(seed banker)은 종자를 냉장 및 저습환경에 보관함으로써 유전 정보와 멸종 위기종 및 기타 식물종을 보존하고 있다. 종자은행은 질적인 면에서 다양하며 운용하는 데 비용이 많이 들고 화재나 다른 사고에 의해 파괴될 수 있다. 그러나 북극의 외딴 섬에 위치한 지하 시설인 스발바르 세계 종자 보관소(Svalbard Global Seed Vault)는 자연 또는 인간 유발 재해를 극복할 것으로 기대된다. 보관소는 궁극적으로는 200만 개 전 세계 식물종의 종자가 포함될 것이다. 그밖에 일부 생물종은 종자은행에서 보존될 수 없다.

전 세계 1,600곳의 식물원에는 알려져 있는 식물종의 약 1/3을 대표하는 살아 있는 식물이 있다. 그러나 식물원은 전 세계의 희귀하고 멸종 위협을 받는 식물종의 약 3% 정도만을 보관하고 있으며 공간과 자금이 너무 적어 생물종의 대부분을 보존하기는 불가능하다.

동물원, 수족관과 야생동물 농장

동물원, 수족관, 동물보호구역과 동물연구센터는 보호된 야생 서식지로 생물종을 다시 보내는 장기 목표를 가지고, 심각한 멸종 위기에 처한 동물종 일부 개체들을 보존하는 데 사용되고 있다.

멸종 위기에 처한 육상 생물종을 보존하기 위한 두 가지 기법은 에그풀링(egg pulling)과 포획사육(captive breeding)이다. 에그풀링은 심각한 멸종 위기에 처한 조류들이 야생에서 낳은 알을 수집해서 동물원이나 연구소에서 부화시키는 것을 포함한다. 포획사육은 심각한 멸종 위기에 처한 종의 새끼를 야생으로 되돌리기 위한 목적으로, 이들 종의 일부 또는 모든 야생 개체들을 사육하기 위해 포획한다. 포획사육은 송골매와 캘리포니아콘도르를 보호하기 위해 사용되어 왔다(그림 8.3b).

포획된 종의 개체 수를 증가시키기 위해 사용되는 다른 기법으로 인공수정 배아이식(artificial insemination embryo transfer)이 있다. 이는 한 종의 난자를 다른 종의 대리모 새에게 시술하여 착상시키는 것이다. 교차양육(cross fostering)은 희귀한 종의 새끼를 비슷한 종의 부모 새에게 양육하도록 하는 기법이다. 또한 과학자들은 각각의 멸종 위기에 처한 동물원 동물의 가계도에 대한 정보를 가지고 있는 컴퓨터 데이터베이스와 더불어 DNA 분석을 사용하여 교배를 시킨다.

포획사육 프로그램의 궁극적인 목적은 개체군을 야생으로 다시 돌아갈 수 있는 정도의 수준으로 만드는 것이다. 성공적인 사례로 검은발족제비, 황금사자콧수염원숭이(심각한 멸종 위기 원숭이종), 아라비아오릭스(arabian oryx), 캘리포니아콘도르를 들 수 있다. 그러나 다시 야생으로 복귀한 대부분의 종은 적절한 서식지의 부족, 사육되는 동안 야생 생존 능력 퇴화, 재개된 남획과 밀렵, 오염이나 환경의 다른 위험 때문에 실패하고 있다.

포획된 멸종 위기에 처한 생물종의 개체군은 근친교배로 인한 유전적 다양성의 손실, 사고, 질병에 의한 멸종을 피하기 위해서 개체수가 100~500마리는 되어야 한다. 최근 유전학적 연구에서는 어떤 멸종 위기에 처한 생물종이 생물학적 진화를 위한 능력을 유지하기 위해 10,000마리 이상의 개체들이 필요하다고 한다. 동물원과 연구센터는 많은 개체군을 수용하기 위한 예산 또는 공간이 부족한 실정이다.

물개와 돌고래 같은 일부 해양동물과 특이하고 매력적인 종을 전시하는 공공 수족관은 생물종을 보호할 필요성에 관해 일반인을 교육하는 데 도움이 된다. 그러나 대개 한정된 예산으로 인해 공공 수족관은 멸종 위기에 처한 해양생물종, 특히 많은 물을 필요로 하는 멸종 위기에 처한 해양포유동물에 대해 효과적인 유전자은행으로서 역할을 하지 못하고 있다.

상업적인 판매를 위해 농장에서 생물종의 개체 수를 증가시킴으로써 일부 멸종 위기에 처하거나 위협받는 종들에 대한 부담을 완화시킬 수 있다. 플로리다에서는 미국악어를 고기와 가죽을 얻기 위해 농장에서 사육한다(84쪽 사례 연구). 개발 행위로 인해 많은 나비종이 멸종 위협을 받고 있는 파푸아뉴기니에서는 멸종 위기에 처한 나비종을 사육하고 보호하기 위해 만든 나비농장이 번창하고 있다. 또한 농장에서는 방문객을 대상으로 나비종의 보호에 대한 필요성을 교육하고 있다.

생물종과 생태계 서비스를 보호하는 데는 어려운 문제가 야기된다

야생생물종 멸종과 수반되는 생태계 서비스 손실을 예방하기 위한 노력에 사용되는 금액과 인적자원은 제한적이며 몇 가지 어려운 문제들이 제기된다.

- 생물종을 보호하는 데 초점을 맞출 것인가? 아니면 생물종이 제공하는 생태계와 생태계 서비스 보호에 더 집중할 것인가?
- 이 두 가지 우선순위 간에 어떻게 한정된 자원을 배분할 것인가?
- 가능한 많은 생물종을 보호하기 위한 우리의 노력에서 어느 생물종에 가장 관심을 기울여야 하는지 어떻게 결정할 것인가? 예를 들어 가장 큰 위협에 처한 종을 보호하는 데 집중할 것인가, 아니면 핵심종을 보호하는 데 집중할 것인가?
- 판다 곰과 오랑우탄 같이 인간의 주목을 끄는 생물종 보호는 야생동물 보호 필요성에 대한 인식을 증가시킬 수 있다(그림 8.4). 생물종 보호를 결정할 때 생물종의 생태적 중요성에 집중하는 것보다 이것이 더 중요한가?
- 어느 서식지가 보호하기에 가장 중요하다는 것을 어떻게 결정할 것인가?

보존생물학자들은 계속해서 이 문제들을 다루기 위해 고군분투하고 있다. 한정된 기금 때문에 어떤 생물종을 우선순위로 두어야 할지 결정해야만 한다.

그림 8.18은 생물종 보호에 도움을 주고 환경에 이익을 주는 영향 증대를 위해 여러분이 따라야 하는 몇 가지 지침을 열거하고 있다.

우리는 무엇을 할 수 있는가?

생물종 보호

- 모피나 상아 제품, 또는 멸종 위기에 처하거나 멸종 위협을 받는 동물에서 만들어진 제품을 구입하지 않는다.
- 열대 우림 또는 오래된 나무로 만들어진 목재나 목공품을 구입하지 않는다.
- 야생에서 잡은 애완동물이나 식물을 구입하지 않는다.
- 이 문제에 관해 당신이 하고 있는 일에 대해 친구나 친척들과 대화를 나눈다.

그림 8.18 개별적 문제: 당신은 종의 멸종을 막는 것에 도움을 줄 수 있다. **비판적 사고:** 가장 중요하다고 생각하는 방법 두 가지는 무엇인가? 그 이유를 설명하라.

핵심 주제

- 자연 서식지의 소실과 악화, 유해한 침입종의 도입, 인구 증가, 오염, 기후변화, 과도한 개발에 의해 야생종의 멸종과 그들이 제공하는 생태계 서비스 악화가 가속화되고 있다.
- 야생종이 제공하는 생태계 · 경제 서비스 때문에, 그리고 우리에 대한 야생종의 유용성이 야생종의 존재를 결정하지 않아야 하기 때문에 야생종이 멸종하는 것을 방지해야 한다.
- 환경법과 조약의 제정과 노력, 야생동물보호구역의 지정과 보호를 통해 전반적인 생물 다양성과 생태계 서비스를 보호하고 생물종 멸종을 방지해야 한다.

꿀벌과 지속 가능성

이 장에서, 많은 생물종 멸종을 가속화하는 인간 활동과 그런 활동을 감소시키는 방법에 대해 학습했다. 많은 생물종과 이들이 제공하

는 중요한 생태계 서비스를 위협하는 인간 활동 때문에 전 세계 야생종의 절반 정도 되는 많은 종이 금세기 동안 멸종될 수 있다는 것을 학습했다. 예를 들어 식량의 많은 부분을 공급하는 농작물 수분에 중요한 꿀벌 개체 수가 다양한 이유로 줄어들고 있으며 많은 부분이 인간 활동과 관련이 있다(핵심 사례 연구). 그 문제에 대한 핵심 이유 중 하나는 대부분의 사람이 가치 있는 생태계와 지구 생물종이 제공하는 생태계 서비스를 알지 못한다는 것이다.

인간 활동으로부터 생물종의 멸종을 방지하기 위해 활동하는 것은 과학적 지속 가능성의 원리 세 가지 중 두 가지를 수행하는 것이다. 그것은 우리를 지속하게 하는 생물 다양성과 화학적 순환을 포함하는 중요한 생태계 서비스를 보존한다. 그것은 또한 우리가 지구를 물려받은 상태 또는 더 좋은 상태로 전달할 윤리적 지속 가능성의 원리를 포함한다.

복습

핵심 사례 연구

1. 꿀벌은 어떤 생태계 · 경제 서비스를 제공하는가? 유럽 꿀벌의 많은 개체군 감소에 어떻게 인간 활동이 기여하는가? 군집붕괴현상(CCD)은 무엇인가?

8.1절

2. 8.1절의 핵심 개념은 무엇인가? 생물학적 멸종과 대멸종을 정의하고 둘의 차이를 구분하라. 배경멸종률은 무엇인가? 과학자들이 멸종률을 어떻게 추정하는지 설명하고 어떤 위기에 직면하게 되는지 기술하라. 금세기 동안 인간 활동으로 인해 일차적으로 전 세계에 알려진 몇 %의 종이 멸종하겠는가? 예상되는 멸종률이 아마도 낮은 쪽에 있다고 많은 멸종 전문가들이 생각하는 두 가지 이유를 제시하라. 멸종 위협종과 멸종 위기종의 차이를 구분하고 각각 생물종의 예를 제시하라. 일부 생명종을 특히 멸종에 취약하게 만드는 네 가지 특징을 나열하라.

8.2절

3. 8.2절의 핵심 개념은 무엇인가? 야생종의 멸종 가속화

를 피하기 위해 노력하는 네 가지 이유는 무엇인가? 종 다양성의 경제적, 생태적 혜택 두 가지를 각각 설명하라. 다른 생물종과 그들이 제공하는 생태계 서비스를 구하는 것이 어떻게 인간 자신과 문화, 경제를 구하는 데 도움이 되는지 설명하라.

8.3절

4. 8.3절의 핵심 개념은 무엇인가? HIPPCO는 무엇인가? 야생종에게 가장 큰 위협은 무엇인가? 서식지 단편화는 무엇인가? 서식지 소실과 서식지 단편화가 미치는 중요한 영향을 설명하라. 섬에 사는 종들이 특히 멸종에 취약한 이유는 무엇인가? 서식지 섬은 무엇인가?

5. 외래종 유입에서 얻게 되는 혜택 두 가지 예를 제시하라. 의도적으로 도입된 외래종의 유해한 영향에 대해 두 가지 예를 들고 우연히 유입된 생물종의 같은 예를 두 가지 제시하라. 예방이 침입종으로부터 위협을 줄이는 최선의 방법인 이유를 설명하고 이 방법을 이행하는 네 가지 전략을 나열하라.

6. 인구 증가, 과소비, 오염, 기후변화가 야생종 멸종에서

기여한 역할을 요약하라. DDT와 같은 살충제의 농축이 어떻게 먹이 그물에서 높은 영양 단계 수준에 축적될 수 있는지 설명하라. **생물농축**과 **생물증폭**을 정의하라. 미국 유럽 꿀벌 개체군 감소의 다섯 가지 가능한 원인을 나열하라. 밀렵으로 위협을 받는 종의 세 가지 예를 들어보라. 왜 야생 호랑이는 수십 년 이내에 멸종할 것 같은가? 인간의 전염병과 애완동물 거래는 어떤 연관성이 있는가?

7. 전 세계 야생 조류 개체군에 주요한 위협을 열거하고 조류를 멸종으로부터 보호하기 위한 두 가지 이유를 제시하라. 야생동물 고기를 위한 사냥이 증가하는 것으로 인해 야생동물에 미치는 몇 가지 유형의 위협을 설명하라. 우리가 조류의 생태학적 중요성과 조류의 멸종에 대한 위협을 인지하도록 환경과학자인 세케르시오글루가 기여한 바를 요약하라.

8. 8.4절의 핵심 개념은 무엇인가? 생물종을 보호하기 위해 도움을 준 두 가지 국제조약은 무엇인가? 미국 **멸종위기종보호법**은 무엇인가? 그 법은 얼마나 성공적으로 시행되어 왔고 왜 논란이 되는가?

9. 일부 생물종을 보호하는 데 있어 야생동물 보호구역, 종자은행, 식물원, 동물원, 수족관, 야생동물 농장의 역할과 한계를 요약하라. 생물종의 멸종을 막기 위한 노력에서 포획사육의 역할을 설명하고, 거의 멸종한 종을 야생으로 돌려보내는 데 성공한 하나의 예를 제시하라. 생물다양성을 보호하는 것과 관련된 다섯 가지 중요한 질문은 무엇인가?

10. 8장의 세 가지 핵심 주제는 무엇인가? 꿀벌과 다른 종의 멸종을 예방하는 것이 어떻게 과학적 지속 가능성의 원리 🌱 세 가지 중 두 가지를 시행하는지 설명하라.

비판적 사고

1. 유럽 꿀벌 개체군의 감소와 다른 수분 매개체 종(핵심 사례 연구)의 멸종 위기 상황에 직간접적으로 기여할지도 모르는 우리 생활양식의 세 가지 측면은 무엇인가?

2. 다음 진술에 대한 여러분의 답을 서술하라. "결국 모든 종은 멸종하게 된다. 따라서 전 세계에 남아 있는 호랑이나 열대 우림 식물이 인간 활동 때문에 대부분 멸종하게 된다는 것은 중요하지 않다." 진솔하게 답을 적고 당신의 입장을 지지하기 위한 논거를 제시하라.

3. 당신은 어떤 생물종이 인간의 어떤 유용한 목적을 위해 공헌하는 것과 관계없이, 또는 인간 간섭 없이 생존할 천부권이 있다는 윤리적인 입장을 받아들이는가? 설명하라. 당신은 이 권리를 말라리아와 전염병균을 옮기는 모기에게도 적용할 수 있는가? 설명하라. 만약 아니라고 한다면, 당신은 어디서 선을 그을 것인가?

4. 야생 생태학자이며 환경철학자인 레오폴드는 야생종의 멸종을 예방하기 위해서 이런 문장을 기술했다. "여러 톱니와 바퀴를 가지고 있는 것이 유능한 수선의 첫 번째 예방책이다." 이 문장을 이 장에 있는 자료와 연관시킬 방법을 설명하라.

5. 불개미가 당신의 마당이나 집에 침입했다면, 당신은 어떻게 할 것인가? 당신의 행동 과정의 배경을 설명하라. 당신의 행동이 다른 생물종과 당신이 사는 생태계에 어떻게 영향을 끼치는가?

6. 당신의 일상적인 습관이 몇몇 조류의 멸종에 어떻게 직접 또는 간접적으로 기여할지 모른다고 생각하는가? 조류의 멸종률을 감소시키기 위해 당신이 해야 할 세 가지 생각을 나열하라.

7. 아래 문장 중 야생에 대한 당신의 감정을 가장 잘 묘사한 것은 어느 것인가?

   a. 야생이 자기 영역에 머무르는 한, 허용할 수 있다.

   b. 나는 야생이 자기 영역을 필요로 하지 않는 한, 허용할 수 있다.

   c. 내가 필요하면 야생서식지를 사용할 권리를 나는 가지고 있다.

   d. 당신이 미국삼나무, 코끼리 또는 다른 야생동물을 봤을 때, 당신은 그들의 모든 것을 본 것이다. 그래서

그들 몇몇 종을 동물원이나 야생공원에 가두고, 그 나머지의 보호에 대해서는 걱정할 필요가 없다.

e. 야생은 현재 범위 내에서 보호되어야 한다.

f. 가능하다면 야생생물종의 현재 범위를 확장하기 위해 우리가 할 수 있는 모든 것을 해야 한다.

8. 금세기 동안 전 세계의 확인된 생물종의 20~50%가 멸종하는 데 인간 활동이 기여를 한다면, 우리는 생활양식을 어떻게 바꿔야 할까? 이것이 우리 후손들의 삶에 어떤 영향을 미칠까? 세계의 자연 자본에 끼치는 이런 위협에 기여하는 우리 생활양식의 두 가지 측면을 나열하라.

환경과학 실천하기

당신이 생활하거나 학교에 다니는 지역에서 서식지 파괴나 감소의 예를 확인하라. 이런 활동으로 한 가지 야생 식물과 한 가지 동물종의 개체군에 미치는 유해한 영향을 결정하고 기록하라. (개개 종들의 이름을 적고 어떻게 그것들이 영향을 받아왔는지 설명하라.) 인터넷과 도서관에서 야생동물 관리 계획에 대한 몇 가지 조사를 하고 나서 여러분이 조사해 온 종과 서식지 회복을 위한 관리 계획을 개발하라. 당신이 관찰한 인간 활동과 관련하여 절충이 필요한지 여부를 결정하고 관리 계획에서 이런 절충안을 설명하라. 당신의 안을 친구들과 비교해보라.

데이터 분석

세계 자원 연구소가 발간한 다음 데이터를 분석하고 아래 질문에 답하라.

1. 마지막 열을 채워서 표를 완성하라. 예를 들면 코스타리카에 대한 이 값을 계산하기 위해 위협을 받는 사육 조류종의 총수를 알려진 사육 조류종의 총수로 나누고, 백분율을 얻기 위해 100을 곱하라.

2. 총면적이 가장 큰 나라로부터 가장 작은 나라까지 나열하라. 나라의 크기와 위협받는 사육 조류종의 백분율 사이에 어떤 상관관계가 있는지 나타내어라. 당신의 추론을 설명하라.

국가	총면적(km²)	총면적에 대한 보호구역의 백분율(2003)	알려진 사육 조류종의 총수(1992~2002)	위협을 받는 사육 조류종의 총수(2002)	알려진 사육 조류종의 총수에 대한 위협을 받는 사육 조류종의 총수 백분율
아프가니스탄	647,668	0.3	181	11	
캄보디아	181,088	23.7	183	19	
중국	9,599,445	7.8	218	74	
코스타리카	51,114	23.4	279	13	
아이티	27,756	0.3	62	14	
인도	3,288,570	5.2	458	72	
르완다	26,344	7.7	200	9	
미국	9,633,915	15.8	508	55	

9장

생물 다양성의 유지: 생태계 보존

단언컨대 야생 생물의 개체군을 지속적으로
유지할 수 있을 만큼 충분히 넓은 보호구역 안에서
자연환경을 보존하는 것 외에 지구의 생물 다양성을
지키기 위한 다른 해결책은 없다.

에드워드 윌슨(Edward O. Wilson)

핵심 질문

9.1 삼림 생태계에 대한 중대한 위협은 무엇인가?

9.2 어떻게 숲을 관리하고 지속 가능하게 유지할 것인가?

9.3 어떻게 초원을 관리하고 지속 가능하게 유지할 것인가?

9.4 어떻게 육상 생물 다양성을 지속 가능하게 유지할 것인가?

9.5 어떻게 수생 생물 다양성을 지속 가능하게 유지할 것인가?

데날리 국립공원, 알래스카(미국)
Jerryway/Dreamstime.com

코스타리카: 지구 보존의 선도자

미국 웨스트버지니아 주보다 작은 중앙아메리카의 코스타리카는 한때 열대 우림으로 덮여 있었다. 정치적으로 막강한 목축업계가 소의 목축을 위해 1963~1983년까지 국유림의 많은 숲을 개간했다.

이런 광범위한 숲의 손실에도 불구하고, 작은 나라인 코스타리카는 생물 다양성의 초강대국으로 약 50만 종의 동식물이 살고 있다고 추정된다. 코스타리카의 한 공원에 서식하는 조류 종은 북미 전체에서 발견되는 새보다 더 많다.

이런 생물 다양성의 오아시스는 주로 두 가지 요인에서 비롯된다. 하나는 코스타리카의 열대 지역으로, 두 대양 사이에 놓여 있으며 야생 생물에게 다양한 미기후와 서식지를 제공하는 해안 및 산악 지역을 모두 가지고 있다. 다른 하나는 생물 다양성 보전에 대한

정부의 강력한 의지다.

코스타리카는 1970년대 중반 자연 보호구역 및 국립공원 시스템을 구축했다(그림 9.1). 2016년까지 이 시스템에 27% 이상의 토지가 포함되었으며, 그중 6%는 원주민을 위해 남겨두었다. 코스타리카는 다른 나라보다 더 많은 토지를 생물 다양성 보전에 사용함으로써 환경에 미치는 유익한 영향을 증가시켰는데, 이는 생물 다양성의 지속 가능성의 원리의 사례다.

삼림 벌채(숲의 개간과 손실)를 줄이기 위해 정부는 숲을 방목지로 전환하는 데 지원하는 보조금을 폐지했다. 대신 토지 소유자들에게 기존 수목 층을 유지하거나 새로 복원하는 데 소요되는 비용을 지불했다.

전략은 효과가 있었다. 코스타리카는 세계에서 삼림 벌목률이 가장 높은 국가 중 하나

였지만 이젠 삼림 벌목률이 가장 낮은 국가 중 하나가 되었다. 30년 동안 숲으로 뒤덮인 토지의 면적은 20%에서 50%로 증가했다.

생태학자들은 인구 증가, 경제 개발, 빈곤이 지구 생태계와 그들이 제공하는 생태계 서비스에 압력을 가중시키고 있다고 경고한다. 최근 두 곳의 유엔 환경단체가 공동 발표한 보고서에 따르면 "지구의 생물 다양성을 보존하기 위해 급진적이고 창의적인 조치를 취하지 않는다면, 인간의 삶과 생계를 지원하는 많은 국지 및 지역 생태계가 붕괴될 위험에 처할 것이다"고 한다.

이 장에서는 지구의 육상 및 수생 생태계를 위협하는 요인과 함께 이들 필수적인 생태계와 그들이 제공하는 생태계 서비스를 지속 가능하게 유지하는 방법에 대해 설명한다.

그림 9.1 라포르투나(La Fortuna) 폭포는 코스타리카의 아레날(Arenal) 화산 국립공원의 열대 우림에 위치하고 있다.

9.1 삼림 생태계에 대한 중대한 위협은 무엇인가?

개념 9.1A 숲은 목재나 다른 원자재의 가치보다 훨씬 가치가 큰 생태계 서비스를 제공한다.

개념 9.1B 지속 가능하지 않은 벌목과 삼림 화재 그리고 기후변화가 삼림 생태계에 주된 위협이 된다.

숲은 경제 및 생태계 서비스를 제공한다

숲은 매우 가치 있는 경제 및 생태계 서비스를 제공한다(그림 9.2와 개념 9.1A). 숲은 지구 육상 생물종의 약 2/3에게 서식지를 제공함으로써 생물 다양성을 지탱한다. 또한 숲은 3억 이상의 사람들의 삶터이며, 극심한 빈곤 속에서 사는 약 10억 명의 사람들은 생존을 위해 숲에 의존하고 있다.

숲은 또한 인류 건강을 유지하는 데 중요한 역할을 한다. 열대 우림의 식물에서 발견되는 특정 화학물질은 세계의 처방 의약품 대부분을 만들기 위한 청사진으로 사용되고 있다(그림 8.5 참조).

숲에는 엄청난 경제적 가치가 있다(그림 9.2, 오른쪽). 과학자들과 경제학자들은 세계의 숲과 다른 생태계가 제공하는 주요 생태계 서비스의 경제적 가치를 추정했다(과

학적 핵심 9.1).

숲은 수령과 구조가 다양하다

과학자들은 지구의 숲을 연령과 구조에 따라 주요 유형으로 구분한다. 숲의 구조는 식물의 유형, 크기 및 형태뿐만 아니라 식생의 수평 및 수직 분포를 나타낸다. **노령림**(old-growth forest) 또는 **1차림**(primary forest)은 200년 이상 인간 활동이나 자연 재해로 인해 심하게 교란되지 않은 미개벌 또는 재생된 숲이다(그림 9.3). 노령림은 생물 다양성의 보고인데 수많은 야생종을 위한 생태적 지위(ecological niche)를 제공하기 때문이다(그림 7.14 참조).

2차림(second-growth forest)은 2차 천이를 통해서 형성된 삼림이다(그림 5.9 참조). 목재를 수확하거나 농경지로 전환하기 위한 개벌(clear-cutting)과 같은 인간 활동이나, 화재와 태풍과 같은 자연적인 힘에 의해 나무가 제거된 후에 형성된 숲이다.

조림지(tree plantation)(그림 9.4)는 수령대가 모두 동일한 한두 종류의 나무들로만 구성되어 있는 관리되는 숲으로, 나무 농장(tree farm)이나 경제림(commercial forest)으로도 알려져 있다. 노령림 또는 2차림은 종종 목재 생산을 위해 개벌된 후 조림지가 되고는 한다. 조림지에서 재배되는 나무는 일반적으로 상업적으로 가치가 있게 되면 개벌 방식으로 수확된 후 다시 나무를 심고 개벌하는 일이 주기적으로 계속된다(그림 9.4).

자연 자본		
숲		
생태계 서비스		경제 서비스
에너지 흐름과 화학적 순환 지원		땔감
토양 침식의 감소		목재
물의 흡수와 방출		종이 제조를 위한 펄프
물과 공기의 정화		채광
지방 및 지역의 기후에 대한 영향		가축 방목
대기 탄소의 저장		여가
많은 야생생물 서식지 제공		일자리

Val Thoermer/Shutterstock.com

그림 9.2 숲이 제공하는 중요한 생태계 및 경제 서비스(**개념 9.1A**). 비판적 사고: 가장 중요하다고 생각하는 생태계·경제 서비스를 두 가지씩 제시하라.

Aleksander Bolbot/Shutterstock.com

그림 9.3 폴란드의 노령림

자연의 생태계 서비스에 가격표 붙이기

오늘날 숲이나 다른 생태계의 가치는 주로 그들의 경제 서비스로 평가된다(그림 9.2, 오른쪽). 생태 경제학자인 코스탄자(Robert Costanza)가 이끄는 생태학자, 경제학자 및 지리학자로 구성된 연구진은 2014년에 16개의 지구생물군이 제공하는 17개의 생태계 서비스의 재정적 가치(그림 9.2, 왼쪽)를 추정했다. 폐기물 처리, 침식 조절, 기후 조절, 영양염 순환, 식량 생산 및 레크리에이션 등이 가치로 평가된 생태계 서비스의 예다.

이들이 보수적으로 추정한 전 지구적인 서비스의 화폐 가치는 적어도 연간 125조 달러로, 전 세계가 2015년 재화와 서비스에 지출한 73.2조 달러보다 훨씬 많았다. 이는 매년 지구가 당신과 다른 모든 사람들에게 평균 17,123달러 이상의 생태계 서비스를 제공한

다는 것을 의미한다. 전 세계적으로 상위 5개에 해당하는 생태계 서비스는 폐기물 처리(연간 22.5조 달러), 레크리에이션(20.6조 달러), 침식 조절(16.2달러), 식량 생산(14.8조 달러) 및 영양염 순환(11.1조 달러)이다.

연구자들은 또한 1997년 이후로 세계가 연간 약 20.2조 달러의 생태계 서비스를 잃어가고 있다고 추정했는데, 이 손실액은 2015년 미국 GNP인 18.1조 달러보다도 많은 액수다.

그들의 연구에 따르면, 세계의 삼림은 적어도 15.6조 달러 가치의 생태계 서비스를 우리에게 제공한다. 이것은 숲에서 제공하는 목재, 종이 및 기타 나무 제품의 경제적 가치의 수백 배 이상이다. 연구자들은 그들의 추정치가 매우 보수적이라고 지적했다.

이 연구와 관련 연구에서 네 가지 중요한

결론을 도출할 수 있다. (1) 지구의 생태계 서비스는 모든 인간과 인간의 경제에 필수적이다. (2) 이런 서비스의 경제적 가치는 막대한 것이다. (3) 이런 생태계 서비스는 지속 가능하게 사용되는 한, 생태적 수입의 지속적인 원천이 될 것이다. (4) 대체할 수 없는 생태계 서비스의 엄청난 경제적 가치를 상품 및 서비스 가격에 포함시키기 위해 전체 비용 책정의 지속 가능성의 원리를 적용해야 한다.

비판적 사고

어떤 사람들은 생태계의 가치가 무한하기 때문에 전 세계의 대체할 수 없는 생태계 서비스에 경제적 가치를 부여해서는 안 된다고 믿는다. 당신은 이 견해에 동의하는가? 설명하라. 그 대안은 무엇인가?

잘만 관리한다면, 나무 농장은 빠른 속도로 목재를 생산할 수 있으며 제지와 건축을 포함하여 산업적 목적으로 사용되는 대부분의 목재를 공급할 수 있다. 따라서 이런 조림 방식은 재배 공간을 추가적으로 확보하기 위해 노령림과 2차림을 개벌하지 않는 한 지구상에 잔존하는 노령림과 2차림을 보호하는 데 도움이 된다.

조림의 단점은 사용되는 나무가 한두 종뿐이라는 것이다. 결과적으로 그들은 노령림과 2차림보다 생물 다양성이나 지속 가능성이 떨어진다. 또한 벌목과 식재를 주기적으로 반복하는 것은 결국 표토의 영양분을 고갈시킬 수 있다. 그런 땅에서는 어떤 유형의 숲도 재성장에 방해받을 수 있다.

그림 9.4 기름야자나무 농장. 넓은 지역의 다양한 열대 우림이 개벌되어 기름야자나무 단일재배지가 되었다.

나무 수확 방법

숲의 엄청난 경제적 가치 때문에, 목재용 나무 수확과 제지 산업은 세계 주요 산업 중 하나다. 나무를 수확하는 첫 번째 단계는 접근하여 벌목하기 위한 진입로를 만드는 것이다. 하지만 주의 깊게 설계된 임도일지라도 표토 침식, 수로의 퇴적물 유출, 서식지 손실, 생물 다양성 감소를 포함하여 여러 가지 해로운 영향을 줄 수 있다(그림 9.5). 임도는 또한 질병을 일으키는 생물과 그곳에 없었던 해충의 침입 가능성을 증가시키고, 농업과 목장 같은 인간 활동으로 인한 교란을 증가시킨다.

벌목업자들은 다양한 방법으로 나무를 수확한다. 택벌(selective cutting)은 중간 수령 및 성숙한 나무를 단독 또는 소규모로 수확하고 숲을 거의 손상시키지 않는다(그림 9.6a). 그러나 벌목업자들은 종종 개벌(clear-cutting)을 통해 수확 면적의 모든 나무를 제거한다(그림 9.6b, 9.7). 가장 효과적이며 때로는 가장 비용 효율적이기도 한 개벌은 지주와 목재 회사에 최단 시간 내에 이익을 제공하는 나무 수확 방법이다. 하지만 개벌은 산림 생태계에 해로울 수 있다. 모든 나무를 다 제거하게 되면 이후 토양 침식이 일어나며, 인근 수로에 침전물 오염이 증가하고, 생물 다양성은 감소한다.

개벌의 변형된 수확 방식인 대상개벌(strip cutting)은 대규모의 숲 파괴 없이 목재를 지속적으로 생산할 수 있는 방법이다(그림 9.6c). 이 방법은 수 년 내에 자연림이 재생할 수 있도록 좁은 복도 형태인 대상 형태로 임지 등고선을 따라 나무들을 개벌한다. 한 대상 지역이 재성장되면, 벌목업자들은 첫 번째 대상 지역 바로 옆에 다른 대상 형태의 지역을 개벌한다.

산불과 삼림 생태계

두 가지 유형의 화재가 삼림 생태계에 영향을 줄 수 있다. 지표화(surface fire)는 일반적으로 숲 바닥에 덤불과 낙엽만 태운다(그림 9.8, 위). 따라서 묘목과 작은 나무를 죽이지만, 대부분의 성숙한 나무는 살아남으며 대부분의 야생동물은 도피할 수 있다.

종종 지표화는 여러 가지 생태적 이익을 준다.

- 마른 잡목과 같은 가연성 물질을 태워서 훨씬 파괴적인 산불을 예방하는 데 도움이 된다.
- 분해 속도가 느린 낙엽이나 하층림에 저장되어 있던 귀중한 식물 영양분을 방출한다.
- 로지폴소나무(lodgepole pine)와 같은 교목성 종의 구과로부터 종자를 방출하거나 자이언트세쿼이아(giant sequoia)와 같은 나무 종자의 발아를 자극한다.
- 파괴적인 곤충과 수목 질병을 조절할 수 있도록 도와준다.

수관화(crown fire)라고 하는 또 다른 유형의 산불은

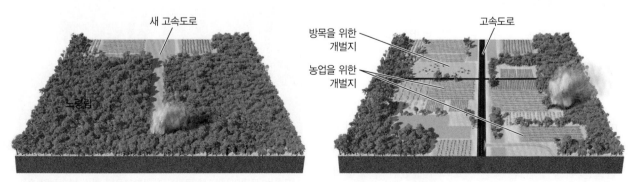

그림 9.5 자연 자본의 파괴: 목재를 수확하기 위한 첫 단계로 이전에 접근이 어려웠던 숲에 건설되는 도로는 삼림 생태계의 파편화, 파괴 및 훼손할 수 있는 길도 열어준다.

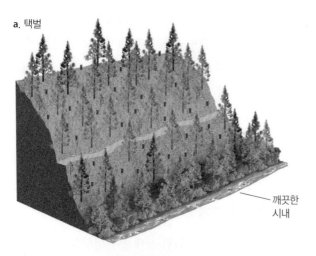

a. 택벌

깨끗한
시내

b. 개벌

진흙이
있는 시내

c. 대상개벌

미벌채

개벌 1년 전

진흙길

개벌 3~10년 전

미벌채

깨끗한
시내

그림 9.6 나무를 수확하는 세 가지 주요 방법. **비판적 사고:** 당신이 소유하고 있는 숲에서 나무를 수확할 경우 어떤 방법을 선택하겠는가? 그 이유를 설명하라.

나무 상층부에서 상층부로 빠르게 옮겨 붙으며 결국 나무 전체를 태우는 매우 고온의 산불이다(그림 9.8, 아래). 이런 산불은 대개 수십 년 동안 지표화가 없었던 숲에서 발생한다. 지표화가 일어나지 않으면 고사목은 물론 잎과

그림 9.7 개벌된 숲

그림 9.8 지표화(위)는 대개 삼림 지면 위에 있는 덤불과 낙엽만 태운다. 지표화는 표면의 가연성 물질을 제거함으로써 훨씬 파괴적인 수관화(아래)를 예방하는 데 도움을 준다.

다른 가연성 유기물 등이 지표면에 쌓이게 된다. 빠르게 진행되는 수관화로 인해 대부분의 식생이 파괴되고, 야생생물이 사망하며, 표토 침식이 증가하고, 건물과 집이 전소하거나 손실된다.

전 세계의 숲 절반이 벌채되었다

삼림 벌채(deforestation)는 농업, 정착 또는 기타 용도를 위해 대규모로 삼림이 일시적 또는 영구적으로 제거되는 것이다. 세계자원연구소(World Resource Institute, WRI)의 조사에 의하면, 지난 8,000년 동안 삼림 벌채로 인해 지구의 원시림 면적의 거의 절반이 제거되었다. 이런 삼림 소실의 대부분은 지난 65년 동안 발생했다.

WRI는 현재와 같은 속도로 삼림 벌채가 계속된다면, 앞으로 20년 내에 온전한 삼림의 약 40%가 벌목되거나 다른 용도로 전환될 것이라고 했다. 넓은 삼림지대, 특히 노령림을 벌채할 경우 단기간에 경제적 이득을 취할 수 있지만(그림 9.2, 오른쪽), 심각한 침식과 표토 손실(그림 9.10) 등 환경에 여러 가지 유해한 영향(그림 9.9)을 미친다.

일부 지역에서의 상업용 조림지 확산과 또 다른 지역에서의 자연적인 숲 재생으로 인해 숲의 면적이 증가하고 있다. 또한 유엔환경계획(United Nations Environment Program, UNEP)이 후원하는 전 세계 숲 재생 프로그램을 통해 전 세계에 걸쳐 수십억 그루의 나무를 심고 있는데 이 중 많은 지역은 조림지다. 현재 대부분 속성수로 숲을 조성하는 중국은 새로운 숲의 형성에 있어서 세계를 선도하고 있다. 그 밖에 숲의 면적이 늘어난 국가는 코스타리카(핵심 사례 연구), 필리핀, 러시아 및 미국이다(다음 사례 연구 참조).

사례 연구

미국에서 개벌된 많은 숲이 다시 성장하고 있다

미국 토지의 약 30%를 점유하고 있는 숲은, 80% 이상의 야생생물종의 서식지를 제공하며 지표수의 약 2/3를 포함하고 있다.

오늘날 미국 내 삼림(조림지 포함)은 1920년보다 더

자연 자본의 파괴

삼림 벌채

- 침식에 의한 수질 오염과 토양 비옥도 감소
- 홍수의 가속화
- 전문종의 국지적 멸종
- 자생종과 이주종의 서식지 소실
- CO_2 방출 및 CO_2 흡수 감소

그림 9.9 삼림 벌채는 생물 다양성을 감소시키고 숲이 제공하는 생태계 서비스를 저하시키는 유해한 환경 영향을 나타낸다(그림 9.2 왼쪽).

넓은 지역을 덮고 있다. 그 중요한 이유는 1620년에서 1920년 사이에 벌채된 많은 노령림이 2차 천이를 통해 자연적으로 다시 성장했기 때문이다(그림 9.11).

현재 미국 서부의 많은 지역을 제외한 여러 지역에서 2차림이나 3차림이 다양하게 존재한다. 환경 작가 맥키번(Bill McKibben)은 미국, 특히 동부에서의 숲 재성장을 "미국과 전 세계의 위대한 환경 성공 사례"로 예시했다. 전체 숲의 40%가 보호림인 미국의 숲은 대부분 시민이 공동으로 소유하고 있으며, 미국 삼림청이 관리하는 155개 국유림으로 구성된 국립삼림시스템(National Forest System)에 속해 있다. 그러나 1960년대 중반 이후, 남아 있는 넓은 지역의 노령림과 다양한 2차림이 벌목되면서 생물학적으로 단순화된 조림지로 대체되었다.

열대 우림이 급속히 사라지고 있다

지구 육지 면적의 6%를 덮고 있는 열대 우림(그림 7.13, 위 참조)은 대략 북미 대륙의 면적과 비슷하다. 기후상 및 생물학적 자료에 의하면, 성숙한 열대 우림은 한때 오늘날 열대 우림의 두 배나 넓은 지역에 존재하고 있었다. 전 세계 열대 우림 소실의 대부분은 1950년 이후에 일어났다(3장 핵심 사례 연구 참조). 지구정책연구소와 지구삼림감시원(Earth Policy Institute and Global Forest Watch)에 따르면, 2000~2014년 사이 대부분 삼림 벌채 때문에 세계는 매분 축구경기장 50개에 해당하는 열대 우림을 잃어버렸는데, 지금도 비슷한 비율로 없어지고 있다.

위성 탐지와 지표면 조사를 통해 아프리카, 동남아시

그림 9.10 자연 자본의 파괴: 열대 우림 지역의 개벌과 가축 과방목으로 인해 발생한 심각한 토양 침식 및 사막화

Dirk Ercken/Shutterstock.com

아, 남아메리카 일부 지역에서 대규모의 열대 우림 지역이 급속히 줄어들고 있는 것으로 나타났는데, 특히 전 세계 열대 우림의 40% 이상이 존재하는 브라질의 거대한 아마존 유역에서 발생한다. 아마존 유역의 열대 우림 약 20%가 이미 개간되었으며 그 이상의 열대 우림 지역도 인간 활동에 의해 훼손되었다.

현재, 열대 우림은 탄소 순환의 일부로 전 세계 지구 탄소 배출량의 약 1/3을 흡수하고 저장한다. 따라서 이런 삼림이 줄어들게 되면, 대기의 온도 상승과 기후변화에 기여하는 이산화탄소를 숲에서 흡수하는 양도 줄어들게 된다. 열대 우림을 태우고 개간하게 되면 이산화탄소를 대기로 배출하게 되는데, 이는 전 세계 온실가스 배출

량의 10~15%를 차지한다.

열대 우림 지역의 나무와 식물에서 증발하는 물은 그 지역의 강우량을 결정하는 데 중요한 역할을 한다. 넓은 지역의 나무가 제거되면, 토양이 햇빛에 노출되면서 표토의 수분이 없어지고, 토양이 바람에 날아가 버리는 더 건조한 조건을 초래할 수 있다. 이렇게 되면 이 지역에서 다시 숲이 재생하기가 어려우며, 종종 열대 초원이나 사바나로 대체된다. 과학자들은 현재와 같은 속도로 화전과 삼림 벌채가 계속된다면, 2080년에는 아마존 유역의 20~30%가 사바나가 될 수 있다고 예측한다.

연구에 따르면 확인된 전 세계의 육상식물과 동물, 곤충 중 적어도 절반이 열대 우림에 살고 있다고 한다. 이

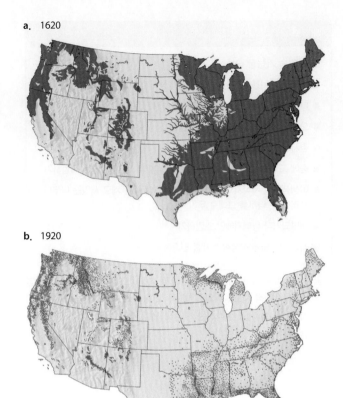

a. 1620

b. 1920

c. 2000

그림 9.11 **(a)** 1620년 유럽으로부터 북미로 정착민들이 이주했을 때 미국 대륙은 현재 토지의 절반 이상이 숲으로 덮여 있었다. **(b)** 1920년까지 이들 대부분이 숲이 사라졌다. **(c)** 2000년에는 2차림과 경제림이 미국 본토 48개 주의 약 1/3을 덮고 있다.

들 종의 특수한 생태적 지위 때문에(그림 7.14 참조) 숲의 서식지가 파괴되거나 훼손되면 이들이 멸종될 가능성이 매우 높다. 유엔식량농업기구(UN Food and Agriculture Organization, FAO)는 현재의 세계적인 열대 우림 파괴 추세를 감안할 때, 전 세계의 열대 노령림 중 절반 이상이 금세기 말에는 사라지거나 심각하게 훼손될 것이라고 경

고했다(개념 **9.1B**).

열대 우림의 벌채는 여러 가지 근본적이며 직접적인 원인으로부터 발생한다. 인구 성장과 빈곤에 의한 압박과 같은 근원적인 원인들은 농부들과 땅을 소유하지 못한 빈민들을 열대림으로 내몰게 되며, 이들은 그곳에서 생존하는 데 필요한 식량을 재배하게 된다. 이들은 열대 우림에서 장작을 마련하거나 생존을 위한 충분한 식량을 재배하기 위해 나무를 자르거나 숲을 불태운다. 정부 보조금은 벌목이나 축산업의 비용을 절감시켜 줌으로써 대규모 벌목 및 과방목(그림 9.10)과 같은 직접적인 원인을 가속화시킬 수 있다.

열대 우림 벌채의 주요한 직접적인 원인은 지역에 따라 다르다. 아마존과 다른 남미 국가에서 열대 우림은 주로 소 목초지와 대두 재배지를 조성하기 위해 벌목되거나 불태워진다(그림 1.6 참조). 인도네시아, 말레이시아 및 동남아시아의 다른 지역에서는 대규모 기름야자나무 조림지(그림 9.4)가 열대 우림을 대체하고 있다. 아프리카에서 삼림 벌채의 주요 직접적인 원인으로는 소규모 농장을 만들고자 숲을 개간하거나 땔감을 얻기 위해 나무를 수확하며 살아가는 개인들이다.

대부분 열대 우림의 훼손은 예측 가능한 주기로 진행된다. 처음에는 종종 국제 목재 회사에 의해서 접근 도로가 숲 내부(그림 9.5)에 개설된다. 그러면 벌목업자는 가장 크고 좋은 나무들을 선택적으로 벌목한다(그림 9.6a). 벌목업자가 나무 한 그루를 베어낼 때, 뿌리가 얕거나 숲의 수관부에서 나무들과 연결되어 있던 덩굴식물들 때문에 다른 나무들도 많이 쓰러지게 된다.

최상의 수목들이 제거된 후, 목재 회사 또는 지방정부는 가축을 방목하기 위한 토지를 개간하고자 남아 있는 삼림을 불태우는 농장주에게 토지를 팔기도 한다. 수년 내에는 가축들이 과방목되고 농장주들은 또 다른 삼림 지역으로 이동하여 작업한다. 그런 다음, 그들은 콩 등의 작물 재배지를 위해 이 토지를 갈아엎는 대규모 농장주에게 또는 생존하는 데 충분한 식량을 재배하고자 열대림에 이주하는 정착민에게 황폐화된 토지를 판매한다(그림 1.6 참조). 수년 후 작물이 성장하고 빗물 침식이 일어나고 나

면, 영양분이 부족한 상층토는 완전히 고갈되어 버린다. 농부와 정착민들은 새로 개별된 토지에 이주하고 이런 환경 파괴적인 과정을 반복한다.

생각해보기

열대 우림

왜 여러분은 세계에 남아 있는 열대 우림 중 대부분이 당신의 생애 동안에 불태워지고, 개별되거나, 사바나로 전환되는지에 대해 신경을 써야 하는가? 이것이 우리의 삶이나 우리 후손들의 삶에 영향을 끼칠 수 있는 세 가지 방법은 무엇인가?

해결책

보다 지속 가능한 숲

- 경제적 가치를 평가함에 있어 숲의 생태계 서비스를 포함하기
- 다양성이 높은 숲을 파악하고 보호하기
- 오래된 숲(노령림)을 벌채하지 않기
- 경사진 곳에서의 개별을 중단하기
- 숲에 도로를 건설하지 말고, 되도록 택벌이나 대상개별로 작업하기
- 야생생물의 서식지와 영양염 순환을 위해 죽은 채로 서있는 나무나 쓰러진 큰 나무를 그대로 두기
- 개별되거나 황폐지에만 조림하기
- 지속 가능하게 성장한 목재를 인증하기

그림 9.12 나무를 보다 지속 가능하게 성장하고 수확할 수 있는 방법 (**개념 9.2**). **비판적 사고:** 위의 방법 중 보다 지속 가능한 숲을 유지하기 위해 가장 중요하다고 생각하는 해결책 세 가지는 무엇인가? 그 이유를 설명하라.

9.2 어떻게 숲을 관리하고 지속 가능하게 유지할 것인가?

개념 9.2 우리는 숲이 제공하는 생태계 서비스의 경제적 가치를 강조하고, 숲의 파괴를 촉진하는 정부 보조금을 중단하며, 오래된 숲을 보호하고, 숲이 다시 성장하는 것보다 빠르지 않게 수확하며 숲을 복구하기 위해 나무를 심음으로써 숲을 지속 가능하게 유지할 수 있다.

보다 지속 가능한 숲 관리

생물 다양성 연구자들과 많은 임업인들이 보다 점차적으로 지속 가능한 숲 관리를 요구하고 있다(그림 9.12)(**개념 9.2**). 그들은 시간이 지남에 따라 숲의 생태계 서비스를 유지하는 것이 숲의 경제 서비스를 유지하는 열쇠라는 것을 인지했다. 예를 들어 벌채업자들에게는 열대 우림을 수확할 때 숲을 개별(그림 9.6b)하는 대신 좀 더 지속 가능한 택벌(그림 9.6a)이나 대상개별(그림 9.6c)을 하도록 권장하거나 요구할 수 있다. 개별 나무를 벌목할 때 인접한 나무의 피해를 줄이기 위해, 먼저 이 나무들이 연결되어 있는 수관의 덩굴식물들을 제거할 수 있다.

많은 경제학자들은 정부가 보다 지속 가능한 숲 관리로 전환하기 시작할 것을 촉구한다. 그들은 숲의 황폐화와 삼림 벌채를 유발하는 정부 보조금과 세금 특혜를 단계적으로 중단하는 대신 숲을 유지시키기 위한 경제적 보상으로 대체할 것을 권고하다. 이렇게 하면 전체 비용 책정의 지속 가능성의 원리 🌱에 의해 지속 가능하지 않게

생산된 목재와 목재 제품에 대한 가격이 인상될 가능성이 높다. 코스타리카(**핵심 사례 연구**)는 이런 접근 방식을 선도하고 있다. 정부는 또한 나무 심는 프로그램을 장려하여 훼손된 숲을 복원하는 것을 도울 수 있다. **녹색 일자리: 지속 가능한 숲**

한 가지 중요한 방법은 지속 가능하게 생산된 목재와 목재 제품을 인증하는 것이다. 비영리 단체인 국제삼림관리협의회(FSC)는 지속 가능한 숲 기준을 일정 충족해야 하는 숲 경영 인증을 감독한다. 경영자가 인증을 받으려면 해당 지역에서 장기간의 숲 재생을 넘어서는 속도로 나무를 벌채하지 않는다는 것을 입증해야 한다. 그들은 생태적 피해를 줄이는 방식의 수확 시스템으로 도로를 관리해야 한다. 표토가 불합리하게 피해를 받는 것을 예방하고, 야생생물의 서식지를 제공하기 위해 일부 쓰러진 나무와 고사되어 서있는 나무들을 그대로 두어야 한다.

삼림 화재 관리의 개선

미국 삼림청(Forest Service)과 국립광고협회(National Advertising Council)는 1940년대에 산불의 위험성에 대해 대중을 교육하기 위해 회색곰 캠페인(Smokey Bear educational campaign)을 시작했다. 캠페인은 수많은 삼

림 화재를 예방하고 많은 생명을 구하는 데 도움을 주었으며, 나무, 야생생물, 사람들이 만든 구조물 등 수십억 달러의 손실을 막았다. 하지만 캠페인은 많은 대중에게 모든 산불이 나쁘고 예방되거나 퇴치되어야 하는 것으로 인식시켰다. 꼭 그렇지 많은 않다.

사실, 생태학자들은 모든 산불을 막으려고만 하면 숲이 실제로 화재에 더 취약해질 수 있다고 경고한다. 그런 노력은 인화성이 높은 덤불을 축적시킬 수 있기 때문에 파괴적인 수관화의 가능성을 높일 수 있다(그림 9.8, 아래).

생태학자와 산불 전문가들은 숲의 화재로 인한 해로운 영향을 줄일 수 있는 몇 가지 전략을 제시했다.

- 화재 위험성이 가장 높은 숲 지역은 가연성 있는 작은 나무와 덤불을 제거하는 소규모 지표화를 유도하는 것이다. 이런 처방 산불(prescribed burns)은 인위적으로 산불을 조절할 수 있는 면밀한 계획과 모니터링이 요구된다.
- 산불이 건물이나 생명에 위협적이지 않다면, 공유지에 산불을 허용함으로써 가연성 덤불과 작은 나무들을 제거한다.
- 산불이 일어나기 쉬운 지역에 있는 집과 다른 건축물들을 보호하기 위해 주변 지역의 나무 및 다른 식생들을 솎아내고, 또한 목재판자와 같은 가연성 건축 재료를 사용하지 않는다.

수확된 나무의 수요 감소

월드와치연구소(Worldwatch Institute)와 삼림 분석가에 따르면 미국에서 소비되는 목재의 최대 60%가 불필요하게 낭비되고 있다고 한다. 이는 건축 자재의 비효율적인 사용, 과대 포장, 잡동사니 우편물의 과다사용, 불충분한 종이 재활용 그리고 목재 운반 용기를 재사용하거나 대체의 실패 등에서 찾아볼 수 있다.

수확된 나무에 대한 수요를 줄이는 한 가지 방법은 목재를 이용하지 않고 종이를 생산하는 것이다. 예를 들어 중국은 볏짚과 다른 농업 잔재물을 이용하여 종이를 만들고 있다. 미국에서 목재를 사용하지 않으면서 소량의 종

이가 생산되는데 대부분 케나프(kenaf)라고 불리는 빠르게 성장하는 일년생 목본식물의 섬유로 만들어진다. 케나프와 그 외 비목재 섬유 원료는 나무 농장보다 단위 면적당 종이 펄프의 생산량이 많으며, 살충제와 제초제를 적게 사용하면서 재배할 수 있다. 벌목에 대한 수요를 줄이는 또 다른 방법은 나무가 원료인 종이 제품의 사용을 줄이는 것이다. 재사용할 수 있는 접시와 컵, 천으로 만든 냅킨, 손수건, 가방 등이 종이 제품을 대체할 수 있다.

저개발국가에 있는 20억 이상의 사람들은 난방과 취사에 필요한 연료로 땔감이나 목재로 만든 목탄을 사용한다(그림 6.11 참조). 이들 국가의 대부분은 연료용 목재의 부족을 겪고 있는데, 이는 사람들이 새로운 나무가 재배되는 것보다 10~20배 더 빠르게 연료용 목재와 다른 삼림 생산품을 위해 나무를 수확하고 있기 때문이다.

예를 들어 인구 1,100만 명의 아이티는 한때 국토의 60%가 숲으로 덮여 있던 열대 낙원이었다. 하지만 이제 아이티는 생태적 재앙과 경제적 재앙에 놓여 있다. 주로 땔감과 목탄을 만들기 위해 벌목하면서, 이젠 토지의 2% 미만만이 나무로 덮여 있다(그림 9.13). 나무가 없어진 많은 지역에서 토양 침식이 발생하면서 작물 재배가 훨씬 더 어렵게 되었다.

미국 국제 개발기구(U. S. Agency for International Development)는 아이티에서 20년 넘게 6,000만 그루의 나무를 심는 데 자금을 지원했다. 하지만 지역 사람들은 나무가 다 자라기 전에 목탄과 땔감으로 사용하기 위해 대부분의 나무를 벌목했다. 지속 가능하지 않은 이런 자연 자본의 이용과 생물 다양성 및 화학적 순환의 지속 가능성의 원리를 따르지 않는 것이 아이티의 환경 파괴, 빈곤, 질병, 사회적 부정, 범죄, 폭력의 상황을 더 악화시키는 역할을 해왔다.

개발도상국에서 연료용 목재로 인한 위기의 심각성을 줄이는 한 가지 방법은 속성으로 자라는 연료용 나무 및 관목용 소규모 조림지를 농장 주변과 지역사회 식림지 안에 구축하는 것이다. 또 다른 방법은 버려지는 농작물과 동물 배설물로 생산되는 메테인이나 햇빛에 말린 호박과 다양한 박과식물의 뿌리와 같은 재생 가능한 바이오매스

그림 9.13 자연 자본의 파괴: 개벌로 인한 아이티의 갈색 경관(왼쪽)은 주변국가인 도미니카 공화국의 숲으로 우거진 녹색경관과 크게 대조를 이룬다.
JAMES P. BLAIR/National Geographic Creative

를 태울 수 있는 난로를 사용하는 것이다. 이렇게 하면 노출 연소와 부실하게 설계된 난로에서 배출되는 실내 공기오염 때문에 사망하는 사람의 수를 또한 많이 줄일 수 있다.

열대 우림 벌채를 줄이는 방법

분석가들은 열대 우림을 보호하고 보다 지속 가능하게 사용할 수 있는 다양한 방법을 제안했다(그림 9.14).

국제 수준에서, **자연보호 채무상계제도**(debt-for-nature swap)는 열대 우림을 보호하고 보다 지속 가능하게 사용하려는 나라에 재정적인 측면에서 매력적일 수 있다. 이런 교환 조건에 따라 참여국은 외국의 원조나 부채 탕감의 대가로 삼림 보호구역을 지정하고 보호하기로 합의

한다. 이와 유사한 전략인 **보호지구 사용권**(conservation concession)은 정부나 민간 보전 단체가 해당 국가들이 숲과 같은 천연자원을 보존하는 데 동의하며 대금을 지불한다.

각국 정부는 삼림 벌채를 줄이기 위한 조치를 취할 수 있다(핵심 사례 연구). 2005~2013년 사이에 브라질은 불법 벌목을 단속하고 아마존 유역에 대규모 보호구역을 설정하면서 삼림 벌채율을 80% 줄였다. 정부는 또한 벌목용 도로건설에 자금을 대는 보조금을 없애는 대신 지속 가능한 숲과 나무 심기 프로그램에 보조금을 지원할 수 있다.

노년의 마타이(Wangari Maathai)는 노벨평화상을 수상한 최초의 환경 운동가로, 그녀의 모국인 케냐와 전 세

지속 가능한 열대 우림

예방	복원
생물종이 가장 다양하며 멸종 위기에 처한 지역을 보호하기	2차 천이를 통한 재성장 장려하기

정착민들에게 지속 가능한 농업과 삼림에 대해 교육하기

지속 가능한 숲 이용에만 보조금 지급하기 — 훼손된 지역 복구하기

자연보호 채무상계제도와 보호지구 사용권을 통해 숲을 보호하기

지속 가능하게 성장한 목재를 인증하기

Sustainably grown timber — 이미 개벌된 지역에서만 농업과 목축업 집중하기

빈곤을 줄이고 인구 증가 속도 늦추기

그림 9.14 열대 우림을 보호하고 좀 더 지속 가능하게 이용하기 위한 방법(개념 9.2). **비판적 사고:** 가장 좋다고 생각하는 해결책 세 가지는 무엇인가? 그 이유를 설명하라.

Top: STILLFX/Shutterstock.com. Center: Manfred Mielke/USDA Forest Service Bugwood.org

계에 나무 심기를 장려했는데, 이는 나중에 그린벨트 운동이 되었다. 그녀의 노력은 UNEP가 2006년부터 매년 적어도 10억 그루의 나무를 심기 위한 국제적인 노력을 하도록 고무했다. 마타이가 세상을 떠난 2012년까지 193개국에 약 126억 그루의 나무가 심어졌다.

소비자는 열대 우림에서 지속 불가능하며 불법적으로 행해진 벌목을 통해 공급되는 제품에 대한 수요를 줄일 수 있다. FSC와 열대 우림동맹(Rainforest Alliance)과 지속 가능 경영네트워크(Sustainability Action Network)를 포함한 다른 기관에서 지속 가능하게 생산되었다고 인증한 목재 및 나무제품만 구매하는 것이다.

열대 우림에 사는 사람 중 많은 가난한 농부들이 가족의 생계를 위해 나무를 베거나 태우지 않으면서 필요로 하는 식량을 재배할 방법을 찾고 있는데, 몇몇 단체가 그들을 돕고 있다. 1997년 리드(Florence Reed)는 가난한 농

민들이 숲을 개벌하여 태우지 않고 매년 같은 토지에서 영양가 있는 식량을 재배하여 소득을 올리는 방법을 배우는 것을 돕는 지속 가능한 국제 수확 기구(Sustainable Harvest International)라는 비영리 단체를 설립했다. 이 단체는 2014년까지 100개 이상의 농업 공동체의 10,000명 이상의 사람들에게, 농작물을 더 지속 가능하게 재배하는 방법을 가르치고, 영양가 높은 식단을 구성하며, 평균 소득을 연간 약 475달러에서 5,000달러로 올리는 데 도움을 주었다.

9.3 어떻게 초원을 관리하고 지속 가능하게 유지할 것인가?

개념 9.3 우리는 방목하는 가축의 수와 분포를 조절하고 훼손된 초원을 복원함으로써 초원의 생산력을 유지할 수 있다.

일부 초지는 과방목되고 있다

지구 대지의 약 1/4을 덮고 있는 초원은 토양 형성, 침식 조절, 화학적 순환, 대기 이산화탄소를 바이오매스에 저장, 생물 다양성 유지 등 중요한 생태계 서비스를 많이 제공한다.

숲 다음으로 초원은 인간 활동으로 인해 가장 널리 이용하며 변형되는 생태계다. 미국 최초의 초원 중 약 5%만이 남아 있다. 나머지 95% 중 대부분은 경작지로 전환되었다. **방목지**(rangeland)는 온대와 열대 기후대에 있는 울타리가 없는 초원으로 초식(풀을 먹는)과 어린 잎(관목)을 먹는 동물들에게 먹이 또는 초목을 제공한다. 가축도 **목장**(pasture)에서 풀을 먹는데, 목장은 잘 관리된 초원 또는 울타리가 있는 목초지로서 종종 경작이 가능한 풀이나 자주개자리(alfalfa)와 토끼풀 같은 사료작물을 심기도 한다.

소, 양, 염소는 전 세계 초원의 약 42%에서 풀을 먹는다. 95개국 1,360명의 전문가가 4년간 실시한 유엔 새천년 평가(UN Millennium Assessment)에 의하면 이 수치는 금세기 말까지 70%까지 증가할 것으로 추정했다.

그림 9.15 **자연 자본의 파괴:** 울타리의 왼쪽은 과방목이 발생한 방목장이며 오른쪽은 약간의 방목이 일어난 지역이다.
USDA, Natural Resources Conservation Service

방목지 풀의 엽신은 활엽수에서와 같이 정단이 아닌 기부로부터 성장한다. 그 결과 엽신의 상부 절반만 먹히고 하부 절반이 남아 있는 한 풀은 계속하여 다시 초식될 수 있는 새로운 자원이 된다. 다 자란 식물을 제거하게 되면 재성장을 촉진하고 식물의 다양성을 증가시키기 때문에 적당한 수준의 방목은 목초지의 건강에 좋다.

과방목(overgrazing)은 수많은 동물들이 장기간 풀을 뜯어 먹으면서 목초가 손상되거나 죽고(그림 9.15, 왼쪽), 방목지의 수용력을 초과하여 풀을 먹을 때 발생한다. 과방목에 의해 초지의 피도는 감소되고, 물과 바람에 의한 침식으로 표토가 노출되며, 토양을 단단하게 만들어서 토양의 수분 보유 능력을 감소시킨다. 또한 과방목은 목초지에 가축이 먹지 않는 쑥(sagebrush), 가시 있는 관목(mesquite), 선인장, 개귀리(cheatgrass) 등의 침입을 조장하기도 한다. 식량농업기구(FAO)는 가축의 과방목으로 인해 세계 방목지의 20%가 생산성이 저하되었다고 추정했다.

좀 더 지속 가능한 방목지 관리

방목지를 더 지속 가능하게 관리하며 과방목을 방지하기 위해 가장 널리 이용되는 방법은 방목지에서 초식동물의 수와 초식 기간을 조절하는 것이다(개념 9.3). 과방목을 방지하기 위한 방법 중 하나는 **윤환방목**(rotational grazing)으로, 작은 규모의 소떼를 한 지역에서 이동식 울타리에 수일 간 가두어 풀을 먹게 넣었다가 새로운 장소로 이동하는 것이다. 일부 지역에서 불필요한 식물을 제거하는 방법으로 양, 염소, 소와 같은 많은 가축들을 이용하여 단기간 해당지역을 짓밟도록 함으로써 침입식물의 뿌리 시스템을 파괴한다.

소는 자연에 존재하는 수자원의 주변, 특히 하천이나 강을 따라 띠 형태로 식물들이 자라고 있는 **강변지역**을 따라 풀을 뜯어 먹는 것을 선호한다. 과방목은 이런 강변지역의 식생을 파괴할 수 있다(그림 9.16 왼쪽). 목장주들은 순환방목과 훼손된 지역을 울타리로 막아 토지를 보호하며, 자연적인 생태 천이를 통해 궁극적으로 복원이 될 수 있도록 이끌 수 있다(그림 9.16, 오른쪽).

그림 9.16 자연 자본의 복원: (왼쪽) 1980년대 중반, 소 떼가 미국 애리조나 주의 산 페드로 강을 따라 하천 제방의 식물과 토양을 황폐화시켰다. (오른쪽) 방목과 차량의 운행을 금지시키자 2차 천이를 통해 10년 안에 지역이 복원되었다(**개념 9.3**).

Left: U.S. Bureau of Land Management; Right: U.S. Bureau of Land Management

9.4 어떻게 육상 생물 다양성을 지속 가능하게 유지할 것인가?

개념 9.4A 야생지역, 공원, 자연 보호구역을 설정하여 보호할 수 있다.

개념 9.4B 크게 위협받는 생물 다양성 중점지역을 파악하고 보호할 수 있다.

개념 9.4C 중요한 생태계 서비스를 보호하고 훼손된 생태계를 복원하며 인간이 군림하고 있는 지역을 다른 생물과 함께 공유할 수 있다.

지속 가능한 육상 생물 다양성을 위한 전략

1960년대 이래로 다음과 같은 다양한 전략들이 생물 다양성을 유지하는 데 사용되었다.

- 8장에서 논의된 것처럼 멸종으로부터 종 보호
- 유해한 인간 활동으로부터 보호받는 야생지역 설정
- 사람들이 일부 통제하에서 자연과 상호 교류할 수 있는 공원과 자연 보호구역 설정
- 인간 활동으로 심각한 멸종 위협에 놓여 있는 다양한 종들이 서식하는 생물 다양성 중점지역(hotspots)을 파

악하여 보호
- 새로운 개발은 이미 개벌되거나 황폐화된 토지에서 시행
- 기존 경작지의 작물 생산성을 높여 숲과 초원의 파괴 방지
- 중요한 생태계 서비스 보호
- 손상된 생태계의 복구 및 부분적 복원
- 인간이 군림하는 지역을 다른 종과 공유

대부분의 생태학자들과 보존생물학자들에 따르면, 육상의 생물 다양성을 보존하는 가장 좋은 방법은 해로운 인간 활동으로부터 엄격히 또는 부분적으로 보호받는 지역으로 전 세계적인 네트워크를 구축하는 것이다. 현재 177,000개 이상의 야생지역, 공원, 자연보호구역, 야생동물보호구역에서 지구 육지 면적의 13% 미만(남극 대륙을 제외)이 어느 정도 보호되고 있지만 잠재적으로 해로운 인간 활동으로부터 엄격하게 보호되는 곳은 지구 토지의 6%뿐이다. 즉 인간은 지구 토지의 94%를 자신들이 사

용할 수 있도록 점유하고 있다. 생물 다양성 전문가인 윌슨(Edward O. Wilson)에 따르면, 우리가 생물 다양성의 중요성에 대해 더 많이 배우고, 더 많은 생물을 보호하기 위해 신속하게 조치를 취하지 않는다면, 우리는 이번 세기에 전 세계의 많은 종과 그들이 제공하는 생태계 서비스들을 잃어버릴 것이며, 이는 돌이킬 수 없는 자연 자본의 손실이 될 것이다.

6% 잠재적으로 유해한 인간 활동으로부터 엄격히 보호받고 있는 지구 토지의 백분율

많은 보전생물학자들에게 인구 증가, 자원 사용량 증가, 그리고 오래 지속되는 기후변화에 직면한 지구의 중요한 생물 다양성 감소를 막기 위해 지구 토지의 6%만을 보호하는 것은 충분하지 않다. 그들은 지구시스템에서의 생물 다양성 보호구역으로 최소한 지구 토지 면적의 20%를, 이상적으로는 50%를 엄격하게 보호해야 한다고 주장한다.

많은 개발업자들과 자원 채굴업자들은 이런 보호구역에 경제적 이익을 제공할 수 있는 귀중한 자원이 포함될 수도 있다고 주장하면서, 지구 토지의 13%(현재의 양)를 보호하는 것에 반대한다. 반대로, 생태학자들과 보존생물학자들은 모든 생명과 경제를 무한히 지속할 수 있도록 도우며, 미래 발전의 중심지 역할을 하는 생물 다양성과 생태계 서비스의 섬(island)으로서 보호구역을 바라본다.

야생지역의 설정

인간의 개발로부터 기존의 야생을 보호하는 한 방법은 기본적으로 인간의 영향을 받지 않으며 유해한 인간 활동으로부터 법적으로 보호되는 **야생지역**(wilderness)으로 지정하는 것이다(**개념 9.4A**). 미국 초대 대통령인 루스벨트(그림 1.15 참조)는 황무지를 어떻게 해야 할 것인가에 대한 생각에 대해 다음과 같이 정리하며 보호구역을 확보했다. "있는 그대로 놔두세요. 우리가 더 좋게 만들 수는 없습니다."

대부분의 개발업자와 자원채굴업자는 단기적인 경제적 이익을 제공할 수 있는 자원을 포함하고 있기 때문에 야생지역으로 보호구역을 설정하는 것에 반대한다. 하지만 생태학자들과 보존생물학자들은 더 긴 안목으로 야생지역을 바라본다. 그들에게 야생지역은 현재와 미래에 있어 생명과 인간 경제를 지탱하며, 기후변화와 같은 환경 조건 변화에 대응하여 미래 발전을 위한 중심지로서의 역할을 하는 데 필요한 생물 다양성과 생태계 서비스의 섬이다.

1964년에 미국 의회는 국립야생지역 보존시스템의 일부로 아직 개발되지 않은 미국의 국유지를 정부가 보호할 수 있도록 하는 황무지법(Wildness Act)을 통과시켰다(그림 9.17). 이로 인해 1964년과 2015년 사이에, 보호받는 야생지역의 면적은 거의 12배 증가했다. 그럼에도 불구하고, 미국 토지의 5%만이 야생지역으로 보호되고 있다. 알래스카의 경우 54% 이상이 되지만 48개 주의 약 2.7%만이 야생지역으로 보호되고 있으며, 이들 대부분은 서부에 있다.

공원과 자연보호구역의 설정

국제자연보전연맹(IUCN)에 따르면, 120개 이상의 국가에 6,600개가 넘는 주요 국립공원이 있다(9장 도입부 사진 참조). 하지만 이들 공원 중 대부분은 다수의 큰 동물 종들을 유지하기에는 너무 작으며, 특히 저개발국의 공원들은 대부분 거의 보호 받지 못하는 '서류상의 공원'들이다. 많은 공원은 토착종과 경쟁에서 이기며 토착종의 개체 수를 감소시키는 유해한 비토착종의 침입으로 또한 수난을 겪는다. 일부 국립공원은 너무 인기가 많아, 관광객이 많이 방문하면서 국립공원을 매력적으로 만드는 자연적인 특징을 훼손하고 있다(다음 사례 연구 참조).

사례 연구

미국 국립공원의 스트레스

1912년에 설립된 미국 국립공원 시스템에는 59개의 주요 국립공원을 포함하고 있으며, 때로는 미국의 '왕관의 보석(crown jewel)'이라고도 불린다(9장 도입부 사진 참조).

그림 9.17 미국 워싱턴 주 노스캐스케이드 국립공원의 야생지역에 있는 디아블로(Diablo) 호수

tusharkoley/Shutterstock.com

미국 국립공원 시스템에는 353개의 기념물, 휴양지, 전장, 유적지 등이 있다. 주, 카운티, 시에서 또한 공공 공원을 운영하고 있다.

많은 공원이 대중의 인기도 때문에 위협받고 있다. 1960년에서 2015년 사이에 미국 국립공원을 찾은 방문객 수가 3배 이상 증가하여 약 3억 700만 명에 이르렀다. 일부 공원과 다른 국유지에서는 더럽고 불결한 자전거, 모래용 사륜차, 제트 스키, 스노모빌 및 기타 오프로드 차량이 문제가 되고 있다. 이들 레저용 차량은 연약한 식생을 손상시키거나 파괴하고, 야생동물을 교란시키며 다른 많은 방문객의 심미적 경험에 좋지 않은 영향을 미친다.

미국의 많은 국립공원은 상업의 발달로 만들어진 바다에 둘러싸인 생물 다양성의 섬이 되고 있다. 공원의 야생생물과 여가활동의 가치가 인근의 채광, 벌목, 목축, 수로 변경, 석탄 화력 발전소 운영, 도시개발 등에 의해 위협받고 있다. 국립공원관리청(National Park Service)에 의하면, 대부분 석탄 화력 발전소와 혼잡한 차량 통행 때문에 발생하는 대기 오염으로 인해, 많은 공원에서 90% 이상 경치를 손상시킨다고 보고했다.

유해한 외래종의 이주 또는 고의적인 도입으로 인해 피해를 입고 있는 공원 또한 많다. 1912년 노스캐롤라이나 주에 사냥을 위해 유입된 유럽 야생 멧돼지들은 이제 유명한 그레이트스모키 마운틴 국립공원(Great Smoky Mountains National Park)의 일부 지역의 식생을 위협하고 있다. 워싱턴 주 올림픽 국립공원(Olympic National Park)에 살고 있는 비자생 산염소들은 그곳에 자생하던 토착 식물의 뿌리를 짓밟아 파괴하고 토양 침식을 가속화시킨다. 토착종 중 일부는 멸종 위협종 또는 멸종 위기종인데, 이들은 전체 미국 국립공원의 거의 절반 이상의 지역에서 사냥당하거나 불법적으로 제거되고 있다. 하지만 옐로스톤 국립공원에서는 멸종 위기종이며 핵심종인 회색늑대가 50년 만에 성공적으로 재도입되었다(과학적 핵심 9.2).

자연보호구역 설계 및 관리

자연보호구역을 설정하는 데 있어서 보호구역의 크기와 설계가 중요하다. 연구에 따르면 큰 자연보호구역은 일반적으로 작은 보호구역보다 더 많은 종을 유지할 수 있으며, 더 많은 서식지 다양성을 제공한다고 한다. 또한 잘 배치된 여러 개의 중간 크기 보호구역은 하나의 큰 보호구역보다 다양한 서식지를 보호하며 더 많은 생물 다양성을 유지할 수 있다고 한다.

　각기 다른 보호구역을 서식지 통로(habitat corridors)로 연결하면 그곳에 살고 있는 종에게 도움이 될 수 있으며, 또한 넓은 서식지를 필요로 하는 척추동물이 이동할 수 있게 된다. 또한 통로는 기후변화 때문에 기존 서식지역의 환경이 악화될 경우 일부 종들이 더 좋은 환경 조건을 갖는 지역으로 이동할 수 있도록 한다.

　반면에 화재, 질병, 해충, 침입종이 이런 통로를 통해 보호구역들을 이동할 수 있게 되면서 격리된 개체군을 위협할 수 있다. 통로를 이용하는 생물종들이 자연 포식자나 인간 사냥꾼과 오염에 노출될 수도 있다. 일부 연구는 통로가 주는 이익은 특히 기후변화의 영향 같이 잠재적으로 발생할 수 있는 유해한 영향들보다 더 크다고 제안한다.

　보존생물학자들은 가능한 한 자연보호구역을 설계하고 관리할 때 완충지대 개념(buffer zone concept)을 사용할 것을 제안한다. 완충지대를 설정한다는 것은 내부 핵심보호구역을 철저히 보호한다는 것을 의미하는데, 일반적으로 핵심지역 외부에 하나 이상의 완충지대를 설정함으로써, 지역 주민들이 내부의 핵심지역을 훼손시키지 않으면서 지속적으로 자원을 이용할 수 있게 한다(다음 사례 연구 참조). 2015년까지 UN은 120개국에 669개의 생물권 보존지역으로 구성된 전 세계 네트워크를 구축하는 데 완충지대 개념을 사용했다. 그러나 대부분의 생물권 보전지역은 이런 이상적인 설계 내용을 만족시키지 못했으며 보전지역을 보호하고 관리하기 위한 자금도 거의 받지 못한다.

코스타리카의 생물 다양성 확인 및 보호

수십 년 동안 코스타리카(핵심 사례 연구)는 정부와 민간 연구기관을 활용하여 국가의 식물과 동물을 조사하여 식별해왔는데, 이것이 세계에서 생물학적으로 가장 다양한 국가 중 하나로 자리매김할 수 있도록 했다(그림 9.18). 정부는 코스타리카의 생물 다양성의 약 80%를 유지한다는 목표로 설계된 몇 개의 큰 보전지역이나 거대보호구역(megareserves)으로 국가공원과 보호구역을 통합시켰다(그림 9.19).

　각 보호구역에는 지역 및 토착민들이 지속 가능하게 벌목, 작물 재배, 가축 방목, 사냥, 낚시 및 생태관광 등에 사용할 수 있는 두 개의 완충지대와 완충지대로 둘러싸여 보호받는 핵심지역이 포함되어 있다. 이 접근법은 지역 주민을 보호구역 밖에서 차단하는 대신, 불법 벌목이나 밀렵과 같은 활동으로부터 보호구역을 보호하는 파트너로서 현지인을 참여시킨다. 그것은 생물 다양성과 상생 해법의 지속 가능성의 원리를 적용한 것이다.

　이 전략은 생태적 이점 외에 재정적으로도 성과를 거두었다. 오늘날, 코스타리카의 가장 큰 수입원은 연간 30억 달러 규모에 이르는 관광 산업으로, 그중 거의 2/3가 생태관광을 통해서 얻어진다.

　코스타리카의 생물 다양성 보존 노력에 대해 몇 가지 잠재적인 위협도 있다. 중국 수출용 파인애플을 재배하기 위한 농장을 운영하기 위해 숲을 개간하는 것이다. 생태관광은 코스타리카의 공원 및 보존 노력에 자금을 지원하고, 방문 지역의 주민들에게 소득을 제공함으로써 보호구역 내의 개발을 줄이지만, 과도한 수의 생태관광객들은 생태적으로 민감한 지역을 훼손할 수 있다.

옐로스톤 국립공원의 회색늑대 재도입

그림 9.A 대부분의 미국 서부지역에서 거의 멸종된 **회색늑대**는 1974년 멸종 위기종으로 지정되어 보호되었다.

Volodymyr Burdiak/Shutterstock.com

1800년경에는 최소 35만 마리의 회색늑대 (gray wolf)가 미국 본토 48개 주, 특히 서부의 75%를 배회하고 다녔다(그림 9.A). 이들은 많은 수의 들소, 엘크, 순록, 사슴을 잡아먹었다. 그러나 1850~1900년 사이에 대부분의 회색늑대는 방목업자, 사냥꾼, 정부 고용인들의 총과 덫이나 독약에 의해 죽음을 맞았다. 이로 인해 회색늑대는 48개 주에서 거의 멸종되었다.

생태학자들은 이 핵심 포식종이 한때 옐로스톤 국립공원 지역에서 수행했던 중요한 역할을 인지하고 있다. 늑대들은 들소, 엘크, 말코손바닥사슴(moose), 노새사슴(mule deer) 무리들을 사냥하면서 코요테 개체 수가 증가하는 것을 억제해왔다. 잡은 동물을 다 먹지 않고 남겨둠으로써 갈가마귀, 흰머리독수리,

산족제비, 회색곰과 여우와 같은 청소부 동물에게 먹잇감을 제공했다.

회색늑대의 수가 줄어들자, 식물을 뜯어먹는 엘크, 말코손바닥사슴, 노새 무리가 증가하면서 하천과 강 인근 지역에서 자라는 버드나무와 사시나무를 과도하게 뜯어먹게 되었다. 이로 인해 토양 침식이 증가했으며, 버드나무와 사시나무를 먹는 비버와 같은 다른 야생동물의 개체 수가 감소했다. 그 다음엔 둑을 만드는 비버가 만든 습지에 의존하는 종이 영향을 받았다.

1974년에 회색늑대는 48개 주에서 멸종 위기종으로 기록되었다. 1987년 미국 어류 및 야생동물 관리국(USFWS)은 생태계의 안정을 위해 회색늑대를 옐로스톤 국립공원에 재도입할 것을 제안했다. 하지만 이 제안은 늑대가 공원을 벗어나서 소와 양을 습격할 것을 두려워하는 방목업자와, 늑대가 대형 사냥감을 너무 많이 죽일 것을 우려한 사냥꾼으로부터 격렬한 항의에 부딪혔다. 광업과 벌목회사도 정부가 늑대가 살고 있는 연방 땅에서 그들의 사업을 중단시킬 것을 두려워하며 반대했다.

1996년 USFWS 관계자들은 캐나다와 몬태나 북서부에서 41마리의 회색늑대를 포획하여 옐로스톤 국립공원으로 이주시켰다. 과학자들은 공원의 장기적인 수용력이 110~150마리라고 추산한다. 2016년 99마리의 늑대가 10개의 무리를 지어 살고 있다.

과학자들은 일부 늑대를 추적하고 늑대의 재도입에 의해 일어나는 생태적 효과를 연구하기 위해 무선 송신기를 사용한다. 그들의 연구는 이 핵심 포식자의 귀환으로 인해 늑대의 주요 먹이인 엘크의 개체 수가 감소되었다는 것을 보여준다. 늑대가 엘크를 잡아먹고 남긴 고기는 다시 청소부 동물에게 중요한 먹

이원이 되었다.

그러나 미국 지질조사국(U. S. Geological Survey)의 과학자 카우프만(Matthew Kauffman)이 이끄는 한 연구에 따르면, 엘크의 수가 60% 감소했음에도 불구하고 사시나무가 회복되지 않았다고 한다. 엘크의 개체 수가 감소하면 하천 둑을 따라 버드나무가 다시 회복될 수 있다고 추정했는데, 연구 결과 버드나무는 부분적으로만 복원된 것으로 나타났다.

늑대가 없을 때 옐로스톤에서 최상의 포식자였던 코요테의 개체군은 회색늑대에 의해 절반으로 감소되었다. 이것은 지역 목장에서 소에 대한 코요테 공격을 줄였고, 코요테나 독수리와 매가 사냥하는 얼룩다람쥐, 생쥐, 땅다람쥐와 같은 작은 동물의 개체 수를 증가시켰다.

전반적으로 회색늑대의 재도입은 옐로우스톤 생태계에 중요한 생태적 이점을 제공했지만 아직 더 많은 연구를 필요로 한다. 회색늑대에 초점을 맞추어 관찰된 생태학적 변화와 함께 가뭄이나 곰과 쿠거의 개체 수 증가와 같은 다른 요인의 역할에 대해서도 조사할 필요가 있다.

늑대의 재도입은 또한 그 지역에 경제적 이익을 가져다주었다. 많은 방문객들에게 이 공원의 가장 큰 매력 중 하나는 넓은 초원을 가로질러 먹이를 쫓아가는 늑대들을 발견하는 것이다.

비판적 사고

만약 공원에 있는 회색늑대 개체 수의 수용력이 110~150마리에 이르게 된다면, 개체 수를 조절하기 위해 늑대를 죽이는 프로그램을 지지하겠는가? 설명하라. 다른 대안을 생각해볼 수 있는가?

그림 9.18 진홍색 마코앵무(macaw parrot)는 코스타리카에서 발견된 50만 종 이상의 생물 중 하나다.

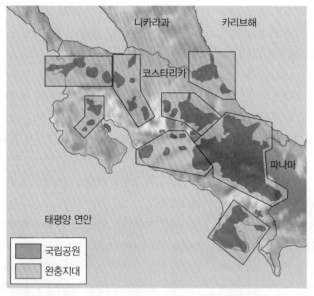

그림 9.19 해결책: 코스타리카에 만들어진 거대보호구역. 녹색 지역은 자연보호구역이며 노란색 지역은 이들을 둘러싼 완충지대다.

육상 생물 다양성 유지를 위한 생태계 접근법: 다섯 가지 방법

대부분의 야생생물학자와 자연보호론자들은 인간 활동 때문에 야생생물종의 멸종이 빨라지는 것을 막는 최선의 방법은 위협받는 서식지와 그곳의 생태계 서비스를 보호하는 것이라 믿는다. 이런 **생태계 접근법**은 일반적으로 다음과 같은 다섯 가지 방법을 사용한다.

1. 전 세계 육상 생태계 지도를 만들고, 각 생태계에 포함되어 있는 종과 이들 생태계가 제공하는 생태계 서비스 목록을 작성한다.
2. 손상받기 쉽고 보호가 필요한 생태계와 함께 유해한 인간 활동의 영향으로 위축되지 않으면 회복할 수 있는 복원력 있는 육상 생태계를 파악한다.
3. 식물 다양성과 생태계 서비스를 보호하는 데 중점을 두고 가장 심각하게 멸종 위기에 처한 육상 생태계와 생물종을 보호한다.
4. 훼손된 생태계를 가능한 많이 복원한다.
5. 멸종 위기에 있는 생태계를 보호하는 데 동의한 사유지 소유주에게는 세금 감면이나 보조금과 같은 상당한 재정적 인센티브와 기술지원을 제공함으로써 생물 다양성 친화적인 발전이 이루어지도록 한다.

생물 다양성 중점지역과 생태계 서비스 보호

생태계 접근법은 지구의 **생물 다양성 중점지역**(biodiversity hotspot)을 보호하기 위해 먼저 이들 지역을 파악하고 긴급 조치를 취할 것을 요구한다. 이들 지역은 다른 지역에서는 발견되지 않으며 인간 활동의 위협으로 심각한 멸종 위기에 처한 생물종이 풍부한 곳이다(개념 9.4B). 또한 급격한 인구 증가와 그에 따른 천연자원 및 생태계 서비스에 대한 압력 때문에 심각한 생태 파괴를 겪고 있다.

그림 9.20은 생물학자들이 파악한 34개의 전 지구적 생물 다양성 중점지역을 보여준다. IUCN에 따르면, 육지 표면의 약 2%만 차지하는 이들 지역에는 세계 대부분의 멸종 위기에 놓인 또는 위급한 상황의 멸종 위기종은 물론 12억 명의 사람들이 살고 있다. 그러나 이런 생물 다양성 중점지역 중 전체 면적의 약 5%만이 정부 자금 지원과 법률 시행에 의해 보호를 받는다.

지구의 생물 다양성을 유지하는 또 다른 방법은 중요한 생태계 서비스가 훼손되고 있는 지역을 파악하여 보호하는 것이다(그림 1.3의 주황색 박스 참조). 과학자들은 높은 빈곤 수준 때문에 생존을 위해 대부분의 사람들이

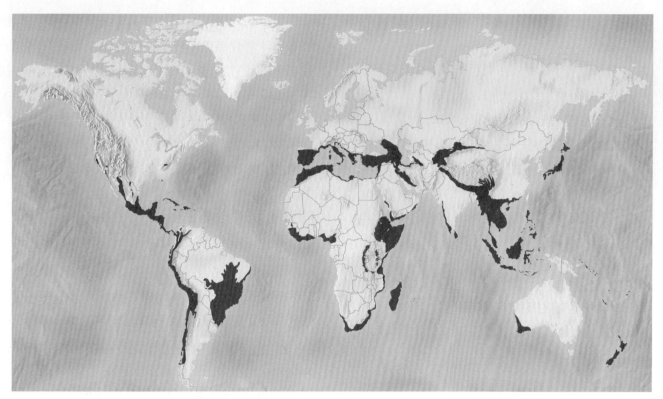

그림 9.20 위기에 처한 자연 자본: 생물학자들에 의해 확인된 34곳의 생물 다양성 중점지역. 이 지도를 그림 1.9의 인간 생태 발자국의 지도와 비교해 보자. **비판적 사고:** 왜 많은 생물 다양성 중점지역이 연안지역 근처에 있다고 생각하는가?

Compiled by the authors using data from the Center for Applied Biodiversity Science at Conservation International.

생태계에 크게 의존하면서 스트레스를 많이 받고 있는 지역을 파악할 것을 요구한다.

훼손된 생태계 복원

지구상의 거의 모든 자연 지역은 인간 활동에 의해 다소 영향을 받고 있는데, 대부분 해로운 방식으로 영향을 받았다. 우리는 인간 활동에 의해 야기된 훼손된 생태계를 복구하는 과정인 **생태복원**(ecological restoration)을 통해 많은 부분을 일부나마 되돌릴 수 있다. 예를 들면 숲에서의 재식목(다음 사례 연구 참조), 자연 핵심종의 재도입(과학적 핵심 9.2), 유해한 침입종 제거, 댐을 제거하여 강의 자유로운 흐름 허용, 초원, 산호초, 습지 및 하천 제방의 복원(그림 9.16, 오른쪽) 등이다. 이는 인간이 환경에 미치는 유익한 영향을 확대시키는 중요한 방법이다.

과학자들은 자연 생태계가 어떻게 생태 천이를 통해 회복되는지를 연구함으로써, 다음 네 가지 내용을 포함한 훼손된 생태계 복원 방법을 찾아냈다.

- 복원(restoration): 훼손된 서식지나 생태계를 가능한 한 원래 상태와 유사한 상태로 되돌리는 것이다.
- 복구(rehabilitation): 원래 상태로 복원하려는 시도 없이 훼손된 생태계를 기능적 또는 유용한 생태계로 전환시키는 것이다. 예를 들면 오염된 산업부지에서 오염물질을 제거하고 개벌된 숲에서 토양 침식을 줄이기 위해 나무를 재식목하는 것을 들 수 있다.
- 대체(replacement): 훼손된 생태계를 다른 유형의 생태계로 대체하는 것이다. 예를 들면 훼손된 삼림은 생산적인 목장이나 조림지로 대체될 수 있다.
- 인공 생태계 조성(creating artificial ecosystem): 예를 들면 홍수를 줄이고 오수처리를 돕기 위해 인공습지를 조성하는 것이다.

학자들은 대부분 형태의 생태복원과 복구를 수행하기 위해 다음과 같은 4단계 전략을 제시했다.

1. 훼손의 원인을 파악한다(오염, 농경, 과방목, 채광, 침입종).

2. 이들 요인을 제거하거나 확실히 감소시켜 훼손을 중단시킨다.

3. 옐로스톤 생태계에 회색늑대를 재도입한 것과 같이, 자연의 생태 과정을 복원하기 위해 핵심종을 재도입한다(과학적 핵심 9.2).

4. 더 이상 훼손이 일어나지 않게 그 지역을 보호하고 자연적으로 회복할 수 있도록 한다(그림 9.16, 오른쪽).

사례 연구

코스타리카 열대 건조림의 생태복원

코스타리카(핵심 사례 연구)는 세계 최대의 생태복원 프로젝트가 진행되는 지역 중 하나다. 과나카스테(Guanacaste) 국립공원 저지대의 열대 건조림은 과거 불태워지고, 훼손되어 분할된 후 소목장과 농장으로 전환되었다. 하지만 이제는 복원되면서 인근의 산 경사면에 있는 열대 우림과 다시 연결되고 있다.

펜실베이니아 대학의 보존생물학 교수이자 복원생태학 분야의 선도인 잰즌(Daniel Janzen)은 국립공원으로 지정하기 위해 과나카스테 삼림지역을 구입하는 데 자신의 MacArthus 재단 연구기금을 사용했다. 또한 그는 공원을 복원하기 위해서 1,000만 달러 이상을 모금했다.

잰즌은 주변의 지역 주민들이 그와 같은 노력을 통해 혜택을 받게 된다는 것을 믿지 않는다면 공원의 생태학적 복원과 보호가 실패할 것이라고 인식했다. 그는 공원 인근에 살고 있는 약 40,000명의 주민들이 훼손된 숲을 복원하는 데 필수적인 역할을 한다는 것을 예견했다.

지역 주민들은 공원에서 비토착종을 제거하고 잰즌 교수의 실험실에서 가져온 수목 종자와 묘목을 심으며 그 대가를 지불받는다. 지역의 초, 중, 고 및 대학의 학생과 시민단체는 현장학습을 통해 공원 생태에 대해서 연구한다. 범 아메리카(Pan America) 고속도로와 가까운 곳에 위치한 공원은 생태관광에 이상적인 지역으로 지역 경제를 활발하게 한다.

또한 이 프로젝트는 세계 도처의 과학자들에게 열대림 복원의 기술 훈련지 역할을 한다. 프로젝트에 참여하는 연구자들은 강의를 하거나 현장학습을 지도한다. 잰즌은 방호물 울타리가 아닌 교육, 인식, 참여가 대부분 온전한 생태계를 지속 가능하지 않게 사용하지 않도록 보호하는 최선의 방법이라고 확신한다. 이것은 생물 다양성과 상생 해법의 지속 가능성의 원리를 적용한 것이다.

다른 생물종과 생태계 공유

인간은 전 세계 생태계의 대부분을 지배하고 있는데, 이것이 생물종의 멸종과 생태계 서비스의 손실을 야기한다. 생태학자 로젠츠베이그(Michael L. Rosenzweig)은 인간에게 그들이 군림하는 일부 공간을 다른 종과 공유할 것을 요구한다. 그는 이런 접근 방식을 **조화생태학**(reconciliation ecology)이라 한다. 조화생태학은 사람들이 생활하고, 일하며, 즐기고 있는 장소에서 종 다양성을 보전하기 위한 새로운 서식지를 설정하고 유지하는 데 초점을 둔다.

지속 가능한 형태의 생태관광을 장려함으로써, 사람들은 지역의 야생생물을 보호하고 그들의 지역사회를 위한 경제적 자원을 제공할 수 있다. 예를 들면 중앙아메리카 벨리즈에서 보존생물학자인 호위치(Robert Horwich)는 검은짖는원숭이(black howler monkey)를 위해 지역 보호구역을 설치하도록 도와주었다. 그는 보호구역이 원숭이들이 이동할 수 있는 서식지와 통로로 사용될 수 있도록 지역 농부들을 설득했다. 지역 여성 협동조합이 운영하는 이 보호구역은 생태학자들과 생물학자들을 끌어들였다. 지역 주민들은 주택을 임대하거나 방문자들을 안내하면서 소득을 얻는다.

적절한 통제 없이 방문객이 너무 많이 몰려오거나 인근 지역에 호텔이나 다른 관광시설물이 건설되면서 이들 지역이 악화되면, 생태관광으로 인해 인기 있는 생태보호 지역이 훼손될 수 있다. 하지만 적절하게 관리된다면, 생태관광은 조화생태학의 유용한 유형이 될 수 있다.

조화생태학은 또한 중요한 생태계 서비스를 보호하는 한 방법이기도 하다. 예를 들어 일부 사람들은 살충제와 서식지 감소에 취약한 나비나 꿀벌과 같은 곤충 수분자들을 보호하는 방법을 배운다(8장 **핵심 사례 연구** 참조). 지역주민과 시 정부는 잔디, 들판, 골프장 및 공원에 살충제의 사용을 줄이거나 아예 없애거나 이를 실행하고 있다. 사람들은 벌과 다른 수분자들의 먹이원인 꽃피는 식물정원을 가꿀 수 있다. 일부 꿀벌 전문가들에 따르면, 정원사들은 벌들이 글리포산염 제초제의 사용이나 네오노티노이드 살충제를 함유한 식물을 피할 수 있도록 해야 한다고 한다.

사람들은 또한 인간이 지배하는 서식지 안에서 파랑새를 보호하기 위해 함께 일하고 있다. 이들 지역에서는 대부분의 파랑새가 둥지를 트는 나무들이 잘려나가면서 파랑새의 개체 수가 감소했다. 이에 특별히 고안된 상자들이 파랑새의 인공 둥지 장소로 제공되었다. 광범위하게 인공 둥지의 사용되면서 파랑새의 개체 수가 증가할 수 있었다. 그림 9.21은 지구의 육상 생물 다양성을 지속 가능하게 유지하는 데 도움이 되는 몇 가지 방법을 열거하고 있다. GOOD NEWS

9.5 어떻게 수생 생물 다양성을 지속 가능하게 유지할 것인가?

개념 9.5A 수생 생물종과 그들이 제공하는 생태계 · 경제 서비스는 서식지 손실, 침입종, 오염, 기후변화, 남획에 의해 위협받고 있다.

개념 9.5B 우리는 보호된 자연보전구역 설정, 연안개발의 관리, 수질 오염의 감소, 그리고 어류 남획을 방지함으로써 수생 생물 다양성을 지속 가능하게 유지하며 환경에 미치는 유익한 영향을 증가시키는 데 도움을 줄 수 있다.

인간 활동은 수생 생물 다양성을 위협하고 있다

인간 활동은 전 세계의 연안습지, 산호초, 맹그로브, 심지어는 해저 지역까지 광범위한 부분을 파괴하거나 훼손했으며, 또한 많은 담수 생태계도 붕괴시켰다.

해저의 서식지는 준설작업과 저인망 어선의 영향으로 훼손되거나 파괴되고 있다. 단지 몇 종의 어류와 갑각류를 건져 올리기 위해 수천 척의 저인망 어선이 사슬과 강철판으로 내리 누르면서, 마치 수중 불도저처럼 해저 바닥으로부터 거대한 그물을 끌어당긴다(그림 9.22). 수천 척의 저인망 어선은 매년 개벌되는 전 지구의 삼림 면적보다 몇 배 넓은 해저 바닥을 긁어내며 교란하고 있다. 일부 해양과학자들은 해저에 영향을 주는 저인망 어업을 인간이 생물권에서 벌이고 있는 최대의 교란이라 칭한다.

예측되는 기후변화에 의해 해수면이 상승되면 많은 산호초가 파괴되고(과학적 핵심 7.4 참조), 저지대의 섬과 이를 보호하는 연안의 맹그로브 숲이 금세기 동안 물에 잠길 가능성이 있다.

해양 수역은 주로 더 따뜻한 대기로부터 흡수되는 열 때문에 점점 더워지고 있다. WRI에서 수행한 연구는 세계의 얕은 바다에 있는 산호초 중 75%가 주로 해수 온도의 상승, 남획, 오염, 해양 산성화 등과 같은 복합 요인에 의해 파괴될 위험이 있다고 추정했다(과학적 핵심 9.3). 해양 산성화는 산호가 탄산칼슘 골격을 만드는 데 필요한 해수의 탄산염 이온 농도를 감소시킨다. 오늘날 산호초는 평균적으로 지난 40만 년 동안 가장 따뜻하면서도 가장 산성인 바닷물에 노출되어 있다.

서식지 붕괴는 담수역에서도 문제가 된다. 서식지 붕괴는 댐 건설과 관개 및 도시용수 공급을 위해 하천에서 물을 과도하게 취수하기 때문에 일어난다. 이런 활동은 수생 생물의 서식지를 파괴하고, 물의 흐름을 저하시키며, 담수 생물 다양성을 파괴한다. 최근 IUCN의 적색목록에 따르면 전 세계적으로 담수 생물종의 멸종률은 육상

우리는 무엇을 할 수 있는가?

육상의 생물 다양성 유지

- 나무를 심고 관리한다.
- 종이를 재활용하고 종이 재활용품을 구입한다.
- 지속 가능하게 생산된 목재와 나무제품, 재활용 플라스틱 가구와 마룻장과 같은 목재 대체품을 구입한다.
- 훼손된 숲이나 초원이 복원되도록 돕는다.
- 정원을 다양한 자생식물로 조경한다.

그림 9.21 개별적 문제: 육상의 생물 다양성을 유지하는 데 도움이 되는 방법. **비판적 사고:** 실천에 옮길 가장 중요하다고 생각하는 행동 두 가지는 무엇인가? 그 이유를 설명하라. 이미 실천하고 있는 것은 무엇인가?

Courtesy of Peter J. Auster/National Undersea Research Center

그림 9.22   자연 자본의 파괴: 저인망이 긁고 지나가기 전(왼쪽)과 후(오른쪽) 해저 바닥의 모습. **비판적 사고:** 이에 비견할만한 육상에서의 위협 활동에는 어떤 것이 있는가?

생물종의 5배에 달한다.

수생 생물 다양성을 위협하는 또 다른 문제는 전 세계의 연안 해역, 습지 및 호수에 수많은 해로운 침입종이(그림 9.23) 의도적으로 또는 우발적으로 유입된다는 것이다. USFWS에 따르면, 1900년 이래 미국에서 멸종된 모든 물고기의 약 2/3가 생물침입자(bioinvaders) 때문이며, 이로 인해 엄청난 경제적 손실이 발생했다.

연관성 쏠배감펭, 산호초 파괴와 경제
연구원들은 침입종인 쏠배감펭(lionfish)(그림 9.23)이 보통 산호초 주변에서 조류를 충분히 섭식하면서 조류가 더 이상 성장하지 못하게 하고 조류로 인해 산호가 죽는 것을 방지하는 비늘돔과 같은 적어도 50종의 포식 어종을 먹는다는 것을 발견했다.
과학자들은 건강한 산호초에 관광 무역을 주로 의존하는 바하마 같은 지역에 쏠배감펭이 우점종이 되면서, 이들 침입종이 산호초에 심각한 위협을 가하고 있다고 경고한다.

어류 남획: 사라진 어장, 사라진 물고기

물고기와 생선 가공품은 전 세계 사람들에게 공급되는 동물성 단백질의 약 20%를 제공한다. **어장**(fishery)은 특정 해양 지역 또는 내륙 수역 중 상업적 수확에 적합한 야생 수생 생물종이 집중되어 서식하고 있는 곳이다.

오늘날 440만 척의 어선이 세계의 바다에서 물고기를 추적하고 수확하고 있다. 산업용 어업 선단은 해양 어류와 갑각류를 잡기 위해 다양한 방법을 사용한다. 여기에는 전 지구적 위성 위치 확인 장비, 수중 어군탐지기, 거대 그물, 긴 낚싯줄, 관측비행기와 드론 그리고 막대한 어획물을 처리하고 동결시킬 수 있는 거대한 냉동 시설을 탑재한 배 등이 포함된다. 그림 9.24는 해양 어류와 갑각류의 상업적 수확에 이용되는 주요 방법을 보여준다. 이런 고효율 선단은 증가하고 있는 해산물의 수요를 충족시키는 데 도움을 주지만, 비평가들은 그들이 많은 종을 남획하고 해양 생물 다양성을 감소시키며, 중요한 해양 생태계 서비스를 악화시키고 있다고 말한다.

우즈 홀 국립수산원(Woods Hole National Fisheries Service)에 의하면, 전 세계 어장의 57%가 완전히 개발되었으며, 또 다른 30%는 지나치게 남획되거나 고갈되었다고 한다. 이런 남획은 세계의 일부 주요 어장의 붕괴로 이끌었다(그림 9.25).

해양 산성화: 또 다른 이산화탄소 문제

인류는 특히 1950년 이후에 탄소를 함유한 화석연료를 점점 더 많이 연소시키면서, 탄소 순환에 의해 제거될 수 있는 것보다 더 빨리 CO_2를 하층 대기로 증가시켰다(그림 3.16 참조). 전 세계 기후과학자 중 90% 이상이 이산화탄소 농도의 증가가 지구 대기권의 온도를 상승시키며 지구의 기후를 변화시키고 있음에 동의한다. 광범위한 연구들은 우리가 대기 중 이산화탄소의 양을 계속 증가시킨다면 15장에서 논의할 것처럼 금세기 동안 지구 기후에 심각한 혼란을 초래할 것이라고 한다.

CO_2 배출과 관련된 또 다른 심각한 환경 문제는 **해양 산성화**(ocean acidification)다. 해양은 인간 활동으로 대기에 추가되는 초과 CO_2의 약 1/4을 흡수함으로써 대기온난화와 기후변화를 줄이는 데 도움이 되었다. 하지만 흡수된 이산화탄소가 해수와 결합하면 탄산 음료에서도 발견되는 약산인 탄산(H_2CO_3)을 형성한다. 이 과정에서 해수의 수소 이온(H^+) 농도가 증가되고 해수를 덜 염기성으로 만든다(낮은 pH). 이러면 탄산염 이온이 수소 이온(H^+)과 반응하여 중탄산염 이온(HCO_3^-)을 형성하면서 해수의 탄산염 이온(CO_3^{2-}) 농도

가 감소된다.

문제는 식물성 플랑크톤, 산호, 바다달팽이, 게 및 굴을 포함한 많은 수생 생물의 껍질과 뼈의 주성분인 탄산칼슘($CaCO_3$)을 생성하기 위해 탄산염 이온을 사용한다는 것이다. 수역이 좀 덜 염기성이 되면, 탄산염 이온 농도가 감소하게 되고(그림 9.B) 껍질을 만드는 종과 산호초는 더 느리게 자란다. 주변 해수의 수소 이온 농도가 충분히 높아지면 이들 생물의 껍질과 뼈에 있는 탄산칼슘이 녹기 시작한다.

해양 산성화에 관한 세계 전문가 540명 이상이 실시한 2013년 연구에 따르면, 1800년 이래로 해양 표층수의 평균 산성도가 30% 증가했으며(실제로는 평균 염기도가 30% 감소) 금세기 말까지 170%까지도 증가할 수 있다고 한다. 이 보고서에 따르면, 해양은 "지난 3억 년 동안 겪어보지 못했던 빠른 속도로 산성화"되고 있다고 하며, 이와 같은 빠른 속도의 해양 산성화가 대기 중 CO_2를 흡수함으로써 기후변화 속도를 늦추는 데 도움이 되는 해양의 능력을 감소시킬 것이라고 경고했다.

대부분의 해양과학자들에 따르면, 이런 변

화를 늦출 수 있는 유일한 방법은 전 세계의 화석연료 사용을 빠르고 급격하게 줄이는 것으로, 대량의 이산화탄소가 대기 중으로, 그리고 대기에서 바다로 유입되는 것을 감소시키는 것이다. 이는 향후 수십 년 내에 에너지 낭비를 대폭 줄이고 탄소를 함유한 화석연료에 의존하던 것에서 태양, 풍력 및 지구의 내부에 저장된 열(지열에너지)에 더 많이 의존함으로써 이루어질 수 있다(13장, 15장에서 논의). 우리는 또한 맹그로브 숲, 해초, 연안 습지를 보호하고 복원함으로써 해양 산성도가 상승하는 것을 늦출 수 있다. 왜냐하면 이런 수생 시스템이 이 문제의 핵심인 대기 중 CO_2를 흡수하고 저장하기 때문이다.

비판적 사고

해양 산성화로 일부 유형의 해양 생물이 광범위한 지역에서 줄어들게 되면 육지 생물에게 어떤 영향을 미치게 되는가? 우리의 삶에는 어떤 영향을 미칠 수 있을까? (힌트: 먹이 사슬을 생각한다.)

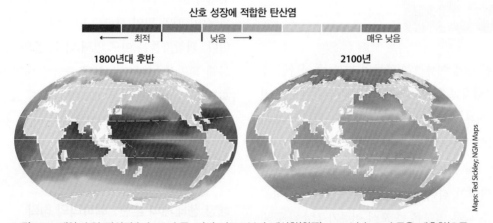

Maps: Ted Sickley; NGM Maps

그림 9.B 해양 수역 탄산칼슘 농도 수준, 과거 자료로부터 계산함(왼쪽), 2100년 농도 수준을 예측함(오른쪽). 파란색에서 빨간색으로 변하는 것은 물이 덜 염기성이 된다는 것을 나타낸다. **데이터 분석:** 두 지도 간의 변화가 가장 큰 지구상의 두 지역은 어디인가?

Sources: Andrew G. Dickson, Scripps Institution of Oceanography, U.C. San Diego, and Sarah Cooley, Woods Hole Oceanographic Institution. Used by permission from National Geographic

그림 9.23 쏠배감펭은 포식자가 거의 없는 북미의 동부 연안 해역에 침입했다. 한 과학자는 그들을 '거의 완벽하게 설계된 침입종'이라고 묘사했다.

87% 완전히 개발되거나 남획된 전 세계 상업 어장의 백분율

효율적인 전 세계 어류 포획활동의 결과 중 하나는 대구, 청새치, 황새치와 참치와 같이 상업적으로 가치가 있는 대형 야생 어류 개체들이 점점 귀해지고 있다는 것이다. 캐나다 과학자들이 수행한 연구에 따르면 1950년에서 2006년 사이에 이들 어류 및 다른 대형 포식성 대양 어류의 90% 이상이 사라졌으며, 이런 추세는 증가하고 있다. 남획의 또 다른 영향은 큰 포식 어류가 감소하게 되면 해파리 같은 침입종이 빠르게 번식하여 바다의 먹이 사슬을 장악하고 붕괴시킬 수 있다는 것이다(다음 사례 연구 참조).

상업적으로 가치 있는 대형 어류의 감소로 인해 사료 물고기로 알려진 보다 작은 해양 생물들로 포획 어종을 변경하면서 어업의 대상이 멸치, 청어, 정어리, 크릴새우와 같이 해양 먹이 사슬의 더 낮은 수준으로 옮겨지게 되었다. 과학자들은 이로 인해 더 큰 종의 먹이 공급이 줄어들게 되면서 남획으로 인해 줄어든 대형 어류의 개체 수 회복을 더 어렵게 만든다고 경고한다. 그 결과 해양 생태계와 해양 생태계 서비스가 더욱 붕괴될 것이다.

사례 연구

해양 생태계의 혼란: 해파리의 침략

해파리는 종종 수천에서 수백만 개체로 구성된 큰 물꽃(blooms)이나 떼를 지어 발견된다. 최근에 이와 같은 물꽃의 수가 점점 증가하고 있다. 종종 지름이 도시구역 5~6개에 이를 만큼 크다.

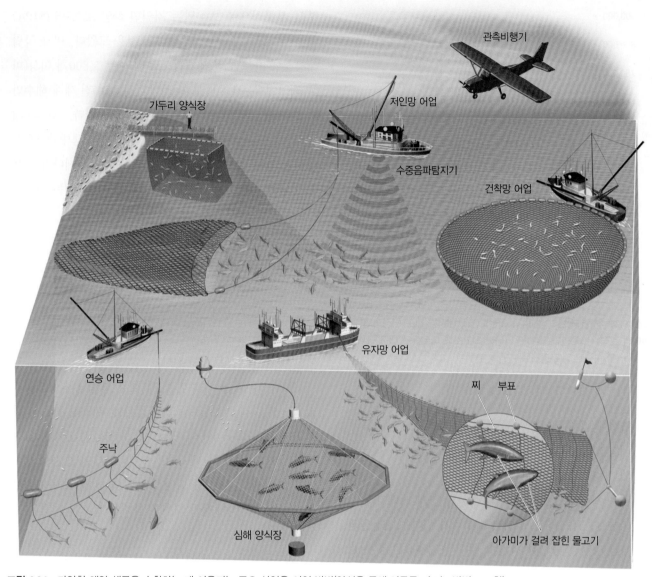

그림 9.24 다양한 해양 생물을 수확하는 데 이용되는 주요 상업용 어업 방법(양식을 통해 어류를 기르는 방법도 포함)

이들 물꽃은 해변 폐쇄를 야기하고, 어망을 막거나 찢어 상업적인 어업을 방해하고, 연안 양식장을 없애고 선박 엔진도 멈추게 한다. 그들은 또한 석탄 화력 발전소나 원자력 발전소의 냉각수 유입구를 막음으로써 이들을 폐쇄할 수 있다.

해파리는 빠르게 번식하여 개체 수가 증가하는데, 특정 인간 활동이 도움을 준다. 여기에는 주요 해파리 포식자의 개체 수 감소, 먹이를 얻기 위해 해파리와 경쟁하는 어종의 개체 수 감소, 해수 온도 상승과 산성화 촉진, 수많은 산소 고갈지역 형성, 전 세계로 이동하는 선박과 함께 해파리를 퍼져 나가게 하는 것이 모두 포함된다.

중국의 해양학자인 웨이 하오(Wei Hao)와 다른 해양 과학자들에 따르면, 해파리의 놀라운 개체 수의 증가가 해양의 먹이 사슬과 생태계 서비스를 파괴하고 세계에서 가장 생산성이 높은 몇몇 해양 지역을 해파리 제국으로 만들려고 위협하고 있다. 일단 해파리가 해양 생태계를 장악하면, 수백만 년 동안 그 지역을 우점할 수도 있다.

해양 생물 다양성 보호 및 유지

다음과 같은 이유로 해양 생물 다양성을 보호하기 어렵다.

• 인간의 생태 발자국이 너무 빨리 확장되면서 해양 다

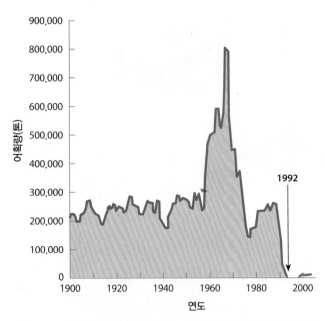

그림 9.25 자연 자본의 파괴: 뉴파운드랜드 대서양 대구 어정의 붕괴.
데이터 분석: 1960년과 1970년 사이에 최고조에 이르렀던 대구 어획량이 대략 몇 퍼센트 정도 감소했는가?

Compiled by the authors using data from Millennium Ecosystem Assessment.

양성에 미치는 인간의 영향을 관찰하기 어렵다.

• 해양과 다른 수역에서 일어나는 많은 피해가 대부분의 사람들에게 잘 보이지 않는다.

• 많은 사람들은 바다가 거의 무한한 양의 쓰레기와 오염물질을 흡수하면서 여전히 우리가 원하는 해산물과 다른 상품을 공급할 수 있는 무한한 자원으로 잘못 보고 있다.

• 세계 대부분의 해양 지역은 모든 국가의 법적 관할권 밖에 있다. 따라서 이들 대부분은 과도하게 개발되기 쉬운 공공 자원이다. 공유지의 비극에 대한 전형적인 예다(1장 12쪽 참조).

그럼에도 불구하고, 해양 생물 다양성을 보호하고 유지할 수 있는 몇 가지 방법이 있는데, 이들 방법을 통해 우리는 유익한 환경 영향을 증가시킬 수 있다(개념 9.5). 예를 들어 8장에서 논의했듯이 사람들은 멸종 위기 또는 멸종 위협에 놓인 수생 생물종을 보호할 수 있고, 하천, 습지 및 기타 수생 시스템을 복원하고 유지할 수 있다.

또한 우리는 보호받는 해양 보호구역을 설립할 수 있다. 1986년 이래로 IUCN은 여러 국가가 인간 활동으로

부터 부분적으로 보호되는 지역인 해양 보호구역(MPA)의 전 지구적 시스템을 구축하는 것을 도왔다. 미국 국립해양청에 따르면 전 세계적으로 MPA는 5,800개 이상(미국 해역에서는 1,800개 이상)이 존재하며 전 세계 해수면의 2.8%를 차지하는데 그 수가 증가하고 있다. 그러나 대부분의 MPA는 준설, 저인망 어업 및 기타 생태학적으로 유해한 자원 추출 활동 등을 허용하고 있다. 게다가 많은 수의 MPA가 대형 종을 효과적으로 보호하기에는 면적이 너무 작다.

많은 과학자들과 정책 입안자들은 이미 일부 존재하고 있는 완전하게 보호받는 해양 보호구역을 전 지구적 네트워크로 구성하여 전체 해양 생태계를 보호하고 유지할 것을 촉구하고 있다. 이 지역들은 생태계가 회복되고 번성할 수 있도록 상업용 어업과 준설, 광업, 폐기물 처리에 대한 제한 구역으로 선포된다.

잘 감시되고 또 보호받을 때 해양 보호구역의 효과가 있으며 빠르게 작동한다. 연구 결과에 따르면 완전히 보호된 해양 보호구역에서, 평균적으로 상업적 가치가 있는 어류의 개체 수가 두 배, 크기는 거의 1/3이 증가했으며, 어류 번식 수는 3배, 종 다양성은 거의 1/4까지 증가한다고 한다. 이런 생태계의 개선은 엄격한 보호가 시작된 후 2~4년 이내에 발생할 수 있다.

보호구역의 중요성에도 불구하고, 전 세계 육지의 5%가 엄격하게 보호되고 있는 반면에 세계 바다는 1.2%에 그친다. 다시 말해 세계 해양의 98.8%는 해로운 인간 활동으로부터 효과적으로 보호받지 못하고 있다. 게다가 기존의 많은 보호구역은 자금과 이를 관리하고 감시하기 위한 숙련된 직원의 부족으로 서류상에서만 완전히 보호받고 있다.

98.8% 해로운 인간 활동으로부터 효과적으로 보호받지 못하는 전 세계 바다의 백분율

많은 해양과학자들은 전 세계 해양의 10~30%를 완전히 보호되는 해양 보호구역으로 지정하기를 원하고 있는

실비아 얼: 해양의 수호자

얼(Sylvia Earle)은 세계에서 가장 존경받는 해양학자 중 한 명으로 국립지리학회(National Geographic Society)의 탐사자이기도 하다. 그녀는 우리가 세계의 해양을 이해하고 바다를 보호하는 데 선도적인 역할을 했다. 타임지는 그녀를 지구의 첫 영웅으로 지명했고, 미국 의회도서관은 그녀를 '살아 있는 전설'이라고 부른다.

얼은 100개 이상의 해양연구탐사대를 이끌었으며, 해양 생물을 연구하기 위해 수중에서 7,000시간 이상을 연구용 잠수함 안에서 하강이나 잠수하면서 보냈다. 그녀는 심해 탐사기술 개발에 중점을 두고 해양 생태계의 생태와 보전에 관한 연구에 주력했다.

그녀는 175개 이상의 출판물의 저자이며 수많은 라디오와 TV 제작에 참여해왔다. 얼의 긴 경력을 보면, 그녀는 미국 국립해양대기청(NOAA)의 수석과학자로 일했으며, 잠수함과 심해탐사 및 연구를 위한 장치 개발에만 전념하는 세 개의 회사를 설립했다. 그녀는 미국여성명예의 전당(National Women's Hall of Fame)을 포함한 100개 이상의 주요 국제 및 국내기관에서 수상했다.

최근 얼은 연구비를 지원하고 "희망지역(hope spot)"이라 부르는 해양 보호구역의 전 지구적 네트워크에 대한 대중적 지지를 촉발하기 위해 **미션 블루**(Mission Blue) 캠페인을 주도하고 있다. 그녀의 목표는 바다를 구하고 복원하는 데 도움을 주는 것이다. 그녀는 바다를 "지구의 푸른 심장(blue heart of the planet)"이라 일컫는다. 그녀는 "시간은 있지만, 상황을 반전시키기에 충분한 시간은 아닙니다.... 이 푸른 행성이 우리를 살게 하지요. 이제 우리가 보답해야 할 때 합니다"라고 말한다.

데, 이는 우리의 유익한 환경 영향을 증가시키는 중요한 방법이다. 세계 최고의 해양과학자 중 한 명인 얼(Sylvia Earle)이 이런 노력을 주도하고 있다(개별적 문제 9.1).

생각해보기

> **해양 보호구역**
>
> 당신은 세계 해양의 30% 이상을 해양 보호구역으로 지정하는 것에 찬성하는가? 설명하라. 이것이 우리의 삶이나 우리 후손들의 삶에 어떤 영향을 미칠까? 이와 같은 보호 활동을 위해 어떻게 자금을 마련하겠는가?

복원은 해양 생물 다양성을 보호할 수 있다

해양 시스템 복원의 극적인 사례는 90%가 사멸한 최대 산호초를 복원하기 위해 새로운 산호를 심은 일본의 시도다. 잠수부는 죽은 산호초에 구멍을 뚫고 어린 산호의 잔가지를 연결한 세라믹 디스크를 삽입한다. 그림 9.26은 남태평양에 위치한 환상형 산호도인 캔턴 섬(Kanton Island) 인근의 산호초를 복원하는 데 보호구역이 어떻게 도움이 되었는지를 보여준다.

그림 9.26 남태평양 캔턴 섬 인근 보호구역에서 회복되고 있는 산호초
BRIAN J. SKERRY/National Geographic Creative

많은 과학자들이 수생 시스템을 복원하려는 노력을 지지하지만 먼저 파괴를 야기한 문제들이 해결되지 않으면 이런 프로젝트는 실패할 수 있다고 경고한다. 그들은 수생 생태계 파괴를 방지하는 데 더 중점을 둘 것을 요구하

는데, 이는 복원 노력보다 훨씬 저렴할 뿐만 아니라 더 효과적이기 때문이다.

예를 들어 IUCN과 국제자연보호협회(the Nature Conservancy)의 과학자들은 우리가 남획이나 오염과 같은 위협 요인을 줄인다면, 예상되는 기후변화가 일어나도 세계의 얕은 해역의 산호초와 맹그로브 숲이 살아남을 수 있다고 결론 내렸다. 일부 얕은 바다의 산호종은 더 따뜻한 기온에도 적응할 수 있음에도 불구하고 우리가 지금 해양온난화 속도를 늦추지 않는다면, 이들이 기후변화에 적응하기 위한 시간이 부족할 수도 있다.

지속 가능한 수생 생물 다양성의 생태계 접근법

윌슨(개별적 문제 4.1 참조)과 다른 생물 다양성 전문가들은 수생 생물 다양성과 생태계 서비스를 지속 가능하게 유지하기 위한 생태계 접근법에 대해 다음과 같은 우선순위를 제안했다.

- 전 세계 수생 생물 다양성 지도와 목록을 만든다.
- 전 세계 수생 생물 다양성 중점지역과 생태계 서비스가 악화되어 그 지역의 사람과 다양한 형태의 수생 생물을 위협하고 있는 지역을 파악하고 보존한다.
- 손상된 해양 생태계가 회복되고 어류 자원이 원래처럼 채워질 수 있도록 넓고 완전하게 보호된 해양 보호 구역을 만든다.
- 세계에서 가장 위협받고 있는 생태계 중 하나이지만 생태 복원 비용이 많이 들고 복원 실패율이 높은 호수와 하천 시스템을 오염 방지를 중점으로 보호하고 복원한다.
- 산호초와 내륙 및 연안습지와 같은 시스템들의 생태 복원 프로젝트를 전 세계적으로 시작한다.
- 수생 생태계의 보호 및 지속 가능한 이용에 있어서 파트너가 될 수 있도록 보호 수역 또는 그 인근에 사는 사람들의 소득을 증대시킬 수 있는 방법을 찾는다.

인간 활동에 의해 발생하는 육상 및 수생 생물 다양성과 생태계 서비스에 대한 현재의 해로운 영향이 앞으로 20년 이내에 뒤바뀔 수 있다는 증거가 점차 증가하고 있다.

그러기 위해서는 육상 및 수생 생태계를 모두 지속 가능하게 하는 생태계 접근법을 구현해야 한다. 윌슨에 따르면, 그런 보전 전략에 매년 약 300억 달러의 비용이 소요될 것인데, 이는 매년 세계에서 소비되는 커피 1잔당 1페니의 세금으로 제공될 수 있는 금액이다.

생각해보기

> **생태계 복원 비용**
> 생태계와 생물 다양성을 유지하기 위해 구매하는 커피 값에 추가하여 돈을 더 낼 의향이 있는가? 당신은 이런 노력을 지지하기 위해 조금 더 지불해야 할 다른 것을 생각해 볼 수 있는가?

지구의 중요한 생물 다양성을 보호하고 유익한 환경 영향을 증가시키기 위한 이런 전략은 선출된 공무원에 대한 개별 시민들과 단체들의 정치적인 압력 없이는 실행되지 않을 것이다. 또한 상생 해법의 지속 가능성의 원리를 적용함에 있어 과학자, 공학자 및 기업과 정부 지도자 간의 협력이 필요하다.

이 전략의 핵심 부분은 개인이 육상 및 수생 생물 다양성에 해로운 영향을 미치지 않는 제품과 서비스만을 구매함으로써 '원하는 것을 위해 자신의 지갑을 여는 것(vote with their wallets)'을 하는 것이다.

핵심 주제

- 전 세계의 생태계가 제공하는 생태계 서비스의 경제적 가치는 해당 시스템에서 얻은 원자재의 가치보다 훨씬 크다.
- 우리는 심각하게 위협받는 지역을 보호하고, 교란되지 않고 남아 있는 지역을 보존하며, 훼손된 생태계를 복원하고, 우리가 독점하고 있는 토지의 대부분을 다른 종과 함께 공유함으로써, 육상 생물 다양성과 생태계 서비스를 유지하고 인간의 유익한 환경 영향을 증가시킬 수 있다.
- 우리는 보호받는 해양 보호구역을 설정하여 해안개발을 관리하며 수질 오염을 줄이고 남획을 방지함으로써 수생 생물 다양성을 유지하고 인간의 유익한 환경 영향을 증가시킬 수 있다.

코스타리카 생물 다양성의 지속 가능성

이 장에서 우리는 인간 활동이 어떻게 지구의 육상 및 수생 생물 다양성의 많은 부분을 파괴하거나 훼손하는지 살펴보았다. 우리는 다양하고 심각한 멸종 위기에 처한 생물 다양성 중점지역을 보존하고 지구의 생태계 서비스를 지속 가능하게 유지하는 것의 중요성에 대해 논의했다. 또한 우리는 지구 자원을 보다 지속 가능하게 사용하고 복원생태학과 조화생태학을 이용함으로써 이런 파괴와 훼손을 어떻게 줄일 수 있는지 살펴보았다. **핵심 사례 연구**에서 귀중한 생물 다양성을 보호하고 복원하기 위해 코스타리카가 무엇을 하고 있는지 보고함으로써 많은 것을 소개했다.

육상 및 수생 생물 다양성을 보존하는 것은 세 가지 과학적 지속 가능성의 원리를 적용하는 것을 포함한다. 첫째, 생물 다양성을 존중하고 그것을 유지하는 것의 가치를 이해하는 것이다. 또한 우리가 화석연료에 덜 의존하며, 태양 에너지를 직접 이용하거나 풍력이나 흐르는 물과 같은 태양 에너지의 간접적 형태에 더 많이 의존하게 된다면, 우리는 오염 발생을 줄이고 생물 다양성 및 우리 자신의 삶과 경제를 유지시키는 다른 형태의 자연 자본과 화학적 순환에 덜 간섭할 것이다.

우리는 또한 생물 다양성을 보전하기 위해 경제적, 정치적, 윤리적 지속 가능성의 원리를 적용할 수 있다. 생태계 서비스에 경제적 가치를 부여하고 이런 가치를 재화와 서비스 가격에 포함시킴으로써 생태계 서비스의 중

Eduardo Rivero/Shutterstock.com

요성을 보다 분명히 인식하게 될 것이다. 환경 파괴 문제에 대한 상생 해법을 찾기 위해 함께 협력함으로써 지구와 인류 모두에게 이익이 될 것이다. 이런 해결책을 찾는 것은 현재와 미래 세대를 위해 생물 다양성과 생태계 서비스를 지속 가능하게 유지해야 하는 윤리적 책임감에 의해 유도될 수 있다.

복습

핵심 사례 연구

1. 풍부한 생물 다양성을 보존하려는 코스타리카의 노력에 대한 이야기를 요약하라.

9.1절

2. 9.1절의 두 가지 핵심 개념은 무엇인가? 숲이 제공하는 주요 생태적 이익과 경제적 이익은 무엇인가? 숲과 다른 생태계가 제공하는 주요 생태계 서비스에 가격표를 붙이려는 과학자와 경제학자의 노력을 설명하라. 노령림(1차림), 2차림, 조림지(나무 농장 또는 경제림)를 구분하라. 조림지에 대한 의존도가 증가하면 어떻게 전체적인 숲의 생물 다양성이 감소하고 삼림토양이 악화될 수 있는지 설명하라.

3. 이전에는 접근할 수 없었던 숲에 도로를 만드는 것이 어떻게 숲이 해를 끼칠 수 있는지 설명하라. 나무 수확에 있어서 택벌, 개벌 및 대상개벌을 구분하라. 삼림 화재의 두 가지 유형은 무엇인가? 간헐적으로 발생하는 지표화의 이점은 무엇인가?

4. 삼림 벌채란 무엇인가? 삼림 벌채의 주요한 유해 환경 영향을 나열하라. 미국에서의 숲 재생 이야기를 요약하라. 열대 숲 벌채 추세를 요약하라. 열대 숲 개벌의 네 가지 주요 원인은 무엇인가? 광범위한 열대 우림의 벌채가 어떻게 열대 우림을 열대 초원(사바나)으로 바꿀 수 있는지 설명하라.

9.2절

5. 9.2절의 핵심 개념은 무엇인가? 지속 가능하게 생산되었다고 인증받은 목재란 무엇인가? 보다 지속 가능하게

숲을 관리하는 네 가지 방법을 열거하라. 숲과 사람들에게 산불로 인한 피해를 줄이는 세 가지 방법은 무엇인가? 종이를 만들기 위해 나무를 수확할 필요성을 줄이는 두 가지 방법은 무엇인가? 전 지구적 연료용 목재의 위기를 설명하라. 아이티의 삼림 벌채에 대해 설명하라. 열대 우림을 보호하고 보다 지속 가능한 방식으로 사용하는 다섯 가지 방법은 무엇인가?

9.3절

6. 9.3절의 핵심 개념은 무엇인가? **방목지**와 **목장**을 구별하라. **과방목**이란 무엇인가? 또 이로 인해 야기되는 해로운 환경 영향은 무엇인가? 과방목을 줄이고 더 지속 가능하게 방목지를 사용하는 세 가지 방법은 무엇인가?

9.4절

7. 9.4절의 세 가지 핵심 개념은 무엇인가? 육상 생물 다양성을 지속 가능하게 유지하기 위한 아홉 가지 전략은 무엇인가? 육상 지역의 몇 퍼센트가 잠재적으로 해로운 인간 활동으로부터 엄격히 보호받고 있으며, 보존생물학자들은 몇 퍼센트가 이렇게 보호되어야 한다고 하는가? **야생지역**은 무엇이며 보존생물학자들은 왜 이 지역이 중요하다고 하는가? 미국의 자연보호 역사를 요약하라. 세계와 미국의 국립공원에 대한 주요 환경 위협은 무엇인가? 회색늑대를 옐로스톤 국립공원에 재도입한 후 발생한 생태적 영향에 대해 설명하라. 완충지대의 개념은 무엇인가? 코스타리카는 어떻게 이 접근법을 적용했는가?

8. 육상 생태계 보호를 위해 생물학자들이 권장하는 다섯 가지 전략을 요약하라. **생물 다양성 중점지역**은 무엇이

며, 왜 이런 지역을 보호하는 것이 중요한가? 생태계 서비스 보호의 중요성을 설명하고 이를 위한 세 가지 방법을 나열하라. **생태복원**을 정의하라. 복원에 대한 네 가지 접근 방법은 무엇인가? 생태복원 및 복구를 수행하기 위한 과학 기반의 4단계 전략을 요약하라. 코스타리카에 있는 과나카스테 국립공원의 생태복원에 대해 설명하라. 조화생태학을 정의하고 세 가지 예를 제시하라.

9.5절

9. 9.5절의 핵심 개념은 무엇인가? 인간 활동으로 인한 수생 생물 다양성의 위협을 요약하라. 해양 산성화란 무엇이며 왜 이것이 수생 생물 다양성에 주요한 위협이 되는가? 어장을 정의하고 해양 어장에 대한 위협을 요약하라. 주요 상업용 물고기 수확 방법에 대해 설명하라. 전 세계 상업 어장 중 남획이 발생한 비율은 얼마인가? 해파리가 어떻게 해양 생태계를 혼란시키며 인간 활동이 어떻게 해파리의 개체군에 영향을 미치는지 설명하라. 해양 생물 다양성을 보호하는 것이 왜 어려운가? 해양 보호구역은 무엇인가? 해양 보존지역은 무엇인가? 해양 생물 다양성을 보호하는 세 가지 방법은 무엇인가? 세계 해양의 몇 퍼센트가 해양 보존지역으로 해로운 인간 활동으로부터 엄격히 보호받고 있는가? 실비아 얼의 수생 생물 다양성 보호에 대한 공헌도를 요약하라. 해양 생물 다양성을 보호하는 데 있어서 복구의 역할을 설명하라. 수생 생물 다양성을 보호하기 위해 생태계 접근법을 적용하는 여섯 가지 방법은 무엇인가?

10. 9장의 세 가지 핵심 주제는 무엇인가? 코스타리카에서의 생물 다양성 보존과 여섯 가지 지속 가능성의 원리 사이의 관계를 설명하라.

비판적 사고

1. 왜 코스타리카(핵심 사례 연구)가 생물 다양성 보존을 위해 미국보다 훨씬 더 많은 땅을 남겨두었다고 생각하는가? 미국도 이런 목적을 위해 더 많은 땅을 보존해야 하는가? 설명하라.

2. 1990년대 초, 코스타리카의 자급자족 농부인 산체스(Miguel Sanchez)는 그와 그의 가족이 수년 동안 지속 가능하게 사용해온 토지를 호텔 개발업자에게 60만 달러에 매매 제의를 받았다. 급속히 개발되고 있는 이 지역은 오래된 열대 우림과 검은 모래 해변이 있는 땅을 둘러싸고 있다. 산체스는 그 제안을 거절했다. 산체스의 결정이 어떻게 윤리적 지속 가능성의 원리를 적용한 것인지 설명하라. 당신이 산체스라면 어떻게 했을까? 설명하라.

3. 선진국은 저개발국에 남아 있는 열대 우림을 보존하는 데 필요한 자금의 최소한 절반을 제공해야 하는가? 설명하라. 이렇게 함으로써 얻을 수 있는 장기적인 경제적, 생태적 이익이 단기적인 경제적 비용보다 더 큰가? 설명하라.

4. 미국(또는 당신이 사는 나라)에 더 많은 야생지역을 설정하는 것에 찬성하는가? 설명하라. 이를 실행하는 데 있어서 어떤 문제점이 있을까?

5. 당신은 법정에서 개발업자들이 교외 지역 개발을 위해 개벌하기를 원하는 노령림을 보호해야 한다고 주장하는 변호인이다. 이 생태계를 보존하기 위한 세 가지 강력한 주장을 제시하라. 숲을 보호하면 목재 산업의 일자리를 감소시킴으로써 경제에 해를 끼칠 것이라는 주장에 당신은 어떻게 반론하겠는가?

6. 수생 생물 다양성과 수생 생태계 서비스에 대한 세 가지 가장 큰 위협은 무엇이라 생각하는가? 각각에 대한 자신의 생각을 설명하라. 당신이 수생 생물 다양성을 보존하기 위한 정책을 수립하는 국가 공무원이라고 상상해 보고 이런 위협을 구체적으로 다루기 위한 계획을 세워 보라.

7. 일부 과학자들은 해양 산성화가 세계가 직면한 가장 심각한 환경 및 경제적 위협 중 하나라고 생각한다. 당신의 일상생활에서 어떻게 해양 산성화에 영향을 미치고 있는가? 해양 산성화의 위협을 줄이기 위해 당신이 할 수 있는 세 가지 일은 무엇인가?

8. 만약 우리가 해파리의 개체 수를 통제하지 못한다면, 우리의 삶이나 우리 후손들의 삶에 어떤 영향을 미칠 수 있는가? 이 일이 일어나는 것을 막기 위해 우리가 할 수 있는 세 가지 일은 무엇인가?

환경과학 실천하기

당신이 살고 있는 곳 인근에 위치한 지역을 선택하거나 다양한 식물과 동물이 있는 학교에 가라. 그것은 마당, 버려진 부지, 공원, 숲, 또는 캠퍼스 일부일 수 있다. 이 지역을 최소한 세 번 방문하고 나무, 관목, 지피식물, 곤충, 파충류, 양서류, 조류, 포유류를 포함하여 그곳에 발견할 수 있는 식물과 동물을 조사하라. 또한 표토의 작은 시료를 채취하여 그곳에 어떤 생물체가 살고 있는지 알아보라. (토양을 채취하기 전에 땅을 소유하거나 관리하는 사람의 허가를 받도록 주의하라.) 가이드북과 기타 자원을 사용하여 다른 종들을 식별하고, 결과를 기록한 후, 위에 열거된 생물체를 일반적인 유형으로 분류하라. 그런 다음 이들 중 일부 또는 전부가 제공하는 생태계 서비스에 관해 알아보라. 이런 서비스 중 다섯 가지를 찾아서 기록하라. 마지막으로, 경제학자들이 전 지구 수준에서 이런 생태계 서비스에 할당한 가치의 범위를 찾아보라. 결과를 요약한 보고서를 작성하라.

생태 발자국 분석

어업 발자국(fishprint)은 특정 지역의 어류 수확량을 면적으로 나타낸 것으로, 여기에 쓰이는 면적의 단위는 어류 수확의 상대적인 생태적 생산성을 반영하기 위해 가중치를 고려한 지구헥타르(gha)를 사용한다. 어업지역의 **지속 가능한 생태용량**(sustainable biocapacity)이 매해 안정적인 어획량을 공급할 수 있는 그 지역의 수용력을 나타내는 것임에 비해, 어업 발자국은 그 지역의 연간 어획량이 지속 가능한 수준인지 아닌지를 나타낸다. 어업 발자국과 생태용량은 다음 공식으로 계산한다.

어업 발자국(gha) = 연간 어획량(ton)/헥타르당 생산량 (ton/gha) × 가중치

생태용량(gha) = 지속 가능한 연간 생산량(ton)/헥타르당 생산량(ton/gha) × 가중치

다음 그래프는 1950년에서 2000년 사이의 지구의 총 어업 발자국과 생태용량을 보여준다. 이를 연구한 후 다음 질문에 답하라.

1. 그래프에 의하면,
   a. 언제부터 전 세계 어업 발자국이 세계 해양의 생태용량을 초과하기 시작했는가?
   b. 2000년에는 전 세계 어업 발자국이 세계 해양의 생태용량을 얼마나 초과했는가?
2. 헥타르당 평균 생산량은 1.3이고 가중치가 2.68인 해양 지역에서 연간 1,800만 톤의 생선을 수확한다고 가정하자. 이 나라의 연간 어업 발자국은 얼마인가?
3. 생물학자들이 이 나라의 지속적인 어류 수확량이 연간 1,700만 미터톤이라고 결정한다면,
   a. 이 나라의 지속 가능한 생태용량은 얼마인가?
   b. 이 나라의 연간 수확량은 지속 가능한 양인가?
   c. 백분율로 볼 때 이 나라는 생태용량을 어느 정도 과소 또는 과대평가하고 있는가?

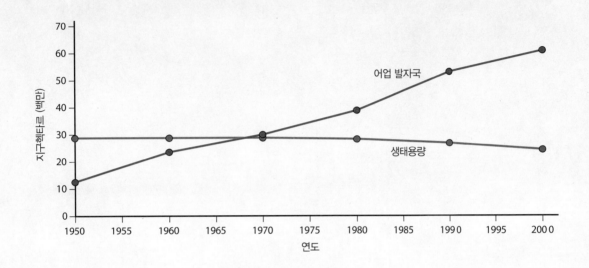

10장

식량 생산과 환경

농장을 소유하지 않음으로써 생기는 두 가지
근본적인 위험이 있다. 하나는 식료품점에서 나오는
아침 식사를 먹는다는 위험성이며, 다른 하나는
아궁이에서 많은 열이 방출된다는 위험성이다.

알도 레오폴드(Aldo Leopold)

Growing Power: 도심 속 식품 오아시스

식품 사막은 사람들이 식료품점이나 다른 영양가 높은 음식에 전혀 접근할 수 없거나 접근하기 어려운 도심 지역을 말한다. 대략 650만 명의 어린이들을 포함한 2,350만 명의 미국인들이 그런 지역에 살고 있다. 그들은 칼로리가 높고, 비만과 당뇨병, 심장병 등을 발병시킬 수 있는 고가공된 편의점 음식이나 패스트푸드에 의존한다.

앨런(Will Allen)(그림 10.1)은 메릴랜드 주의 농장에서 소작인 가족 6형제 중 한 명으로 자랐다. 그는 대학에 가기 위해 농장을 떠났고 농구 선수로 활약하다가 기업 마케팅 전문가로 활동했다. 1993년에 앨런은 자신의 고향으로 돌아가기로 결심했다. 그는 밀워키 시와 위스콘신 시 경계 내에서 가장 최근까지 운영된 농장을 사들였고 식품 사막에서 식품 오아시스를 형성했다.

이 작은 도심 지역에서 앨런은 Growing Power 회사를 설립했다. 이는 생태학을 기반으로 만들어진 회사로, 세 가지 과학적 지속 가능성의 원리를 적용하는 농업 형태를 소개한다. 앨런의 농장은 부분적으로 태양 에너지 발전과 태양열 온수 시스템을 이용하고, 식량을 사계절 내내 재배하기 위해서 온실에 태양열을 보존한다. 농장은 150가지 유기농작물을 포함한 다양한 종류의 농작물을 생산하고, 닭, 터키, 염소, 물고기, 꿀벌 등도 유기적으로 기른다. 더하여 농장에서 사용되는 양분들은 여러 창의적 방식으로 재활용된다. 예를 들어 양식 어류에서 나오는 폐기물이 농작물에 양분을 공급하기도 한다.

농작물은 지방 전역으로 퍼져 있는 Growing Power 농장이나 레스토랑 등을 통해 지역적으로 판매된다. 앨런은 Farm-to-City Market Basket을 설립하기 위해 밀워키 시와 함께 일했는데, 이는 사람들이 적정 가격에 매주 유기농 생산품을 배달 받을 수 있게 하는 프로그램이다.

Growing Power는 학생들이 농장을 방문하여 자신들이 먹는 음식이 어디에서 오는지에 대해서 배울 수 있는 교육 프로그램을 운영한다. 앨런은 매년 약 1,000명에게 유기농법을 가르치기도 한다. 이 농장은 밀워키 시와 계약을 맺어, 실업자나 저소득층들에게 약 150개의 녹색 일자리를 제공해주기로 했다. 녹색 일자리란 온실을 건축하거나 유기적으로 농작물을 생산·재배하는 일을 하는 것을 말한다. Growing Power는 더 확장하여 시카고와 일리노이 주 근교에서 도시 농장을 열고, 다른 5개 주에서는 교육 기관을 설립할 예정이다.

그의 창의적이고 열정적인 노력들에 의해, 앨런은 권위 있는 상도 여럿 수상했다. 그러나 그는 도시 농장에서 매년 10,000명 이상의 사람들이 음식을 공급받을 수 있게 하고, 사람들로 하여금 좋은 식량을 생산하도록 한다는 점에 대해 가장 자랑스럽게 생각한다.

이 장에서는 당신은 어떻게 좋은 식품이 생산되는지와 식품 생산의 환경 영향, 그리고 지속 가능한 식품 생산을 어떻게 해야 하는지에 대해 배울 것이다.

그림 10.1 1996년 앨런은 위스콘신 주 밀워키에 위치한 도시 농장인 Growing Power를 설립했다.

Growing Power/Flickr

10.1 식량 안보란 무엇이며, 왜 그것은 달성하기 어려운가?

개념 10.1A 개발도상국에는 식량 부족으로 인해 건강 문제가 발생하는 반면, 선진국에서는 너무 많이 먹어 생기는 건강 문제로 고통 받고 있다.

개념 10.1B 모든 사람들에게 충분한 식량을 공급하는 데 있어서 가장 큰 장애물은 빈곤, 전쟁, 나쁜 날씨, 기후변화 그리고 기업적 식량 생산이 환경에 미치는 유해한 영향 등이 있다.

식품 불안정의 근본 원인은 빈곤

식량 안보(food security)가 잘 구축된 나라에 사는 대부분 사람들은 매일 적극적이고 건강한 삶을 살 수 있을 만큼 영양분이 풍부한 음식을 충분히 섭취할 수 있다. 지구의 얼지 않은 땅의 38% 정도에는 10억이 넘는 사람들이 (농)작물을 기르기 위한 농업에 종사한다. 오늘날, 지구상의 모든 사람들이 필요한 기초적인 영양분을 공급할 수 있는 충분한 식량을 생산하고 있다. 그러나 식량의 과잉 공급에도 불구하고 개발도상국에서 9명 중 1명(약 총 8억)은 식량이 부족하다. 이 사람들은 건강하고 생산적인 삶을 위협 받는 만성적인 기아와 영양실조로 **식량 불안정**(food insecurity)에 직면하고 있다(**개념 10.1A**).

대부분의 농업 전문가는 식량 불안정의 근원이 빈곤이라는 것에 동의한다. 이런 빈곤으로 인해 가난한 사람은 건강하고 생산적인 삶을 살기 위한 충분한 식량을 재배하거나 구입할 수 없다. 2014년에는 3명 중 1명, 즉 26억 명이 하루에 3.10달러로, 9억 명의 사람들이 1.90달러로 살아가고 있음은 놀라운 사실이 아니다. 식량 안보에 있어서 또 다른 장애물은 전쟁, 부패, 그리고 악천후(장기적인 가뭄, 홍수, 온난화) 및 기후변화 등이 있다(**개념 10.1B**).

전 세계 약 246,000명의 매 저녁 식탁에는 먹을거리가 거의 없거나 전혀 없다. 2050년까지, 적어도 25억 명 이상 인구가 늘어나고 그들에게 공급할 음식이 더 필요할 것이다. 이들 새로운 인구의 대부분은 후진국의 주요 도시에서 태어날 것이다. 중요한 문제는 우리가 환경에 심각한 해를 끼치지 않고 어떻게 2050년에 예상 인구 99억 명을 먹여 살릴 것인가 하는 것이다. 우리는 이 장 전반에 걸쳐 이 질문에 대한 가능한 해답을 탐구할 것이다.

기아와 영양실조

건강을 유지하고 질병에 저항하기 위해서는 많은 양의 주영양소(탄수화물, 단백질, 지방)와 비타민 A, B, C, E와 미네랄로서 철, 아이오딘(요오드), 칼슘과 같은 미량 영양소가 필요하다.

필요한 기초 에너지를 충족하기 위해 충분한 식량을 구매할 수 없는 사람은 그들의 건강하고 생산적인 삶을 영위해나가는 것을 방해하는 만성적 **영양부족**(chronic undernutrition)이나 **기아**(hunger)로 고통을 받는다(**개념 10.1A**). 전 세계 많은 가난한 사람들은 주로 밀, 쌀, 옥수수 등 곡물로 이루어진 저 단백질, 고 탄수화물, 채식 등으로 살아간다. 이를 테면 그들의 먹이 사슬의 하위 계층에서 사는 것이다(그림 10.2).

선진국의 경우, 식품 사막에 사는 사람들(**핵심 사례 연구**)도 지방, 설탕, 소금이 잔뜩 들어 있는 값싼 음식을 많이 먹는다는 점을 제외하면 비슷한 문제를 가지고 있다. 두 경우 모두 단백질과 다른 핵심 영양소를 충분히 섭취하지 못하는 질환인 **만성 영양실조**(chronic malnutrition)에 시달리는 경우가 많다. 이것은 결국 사람들을 약화시키고, 질병에 더 취약하게 만들 수 있으며, 아이들의 정상적인 신체적, 정신적 발달에 지장을 줄 수 있다.

2015년 유엔식량농업기구(FAO)에 따르면, 7억 9,300만 명이 만성 저영양과 영양실조 상태다. 유엔식량농업기구에 따르면, 2013년 기준 매년 5세 미만의 약 310만 명의 어린이가 만성적인 기아, 영양실조와 이로 인해 일찍 죽는다. 1992년 이래 전 세계적으로 만성적인 기아로 인해 고통 받고 있기에 아직 갈 길이 멀다.

비타민과 미네랄

약 20억의 많은 저개발국가 사람들은 비타민과 미네랄, 주로 비타민 A, 철, 아이오딘의 결핍으로 고통 받고 있다(**개념 10.1A**). WHO에 따르면 6세 미만 최소 250,000명의 어린이들이 비타민 A 결핍으로 장님이 되고, 1년 이내

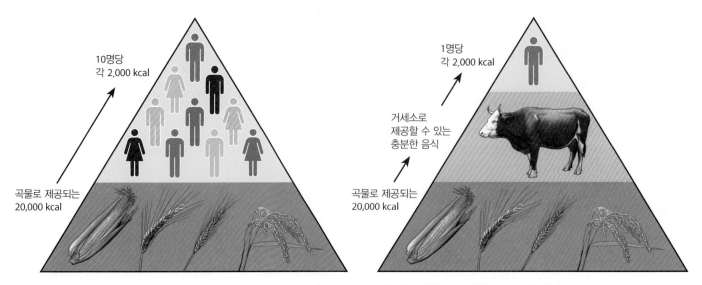

10명당
각 2,000 kcal

곡물로 제공되는
20,000 kcal

1명당
각 2,000 kcal

거세소로
제공할 수 있는
충분한 음식

곡물로 제공되는
20,000 kcal

그림 10.2 가난한 사람들은 육류를 구매할 여력이 되지 않고, 먹이 사슬의 하위 계층인 곡물을 주로 섭취함으로써 생존한다.

에 이들의 절반 이상이 죽는다. 아이들에게 적절한 비타민 A와 아연을 공급한다면 매년 약 145,000명을 살릴 수 있다.

철분(Fe)은 혈액에서 산소를 운반해주는 헤모글로빈의 구성 요소로서 부족하면 빈혈이 일어난다. 빈혈은 피로의 원인이 되고, 감염 가능성이 높아진다. 그리고 여성이 출산할 때 출혈로 죽게 될 가능성이 증가한다. 세계보건기구(WHO)에 따르면, 전 세계 5명 중 1명—저개발국가에서는 주로 여성과 어린이—은 철분 결핍증을 앓고 있다.

아이오딘(I)은 신진대사를 조절하는 호르몬을 생산하는 갑상선의 적절한 기능을 위해 필수적인 원소이다. 아이오딘의 만성 부족은 성장 저하, 정신지체 및 갑상선종—난청을 일으킬 수 있는 갑상선 비대증—을 일으킬 수 있다(그림 10.3). UN에 따르면, 6억 명 중 일부(현재 미국 인구의 두 배)는 갑상선종으로 고통 받고 있고 대부분이 저개발국가 사람들이다. 그리고 매년 2,600만 명의 어린이가 아이오딘 결핍으로 돌이킬 수 없는 뇌 손상을 받아 고통 받고 있다. FAO와 WHO에 따르면, 소금에 아이오딘 성분을 첨가함으로써 이런 심각한 건강 문제를 해결할 수 있는데, 이는 전 세계 사람 2~3%에게만 매년 경비를 지원할 수 있다.

그림 10.3 이 여성은 아이오딘 결핍으로 갑상선이 비대해져 갑상선종이 생겼다.

너무 많이 먹어서 생기는 건강 문제

영양과다(overnutrition)는 식품 섭취가 필요한 에너지 사용을 초과하거나 체지방이 축적되었을 때 발생한다. 너무 많은 칼로리 섭취, 운동량 부족, 또는 두 가지 모두가 영양과다의 원인이 된다.

영양과다, 비만은 영양부족, 체중 미달인 사람과 비슷한 건강 문제에 직면한다. 즉 짧은 기대 수명, 질병에 민감해지고, 삶의 생산성과 질이 낮아진다(**개념 10.1A**).

7억 9,300만 명은 충분한 식량을 공급 받지 못해 건강 문제에 직면하고 있으나, 21억 명은 너무나 많은 당, 지방, 나트륨을 섭취하기 때문에 건강 문제에 직면하는 이런 세상에 우리는 살고 있다. 식습관과 비활동적인 생활 습관이 과체중이나 비만으로 만드는 것이다.

미국 질병통제예방센터(CDC)의 2015년 연구에 의하면, 미국 성인 중 20세 이상 72%와 33%의 아이들이 과체중이거나 비만이다. 컬럼비아 대학과 로버트 존슨(Robert Johnson)재단은 연구를 통해 심장질환, 뇌졸중, 2형 당뇨병, 그리고 암의 일부 형태로 죽는 미국인 5명 중 1명꼴로는 비만이 중요한 (발병) 원인으로 작용한다는 것을 발견했다.

72% 비만(38%) 또는 과체중(34%)인 20세 이상 미국 성인의 비율

10.2 식량은 어떻게 생산되는가?

개념 10.2 고투입 기업 농업과 저투입 전통 농업은 식량 공급을 크게 증가시켰다.

식량 생산이 크게 증가되고 있다

오늘날 음식의 대부분은 세 가지 형태로 제공된다. 주로 쌀, 밀, 옥수수와 같은 곡물을 생산하는 **농경지**는 세계 식량의 약 77 %를 제공한다. 나머지는 어육 및 육류 제품을 생산하는 **방목장**, **목초지** 및 **사육장**과 어패류를 제공하는 수산업 및 양식업에 의해 제공된다.

이 세 가지 시스템은 몇 가지 식물과 동물로 구성되어 있다. 전 세계 인구의 절반 정도가 주로 세 가지 곡물, 즉 쌀, 밀, 옥수수를 주식으로 하고 있다. 전 세계 육류와 해산물의 대부분은 단지 몇 종류의 포유류와 어류에 의해 공급된다.

위와 같은 식량의 특수화는 인간을 취약한 상황에 놓이게 한다. 만약 적은 종류라고 하더라도 인간이 식량으로 의존하는 농작물의 품종이나 가축 품종, 생선이나 어패류의 종들이 고갈된다면, 이는 심각한 결과를 낳을 것이다. 고갈은 식물이나 가축의 전염병, 환경의 질적 저하, 기후변화 등으로 발생할 수 있다. 식량의 특수화는 생물 다양성의 지속 가능한 원리 실천을 방해한다. **생물 다양성의 지속 가능성의 원리**란 다양하게 변화하는 환경적 상황 아래에서 생태학적 보험 정책의 일환으로 다양한 종류의 식품 재료를 사용할 것을 요구하는 것이다.

유전적 취약성에도 불구하고 1960년 이후로 세 가지 주요 분야의 식품 생산 시스템에서는 믿기 어려울 정도로 생산량이 증가하고 있다(**개념 10.2**). 세 가지 주요 기술 향상이 특별히 중요한 원인이 되었다. **(1) 관개**(irrigation) 기술의 발전—물이 인공적인 방법으로 농작물에 공급되는 복합적 수단의 하나. **(2) 합성 비료**(synthetic fertilizer)—질소, 인, 포타슘(칼륨), 칼슘 그리고 기타 여러 물질 등이 포함된 제조된 화학물질. **(3) 합성 살충제**(synthetic pesticide)—작물 생산을 방해하는 유기체의 수를 줄이거나 조절하기 위해 만들어진 화학 제조물.

기업적 농작물

생산 농업에는 크게 두 가지 방식이 있다. 기업 농업과 전통 농업이다. **기업 농업**(industrialized agriculture), 또는 **고투입 농업**(high-input agriculture)은 단일 품목의 농작물이나 **단일재배**(monoculture)를 하기 위해 중장비(그림 10.4) 및 금융 자본, 화석연료, 물, 무기질 비료, 농약을 많이 사용한다. 기업화된 농업의 주요 목표는 단위 면적당 식량 **생산량**(yield)을 지속적으로 증가시키는 데 있다. 농경지의 25%에서 기업화된 농업을 하고 있으며(거의 대부분이 선진국), 여기서 세계 식량의 약 80%를 생산하고 있다(**개념 10.2**).

농장 농업(plantation agriculture)은 열대 지역의 저개발국가에서 주로 사용되는 기업화된 농업의 형태다. 대규모 단일재배 농장 농업에서는 바나나, 커피, 채소, 콩(주로 가축의 사료, 그림 1.6 참조), 사탕수수(설탕과 에탄올 연료를 생산), 야자수 오일(오일을 요리하는 데 사용하거

그림 10.4 미국의 중서부에서 밀을 수확하고 있는 이 농부는 값비싼 중장비에 의지하고 많은 양의 종자, 무기 비료와 살충제, 화석연료를 사용하여 농작물을 생산한다.

Brenda Carson/Shutterstock.com

나 바이오디젤 연료를 생산하기 위해 사용), 야채(주로 선진국 수출용)와 같은 환금 작물을 재배한다.

전통 농업

전통 농업(traditional agriculture)은 주로 저개발국가의 경작 토지 75%에서 세계 식량의 20%를 공급한다. 전통 농업에는 두 가지 주요 유형이 있는데, **전통적 자급자족 농업**(traditional subsistence agriculture)은 태양 에너지, 사람과 가축의 노동력이 모여서 이루어진다. 농장 가족들은 생존에 필요한 식량을 생산하고, 소량의 잉여 작물이 발생하면 궁핍한 시기를 대비해 이를 팔거나 저장한다. **전통적 집약 농업**(traditional intensive agriculture)은 농민들이 사람과 가축, 동물 배설물로 만든 비료, 물을 고투입

함으로써 작물 수확량을 향상시킬 수 있다. 거기에 좋은 기후 조건이 더해지면 자급자족에 필요한 것뿐만 아니라, 판매해서 수입을 얻을 충분한 식량을 생산한다.

일부 전통적인 농부는 단일 작물 재배에 주력하지만, 많은 농부들은 동시에 같은 농장에서 여러 작물을 재배하는 데 이를 **다작재배**(polyculture)라 한다. 작물은 성장하기 위해 햇빛과 동물 배설물과 같은 자연 비료에 의존하고, 서로 다른 시기에 수확된다. 일 년 식량을 제공하고, 바람과 물에 의한 침식을 줄일 수 있도록 표토는 작물로 덮여 있게 된다. 다작재배는 효율적으로 식물 뿌리가 각각 다른 깊이의 토양에서 영양분과 수분을 흡수하기 때문에 필요한 비료와 물이 적게 든다.

다작재배는 생물 다양성의 지속 가능성의 원리를

적용한 것이다. 농작물의 다양성은 토양을 보호하고 영양분을 보충하는 것을 돕고, 해충과 악천후 그리고 다른 재난으로 인한 연간 식량 공급의 대부분을 잃을 가능성을 줄여준다. 평균적으로, 저투입 다작재배(low-input polyculture)는 더 적은 에너지와 자원을 쓰면서도 소규모 지주들에게 더 큰 식량안보를 제공해주는 바 고투입 단일재배(high-input monoculture)보다 생산력이 더 높다는 것을 연구에서는 보여주고 있다. 예를 들면 생태학자 라이히(Peter Reich)와 틸먼(David Tilman)은 16종의 식물로 잘 통제된 혼합재배 포장에서 아홉 가지, 네 가지, 또는 단지 한 가지 유형의 식물종이 지속적으로 자란다는 것을 알았다.

따라서 일부 연구자들은 더 지속 가능하게 식량을 생산하기 위해 다작재배를 크게 확대해야 한다고 주장한다. Growing Power(핵심 사례 연구)는 다양한 종류의 작물을 값싼 온실에서 기르는 방식으로 다작재배를 실행하고 있다. 이는 태양 에너지와 생물 다양성의 지속 가능성의 원리의 적용이다.

유기 농업

미국과 전 세계의 식품 생산에서 가장 빠르게 성장하고 있는 부문은 **유기 농업**(organic agriculture)이다. 유기 농작물은 합성 살충제, 합성 무기질 비료 그리고 유전자 공학으로 생성된 변종 물질 등을 사용하지 않고 길러진다. 동물의 경우에는 항생제와 성장 호르몬 없이, 100% 유기농의 먹이로 길러지는 것을 말한다. Growing Power(핵심 사례 연구)는 그런 식품 생산에 있어서 매우 잘 알려진 하나의 모델이 되었다. 그림 10.5는 유기 농업과 기업 농업을 비교한다.

미국에서는, "100% 유기농(또는 USDA 보증 유기농)"이

기업 농업(산업화된 농업)

식물에 양분을 공급하기 위해 합성 무기질 비료와 오니를 사용

합성 화학 살충제의 사용

종래의 일반적인 방법으로 개조된 종자

비재생성 화석연료에 의존(대부분 기름과 천연가스)

대기 수질 오염을 일으키고 온실가스를 배출

전 세계적으로 수출 지향적임

육류와 육류 제품 생산을 위해 항생제와 성장 호르몬을 사용

유기 농업

토양 침식 방지 및 동물 배설물로 만들어진 비료, 퇴비 등 유기 비료 사용을 강조함. 그러나 식물성 양분을 공급하는 오니는 없음

윤작과 생태학적 병해충 방제의 이용

유전자 변형 종자 사용하지 않음

화석연료 사용을 줄이고 전력 생산을 위해 태양광, 풍력 등 재생 가능 에너지를 사용

대기와 수질 오염을 덜 일으키고 온실가스를 덜 배출함

지역 지향적

육류와 육류 제품 생산을 위해 항생제와 성장 호르몬을 사용하지 않음

그림 10.5 기업 농업과 유기 농업의 큰 차이

Left top: B Brown/Shutterstock.com. Left center: ZoranOrcik/Shutterstock.com. Left bottom: Art Konovalov/Shutterstock.com. Right top: Noam Armonn/Shutterstock.com. Right center: Varina C/Shutterstock.com. Right bottom: Adisa/Shutterstock.com.

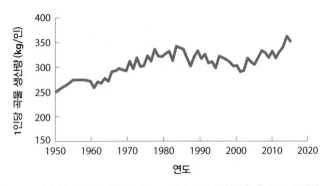

그림 10.6 1950~2016년까지 밀, 옥수수, 쌀의 세계 총 생산량(왼쪽)과 1인당 곡물 생산량(오른쪽). **비판적 사고:** 1인당 곡물 생산량은 총 곡물 생산량보다 꾸준히 낮아지는데 그 이유는 무엇이라 생각하는가?

Compiled by the authors using data from U.S. Department of Agriculture, Worldwatch Institute, UN Food and Agriculture Organization, and Earth Policy Institute.

라는 상표(라벨)는 해당 생산품이 오로지 유기 농법으로 생산되고, 유기농 재료만을 포함하며 검증 과정을 거친 경우에만 부착될 수 있도록 법으로 규정하고 있다. "유기농"이라는 라벨이 붙어진 생산품은 최소 95% 이상의 유기농 재료가 포함되어 있어야 한다. "유기농 재료로 만들어진"이라는 라벨의 경우는 최소 70% 이상의 유기농 재료가 포함된 생산품에만 붙일 수 있다. "천연(natural)"이라는 라벨이 붙은 생산품의 경우에는 유기농 재료가 반드시 포함되어 있어야 하는 것은 아니다. 앨런과 Growing Power(핵심 사례 연구) 농부들은 적당한 가격의 다양한 유기 농작물의 생산량을 증가시키기 위해 지속 가능한 농법을 배운다.

녹색혁명이 수확량을 증가시킨다

식량을 더 많이 생산할 수 있는 두 가지 방법은 더 많은 땅을 경작하거나 기존 경작지에서 단위 면적당 수확량을 증가시켜야 한다. 1950년 이래, 농업이 산업화되어 곡물 생산량이 증가함에 따라 전 지구적으로 대부분의 곡물 생산이 증가했다.

녹색혁명(green revolution)은 세 단계로, 첫째, 선택적인 교잡 육종 또는 유전공학적 방법으로 개발한 벼와 밀, 옥수수와 같은 주요 작물의 다수확 품종을 단일재배하고, 둘째, 높은 수확량을 올리기 위해 합성 무기질 비료와 농약, 농업용수를 풍부하게 공급하고, 셋째, 다모작을 통해한 농경지에서 연간 농산물의 생산량을 늘린다.

1950년부터 1970년까지를 1차 녹색혁명이라 하는데, 이 시기에는 고투입 방식으로 세계의 많은 선진국, 특히 미국(다음 사례 연구 참조)에서 농작물 수확량이 크게 증가되었다. 2차 녹색혁명은 1967년부터 일어났다. 열대와 아열대 기후에 맞게 특별히 육종된 속성의 왜성 벼와 밀은 인도, 중국, 브라질과 같은 중간 소득의 개발도상국에 도입되었다.

세계의 총 곡물 생산량은 1950년에서 2015년 사이에 거의 313%가 증가했다(그림 10.6, 왼쪽). 1인당 곡물 생산량은 1950년에서 2015년 사이에 거의 37% 증가했다(그림 10.6, 오른쪽). 세계 3대 곡물 생산국(중국, 인도, 미국)에서 세계 곡물의 절반 이상을 생산한다. 그러나 곡물 수확량의 증가율(성장률)은 1990년대 이전의 10년당 평균 2.2%에서 그 후 10년당 평균 1.2%로 감소했다.

사람들은 세계에서 생산되는 곡물의 절반을 직접 소비한다. 나머지의 대부분은 가축의 먹이로 이용되며, 사람들은 간접적으로 육류와 육류 제품을 소비하게 된다.

미국의 기업화된 식품 생산

미국 기업 농업은 **농업 관련 산업**으로 발전하고 있는데, 소수의 거대 다국적 기업이 미국과 국제 시장에서 식품의 재배, 가공, 유통, 판매를 점점 증가시키고 있다. 기업 농업의 장점 중 하나는 1960년부터 미국의 기업 농업이 더 많은 토지를 새로 경작하지 않고도 밀, 옥수수, 콩 등 주요 농작물의 수확량을 두 배 이상 증가시키며 매우 효율적이라는 점이다. 이런 생산량 증가는 농지로 변환될 수 있는 넓은 영역의 숲, 초원, 습지를 보존하게 했다.

이런 생산량 증가의 또 다른 장점은 FAO에 따르면 중국과 인도, 대부분의 개발도상국 사람들이 식품으로 지불하는 비용이 소득의 50~70%인 것에 비교하면, 미국인들은 식품에 소득의 약 9%(전 세계에서 가장 낮은 가처분소득)를 지불하고 있다는 점이다.

그러나 미국의 식량 생산과 소비에는 많은 **간접비용**이 존재한다. 대부분의 미국 소비자들은 실제 식품 비용은 그들이 지불하는 시장 가격보다 훨씬 더 높다는 것을 인지하지 못한다. 그런 간접비용에는 환경 오염 비용, 환경의 질적 저하에 대한 비용, 환경 오염과 기업 농업에 의해 발생하는 건강 문제로 인해 증가하는 건강 보험 비용 등이 포함된다. 다른 간접비용으로는 **농장 보조금**에 사용되는 세금, 농부들을 농업에 계속 종사하게 하고 생산량을 증가시킬 수 있도록 하는 정부 지급금 등이 있다. 대부분의 이런 보조금들은 옥수수, 밀, 대두, 쌀 등을 생산하는 농부들에게 간다. 미국 정부의 회계 감사원에 따르면, 미국의 농장 보조금은 매년 200억 달러 정도다.

유전혁명: 이종 재배와 유전공학

수 세기 동안 유전적으로 향상된 농산물과 가축의 변종을 개발하기 위해 농부와 과학자들은 전통적인 육종을 사용했다. **선택 교배**를 통해 농부들은 유전적으로 향상된 다양한 종류의 농산물과 가축들을 개발했다. 예를 들어 맛있으면서도 큰 토마토를 생산하기 위해서 맛있지만 크기가 작은 토마토 종과 크기가 큰 토마토 종을 육종할 수 있다. 그런 선택 교배는 1차 유전혁명에서 놀라운 결과를 산출해냈다. 예를 들어 고대의 옥수수는 지금 당신의 새끼손가락만 했고 야생 토마토는 한때 포도만 했으나 오늘날 소비되는 많은 종류의 음식들은 대부분 특정 특질을 갖추도록 하기 위해 선택적으로 재배된 것이다.

GOOD
NEWS

전통적인 육종은 아직까지 중요하게 진행되고 있는데, 이는 매우 느린 과정으로, 상업적으로 가치 있는 새로운 변종을 생산하기 위해서는 적어도 15년 이상이 걸린다. 그리고 교배는 단지 서로 유전적으로 근접해 있는 종으로부터만 특성을 합칠 수 있다. 또한 육종의 효율성을 줄이는 해충과 병이 나타나기 이전인 5~10년까지만 유용한 변종으로 남는다. 이런 방법으로 중요한 발전이 여전히 이루어지고 있다.

오늘날 과학자들은 **유전공학**(genetic engineering)을 사용하여 유전적으로 변형된 농산물과 가축을 개발함으로써 2차 유전혁명을 일으키고 있다. 이 기술은 DNA를 첨가, 제거, 또는 변경하여 유전자를 변형시키는 기술이다(그림 2.6 참조). 유전자 조작이라 불리는 유전공학 기술의 목표는 바람직하지 않은 특성은 제거하고 원하는 특성을 만드는 것으로, 일반적으로 자연교배 되지 않는 두 종 사이에도 유전자를 이동시킴으로써 이루어진다. 유전자가 조작된 생물체를 **유전자 변형 생물체**(genetically modified organisms, GMOs)라 한다.

유전공학은 새로운 농작물을 개발하는 데 전통적인 육종보다 반 정도의 시간이 걸리고, 비용이 적게 들어간다. 이제 세계는 유전공학의 시대로 접어들고 있다. 미국 USDA에 따르면, 미국 슈퍼마켓 식료품의 80% 이상이 유전적으로 변형된 농산물을 포함하고 있으며, 그 비율은 빠르게 증가하고 있다.

새로운 세대의 유전적으로 변형된 농작물은 종간 유전자 이동이 아니라 적절한 위치에 있는 기존 유전자를 자르거나 수정하는 방식으로 이루어진다. 과학자들은 이런 새로운 유전자 변형 기술이 농산물 생산에 이용될 수 있는지에 대해서 연구하고 있다.

유전자 변형 식품에 대한 논쟁

가장 처음 유전자 변형 농작물이 재배된 때는 1996년이다. 이런 유전자 변형 농작물의 사용은 미국과 다른 여러 나라에서 꾸준히 증가했다. 그러나 전 지구적으로 이는 부상하고 있는 논쟁거리다. 몇몇 유럽국가에서는 심지어 이를 금지하기도 했다. 또한 유전자 변형 농작물은 개발도상국가의 가난한 농민들이 생산하기에는 너무 비싸다는 단점도 있다.

생명공학자들은 더 높은 생산량을 가지고, 열, 냉기, 가뭄, 해충, 기생충, 전염병, 제초제, 염분이나 산성이 높은 토양 등에서도 살아남을 수 있는, 새로운 GM 작물을 다양하게 개발하는 것에 대해서 이야기한다. 그들은 또한 더 빠르게 성장하고, 적거나 제한적인 관개 시스템에서, 비료와 살충제를 사용하지 않고도 생산될 수 있는 농작물을 개발하기를 원한다. 이런 목표가 달성되면 기아를 줄이고 식량 안보를 증진시킬 수 있을 것이다.

그러나 비평가들은 GM 식품과 농산물이 널리 퍼지는 것에 대해서 문제를 제기하기도 한다. 많은 사람들이 매일 GM 식품을 소비하는 것에 비해, 그것이 장기적으로 건강에 미치는 영향에 대해서는 아직 우리가 알고 있는 것이 거의 없기 때문이다.

또한 많은 과학자들이 예상하는 바와 같이 실제로 GM 작물이나 종자가 자연 환경으로 방출되어서 장기적으로 유전적 또는 생태학적 영향을 끼친다면, 그런 유기체들은 되돌릴 수 없는 상태가 되는 것이다. 이런 점에 대해서도 비평가들은 우려를 표한다. 그리고 유전자 변형 작물의 화분(pollen)의 유전자는 유전자 변형이 되지 않은 식물로 옮겨갈 수도 있다. 이에 따라 야생 작물 종의 혼성체(hybrid)가 탄생할 수 있고, 이는 야생 품종의 자연적 유전 다양성을 파괴하는 결과를 낳을 것이다. 결과적으로 새로운 종이 진화하거나 유전적으로 조작될 수 있는 유전자 풀(gene pool)이 감소할 것이다. 이는 생물 다양성의 지속 가능성의 원리를 위반하는 것이다.

64개국에서는 상표나 라벨을 통해 GM 식품을 구별할 수 있도록 요구한다. 설문조사에 따르면, 미국 내 90% 이상의 소비자들은 식품 라벨을 통해 이와 같은 정보가 명확히 기재되어 있을 것을 원한다. 하지만 수십 년 동안 식품 생산업자들은 이에 대해 반대해왔다. 2016년에 미국 의회는 그런 라벨을 부착할 것을 요구하는 법안을 통과시켰다. 그러나 이 법안은 소비자들이 디지털 바코드를 직접 스캔하여 라벨의 정보를 읽을 수 있도록 하는 방법을 식품 제조업자들이 사용할 수 있도록 허용해버렸다. 많은 소비자들은 라벨의 정보를 얻기 위해 바코드를 스캔하려고 스마트폰까지 사용해야 한다는 점에 대해 반발한다. 왜냐하면 미국 인구의 1/3은 - 그중 많은 사람들이 저소득층이거나 미성년자거나 노년층이다 - 스마트폰을 가지고 있지 않고, 대부분의 소비자는 자신이 사는 모든 식품에 대해서 라벨을 일일이 스캔할 여유나 시간이 없기 때문이다. 비평가들은 이런 산업 지원적인 접근을, 오히려 소비자들이 정보에 접근하기 어렵게 하기 위한 시도라고 비판한다.

2015년에는, 1,000개가 넘는 연구와 여러 개의 공청회에서 80명이 넘는 증인으로부터의 얻은 증언들을 통해, 미국의 과학과 공학 국립 기술원(U. S. National Academies of Science and Engineering)의 전문 자문단은 유전자 변형 식품이 건강이나 환경에 심각한 위험을 미치는 것은 아니라고 결론을 내렸다. 그러나 보고서는, 유전자 변형을 지지하는 사람들이 주장하는 것만큼 GM 작물이 식량 생산량을 크게 증가시킨 것은 아니기에, GM 작물의 재배가 세계적으로 더 많은 식량을 공급할 수 있도록 한 것은 아니라고 발표했다.

보고서는 GM 작물이 살충제의 사용을 감소시켰지만, 동시에 몇몇 제초제 저항적인 GM 작물로 인해 제초제 사용과 제초제 저항성의 슈퍼잡초가 오히려 증가했다고 지적하기도 한다. 이는 농부들이 제초제를 더 많이 사용하거나 더 강한 제초제를 사용하도록 했다.

미국의 생태학 사회단체와 유전자 변형 농작물의 비평가들은 GM 작물을 섭취하는 것이 생태계와 건강에 미치는 위험을 장기적으로 이해하기 위해서 세심하게 통제된 현장 실험과 테스트를 거칠 것을 요구한다. 그들은 또한, 이렇게 빠르게 성장하는 기술에 대한 더 엄격한 규제를 원한다.

생각해보기

GM 작물
당신은 널리 소비되고 있는 유전자 변형 작물이나 음식에 대해 반대하는가? 설명하라.

그림 10.7 기업적 소고기 생산: 애리조나에 있는 공장식 소 목축장에서는 수천 마리의 소들이 도축되기 전까지 몇 달 동안 곡물로 살찌워진다.
PETE MCBRIDE/National Geographic Creative

육류 생산의 꾸준한 성장

계란과 우유 등의 육류와 동물성 제품은 고품질 단백질의 좋은 재료이며 세계에서 두 번째로 주요 식량 생산 시스템이다. 1950년에서 2016년 사이에, 세계 육류 생산(대부분이 소고기 돼지고기, 가금류)이 6배 증가했고, FAO에 따르면 소득이 증가함에 따라 세계 육류 생산은 2050년에 다시 두 배 증가하게 되고, 중국과 인도 같은 개발도상국의 중상층이 먹이 사슬의 상위 단계로 올라가면서 더 많은 육류와 동물성 제품을 소비하게 된다. 예를 들어 중국에서는 1975~2015년 사이에 육류 소비량이 10배 늘었다.

세계 육류의 약 절반은 펜스가 없는 방목장이나 펜스가 있는 목초지에서 초지를 먹이로 하는 가축에서 생산된다. 또 다른 육류의 절반은 산업화된 공장 농장 시스템을 통해 생산된다. 즉 많은 곡물 사료를 급여하여 빠르게 비육하며(그림 10.7), 대부분은 좁은 사육장에서 공장식 축산농장이라고도 불리는 집중가축사육시설(concentrated animal feeding operations, CAFOs)에서 사육된다(그림 10.8). 곡물, 대두, 어분, 생선 기름을 사료로 하고, 성장 호르몬과 항생제를 사용하여 사육한다.

그림 10.8 미국 아이오와의 집약된 양계장. 이런 곳은 최대 100,000마리의 닭을 수용할 수 있다.

선진국에서 사육되는 대부분의 송아지, 돼지, 닭, 칠면조는 매우 좁은 사육장에서 사육된다. 결과적으로 좁은 사육장과 집중가축사육시설(CAFOs)에서 나오는 배설물과 유출물은 공기와 물 환경에 심각한 영향을 미치며, 이에 대해서는 이 장의 후반부에서 다시 설명한다.

어류와 어패류 생산의 대폭 증가

세계에서 세 번째 주요 식량 생산 시스템은 어업과 양식업이다. **수산업**(fishery)은 한정된 해역이나 내해에서 상업적으로 필요한 어류를 잡는다. 대형 어선을 이용한 기업적 어업은 다양한 방법으로 전 세계 해양에서 야생 물

그림 10.9 **양식업:** 태국 남부 해안의 새우 양식장

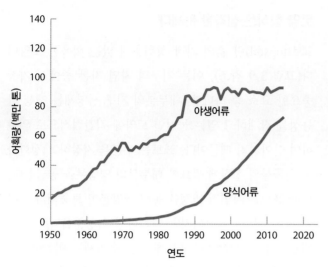

그림 10.10 야생 포획(해양과 내륙 모두)과 양식업을 모두 포함한 전 세계의 해산물 생산업은 1950년에서 2014년 사이에 증가했다. 1996년 이후로 야생 포획은 감소했고 1990년 이후로 양식업 생산은 급격히 증가했다. **데이터 분석:** 양식업 생산량이 1980년의 야생 포획량을 넘긴 해가 몇 년도인가?

Compiled by the authors using data from UN Food and Agriculture Organization, Worldwatch Institute, and Earth Policy Institute.

고기를 잡는다(그림 9.24 참조). 어류와 어패류는 또한 **양식**(aquaculture)으로 키울 수 있다(그림 10.9). 해양은 근해나 원해의 가두리 양식장, 담수는 연못, 호수, 저수지, 논에서 물고기를 양식한다.

전 세계 해산물 생산은 급격하게 증가하고 있다. 1950~2015년 사이에 야생포획이 변동이 없다가 감소하는 동안 야생과 양식 물고기의 전 세계 생산량은 9배 증가했다(**개념 10.2**). 2015년 양식업(그림 10.9)은 전 세계 어패류 생산량의 절반 가까이를 차지했고, 나머지는 주로 상업 어선에서 잡았다. FAO 보고서에 따르면, 전 세계 해양 수산업은 약 30%가 가용량 이상 남획되고 있으며, 57%는 전용량이 양식되고 있다.

대부분 양식업은 조류 또는 기타 식물을 먹이로 하는 어종을 사육한다. 주로 중국과 인도에서는 잉어, 미국에서는 메기, 몇몇 나라에서는 틸라피아(tilapia), 몇몇 해안 국가에서는 어패류를 사육한다. 그러나 새우, 연어 등 육식 종의 양식이 특히 선진국에서 빠르게 확장되고 있다. 몇몇 종은 다른 물고기나 그 배설물부터 만들어진 어분이나 생선기름을 자주 먹이로 하여 사육되기도 한다.

10.3 기업화된 식량 생산 방식은 어떤 환경 문제를 일으키는가?

개념 10.3 미래의 식량 생산은 토양 침식과 파괴, 사막화, 관개용수 부족, 공기와 물의 오염, 온실가스 배출에 의한 기후 변화와 생물 다양성 손실 등에 의해 제한될 수 있다.

기업화된 식품 생산은 많은 에너지가 필요하다

식량 생산의 기업화와 곡물 생산량의 증가는 대부분 재생 불가능한 석유와 천연가스와 같은 에너지를 이용함으로써 가능하게 되었다. 에너지는 농장 기계, 농작물 관개 작동과 합성 농약 및 합성 무기질 비료를 생산하는 데 사용된다. 또한 화석연료는 농산물을 국내나 국가 간에 장거리 이송하고 식품을 가공하는 데 사용된다. 미국에서는 농업이 미국 전체 에너지의 17%를 사용하고, 이는 다른 산업과 비교했을 때 가장 큰 이율이다. 미국에서는 농산물을 농장에서 가정으로 평균 2,400 km 수송한다. 이렇게 대량의 화석연료를 사용하는 것은 토양, 공기, 물을 오염시키고 기후변화에 영향을 미친다.

생태경제학자 타이머스(Peter Tyedmers)의 연구에 따르면, 전 세계의 대형 어선에 의한 대규모 어업은 식탁 해산물 식품 에너지 한 단위당 12.5단위의 에너지를 사용한다. 모든 농축산물을 생산하고, 저장, 가공, 포장, 수송, 냉장, 조리하는 데 쓰이는 에너지를 고려한다면, 한 단위의 식품을 생산하는 데 약 10배의 재생 불가능한 화석연료가 사용된다. 다시 말해 오늘날의 식품 생산 시스템은 순에너지 손실이 크다는 것을 의미한다.

반면 미국에서 농작물을 생산하기 위해 사용되는 칼로리당 에너지는 1970년대 이후 50%가 감소했다. 이는 첫째, 합성 질소 비료 생산을 위해 사용되는 에너지의 감소가 원인이라 할 수 있고, 둘째, 사용되는 에너지가 적고 경작의 환경 유해성을 감소시킨 보존경운(conservation tillage) 방식(농법)의 증가가 다른 원인이라고 할 수 있다.

식량 생산은 환경에 중요한 영향을 미친다

식량 생산의 산업화로 인해 농부들은 단위 면적당 더 많은 양의 식량을 생산할 수 있게 되었다. 이는 숲과 초원을 농경지로 바꿀 필요성을 감소시켰고 이로 인해 생태계로부터 제공되는 야생동물의 서식지를 파괴하지 않게 되었다.

그러나 많은 분석가들에 따르면, 농업은 사람의 활동보다 환경에 더 유해한 영향을 미치며(그림 10.11), 이런 환경 영향은 미래의 식량 생산을 제한시킬 수 있다(**개념 10.3**).

유엔환경계획(UNEP)에 의해 조직된 전문가 27인의 한 연구에 따르면, 인류 생태 발자국의 세 가지 주요 원인 중 하나가 농업이다. 농업은 수계나 지표수로 이루어진 지구 담수의 70% 정도를 차지하고 있고 60%의 수질 오염을 발생시키고, 표토층을 오염시키거나 침식시킨다. 또한 농업은 세계에서 동토가 아닌 토지의 38% 정도를 사용하며, 세계 온실가스 배출량의 25%를 배출한다. 결과적으로 많은 분석가들은 오늘날의 산업화된 농업이 환경적으로나 경제적으로 지속 가능하지 않다고 전망한다. 그러나 산업화된 농업의 지지자들은 이것이 주는 이익이 해악보다 더 크다고 주장한다.

토양 침식은 심각한 문제다

표토(topsoil)란 흙의 가장 상위층에 있는 비옥한 토양이다(그림 3.9 참조). 이는 지구의 자연 자본 중에서 가장 중요한 요소 중 하나다. 대부분의 지구 생명체는 재생 가능성을 잠재하고 있는 물질인 토양에 직간접적으로 의존하며 살아가기 때문이다. 표토는 수분을 저장하고 정화하며 식물들의 성장에 필요한 대부분의 영양분을 공급한다. 또한 표토는 자연적 과정을 통해 영양분이 보충되기 전까지 땅으로부터 제거되지만 않는다면 영양분을 끊임없이 재활용하여 사용한다. 표토에 사는 유기체는 이산화탄소를 대기로부터 흡수하여 저장하고, 이는 지구의 기후변화 조절을 도와 탄소 순환을 원활하게 한다.

토양 침식(soil erosion)이란 토양 구성 요소, 특히 지표의 유기물과 표토가 유수와 바람에 의해 다른 장소로 이동하는 것을 말한다. 일반적으로 토양 침식은 자연적으로 일어나지만 대부분의 토양 침식은 농업을 위한 벌목과 벌초, 매년 다른 농작물을 생산하기 위해 토지를 경작하는 것, 토양이 외부에 노출되도록 방치하는 것 등이 원인

자연 자본의 파괴

식량 생산

생물 다양성 상실	토양	수질	대기	인류 건강
농경지 내에 초지, 숲, 습지의 소실 및 파괴	침식	폐수	화석연료 사용에 의한 온실가스 CO₂ 배출	음료수에 질산염 (청색병에 걸린 어린이)
농약 유출로 인한 물고기 폐사	비옥도 상실	노지로부터 유거, 저니토 오염, 범람	무기질 비료의 사용에 의한 온실가스 N₂O 배출	음료수, 음식, 공기에 잔류된 농약
가축을 보호하기 위해 야생 포식자 살해	염류화	농약과 비료의 오염	가축(사육장)에 의한 온실가스 메테인 배출	가축 분뇨에 의한 식수와 수영장의 오염
다양한 야생 농작물 품종을 단작 농작물로 대체함으로써 유전적 다양성 상실	침수	비료와 농업 폐기물의 유거로 인한 호수와 하천의 녹조 현상과 물고기의 떼죽음	화석연료 사용으로 기타 대기 오염 물질 및 농약 살포	육류의 세균에 의한 감염
	사막화			

그림 10.11 식량 생산이 환경에 미치는 몇 가지 해로운 영향(**개념 10.3**). **비판적 사고:** 이 중에서 가장 유해하다고 생각되는 항목은 어느 것인가?

Left: Orientaly/Shutterstock.com. Left center: pacopi/Shutterstock.com. Center: Tim McCabe/USDA Natural Resources Conservation Service. Right center: Mikhail Malyshev/Shutterstock.com. Right: B Brown/Shutterstock.com.

그림 10.12　자연 자본의 파괴: 미국 테네시 주의 이 농장에서 보듯이, 강우로 인한 유수는 표토 침식의 주요 원인이 된다(왼쪽). 심각한 수질 오염은 배수로나 도랑의 오염으로 이어진다. 이는 아이오와 서부에 있는 사진 속 농경지처럼 땅을 파괴할 수 있다(오른쪽).

그림 10.13　사진 속의 미국 아이오와 주의 논밭처럼 목초가 없는 건조한 땅은 바람이라는 요인에 의해 표토가 쉽게 침식된다.

이 되어 일어난다.

　침식의 가장 큰 원인이 되는 흐르는 물은 빗물에 의해 느슨하게 된 표토의 입자를 멀리 운반한다(그림 10.12, 왼쪽). 이런 유형의 침식으로 협곡이 생성된다(그림 10.12, 오른쪽). 특히 건조한 기후와 상대적으로 평지이면서 노출된 토지에서 바람이 불면 표토 입자는 흩어지고 날아가 버린다(그림 10.13).

　잘 보존된 초목이 있는 생태계에서 식물과 초목 등의 뿌리는 표토가 땅에 잘 쌓일 수 있도록 하고, 침식되는 것을 막는다. 경작(그림 7.12 참조), 삼림 벌채(그림 9.7 참

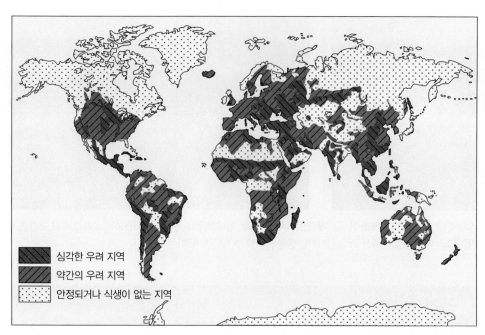

그림 10.14　자연 자본의 파괴: 세계의 일부 지역에서 표토의 침식은 심각한 문제다. **비판적 사고:** 표토 침식과 관련하여 어떤 지리적 패턴이 있는가? Compiled by the authors using data from the UN Environment Programme and the World Resources Institute.

심각한 우려 지역

약간의 우려 지역

안정되거나 식생이 없는 지역

조), 과도한 방목(그림 9.15 참조) 등의 활동으로 인해 토양을 지탱하고 있는 목초가 제거되면 표토가 침식될 수 있다.

　유엔환경계획(UNEP)과 세계자원연구소(World Resources Institute)의 공동연구에서는 전 세계 농경지의 1/3에서 표토의 토양 유실이 심각하게 일어난다고 했다(그림 10.14).

　표토의 침식은 세 가지 주된 나쁜 효과가 있다. 하나는 표토의 식물 영양분이 고갈되어 **토양 비옥도가 손실되는 것이다(그림 3.9 참조). 또 다른 하나는 침식된 표토의 침전물이 **지표수를 오염시킨다**는 것이다. 이는 어패류를 죽이고 관개 수도관, 보트 수로, 저수지, 호수의 수로를 방해한다. 침식 퇴적물에 잔류 농약을 포함하는 경우 또 다른 수질 오염원이 된다. 표토에서 중요한 식물 영양소가 제거되고 수생 시스템에 식물 영양소가 과잉 유입됨으로써, 표토는 퇴화되고 물은 오염된다(그림 8.12 참조). 세 번째, 침식으로 인해 토양에 축적된 탄소가 초목을 통해 대기 중으로 이산화탄소의 형태로 발산되고, 이는 지구 온난화와 기후변화에 영향을 준다.

　기업화된 농업의 증가는 표토를 유수와 바람으로 인한 토양 침식에 노출시켰고 이로 인해 표토의 식물 영양소 함유량이 감소했다. 표토 층에서는 양분이 감소하는

반면 합성 화학 비료는 더해지는데, 그 모든 양분은 농작물에 이어서 지표수역으로 이동한다. 이에 따라 지표수역은 토양 양분이 과다 누적된다. 질소 순환과 인 순환 붕괴의 지속(그림 3.17, 3.18 참조), 표토 침식과 주요 토양 양분의 고갈은 기업화된 농업을 지속할 수 없는 또 다른 원인이다(**개념 10.3**).

　토양 오염은 지구의 여러 부분에서 문제다. 공장과 발전소, 자동차 등에서 대기로 방출되는 몇몇 화학물질은 토양과 관개수를 오염시키고 농약은 토양을 오염시킨다.

　중국 환경부에서 실시한 최근 연구에 따르면 경작 가능한 중국 대지의 약 19%가 특히 카드뮴, 비소, 니켈과 같은 유독성 금속에 의해서 오염되었다. 환경부는 또한 중국 농경지의 2.5%는 식량을 안전하게 경작할 수 없을 정도로 심각하게 오염되었다고 밝혔다. 인구는 전 세계의 19%를 차지하지만 식량 생산이 가능한 땅은 전 지구 농경지의 7% 정도인 중국은 오염이 심각한 2.5%의 땅을 잃지 않아야 한다.

사막화

건조 및 반건조 기후 지역의 사막은 전 세계 땅의 40% 정도를 차지하고, 20억 명 사람들의 삶의 터전이기도 하다. 이런 지역에서 식량 안보에 대한 주요 위협은 **사막화**

그림 10.15 자연 자본의 파괴: 미국 콜로라도, 과도하게 관개한 농토에서 토양 염류화 현상으로 농작물이 자라지 못하고, 흰색의 소금이 덮여 있다.

(desertification)-장기화된 가뭄과 표토를 침식시키는 과방목, 삼림 벌채, 과도한 경작 등의 인간 활동이 복합 요인으로 작용하여 표토의 생산 가능성이 10% 이상 감소하는 것-이다.

사막화는 그 정도를 보통(10~25%의 생산성 감소), 심각(25~50%의 생산성 감소), 매우 심각(50% 이상 생산성 감소)으로 분류할 수 있다. 사막화로 인해 주로 도랑이나 사구 등이 형성된다. 사막화는 토지의 생산성을 감소시키고 극단적인 경우에는 토지가 사막이 되기도 한다.

천 년이 넘는 동안 지구의 사막은 주로 기후변화로 인해 확장되기도 하고 축소되기도 했는데, 특히 농업을 위한 인간 활동이 세계 곳곳의 토지 사막화를 더욱 가중시켰다.

과도한 관개로 인한 토양과 물의 오염

농경지에서 생산성이 크게 증가한 주된 이유는 사람이 사용하는 물의 약 70%를 농업용수로 관개하는 데 사용하기 때문이다. 현재 관개농업을 하는 세계 농경지의 16%에서 세계 식량의 44%가 생산되고 있다.

그러나 관개농업은 여러 가지 문제점이 있다. 대부분의 관개용수는 염화나트륨과 같은 여러 가지 염분이 녹아 있다. 관개되는 농업용수는 토양이나 암석을 통과하면서 염분이 용해되어 들어간다. 이렇게 염분을 함유한 물을 농경지에 관개하면, 농경지에 물은 증발되고 토양 표토에는 염화나트륨과 같은 염분이 남게 된다. 농경지에 연중 농업용수의 관개를 반복하게 되면 토양층에 염분이 축적하게 되는데 이를 **토양 염류화**(soil salinization)라 한다. 토양 염류화는 작물의 생장을 방해하고, 생산량을 감소시키며, 결국에는 농작물을 죽이고, 토양을 황폐화시킨다.

FAO는 심각한 염류화로 관개농경지 10%에서 농산물 생산량 감소가 발생했다고 평가했다. 그리고 2020년에는 지구 농경지의 30%는 염류화될 것이라고 한다. 특히 미국 서부에서 관개농업을 하는 농경지 25%에서 수확량이 감소했다고 추정했다(그림 10.15).

관개의 또 다른 문제는 **습지상태**(waterlogging)로 물이 토양층에 머무르게 되면 점점 누적되어 서서히 수위를 상승시킨다. 이는 농부가 토양의 더 깊은 곳으로 염분을 여과시키기 위해 많은 양의 관개용수를 사용할 때 발생할 수 있다. 습지상태가 계속되면 작물의 생산성은 떨어지고 장기간의 침수로 인해 생존하는 데 필요한 산소 공급이 이루어지지 않게 되어 농작물은 죽게 된다. FAO에 따르면 세계 관개 경작지의 적어도 10%는 이 문제로 어려움을 겪고 있다.

기업화된 농업은 오염과 기후변화에 영향을 끼친다

침식된 표토는 시내, 호수, 습지로 흘러가 축적되고 이는 물고기, 조개류를 질식시키거나 관개 배수로, 좁은 수로, 저수지, 호수를 막는다. 표토 침전물이 농약 잔여물을 포함하고 있을 때는 문제가 더 커진다. 수중 생물이 이를 섭취하고, 다른 생물이 이 수중 생물을 섭취하는 등의 먹이사슬 과정에 따라 독성이 (생물)농축될 수 있기 때문이다 (그림 8.12 참조).

농부들은 농경지를 비옥화하는 과정에서 수질 오염에 영향을 미친다. 전 세계적으로 1940년대에 비해 비료 사용이 45배나 증가했다. 비료 속 질산염은 토양을 통해 대수층으로 스며들고 이는 식수로 사용되는 지하수를 오염시킬 수 있다. FAO에 따르면, 질소와 인의 유출로 인한 수질 오염의 1/3은 합성 비료를 과도하게 사용하기 때문에 발생한다.

생각해보기

> **연관성 육류 생산과 죽음의 지대**
>
> 미국 중서부에서는 가축 먹이와 자동차의 에탄올 연료로 사용하기 위해 옥수수를 생산하는데, 이때 엄청난 양의 합성 무기질 비료가 사용된다. 비료의 상당량이 경작지에서 유출되어 미시시피 강으로 흘러들어간다. 이는 해수로 유입되는 멕시코 만 연안 해역에 질소와 인 같은 영양염류를 과공급한다. 매년, 이런 상황으로 인해 산소가 엄청나게 고갈된 '죽음의 지대'가 형성되고, 이는 미국의 해산물 생산량의 1/5에 위협을 가한다. 다른 말로 하자면, 대부분 자동차 연료와 소 먹이로 사용되는 옥수수를 중서부에서 생산하는 것이 해양 생물 다양성을 감소시키고 멕시코 만의 해산물 생산을 감소시킨다.

농작물이나 가축을 키우기 위해 숲을 태우고 제거하는 농업 활동은 먼지와 연기를 대기에 방출시킴으로써 공기 오염을 일으키는 주요한 원인이 된다. 사람들이 배출하는 25%의 이산화탄소와 다른 온실가스가 농업 활동에서 배출된다. 이는 지구온난화와 기후변화에 영향을 미칠 것이고, 농산물 생산량과 식량 안보가 감소할 것이다.

기업화된 식품은 생물 다양성을 격감시킨다

자연의 생물 다양성과 일부 생태계 서비스는 산림이 개간되거나 초원을 갈아엎고 식량을 생산하는 농경지로 대체될 때 위협을 받는다(개념 10.3).

세계에서 생물 다양성에 대한 위협이 가장 빠르게 증가하는 곳은 브라질이다. 아마존 분지와 세라도(남아마존 분지의 넓은 열대 초원 지역) 열대 우림 지역의 많은 부분이 손실되고 있다. 이 땅을 태우거나 경간하여 방목장이나 소 먹이로 쓰일 대두를 경작하는 대규모 농장으로 쓰는 것이다. 열대 우림과 초원은 농경지에 비해 훨씬 더 다양한 종류의 생물체가 서식하기 때문에 이 지역과 다른 여러 지역에서는 생물 다양성이 위협받고 있다.

연관된 문제는 **농업 생물 다양성**(agrobiodiversity; 농산물로 이용되는 동물과 식물종의 유전적 다양성)의 상실이 증가된다는 점이다. 1900년 이후부터 농작물의 유전적 다양성의 75%를 잃은 것으로 과학자들은 추정한다. 예를 들면 인도에는 3만여 종의 벼 품종이 있었다. 현재는 단지 10가지 품종에서 75% 이상을 생산한다. 머지않아 단지 한두 품종으로 벼를 재배하게 될 것이다. 종자은행, 소수의 정원 뒤뜰, 종자보호 비영리단체에 있는 소량의 품종을 제외한다면, 미국에서는 1940년대 농민에게 유용했던 농산물 품종의 97% 정도가 없어졌다.

또 다른 의미로는 육종과 유전공학 등을 통한 농산물 생산 증가에 중요한 전 세계적인 '유전자 보관소'가 급격히 축소되고 있다는 뜻이다. 생태보험으로써, 농업 생물종 다양성을 유지하지 못한 이런 실패는 생물 다양성의 지속 가능성의 원리를 심각하게 위반하고 있다(개념 10.3).

멸종 위기의 다양한 곡물과 세계 식량 공급에 중요한 야생 식물종의 식물이나 종자를 보호하기 위한 노력이 행해지고 있다. 세계 식량 공급에 중요한 농작물의 야생 및 멸종 위기에 처한 품종은 약 1,400여 곳의 유전자 종자 은행, 농업연구 센터, 세계 곳곳의 식물원에서 보존되고 있다.

세계에서 가장 안전한 종자 은행은 북극 근처의 얼어붙은 노르웨이 섬의 영구동토층에 새겨진 '종말 종자 저장고'라고도 불리는 지하 스발바르(Svalbard) 국제 종자 저장고다(그림 10.16). 이것은 다른 곳에 보존된 종자가

그림 10.16 스발바르 국제 종자 저장고

JIM RICHARDSON/National Geographic Creative

정전, 화재, 폭풍, 전쟁 그리고 의도하지 않은 씨앗 처분 등으로 인해 돌이킬 수 없는 피해를 입는 것에 대한 일종의 보험으로 작용한다.

그렇지만 많은 식물 종자가 유전자은행에서 성공적으로 보존되지 않을 수도 있다. 그리고 저장된 종자가 무한정 살아남아 있지 않기 때문에, 종자를 정기적으로 다시 심고 싹틔워야 하며, 새로운 씨앗을 채집하여 저장해야만 한다. 그렇지 않으면, 종자 저장소는 종자 무덤이 될 것이다.

녹색혁명의 확대에는 한계가 있다

녹색혁명이 현재까지 이루어지는 데 제한이 있어왔고, 미래에도 한계가 있을 수 있다(**개념 10.3**). 많은 물과 합성 무기질 비료, 농약을 투입하지 않았다면, 대부분의 녹색혁명과 유전자 조작 작물 품종은 기존의 품종보다 높은 수확량을 생산할 수 없다. 기후변화, 인구 증가 그리고 비용 역시 녹색혁명의 성공을 제한한다. 고투입은 개발도상국 대부분의 농민에게는 역시 많은 비용 부담이 된다.

이제 과학자들은 농산물이 과공급되는 영양분을 제대

로 흡수하지 못하게 됨으로써 계속적인 화학비료, 물, 농약 투입이 결국 농산물의 산출에 있어서 더 이상의 추가적인 증산이 일어나지 않는다는 것을 알았다. 이는 곡물 생산량의 증가율이 1990년 이후로 느려졌다는 점에서 설명된다.

더 많은 관개농경지에서 녹색혁명을 확장할 수 있는가? 1978년 이후로, 1인당 관개농경지의 양은 감소되었으며, 2050년에는 훨씬 더 감소될 것으로 예상한다. 이에 대한 이유 중 하나는 2015~2050년 사이에 예상되는 25억 명의 인구 증가다. 또 다른 요인으로는 관개용수 낭비(관개용수 이용의 한계), 토양 염류화, 지하수와 지표수의 고갈, 전 세계 농민의 대부분은 작물에 관개할 충분한 경비가 없다는 사실이다.

기후변화는 금세기 동안 밀, 쌀, 옥수수와 같은 곡물의 생산량을 감소시킬 것이라고 예상된다. 더하여 중국, 인도, 남아메리카의 수백만 명의 관개수와 식수를 제공하는 빙하가 녹고 있고 이는 관개 가능 농경지를 감소시킬 것이다. 또한 금세기 동안에 아시아의 범람원과 강 삼각주에서 재배되고 있는 주요 쌀농사 지역을 포함한 해안 지역의 비옥한 농경지가 예상되는 기후변화로 인한 해수면 상승으로 침수될 것이다.

우리는 더 많은 토지를 경작하여 식량 공급을 늘릴 수 있는가? 열대 우림을 경간하고 건조지에 물을 대는 것은 전체적으로 경작지를 두 배 이상 증가시킬 수 있다. 그러나 대규모 경간과 관개는 생물 다양성을 감소시키고 기후변화를 촉진시키며 그로 인해 토양 침식이 증가할 것이다. 그리고 이런 토지의 대부분이 비옥도가 낮고 경사도가 크거나 또는 이 두 가지 모두에 해당하는데 이를 경작하는 것은 항상 경비가 많이 들고, 지속 가능하지 않으며, 야생동물 서식지를 파괴하여 생물 다양성을 감소시킨다.

기업화된 육류 생산은 환경에 유해한 영향을 미친다

기업화된 육류 생산의 옹호자들은 육류 공급 증가, 방목의 감소, 음식 가격 하락을 가져왔다는 점을 강조한다. 기업화된 육류 생산 시스템은 건강에 해로우며 환경에 유해한 영향을 퍼트린다. 또한 유해한 환경과 건강 비용의 대부분이 육류 및 육류 제품의 시장 가격에 포함되지 않기 때문에 기업 농업(산업화된 농업)으로 생산된 육류는 저렴하다고 분석가들은 말한다. 이는 전체 비용 책정의 지속 가능성의 원리를 위반한 것이다.

가축 사육장과 공장식 사육시설에서는 가축 사료용 곡물을 경작하기 위해 엄청난 양의 물이 사용된다는 문제가 있다. waterfootprint.org에 따르면 1/4파운드의 햄버거를 만들기 위해서는 1,810 L의 물(일반적으로 15~20명의 사람들이 샤워를 하는 데에 쓰이는 양)이 필요하다. 화석연료 에너지(주로 석유)는 기업화된 육류 생산에는 필수적인 자재다. 화석연료 에너지를 사용하면 공기와 물이 오염되고, 예상되는 기후변화에 기여하는 온실가스가 방출된다.

또 새로이 나타나는 문제는 기업화된 가축 사육에 따른 항생제 사용이다. 과학자연합(UCS)의 2009년 연구에서, 미국에서 사용되는 모든 항생제의 80%(세계에서 사용되는 항생제의 50%)가 동물 사료에 첨가되는 것으로 나타났다. 과도한 가축 사육장 및 CAFOs에서 질병의 확산을 방지하고 도축 전까지 가축을 빠르게 성장시키기 위해 이런 항생제를 사용한다. 다른 연구에서와 마찬가지로 FDA 연구에서도, 가축 사육에 있어서 항생제의 광범위한 사용은 많은 질병 유발 미생물의 유전적 내성을 증가시키는 중요한 요인이 된다는 결론을 내렸다(그림 4.9 참조). 이런 내성은 인간의 감염증 치료에 사용되는 항생제의 효과를 줄일 수 있다. 현재 사용되고 있는 매우 극소수의 항생제를 제외한 모든 항생제에 내성을 가진 새롭고 강한 질병 미생물이 출현할 수 있다.

마지막으로 USDA에 따르면, 미국 육류업계에서 배출한 가축 배설물은 미국 사람들이 배출하는 배설물의 약 67배다. CAFO에서 나오는 배설물은 양분이 풍부한 비료로서 토양에 사용되는 것이 가장 이상적이다. 이것이 화학적 순환의 지속 가능성의 원리를 지키는 것이다. 그러나 배설물이 항생제와 농약의 잔여물로 인해 오염되는 경우가 많아서 비료로 사용하기 부적합한 경우가 있다.

잠재적으로 발생 가능한 오염에도 불구하고, 미국의 기업화된 육류 생산 시스템(공장식 사육시설)에서 나오

가축 사육장

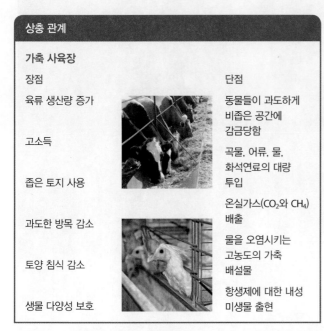

장점	단점
육류 생산량 증가	동물들이 과도하게 비좁은 공간에 감금당함
고소득	곡물, 어류, 물, 화석연료의 대량 투입
좁은 토지 사용	온실가스(CO_2와 CH_4) 배출
과도한 방목 감소	물을 오염시키는 고농도의 가축 배설물
토양 침식 감소	항생제에 대한 내성 미생물 출현
생물 다양성 보호	

그림 10.17 가축 사육장의 장점과 단점. **비판적 사고:** 가장 중요하다고 생각하는 장점과 단점을 한 가지씩 제시하고 그 이유를 설명하라.
Top: Mikhail Malyshev/Shutterstock.com, Bottom: Maria Dryfhout/Shutterstock.com.

양식업

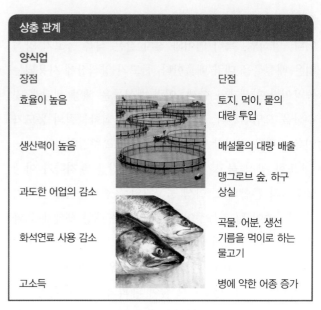

장점	단점
효율이 높음	토지, 먹이, 물의 대량 투입
생산력이 높음	배설물의 대량 배출
과도한 어업의 감소	맹그로브 숲, 하구 상실
화석연료 사용 감소	곡물, 어분, 생선 기름을 먹이로 하는 물고기
고소득	병에 약한 어종 증가

그림 10.18 양식업의 장점과 단점. **비판적 사고:** 가장 중요하다고 생각하는 장점과 단점을 한 가지씩 제시하고 그 이유를 설명하라.
Top: Vladislav Gajic/Shutterstock.com. Bottom: FeellFree/Shutterstock.com.

는 배설물의 절반은 들판에 뿌려진다. 이로 인해 발생하는 심각한 악취로 인해 인근 거주민이 피해를 입는다. 배설물의 나머지 절반은 오수 처리용 인공 못에 버려지는데 여기서 새어나온 배설물 때문에 지표수와 지하수가 오염되고, 지독한 악취가 나며, 기후변화에 기여하는 대량의 온실가스를 대기로 방출한다. 그림 10.17은 기업화된 육류 생산의 장점과 단점을 보여준다.

가축들을 방목장과 목초지에서 자라는 풀을 먹인다고 해도 환경에 미치는 영향은 여전히 클 수 있다. 특히 브라질의 아마존에서처럼 땅을 방목장으로 만들기 위해 벌목을 하고 토지를 태우거나 할 때 그 영향이 크다. FAO는 가축으로 인한 과도한 방목과 토양 침식이 전 세계 초원과 목초지의 약 20%를 파괴한다고 보고했다. 동일한 보고서에서 방목지 목축과 산업화된 가축 사육은 모든 표토 침식 및 퇴적물 오염의 55%나 되는 원인이 되며, 합성비료 과다 투입으로 인한 질소 및 인의 유거로 수질 오염의 33%가 발생하는 것으로 추정하고 있다.

풀을 먹인 소는 곡물을 먹인 소보다 더 강한 온실효과 가스 메테인을 배출한다. 그러므로 풀을 먹인 소를 이용

한 농업을 확장하는 것은 곧 삼림 파괴와 기후변화에 대한 기여를 촉진하는 꼴이 되는 것이다.

수생 생태계에 유해한 영향을 미치는 양식업

FDA에 따르면 양식은 전 세계 수산물의 50%를 생산한다. 2030년에는 62%를 생산할 것이다. 그림 10.18은 2010년에 전 세계 해산물 생산의 절반을 차지하는 양식업의 주요 장점과 단점이다. 몇몇 분석가는 지속 가능한 방식을 찾지 않는 이상 양식업의 환경에 미치는 유해한 영향이 미래에 양식업의 생산 잠재력을 제한할 것이라고 경고했다(개념 10.3).

양식업과 관련된 환경 문제 중 한 가지는 양식 물고기를 먹이로 어분과 생선 기름을 사용하면 야생 물고기가 감소된다는 것이다. 바다에서 잡히는 야생 물고기의 1/3이 양식 물고기의 먹이를 만드는 데 이용된다. 이는 해양 먹이 그물에서 중요한 야생 물고기의 감소에 영향을 미친다. 이는 해양의 생물 다양성과 생태계 시스템에 심각한 위협이 된다.

또 다른 문제는 어분이나 생선 기름으로 양식한 양식 연어와 같은 물고기가 대양저에서 나오는 PCBs나 다이

옥신 같은 잔류성이 긴 독성물질로 오염될 수 있다는 점이다. 양식업, 특히 연어와 참치 같은 식육 물고기 양식업은 배설물을 대량 배출한다. 물고기 양식장에 사용되는 농약이나 항생제와 함께, 이런 배설물은 해양 생태계 및 수산을 오염시킨다. 양식업자는 이런 화학물질의 농도가 인류 건강을 위협할 만큼 높지가 않다고 주장한다.

또한 양식 물고기가 가두리 양식장을 빠져나가 야생 물고기와 혼합되고, 야생 물고기의 유전자를 변화시키거나 침입종이 될 가능성이 있다. 양식은 해양 생태계를 파괴하거나 해양 생태계에 혼란을 줄 수 있다(그림 7.20 참조). 특히 해안가에 양식장을 만들기 위해 파괴된 맹그로브 숲이 그렇다. 맹그로브 숲이 파괴되면 생물 다양성이 감소한다. 또한 자연적 홍수 조절 능력(치수) 등과 같은 생태계 서비스가 파괴되어, 기후변화에 따른 해수면 상승으로 인한 해안가의 홍수 발생 위험이 커진다.

그림 10.19   자연 자본: 메뚜기를 입에 물고 있는 이 흉포스러운 늑대거미가 바로 살충제에 의해 죽는 중요한 곤충 포식자 중 하나다.

10.4 더욱 지속 가능하게 해충으로부터 작물을 보호하기 위해서는 어떻게 해야 하는가?

개념 10.4   재배 기술, 생물학적인 해충 제어 그리고 최후 수단으로는 선택된 농약의 최소한 사용(통합병해충관리) 등의 방법을 조합하여 사용함으로써 농작물의 수확량 감소 없이 농약 사용을 크게 줄일 수 있다.

대부분의 해충은 자연적으로 조절된다

해충(pest)은 우리 인간과 농산물을 가지고 경쟁하고, 집, 잔디와 정원을 침입하고, 집의 목재를 파괴하고, 질병을 퍼트리고, 생태계를 파괴함으로써 인간의 복지를 방해하는 종이거나, 단순히 성가신 종이다. 세계적으로, 단지 약 100종의 식물(잡초), 동물(주로 해충), 곰팡이 및 미생물이 재배하는 농작물에 대부분 피해를 일으킨다.

자연 생태계와 많은 다작재배 농업 생태계에서, 천적(포식자, 기생충과 미생물)은 대부분의 해충을 제어한다. 이런 무료 생태계 서비스는 지구의 자연 자본인 토지의 중요한 부분을 차지한다. 예를 들면 전 세계 4만여 종의 거미는 매년 살충제로 해충을 방제하는 것보다 훨씬 더 많은 해충을 죽이고 있다. 사납게 생긴 늑대거미(그림 10.19)를 포함하여, 대부분의 거미는 사람에게 해를 주지 않는다.

숲과 초원을 없애고, 단일재배 농작물을 심고, 해충을 죽이는 화학물질로 들판을 뒤덮을 때, 생물 다양성의 지속 가능성의 원리에 부합하는 자연 개체군의 견제와 균형을 뒤엎는다. 따라서 사회는 곤충, 잡초 및 어떤 대가 없이 자연적으로 조절되는 병해충으로부터 단일재배 농작물, 나무 농장, 잔디 및 골프장을 보호하기 위한 방법을 고안하거나, 아니면 경비를 지불해야만 한다.

합성농약은 선택 사항이다

과학자와 공학자들은 다양한 종류의 **합성농약(pesticide)**을 개발하여 농작물에 해를 끼치는 병해충과 잡초를 방제한다. 농약의 종류는 **살충제**(곤충 제거), **제초제**(잡초 제거), **살균제**(병균 제거), **살서제**(쥐 제거) 등이 있다.

1950년 이후 농약 사용량은 50배 이상 증가했고, 현재 사용하고 있는 농약은 50년대에 사용되었던 농약보다

10~100배 이상 독성이 강하다. 광범위한 효력을 가진 일부 합성 살충제는 많은 병해충뿐만 아니라 이로운 생물 종에도 독이 된다. 예를 들면 DDT와 같은 유기염소계 농약, 말라치온과 파라티온 같은 유기인계 농약이 있다.

50배 1950년 이후로 증가된 농약 사용량

선택성이 있고 좁은 범위에 효력을 가진 또 다른 농약은 좁은 영역의 생물에만 효과가 있다. 예로는 조류를 방제하는 살조제, 균류를 방제하는 살균제가 있다.

농약은 환경에 치명적 영향을 주는 **잔류 기간**이 다르다. DDT와 이와 유사한 유기염소계 농약은 수년 동안 환경에 잔류되며, 먹이 사슬과 먹이 그물을 통해 생물 농축이 될 수 있다(그림 8.12 참조). 유기인계 농약은 며칠, 몇 주 동안만 활성 상태로 잔류되므로 생물 농축은 되지 않지만, 인간에 대한 독성은 매우 크다.

미국에서는 농약의 약 1/4을 가정, 정원, 잔디, 공원, 운동장, 수영장, 골프장에서 병해충을 방제하는 데 사용했다. 미국 환경보호국(EPA)에 따르면, 잔디는 일반 농경지보다 단위 면적당 10배 이상 농약이 잔류되었다고 한다.

합성농약의 장점

합성농약은 장점과 단점이 있다. 농약 사용 지지자들은 유익성(그림 10.20, 왼쪽)이 유해성(그림 10.20, 오른쪽)보다 더 크다고 주장한다. 농약 사용 지지자들은 농약의 유익성을 다음과 같이 강조한다.

• **인류의 생명을 구한다.** 1945년 이후, DDT와 다른 살충제는 말라리아(아노펠레스 모기에 의해 전염), 페스트(쥐벼룩에서 전염), 발진티푸스(사람의 이, 벼룩와 같은 곤충이 매개하는 질병으로부터 최소한 700만 명(혹자는 5억 명 이상이라고 주장)의 사람들을 죽음으로부터 구했다.

• 농약은 병해충으로부터 농산물 피해를 줄임으로써 식량 공급을 증가시킨다.

• **토양 침식을 막고 토양의 비옥도를 높이는 데 도움을 준다.** 전통적 무경운농법을 할 때는 쟁기로 잡초를 제거하기보다는 제초제를 뿌린다. 이는 토양의 침식과 토양 양분 고갈을 상당히 감소시킨다.

• **농가의 비용은 줄이고 소득을 증대한다.** 농약에 소비되는 비용은 농약을 사용함으로써 증가한 작물 생산량을 통해 보강할 수 있다.

• **빠르게 작용한다.** 농약은 대부분의 병해충을 빠르게 방제하고, 오래 보관하고, 운반과 적용이 쉽다.

• 최근 새로이 개발된 농약은 이전의 농약보다 더 안전하고 더 효과적이다.

합성농약의 단점

합성농약의 광범위한 사용에 반대하는 사람들은 농약의 유해성(그림 10.20, 오른쪽)이 장점(그림 10.20, 왼쪽)보다 더 크다고 주장한다. 여기에 몇 가지 심각한 문제점이 있다.

• **해충은 농약에 대해 유전적인 내성이 생긴다**(그림 10.21). WHO에 의하면 2010년 이후, 60개국에서 최소 한 종류의 살충제에서 유전적 내성이 발생했다고 보고했고, 동시에 49개국에서는 두 종류 이상의 살충제에 대해 유전적 내성이 생겼다고 보고했다. 제초제

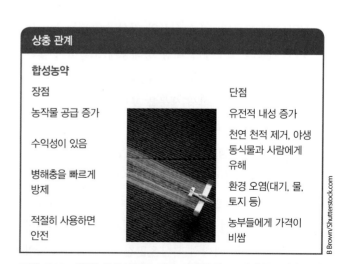

상충 관계	
합성농약	
장점	**단점**
농작물 공급 증가	유전적 내성 증가
수익성이 있음	천연 천적 제거, 야생 동식물과 사람에게 유해
병해충을 빠르게 방제	환경 오염(대기, 물, 토지 등)
적절히 사용하면 안전	농부들에게 가격이 비쌈

B Brown/Shutterstock.com

그림 10.20 합성농약의 장점과 단점. **비판적 사고:** 가장 중요하다고 생각하는 장점 및 단점을 하나씩 제시하고 그 이유를 설명하라.

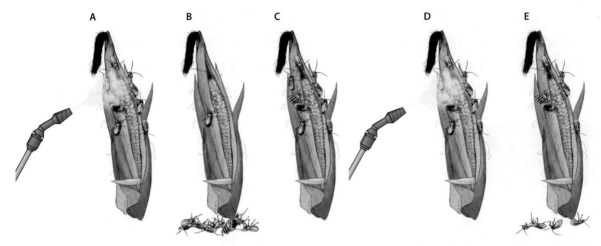

그림 10.21 살충제가 농작물에 뿌려졌을 때 **(a)** 대부분의 병해충은 죽는다. **(b)** 소수의 살아남은 해충들은 번식하고, 살충제 저항성이라는 형질이 다음 세대로 이어진다. **(c)** 살충제가 다시 뿌려졌을 때, **(d)** 더 많은 해충이 저항하고 살아남을 것이고, 계속 번식할 것이다. **(e)** 살충제는 이제 효과가 없어질 것이고 농부들은 더 강한 살충제를 사용하게 된다.

에 완전히 저항력이 있는 슈퍼잡초도 등장하여 번식했다.

- **농약은 농부를 금융 러닝머신에 빠져들게 한다.** 유전적인 내성 때문에, 농민은 갈수록 효과가 적어지는 농약 병해충 제어 프로그램에 더 많은 경비를 지불한다.

- **일부 살충제는 해충을 통제하는 데 도움을 주는 천연 천적까지 죽인다.** 지금 미국에서 가장 해로운 해충 300종 중 100종은 농약을 사용하는 바람에 천적이 사라지기 전까지는 (별 영향을 미치지 않는) 작은 해충에 불과했다(다음 사례 연구 참조).

- **농약은 비효율적으로 살포되어 환경을 오염시킨다.** USDA에 따르면, 공중 살포와 지상 살포되는 농약의 95% 이상의 제초제가 대상 병해충에 도달하지 않는다. 결국 공기, 지표수, 지하수, 수중 침전물, 식품으로 그리고 사람과 야생 생물을 포함한 목표하지 않는 생물체로 이동된다.

- **몇몇 농약은 야생 동식물에 피해를 준다.** 미국 농무성(USDA)과 미국 어류 및 야생동물 관리국(USFWS)에 의하면, 사용된 농약 때문에 많은 곡물의 수분 작용이 이루어지는 꿀벌 군락이 피해를 입거나 전멸한다(8장 핵심 사례 연구, 과학적 핵심 8.2 참조). 생물학적 다양성 센터의 연구에 따르면, 농약은 미국에서 멸종종 세 가지 중 하나에 위협을 준다.

- **일부 농약은 인류 건강을 위협한다.** WHO와 UNEP에 의하면, 해마다 개발도상국 농민 약 300만 명이 농약에 심각하게 중독되었고, 미국에서는 300,000명이 중독되었다. 농약은 또한 전 세계적으로 연간 20,000~40,000명의 사망 원인이 된다. 매년 미국에서 250,000명 이상이 가정용 살충제 때문에 병이 생겼다. 국제과학아카데미의 연구에 따르면, 미국의 연간 4,000~20,000명의 암환자 발병 원인이 식품에 잔류된 농약 때문으로 밝혀지고 있다. 농약산업 사업자는 농약 노출이 심각한 환경이나 건강 문제를 일으킬 만큼 높지 않다고 주장한다. 그림 10.22는 합성농약에 대한 노출을 줄일 수 있는 몇 가지 방법을 나타내고 있다.

생각해보기

연관성 살충제와 식품 선택

미국의 비영리 환경운동 단체인 EWG(Environmental Working Group)에 따르면, 일반적으로 가장 높은 잔류 농약을 가지고 있다고 여겨지는 농작물은 채소와 과일이기에, USDA에서 100% 유기농이라고 보증하는 채소와 과일 12종류만 먹는다면, 살충제 섭취량을 90% 정도 줄일 수 있다고 한다. 2016년 EWG가 설정한 'dirty dozen(농약이 많은 농산물)'은 딸기, 사과, 천도복숭아, 복숭아, 샐러리, 포도, 체리, 시금치, 토마토, 파프리카, 체리토마토, 오이다.

우리는 무엇을 할 수 있는가?

농약 노출 줄이기

- 유기적인 방법으로 일부 농산물을 재배한다.
- 인증된 유기농 식품을 구입한다.
- 모든 신선한 과일, 야채, 야생 농산물을 세척한다.
- 육류를 적게 먹거나 먹지 않으며, 또는 100% 유기적으로 생산된 고기를 소비한다.
- 고기의 지방을 손질한다.

그림 10.22 개별적 문제: 농약에 대한 노출을 줄일 수 있다. **비판적 사고:** 실천에 옮길 가장 중요하다고 생각하는 행동 세 가지는 무엇인가? 그 이유를 설명하라.

■ 사례 연구

생태학적 놀라움: 의도하지 않은 결과의 법칙

현재 사바의 동쪽 말레이시아 국가로 알려진 북보르네오에서는 10명 중 9명이 말라리아에 감염되었다. 1955년, 세계보건기구(WHO)는 말라리아를 감염시키는 모기를 박멸하기 위해 디엘드린(dieldrin; DDT와 유사)을 섬에 살포했다. 이 프로그램으로 말라리아가 거의 제거되어 소위 성공을 했다. 섬에 살고 있는 주민들은 박수를 쳤다.

그런데 예상치 못한 일이 생기기 시작했다. 디엘드린 살충제는 주택에 살고 있는 파리, 바퀴벌레를 포함해서 다른 곤충도 역시 죽였다. 또한 주택에 살고 있는 작은 곤충을 잡아먹는 도마뱀은 살충제에 오염된 곤충을 잡아먹고 난 후 죽었다. 그리고 고양이는 도마뱀을 잡아먹고 죽기 시작했다. 고양이가 사라지자, 쥐가 마을에 번식하여 급속히 퍼져 나가기 시작했다. 섬 주민들이 쥐벼룩으로 인한 페스트 전염병으로 위협을 받을 때, WHO는 쥐를 잡기 위해 건강한 고양이를 섬으로 낙하시켰다. 소위 고양이 낙하가 이루어졌다.

그러나 주민들의 지붕까지 영향이 미치게 되었다. 애벌레를 잡아먹는 말벌과 다른 곤충들도 디엘드린 살충제 때문에 죽었으며, 이런 살충제의 영향을 피할 수 있었던 애벌레도 영향을 받게 되었다. 말벌과 같은 대부분의 포식자가 제거됨으로써 애벌레가 가장 좋아하는 초가지붕에서 애벌레는 크게 번식했다.

이제, 이 에피소드는 잘 끝났다. 농약 사용 프로그램에 의한 말라리아와 예기치 못한 페스트 전염병 두 가지 모두 제어하게 되었다. 그럼에도 불구하고, 의도되거나 뜻하지 않은 이런 연결된 사건은 합성농약의 예상치 못한 영향을 강조하고 있다. 자연과 우리가 영향을 미칠 모든 것에 관여할 것인지 하는 문제가 남는다. 그리고 우리 자신에게 물어볼 필요가 있다, "이제 어떻게 될 것인가?"

살충제는 미국에서 농작물의 해충 피해를 꾸준히 감소시키지 못했다

유전적 내성과 천적의 큰 감소로 인해 합성 살충제는 해충으로 인한 농작물 피해를 꾸준히 감소시키는 데에 성공하지 못했다. 곤충 생태학자인 피멘텔(David Pimentel)은 300명의 농업학자와 경제학자로부터 받은 데이터를 평가했다. 그는 세 가지 결론에 도달했다. 1942년에서 1997년 사이, 10배 가까이 증가한 살충제 사용량에도 불구하고 해충으로 인한 농작물 생산량 감소가 7%에서 13%로 약 두 배 증가했다. 그는 해충 방제의 다른 대안을 찾아 농산물 생산량을 감소시키지 않으면서도, 미국의 주요 40가지 농산물에서 살충제 사용량을 절반 정도 줄일 수 있을 것이라고 예측한다(**개념 10.4**).

살충제 산업체에서는 이런 주장에 대해 반박하지만 수많은 연구와 경험이 피멘텔의 주장을 뒷받침한다. 예를 들어 스웨덴에서는 살충제 사용량을 반으로 줄였지만 농산물 생산량이 거의 감소하지 않았다.

합성 살충제 사용에 대한 규제

20,000가지 이상의 농약 제품이 미국에서 사용되고 있다. EPA, USDA, FDA는 살충제, 살균제, 살서제에 대해 연방법(FIFRA)으로 농약 사용을 통제하고 있으며, 이 법은 1947년에 입법되고 1972년에 개정되었다. 비평가들은 FIFRA가 제대로 실행되지 않는다고 비판하고, EPA는 미국 의회가 장기간의 복잡한 평가 과정을 수행하기에 충분한 자금을 제공하지 않고 있다고 말한다.

1996년, 미량의 농약이 어린이에게 미치는 영향에 관한 과학적 증거와 시민의 압력 때문에 의회는 식품품질보호법을 통과시켰다. 이 법안은 아이들에게 잠재적으로 해로운 영향에 대한 정보가 충분하지 않을 때 EPA가 음식물에 허용되는 잔류 농약을 10배 감축하도록 요구한다. 일부 과학자는 레벨을 100배 감축해야 한다고 주장하기도 한다.

1972년에서 2016년 사이에, EPA는 FIFRA법으로 64가지 농약의 사용을 금지하거나 심각하게 제한했으며, 여기에는 DDT와 대부분의 다른 유기염소계 농약을 포함시켰다. 그러나 국립과학아카데미의 연구에 따르면, 농약 사용을 규제하는 연방 법률은 불충분하고, 실행이 잘 되지 않고 있다. 2015년 GAO의 연구에 따르면, FDA는 수입되는 과일과 채소가 0.1% 미만만이 검사를 거친다고 한다. FDA는 또한, 식품에 있어서 EPA가 엄격히 규제하고 있는 잔류 농약 검사를 거의 거치치 않기도 한다.

전 세계로 수출된 것은 다시 되돌아 올 수 있다. 다른 나라로 수출된 합성농약으로 인해, 일부 금지하거나 승인되지 않은 농약이 잔류된 식품을 수입하게 되고, 농약을 수출한 국가로 되돌아 올 수 있는데, 이를 어떤 환경과학자는 **농약 순환 고리**, 또는 **부메랑 효과**라고 부른다. 바람을 통해서도 잔류된 농약은 한 나라에서 다른 나라로 이동될 수 있다.

2000년에는 100개국 이상이 특별히 유해한 잔류성 유기화합물(persistent organic pollutants, POPs) 12가지를 사용 금지하거나 단계적으로 폐지하기 위한 국제협정을 만들었는데, 여기에는 DDT와 이와 유사한 잔류성이 긴 유기염소계 농약 9가지가 포함된다. 미국은 이 국제협정에 서명하지 않았다. 2015년에는 12가지 목록이 25가지로 늘어났다. 2004년에, POPs 협정이 발효되었다. 2016년 기준, 미국을 제외한 180개국이 POPs를 가입하거나 비준했다.

합성농약에 대한 대안이 있다

많은 과학자들은 농작물과 인류 건강에 영향을 미치는 병해충과 질병을 제어하기 위해 생물학적, 생태학적 그리고 다른 대체 방법을 증대해야 한다고 믿는다(**개념 10.4**). 여기에는 몇 가지 대안이 있다.

- 해충을 바보로 만든다. 해충의 영향을 감소시키기 위해 여러 가지 경작법을 사용할 수 있다. 예를 들면 매년 농경지에 재배되는 농작물의 종류를 바꾸어 회전시키고, 재배 기간을 조정하여 주된 해충을 아사시키거나 포식자에게 잡아먹히도록 한다.

- 해충의 천적을 위한 서식지를 제공한다. 농부는 다작농업을 증대할 수 있는데, 식물 다양성을 이루는 다작농업은 해충의 포식자를 위한 서식지를 제공함으로써 해충을 감소시킬 수 있다.

- 저항성을 가진 유전자를 이식한다. 병해충에 저항성을 가진 품종을 빠르게 개발하기 위해 유전공학을 이용한다. 하지만 GM 농작물의 예측되는 장점이 단점보다 더 중요한지에 대한 논란은 계속된다.

- 천적을 이용한다. 자연적인 포식자를 이용해서 생물학적 조절을 하는데(그림 10.19, 10.23), 기생충 및 질병을 유발하는 박테리아와 바이러스를 이용하여 병해충을 제어한다. 천적을 이용하는 방법은 다른 종에 유독하지 않으며, 유전적 내성을 최소화하며, 농약을 사용

그림 10.23 자연 자본: 생물학적 해충 제어의 예로서, 말벌이 집시 나방 애벌레를 잡아먹고 있다.

하는 것보다 비용이 적게 든다. 그러나 일부 생물학적 제어 천적은 대량 생산하기 어렵고, 종종 합성농약보다 천천히 작용하고, 사용하기가 어렵다. 때로는 천적이 증식되어 그 자체로 해충이 될 수 있다.

- 곤충 유인 물질을 사용한다. 미량의 성 유인 물질(페로몬)은 경작지에서 해충을 트랩에 유인하거나 포식자에게 모이게 할 수 있다. 이런 유인 물질은 각각에 해당하는 한 종족만 유인한다. 유인 물질 유전자 저항을 일으키지 않으며 목표물이 아닌 생물에 피해를 주지 않는다. 그러나 유인 물질을 생산하는 시간과 비용이 많이 소요된다.

- 호르몬을 이용한다. 호르몬은 생물의 여러 단계 대사 과정에서 생성되는 물질이다. 곤충의 정상적인 생활 주기를 파괴하고, 곤충의 성숙이나 번식을 저해할 수 있는 호르몬을 정제하는 방법과 사용하는 방법을 과학자들이 알게 되었다. 곤충 호르몬은 성 유인 물질 같이 몇 가지 장점과 단점이 있다. 또한 곤충 호르몬으로 곤충을 죽이는 데 수 주가 소요되고, 종종 대규모 곤충이 유입되면 효과가 없으며, 때로는 곤충 호르몬은 작용하기 전에 분해된다.

- 잡초를 제어함으로써 제초제 사용을 줄인다. 유기 농업을 하는 농부는 작물 윤작, 기계 경작, 손으로 제초, 잡초를 덮거나 멀칭 하는 방법으로 잡초를 제어한다.

통합해충관리

많은 해충관리 전문가와 농민들은 농작물 해충을 제어하는 가장 좋은 방법이 잘 설계된 **통합해충관리**(integrated pest management, IPM) 프로그램이라고 믿는다. 지속 가능한 접근방법인 통합해충관리는 각각의 농작물과 병해충을 생태 시스템의 한 구성 요소로 취급한다(개념 **10.4**). 그러면 농부들은 생태계의 협동 과정에 적용할 수 있는 재배, 생물학적 및 화학적 도구와 기술을 조합하여 통합해충관리(IPM) 프로그램을 개발한다.

IPM의 궁극적 목적은 경제적으로 허용 가능한 수준까지만 농작물 피해를 줄이는 것이다. 병해충 침입을 중단하기 위해, 매년 농작물을 윤작하고, 농작물 경작지를 변경하고, 농경지를 신중하게 모니터링 한다. 해충의 피해가 어느 수준에 도달하면, 농부는 먼저 생물학적 방법(자연의 포식자, 기생충 및 미생물) 및 재배 방법(재배시기를 변경하거나, 유해한 해충을 제거할 수 있는 큰 기계를 사용하는 등)을 사용한다. 단지 농작물의 병해충 손실에 대한 잠재 비용이 농약을 사용해야 할 한계까지 해충과 잡초가 도달하면, 농부들은 주로 생물농약을 사용하며 아울러 소량의 합성농약을 사용한다.

스웨덴과 덴마크에서도 통합해충관리 방법을 적용했는데 농약 사용량이 절반으로 줄었다. 쿠바와 같이 농작물 재배에서 유기농법을 사용하는 농경지에서는 IPM을 광범위하게 사용한다. 브라질에서는 IPM으로 대두에서 90%까지 농약 사용을 줄였다.

미국 국립과학아카데미의 2003년 연구에 따르면, 잘 설계된 IPM 프로그램은 작물 수확량 및 식품의 품질을 낮추지 않고도 50~65%까지 합성농약과 병해충관리 비용을 절감할 수 있다. 통합해충관리 방법은 비료와 관개 용수 사용을 감소시키고, 또한 병해충이 농작물을 공격하는 비율이 낮아져 농약의 사용량이 적어지기 때문에 병해충의 유전적 내성 발달을 지연시킨다. 이렇듯 통합해충관리 프로그램은 인류 건강과 야생 생태계의 위험을 감소시키고 생물 다양성의 지속 가능성의 원리 를 적용하기 때문에 환경 오염 방지의 중요한 방법이다.

이런 장점에도 불구하고, 병해충 제어의 다른 형태처럼 IPM도 몇 가지 단점이 있다. 통합해충관리 방법은 병해충의 상황에 맞는 전문적인 지식이 필요하고, 일반적인 농약 살포보다 효과가 늦게 나타난다. 또한 한 지역에서 특정 작물을 위한 방법이 개발되었다 하더라도 생장 조건이 조금 다른 지역에서는 그 방법을 적용하기가 어렵다. 비록 장기적으로는 농약을 사용한 방법이 통합해충관리 방법보다 비용이 낮다고 할지라도, 초기 비용은 많이 들어간다. 합성농약을 사용하면 정부보조금을 주는 미국과 다른 몇몇 나라에서는 IPM의 광범위한 사용이 방해를 받는데, 농약 제조사의 반대와 IPM 전문가의 부족도 마찬가지로 이유가 된다. 녹색 일자리: 통합해충관리

많은 과학자들은 미국 농무성(USDA)이 통합해충관

리 프로그램을 확대 적용하기 위해서 다음 세 가지 전략을 추진할 것을 촉구했다. 첫째, 농약에 대한 2% 판매 세금을 부과하여 통합해충관리 방법을 교육하고 연구할 기금을 마련하고, 둘째, 각 군(county)에 적어도 한 농장에 통합해충관리 프로그램 실험 프로젝트를 하게끔 지정하고, 셋째, 통합해충관리 방법을 사용하는 농부를 도울 수 있도록 미국 농무성 실무 담당자를 훈련시켜야 한다. 농약 산업체는 이런 세 가지 정책이 회사 이익을 줄일 수 있기 때문에 적극적이고 지속적으로 반대한다.

한편, 국제연합과 세계은행은 통합해충관리 프로그램 기구를 만들기 위한 협의를 하고 있다. 여기서는 연구자, 농민 그리고 통합해충관리 방법 농업관계자 사이에 네트워크를 구축하고 정보를 공유함으로써 통합해충관리 프로그램 사용의 증진을 목표로 하고 있다. GOOD NEWS

10.5 더욱 지속 가능하게 식량을 생산하기 위해서는 어떻게 해야 하는가?

개념 10.5 효율적으로 자원을 사용하고, 기업화된 농업이 환경에 미치는 유해한 영향을 크게 줄이고, 이런 유해한 영향을 일으키는 정부보조금을 중단함으로써 지속 가능하게 식량을 생산할 수 있다.

토양 침식 감소

식량 생산에 사용되는 토지는 비옥한 표토가 있어야 하고(그림 3.9 참조), 비옥한 표토가 형성되기 위해서는 수백 년이 걸린다. 따라서 급격한 표토 침식을 줄이는 것은 더욱 지속 가능한 농업의 가장 중요한 구성 요소가 되고, 이로운 환경 영향을 증가시키기 위한 중요한 방법의 하나다.

토양 보존(soil conservation)은 토양 침식을 줄이고, 토양의 비옥도를 보호하고, 회복하는 것을 의미하며, 그 방법으로 토양 표면의 식생을 유지한다. 농부들은 침식을 감소시킬 수 있는 몇 가지 농법을 사용하고 있다. 예를 들면 **계단식 경작**(terracing farming)은 급한 경사지에서 토양 침식을 줄이기 위해 사용된다. 급경사지 토지의 등고선을 따라 넓고, 같은 높이의 연속된 계단을 만든다(그림 10.24a). 계단식 경작법은 각 단에서 작물을 위한 수분을 보유하고, 유수를 조절함으로써 토양 침식을 줄인다.

상당한 경사가 있는 토지에서는 **등고선식 경작**(contour planting)이 표토 침식을 줄이기 위해 사용될 수 있다(그림 10.24b). 등고선식 경작이란 경사진 등고선을 따라 위, 아래로 열을 지어 경운을 하고 경작하는 것을 말한다. 등고선을 따라 경작되는 각각의 열은 유수의 속도를 줄여줌으로써 토양의 정착을 돕는 작은 댐 역할을 한다. 비슷하게 **장대식 경작**(strip-cropping)은 토양 침식을 감소시키고 토양 비옥도를 복원하는 데 도움이 된다(그림 10.24b). 장대식 경작은 토양 표면을 덮는 **표피작물**(예: 알팔파, 클로버, 귀리, 호밀 등)과 열로 심는 작물(예: 옥수수, 면화 등)을 번갈아 긴 띠 모양을 이루어 재배하는 방법이다. 표피작물은 열로 식재된 작물에서 침식되는 토양을 막아주고, 유수의 흐름을 느리게 한다.

토양 침식을 줄일 수 있는 또 다른 방법으로, **오솔길식 경작**(alley cropping)이나 **혼농임업**(agroforestry)이 있다(그림 10.24c). 토양에 질소를 생성할 콩과류 또는 다른 작물로, 하나 이상의 작물을 과수나무 또는 관목 사이의 좁은 공간에 여러 작물을 함께 심는 간작의 한 형태다. 증발에 의한 수분 손실을 줄여주고 토양 수분이 보유되며, 서서히 증발되도록 하여 장기간 가뭄에 크게 유용한 방법이 된다.

바람에 의한 풍식을 막기 위해 농작물 주위에 **방풍시설**(windbreak)이나 **방풍림**(shelter-belt)을 설치할 수 있다(그림 10.24d). 나무는 토양 수분을 유지하고, 연료로 사용될 목재를 공급하고, 해충 제어 및 꽃가루 수분에 도움이 되는 조류와 곤충의 서식처를 제공한다.

표토에 경운이나 쟁기질을 최소화하거나, 경작지에 농작물을 남겨두는 농법으로 표토 침식을 크게 줄일 수 있다. 표토를 교란하지 않고, 지표에 남아 있는 농작물의 잔재물 위에 구멍을 내어서 직접 종자를 파종하는 농기계를 사용함으로써 **농토보존경작**(conservation-tillage farming)을 한다. 토양 구조의 교란은 종자 파종기에 의한 좁은 틈새에서만 일어나며, 잡초는 제초제로 제어한다.

그림 10.24 토양 보전 방법: **(a)** 계단식 경작 **(b)** 등고선식 경작 **(c)** 오솔길식 경작 **(d)** 방풍림

이런 유형의 농법은 농작물 생산량을 증가시키고 토양 침식을 크게 감소시키며 침전물과 비료 유출로 인한 수질 오염도 감소시킨다. 또한 토양이 더 많은 수분을 보존하게 함으로써 농부들이 장기화된 가뭄을 극복할 수 있도록 한다. 그러나 이 농법에도 한 가지 문제점이 있다. 제초제를 많이 사용하면 제초제 내성 잡초의 성장을 촉진하는데, 이에 따라 농부들이 잡초 제거제를 더 많이 사용하거나 경운농법으로 돌아갈 수 있다는 것이다. 그러나 Rodale Research Institute(10장 도입부 사진)에서 개발하고 있는 유기물경운농법은 제초제를 사용하지 않기 때문에 경운농법으로 돌아가지 않아도 될 것이다.

정부의 조사에 따르면, 농토보존경작은 미국 내 경작지의 약 35%에서 사용하고 있다. 그리고 전 세계적으로는 농경지 전체의 10%에 사용되고 있지만, 증가하고 있는 추세다.

표토층을 보존할 수 있는 다른 방법으로는 토양을 사용하지 않고 식물을 기르는 것이다. 몇몇 생산자들은 온실에서 수경 재배(hydroponics)법으로 농작물을 기른다. Growing Power(핵심 사례 연구)의 앨런은 샐러드용 야채와 물고기를 함께 기르는 시스템을 개발했다. 어항의 하수가 식물이 심긴 구유통으로 흘러들어가 양분을 제공하는 방식이다. 식물의 뿌리가 하수를 정화하고, 그 물이 다시 어항으로 돌아간다. 화학 성분이 없는, 폐회로 형식의 수중 재배 시스템으로 토양, 물, 에너지를 보존하면서도

100,000마리의 틸라피아와 농어(류의 민물고기)를 키워 지역 장터에서 샐러드와 함께 판매하고 있다.

지구의 표토를 보전하는 또 다른 방법은 전 세계 표토 침식의 대부분을 차지하는 한계 농경지의 약 1/10을 경작지로 사용하지 않는 것이다. 토양 침식이 많이 일어나는 주요 지점을 식별하고, 이런 지역에는 경작을 하지 않거나, 적어도 표토가 재생될 때까지 목초나 나무를 심는다.

미국과 같은 몇몇 국가에서는 환경 등 보호를 위한 목적으로, 상당히 많은 경지들을 확보하기 위해 농부들에게 돈을 지불한다. 1985 Farm Act 아래, 농지 보존 계획(Conservation Reserve Program)에 참여하는 400,000명의 농부들은 침식 가능성이 매우 높은 땅에서는 농사를 하지 않고, 오히려 10~15년 동안 목초와 나무를 다시 심었다. 이에 대한 대가로 이들은 정부로부터 보조금을 수령했다. 이런 노력들로 인해 1985년 이후, 미국 농경지의 표토층 유실이 40% 정도 감소했다.

생각해보기

연관성 옥수수, 에탄올 그리고 토양 보존

최근 몇 년 동안, 몇몇 미국 농부들은 정부로부터 자동차 연료로 쓰일 에탄올의 재료인 옥수수를 생산하기 위한 보조금을 더 많이 받기 위해 침식 가능성이 있는 땅을 보존 유보 지역으로부터 배제시켰다. (옥수수 농사는 토양으로부터 질소를 제거하고, 대기로부터 이산화탄소를 흡수하여 탄소를 보관하는 토양의 기능을 떨어뜨린다.) 이는 국가의 매우 성공적인 표토 보존 유보 프로그램을 없애거나 급격히 축소시키기 위한 정치적 압박을 증가시켰다.

토양 비옥도의 복원

토양 비옥도를 유지하는 가장 좋은 방법은 표토를 보존하는 것이다. 또 다른 최선의 선택은 영양분이 표토로부터 용출되거나 용탈되지 않도록 해야 하며, 계속해서 농작물 수확으로 인해 유기물이 제거되는 것을 막아야 한다. 이렇게 하려면, 농부는 식물과 동물로부터 **유기질 비료(organic fertilizer)**와 질소, 인, **칼륨(포타슘)**을 포함한 각종 광물로부터 생산되는 합성 무기질 비료를 사용할 수 있다.

유기질 비료는 기본 형태에 따라 세 가지, 즉 동물성 비료, 식물성 비료, 퇴비로 나눈다. 그중 하나로, **동물성 비료(animal manure)**는 가축, 말, 가금류, 그 외 다른 가축들의 대, 소변으로 만들어진다. 동물질 비료는 토양 구조를 개선하고, 유기질소를 공급하며, 토양에 이로운 세균과 진균을 자라게 한다. 두 번째로, **식물성 비료(green manure)**는 최근에 추수된 또는 자라고 있는 녹색식물로서, 경운된 후에는 토양에 유기물질을 증가시키고, 다음 작물에 유용한 부식질을 제공한다. 세 번째 유형으로, **퇴비(compost)**는 낙엽, 농작물, 식품 폐기물, 종이 등의 유기물이 토양 중에서 미생물에 의해 분해되어 만들어진다.

Growing Power(핵심 사례 연구)는 퇴비에 크게 의존한다. 앨런 음식물 쓰레기들을 퇴비 더미에 추가하기 위해 지역 식료품 잡화상과 식당 주인들에게 요청한다. 이런 퇴비를 만들기 위해 앨런은 빨리 번식하고 자신의 몸집만큼 음식물 찌꺼기를 먹어치우는 수백만 마리의 줄지렁이를 사용한다. 이에 따라 음식물 쓰레기는 식물에게 공급할 수 있는 양분으로 바뀐다. 비료화처리 과정에서 열이 상당량 발생하는데, 이는 겨울에 온실을 따뜻하게 유지시키는 데 쓰인다.

다른 유기 비료로는 바이오 숯이 있다. 이는 버려진 목재 물질을 열분해 과정을 거쳐 숯으로 만든 것이다. 산소 유입을 제한시킨 컨테이너에서 낮은 온도의 열을 계속 가하여 목재를 숯으로 만드는 방식이 **열분해(pyrolysis)**다. 바이오 숯은 땅에 묻혀 표토에 양분을 공급하여 질을 높인다. 그리고 대기로부터 이산화탄소를 제거하는 역할도 하는 바, 기후변화의 속도를 늦출 수 있다.

옥수수와 목화는 같은 땅에 수년 동안 연속적으로 재배하면 토양의 영양, 특히 질소가 고갈될 수 있는데, **윤작(crop rotation)**은 이런 문제점을 해결할 수 있다. 한 해는 질소를 고갈시키는 작물을 심고, 다음 해에는 뿌리혹이 토양에 질소를 공급하는 콩과식물을 심는다. 윤작은 토양을 식생으로 덮여 있게 함으로써 토양의 양분을 회복하고, 침식을 줄일 수 있다.

많은 농민들(특히 선진국에서)은 합성 무기질 비료에 의존하고 있다. 세계 작물 수확량의 25%가 합성 무기질 비료에 의해 이루어진다. 상업적 무기질 비료로 고갈된 무기 양분을 공급할 수 있으나, 유기질 비료를 완전하게 대체할 수는 없다. 따라서 건강한 토양을 유지하기 위해서는 무기질 비료와 유기질 비료를 적절하게 같이 사용해야 한다.

토양 염류화와 사막화의 감소

우리는 그림 10.25에 요약해 놓은 것처럼 토양 염류화를 예방하고 처리하는 방법을 알고 있다. 문제는 이런 방법들이 비싸다는 것이다.

사막화를 줄이기는 쉽지 않다. 날씨 변화로 인한 장기적인 가뭄의 시기와 위치를 제어할 수 없다. 그러나 침식과 사막화로 토양이 악화되는 원인이 될 수 있는 인구 성장, 방목, 삼림 벌채, 그리고 식생의 파괴, 관개, 광산 등은 감소시킬 수 있다. 우리는 금세기 동안 세계 넓은 지역에서 심각한 가뭄이 길어질 것으로 예측되는 기후변화에 대해 인간의 영향을 줄일 수 있도록 노력해야 한다.

또한 토양과 물을 저장할 수 있는 나무와 다른 식물을 심음으로써 사막화된 토지를 복원할 수 있다(오솔길식 경작, 그림 10.24c). 나무와 농작물을 같이 재배하여 방풍림을 설치할 수 있다(그림 10.24d).

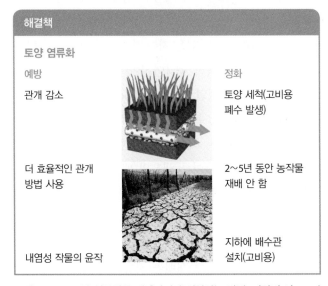

그림 10.25 토양 염류화를 예방하거나 정화하는 방법. **비판적 사고:** 가장 좋다고 생각하는 해결책 두 가지는 무엇인가? 그 이유를 설명하라.
USDA Natural Resources Conservation Service

육류 생산이 환경에 미치는 영향 감소시키기

육류와 유제품의 생산은 환경에 큰 영향을 미친다. 육류 소비는 부유한 나라 사람들의 생태 발자국이 커지는 가장 큰 이유 중 하나다.

육류 생산과 소비가 보다 지속 가능한 형태로 변화되어야 한다(그림 10.26). 즉 소, 돼지 그리고 어류 양식으로 길러지는 육식 물고기와 같은, 곡물을 많이 소비하는 동물로부터 동물성 단백질을 섭취하는 비효율적 곡물 소비 형태로부터, 가금류 그리고 식물을 먹이로 하는 어류를 소비함으로써 좀 더 곡물을 효율적으로 소비할 수 있는 형태로 전환해야 한다.

단백질은 곤충을 통해서도 섭취할 수 있다. 당신은 딱정벌레 샐러드, 애벌레 스튜, 개미 튀김 스낵을 먹는다는 생각이나 할 수 있는가? 만약 역겹다고 생각한다면, 당신만 그렇게 생각하는 것은 아니다. 그러나 FAO에 따르면, 전 세계적으로 최소한 2,000종의 곤충들이 20억보다 많은 사람들에게 영양소를 공급하고 있다. 태국이나 호주, 멕시코 등의 나라에서는 곤충을 튀기거나 밀가루로 요리하여 소스와 먹기도 하고, 빵이나 스튜로 만들어 먹기도 한다. 곤충에는 단백질, 식이섬유, 건강한 지방이 풍부하게 들어 있기 때문이다. 곤충은 칼슘, 철, 비타민 B, 아연 등과 같은 필수 미량 영양소를 제공해주기도 한다.

육류를 구매할 여유가 있어도 일부러 일주일에 1~2일은 육류를 섭취하지 않는 부류의 사람들이 증가하고 있다. 더 나아가 육류를 식단에서 완전히 배제해버리는 사

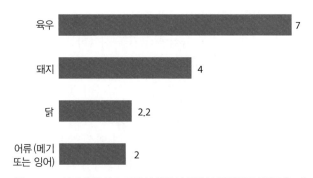

그림 10.26 여러 종류의 고기에서 곡물이 동물성 단백질로 변환되는 효율. 이 막대그래프는 고기 단위 kg에 필요한 곡물의 kg을 보여준다.
Compiled by the authors using data from U.S. Department of Agriculture.

람들도 있다. 그들은 육류를 섭취하는 대신 과일, 채소, 콩류의 고단백질 음식을 섭취하는 등 균형 잡힌 채식주의 식단을 추구한다. 한 연구에 따르면, 모든 미국인들이 일주일에 하루만이라도 고정적으로 육류를 섭취하지 않을 시에 온실가스 배출 감소량이 매년 도로를 주행하는 3,000~4,000만 대의 자동차가 사라지는 것과 같다고 한다.

지속 가능한 양식업 기술의 실행

다양한 단체에서 지속 가능한 양식업과 어업 관행을 위한 가이드라인과 기준, 보증서를 만들었다. 예를 들어 비록 전 세계 양식업의 4.6%만이 보증되기는 했지만 세계양식책임관리회(The Aquaculture Stewardship Council, ASC)는 양식업의 지속 가능성을 위한 기준을 만들었다. 세계해양관리위원회(The Marine Stewardship Council, MSC)는 야생 포획 어류를 위한 비슷한 프로그램을 수행한다. 유기농 인증과 같이, 이 프로그램은 소비자들이 지속 가능한 소비를 할 수 있도록 식품에 상표를 붙여 분류했다.

과학자들과 양식업자들은 좀 더 지속 가능한 양식업을 하며 환경에 미치는 유해한 영향을 줄이기 위한 몇 가지 방법을 나열하고 있다. 이런 접근방식은 300 km 원해바다의 사육장에서 대형 육식 물고기를 사육하는 개방바다양식업(open-ocean aquaculture)에 적용된다(그림 9.24 참조). 자동으로 부표에서 먹이를 제공하여 물고기를 양식하며, 물고기의 배설물은 해수, 바람, 해류에 의해 희석된다. 일부 양식 물고기는 탈출하여 야생으로 성장할 수 있지만, 이는 그 대가가 크다. 원해양식이 환경에 미치는 영향은 근해양식보다 보다 적고, 상업적 어업보다는 훨씬 적다.

다른 양식업자들은 새우와 여러 종의 물고기들을 내륙 시설의 담수성 연못이나 탱크에서 키움으로써 수중 재배로 인해 발생하는 해안 환경 파괴를 줄인다. 그런 재순환 수중 재배 시스템(recirculating aquaculture system)에서는 물고기를 기르는 데 사용된 물이 계속적으로 재활용된다. 이는 생선 폐기물로 인한 수중 재배 시스템의 오염 가능성을 배제시키고, 양식장 물고기들이 병을 이겨내기 위해 필요한 항생 물질이나 다른 화학물질의 필요성을 감소시킨다. 또한 이 시스템은 양식 물고기가 자연 수생 시스템으로 빠져나가는 문제를 없애준다. The Growing Power aquaponic system(핵심 사례 연구)은 생선 폐기물을 확보하여, 이를 샐러드용 채소를 기르는 데 사용되는 비료로 전환시킨다.

긴 안목으로 보면, 지속 가능한 양식업은 양식업자와 소비자에게 몇 가지 근본적인 변화가 필요하다. 하나의 변화는 다른 물고기보다 해조류와 식물을 먹고 사는 어종을 선택함으로써 이런 양식의 어종은 더 유익한 소비자가 될 것이다. 연어, 송어, 참치, 농어 및 대구와 같은 육식 물고기를 양식하는 것은 먹이에 사용할 물고기를 남획하게 되고, 궁극적으로 지속 불가능하게 될 것이다. 붕어, 틸라피아, 메기와 같은 식물을 먹이로 하는 양식은 이런 문제에서 벗어나고 지속 가능한 형태의 양식업이 된다. 식물을 먹이로 하는 양식보다 동물의 어분을 먹이로 수확량을 증대하려는 양식업은 지속 불가능한 양식업이 된다.

양식업자들은 특히 동남아시아에서 수 세기 동안 양식업의 일부가 되었던 **복합양식업**(polyaquaculture)을 어민들에게 강조한다. 복합양식업은 해안 석호, 연못 그리고 수조에서 해조류, 해초, 조개와 함께 생선이나 새우를 같이 양식한다. 생선이나 새우의 배설물은 다른 종의 먹이가 된다. 이 방법은 재활용과 생물 다양성의 **지속 가능성의 원리**를 적용한 것이다. **녹색 일자리: 지속가능한 양식업**

그림 10.27은 수중 재배를 지속 가능하게 하는 방법과 환경에 미치는 악영향을 감소시킬 수 있는 방법에 대해 보여준다.

더욱 지속 가능한 양식업

- 맹그로브 숲과 하구를 보호
- 어류 배설물의 관리 방법 향상
- 양식 어종의 탈출 방지
- 해조류, 어류, 어패류가 같이 양식되는 자립 형태의 양식업 구축
- 양식업이 지속 가능한 형태인지 확인하고 기록

그림 10.27 양식업을 더욱 지속 가능한 형태로 하고, 양식업이 환경에 미치는 나쁜 영향을 감소시켜야 한다. **비판적 사고:** 가장 좋다고 생각하는 해결책 두 가지는 무엇인가? 그 이유를 설명하라.

더욱 지속 가능한 형태의 식량 생산으로 변화

현대 기업화된 식량 생산(modern industrialized food production)은 저렴한 비용으로 식량을 대량 생산하고 있다. 그러나 점점 더 많은 분석가들은 유해한 환경 영향과 비용 때문에 지속 불가능하다고 한다(그림 10.10). 그것은 다음의 세 가지 과학적 지속 가능성의 원리🌱를 위반하기 때문이다. 현대 기업화된 식량 생산 방식은 화석연료 사용에 크게 의존하는데 이는 대기에 온실가스를 배출하여 기후변화에 영향을 미친다. 생물 다양성과 농업 생태계 다양성을 감소시키고, 식물의 영양염 순환을 방해한다. 식량 생산이 환경에 미치는 나쁜 영향에 대한 비용이 식량 가격에는 포함되지 않기 때문에 이런 사실이 소비자에게는 숨겨져 있다. 이는 전체 비용 책정의 지속 가능성의 원리🌱를 위반한 것이다.

더 지속 가능한 식량 생산 시스템은 몇몇 주요 구성요소를 가지고 있다(그림 10.28, 개념 10.5). 한 구성요소는 USDA가 100% 보증한 유기 농업이다. 다른 기술과 마찬가지로, 유기 농법은 장점과 단점을 모두 가지고 있다(그림 10.29). 그러나 Rodale Institute(10장 도입부 사진)의 과학자들을 포함한 많은 전문가들은 1981년부터 유기 농법에 대한 연구를 해왔다. 이런 연구와 다른 여러 과학자들에 따르면, 유기 농법의 장점이 단점보다 훨씬 더 많다. USDA가 100% 보증한 유기농 식품을 섭취함으로써 소비자들은 일반 식품에 잔류할 수 있는 살충제와 항생 물질 내성균에 대한 노출을 감소시킬 수 있고, 이로운 산화

지속 가능한 식량 생산

적극적 방법	소극적 방법
고수율 복합영농	토양 침식
유기질 비료	토양 염류화
생물학적 해충방제	수질 오염
통합병해충관리	지하수 고갈
관개 효율화	과도한 방목
연중 농업	어류의 남획
윤작	생물 다양성 파괴
효율적인 농업수 관리	화석연료 사용
토양보존	온실가스 배출
지속 가능한 농업에 보조금 지급	지속 불가능한 농업에 보조금 지급

그림 10.28 지속 가능한 저투입 식량 생산의 주요 요건. **비판적 사고:** 적극적, 소극적 두 해결 방법 중 어느 것이 더 중요하다고 생각하는가? 그 이유를 설명하라.

Top: Marko5/Shutterstock.com. Center: Anhong/Dreamstime.com. Bottom: Pacopi/Shutterstock.com.

유기 농업

장점	단점
토양 침식을 감소시킴	거름을 많이 사용하면 지표수와 지하수 오염 증가
가뭄이 있을 때에는 토양에 더 많은 물을 유지	대규모 퇴비화 처리로 인한 온실가스 생성
토양 비옥도 향상	대규모 생산업인 것에 비해 낮은 농작물 생산량
사용되는 에너지 사용량 감소와 CO_2 배출량 감소	잡초 제거를 위한 경작이 토양 침식 유발
살충제와 합성비료로부터 발생한 수질 오염 제거	고비용은 비용 상승을 초래
새와 박쥐와 같은 야생동물에게 이득	

그림 10.29 유기농법의 장점과 단점. **비판적 사고:** 가장 중요하다고 생각하는 장점과 단점을 한 가지씩 제시하고 그 이유를 설명하라.

Bottom: Marbury67/Dreamstime.com. Top: Robert Kneschke/Shutterstock.com

데이비드 틸먼: 다작재배 연구가

데이비드 틸먼(David Tilman)은 가장 명망 있는 생태학자이자 농업 연구가 중 한 사람이다. 틸먼은 미네소타 대학교의 교수다. 그는 대학교 소유의 잔디밭을 이용하여 1981년부터 150개 이상의 장기적인 통제 실험을 실행했다. 예를 들어 그는 여러 비료의 혼합물과 물을 섞어 실험 토지(experimental plot)에 뿌렸고 식물들이 어떻게 반응하는지를 관찰했다. 그 후 그는 실험 토지에서 나타나는 결과와, 아무런 조치를 취하지 않은 상태의 대조 토지(control plot)를 비교했다. 위의 실험들에서 그는 여러 종의 식물들을 다양한 방법으로 혼합했고, 다작재배의 장점에 집중했다.

생태학자인 라이히와 틸먼은 단일재배 토지에서보다 신중하게 관리된 다작재배 토지에서 일관되게 농업 생산량이 더 높았다는 것을 발견했다. 이런 연구는 몇몇 분석가들이 지속 가능한 식품 생산을 위해서 왜 다작재배 농업을 확장해야 한다고 주장하는지를 증명한다.

틸먼의 위와 같은 발견은, 생물 다양성이 생태계를 좀 더 안정적이고 지속 가능하도록 만든다는 과학적 주장을 뒷받침하는 것이기도 하다. 예를 들어 많은 숲이 병충해 때문에 손상되지만 다른 여러 종의 목초가 존재하기에 그런 손상을 이겨낼 수 있다. 어떤 종은 멸종되기도 하지만, 그렇다고 숲 전체가 사라지지는 않는다. 하지만 옥수수나 밀밭은 혹서나 가뭄, 전염병, 병충해 등에 매우 취약하다.

그의 중요한 연구들 덕분에 틸먼은 여러 상을 수상했다. 2010년에는 생태학에 대한 기여로, 환경과학 부문에서 Heineken Prize를 수상했다.

방지제 섭취를 70% 정도 증가시킬 수 있다.

지속 가능한 농업을 위해서는 전통적인 단일재배 방식은 줄이고 유기다작재배 방식을 늘려야 한다. 한 연구 결과에 따르면, 평균적으로 고투입 기업 단일재배보다 저투입 다작재배가 단위 면적당 생산량이 더 높다. 저투입 다작재배는 더 적은 에너지와 자원을 사용하고 영세 지주들에게는 식량 안보를 더 보장해준다. 생태학자 틸먼(David Tilman)(개별적 문제 10.1)은 다작재배의 장점을 증명하는 데 큰 역할을 했다. Growing Power(핵심 사례 연구)는 다양한 종류의 농작물을 여러 온실에서 재배하면서 다작재배를 실천하고 있다.

몇몇 과학자들은 다작재배를 다년생 작물(한 해 걸러 자라는 작물)에 적용하는 것에 특별한 관심을 가지고 있다(과학적 핵심 10.1).

더욱 지속 가능한 농업을 발전시키는 다른 중요 구성 요소로는 식품을 생산할 때, 화석연료를 재생 가능 에너지로 대체하는 것이 있다. 태양 에너지의 지속 가능성의 원리를 적용하는 것으로, Growing Power(핵심 사례 연구)를 통해 그 중요성이 입증되었다. 식품 생산업에 필요한 전기와 연료를 만들기 위해서 농부들은 재생 가능한 태양 에너지, 풍력, 유수, biogas digesters라는 탱크에서 농업 폐기물로부터 만들어낸 바이오 연료를 이용할 수 있다. 더욱 지속 가능한 농업을 구성하는 대부분의 요인은, 고생산 다작재배와 고생산 단일재배 모두에서 환경적으로 지속 가능한 방법을 사용할 것을 요구한다.

폴리(Jonathan Foley)와 같은 농업 전문가들은 더욱 지속 가능한 식품 생산으로 전환해 가는 과정에서 기업화된 농업이 주요 역할을 한다고 주장한다. 폴리는 농부들은 이미, 컴퓨터화된 트랙터와 원격 탐사, GPS 기술을 이용하여 살충제와 비료를 적은 양으로 더 정확하게 뿌리기 위한 방법을 찾고 있다고 강조한다. 비료는 다른 것과 혼합되거나 토양 각각의 특성에 맞추어서 만들어질 수 있다. 이는 수로로 비료가 유출되는 것을 최소화하고, 관개가 더 효율적으로 이루어질 수 있게 한다. 폴리에 따르면, 이런 방법은 환경 파괴는 최소화하면서 현재 농경지 전체의 50~60%만큼 생산량을 증가시킬 수 있다.

더욱 지속 가능한 식품 생산 시스템의 지지자들은 식품을 좀 더 지속 가능하게 생산하고 소비하기 위해서는 교육이 중요한 요소라고 주장한다. 그들은 특히 젊은 소비자들에게 그들이 먹는 음식이 진짜 어디에서 오는지, 어떻게

다년생 식물의 다작재배와 토지연구소

몇몇 과학자들은 지속 가능한 농업의 중요한 구성요소로서 다년생 식물의 다작재배가 필요하다고 주장한다. 다년생 식물은 다시 심을 필요 없이 여러 해를 살 수 있고, 일년생 식물에 비해 지역적 토지와 기후에 잘 적응한다.

약 30년 전 식물학자 웨스 잭슨(Wes Jackson)은 캔자스 주에 토지연구소(The Land Institute)를 설립했다. 이 기관의 목표 중 하나는 식용 다년생 식물을 다작재배하는 것이다. 이는 전통적 일년생 식물의 단일재배 방식을 보충하고, 전통적 일년생 식물 단일재배 방식이 환경에 대한 악영향을 감소시키는 데 도움을 줄 수 있기 때문이다.

연중 농업(다년생 식물의 연중 농업)은 농부들이 자연 자원(햇빛, 토양, 물)을 더 잘 이용하고 보존할 수 있게 한다. 연중 농업을 하는 동안은 매년 경작을 하거나 매년 작물을 다시 심을 필요가 없고, 이에 따라 표토의 유실과 수질 오염이 감소하기 때문이다. 다년생 작물은 짧은 뿌리를 가진 일년생 작물에 비해 긴 뿌리를 가지고 있기에 더 많은 수분을 저장할 수 있고, 이에 따라 관개의 필요성도 감소한다(그림 10.A). 위와 같은 결과로서 화학 비료와 살충제를 사용할 필요가 적어지고 그에 따라 환경 오염도 감소하거나 전혀 발생하지 않을 수도 있다. 다년생 작물은 탄소를 대기로부터 흡수하여 보관하고, 일년생 작물의 전통적 단일재배 방식에 비해 다년생 작물을 이용한 연중 농업은 에너지도 더 적게 든다.

비판적 사고

크기가 큰 종자를 파는 회사들이 위와 같은 더욱 지속 가능한 농업 방식에 대해서 일반적으로 반대하는 이유가 무엇이라고 생각하는가?

그림 10.A 밀 작물의 뿌리(왼쪽)는 나도기름새 뿌리(오른쪽)보다 훨씬 짧다. 나도기름새는 줄기는 가늘고 곧으며 수염뿌리를 가진 대초원에서 자라는 다년생 식물이다.

Photo Courtesy of The Land Institute

생산되는지, 그리고 식량 생산이 어떤 환경적 악영향을 끼치는지에 대해서 알려주려고 노력한다. 또한 더욱 지속 가능한 농업에 대한 보상이 있어야 한다고 생각하며 이와 관련된 경제 정책을 수립할 것을 요구한다. 그 정책의 주요한 부분은 보조금 지급 대상을 지속 가능하지 않은 식품 생산에서 지속 가능한 식품 생산으로 전환하는 것이다. 지속 가능한 식품 생산에서는 그 식품이 사람과 지구 모두에게 유익할 수 있기 때문이다. 이것이 곧 윤리적 지속 가능성의 원리의 적용이다. 그림 10.30은 더욱 지속 가능한 식품을 생산하기 위한 방법의 목록을 제시한다.

우리는 무엇을 할 수 있는가?

더욱 지속 가능한 식량 생산

- 육류를 적게 먹거나, 안 먹거나, 또는 유기 인증 고기를 먹는다.
- 초식성 물고기를 선택하고 생산한다.
- 유기 농법으로 몇 가지 농작물을 재배한다.
- 인증된 유기 농산물을 구입한다.
- 지역에서 재배한 농산물을 먹는다.
- 식품 폐기물을 퇴비화한다.
- 음식 쓰레기를 줄인다.

그림 10.30 개별적 문제: 지속 가능한 식량 생산을 향상시키기 위한 몇 가지 방법(**개념 10.6**). **비판적 사고:** 실천에 옮길 가장 중요하다고 생각하는 행동 세 가지는 무엇인가? 그 이유를 설명하라.

10.6 식량 안보를 향상시키려면 어떻게 해야 하는가?

개념 10.6 환경적으로 지속 가능한 식품 생산을 보조하고, 식품을 좀 더 지속 가능한 방법으로 생산하고, 기아와 만성 영양실조를 낮추고, 지역에서 생산된 농산물에 더 많이 의존하고 음식 낭비를 줄임으로써 식량 안보를 향상시킬 수 있다.

식량 생산과 안보를 향상하기 위한 정부 정책

농업은 경제적으로 위험한 사업이다. 농부는 날씨, 농작물 가격, 농작물 병해충 및 질병, 대출 금리, 세계 시장과 같은 거의 제어할 수 없는 요인에 따라 한해 농사가 잘 될 수도 있고 안 될 수도 있다.

정부는 식량 생산에 영향을 주는 두 가지 접근법을 사용한다. 첫째, 가격에 법적 상한선을 제시하여 정부가 농산물 가격을 인위적으로 낮게 유지하여 가격을 통제할 수 있다. 이 방법은 소비자는 만족하지만, 농민들은 생활하기가 힘들게 된다.

둘째, 농업을 유지하고 식량 생산 증가를 장려하기 위해, 정부가 농민들에게 농산물 가격을 지원하기 위한 세금 감면, 기타 금융 지원과 같은 보조금을 제공할 수 있다. 미국에서는 대부분의 보조금 수혜자들은 식품 산업에 종사하게 되고, 이는 곧 환경에 유해한 산업 방식을 부추기는 꼴이 된다.

일부 분석가는 이런 보조금 제도의 전면 폐지를 요청했다. 예를 들면 1984년에 뉴질랜드는 농장 보조금 지급을 종료했다. 충격이 지나간 후, 혁신은 진정되고 우유와 같은 일부 식품의 생산량이 4배 이상 증가했다. 브라질 또한 농장 보조금 지급을 대부분 종료했다. 일부 분석가들은 농민에 대한 전통적인 보조금을 보다 환경적으로 유지 가능한 농업 관행을 촉진할 수 있는 보조금으로 교체할 것을 요청했다.

마찬가지로 대형 어선에 지급하는 정부 보조금은 과잉 남획을 조장하고 물고기의 생물 다양성을 감소시킨다. 예를 들면 여러 정부는 파괴적인 저인망 어업(그림 9.22 참조)에 매년 1억 5,000달러의 지원금을 지원한다. 이 지원금이 어부가 저인망 어업을 유지할 수 있는 주된 이유가 된다. 이런 부정적인 보조금을 더욱 지속 가능한 어업과 농업을 위한 보조금으로 변경할 것을 분석가들은 요청하고 있다.

몇몇 분석가는 사람들로 하여금 지속 가능한 식품을 생산하기 위해 국가에 법과 규제를 요구한다. 그런 법들은 지속 가능한 생산을 위한 기준을 성립할 수 있고, 지속 가능하지 않은 생산을 촉진시키는 보조금 지급을 중단하고, 농업으로 인해 발생하는 오염을 규제하며, 온실가스 감축을 목표로 설정하는 등의 역할을 할 수 있다. 몇몇은 살충제와 비료의 사용, 기후변화를 발생시키는 메테인 가스의 배출에 더 많은 세금을 부과해야 한다고 주장한다. 이런 수익금은 유기 농법 장려 보조금, IPM과 지속 가능한 식품 생산의 지원 등에 쓰일 수 있다(**개념 10.6**).

민관 프로그램이 식량 안보를 증가시킨다

빈곤을 줄이기 위한 민관 프로그램이 식량 안보를 증진시킬 수 있다. 예를 들어 몇몇 프로그램은 서민층이 사업을 시작하거나 자급자족을 위해 필요한 땅을 살 수 있도록 낮은 이자율의 대출을 제공한다.

식량 안보와 건강을 향상시키기 위해, 일부 분석가들은 빈곤이 건강에 미치는 유해한 영향으로부터 어린이를 보호하는 데 초점을 맞춘 특별 프로그램을 수립하도록 정부에 촉구한다. 유엔아동기금의 연구에 의하면, 영양부족으로 사망하는 어린이의 1/2~2/3를 어린이 1명당 연평균 5~10달러의 비용으로 예방할 수 있다. 여기에는 면역 주사를 맞혀 질병을 예방하고, 설탕과 소금을 혼합한 물을 먹여 설사로 인한 탈수를 방지하거나 실명을 예방하기 위해 1년에 두 번 비타민을 투약하는 등 간단한 조치를 포함한다.

대부분 비영리인 많은 민간단체는 개인, 사회 공동체 그리고 국가의 식량 안보를 향상시키고 지속 가능한 식품을 생산할 수 있도록 돕는다. 예를 들어 Growing Power의 앨런(**핵심 사례 연구**)은 개발도상국에 유전공학과 같은 복잡한 기술을 전달하기보다는 개발도상국가가 간단하고 지속 가능한 지역 식품 생산과 분배 시스템을 직접 개발할 수 있도록 도와야 한다고 주장한다. 그렇게 함으로써

제니퍼 버니: 환경학자, 내셔널 지오그래픽 탐험가

환경학자이자 내셔널 지오그래픽 탐험가인 제니퍼 버니(Jennifer Burney)는 자급자족 농업 형태가 전 세계 대부분의 가난한 사람들의 모습이라고 말한다. 그들은 더 나은 수준의 생활과 건강을 영위하기 위해서 농업 생산량을 증대시킬 필요가 있다고 주장한다. 그녀는 아프리카의 농부들이 물, 비료, 에너지 등 자연 자원을 이용하여 최대한 효율적으로 식량을 재배하고, 분배하고, 요리할 수 있도록 돕는다.

예를 들어 사하라 사막 이남 아프리카의 여러 지역에서 발생하는 계절적 급수난 문제를 해결하기 위해 버니는 기관들이 두 가지 기술(태양 관개 시스템과 점적 관수 시스템)을 연결시킬 수 있도록 했다. 이는 하나의 해결책으로 기능할 수 있을 것이다. 점적 관개 시스템은 많은 양의 물을 한꺼번에 펌프질하여 퍼붓는 것이 아니라, 한 모금의 물을 머금고 있다가 식물의 뿌리에 정확히 뿌리는 형태의 시스템이다. 태양열 펌프는 전기 배터리나 연료 없이도 작동이 가능하다. 화창한 날에는, 수분 증발로 인해 작물이 필요로 하는 물의 양이 더 많아지기 때문에, 태양열 패널이 물의 펌핑을 가속화한다. 흐린 날에는 수분 증발이 덜 일어나기 때문에 펌핑의 속도가 느려진다. 그러므로 매일 딱 필요한 양만큼의 물만이 펌핑이 된다는 것이다. 이는 농부들이 더 큰 규모로 과일과 채소를 재배할 수 있게 했고, 그들의 수입을 증가시켰으며, 식량 안보를 증진시켰다.

개발도상국가는 당면한 식량 안보를 좀 더 직접적으로 통제할 수 있다는 것이다.

지속 가능한 농업 전문가와 내셔널 지오그래픽 연구가 시드 시모에스(Cid Simons)와 파올라 세구라(Paola Segura)는 영세 농부들과 일하며 그들에게 브라질 열대 우림에 위치한 소규모 땅에서 어떻게 지속 가능한 식량을 생산할 수 있었는지에 대해 가르친다. 그들은 한 번에 한 가족들에게 교육을 한다. 대신 각 가족은 다른 다섯 가족들에게 그것을 가르침으로써 지속 가능한 농법을 더 널리 알릴 수 있도록 해야 한다. 아프리카에서 이런 방법으로 일을 하는 다른 사람으로는 내셔널 지오그래픽 연구가 제니퍼 버니(Jennifer Burney)가 있다(개별적 문제 10.2).

지역에서 기른 식량과 음식물 쓰레기 줄이기

식량 안보를 증진시키기 위한 한 방법으로 음식을 현지에서 또는 지역적으로 직접 생산하는 것이다. USDA의 100% 보증된 유기 농법을 이용한다면 더할 나위 없다. 최근 많은 소비자들이 일명 "locavore(국내산 식품만 먹는 사람)"이 되고 있다. 유기농으로 재배된 더 신선한 제철 식량을 구입할 수 있기 때문에 이들은 되도록 생산자 직거래 장터에서, 지역적으로 생산된 농산물이나 식품을 구매하려고 한다.

많은 사람들은 CSA프로그램에 참여한다. 이 프로그램에서 사람들은 지역 농부의 곡물에 대한 지분(할당량)을 구매하고, 농산물 성장 시기에는 과일이나 채소를 정기적으로 받는다. Growing Power(핵심 사례 연구)는 도심 거주민을 위해 이런 프로그램들을 운영하고 있다. 도회지 농장에서 유기농법으로 생산된 식량은 도심 거주민 식단의 질을 향상시키고 그들이 더 오래, 건강하게 살 수 있도록 한다.

지역적으로 생산된 농산물을 구입함으로써 사람들은 지역 경제와 농가들을 지원할 수 있다. 이는 농부들의 화석연료 사용량과 농산물의 장거리 이동이 줄어듦에 따라 온실가스 배출을 감소시킨다. 그러나 이런 혜택에도 한계는 분명히 있다. 식품학자들은 식품에 있어서 탄소 발자국이 가장 큰 비율을 차지하는 부분은 '생산'이라고 주장한다. 예를 들어 저투입 농업으로 생산된 사과를 배로 남아메리카까지 운송하는 것보다 북아메리카 내에서 트럭으로 운송하지만 고투입 농업으로 사과를 생산하는 것이 더 큰 탄소 발자국을 만들어낸다는 것이다.

지역적으로 생산된 식품에 대한 수요 증가는 유기농으로 또는 식품 생산까지 최소한의 가공을 거친 식량을 생산하는 소규모이면서 다양한 형태의 농장을 형성하는 결과를 낳는다. 무공해 농장은 많은 젊은 세대들에게 금세기의 새로운 도전이 될 것이다. 녹색 일자리: 소규모 지속 가능한 농업

우리는 음식 낭비를 줄일 수 있다. 폴리에 따르면, 전 세계 25%의 칼로리는 손실되거나 낭비된다. 식품 저장 시스템과 운송 시스템의 신뢰도가 떨어지는 가난한 국가에서는 많은 양의 식량이 소비자에게 도달하기 전에 운송 과정에서 손실된다. 부유한 국가에서는 그런 손실이나 낭비는 대부분 식당이나 가정, 슈퍼마켓에서 발생한다. EPA와 천연자연보호협의회(Natural Resources Defence Council)에 따르면 매년 미국인들은 공급되는 식량의 30~40%를 버리는데, 다른 한편으로는 매년 4,900만 명의 미국인이 만성 기아에 시달린다.

도시 지역에서 더 많은 식량을 생산하기

Growing Power(핵심 사례 연구)가 보여준 바와 같이, 지속 가능한 농업 사업가와 도심 지역에 사는 평범한 시민들은 자신들이 먹을 식량을 직접 생산할 수 있다. USDA에 따르면 전 세계 식량의 대략 15%가 도심 지역에서 생산되고, 이런 비율은 쉽게 두 배로 증가할 것이다.

사람들은 점점 더 정원과 노동력을 공유하고 빈터를 이용한 공동 텃밭에서 식량을 생산한다. 정원에 식물을 심고, 뒤뜰에서 닭을 키우고, 용기에 흙을 채워 왜성 과수를 키우고, 옥상이나 발코니, 파티오에서 채소를 기른다. 한 연구에 따르면, 미국 잔디밭의 10%를 식량 생산용 정원으로 전환한다면 미국 전체의 신선한 농작물의 1/3 정도를 공급할 수 있을 것이라고 한다.

도심의 많은 학교와 대학, 대학교들은 교내 부지에 정원을 가짐으로써 많은 혜택을 받는다. 학생들은 신선한 농작물을 바로 이용할 수 있을 뿐만 아니라, 자신들이 섭취하는 음식이 어디서 오는지, 자신들이 먹는 농산물을 어떻게 지속 가능한 방법으로 생산할 수 있는지에 대해서도 배울 수 있다.

미래에는 많은 식량들이 특별히 디자인된 도심의 고층 빌딩에서 생산될 것이다. 그런 빌딩에는 전기를 공급하기 위해 옥상에 태양열 패널이 설치되고 농업용수 공급을 위해 빗물을 관개하여 이용할 것이다. 남향의 경사진 유리는 태양광을 모아줄 것이다. 건물 지하에는 물이나 모래로 채운 컨테이너를 설치하여 사용하고 남은 열을 저장할 수 있을 것이다. 그리고 이런 발전을 통해서 세 가지 과학적 지속 가능성의 원리를 실행할 수 있을 것이다.

핵심 주제

- 7억 9,300만 명은 식사를 충분히 하지 못해 건강에 문제가 있고, 2억 1,000만 명은 과식으로 건강 문제에 직면하고 있다.

- 현대 기업화된 농업은 인간 활동보다 환경에 더 해로운 영향을 미치고 있다.

- 식량 생산의 지속 가능한 형태는 식량 안보를 증가시키는 기업화된 식량 생산 시스템의 환경에 미치는 영향을 크게 줄일 수 있다.

Growing Power와 지속 가능성

생태학 기반 도시 농장인 Growing Power(핵심 사례 연구)가 식품 사막에 사는 사람들에게 어떻게 다양한 종류의 좋은 식품을 제공할 수 있는지에 대해서 알아보며 이 장을 시작했다. 이곳의 설립자인 앨런은 유기농 음식이 어떻게 적절한 가격에서 더욱 지속 가능한 방법으로 생산될 수 있는지에 대해 보여주었다. 이는 세 가지 과학적 지속 가능성의 원리의 적용을 통해 더욱 지속 가능한 식품 생산으로 전환함으로써 가능했다. 현대 산업된 농업, 수중 재배 그리고 다른 형태의 기업화된 식품 생산은 이 원리들을 모두 위반한다.

더욱 지속 가능한 식품 생산으로의 전환이란 태양광과 다른 형태의 재생 가능 에너지에 더욱 의존하고 화석연료에 덜 의존하는 것을 의미한다. 또한 표토를 보존하고 오염되지 않은 작물 잔여물과 동물 폐기물을 토양에 되돌려줌으로써 화학적 순환을 유지하는 것을 의미한다. 다양한 종류의 작물, 여러 품종의 동물, 해산물을 보증된 유기 농법으로 생산하고 각 지역의 식료품점과 농산물 직거래 장터에서 판매하는 것이 지속 가능한 식품 생산이다. 이를 통해 자연과 농업, 수생에서 생물 다양성을 유지할 수 있다. 널리 전통적 다년생 작물을 다작재배하고 병충해를 집중 관리함으로써 해충의 수를 조절하는 것도 생물 다양성을 유지하는 데 기여할 것이다.

인구 증가를 늦추고 음식 쓰레기와 다른 낭비되는 물질들의 양을 상당히 줄인다면 위와 같은 노력은 효과가 향상될 것이다. 정부는 환경에 해악을 끼치는 농업이나 양식업이 아니라 환경에 이로운 농업에 보조금을 지급하거나 세금 우대조치를 해줌으로써 이런 노

Balonici/Shutterstock.com

력들을 더 도울 수 있다.

더욱 지속 가능한 식품 생산으로의 전환은 환경뿐만 아니라 현재와 미래 세대의 사람들에게도 모두 이롭다. 식품 생산이 환경과 건강에 미치는 악영향으로 인해 발생하는 (간접)비용을 경제적, 정치적, 윤리적 지속 가능성의 원리를 지키는 선에서 식품의 시장 가격에 포함시킬 수만 있다면 위와 같은 전환은 가속화될 것이다.

복습

핵심 사례 연구

1. 식품 사막이란 무엇인가? Growing Power가 우리 사회에 가져온 이점에 대해서 요약하라. 이 농장은 세 가지 과학적 지속 가능성의 원리에 대해 어떻게 알려주는가?

10.1절

2. 10.1절의 두 가지 핵심 개념은 무엇인가? 식량 안보와 식량 불안정에 대해 정의하라. 식량 불안정의 근본 원인은 무엇인가? 만성 영양부족(기아)과 만성 영양실조를 구분하고 이것의 해로운 영향에 대해 설명하라. 비타민 A, 철, 아이오딘 결핍에 대한 영향을 설명하라. 영양과다는 무엇이며 이것의 유해한 영향은 무엇인가?

10.2절

3. 10.2절의 핵심 개념은 무엇인가? 전 세계의 식량을 공급하는 가장 중요한 세 가지 시스템은 무엇인가? 관개, 합성 비료, 합성 살충제에 대해 정의하라. 기업 농업(고투입 농업), 농장 농업, 전통적 자급자족 농업, 전통적 집약 농업을 정의하고 구별하라. 단일재배란 무엇인가? 생산량에 대해 정의하라. 다작재배를 정의하고 그것의 이점에 대해 요약하라. 유기 농업에 대해 정의하고 주요 구성요소와 전통적 기업 농업의 구성요소를 비교하라. 녹색혁명이란 무엇인가? 1차 및 2차 녹색혁명을 구별하라. 미국의 기업적 식품 생산에 대해 요약하라.

4. 유전공학에 대해 정의하고 인위 선택을 통한 교잡과 구별하라. 교잡을 기반으로 한 첫 번째 유전혁명에 대해

설명하라. 유전공학을 기반으로 1차 및 2차 유전혁명에 대해 설명하라. 유전자 변형 생물체(GMOs)란 무엇인가? 유전자 변형 식품에 대한 논쟁을 요약하라. 기업화된 육류 생산 증가에 대해 요약하라. 공장식 축산농장과 집중 가축사육시설이란 무엇인가? 양식장이란 무엇인가? 양식업(수경 재배)이란 무엇인가?

10.3절

5. 10.3절의 핵심 개념은 무엇인가? 기업적 식품 생산이 왜 에너지가 고투입되어야 하는지에 대해 설명하라. 왜 순 에너지 손실이 발생하는가? 기업 농업이 생물 다양성, 토양, 물, 공기, 인류 건강, 자원 사용에 미치는 환경적 악영향을 설명하라. 표토란 무엇이고 왜 그것이 가장 중요한 자원 중 하나인가? 토양 침식이란 무엇이고 이것이 환경에 미치는 악영향 중 가장 큰 것은 무엇인가? 사막화란 무엇이고 이것이 환경에 미치는 악영향에는 어떤 것이 있는가? 인간이 관개를 위해서 얼마나 많은 양의 물을 사용하는가? 토양 염류화와 습지상태에 대해서 설명하고 그것이 왜 환경에 해로운지에 대해 설명하라. 토양 오염이 무엇이고 그것의 주요 두 가지 원인을 설명하라.

6. 기업 농업이 수질 오염, 대기 오염, 기후변화에 미친 영향에 대해 요약하라. 합성 비료 사용이 어떻게 증가했는지에 대해 설명하고 과도한 비료 사용의 두 가지 효과에 대해 설명하라. 기업적 식품 생산 시스템이 생물 다양성의 감소에 어떤 영향을 미쳤는지에 대해 설명하라. 농업 생물 다양성이 무엇이고 기업적 식품 생산에 의해 어떤 영향을 받는가? 어떤 요인이 녹색혁명을 제한하는가?

기업적 육류 생산의 이점과 해로운 영향을 비교하라. 가축을 먹이는 것과 (생물이 살 수 없는) 죽음의 지대가 형성되는 것의 연결점에 대해 설명하라. 양식의 이점과 해로운 영향을 비교하라.

10.4절

7. 10.4절의 핵심 개념은 무엇인가? 해충이란 무엇인가? 1950년부터 살충제의 사용량이 어떻게 증가했는가? 합성 살충제 사용의 장점과 단점을 요약하라. 살충제에 대한 노출을 줄이기 위한 세 가지 방법을 제시하라. 살충제를 사용함으로써 병충해로 인한 미국의 농작물 생산량 감소가 줄어들었는가? (살충제 사용이 얼마나 효과가 있는가?) 농약의 해로운 영향으로부터 미국 시민을 보호하는 데 도움이 되는 법과 조약을 설명하라. 기존의 전통적 살충제를 대체할 수 있는 일곱 가지 방법을 제시하라. 통합해충관리(IPM)를 정의하고 이 방법의 장점에 대해 설명하라.

10.5절

8. 10.5절의 핵심 개념은 무엇인가? 토양 보존이란 무엇인가? 표토의 침식을 줄이기 위한 여섯 가지 방법을 설명하라. 무경운농법이란 무엇인가? 이것의 장점을 설명하라. 수경 재배란 무엇인가? 유기질 비료, 동물성 비료, 식물성 비료, 퇴비를 구별하라. 바이오 숯이란 무엇인가? 윤작이란 무엇이고 이것이 표토의 양분을 보전하는 데 어떤 도움을 주는가? 토양 염류화를 예방하기 위한 방법은 무엇이고 토양 염류를 제거하기 위한 방법은 무엇인가? 사막화를 어떻게 줄일 수 있는가? 육류 생산과

소비를 지속 가능하게 하기 위한 방법은 무엇인가? 수경 재배를 더욱 지속 가능하도록 할 수 있는 세 가지 방법을 설명하라. 유기 농업의 장점과 단점은 무엇인가? 더욱 지속 가능한 식품 생산 시스템의 중요한 네 가지 구성요소는 무엇인가? 유기다작재배와 다년생 작물에 의존하는 것의 장점을 제시하라. 생태학자 데이비드 틸먼의 다작재배의 중요성에 대한 연구에 대해 설명하라. 농부와 소비자들이 더욱 지속 가능한 식품 생산 시스템으로 전환하도록 도울 수 있는 다섯 가지 전략은 무엇인가? 개별 소비자들이 더욱 지속 가능한 식품 생산을 증진시킬 수 있는 세 가지 중요한 방식은 무엇인가?

10.6절

9. 10.6절의 핵심 개념은 무엇인가? 식품 생산량에 영향을 미치기 위해 정부가 사용한 두 가지 주요한 방법은 무엇인가? 식품 생산량에 영향을 미치기 위해서 정부는 어떤 식으로 보조금 지급을 했고, 그것이 어떤 효과가 있었나? 민간단체가 식량 안보를 증진시킬 수 있는 두 가지 방법에는 무엇이 있는가? 지역적으로 생산된 식품을 구매하는 것의 세 가지 이점에 대해 설명하라. 그것이 나쁜 선택일 때는 어떻게 해야 하는가? 도시 농장이 어떻게 식량 안보를 증가시킬 수 있는가? 사하라 사막 이남 아프리카의 일부 지역에서 사람들의 작물 생산을 돕기 위해 제니퍼 버니가 고안해낸 시스템에 대해 설명하라.

10. 10장의 세 가지 핵심 주제는 무엇인가? Growing Power (핵심 사례 연구)에서 실행한 것처럼 더욱 지속 가능한 식품 생산으로 전환하는 것이 여섯 가지 지속 가능성의 원리를 적용하는 것과 어떻게 연관이 되는지에 대해 설명하라.

비판적 사고

1. 당신이 Growing Power에 취직했다고 가정하고 근교의 버려진 쇼핑센터와 넓은 주차장을 유기 농장으로 바꾸어야 한다는 일이 주어졌다고 하자. 이 일을 완성하기 위해 필요한 계획을 세워보자.

2. 식품 생산업자들은 지구상 모든 사람들이 건강한 음식을 섭취할 수 있을 정도의 식량을 생산하고도 남는다. 이런 사실을 봤을 때, 왜 79,300만 명의 사람들이 만성적으로 영양부족이거나 영양실조인 것일까? 당신이 이 문제를 해결해야 하는 책임이 있다고 가정하고, 문제 해결을 위한 계획을 세워보자.

3. (a) 유전자 변형 식품, (b) 유기 다작재배의 증가를 찬성하거나 반대하는 이유를 설명하라.

4. 당신이 농부를 위해 일한다고 가정하고, 이 농부의 땅에서 무경운농법으로 농사를 지을지 또는 전통적인 경작과 잡초 방제 방식을 그대로 유지할지에 대해 결정해야 하는 책임이 있다고 하자. 각 방식의 장점과 단점을 비

교하고 어떤 방식으로 할지 결정하라. 보고서를 쓰고 당신의 주장을 뒷받침할 증거를 제시하라.

5. 당신이 거주하는 지역의 메이저 농업 기관의 지도자이다. 합성 살충제 사용의 장점과 단점을 비교하라. 그리고 그것의 사용을 왜 지지하는지, 또는 농부들이 작물 생산량을 증가시키기 위한 방편의 하나로 합성 살충제를 사용하는 것에 대해 왜 반대하는지를 설명하라. 대체 방안은 무엇인가?

6. 당신이 사는 지역의 모기들이 말라리아 또는 다른 위험한 전염병을 옮겨 다닌다는 것이 증명되었다고 하자. 당신은 전염병의 위험을 줄이기 위해 DDT를 뒤뜰, 집 안, 전 지역에 살포할 것인가? 설명하라. 대체 방안으로는 무엇이 있는가?

7. 당신은 유기 농업의 장점이 단점보다 훨씬 더 크다고 생각하는가? 설명하라. 당신은 유기농 식품을 먹거나 재배하는가? 만약 그렇다면, 그런 선택을 한 이유에 대해 설명하라. 그렇지 않다면, 다른 어떤 식품을 섭취하는지와 그 이유를 설명하라.

8. 물리학자 아인슈타인은 "채식 식단으로의 진화만큼 지구상 생명체의 생존 가능성을 향상시키고 인류 건강에 도움이 되는 것은 없다"라고 했다. 이 말에 대한 당신의 해석을 설명하라. 당신은 육류 섭취를 줄이거나 전혀 먹지 않을 생각이 있는가? 설명하라.

환경과학 실천하기

일주일 동안 당신의 가정에서 구매하는 음식과 버리는 음식의 무게를 측정해보라. 그리고 당신이 먹는 음식의 유형에 대해 과일, 채소, 고기, 유제품 등과 같이 카테고리를 사용하여 기록해보라. 매일 이들의 숫자와 다른 여러 정보를 비교해보라. 가정의 음식 쓰레기를 절반으로 줄일 수 있는 계획을 세워보라. 당신의 학교 식당에 대해서도 이와 비슷한 연구를 실행해보고 그 결과와 해결책에 대해 학교 관계자에게 보고해보라.

생태 발자국 분석

다음 표는 전 세계의 어류 수확량과 인구 자료를 제공하고 있다.

1. 데이터를 이용하여 1990년에서 2014년까지 1인당 어류 소비량(kg/인)을 계산하라. (힌트: 백만 미터톤은 십억 kg과 같다. 인구 데이터는 십억 단위; 1인당 소비량은 총 소비량을 해당 연도의 인구로 나누면 알 수 있다.)

2. 1990년과 2014년 사이에 1인당 어류 소비량이 일반적으로 증가하거나 감소했는가?

3. 어떤 연도에 1인당 물고기 소비량이 감소했는가?

전 세계 어류량

연도	어획량(백만 톤)	양식업(백만 톤)	합계(백만 톤)	전 세계 인구(십억)	1인당 어류 소비량(kg/인)
1990	84.8	13.1	97.9	5.27	
1991	83.7	13.7	97.4	5.36	
1992	85.2	15.4	100.6	5.44	
1993	86.6	17.8	104.4	5.52	
1994	92.1	20.8	112.9	5.60	
1995	92.4	24.4	116.8	5.68	
1996	93.8	26.6	120.4	5.76	
1997	94.3	28.6	122.9	5.84	
1998	87.6	30.5	118.1	5.92	
1999	93.7	33.4	127.1	6.00	
2000	95.5	35.5	131.0	6.07	
2001	92.8	37.8	130.6	6.15	
2002	93.0	40.0	133.0	6.22	
2003	90.2	42.3	132.5	6.31	
2004	94.6	45.9	140.5	6.39	
2005	94.2	48.5	142.7	6.46	
2006	92.0	51.7	143.7	6.54	
2007	90.1	52.1	142.2	6.61	
2008	89.7	52.5	142.3	6.69	
2009	90.0	55.7	145.7	6.82	
2010	89.0	59.0	148.0	6.90	
2011	93.5	62.7	156.2	7.00	
2012	90.2	66.5	156.7	7.05	
2013	92.7	70.3	163.0	7.18	
2014	93.4	73.8	167.2	7.27	

Compiled by the authors using data from UN Food and Agriculture Organization and Earth Policy Institute.

11장

수자원과 수질 오염

우리의 액체 행성은 칠흑 같은 우주의 어둠 속에서
부드러운 푸른 사파이어처럼 빛난다.
태양계에는 이와 같은 행성이 없다.
왜냐하면 지구에는 물이 있기 때문이다.

존 토드(John Todd)

핵심 질문

11.1 우리는 이용 가능한 물을 충분히 가지고
      있는가?

11.2 어떻게 담수 공급을 증가시킬 수 있는가?

11.3 어떻게 담수를 지속 가능하게 사용할 수
      있는가?

11.4 어떻게 수질 오염을 줄일 수 있는가?

멕시코 만 연안의 연간 사영역

미시시피 강 유역(그림 11.1, 위)은 31개 주에 걸쳐 있으며 미국 토지 면적의 거의 2/3를 포함하고 있다. 미국의 모든 곡창 지대의 절반 이상을 포함하는 이 지역은 세계에서 가장 생산성 있는 농업 지역 중 하나다. 미시시피 강과 지류로부터 거대한 전체 미시시피 강 유역 도처에서 농장, 도시, 공장 및 하수처리장의 물이 토지로부터 흘러나온다. 이 물은 국가의 어류와 패류의 공급원인 멕시코 만 끝으로 침전물 및 오염물을 보낸다(그림 11.1, 아래).

봄과 여름에 대량의 질소와 인을 포함하는 식물 영양염류(대부분 농작물비료에 포함된 질산염 및 인산염)가 미시시피 강 하류 북쪽 멕시코 만 끝으로 흘러가고 미시시피 주, 루이지애나 주 및 텍사스 주의 연안 해역을 오염시킨다. 과잉의 식물 영양염류는 결국 죽어서, 바닥으로 가라앉고, 산소 소모 세균 무리에 의해 분해되는 식물성 플랑크톤(대부분 조류)의 폭발적인 성장을 유도한다.

이 결과에 의한 낮은 용존산소량을 가지는 수역(2 ppm 이하)은 해양 생물이 거의 없기 때문에 사영역(dead zone)이라고 한다. 이 낮은 수준의 용존산소(그림 11.1, 아래)는 빠른 유영 물고기 및 다른 해양 생물이 떠나게 하고 덜 오염된 지역으로 이동할 수 없는 바닥에 사는 물고기, 게, 굴 및 새우를 질식시킨다. 대부분 미시시피 강 유역으로부터 침식된 토양인 대량의 침전물은 바닥에서 사는 동물성 수생 생물을 죽인다. 이 사영역은 매년 봄에 나타나고 태풍이 물을 뒤집고 걸프 만 하부로 용존산소를 분산시키는 가을까지 성장한다.

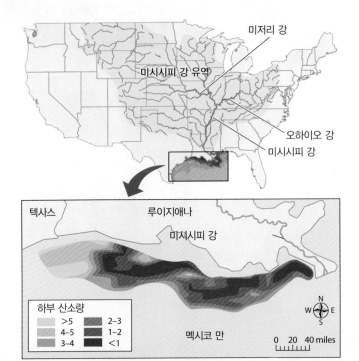

그림 11.1 미시시피 강에서 미시시피 강 유역(위)으로 흘러들어오고 북쪽 멕시코 만(아래)까지 흘러나가는 침전물, 용존 질소비료 및 다른 오염원을 포함하는 물이다. 이것은 2015년의 하부 그림에서 어둡고 밝은 빨간색으로 음영처리된 지역이 가리키는 낮은 수준의 용존산소량(1~3 ppm)을 가지는 사영역을 만든다.
Compiled by the authors using data from NOAA.

멕시코 만 연안의 사영역 크기는 미시시피 강으로부터 흘러들어오는 물의 양에 따라 달라진다. 충분한 강수량 및 녹은 눈이 많은 해인 2003년에 이것이 매사추세츠 주 이상의 면적(27,300 km²)을 덮었다. 강수량이 적은 해인 2015년에 이것이 16,760 km²의 면적(코네티컷 주와 로드아일랜드 주의 면적을 합한 것보다 약간 적은 면적)을 덮었다.

멕시코 만 연안의 사영역은 세계 전역의 400개 사영역 중 하나고, 그중 200개가 미국에 있다. 그래서 가축사료용 곡물과 자동차연료용 에탄올을 생산하는 것은 거대한 미시시피 유역의 연안 수생 생물과 멕시코 만에서 해산물 생산을 혼란에 빠뜨린다.

이 장에서 우리는 안전한 세계의 담수 공급원과 어떤 세계 담수 공급원과 해양이 오염으로 위협받는가를 살펴볼 것이다.

11.1 우리는 이용 가능한 물을 충분히 가지고 있는가?

개념 11.1A 우리는 자연적으로 보충되는 것보다 더 빨리 물을 뽑아내고, 소모하고, 오염시키고, 회복될 수 없는 천연자원으로서 가치를 떨어뜨리며 지속 가능하지 않을 정도로 담수를 사용하고 있다.

개념 11.1B 담수 공급은 고르게 분배되지 않으며, 지구상의 10명 중 1명은 깨끗한 물을 이용할 수 없다.

우리는 담수를 제대로 관리하지 못한다

우리는 지표면의 약 71%를 덮고 있는 귀중한 수막—대부분 염수—을 가진 행성에 살고 있다. 당신은 음식 없이 몇 주를 살 수 있지만, **담수**(freshwater) 또는 미량의 용존 염을 함유한 물이 없으면 며칠밖에 살 수 없다.

음식과 일상적인 필요(needs)와 욕구(wants)를 충족시키기 위한 모든 것을 생산하기 위해 엄청난 양의 물이 필요하다. 물은 또한 지구의 기후를 결정하고 우리가 발생시키는 오염물질과 폐기물의 일부를 제거하고 희석시키는 데 중요한 역할을 한다.

이런 중요성에도 불구하고 담수는 가장 부실하게 관리하고 있는 중 하나다. 우리는 그것을 소모하고, 오염시키고, 가치를 높이 평가하지 않는다. 결과적으로 대체할 수 없는 수자원을 수십억 명의 소비자에게 너무 낮은 비용으로 제공하며, 이로 인해 자원의 손실과 오염을 유발하고 있다(**개념 11.1A**).

물의 확보는 **전 지구적인 건강 문제**이다. 세계보건기구(WHO)는 안전한 물을 확보하지 못해 매년 평균 669,000명이 수인성 질병으로 죽는다고 보고했다.

또한 물의 확보는 빈곤의 감소와 식량 및 에너지 생산을 위해 중요한 부분이기 때문에 **경제 문제** 중 하나다. WHO에 따르면, 세계 인구의 약 57%가 집에서 배관을 통해 물을 받고 있다. 나머지는 매일 멀리 떨어진 우물과 수원으로부터 물을 찾고 운반해야 한다. 이는 보통 여성과 어린이에게 할당된다(그림 11.2).

또한 공유하는 제한된 수자원을 확보하기 위해 국내 또는 국가 간의 긴장감이 증가하고 있어 물의 확보는 국가적인 그리고 전 지구적인 **안보 문제**다.

결과적으로 물은 **환경 문제**다. 강과 수계로부터 과잉 취수로 지하수면이 낮아지고, 강물의 유량이 줄고, 습지가 사라진다. 이것은 세계 여러 지역의 수질 오염과 조합되어 수질을 저하시킨다. 이것은 또한 어류의 개체 수 감소, 일부 수생 생물종의 멸종 가속화, 수생태계 서비스 저하를 야기할 수 있다.

지구 물의 대부분은 이용할 수 없다

지구의 막대한 수자원 중 0.024%만이 담수로서 사람들에게 쉽게 제공할 수 있다. 이 물은 접근 가능한 지하수원과 호수, 강 및 지류에서 확보된다. 나머지는 소금기가 있는 대양(지구 물의 약 96.5%), 극지방의 얼음 덩어리와 빙하(1.7%), 지하 대수층(1.7%)에 있다.

다행히도 지구의 담수 공급은 지구의 **수문적 순환**(hydrologic cycle)에서 지속적으로 재활용, 정제 및 분배된다(그림 3.15 참조). 그러나 이 중요한 생태계 서비스는 수질 오염물질로 인해 과부하가 걸리거나 지하수 및 지표수에서 담수가 자연적으로 보충되는 것보다 빨리 취수할 때 무너지기 시작한다.

또한 대기온난화가 대기 중으로 더 많은 물을 증발시켜 물 순환을 변화시킨다는 연구 결과도 있다. 결과적으로 습한 곳은 더 빈번하고 강한 홍수로 더 습해지고 건조한 곳은 더 심한 가뭄으로 더 건조해질 것이다.

대부분의 사람들은 지구의 담수를 자유롭고 무한한 자원으로 생각하기 때문에 주로 물 순환에 미치는 영향에 거의 관심을 기울이지 않았다. 결과적으로 우리는 전체 비용 책정의 지속 가능성의 원리를 심각하게 위반하면서 물이 제공하는 그 무엇으로도 대체할 수 없는 생태계 서비스의 경제적 가치를 거의 또는 전혀 부여하지 않고 있다.

전 세계적으로 담수가 풍부하지만 균등하게 분배되지는 않는다. 예를 들어 전 세계 19%의 인구를 가진 중국이 단지 6.5%의 수원을 가진 데 비해, 전 세계 인구의 0.5%인 캐나다는 전 세계 담수의 20%를 가지고 있다.

그림 11.2 인도 건조 지역 마을의 여인들은 매일 물을 나른다.

지하수와 지표수

지구 대부분의 물은 지하에 저장되어 있다. 일부 강수는 토양에 스며들며 토양, 자갈 및 암석의 공간을 통과하여 암석이나 진흙이 뚫을 수 없을 때까지 아래로 내려간다. 이 지하 공간의 담수를 **지하수**(groundwater)라고 하며, 이는 지구 자연 자본의 주요 구성 요소다(그림 11.3).

지표면에 가까운 토양과 암석의 공간은 습기가 거의 없다. 그러나 특정 깊이 이하에서는 **포화지역**(zone of saturation), 즉 공간이 담수로 완전히 채워진다. 이 지하수 구역의 상부는 **지하수면**(water table)이다. 지하수면은 습한 날씨에 높아진다. 이것은 건조한 날씨 또는 자연이 보충하는 것보다 더 빨리 지하수를 제거할 때 낮아진다.

더 아래 깊은 곳의 지질층을 **대수층**(aquifer)이라고 부르며, 동굴과 다공성 모래, 자갈, 암반을 지하수가 통과한다. 대부분의 대수층은 일반적으로 1년에 1 m, 하루에 0.3 m 이하로 매우 작게 움직이며 지하수가 침투하는 크고 긴 스펀지와 같다. 대수층 아래의 암석 또는 점토의 방수층은 물이 더 깊은 곳으로 유출되는 것을 막는다. 우리는 펌프를 사용하여 농작물에 관개하고, 가정에 공급하고, 산업의 필요를 충족시키기 위해 지하수를 지표면으로 끌어올려 사용한다.

대부분의 대수층은 노출된 토양과 암석을 통해 아래로 강수에 의해 자연적으로 보충된다. 그 외 인근 호수, 강 및 하천에서 재충전된다. 그러나 도시의 대수층은 천천히 재충전되지만 도시 경관이 많이 건설되면서 지표면을 덮고 있기 때문에 대수층으로 재충전되기 위해 담수가 땅속으로 더 이상 스며들 수 없게 되었다. 깊은 대수층(deep aquifer)이라고 불리는 일부 대수층은 재충전되기에 수천 년이 걸리거나 재충전되지 않는다. 인간의 시간 규모에서, 깊은 대수층은 담수로서 재생 불가능한 일회성 예금이다.

또 다른 중요한 자원은 호수, 저수지, 습지, 하천 및 강에서 저장된 비와 눈이 녹은 담수인 **지표수**(surface water)다. 땅속으로 스며들지 않거나 증발에 의해 대기로 되돌아가지 않는 강수는 **지표 유출**(surface runoff)된다. 지표 유출수가 특정 하천, 호수, 습지 또는 다른 수역으로 유출되는 지역을 **유역**(watershed) 또는 **배수지역**(drainage basin)이라고 부른다.

그림 11.3　자연 자본: 강수로서 떨어지는 물의 대부분은 땅으로 스며들어 지하수가 되어 대수층에 저장된다.

물 사용은 증가하고 있다

담수가 강과 하천으로 흘러 들어가는 연간 표면 유출량의 2/3는 계절적인 홍수로 사라지며 인간이 사용할 수 없다. 나머지 1/3은 **안정적인 지표 유출**(reliable surface runoff)로 해마다 담수를 안정적으로 얻을 수 있는 것으로 간주된다.

지난 세기 동안 세계의 인구는 3배, 용수량은 7배, 1인당 취수량은 4배 증가했다. 이런 결과로 이용 가능한 지표수의 약 34%가 취수되고 있다. 이것은 세계 평균이다. 건조한 미국 남서부에서는 70%의 안정적인 유출수가 대부분 관개와 같은 인간 의지로 취수된다. 일부 물 전문가들은 인구 증가, 1인당 물 사용량 증가, 가뭄의 증가 그리고 불필요한 물 소모 때문에 필요한 취수율이 2025년까지 90%로 증가할 것이라 예상한다.

전 세계적으로 우리는 농작물 및 축산물의 생산을 위해 매년 강, 호수 그리고 대수층으로부터 취수되는 70%의 담수를 사용하며, 건조 지역은 90%에 이를 것이다. 산업 분야에서 매년 약 20%를 사용하고, 나머지 10%를 도시와 가정에서 사용한다.

인간의 **물 발자국**(water footprint)은 직접 또는 간접적으로 사용하는 담수의 총량을 대략적으로 측정한 것이다. 인간의 1일당 물 발자국은 직접 사용하는 담수(예를 들어 음용수, 욕실 및 화장실 배수)와 먹는 음식을 만들기 위해 간접적으로 사용되는 물, 사용하는 에너지 및 구입하는 제품이 포함된다.

직접적으로 소비되지는 않지만 식량 및 기타 제품을

욕조의 물량
(151 L)

커피: 0.9욕조　　빵: 4욕조　　햄버거: 12욕조　　티셔츠: 17욕조　　바지: 72욕조　　자동차: 2,600욕조　　집: 16,600욕조

그림 11.4　여기에 나열된 제품 하나를 생산하고 배송하려면 가상수라는 담수로 가득 찬 욕조가 적게는 하나에서 많게는 상당량이 필요하다. 참고: 욕조 1개 = 151 L(40갤런)

Compiled by the authors using data from UN Food and Agriculture Organization, UNESCO-IHE Institute for Water Education, World Water Council, and Water Footprint Network.
Bathtub: Baloncici/Shutterstock.com. Coffee: Aleksandra Nadeina/Shutterstock.com. Bread: Alexander Kalina/Shutterstock.com. Hamburger: Joe Belanger/Shutterstock.com. T-shirt: grmarc/Shutterstock.com.
Jeans: Eyes wide/Shutterstock.com. Car: L Barnwell/Shutterstock.com. House: Rafal Olechowski/Shutterstock.com.

생산하는 데 사용되는 담수는 **가상수**(virtual water)라고 한다. 그것은 특히 선진국에서 물 발자국의 많은 부분을 차지한다. 농업은 인류 물 발자국의 약 92%를 차지한다. 예를 들어 일반적인 햄버거를 생산하고 배달하는 데는 약 1,800 L(480갤런 또는 약 12개의 욕조)가 필요하며, 대부분의 가축에게 먹이는 곡물을 재배하는 데 사용된다. 그림 11.4는 생산 및 배송되는 제품에 사용된 가상수의 양을 측정하는 한 가지 방법을 보여준다.

　물 부족 국가의 경우, 국내에서 음식을 생산하는 대신 식품 수입을 통해 가상수를 수입하여 실제 담수를 절약한다. 이집트와 다른 중동 국가들은 담수가 거의 없는 건조한 기후에 속한다. 밀, 옥수수, 콩, 알팔파 및 기타 식품 형태로 대규모 가상수를 수출하는 국가는 유럽, 미국, 캐나다, 브라질 및 호주다.

사례 연구

미국의 담수 자원

미국 지질조사국(USGS)에 따르면 보통 미국인은 하루 평균 300~379 L의 담수량을 사용한다. 이것은 욕조 2개 이상을 채우기에 충분한 용량이다(평균 욕조에는 약 151 L 또는 40갤런의 물이 들어간다). 가정용 수도는 주로 화장실 배수, 옷 세탁, 샤워, 수도꼭지 및 배관 누수를

평균 연간 강수량(cm)

41 이하　　81~122
41~81　　122 이상

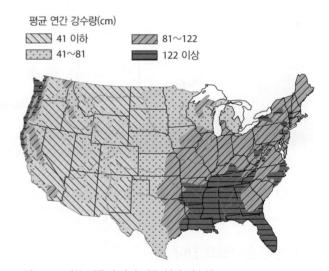

그림 11.5　미국 대륙의 장기 평균 연간 강수량
Compiled by the authors using data from U.S. Water Resources Council and U.S. Geological Survey.

통해 손실된다.

　미국은 물의 요구량 이상의 충분한 담수를 보유하고 있다. 그러나 이것은 불규칙하게 분포되어 있고(개념 **11.1B**), 그 대부분은 농업 및 산업에 의해 오염되어 있다. 동부 주들은 대개 강수량이 충분하지만 대부분의 서부 및 남서부 주들은 강수량이 거의 없다(그림 11.5).

　미국 동부에서 대부분의 물은 발전소의 제조 및 냉각(물은 대부분 가열되어 출원지로 되돌아감)에 사용된다. 대부분 이들 지역의 가장 심각한 수질 문제는 홍수, 가뭄으로 인한 일시적 물 부족, 그리고 오염이다.

그림 11.6 서부의 17개 주에서 물 부족은 2025년까지 도시 성장, 관개, 레크리에이션 및 야생 동물에 필요한 부족한 물을 둘러싼 격렬한 갈등에 직면할 수 있다.

Compiled by the authors using data from U.S. Department of the Interior and U.S. Geological Survey.

미국 서부 건조 및 반건조 지역에서 담수 사용의 85%를 관개수로 간주한다. 중요한 물 문제는 낮은 강수량(그림 11.5), 높은 증발량 및 반복되는 장기간의 가뭄으로 인한 담수 유출에 따른 부족이다.

미국 내무부(U. S. Department of Interior)는 17개의 서부 주에서 **물 부족 지역**을 파악했다(그림 11.6). 이 지역에서는 성장하는 도시 지역, 관개, 레크리에이션 및 야생 동물 지원을 위해 사용되는 담수가 부족하여 확보 경쟁이 심해지고 있다. 담수 확보 경쟁은 국가, 시골 및 도시 사이에서 치열한 정치적 및 법적 갈등을 유발할 수 있다. 또한 리처드 시거(Richard Seager)가 이끄는 컬럼비아 대학의 기후 연구자들은 잘 검증된 기후 모델을 사용하여 미국 남서부 지역에서 이번 세기 대부분 동안 극도의 가뭄을 겪을 가능성이 매우 높다는 것을 보여주었다.

담수 부족이 증가한다

담수 부족 스트레스는 인간에 의해 사용되는 양과 사용 가능한 담수의 양을 비교한 것이다. 특정 지역에서 담수 부족의 주요 원인은 건조한 기후, 가뭄, 상수 사용 인구 증가 및 물 소모다. 세계에서 많은 하천과 유역(다음 사례 연구 참조)은 다양한 수준의 담수 부족 스트레스로 고통을 겪고 있다(그림 11.7). 2050년까지 아시아의 대부분인 60개국이 담수 부족 스트레스로 어려움을 겪을 것이다.

현재 미국의 약 5배에 해당하는 지구의 약 30% 토지가 심각한 가뭄을 겪고 있다. 기후 연구원 David Rind와 그의 동료에 따르면 2059년까지 지구의 45% 토지가 자연적인 가뭄 주기와 예상되는 기후변화로 극심한 가뭄을 겪을 수 있다고 한다.

세계의 대규모 호수 276개 중에서 두 개 이상의 국가가 사용 가능한 담수 공급원을 공유한다. 그러나 그중 118개국만이 물 공유 협약(water-sharing agreements)을 맺고 있다. 결과적으로 담수 자원 공유에 대한 갈등은 인구와 물 수요가 증가하면 세계의 많은 지역에서 공급이 감소됨에 따라 더 많이 발생할 것이다.

유엔과 WHO는 2015년에 미국 인구의 거의 2.4배인 7억 8,300만 명이 주로 빈곤 때문에 음주, 요리 및 세탁을 위한 깨끗한 물을 정기적으로 공급받을 수 없다고 보고했다(개념 11.1B). 이 보고서는 또한 1990년과 2012년 사이에 20억 명이 넘는 사람들이 깨끗한 물에 접근할 수 있다고 했다. 그러나 많은 분석가들은 세계 여러 곳에서 물 부족이 가장 심각한 환경과 건강 및 사회가 직면한 경제적 문제 중 하나로 확대될 가능성이 있다고 보았다.

7억 8,300만 정기적으로 깨끗한 물을 공급받을 수 없는 사람 수

사례 연구

콜로라도 강

건조한 미국 남서부 지역의 중요한 수원인 콜로라도 강은 7개 주를 거쳐 캘리포니아 만까지 2,300 km를 흘러간다

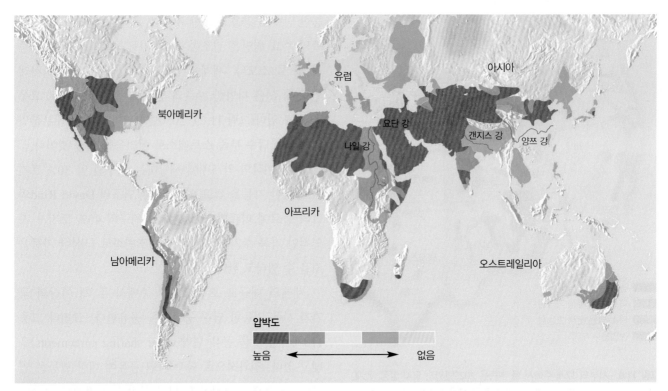

그림 11.7 자연 자본의 파괴: 세계 주요 강의 **담수 부족 스트레스** 정도는 차이가 있다**(개념 11.1B)**. **비판적 사고:** 물이 부족한 지역에 살고 있는가? 그렇다면 어떤 압박 징후를 느끼고 있는가? 어떤 방식으로 생활에 영향을 받게 되는가?

Compiled by the authors using data from World Commission on Water Use for the 21st Century, UN Food and Agriculture Organization, and World Water Council.

(그림 11.8). 대부분의 강물은 로키 산의 눈 녹은 물로부터 온다. 지난 100년 동안 자연적으로 흐르는 이 강은 14개의 주요 댐 및 저수지로 구성된 거대한 배수(plumbing) 시스템에 의해 관리되어 왔다.

댐과 저수지 시스템은 수력 발전에 의해 7개 주에 미국인의 8명 중 1명에 해당하는 대략 4,000만 명에게 물과 전기를 공급한다. 약 15%의 강물은 농산물과 가축을 생산하기 위해 사용한다. 이 시스템은 네바다 주 라스베이거스, 애리조나 주 피닉스, 캘리포니아 주 샌디에이고 및 로스엔젤리스와 같은 가장 건조하고 더운 일부 지역에 물을 공급한다. 이 댐이 지어진 강을 벗어나면, 이 도시들은 살기 힘든 사막 지역이 될 것이고 캘리포니아 임페리얼 계곡에서 미국 내에서 과일과 채소 절반을 생산하지 못하게 될 것이다.

이 강에서 너무 많은 물을 농산물 재배와 사막기후와 같은 건조한 도시에 공급하게 되면 아주 적은 수량만 바다로 도달하게 된다. 1999년 이후로 강 수계는 심한 **가뭄**(drought)을 겪어 왔으며, 일반적인 경우 보다 강수량이 적고 증발량이 많은 기간이 더 오래 지속되었다.

이 강에서 담수 사용과 관련된 세 가지 중요한 문제점이 있다. **첫째**, 콜로라도 강 유역에는 미국과 멕시코의 가장 건조한 토지가 포함되어 있다. **둘째**, 멕시코와 영향을 받는 서부 국가 간의 장기간에 걸친 법적 협정은 가뭄이 없는 해 조차도 하천이 공급할 수 있는 것보다 더 많은 담수를 사람에게 사용하도록 할당했다. 이 협정은 육상 및 수생 야생동물을 보호하기 위한 물을 할당하지 않았다. **셋째**, 1960년 이후 가뭄, 댐건설, 대량 취수로 인해 강물이 캘리포니아 만에 거의 유입되지 않아 강물의 생태계가 파괴되고 **삼각주 습지대**가 말라 버렸다. 이런 콜로라도 강 수계의 남용은 건조한 기후에 거주하는 여러 정부와 사람들 사이에서 수자원을 어떻게 공유하며 관리해야 하는지를 보여준다.

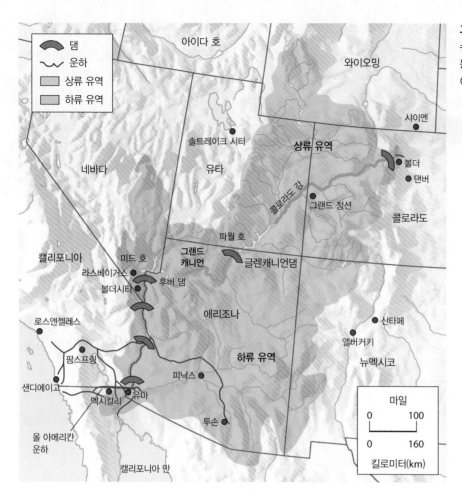

범례:
- 댐
- 운하
- 상류 유역
- 하류 유역

지도 내 지명:
아이다 호 · 와이오밍 · 샤이엔 · 솔트레이크 시티 · 네바다 · 유타 · 상류 유역 · 볼더 · 댄버 · 콜로라도 강 · 그랜드 정션 · 콜로라도 · 파월 호 · 캘리포니아 · 미드 호 · 그랜드 캐니언 · 글렌캐니언댐 · 라스베이거스 · 후버 댐 · 볼더시티 · 애리조나 · 산타페 · 로스앤젤레스 · 앨버커키 · 팜스프링 · 하류 유역 · 뉴멕시코 · 샌디에이고 · 피닉스 · 메시칼리 · 유마 · 올 아메리칸 운하 · 투손 · 캘리포니아 만

마일
0 ⋯ 100
0 ⋯ 160
킬로미터(km)

11.2 어떻게 담수 공급을 증가시킬 수 있는가?

개념 11.2A 도시와 식품 생산을 위해 사용되는 지표수는 강수에 의해 보충되는 것보다 빠르게 대수층으로부터 일부 지역으로 양수되고 있다.

개념 11.2B 대규모 댐 및 저수지 시스템과 도수 프로젝트는 일부 지역에서 물 공급을 크게 확대시켰지만 생태계와 지역민을 혼란스럽게 만들었다.

개념 11.2C 우리는 바닷물을 담수로 전환할 수 있지만, 많은 양의 고농도 염수는 수생 또는 육상 생태계에 무해하게 처리되어야 한다. 그 비용은 매우 비싸다.

대수층은 고갈되고 있다

대수층은 세계 인구의 절반에 가까운 사람들에게 음용수를 공급하고 지표수는 나머지 절반에 음용수를 제공한다. 미국의 대수층은 농촌 지역의 거의 모든 음용수(도시 지역의 20%)와 관개수의 43%를 공급하고 있다고 USGS는 전했다. 대부분의 대수층은 지하수가 강우량 및 눈 녹은 물에서 보충되는 것보다 빨리 뽑아 내지 않는 한 재생가능한 자원이다. 이것을 과잉양수(overpumping)라고 한다(다음 사례 연구 참조). 지하수에 더 많이 의존하는 것은 장점과 단점을 가지고 있다(그림 11.9).

시험 우물과 인공위성 자료에 따르면 과잉양수(**개념 11.2A**) 때문에 세계 여러 지역에서 지하수면이 낮아지고 있는 것이 확인되었다. 세계 3대 곡물 생산지인 중국, 미국, 인도, 멕시코, 사우디아라비아, 이란, 이라크, 이집트, 파키스탄, 스페인 및 기타 국가들은 많은 대수층에서 과잉양수가 이루어지고 있다. 중동의 많은 지역은 지하수면 감소, 급속한 인구 증가, 물 공급을 위한 이 지역 하천 공유에 대한 의견 차이로 인해 물과 식량 위기에 직면하여 국가 간 긴장이 고조되고 있다.

수십 년 동안 사우디아라비아는 사막지역에서 밀 재배와 같은 작물에 관개하기 위해 재생 불가능한 깊은 대수층에서 담수를 양수해왔다(그림 11.10). 이것은 또한 건조한 사막 공기로 증발을 통해 많은 물을 잃는 분수와 수영장을 채우는 데 사용되었다. 2008년, 사우디아라비아는 밀 생산을 위한 관개에 의해 주요 깊은 대수층을 많이 고갈시켰다고 발표했다. 2016년에 이 나라는 밀 생산을 중단하고, 3,200만 명의 사람들에게 식량을 제공하기 위해 곡물(가상수)을 수입했다.

상충 관계

지하수 취수

장점	단점
음용과 관개를 위해 유용	과잉양수에 의한 대수층 고갈
거의 모든 곳에 존재	과잉양수에 의한 지반 침하
과잉양수 또는 오염이 없다면 재생 가능	일부 깊은 우물은 재생되지 않음
대부분의 지표수보다 취수 비용 저렴	십 년에서 수세기에 걸친 대수층 오염

그림 11.9 대수층으로부터 지하수 취수의 장점과 단점. **비판적 사고:** 가장 중요하다고 생각하는 장점 및 단점을 두 가지씩 제시하고 그 이유를 설명하라.

Top: Ulrich Mueller/Shutterstock.com

오갈라라 대수층의 과잉양수

USGS에 따르면, 미국의 지하수는 보충되는 속도보다 평균 4배나 빨리 대수층으로부터 취수되고 있다(**개념 11.2A**). 그림 11.11은 미국 대륙에서 대수층이 크게 고갈된 지역을 보여주고 있다. 지하수의 과잉양수가 가장 심각한 지역 중 한 곳은 오갈라라(Ogallala) 대수층의 하부 지역이다. 이것은 사우스다코타 남부에서 텍사스까지 8개 주 아래에 펼쳐져 있는 세계 최대의 대수층 중 하나다(그림 11.11의 확대 부분).

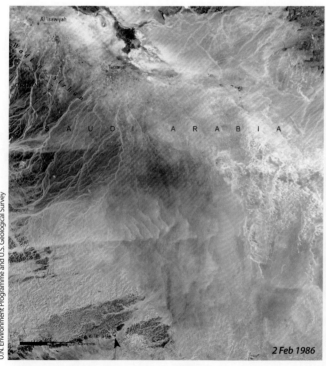

그림 11.10 **자연 자본의 파괴:** 1986년(왼쪽)과 2004년(오른쪽)의 사우디아라비아의 거대한 사막 지역 깊은 대수층으로부터 양수된 지하수에 의해 관개하는 농장의 위성사진을 보여준다. 관개 지역은 녹색점(원형 스프레이 시스템을 나타냄)으로 나타나고 갈색점은 우물이 마르고 토지가 사막이 된 지역을 보여준다. 2004년 이후로 더 많은 우물을 포기하게 되었다.

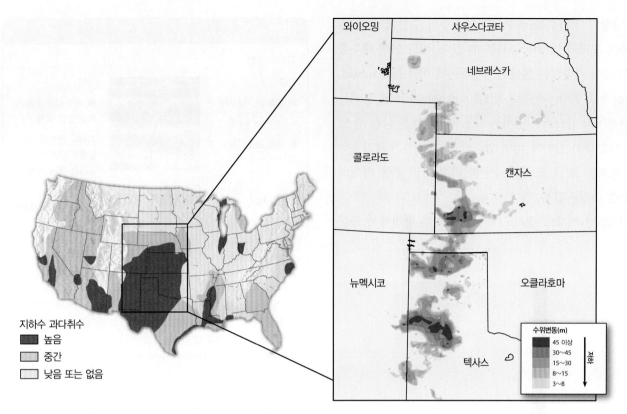

지하수 과다취수
■ 높음
▨ 중간
□ 낮음 또는 없음

그림 11.11 자연 자본의 파괴: 오갈라라 대수층의 수위가 캔자스, 오클라호마, 텍사스 및 뉴멕시코 지역의 남쪽 끝에서 급격히 감소한 곳을 보여주는 확대 사진(오른쪽)과 함께 미국 대륙에서 지하수 과잉양수에 따른 대규모 대수층 고갈 지역을 보여준다. **질문:** 여러분은 어떤 대수층에 의존하여 음용수를 얻고 있는가? 그렇다면 여러분이 사는 지역은 과잉양수가 얼마나 심각한 수준인가?

Compiled by the authors using data from U.S. Water Resources Council and U.S. Geological Survey.

오갈라라 대수층은 미국에서 사용되는 모든 지하수의 1/3을 공급한다. 이 대수층은 그레이트 플레인(Great Plains)을 세계에서 가장 생산적인 관개 농업 지역으로 만드는 데 도움을 주었다. 그러나 오갈라라는 매우 느리게 재충전되는 액체 자연 자본의 보관소다.

오갈라라 남부 지역의 일부에서는 지하수가 자연적인 재충전율보다 10~40배나 빠르게 양수되고 있다. 이로 인해 지하수면을 낮아지고 특히 텍사스 일부 지역에서 양수 비용이 높아졌다(그림 11.11의 확대 부분). 이 대수층의 과잉양수는 도시 개발 및 콜로라도 강물에 대한 접근 제한과 함께 텍사스, 애리조나, 콜로라도 및 캘리포니아의 관개 농경지를 감소시켰다. 또한 농부와 목축업자 및 도시 지역의 성장으로 물 확보를 위한 경쟁이 심화되었다.

농작물 생산을 늘리기 위해 마련된 정부 **보조금**이나 세금 감면으로 인해 농민들은 건조한 지역에서 수분이 많은 농작물을 재배할 수 있었고, 이로 인해 오갈라라 대수층의 고갈이 가속화되었다. 특히 갈수 농작물인 옥수수를 오갈라라가 지나는 지역에 널리 재배했다. 또한 심각한 대수층 고갈은 미국 내 과일과 채소의 절반을 공급하는 캘리포니아의 반건조 지역인 센트럴 밸리(그림 11.11의 캘리포니아 부근에 긴 빨간색 지역)에서 발생하고 있다.

대수층의 과잉양수의 위험한 효과

과잉양수가 이루어지는 대수층은 식량 생산에 대한 제한, 식량 가격의 상승, 일부 지역의 빈부격차 확대에 기여한다. 수면이 떨어지면 낮은 깊이에서 물을 양수하는 것보다 에너지 및 재정적 비용이 급격히 증가한다. 농부들은 더 깊은 우물을 파고, 더 큰 펌프를 구입하고, 펌프를 작동시키기 위해 더 많은 전기를 사용해야 한다. 이렇게 할 여력이 없는 농부들은 종종 땅을 잃어버린다. 이로 인해 부유한 농민을 위해 일하거나 다른 일을 찾기 위해 도시로 이주해야 한다.

다량의 지하수를 취수하면 대수층의 수압에 의해 지탱하는 모래와 암석이 붕괴될 수 있다. 이로 인해 대수층 위의 땅이 가라앉는 현상이 발생하는데 이를 **침하**(subsidence)라고 한다. 때때로 **싱크홀**(sinkhole)이라고 불리는 극단적이고 갑작스런 침하는 자동차와 주택을 삼킬 수 있다. 대수층이 침하에 의해 압축되면, 재충전은 불가능하다. 침하는 또한 도로, 하수관과 하수도 및 건물 아래의 기초를 손상시킬 수 있다.

1925년 이래로 캘리포니아 산 호아킨 밸리에서 곡물에 관개하기 위한 대수층의 과잉양수는 계곡의 절반이 0.3 m 이상 침하되고 한 지역은 8.5 m 이상 침하되는 원인이 되었다(그림 11.12). 멕시코시티와 중국 베이징의 일부 지역도 심각한 침하 문제로 어려움을 겪고 있다.

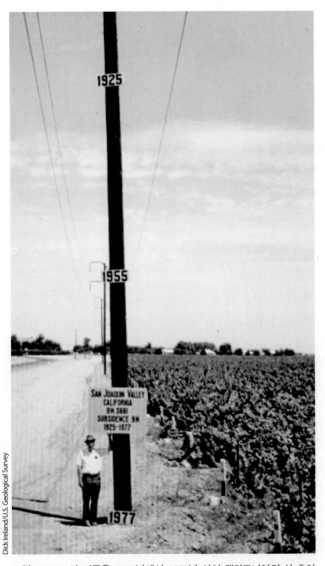

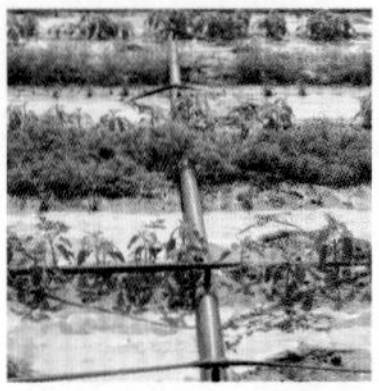

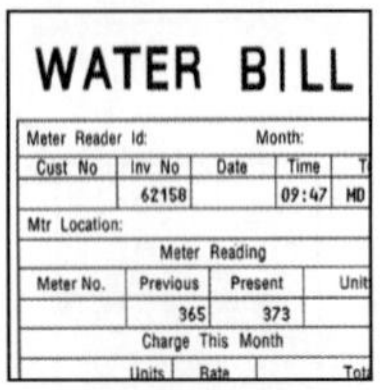

Dick Ireland/U.S. Geological Survey

그림 11.12 이 기둥은 1925년에서 1977년 사이 캘리포니아의 산 호아킨 센트럴 밸리에서 관개를 위한 대수층의 과잉양수로 인한 지반 침하를 보여준다. 1925년에 이 지역의 지표면은 기둥의 꼭대기 부근이었다. 1977년 이래로 이 문제는 더욱 심각해졌다.

해결책

지하수 고갈

관리

더 효율적인 물 사용

물 관리 보조금을 지급

우물수 제한

건조 지역에서 물 집약 작물의 재배 중단

규제

물 가격 상승을 통한 폐수 발생 억제

지표수 근처의 우물로부터 퍼 올리는 물에 대해 세금 부과

도시 지역 빗물 정원 조성

도로, 보도 및 진입로에 침투성 포장 재료 사용

그림 11.13 담수를 보다 지속 가능하게 사용하여 지하수의 고갈을 예방하거나 늦추는 방법. **비판적 사고:** 가장 좋다고 생각하는 해결책 두 가지는 무엇인가? 그 이유를 설명하라.

Top: iStock.com/anhong. Bottom: Banol2007/Dreamstime.com.

세계 최대 도시와 공업 지역이 많이 분포하는 연안 근처의 지하수 과잉양수는 담수 대수층을 염수로 채워지게 할 수 있다. 결과적으로, 오염된 지하수는 마시거나 관개를 위해 사용할 수 없게 된다. 이 문제는 특히 미국의 캘리포니아 주, 텍사스 주, 플로리다 주, 조지아 주, 남부 캐롤라이나 주, 뉴저지 주의 연안 지역들이 터키, 태국, 필리핀의 연안 지역만큼 심각하다.

그림 11.13은 잠재적으로 재생 가능 자원을 보다 지속 가능하게 사용함으로써 대수층 고갈 문제를 예방하거나 완화시키는 방법을 제시하고 있다.

대형 댐의 장점과 단점

댐(dam)은 강을 가로 질러 그 흐름을 조절하기 위해 지어지는 구조물이다. 일반적으로 댐의 물은 댐 뒤에 인공 호수 또는 **저수지**(reservoir)를 만든다(그림 2.10 참조). 댐 및 저수지 시스템의 목적은 강 유역의 지표 유출수를 모

아서 저장하고 필요에 따라 홍수를 통제하고 전기(수력)를 생성하며 마을과 도시에서 관개 및 사용을 위해 담수를 공급한다. 저수지는 또한 수영, 낚시, 보트 타기와 같은 레크리에이션 활동을 위한 물을 제공한다.

세계 45,000개의 대형 댐은 지구 지표 유출수의 14%를 모으고 저장한다. 이것은 관개 농경지의 거의 절반에 물을 공급하며 65개국 전기 사용량의 절반 이상을 공급한다. 댐은 사람이 사용할 수 있는 안정적인 지표 유출수를 연간 약 33% 증가시켰다.

그러나 댐 및 저수지 시스템에는 단점이 있다. 예를 들어 세계의 저수지는 집에서 400~800만 명의 사람들을 이주시키고 대부분 생산적인 넓은 토지 지역을 범람시켰다. 댐은 강이 제공하는 중요한 생태계 서비스의 일부를 손상시켰다. 세계자연보호기금(WWF)의 한 연구에 따르면 지구의 가장 긴 강 177개 중 21개만이 아직 마르지 않고 계속 바다로 흘러가고 있다(다음 사례 연구 참조). WWF의 연구는 또한 댐과 물의 취수로 인해 강 유역이 급격하게 감소하여 세계의 담수어와 식물종 5개 중 1개가 멸종 위기에 처해 있다고 경고했다. 이것은 담수 생물종의 추정 멸종 속도가 해양 및 육상 생물종에 비해 4~6배 더 큰 이유를 설명하는 데 도움이 된다.

저수지는 또한 수명이 제한되어 있다. 50년 안에 댐 뒤의 저수지는 침전물(진흙과 미사)로 채워져 물을 저장하거나 전기를 생산하는 능력을 잃어버린다. 콜로라도 강 시스템(그림 11.8)에서는 파월 호수(Lake Powell)와 미드 호수(Lake Mead)의 바닥에 대략 20,000톤의 퇴적물이 쌓여 있다. 이번 세기 동안 두 주요 저수지는 설계대로 기능이 어려울 정도로 미사로 가득 차게 될 것이다. 미국 내 모든 댐 및 저수지 시스템의 약 85%는 2025년까지 50년 이상 사용하게 될 것이다. 일부 노화된 댐의 저수지는 미사로 가득 찼기 때문에 이미 철거되고 있다. 그림 11.14는 댐 및 저수지 시스템의 중요한 장점과 단점을 요약한 것이다.

이번 세기 동안 기후변화가 진행된다면 세계의 많은 지역에서 물 부족 현상이 심화될 것이다. 예를 들어 콜로라도 강 시스템(그림 11.8)에 물을 공급하는 산의 눈은 더 빨리 그리고 더 일찍 녹을 것이므로, 덥고 건조한 여름철에 관개를 위해 필요한 강 시스템의 담수 이용에 제한을 받을 것이다. 농업 생산량이 급격히 감소하고 네바다 주 라스베이거스, 애리조나 주 피닉스와 같은 지역의 주요 사막 도시들은 생존을 위해 도전을 받게 될 것이다.

남아메리카, 중국, 인도 및 아시아 지역의 약 30억 인구는 산악 빙하가 공급하는 강 유역에 의존한다. 이 빙하는 담수 저장고를 제공한다. 습한 계절에 얼음과 눈으로 강수량을 저장하고, 건조한 계절에는 많은 얼음과 눈이 녹고 천천히 물이 풀려 농장이나 도시에서 사용한다. 세계빙하관측서비스(World Glacier Monitoring Service)에 따르면 2015년에 이 산악 지대의 상당 부분의 빙하가 온난화로 인해 24년간 연속적으로 감소하고 있다.

사례 연구

어떻게 댐이 삼각주를 없앨 수 있는가?

1905년 이후 콜로라도 강 유역으로 흘러들어가는 물의 양은 급격하게 감소했다(그림 11.8). 1960년 이래로 강이 캘리포니아 만에 도달할 때까지 작고 부실한 하천으로 줄어들었다.

한때 식물과 동물 등 생명이 번성했던 숲, 늪 및 습지 그리고 수백 년 동안 번성한 해안 어업을 지원하던 콜로라도 강의 거대한 삼각주가 비었다. 콜로라도의 댐이 건설된 이후 한세대가 지나는 동안 생물학적으로 다양한 삼각주 생태계가 붕괴되었고 이제는 대부분 진흙 평탄지와 사막으로 덮여 버렸다.

역사적으로, 콜로라도 강에서 취수된 물의 약 80%가 작물에 관개되고 소의 방목에 사용되었다. 이것은 미국 정부(납세자)가 댐과 저수지를 구입하여 많은 농민과 목장주에게 저렴한 가격으로 물을 공급한 것이다. 이런 보조금은 건조한 지역에서 쌀, 목화, 자주개자리와 같은 갈수 농작물을 재배하기 위해 관개용수를 소모하는 결과를 낳았다.

물 전문가들은 콜로라도 강을 사용하여 7개 주를 대상으로 엄격한 수자원 보존 조치를 제정하고 시행할 것을

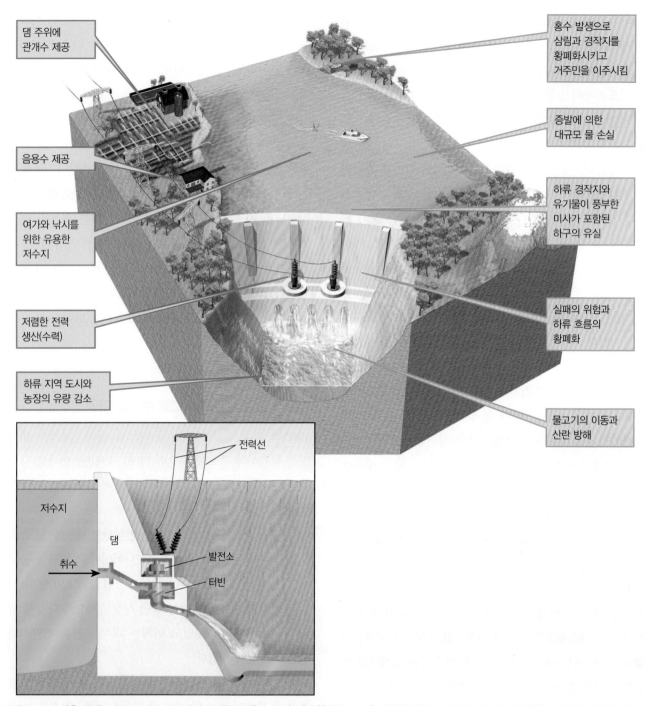

댐 주위에
관개수 제공

음용수 제공

여가와 낚시를
위한 유용한
저수지

저렴한 전력
생산(수력)

하류 지역 도시와
농장의 유량 감소

홍수 발생으로
삼림과 경작지를
황폐화시키고
거주민을 이주시킴

증발에 의한
대규모 물 손실

하류 경작지와
유기물이 풍부한
미사가 포함된
하구의 유실

실패의 위험과
하류 흐름의
황폐화

물고기의 이동과
산란 방해

전력선

저수지

댐

취수

발전소

터빈

그림 11.14 상충 관계: 대규모 댐과 저수지의 장점(초록색)과 단점(주황색)(개념 11.2B). **비판적 사고:** 가장 중요하다고 생각하는 장점과 단점을 한 가지씩 제시하고 그 이유를 설명하라.

요구한다. 그들은 또한 이 지역에서 농업에 대한 주정부 및 연방 정부 보조금을 급격히 줄이거나 단계적으로 폐지할 것을 요구한다. 목표는 갈수 농작물을 덜 건조한 지역으로 옮기고 콜로라도 강 유역의 사막 지역에서 골프 코스 및 잔디 관개를 극히 제한하는 것이다. 이들은 이런 해결책을 구현하는 가장 좋은 방법은 향후 10년 동안 역사적으로 강의 낮은 담수 가격—전체 비용 책정의 지속 가능성의 원리─을 급격히 높이는 것이다.

도수의 장점과 단점

인구 밀도가 높은 일부 건조 지역에서는 정부가 운하와 배관을 이용해 물이 풍부한 지역에서 물이 부족한 지역으로 물을 이동시켜 물 부족 문제를 해결하려고 노력했다. 미국에서 양상추를 섭취한다면, 이것은 캘리포니아 북부의 하이 시에라 산맥(High Sierra Mountains)의 녹은 눈에서 나온 관개용수를 사용하여 건조한 캘리포니아의 센트럴 밸리(Central Valley)에서 재배한 것이다.

캘리포니아 주 수자원 프로젝트(California State Water Project)(그림 11.15)는 세계에서 가장 큰 담수 도수 프로젝트 중 하나다. 북부 캘리포니아의 산에서 물이 부족한 중부 및 남부 캘리포니아의 인구가 많은 도시와 농경지로 담수를 옮기기 위해 거대한 댐, 펌프 및 운하, 또는 수로(그림 11.15, 사진 참조)를 사용한다.

이 엄청난 도수는 많은 이점을 가져 왔다. 캘리포니아의 많은 물을 관개하여 센트럴 밸리는 전국의 과일과 채소의 절반을 공급하며, 샌디에이고와 로스앤젤레스의 건조한 도시들은 도수 때문에 번창하고 번영했다.

그러나 이 프로젝트로 인해 새크라멘토 강(Sacramento River)의 흐름이 줄고 어업이 위협받았으며 샌프란시

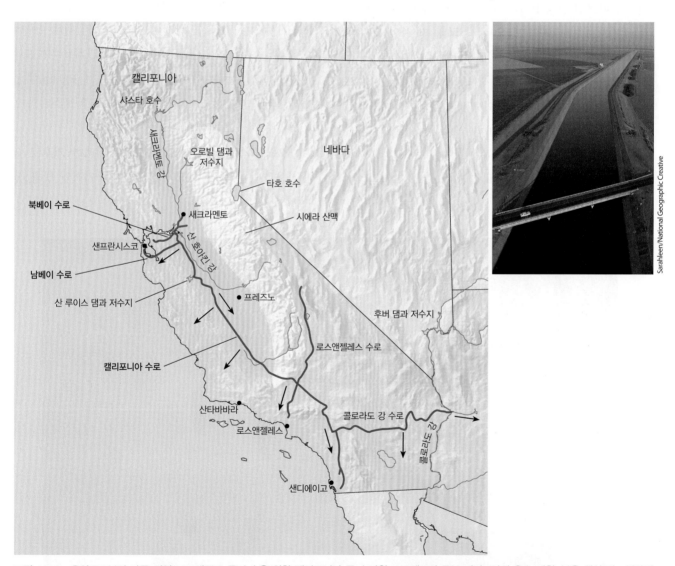

그림 11.15 유역으로부터 다른 지역으로 대규모 물 수송을 위한 캘리포니아 주 수자원 프로젝트와 중부 애리조나의 용수 계획. 붉은 화살표는 일반적인 물 흐름의 방향이다. 이 사진은 시스템 내에서 물을 운반하는 수로 중 하나를 보여준다. **비판적 사고:** 이 시스템은 물이 채취되는 지역에 어떤 영향을 주는가?

스코 만의 오염물질을 정화하는 데 도움이 되는 혼합 작용(flushing action)이 감소되었다. 결과적으로 이 만은 오염과 담수의 흐름 변화로 연안습지와 다른 생태계가 고통을 겪고 있다. 이런 요인들은 이 만의 많은 생태계에 의존하는 야생생물종에 스트레스를 가중시켰다(개념 11.2B).

연방 정부와 캘리포니아 주는 이 도수 프로젝트에 보조금을 지급했다. 이 보조금은 사막과 유사한 지역에서 상추, 자주개자리, 아몬드와 같은 갈수 농작물에 관개하기 위해 대량의 물을 비효율적으로 사용하도록 장려했다. 캘리포니아 중부에서 농업은 물의 3/4을 소비한다. 이 물의 대부분은 비효율적인 관개 시스템을 통해 소모된다. 연구에 따르면 단지 10%의 더 효율적인 관개시설을 만드는 것만으로 남부 캘리포니아에서 국내 및 산업 용도에 필요한 모든 물을 제공할 수 있음을 보여주었다.

몇몇 연구에 따르면, 이번 세기 동안 예상되는 기후변화는 지표수 가용성 감소에 의해 캘리포니아의 물 사정이 악화될 것이다. 시에라네바다 자연 보호 협회(Sierra Nevada Nature Conservancy)에 따르면 캘리포니아는 덥고 건조한 여름에 시에라네바다 산맥에 밀집된 눈 더미

(snowpacks)가 녹은 물이 담수의 60% 이상을 차지하며, 이에 의존한다. 예상되는 대기 온난화로 인해 눈 더미는 2050년까지 40%, 이번 세기 말까지 90%까지 줄어들 수 있다. 줄어든 눈 더미는 북부 캘리포니아 거주자와 생태계뿐만 아니라 건조하고 반건조한 중부 및 남부 캘리포니아로 이동하는 담수의 양을 급격히 줄인다.

아랄해의 재난: 의도하지 않은 효과의 예

중앙아시아에 있는 아랄해는 대규모 도수 사업의 결과로 축소되었다(그림 11.16). 1960년 이후, 목화와 쌀을 재배하는 세계에서 가장 큰 관개 지역을 만들기 위해 아랄해로 유입되는 두 강의 상류로부터 대규모 관개용수가 도수되었다. 관개 수로는 세계에서 가장 길고, 1,300 km에 걸쳐 뻗어 있으며, 대략 미국의 매사추세츠 주 보스턴과 일리노이 주 시카고 사이의 거리에 해당한다.

이 프로젝트는 그 지역의 뜨겁고 건조한 기후로 인해 가뭄과 높은 증발 속도와 결합하여 국지적인 생태, 경

1976 **2016**

Rebecca Lindsey/NASA

그림 11.16 자연 자본의 파괴: 아랄해는 카자흐스탄과 우즈베키스탄에 걸쳐 있는 세계에서 가장 큰 염호 중 하나였다. 두 사진은 1976년 (왼쪽)과 2016년(오른쪽)의 위성사진이다. **비판적 사고:** 아랄해가 더 축소되는 것을 막기 위해서 무엇을 해야 하는가?

제, 건강 문제를 유발했다. 1961년 이후 바다의 염분 농도는 7배 증가했고, 거의 6층 건물 높이에 해당하는 평균 수면 높이가 감소했다. 남부 아랄해는 90%의 물이 사라졌고, 호수의 바닥은 지금 흰 소금 사막으로 변했다(그림 11.16, 오른쪽). 농경을 위한 관개용수는 바다로 유입되는 두 강을 단순한 개천으로 변화시켰다.

이 지역 습지의 약 85%가 없어졌다. 아랄해의 소금 농도가 크게 증가하여(바닷물의 3배) 그 지역의 토종 물고기 32종 중 26종이 사멸되었다. 그 결과 60,000명 이상의 어부들에게 일자리를 제공했던 지역 어업을 황폐화시켰다. 한때 해변에 있던 어촌과 배들은 현재 소금 사막에 버려져 있다.

바람은 모래와 염분이 있는 호수 바닥의 먼지를 500 km 이상 멀리 떨어진 곳까지 이동시켰다. 염분은 물을 오염시키고 생물, 곡식 그리고 초목을 고사시켰다. 아랄해의 먼지는 히말라야의 빙하에 침전되어 정상적인 빙하의 녹는 속도보다 빨리 녹게 만들었다.

아랄해의 축소는 주변 지역의 기후를 변화시켰다. 줄어든 바다는 여름의 태양열과 겨울의 극한 추위를 완화시키는 완충작용을 더 이상 하지 않는다. 지금은 강수량의 감소, 여름철의 기온 상승과 낮은 습도, 겨울철의 기온 하강, 작물 성장 시기도 짧아지게 했다. 이런 기후변화와 심한 염분화의 영향은 이 프로젝트의 의도한 효과와 정반대로 약 1/3의 농경지에서 농산물의 생산량을 20~50%까지 감소시켰다.

1999년 이후 유엔, 세계은행 및 이 호수를 둘러싼 5개국은 관개 효율성을 개선하기 위해 노력해왔다. 그들은 또한 갈수 농작물을 관개용수가 덜 필요한 작물로 부분적으로 대체했다. 북쪽 아랄해에서 남쪽 바다로 흐르는 물의 흐름을 막기 위해 제방이 건설되었기 때문에 북쪽 바다의 높이는 2 m 상승했고 염분은 떨어졌으며 용존산소 수준은 올라갔으며, 이것은 건강한 어업을 지원하고 있다.

그러나 이전의 훨씬 더 큰 남쪽 바다는 여전히 줄어들고 있다. 2016년까지, 동쪽은 근본적으로 사라졌다(그림 11.16, 오른쪽). 유럽 우주국(European Space Agency)은 남부 아랄해의 나머지 부분은 2020년까지 완전히 말라 버릴 수 있다고 예측하고 있다.

담수를 공급을 위한 해수로부터 염 제거

탈염(desalination)은 해수, 대수층, 호수의 염분을 함유한 기수로부터 용존염을 제거하는 공정이다. 탈염은 담수 공급을 증가시키는 또 다른 방법이다(개념 11.2C).

최근 탈염법 중에서 가장 폭넓게 사용하는 두 공정은 증류와 역삼투다. 증류(distillation)는 담수로 농축되고 고형물 형태의 염만 남게 되기까지 해수를 가열한다. 역삼투(reverse osmosis) 또는 정밀여과(microfilteration)는 물 분자만 통과시키고 용존 염분과 다른 불순물은 통과시키지 않는 막에 염수를 고압으로 통과시켜 염분을 분리하는 방법이다.

미국의 300개 이상의 시설을 포함하여 세계에는 18,400개 이상의 담수화 시설이 미국과 세계에서 사용되는 1% 미만의 담수를 공급한다.

탈염의 광범위한 사용은 세 가지 중요한 문제점이 있다.

1. 탈염은 해수에서 염분을 제거하는 데 많은 에너지가 소모되기 때문에 비용이 비싸다. 에너지를 생산하기 위해 화석연료를 사용하는 것은 기후변화의 원인물질인 CO_2 및 기타 대기 오염물질 배출을 증가시킨다.

2. 배관을 통해 해수를 대량으로 공급하는 것은 조류 성장을 막고 물을 소독하는 화학물질의 사용을 증가시킨다. 이것은 많은 해양 생물을 죽이고 에너지와 돈을 많이 필요로 한다.

3. 탈염은 적절한 처리가 필요한 바닷물보다 염도가 높은 많은 양의 폐수를 발생시킨다. 농축된 염수를 산호초, 습지 또는 맹그로브 숲이 있는 연안에 폐기하는 것은 해수의 염도를 증가시켜 부근의 어족 자원과 수생 생태계에 위협을 초래한다. 육지에 폐기하면 지하수와 지표수를 오염시킬 것이다(개념 11.2C).

결과적으로 탈염은 높은 비용을 지불할 능력이 있는 부유한 국가와 도시 및 물이 부족한 국가와 도시에서만 실용적인 방법이다. 그러나 과학자들과 기술자들이 좀 더 성능이 우수하고 가격이 적절한 탈염 기술을 개발하기 위해 노력하고 있다.

11.3 어떻게 담수를 지속 가능하게 사용할 수 있는가?

개념 11.3 우리는 물 손실을 줄이고, 물 사용료를 올리고, 인구 증가를 줄이고, 담수를 저장/배출하는 대수층, 숲 그리고 생태계를 보호함으로써 보다 지속적으로 담수를 사용할 수 있다.

물 손실 줄이기

세계자원연구소(World Resources Institute)의 수자원 전문가 모하메드 엘 아쉬리(Mohamed El-Ashry)에 따르면, 세계 전역에 걸쳐서 사람들이 사용하는 담수의 약 66%와 미국에서 사용하는 담수의 약 50%가 증발, 누수, 불필요한 사용을 통해 손실되고 있다. 또한 엘 아쉬리는 경제적 및 기술적인 측면에서 현재의 손실되는 물을 15%까지 줄일 경우 장래의 물 수요를 충족시킬 수 있다고 말한다.

우리는 왜 그렇게 많은 담수를 소모하고 있는가? 수자원 전문가에 따르면 두 가지 중요한 이유가 있다고 한다. 첫째, 전체 비용 책정을 지속 가능성의 원리를 위반할 정도로 소비자에게 담수 가격은 낮다. 이것은 절수 기술(water-saving technologies)에 투자하는 사용자에 대한 재정적 인센티브가 거의 또는 전혀 없다.

높아진 담수 가격은 수자원 보존을 촉진하지만 저가 농산물의 수입과 그들이 필요로 하는 만큼의 충분한 물을 사길 원하는 도시 주민들은 어려움을 겪게 된다. 남아프리카가 물 가격을 올렸을 때, 기본적 수요를 충족시키기 위해 무료나 저가로 일정 양의 물을 개별 가정에 공급하는 **생활 최저 요금제**(lifeline rate)를 확립하여 문제를 해결했다. 사용자가 기준량을 초과하여 사용하게 되면 물 가격은 상승하게 된다. 이것은 **사용자–지불**(user-pays) 접근법이다.

담수의 불필요한 손실의 두 번째로 중요한 원인은 효율적인 물 사용을 개선하기 위한 정부의 보조금 부족이

다. 많은 수문학자와 경제학자는 효율적인 물 사용을 권장하는 보조금으로 물 소모를 조장하는 현재의 물 보조금을 대체할 것을 요구한다. 당연히 낮은 물 가격을 유지하는 보조금을 받는 농민과 산업체의 보조금을 없애거나 줄이는 노력을 적극적으로 반대해왔다. 그러나 많은 수자원 전문가들과 경제학자들에 따르면, 물 손실을 조장하는 보조금에서 수자원 보전을 촉진하는 보조금으로 전환하는 환경적 및 경제적 이익은 그런 전환의 환경적 및 경제적 손실보다 훨씬 크다.

관개 효율의 개선

전 세계 관개용수의 60%만 현재 농작물에 도달되고 있다. 이 이유는 대부분의 관개 시스템이 매우 비효율적이라는 의미다. 대부분의 비효율적인 관개 시스템은 **고랑 관개**(flood irrigation)이며, 이것은 지하수원과 지표수원으로부터 중력에 의해 흐르는 내벽이 없는 수로를 통해 농작물까지 물을 양수한다(그림 11.17, 왼쪽). 이 방법은 작물 성장에 필요한 것보다 훨씬 많은 물을 전달하며, 전형적으로 물의 약 45%가 증발, 침윤 및 유출로 인해 손실된다.

펌프를 사용하여 농작물에 물을 뿌리는 **센터 피봇 살수관개 시스템**(center pivot spray irrigation system)(그림 11.17, 오른쪽)은 물의 약 80%가 농작물에 닿을 수 있게 한다. 물을 땅에 더 가까이 뿌리는 개선된 시스템은 작물이 필요로 하는 곳에 90~95%의 물을 공급한다.

점적관개(drip or trickle irrigation)(그림 11.17, 가운데)는 소량의 물을 작물에 정확하게 전달하는 가장 효율적인 방법이다. 이것은 지면이나 지면 아래에 설치된 다공성 플라스틱 관망으로 구성된다. 배관의 미세한 구멍을 통해 물을 한 방울씩 적하시켜 식물 뿌리에만 느린 속도로 물을 공급하여 물의 90~95%가 작물에 닿도록 한다.

점적관개는 비용이 높기 때문에 미국 및 전 세계의 곡창 지역에서 4% 이하로 사용되고 있다. 이런 비율은 키프로스에서 90%, 이스라엘에서 66%, 캘리포니아에서 13%까지 상승되었다. 담수가 공급하는 생태계 서비스 가치에 가깝게 가격이 책정되고 비효율적 물 사용을 부추기는 정

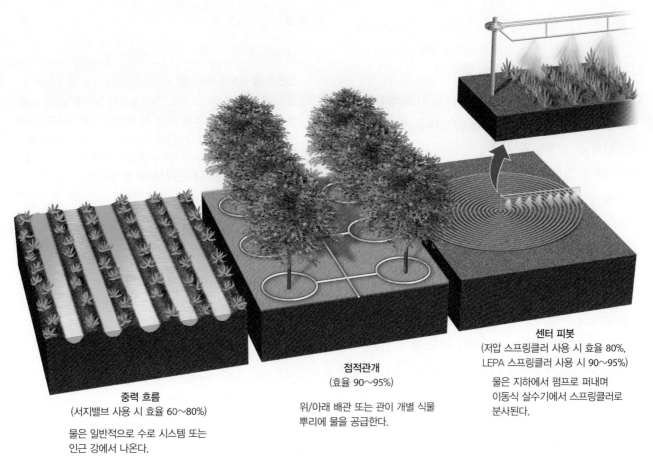

중력 흐름
(서지밸브 사용 시 효율 60~80%)

물은 일반적으로 수로 시스템 또는
인근 강에서 나온다.

점적관개
(효율 90~95%)

위/아래 배관 또는 관이 개별 식물
뿌리에 물을 공급한다.

센터 피봇
(저압 스프링클러 사용 시 효율 80%,
LEPA 스프링클러 사용 시 90~95%)

물은 지하에서 펌프로 퍼내며
이동식 살수기에서 스프링클러로
분사된다.

그림 11.17 전통적인 관개 방법은 중력으로 흐르는 물(왼쪽)에 의존한다. 센터 피봇, 스프링클러 관개(오른쪽) 및 점적관개(가운데)와 같은 최신 시스템은 훨씬 효율적이다.

부 보조금이 없어진다면, 전 세계 대부분의 경작지에서 점적관개 시스템을 사용하게 될 것이다.

유엔에 따르면, 세계적으로 관개용 물 취수를 현재 10% 정도로 감소시키는 것은 곡물 재배를 위한 충분한 물을 절약할 수 있고, 2025년까지 지구의 도시와 산업의 계획 시 추가적인 물 수요를 충족시킬 수 있다. 이것은 또한 고비용의 탈염 공정의 필요성을 감소시킬 것이다. 그림 11.18은 농작물의 관개에서 물 손실을 줄이는 몇 가지 방법을 요약했다. 1950년대부터 물이 부족한 이스라엘은 이런 방법에 의해 관개수 손실을 84%까지 줄여 그 잉여용수로 44% 이상의 토지에 관개했다. 이스라엘은 도시 하수의 30%를 처리 및 재사용하며, 이것은 농업, 가정 및 산업에 사용되는 담수의 50% 이상을 제공하기 위해 사용한다. 2025년까지 하수의 재사용률을 80%까지 늘릴 계획이다. 이스라엘은 또한 그 물의 거의 절반을 제거하기

해결책

관개수 물 손실 줄이기

- 건조 지역에서 갈수 농작물 재배 피하기
- 물 소비가 많은 작물과 고기 수입하기
- 유기농업 장려와 토양 수분을 유지하기 위한 다종 경작
- 필요할 때에만 물을 공급하기 위해 토양 수분 모니터하기
- 점적관개 및 다른 효율적인 방법의 확대 사용
- 증발을 줄이기 위해 밤에 물 대기
- 관개 도랑으로 용수 유입 시 정렬된 수로의 이용
- 폐수의 처리로 물 대기

그림 11.18 관개에서 담수 손실 줄이는 방법. **비판적 사고:** 가장 좋다고 생각하는 해결책 두 가지는 무엇인가? 그 이유를 설명하라.

위해 탈염 공정을 사용한다. 추가적으로, 이스라엘 정부는 전 세계에서 가장 높은 관개용수의 가격을 높이기 위

해 물 보조금을 점차 포기했다.

산업체와 가정에서 담수 손실 줄이기

화학제품, 석유, 석탄, 1차 금속과 가공식품 생산자들은 미국 산업계에서 사용하는 물의 약 90%을 소비한다. 이들 산업계 중 일부는 물 사용량과 물 처리 비용을 줄이기 위해 폐수를 정화하고 재활용한다. 예를 들면 제철산업에서 사용되는 95% 이상의 물을 재활용할 수 있다. 그럼에도 불구하고 훨씬 더 적은 물을 사용하기 위해 많은 산업 공정을 재설계하고 있다. **녹색 일자리: 수자원 보존 전문가**

대부분이 마실 수 있을 정도 깨끗한 담수를 사용하는 수세식 화장실은 미국에서 가정용 물 사용량 중에서 단일 사용량으로는 가장 많다. 이것은 미국 가정 물 사용량의 약 1/4에 해당한다. 1992년 이후, 미국 정부 기준은 새 화장실에서 1회 배수당 6.1 L 이상의 물을 사용하지 못하도록 규제하고 있다. 그럼에도 불구하고, 단지 2번의 배수는 건조 지역에서 살고 있는 세계 가난한 사람들 대부분이 이용할 수 있는 1인당 하루 물 사용량보다 많은 양의 물을 화장실 용수로 사용하는 것이다.

다른 절수형 및 절약형 기기가 널리 보급되어 있다. 저유량의 샤워꼭지를 사용하면 샤워기에서 흐르는 물과 돈을 반으로 줄여 다량의 물을 절약할 수 있다. 전면 투입 세탁기는 상부투입 세탁기보다 물 사용량이 30%나 적다. 미국수도협회(American Water Works Association)에 따르면 전형적인 미국의 가정은 절수형 가전제품을 사용하고, 누수를 막음으로써 물 사용량과 수도 요금을 줄일 수 있다고 한다.

유엔 연구에 따르면, 개발도상국의 주요 도시에 공급되는 물의 30~60%가 수도 본관, 배관, 펌프, 밸브 등에서 누수를 통해 손실된다. 물 전문가들은 물 공급이 증가하고 댐을 짓거나 물을 수입하는 것보다 비용이 적기 때문에 이런 누수를 고치는 것이 수자원 부족 국가에게 최우선 순위가 되어야 한다고 말한다.

심지어 미국과 같이 산업화된 국가에서도 평균 누수율은 10~30%이다. 그러나 누수 손실은 덴마크의 코펜하겐에서는 약 3%, 일본의 후쿠오카에서는 약 5%로 줄어들었다.

생각해보기

> **연관성 물 누수와 수도요금**
> 물 누수는 담수를 버리고 수도요금을 올린다. 변기 물탱크에 식용 색소 몇 방울을 떨어뜨리고 5분만 기다리면 변기 물 누수를 감지할 수 있다. 변기에 색깔이 나타나면, 누수가 되는 것이다. 1초당 한 방울의 물이 새는 수도꼭지의 누수 속도는 1년에 10,000 L의 물을 버리게 된다. 이것은 또한 돈이 배수로 빠져나가는 것과 같다.

수자원 부족 지역의 많은 주택 소유자 및 기업은 물 손실을 줄이기 위해 점적관개를 사용하고 있다. 일부는 잔디밭에서 수분을 최대 40%까지 사용하는 수분 센서가 있는 스마트 스프링클러 시스템을 사용한다. 다른 사람들은 잔디를 물을 적게 필요로 하는 다양한 야생식물로 대체하여 자연에 적용하고 있다. 이런 물 절약형 조경은 물 사용을 30~85% 줄이고 노동, 비료 및 연료 요구량을 크게 줄임으로써 비용을 절약한다. 또한 이것은 땅 주인이 오염된 빗물, 대기 오염, 정원 폐기물을 줄일 수 있도록 도와준다.

GOOD NEWS

조화생태학(reconciliation ecology)(9장 236쪽 참조)의 이런 예는 위협받는 꿀벌, 나비 및 참새 종의 서식지와 음식을 제공한다. 이것은 생물 다양성의 **지속 가능성의 원리**를 적용하는 것뿐만 아니라 유익한 환경 영향을 만들기 위한 좋은 방법이다.

가정에서 사용된 물을 재사용할 수 있다. **중수**(gray water)는 욕조, 샤워기, 싱크대, 식기 세척기 및 세탁기에서 사용된 물이다. 중수의 약 50~75%를 탱크에 모아두었다가 잔디밭과 비식용 식물을 관개하고, 화장실을 청소하고, 세차를 하는 데 재활용할 수 있다. 이런 노력은 자연이 물을 재활용하는 방식을 모방하여 화학적 순환의 **지속 가능성의 원리**를 따른다.

도시 지역의 대규모 빗물 수확은 물 공급을 증가시키고 폭풍우 흐름을 줄임으로써 범람을 줄일 수 있다. 예를 들어 싱가포르에서는 대부분의 도시 유출수를 모아 저수지에 저장한다.

대부분의 지역 사회에서 물의 상대적으로 저렴한 비

용은 과도한 물 사용과 폐기물 발생의 중요한 원인 중 하나다. 미국의 모든 공공 수도 시스템의 약 1/5은 용수사용량을 추적하고 누수를 탐지하는 데 도움이 되는 수도계량기를 사용하지 않고 있다. 이런 공공 수도 시스템은 고품질의 물을 거의 무제한으로 사용할 수 있도록 낮은 요율로 연 1회 요금을 부과한다.

미국 콜로라도 주 볼더(Boulder) 시에 수도계량기가 도입되었을 때 1인당 물 사용량이 40% 감소했다. 브라질의 일부 도시에서는 사람들이 **스마트카드**를 구입하며 각 스마트카드에는 소유주가 담수량을 측정할 수 있는 일정량의 물 크레디트가 있다. 브라질 공무원들은 이 접근법이 물을 절약하고 보통 가정용 수도 요금을 40%나 줄었다고 말한다. 그림 11.19는 산업, 가정 및 기업에서 물을 보다 효율적으로 사용하는 다양한 방법을 나타낸다(**개념 11.3**).

2015년에 캘리포니아 주는 4년 동안 가뭄을 겪어 왔으며 예상되는 기후변화로 인해 이번 세기 동안 더워지고 건조해질 것이다. 이런 문제를 해결하기 위해 캘리포니아 주는 물 가격을 올렸고, 대량 사용자는 더 많은 돈을 지불했다. 많은 캘리포니아 주민들은 잔디밭을 물 절약형 식물 또는 건조한 상태에 적응된 토종 식물로 대체하고 있다. 다른 사람들은 보다 효율적인 화장실과 샤워기를 설치하고 샤워 및 세탁 횟수도 줄였다. 2015년 캘리포니아

해결책

물 손실 줄이기

- 물을 적게 사용하기 위한 생산 공정의 재설계
- 산업체에서 물 재활용
- 누수 방지
- 물이 적게 필요한 식물로 녹지 조성
- 정원과 잔디에 점적관개 사용
- 물 절약 샤워기, 수도꼭지, 가전제품 및 화장실 사용(건식 퇴비 화장실)
- 집, 아파트, 및 사무용 빌딩에서 중수의 수집 및 재사용
- 특히 건조한 도시 지역에서 물 값 인상 및 계량기 사용

그림 11.19 산업체, 가정 및 사업체에서 물 손실을 줄일 수 있는 방법(**개념 11.3**). **비판적 사고:** 가장 좋다고 생각하는 해결책 세 가지는 무엇인가? 그 이유를 설명하라.

우리는 무엇을 할 수 있는가?

물 사용과 폐기

- 물 절약 화장실, 샤워기, 기포식 수도꼭지를 사용한다.
- 목욕 대신 샤워하고, 샤워는 짧게 한다.
- 양치, 면도, 세수하는 동안 수도꼭지를 잠근다.
- 세탁물이 가득 채워졌을 때만 세탁하거나, 세탁물이 적을 경우 최소 수위로 세탁을 설정한다.
- 누수 정비를 한다.
- 세차 시 중수를 양동이를 사용하여 세척하고 헹굴 때만 호스를 사용한다.
- 기계식 세차를 이용할 때 물을 재활용하는 업체를 찾는다.
- 물 소비가 적은 잔디와 정원수로 대체한다.
- 중수를 사용하여 이른 아침이나 늦은 밤에 정원과 잔디밭에 물을 준다.

그림 11.20 개별적 문제: 여러분은 사용하거나 버리는 담수의 양을 줄일 수 있다. **비판적 사고:** 이미 실천하고 있는 단계는 무엇인가? 가장 좋다고 생각하는 것은 무엇인가?

의 도시 거주자는 주정부가 설정한 25%의 물 사용 감축 목표에 도달했다.

담수 사용을 위한 지속 가능한 방법을 찾는 것은 몇 가지 중요한 연구 주제다. 이 문제를 해결하기 위한 실무 그룹은 유명한 물 공급 전문가와 내셔널 지오그래픽 탐험가인 샌드라 포스텔(Sandra Postel)(개별적 문제 11.1)이 설립한 지구 물 정책 프로젝트(Global Water Policy Project)다.

우리는 물 사용을 줄이고 훨씬 더 효율적으로 사용함으로써 물 발자국을 줄일 수 있다(그림 11.20).

적은 물로 오염물 처리

현재 사람들은 산업, 동물, 가정 오수에서 마시기에 충분한 정도로 깨끗한 다량의 물을 흘려보낸다. 국제연합 식량농업기구(FAO)에 따르면, 인구와 물의 사용에 대한 현재의 추세가 계속된다면 40년 내로 우리가 생산한 오염 물질을 희석하고 이송하기 위해 매년 전 세계 강물과 동일한 양이 필요하다고 한다.

하수처리장으로부터 가정과 사업장의 폐수를 재활용하고 재사용하면 담수의 많은 부분이 절약된다. 싱가포르

샌드라 포스텔: 내셔널 지오그래픽 탐험가, 담수 보존 전문가

샌드라 포스텔(Sandra Postel)은 물 문제에 있어 세계에서 가장 권위 있는 인물 중 한 명이다. 1994년에 그녀는 지구의 유한한 담수 공급의 지속 가능한 사용을 촉진하는 연구 및 교육 기관인 물 정책 프로젝트(Global Water Policy Project)를 설립했다. 포스텔은 영향력 있는 몇 권의 책과 수십 편의 논문을 단독 또는 공동 저술했다.

물 공급 문제에 대해 사람들을 교육하려는 노력에서 포스텔은 여러 가지 TV 다큐멘터리인 BBC's Planet Earth를 포함한 많은 환경 다큐멘터리 영화에 출연했으며 유럽 의회에서 연설했다. 2010년 그녀는 내셔널 지오그래픽 연구원으로 임명되어 사회적인 담수 보존 노력을 위한 선도적인 물 전문가로서 봉사하고 있다.

포스텔은 또한 콜로라도 강 유역에서 운영되는 국가 담수 보존 및 복원 캠페인(Change the Course)의 공동 책임자다. 2002년 포스텔은 과학 및 기술 분야에 기여한 'Scientific American 50'에 선정되었다.

에서는 모든 하수를 산업체에서 재사용하기 위해 재생시설에서 처리한다. 미국 네바다 주 라스베이거스와 로스앤젤레스 같은 도시에서는 폐수를 정화하고 재사용하기 시작했다. 그러나 미국은 10% 미만의 물만 재활용, 청소 및 재사용하고 있다. 이 비율을 크게 높이면 화학적 순환의 **지속 가능성의 원리**를 적용하는 방법이 될 것이다.

손실 없이 담수를 사용하는 또 다른 방법은 물이 없는 퇴비 화장실을 더 사용하는 것이다. 이것은 인간의 배변 물질을 퇴비조에서 건조하고 냄새가 없는 소량의 토양과 같은 부식물질로 바꾸어 토양에 비료로 사용할 수 있다. 저자 중 한 명(Miller)은 숲에서 실험적인 가정 및 사무실에서 살고 일하며, 물, 에너지 및 다른 환경 문제 해결책을 찾기 위해 퇴비 화장실을 지난 10년간 사용해왔다.

홍수 줄이기

어떤 지역은 담수가 거의 없고, 어떤 지역은 폭우가 쏟아지거나 눈이 빨리 녹아내려서 발생하는 하천의 자연적인 홍수 때문에 물이 넘쳐난다. 담수가 하천을 넘어 수로를 범람하고, **범람원**(floodplain)이라고 부르는 주변 지역으로 넘쳐흐를 때 홍수가 발생한다.

인간 활동은 여러 가지 방법으로 범람에 기여했다. 첫째, 범람원의 홍수 위협을 줄이려는 노력의 일환으로, 강

은 제방과 호안을 설치하게 됨으로써 좁아지고 직선화되었고 필요에 따라 물을 저장하고 배출하는 저수지를 만들기 위해 가로막혔다. 그러나 폭설 또는 장기간의 비가 둑과 제방을 범람할 때 이 조치는 큰 홍수 피해로 이어질 수 있다.

홍수를 더 쉽게 만드는 두 번째 활동은 특히 산중턱에서 물을 흡수하는 식물을 없애는 것이다(그림 11.21). 언덕에 있는 나무를 목재, 장작, 가축 방목 또는 농업을 위해 베어내면 강수에서 흘러내리는 물이 벌목된 경사지를 따라 내려가고 귀중한 표토를 침식시킨다. 이런 행위는 지천에서 홍수와 오염을 증가시킨다.

홍수의 심각성을 증가시키는 세 번째로 인간 활동은 자연적으로 홍수를 흡수하는 습지를 제거하는 것이다. 이 지역은 포장도로 및 건물로 덮여 결국 유출수가 크게 증가한다. 유출수가 증가하면 지표수의 홍수와 오염에 기여한다.

네 번째로 홍수를 증가시킬 수 있는 인간에 관련된 요인은 해수면 상승이며, 이것은 주로 인간 활동과 관련된 기후변화로 인해 이번 세기 동안 발생할 것으로 예상된다. 기후변화 모델은 2075년까지 세계 최대의 해안 도시에 살고 있는 1억 5,000만 명의 사람들이 해수면 상승으로 홍수가 발생할 수 있다고 예상한다.

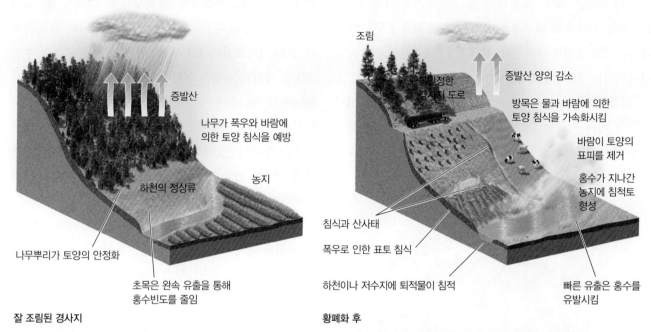

증발산

조림

나무가 폭우와 바람에 의한 토양 침식을 예방

불안정한 경사지 도로

증발산 양의 감소

하천의 정상류

농지

방목은 물과 바람에 의한 토양 침식을 가속화시킴

바람이 토양의 표피를 제거

홍수가 지나간 농지에 침척토 형성

나무뿌리가 토양의 안정화

초목은 완속 유출을 통해 홍수빈도를 줄임

침식과 산사태

폭우로 인한 표토 침식

하천이나 저수지에 퇴적물이 침적

빠른 유출은 홍수를 유발시킴

잘 조림된 경사지

황폐화 후

그림 11.21   자연 자본의 파괴: 남벌 전과 후의 경사지. **비판적 사고:** 가뭄은 이 지역에 있는 남벌의 영향을 어떻게 더 악화시키는가?

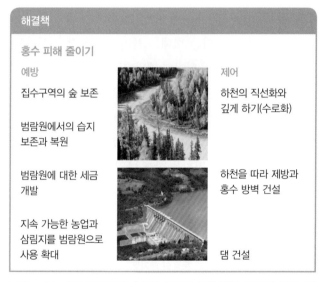

해결책

홍수 피해 줄이기

예방

집수구역의 숲 보존

범람원에서의 습지 보존과 복원

범람원에 대한 세금 개발

지속 가능한 농업과 삼림지를 범람원으로 사용 확대

제어

하천의 직선화와 깊게 하기(수로화)

하천을 따라 제방과 홍수 방벽 건설

댐 건설

그림 11.22   홍수의 해로운 효과를 줄이기 위한 방법. **비판적 사고:** 가장 좋다고 생각하는 해결책 두 가지는 무엇인가? 그 이유를 설명하라.
Top: allensima/Shutterstock.com. Bottom: Zeljko Radojko/Shutterstock.com.

많은 과학자들에 따르면, 사람들은 댐 및 제방과 같은 공학 장치에 의존하지 않고 자연의 시스템에 더 많이 의존함으로써 홍수 및 수질 오염을 줄일 수 있다고 한다. 기존의 습지를 보존하고 범람원에 있는 훼손된 습지를 복원함으로써 자연재해를 통제할 수 있다. 홍수에 대한 우리의 영향을 줄이기 위한 방법을 그림 11.22에 제시하고 있다.

11.4   어떻게 수질 오염을 줄일 수 있는가?

개념 11.4   수질 오염을 줄이기 위해 우리는 수질 오염을 방지하고, 자연 친화적으로 하수를 처리하고, 자원의 사용과 폐기를 줄이고, 빈곤을 줄이고, 인구 증가율을 낮추어야 한다.

수질 오염의 점오염원과 비점오염원

수질 오염(water pollution)은 살아 있는 유기체에 피해를 주거나 음용, 관개, 휴식과 같은 인간의 사용을 위한 물을 필요한 용도에 적합하지 않게 만드는 일련의 수질 변화다. 수질 오염은 단일(점)의 오염원이나 크고 분산된(비점) 오염원으로부터 비롯된다. **점오염원**(point sources)은 배출 배관, 도랑 또는 하수관거를 통해(그림 11.23) 특정 위치에서 오염물질을 지표수계로 배출한다. 공장, 하수처리장(오염물질 전부가 아닌 일부를 처리하는) 시설, 지하 광산, 유정, 유조선 등이 이에 해당된다.

점오염원은 식별, 모니터링 및 규제하기가 상대적으로 쉽다. 선진국의 대부분은 수계로 유해 화학물질을 방류하는 점오염원을 규제한다. 불행히도, 대부분의 개발도상국에서는 점오염원의 일부만이 규제되고 있다.

비점오염원(nonpoint sources)은 폭우와 눈 녹은 물이 육지를 거쳐 지표수역으로 오염물질이 유입되는 광범위하고 넓은 지역에서 나타난다. 예를 들어 침식된 토양(그림 10.12 참조)과 경작지, 동물사육장, 벌목된 숲, 도시 거리, 주차장, 잔디 및 골프장에 사용되는 비료 및 살충제와 같은 화학물질이 포함된다. 비점오염원으로부터 수질오염을 제어하는 것은 어렵다. 여러 배출원에서 배출량을 확인하고 제어하는 것은 어렵고 비용이 많이 든다. 미국 환경보호국(EPA)에 따르면, 40년 이상 주요 수질 오염관리법을 통과되었음에도 불구하고 미국의 강, 호수 및 하구의 40%는 어업 및 수영의 용도에 맞도록 적절하게 깨끗해지지 않는 이유다.

농업 활동이 수질 오염의 주된 원인이다. 가장 흔한 오염 물질은 경작지에서 퇴적된 침전물이다. 다른 주요 농업에서 발생하는 오염물질은 비료 및 살충제, 가축 및 식품 가공 폐기물의 박테리아가 있다. 다양한 유해 화학물질을 방출하는 산업시설의 점오염원은 수질 오염의 두 번째로 큰 원인이다. **광산**(mining)은 세 번째로 큰 발생원이다. 노천광산은 토양을 교란시키며, 결국 퇴적물의 침식 및 유독 화학물질 유출로 이어진다.

수질 오염의 또 다른 형태는 플라스틱과 같은 인간이 만든 재료가 널리 사용되어 수백만 가지의 제품을 생산하는 데 있다. 1,000년 이상 분해되지 않는 대부분의 플라스틱은 강, 호수 및 바다를 오염시킨다.

표 11.1은 수질 오염물질의 주요 유형을 각각의 사례와 유해한 효과 및 오염원을 함께 나열했다.

그림 11.23 공장으로부터 발생된 수질 오염인 점오염원

표 11.1 주요 수질 오염물질의 형태, 효과 및 발생원

유형/효과	예	주요 발생원
전염병 매개체(병원균) 병 유발	박테리아, 바이러스, 원생동물, 기생충	인간과 동물의 폐기물
산소-요구 폐기물 수생 생물에 필요한 용존산소 고갈	생분해 가능한 동물 폐기물과 식물 부스러기	하수, 가축사육장, 식품가공 공장, 제지공장
식물 영양소 조류나 다른 수생식물이 과도 성장의 원인	질산 이온(NO_3^-)과 인산 이온(PO_4^{3-})	하수, 가축 폐기물, 무기질 비료
유기 화학물질 수생 생태계에 독소 증가	석유, 휘발유, 플라스틱, 농약, 화학비료, 세탁용제	산업체, 농장, 가정
무기화학물질 수생 생태계에 독소 증가	산, 염기, 염, 금속화합물	산업체, 가정, 지표 유출수
침전물 광합성, 먹이 사슬, 다른 공정의 방해	토양, 실트	토양 침식
중금속 암 유발, 면역체계와 내분비계 교란	납, 수은, 비소	복개되지 않은 매립지, 가정용 화학물질, 광산 폐기물, 산업 폐기물
열 일부 종들을 죽게 만듦	열	발전소와 산업시설

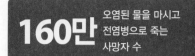
생각해보기

> **연관성** 대기 온난화와 수질 오염
>
> 세계의 몇몇 지역에서는 지구온난화로부터 예상되는 기후변화는 수질 오염의 원인이 될 것이다. 일부 지역이 더 더워지면, 강수량이 증가하고, 일부 지역에서는 강수량이 적어질 것이다. 강한 호우는 더 많은 화학물질, 식물 영양소, 병원성 미생물을 수로에 흐르게 할 것이다. 다른 지역에서 장기간의 가뭄이 폐기물을 희석하는 강물 흐름을 줄인다.

중요한 수질 오염 문제는 화장실, 폐기물 처리 및 동물의 폐기물과 같은 처리하지 않은 25억 인구의 폐기물로부터 수인성 감염 세균, 바이러스 및 기생충에 대한 노출이다. 이런 생물학적 오염물질로 오염된 식수는 장티푸스, 콜레라, B형 간염, 편모충증 및 크립토스포리듐을 포함한 고통스럽고 쇠약해지면서 종종 생명을 위협하는 질병을 유발할 수 있다. WHO는 해마다 160만 명이 넘는 사람들이 오염된 물을 마시거나 비위생적인 물로 인한 수인성 전염병을 예방하지 못해 사망한다고 말한다.

강과 하천의 오염

강과 하천은 흐르기 때문에 적당한 수준의 생분해성 폐기물(biodegradable pollutants)을 회복시킬 수 있다. 폐기물은 흐르는 물에 희석되고 박테리아에 의해 분해된다. 그러나 하천이 오염물질로 과부하를 받거나, 가뭄, 댐의 건설, 또는 물의 우회로 하천 유량이 감소되면 자연적인 정화 과정은 진행되지 못한다(개념 11.4). 또한 이 과정은 생분해 가능한 오염물질을 감소시키고, 느리게 분해되거나 분해 불가능한 오염물질은 제거하지 못한다.

흐르는 하천에서 박테리아에 의한 생분해 가능한 오염물질 분해는 산소 소모곡선(그림 11.24)과 같이 용존산소를 고갈시킨다. 이런 과정에서 하천이 산소-요구 폐기

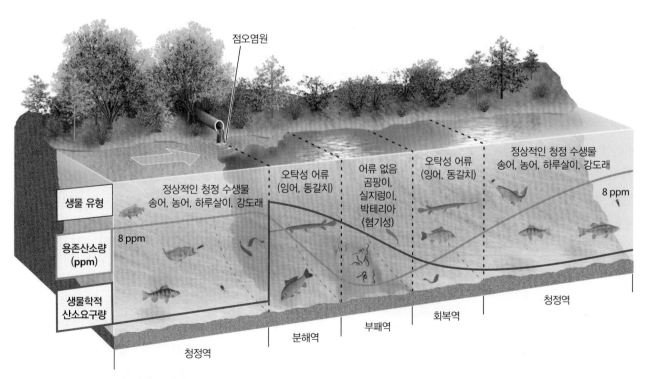

그림 11.24 자연 자본: 하천은 분해성이며 산소요구량이 많은 폐기물을 희석하고 부패시킬 수 있으며 뜨거운 물을 희석할 수 있다. 이 그림은 산소소모 곡선(파란색)과 산소요구 곡선(빨간색)을 보여준다. 하천은 충분한 시간이 주어지고 과부하가 걸리지 않으면, 산소요구량이 많은 폐기물 및 뜨거운 물이 배출되더라도 복구된다. **비판적 사고:** 이 사진 속의 오른쪽에 생분해 가능한 폐수를 배출하는 또 다른 배수 배관을 설치하는 효과는 무엇일까?

물을 정화할 때까지 고농도의 용존산소를 필요로 하는 생물의 군집수를 줄이거나 제거한다.

폐수(wastewater)는 오수, 다른 폐기물 또는 가정과 산업체의 오염물질이 포함된 물이다. 폐수의 오염물질을 제거하거나 줄이기 위해 1970년대부터 시행된 수질 오염 규제법은 미국을 비롯한 대부분의 선진국에서 폐수처리장의 양과 질적 진보를 가져왔다. 환경법은 또한 산업체로 하여금 지표수로 유해 화학물질과 같은 점오염원 배출을 줄이거나 없애도록 요구한다.

성공사례 중 하나는 미국 오하이오 주의 쿠요호가 강(Cuyahoga River)을 정화하는 것이다. 너무 오염되어서 여러 차례 불이 붙었으며 1969년 클리블랜드 시를 통해 에리 호수로 흘러들어 가면서 불타고 있는 사진이 찍혔다. 이 불타는 강물의 사진이 널리 알려지면서 선출된 공무원은 산업 폐기물을 하천으로 배출하는 것을 제한하고 하수 처리 시설을 개선하기 위한 기금을 제공하는 법률을 제정해야 했다. 오늘날, 강은 더 깨끗하고, 더 이상 가연성이 아니며, 보행자와 낚시꾼에 의해 널리 사용되고 있다. 이런 성과는 심각하게 오염된 강을 경제적이고 생태적으로 가치가 있는 공공 자원으로 바꾸기 위해 선출직 공무원을 독려한 시민들의 상향식 압력의 힘을 보여준다.

GOOD NEWS

대부분의 저개발국에서는 처리되지 않은 하수, 산업 폐기물 및 쓰레기의 배출로 인한 하천 오염이 심각한 위협을 받고 있다. 세계 물 정책 프로젝트(World Water Policy Project)에 따르면, 선진국의 대부분 도시는 처리하지 않은 하수의 80~90%를 강, 하천 및 호수로 직접 배출한다. 이 수역은 종종 마시고, 씻고, 옷을 세탁하는 데 사용된다.

80~90% 저개발국의 대부분 도시에서 강, 하천 및 호수로 직접 배출되는 하수의 백분율

21세기 세계 물 위원회(World Commission for 21st Century)에 따르면, 세계 500대 강 중 절반이 심하게 오염되어 있으며, 대부분 오염된 수로는 저개발국으로 흐르고 있다. 이들 나라의 대부분은 폐기물 처리장을 건설할 여력이 없으며 수질 오염을 관리하는 법을 갖지 않거나 집행하지 않는다.

중국에서 조사한 바에 따르면 산업폐기물 및 하수는 78개의 강과 하천 중 54개뿐만 아니라 인도 수자원의 2배 이상을 오염시킨다. 환경보호부(Ministry of Environmental Protection)에 따르면, 약 3억 8,000만 명의 중국인이 위험한 물을 마시며, 중국에 있는 강의 절반은 씻고 마시기에 너무 독성이 강한 물이 흐르고 있다.

호수와 저수지의 오염

대형 호수와 인공 저수지는 두 가지 이유에서 하천보다 오염물질을 희석하는 데 효율적이지 못하다. **첫째**, 호수와 저수지는 수직 혼합이 거의 이루어지지 않는 성층화된 층(그림 7.24 참조)을 자주 이룬다. **둘째**, 호수와 저수지는 흐름이 거의 없다. 호수와 큰 인공 저수지의 체류시간은 하천에서 며칠인데 비해 1년에서 100년이 걸린다.

이 두 가지 이유로 호수와 저수지는 하천보다 더 오염되기 쉽다. 오염원은 식물 영양소, 석유, 농약과 납, 수은, 비소와 같은 난분해성 독성물질의 배출이다. 많은 독성 화학물질과 산은 대기로부터 호수와 저수지로 유입된다.

부영양화(eutrophication)는 대개 얕은 호수, 강 하구연안 지역(**핵심 사례 연구**), 또는 느리게 흐르는 하천에서 자연적인 영양물질 과잉현상이다. 부영양화는 토지에서 수역으로 질소, 인과 같은 식물의 영양물질의 유출로 발생한다. **빈영양호**(oligotrophic lake)는 영양분이 적으며 물이 깨끗하다(그림 7.25 참조). 시간이 지나면서 가끔 일부의 빈영양호는 주변 수계에서 자연과 인간에 의해 영양물질이 더해져 부영양화 되기도 한다(그림 7.26 참조).

인간 활동은 식물 영양분을 도시 또는 농업 지역 근처의 호수로 유입시킨다. 이런 유입은 주로 다양한 발생원에서 질산염 및 인산염 함유 폐수를 포함한다. 발생원은 시비된 농경지, 동물사육장, 도심거리 및 주차장, 시비된 잔디, 광산 및 도시 하수처리장이 포함된다. 일부 질소는 대기로부터의 퇴적에 의해 호수에 도달한다. 인간 활동

으로 가속화된 부영양화 과정은 **문화적 부영양화**(cultural eutrophication)라고 부른다.

여름철이나 갈수기에 과부화된 질소와 인은 조류, 시아노박테리아와 같은 유기체를 밀집 성장 또는 번성시킨다(그림 7.26 참조). 조류가 죽으면 그들을 분해하는 산소를 소비하는 박테리아가 매우 증가한다. 이 박테리아는 해안 근처의 수면 표층과 호수 또는 연안 지역의 바다 층에서 용존산소를 고갈시킨다(그림 11.1). 산소 부족으로 인해 물고기, 갑각류 및 안전한 해수로 이동할 수 없는 호기성 수생 동물을 죽일 수 있다. 과잉 영양분이 계속해서 호수로 흘러들어가면 산소가 필요 없는 박테리아가 냄새를 맡고 독성이 높은 황화수소 및 인화성 메테인과 같은 가스 생성물을 생산한다.

미국 EPA에 따르면, 미국의 인구밀집지역 주변의 중대형 호수 100,000개 중 1/3, 대형 호수 중 85%는 문화적 부영양화 상태에 있다. 국제물협회(International Water Association)는 중국에 있는 호수의 절반 이상이 문화적 부영양화로 고민하고 있다고 평가했다.

문화적 부영양화를 **예방**하거나 **감소**시키는 몇 가지 방법이 있다. 폐수가 수역으로 유입되기 전에 질소와 인을 제거하기 위한 고도처리(고비용)를 해야 한다. 다른 예방적 접근에는 가정용 세제 및 기타 세제에 인산염의 사용을 금지하거나 제한하는 것이다. 토양 보전(그림 10.24 참조)과 토지 이용 제어 또한 영양염 유출을 감소시킬 수 있다.

잡초를 제거하고, 제초제와 조류 제거제를 첨가하고, 산소가 고갈되지 않도록 호수와 저수지로 공기를 공급하면 문화적 부영양화로 고통 받는 호수를 정화할 수 있다. 그러나 이런 방법은 비용이 많이 들고 에너지를 많이 소비한다. 영양염류의 과도한 유입이 중단되면, 호수는 문화적 부영양화로부터 회복될 수 있다.

지하수 오염

지하수 오염은 인류 건강에 심각한 위협이 되지만 잠재적으로는 세계적 위협이다. 비료, 농약, 휘발유, 기름 및 유기용제와 같은 일반적인 오염물질은 매우 많은 오염원을 통해 지하수로 서서히 스며든다(그림 11.25). 휘발유, 기름 및 유기용제를 흘려보내는 사람은 지하수를 오염시킬 수 있다.

수천 개의 관정에서 석유와 천연가스를 추출하는 데 사용되는 수력 파쇄(hydraulic fracturing) 또는 파쇄(fracturing)는 미국 일부 지역의 지하수에 대한 잠재적인 위협이 되고 있다. 지하수 오염은 기름 및 천연가스 관정에서 관과 연결부로 누출된 결과다. 오염된 폐수에서 유래하여 종종 유해 폐기물 유정의 지하 깊숙한 곳에 저장된다(파쇄는 13장에서 더 논의한다).

지하수에서 오염물질을 제거하는 것은 어렵고 비용이 많이 든다. 지하수는 너무 천천히 흘러 오염물질이 효과적으로 희석되고 분산되지 않는다. 또한 지하수는 대개 많은 오염물질의 분해에 필요한 것보다 훨씬 낮은 농도의 용존산소와 작은 개체 수의 박테리아를 가지고 있다. 지하수의 차가운 온도는 폐기물을 분해하는 화학 반응을 느리게 한다.

따라서 오염된 지하수는 천천히 분해되는 폐기물(예: DDT77)을 정화하는 데 수십 년에서 수천 년이 걸릴 수 있다. 인간의 시간척도에서 비분해성 폐기물(독성 납 및 비소와 같은)은 물속에 영구적으로 남아 있다.

전 세계적으로 대수층의 위치를 추적하고 조사하는 데 막대한 비용이 들기 때문에 지하수 오염에 대해서는 잘 모른다. 그러나 세계의 산재해 있는 이 부분에 대한 과학적 연구의 결과는 놀랍다.

지하수는 중국 음용수의 약 70%를 제공한다. 중국 국토자원부(Chinese Ministry of Land and Resources)에 따르면 중국의 얕은 지하수의 약 90%가 유독성 중금속, 유기 용제, 질산염, 석유 화학 및 살충제와 같은 화학물질로 오염되어 있다. 이 지하수의 약 37%가 너무 오염되어

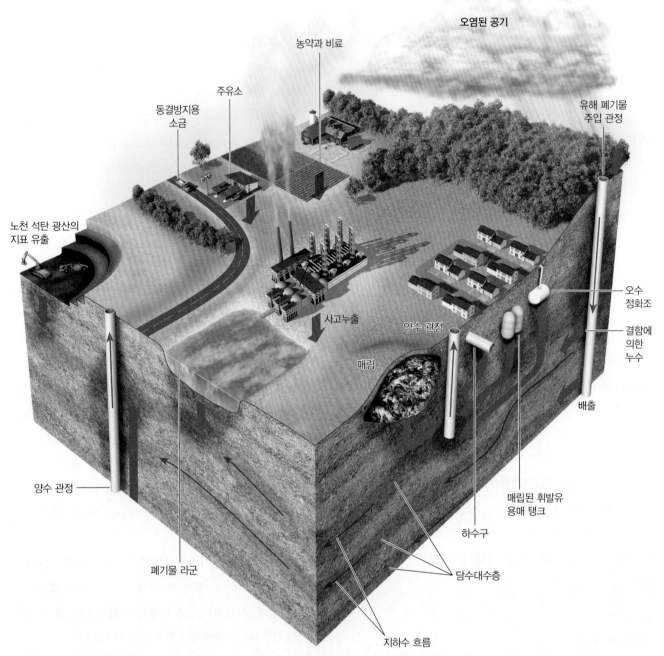

노천 석탄 광산의
지표 유출

오염된 공기

농약과 비료

주유소

동결방지용
소금

유해 폐기물
주입 관정

사고누출

매립

양수 관정

오수
정화조

결함에
의한
누수

배출

양수 관정

폐기물 라군

매립된 휘발유
용매 탱크

하수구

담수대수층

지하수 흐름

그림 11.25　자연 자본의 파괴: 미국에서 주요 지하수 오염원. 연안 지역에서 또 다른 오염원은 과다한 지하수 사용으로 인한 염수의 침투이다(그림은 비율이 맞지 않음). **비판적 사고:** 당신이 사는 지역에서 지하수에 영향을 미치는 오염원 세 가지는 무엇인가?

식수로 사용하기조차 어렵다. WHO와 세계은행에 따르면 중국의 오염된 식수는 매년 약 1억 9,000만 명의 환자와 약 60,000명의 사망자를 발생시킨다.

미국에서는 26,000개의 산업 폐기물 라군에 대한 EPA의 조사에 따르면 1/3 정도가 유독 액상 폐기물이 대수층으로 스며들지 않도록 하는 차수재를 설치하지 않았

다. 또한 국가의 위해성이 있는 액상 폐기물의 약 2/3가 처분 관정(disposal well)을 통해 땅으로 주입된다(그림 11.25). 이런 관정에서 주입 배관과 이음새가 누출되면 음용수의 수원으로 사용되는 대수층을 오염시킬 수 있다.

2016년 말까지 EPA는 미국에서 휘발유, 경유, 가정용 난방유 또는 독성용제를 지하수로 누출시킨 532,000개

지하수 오염

예방	정화
독성 화학물질의 대체	표면으로 펌핑을 통한 정화 후 대수층으로 재침투(고비용)
독성 화학물질의 배제	
지하저장탱크의 유출 방지장치 설치	미생물의 주입으로 오염물질 제거(다소 저렴하나 아직은 고가)
매립장과 주입식 관정에의 유해 폐기물 처분 금지	
유해 액상물질이 저장된 지상탱크의 유출 방지 및 포집 기능 강화	무기 고분자 미립자를 이용한 오염물질 제거(아주 저렴한 방법이지만 현재 개발 중에 있음)

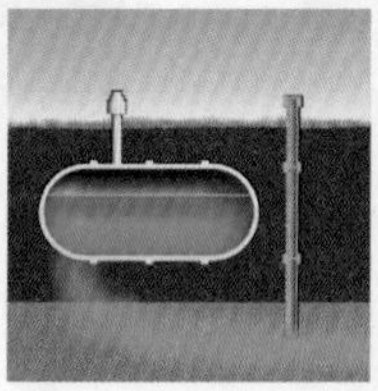

그림 11.26 지하수 오염을 예방하고 처리할 수 있는 다양한 방법들이 있으나, 예방만이 효과적인 접근방법이다. **비판적 사고:** 가장 중요하다고 생각하는 예방법 두 가지는 무엇인가? 그 이유를 설명하라.

의 지하탱크 중 약 461,000대를 정화했다. 이번 세기 동안 과학자들은 전 세계에 설치되어 있는 수백만 개의 탱크가 부식되고 누출되어 전 세계의 주요 건강 문제가 될 것으로 예상한다. 단일 지하탱크에서 누출 정도를 조사하는 데 25,000~250,000달러가 들며 정화비용은 훨씬 더 높을 수 있다.

독성 화학물질이 대수층에 도달하면 효과적인 정화가 불가능하거나 너무 많은 비용이 든다. 오염된 지하수를 정화하는 방법이 있지만(그림 11.26, 오른쪽), 이 방법은 비용이 많이 든다. 대수층의 크기와 오염물질의 종류에 따라 오염된 대수층을 하나씩 정화하는 데 1,000만 달러에서 수억 달러가 든다. 따라서 지하수 오염 방지(그림 11.26, 왼쪽)는 심각한 수질 오염 문제를 해결하는 가장 효과적인 방법이다.

음용수 정화

선진국의 대부분은 음용수 표준을 제정하는 법이 있다. 그러나 대부분의 저개발국에서는 이런 법이 없거나, 설사 있다고 하더라도 그 법들을 집행하고 있지 않다.

선진국에서 주민들이 어느 음용수를 위한 지표수 취수량은 저수지에 며칠 분량을 저장하고 있다. 이것은 용존산소량을 증가시키고 부유 물질이 침전할 수 있도록 허용함으로써 물의 투명도와 맛을 증진시킨다. 이후 물은 정수장으로 운반되고 정부 음용수 기준에 맞도록 처리된다.

매우 순수한 지하수 또는 지표수원이 있는 지역에서는 이런 처리가 거의 불필요하기도 하다. 뉴욕, 보스턴, 시애틀, 포틀랜드 및 오리곤이 포함된 미국 주요 도시들은 비용이 많이 드는 수처리 시설의 건설을 피하고 있다. 대신에, 이 도시들은 음용수를 공급하는 수자원을 지키는 것이 정수장을 짓는 것보다 훨씬 경제적이라는 것을 알게 되었다.

하수도를 순수한 음용수로 전환할 수 있는 기술이 존재한다. 어떤 공정은 박테리아 및 부유 물질을 제거하기 위해 정밀여과로 시작한다. 폐수는 역삼투를 거쳐 미네랄, 바이러스 및 각종 유기 화합물을 제거한다. 마지막으로 과산화수소와 자외선(UV)은 추가적인 유기 화합물을 제거한다. 세계에서 사람들이 음용수 부족 현상에 직면하게 될 때, 폐수정화는 주요 성장사업이 될 것이다. 녹색일자리: 폐수 정화

음용수를 정화하는 간단한 방법이 있다. 중앙집중식 수처리 시스템이 부족한 열대지방에서, WHO는 오염된 물로 채워진 투명한 플라스틱 병을 강한 햇빛에 노출시키도록 권장하고 있다. 태양의 열과 자외선은 3시간 이내에 전염성 미생물을 죽일 수 있다. 또한 병의 한쪽 면을 검은색으로 칠하는 것은 이런 간단한 태양 소독법으로 태양에너지의 지속 가능성의 원리를 채택하고 있다. 이 방법은 열의 흡수를 증진시킬 수 있다. 이런 방법이 사용되는 곳에서 위험한 아동 설사병이 30~40%까지 감소했다. 연구자들은 물병에 라임주스를 추가하여 소독과정의 속도를 높일 수 있음을 발견했다.

네덜란드의 발명가 프랑센(Torben Vestergaard Frandsen)은 생명의 빨대(LifeStraw™)를 개발했는데, 이 빨대는 물로부터 바이러스와 기생충을 제거할 수 있는 저렴하고 휴대 가능한 필터다(그림 11.27). 이 필터는 아프리카에서 매우 유용하게 이용되고 있다. 전 세계적으로

그림 11.27 생명의 빨대(LifeStraw™)는 많은 사람들이 안전한 식수를 이용할 수 있게 해주는 개인 정수 장치다. 우간다에 있는 네 명의 젊은이가 생명의 빨대를 사용하는 방법을 시연하고 있다. **비판적 사고:** 이런 장비의 개발이 수질 오염의 예방보다 우선해야 한다고 생각하는가? 설명하라.

Vestergaard Frandsen

점점 더 많은 사람들이 사용하고 있는 또 다른 옵션은 생수병이지만, 이것은 일부 환경 문제가 발생하여 악화되었다(다음 사례 연구 참조).

생수병은 최선의 선택인가?

생수는 안전하고 깨끗한 음용수를 사용하지 못하는 국가 및 지역에서 유용하지만 값비싼 선택이다. 그러나 미국은 세계에서 가장 깨끗한 음용수를 가지고 있다고 전문가들은 말한다. 미국의 시립 수계는 수질 오염물질을 정기적으로 검사하여 결과를 시민들이 이용할 수 있도록 하고 있다. 그러나 모든 미국인 중 약 1/2은 수돗물의 오염에 대한 걱정으로 많은 사람들이 고가의 생수를 마시거나 값비싼 정수 시스템을 설치한다.

천연자원보호협의회(Natural Resources Defense Council, NRDC)에 의한 연구에 의하면, 미국에서 생수의 가격은 같은 양의 수돗물에 비해 240~10,000배

정도 비싼 것으로 밝혀졌다. 물 전문가 피터 글릭(Peter Gleick)은 미국인들이 마시는 생수는 병에 든 수돗물보다 40% 이상 값이 비싸다고 추정했다. NRDC의 4년간의 연구에 따르면, 대부분의 생수는 수질이 좋지만, 시험한 123개 브랜드 중 23개에서 박테리아와 합성 유기 화학물질이 발견되었다. 생수는 수돗물보다 규제가 적으며, 공공 상수도에 적용되는 EPA 오염 기준이 생수에 적용되지 않는다.

생수의 사용은 또한 환경 문제가 발생시킨다. 미국의 물병 재활용 연구소(Container Recycling Institute)에 따르면 매일 6,700만 가지가 넘는 플라스틱 물병이 폐기되고 있으며, 이 물병들의 끝과 끝을 연결한다면 그 길이는 지구 둘레의 약 280번 감쌀 수 있다. 대부분의 물병은 재활용 가능한 PET 플라스틱으로 만들어지지만 미국에서는 이 병의 약 38%만 재활용된다. 버려진 수십억 개의 물병 중 대부분은 매립되어 결국 수백 년 동안 분해되지 않는다. 또한 수백만 개의 물병이 땅, 강, 호수 및 바다에 버려진다. 대조적으로 독일에서 대부분의 생수병은 반환

및 재사용이 가능한 유리병으로 판매된다.

생수를 제조하여 전 세계 국가로 운송하고 냉장보관을 위해 엄청난 에너지를 사용하고 있다. 플라스틱 물병 제조과정에서 독성가스와 액체가 배출되며, 온실가스와 기타 대기 오염물질은 물병의 제조 및 공급 과정에서 화석연료 연소에 의해 배출된다. 태평양 연구소(Pacific Institute)에 따르면 미국에서 매년 사용되는 생수를 펌핑, 가공, 병입, 운송 및 냉장하는 데 사용되는 기름은 1년 동안 300만 대의 자동차에 연료를 공급하기에 충분하다. 또한 병입을 위해 지하수를 뽑아내면 일부 대수층이 고갈된다.

이런 유해한 환경영향과 높은 생수비용으로 인해 수돗물로 돌아가자 운동(back-to-the-tap movement)이 일어나고 있다. 샌프란시스코부터 뉴욕과 파리까지 정부, 식당, 학교, 종교 단체 및 많은 소비자들이 생수 구매를 거부하고 있다. 2015년에 샌프란시스코는 플라스틱 물병 판매를 금지한 최초의 도시가 되었다. 위반자는 최대 1,000달러의 벌금에 처해질 수 있다.

이 운동의 일환으로 사람들은 수돗물로 휴대용 병을 보충하고 간단한 필터를 사용하여 필요한 경우 물의 맛과 색상을 개선한다. 일부 보건당국은 값비싼 생수를 마시거나 값비싼 가정용 정수기를 구입하기 전에 소비자가 지역 보건부 또는 정수 장치를 판매하려는 회사가 아닌 사설실험실에서 수질검사를 받으라고 제안한다.

음용수 수질을 보호하기 위한 법의 시행

북미 및 유럽 지역의 약 54개국이 안전한 식수에 대한 법적 기준을 가지고 있다. 예를 들어 1975년 미국 안전음용수법(American Safe Drinking Water Act, 1996년 개정)은 EPA가 인류 건강에 악영향을 미칠 수 있는 오염물질에 대해 최대 오염 수준(maximum contaminant levels)이라고 하는 국가 음용수 기준을 제정할 것을 요구한다. 현재, 이 법안은 미국 수돗물에서 잠재적인 오염물질 91가지를 엄격하게 제한한다. 그러나 대부분의 저개발국에서는 이런 법이 없거나 집행되지 않는다.

보건학자들은 미국 안전음용수법을 강화할 것을 요구한다. 그러나 다양한 산업계에서는 안전음용수법을 완화하기 위해 선출직 공무원에게 압력을 가했다. 한 가지 제안은 음용수에 대한 국가시험 및 음용수 기준 위반에 관한 공고 요건을 삭제하는 것이다. 또 다른 제안은 음용수 공급자가 음용수 기준을 충족시킬 수 없다고 주장하면 주정부가 그들에게 주어진 오염물질에 대한 기준을 위반할 수 있는 영구적인 권리를 제공하도록 허용하는 것이다. 일부 비평가들은 안전음용수법 시행에 대한 EPA의 이미 낮은 예산을 크게 높일 것을 요구한다.

음용수의 납

2014년 미시간 주 플린트(Flint)에 거주하며 가난하게 살고 있는 약 100,000명의 40%에 해당하는 사람들은 수돗물 속 잠재적으로 위험한 납 농도에 노출되어 있다. 문제는 돈을 절약하기 위해 플린트의 공무원들이 휴런 호(Lake Huron) 대신 플린트 강에서 음용수를 취수하면서부터 시작되었다.

관계 당국은 도시의 주요 수도관(납 포함하지 않음)에 최소 20,000개의 납 파이프로 연결되어다는 것을 고려하지 않았으며, 대부분은 늙고 가난한 이웃들의 가정을 연결하고 있다. 그들은 더 부식성 있는 수도 공급에 노출된 수도관에서 납의 침출을 줄이기 위해 화학물질을 투입하지 않았다.

결과적으로 늙고 가난한 이웃이 있는 많은 가정으로 공급된 수돗물에서 납이 침출되기 시작했다. 연구에 따르면 높은 수준의 납에 대한 장기간 노출(EPA의 15 ppb 수준의 음용수 공급 기준을 훨씬 상회함)은 어린이의 뇌 및 신경계가 발달하는 데 해로울 수 있다.

플린트에서 식수원을 바꾼 후 도시 빈민층의 혈중 납 농도가 2.4%에서 4.9%로 증가했으며 가장 가난한 지역에서는 15.7%로 증가했다. 이것은 플린트에 있는 6명의 아이들 중 약 1명과 가장 가난한 지역에 있는 3명 중 1명이 질병통제예방센터(CDC)가 의료 도움이 필요한 어린이를 확인하는 기준으로 사용되는 혈중 납 농도에 노출되었다는 것을 의미한다. 1986년 EPA는 새 집에서 납 수도

관, 부속품, 땜납 및 기타 배관 자재 사용을 금지했다. 그러나 이 규정은 플린트 및 미국의 다른 지역에 있는 수백만 개의 납 배관 및 배관재료를 다루지 못한다.

공무원들은 높은 홍보 요구를 받고 도시의 상수도 수원을 휴런 호로 전환했으나 어린이들에 대한 건강 위협은 여전히 남아 있다. 궁극적인 해결책은 도시에서 가정을 연결하는 모든 납 배관을 모두 교체하는 것이다. 이것은 도시와 주택 소유자에게 많은 비용이 요구하며 수십 년이 소요된다.

공중 보건 관계자들은 플린트가 "빙산의 일각"이라고 말하고 있다. 조사에 따르면 2015년에 시험한 미국 수계 시스템의 약 2,000개 또는 전체의 20%가 음용수의 납에 대한 EPA 기준인 15 ppb를 충족하지 못했다. 아직 약 400만 명의 미국인은 소규모 수도시설로부터 물을 제공받고 있다. 돈이 부족하기 때문에 이런 시설의 대부분은 수질 안전 테스트를 생략하거나 납 또는 다른 오염물질로 오염된 물을 처리하지 못한다. EPA와 보건 당국은 모든 미국인에게 음용수 납 검사를 촉구하고 있다.

이 나라의 납 중독 문제의 해결책은 적어도 550억 달러의 비용으로 가정으로 연결되는 모든 납 배관 교체 및 1~6세에 해당하는 모든 어린이에 대한 무료 납 검사 제공이 포함된다. 한편 2012년 의회에서는 납 산업의 압력으로 어린이의 납 검사, 노후 주택의 납 제거 및 CDC 납 검사 및 연구를 위한 기금을 삭감했다.

해양 오염

우리는 바다를 염려해야 한다. 왜냐하면 바다는 우리를 살아 있게 하기 때문이다. 해양은 물 순환을 통해 지구의 담수를 제공하고 재활용하는 것을 돕는다(그림 3.15 참조). 또한 바다는 날씨와 기후에 큰 영향을 주고, 지구의 온도를 조절하고, 우리가 대기 중으로 방출하는 이산화탄소의 상당한 양을 흡수한다.

해양학자이자 탐험가인 실비아 얼(개별적 문제 9.1 참조)이 우리들을 일깨워주는 바와 같이, "당신이 바다를 보거나 접할 기회가 없다고 하더라도, 바다는 당신의 호흡을 통해, 당신이 마시는 한 방울의 물을 통해, 당신이 소모하는 한 입의 음식을 통해 낭신과 접촉합니다. 모든 사람, 모든 장소는 바다의 존재와 복잡하게 연결되어 있고 전적으로 바다의 존재에 의존하고 있습니다." 바다의 중요성에도 불구하고, 우리가 배출하는 엄청나게 늘어나는 폐기물과 오염물을 처리하는 세계에서 가장 큰 처분장으로 바다를 다루고 있다.

습지, 하구, 산호초, 맹그로브 숲과 같은 연안 지역은 수많은 오염물과 폐기물이 유입된다(그림 11.28). 세계 인구의 약 40%(미국에서는 53%)가 바닷가나 근처에 살고 있는데, 연안에 사는 인구가 2050년에 2배가 될 것이다. 이것은 왜 해양 오염의 80%가 육지에서 오는가에 대한 해답을 찾을 수 있다.

유엔환경계획(UNEP)에 따르면, 저개발국 대부분의 연안 지역과 선진국 일부 연안에서는 도시 하수의 80~90%가 미처리된 상태로 바다에 투기된다. 이것은 가끔 연안수의 자정능력을 초과하는 것이다. 예를 들면 중국 해안선의 많은 지역은 하수에 의해 자란 조류로 꽉 메워져 있어 일부 과학자들이 중국 연안은 더 이상 해양 생태계를 유지하기 어렵다고 믿을 정도다. 이 주요 식물 영양소를 토양으로 재활용하는 대신 생분해성 폐기물 및 연안 해역으로 폐기물을 버리는 것은 화학적 순환의 지속 가능성의 원리를 위반하는 것이다.

깊은 바다인 대양은 엄청난 양의 하수 및 기타 분해 가능한 오염물질을 희석, 분산 및 분해할 수 있다. 일부 과학자들은 하수 슬러지, 유독성 광산 폐기물 및 대부분의 다른 유해 폐기물을 육지에 매장하거나 소각장에서 태우는 것보다 심해에 버리는 것이 더 안전하다고 제안한다. 다른 과학자들은 이 의견에 동의하지 않으며, 유해한 폐기물을 바다에 버리는 것이 긴급히 필요한 오염 방지 조치를 지연시키고 지구의 생명유지 시스템의 중요한 부분을 추가적으로 저하시킬 것이라고 지적하고 있다.

최근 연구에서는 바이러스를 제거하지 않은 하수처리장의 유출수와 정화조 유출수로 인해 발생되는 많은 양의 바이러스 군집이 미국 일부 연안 지역에서 발견되었다. 연구에 따르면, 미국 연안 지역에 거주하는 인구의 1/4에서 귀의 염증, 인후염, 눈 자극 증상, 호흡기 질환 등이

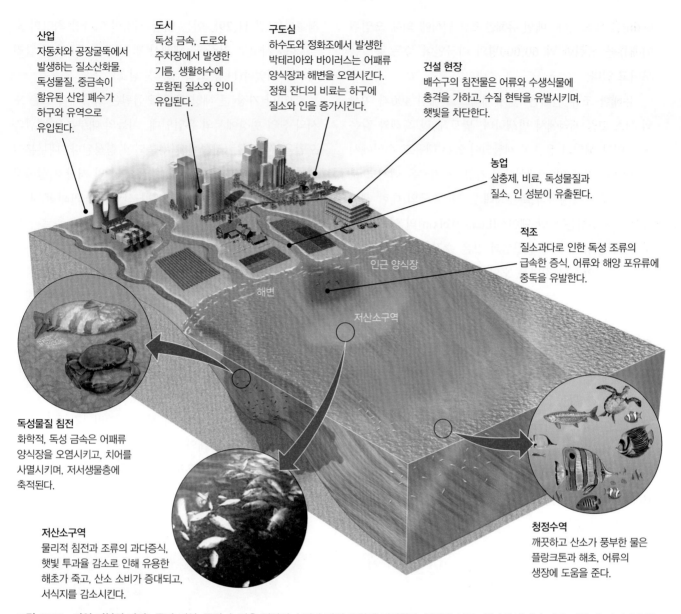

산업
자동차와 공장굴뚝에서 발생하는 질소산화물, 독성물질, 중금속이 함유된 산업 폐수가 하구와 유역으로 유입된다.

도시
독성 금속, 도로와 주차장에서 발생한 기름, 생활하수에 포함된 질소와 인이 유입된다.

구도심
하수도와 정화조에서 발생한 박테리아와 바이러스는 어패류 양식장과 해변을 오염시킨다. 정원 잔디의 비료는 하구에 질소와 인을 증가시킨다.

건설 현장
배수구의 침전물은 어류와 수생식물에 충격을 가하고, 수질 현탁을 유발시키며, 햇빛을 차단한다.

농업
살충제, 비료, 독성물질과 질소, 인 성분이 유출된다.

적조
질소과다로 인한 독성 조류의 급속한 증식. 어류와 해양 포유류에 중독을 유발한다.

독성물질 침전
화학적, 독성 금속은 어패류 양식장을 오염시키고, 치어를 사멸시키며, 저서생물층에 축적된다.

저산소구역
물리적 침전과 조류의 과다증식, 햇빛 투과율 감소로 인해 유용한 해초가 죽고, 산소 소비가 증대되고, 서식지를 감소시킨다.

청정수역
깨끗하고 산소가 풍부한 물은 플랑크톤과 해초, 어류의 생장에 도움을 준다.

인근 양식장

해변

저산소구역

그림 11.28 자연 자본의 파괴: 주거 지역, 공장, 농장은 연안의 수질과 만의 오염에 기여한다. **비판적 사고:** 여기서 나타난 가장 나쁜 세 가지 오염은 무엇이라 생각하는가? 각각의 오염이 그림 7.16에 나타낸 생태계 · 경제 서비스에 어떤 영향을 미치는가?

발생되었다.

또한 과학자들은 크루즈 유람선에 의해 발생되는 미보고된 오염 문제에 대해 지적하고 있다. 크루즈 유람선은 6,300명의 승객과 2,400명의 승무원을 운반하므로, 수많은 폐기물(독성 화학물질, 쓰레기, 하수, 폐유 등)을 발생한다. 많은 크루즈 유람선은 이런 폐기물을 바다에 투기한다. 미국에서 이런 투기는 불법이지만, 일부 유람선은 야간에 몰래 투기 작업을 계속하고 있다. 일부 환경 인식이 있는 휴가객들은 그들이 생산하는 폐기물을 처리

할 수 있는 시스템이 갖추어지지 않은 크루즈 유람선에 오르는 것을 꺼린다.

하수와 농촌 폐기물의 연안 유입은 많은 양의 질산성 질소(NO_3^-)와 인산염(PO_4^{3-})을 유발시키게 되는데, 이들 영양염류는 해로운 조류의 폭발적인 성장과 사영역을 일으킨다(**핵심 사례 연구**와 그림 11.1). 적색, 갈색 또는 녹색 독성 조류로 알려진 이 유해한 **조류 번식**은 해산물 독성, 어업 피해, 어류를 먹는 새의 폐사 및 관광객 감소에 원인이 되는 수인성(waterborne) 및 공수성 독성(airborne toxin)을 일으킨다. 매년 유해한 조류 번식에 의해 오염된 어패류를 섭취한 약 60,000명의 미국인이 중독 증상을 보이고 있다.

유해한 조류 번식은 전 세계적으로 매년 400개 이상의 산소 고갈 지역에서 발생하며, 발트해 및 흑해와 같은 온대 연안 해역과 유출이 제한되어 있는 대규모 수역에서 발생한다. 미국 연안 해역에서 가장 큰 지역은 멕시코 북부에서 매년 발생한다(핵심 사례 연구). 중국의 대련 해양대학에 근무하는 루안 웨이신(Luan Weixin)의 연구에 의하면, 질산성 질소와 인산염과 같은 수질 오염원은 중국의 얕은 연안수의 절반을 오염시킬 수 있을 정도로 심각하다.

유류에 의한 해양 오염

원유(땅에서 나온 오일)는 해저에 자연적으로 흘러들어 가거나 인간 활동으로 바다에 도달한다. 가장 가시적인 오염원은 1989년 미국 알래스카에서 발생한 대형 유조선 Exxon Valdez 호 원유 유출 사고와 같은 유조선 사고다. 다른 오염원은 2010년 멕시코 만에서 BP사의 Deepwater Horizon 유정의 사고와 같은 근해 원유 시추 유정의 파열

사고다(그림 11.29). 이는 미국 해역의 역사상 최악의 오일 유출 사고로 청소, 손해배상 및 벌금으로 616억 달러가 소요되었다(11장 도입부 사진 참조).

그러나 가장 큰 해양 유류 오염원은 육상에서 오는 도시와 산업 현장에서의 유입인데, 이들의 대부분은 배관과 오일을 취급하는 시설에서 누출되어 형성된다. 대부분이 배관, 정유시설 그리고 기타 오일 취급 및 저장 시설에서 의도적으로 투기하거나 가정이나 산업체에 의해 토지 또는 하수도로 유출되는 석유 및 석유 제품의 누출로 인해 발생한다.

오일 속의 휘발성 유기 탄화수소는 접촉 즉시 많은 수생 생물을 죽이는 화학물질이다. 오일 속의 화학물질은 표면에 부유하면서 바닷새의 깃털과 해양 포유류의 표피를 덮는 타르 덩어리를 형성한다(11장 도입부 사진 참조). 오일은 자연적인 보온 및 부력을 파괴하여 많은 개체들이 체온 저하 및 익사로 죽을 수 있다.

해양바닥으로 가라앉거나 하류로 쓸려나간 중유 성분은 게, 굴, 홍합, 조개와 같은 저서생물을 질식시키거나 이런 것들을 인간이 이용하기에 부적절하게 만든다. 소량의 유류 유출로도 산호초를 죽게 할 수 있다.

그림 11.29 루이지애나 해안에서 64 km 떨어진 곳에 위치한 Deepwater Horizon 시추 시설은 2010년 4월 20일 멕시코 만에서 폭발, 불타서 침몰했다. 해저의 시추정은 봉쇄되기 전까지 3개월 동안 310만 배럴(약 4억 9,300만 L)의 원유를 유출했다.

U.S. Coast Guard

그림 11.30 연안 해수의 과잉 오염 방지 및 정화 방법**(개념 11.4). 비판적 사고:** 가장 좋다고 생각하는 해결책 두 가지는 무엇인가? 그 이유를 설명하라.
Top: Rob Byron/Shutterstock.com. Bottom: Igor Karasi/Shutterstock.com.

연구자들은 따뜻한 물에서는 대부분의 해양 생물이 대량의 원유 유출로부터 3년 이내에 회복될 수 있음을 보여준다. 그러나 차갑고 고요한 물에서는 완전히 회복하는 데 수십 년이 걸릴 수 있다. 특히, 하구와 습지에서 **정제유**의 유출로부터 회복하기까지 10~20년 이상 소요된다. 해변으로 밀려오는 유류는 낚시나 관광 수익의 손실로 인해 연안 주민에게 심각한 경제적 악영향을 초래할 수 있다.

소규모 오일 유출은 부유방재, 스키머 보트, 깃털이나 머리카락으로 채워진 큰 베개 같은 흡착장치를 포함한 기계적 수단으로 유출된 유류의 일부를 정화할 수 있다. 그러나 과학자들은 현재의 방법이 유류 유출의 15%만을 회복시킬 수 있다고 평가한다.

유류 오염을 예방하는 것이 가장 효과적이고 장기적으로 최소 비용의 접근 방법이다. 유조선 유출을 막을 수 있는 가장 좋은 방법 중 하나는 유조선을 이중 선체 구조로 만드는 것이다. 엄격한 안전 기준과 관찰이 해양에서의 유정 폭발사고를 줄일 수 있다. 추가적으로 연안 지역에 사는 모든 기업, 기관, 시민들은 소량의 오일 및 페인트 용제와 휘발유와 같은 오일 제품 누출을 막기 위해 많은 관심을 기울여야 한다는 것이다. 그림 11.30은 연안 해수 오염을 방지 및 줄이는 방법을 나타내었다.

비점오염원으로부터 수질 오염 감소

수질 오염에서 대부분의 비점오염원은 농업 활동에서 온다. 이와 같은 오염원을 줄이는 것은 농민이 경작지에 식물을 재배하거나 다른 토양 보존 방법을 사용함으로써 토양 침식을 줄일 수 있다(10장 278~280쪽 참조). 또한 분해가 느린 비료를 사용하고, 경사가 급한 경작지에서는 비료를 사용하지 않으며, 경작지와 지표수계 주변 공간에 식생완충지대를 도입하여 하천수계로 유입되는 비료의 양을 줄일 수 있다.

매년 멕시코 만에서의 사영역 형성**(핵심 사례 연구)**은 농작물 재배를 위한 미시시피 강 유역의 중요성 때문에 예방하기 어렵다. 그러나 위에서 나타낸 비료 관리기법을 광범위하게 사용하면 영양소 유입량을 줄일 수 있다.

유기 농업(그림 10.5 참조)과 보다 지속 가능한 식량 생산(그림 10.28 참조)을 위한 다른 형태의 농업은 합성 무기질 비료와 살충제를 거의 사용하지 않기 때문에 영양분 과부하로 인한 수질 오염을 줄일 수 있다. 농민들은 필요할 때만 살충제를 사용하고 통합병해충관리(10장, 277쪽 참조)를 함으로써 살충제 유출을 줄일 수 있다. 또한 완충 지대에 식물을 심고 가파른 경사지, 지표수 및 홍수 지대에서 멀리 떨어진 곳에 사육장, 목초지 및 동물 폐기물 보관 장소를 배치해 분뇨의 유출 및 침투를 제어할 수 있다.

점오염원으로부터 수질 오염 감소

1972년에 제정된 연방수질오염규제(FWPCA, 1977년에 청정수법(Clean Water Act)으로 개정되어 명칭이 바뀜)과 1987년에 제정된 수질법(Water Quality Act)은 미국 내 지표수 오염을 규제하기 위한 기본적 법률이다. 청정수법은 100개의 주요 수질 오염물질의 허용농도를 정했다. 이 법은 오염물질을 배출하는 산업체에 수생 생태계로 방류할 수 있는 다양한 오염 물질의 일정 양을 제한하는 허가증을 갖도록 요구했다.

EPA는 미국 내에서 시장이 수질 오염을 줄이도록 강요하는 **배출거래정책**을 시험 중에 있다. 이런 프로그램은 허용농도 이하로 오염물질을 배출하는 것을 소유자가 허락하는 허가증을 구매하면 수질 오염원이 허용된 것보다 더 높은 농도의 오염물질을 배출하는 것을 가능하게 한다.

이런 시스템의 효율성은 어느 지역에서의 총 오염 수준의 최고점을 얼마나 낮추고 어떻게 최고점을 낮아지게 할 것인가에 달려 있다고 환경학자와 경제학자들은 경고하고 있다. 또한 그들은 허가증을 구입할 수 있는 지역에서는 수질 오염이 위험한 수위까지 도달할 때까지 허용될 수 있다고 경고한다. 최고점에 대한 적절한 정밀조사와 점진적인 최고점의 감소도 현재 EPA의 방출 거래 시스템의 일부에 포함되지 않는다.

일부 과학자들은 미국의 청정수법을 강화할 것을 요구한다. 제안된 개선 내용은 다음과 같다.

- 특정 오염원의 파이프 끝에서부터 수질 오염 방지에 이르기까지 법의 초점을 바꿈
- 법 위반에 대한 모니터링을 크게 확대하고, 위반자에게 많은 벌금 부과
- 관개 수질 규제
- 시민들의 소송 제기 권리 확대를 수질 오염 방지법에서 시행하도록 보장

많은 사람들은 청정수법의 규정이 이미 너무 제한적이고 비용이 많이 든다고 주장하면서 이런 제안에 반대한다. 일부 주 및 지방 공무원들은 많은 지역사회에서 연방법에 따라 오염물질에 대한 모든 물을 검사하는 것은 불필요하고 비용이 많이 든다고 주장한다.

규제받는 산업체로부터 압력을 받아 의회의 일부 구성원들은 더 나아가 청정수법 및 기타 정부 환경 규제를 심각하게 완화시키거나 폐지하기를 원하며 그런 규제가 경제성장을 저해하고 일자리 증가를 방해한다고 주장한다. 2012년에는 해저 시추의 대통령 직속 위원회의 공동위원장을 역임한 EPA의 전임자인 윌리엄 케인 라일리(William K. Reilly)는 다음과 같이 말했다. "우리가 물의 보호를 줄이는 것이 어떻게든 경제에 불을 붙일 것이라는 잘못된 생각을 하면, 우리의 건강, 환경 및 경제는 저하될 것입니다"라고 말했다.

EPA에 의하면, 다음의 내용이 포함된 1972년 청정수법과 다른 수질 관련법은 미국 수질에 있어서 엄청난 발전을 가져왔다.

- 모든 미국의 조사된 하천, 호수 및 하구는 낚시 및 수영에 안전하게 사용할 수 있는 비율이 1972년의 33%에 비해 60%로 높아졌다.
- 하수처리장은 미국 인구의 75%에 대해 제공하고 있다.
- 자연적으로 물을 흡수하고 정화하는 미국 습지의 연간 손실량이 1992년 이후 80%로 감소했다.

이는 미국 인구의 증가와 1972년 이래의 물과 자원 소비로 볼 때 매우 인상적인 성과다. GOOD NEWS

하수처리

적절한 토양이 있는 시골이나 교외 지역의 각 가정에서 나오는 하수는 대체로 큰 배출지가 있는 **정화조**(septic tank)로 보내진다. 이와 같은 시스템에서 가정 하수와 폐수는 유지류나 기름이 수면으로 떠오르고, 고체인 슬러지(sludge)는 바닥으로 가라앉아 박테리아에 의해 분해되는 침전조로 이송된다. 부분적으로 처리된 폐수는 토양 지표면 바로 밑의 침투성이 좋은 자갈이나 깨진 암석에 묻혀 있는 작은 배수관 구멍을 통해서 배출지로 보내진다. 이런 폐수들이 파이프를 통해 배출되고 아래로 침투됨에 따라, 토양은 일부 잠재 오염물을 여과하고 토양 박테리아가 생물학적으로 분해 가능한 물질을 분해한다. 미국의

모든 가정의 1/4은 오수처리용 정화조에 의한 서비스를 받는다. 이 정화조에 쌓인 고체 오물들을 정기적으로 제거하여 과부하에 걸리지 않게 사용한다면 아주 오랫동안 사용할 수 있다.

미국의 도시 지역과 타 선진국에서는 가정, 사업체, 강우 유출로부터 나오는 대부분의 액상 폐기물은 하수관망으로 연결되어 하수처리장(sewage treatment plants)으로 흘러간다. 처리장에 도달한 하수는 보통 한 단계 또는 두 단계의 처리 공정을 거친다. 첫 번째 단계는 **1차 하수처리**(primary sewage treatment)로서 스크린이나 침사지를 사용하여 커다란 부유물을 제거하고 모래나 자갈 같은 고체들은 침전하여 제거하는 물리적 공정이다. 그리고 폐기물은 부유물 슬러지가 침전되어 있는 1차 침전조로 이송된다(그림 11.31, 왼쪽).

두 번째 단계는 **2차 하수처리**(secondary sewage treatment)다. 이 공정은 산소를 좋아하는 호기성 박테리아에 의해 용존성 유기물, 생물학적으로 분해 가능한 유기물, 분해 시 산소를 요구하는 유기물질의 90%를 분해하는 생물학적 공정이다(그림 11.31, 오른쪽). 1차와 2차의 하수처리 조합은 부유 고형물이나 산소를 요구하는 유기성 폐기물의 95~97% 정도를 제거하고, 분해 가능한 합성 유기 화합물의 70%, 인 화합물의 70%, 질소의 50%를 제거한다. 그러나 이 공정은 살충제와 버려진 의약품들에서 발견되는 저항성이 있고 잠재적으로 독성이 있는 물질의 일부만 제거한다. 이 공정은 추가적으로 바이러스, 박테리아 및 질병 유발 미생물을 제거하지 못한다.

하수처리장에서 하수를 방류하기에 앞서, 일반적으로 물의 색을 제거하는 **표백** 과정을 거치고 질병을 옮기는 세균과 일부 바이러스를 살균하기 위해 **소독** 과정을 거친다. 이런 목적을 달성하기 위해 일반적으로 **염소 소독**이 이루어진다. 그러나 염소는 물속에 있는 작은 유기물질과 반응하여 적은 양의 염소화된 탄화수소를 형성할 수 있다. 이런 화합물들의 일부는 시험동물들에서 암을 유발하기도 하고, 유산의 위험을 높일 수 있으며, 인간의 신경계, 면역계 그리고 내분비계의 손상을 초래할 수 있다. 오존과 자외선 같은 다른 살균제의 사용이 증가하고 있으나,

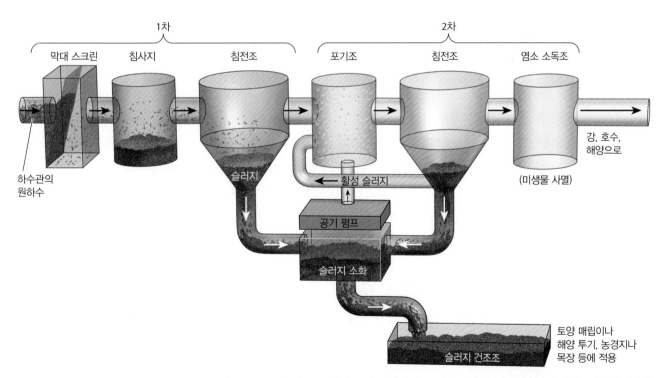

그림 11.31 해결책: 1차 및 2차 하수처리 시스템은 수질 오염을 감소에 도움을 준다. **비판적 사고:** 하수 처리장에서 생산되는 슬러지는 어떻게 해야 한다고 생각하는가?

비용이 많이 들고 염소 소독보다 효과가 길지 못하다.

하수처리 개선

심각한 문제는 EPA 규정에 따라 폐기물 처리장의 슬러지를 농경지, 공원 및 기타 대중이 사용하는 다른 토지에 비료로 적용할 수 있다는 것이다. 그러나 EPA는 산업체와 주택 소유자가 독성 중금속, 유기 화학물질, 살충제 및 의약품을 포함하는 폐수를 하수처리장으로 보내고 이런 유해 화학물질 중 상당수가 결국에는 토지에 독성 슬러지로 남게 된다고 말한다.

환경 및 보건 과학자들은 하수처리장의 폐수가 토양에 하수 슬러지로 남는 오염을 막는 몇 가지 방법을 제안한다. 하나는 산업체와 기업이 물에서 나오는 독성 및 유해 폐기물을 도시 하수 처리장으로 보낼 때 폐기물과 오염물을 제거하기 위한 비용을 요구함으로써 전체 비용 책정의 지속 가능성의 원리🌱를 이행하도록 돕는 것이다. 또한 산업체는 독성 화학물질의 사용과 폐기를 줄이거나 없애기 위해 장려금 및 보조금을 지급함으로써 수질 오염 규제법(water pollution control laws)을 준수하는 데 드는 비용을 줄일 수 있다.

또 다른 접근법은 하수처리장의 슬러지 및 폐수의 질산염 및 인산염을 생태적 및 경제적으로 가치 있는 하수도에서 제거된 토양 영양분으로 보는 것이다. 스웨덴과 네덜란드에서 이런 방법을 통해 영양분 제거 비용을 지원하는 예산을 사용 및 판매하여 토지에 재활용되었다. 이는 화학적 순환의 지속 가능성의 원리🌱를 구현한 것이다.

또 다른 옵션은 더 많은 가구, 아파트 및 사무소가 물이 없는 무취의 퇴비 화장실 시스템으로 전환하여 하수 발생을 없애고, 전문가가 설치 및 관리하도록 요구하거나 장려하는 것이다. 기존 화장실과는 달리 퇴비 화장실은 물을 사용하지 않으며 쓰레기는 버려지지 않는다. 대신, 자연적으로 발생하는 호기성 미생물이 공기와 열의 도움으로 폐기물을 분해한다. 퇴비 화장실에는 화학물질을 사용할 필요가 없다.

이 시스템들은 중앙 하수처리 시설에 연결되는 거대한 시스템의 지하 배관이 필요하지 않기 때문에 재래식 시스템에 비해 설치비와 관리비가 적게 소요된다. 이 시스템들은 또한 많은 양의 물을 절약하고, 물 비용을 줄일 수 있으며, 물을 이송하고 정화시키는 데 소요되는 에너지를 줄일 수 있다. 기존의 화장실 및 하수처리장에 대한 보다 환경적으로 지속 가능한 대체품은 현재 중국, 인도, 멕시코, 시리아 및 남아프리카 공화국을 포함한 12개국 이상의 지역에서 사용되고 있다.

스웨덴의 한 기업가는 한 번 쓰고 버리는 생분해성의 비닐 봉투를 개발했는데, 이 봉투는 도시의 빈민가나 화장실이 없는 지역에서 화장실로 사용할 수 있다. 이 봉투를 사용한 다음, 봉투는 묶어서 땅에 묻는다. 이 봉투의 얇은 요소(urea) 층은 배설물 안의 병원성 균을 죽이고, 폐기물의 분해를 도와 식물의 영양분이 되어 간단하고 저렴한 비용으로 에너지를 재순환시킨다. 이는 간단하고 저렴할 뿐만 아니라 낮은 기술로도 적용 가능한 화학적 순환의 지속 가능성의 원리🌱다.

일부 사회는 또한 일반적인 것은 아니만 자연 친화적인 생태 하수처리 시스템을 매우 효과적으로 사용한다(과학적 핵심 11.1).

수질 오염 방지

1970년 이후로 대부분의 선진국들이 점오염원을 획기적으로 줄일 수 있는 법과 제도를 제정했다는 것은 매우 고무적이다. 이런 진보는 선출된 공무원들에 대해 개인적으로나 집단적으로 상향식 정치적 압력을 초래했다. 반면, 대부분의 저개발 국가에서는 수질 오염을 줄이기 위한 조치가 거의 이루어지지 않았다.

많은 환경 및 보건 과학자들에게 다음 단계는 수질 오염을 줄이는 것이 인류 건강을 개선하고 유익한 환경 영향을 높이는 중요한 방법이기 때문에 모든 개발도상국과 저개발국에서 이에 대한 노력을 강화해야 한다. 이런 노력은 다음 질문을 함으로써 시작된다. 첫 번째 장소에서 어떻게 우리는 수질 오염 발생을 피할 수 있는가?(개념 11.4) 그림 11.32은 다음 수 세기에 걸쳐 이런 목표를 달성할 수 있는 방법들을 나열한 것이다.

시민들이 선출직 공무원들에게 수질 오염을 줄이기

자연에서 배우는 하수 처리

일부 지역 사회 및 개인은 햇빛, 식물, 수생 생물, 토양, 모래 및 자갈에 의한 자연 여과 (**개념 11.4**)를 사용하여 자연이 어떻게 물을 정화하는지를 학습함으로써 하수를 정화하는 더 나은 방법을 모색하고 있다. 생물학자 존 토드(John Todd)는 살아 있는 기계(Ling Machine)라고 불리는 생태학적 하수처리 방법을 개발했다(그림 11.A).

이 정화공정은 하수가 수동형 태양온실로 유입되거나 미생물 군락이 증식하는 대형 탱크가 늘어선 실외로 유입된다. 이 탱크는 점차 다양한 종의 생물로 채워진다. 첫 번째 단계로 조류와 미생물이 유기물을 분해하며, 태양은 이런 과정을 가속화한다. 탱크 내에서 성장하는 물 히아신스, 부들, 갈대, 기타 수생 식물이 영양물질을 최종 흡수한다.

자연정화탱크의 몇 단계를 거친 후, 물은 모래, 자갈, 갈대가 있는 인공습지를 거치며, 조류와 잔류 유기물이 여과된다. 또한 이런 수생식물은 납, 수은과 같은 독성물질과 항생물질을 제거한다.

다음으로 물은 유리 수조로 유입되어 달팽이와 동물성 플랑크톤이 미생물을 소모하고 왕새우, 가재, 틸라피아, 기타 물고기가 번갈아가며 미생물을 먹이로 소모한다. 10일 후, 맑은 물이 두 번째 인공습지로 유입되어 최종 여과와 정제 과정을 거친다. 이 물은 습지 내의 보이지 않는 곳에 설치된 자외선 장치나 오존발생기를 거치면서 음용하기에 적합한 수준으로 정화된다.

운전비용은 대략 재래식 하수처리와 비슷한 수준이다. 이런 시스템은 소규모로 널리 사용된다. 그러나 대도시 지역의 하수 폐기물에 함유된 전형적인 화학물질을 처리하기에 충분한 규모로 유지하기가 어렵다.

미국 내 150개 이상의 도시와 세계 800개의 도시와 마을에서 고비용인 폐수처리시설 대신에 운전이 쉽고 저비용으로 하수를 처리하기 위해서 자연을 모방한 자연적인 또는 인공적으로 조성된 습지를 사용한다. 예로서 약 18,000명이 사는 연안도시인 캘리포니아 아카타(Arcata)는 도시와 인접한 훔볼트 만(Humboldt Bay) 사이 65헥타르의 습지를 조성했다. 인공습지로 조성된 습지와 연못은 한때 투기장으로 사용되던 땅을 개발한 것이며, 자연적인 폐수처리장으로서의 역할을 하고 있다. 이 계획에 소요되는 비용은 재래식 처리장 평가가격의 절반 이하다.

이렇게 정화된 물은 수생 생물이 풍부한 훔볼트 만으로 유입되고 비료로 사용하기 위한 슬러지는 제거된다. 또한 습지와 늪은 오듀본협회(Audubon Society)의 조류보호구역의 형태로 제공되고 있는데, 오듀본협회의 조류보호구역은 수천 마리의 수달, 바닷새, 해양 동물에게 서식처를 제공하고 있다. 심지어 그 마을은 자연하수처리 시스템을 기념하기 위해 매년 'Flush with Pride'란 이름으로 축제를 개최하고 있다.

존 토드에 의해 개발된 이런 접근방법과 살아 있는 기계시스템은 모두 세 가지 과학적 지속 가능성의 원리를 적용하고 있다. 태양 에너지 사용, 영양염류와 화학물질을 제거하고 순환시키기 위해 자연적 공정 채택, 폐수처리를 위해 미생물의 다양성과 자연적 공정들에 의존한다.

그림 11.A 해결책: 태양광 오수처리 시스템은 미국 로드아일랜드(Rhode Island)에 설치되어 있다. 이것은 **살아 있는 기계**라고 불리는 생태적인 폐수 정화 시스템이다. 태양과 살아 있는 미생물을 함유한 일련의 물탱크만을 이용하여 폐수를 처리하는 방법을 고안한 생물학자 존 토드가 이 생태적인 공정을 설명하고 있다.

Ocean Arks International

비판적 사고

재래식 하수처리시설 이외에 자연에 기초한 시스템과 같은 방법을 이용하는 것의 단점을 생각해 볼 수 있는가? 장점을 초과하는 그런 단점을 생각해보았는가? 왜 했는가? 또는 왜 하지 않았는가?

수질 오염

■ 지하수 오염 예방

■ 비점오염원 유출 감소

■ 자연적인 오수처리와 폐수 재사용

■ 독성 오염물을 위한 대체재 찾기

■ 3R에 입각한 자원 사용의 실천(reduce, reuse, recycle)

■ 대기 오염물질 저감

■ 빈곤 해소

■ 출생률 저감

그림 11.32 수질 오염을 예방 및 저감 방법(**개념 11.4**). **질문:** 가장 좋다고 생각하는 해결책 두 가지는 무엇인가? 그 이유를 설명하라.

우리는 무엇을 할 수 있는가?

수질 오염 줄이기

■ 뜰이나 정원에 있는 나무에 상업용 무기질 비료 대신에 가축분뇨나 퇴비를 준다.

■ 특히, 강과 같은 물 근처에서는 농약의 사용을 최소로 한다.

■ 정원 폐기물이 폭우 배출구로 들어가지 않도록 예방한다.

■ 변기에 세정제를 사용하지 않는다.

■ 사용하지 않는 의약품을 변기에 버리지 않는다.

■ 농약, 페인트, 용제, 오일, 부동액이나 기타 유해한 화학물질 및 제품을 하수구나 땅에 쏟아 넣지 않는다.

그림 11.33 **개별적 문제:** 수질 오염을 줄이는 데 도움이 되는 방법. **비판적 사고:** 가장 중요하다고 생각하는 세 가지는 무엇인가? 그 이유를 설명하라.

위한 노력을 함과 동시에 수질 오염 예방을 증진시키도록 정치적 압력을 가하지 않는다면 오염 예방으로의 전환은 발생하지 않을 것이다. 그림 11.33는 수질 오염을 줄이기 위해 도울 수 있는 여러 조치를 나열한 것이다.

핵심 주제

● 주요 지구 환경 문제 중 하나는 세계의 많은 지역에서 담수 부족이 심화되고 있다는 것이다.

● 우리는 물 사용을 줄이고 물을 보다 효율적으로 사용하며, 물 손실을 줄이고 물 가격을 높이며, 물을 저장하고 방출하는 대수층, 삼림 및 기타 생태계를 보호함으로써 물을 보다 지속 가능하게 사용할 수 있다.

● 수질 오염을 줄이려면 우리가 오염을 방지하고 하수처리에 자연과 협력하며 자원사용 및 폐기물을 줄여야 한다.

사영역과 지속 가능성

핵심 사례 연구에서 미시시피 강 유역의 농지에서 나온 비료가 결국 멕시코 만 지역을 영양물질 과잉이 되는 과정을 설명하면서 이 장을 시작했다. 이런 형태의 수질 오염은 용존산소를 고갈시켜 거대한 사영역을 형성하여 연안해역의 해산물 생산 및 생물 다양성을 감소시킨다.

이 장에서는 또한 우리가 어떻게 지속 가능하지 않게 수자원을 사용하고 있고, 어떻게 대체할 수 없는 자원을 보다 지속 가능하게 사용할 수 있는지에 대해서도 논의했다. 또한 다양한 종류의 수질 오염물질과 수질 오염을 예방하고 줄이는 방법에 대해서도 논의했다.

세 가지 과학적 지속 가능성의 원리는 우리가 물을 보다 지속 가능하게 사용하고 수질 오염을 줄이는 것이 더 지속 가능하게 물을 사용하는 것이라고 안내하고 있다. 우리는 태양 에너지를 사용하여 물을 담수화하여 담수 공급을 확대하고, 우리가 사용하는 많은 물을 정화하여 물 손실과 수질 오염을 줄여야 한다. 우리는 자연적인 물 순환을 방해하지 않고 습지 기반 하수처리 시스템(과학적 핵심 11.1)에서 하수를 담수로 전환하고 하수를 처리함으로써 화학적 순환을 촉진할 수 있다. 마지막으로 수계와 그 경계를 이루는 지구 시스템의 오염과 파괴를 막음으로써 우리는 물 공급과 수질 유지를 위해 우리가 의존하는 생명유지 시스템의 핵심 구성 요소인 생물 다양성을 보존하도록 도와야 한다.

복습

핵심 사례 연구

1. 멕시코 만에서 매년(산소가 고갈된) 사영역의 특성과 원인을 설명하라.

11.1절

2. 11.1절의 두 가지 핵심 개념은 무엇인가? 담수를 정의하라. 물에 대한 접근성이 건강 문제, 경제 문제, 국가 및 세계 안보 문제 및 환경 문제인 이유를 설명하라. 우리는 지구상에서 몇 퍼센트의 담수를 이용할 수 있는가? 물 순환에 의해 물이 어떻게 재활용되고, 인간 활동이 이 순환을 어떻게 방해하는지 설명하라. 지하수, 포화지역, 지하수면, 대수층, 지표수, 지표 유출 및 유역을 정의하라.

3. 안정적인 지표 유출이란 무엇인가? 우리는 전 세계 지표 유출량의 몇 퍼센트를 사용하고 있으며, 2025년도에 몇 퍼센트를 사용하게 될 것인가? 전 세계에서 사용된 대부분의 물은 어떻게 되는가? 물 발자국이란 무엇인가? 가상수를 정의하고 두 가지 예를 제시하라. 미국에서의 담수원의 이용과 이용가능성과 금세기에 발생할 수 있는 물 부족에 대해 설명하라. 담수 부족 스트레스를 정의하고 그것이 얼마나 광범위하게 존재하고 2050년까지 얼마나 심각해질 것인지 설명하라. 오늘날 지구 면적의 몇 퍼센트가 극심한 가뭄을 겪고 있으며, 2059년까지 어떻게 변화될 것인가? 오늘날 세계의 얼마나 많은 사람들이 깨끗한 물을 정기적으로 마시지 못하는가? 미국에서 콜로라도 강 유역의 중요성과 인간 활동이 이 시스템에 얼마나 스트레스를 주는지 요약하라. 사람들이 콜로라도 강 유역의 물을 사용하는 방법에서 발생하는 세 가지 중요한 문제는 무엇인가?

11.2절

4. 11.2절의 세 가지 핵심 개념은 무엇인가? 지하수 취수

의 장점과 단점은 무엇인가? 전 세계, 사우디아라비아, 미국(오갈라라 대수층)의 지하수 고갈 문제를 요약하라. 과잉양수의 결과로 발생하는 세 가지 문제를 설명하라. 지하수 고갈을 막거나 지연하기 위한 방법을 나열하라.

5. 댐이란 무엇인가? 저수지란 무엇인가? 큰 댐과 저수지를 사용하는 것의 장점과 단점은 무엇인가? 기후변화가 콜로라도 강 시스템과 산의 많은 부분에서 산악 빙하에 의존하는 지역의 수자원 공급에 어떻게 영향을 미칠 수 있는가? 콜로라도 강에서 댐이 삼각주에 어떤 영향을 주었는지 설명하라. 캘리포니아 수자원 프로젝트의 장점과 단점을 열거하라. 아랄해 수자원 이동 프로젝트로 인한 환경 및 건강상 재해에 대해 설명하라. **탈염**을 정의하고 물을 탈염하는 방법으로 증류와 역삼투를 구분하라. 탈염의 사용을 제한할 수 있는 세 가지 문제는 무엇인가?

11.3절

6. 11.3절의 핵심 개념은 무엇인가? 세계와 미국에서 비효율적인 사용과 다른 원인을 통해 손실되는 담수량은 몇 퍼센트인가? 그 손실의 주요 원인은 무엇인가? 세 가지 주요 관개 방법을 기술하고 관개에서 물 손실을 줄이는 방법을 나열하라. 산업체 및 가정에서 물 손실을 줄이기 위한 네 가지 방법과 폐기물을 제거하기 위해 더 적은 물을 사용하는 세 가지 방법을 나열하라. **중수**는 무엇인가? 물 공급 문제에 대해 사람들을 교육하려는 샌드라 포스텔의 노력에 대해 설명하라. 당신의 물 사용과 손실을 줄일 수 있는 네 가지 방법을 나열하라. **범람원**이란 무엇인가? 홍수의 위협을 가중시키는 네 가지 인간 활동과 홍수에 대한 우리의 영향을 줄이기 위한 네 가지 방법을 나열하라.

11.4절

7. 11.4절의 핵심 개념은 무엇인가? 수질 오염이란 무엇인가? **점오염원**과 **비점오염원**을 정의하고 구분하고 각각에 대한 예를 제시하라. 대기 온난화와 수질 오염 사이의 관계를 요약하라. 일곱 가지 주요 수질 오염물질과 오염된 물을 통해 사람에게 전염될 수 있는 세 가지 질병을 나열하라. 매년 수인성 질병으로 얼마나 많은 사람들이 죽는가?

8. 하천이 산소 요구량이 많은 폐기물을 어떻게 정화시킬 수 있는지, 그리고 이런 정화 과정이 어떻게 진행되는지 설명하라. **폐수**는 무엇인가? 개발도상국 및 저개발국의 하천 오염 상태를 설명하라. 호수와 저수지가 오염물질을 아주 잘 정화할 수 없는 두 가지 이유를 설명하라. **부영양화**와 **문화적 부영양화**를 정의하고 구분하라. 문화적 부영양화를 방지하거나 줄이기 위한 세 가지 방법을 나열하라. 미국의 지하수 오염의 주요 원인은 무엇인가? 지하수가 왜 스스로 정화되기 어려운지 설명하라. 지하수 오염을 예방하거나 제거하기 위한 세 가지 방법을 나열하라. 식수를 정화하는 몇 가지 방법을 나열하라. 선진국과 저개발국의 음용수 정화에 대해 설명하라. 생수의 광범위한 사용으로 인한 환경 문제에 대해 설명하라. 미국에서 음용수를 보호하기 위해 어떤 법이 사용되는가? 미국 안전음용수법을 강화하는 세 가지 방법을 나열하라. 납이 어떻게 미국의 음용수를 위협하는지 설명하라.

9. 왜 우리가 대양에 관심을 가져야 하는가? 연안해역과 심층수는 대부분 어떻게 오염되는가? 조류를 번성하게 하는 것은 무엇이며 유해한 영향은 무엇인가? 해양 오염의 영향은 무엇이며 그런 오염을 줄이기 위해 무엇을 할 수 있을까? 연안 해수의 오염을 방지하고 줄이기 위한 네 가지 방법을 나열하라.

10. **(a)** 비점오염원 및 **(b)** 점오염원으로부터 수질 오염을 줄이는 방법을 나열하라. 점오염원 수질 오염을 줄이는 미국의 경험을 기술하고 이런 노력을 개선할 방법을 나열하라. 정화조란 무엇이며 어떻게 작동하는가? 1차 하수처리 및 2차 하수처리가 폐수처리에 어떻게 사용되는지 설명하라. 기존의 하수처리를 개선하는 세 가지 방법은 무엇인가? 물 없는 퇴비 화장실 시스템이란 무엇인가? 존 토드가 자연과의 협력을 통해 하수를 처리하는 살아있는 기계를 사용하는 것에 대해 설명하라. 습지는 하수처리에 사용될 수 있다. 수질 오염을 예방하고 줄이기 위한 여섯 가지 방법을 나열하라. 수질 오염을 줄이기 위해 할 수 있는 다섯 가지 일을 나열하라. 11장의 세 가지 핵심 주제는 무엇인가? 세 가지 과학적 지속 가능성의 원리🌱가 우리가 수자원을 보다 지속 가능하게 사용하고 수질 오염을 줄이고 예방하는 데 어떻게 도움이 되는지 설명하라.

비판적 사고

1. 당신은 매년 멕시코 만(**핵심 사례 연구**)에서 사영역에 직접 또는 간접적으로 어떻게 영향을 줄 수 있는가? 영향을 줄이기 위해 할 수 있는 세 가지 일은 무엇인가?

2. 콜로라도 강 유역의 수자원 문제를 다루는 가장 중요한 세 가지 우선순위는 무엇이라 생각하는가? 당신의 생각을 설명하라.

3. **(a)** 빈곤한 소비자에게 낮은 생계비를 제공하면서 물 가격을 올리거나, **(b)** 저렴한 비용으로 물을 농민에게 제공하는 정부 보조금을 철회하거나, **(c)** 농민에게 정부 보조금을 제공하여 관개 효율성을 개선하는 것을 당신이 왜 찬성 또는 반대인지 설명하라.

4. 초당 두 방울의 물이 새는 변기 또는 수도꼭지로 1개월 동안 몇 L의 물이 손실되는지 계산하라. (물 1 L는 3,500방울이다.) 이 손실된 물로 몇 개의 욕조(약 151 L)를 채울 수 있는가?

5. 물 손실을 줄일 수 있는 가장 중요한 세 가지 방법을 나열하라. 이 조치 중 이미 실천하고 있는 것은 무엇인가?

6. 당신은 지하수 오염에 직접 또는 간접적으로 어떻게 영향을 줄 수 있는가? 영향을 줄이기 위해 할 수 있는 세 가지는 무엇인가?

7. 화장실의 물을 내릴 때 폐수는 어디로 가는가? 당신의 지역사회에서 이 물이 하수관거를 통해 화장실에서 폐수처리장(또는 오수처리 시스템)으로 흘러가는지 실제 흐름을 추적하라. 지역 하수처리장을 방문하여 폐수의 기능을 확인하라. 그림 11.31에 나타낸 처리 공정과 비교하라. 이 처리장에서 생성되는 슬러지는 어떻게 되는가? 이 처리장에 대해 개선점이 있다면 무엇을 제안하겠는가?

8. 축하한다! 당신은 세계를 담당하고 있다. **(a)** 선진국의 점오염원 수질 오염을 크게 줄이고, **(b)** 전 세계의 비점오염원 수질 오염을 크게 줄이며, **(c)** 전 세계의 지하수 오염을 크게 줄이며, **(d)** 빈곤층과 저개발국의 사람들에게 안전한 음용수를 제공하는가?

환경과학 실천하기

지역 사회의 수자원에 관해 조사하라. 다음 질문에 답하는 보고서를 작성하라.

  a. 당신의 지역 사회에서 음용수 수원은 무엇인가?

  b. 당신의 음용수는 어떻게 처리하는가?

  c. 당신의 지역사회에서 지표수 및 지하수 오염의 비점오염원은 무엇인가?

  d. 음용수 관련 문제가 있었다면 당신의 지역사회에서 어떤 문제가 발생는가? 그런 문제를 해결하기 위해 지방 정부가 취한 조치는 무엇인가?

  e. 지하수 오염이 문제인가? 그렇다면 이 문제에 대해 어디에서 무엇을 했는가?

데이터 분석

2006년에 과학자들은 미국 오리건 주와 워싱턴 주 서부 해안의 강어귀의 전반적인 상태를 평가했다. 그렇게 하기 위해 그들은 강어귀 내의 선택된 위치에 용존산소(DO)를 포함한 물의 다양한 특성을 측정했다. 각 현장에 대한 DO의 농도는 채취된 물(L)에 녹아 있는 산소량(mg)으로 측정되었다. 과학자들은 물 시료를 평가하기 위해 다음과 같은 DO 농도 범위와 수질 범주를 사용했다. DO가 5 mg/L 이상인 물은 수생 생물을 지원하는 데 적합(good)하다고 간주된다. DO가 2~5 mg/L인 물은 보통(fair)으로 평가된다. DO가 2 mg/L 미만인 물은 부적합(poor)한 것으로 평가된다.

아래 그래프는 242개 장소의 지하수에서 측정한 값이다. 각 삼각형 표시는 하나 이상의 측정값을 나타낸다. 이 그래프의 x축은 DO 농도(mg/L)를 나타낸다. y축은 연구된 강어귀의 전체 면적(하구 지역)의 백분율을 나타낸다.

이 그래프를 읽으려면 삼각형 중 하나를 선택하고 x 및 y축의 값을 관찰한다. 예를 들어 원으로 표시된 삼각형은 x축에 5 mg/L 표시되고 y축에는 약 34%의 값이 표시된다. 이것은 이 특정 측정 지점(또는 지점들)에서 물은 연구가 진행된 전체 면적의 약 34%가 5% 이하의 DO 농도를 갖는 것으로 추정된다는 것을 의미한다.

이 정보와 아래 그래프를 사용하여 다음 질문에 답하라.

1. 강어귀 지역의 절반은 특정 DO 농도 수준 아래로 떨어지는 물이 있고 다른 절반은 그 수준보다 높은 수준이다. 그 수준은 mg/L로 얼마인가?
2. 측정된 가장 높은 DO 농도와 가장 낮은 농도의 예상치를 추정하라.
3. 조사된 강어귀 지역의 대략 몇 퍼센트가 DO 수준이 낮은 것으로 간주되는가? 몇 퍼센트의 적정한 DO 수준에 있고, 얼마나 많은 퍼센트의 DO 수준이 좋은가?

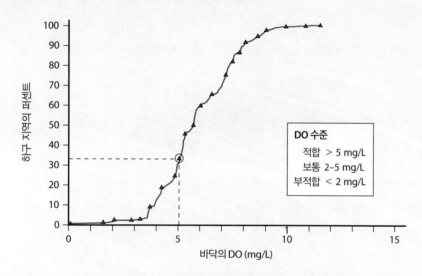

워싱턴 및 오리건의 강어귀 하층 유역의 용존산소 농도

12장

지질과 재생 불가능 광물자원

문명은 예고 없이 변화하는 지질 작용 속에
존재한다.

월 듀런트(Will Durant)

유타 주 노천 구리 광산.
규모는 거의 폭 5 km, 깊이 1,200 m에
달하며 점점 더 깊어지고 있다.

Lee Prince/Shutterstock.com

금값의 실제

지각으로부터 여러 가지 **채광**(mining) 과정을 거쳐 추출한 광물자원은 인간의 삶을 편리하게 하는 매우 다양한 제품으로 가공되어 경제적 혜택과 일자리를 제공한다. 그러나 땅에서 광물을 추출하고 그것으로 제품을 생산하는 것은 많은 환경적으로 위해한 영향을 미친다.

예를 들어 금을 캐기 위해서는 다량의 암석을 채굴해야 한다(그림 12.1). 많은 신혼부부들이 결혼반지를 만드는 데 필요한 금을 채광하는 데는 3대의 중형차 무게보다 더 많은 양의 광산 폐기물이 만들어진다는 것을 알면 놀랄 것이다. 보통 광산 근처에 쌓아 두는 이 폐기물들은 인근 지표수와 공기를 오염시키게 된다.

전 세계 약 90%의 금은 파쇄된 암석 더미에 매우 독성이 강한 시안화염(cyanide salts) 용액을 분사하여 추출한다. 이 용액은 금과 반응하여 암석에서 배출되며, 이때 용액과 함께 빠져나온 금이 저류지에 침전된다(그림 12.1, 아래). 시안화염 용액을 수차례 재순환시킨 후, 침전지로부터 금을 회수한다.

햇빛이 시안화물을 분해하기 전까지는, 물을 찾아서 침전지로 온 조류와 포유류에게 매우 유독하다. 이 침전지에서 누수가 일어나거나 물이 넘치면, 음용수로 공급되는 지하수뿐만 아니라 인근 호수나 하천에 서식하는 물고기와 다른 생물에게도 위험을 초래할 수 있다. 침전지 내의 특수 방수막이 누수를 방지하는 데 도움을 주지만 완전하지는 않다. 미국 환경보호국(Environmental Protection Agency, EPA)에 의하면, 이런 방수막이 종국적으로는 누수될 수 있다고 한다.

2000년에 내린 눈과 집중 호우는 루마니아 금광의 시안화물 침전지 끝에 위치한 흙댐을 휩쓸었으며, 이 흙댐의 붕괴로 시안화물과 독성 중금속 물질들이 포함된 엄청난 양의 물이 티사 강과 다뉴브 강으로 유입되었다. 이는 루마니아, 헝가리, 유고슬라비아 지역으로 흘러들었다. 이 강 주변에 살고 있는 수십만 명의 사람들이 물고기를 잡을 수도 없고, 하천수나 강 인근의 우물물을 마시거나 취수할 수도 없었다. 강 주변에 위치한 사업장도 문을 닫았다. 수천 마리의 물고기와 수중 동물 및 식물이 죽어갔다. 이 사건과 2001년 1월에 발생한 사건은 광산 회사에서 보다 튼튼한 방지 댐과 지표수에로의 누수액 침투를 방지하는 예비 침전지를 설치했다면 막을 수 있었을 것이다.

어떤 금광 회사들은 금광에서 금을 채굴한 후에 파산신고를 하고, 광산을 정화하지 않은 채 시안화물로 가득 찬 저류지를 그대로 두었다. 더욱이 아시아, 아프리카, 라틴 아메리카 일부 지역에서는 수백만 명의 가난한 광부들이 열대 우림을 불법적으로 파괴했다. 이들 소규모 불법적인 채광은 인류 건강과 환경에 심각한 피해를 입힌다.

2016년, 전 세계 상위 5위권의 금 생산 국가는 중국, 호주, 러시아, 미국 그리고 페루 순이다. 이들 국가가 금 채굴의 환경 영향에 대처하는 방법은 여러 가지다. 이 장에서는 지구의 역동적인 지질학적 과정과 위와 같은 과정을 유발하는 금과 같은 유용광물, 그리고 이런 자원의 공급 잠재성에 대해서 살펴보고자 한다. 또한 이들 자원의 채광과 추출이 환경에 미치는 영향과 함께 보다 지속 가능한 자원 활용 방법에 대해서도 생각해보고자 한다.

Larry Mayer/Getty Images

그림 12.1 미국 다코다 주 남부 블랙힐에 위치한 금광에 있는 시안화 침출물 더미와 침전지

12.1 지구의 주요 지질학적 과정과 광물자원은 무엇인가?

개념 12.1A 지구 내부와 지표의 역동적인 과정은 인간이 사용하는 광물자원을 만들어낸다.

개념 12.1B 광물자원은 수백만 년이 걸리는 지구의 암석 순환에 의해서 만들어지거나 재생되므로, 광물자원은 재생 불가능한 것이다.

지구는 역동적인 행성이다

지질학(geology)은 지표면과 지구 내부에서 벌어지는 역동적인 과정을 연구하는 학문이다. 지질학은 학자들이 잠재적인 천연자원을 찾고 화산, 지진과 같은 지질재해를 이해하는 데 도움을 준다.

과학적인 증거에 의하면, 원시지구는 약 46억 년 전에 생성되었다. 원시지구는 수백만 년에 걸쳐서 냉각되었으며, 지구 내부는 세 개의 주요 층상 구조인 핵, 맨틀, 지각으로 분리되었다(그림 12.2).

핵(core)은 지구의 가장 중심부에 위치하며 주로 철분으로 구성되어 있다. 핵은 매우 뜨거우며, 고체로 된 내핵과 그 바깥의 용융 상태의 암석 또는 반고체 물질의 두꺼운 외핵으로 이루어져 있다. 핵은 **맨틀**(mantle)이라고 하

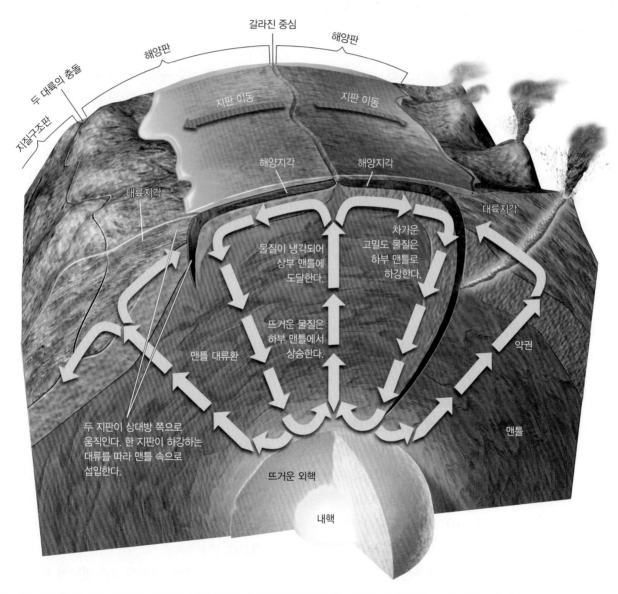

그림 12.2 지구는 핵, 맨틀, 지각으로 구성된다. 핵과 맨틀 내에서의 역동적인 힘은 지각과 지표면에 주요 작용의 동인이 된다.

는 두꺼운 부분으로 둘러싸여 있다. 맨틀의 외각부는 고체 암석으로 되어 있으며, 그 바로 밑에는 뜨겁고 부분적으로 용융된 암석의 유체인 **약권**(asthenosphere)이 위치한다.

핵과 맨틀의 엄청난 열은 대류환을 만들어내며, 이 대류환은 다량의 암석을 천천히 움직이게 하며 거대한 컨베이어 벨트처럼 맨틀 내에서 열 순환을 한다(그림 12.2). 지구 가장 내부의 물질은 가열되고, 상승하고, 냉각하기 시작한다. 물질은 냉각함에 따라 더 단단해지고 핵 쪽으로 하강하여 다시 가열되고 상승하여 대류환을 형성한다. 약권의 용융체 중 일부는 지각 쪽으로 향해 상승하는데 이를 마그마라고 한다. 마그마가 지표로 올라오면 이를 용암이라고 한다. 대류환은 암석과 광물을 이동시키고, 핵과 맨틀로부터 열과 에너지를 운반한다.

지구 가장 바깥쪽의 얇은 층상대가 **지각**(crust)이다. 지각은 대륙지각과 해양지각으로 이루어져 있다. 대륙지각은 대륙 기저에 놓여 있으며, 해양까지 연장되어 있는 대륙붕을 포함한다. 해양지각은 해양분지 기저에 놓여 있으며 지각의 71%를 차지한다. 맨틀의 최외곽의 단단한 부분과 지각을 합쳐서 **암권**(lithosphere)이라 한다. 암권은 인간이 필요로 하는 광물자원을 포함하고 있다(**개념 12.1A**).

광물과 암석은 무엇인가?

지각은 대부분 암석과 광물로 구성된다. **광물**(mineral)은 자연에서 산출하는 화학원소 또는 무기 화합물로서 원자나 이온의 규칙적인 내부 배열로 이루어진 고체(결정질 고체)이다. **광물자원**(mineral resource)은 지각 내에 존재하며 추출하고 가공하여 원료와 유용한 제품으로 만들 수 있을 만큼 다량으로 농집된 하나 이상의 농집된 광물을 말한다. 광물은 수백만 년에 걸쳐서 만들어지므로, 재생 불가능 자원이며 고갈될 수 있는 것이다(**개념 12.1B**).

금을 비롯한 몇몇 광물은 하나의 원소로 이루어져 있다(**핵심 사례 연구** 및 그림 2.3, 오른쪽 참조). 그러나 확인된 2,000여 개 이상의 광물 중에서 대부분은 무기 화합물이며 다양한 원소로 구성되어 있다. 예를 들면 석영(이산화규소, SiO_2)과 소금(염화나트륨, $NaCl$)이 이에 속한다.

암석(rock)은 지각 내에 존재하며 하나 이상의 광물로 이루어진 고체다. 석회암(탄산칼슘, $CaCO_3$), 규암(산화규소, SiO_2)과 같은 암석은 한 종류의 광물만을 가지고 있지만, 대부분의 암석은 둘 이상의 광물들로 구성된다. 예를 들어 화강암은 운모, 장석, 석영 결정의 혼합물이다.

암석은 형성되는 방법에 따라 크게 세 종류, 즉 퇴적암, 화성암, 변성암으로 나뉜다. **퇴적암**(sedimentary rock)은 식물과 동물 잔해 그리고 풍화 · 침식된 암석의 작은 입자로 이루어진 퇴적물로부터 형성된다. 이들 퇴적물은 물, 바람, 중력에 의해 여러 곳으로 운반되고 지층으로 퇴적된다. 결국에는 하중의 증가와 지층의 무게 그리고 화학 반응에 의해 퇴적층은 암석으로 바뀐다. 모래와 실트로부터 형성된 각각 **사암**과 **셰일**, 압축된 조개껍질, 골격, 여러 가지 수중 생물체의 사체의 잔해로부터 형성된 **백운암**과 **석회암**, 그리고 식물 잔해가 압축되어 형성된 **갈탄**과 **역청탄**을 예로 들 수 있다.

화성암(igneous rock)은 마그마가 맨틀로부터 올라오면서 냉각되고 고화될 때, 지표나 지표 아래에서 고온과 고압하에 형성된다. 지하에서 형성되는 **화강암**, 지상에서 형성되는 **화산암**을 예로 들 수 있다. 화성암은 지각의 많은 부분을 차지하지만 일반적으로 퇴적암으로 덮여 있다.

변성암(metamorphic rock)은 기존의 암석이 부분적으로 녹을 정도의 고온, 고압, 화학적으로 활성인 유체, 또는 이런 조건들이 종합적으로 작용하여 만들어진다. 셰일과 이암이 가열되어 만들어진 **점판암**과 석회암이 열과 압력에 노출되어 만들어진 **대리암**이 그 예다.

암석 순환

한 종류의 암석을 다른 종류로 변화시키는 물리적 및 화학적 작용 과정을 **암석 순환**(rock cycle)이라 한다(그림 12.3 및 **개념 12.1B**). 암석은 수백만 년이 넘는 시간을 통해 침식, 용융, 변성작용의 세 가지 과정을 거치며 각각 **퇴적암, 화성암, 변성암**으로 재순환된다.

이들 과정 속에서, 암석은 열과 압력에 의해서 붕괴되고, 매몰되고, 때로는 녹고, 서로 융합되어 새로운 암

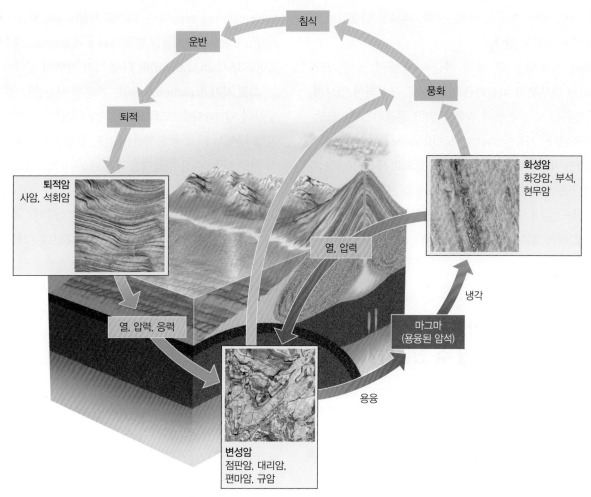

그림 12.3 **자연 자본:** 암석 순환은 지구의 순환 과정 중에서 가장 느린 순환이다.
Left: Dwight Smith/Shutterstock.com, Center: LesPalenik/Shutterstock.com, Right: Bragin Alexey/Shutterstock.com.

석으로 형성된다. 암석은 또한 냉각되고 때로는 지구 내부와 지각 내에서 재결정된다. 어떤 암석은 그 후에 융기하여 지표에서 침식을 받아 붕괴된다. 암석 순환은 지구의 순환 과정 중 가장 느린 순환이며 재생 불가능 광물자원의 농집된 광상을 형성하는 데 중요한 역할을 한다.

인간은 다양한 재생 불가능 광물자원에 의존한다

우리는 지각으로부터 100종 이상의 광물을 어떻게 찾고 추출하는지를 배웠다. 미국 지질조사국(USGS)에 의하면, 재생 불가능 광물자원의 채굴량은 1995~2016년 동안 전 세계적으로 세 배 이상 증가했다.

광석(ore)은 주로 금속과 같은 특정 광물을 채굴과 선광을 통해 경제성이 있을 만큼 다량으로 포함하고 있는 암석을 말한다. **고품위 광석**(high-grade ore)은 대상광물의 농집도가 높은 광석인 반면에, **저품위 광석**(low-grade ore)은 대상광물의 농집도가 낮은 광석이다.

광물자원은 다양한 목적으로 사용된다. 오늘날 주기율표상 118종의 원소 중에서 약 60종이 컴퓨터 칩을 만드는 데 사용된다. 알루미늄(aluminum, Al)은 음료수 캔, 자동차, 항공기, 건축물 등의 자재로 사용된다. 철(iron, Fe)과 특정 성질의 다른 원소를 혼합하여 만들어진 합금(alloy)인 **강철**(steel)은 건축물, 기계류, 자동차의 필수 재료로 사용된다. 망가니즈(manganese, Mn), 코발트(cobalt, Co), 크로뮴(chromium, Cr)은 강철 합금에 폭넓게 사용된다. 구리(copper, Cu)는 좋은 전기 전도체로서 전선, 통신선 그리고 배관에도 사용된다. 금(gold, Au)은 전기 장비, 치아 충전제, 보석, 주화, 의료용 임플란트 재료 등에 사용되고 있다.

널리 사용되는 몇 가지 비금속 광물이 있다. 모래(sand)는 대부분이 이산화규소(SiO_2)로 구성되어 있으며, 유리, 벽돌, 도로 건설과 건축을 위한 콘크리트를 만드는 데 사용된다. 자갈(gravel)은 노반(roadbeds)에 사용되고 콘크리트 제조에도 사용된다. 일반적으로 사용되는 또 다른 비금속 광물인 석회석(limestone)은 콘크리트와 시멘트를 만드는 데 사용된다. 또한 인산염(phosphate)은 무기질 비료와 세제를 만드는 데 사용된다.

12.2 재생 불가능 광물자원은 얼마나 오랫동안 공급될 수 있는가?

개념 12.2A 재생 불가능 광물자원의 매장량은 제한되어 있으며, 광물을 탐사하고, 채굴하고, 선광하는 비용이 그 광물의 가치보다 더 많이 들게 되면 경제적으로 그 광물은 고갈 상태가 된다.

개념 12.2B 광물자원의 공급을 늘리는 몇 가지 방법이 있으나, 경제적 및 환경적 조건 때문에 한계가 있다.

경제적으로 고갈될 수 있는 재생 불가능 광물자원의 공급

어떤 재생 불가능 광물자원의 공급에 대한 대부분의 공개된 추정치란 현재 가격으로 경제성 있는 광물을 채굴할 수 있는 광상의 **매장량**(reserve)을 가리킨다. 경제성 있는 신규 광상을 발견하거나 과거에는 너무 비싸서 개발할 수 없었던 광상을 새로운 채광 기술이나 상승된 가격으로 인해서 개발이 가능하게 될 때는 매장량이 늘어날 수 있다.

재생 불가능 광물의 공급 예측은 두 가지 요인인 광물의 실제적 또는 잠재적 공급량과 광물자원의 사용 속도에 따른다. 사회적으로는 어떤 재생 불가능 광물도 결코 완전히 고갈되지는 않지만, 대상 광물의 가치보다 더 비싼 비용을 들여서 광물을 탐사하고, 채굴하고, 선광하게 될 경우에 그 광물은 경제적으로 고갈 상태가 된다(**개념 12.2A**). 그 시점에서는 재활용 또는 재사용(recycle or

reuse existing supplies), 폐기물 저감(waste less), 사용량 저감(use less), 대체물질 발굴(find a substitute) 또는 광물 없이 지내기(do without)의 다섯 가지 선택이 있다.

고갈 시기(depletion time)는 기존의 사용률로 볼 때 매장량의 약 80%에 도달하는 시기다. 전문가들이 고갈 시기에 대해서 서로 불일치하는 것은 공급과 사용률에 있어서 서로 다른 추정치를 적용하기 때문이다(그림 12.4).

매장량의 증가 없이 재활용과 재사용을 하지 않으면 고갈 시기가 가장 빠르다(그림 12.4의 A곡선). 재활용에 의해서 기존 매장량의 기간을 늘리고 새로운 채광 기술, 높은 가격, 신규 광상 발견에 의해서 매장량을 늘리면, 고갈 시기는 더 늦춰진다(B곡선). 사람들이 A와 B 조건뿐만 아니라 재사용과 함께 소비를 줄여서 매장량을 보다 늘릴 때는 고갈 시기를 최대로 늦출 수 있다(C곡선). 새로운 대체물질을 발견하게 되면, 그 새로운 광물의 감소 곡선이 제시될 것이다.

지각에는 철, 알루미늄과 같은 재생 불가능 광물자원

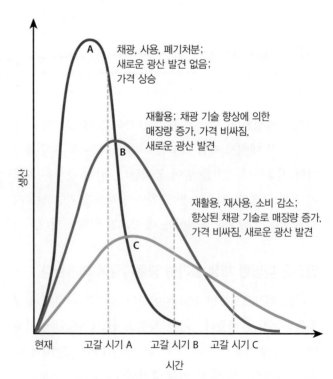

그림 12.4 자연 자본의 고갈: 각각의 광물자원의 소모 곡선은 서로 다른 가정에 따라 결정된다. 수직의 점선들은 80% 고갈이 일어나는 시기를 나타낸다.

의 광상이 많이 존재한다. 그러나 망가니즈, 크로뮴, 코발트, 백금 그리고 몇몇 희유금속과 같은 중요 광물자원이 농집된 광상은 상대적으로 희귀하다(다음 사례 연구 참조). 미국, 캐나다, 러시아, 남아프리카, 호주의 5개 국가는 현대 사회에서 사용되는 대부분의 재생 불가능 광물자원을 공급하고 있다.

1900년 이후, 그리고 특히 1950년 이후, 미국의 재생 불가능 광물자원의 1인당 및 총 사용량은 가파르게 증가되었다. 미국 지질조사국에 의하면, 미국에서는 연간 1인당 평균 약 20톤의 광물자원을 사용한다.

미국에서는 한때 풍부했던 납, 알루미늄, 철과 같은 금속 광상 중 몇몇은 경제성 측면에서 고갈되었다. 현재 미국은 핵심 24종의 주요 재생 불가능 광물자원을 전량 수입하고 있으며 그 외 43종의 광물에 대해서는 공급량의 50% 이상을 수입하고 있다. 이들 광물 중 대부분은 신뢰할 수 있고 정치적으로 안정된 국가로부터 수입한다. 그러나 미국의 경제력과 군사력에 필수적인 망가니즈, 코발트, 크로뮴, 백금의 4개 전략 금속자원에는 특별한 관심을 기울이고 있다. 미국은 이런 금속자원을 거의 또는 전혀 보유하고 있지 않다.

리튬(Li)은 세계에서 가장 가벼운 금속이며, 리튬 이온 배터리의 핵심 물질로서 휴대전화, 아이패드, 노트북 컴퓨터, 전기차 그리고 성장하고 있는 다른 많은 제품시장에 사용되고 있다. 문제는 미국을 포함하는 어떤 나라들은 충분한 리튬 공급량을 보유하고 있지 않다는 것이다. 볼리비아는 전세계 리튬 매장량의 약 50%를 차지하고 있으나, 미국은 단지 약 3%의 매장량밖에 가지고 있지 않다.

일본, 중국, 한국, 아랍에미리트 연합국은 다른 나라에 리튬과 리튬 이온 배터리를 팔기 위한 목적으로 전 세계의 리튬을 대량으로 사들여왔다. 수십 년 내에 미국은 리튬과 리튬 이온 배터리를 비싼 가격으로 수입하지 않을 수 없을 것이다.

희유금속의 지대한 중요성

금, 구리, 알루미늄, 모래, 자갈과 같은 광물자원은 익숙한 자원이다. 덜 알려져 있는 희유금속과 산화물은 현대 생활과 경제를 지탱하는 많은 기술에 적용되는 매우 중요한 물질이다.

17종의 희유금속 또는 희토류라고 불리는 금속에는 스칸듐, 이트륨, 란타늄을 포함하는 15종의 란타넘족 원소가 있다. 우수한 자기적 강도와 기타 고유한 특성으로 인해, 이런 원소들과 그 화합물은 현재 기술에 널리 사용되고 있는 중요성을 가진다.

희토류는 컴퓨터와 텔레비전의 크리스털액정화면(LCD), 절전형 발광 다이오드(LED) 전구, 태양전지, 광섬유 케이블, 스마트폰, 디지털 카메라를 만드는 데 사용된다. 희토류는 또한 전기차와 하이브리드 전기차의 배터리 및 모터, 태양전지, 자동차 배기시스템의 촉매 변환장치, 제트엔진, 풍력 터빈 발전기의 고성능 자석의 부품으로 쓰인다(그림 12.5). 희토류는 또한 미사일 유도 시스템, 스마트 폭탄, 비행기 전자장치, 인공위성에도 쓰인다.

그림 12.5 전기차와 하이브리드 전기차 제조사에서는 다양한 희유금속을 사용한다.

희토류 금속의 적절한 공급 없이는 산업 국가는 청정 에너지 기술과 경제 성장의 주요 동력원이 되는 첨단기술 제품을 개발할 수 없다. 많은 국가들은 또한 국방력을 유지하기 위해서 이들 금속을 필요로 한다.

대부분의 희토류는 실제로는 희귀한 것이 아니지만, 추출할 수 있을 만큼 충분히 고농도로 집적되어 있는 것을 발견하고 적절한 가격으로 선광하기가 어렵다. 미국 지질조사국에 따르면, 2014년에 중국이 전 세계의 알려진 희토류 매장량의 약 25%를 보유하고 있다. 브라질이 두 번째로 17%를 차지하며, 다섯 번째인 미국은 전 세계 매장량의 1.4%를 차지한다.

2016년에 중국은 전 세계 희토류와 산화물의 약 95%를 생산했다. 호주와 칠레는 전 세계 생산량에서 차지하는 비율을 점점 높여가고 있다. 중국은 주도권을 차지하고 있으며, 희토류 광산 개발과 선광에서 발생하는 환경 파괴를 엄격하게 규제하고 있지 않고 있는데 부분적인 이유가 있다. 이것은 환경을 보다 엄격하게 규제하는 다른 나라의 회사에 비해서 중국회사가 낮은 생산 가격을 유지한다는 것을 의미한다. 그러나 2012년부터는 희토류의 공급 과잉으로 인해서 전 세계 가격이 떨어지고 있으며, 중국과 그 외 나라들의 몇몇 광상이 문을 닫게 되었다.

미국과 일본은 희토류와 산화물에 절대적으로 의존하고 있다. 일본에는 희토류가 매장되어 있지 않다. 미국에는 캘리포니아 주에만 희토류 광산이 존재하며, 이 광산은 한때는 세계에서 최대 규모의 희유금속 공급원이었다. 그러나 이 광산은 오염에 대한 강력한 규제에 대처하기 위한 비용 때문에 그리고 중국이 희유금속 가격을 낮춤으로써 상대적으로 이 광산의 생산 가격이 너무 높게 상승했기 때문에 문을 닫게 되었다. 2015년에 결국 이 광산 회사는 파산 신고를 했다.

희토류 공급을 늘리는 한 가지 방법은 발생되는 방대한 양의 전자제품 폐기물로부터 희토류를 추출하여 재활용하는 것이다. 그러나 지금까지는 1% 미만의 희유금속이 회수되어 재활용되고 있다. 또 다른 방법은 희유금속의 대체물질을 찾는 것이다. 2016년에 혼다는 희유금속을 필요로 하지 않는 자석이 장착되어 있으며 기존의 엔진보다 10%가 더 싸고 8%가 더 가벼운 하이브리드 전기차 엔진을 생산했다.

시장 가격은 광물자원 공급에 영향을 미친다

지각 내 재생 불가능 광물자원의 양과 위치는 지질작용에 의해서 결정되지만, 경제성 측면에서는 알려져 있는 공급량 중 일부만 개발하여 사용한다. 표준 경제성 이론에 의하면, 경제성 있는 시장 시스템에서 어떤 자원이 희소해지면, 그 가격은 올라간다. 가격의 상승은 새로운 광상을 탐사하고, 더 발전된 채광 기술을 개발하고, 저품위 광석 채광의 경제성을 높이는 동인이 된다. 또한 가격 상승은 자원을 보전하고, 대체물질을 찾는 데 도움이 된다.

생각해보기

연관성 높은 금속 가격과 절도
자원의 희귀성은 절도 행위를 부추기는 요인이 된다. 예를 들면 최근 들어 구리 가격이 급격히 올랐다. 그 결과 몇몇 미국 지역에서는 주민들이 구리를 훔쳐서 팔게 되었다. 그들은 방치된 주택의 구리관과 구리선을 뜯어내고 옥외 중앙 에어컨 장치의 구리 코일을 훔친다. 또한 도로의 지하에서 구리선을 훔치고 농장 관개시설의 구리관를 훔친다. 2015년에, 도둑들이 뉴욕 지하철의 구리선을 훔쳐서 가장 교통량이 많은 두 개 노선의 지하철을 운행 중단시킨 적도 있다.

몇몇 경제학자들에 따르면, 이런 가격 상승이 대부분의 선진국에서는 더 이상 적용되지 않는다. 그런 나라 정부에서는 보조금, 세금 감면, 수입 관세율 조정 등의 조치를 통해 핵심 광물자원의 공급, 수요 및 가격을 통제한다. 예를 들면 미국에서는 광산회사들은 고갈 수당을 포함하는 각종 정부 보조금을 받는다. 고갈 수당이란 수입에 대한 과세에서 광물자원 조사 및 채굴 비용을 제하는 것을 말한다. 이들 수당은 광물자원 판매로 얻어지는 총 수입의 5~22%까지 된다.

일반적으로 광산업계는 소비자들을 위해서 광물의 가격을 낮게 유지하기 위해서는 보조금과 세금 감면을 필요로 한다. 또한 광산업계는 보조금과 세금 감면이 없다면, 세금을 내지 않거나 엄격한 광산 개발 및 오염 행위에 대한 규제가 없는 나라로 회사를 옮기겠다고 주장한다.

광물 매장량의 증대

몇몇 분석자들은 저품위 광석을 채굴하여 광물의 공급량을 늘릴 수 있다고 주장한다. 그들은 새로운 굴착 장비, 광석으로부터 불순물을 제거하는 개선된 기술, 선진화된 광산 채굴 및 선광 방법에 의해서 저품위 광석을 낮은 가격으로 개발할 수 있을 것이라고 주장한다. 예를 들면 1900년대에 미국에서 채굴된 구리 광석 중 구리는 중량으로 약 5%를 차지했다. 오늘날에는 구리 광석 중 구리는 약 0.5%의 중량을 차지하지만 구리 가격은 인플레이션을 감안할 때 1900년대보다 더 낮다.

저품위 광석을 채굴하는 데는 몇 가지 제한요소가 있다(개념 12.2B). 예를 들면 더 많은 용적의 광석을 채굴하고 선광하는 데는 더 많은 에너지와 비용이 든다. 또 다른 요인으로는 특히 건조지역에서 광물의 채광과 선광에 필요한 담수 공급량이 줄어들게 된다는 것이다. 세 번째 제한요인은 채광과 선광에 의해서 발생되는 폐석과 오염 그리고 토지 훼손에 따른 환경파괴의 증가다.

채광 기술을 개선하고 환경파괴를 저감시키는 한 가지 방법은 생물학적 채광(biomining)이라고 하는 생물학적 접근방법을 적용하는 것이다. 이 방법은 광상 내에 시추공을 뚫어서 자연적인 박테리아나 유전공학적인 박테리아를 이용하여 원하는 금속을 광석으로부터 추출하는 것이다. 이 기술을 쓰면 주변 환경을 파괴하지 않고 광상으로부터 금속을 추출함으로써 생기는 공기와 물의 오염을 저감할 수 있다. 불리한 점은 생물학적 채광은 느리다는 것이다. 전통적인 방법은 수개월이나 수년 만에 채광할 수 있는 반면에 생물학적 방법은 똑같은 양을 추출하는 데 수십 년이 걸린다는 것이다. 지금까지는 전통적인 기술로는 경제성이 너무 낮은 저품위 광석에만 생물학적 방법의 적용성이 있다.

해양으로부터의 광물

바닷물에 들어 있는 광물은 대부분 농도가 매우 낮기 때문에 부가가치가 있는 광물로 추출하기 위해서는 에너지와 비용이 많이 든다. 현재로는 마그네슘, 브로민, 염화나트륨만이 이윤을 창출할 수 있을 만큼 다량으로 바닷물에 들어 있다. 한편 대륙붕과 해안에 인접한 퇴적층에는 모래, 자갈, 인산염, 구리, 철, 텅스텐, 은, 타이타늄, 백금, 금강석과 같은 주요 광물 광상이 부존되어 있다.

해양의 또 다른 잠재성이 있는 광물 광상은 해저의 화산지역에서 화구를 통해서 뿜어져 나오는 광물을 풍부하게 함유하는 고열수로부터 만들어지는 열수광상(hydrothermal ore deposits)이다. 열수가 찬 바닷물과 혼합되면, 화구 근처에는 블랙 스모커(black smokers) 또는 열수 분출구(hydrothermal vents)라고 하는 굴뚝 모양의 구조로 여러 가지 금속 황화물인 검은 입자들이 퇴적된다(그림 12.6). 이 퇴적층에는 구리, 납, 아연, 은, 금 및 희유금속 광물이 풍부하게 함유되어 있다. 큰 대합조개, 1.8 m짜리 서관충, 눈 없는 새우 등의 특이한 해양 생물들이 블랙 스모커 근처의 깊은 바다에 살고 있다.

이런 금속의 가격이 가파르게 오르고 있기 때문에, 심해 채광에 대한 관심이 점점 커지고 있다. 호주, 미국, 중국의 회사들은 여러 지역에서 블랙 스모커 채광 가능성

그림 12.6 **자연 자본:** 열수광상이나 블랙 스모커에는 여러 가지 광물이 풍부하게 들어 있다.

을 점검하고 있다. 국제적인 바다의 해저 채광을 관리하기 위해서 만들어진 유엔 국제해저기구(International Seabed Authority)는 2011년부터 채광 허가를 발급하기 시작했다.

분석가들에 따르면, 해저 채광은 육지 광산개발보다 환경적으로 덜 위해하다. 그러나 다른 과학자들은 채광에 의해서 퇴적층을 교란시키면 바닷물을 여과하여 영양분을 섭취하는 생물들을 죽이거나 피해를 입힐 수 있다고 우려한다. 해저채광의 지지자들은 유망한 광산 지역들이 환경 전반에 미치는 영향은 아주 작다고 말한다.

해양의 또 다른 유망 금속은 태평양의 넓은 지역과 대서양 및 인도양의 소규모 지역에 분포하는 감자 크기의 망가니즈 단괴이다. 망가니즈 단괴는 또한 여러 희유금속도 소량 함유하고 있다. 이들 망가니즈 단괴는 커다란 진공 파이프로 흡입하여 올리거나 해저 채광장비를 사용하여 퍼 담을 수도 있다.

현재, 해저 채광은 고 비용, 해양 생태계에 미치는 위해 가능성, 그리고 어느 특정 국가에도 속하지 않는 심해 지역의 광물에 대한 공동 권리 논란 때문에 여의치 않다.

12.3 재생 불가능 광물자원의 사용이 미치는 환경 영향은 무엇인가?

개념 12.3 지각으로부터 광물을 추출하고 그 광물을 유용한 제품으로 변화시키는 것은 땅을 교란시키고, 토양을 침식시키며, 다량의 고체 폐기물을 만들어내고, 공기, 물, 토양을 오염시킨다.

광물 추출은 환경에 위해한 영향을 미칠 수 있다

모든 금속 제품에는 채광, 선광, 제품 생산, 폐기 또는 재활용을 포함하는 생애 주기(life cycle)가 있다(그림 12.7). 이 과정에는 다량의 에너지와 물이 소비되고, 땅을 교란시키고, 토양을 침식시키며, 다량의 고형 폐기물과 오염물질을 만들어낸다(개념 12.3).

금속 채광의 환경 영향은 광석 내 금속 함유율 또는 등급에 의해서 부분적으로 결정된다. 접근이 더 용이한

고품위 광석이 대체로 가장 먼저 개발된다. 저품위 광석의 채광에는 더 많은 돈과 에너지와 물 그리고 다른 자원이 요구되며, 토지 파괴, 광산 폐기물 및 오염도 커진다.

광물을 채광하기 위해서는 몇 가지 채광 기술이 동원된다. 천부의 광물 광상은 광상 위에 놓여 있는 토양과 암석을 제거한 후 **노천 채굴**(surface mining)에 의해서 채광한다. 이때 **상부퇴적물**(overburden)은 폐기물로서 **폐석**(spoils) 더미로 쌓인다(그림 12.8). 미국에서 사용되는 90%의 비연료 광물자원과 60%의 석탄은 노천 채굴로 개발한다.

노천 채굴의 유형은 대상 광물자원과 지형에 따라 결정된다. **계단식 노천 채굴**(open-pit mining)에서는 대구경의 시추공을 굴착하고, 구리(12장 도입부 사진 참조), 금(**핵심 사례 연구**), 또는 다른 금속, 모래, 자갈, 석재를 포함하는 금속 광석을 채굴하는 장비가 사용된다.

900만 버밍햄 구리 광산(12장 도입부 사진 참조)을 경기장이라 가정할 때 앉을 수 있는 사람 수

표면 박리채굴(strip mining)은 지표면에 가까운 천부의 넓은 면적의 수평층을 이루는 광물 광상을 채굴하는 방법이다. 지형이 상당히 평평한 지역에 적용하는 **영역 표면 박리채굴**(area strip mining)은 거대한 불도저로 상부퇴적물을 제거하고 20층 건물 높이의 파워 셔블(power shovel)로 금(그림 12.9) 또는 석탄과 같은 에너지 자원 광상을 개발한다. 광산 개발로 만들어진 트렌치를 상부퇴적물로 메우고 바로 옆에 먼저 채굴장과 나란히 새로운 채굴을 시작한다. 이런 과정을 광산의 전체 부지에 대해서 반복해서 시행한다.

등고선 표면 박리채굴(contour strip mining)은 언덕이나 산악 지형에 위치하는 석탄과 여러 광물자원을 채굴하는 데 주로 사용된다(그림 12.10). 거대한 파워 셔블과 불도저로 언덕의 한쪽 면을 계단식으로 굴삭한 후 거대한 불도저로 상부퇴적물을 제거하고, 굴착기나 파워 셔블로 석탄을 채굴한다. 계단을 만들면서 생기는 상부퇴적물은

표층 채굴 ⟶ 광물 광석 ⟶ 맥석에서 ⟶ 제련 ⟶ 광물 용융 ⟶ 생산물 전환 ⟶ 생산물 폐기
　　　　　　　　　　　　　광물 분리　　　　　　　　　　　　　　　　　　　　　　　　　　 (환경에 방치)
　　　　　　　　　　　　　　　　　　　　↑
　　　　　　　　　　　　　　　　　　재순환

그림 12.7　금속 제품에는 **생애 주기가** 있다.

그림 12.8　자연 자본의 파괴: 이 폐석 더미는 독일의 지엘리츠(Zielitz)에서 비료 제조를 위해서 채굴된 칼리염에서 나온 폐기물이다.

기존 퇴적물 더미 위에 쌓인다. 토지가 복원되지 않는 한, 폐석 더미 및 침식 가능성이 매우 높은 토양과 암석 더미는 높은 둑(highwall)으로 남는다.

또 다른 노천 채굴 방법에는 산 정상을 제거하여 석탄층을 노출시킨 후 채굴하는 **산정채굴**(mountaintop removal)이 있다(그림 12.11). 거대한 장비를 동원하여 폐석을 파내고 산정상 밑 계곡 안으로 파고 들어가야 한다. 이런 작업은 산을 파괴하고, 산 계곡을 메우며, 홍수의 위험성을 증대시킨다. 석탄을 채굴할 때 생기는 폐수와 유독성 슬러지는 계곡의 댐 안에 쌓아두게 된다. 댐이 넘치거

나 붕괴될 때, 비소와 수은 같은 유독성 물질이 방출된다.

미국의 서부 버지니아 주와 애팔래치아 산맥에서는 500개가 넘는 산정상채굴 광산으로부터 석탄을 채굴해왔다(그림 12.11과 개별적 문제 12.1). 미국 환경보호국(EPA)에 의하면, 광산개발로 생기는 폐석이 대략 뉴욕과 시카고 사이의 거리에 해당하는 1,100 km 이상의 하천을 매몰시켰다.

미국 내무부는 적어도 50만 개의 노천 채굴 부지가 주로 미국의 서부에 분포하고 있다고 추산한다. 그런 부지를 정비하고 복원할 수는 있지만 거기에는 많은 비용이 소요된다. 1977년에 발효된 미국 노천 채굴 규제 및 복원법(U. S. Surface Mining Control and Reclamation Act)은 노천 채굴 부지의 복원을 규정하고 있다. 정부는 국민 세금으로 1977년 이전의 폐광부지를 복원해야 하며, 광산회사는 1977년 이후의 폐광부지와 가행광산 부지를 복원해야 한다. 그러나 이 프로그램의 예산은 매우 부족하고, 따라서 많은 광산부지는 아직도 복원되지 않고 있다. 미국에서 많은 석탄회사는 생산량 감소 때문에 도산했다. 석탄회사는 광산부지의 복원에 대한 법적 규정을 충족시킬 수 없을 것으로 보이며, 국민들의 세금으로 부지를 복원해야 할 것이다.

지하 채굴(subsurface mining)은 깊은 곳에 위치하는 광물을 채굴하는 방법이며, 이때 지하의 광물자원은 터널이나 수직갱을 통해서 채광된다. 이 방법은 노천 채굴이 어려운 지하 깊은 곳에 위치하는 석탄이나 금속 광석을 채굴하는 데 사용하는 방법이다. 광부들은 깊은 수직갱을

그림 12.9 자연 자본의 파괴: 캐나다 유콘 지역의 금 개발을 위한 영역 표면 박리채굴
PAUL NICKLEN/National Geographic Creative

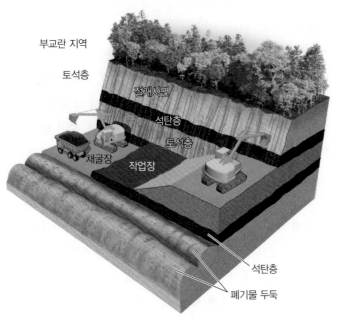

부교란 지역

토석층

절개사면

석탄층

토석층

채굴장

작업장

석탄층

폐기물 두둑

그림 12.10 자연 자본의 파괴: 등고선 표면 박리채굴은 구릉이나 산악
지형에서 시행된다.

파고 폭약을 터뜨려 터널과 지하 공간을 만든 후 광상에
도달한다. 그리고 채굴 장비를 사용하여 광물자원을 채굴
하고 지상으로 운반한다.

지하 채굴은 노천 채굴의 1/10 이하의 토지를 교란하
며 일반적으로 폐기물 발생량도 더 적다. 그러나 지하 채
굴의 환경적인 피해도 심각해서 동굴 함몰, 폭발, 화재 등
에 의해서 광부들에게 피해를 입힐 수 있다. 광부들은 지
하 채굴 과정에서 광물과 석탄 먼지를 지속적으로 들이마
심으로 인해서 폐질환에 걸리는 경우가 많다. 또 다른 문
제는 지하 채굴로 인해서 일어나는 지표면의 **붕락**이다.
붕락은 주택을 손상시키고, 하수관에 균열을 발생시키며,
가스 공급관을 파괴시키고, 지하수계를 교란시킨다. 지하
채굴은 또한 채굴된 광석을 선광하고 운반하는 데 많은
물과 에너지를 필요로 한다.

그림 12.11　자연 자본의 파괴: 서부 버지니아 주 화이트빌 근처의 산정석탄채굴
Jim West/AGE Fotostock

　　노천 채굴과 지하 채굴은 합쳐서 미국의 모든 고체 폐기물의 3/4을 발생시키며 물과 공기의 주요 오염원이 된다. 예를 들면 강수가 지하광산이나 노천광산의 폐석 더미로 스며들어 생성된 황산(H_2SO_4, 혐기성 박테리아가 폐석 더미 내 광물과 반응할 때 생김)으로 인한 **산성 광산 배수**(acid mine drainage)는 인근 하천이나 지하수의 오염원이 된다. 산성 광산 배수는 종종 금 채굴과 수반되어 발생되는 문제다(**핵심 사례 연구**).

　　EPA에 의하면, 광산개발은 미국 서부 수계의 약 40%에서 산지 하천을 오염시키는 것으로 나타난다. 또한 대기 중으로 배출되는 독성 화학물질은 미국 전역 배출량의 절반을 차지하는 것으로 나타난다. 실제로, 광산업은 미국 내 다른 어떤 산업보다도 더 많은 독성물질을 방출한다.

　　광산개발은 환경 규제가 없거나 확실하게 시행되지 않는 나라에서는 환경에 대한 위해성이 더 크게 나타난다. 예를 들면 중국에서는 희유금속과 산화물의 채광과 선광으로 인해서 식생과 표토가 제거되었으며, 공기가 오염되고, 하천이 산성화되었으며, 독성 및 방사성 폐석 더미가 발생했다.

선광은 환경에 악영향을 미친다

채굴에 의한 광석은 일반적으로 두 가지 유형으로 나누어진다. 즉 대상 금속을 함유하는 광석광물(ore mineral)과 맥석이다. 광석에서 맥석을 제거하면 **광미**(tailings)가 발생한다. 광미는 더미 형태로 쌓아두거나 저류지에 모아두게 된다. 광미 더미의 유독성 금속 입자는 바람에 날려가거나, 강우에 의해서 씻겨나가거나, 저류지로부터 누출되어 지표수와 지하수를 오염시킬 수 있다.

마리아 구노: 산을 구하기 위한 투쟁

1800년대에 마리아 구노(Maria Gunnoe)의 체로키 족 조상들은 서부 버지니아 주의 지금의 분 카운티에 도착했다. 그녀의 할아버지는 지금 그녀가 살고 있는 토지를 샀다. 2000년에 광부들이 석탄을 채굴하기 위해 그 땅의 산정상부를 날려버렸다(그림 12.11). 현재 구노의 땅은 10층 높이의 석탄 폐기물 더미 가까이에 있다.

식생과 토양이 없어져 버려서 2000년부터 강우가 산등성이를 따라 흘러내려서 그녀의 땅을 범람시켰다. 강우에 의해서 운반된 유독성 슬러지가 그녀의 땅을 덮고, 지하수 관정과 그녀가 키우던 작물의 경작지가 오염되었으며, 유일하게 도로와 연결시키던 두 개의 조그만 다리가 휩쓸려갔다. 구노는 수년간 걸어서 도로를 왔다 갔다 해야 했다. 그녀가 석탄회사 관계자들에게 불만을 말했을 때, 그들은 홍수를 "신의 뜻"이라고 했다.

두 아이의 어머니인 구노는 그녀의 땅을 떠나기를 거부하고 힘 있는 석탄회사와 싸우기로 결정하고 산정 석탄채굴을 그만두게 하리라 결심했다. 직업을 잃을 수 있다는 걱정으로 석탄회사와 광부들은 그녀를 적으로 대했다. 그녀와 그녀의 아이들은 생명의 위협을 받았으며, 그녀의 개 두 마리는 죽임을 당했다. 그녀를 도로에서 쫓아내려 했으며, 그녀의 집 주위에 총질을 해댔다. 여러 해 동안, 그녀는 바깥에 나갈 때는 방탄조끼를 입어야 했지만 투쟁을 계속해 나갔다.

고등학교 교육밖에 받지 못했으나, 구노는 복잡한 채광 과정, 수질 오염 규제, 광상부지 근처의 하천과 지하수에서 발견되는 유독성 화학물질에 대해서 독학을 했다. 그녀는 단체를 조직하여, 법원에 탄원하고, 산정채굴이 계곡의 하천을 메우고 수생 생물과 동물들의 서식지를 파괴함으로써 연방 청정수법(Clean Water Act)을 위반하고 있다는 것을 국회에서 증언했다. 미국 환경보호국은 그것에 동의하고 여러 차례에 걸쳐서 석탄회사들에 벌금을 부과했다. 그녀는 또한 건강에 위해를 미치는 산정채굴을 금지하도록 대통령과 연방 정부에 압력을 넣었다.

2009년에, 이 용기 있고 고무적인 여성은 세계적인 풀뿌리 환경지도자들에게 주어지며 노벨상에 버금가는 것으로 여겨지는 골드먼 환경상을 수상했다.

광미를 제거하고 난 후, 광석에 열을 가하거나 용매를 사용하여 금속을 추출한다. 광석을 가열하여 금속을 추출하는 것을 **제련**(smelting)이라고 한다(그림 12.7). 효과적인 오염 제어 장치가 없다면, 용광로는 다량의 대기 오염물질을 내뿜는다. 이산화황과 부유성 독성 입자를 포함하는 오염물질은 주변지역의 식생에 피해를 입히고 토양을 산성화시킨다. 또한 용광로는 수질 오염의 원인이 되고 안전한 처리가 요구되는 액체와 고체 위해 폐기물을 발생시킨다. 2012년 연구에 따르면, 납 제련은 산화납 배터리의 회수에 뒤이어 세계에서 두 번째로 독성이 높은 산업이다.

금을 추출하기 위해 시안화염을 사용하는 경우에서 보았듯이 화학물질을 사용하여 광석으로부터 금속을 추출하는 것도 여러 가지 문제를 유발한다(**핵심 사례 연구**).

비록 소규모로 하는 경우에도 같은 문제가 발생한다. 예를 들면 금을 찾기 위해 저개발국가의 가난에 찌든 수백만의 광부들이 열대 우림으로 찾아든다(그림 12.12). 그들은 금을 채굴하기 위해 나무를 베어내며, 이런 불법적인 벌목은 특히 아마존의 여러 지역에서 급속히 증가하고 있다. 그들은 금 조각을 발견하기 위해 수 톤의 토양을 파서 옮긴다. 광부들은 광석으로부터 금을 분리하기 위해 유독성 수은을 사용한다. 그들은 금과 수은의 혼합물을 가열시켜 수은을 증발시키고 금을 추출함으로써 공기와 물을 오염시키는 위험한 일을 한다. 그들은 토지로부터 걷어낸 식생과 표토를 수은과 함께 버려둔다. 광부들과 마을 주민들은 유독한 수은 증기를 흡입하고 수은으로 오염된 물을 마시며, 수은으로 오염된 생선을 먹는다.

그림 12.12 아프리카 가나의 프라 강(Pra River)의 강둑에서 벌어지고 있는 불법적인 금 채굴
RANDY OLSON/National Geographic Creative

12.4 어떻게 하면 광물자원을 보다 지속 가능하게 사용할 수 있는가?

개념 12.4 우리는 희귀 광물자원의 대체물질을 찾고, 광물자원의 폐기물을 줄이며, 광물자원을 재활용하고 재사용하고자 노력하고 있다.

희귀 광물자원의 대체물질 찾기

어떤 분석가들은 공급되고 있는 주요 광물이 너무 비싸거나 지속 가능하지 않은 사용으로 인해서 너무 귀하게 되면, 인간은 창의성을 가지고 대체물질을 찾을 것이라고 예측하고 있다. 이들은 실리콘과 다른 물질들이 금속의 대체물질로 일반적으로 사용되는 있는 근래의 **재료 혁명**(materials revolution)을 지적하고 있다. 그들은 또한 나

노 기술과 새로운 기술을 통해 희귀 광물들을 대체할 물질을 찾을 가능성이 있다고 지적한다(과학적 핵심 12.1).

예를 들어 빛의 파동을 전파하는 광 유리섬유 케이블은 전화 케이블 분야에서 구리와 알루미늄 선을 대체하고 있으며 결국에는 나노 와이어가 광 유리섬유 케이블을 대체할 것이다. 가벼운 탄소섬유, 대마, 유리섬유에 의해서 강도를 강화시킨 고강도 플라스틱 물질들이 자동차와 항공우주 산업을 변화시킬 것이다. 이들 새로운 재료들은 채색할 필요가 없어서 오염과 비용을 줄이며, 어떤 모양으로도 성형할 수 있다. 그런 물질들을 자동차와 비행기 제작에 사용하면, 무게를 줄여서 연료의 효율성을 크게 증가시킬 수 있다.

나노 기술 혁명

나노 기술(nanotechnology)은 100 nm보다 작은 초미세 크기의 원자와 분자로부터 새로운 물질을 만들고 다루는 과학과 공학 기술이다. 이 문장의 마지막에 있는 마침표의 지름은 약 50만 nm다.

현재, 나노물질은 1,300종 이상의 소비제품에 사용되며 그 종류는 더 늘어나고 있다. 나노미터는 10억 분의 1 m로 인간의 머리카락 지름의 10만 분의 1에 해당한다. 제품에는 배터리, 얼룩이 생기지 않고 구김이 가지 않는 옷, 자동 세척 주방 싱크와 화장실 변기, 선크림, 휴대전화의 방수 코팅, 화장품, 음식, 음식 용기, 박테리아, 곰팡이, 균류들을 죽이는 효과가 있는 나노은 이온을 방출하는 음식 용기 등이 있다.

그래핀은 탄소 원자의 단일층으로 만들어진 나노물질로서 세계에서 가장 얇고 강한 물질이며 가볍고 유연하고 늘릴 수 있는 물질이다(그림 12.A). 그래핀 단일층은 사람의 머리카락보다 15만 배 더 가벼우며, 머그잔을 덮을 정도의 단일층은 자동차의 무게를 견딜 정도로 강하다. 또한 구리보다 전도성이 좋으며 지금까지 알려진 어떤 물질보다 열을 잘 전달한다.

나노 기술자들은 쌀알보다 더 작은 수퍼컴, 어떤 표면에도 붙이거나 페인트로 칠할 수 있는 얇고 유연한 태양전지 필름, 그리고 매우 강한 사람 뼈와 힘줄을 만들 수 있는 생복합 물질의 혁명적인 변화를 예상하고 있다. 어떤 나노물질은 암세포를 찾아서 죽이거나 알레르기 숏트 면역요법의 필요성을 제거하도록 고안될 수 있다. 과학자들은 당뇨병과 관련하여 혈당을 조절하는 데 도움을 주는 착용 그래핀 패치에 대해서 연구하고 있다. 이

그래핀 패치는 땀에서 혈당을 측정하고, 주사를 놓지 않고도 피부를 통해서 당뇨병 약을 투여함으로써 혈당을 적정하게 유지하도록 한다. 나노 기술은 풍부한 원소(주로 수소, 산소, 질소, 탄소, 규소, 알루미늄)의 원자를 이용하여 구리, 코발트, 주석과 같은 희귀한 원소의 대체물질을 만들 수 있다.

나노 기술은 환경적으로 이점이 많다. 분자 수준의 제품을 설계하고 만드는 것은 많은 광물을 채굴할 필요성을 감소시킬 수 있으며 더 적은 양의 물질과 에너지로 인해서 폐기물 발생량을 줄일 수 있다. 나노 입자를 사용함으로써 오염된 공기, 토양, 지하수로부터 산업 오염물을 제거할 수 있다. 언젠가는 나노 필터를 사용해서 저렴한 비용으로 해수를 담수화하고 정화시켜서 음용수 공급량을 늘릴 수 있을 것이다. 녹색 일자리: 친환경 나노 기술자

나노 기술의 단점은 무엇인가? 크기가 미세하기 때문에 나노입자는 많은 기존의 물질보다 더 유독할 가능성이 있다. 생쥐와 다른 동물에 의한 실험 연구에 의하면, 나노입자는 폐 깊숙이 침투하여 혈류로 흡수될 수 있다. 따라서 석면입자의 흡입에 의해서 생기는 치명적인 암인 중피종과 비슷한 폐 손상을 유발할 수 있다. 나노입자는 뇌의 세포막과 같은 세포막을 통과하고, 태반을 통해서 어머니로부터 태아에게 넘어갈 수 있다.

미국 국립과학학술원(National Academy of Sciences)의 전문가 위원회는 미국 정부가 나노물질 사용의 건강 및 환경적 잠재 위험성을 충분히 평가하고 있지 않다고 지적해왔다. 예를 들면 미국 식품의약청(Food and Drug Administration)은 나노물질을 포함하고 있는

그림 12.A 혁신적인 새로운 물질인 그래핀은 육각형 격자 속에 탄소 원자들이 서로 연결되어 있는 층들로 구성되어 있다.

식품과 화장품의 목록을 가지고 있지 않다. 이에 반해서, 유럽연합은 나노물질 사용에 대한 예방적인 차원에서 제조사들이 시장에 진입하기 전에 제품의 안전성을 증명하도록 요구하고 있다.

나노 기술은 우리가 제품을 만들고 사용하는 방식을 변화시킬 수 있다. 많은 분석가들은 나노 기술의 적용을 확대시키기 전에 나노입자가 건강에 미치는 위해성을 매우 깊게 연구하고, 나노입자의 효과를 더 잘 알 수 있을 때까지는 그 사용을 규제하는 법 제도를 만들 것을 요구하고 있다. 많은 분석가들은 또한 나노입자를 포함하는 모든 제품의 상표에 표기를 하도록 요구하고 있다.

비판적 사고

당신은 나노 기술 제품의 잠재적인 이득이 잠재적인 위해성보다 크다고 생각하는가? 그 이유를 설명하라.

유구오 구오: 나노 기술 배터리의 설계자, 내셔널 지오그래픽 탐험가

유구오 구오(Yu-Guo Guo)는 북경에 있는 중국 과학학술원의 화학 교수이자 나노 기술 연구자다. 그는 나노 기술을 적용하여 더 작고, 더 강력하며, 더 저렴한 리튬 이온 배터리팩을 발명했으며, 이 배터리팩은 전기차와 전기 자전거의 동력을 향상시켰다. 배터리팩은 전기차의 가장 중요하고도 비싼 부품으로서, 이 발명은 큰 과학적 발전이다.

구오의 혁신적인 나노물질은 '3차원 나노그물망'에 의해서 전류를 보다 효율적으로 흘려보냄으로써 리튬 이온 배터리의 성능을 대폭 향상시켰다. 이 유망한 기술과 함께, 차에 휘발유를 넣는 것처럼 빠르고 쉽게 리튬 이온 배터리팩은 전기차를 수분 내에 완전히 충전시킨다. 또한 이 배터리팩은 기존의 배터리보다 에너지 저장용량이 두 배나 더 크기 때문에 전기차가 더 오랫동안 달릴 수 있게 되었다. 구오는 또한 전기를 생산하고 차를 구동할 수 있는 연료전지와 태양전지에 사용할 수 있는 나노물질을 개발하는 데 흥미를 가지고 있다.

생각해보기

자연에서 배우기

유독성 화학물질을 사용하지 않고도, 거미는 빠른 속도로 날아다니는 곤충을 포획하기에 충분히 강한 명주실을 만들어서 재빨리 거미줄을 만든다. 거미가 어떻게 이렇게 할 수 있는지를 배울 수 있다면, 혁명적인 고강도 섬유를 만들어서 환경 오염을 매우 저감할 수 있다.

해결책

재생 불가능 광물의 지속 가능한 사용

- 나무를 심고 관리
- 가능한 한 금속제품을 재사용하고 재활용하기
- 재설계에 의한 제조 과정을 거쳐서 광물자원을 덜 사용하기
- 채광 보조금 줄이기
- 재사용, 재활용, 대체물질 개발을 위한 보조금 늘리기

또한 희토류의 대체물질을 개발할 수도 있다(**개념 12.4**). 예를 들어 전기차 배터리 회사는 희토류 금속인 란타넘을 필요로 하는 니켈-금속 혼합 배터리를 무게가 더 가벼운 리튬 이온 배터리로 교체하기 시작하고 있으며 과학자들은 리튬 이온 배터리의 성능을 더 향상시키는 연구를 하고 있다(개별적 문제 12.2).

그 가능성에도 불구하고, 자원의 대체가 모든 것을 해결할 수 있는 것은 아니다. 예를 들면 백금은 현재까지 다른 것과 견줄 수 없을 정도로 좋은 촉매로서 산업 현장에서 화학 반응을 가속화시키는 데 사용되고 있으며, 크로뮴은 스테인리스의 필수 재료다. 그런 희귀 광물을 대체할 수 있을 정도로 적당하고 만족스러운 대체물질을 찾는 것은 항상 가능하지 만은 않다.

광물자원을 보다 더 지속 가능하게 하는 방법

그림 12.13은 광물자원을 보다 더 지속 가능하게 사용하

그림 12.13 우리는 재생 불가능 광물자원을 더 지속 가능하게 사용할 수 있다(**개념 12.4**). **비판적 사고:** 가장 좋다고 생각하는 해결책 두 가지는 무엇인가? 그 이유를 설명하라.

는 몇 가지 방법을 보여주고 있다(**개념 12.4**). 한 가지 방법은 금, 철, 구리, 알루미늄, 백금과 같은 가치 있고 희귀한 재생 불가능 광물자원을 재활용하고 재사용하는 것이다(**핵심 사례 연구**). 화학적 순환의 지속 가능성의 원리를 적용한 재활용은 광석을 채굴하고 금속을 선광하는 것보다 훨씬 환경 피해가 적다.

예를 들면 알루미늄 음료 캔과 알루미늄 상품 조각을 재활용하면 알루미늄 광석을 채굴하고 선광하는 것보다 대기 오염을 95%, 수질 오염을 97%를 줄일 수 있으며, 에너지를 95% 절감할 수 있다. 또한 버려진 휴대전화로부터 경제성 있는 금을 추출하여 재활용할 수 있다(**핵심 사례 연구**). 재순환보다는 이들 제품을 깨끗이 세척하여 재사용하는 것이 환경 영향을 훨씬 더 줄일 수 있다.

GOOD NEWS

12.5 지구의 주요 지질재해는 무엇인가?

개념 12.5 역동적인 과정은 지구 내부와 지표면에서 물질을 움직이고, 화산분출, 지진, 쓰나미, 침식과 산사태를 일으키는 원인이 된다.

당신의 발아래 지구는 움직이고 있다

우리는 지각이 고체로 되어 있으며 움직이지 않는다고 생각한다. 그러나 지질학자들에 의하면, 지구의 대류환 내에서 에너지와 가열된 물질의 흐름(그림 12.2)은 매우 강력해서 암권을 여러 개의 단단한 판들로 쪼개고, 이 판들이 매우 천천히 연약권 위에서 움직이도록 한다(그림 12.14). 현재 **지질구조판**(tectonic plates, 지판)은 일곱 개

의 주요 판과 수십 개의 작은 판으로 구성되어 있다.

이런 거대한 판은 세계에서 가장 크고 가장 천천히 움직이는 서핑보드와 같으며 우리는 움직임의 사전 공지를 받지 않은 채 서핑보드를 타고 있다. 판이 움직이는 속도는 대략 손톱이 자라는 속도와 비슷하다. 지구 역사 속에서 지판이 지구 약권 위에서 움직임에 따라 대륙은 분리되고 합쳐지기를 반복했다(그림 4.C 참조). 이와 같이 대륙은 **대륙이동설**(continental drift)에 따라 지표면을 느리게 움직이고 있다.

지표면에서의 많은 지질학적 활동은 지판들이 서로 분리되고, 충돌하고 또는 서로 스쳐지나가는 판 경계부에

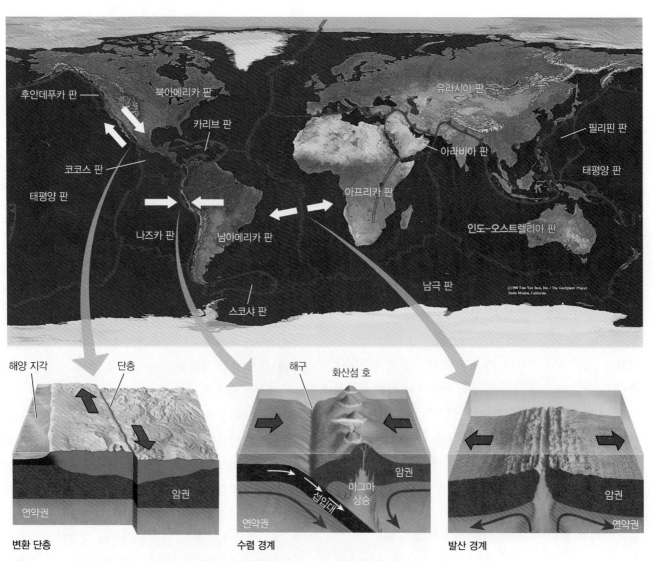

그림 12.14 지각은 여러 개의 주요 지판으로 갈라져 있다. **질문:** 당신은 어느 판 위에 있는가?

로버트 발라드: 해양 탐험가

1977년에 과학자 팀의 일원이며 해양학자인 로버트 발라드(Robert Ballard)는 갈라파고스 섬 근처의 해저까지 잠수정을 조종했다. 거기서 과학자들은 해저의 지하로부터 올라오는 끓는 물의 분사체가 생명체와 팀을 이루는 거대한 굴뚝모양 구조를 형성하고 있는 충격적인 발견을 했다. 열수 분출구인 이 굴뚝모양 구조는 해수와 혼합된 열수 분사체 내에서 화학물질에 의해서 형성되었다(그림 12.6). 뜨거운 마그마가 냉각될 때, 마그마는 수축하면서 갈라진다. 틈 사이로 해수가 침투하여 지하로 가라앉으면 그것은 뜨거운 암석이나 용융체와 반응한다. 물이 암석으로부터 화학성분과 광물을 끌어내고 다시 지표로 이동하면 열수 분출구를 통과하여 나타나게 된다. 이 광물들이 바로 바다 속에서 소금기가 많은 화학적인 굴뚝모양 구조를 만들게 된다.

열수 분출구와 관련된 또 다른 주요 발견은 생물 군락체에 관한 것이다. 열수 분출구는 너무 깊은 곳에 있어서 햇빛이 도달하지 못한다. 거대 서관충, 거대 대합조개, 눈 없는 새우, 물고기, 극한 깊이, 압력, 온도에서 사는 모든 생물들을 발견하기 전까지는, 과학자들은 모든 생명체는 햇빛에 의존한다고 생각했다. 이들 생물의 발견은 어떤 생명체는 햇빛 없이도 살 수 있다는 것을 입증했다. 햇빛으로 광합성을 하기보다는, 이들 생물들은 열수 부근에서 만들어지는 황 화학물질을 이용하여 에너지를 생산한다.

발라드는 내셔널 지오그래픽 탐험가이며 JASON의 창립자이다. JASON은 전 세계 학생들에게 실천 과학자들이 만든 과학교과 과정을 가르치는 실생활 과학 조직체다.

서 일어난다(그림 12.14, 아래 및 그림 12.15). 이런 판 경계부에서 발생하는 엄청난 힘은 산맥을 만들기도 하고, 깊은 열곡을 만들거나, 지각의 일부를 흔들어 지진을 일으키기도 하며, 화산 분출을 일으키기도 한다. 밥 발라드(Bob Ballard)(개별적 문제 12.3)는 지판을 더 잘 이해하

는 데 주요한 역할을 한 과학자다.

화산은 지구 내부로부터 용암을 분출시킨다

활동력이 있는 **화산**(volcano)은 중앙 화도나 **열하**(fissure) 라는 길게 연장된 틈을 따라 암석권을 통과하여 지표에

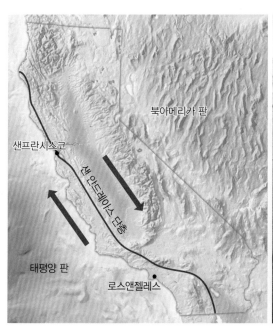

그림 12.15 북아메리카 판과 태평양 판(지도 참조)은 샌 안드레아스(San Andreas) 단층을 따라 매우 느린 속도로 서로 반대 방향으로 미끄러지면서 움직이고 있다(사진 참조). 샌 안드레아스 단층은 캘리포니아 주의 거의 전체 길이까지 연장되며 크고 작은 규모의 지진을 많이 일으킨다.

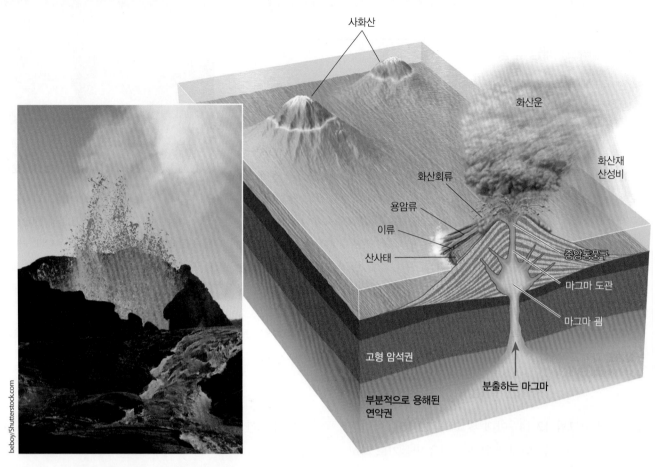

그림 12.16 때로는 화산 내부의 압력이 매우 높아서 용암, 화산재, 화산가스가 대기 중으로 뿜어 나오거나(사진), 지표면을 흘러서 엄청난 피해를 입는다.

마그마 기둥을 뿜어낸다(그림 12.16). 지표면에 도달한 마그마를 용암이라고 하며 종종 원추형 화산구를 만든다.

하나의 지판이 다른 지판 아래로 들어가거나 서로 벌어지는 지구조 경계를 따라 많은 화산들이 형성된다(그림 12.14, 아래). 화산분출은 대규모의 화산암, 작열하는 뜨거운 화산재와 액체 용암, 가스(수증기, 이산화탄소, 이산화황)을 대기 중으로 내보낸다(**개념 12.5**). 화산분출은 폭발적이고 파괴적이어서 생명을 앗아가고 생태계와 인간 공동체를 흔적도 없이 사라지게 할 수 있다. 또한 느리고 덜 파괴적인 화산분출은 용암을 콸콸 쏟아내면서 육지와 해저에 느리게 퍼진다. 더 느린 화산분출은 일반적인 화산구 형태의 화산이나 지표면에서 냉각된 용암층을 만든다.

화산분출은 파괴적일 수 있으나, 웅장한 산맥과 호수를 만들며 용암의 풍화는 토지를 비옥하게 한다. 해저에

는 수백 개의 화산이 분출하여 해수면까지 도달하는 화산구를 만들고, 결국에는 하와이제도와 같은 인간이 거주하기에 적당한 섬들을 형성했다.

우리는 역사적 기록과 지질학적 측정을 통해 고위험 지역을 인지하고 사람들이 위험 지역에 주거하지 않도록 함으로써 화산분출로 인한 생명과 재산 피해를 줄일 수 있다. 또한 과학자와 공학자는 언제 화산이 분출할지를 알리는 모니터링 장치를 개발하고 있다. 그리고 화산 활동이 일어나기 쉬운 지역에서는 대피계획이 잘 수립되어 있다.

지진은 강력한 지질학적 사건이다

지구 맨틀 내부의 힘은 지각 내부의 암석에 엄청난 힘을 미친다. 이 강한 힘은 암석을 갑작스럽게 파괴시키고 이동시켜서 지각 내에 단층이나 균열을 생성시킨다(그림 12.15, 오른쪽). 단층이 형성되거나 기존 단층이 갑작스

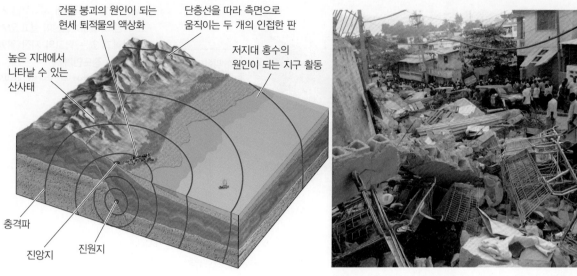

건물 붕괴의 원인이 되는 현세 퇴적물의 액상화

단층선을 따라 측면으로 움직이는 두 개의 인접한 판

높은 지대에서 나타날 수 있는 산사태

저지대 홍수의 원인이 되는 지구 활동

충격파

진앙지

진원지

AP Images/Jorge Cruz

그림 12.17 지진(왼쪽)은 자연에서 가장 강력한 사건 중 하나다. 사진은 2010년에 아이티의 포르토프랭스(Port-au-Prince)에서 발생한 지진에 의한 피해를 보여주고 있다.

럽게 움직이면, 장기간 축적되어 있던 에너지가 주변 암석을 통해 모든 방향으로 전파되는 진동인 **지진파**(seismic wave)의 형태로 방출되며, 이 사건을 **지진**(earthquake)이라고 부른다(그림 12.17, **개념 12.5**). 대부분의 지진은 지판 경계부에서 발생한다(그림 12.14).

지진파는 마치 연못에서 물결이 움직이는 것처럼 지진의 중심인 **진원**(focus)에서부터 위로 그리고 바깥쪽으로 움직인다. 과학자들은 지진의 강도를 지진파의 **규모**(magnitude)로 표현한다. 지진의 규모는 지진이 도달할 때 **지진계**(seismograph)로 측정하며, 지진에 의한 땅의 흔들림의 정도인 **진폭**(amplitude)으로 나타낸다.

과학자들은 리히터 규모(Richter scale)을 사용하는데 각 규모는 그보다 한 단계 낮은 규모보다 10배의 진폭 크기를 지닌다. 지진학자들은 리히터 규모 4.0 미만은 미미함(insignificant), 소규모(minor, 4.0~4.9), 상당한 피해(damaging, 5.0~5.9), 파괴적임(destructive, 6.0~6.9), 심각한 피해(major, 7.0~7.9), 매우 심각한 피해(great, 8.0 이상)로 구분한다. 기록된 것 중 가장 큰 규모의 지진은 1960년 5월 22일 칠레에서 발생했으며 리히터 규모로 9.5가 기록되었다. 과학자들은 매년 백만 번 이상의 지진을 기록하며 그중 대부분의 지진은 너무 작은 규모라서 인간이 느끼지 못한다.

지진의 주요 효과는 지반의 흔들림과 때로는 영구적인 수직 또는 수평 지각 이동이다. 이런 효과들은 사람, 건물, 교량, 고가도로, 댐, 파이프라인 등에 심각한 피해를 줄 수 있다. 대규모 지진은 매우 강력한 지질학적 사건이다.

지진으로부터 인명과 재산 피해를 줄이는 방법은 역사적 기록을 검토하고 활단층대에 대한 지질학적 측정을 계속하는 것이다. 그리고 고위험 지역의 지도를 만들어서 그 지역 내에 건축물의 설계와 배치를 규제하는 건축 법규를 제정하는 것이다(그림 12.18). 그러면 사람들은 살곳을 결정할 때 이런 위험과 요인을 평가할 것이다. 그리고 기술자들은 비용이 더 들더라도 주택, 건물, 교량, 고속도로의 내진성을 더 높일 것이다.

대양저에서 발생한 지진이 쓰나미를 유발할 수 있다

쓰나미(tsunami)는 대양저의 일부가 갑자기 솟아오르거나 가라앉을 때 발생하는 일련의 거대한 파도다(그림 12.19). 대부분의 거대한 쓰나미는 대규모 해저 지진과 함께 대양저의 단층이 솟아오르거나 내려앉을 때 발생한다. 다른 원인으로는 지진과 화산 분출에 의한 산사태다(**개념 12.5**).

쓰나미는 조석과는 아무런 상관도 없는데도 불구하

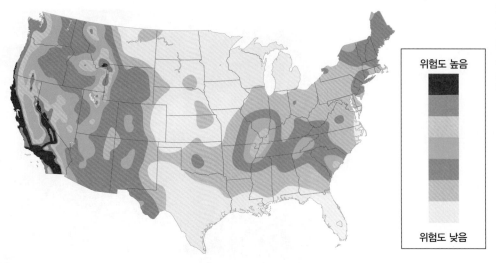

그림 12.18 미국 내 지역적인 지진 위험도. **질문:** 당신이 살고 있거나 다니고 있는 학교의 지진 위험성은 어느 정도인가?

Compiled by the authors using data from the U.S. Geological Survey.

위험도 높음

위험도 낮음

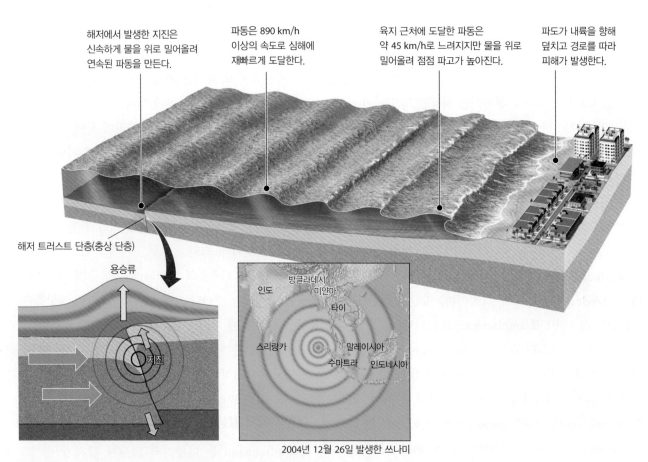

해저에서 발생한 지진은 신속하게 물을 위로 밀어올려 연속된 파동을 만든다.

파동은 890 km/h 이상의 속도로 심해에 재빠르게 도달한다.

육지 근처에 도달한 파동은 약 45 km/h로 느려지지만 물을 위로 밀어올려 점점 파고가 높아진다.

파도가 내륙을 향해 덮치고 경로를 따라 피해가 발생한다.

해저 트러스트 단층(충상 단층)

용승류

지진

인도
방글라데시
미얀마
타이
스리랑카
말레이시아
수마트라
인도네시아

2004년 12월 26일 발생한 쓰나미

그림 12.19 쓰나미의 발생. 이 도면은 2004년 12월에 발생한 지금까지 가장 큰 재난을 가져온 쓰나미에 의해서 영향을 받은 지역을 보여주고 있다.

고, 종종 조석파(tidal waves)라고 불린다. 쓰나미는 제트기의 속도로 대양을 건너 멀리까지 이동한다. 심해에서 이 파동은 때때로 수백 킬로미터까지 떨어져 있으며 물마루는 그다지 높지 않다. 쓰나미가 수심이 얕은 해안에 접근하면, 진행 속도는 느려지며 물마루가 서로 가까워진 후 급속하게 파고가 높아진다. 솟아오른 물의 벽은 연안을 강타하고 건물들을 완전히 휩쓸어버린다.

2004년 12월에 인도양에서 발생한 지진 규모 9.15의

그림 12.20 2004년 6월 23일 인도네시아의 글리브룩(Gleebruk) 근처의 반다아체 해안(왼쪽)과 2004년 12월 28일 쓰나미에 의해서 파괴된 반다아체 해안(오른쪽)

New York Public Library/Science Source

대규모 해저 지진으로 인한 쓰나미는 지금까지 기록상 가장 많은 약 230,000명의 인명 피해를 발생시켰다. 또한 이 쓰나미로 인해 인도네시아(그림 12.19, 12.20), 태국, 스리랑카, 남인도, 그리고 동아프리카의 많은 해안지역이 초토화되었다. 또한 약 170만 명(이 중 130만 명은 인도와 인도네시아인임)이 이재민이 되었고 대략 470,000채의 건물 및 주택이 파괴되거나 피해를 입었다. 이들 지역에는 쓰나미 조기 경보를 위한 어떤 계측장비도 없었다.

2011년에는 일본의 근해에서 발생한 강력한 지진으로 인한 3층 높이의 쓰나미가 거의 19,000명의 사망자와 30만 명 이상의 이재민을 발생시켰으며 125,000채의 건물을 파괴시키고 피해를 주었다. 또한 쓰나미는 세 개의 원자로를 심각하게 파손시켰으며, 이들 원자로부터 위험한 방사성물질이 주변지역으로 유출되었다. 이 핵 사고는 일본으로 하여금 모든 원자로의 가동을 중지시키도록 했다.

어떤 지역에서는 과학자와 공학자가 해양 부표와 해저 압력기록계 네트워크를 구축하고 쓰나미 비상경보센터에 데이터를 전송하고 있다. 그러나 이런 네트워크도 완벽함과는 거리가 멀다.

핵심 주제

- 동력학적인 힘이 지구 내부의 물질을 움직이고, 지표에서는 암석을 재순환시키고 광물자원의 광상을 형성시키고, 화산 분출과 지진, 쓰나미를 일으킨다.

- 가용한 광물자원의 공급은 광물자원의 지각 내 부존량, 광물의 소모 속도, 광물의 채광 기술, 시장 가격 그리고 채굴과 사용에 따른 환경에 미치는 위해성에 달려 있다.

- 희유자원의 대체물질을 발견하고, 자원의 폐기물을 줄이고, 재생 불가능 광물을 재사용하고 재활용함으로써 광물자원을 보다 지속 가능하게 사용할 수 있다.

실제 금값과 지속 가능성

핵심 사례 연구에서 광물자원의 추출과 사용에 따른 영향의 예로서 금 채굴의 유해한 영향을 생각하며 이 장을 시작했다. 우리는 이런 영향이 인류 건강과 환경에 미치는 비용 측면에서 보면, 금값에 반영된 것보다 훨씬 더 금값을 상승시킨다는 것을 살펴보았다.

그리고 광물자원의 공급을 확대하고 보다 지속 가능하게 광물자원을 사용하는 데 도움이 되는 기술개발을 살펴보았다. 예를 들면 나노 기술을 안전하게 개발할 수 있다면, 나노 기술은 희귀 광물자원을 대체하고 채굴과 선광에 의한 환경 피해를 현저히 감소시킬 수 있는 새로운 물질을 만드는 데 적용할 수 있

다. 예를 들면 그래핀을 이용하여 효율성이 높고 저렴한 태양전지를 만들어서 전기를 생산할 수 있다. 이는 태양 에너지의 지속 가능성의 원리 🌱에 적용하는 것이다.

또한 재사용과 재활용을 통해 그리고 불필요한 자원의 사용량과 폐기물을 줄임으로써 광물자원을 보다 지속 가능하게 사용할 수 있다. 이는 화학적 순환의 지속 가능성의 원리에 적용하는 것이다. 더불어서, 산업에서는 여러 가지 다양한 방법으로 자연을 모방하여 광물자원의 채광과 선광에 의한 유해한 환경적 영향을 저감할 수 있다. 이는 생물 다양성의 지속 가능성의 원리에 적용하는 것이다.

Matt Benoit/Shutterstock.com

복습

핵심 사례 연구

1. 채광이란 무엇인가? 왜 실제 금값이 사람들이 지불하는 가격보다 더 비싼지 그 이유를 설명하라. 예를 들면 어떤 비용이 금값에 포함되어 있지 않은가?

12.1절

2. 12.1절의 두 가지 핵심 개념은 무엇인가? 지질학을 정리하라. 핵, 맨틀, 약권, 지각, 암권을 정의하라. 광물, 광물자원, 암석을 정의하라. 퇴적암, 화성암, 변성암을 정의하고 서로 구분하고, 각 암석의 예를 한 가지씩 제시하라. 암석 순환을 정의하고 중요성을 설명하라. 광석을 정의하고 고품위 광석과 저품위 광석을 구별하라. 중요한 재생 불가능 광물자원 다섯 가지를 열거하고 용도를 나열하라.

12.2절

3. 12.2절의 두 가지 핵심 개념은 무엇인가? 광물자원의

매장량이란 무엇이고 어떻게 매장량을 확대할 수 있는가? 재생 불가능 광물자원의 미래 공급량을 결정하는 두 가지 요소는 무엇인가? 재생 불가능 광물자원이 어떻게 경제적으로 고갈되는지 설명하고, 고갈 상태에서 우리가 할 수 있는 다섯 가지 선택 사항을 열거하라. 광물의 고갈 시기란 무엇이며, 어떤 요인이 고갈 시기에 영향을 미치는가?

4. 전 세계에 대부분의 재생 불가능 광물자원을 공급하는 5개국은 어디인가? 미국은 다른 국가들로부터의 중요 재생 불가능 광물자원의 수입에 얼마나 많이 의존하고 있는가? 편중된 리튬 매장량 분포가 왜 여러 나라, 특히 미국의 관심 대상이 되는지를 설명하라. 희유 광물의 중요성을 요약하라. 미국이 희유 광물자원 확보에 대해서 관심을 갖는 이유와 희유 광물자원 확보 문제를 어떻게 해결하는지를 설명하라. 광물자원의 공급과 시장 가격 간의 전통적인 관계를 기술하라. 일부 경제학자들은 왜 이런 전통적인 관계가 더 이상 적용되지 않는다고 믿고

있는지를 설명하라. 미국과 그 외 다른 나라에서 광산회사에 보조금과 세금 감면 혜택을 주는 것에 대해서 장점과 단점을 요약하라.

5. 저품위 광석 채굴에 의한 광물 공급량을 확대하는 것에 대한 기회와 한계점을 요약하라. 생물학적 채광의 유리한 점과 불리한 점은 무엇인가? 심해저 채광으로 발생할 수 있는 기회와 잠재적인 문제점을 기술하라.

12.3절

6. 12.3절의 핵심 개념은 무엇인가? 금속제품의 생애 주기를 요약하라. 금속 광석과 품위와 광석 채굴로 인한 환경 영향 간의 관계는 어떠한가?

7. 노천 채굴이란 무엇인가? 상부퇴적물과 폐석을 정의하라. 계단식 노천 채굴과 표면 박리채굴을 정의하고, 영역 표면 박리채굴, 등고선 표면 박리채굴, 산정채굴을 구별하라. 노천 채굴의 세 가지 유해한 환경 영향을 기술하라. 왜 모든 노천 채굴이 깨끗이 정리되지 않고 채광 종료 후에 광산 지역이 복원되지 않는지 설명하라. 지하 채굴이란 무엇인가? 지하 채굴의 유해한 환경 영향과 건강에 미치는 영향을 요약하라. 광미를 정의하고 광미가 왜 유해한지 설명하라. 제련이란 무엇인가? 제련이 환경에 미치는 주요 독성 효과에는 어떤 것이 있는가?

12.4절

8. 12.4절의 핵심 개념은 무엇인가? 주요 광물자원의 유망

한 대체물질의 두 가지 예를 제시하라. 나노 기술이란 무엇인가? 그리고 나노 기술의 환경적인 잠재성과 편익에는 어떤 것들이 있는가? 나노 기술의 적용을 확대함으로써 발생할 수 있는 문제에는 어떤 것이 있는가? 나노 기술에 끼친 유구오 구오의 과학적인 공로에 대해서 기술하라. 새로운 자원으로서 그래핀의 잠재성을 기술하라. 유용한 금속을 재활용하고 재사용함으로써 생기는 이득을 설명하라. 재생 불가능 광물자원을 보다 지속 가능하게 사용할 수 있는 다섯 가지 방법을 제시하라.

12.5절

9. 12.5절의 핵심 개념은 무엇인가? 지질구조판(지판)이란 무엇인가? 지판들이 서로 충돌하고, 벌어지고, 또는 서로 미끄러질 때, 일반적으로 어떤 일이 발생하는가? 대륙이동설이란 무엇인가? 화산이란 무엇인가? 그리고 화산분출의 주요 효과에는 어떤 것이 있는가? 지진이란 무엇인가? 그리고 지진의 주요 효과에는 어떤 것이 있는가? 쓰나미란 무엇인가? 그리고 쓰나미의 주요 효과에는 어떤 것이 있는가?

10. 12장의 세 가지 핵심 주제는 무엇인가? 금과 그 외 다른 재생 불가능 광물자원을 보다 지속 가능한 방법으로 얻고 사용할 수 있도록 세 가지 지속 가능성의 원리를 어떻게 적용할 수 있는지를 설명하라.

비판적 사고

1. 인간이 금으로부터 얻는 이득, 즉 보석, 치과, 전자산업 및 그 외 다른 용도로부터 얻는 이득이 실제 금값만큼의 가치가 있다고 생각하는가(**핵심 사례 연구**)? 그렇게 생각한다면 그 이유를 설명하라. 그렇게 생각하지 않는다면, 금 채굴을 줄이거나 중단시킬 수 방안을 제시하라.

2. 당신이 화성암이라고 가정하면, 암석 순환을 거치면서 당신이 경험한 것을 기술하라. 당신이 퇴적암이라면, 그리고 변성암이라면, 역시 암석 순환을 거치면서 당신이 경험한 것을 기술하라.

3. 암석 순환으로부터 얻는 이득 세 가지는 무엇인가?

4. 내일 당신의 나라에 희유 금속의 공급이 중단된다고 가정하라. 이것이 당신의 생활에 어떤 영향을 미칠 것인가? 적어도 세 가지 영향을 제시하라. 이런 영향에 어떻게 적응할 것인지를 설명하라.

5. 열역학 제2법칙(2장 43쪽 참조)을 적용하여 아래의 각 과정에 대한 과학적, 경제적 타당성을 분석하라.
   a. 해수로부터 어떤 광물을 추출하는 것
   b. 저품위 광상으로부터 광물 채굴량을 늘리는 것
   c. 광물 채굴, 사용, 재활용 양을 점점 늘려 가는 것

6. 심해 광물자원 채굴이 해양 저서생물 서식지와 거대 서관충과 거대 대합 생물체에 심각한 부작용을 초래한다고 보고되었다고 하자. 그런 정보가 해저 채굴을 막을 수 있다고 생각하는가? 그것을 설명하라.

7. 나노 기술 혁명이 당신에게 주는 이득 세 가지와 손해 세 가지를 제시하라. 이득이 손해보다 더 많다고 생각하는가? 그것을 설명하라.

8. 재생 불가능 광물자원을 채굴하고 선광함으로써 발생하는 유해한 환경 영향을 저감시키는 세 가지 방법에는 어떤 것이 있는가? 이런 유해한 영향에 공헌하는 당신의 생활방식 세 가지는 무엇인가?

환경과학 실천하기

어떤 광물자원이 (a) 휴대전화, (b) 광 화면 TV, (c) 대형 픽업트럭과 같은 제품에 들어가고 각각의 광물자원의 얼마나 많은 양이 제품을 만드는 데 소요되는지를 연구한다. 이 장에서 배운 비교적 덜 알려진 광물 세 가지를 선정하여 세계적으로 이들 광물의 대부분이 어디에서 산출되는지를 알아보라. 당신이 선정한 이 세 가지 광물에 대해서, 그 광물이 채굴되는 지역 중 적어도 한 지역에 대해서 광물 채굴로 인한 환경 영향을 고찰하라. 또한 이들 영향에 대해서 어떤 단계별 대책이 시행되었는지 고찰하라. 이런 고찰을 요약한 보고서를 작성하라.

데이터 분석

희유금속은 다양한 중요 제품에 광범위하게 사용되고 있다. 미국 지질조사국에 따르면, 중국이 세계 희유금속 매장량의 약 50%를 차지하고 있다. 이 정보를 이용하여 다음 질문에 답변하라.

1. 2014년에 중국은 5,500만 톤의 희유금속 매장량과 95,000톤의 생산량을 기록했다. 이런 속도로 생산한다면, 중국의 희유금속 매장량은 언제 고갈될 것인가?

2. 2014년에 전 세계 희유금속 수요는 약 133,600톤이었다. 이런 속도로 사용한다면, 만약 중국이 전 세계 희유금속 생산을 담당한다면, 희유금속 매장량은 언제 고갈될 것인가?

3. 연간 전 세계 희유금속 수요는 2020년에는 적어도 185,000톤에 달할 것으로 예상된다. 이런 속도로 본다면, 만약 중국이 전 세계 희유금속 생산을 담당한다면, 희유금속 매장량은 언제 고갈될 것인가?

13장

에너지 자원

핵심 질문

13.1 순에너지란 무엇이며 왜 중요한가?

13.2 화석연료의 장점과 단점은 무엇인가?

13.3 원자력의 장점과 단점은 무엇인가?

13.4 에너지 효율은 왜 중요한 에너지 자원인가?

13.5 재생 가능 에너지 자원의 장점과 단점은
무엇인가?

13.6 우리는 어떻게 보다 지속 가능한 에너지의
미래로 전환할 수 있는가?

풍력 발전기와 태양광 패널

Vaclav Volrab/Shutterstock.com

369

수압 파쇄법을 이용한 원유와 천연가스 생산

지질학자들은 막대한 매장량의 석유와 천연가스가 수십 년 동안 셰일암석 구조의 응축된 층 사이에 포집되어 분산되어 있는 것을 알고 있었다. 이런 매장물은 노스다코타, 텍사스와 펜실베이니아를 포함한 미국 내 많은 지역의 깊은 지하에서 발견되었다.

얼마 동안은 셰일암에 존재하는 이런 석유(tight oil)와 천연가스를 추출하는 데 비용이 너무 많이 들었다. 1990년 후반에 변화된 두 가지 신기술이 결합된 방법으로 원유와 가스를 생산하게 되었다(그림 13.1). 첫 번째는 **수평 시추**(horizontal drilling)로 지구 내부에 깊은 수직관정을 뚫고 유연한 드릴 축으로 수평 변환하여 셰일 암반 성상의 층 사이에 강하게 결합되어 있는 다량의 석유와 천연가스 매장물에 수평으로 접근하는 굴착법이다. 통상 관정은 수직으로 1.6~2.4 km, 수평으로 1.6 km 정도로 굴착이 가능하다. 두 개 또는 세 개의 수평굴착 관정은 20개의 수직관정에 해당하는 석유를 생산할 수 있으며 굴착 과정에서 손상될 수 있는 토지지역을 감소시킨다.

두 번째는 **수압 파쇄**(hydraulic fracturing, hydrofracking, fracking) 기술로 셰일암석에 붙잡혀 있는 석유와 천연가스를 유리시키는 것이다. 셰일암석을 파쇄하고 잘게 부서지게 하기 위해 지하관정 파이프의 구멍을 통해 고압의 펌프로 물과 모래 그리고 화학물질의 **혼합물**(slurry)을 불어 넣는다. 모래는 갈라진 틈 사이로 쐐기처럼 박혀서 그들을 열린 구조로 만드는 역할을 한다. 압력이 해제되면 석유 또는 천연가스 혼합물과 슬러지 절반 정도가 균열 틈에서 유출되어 관정을 통해 표면으로 배출된다(그림 13.1).

되돌아오는 슬러리는 자연적으로 발생하는 소금, 독성 중금속과 암석으로부터 유출되는 방사성 물질 및 석유와 천연가스기업이 판별할 필요가 없는 잠재적인 유해 시추화학물질이 포함되어 있다. 유해 슬러리는 깊은 지하 유독성 폐수 우물에 고압으로 주입되거나(가장 광범위하게 사용되는 선택사항), 종종 폐기물 처리가 불가능한 하수처리장으로 보내지거나, 유출 또는 붕괴가 될 위험이 있는 야외 연못에 보관된다. 파쇄 과정 동안 정화되고 재사용되는 것이 최선이나 고비용으로 인해 극히 적게 이용되는 방법이다.

에너지 기업들은 수평으로 관정을 뚫고 여러 번의 파쇄를 거친 다음 새로운 관정을 뚫고 과정을 반복한다. 1990~2015년까지 적어도 25개 주에서 두 가지 추출기술을 사용하여 미국 내 석유와 천연가스의 새로운 생산 증대의 시대가 도래했다. 석유와 천연가스의 시장 가격이 이런 시추작업을 통해 충분한 수익성이 있으면 지속될 것이다. 이 접근법은 다른 기술들과 마찬가지로 장점과 단점을 가지고 있으며 이 장에서 추후 논의될 것이다.

이 장에서는 석유, 천연가스, 석탄과 원자력 같은 **재생 불가능 자원**을 사용할 때의 장단점과 풍력, 태양 에너지, 조류 및 지구 내부 지열 같은 **재생 가능 자원**의 사용과 에너지 효율 향상에 대해 탐구하고 비교 분석한다.

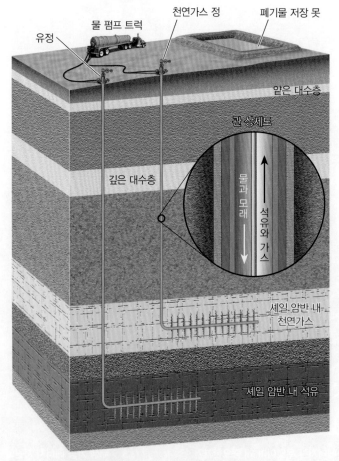

그림 13.1 파쇄: 지하 셰일암석에 단단히 고정되어 있는 다량의 석유와 천연가스를 유리시키는 데 수평 시추 및 수력 파쇄가 사용된다.

13.1 순에너지란 무엇이며 왜 중요한가?

개념 13.1A 전 세계에 사용되는 상업 에너지의 90%는 재생 불가능 에너지 자원(대부분 석유, 천연가스와 석탄)으로부터 유래되며 재생 가능한 에너지 자원은 10%밖에 되지 않는다.

개념 13.1B 에너지 자원들의 **순에너지**는 매우 다양하다. 순에너지는 자원으로부터 이용 가능한 에너지에서 실제 사용할 수 있도록 만드는 과정에서 사용한 에너지양을 뺀 값이다.

우리가 사용하는 에너지는 어디에서 오는가

지구를 덥히고 생명을 만드는 에너지는 지속 가능성의 원리로 유지되는 태양 에너지로부터 온다. 이 공짜이자 근원적으로 무제한인 태양 에너지의 유입이 없다면 지구의 평균기온은 −240 ℃이며 우리가 알고 있는 생명은 존재하지 않을 것이다.

태양의 생명유지 에너지를 보충하기 위해 우리는 재생 불가능한 또는 재생 가능한 다양한 자원으로부터 생산된 상업 에너지를 사용하고 있으며, 지구 에너지의 99%을 공급하는 태양을 보충하여 시장에서 거래되고 있다. 재생 불가능 에너지 자원의 형성에는 수백만 년의 기간이 소요되며 양은 한정되어 있다. 여기에는 화석연료(석유, 천연가스, 석탄) 및 특정 원소(핵에너지)의 핵이 포함된다. 재생 가능 에너지 자원은 자연 과정에서 보충되며 태양, 바람, 흐르는 물(수력), 바이오매스(식물에 저장된 에너지)

와 지구 내부의 열(지열 에너지)을 포함한다.

2015년 세계 및 미국에서 사용된 상업 에너지의 90%는 재생 불가능 자원(대부분 석유, 석탄, 천연가스)로부터 유래한 것이며 재생 가능 자원으로부터 오는 것은 10%다 (그림 13.2)(**개념 13.1A**).

90% 세계 및 미국에서 사용되는 재생 불가능 자원(대부분 화석연료)으로부터 오는 상업 에너지의 백분율

순에너지: 에너지를 얻기 위해 에너지를 사용하다

모든 에너지 자원으로부터 고품질 에너지를 생산하려면 고품질 에너지를 투입해야 한다. 예를 들어 석유를 사용하려면 저장되어 있는 대지 또는 해저에서 시추 후 정유공장으로 이송하고 휘발유와 다른 연료로 변환한 후 소비자에게 전달해야 한다. 이들 각 단계에서 사용되는 고품질 에너지는 주로 석유로부터 얻어지는 휘발유나 경유인 화석연료를 연소함으로써 대부분 얻어진다. 열역학 제2법칙(2장 43쪽)에 의거하여 각 단계에서 사용되는 고품질 에너지의 일부가 저품질 에너지로 분해되며 주로 열로서 환경에 유입된다.

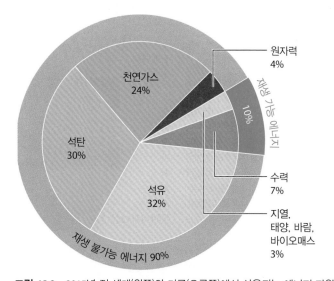
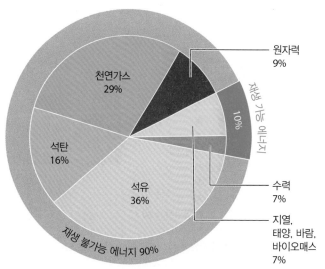

그림 13.2 2015년 전 세계(왼쪽)와 미국(오른쪽)에서 사용되는 에너지 자원 형태

Compiled by the authors using data from British Petroleum, U.S. Energy Information Administration (EIA), and International Energy Agency (IEA).

순에너지(net energy)는 에너지 자원으로부터 얻을 수 있는 고품질 에너지양에서 사용할 수 있는 에너지로 만드는 데 필요한 고품질 에너지양을 뺀 값이다(개념 13.1B).

순에너지 = 에너지 출력 − 에너지 입력

에너지 자원으로부터 10개의 고품질 에너지를 생산하는 데 9개의 고품질 에너지가 필요한 것으로 추정하고 있다. 이것은 자원의 순에너지가 1개의 에너지(10 − 9 = 1)로 낮은 값이 된다. 순에너지는 사업에서 벌어들인 돈에서 비용을 공제한 후 얻어지는 순수익과 비슷하다. 만약 사업을 하여 매출이 100만 달러이고 비용이 90만 달러이면 순이익은 10만 달러다.

그림 13.3은 주요 에너지 자원과 시스템을 대한 일반화된 순에너지를 보여준다. 많은 분석가들은 서로 다른 에너지 자원의 장기적인 경제적 유용성을 평가하는 중요 수단으로 순에너지를 분석한다.

일부 에너지 자원은 보조금을 필요로 한다

순에너지가 낮은 자원은 시장 출시에 많은 비용이 따른다. 따라서 정부(납세자) 또는 다른 외부 기관으로부터 보조금이나 세금 혜택을 받지 못하면 이런 에너지 자원은 순에너지가 높은 자원과 시장에서 경쟁하기가 어렵다.

예를 들어 원자력으로 생산되는 전기는 순에너지가 낮다. 핵연료 사이클의 각 단계는 우라늄 광석을 채굴 및 가공, 핵연료로 변환, 원자력 발전소 건설과 가동, 그리고 유효 수명(일반적으로 40~60년) 이후 원자력 플랜트를 해체하는 데 고품질 에너지가 많이 필요하다. 각각의 플랜트에서 가동 또는 해체 시 발생하는 고준위 방사성 폐기물은 수천 년 동안 안전하게 보관하는 일이 포함된다.

낮은 순에너지와 전체 핵연료 사이클의 고비용(이 장의 후반부에서 상세히 설명)으로 인해 소비자에게 적당한 가격으로 제공하기 위해 전 세계 정부는 원자력 발전 전

전기	순에너지
에너지 효율	고
수력	고
풍력	고
석탄	고
천연가스	중
지열 에너지	중
태양 전지	저에서 중
핵연료 사이클	저
수소	음(에너지 소실)

난방	순에너지
에너지 효율	고
수동형 태양열	중
천연가스	중
지열	중
석유	중
능동형 태양열	저에서 중
중질 셰일유	저
오일 샌드로부터 중질유	저
전기	저
수소	음(에너지 소실)

산업용 고온열	순에너지
에너지 효율(열병합 발전)	고
석탄	고
천연가스	중
석유	중
중질 셰일유	저
오일 샌드로부터 중질유	저
직렬 태양열(열병합 발전)	저
수소	음(에너지 소실)

운송	순에너지
에너지 효율	고
휘발유	고
천연가스	중
에탄올(사탕수수)	중
경유	중
중질 셰일유로부터 휘발유	저
오일 샌드 중질유로부터 휘발유	저
에탄올(옥수수)	저
바이오디젤(콩)	저
수소	음(에너지 소실)

그림 13.3 다양한 에너지 자원과 시스템에 대해 일반화한 순에너지(개념 13.1). 비판적 사고: 이 자료의 각 항목에서 우리가 사용해야 할 두 에너지 자원은 무엇인가?

Compiled by the authors using data from the U.S. Department of Energy; U.S. Department of Agriculture; Colorado Energy Research Institute, *Net Energy Analysis*, 1976; Howard T. Odum and Elisabeth C. Odum, *Energy Basis for Man and Nature*, 3rd ed., New York: McGraw-Hill, 1981; and Charles A. S. Hall and Kent A. Klitgaard, *Energy and the Wealth of Nations*, New York: Springer, 2012.
Top left: racorn/Shutterstock.com. Bottom left: Donald Aitken/National Renewable Energy Laboratory. Top right: Serdar Tibet/Shutterstock.com. Bottom right: Michel Stevelmans/Shutterstock.com.

기에 많은 보조금을 지급한다. 그러나 이 보조금은 핵연료 사이클의 실제 비용을 감추어 전체 비용 책정에 대한 지속 가능성의 원리 🌱를 위반한다.

13.2 화석연료의 장점과 단점은 무엇인가?

개념 13.2 석유, 천연가스 및 석탄은 현재 풍부하고 상대적으로 가격이 저렴하지만 대기 및 수질 오염원이며 기후변화를 유발하는 온실가스를 대기로 방출한다.

우리는 석유에 크게 의존한다

원유(crude oil), 또는 **석유**(petroleum)는 소량의 유황, 산소, 질소 불순물과 함께 가연성 탄화수소(수소와 탄소 원자를 포함한 화합물) 혼합물을 함유한 검고 끈적끈적한 액체다. 이것은 **전통적** 또는 **경질 원유**로 알려져 있다. 원유는 암석층 저부에서 강한 압력과 열을 받은 고대 유기체의 분해 잔재물로부터 수백만 년에 걸쳐 형성된다. 원유는 세계에서 가장 널리 사용되는 상업 에너지 자원(그림 13.2, 왼쪽)이며 미국에서도 가장 광범위하게 사용되는 에너지 자원(그림 13.2, 오른쪽)이다.

전통적 원유 광상은 보통 대륙지각 또는 해저부 아래에 존재하는 비다공성 암석층 아래에 갇혀 있다. 이런 퇴적물의 원유는 물에 흠뻑 젖은 스펀지처럼 지하 암석층의 틈이나 공극에 스며들어 있다.

지질학자들은 중장비를 사용하여 지구에 충격을 가하고 지하 깊게 충격파를 보내 반사되어 돌아오는 시간을 측정하여 잠재적인 석유 매장량을 확인한다. 그들은 이 정보를 컴퓨터에 보내 석유를 포함한 다양한 지하 암석층의 위치와 크기 등을 보여주는 3차원 지진 지도(three-dimensional seismic maps)를 만든다.

잠재적인 위치가 확인된 후에 석유업체들은 구멍을 뚫고 암석의 코어를 제거하여 채굴할 원유가 충분한지를 판단한다. 원유량이 풍부하면 유정을 뚫고 중력 흐름(gravity-flow)에 의해 암석의 공극에서 유출되는 석유가 유정 바닥에서 표면으로 올라오게 된다.

약 10년 정도 채굴이 이루어지면 일반적으로 관정 내의 압력이 떨어지고 원유의 생산 속도가 감소하기 시작한다. 이 시점을 해당 유정의 **최고점 생산**(peak production)이라고 한다. 다수의 유정을 가진 유전에서는 이런 생산 감소 현상이 발생한다.

유정에서 채굴된 원유는 바로 사용할 수 없으며 파이프라인, 트럭, 선박(유조선) 등을 통해 정유공장으로 보내진다. 그곳에서 끓는점 차이를 이용해 원유를 가열하고 분리하여 다양한 연료와 구성물을 분리하는 **정제**(refining) 과정을 거친다(그림 13.4). 정제를 위해서는 다량의 고품질 에너지가 필요하며 원유의 순에너지를 감소시킨다. 정제 제품의 2% 정도 되는 **석유화학제품**(petrochemical)은 산업용 유기화학제품, 세정액, 살충제, 플라스틱, 합성섬유, 페인트, 의약품, 화장품 및 기타 여러 가지 제품의 원료로 사용한다.

세계의 원유는 고갈되고 있는가

우리는 원유에 크게 의존하고 있다. 2016년에 세계는 347억 배럴의 원유를 사용했다(원유 1배럴은 159리터 또는 42갤런). 이들 원유 기름통을 한 줄로 늘어놓으면 그 길이는 약 3,107만 km로 달까지 41번을 충분히 왕복할 수 있다.

지구에 부존된 원유는 얼마일까? 아무도 실제 양을 모르지만 지질학자들은 확인 원유 매장량을 추정했다. **확인 원유 매장량**(proven oil reserves)은 현재의 기술과 가격에서 채굴 시 수익성이 있다고 확인된 원유 매장량이다. 확인 원유 매장량은 고정되어 있지 않다. 새로운 광상이 발견되거나 수평 시추 및 수력 파쇄(핵심 사례 연구)와 같은 새로운 추출 기술로 이전 광상에서 채굴하는 것과 비슷한 비용이 들 것이라 판단되면 매장량은 증가한다.

사우디아라비아와 같이 지표면에 위치한 거대 광상에서 생산되는 원유는 배럴당 3~10달러로 원유의 순에너지가 여전히 높다. 그러나 1999년 이후로 원유 생산자들은 대륙과 해양, 북극과 같은 매장 가능성이 높은 지역에서 더 깊이 파고 더 멀리 떨어진 곳에서 채굴하고 수송하기 위해 더 많은 비용과 에너지를 소비한다. 결과적으로 원유는 중간 정도의 순에너지를 가진다. 세계적인 원유 부족은 없지만 가장 채굴하기 쉬운 농축 원유의 매장량이 고갈되고 있어 값싼 원유의 부족량이 증가하고 있다.

석유수출국기구(Organization of Petroleum Exporting Countries, OPEC)을 구성하는 12개국은 세계 확인 원유 매장량의 약 81%을 보유하고 있어, 수십 년 동안 전 세계 석유 공급의 대부분을 통제할 것이다. 석유수출국기구의 회원국은 알제리, 앙골라, 에콰도르, 이란, 이라크, 쿠웨이트, 리비아, 나이지리아, 카타르, 사우디아라비아, 아랍에미리트 및 베네수엘라다. 그러나 최근 미국의 석유 생산량 증가(핵심 사례 연구)로 OPEC 국가들이 국제유가를 통제할 수 있는 능력이 약화되고 있다.

2015년에 세계에서 가장 많은 확인 원유 매장량을 보유한 3개국은 베네수엘라, 사우디아라비아, 캐나다(오일샌드 중질유를 포함)였다. 2015년 3대 원유 생산국은 미국, 사우디아라비아, 러시아였다. 2015년 세계 3대 원유 소비국인 미국, 중국, 일본은 단지 전 세계 확인 원유 매장량의 약 3.2%, 1.1%, 0.003%만을 보유하고 있다.

사례 연구

미국의 석유 생산량과 소비량

2015년 미국은 상업 에너지의 81%를 화석연료로부터 얻었으며 원유가 가장 높은 비율을 차지하고 있다(그림 13.2, 오른쪽).

1982년 이래로 미국은 석유 소비량이 국내 생산량을 초과했기 때문에 사용하는 석유의 일부는 수입에 의존하

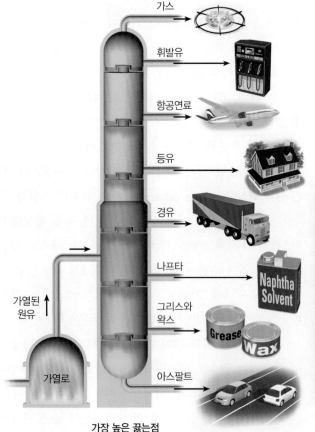

가장 낮은 끓는점

가스

휘발유

항공연료

등유

경유

나프타

그리스와 왁스

아스팔트

가열된 원유

가열로

가장 높은 끓는점

그림 13.4 원유가 정제되면 끓는점에 따라 증류탑의 다양한 층으로부터 많은 성분이 제거된다. 가장 끓는점이 낮은 대부분 휘발성인 화합물은 9층 높이 건물의 증류탑 상부에서 제거된다. 사진은 텍사스의 정유공장이다.

고 있다. 2015년 미국은 셰일암석(핵심 사례 연구)의 타이트 오일(tight oil) 국내 생산량 증가로 2005년 60%였던 원유 수입이 24%로 감소했다. 2015년 미국의 석유 공급처 5대 국가는 캐나다, 사우디아라비아, 베네수엘라, 멕시코 및 콜롬비아다.

미국은 국내 석유 생산량을 증대시켜 석유 수입의존도를 계속 낮출 수 있을까? 일부는 그렇다 라고 답하며 향후 수십 년 동안 특히 셰일암석 층에서 발견되는 석유로부터 국내 생산량이 급격하게 증가할 것으로 예상한다(핵심 사례 연구).

다른 분석가들은 두 가지 이유로 석유 공급원의 장기적인 가용성에 의문을 제기한다. 첫째, 수평 유정 시추는 수직 유정 시추보다 비용이 많이 든다. 따라서 석유 가격이 너무 낮아지면(배럴당 50~60달러 미만) 신규 개발을 위한 수평 시추 및 트래킹을 사용하는 것이 수익성이 없으므로 시추 과정을 보다 효율적으로 비용을 낮추지 않으면 신규 유정 수가 급격하게 감소한다. 2014~2016년 미국의 신규 유정 수가 급격하게 감소했다. 둘째, 셰일암석의 석유 산출량은 전통적인 유전지대의 산출량 속도보다 2배 정도 떨어진다.

국제에너지기구(International Energy Agency, IEA)에 따르면 미국의 셰일암석에서 생산된 석유는 2020년경에 정점에 도달한 한 후 매장량이 고갈되면서 20년에서 30년 동안 감소할 것으로 보인다. 예측이 정확하다면 현재 미국의 셰일암석에서 생산되는 석유 열풍은 일시적인 거품이며 장기적인 석유 공급원은 아니다. 미국의 장기적인 문제는 세계 석유 생산량의 20%를 사용하는 반면에 13%를 생산하고 전 세계 확인 원유 매장량의 3.2%만 보유하고 있다는 것이다.

원유의 장점과 단점

그림 13.5는 전통적인 경질유를 에너지 자원으로 사용할 때의 주요 장점과 단점을 열거하고 있다. 중요한 문제는 석유와 탄소를 함유한 화석연료가 연소할 때 온실가스인 이산화탄소를 대기 중으로 방출하는 것이다. 수십 년 동안 수행된 연구와 세계 최고 기후과학자 중 90% 이상이

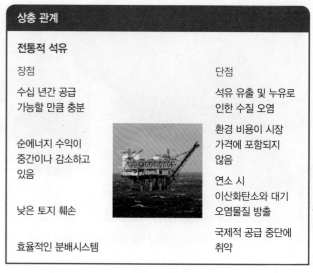

상충 관계

전통적 석유

장점
- 수십 년간 공급 가능할 만큼 충분
- 순에너지 수익이 중간이나 감소하고 있음
- 낮은 토지 훼손
- 효율적인 분배시스템

단점
- 석유 유출 및 누유로 인한 수질 오염
- 환경 비용이 시장 가격에 포함되지 않음
- 연소 시 이산화탄소와 대기 오염물질 방출
- 국제적 공급 중단에 취약

Richard Goldberg/Shutterstock.com

그림 13.5 에너지원으로서 전통적인 경질유의 장점과 단점. **비판적 사고:** 가장 중요하다고 생각하는 장점 및 단점을 한 가지씩 제시하고 그 이유를 설명하라. 장점이 단점보다 크다고 생각하는가? 그 이유를 설명하라.

15장에서 논의할 것과 같이 대기를 덥히고 세계 기후를 변화시키는 데 중요한 역할을 한다.

중질유는 환경에 큰 영향을 준다

전통적 또는 경질 원유의 대안은 무겁고 점성이 있는 중질 원유다. 중질유의 원천은 셰일암석과 샌드 오일이다.

셰일암 석유로부터 추출한 중질유를 **셰일 오일(shale oil)**이라고 한다. 이것은 셰일암석층에 잡혀 있는 가벼운 석유에 비해 셰일암석 내에 분산되어 있다(핵심 사례 연구). 셰일 오일은 케로겐(kerogen)이라는 탄화수소 혼합물을 포함하고 있다. 셰일암석(그림 13.6, 왼쪽)을 채굴한 후, 부수고 열을 가해 셰일 오일을 산출하는 과정을 통해 케로겐을 생산할 수 있다. 걸쭉한 셰일 오일(그림 13.6, 오른쪽)을 가압 파이프라인을 통해 정유공장으로 이송하기 전 유속을 높이기 위해 가열하고 황, 질소 및 기타 불순물을 제거하는 과정에서 순에너지가 감소한다.

셰일 오일 세계 추정 매장량의 약 72%가 미국 콜로라도, 와이오밍, 유타 주 정부 소유의 토지 내 암석층 깊숙이 매장되어 있다. 이 매장물은 개발에 비용이 들기에 잠재 공급량은 매우 크지만 순에너지는 낮다(그림 13.3). 이 과정은 또한 암석폐기물, 폐수, 지하수에 추출된 케로

그림 13.6 중질 세일유(오른쪽)는 세일 오일 암석(왼쪽)으로부터 추출된다.

겐 유출 가능성, 막대한 물 사용 등으로 매우 심각하고 유해한 환경 영향을 가져온다. 생산 가격이 떨어지거나 기존의 석유 가격이 급등하고 유해한 환경 영향을 감소시킬 수 있다면 세일 오일은 중요한 에너지원이 될 것이고 그렇지 않으면 땅에 그대로 남을 것이다.

중질유의 공급원은 **오일 샌드**(oil sand) 또는 **타르 샌드**(tar sand)다. 오일 샌드는 점토, 모래, 물과 역청의 혼합물로서 황 함량이 높은 걸쭉하고 끈적끈적한 타르와 비슷한 중유다. 세계적 확인 오일 샌드 중질유 매장량의 대부분은 캐나다 앨버타 주 북동쪽의 거대하고 외진 아한대 수림 아래 사질토에 존재한다. 기존의 경유와 오일 샌드의 중유를 포함하면 캐나다는 세계에서 세 번째로 많은 석유 매장량을 보유하고 있다. 미국도 유타, 와이오밍, 콜로라도 주 내에 오일 샌드가 대규모로 매장되어 있다.

오일 샌드에서 석유를 생산하는 두 가지 큰 단점은 낮은 순에너지(그림 13.2)와 토지, 대기, 물, 야생생물과 기후에 치명적이고 해로운 영향(그림 13.7)을 주는 것이다. 이런 중질 합성 석유 1배럴을 생산하려면 2~4톤의 오일 샌드와 2~5배럴의 물이 필요하다. 미국 에너지부(Department of Energy, DOE)의 2015년 연구에 따르면 이 공정은 기존의 원유 생산량보다 대기 오염물질이 20% 정도 더 많이, 그리고 기후변화를 유발하는 이산화탄소도 더 많은 양이 배출된다. Shao-Meng Li와 캐나다 과학자들의 2016년 연구에 따르면 캐나다산 타르 샌드로부터

석유 생산은 미세입자(aerosol) 대기 오염의 주요 원인으로 심장 및 폐 질환 위험을 증대시킬 수 있다.

이런 중유 생산 단가는 비싸다. 2014년부터 2017년 7월 사이에 경질유의 국제 유가는 오일 샌드에서 중유를 생산하는 평균 비용보다 훨씬 낮았으며 신규 생산은 감소했다. 그림 13.8은 오일 샌드에서 중유를 생산할 때의 주요 장점과 단점을 보여준다.

천연가스는 중요한 에너지 지원이다

천연가스(Natural Gas)는 메테인(methane, CH_4)이 50~90%로 구성된 가스 혼합물이다. 또한 약간 무거운 탄화수소로 프로페인(propane, C_3H_8), 뷰테인(butane, C_4H_{10}), 그리고 매우 독성이 강한 황화수소(hydrogen sulfide, H_2S)를 소량 포함하고 있다. 천연가스는 중의 순에너지를 가지며 조리, 난방과 산업공정 등에 널리 사용된다. 또한 트럭, 자동차, 발전소의 전기 생산을 위한 발전기의 연료로 사용된다.

이런 다양한 용도와 수평 시추 및 파쇄 공정(**핵심 사례 연구**)을 시행함으로써 미국의 2016년 전기 소비량(2003년보다 17% 증가)이 34%, 에너지 공급량이 29%(그림 13.3, 오른쪽)가 된 이유를 설명할 수 있다. 천연가스 발전소는 석탄 발전소나 원자력 발전소보다 비용이 적게 들고 건설 시간도 적게 든다. 또한 천연가스는 석유보다 청정하며 석탄보다는 훨씬 청정하다. 완전히 연소하면 같은 양의 에너지에서 석유보다 이산화탄소는 30%, 석탄보다는 50% 적은 에너지를 방출한다. 이런 이유로 천연가스 생산 및 소비가 증가했으며 향후 수십 년 동안 증가할 것으로 예상된다. 미국은 천연가스 생산이 증가하면서 시장 가격이 하락했다.

천연가스는 종종 원유 부존층 위에 자리하고 있다. 또한 셰일암석층 사이에 단단하게 고정된 침전물에도 존재하며 수평 시추나 파쇄(**핵심 사례 연구**)를 통해 추출할 수 있다.

천연가스전에 구멍을 뚫으면 액화된 프로페인 및 뷰테인 가스는 **액화 석유가스**(liquefied petroleum gas, LPG)의 형태로 나오게 된다. LPG는 가압탱크에 저장하

그림 13.7 캐나다 앨버타 주에서 오일 샌드 표면 채굴 작업 중 오일 샌드를 채굴하는 과정에서 아한대 수림을 제거하고 토양을 벗겨 내고 있다.

Christopher Kolaczan/Shutterstock.com

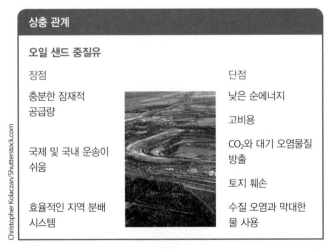

상충 관계

오일 샌드 중질유

장점	단점
충분한 잠재적 공급량	낮은 순에너지
	고비용
국제 및 국내 운송이 쉬움	CO_2와 대기 오염물질 방출
	토지 훼손
효율적인 지역 분배 시스템	수질 오염과 막대한 물 사용

Christopher Kolaczan/Shutterstock.com

그림 13.8 오일 샌드와 셰일 오일 암석의 중유를 에너지 자원으로 사용할 때의 장점과 단점(**개념 13.2**). **비판적 사고:** 가장 중요하다고 생각하는 장점 및 단점을 한 가지씩 제시하고 그 이유를 설명하라. 장점이 단점보다 크다고 생각하는가? 그 이유를 설명하라.

는데 대부분 천연가스 파이프라인이 설치되지 않은 농촌 지역에서 사용한다. 나머지 천연가스(대부분 메테인)는 정제하여 파이프라인을 통해 이송되어 대륙 전체에 공급한다. 미국은 주로 천연가스를 파이프라인을 통해 멕시코와 캐나다로 수출한다.

천연가스는 고압저온에서 액화시켜 **액화 천연가스**(liquefied natural gas, LNG) 형태로 바다를 통해 운반할 수 있다. 이런 인화성이 강한 액체는 저온 액화 가스 운반선에 실어 운반한다. 목적지 항구에서 가열하여 가스 상태로 다시 변환한 후 파이프라인을 통해 분배한다. LNG는 액화, 공정, 선박 수송으로 소비자에게 전달하고 천연가스로 다시 변환하는 데 에너지 함량의 1/3 이상을 사용하기 때문에 천연가스보다 순에너지가 낮다. DOE는

2020년까지 미국이 세계에서 세 번째로 큰 LNG 수출국이 될 것으로 예상한다.

2015년 세계 최대 천연가스 매장량을 보유한 3개국은 이란, 러시아, 카타르이며 3대 천연가스 생산국은 미국, 러시아, 중국이고, 3개 최대 소비국은 미국, 러시아, 이란이다.

현재 미국은 수평 시추 및 파쇄법을 통해 셰일암석에서 추출하는 천연가스가 증대됨에 따라 국내 자체 생산이 빠르게 증가하고 있어 천연가스를 수입에 의존할 필요가 없다(핵심 사례 연구). 공급량이 증가함에 따라 천연가스 가격이 하락면서 미국에서는 전기를 생산하는 데 석탄에서 천연가스로 전환이 가속화되었다.

그러나 셰일암석에서 나오는 천연가스는 기존의 천연가스 관정에서 생산되는 것보다 훨씬 빠르게 정점에서 떨어지는 경향이 있다. 또한 셰일암석에서 천연가스를 추출하여 생산하면 순에너지가 감소하고 효과적인 규제가 없으면 생산에 따른 유해한 환경 영향을 증가시킬 수 있다(과학적 핵심 13.1).

천연가스와 기후변화

석탄보다 에너지 단위당 훨씬 적은 이산화탄소를 방출하기 때문에 기후변화를 늦추는 방법으로 천연가스의 사용을 늘리자는 견해를 보이기도 한다. 비평가들은 이에 대해 두 가지 문제를 제기한다. 첫째, 풍부하고 저렴한 천연가스는 환경적으로 유해한 석탄의 사용을 줄일 수 있지만 낮은 가격으로 인해 에너지 효율 및 재생 에너지 자원으로 전환이 느려질 수 있다(이 장의 뒷부분에서 설명). 다른 문제는 메테인이 이산화탄소보다 분자당 훨씬 더 많은 잠재력을 가진 온실가스라는 것이다. 연구에 따르면 천연가스 시추, 생산 및 유통 과정에서 많은 양의 메테인이 대기로 유출된다. 이런 유출을 막지 않으면 기후변화를 늦추기보다 천연가스에 대한 의존도가 높아질 수 있다.

그림 13.10은 기존 천연가스를 에너지원으로 사용할 때의 장점과 단점을 보여준다.

석탄은 풍부하지만 더러운 연료다

석탄(coal)은 3~4억 년 전에 묻힌 육상 식물의 잔해가 강한 열과 압력을 받아 만들어진 고체 화석연료다. 이런 과정에서 형성된 주요 석탄 유형을 그림 13.11에서 볼 수 있다.

전기를 생산하기 위해 발전소에서 석탄을 연소하고 있다(그림 13.12). 2016년 석탄은 세계 전력의 약 40%, 미국에서 사용되는 전력의 33%, 중국 전력 사용량의 75%, 인도 전력 사용량의 62%를 산출하고 있다. 석탄은 철강, 시멘트 및 기타 제품을 만들기 위해 산업체에서 연소되고 있다.

2015년 석탄 매장량이 가장 많은 3개국은 미국, 러시아, 중국이고, 석탄 생산량이 가장 많은 3개국은 중국, 미국, 호주, 가장 많이 소비한 3개국은 중국, 인도, 미국이다. 2015년에 중국은 세계 다른 지역을 합한 만큼의 석탄을 소비했다.

석탄은 세계에서 가장 풍부한 화석연료다. 그러나 석탄 채굴은 토양을 열화시키고, 연소하면서 대기와 수질을 오염시키기 때문에(그림 12.11 참조) 모든 화석연료 중에서 (환경적으로) 가장 더러운 연료다. 석탄은 대부분 탄소이지만 소량의 황을 함유하고 있는데 이는 석탄 연소 시 대기 오염물질인 이산화황(SO_2)으로 전환된다. 이렇게 배출됨으로써 산성 침전 및 인류 건강에 심각한 문제를 야기한다.

석탄은 연소 과정에서 다량의 검정 탄소 미립자나 그을음을 방출하며 독성 수은과 같은 보다 작은 미세 대기 오염 입자를 방출한다. 미세 입자는 폐로 들어갈 수 있으며 장기간 노출되면 질병(폐기종 및 폐암 등)을 유발할 수 있으며 심장마비 및 뇌졸중에 영향을 줄 수 있다. 미국 청정공기특별위원회(clean air task force)의 연구에 따르면 최신 대기 오염 제어 기술이 없는 구형 석탄 화력 발전소에서 발생하는 미세 입자 오염으로 인해 미국에서 연간 최소 13,000명이 사망한다. 칭화대학교의 텅 페이(Teng Fei) 교수는 중국에서는 석탄 연소로 인한 실외 대기 오염으로 인해 연간 336,000명(하루 평균 921명)의 조기 사망자가 발생하는 것으로 연구 결과를 발표했다.

미국 내 천연가스 생산과 수압 파쇄의 환경 영향

미국 에너지정보관리국(U. S. Energy Information Administration)은 향후 수십 년에 걸쳐 미국 내에 최소 10만 개의 천연가스정 시추와 수압 파쇄 공정을 계획하고 있다(핵심 사례 연구).

과학적 연구에 따르면 전체 천연가스 생산 및 분배 과정(수압 파쇄 포함)에 대한 더 많은 모니터링과 규제 없이 셰일암석(그림 13.1)에서 천연가스(및 석유)의 생산을 크게 증대하면 몇 가지 유해한 환경 영향이 있을 수 있다.

• 수압 파쇄는 기존의 수직관정보다 10~100배 더 많은 물이 필요하다. 물이 부족한 지역에서는 대수층을 고갈시키고 수생 서식지를 악화시키며 관개 및 다른 목적으로 사용할 수 있는 물의 이용 가능성을 감소시킨다.

• 개개의 수압 파쇄 관정은 천연가스(및 석유)의 채굴과 함께 대량의 유해 폐수가 표면으로 배출된다.

• 수압 파쇄에 사용되는 막대한 양의 모래를 제공하는 것은 일리노이, 위스콘신 및 미네소타와 같은 주 내에 광대한 중서부 농지를 파괴하고 있다.

• 전통적 관정과 수압 파쇄 관정으로부터 유출되는 천연가스(및 석유)와 표면으로 되돌아오는 유해한 폐수의 유출을 방지하기 위해 시추공 사이 좁은 공간에 케이싱(casing) 강관을 삽입하고 강관과 주변 암석 사이에 시멘트를 주입한다(그림 13.1). 이 관정의 케이싱이 잘못되고 시멘트가 부족하면 메테인(및 석유)과 폐수가 유출되고 수압 파쇄 과정이 이루어지는 장소 위에 위치하는 식수 및 지하수를 오염시킨다. 상수도에서 오염된 물을 끌어 오면 천연가스에 불이 붙을 수도 있다(그림 13.9). 경험에 따르면 강철 우물 케이싱의 시멘트는 천연가스(및 석유)를 생산하고 시추 중이거나 폐 관정에서 누출 방지를 위한 가장 약한 연결 고리다.

• 국립과학아카데미(National Academy of Science)와 미국 지질조사국(USGS)의 최근 연구에 의하면 13개 주, 특히 오클라호마에서 발생하는 수백 개 중소형 지진 원인 중 하나가 최근 심층부 위험 폐기물 관정이 증가하여 수압 파쇄 폐수를 고압으로 주입함에 따라 기반암이 변성되는 것으로 보고 있다. 지질학자들은 이런 지진이 위험한 폐수를 대수층으로 방출하고 석유 및 가스정 파이프라인의 시멘트 막이나 강관 라이닝을 손상시킬 수 있음을 우려하고 있다.

2016년, 5년 간의 EPA 연구에서 수압 파쇄로 인한 주요 위협은 관정 케이싱과 시멘트 막 결함으로 인한 지하수의 잠재적 오염, 공정에서 발생하는 오염 폐수의 관리 부실과 시추 현장의 화학물질 유출이 포함된다고 결론을 지었다.

현재 천연가스 수압 파쇄에 의한 사람과 환경에 미치는 유해한 영향으로부터 보호 장치는 없다. 이는 천연가스 공급업체의 정치적 압력으로 인해 2005년 미국 의회가 일곱 가지 주요 연방 환경법에 의거하여 EPA 규제에서 천연가스 수압 파쇄 공정을 배제했기 때문이다. 엄격한 규제나 모니터링 없이 향후 20십 년에 걸쳐 10만 개의 천연가스정을 시추하면 천연가스 생산 공정으로 인해 대기 및 수질 오염 위험이 증가하고 해당 기술에 대한 정치적 반발이 발생할 우려가 있다. 이를 방지하기 위해 일부 분석가는 다음과 같은 조치를 요구한다.

• 천연가스 산업에 관한 환경법의 모든 면제 조항 삭제
• 오클라호마에서 시행한 천연가스(및 석유) 관정이 존재하는 지역의 유해 폐기물 주입 관정 수 제한
• 전체 천연가스 생산, 분배 시스템의 모니터링 및 규제 강화
• 기존의 누출되는 천연가스 관정 수리

그러나 천연가스 산업계의 이런 정책 변화에 대한 정치적 반대는 강력하다.

그림 13.9 펜실베이니아 가정집의 수도꼭지에서 나오는 천연가스 거품은 천연가스의 스토브 버너처럼 불이 붙는다. 에너지 회사가 수압 파쇄 관정 시추를 한 이후에 이 지역에 사건이 발생했지만 회사는 책임을 회피했다. 이 집에 사는 사람들은 치명적인 폭발성 가스가 집안에 축적되는 것을 방지하기 위해 일 년 내내 창문을 일부 열어 두어야 한다.

MARK THIESSEN/National Geographic creative

비판적 사고

위에 열거된 정책 변경 사항이 이행되지 않으면 우리의 삶에 어떤 영향을 미칠 수 있는가?

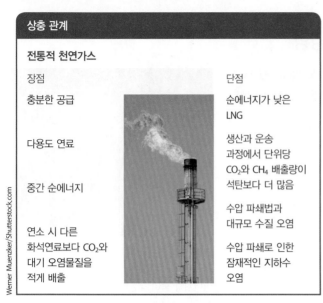

전통적 천연가스

장점	단점
충분한 공급	순에너지가 낮은 LNG
다용도 연료	생산과 운송 과정에서 단위당 CO_2와 CH_4 배출량이 석탄보다 더 많음
중간 순에너지	수압 파쇄법과 대규모 수질 오염
연소 시 다른 화석연료보다 CO_2와 대기 오염물질을 적게 배출	수압 파쇄로 인한 잠재적인 지하수 오염

Werner Muenzker/Shutterstock.com

그림 13.10 에너지원으로서 천연가스의 장점과 단점. **비판적 사고:** 가장 중요하다고 생각하는 장점 및 단점을 한 가지씩 제시하고 그 이유를 설명하라. 장점이 단점보다 크다고 생각하는가? 그 이유를 설명하라.

석탄 화력 발전소와 산업 시설은 이산화탄소(그림 13.13)의 가장 큰 배출원 중 하나이며 대기온난화와 기후 변화 및 해양 산성화의 원인이다(과학적 핵심 9.2 참조). 석탄은 대부분 탄소로서 석탄 연소는 천연가스보다 에너지 단위당 약 2배의 이산화탄소를 방출하며 전 세계 이산화탄소 배출량의 약 42%를 차지한다. 중국은 미국 다음으로 배출량이 많으며 전 세계 배출량에서 우위를 점하고 있다. 중국에서 사용되는 석탄은 미국에서 소비되는 모든 석탄, 천연가스 및 석유의 온실가스보다 더 많은 양을 배출한다. 컨설팅 그룹인 HIS에너지는 2026년까지 중국의

석탄 생산이 정점에 도달하지는 않을 것으로 예측하고 있다. 석탄 연소는 극소량의 방사성 물질과 유독한 수은을 대기와 호수로 방출하며 인간이 소비하는 어류에 축적될 수 있다.

대기오염법으로 선진국의 석탄 연소 공장에서는 오염물질 배출량을 줄이기 위해 세정 과정을 거친다. 이로 인해 대기 오염이 줄어들지만 비소, 납, 수은, 카드뮴 및 방사선 라듐과 같은 유해하며 제거할 수 없는 화학원소가 포함된 먼지 같은 석탄재(그림 13.12)가 생성된다. 이런 재는 안전하게 영구히 보관되어야 한다. 그러나 미국 석탄산업계의 정치적 압력으로 석탄재가 유해 폐기물로 분류되지 않고 있다.

1980년 이래로 미국의 석탄 채굴 일자리 수가 급격히 감소했다. 이는 크게 두 가지 요인이 작용한 결과다. 하나는 자동화로, 석탄 광업회사가 광부 대신 기계에 대한 의존도를 높이며 저비용으로 석탄 생산 기술을 전환한 것이다. 다른 요인은 더 풍부한 천연가스가 전기를 생산하는 데 훨씬 청정하며 저비용으로 제공되기 때문에 미국은 전기를 생산하는 데 석탄 사용량이 감소하고 있다. 일부 지역에서는 석탄보다 저렴한 비용으로 풍력 발전 단지를 돌려 전기를 생산하기도 한다. 따라서 미국의 석탄 사용 및 석탄 채굴 일자리의 감소에 대한 원동력은 환경 규제가 아닌 경제성이다.

그림 13.14는 석탄을 에너지원으로 사용할 때의 장점과 단점을 열거하고 있다. 과학자들과 많은 에너지 전문가들

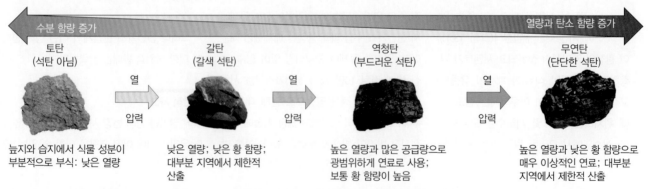

수분 함량 증가 → 열량과 탄소 함량 증가

토탄 (석탄 아님)	갈탄 (갈색 석탄)	역청탄 (부드러운 석탄)	무연탄 (단단한 석탄)
늪지와 습지에서 식물 성분이 부분적으로 부식: 낮은 열량	낮은 열량; 낮은 황 함량; 대부분 지역에서 제한적 산출	높은 열량과 많은 공급량으로 광범위하게 연료로 사용; 보통 황 함량이 높음	높은 열량과 낮은 황 함량으로 매우 이상적인 연료; 대부분 지역에서 제한적 산출

열 / 압력 (화살표)

그림 13.11 수백만 년에 걸쳐 여러 유형의 석탄이 형성되었다. 토탄(이탄)은 석탄과 유사한 축축하고 부분적으로 부식된 유기물로 만들어진 토양이다. 연료로 사용되지만 석탄으로 분류되지는 않는다. 이렇게 다른 주요 석탄 유형은 연소 시 질량 단위당 방출되는 열량, 이산화탄소와 이산화황의 양이 다양하다.

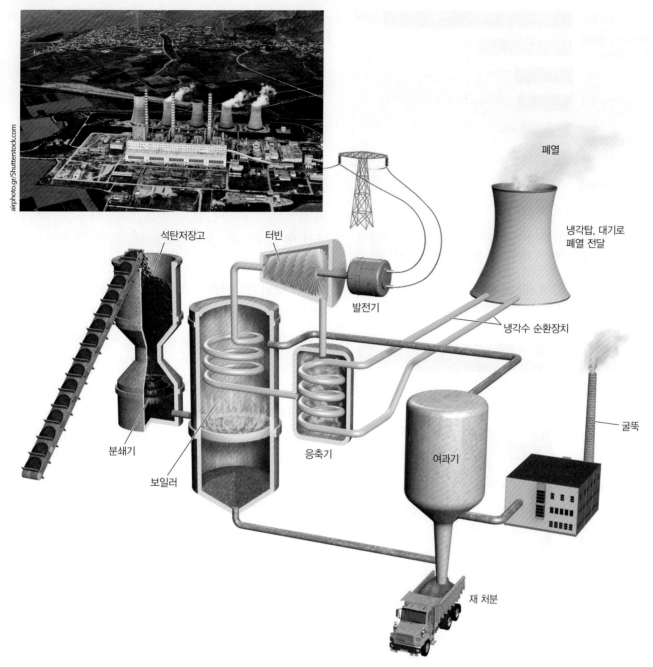

airphoto.gr/Shutterstock.com

석탄저장고   터빈

폐열

냉각탑, 대기로
폐열 전달

발전기

냉각수 순환장치

굴뚝

분쇄기

여과기

보일러   응축기

재 처분

그림 13.12 발전소에서 파쇄된 석탄을 연소시켜 물을 끓이고, 터빈을 회전시켜 전기를 만드는 증기를 생산한다. 발전소에서 석탄이 연소될 때 방출되는 에너지의 약 65%가 낭비되며 대기 또는 발전소를 냉각하는 데 사용되는 물로 흘러가는 열로 방출된다. **비판적 사고:** 당신이 사용하는 전기는 석탄화력 발전소에서 나온 것인가?

은 대기 오염을 줄이고 기후변화를 늦추기 위해 에너지 낭비를 줄이고 풍부한 석탄을 사용하는 대신 향후 수십 년에 걸쳐 환경에 덜 유해한 천연가스 및 재생 가능 에너지 자원으로 전환할 것을 요구한다. 그러나 기후과학자들은 이를

위해 현재 석탄 매장량의 82%와 미국 석탄 매장량의 92%를 지상에 남겨두어야 한다고 추정하고 있다. 이는 석탄 매장량이 많은 미국, 중국 및 인도와 같은 국가에는 논란이 많으며 경제적, 정치적, 윤리적으로 어려운 도전이다.

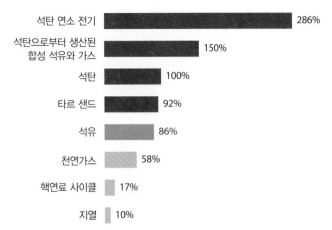

석탄 연소 전기	286%
석탄으로부터 생산된 합성 석유와 가스	150%
석탄	100%
타르 샌드	92%
석유	86%
천연가스	58%
핵연료 사이클	17%
지열	10%

그림 13.13 석탄을 직접 연소하여 방출되는 이산화탄소 배출량(%)은 에너지원에 따라 다르다. **데이터 분석:** 이들 중 킬로그램당 더 많은 이산화탄소를 배출하는 것은 무엇인가? 가정 난방을 위해 유해한 석탄을 태우거나 석탄에서 생산된 전기를 사용하는가?

Compiled by the authors using data from U.S. Department of Energy.

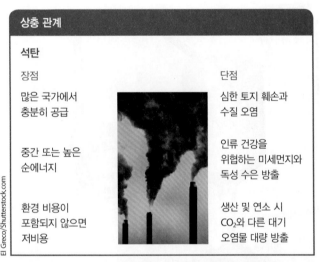

상충 관계

석탄

장점	단점
많은 국가에서 충분히 공급	심한 토지 훼손과 수질 오염
중간 또는 높은 순에너지	인류 건강을 위협하는 미세먼지와 독성 수은 방출
환경 비용이 포함되지 않으면 저비용	생산 및 연소 시 CO_2와 다른 대기 오염물 대량 방출

El Greco/Shutterstock.com

그림 13.14 에너지원으로서 석탄의 장점과 단점. **비판적 사고:** 가장 중요하다고 생각하는 장점 및 단점을 한 가지씩 제시하고 그 이유를 설명하라. 장점이 단점보다 크다고 생각하는가? 그 이유를 설명하라.

13.3 원자력의 장점과 단점은 무엇인가?

개념 13.3 원자력은 환경에 미치는 영향이 적고 사고 위험이 낮으나, 낮은 순에너지, 고비용, 사고에 대한 두려움, 반감기가 긴 방사성 폐기물과 핵무기 기술의 확산 가능성이라는 한계를 가진다.

핵분열 원자로는 어떻게 작동하는가

재생 불가능 원자력의 장점과 단점을 평가하려면 원자력 발전소와 그에 동반하는 핵연료 사이클이 어떻게 작동하

는지 알아야 한다. 원자력 발전소는 복잡하고 비용이 많이 드는 설비이지만 비교적 간단한 작업(물을 끓여 발생시킨 증기로 터빈을 회전시켜 전기를 생산)을 수행하도록 설계되어 있다.

원자력 발전이 복잡하고 비용이 많이 드는 것은 물을 끓이기 위해 필요한 열을 제어 가능한 핵분열 반응을 통해 공급하기 때문이다. **핵분열**(nuclear fission)은 중성자가 큰 질량수(우라늄 235와 같은)를 가진 특정 동위원소의 핵을 둘 이상의 더 가볍고 작은 핵으로 나누기 위해 사용될 때 발생한다. 개개의 핵분열은 중성자를 방출하여 더 많은 핵을 발생시킨다. 결과적으로 핵분열은 단시간에 엄청난 양의 에너지를 방출하는 **연쇄 반응**을 일으킨다(그림 13.15). 원자력 발전소 원자로 내부에서 핵분열 연쇄 반응에 의해 방출되는 열은 물을 증기로 변환하여 전기를 생산하는 터빈을 회전시키는 데 사용된다. 가장 일반적인 원자로는 경수형 원자로(light-water reactors, LWR)다(그림 13.16).

원자로에 사용되는 원료는 지각에서 채굴한 우라늄 광석으로 만든다. 광석을 채굴한 후 핵분열을 하는 물질(우라늄-235)의 함량을 1%에서 약 5%로 늘리기 위해 농

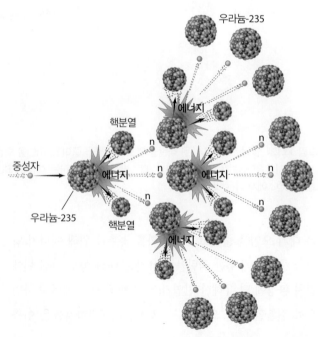

그림 13.15 원자력 발전소의 원자로 내부에서 핵분열 연쇄 반응이 일어날 때 어마어마한 양의 에너지가 방출된다.

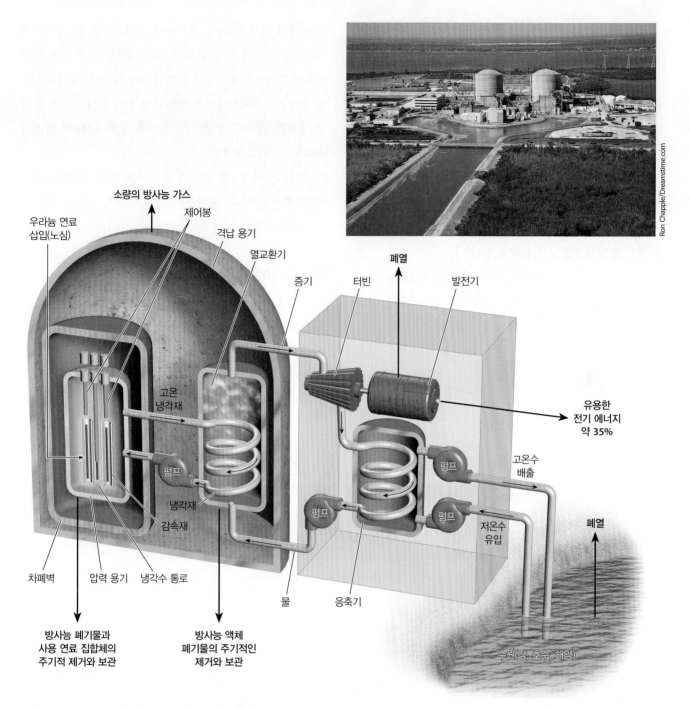

소량의 방사능 가스

우라늄 연료
삽입(노심)

제어봉

격납 용기

열교환기

증기

터빈

폐열

발전기

고온
냉각재

펌프

냉각재

감속재

차폐벽   압력 용기   냉각수 통로

펌프

펌프

펌프

유용한
전기 에너지
약 35%

고온수
배출

저온수
유입

폐열

물

응축기

수원(강, 호수, 해양)

방사능 폐기물과
사용 연료 집합체의
주기적 제거와 보관

방사능 액체
폐기물의 주기적인
제거와 보관

Ron Chapple/Dreamstime.com

그림 13.16 가압 수형 원자로인 수랭식(water–cooled) 원자력 발전소는 물을 전기로 변환하는 데 사용되는 강력한 열을 발생시켜 전기를 생산하는 터빈을 회전시킨다. 발전소 우라늄 연료의 핵분열에 의해 방출된 에너지의 약 65%는 낭비된다. 일반적으로 대형의 냉각탑을 통해 폐열을 대기로 방출하거나 발전소를 냉각시키기 위해 끌어온 인근 수원으로 돌려보냄으로써 종결된다. **비판적 사고:** 설비는 그림 13.12의 석탄 화력 발전소와 어떻게 다른가?

축을 한다. 농축된 우라늄–235는 이산화 우라늄으로 된 작은 팰릿(pellet)으로 가공된다. 연필에 달린 지우개 크기 정도의 각 팰릿에는 석탄 1톤 분량만큼의 에너지를 가지고 있다. 다량의 팰릿을 밀폐된 관에 넣은 것을 **연료봉**(fuel rod)이라 한다. 연료봉을 함께 묶은 **연료 집합체**(fuel assembly) 형태로 원자로 중심부에 삽입된다.

발전소 운영자는 원자로 핵분열 연쇄 반응에서 중성자 양을 조절하는 **제어봉**을 노심에 넣었다 뺐다 하며 분열 속도와 에너지 생산량을 조절한다. 냉각재(통상적으로 물)는 원자로의 중심부를 순환하며 열을 제거하여 연료봉과 다른 부품들이 녹아서 막대한 양의 방사능이 환경으로 유출되는 것을 막는다. 긴급 노심 냉각 시스템은 원자로 중심에 물을 흘려서 냉각수 손실로 인한 고방사능의 노심이 용융(meltdown)되는 것을 방지한다.

원자로는 원자폭탄과 같은 폭발은 일어나지는 않지만 막대한 피해를 입을 수는 있다. 원자로의 위험은 냉각수의 소실로 인한 작은 폭발이나 노심 용융으로 인해 외부 환경으로 방사능물질이 유출될 수 있다.

두꺼운 철근 콘크리트로 만들어진 **격납 용기**(contain-ment shell)는 원자로 노심을 둘러싸고 있다. 내부 폭발 또는 노심 용융이 발생할 경우 방사능 물질이 외부 환경으로 유출되지 않도록 설계되어 있다. 격납 용기는 토네이도 및 비행기 추락과 같은 외부 위협으로부터 노심을 보호한다. 이런 필수적인 안전장치와 일반적으로 10년 이상 소요되는 원전 건설은 원자력의 전체 순에너지를 줄이고 새로운 원자력 발전소 건설 비용이 90~110억 달러가 소요되는 것을 설명한다.

2016년 세계 4대 원자력 생산국은 미국, 프랑스, 러시아 및 중국 순이다. 프랑스는 전력의 75%, 미국은 전력의 20%에 원자력을 이용한다.

핵연료 사이클이란 무엇인가

원자력 발전소 건설 및 운영은 **핵연료 사이클**(nuclear fuel cycle)의 일부일 뿐이다(그림 13.17). 핵연료 사이클에는

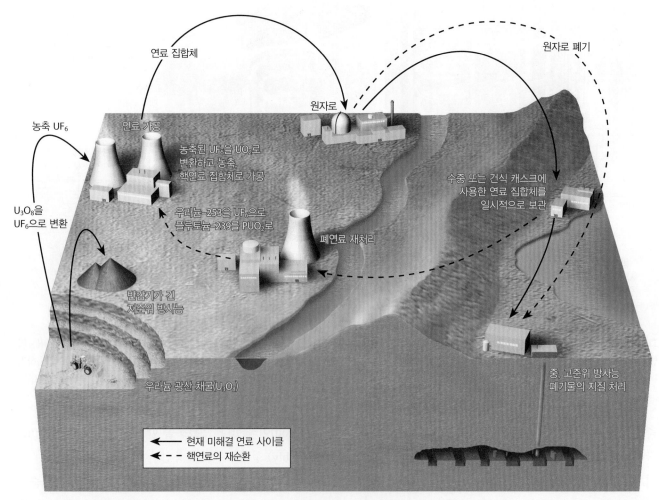

그림 13.17 원자력을 사용하여 전기를 생산하는 일련의 단계와 기술을 **핵연료 사이클**이라고 한다. **비판적 사고:** 전체 비용 책정의 지속 가능성의 원리에 따라 핵연료 발전의 시장 가격이 핵연료 사이클의 모든 비용을 포함하고 있는가? 설명하라.

(1) 우라늄 채굴 (2) 핵연료를 만들기 위해 우라늄을 가공하고 농축 (3) 원자로에서 연료로 사용 (4) 고방사능 폐연료봉의 방사능이 안전한 수준이 될 때까지 수천 년 동안 안전하게 보관하고 (5) 강한 방사능의 발전소를 해체하여 폐기하고 고준위, 중준위의 방사능 물질들을 수천 년 동안 안전하게 보관하는 것이 포함된다.

원자로가 안전하게 작동하는 한 발전소 자체는 환경 영향이 낮고 사고 위험도 적다. 그러나 전체 핵연료 사이클을 고려하면 잠재적 환경 영향이 증가한다. 원자력의 안전성, 경제적 타당성, 순에너지와 전반적인 환경 영향을 평가할 때 에너지 전문가와 경제학자들은 발전소뿐만 아니라 전체 핵연료 사이클을 살펴보라고 경고한다. 그림 13.18은 핵연료 사이클을 사용하여 전기를 생산할 때 주요 장점과 단점을 보여준다(개념 13.3).

원자력 발전의 주요 문제점은 발전소 건설과 핵연료 사이클 운영비용이 높기 때문에 순에너지가 낮다는 것이다. 결과적으로 원자력은 정부의 막대한 보조금과 세금 혜택을 받지 않는 한 천연가스, 풍력, 태양 전지와 같은 다른 에너지 자원과 시장에서 경쟁할 수 없다. 천연가스를 태워 전기를 생산하고 일부 지역에서는 풍력과 태양에너지로 전기를 보다 저렴하게 생산할 수 있기에 미국의 기존 원자력 발전소는 점점 폐쇄되고 있다.

상충 관계

전통적 핵연료 사이클

장점	단점
낮은 환경 영향(사고가 없을 경우)	낮은 순에너지
	높은 전체 비용
석탄의 1/6만큼 CO_2 배출	반감기가 긴 유해한 방사능 폐기물 생성
현대 발전소의 낮은 사고 위험	핵무기 확산 촉진

Kletr/Shutterstock.com

그림 13.18 핵연료 사이클(그림 13.17)을 통해 전기를 생산할 때의 장점과 단점. **비판적 사고:** 가장 중요하다고 생각하는 장점 및 단점을 한 가지씩 제시하고 그 이유를 설명하라. 장점이 단점보다 크다고 생각하는가? 그 이유를 설명하라.

방사능 핵폐기물 처리

전형적인 원자로의 농축 우라늄 연료는 3~4년 후에는 소비되거나 쓸모없게 되어 교체해야 한다. 폐연료봉은 극도로 뜨겁고 방사성이 매우 높아 그냥 버릴 수 없다. 연구자들은 원자로에서 제거된 지 10년이 지난 후에도 폐연료 집합체 하나가 3분 이내에 1 m 떨어진 곳에 있는 사람을 죽이기에 충분한 방사능을 방출할 수 있는 것을 밝혔다.

폐연료 집합체를 원자로에서 제거한 후에는 물로 채워진 풀에 보관된다(그림 13.19 왼쪽). 수년간 냉각시키고 일부 방사능의 붕괴 후에 연료봉은 내열성 금속 합금과 콘크리트로 만든 불활성 헬륨가스로 채워진 건식 캐스크에 옮겨진다(그림 13.19 오른쪽). 시설 운영기간을 20년으로 설정했지만 100년 이상 지속될 수도 있다. 그럼에도 불구하고 고준위 방사능 폐기물을 안전하게 보관하는 데 필요한 수천 년의 시간에 비하면 짧은 시간이다.

폐연료봉은 가공하여 방사성 플루토늄을 제거할 수 있으며 이후 핵연료로 사용하거나 핵무기를 제조하여 핵연료 사이클을 마감할 수 있다(그림 13.17). 이런 재처리 과정에서 남은 폐기물의 저장 시간을 최대 240,000년에서 약 10,000년으로 감소시킨다(비교컨대 현대 인류는 약 200,000년 전에 출현했다).

그러나 재처리는 비용이 많이 든다. 또한 1974년 인도에서처럼 핵무기로 만들어 사용하는 폭탄 급의 플루토늄을 생산한다. 이런 이유로 1977년 미국이 수십억 달러를 소비한 후에 핵연료 재활용을 그만두었다. 최근 프랑스, 러시아, 일본, 인도, 영국과 중국은 핵연료의 일부를 재처리했다.

대부분의 과학자와 기술자들은 지하 매장이 고준위 방사성 폐기물을 저장하는 가장 안전한 방법이라는 것에 원칙적으로 동의한다. 미국 에너지부(DOE)는 1987~2009년에 네바다의 유카 산(Yucca Mountain) 사막 지역에 있는 장기 지하 핵폐기물 저장고의 연구와 실험에 120억 달러를 썼다. 2010년 납세자 지원 프로젝트는 과학적, 경제적, 정치적 이유로 폐기했다. 정부 심사단은 대체 방안 및 장소를 물색하고 있으며 일부는 유카 산 부지 선정을 완료해야 한다. 한편으로 높은 방사성 핵폐기물은 풀에

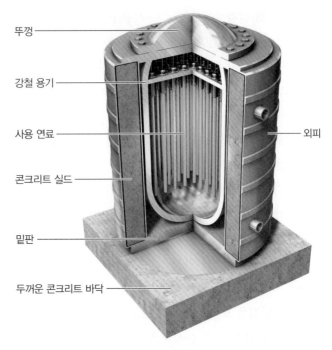

뚜껑

강철 용기

사용 연료

콘크리트 실드

밑판

두꺼운 콘크리트 바닥

외피

그림 13.19 원자로에서 3~4년 동안 사용한 핵연료봉을 제거하고 철근콘크리트로 만든 깊은 풀(왼쪽)에 옮겨 냉각시켜 보관한다. 5년 정도 냉각 후, 연료봉은 건식 캐스크의 콘크리트 패드(오른쪽)에 똑바로 세워 보관한다. **비판적 사고:** 당신은 이런 캐스크로부터 한두 블록 떨어진 곳에 살겠는가? 장기 저장소로 옮기는 과정에서 당신이 사는 지역을 통과하도록 하겠는가? 설명하라. 대안은 무엇인가?

78%, 건식 캐스크에 22%가 보관, 축적되고 있으며(그림 13.19, 오른쪽) 최대 100년 동안 폐기물을 보호한다. 결과적으로 60년이 지났지만 미국은 고준위 방사성 폐기물을 수천 년 동안 저장하기 위한 과학적, 경제적, 정치적으로 수용 가능한 해결책을 찾지 못하고 있다.

다른 고가의 방사성 폐기물 문제는 원자력 발전소가 40~60년 후 수명이 다할 때 발생한다. 이 시점에서 발전소를 폐기하거나 해체해야 한다. 2016년에 전 세계에서 운영되는 448개의 상업용 원자로 중 285개를 2025년까지 해체해야 한다.

과학자들과 기술자들은 원자력 발전소를 해체하는 세 가지 방법을 제시하고 있다. (1) 영구적이고 안전한 저장소(아직까지 존재하지 않음)에서 고준위 방사성 부품의 제거 및 보관 (2) 발전소 주변에 물리적 장벽을 설치하고 발전소를 해체하여 방사성 부품을 저장소에 보관하기 전 30~100년 동안 항시 보안을 유지해야 하고 (3) 전체 발전소를 격납 구조(containment structure)의 철근콘크리트 무덤으로 에워싸는 것이다.

세 번째 방법은 우크라이나 체르노빌 원자력 발전소의 원자로에 적용된 방법이다. 1986년, 잘못된 원자로 설계와 작업자의 오류로 인해 발전소가 폭발하고 거의 용융되었다. 폭발로 인해 방사능이 방출되어 넓은 지역에서 수백에서 수천만 명에 이르는 사망자가 발생했고, 방사능 낙진으로 인해 오랜 기간 동안 광범위한 면적의 토양이 오염되었다. 지은 지 몇 년 지나지 않아 부식된 격납 건물이 무너지기 시작해 방사성 폐기물이 새어 나오기 시작했다. 많은 비용을 들여 2016년에는 거인의 옷걸이 같은 구조에 둘러싸인 격납 구조물을 재건축했으나 백년 이상 유지되기는 어려울 것이다. 사고 30년 후 대략 로드아일랜드 크기의 원자로를 둘러싼 주변 지역이 방사성 낙진의 범위에서 벗어났다.

퇴역 원자력 발전소의 고 비용은 핵연료 사이클에 막대한 비용을 추가시키고 이미 낮아진 순에너지를 더 감소시킨다. 전 세계 모든 원자력 발전소가 내일 문을 닫더라도 고준위 방사성 폐기물과 구성 요소를 수천 년 동안 안전하게 보관해야 한다.

원자력 발전으로 기후변화가 느려질 수 있을까

원전 지지자들은 원전을 탄소가 없는 에너지 자원으로 가동을 증대하면 기후변화에 기여하는 이산화탄소 배출량을 크게 줄일 수 있다고 주장한다. 과학자들은 이 주장이 단지 부분적으로만 맞다고 말하고 있다. 원전이 가동되는 동안에는 이산화탄소를 배출하지 않지만 발전소를 건설하는 10년 동안 핵연료 사이클의 다른 모든 단계(그림 13.17)에서 이산화탄소가 배출된다. 이런 배출량은 석탄 화력 발전소의 배출량보다는 훨씬 낮지만 여전히 대기온난화와 기후변화에 기여한다. 다시 말해서 핵연료 사이클은 무탄소 전기 공급원은 아니다.

원자력의 미래는 불확실하다

60년 이상 개발과 막대한 재정 투자 및 정부 보조금에도 불구하고 30개국 448개 상업용 원자로는 2016년에 세계 상업 에너지의 4%, 전기의 11%만을 생산한다. 미국은 2016년 30개 주에서 허가 받은 상용 원자로가 전체 에너지의 약 8%, 전기의 20%를 생산했다.

2016년 세계적으로 61개의 새로운 원전이 건설 중이다(그중 20개는 중국). 156개의 원자로가 추가로 계획되어 있지만(대부분 중국) 10년이나 20년 후에 완공되더라도 2025년까지 폐기될 예정인 세계의 285개의 노후 원자로를 대체하지는 못할 것이다. IEA에 따르면 세계에서 가장 느리게 성장하는 상업 에너지 형태이며(그림 13.20), 2016~2035년에는 거의 성장하지 않을 것으로 예상된다. 미국에서 원자력으로 생산된 전기는 2000년 이후로 성장하지 않고 있으며, 관련 비용 때문에 천연가스, 풍력 및 태양 전지로 훨씬 빠르고 저렴하게 전기를 생산하고 있어 2016~2035년에는 성장이 예측되지 않는다.

원자력의 미래는 논쟁 대상으로 비평가들은 세 가지 심각한 문제를 주장하고 있는데 이는 핵연료 사이클의 높은 비용, 낮은 순에너지 그리고 핵무기를 만드는 데 사용될 수 있는 기술 확산에 대한 우려다. 또한 그들은 안전을 확보하기 위한 높은 비용과 핵연료 사이클의 낮은 순에너지로 인해 정부와 납세자로부터 높은 수준의 재정 지원 없이는 원자력 산업이 살아남지 못할 것이라고 주장한다(그림 13.18).

예를 들어 미국 정부는 50년 이상 원자력 산업(납세가가 채무 불이행의 위험을 감수해야 함)에 대규모 연구 개발 보조금, 세제 혜택 및 대출 보증을 제공했다. 또한 보험회사가 치명적인 사고의 영향에 대해 미국의 원자로에 대해 전적인 보장을 거부하기 때문에 정부가 재해 보험 보증을 제공한다(1957년 의회를 통과한 프라이스 앤더슨 법).

무당파 의원의 분석에 따르면 미국은 1948년 이래로 원자력 연구개발(R&D)에 950억 달러(2011년) 이상을 지출했다. 이것은 태양열, 풍력, 지열, 바이오매스, 바이오연료 및 소비 발전을 위해 R&D에 소비하는 금액의 4배 이상이다. 많은 사람들이 수십 년 동안 에너지 생산이 성장하지 않았기에 원자력에 대한 납세자 지원을 지속할 필요성에 대해 의문을 제기하고 있다. IEA와 DOE에 따르면 천연가스, 풍력 및 태양 전지를 통해 전기를 보다 값싸게 생산할 수 있기 때문에 향후 수십 년 동안 확연한 성장은 일어나지 않을 것으로 보인다.

상업 원자로와 관련해 심각한 국가 및 세계 안보 문제는 핵무기 기술의 확산이다. 미국과 다른 8개국은 상용 및 실험용 원자로와 우라늄 농축 및 폐기물 재처리 기술을 수십 년 동안 다른 국가에 판매했다. 에너지 전문가인 존 홀드런(John Holdern)에 의하면 핵무기를 보유하거나 핵무기를 개발할 수 있는 지식을 보유한 60개국은 대부분의 정보를 민간 원자력 기술에서 얻었다고 한다. 일부 비평가들은 핵무기로 사용할 수 있는 핵분열성 동위원소인 우라늄 235 또는 플루토늄 239를 연료로 사용하거나 생산하는 원자력 발전소를 더 많이 건설하지 않는 가장 중요한 이유가 세계 안보에 대한 위협 때문이라고 한다.

다중 안전장치가 설계되어 있는 미국이나 다른 선진국의 원자력 발전소는 방사능에 노출될 위험이 극히 낮다. 그러나 1952년에서 2016년 사이 폭발 및 원자로 노

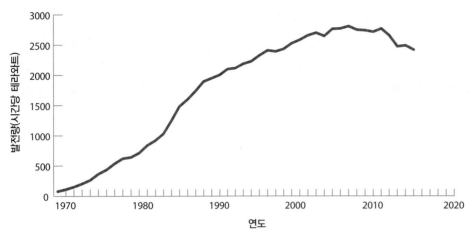

그림 13.20 1970년에서 2015년까지 원자력을 이용한 세계 전력 생산. **데이터 분석:** 2006년에서 2015년까지 원자력으로 생산된 전력은 몇 퍼센트 감소했나?

Compiled by the authors using data from the International Energy Agency, BP, Worldwatch Institute, and Earth Policy Institute.

심의 일부 또는 완전 용융과 연관된 사건을 포함하여 몇 번의 심각한 핵 사고가 발생했다. 이는 1979년 펜실베이니아의 스리마일 섬(Three Mile island) 원자력 발전소, 1986년 우크라이나 체르노빌 원자력 발전소, 2011년 일본 후쿠시마 다이치 원자력 발전소 사고다. 이런 사고들은 공공, 정부, 투자자들의 원자력에 대한 신뢰를 약화시켰다. 예를 들어 2011년 일본의 원전 사고로 인해 독일, 스위스 및 벨기에는 원자력 폐기 계획을 발표했다.

원자력 지지자들은 정부가 잠재적으로 더 안전하고 비용이 적게 드는 새로운 유형의 원자로에 대한 연구, 개발과 파일럿 플랜트 시험에 계속해서 자금을 지원해야 한다고 주장한다. 원자력 산업은 단지 몇 년 안에 수백 개의 신형 고급 경수로(advanced light-water reactors, ALWRs)를 건설할 수 있다고 한다. ALWRs는 기본적으로 설계된 안전장치가 내재되어 있어 용융과 방사능 유출이 불가능하므로 고가의 자동 냉각 장치가 필요하지 않다. 업계는 공장에서 제조하여 현장으로 운송하고 지하에 설치할 수 있는 버스 크기 정도의 소형 모듈형 경수로 발전을 평가하고 있다. 2016년 현재 제안된 차세대 원자로에 대한 상용 버전은 구축되거나 평가되지 않고 있다.

일부 과학자들은 오늘날 우라늄 기반의 원자로를 토륨을 원료로 하는 새로운 원자로로 교체할 것을 요구하고 있다. 그들은 토륨 기반 원자로는 용융이 일어나지 않기 때문에 훨씬 저렴하고 안전하다고 주장한다. 또한 생성되는 핵폐기물에 핵분열성 동위원소가 포함되어 있지 않으

며, 중국은 이 선택을 모색할 계획이다.

핵융합이 답인가

일부 원자력 지지자들은 핵융합 개발을 희망하고 있다. **핵융합**(nuclear fusion) 과정에서 수소와 같은 가벼운 원소의 두 동위원소의 핵이 융합되어 무거운 핵을 형성할 때 극도로 높은 온도에서 함께 힘을 가하여 에너지를 방출한다(그림 13.21).

핵융합은 용융이나 다량의 방사능 물질이 방출될 위험이 없고 부가적인 핵무기 확산에 대한 위험도 거의 없다. 전기 생산에 화석연료가 필요하지 않기에 발전소의 기후변화 이산화탄소와 지구 대기 오염을 거의 제거할 수 있다. 핵융합 발전은 유독 폐기물을 파괴하고, 물의 탈염과 청정 연소재인 수소 연료를 생산하기 위한 물의 전기

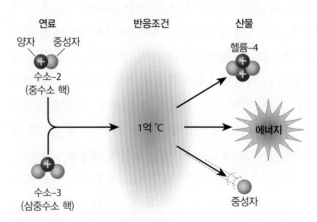

그림 13.21 수소와 같이 가벼운 원소의 두 동위원소가 핵융합을 하면 엄청난 양의 에너지를 방출한다.

분해에 사용되는 전기를 공급한다.

그러나 미국의 경우 50여 년간 250억 달러를 투자(대부분 정부)하여 연구했음에도 불구하고 핵융합에 대한 제어는 아직 초기단계다. 지금까지의 어떤 접근법도 실험에서 사용했던 것보다 많은 양의 에너지를 생산하지 못했다.

2006년 미국, 중국, 러시아, 일본, 한국, 인도 및 유럽연합은 2026년까지 대규모 실험용 핵융합로 건설을 위해 공동으로 최소 128억 달러를 지출하기로 동의했다. 핵융합은 저렴한 비용으로 높은 순에너지를 가질 수 있다. 2014년까지 추정되는 이 프로젝트의 비용은 두 배가 되었고 일정도 많이 뒤처졌다. 일부 회의론자들은 예상치 못한 과학적 돌파구가 없으면 "핵융합은 미래의 힘이며 언제나 그럴 것"이라고 한다.

13.4 에너지 효율은 왜 중요한 에너지 자원인가?

개념 13.4A 에너지 효율을 높이고 에너지 낭비를 줄이면 전 세계 에너지 사용량의 1/3과 미국 내 사용 에너지의 43%를 절감할 수 있다.

개념 13.4B 우리는 산업 생산, 자동차, 가전제품과 건물의 에너지 효율을 확연하게 증대시킬 수 있는 다양한 기술을 보유하고 있다.

우리는 많은 에너지와 돈을 낭비하고 있다

에너지 효율 향상과 에너지 절약은 에너지 낭비를 줄이기 위한 핵심 전략이다. **에너지 효율**(energy efficiency)은 각 에너지 단위에서 얻을 수 있는 유용한 작업의 척도다. 에너지 효율 향상은 보다 적은 양의 에너지를 사용하여 동일한 작업량을 제공하는 것을 의미한다. 연비가 더 높은 자동차, 전구(LED 전구), 가전제품, 컴퓨터 및 산업 공정에서 이를 수행할 수 있다.

에너지 사용 장비는 열역학 제2법칙(2장, 43쪽)에 따라 일부 에너지는 항상 저품질 열로 환경에 소실되기 때문에 100% 효율로 작동되는 것은 없다. 미국에서 사용되고 있는 모든 상용 에너지의 84%가 버려진다(그림 13.22). 이 에너지의 41%는 열역학 제2법칙에 따라 불가피하게 저품질 폐열로 환경에 소실된다. 나머지 43%는 불필요하게 낭비되는데, 주로 비효율적인 산업용 모터, 대부분의 자동차, 발전소, 전구 및 기타 여러 에너지 소비 장치 들 때문이다(**개념 13.4A**). 낭비되는 에너지는 미국에서 가장 큰 미개발 에너지원이며 이런 막대한 양의 에너지 낭비를 줄이면 소비자의 돈을 절약할 수 있다.

43% 미국에서 사용되는 에너지 중 불필요하게 낭비되는 에너지의 백분율

우리는 다양한 비효율적 에너지 장비에 의존하여 많은 양의 고품질 에너지와 돈을 낭비한다. 한 가지 예로 소셜미디어 사이트의 데이터와 같은 모든 온라인 정보를 처리하고 사용자에게 클라우드 기반 데이터 스토리지를 제공하는 거대한 데이터 센터다. 대부분의 데이터 센터는 수요에 관계없이 하루 24시간 최대 용량으로 실행된다. 또

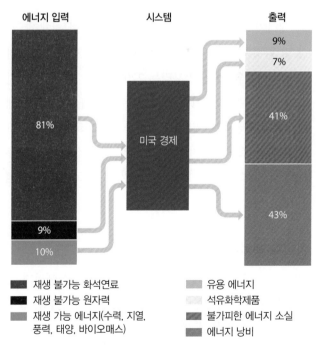

그림 13.22 미국 경제에서 상업 에너지의 흐름을 나타낸 도표다. 미국에서 사용되는 전체 에너지의 16%만이 유용한 일을 수행하는 데 사용된다. **비판적 사고:** 불필요한 에너지 낭비에 해당하는 두 가지 예를 제시하라.

Compiled by the authors using data from U.S. Department of Energy.

한 데이터 서버가 과열되지 않도록 냉각하는 데 많은 양의 에너지가 필요하다.

대부분의 자동차 엔진은 비효율적인데 차를 구동하는 데 휘발유가 가진 에너지의 25%만이 사용된다. 휘발유를 연소하여 방출되는 에너지의 75%는 폐열로 대기 중으로 사라진다. 다시 말해서 운전자가 휘발유에 소비하는 돈의 약 25%만이 실제 어딘가로 이동하는 데 사용된다.

사람들은 또한 행동 변화를 통해 에너지 낭비를 줄일 수 있다. **에너지 절약**(energy conservation)이란 불필요한 에너지 낭비를 줄이거나 없애는 것을 의미한다. 자동차가 아닌 자전거를 타고 학교나 직장에 간다면 에너지 절약을 실천하는 것이다. 조명이나 전자 기기를 쓰고 난 후 전원을 끄는 것 역시 에너지 절약이다.

추운 날씨에는 난방이 필요하고 더운 날씨에는 냉방이 필요한 단열이 제대로 되지 않는 집과 건물에 거주하거나 일하는 많은 사람들은 돈과 에너지를 낭비하고 있다. 미국인 4명 중 3명은 통근하는 데 대부분 에너지 비효율적인 교통수단을 이용하며, 통근자의 5%만이 에너지 효율이 높은 대중교통을 이용한다.

에너지 효율을 높이고 에너지를 절약하면 경제적, 건강 및 환경적으로 많은 이점이 있다(그림 13.23). 2017년 미국의 에너지 효율 일자리는 220만 개로 미국 석탄 산업이 제공하는 일자리 수의 12배 이상이다. 대부분의 에너지 분석가들은 더 많은 에너지를 제공하고, 오염 및 환경 저하를 감소시키며, 기후변화와 해양 산성화를 늦추는 가장 빠르고 청정하며 저렴한 방법이라고 말한다(개념 **13.4B**).

산업과 설비의 에너지 효율 향상

산업체는 세계 에너지 소비량의 약 30%, 미국 에너지 소비량의 33%를 차지한다. 석유, 화학, 시멘트, 철강, 알루미늄 및 제지와 목재 제품 생산 산업이 가장 많은 에너지를 사용한다.

산업 및 설비 회사는 **열병합 발전**(cogeneration)을 활용하여 동일한 연료 자원에서 유용한 두 가지 형태의 에너지를 생산하여 에너지를 절약할 수 있다. 예를 들어 산

그림 13.23 에너지 효율 향상과 에너지 절약의 주요 이점. **비판적 사고:** 가장 중요하다고 생각하는 이점 두 가지는 무엇인가? 그 이유를 설명하라.

업체 또는 발전소에서 전기를 생성하는 데 사용되는 증기는 포집되어 발전소와 인근 건물의 난방에 사용될 수 있다. 이 시스템의 에너지 효율은 60~80%이며, 석탄 및 원자력 발전소의 경우 25~35%다. 덴마크는 열병합 발전을 사용하여 미국의 12%에 비해 53%의 전기를 생산한다.

산업체에서는 또한 에너지 효율이 더 높은 변속 전기 모터를 사용하여 에너지와 비용을 절약할 수 있다. 대조적으로 표준 전기 모터는 작업에 맞게 출격 스로틀을 사용하여 최고 속도로 작동한다. 이것은 한 발로는 자동차의 가속 페달, 다른 발로는 브레이크 페달을 동시에 밟고서 속도를 조절하려는 것과 비슷하다.

철강 및 기타 금속과 같은 **재활용 재료**(recycling materials)는 산업 에너지와 비용을 절약하고 환경에 미치는 유해한 영향을 줄일 수 있다. 예를 들어 재활용 고철로 강철을 생산하는 것은 원석의 철광석으로 강철을 생산하는 것보다 고품질 에너지를 75% 덜 사용하고 이산화탄소를

40% 적게 방출한다. 산업계는 에너지 고효율 LED 조명을 사용하고 컴퓨터, 프린터 및 조명을 사용하지 않을 때 전원을 차단하여 에너지를 절약할 수 있다.

점차적으로 더 많은 대기업들이 에너지 효율을 개선하여 비용을 절약하고 있다. 예들 들어 1990년에서 2014년 사이 37개국 165개의 제조 공장을 운영하는 다우화학(DOW Chemical)은 에너지 효율을 높이기 위한 프로그램으로 270억 달러를 절약했다. 포드 자동차는 사용하지 않은 컴퓨터의 전원을 차단하여 연간 100만 달러를 절약한다.

더 스마트한 고 에너지 효율 전력망 구축

미국은 송배전선 네트워크로 구성된 전력망을 통해 전기를 소비자에게 공급한다. 미국 전력망 시스템은 100년 전에 설계되었으며 비율적이고 구식이다. 전 미국 에너지부 장관인 빌 리처드슨(Bill Richardson)은 "우리는 제 3세계 전력망 시스템 주요 강국이다"라고 말했다.
현재 미국 전력망 시스템을 스마트 망으로 변환 및 확장하고자 하는 압력이 증가하고 있다. 이 새로운 전력망은 디지털 방식으로 조절되며 초고압 송전선으로 최고 효율의 전력망을 가진다. 국내 다른 지역으로부터 사용 가능한 선기를 자동으로 다른 곳으로 전송하여 한 지역의 전력 손실을 신속하게 조절하는 것이 가능하기 때문에 정전에 잘 대비할 수 있다. 스마트 망에 연결된 풍력 발전 단자와 태양 전지 발전소의 국가적 네트워크는 하루 전 시간 동안 태양과 바람을 신뢰할 수 있는 전기공급원으로 만들 것이다. 스마트 전기 계량기는 요금이 높은 시간대에 전력 소비를 줄임으로써 소비자가 비용을 절감할 수 있도록 한다.

DOE에 따르면 전국적인 망 구축에 향후 20년 동안 최대 8억 달러가 소요될 것으로 예상하나 이 기간 동안 미국 경제는 2조 달러를 절약할 수 있다. 지금까지 의회는 국가에너지 및 경제 미래의 중요한 요소를 위한 충분한 자금을 승인하지 않고 있다.

더 에너지 효율이 좋은 운송 체계

1975년 미국 의회는 미국 내 신차, 경량 트럭, 밴과 스포츠형 다목적 차량(SUVs)의 평균 연비를 향상시키기 위해 CAFE(Corporate Average Fuel Economy) 표준을 제정했다. 이 표준은 1973~2015년 차량의 평균 연비를 리터당 5 km(5 kpl) 또는 1갤런당 11.9마일(11.9 mpg)에서 10.6 kpl(24.9 mpg)로 증가시켰다. 이들 차량에 대한 정부의 평균 연료 경제 목표는 2025년까지 23.3 kpl(54.5 mpg)이며, EPA는 대기 오염 감소와 이산화탄소 배출량 감소 및 석유 수입 감소로 1,000억 달러의 혜택이 제공될 것이라고 한다. 그러나 2017년 이래로 자동차 제조업체는 EPA와 미국 의회에 이런 연료 효율의 표준을 낮추도록 압력을 가해 왔다.

에너지 전문가들은 2040년까지 미국에서 시판되는 모든 신차와 경량 트럭이 가용 기술(개념 13.4B)을 사용하여 43 kpl(100 mpg) 이상을 얻을 수 있을 것으로 예상하고 있다. 이런 수준의 연료 효율 달성은 에너지 낭비의 감소와 소비자의 비용 절약, 대기 오염 감소, 기후변화와 해양 산성화를 지연시키는 중요한 방법이다.

그러나 자동차 업체가 더 많은 이익을 가질 수 있는 에너지 비효율 스포츠용 다목적 차량, 미니밴과 픽업트럭 등을 특히 휘발유 가격이 하락할 때 많은 소비자들이 구매한다. 한 가지 이유는 대부분의 소비자는 휘발유가 주유소에서 지불하는 것보다 훨씬 비싸다는 것을 인식하지 못하기 때문이다. 다수의 숨은 비용이 휘발유 시장 가격에 반영 되지는 않는다. 이런 비용으로는 도로 건설업자를 위한 정부 보조금 및 세제 혜택이 포함된다. 또한 자동차 생산 및 사용과 관련된 오염에 의한 질병으로 인한 오염 관리 및 정화 관련 비용, 의료비 및 건강 보험료 등이 포함된다.

미국 휘발유의 숨은 비용이 리터당 3.18달러(갤런당 12달러)에 달하는 것으로 국제기술평가센터(International Center for Technology Assessment)는 추정하고 있다. 사람들이 이런 비용을 더 잘 알고 있다면 연비가 좋은 자동차를 구입하여 비용을 절감하고 환경 질을 개선하려는 동기 부여가 될 것이다.

시장 가격에 이런 숨은 비용을 더 많이 포함시키는 한 가지 방법은 더 높은 휘발유 세를 매기는 것으로 이는 전체 비용 책정의 지속 가능성의 원리를 적용한 것이다. 그러나 미국은 특히 높은 휘발유 세에 대해 정치적으로 인기가 없다. 일부 분석가들은 미국이 휘발유 세를 더 올려야 한다고 주장하며, 균형을 맞추기 위해 소득세와 급여세(payroll tax)를 낮춘다면 소비자의 재정적 부담은 크지 않을 것이라고 한다. 더 높은 에너지 효율을 위한 정부의 또 다른 방법은 소비자들에게 세금 감면이나 다른 경제적 동기를 부여하여 더 연비가 높은 자동차를 구매하도록 장려하는 것이다.

교통 분야에서 에너지와 돈을 절약하는 다른 방법은 도시 내 대중교통 시스템을 구축하거나 확장하고 도시 간 고속철도를 건설(일본, 유럽 및 중국에서처럼)하며 대형 트럭 대신에 철도로 더 많은 화물 운송을 하는 것이다. 또 다른 방법은 고속도로와 도시 거리를 따라 자전거 도로를 만들어 자전거 사용을 장려하는 것이다.

에너지 효율 자동차 전환

에너지 효율이 높은 차량을 이용할 수 있다(개념 13.4B). 한 예로 휘발유−전기 하이브리드 자동차가 있다(그림 13.24, 왼쪽). 작은 휘발유 엔진과 배터리 구동 전기 모터로 가속 및 언덕을 오르는 데 필요한 에너지를 공급한다.

가장 효율적인 모델은 최대 23 kpl(54 mpg)의 복합도시/고속도로 주행거리를 가지며, 유사한 기존 차량보다 주행 거리당 이산화탄소를 65% 적게 배출한다.

또 다른 선택은 플러그인 하이브리드 전기자동차다(그림 13.24, 오른쪽). 사용 가능한 모델은 전기만으로 21~33 km를 이동할 수 있다. 그런 다음 소형 휘발유 모터가 작동하여 배터리를 재충전하고 주행 범위를 600 km 이상으로 확장한다. 배터리는 기존 110 V 콘센트에 꽂고 6 V에서 8시간 이내 또는 220 V 콘센트를 사용하여 더 빨리 충전할 수 있다.

DOE의 연구에 따르면 현재 미국 자동차 대부분을 30년 이상 플러그인 하이브리드 차량으로 교체하면 미국의 석유 소비가 70~90% 감소하고, 비싼 석유를 수입할 필요가 없으며 소비자들은 돈을 아낄 수 있고, 27%의 이산화탄소 배출을 줄일 수 있다. 풍력 터빈, 태양 전지 또는 수력 발전과 같은 신재생 에너지 자원에 의해 생산된 전기로 자동차의 배터리를 충전하면 미국에서 발생하는 이산화탄소 배출량을 80~90% 정도 줄일 수 있다. 이는 자동차와 석탄 화력 발전소의 대기 오염을 감소시켜 기후변화와 해양 산성화를 늦추고 수천 명의 생명을 구할 수 있다.

다른 선택은 배터리로만 작동하는 전기자동차다. 2015년에 전형적인 전기자동차는 배터리를 한 번 충전하면 161 km를 운행할 수 있다. 2017년까지 일부 전기자동차

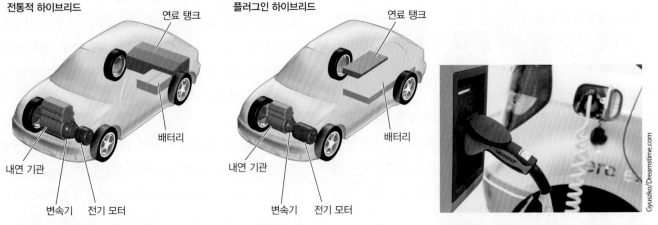

그림 13.24 해결책: 기존의 휘발유−전기 하이브리드 차량(왼쪽)은 대부분 강력한 배터리의 도움으로 소형 내연 기관에 의해 구동된다. 플러그인 하이브리드 전기차량(가운데)은 일반적으로 110 V 또는 220 V 콘센트에 꽂고 전기를 충전(오른쪽)을 할 수 있는 더 강력한 두 번째 배터리가 장착된 더 작은 내연 기관이 있다. 전기자동차(그림에는 없음)는 충전식 배터리로 작동한다. 비판적 사고: 이 자동차들 중 어느 것을 구매하겠는가? 그 이유를 설명하라.

더 좋은 배터리 찾기

플러그인 하이브리드 전기 및 전기자동차의 광범위한 사용의 가장 큰 장애물은 배터리로, 장거리 여행을 위해 자동차를 오랫동안 가동할 수 있는 충분한 에너지를 저장할 수 있고, 저렴하며 크기가 작고, 가벼우며 쉽게 충전할 수 있어야 한다.

리튬 이온 배터리는 가볍고(리튬은 가장 가벼운 고체 화학물질), 크기에 비해 용량이 큰 편이라 많은 양의 에너지를 저장할 수 있다. 이들 중 다수는 서로 연결되어 하이브리드, 플러그인 하이브리드와 모든 전기자동차의 전력을 공급하는 데 사용된다. 그러나 재충전에 시간이 오래 걸리며 몇 년마다 교체를 해야 한다. 리튬 이온 배터리는 여전히 비싸지만 2010년에서 2015년까지 가격이 50% 하락했다.

MIT의 연구자들은 나노기술을 사용하여 새로운 유형의 리튬 이온 배터리를 개발했다(과학적 핵심 12.1 참조). 오늘날 하이브리드 차량에 전력을 공급하기 위해 사용되는 배터리보다 저렴하고 40배 빠르게 충전할 수 있다. 캘리포니아대학교 어바인캠퍼스(UC Irvine)의 연구자들은 현재 수명이 3년인 리튬 이온 배터리 대신 나노 와이어를 사용하여 평균 수명이 300~400년이 되는 배터리를 개발하고 있다.

과학자들은 또한 두 도체판 사이에 절연체가 들어간 구조로 된 소형 기계식 배터리인 **초대형 축전지**(ultracapacitors)를 개발했다. 그들은 빠른 가속과 언덕을 오르는 데 필요한 전력을 공급하기 위해 많은 양의 에너지를 빠르게 저장하고 방출한다. 몇 분 안에 재충전할 수 있고, 기존 배터리보다 훨씬 오래 충전할 수 있으며, 기존 배터리만큼 자주 교체할 필요가 없다.

이를 포함한 다른 새로운 배터리 기술 중에 둘 이상을 조합하여 저렴한 비용으로 대량 생산할 수 있다면 플러그인 하이브리드 및 모든 전기자동차가 수십 년 내에 자동차 및 트럭 시장을 장악할 것이다. 이는 대기 오염, 기후변화, 이산화탄소 배출, 해양 산성화 등 세계에서 가장 심각한 환경 문제 중 세 가지를 크게 감소시킬 수 있다. 녹색 일자리: 전지기술자

비판적 사고

더 좋고 저렴한 배터리 기술이 현실화되면 삶이 어떻게 변할 수 있을까?

는 1회 충전에 약 322 km를 갈 수 있다.

일반 소비자들의 문제는 배터리의 높은 가격으로 인해 하이브리드, 플러그인 하이브리드 및 모든 전기자동차의 가격이 높다는 것이다. 하이브리드, 플러그인 하이브리드 및 모든 전기자동차의 사용을 증대시키는 열쇠는 더 우수하고 저렴한 배터리에 대한 연구 개발을 대폭 늘리는 것이다(과학적 핵심 13.2). 커뮤니티 간 또는 커뮤니티 내에 충전소 네트워크를 구축하면 배터리 구동 자동차의 사용이 증가한다. 연방정부가 연료 효율 표준을 낮추면 자동차 업체는 높은 연료 효율 표준을 충족할 수 있는 전기자동차 도입을 감소시킬 것이다.

다른 잠재적인 대체 연료 자원은 모든 전기자동차에 동력을 공급하는 데 사용할 수 있는 **수소 연료 전지**(hydrogen fuel cell)다. 이 장치는 전기를 생산하기 위한 연료로 수소 가스(H_2)를 사용하여 대기 중 산소와 반응, 무해한 수증기를 방출한다. 연료 전지는 내연 기관보다 더 에너지 효율이 높고 구동 부품이 없고 유지 보수가 거의 필요하지 않다. 수소 연료는 일반적으로 물을 전기 분해하여 생성되거나 차량에 저장하는 메테인으로 생성될 수 있다. 연료 전지의 두 가지 주요 문제점은 값이 비싸고 순에너지가 마이너스라는 것이다. 이 장의 뒷부분에서 설명하는 것처럼 생산할 수 있는 것보다 더 많은 에너지를 소비한다. 녹색 일자리: 연료 전지 기술

생각해보기

자연에서 배우기

남조류(blue-green algae)는 햇빛과 효소를 사용하여 물에서 수소를 생성한다. 과학자들은 고가의 고온 공정이나 전기를 사용하지 않고 자동차와 가정 난방용 수소 연료를 생산하는 방법으로 평가하고 있다. 성공하면 이산화탄소 및 기타 대기 오염 물질의 배출을 크게 줄일 수 있다.

연료 효율을 향상시키는 또 다른 방법은 자동차의 무게를 감소시키는 것이다. 차체를 유리섬유, 탄소 섬유, 대마 섬유 및 그래핀과 같은 초경량, 초강성 합성물질로 만들 수 있다(과학적 핵심 12.1 참조). 또한 기존의 차체로 제작된 자동차보다 충돌 시 더 안전하다. 지금은 이런

그림 13.25 시카고 시청의 녹색 지붕
DIANE COOK/LEN JENSHEL/National Geography Creative

차체 제작이 고가이나 기술 혁신과 대량 생산으로 비용이 감소될 것이다.

에너지 절약도 중요한 역할을 한다. 자동차는 대부분 미국인에게 가장 큰 에너지 사용처이므로, 최소 17 kpl(40 pg)의 연료 효율이 높은 자동차로 전환하는 것이 비용을 절감하고 유해한 환경 영향을 줄이는 가장 좋은 방법 중 하나다.

에너지와 돈을 절약하는 건물 설계

유엔환경프로그램(UNEP)의 2015년 연구에 따르면 전 세계의 빌딩은 전 세계 에너지 사용량의 40% 이상을 차지하고 세계 온실가스의 1/3을 배출하고 있다. 녹색건축(green architecture)은 빠르게 성장하는 새로운 분야로

서 에너지, 자원, 비용 효율적인 건물 설계에 중점을 둔다 (개념 13.4B). 녹색건축은 자연광, 직접 태양열 난방, 단열 창, 스마트 온도 조절 장치와 에너지 효율이 높은 가전제품과 조명을 사용한다. 또한 해체된 건물에서 재활용하고 독성이 없는 건축자재를 사용하는 것에 중점을 둔다. 일부 녹색 건물은 태양열 온수기를 사용하고 모든 또는 대부분의 전기를 태양 전지에서 가져온다.

일부 주택과 도시 건물은 옥상을 스마트 제어 점적 관개 시스템을 이용하여 물을 뿌릴 수 있도록 특별히 설계된 토양과 초목으로 덮여 있는 **생태 지붕**(living roof) 또는 **녹색 지붕**(green roof)을 구성하고 있다(그림 13.25). 생태 지붕은 여름 햇볕의 열을 흡수하고 겨울에는 구조를 단열하고 열을 유지하여 건물 냉방비와 난방비를 절감한

다. 주택, 공장, 기타 건물의 흰색 지붕은 태양 에너지를 반사하고 에어컨 사용 및 비용을 줄인다.

많은 녹색 건물의 주요 목표는 매년 사용하는 양의 에너지를 생산하는 것이다. 또 다른 목표는 물과 탄소를 순수 제로 상태를 만드는 것이다.

가정에서 에너지와 돈 낭비를 줄이기 위한 세 가지 최고 도구는 열화상 카메라로 집 외부로 흘러나오는 열(그림 13.26)을, 단열재와 코킹 건(caulking gun)으로 외부 공기의 유입을 막고 열의 소실을 감소시킨다. 초단열은 에너지 효율적인 설계에서 중요하다. 직사광선, 가전제품 및 인체의 열로 인해 극도로 추운 기후에서도 보조 난방 시스템이 거의 또는 전혀 필요 없이 집을 따뜻하게 단열하고 차폐할 수 있다. 스웨덴의 초 절연 주택은 같은 크기의 전형적인 미국 주택보다 난방과 냉방에 90% 정도 적은 에너지를 사용한다.

초 절연 주택의 예로 집의 내 외부 벽이 어도비(abode) 벽돌로 구성되는 짚곤포(straw-bale)와 같은 형태를 가진 구조다(그림 13.27). 이런 벽은 기존 벽보다 2~6배의 단열 값을 가질 수 있다.

세계 녹색건물회의 및 미국 녹색건물회의에서는 친환경 건축물 인증제도(LEED)를 시행하여 특정 에너지 효율과 환경 표준을 충족함을 인증하기 위한 표준을 개발했다. 녹색 일자리: 지속 가능한 환경 설계와 건축

기존 건물의 에너지와 비용 절약

기존 주택 및 건물에서 에너지와 비용을 절약하는 방법은 다음과 같다(개념 13.4B).

- 공기 유출을 탐지하기 위해 에너지 감사를 받는다.

- 에너지 효율적인 창을 사용한다.

- 다락방과 난방을 하지 않는 지하실의 냉난방 덕트에서 새는 공기를 막는다.

그림 13.26 단열과 차폐 상태가 좋지 않고 열손실(빨간색 영역)과 돈을 낭비하는 주택의 서모그램(thermogram) 또는 적외선 사진. **비판적 사고:** 열손실이라는 측면에서 이 주택과 당신의 주거지를 비교하는 것이 어떻다고 생각하는가?

그림 13.27 해결책: 콜로라도 주 크레스티드 뷰트에 있는 에너지 효율적인 짚곤포 유형의 주택 시공 중(왼쪽), 완공 후(오른쪽). **질문:** 이런 집에 살고 싶은가? 그 이유를 설명하라.

- 건물을 단열하고 공기 유출을 막는다. 전형적인 미국의 가정과 기타 건물에서 가열된 공기의 약 1/3은 구멍, 균열 및 단일 창을 통해 빠져 나간다(그림 13.26). 더운 날씨에는 이런 창문과 균열을 통해 열기가 들어와 에어컨 사용량을 늘린다.

- 내부 공간을 더 효율적으로 가열한다. 실내 공간을 가열하는 가장 에너지 효율적인 방법에는 지하에 저장된 열을 가정으로 전달하는 지열 히트 펌프, 수동 태양열, 고효율의 기존 열펌프(온난 기후에서만), 고효율 천연가스 등이 있다.

- 물을 더 효율적으로 가열한다. 지붕에 태양열 온수기를 장착하는 방법이 있다. 또 다른 방법으로 여행 가방 크기의 탱크가 없는 순간온수기다. 이 장치는 항상 물을 큰 탱크에 뜨거운 상태로 유지하는 대신 필요에 따라 천연가스 또는 LPG(비효율적인 전기히터가 아닌)를 연소하여 온수를 공급한다. 많은 유럽국가에서 수십 년 동안 사용되었다.

- 에너지 효율이 높은 기기를 사용한다. 냉동고가 바닥에 있는 냉장고는 냉동고가 위나 옆에 위치하는 냉장고의 약 절반에 해당하는 에너지를 사용하므로 문을 열면 짙고 차가운 공기가 빠르게 흘러나온다. 전자레인지는 전기스토브보다 전기가 25~50% 적게 든다. 전면 투입식 세탁기는 상단 투입식 모델보다 55% 적은 에너지와 30% 적은 물을 사용하여 운영비를 절반으로 줄인다.

- 에너지 효율이 높은 컴퓨터를 사용한다. EPA에 따르면 미국에서 판매되는 모든 컴퓨터가 에너지 스타(온실가스 배출량을 줄이기 위해 에너지 효율이 높은 전자제품의 사용을 권장하는 프로그램) 요구 조건을 충족하면 소비자는 연간 약 180억 달러의 에너지 비용을 절약하고, 도로에서 약 200만 대의 자동차를 이용하는 것과 동일한 온실가스 배출량을 줄일 수 있다.

- 에너지 효율이 높은 조명을 사용한다. DOE는 향후 20년 동안 미국에서 에너지 효율이 높은 LED 전구로 전환하면 소비자는 많은 돈을 절약하고 40개의 새로운 발전소를 건설할 필요가 없을 것으로 추정한다. 최근 몇 년 동안 LED 전구의 비용이 90% 감소했다. 기존 백열등 보다 25배, 소형 형광등보다 2.5배 더 오래 지속된다.

- 대기 전력을 차단한다. 소비자는 대기 전자 장치를 스마트 전원 스트립에 꽂아 장치의 전원이 꺼진 것을 감지하고 전원을 차단하여 에너지 사용 및 월별 전기료를 줄일 수 있다.

그림 13.28은 가정에서 에너지와 돈을 절약할 수 있는 방법을 보여준다.

우리는 왜 그렇게 많은 에너지와 돈을 낭비하는가

인상적인 이점(그림 13.23)을 고려할 때 왜 에너지 효율을 높이고 에너지를 절약하는 일을 등한시하는가? 한 가지 이유는 화석연료와 원자력 같은 에너지 자원이 정부 보조금과 세금 감면으로 인해 인위적으로 낮은 가격으로 책정되어, 시장 가격에 에너지를 생산하고 사용함으로써 발생되는 유해 환경 비용과 보건 비용이 포함되지 않기 때문이다.

에너지 낭비를 계속하는 또 다른 이유는 정부 세금 감면, 리베이트, 저금리 장기 대출 및 개인과 기업이 에너지 효율에 투자할 수 있는 다른 경제적 인센티브가 거의 없기 때문이다. 세 번째 이유는 대부분의 정부 및 설치 업체가 에너지 효율을 높이고 에너지를 절약하는 비용 절감과 환경적 이점에 대해 대중을 교육하는 것에 우선순위를 두지 않기 때문이다.

몇 가지 진전이 있었다. 2016년 미국 에너지경제효율위원회는 건물, 산업 및 운송 분야에서 세계 23대 에너지 소비국의 에너지 효율 성능을 평가했다. 에너지 효율이 가장 높은 3개국은 독일, 이탈리아, 일본이었고 미국은 8위를 차지했다.

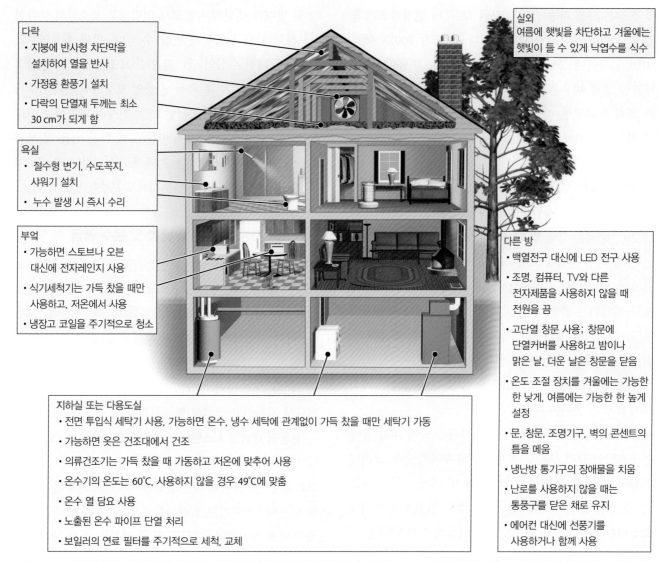

다락
- 지붕에 반사형 차단막을 설치하여 열을 반사
- 가정용 환풍기 설치
- 다락의 단열재 두께는 최소 30 cm가 되게 함

욕실
- 절수형 변기, 수도꼭지, 샤워기 설치
- 누수 발생 시 즉시 수리

부엌
- 가능하면 스토브나 오븐 대신에 전자레인지 사용
- 식기세척기는 가득 찼을 때만 사용하고, 저온에서 사용
- 냉장고 코일을 주기적으로 청소

지하실 또는 다용도실
- 전면 투입식 세탁기 사용, 가능하면 온수, 냉수 세탁에 관계없이 가득 찼을 때만 세탁기 가동
- 가능하면 옷은 건조대에서 건조
- 의류건조기는 가득 찼을 때 가동하고 저온에 맞추어 사용
- 온수기의 온도는 60℃, 사용하지 않을 경우 49℃에 맞춤
- 온수 열 담요 사용
- 노출된 온수 파이프 단열 처리
- 보일러의 연료 필터를 주기적으로 세척, 교체

실외
여름에 햇빛을 차단하고 겨울에는 햇빛이 들 수 있게 낙엽수를 식수

다른 방
- 백열전구 대신에 LED 전구 사용
- 조명, 컴퓨터, TV와 다른 전자제품을 사용하지 않을 때 전원을 끔
- 고단열 창문 사용; 창문에 단열커버를 사용하고 밤이나 맑은 날, 더운 날은 창문을 닫음
- 온도 조절 장치를 겨울에는 가능한 한 낮게, 여름에는 가능한 한 높게 설정
- 문, 창문, 조명기구, 벽의 콘센트의 틈을 메움
- 냉난방 통기구의 장애물을 치움
- 난로를 사용하지 않을 때는 통풍구를 닫은 채로 유지
- 에어컨 대신에 선풍기를 사용하거나 함께 사용

그림 13.28 개별적 문제: 당신이 거주하는 곳에서 에너지와 돈을 절약할 수 있다. **비판적 사고:** 이미 실천하고 있는 것은 무엇인가? 실천에 옮길 것은 무엇인가?

13.5 재생 가능 에너지 자원의 장점과 단점은 무엇인가?

개념 13.5 다양한 재생 가능 에너지 자원을 사용하면 에너지 요구를 충족시키면서 오염, 온실가스 배출, 기후변화 및 해양 산성화를 대폭 감소시킬 수 있다.

재생 가능 에너지에 더 의존

태양, 바람, 유수, 바이오매스 및 지구 내부의 열(지열 에너지)로부터 재생 가능 에너지를 사용하여 전기를 생산할 수 있다. 연구에 의하면 연구개발기금, 보조금 및 세금

감면 형태의 정부 지원이 지속적으로 증가함에 따라 재생 에너지는 2025년까지 전 세계 전력의 20%, 2050년에는 50%를 제공할 수 있다. IEA는 2016년에서 2040년 사이에 모든 새로운 전력 생산의 60%는 주로 풍력과 태양열 등 재생 가능 에너지에서 나올 것이다. IEA는 또한 2040년까지 재생 가능 에너지가 세계 대부분의 지역에서 보조금 없이 다른 에너지원과 경쟁할 것으로 예상하고 있다. 미국의 NREL(국립재생에너지연구소) 프로젝트는 파격적인 혁신 프로그램을 통해 미국이 두 가지 자원에서 전기를 생산하는 비용이 감소하여 2050년까지 주로 바람과

태양 같은 재생 가능 에너지 자원으로부터 전기의 50%을 얻을 수 있을 것으로 계획하고 있다. DOE는 2008년에서 2015년 사이에 풍력으로 전력을 생산하는 비용이 41%, 태양광 발전 비용은 64%가 감소했다고 한다. 이것은 여론 조사에 따르면 미국 소비자의 70% 이상이 미국 정부가 재생 에너지에 투자하기를 원하는 이유를 설명하는 데 도움을 준다.

IEA에 따르면 태양과 바람은 세계에서 가장 빠르게 성장하는 에너지 자원이며 원자력은 가장 느리다(그림 13.20). 중국은 풍력 및 태양 전지로 전력을 공급할 수 있는 세계 최대 용량을 보유하고 있으며 향후 수십 년 동안 세계에서 가장 빠르게 성장하는 두 가지 중 하나가 될 것으로 예상되는 풍력 터빈 및 태양 전지의 최대 사용자이며 판매자가 될 계획이다. 중국의 목표는 재생 가능한 바람, 태양과 유수(수력)에서 전기 생산을 크게 확대해 석탄 사용을 줄이고 매년 약 120만 명이 조기 사망하는 옥외 대기 오염을 줄이는 데 있다.

2015년에 440억 달러 투자에 그친 미국에 비해 중국은 1,020억 달러 투자로 세계 최대의 투자자였다. 그러나 2016년 중국은 2020년까지의 풍력 및 태양 에너지 목표를 줄였다. 많은 태양광 발전소와 풍력 발전소가 느리게 확장하는 국가 전력망에 접근이 불가능하기 때문이다.

재생 가능 에너지가 그렇게 큰데도 왜 세계 에너지의 10%(그림 13.2, 왼쪽)와 미국에서 사용하는 에너지의 10%(그림 13.2 오른쪽)만 공급되는가? 여기에는 몇 가지 이유가 있다. 첫째, 사람들은 태양과 풍력 에너지가 너무 널리 확산되어 있고, 간헐적이며 신뢰성이 부족하고, 대규모로 사용하기에는 너무 비싸다고 생각하고 이런 인식이 오랜 기간 지속되고 있다.

둘째, 1950년 이래로 미국 정부의 세금 감면, 보조금 및 재생 가능 에너지 차원의 연구 개발을 위한 자금은 화석연료 및 원자력에 비해 훨씬 적다. IEA는 화석연료에 대한 전 세계 보조금은 재생 가능 에너지에 대한 보조금보다 10배나 더 많다.

셋째, 재생 가능 에너지에 대한 미국 정부 보조금 및 세금 혜택이 증가하고 있지만 의회는 정치적인 조정에 따라 몇 년마다 갱신해야 하므로 연방정부 보조금의 불확실성으로 투자를 위험하게 만들 수 있다. 반면 화석연료와 원자력에 대한 수십억 달러의 연간 보조금은 이들 산업의 정치적 압력으로 인해 수십 년 동안 보장되어 왔다.

넷째, 재생 불가능 화석연료 및 원자력 가격에는 연료를 생산하고 사용하는 것에 따른 유해 환경 비용 및 보건 비용이 포함되어 있지 않다. 결과적으로 청정 재생 에너지원과 자유 시장 경쟁에서 부분적으로 보호를 받고 있다.

태양 에너지에 의한 건물 난방 및 온수 공급

태양광에 충분히 접근할 수 있는 건물은 **수동형 태양열 시스템**(passive solar heating system, 그림 13.29, 왼쪽과 그림 13.30)을 통해 열의 전부 또는 대부분을 얻을 수 있다. 이런 시스템은 잘 단열된 구조물이 태양으로부터 직접 열을 흡수하여 저장한다. 물탱크, 콘크리트, 어도비 벽돌이나 석조 벽과 바닥은 다량의 집열된 태양 에너지를 열로서 저장하고 천천히 방출시킨다.

능동형 태양열 시스템(active solar heating system, 그림 13.29, 오른쪽)은 특수한 집열기를 통해 물 또는 부동액과 같은 열 흡수 유체를 순환시켜 태양으로부터 에너지를 얻는다. 집열기는 일반적으로 지붕 또는 태양을 향한 특수 랙에 장착된다. 수집된 열 중 일부는 직접 사용된다. 나머지는 자갈, 물, 점토 또는 열 흡수 화학물질로 채워진 대형 절연용기에 보관하고 필요에 따라 방출할 수 있다.

옥상의 능동형 태양열 집열기는 많은 주택과 아파트에서 온수를 공급하는 데 사용된다. 중국에서는 200달러짜리 시스템을 통해 주택과 아파트 10채 중 1채에 태양을 이용한 온수를 공급한다. 초기 비용이 회수되면 온수는 무료로 공급된다. UN 개발 프로그램에 따르면 태양열 온수기는 세계 온수의 절반을 공급할 수 있다.

나무나 다른 건물이 태양광을 차단하지 않는 한, 수동형과 능동형 태양열 시스템을 사용하여 태양광이 충분한 지역에서는 새로 짓는 주택에는 이런 난방이 가능하다. 그림 13.31은 미국 대륙과 캐나다에서 태양 에너지의 가능성을 보여준다. 그림 13.32는 건물 난방을 위해 수동형 또는 능동형 태양열 시스템을 사용할 때의 주요 장점과

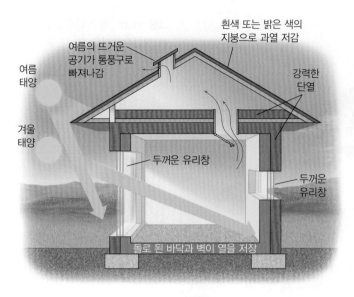

여름 태양

겨울 태양

여름의 뜨거운 공기가 통풍구로 빠져나감

흰색 또는 밝은 색의 지붕으로 과열 저감

강력한 단열

두꺼운 유리창

두꺼운 유리창

돌로 된 바닥과 벽이 열을 저장

수동형

태양열 집열기

흰색 또는 밝은 색의 지붕으로 과열 저감

난방(라디에이터 또는 공기 덕트)

강력한 단열

펌프

온수 탱크

열교환기

두꺼운 유리창

능동형

그림 13.29 해결책: 수동형(왼쪽) 및 능동형(오른쪽) 태양열 난방 시스템

그림 13.30 콜로라도 주 골든에 위치한 수동형 태양열 주택은 추운 겨울 날씨에 많은 열을 공급하기 위해 유입되는 태양 에너지를 수집하고 저장한다. 마당에 있는 태양열 온수난방 패널에 주목하라. 일부 수동형 태양열 주택에는 유입되는 태양 에너지를 수집하는 데 도움이 되는 일광룸(삽입된 사진 참조)이 있다.

Alan Ford/National Renewable Energy Laboratory

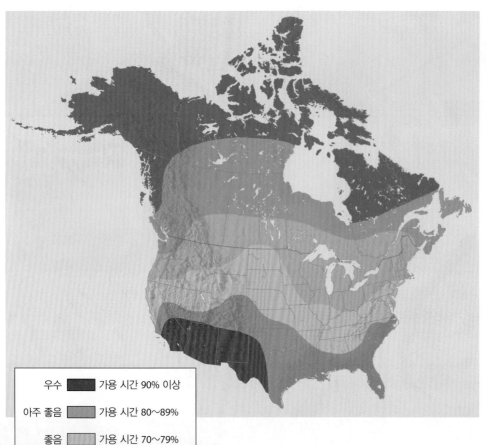

우수	■	가용 시간 90% 이상
아주 좋음	■	가용 시간 80~89%
좋음	■	가용 시간 70~79%
보통	■	가용 시간 60~69%
나쁨	■	가용 시간 50~59%
아주 나쁨	■	가용 시간 50% 미만

단점을 보여준다.

자연적인 건물 냉방

직접적인 태양 에너지는 건물 냉방에 불리하지만 간접적인 태양 에너지(주로 바람)는 건물 냉각에 사용할 수 있다. 창문을 열어 바람을 식히고 선풍기를 틀어 공기를 계속 유동시킬 수 있다. 초절연과 에너지 효율이 높은 창은 산들바람이 없을 때 뜨거운 외부 공기를 들어오지 못하게 막을 수 있다. 건물을 시원하게 유지하는 세 가지 방법이 있다.

- 나무, 깊은 돌출 처마, 창, 차양 등의 그늘을 이용하여 여름철 고도가 높은 햇빛을 차단한다.
- 따뜻한 기후에서는 태양열의 90% 정도를 반사하거나

상충 관계

수동형 또는 능동형 태양열

장점	단점
중간 순에너지	주간의 60%에 해당하는 시간 동안의 일사량 필요
CO_2와 다른 대기 오염물질 배출량이 매우 낮음	나무나 다른 구조물에 의해 태양 차단
토지 훼손이 매우 적음	능동형 시스템의 설치와 유지비용이 고가
중간 정도의 비용(수동형)	흐린 날을 대비해 예비 시스템이 필요

그림 13.32 주택 난방에서 수동형 및 능동형 태양열 에너지 시스템의 장점과 단점. **비판적 사고:** 가장 중요하다고 생각하는 장점 및 단점을 한 가지씩 제시하고 그 이유를 설명하라. 장점이 단점보다 크다고 생각하는가? 그 이유를 설명하라.

(어두운 색의 지붕은 10~15% 정도 반사) 생태 지붕 또는 녹색 지붕을 활용한다.

- 여름철에는 지열 히트 펌프를 사용하여 지하에서 건물로 시원한 공기를 끌어올린다.

생각해보기

자연에서 배우기
일부 아프리카 흰개미 종은 공기가 순환할 수 있는 키 큰 둔덕을 건설하여 더운 기후에서 시원함을 유지한다. 공학자들은 자연에서 건물을 냉각하고 에너지 사용을 줄이며 비용을 절감하기 위해 이 설계 방법을 사용했다. 북미의 가장 효율적인 건물로 캐나다의 마니토바 하이드로 플레이스 오피스빌딩을 예로 든다.

고온의 열과 전기를 생산하기 위한 태양광의 집중

직접적인 태양 에너지의 한 가지 문제는 분산이 되어 있다는 것이다. 집중 태양광 발전(concentrating solar power, CSP)으로 알려져 있는 **태양열 시스템**(solar thermal system)은 태양 에너지를 수집하고 집중시켜 물을 끓이고 전기를 생산하기 위한 증기를 생성하는 데 사용한다. 이런 시스템은 태양광이 충분한 사막이나 트인 공간에서 주로 사용된다.

이런 시스템 중 하나는 포물면경 집열기(parabolic troughs)라고 하는 고도로 구부러진 거울을 배열하여 태양 에너지를 수집하고 집중하는 데 사용한다. 각 집열기는 중심을 통과하여 발전시설로 가는 내부가 유체로 채워진 파이프에 유입되는 태양광을 집중시킨다(그림 13.33, 왼쪽). 집중된 열은 물을 끓여 증기를 만들어내고 발전기를 구동하여 전기를 생산하는 터빈을 작동시키는 데 사용된다.

다른 태양열 시스템은 컴퓨터로 거울들을 제어하여 태양을 추적하고 중앙 전력 타워에 에너지를 집중시킨다(그림 13.33 오른쪽). 집중된 열은 물을 끓여 터빈을 구동하여 전기를 생산하는 증기를 생성하는 데 사용된다. 이들 시스템 중 하나에 의해 생성된 열은 큰 절연 용기에 저장된 특정 유형의 염을 용융시키기 위해 사용될 수 있다. 이 용융염에 저장된 열은 필요에 따라 밤이나 흐린 날에

그림 13.33 태양열 발전: 캘리포니아 사막에 있는 태양열 발전소(왼쪽)에서 곡선형(포물선) 집열기를 사용하여 태양 에너지를 집중시키고 물을 끓여서 전기를 생산하기 위한 증기를 생성한다. 다른 유형은 시스템(오른쪽)에서 거울의 배열은 태양을 추적하고 반사된 햇빛을 중앙 수신기에 집중시켜 전기를 생산하기 위한 물을 끓인다.

태양열 시스템

장점	단점
높은 성장 잠재력	낮은 순에너지와 고비용
이산화탄소와 다른 대기 오염물질 직접적인 배출 없음	흐린 날에는 예비 또는 저장 시스템이 필요
천연가스 터빈을 보조로 같이 사용하여 비용 절감	많은 물이 필요함
새로운 일자리 창출	사막 생태계 교란

그림 13.34 태양 에너지로 고온의 열과 전기를 생산할 때의 장점과 단점(개념 13.5). **비판적 사고:** 가장 중요하다고 생각하는 장점 및 단점을 한 가지씩 제시하고 그 이유를 설명하라. 장점이 단점보다 크다고 생각하는가? 그 이유를 설명하라.

Bottom: National Renewable Energy Laboratory(NREL). Top: Sandia National Laboratories/National Renewable Energy Laboratory.

그림 13.35 해결책: 간단한 태양광 오븐

전기를 생산하는 데 방출할 수 있다.

2014년 캘리포니아 모하비 사막에 거울을 사용한 세계 최대의 태양열 발전소가 개소했다. 22억 달러 규모의 시설에는 40층 높이 탑 3개의 발전소에 초점을 맞춘 35만 개의 거울이 있다. 이것은 14만 가정에 전력을 공급하기에 충분한 전기를 생산할 수 있으며 88,000대의 자동차에

서 배출되는 연간 이산화탄소 배출량만큼을 제거한다.

태양열 시스템은 순에너지가 낮기 때문에 시장에서 경쟁력을 갖기 위해서는 대규모 정부 보조금이나 세제 혜택이 필요하다. 그림 13.34는 태양열 시스템의 주요 장점과 단점을 보여준다.

사람들은 태양 에너지를 더 작은 규모로 집중시킬 수 있다. 일부 햇볕이 잘 드는 지역에서 사람들은 저비용의 태양열 조리기를 사용하여 태양열을 집중시켜 요리를 하고 물을 소독한다(그림 13.35). 태양열 조리기는 나무와 숯불을 대체하고 저개발 국가의 많은 사람들을 사망하게 하는 실내 공기 오염을 줄일 수 있다. 또한 장작과 장작으로 만든 숯의 필요성을 줄여서 삼림 벌채를 감소시킨다.

GOOD NEWS

태양 전지를 사용하여 전기 생산

태양 에너지는 일반적으로 **태양 전지**(solar cell)라고 하는 **광전자 전지**(photovoltaic (PV) cell)를 사용하여 전기에너지로 직접 변환할 수 있다. 태양 전지는 세계에서 가장 빠르게 발전하는 기술이다. 2001년에서 2015년 사이 태양 전지로 생산된 전력 1W당 비용은 83% 감소했으며 가격은 기술의 진보로 인해 계속 하락할 것으로 예상된다.

대부분의 태양 전지는 미량의 금속을 보유한 정제 실리콘이나 다결정 실리콘으로 된 얇은 투명웨이퍼로, 햇빛이 전지에 도달하면 전기를 생산할 수 있다. 태양 전지는 패널에 함께 연결되어 있으며 많은 패널을 연결하여 집이나 대형 태양광 발전소의 전기를 생산할 수 있다(그림 13.36과 13장 도입부 사진 참조). 이런 시스템은 전력망 또는 필요시 전기에너지를 저장하는 배터리에 연결될 수 있다. 대형 태양 전지 발전소는 독일, 스페인, 포르투갈, 한국, 중국 및 미국 남서부에서 운영되고 있다.

태양 전지는 옥상에 설치되거나 거의 모든 유형의 지붕 재료에 통합될 수 있다. 나노 기술 및 기타 신기술은 신문과 같이 인쇄되고 실외 벽, 창문 및 의류(휴대전화 충전용)와 같은 다양한 표면에 부착되거나 내장이 가능한 종이처럼 얇고, 강하고 유연한 시트(그림 12.A 참조)로 태양 전지를 제조할 수 있다. 일본, 영국, 인도, 이탈리아

그림 13.36 태양 전지 발전소: 대규모의 태양 전지를 연결하여 전기를 생산할 수 있다.

Ollyy/Shutterstock.com

및 호주의 태양광 발전 공급업체는 호수, 저수지, 연못 및 운하 표면에 떠다니는 태양 전지 패널을 배치하고 있다. 공학자들은 물을 사용하지 않고도 태양 전지판과 수광기를 깨끗하게 유지하기 위해 태양 전지를 코팅하여 먼지 입자를 밀어내는 방법을 개발하고 있다. **녹색 일자리: 태양 전지 기술**

저 개발 국가의 시골에 거주하는 약 13억 명이 전력망에 연결되어 있지 않다. 점차 더 많은 사람들이 옥상 태양 전지판(그림 13.37)을 사용하여 실내 공기를 오염시키는 비효율적인 등유 램프를 대체하는 에너지 효율이 높은 LED 램프에 전력을 공급하고 있다. 독립형 태양 전지시스템을 추가로 농촌 마을에 확장하면 수억 명의 사람들이 가난에서 벗어나고 실내의 치명적인 대기 오염에 노출되는 것을 감소시킨다.

태양 전지는 구동 부품이 없고 냉각을 위한 물이 필요 없으며 안전하고 조용하게 작동한다. 태양 전지는 온실가스나 다른 대기 오염 물질을 방출하지 않지만, 패널을 생산하고 운송하는 데 화석연료가 사용되기 때문에 탄소가 없는 선택은 아니다. 그러나 전기 단위당 탄소 배출량은 화석연료 또는 원자력 연료 사이클을 사용하여 발생하는 배출량보다 훨씬 적다. 기존의 태양 전지는 독성 물질을 포함하고 있기 때문에 셀을 20~25년 사용 후 마모되거나 새로운 시스템으로 교체할 경우 반드시 독성 물질을 회수해야 한다.

Jim Welc/National Renewable Energy Laboratory

그림 13.37　해결책: 인도 서부 시골 마을 벵갈(West Bengal)에 있는 오두막에서 조명을 밝히기 위해 태양 전지 패널을 이용하여 전기를 공급한다. **비판적 사고:** 가난한 국가에 태양 전지 시스템을 공급하기 위해 정부가 원조를 해야 한다고 생각하는가? 그 이유를 설명하라.

태양 전지의 한 가지 문제점은 낮은 에너지 효율이다. 효율이 급격히 향상되고 있지만 일반적으로 유입되는 태양 에너지의 20%만 전기로 변환된다. 2014년 독일의 프라운호퍼 태양 에너지 시스템 연구소(Fraunhofer Institute for Solar Energy System)의 연구원들은 화석연료 및 원자력 발전소의 효율 35%에 대비되는 효율 45%의 태양 전지를 개발했다. 그들은 이 프로토 타입 셀을 상업적 용도로 확장하기 위해 노력하고 있다. 그림 13.38은 태양 전지 사용의 주요 장점과 단점을 보여준다.

일부 기업과 주택 소유주는 옥상 태양광 발전 시스템의 비용을 모기지에 포함시켜 수십 년 간에 걸쳐 비용을 연장시키고 있다. 어떤 사람들은 태양 전지 시스템을 설치하고 유지 관리하는 회사에서 임대하고 있다.

일부 지역 사회와 지역민들은 지역 사회 또는 공유 태

상충 관계	
태양 전지	
장점	단점
이산화탄소와 대기 오염물질의 직접적 배출이 매우 적거나 거의 없음	태양이 반드시 필요
	전기 저장 또는 예비 시스템이 필요
	낮은 순에너지. 그러나 개선될 수 있음
설치, 이동 필요 시 확장 용이	
신형 전지의 가격 경쟁력	태양 전지 발전소로 인해 사막 생태계 교란 가능성

그림 13.38 태양 전지로 전기를 생산할 때의 장점과 단점(**개념 13.5**). **비판적 사고:** 가장 중요하다고 생각하는 장점 및 단점을 한 가지씩 제시하고 그 이유를 설명하라. 장점이 단점보다 크다고 생각하는가? 그 이유를 설명하라.

Top: Martin D. Vonka/Shutterstock.com. Bottom: pedrosala/Shutterstock.com.

양 에너지 시스템을 사용하여 공동 주택 등에 거주자들이나 나무나 건물에 가려 태양광의 접근이 안 되는 개개인에게 전기를 공급한다. 고객은 중앙 설비 장치에서 제공하는 전력으로 중앙에 위치한 소형 태양 전지 발전소에서 전력을 구매한다.

태양 전지에서 전기를 생산하는 것은 세계에서 가장 빠르게 전기를 생산하는 방법이다(그림 13.39). 태양 에너지는 무제한이며 전 세계에서 이용 가능하기 때문에 빠른 속도와 지속적인 성장이 예상된다. 또한 고갈 연료인 석탄이나 천연가스와 같이 제공하는 공급처에서 가격이 결정되는 것이 아니라 기술로 가격이 결정된다. **녹색 일자리: 태양 전지 기술**

NREL의 예측에 따르면 태양 에너지는 화석연료 보조금과 동일하거나 더 많은 정부 보조금으로 강력히 추진되고 지원된다면 2050년까지 미국 전력의 23%를 공급할 수 있다. 2050년 이후 태양 에너지는 미국과 세계 대부분의 최고 전력 공급원 중 하나가 될 것이다. 만약 그렇게 된다면 태양 에너지 **지속 가능성의 원리**의 매우 성공적인 전 세계 적용 사례가 될 것이다.

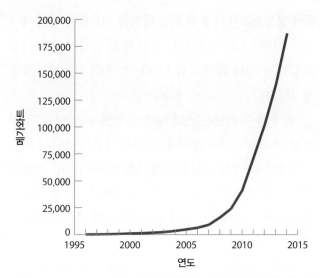

그림 13.39 1996~2015년 전 세계 태양 전지 설치 전기 용량. **데이터 분석:** 1996~2015년에 설치된 태양 전지의 용량은 어떤 요소와 비율로 증가했나?

Compiled by the authors using data from U.S. Energy Information Administration, International Energy Agency, Worldwatch Institute, and Earth Policy Institute.

낙수와 유수로부터 전기 생산

수력 발전(hydropower)은 유수와 낙수의 운동 에너지를 사용하여 전기를 생산하는 기술이다. 이 재생 가능 에너지 자원은 지구 태양열 물 순환의 일부로 태양열로 지표수가 증발하므로 간접적인 태양 에너지 형태다(그림 3.15 참조).

수력 발전은 세계에서 가장 널리 사용되는 재생 가능한 에너지 자원이다. IEA에 의하면 2015년 159개국에서 전 세계 전기의 16% 이상을 생산하고 있다. 2015년에 세계 4대 수력 발전 소비국은 중국, 캐나다, 브라질 및 미국의 순이다. 2015년 수력 발전은 미국에서 사용한 전력의 약 6%로 서부 해안에서 주로 사용되는 전력 약 절반을 워싱턴과 캘리포니아에 공급했다.

수력을 이용하는 가장 일반적인 방법은 큰 강을 가로질러 높은 댐을 건설하여 저수지를 만드는 것이다. 저수지에 저장된 물은 일부 큰 파이프를 통과해 터빈의 블레이드에 일정 흐름을 주어 전기를 생산하게 되고 전력망을 통해 공급이 이루어진다(그림 11.14 참조).

유엔은 전 세계 수력 발전 잠재력의 13%만이 개발되었다고 한다. 수력 발전 잠재력이 가장 큰 국가는 중국,

인도, 남미와 중앙아프리카의 몇몇 국가다. 세계 최대 수력 발전량을 보유한 중국은 향후 10년 동안 생산량을 두 배로 늘릴 계획이며 전 세계 200개 이상의 수력 발전 댐을 건설하거나 자금을 지원하고 있다.

수력은 가장 저렴한 재생 가능 에너지 자원이다. 댐 건설은 비용이 많이 들지만 댐이 가동만 되면 흐르는 물의 에너지 자원은 무료이며 일반적으로 매년 강설과 강우량에 의해 경신된다. 수력의 잠재력에도 불구하고 일부 분석가들은 기존의 많은 저수지에 토사가 쌓이고, 새로운 시스템이 구축되는 것보다 빠르게 효용성을 상실하여, 향후 수십 년 동안 대규모 수력 발전소의 사용이 서서히 줄어들 것으로 예상한다.

또한 수력 발전소 저수지에 수몰된 식물들이, 특히 따뜻한 기후에서 혐기성 분해 시 배출되는 강력한 온실가스인 메테인의 배출에 대한 우려가 커지고 있다. 브라질 국립 우수연구소의 과학자들은 세계에서 가장 큰 댐이 인간이 야기한 기후변화와 메테인의 가장 큰 원인이라고 추정하고 있다. 대기 온도가 계속 상승하고 이런 식물의 주요 물 공급원인 빙하를 녹이는 경우 수력 발전소의 전기 생산량도 감소하게 될 것이다.

대부분 최고의 부지에는 이미 댐이 있고 하천 흐름의 제어에 대한 논란과 신규 댐 건설 비용으로 인해 대규모의 새로운 수력 발전 댐이 미국에 건설될 가능성은 낮다. 그러나 기존의 많은 미국 수력 발전 댐의 터빈을 현대화하고 성능을 올리면 전력 생산량을 증대시킬 수 있다. 그림 13.40은 대규모 수력 발전을 사용하여 전력을 생산할 때의 주요 장점과 단점을 보여준다.

유수로부터 전기를 생산하는 또 다른 방법은 **해양 조석과 파도**의 에너지를 이용하는 것이다. 일부 연안의 만과 하구에서는 하루에 6 m 이상의 조차가 발생한다. 이런 만과 하구의 입구를 가로질러 댐을 건설하여 대규모의 흐름에서 에너지를 얻는 수력 발전을 한다. 에너지 전문가에 따르면 조차가 큰 지역은 드물기 때문에 조력이 세계 미래 전력 생산에 기여하는 바는 미미할 것으로 보고 있다.

수십 년 동안 과학자와 공학자들은 거의 연속적인 파도가 발생하는 해안을 따라 파력 에너지를 활용하여 전기

상충 관계

대규모 수력 발전

장점	단점
높은 순에너지	넓은 지역의 토지 훼손과 주민들의 이주
미개발지의 커다란 잠재력	열대 얕은 저수지에서 급속한 바이오매스의 부패로 인해 많은 양의 메테인 발생
낮은 비용의 전기	
온화한 기후에서 CO_2와 다른 대기 오염물질의 낮은 배출량	하류 수생 생태계의 교란

그림 13.40 대형 댐과 저수지로부터 전기를 생산할 때의 장점과 단점 (개념 13.5). **비판적 사고:** 가장 중요하다고 생각하는 장점 및 단점을 한 가지씩 제시하고 그 이유를 설명하라. 장점이 단점보다 크다고 생각하는 가? 그 이유를 설명하라.

를 생산하려고 노력해 왔다. 그러나 적절한 부지를 발견하기 어렵고 시민 반대, 높은 비용, 해수 부식과 폭풍으로 인한 장비 손상 등으로 인해 조석 및 파력 시스템의 전기 생산은 제한적이다.

중국은 세계 열대 바다 일부에서 따뜻한 지표수와 차가운 심해수의 온도차를 이용하여 전자 흐름을 생성하고 이를 이용한 전기 생산의 타당성을 평가하기 위한 실험용 설비를 건설하고 있다. 미국은 1980년대에 해양 열에너지 변환(ocean thermal-energy conversion, OTEC)이라는 접근법을 실험했지만 비용이 많이 들어 포기했다.

바람을 이용한 전기 생산

지구 적도 부근의 땅은 극지 근처 땅보다 더 많은 태양 에너지를 흡수한다. 지표면과 대기가 고르지 않게 가열되기 때문에 지구의 자전과 결합되어 탁월풍을 불게 한다 (그림 7.4 참조). 바람은 태양 에너지의 간접적인 형태이기에 이를 사용하는 것은 태양 에너지의 지속 가능성의 원리를 적용하는 방법이다.

풍력의 운동 에너지는 **풍력 터빈**에 의해 획득되고 전기 에너지로 변환될 수 있다. 터빈의 날개가 회전하면서 발전기를 구동하여 전기를 생산한다(그림 13.41, 왼쪽).

풍력 발전 단지에서 풍력 터빈 장치를 이용하여 전기 에너지를 전력망으로 전송한다. 풍력 발전 단지는 육지(13장 도입부 사진)와 해양(그림 13.41, 오른쪽) 모두에서 작동될 수 있다.

현재 풍력 터빈은 건물 60층 높이에 버스 여섯 대 길이인 70 m의 날개를 장착하고 있다. 이런 높이로 더 높은 고도에서 더 강하고 일정한 바람을 받아 더 적은 비용으로 더 많은 전기를 생산할 수 있다. 일반적으로 풍력 터빈은 1,000가구 이상에 전력을 공급하기에 충분한 전기를 생산할 수 있다.

하버드 대학의 연구진인 시 루(Xi Lu) 박사는 풍력 발전이 현재 세계 전력 수요의 40배를 생산할 잠재력이 있다고 추정한다. 전 세계 풍력 발전 단지의 대부분은 유럽, 중국 및 미국의 일부 지역에 건설되었다. 그러나 풍력 에너지의 미래 개척지는 해상단지(그림 13.41, 오른쪽)로 바람이 일반적으로 육지보다 해안가에서 훨씬 더 강력하고 안정적이기 때문이다. 멀리 떨어져 있으면 풍력 발전 단지가 육지에서 보이지 않는다. 근해 건설은 비용이 많이 들지만 터빈과 송전선의 위치에 대한 여러 토지 소유주 간의 협상이 필요 없다. 해상 풍력 발전 단지는 중국, 일본 및 10개 유럽 국가 연안에 건설되었다. 그림 13.42의 지도는 미국에서 육상 및 해상 바람의 잠재적 이용 가능성을 보여준다.

1990년 이래 풍력은 태양 전지(그림 13.39)에 이어 세계에서 두 번째로 빠르게 성장하는 전기 공급원이었다(그림 13.43). 2015년 미국은 풍력을 이용하여 전력을 생산하는 것으로 세계를 주도하고 있으며 중국, 독일 및 스페인이 그 뒤를 차지하고 있다. 중국의 많은 풍력 터빈은 주요 도시 근처에 있지 않고 국가의 전력망에 연결되어 있지 않기 때문에 유휴 상태다.

2015년 85개국 이상에서 315,000개의 풍력 터빈 발전량이 전 세계 발전량의 약 3.7%를 차지했다. IEA는 2050년까지 전 세계 발전량의 18%로 증가할 것으로 예상한다. 전 세계 풍력 터빈의 생산, 설치 및 유지 보수에 40만 명이 넘는 사람들이 고용되어 있으며, 풍력 발전이 급속히 확대됨에 따라 이런 일자리 수는 증가할 것이다.

기어 박스

발전기

전력선

풍력 발전기

그림 13.41 풍력 터빈은 바람의 운동 에너지를 전기 또는 다른 형태의 운동 에너지(이동 전자)로 변환한다. 풍력은 태양 에너지의 간접적인 형태다.

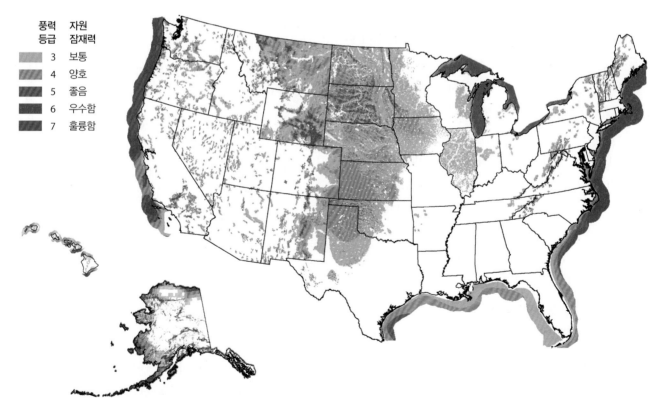

풍력 등급	자원 잠재력
3	보통
4	양호
5	좋음
6	우수함
7	훌륭함

그림 13.42 미국에서 육상 및 해상 풍력 에너지의 잠재적 공급량

Compiled by the authors using data from U.S. Geological Survey and U.S. Department of Energy.

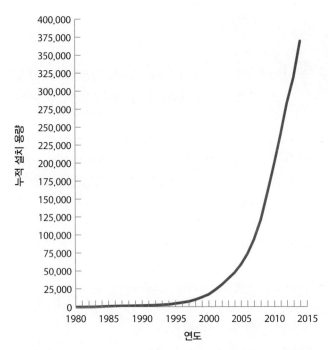

그림 13.43 1980~2014년 전 세계 풍력 에너지 전력 생산을 위한 설치 용량. **데이터 분석:** 2014년 세계 풍력 발전 용량은 2005년보다 몇 배나 증가했나?

Compiled by the authors using data from Global Wind Energy Council, European Wind Energy Association, American Wind Energy Association, Worldwatch Institute, World Wind Energy Association, and Earth Policy Institute.

향후 10년 동안 풍력 발전 단지 기술자는 미국에서 가장 빠르게 성장하는 직업 중 하나가 될 것으로 예상된다.

2015년 풍력은 덴마크 전력의 45%를 생산했으며 2035년까지 85%로 증가시킬 계획이다. 2015년까지 미국의 풍력 터빈은 국가 전력의 4.7%를 생산했으며 대형 원자로 64개에서 생산하는 전력과 같은 양이다. 텍사스가 풍력 에너지 생산이 제일 높고 아이오와, 캘리포니아, 오클라호마가 그 뒤를 따르고 있다. 텍사스 오스틴에 위치한 텍사스 대학 연구원의 2016년 연구에 따르면, 2015년 아이오와, 일리노이, 네브래스카, 캔자스 및 텍사스 풍력 발전 단지의 일부는 다른 기술보다 보조금 없이 저렴한 비용으로 전기를 생산했다고 한다.

미국은 풍력 에너지의 초강대국이다. 미국 과학원(National Academy of Sciences)에 발표된 연구에 따르면 미국은 현재 전력 수요의 16~22배를 충족할 만큼 충분한 풍력 잠재력을 가지고 있다고 추정했다. DOE는 노스다코타, 캔자스, 텍사스 등 3개 주의 풍력 발전 단지로

유리한 장소에서 현대의 스마트 전력망을 사용하여 전기를 분배할 수 있다면, 48개 주의 전기 수요를 충족시킬 수 있다고 추정한다. 또한 NREL은 대서양과 태평양 연안 및 대 호수 주변에서 발생하는 바람으로 48개 주에서 현재 사용되는 전력의 9배를 생산할 수 있다고 추정한다.

그러나 미국의 해상 풍력 발전 단지는 천연가스, 수력 발전소 및 일부 지역의 태양 전지 공장과 같은 저렴한 육상 전력 공급원과 경쟁으로 방해를 받고 있다.

DOE의 2015년 연구에 따르면 정부 보조금이 지속되면 미국은 2030년까지 풍력으로 전력의 30%를 얻을 수 있다고 한다. 이로 인해 2015년 73,000개의 일자리에서 최대 600,000개의 일자리가 창출되고 전기 요금이 절감된다. 또한 석탄을 사용하여 전력을 생산하는 것에 비해 대기 오염을 줄이고 기후변화와 해양 산성화를 늦출 것이다(개념 13.5).

바람은 풍부하고 광범위하게 분포하며 무한정이고, 대부분 탄소와 오염이 없다. 풍력 발전 단지는 9~12개월 안에 건설할 수 있으며 필요에 따라 확장이 가능하다. 풍력 발전 단지가 차지하는 면적은 넓을 수 있지만 터빈 자체가 차지하는 면적은 작다.

풍력에 유리한 바람이 부는 지역의 많은 토지 소유주가 풍력 발전 단지에 투자하고 있다. 토지 소유주는 일반적으로 그들의 토지에 세운 각 풍력 터빈에 대한 사용료로 연간 3,000~10,000달러를 받는다. 옥수수를 심는 아이오와 북부의 1에이커의 땅은 일 년에 약 1,000달러의 에탄올 연료를 생산할 수 있다. 풍력 터빈에 사용되는 지역은 연간 300,000달러 상당의 전기를 생산할 수 있으며, 터빈 타워 주변은 여전히 농작물 재배 및 가축 방목에 사용될 수 있다.

1990년 이후 미국과 다른 국가의 풍력 발전 비용은 급격히 감소하고 있다. 에너지 효율을 높이고 대량 생산 및 유지 보수 비용을 절감할 풍력 터빈 설계의 기술 개선으로 인해 비용이 계속 하락할 것으로 예상된다. DOE와 월드 워치 연구소는 유해한 환경 및 보건 비용을 포함하여 여러 에너지 자원의 비용 추정치를 비교해보면, 풍력 에너지가 전기를 생산하는 가장 비용이 적게 드는 방법일

조류와 박쥐의 안전을 위한 풍력 발전 터빈 만들기

야생생물 생태학자와 조류 전문가들은 풍력 터빈과 충돌해 미국에서 매년 234,000마리의 새와 600,000마리의 박쥐가 죽는 것으로 추정하고 있다. 이런 죽음은 합법적인 관심사다.

그러나 야생동물 보호협회(Defenders of Wildlife), 미국 어류 및 야생동물 관리국(U. S. Fish and Wildlife Service)과 스미스소니언 보존생물학 연구소(Smithsonian Conservation Biology Institute)의 연구를 따르면 인간과 관련된 다른 요인과 비교하면 풍력 터빈에 의한 조류와 박쥐의 죽음은 약 0.003%에 불과하다. 매년 집고양이와 야생고양이는 14~37억 마리의 새를 죽인다. 창문에 충돌 10억 마리;

자동차 및 트럭 사고 8,900만~3억 4,000만 마리; 고압 전선에 감전 1억 7,500만 마리; 살충제 중독으로 7,200만 마리가 죽는다. 조류와 박쥐의 죽음과 관련된 풍력 터빈 대부분은 오래전 설계, 제작되었거나 일부는 조류 이동 통로와 박쥐 서식지에 건설되었다.

현재 풍력 발전 단지 개발자는 조류 이주 통로와 박쥐 서식지를 피해 건설한다. 최신 터빈 설계는 날개의 회전 속도를 느리게 하고 새들이 앉거나 둥지를 틀 수 있는 장소를 없애 조류와 박쥐의 죽음을 상당히 감소시킨다. 연구자들은 터빈으로 접근하는 조류와 박쥐를 막기 위해 자외선 이용에 대한 평가를 하

고 있다. 터빈 날개에 부착된 초음파 장치는 인간이 들을 수 없는 고주파 음을 방출하여 박쥐를 놀라게 할 수 있다. 또 다른 접근법은 레이더를 사용하여 이동하는 큰 무리의 조류를 추적하고 터빈을 지나갈 때까지 구동을 종료하는 것이다.

비판적 사고

풍력 터빈이 조류와 박쥐를 죽일 수 있기에 풍력 발전에 의존해서는 안 된다고 말하는 사람에게 어떻게 말할 것인가?

것으로 추정한다. 이는 전체 비용 책정의 지속 가능성의 원리를 적용한 것이다.

다른 에너지원과 마찬가지로 풍력에도 몇 가지 단점이 있다. 풍력 발전 잠재력이 가장 큰 대지는 종종 도시와 거리가 멀다. 거대한 터빈 날개 및 기타 부품을 이런 지역에 전달하려면 도로를 건설해야 한다. 또한 풍력 터빈은 과학자와 풍력 발전 전문가가 연구하고 있는 문제 중 하나로 조류와 박쥐도 죽일 수 있다(과학적 핵심 13.3).

풍력 에너지 사용에 대한 막대한 잠재력을 활용하기 위해 미국은 오래된 전력망을 스마트 전력망으로 교체하여 도시를 점점 더 많은 풍력 발전소(및 태양열 발전소)에 연결하는 스마트 전력망으로 투자해야 한다. 스마트 전력망에 연결된 서로 다른 지역에 있는 수많은 풍력 발전 단지는 바람이 부는 지역에서 전력을 공급하여 어느 한 지역에서 바람이 없더라도 지속적인 전기 공급이 이루어지도록 한다.

그림 13.44는 바람을 이용하여 전기를 생산할 때 주요 장점과 단점을 보여준다. 많은 에너지 분석가들에 따르면 풍력은 에너지 효율을 높이고 에너지 낭비를 줄이는 것 외에 다른 에너지 자원보다 더 많은 이점과 덜 심각한

상충 관계	
풍력	
장점	단점
높은 순에너지	국가 전력망이 연결되지 않은 상태에서 바람이 없을 때는 예비 또는 저장 시스템이 필요
광범위한 지역에서 가능	시각 공해로 여기는 사람들도 있음
낮은 전력 비용	
CO_2와 대기 오염물질의 배출이 아주 적거나 없음	일부에게는 낮은 수준의 소음 피해
건설과 확장 용이	설계와 위치가 적절하지 않으면 새와 박쥐를 죽임

그림 13.44 풍력으로 전기를 생산할 때의 장점과 단점(개념 13.5). **비판적 사고:** 가장 중요하다고 생각하는 장점 및 단점을 한 가지씩 제시하고 그 이유를 설명하라. 장점이 단점보다 크다고 생각하는가? 그 이유를 설명하라.

Top: TebNad/Shutterstock.com. Bottom: T.W. van Urk/Shutterstock.com

단점을 가지고 있다(그림 13.23). 녹색 일자리: 풍력 에너지 공학

고체 바이오매스 연료로 에너지 생산

식물, 식물과 동물성 폐기물, 스크랩 목재와 같은 식물 제품에서 발견되는 유기 물질을 **바이오매스**(biomass)라고 하며 연소시켜 에너지를 생산할 수 있다. 바이오매스는 고체 연료로 연소되거나 액체 바이오 연료로 변환될 수 있다. 바이오매스 연료의 예로는 목재, 목재 폐기물, 목재로 만든 숯과 사탕수수 줄기, 쌀겨 및 옥수수 속대와 같은 농업 폐기물이 포함된다.

대부분 고체 바이오매스는 난방과 조리하는 과정에서 연소된다. 또한 산업 공정에 열을 공급하고 전기를 생산하는 데 사용될 수 있다. 난방 및 조리에 사용되는 바이오매스는 전 세계 에너지의 10%, 저개발 국가에서 사용되는 에너지의 35%, 가장 가난한 국가에서 사용되는 에너지의 95%를 공급한다.

목재는 벌목량이 삼림의 보충량보다 적을 때만 재생 가능한 연료다. 문제는 저개발국 77개 국가에서 약 27억 명의 사람들이 **목재 연료 위기**에 직면하고 있으며, 생태계에 존속할 새로운 나무가 자라기 전에 벌목하여 연료 수요를 충족시키고 있다.

이 문제를 해결하기 위해 **바이오매스 농장**에 생장 속도가 빠른 나무, 관목 또는 여러해살이 초목을 재배하는 방법이 있다. 그러나 이런 농장에서 주기적으로 재배와 수확을 반복하면 토양의 주요 영양소가 고갈될 수 있다. 또한 침입종이 될 수 있는 일부 비토착성 수목 종이 확산될 수 있다. 연료 수요를 위해 산림과 초원을 단순화하면 생물 다양성의 감소와 기후변화를 야기하는 이산화탄소를 포획할 수 있는 식생의 양도 감소한다.

목재와 다른 형태의 바이오매스를 연소하면 이산화탄소와 연기의 미세 입자와 같은 다른 대기 오염물질이 생성된다. 그림 13.45는 연료로서 고체 바이오매스 연소 시 주요 장점과 단점을 보여준다.

액체 바이오 연료를 이용한 차량 동력 공급

바이오매스는 액체 바이오 연료로 전환하여 자동차에 사용할 수 있다. 가장 일반적인 액체 바이오 연료는 에탄올

상충 관계

고체 바이오매스

장점

일부 지역에서 광범위하게 사용 가능

중간 정도 비용

중간 순에너지

벌목과 연소 그리고 지속 가능한 식목

농장의 황폐한 땅을 회복시키는 역할

단점

산림 파괴 기여

개벌로 인해 토양의 침식, 수질 오염, 야생동물 서식지 소실

외래종이 생태계로 유입될 수 있음

지속 가능하지 않게 수확하고 연소하면 CO_2 배출 증가

그림 13.45 고체 바이오매스를 연료로 사용할 때의 장점과 단점(개념 13.5). **비판적 사고:** 가장 중요하다고 생각하는 장점 및 단점을 한 가지씩 제시하고 그 이유를 설명하라. 장점이 단점보다 크다고 생각하는가? 그 이유를 설명하라.

Top: Fir4ik/Shutterstock.com, Bottom: Eppic/Dreamstime.com.

(식물 및 식물성 폐기물로 생산된 에틸알코올)과 바이오디젤(식물성 오일로부터 생산)이다. 바이오 연료를 가장 많이 생산하는 나라는 순서대로 미국(옥수수로부터 에탄올 생산), 브라질(사탕수수 추출물로부터 에탄올 생산), 유럽연합(식물성 오일로부터 바이오디젤 생산)이다.

바이오 연료는 석유에서 생산되는 휘발유와 디젤 연료에 비해 세 가지 주요 이점이 있다. **첫째**, 바이오 연료 작물은 세계 모든 지역에서 재배가 가능하여 많은 국가들의 석유 수입 의존도를 줄일 수 있다. **둘째**, 바이오 연료 작물의 재배 수확 속도에 맞춰, 기존 초원이나 산림을 바이오 연료 작물 재배를 위해 벌목하지 않는 동안에는 이산화탄소 순배출량은 증가하지 않을 것이다. **셋째**, 바이오 연료는 기존 연료 네트워크를 통해 저장 및 운송이 용이하며 차량용 연료로 사용할 때 드는 추가 비용이 아주 적다.

1975년 이후로 전 세계 에탄올 생산량은 특히 미국과 브라질에서 급격히 증가했다. 브라질은 사탕수수 분쇄로 생성되는 사탕수수 추출물로부터 에탄올을 만든다. 이 사탕수수 에탄올은 옥수수로부터 생산된 에탄올보다 약 8배

높은 중간 순에너지를 가진다. 브라질의 자동차와 경량 트럭의 약 70%는 1%의 경작지에서 자란 사탕수수로부터 생산된 에탄올 또는 에탄올-가솔린 혼합물을 사용한다. 이것은 브라질의 수입 석유 의존도를 크게 줄였다.

2016년 미국에서 생산된 옥수수의 약 29%가 에탄올을 생산하는 데 사용되었으며, 휘발유와 혼합하여 자동차 연료로 공급되었다. 미국의 휘발유는 에탄올 10% 혼합연료(E10)보다 많은 양의 에탄올을 함유할 수 없다.

연구에 따르면 옥수수 재배, 비료 생산 및 에탄올 변환을 위해서 화석연료를 대량으로 사용하기 때문에 옥수수 기반 에탄올은 순에너지가 낮다. 옥수수 기반 에탄올 생산 및 사용은 대기 온실가스 배출 논란이 있다. 일부 연구는 에탄올 연료 연소는 순수한 휘발유 연소보다 온실가스가 더 적을 수 있다. 그러나 다른 연구는 옥수수 생산으로 인한 온실가스 배출량을 포함하면 온실가스 배출량이 증가한다.

환경연구단(Environmental Working Group)의 연구에 의하면 미국 대형 정부 보조금 옥수수 기반 에탄올 프로그램은 중요한 표토 보존 프로그램인 토양 보존 구역의 200만 헥타르(500만 에이커) 이상의 토지를 차지한다(280쪽). 옥수수의 생장에는 상당한 양의 물과 땅(일부 지역은 공급 부족 자원)을 필요로 한다.

또한 과학자들은 대규모 바이오 연료 농업이 생물 다양성 감소, 토질 저하와 침식을 증가시킬 수 있다고 경고했다. 그 결과 많은 과학자와 경제학자들은 옥수수 기반 에탄올 생산에 대한 정부 보조금을 철회하고, 현재 미국의 에탄올 10% 제한치를 줄이도록 요구하고 있다. 대조적으로 옥수수 재배업자와 에탄올 증류업체는 가솔린에 최대 에탄올 30%를 허용하도록 제안하고 있다. 그들은 옥수수 기반 에탄올의 유해 환경 영향이 과장되었고 바이오 연료는 많은 환경과 경제적 이점을 가지고 있다고 주장한다.

옥수수 기반 에탄올 대안으로 먹지 못하는 잎, 줄기 및 나무 조각 형태의 식물 바이오매스 대부분을 구성하는 셀룰로스에서 생성되는 **셀룰로스 에탄올**이 있다. 셀룰로스 에탄올은 질소 비료와 살충제를 필요로 하지 않

는 스위치그라스(switchgrass)와 오각류(miscanthus) 같이 크고 빠르게 자라는 초목에서 생산할 수 있다. 황폐하고 버려진 농지에서 재배할 수 있으며 여러해살이 식물이기 때문에 다시 심을 필요가 없다. 생태학자 데이비드 틸먼(David Tilman)은 셀룰로스 에탄올의 순에너지 수율은 옥수수 기반 에탄올의 약 5배라고 추정한다. 그러나 셀룰로스 에탄올을 생산하는 데 드는 비용은 아직 적지 않으며 파생될 수 있는 환경 영향을 설명하기 위해 더 많은 연구가 필요하다.

옥수수 기반 에탄올의 또 다른 가능한 대안은 조류를 사용하여 바이오 연료를 생산하는 것이다. 조류는 다양한 수생 환경에서 빠르게 생장할 수 있다. 조류는 세포에 에너지를 천연오일로 저장한다. 이 오일을 추출 및 정제하여 휘발유와 매우 유사한 제품을 만들 수 있다. 현재 조류에서 석유를 추출하고 정제하는 데는 비용이 많이 든다. 이 가능성 있는 바이오 연료의 잠재력을 평가하려면 더 많은 연구가 필요하다.

그림 13.46은 에탄올과 바이오디젤 같은 바이오 연료 사용의 주요 장점과 단점을 보여준다.

지구 내부 열 활용

지열 에너지(geothermal energy)는 토양, 지하 암석 및 지구 맨틀 유체에 저장된 열이다. 건물의 난방과 냉방, 물의 가열과 전기 생산에 사용된다. 지열 에너지는 24시간 내내 이용이 가능하지만 지하의 열이 적절하게 높은 곳에서만 실용적이다.

전 세계 주택의 난방과 냉방에 **지열 히트 펌프 시스템**(그림 13.47)을 이용할 수 있다. 이 시스템은 지표면과 지하의 온도 차이를 이용한 것으로 깊이 3~6 m의 지하 온

도는 일반적으로 연중 10~20°C이다. 겨울에는 매립 파이프의 폐쇄 루프가 땅에서 열을 추출하여 열펌프로 운반하는 유체를 순환시켜 열을 가정의 열 분배 시스템으로 전달한다. 여름에는 이 시스템이 반대로 작동하여 집 내부의 열을 제거하여 지하에 보관한다.

EPA는 잘 설계된 지열 히트 펌프 시스템은 공간의 냉난방에 가장 에너지 효율적이고, 신뢰할 수 있으며, 환경 친화적이며 비용 효율적인 방법이라고 한다. 설치 비용이 높을 수 있지만 일반적으로 3~5년 내에 비용을 회수할 수 있고, 시스템은 소유주의 비용을 절약한다. 초기 비용을 주택담보대출에 추가하여 20년 이상 재정 부담을 분산시킬 수 있다.

기술자들은 또한 더 깊은 곳에 존재하는 농축된 지열 에너지인 **열수층**을 활용하는 방법을 배웠다. 열수층에 구멍을 뚫어 건조 증기(물 함량이 낮은), 습한 증기(물 함량이 높음) 또는 뜨거운 물을 뽑아낸다. 이후 증기 또는 뜨거운 물을 사용하여 건물 난방이나 온수 공급으로 온실의 채소 재배와 양식장에서 물고기 양식 및 터빈을 회전시켜 전기를 생산한다.

2015년 24개국에서 지열 에너지를 사용하여 전기를 생산했으며 70개국에서 지열을 활용했다. 미국은 열수층을 이용해 에너지를 생산하는 세계 최대 지열 전기 생산

상충 관계

액체 바이오 연료

장점

일부 작물은 CO_2 저감

유지식물로부터 바이오디젤을 얻을 때 중간 순에너지

사탕수수로부터 에탄올을 얻을 때 중간 순에너지

단점

연료 작물과 식용 작물간 경작지 및 가격 경쟁

연료 작물로 인한 외래종 침입 가능성

콩으로 만든 바이오디젤과 옥수수 에탄올의 낮은 순에너지

옥수수 에탄올로부터 높은 CO_2 배출

그림 13.46 에탄올과 바이오디젤을 연료로 사용할 때의 장점과 단점(**개념 13.5**). **비판적 사고:** 가장 중요하다고 생각하는 장점 및 단점을 한 가지씩 제시하고 그 이유를 설명하라. 장점이 단점보다 크다고 생각하는가? 그 이유를 설명하라.

Top: tristan tan/Shutterstock.com

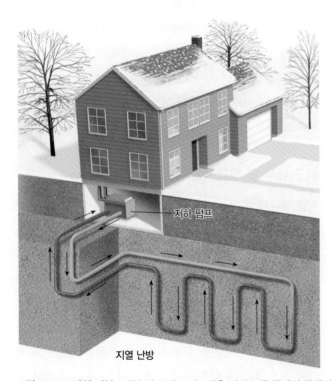

지하 펌프

지열 난방

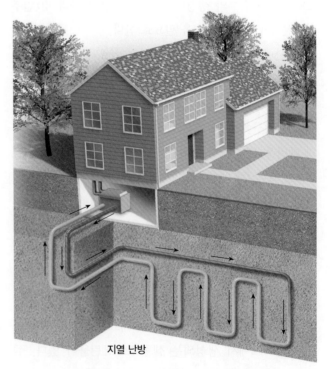

지열 난방

그림 13.47   자연 자본: 지열 히트 펌프 시스템은 거의 모든 곳에서 주택의 냉난방에 사용할 수 있다.

안드레 루조: 지열 에너지 추적, 내셔널 지오그래픽 탐험가

안드레 루조(Andrés Ruzo)는 지열 에너지가 재생 가능한 청정 에너지 자원으로 어떻게 세계 에너지 문제를 해결하는 데 도움이 되는지 보이는 배움의 열정을 가진 지구물리학자다. 페루에서 성장한 유년시절, 그는 끓는 강에 대한 이야기를 듣고도 그것을 믿지 않았다. 그러나 2011년 페루의 지열 잠재력을 확인하기 위해 지질학 박사 과정을 시작했을 때, 그런 강이 존재하는 것을 알게 되었다. 그의 연구는 지구의 지각에서 마그마가 끌어올려 강물을 데우는 것이다.

루조와 그의 아내이자 현장 조수인 소피아(Sofia)는 페루 북부의 지열 에너지 자원에 대한 최초의 상세지도를 개발하기 위해 자료를 수집하고 있다. 그는 지열 에너지는 중요한 재생 가능한 열과 전기 공급원으로 활용될 수 있는 숨겨진 잠자고 있는 거인이라고 생각한다. 그의 인생 목표는 "세상에 긍정적 변화의 힘이 되는 것"이라고 말한다.

국이다. 아이슬란드는 거의 모든 전기를 재생 가능한 수력(69%)과 지열(29%) 발전소에서 생산하며, 주택의 난방과 온수 공급의 약 90%를 지열 에너지가 담당한다. 페루에서는 한 내셔널지오그래픽 탐험가가 지열 자원 개발을 위한 연구를 수행하고 있다(개별적 문제 13.1).

지열 에너지의 또 다른 원천은 대부분 지하 5 km 이상의 고온 건조 암체다. 암체에 구멍을 뚫어 물을 주입한다. 물의 일부는 열을 흡수하고 증기가 되어 지표로 돌아와 터빈을 회전시켜 전기를 생산한다. 미국 지질조사국에 따르면 미국의 지열 에너지 중 고온 건조 암체의 2%만 사용해도 현재 연간 전기 사용량의 2,000배 이상을 공급할 수 있다고 한다. 그러나 제한 요인은 높은 비용으로 이를 줄이려면 더 많은 연구와 기술 향상이 이루어져야 한다. 녹색 일자리: 지열 기술자

그림 13.48은 지열 에너지를 이용할 때의 주요 장점과 단점이 나열되어 있다. 지열 에너지의 광범위한 사용을 제한하는 가장 큰 요인은 관정 시추와 플랜트 건설의 높은 비용과 저렴한 열을 가진 열수 지역의 부족이다.

수소가 우리를 구할 수 있을까

일부 과학자들은 미래 연료로 수소 가스를 말한다. 수소(H_2)와 산소(O_2) 가스를 결합해 전기를 생산하고 오염을 일으키지 않는 수증기($2H_2 + O_2 \rightarrow 2H_2O +$ 에너지)를 대기로 방출하는 수소 연료 전지를 사용하는 데 대부분 연

상충 관계

지열 에너지

장점	단점
접근이 쉬운 곳에서 고에너지 효율성과 중간 순에너지	접근이 쉬운 곳을 제외하면 높은 비용
화석연료보다 낮은 CO_2 배출량	적합한 장소가 적음
적정한 장소에서는 낮은 운영비	소음과 일부 CO_2 배출

그림 13.48 지열 에너지를 사용하여 난방, 전기 및 산업용 고온열을 생산할 때의 장점과 단점(개념 13.5). **비판적 사고:** 가장 중요하다고 생각하는 장점 및 단점을 한 가지씩 제시하고 그 이유를 설명하라. 장점이 단점보다 크다고 생각하는가? 그 이유를 설명하라.

구자들이 중점을 두고 있다.

자동차 운전, 건물 난방 및 전기 생산을 위한 연료로 수소를 널리 사용하면 화석연료 연소로 인한 대부분의 실외 대기 오염 문제가 사라진다. 또한 화석연료 또는 원자력을 이용하여 수소를 생산하지 않는 한, 대기에 이산화탄소가 배출되지 않기 때문에 기후변화와 해양 산성화를 크게 줄일 수 있다.

수소를 주요 연료원으로 전환하는 것은 여러 가지 이유로 어려운 과제다. 첫째, 대기에는 수소 가스가 거의 없다. 수소는 물을 가열하거나 전기를 통과시켜 생산할 수 있다. 천연가스와 가솔린 분자에서 발견되는 메테인

(CH$_4$)으로부터 생산; 석탄, 산소 및 증기와 관련된 화학 반응을 통해 생산. **둘째**, 수소 연료를 연소시켜 얻는 에너지양보다 수소 연료를 생산하는 데 더 고품질의 에너지가 필요하기 때문에 수소는 음의 순에너지를 갖는다.

셋째, 연료 전지는 수소를 사용하는 가장 좋은 방법이지만 현재 상태의 연료 전지는 비싸다. 그러나 대량 생산과 함께 나노 기술 개발(과학적 핵심 12.1 참조)의 발전으로 연료 전지의 가격이 저렴해질 수 있다.

넷째, 수소를 기반으로 하는 에너지 시스템이 화석연료 시스템보다 이산화탄소와 기타 실외 대기 오염 물질을 더 적게 생산하느냐 마느냐는 수소 연료 생산 방식에 달려 있다. 석탄이나 원자력 발전소에서는 생산된 전기를 이용해 물을 분해하여 수소와 산소를 얻을 수 있지만 석탄 및 원자력을 사용함으로써 발생되는 유해한 환경 영향은 피할 수는 없다. 연구에 따르면 석탄에서 수소를 생산하거나 메테인이나 휘발유에서 뽑아내면 석탄이나 메테인을 직접 연소시키는 것보다 생성된 열 단위당 대기로 배출되는 이산화탄소 발생량은 훨씬 더 많다.

수소가 가진 음의 순에너지는 심각한 한계다. 이는 수소가 자유 시장에서 경쟁하기 위해 많은 보조금을 받아야 한다는 것을 의미한다. 그러나 이것은 바뀔 수 있다. 화학자 다니엘 노세라(Daniel Nocera)는 자연으로부터 가르침을 받아 잎이 광합성으로 식물이 사용하는 화학 에너지를 생성하는 방법을 연구하여, '인공 잎'을 개발했다. 신용 카드 크기만 한 실리콘 웨이퍼 위에 수돗물을 떨어뜨린 후 햇빛에 노출시켜 수소와 산소를 생산할 수 있다. 추출된 수소는 연료 전지에 동력을 공급하는 데 사용될 수 있다. 허용 가능한 순에너지를 가지며 저렴한 가격으로 다량의 수소를 생산하기 위해 위의 공정 또는 유사한 공정이 상업 생산이 된다면 태양 에너지와 수소 연료의 사용을 위한 전환점이 될 수 있다. 이런 진행은 세계적인 태양 에너지의 **지속 가능성의 원리** 구현에 도움이 될 것이다.

그림 13.49는 수소를 에너지 자원으로 사용함에 따른 주요 장점과 단점을 보여준다. **녹색 일자리: 수소 에너지 개발**

상충 관계

수소

장점	단점
일부 지역에서는 풍부한 수자원을 활용하여 생산 가능	음의 순에너지
신재생의 방법으로 CO$_2$ 배출이 없음	탄소 함유 화합물로부터 생산되면 CO$_2$ 배출
오일 대체에 적합	보조금의 필요한 높은 비용
연료 전지에 높은 효율	H$_2$의 저장과 분배 시스템 필요

연료 전지

그림 13.49 수소를 사용하여 차량용 연료나 열 및 전기를 공급할 때의 장점과 단점(개념 13.5). **비판적 사고**: 가장 중요하다고 생각하는 장점 및 단점을 한 가지씩 제시하고 그 이유를 설명하라. 장점이 단점보다 크다고 생각하는가? 그 이유를 설명하라.

13.6 우리는 어떻게 보다 지속 가능한 에너지의 미래로 전환할 수 있는가?

개념 13.6 우리는 에너지 효율을 개선하고 에너지 낭비를 줄이며, 재생 가능한 에너지자원을 잘 병행하여 사용하고, 에너지 자원의 환경 및 보건 비용을 시장 가격에 포함시킴으로써 보다 지속 가능한 에너지 미래로 전환할 수 있다.

새로운 에너지 우선순위 설정

하나의 주요 에너지 자원에서 다른 주요 에너지 자원으로 이동은 새로운 것이 아니다. 새로운 기술이 이런 자원을 더 유용하고 저렴하게 만들면서, 세계는 목재에서 석탄으로, 석탄에서 석유로, 그리고 현재 석유, 천연가스 및 석탄에 의존하는 것으로 전환했다. 주요 에너지 자원의 이런 변화는 각각 50~60년이 걸렸다. 과거와 같이 새로운 에너지 자원을 개발하고 확산시키기 위해 과학적 연구, 공학 기술과 기반 조성에 막대한 투자가 필요하다.

현재 전 세계와 미국에서 사용하는 상용 에너지의 86%와 81%는 세 가지 탄소함유 화석 연료인 석유, 석탄, 천연가스로부터 얻는다(그림 13.2). 이들 연료는 거대한 경제 성장을 지원했으며 많은 사람들의 삶을 향상시켰다.

그러나 특히 석탄과 같은 화석연료 연소는 세계의 가장 심각한 환경문제인 대기 오염, 기후변화, 해양 산성화 등에 큰 책임이 있다는 사실을 사회가 인식하고 있다. 화석연료는 시장 가격에 이들을 포함한 건강 위협과 환경 영향이 반영되어 있지 않아 저렴하다.

많은 과학자와 에너지 전문가 및 경제학자들은 향후 50~60년 동안 새로운 에너지로의 전환 필요성을 다음과 같은 이유를 들어 설명한다. **(1)** 에너지 효율 향상 및 에너지 낭비 감소, **(2)** 재생 불가능 화석연료에 대한 의존 감소, **(3)** 태양, 유수(수력), 바람, 바이오매스, 바이오 연료, 지열 에너지 및 수소 같은 신재생 에너지에 더 많이 의존. 또한 국가는 이런 자원에서 생산된 전기 분배를 위한 최신 스마트 전력망을 개발해야 한다.

그림 13.50에서와 같이 미국은 화석연료 사용량을 감소시킬 수는 있지만 사라지지는 않을 것이다. IEA와 BP(British Petroleum)는 2015~2035년에 석유 및 석탄의 전 세계 에너지 소비량은 감소하고, 원자력과 수력 발전은 거의 동일하게 유지되며, 태양, 풍력 및 천연가스는 증가할 것으로 예상했다. IEA는 현재 86%에 육박하고 있는 화석연료의 세계 에너지 제공 비중이 2065년에는 적어도 50%로 예상한다. 유해 환경 영향과 기후변화 및 해양 산성화 촉진에 주요 역할을 담당하는 석탄의 사용량이 가장 감소할 것으로 보인다. 게다가 많은 지역에서 천연

가스 연소 또는 풍력 발전 단지에서 전기를 생산하는 것이 더 저렴하다. 결과적으로 과학자와 경제학자들은 화석연료 사용으로 야기되는 유해한 환경 및 건강 영향을 감소시키기 위해 연구 및 정부 보조금을 크게 늘려야 한다고 주장한다.

향후 50~60년 동안 세계 에너지 시스템과 경제 재편은 비용을 절감하고 수익성 있는 사업 및 투자 기회를 창출하며 일자리를 제공할 것이다. 또한 이것은 대기 오염을 급격히 줄이고, 해양 산성화를 늦추고, 걷잡을 수 없는 기후변화와 생태적 경제적 혼란으로부터 생명을 구할 것이다. 마지막으로, 우리는 윤리적 지속 가능성의 원리에 따라 긍정적인 환경 영향을 증가시키고 우리가 받은 것보다 더 나은 모습으로 미래 세대에게 세상을 전달할 것이다.

이런 에너지 전환은 전 세계에 걸쳐 깨끗하고 점점 더 저렴한 태양과 풍력 에너지의 영구적인 공급에 의해 추진되고 있다. 태양 전지와 풍력 터빈 기술의 발전은 풍력과 태양 에너지를 사용하여 전기를 생산하는 비용이 꾸준히 감소하고 있다. 이는 널리 보급되지 않은 일부 재생 불가능한 석유, 석탄 및 천연가스의 유한 공급에 의존하는 화석연료와 대조적이며 일부 국가가 통제하고 있으며, 공급과 수요에 따라 가격이 변동될 수 있다.

이 새로운 기술 주도 에너지 경제에서 세계 전력 증가

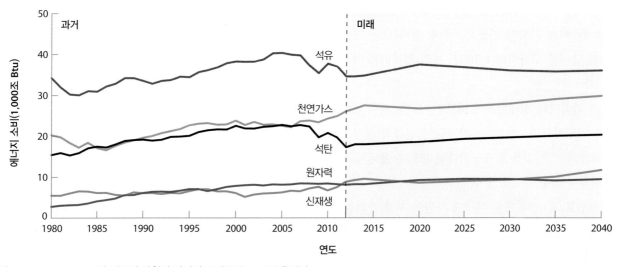

그림 13.50 1980~2014년 미국의 자원별 에너지 소비량과 2040년 추정치
Compiled by the authors using data from U. S. Energy Information Administration.

율은 가용 가능한 태양과 바람에서, 지역적으로 태양 전지 발전소와 풍력 발전 단지에서 생산될 것이다. 이것은 현대적인 상호작용 스마트 전력망을 통해 소비자에게 전송된다. 토지나 지붕에 태양 전지판을 설치한 주택 소유주와 사업체(또는 태양 전지가 포함된 지붕 재료)는 독립적인 전기 생산자가 될 수 있다. 그들은 가정과 회사를 냉난방하고, 전기기기를 가동하고, 하이브리드 또는 전기자동차를 충전하고, 남는 전기를 판매할 수 있다. 미국은 경제적으로 이익을 얻을 수 있으며 이는 경제 변화에 따른 국가의 혁신 능력을 활용하여 에너지 효율, 재생 가능한 에너지와 배터리 기술 혁신이 촉발될 수 있기 때문이다.

다른 주요 사회 변화와 같이 이런 변화를 만드는 것은 쉽지 않을 것이다. 그러나 많은 분석가들에게 이런 변화로 인한 환경, 건강, 경제적 이득이 변화하지 않는 것의 유해한 환경, 건강, 경제적 영향보다 훨씬 크다.

태양과 바람으로부터 생산되는 전력 원가가 급격히 하락하고 투자자들이 세계에서 가장 빠르게 성장하는 두 가지 사업에서 돈을 벌 수 있는 방법을 찾으면서 이런 변화가 진행 중이며 추진력을 얻고 있다. 독일(다음 사례 연구 참조), 스웨덴, 덴마크, 코스타리카가 이런 전환에서 가장 큰 진전을 이루었다. 예를 들어 코스타리카는 대부분 수력, 지열 에너지, 풍력 등 신재생 자원으로부터 전력의 90% 이상을 공급받고 있고, 2021년까지 모든 전력을 재생 가능한 자원에서 생산하는 것을 목표로 한다. 2017년 미국 정부가 에너지 효율과 신재생 에너지에 대한 공약에서 손을 떼기 시작한 가운데, 중국 정부는 이 기술에 3,600억 달러를 투자하여 1,300만 개의 일자리를 창출할 계획이다.

많은 과학자와 경제학자에 따르면, 시민, 신흥 에너지 회사의 지도자들과 에너지 투자자들이 선출직 공무원들에게 다음과 같은 것들을 요구한다면 새로운 에너지 경제로의 전환이 더욱 가속화될 수 있다.

- 화석연료 및 기타 모든 에너지 자원의 시장 가격을 정할 때는 발생하는 유해한 보건 및 환경 비용을 포함하여 전체 비용을 책정한다.
- 탄소 배출에 세금을 부과한다. 이것은 대부분의 경제학

자와 많은 기업가들의 지지를 받고 있으며, 현재 40개국에서 진행되고 있다. 걷힌 세금은 소득과 부에 대한 세금을 줄이고 새로운 에너지 효율적이고 재생 가능한 에너지 기술에 대한 투자와 연구를 촉진하는 데 쓴다.
- 화석연료 산업에 대한 정부 보조금을 대폭 줄이고 궁극적으로 없앤다.
- 풍력 발전 단지, 태양광 발전소 및 가정용 태양광 시스템 소유자가 전력망에 공급하는 에너지의 장기 가격을 보장하는 국가 관세 시스템을 확립한다(유럽의 50개국 이상에서 시행되고 있는 바와 같이).
- 전력회사가 생산한 전력의 일정 비율(일반적으로 20~40%)이 재생 가능한 자원에서 공급되어야 하는 것을 의무화한다(24개국 및 미국 29개 주에서 시행).
- 2040년까지 신차에 대한 정부 연료 효율(CAFE) 기준을 리터당 43 km로 늘려야 한다.

우리는 일생 동안 더 안전하고 에너지 효율적이며 깨끗한 에너지 경제로 전환하는 데 필요한 창의력, 부 그리고 대부분의 기술을 보유하고 있다. 중요한 문제는 선출직 공무원과 재계 지도자들이 이런 전환을 위해 함께 노력할 것을 주장할 정치적 윤리적 의지가 충분한가다.

그림 13.51은 이런 변화를 보다 환경적이고 경제적으로 지속 가능한 미래 에너지로 전환하는 방법이 나열되어 있다. 그림 13.52는 보다 지속 가능한 세계로 흥미진진한 전환에 참여할 수 있는 방법을 보여준다.

사례 연구

독일은 신재생 에너지 초강대국

독일은 원자력 발전을 단계적으로 줄이고 있으며 2006~2015년 대부분 태양과 바람의 재생 가능 에너지로 생산되는 전력 비율을 6%에서 31%로 증가시켰다. 2050년의 목표는 신재생 에너지에서 전력의 80% 이상을 얻고, 전기 효율을 50% 향상시키며, 이산화탄소 배출량을 80% 줄여 1990년 수준의 95%에 도달하기 위해, 2015년에 전력의 44%를 생산한 석탄 사용을 대폭 줄이는 것이다.

이런 변화의 가장 큰 요인은 영국과 다른 47개국에

보다 지속 가능한 에너지 미래로 전환

에너지 효율 향상

차량, 건물, 가전제품에 대한 연료 효율 기준 강화

효율적인 자동차, 주택, 가전제품 구매 시 세금 공제를 높임

전기 수요 감소 시설에 보상금 제공

에너지 효율 증대를 위한 연구 개발

보다 신재생의 에너지

재생 가능한 에너지 사용을 크게 증대

신재생 에너지의 사용을 위한 높은 보조금과 세제 혜택

신재생 에너지에 대한 연구개발 확대

오염과 건강 위협 감소

석탄 보조금과 세제 우대의 단계적 폐지

석탄과 석유 사용에 대한 세금 부과

원자력 보조금, 세제 혜택과 대출 보증의 단계적 폐지

그림 13.51 에너지 분석가들은 보다 지속 가능한 에너지 미래로 전환을 위한 여러 가지 방안을 제안한다(**개념 13.6**). **비판적 사고:** 이들 해결책 중 가장 좋다고 생각하는 것은 무엇인가? 그 이유를 설명하라.

Top: andrea lehmkuhl/Shutterstock.com. Bottom: pedrosala/Shutterstock.com.

더 지속 가능한 에너지 사용으로 전환

■ 도보, 자전거 또는 대중교통, 카풀을 이용하여 직장이나 학교를 간다.

■ 최소 17 kpl(40 mpg) 이상인 차량을 운전한다.

■ 거주 지역에서 에너지 감사를 실시한다.

■ 거주 지역에서 과열 및 모든 공기 유출을 차단한다.

■ 수동형 태양열 난방을 사용한다.

■ 창문을 열고 선풍기를 틀어 실내 기온을 낮춘다.

■ 프로그래밍이 가능한 온도조절 장치 및 에너지 효율적인 냉난방 시스템과 조명 및 가전제품을 사용한다.

■ 온수기 온도 조절기를 43~49℃로 낮추고 온수 파이프를 절연한다.

■ 사용하지 않는 조명, TV, 컴퓨터, 기타 전자제품의 전원을 끈다.

■ 찬물로 세탁하고 건조대에서 자연 건조시킨다.

그림 13.52 개별적 문제: 에너지를 보다 지속 가능하게 사용할 수 있는 방법. **비판적 사고:** 이들 조치 중 가장 중요한 세 가지는 무엇이라고 생각하는가? 그 이유를 설명하라. 이미 실천하고 있는 것은 무엇인가? 실천에 옮길 것은 무엇인가?

서도 사용하는 독일의 **기준가격지원제도**(feed-in-tariff)다. 장기 계약에 따라 정부는 주택 소유자와 기업이 생산한 전기를 재생 에너지 자원으로부터 좋은 수익을 보장하는 가격으로 구매하여 전력망에 공급하도록 하고 있다. 2016년 독일 상원은 2030년까지 휘발유나 경유로 구동되는 차량을 없애자는 결의안을 통과시켰다.

독일 가정은 국내 태양 전지 설비의 약 80%를 소유하고 돈을 벌고 있다. 이 프로그램은 모든 전기 사용자들로부터 자금 지원을 받으며 가구당 월 5달러 미만이다. 회사는 37만 개 이상의 신재생 에너지 일자리를 창출했다. 또한 독일 정부와 민간 투자자들은 태양과 풍력 및 예비 에너지 저장 시스템의 기술 개선에 대한 연구에 보조금을 지원하여 비용을 더욱 낮출 수 있다. 그러나 독일의 석탄 산업과 일부 전력 회사의 정치적 반대와 값비싼 예비 전력의 필요성은 기준가격지원제도의 수준을 낮추고 태양광과 풍력 발전 의존도를 높이는 쪽으로 전환을 지연시킬 수 있다.

● 에너지 자원을 평가할 때는 순에너지, 에너지 사용으로 인한 환경 및 보건에 미치는 영향 및 잠재적 공급을 고려해야 한다.

● 재생 가능한 에너지원(특히 태양, 풍력, 유수, 바이오매스 및 지열 에너지)을 단계적으로 병행함으로써 오염, 온실가스 배출, 해양 산성화 및 생물 다양성 손실을 크게 줄일 수 있다.

● 보다 지속 가능한 에너지 미래로 전환하려면 에너지 효율을 크게 높이고, 에너지 낭비를 줄이며 재생 가능한 에너지 자원을 병행하여 사용하고, 시장 가격에 에너지 자원의 유해한 환경 및 보건 비용을 포함시켜야 한다.

에너지 자원과 지속 가능성

이 장을 여는 **핵심 사례 연구**에서 우리는 수평 시추와 하이드로프래킹이 어떻게 미국의 석유 및 천연가스 생산량을 크게 증가시켰는지 살펴보았다. 이후 프래킹의 장점과 단점에 대해 배웠다. 또한 재생 불가능 자원과 재생 가능 에너지 자원의 장점과 단점을 살펴보았다.

재생 불가능 화석연료에 주로 의존함으로써, 우리는 세 가지 **과학적 지속 가능성의 원리**를 위반한다. 우리가 이런 자원에서 에너지를 얻는 데 사용하는 기술은 엄청난 양의 물을 분산시키고, 육상 및 수생 생태계를 파괴하여, 많은 양의 온실가스와 기타 대기 오염물질을 방출함으로써 지구의 화학적

순환을 교란한다. 이런 기술을 사용하면 생물 다양성과 생태계 서비스가 파괴되고 격하된다.

다양한 직접 및 간접 형태의 재생 가능한 태양 에너지에 더 의존하고 에너지 효율을 크게 개선하고 에너지 낭비를 줄임으로써, 우리는 금세기 동안 세 가지 **과학적 지속 가능성의 원리**를 이행하고 유익한 환경 영향을 크게 높일 수 있다. 이런 변화는 세 가지 경제적, 정치적, 윤리적 지속 가능성의 원리와도 일치한다. 화석연료, 원자력 및 기타 에너지 자원의 유해한 환경 및 보건 비용을 시장 가격에 포함시킴으로써 사회는 **전체 비용 책정 원리**를 적용할 것이다. 이것은 **상생 해법 원리**

Alfred Estes, Colorado School of Mines

를 적용함으로써 정치 분야에서 타협과 절충을 통해 달성될 수 있다. 또한 많은 분석가들은 이런 해결책이 **현재**와 **미래 세대**에게 윤리적 책임 원칙을 적용함으로써 현재와 장기적으로 삶에 큰 혜택을 줄 것이라고 주장한다.

복습

핵심 사례 연구

1. 수평 시추와 수압 파쇄(프래킹)을 통해 단단하게 결합되어 있는 석유와 천연가스를 제거하는 과정과 미국에서 석유 및 천연가스의 생산을 크게 늘리기 위한 기술의 역할을 설명하라.

13.1절

2. 13.1절의 두 가지 핵심 개념은 무엇인가? 지구의 주요 에너지원은 무엇인가? 상업 에너지는 무엇이며 대부분의 에너지는 세계와 미국의 어디에서 오는가? 세계와 미국에서 사용되는 상업 에너지의 몇 퍼센트가 재생 불가능한 화석연료에서 비롯되는가? 순에너지란 무엇이며 에너지 자원을 평가하는 데 왜 중요한가? 순에너지 개념을 사용하여 일부 에너지 자원에 보조금이 필요한 이유를 설명하고 그런 자원의 예를 제시하라.

13.2절

3. 13.2의 핵심 개념은 무엇인가? 원유(석유)란 무엇이며 어떻게 지구에서 추출되는가? 유정 또는 현장의 최고점 생산을 정의하라. 정제란 무엇인가? 석유화학제품이란 무엇이며 왜 중요한가? 확인 원유 매장량이란 무엇인가? 세계 최대의 확인 원유 매장량을 보유한 3개국은 어디인가? 세계 3대 원유 생산국과 3대 원유 소비국은 어디인가? 미국의 석유 생산 및 소비를 요약하고 향후 석유 생산에 대한 논쟁을 논의하라. 에너지 자원으로서 원유의 주요 장점과 단점은 무엇인가? 셰일 오일은 무엇이며 이 중유는 어떻게 생산되는가? 오일 샌드 또는 타르 샌드란 무엇인가? 역청이란 무엇이며 어떻게 추출되어 중유로 변환되는가? 에너지 자원으로서 오일 샌드에서 생산된 셰일 오일과 중유의 주요 장점과 단점은 무엇인가?

4. 천연가스, 액화 석유가스(LPG) 및 액화 천연가스(LNG)를 정

의하라. 세계 최대의 확인 천연가스 매장량을 보유한 3 개국은 어디인가? 세계에서 가장 많은 천연가스를 소비 하는 3개 카운티와 3개 국가를 나열하라. 미국에서 천연 가스 생산량이 크게 증가할 가능성을 설명하고 프래킹 의 장점과 단점을 나열하라. 미국에서 천연가스 생산으 로 인한 환경 영향을 줄이는 네 가지 방법은 무엇인가? 에너지 자원으로서 천연가스의 주요 장점과 단점은 무 엇인가? 석탄이란 무엇이며 어떻게 형성되며 각 유형의 석탄은 어떻게 다른가? 석탄 화력 발전소는 어떻게 운 영되는가? 세계 최대의 확인 석탄 매장량을 보유한 3개 국은 어디인가? 세계 3대 석탄 생산국과 3대 석탄 소비 국은 어디인가? 석탄 사용으로 인한 주요 환경 및 건강 문제를 요약하라. 사회는 어떻게 석탄의 유해한 환경 영 향을 줄이기 위해 전체 비용 책정을 적용할 수 있는가? 에너지 자원으로서 석탄의 주요 장점과 단점은 무엇인 가?

13.3절

5. 13.3절의 핵심 개념은 무엇인가? **핵분열**이란 무엇인가? 핵분열 원자로는 어떻게 작동하며 주요 안전 기능은 무 엇인가? **핵연료 사이클**을 설명하라. 고준위 방사능 사 용 후 핵연료봉의 보관 방법과 위험성을 설명하라. 미국 은 폐연료봉의 고준위 방사성 폐기물 문제를 어떻게 처 리했는가? 오래된 원자력 발전소를 어떻게 처리할 것인 가? 광범위한 원자력 사용이 금세기 동안 예상된 기후 변화를 늦추는 데 도움이 될 수 있는지에 대한 논쟁을 요약하라. 원자력의 미래에 대해 동의하지 않는 전문가 의 주장을 요약하라. 원자력 발전소와 핵무기 확산은 어 떤 관계에 있는가? **핵융합**이란 무엇이며 에너지 자원으 로서 잠재력은 무엇인가?

13.4절

6. 13.4절의 두 가지 핵심 개념은 무엇인가? 에너지 **효율**이 란 무엇인가? 에너지 **절약**이란 무엇인가? 미국에서 사용 되는 에너지 중 불필요하게 낭비되는 비율은 얼마인가? 널리 사용되는 두 가지 에너지 비효율적 기술을 설명하 라. 에너지 효율 향상의 주요 이점은 무엇인가? **열병합 발전**을 정의하고 예를 제시하라. 업계에서 에너지와 돈

을 절약할 수 있는 다른 세 가지 방법을 나열하라. 에너 지 효율적인 스마트 전력망은 무엇이며 에너지와 비용 을 어떻게 절약할 수 있는가? 교통에서 에너지와 돈을 절약하는 세 가지 방법을 나열하라. 휘발유의 실질 가격 이 소비자가 주유소에서 지불하는 비용보다 훨씬 높은 이유를 설명하라. 하이브리드, 플러그인 하이브리드, 모 든 전기 및 연료 전지 자동차를 구별하라. 수소 연료 전 지란 무엇인가? **(a)** 새 건물과 **(b)** 기존 건물에서 에너지 와 돈을 절약하는 네 가지 방법을 나열하라. 에너지와 돈을 절약할 수 있는 세 가지 방법을 나열하라. 에너지 를 생산하고 사용하는 데 여전히 많은 에너지와 돈이 낭 비되는 세 가지 이유를 제시하라.

13.5절

7. 13.5절의 핵심 개념은 무엇인가? 재생 에너지가 더 널 리 사용되지 않는 네 가지 이유를 나열하라. **수동형 태양 열 시스템**과 **능동형 태양열 시스템**을 구별하고 건물 난방 에 이런 시스템을 사용하는 주요 장점과 단점에 대해 논 의하라. 자연스럽게 건물을 식히는 세 가지 방법은 무 엇인가? **태양열 시스템**을 정의하고 두 가지 예를 제시하 라. 중앙 집중식 시스템의 주요 장점과 단점을 나열하 라. **태양 전지(photovoltaic (PV) 전지)**란 무엇이며 이런 장치를 사용하여 전기를 생산할 때의 주요 장점과 단점 은 무엇인가?

8. 수력 발전을 정의하고 확장 가능성을 요약하라. 수력 발 전을 통해 전기를 생산할 때의 주요 장점과 단점은 무엇 인가? 조수와 파도를 이용하여 전기를 생산할 수 있는 잠재력은 무엇인가? **(a)** 전 세계적, **(b)** 미국에서 풍력을 사용할 가능성을 요약하라. 풍력을 사용하여 전기를 생 산할 때의 주요 장점과 단점은 무엇인가? **바이오매스**란 무엇이며 열과 전기를 공급하기 위해 고체 바이오매스 를 사용할 때의 주요 장점과 단점은 무엇인가? 목재 연 료 위기는 무엇인가? 에탄올 및 바이오디젤과 같은 액 체 바이오 연료를 사용하여 자동차에 동력을 공급할 때 의 주요 장점과 단점은 무엇인가? 미국에서 바이오 연 료로 에탄올을 사용하는 것에 대한 논쟁을 설명할 수 있 는가? **지열 에너지**란 무엇이며 이런 에너지의 세 가지 주요 원천은 무엇인가? 지열 에너지를 열원으로 사용하

고 전기를 생산할 때의 주요 장점과 단점은 무엇인가? 연료로서 수소의 주요 장점과 단점을 나열하라.

13.6절

9. 13.6절의 핵심 개념은 무엇인가? 새롭고 지속 가능한 에너지 미래로 전환해야 할 필요성을 설명하고 에너지

전문가가 제안한 이런 전환의 세 가지 구성 요소를 나열하라.

10. 13장의 세 가지 핵심 주제는 무엇인가? 보다 지속 가능한 에너지 미래로 전환하기 위해 여섯 가지 지속 가능성의 원리를 어떻게 적용할 수 있는지 설명하라.

비판적 사고

1. 미국에서 석유와 천연가스를 생산하기 위해 수평 시추 및 프래킹(핵심 사례 연구) 방법이 증가하는 것에 찬성하는가, 반대하는가? 그 이유를 설명하라. 대안은 무엇인가?

2. 휘발유의 숨은 비용이 주유소 가격에 포함되어야 한다고 생각하는가? 그 이유를 설명하라. 소비자에 대한 추가 비용 없이 더 높은 휘발유 세를 매기는 것과 균형을 맞추기 위해 급여세와 소득세를 낮출 경우 휘발유 세 인상을 환영하는가? 그 이유를 설명하라.

3. 석유와 휘발유에 대한 의존도를 줄이기 위해 할 수 있는 세 가지 일을 나열하라. 이런 작업 중 이미 실천하고 있거나 실천에 옮길 것은 무엇인가?

4. 일반적으로 하루 동안 불필요하게 에너지를 낭비하는 다섯 가지 사례를 들고, 이런 행동이 세 가지 과학적 지속 가능성의 원리를 각각 어떻게 위반하는지 설명하라.

5. 상위 3대 에너지 자원은 무엇인가? 설명하라. 가장 적게 사용되는 세 가지 에너지 자원은 무엇인가? 설명하라.

6. 다양한 에너지 분석가의 다음 제안을 각각 지지하거나 반대하는 이유를 설명하라.

a. 에너지들이 완전한 자유 시장에서 경쟁할 수 있도록 정부는 모든 대체 에너지에 대한 보조금을 없애야 한다.

b. 기존의 화석연료, 합성 천연가스 및 석유, 원자력(핵분열 및 핵융합)에 대한 모든 정부 세금 혜택 및 기타 보조금을 폐지해야 한다. 그 대신 에너지 효율을 높이고 재생 가능한 에너지 자원을 개발하는 데에는 보조금 및 세금 혜택을 제공해야 한다.

c. 재생 가능한 에너지 자원의 개발은 민간 기업에 맡겨야 하며 연방정부의 도움을 거의 또는 아예 받지 말아야 하지만, 원자력 및 화석연료 산업은 계속해서 연방정부의 많은 보조금과 세금 혜택을 받아야 한다.

7. 새로운 에너지 미래로 전환하는 것이 얼마나 중요한가? 전환될 수 있다고 생각하는가? 설명하라. 이것이 우리의 삶이나 우리 후손들의 삶에 어떤 영향을 미칠 수 있는가? 우리의 삶이나 우리 후손들의 삶에 어떻게 영향을 미치지 않을 것인가?

8. 축하한다! 당신은 세계를 담당하게 되었다. 에너지 정책의 가장 중요한 다섯 가지 기능을 나열하고 각각이 중요한 이유와 이들이 서로 어떻게 관련되는지 설명하라.

환경과학 실천하기

다음 질문을 바탕으로 학교에서 에너지 사용에 대한 설문 조사를 실시하라. 전기는 어떻게 생산되는가? 대부분의 건물 난방은 어떻게 하는가? 물은 어떻게 가열되는가? 대부분의 차량은 어떻게 구동되는가? 컴퓨터 네트워크는 어떻게 작동하는가? 이런 각 영역에서 에너지 효율을 어떻게 향상시킬 수 있는가? 아직 그렇게 하지 않았다면 어떻게 학교가 태양, 바람, 바이오매스 및 기타 형태의 재생 에너지를 활용할 수 있는가? 학교에서 보다 효율적이고 지속 가능한 에너지 사용 제안을 작성하여 학교 사무직원에게 제출하라.

생태 발자국 분석

표의 빈 칸을 채우고 질문에 답하라.

1. 표의 갤런당 마일을 리터당 킬로미터(kpl)로 변환하라.
2. 매년 19,300 km(12,000 mile)를 운전할 때 각 차종에 따라 매년 몇 리터의 휘발유가 사용되는가?
3. 질문 2에서 계산된 연료 소비량을 기준으로 각 자동차가 매년 몇 킬로그램(및 파운드)의 이산화탄소를 대기로 방출하는가? 휘발유 연소는 리터당 2.3 kg의 이산화탄소(갤런당 19 lb)를 방출한다고 가정한다.

2017년형 차종별 복합도시/고속도로 연료 효율

모델	갤런당 마일(mpg)	리터당 킬로미터(kpl)	휘발유의 연비(갤런)	연간 CO_2 배출
시보레 올 일렉트릭 볼트	106			
닛산 올 일렉트릭 리프	112			
토요타 프리우스 프라임 플러그인 하이브리드	54			
토요타 프리우스 하이브리드	52			
시보레 크루즈	34			
혼다 어코드	29			
지프 패트리어트 4WD	24			
포드 F150 픽업	22			
시보레 카마로 8 실린더	20			
페라리 F12	12			

Compiled by the authors using data from the U.S. Environmental Protection Agency Fuel Economy Report.

14장

환경 위험성과 인류 건강

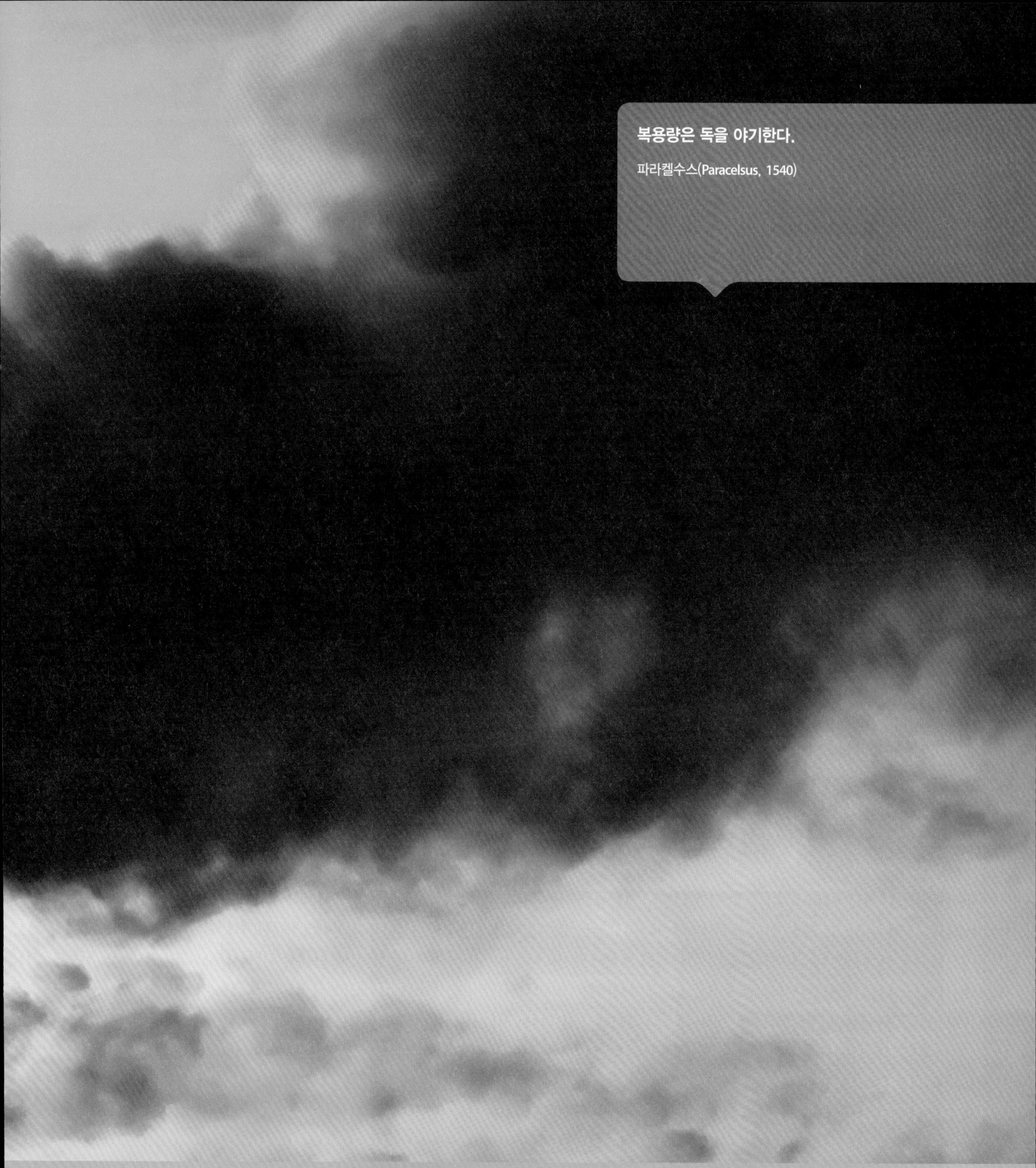

효과적으로 대기 오염을 통제하지 않으
면, 석탄 화력 발전소 및 산업시설은 독
성 수은 및 기타 대기 오염물질을 대기로
방출한다.

Dudarev Mikhail/Shutterstock.com

수은의 독성

금속 수은(Hg)과 그 화합물은 사람에게 유독하다. 연구에 따르면 고농도의 수은에 장시간 노출되면 인간의 신경계, 뇌, 신장 및 폐가 영구적으로 손상될 수 있다. 저수준의 수은에 노출되면 태아 및 어린 아동의 선천적 결손 및 뇌 손상을 일으킬 수 있다. 임산부, 수유부와 아기, 가임기 여성, 어린 아이는 수은의 유해한 영향에 특히 민감하다.

수은은 암석, 토양 및 화산에서 공기로 자연적으로 방출되고 해양에서 기화를 통해 배출된다. 매년 대기 중으로 유입되는 수은은 약 1/3이다. 나머지 2/3는 인간 활동에서 나온다.

아시아, 라틴 아메리카 및 아프리카의 수천 개의 소규모 불법 광산(그림 12.12 참조)은 수은 대기 오염의 가장 큰 오염원이다. 광부들은 광석에서 금을 분리하기 위해 수은을 사용한다. 그런 다음 금과 수은의 혼합물을 가열하여 금을 방출시킨다. 대기로 배출되는 또 다른 수은 배출원은 석탄 화력 발전소 및 산업시설(14장 도입부 사진), 시멘트 가마, 제련소 및 고형 폐기물 소각장이다.

원소 수은은 분해되거나 저하될 수 있다. 결과적으로 인간과 다른 동물의 토양, 물 및 조직에 축적된다. 대기 중 일부 원소 수은은 호수, 기타 수생 환경 및 육상에 퇴적될 수 있는 보다 유독한 무기 및 유기 수은 화합물로 변환된다.

수생 시스템의 특정 조건하에서 무기 수은 화합물이 박테리아를 만나면 고 독성 메틸수은(CH_3Hg^+)으로 전환될 수 있다. 이런 무기 수은 화합물은 보통 대기로부터 퇴적되거나 소규모 금광에서 하천에 흘려보낸다. DDT(그림 8.12 참조)와 마찬가지로 메틸수은은 먹이 사슬과 먹이 그물에서 생물학적으로 확대될 수 있다. 높은 수준의 메틸수은은 참치, 황새치, 상어 및 청새치와 같은 큰 물고기의 조직에서 종종 발견된다. 그러나 새우와 연어는 일반적으로 수은 함량이 낮다.

사람들은 크게 두 가지 방법으로 수은에 노출된다. 첫 번째는, 메틸수은으로 오염된 어패류를 먹는 것이다(그림 14.1). 이것은 수은에 대한 모든 인체 노출의 75%를 차지한다. 두 번째로는 대기 중에 존재하는 수은 증기 또는 무기질 입자를 흡입할 수 있다. 특히 많은 석탄 화력 발전소 및 산업시설과 고형 폐기물 소각장에서 대기로 배출시킨다(14장 도입부 사진).

메틸수은의 수준이 낮을 때의 가장 큰 위험은 태아와 어린 아이의 뇌 손상이다. 연구에 따르면 매년 미국 어린이의 30,000~60,000명이 IQ가 떨어졌으며, 그런 노출로 인한 신경계 손상 가능성이 있는 것으로 추정된다. 기타 건강에 미치는 영향으로는 균형과 조정 부족, 떨림, 기억력 상실, 불면증, 청력 상실, 탈모 및 주변 시력 상실 등이 있다.

이 문제는 두 가지 중요한 문제를 야기한다. 첫째, 과학자들은 수은과 다른 화학물질에 노출되는 잠재적인 위험을 어떻게 결정할 것인가? 그리고 특정 화학물질의 위험이 다른 위험과 비교할 때 얼마나 심각한가?

이 장에서는 여러분은 과학자들이 화학물질에 대한 인간의 노출에 관한 이 질문과 다른 질문에 어떻게 답하려고 하는지 배우게 될 것이다. 질병을 일으키는 박테리아, 바이러스, 원생동물 및 매년 수백만 명의 사람들을 죽이는 환경적 위험으로부터 오는 건강 위협에 대해서도 배우게 될 것이다. 마지막으로 우리는 몇 가지 위험을 평가하고 피하는 방법을 고려할 것이다.

Drake Fleege/Alamy Stock Photo

그림 14.1 위스콘신을 포함한 많은 강에서 사는 물고기는 수은을 함유하고 있다.

14.1 우리가 직면한 주요 건강 위험 요소에는 어떤 것이 있는가?

개념 14.1 우리는 생물학적, 화학적, 물리적, 문화적 요인 및 우리가 선택한 생활방식의 건강 위험 요소에 직면한다.

우리는 수많은 위험에 직면한다

위해성(risk)은 부상, 질병, 죽음, 경제적 손실 또는 손해를 초래할 수 있는 위험성으로부터 고통스런 유해함을 겪을 확률이다. 유해한 위험성으로부터 고통스럽게 될 가능성은 수학적 용어로서 보통 표현된다. 과학자들은 종종 "하루에 담배 한 갑을 흡연함으로써 폐암으로 발전될 일생 중 가능성은 1/250이다"와 같은 용어로 가능성을 언급한다. 이것은 매일 담배 한 갑을 흡연하는 250명 중 한 사람이 살면서 폐암으로 발전할 가능성이 있다는 것을 의미한다(보통 70세로 고려). 가능성은 또한 비가 내릴 확률 30%와 같이 백분율로 표현되기도 한다.

위해성 평가(risk assessment)는 특정 위험성이 인체 건강 또는 환경에 원인일 수 있는, 얼마나 많이 위해한지에 대해 평가하기 위한 통계적 방법을 이용한 프로세스다. **위해성 관리**(risk management)는 일정 수준에 특정 위해성을 어떻게 감소시킬 것인가 그리고 어떤 비용 이들 것인지에 대한 결정을 포함한다. 그림 14.2는 위해성이 어떻게 평가되고 관리되는지를 요약한 것이다.

대부분의 사람들은 매일 피할 수 있는 위험을 감수한다. 예를 들어 운전 중에는 안전벨트가 장착되지 않은 차량에서 운전하거나 안전벨트를 하지 않고 운전할 수 있다. 콜레스테롤이 높거나 설탕이 너무 많은 음식을 먹기로 선택할 수도 있다. 너무 많은 술을 마시거나 담배를 피울 수 있다.

우리는 주요 다섯 가지 위험성으로부터 피해를 입을 수 있다(개념 14.1).

- 1,400가지 이상의 병원체로부터의 생물학적 위험성은 인간에게 감염시킬 수 있다. **병원체**(pathogen)는 다른 유기체에 질병을 유발할 수 있는 균이다. 그 예로 박테리아, 바이러스, 기생충, 원생동물, 곰팡이 등이 있다.
- 공기, 물, 토양, 음식 및 인간이 만든 생산품에 유해한 화학물질로부터 **화학적 위험성**(핵심 사례 연구)
- 화재, 지진, 화산폭발, 홍수, 폭풍과 같은 **자연적 위험성**
- 불안전한 작업 상태 및 고속도로, 범죄적 폭행, 빈곤과 같은 **문화적 위험성**
- 흡연, 영양가 없는 음식, 과음, 안전하지 못한 성행위와 같은 **생활방식 선택**

14.2 생물학적 위험은 어떻게 인류 건강을 위협하는가?

개념 14.2 우리가 직면한 가장 심각한 생물학적 위험성에는 독감, 에이즈(AIDS), 결핵, 설사, 말라리아와 같은 전염성 질병이 있다.

이런 질병은 다른 사람에게 전염시킬 수 있다

감염성 질병(infectious disease)은 박테리아, 바이러스, 또는 기생충과 같은 병원체가 인체에 침범했을 때 그리고 인체 세포와 조직에서 증식할 때 원인이 된다. 몇 가지 예를 들면 독감, 말라리아, 결핵, 홍역이 있다. **박테리아**(bacteria)는 모든 곳에서 발견되고 스스로 매우 빠르게 증식할 수 있는 단일세포(single cell) 유기체다. 대부분의 박테리아는 유해하나 가끔 이로운 것도 있다. 하지만 어떤 것은 세균질환(bacterial disease)을 유발한다. 결핵과

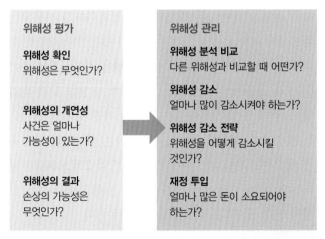

위해성 평가

위해성 확인
위해성은 무엇인가?

위해성의 개연성
사건은 얼마나
가능성이 있는가?

위해성의 결과
손상의 가능성은
무엇인가?

위해성 관리

위해성 분석 비교
다른 위해성과 비교할 때 어떤가?

위해성 감소
얼마나 많이 감소시켜야 하는가?

위해성 감소 전략
위해성을 어떻게 감소시킬
것인가?

재정 투입
얼마나 많은 돈이 소요되어야
하는가?

그림 14.2 위해성 평가와 위해성 관리는 다양한 위해성의 심각성을 평가하기 위해 사용되고 이런 위해성을 어떻게 줄이는가다. **비판적 사고:** 당신의 일상생활에서 어떻게 적용할 것인가에 대한 예는 무엇인가?

같은 세균질환은 박테리아 증식과 전염과 같은 감염을 초래한다.

바이러스(virus)는 세포에 침투하여 기생하며 자신을 복제해 몸 전체에 퍼트리는 병원체다. 독감 또는 AIDS와 같은 바이러스성 병원균은 인체의 도처에서 증식하고 확산한다. **기생충**(parasite)은 다른 유기체의 내부 또는 조직에서 살아가는 유기체다. 기생충은 원생동물이라고 불리는 단세포 생물에서 육안으로 볼 수 있는 크기까지 다양하며, 말라리아와 같은 전염성 질병을 일으킬 수 있다.

전염성 질병(transmissible disease)은 한 사람에서 다른 사람에게 전염될 수 있는 감염성 질병이다. 세균성 질병에는 결핵, 임질, 패혈증 인두염 등이 있으며, 바이러스성 질병에는 감기, 독감, AIDS 등이 있다. 전염성 질병은 공기, 물 및 음식을 통해 전염될 수 있다. 또한 모기와 같은 곤충과 배설물, 소변, 혈액, 정액, 재채기와 기침할 때 나오는 비말(물방울) 등 체액에 의해 전염될 수 있다.

비전염성 질병(nontransmissible disease)은 생물보다 다른 어떤 것에 의해 원인으로 나타나고 다른 사람에게 확산시키지는 않는다. 이런 질병은 천천히 성장하는 경향이 있으며 원인도 다양하다. 그것들은 심장혈관 질환(심장과 혈관), 대부분의 암, 천식, 영양실조를 포함한다.

1900년에 감염성 질병은 전 세계와 미국에서 죽음으로 이끄는 원인이었다. 그 이후, 특히 1950년 이래, 그것들로부터 감염성 질병의 발생과 사망률이 크게 감소되고 있다. 이는 주로 위생 개선, 건강 관리 향상, 세균성 질병 치료를 위한 항생제 사용, 일부 바이러스성 질병의 확산을 막기 위한 백신 개발 등을 통해 달성되었다. **GOOD NEWS**

감염성 질병으로 인해 해를 입을 위험이 감소함에도 불구하고, 특히 저개발국가에서는 심각한 건강 위협이 되고 있다. 한 지역 또는 한 국가에서 감염성 질병이 대규모로 발생하는 것을 **유행병**(epidemic)이라고 한다. 결핵(다음 사례 연구 참조) 또는 AIDS와 같은 세계 유행병을 **범유행병**(pandemic)이라고 한다. 그림 14.3은 세계에서 가장 치명적인 7대 감염성 질병으로 인한 사망자 수를 나타

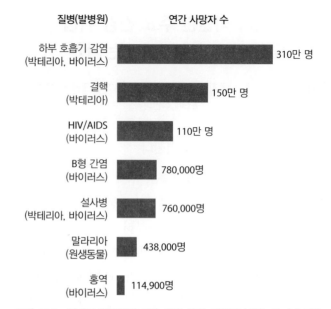

그림 14.3 세계의 전염병에 의한 사망 원인. **데이터 분석:** 얼마나 많은 사람들이 매년, 매일 이 일곱 가지 전염병으로 인해 죽는가?

Compiled by the authors using data from the World Health Organization (WHO) and the U.S. Centers for Disease Control and Prevention.

낸 것이다(**개념 14.2**).

생각해보기

자연에서 배우기
상어의 피부는 작은 융기들로 덮여 있는데 이는 박테리아의 전염을 피하는 데 도움을 준다. 과학자들은 이 정보를 이용하여 인간의 피부로 인한 감염을 막을 수 있는 융기 구조 항 박테리아 필름을 만들기를 희망한다.

전염병이 여전히 심각한 위협이 되는 한 가지 이유는 많은 질병을 운반하는 박테리아가 광범위하게 사용되는 항생제에 대한 유전적 내성을 가졌기 때문이다(과학적 핵심 14.1). 또한 많은 모기와 같은 질병을 전염시키는 종은 DDT와 같은 널리 사용되는 살충제에 내성을 갖게 되었다. 그러나 농약 생산자들은 내성을 가진 모기를 제거하는 살충제를 개발하지 않고 있다. 이는 생산자가 살충제를 개발하고 판매하는 데 드는 비용은 약 2억 5,000만 달러인데 비해, 미국에서 모기를 죽이는 데 사용되는 살충제의 연간 판매량은 1억 달러이기 때문이다.

항생제에 대한 유전적 내성

항생제는 박테리아를 죽일 수 있는 화학물질로서 1905년 이래로 미국과 많은 다른 국가에서 기대 수명을 증가시키는 데 주요한 역할을 해왔다.

2014년 세계보건기구의 보고서에 따르면, 많은 질병 유발 박테리아가 항생제에 대해 유전적으로 내성을 가지기 때문에 항생제의 성능이 끝날 수 있다고 한다. 이런 이유는 주로 박테리아의 엄청난 생식 속도 때문으로 여겨진다. 어떤 종류의 박테리아는 24시간 이내에 1마리에서 1,600만 마리로 증식될 수 있다. 결과적으로 이런 박테리아는 자연선택을 통해 증가하는 항생제에 내성을 가진 유전형질을 재빠르게 나타내게 된다(그림 4.9). 이들 박테리아는 자손에게 내성을 전달하며 일부 박테리아는 다른 종의 박테리아에게도 전달할 수 있다는 연구 결과도 있다.

항생제 내성을 지닌 유전적 저항성을 증진시키는 주요 인자는 사육 가축(그림 10.7)이나 사육 동물 사료(그림 10.8)에 폭넓게 사용하기 때문이다. 항생제는 질병을 통제하고 밀집한 환경에서 소, 가금동물, 돼지 등의 가축 성장 증진을 위해서 사용된다. 미국 식품의약국은 미국에서 사용되는 항생제의 약 80%와 전 세계적으로 사용되는 항생제의 50%는 건강을 위해 가축 사료에 첨가된다. 미국 질병통제예방센터에 따르면, 항생제에 내성을 나타내는 인간 질병이 음식, 특히 항생제로 사육된 가축으로부터 제공되는 육류와 밀접한 연관성이 있다.

항생제에 유전적 내성을 증진시키는 요인으로 내성을 지닌 바이러스에 의해 야기되는 감기, 독감 그리고 인후염 치료를 위해 이용되는 항생제의 남용이다. 많은 국가에서는 처방전 없이 항생제를 구입할 수 있기 때문에 남용 및 불필요한 항생제 사용을 부추긴다. 또 하나의 인자는 여행과 국제 무역을 통해 박테리아가 세계 전역으로 전파된다는 것이다. 또한 항생제가 포함된 비누와 세정제를 사용하면 항생제에 대한 박테리아의 저항성을 촉진시킨다. 미국 식품의약국에 따르면, 그런 세정제로 손을 씻는 것이 일반 비누로 손을 씻는 것보다 반드시 박테리아 세정에 우수하지는 않다고 한다.

모든 주요 질병 유발 박테리아가 사용되는 항생제의 대략 200가지 중 최소 한 가지에 대한 내성을 가지도록 진화되어 왔다. 더욱이 일부 항생제를 제외한 많은 항생제에 대해 면역성을 갖는 슈퍼버그라고 불리는 박테리아가 증가하고 있다. 질병통제예방센터는 매년 최소 200만 미국인들이 슈퍼버그로부터 감염성 질병을 얻고 최소 23,000명이 사망하는 것으로 추산했다. 미국 병원 환자 25명당 한 명은 병원에서 그런 질병을 얻는다. 경제학자 짐 오닐에 의해서 수행된 2년의 영국정부연구에 따르면, 지구상 항생제 내성 슈퍼버그가 매년 700,000명의 목숨을 앗아가고 2050년까지는 매년 1,000만 명을 사망에 이르게 할 수 있다고 한다.

예를 들면 메티실린에 내성을 지닌 MRSA (methicillin–resistant Staphylococcus aureus)로 알려진 슈퍼박테리아다. MRSA는 혈액 속으로 침투하게 되면 폐렴과 조기 사망의 요인이 될 수 있다.

MRSA는 병원, 간호병동, 학교, 체육관 그리고 대학 기숙사에서 발견될 수 있다. MRSA는 피부접촉, 비위생적인 문신용 주사기, 세탁 상태가 불량한 의류와 공용 수건, 침대보, 운동장비 및 면도기를 통해 전파될 수 있다. 병원에서 발견되는 다른 슈퍼버그는 클로스트리듐 디피실(Clostridium difficile), 즉 씨 디피실(C. diff)이다. 씨 디피실은 설사를 유발하며 침대와 의료장비의 표면에서 생존한다. 질병통제예방센터에 따르면, 씨 디피실은 미국에서 매년 약 250,000명에게 발병을 유발하고 14,00명을 사망에 이르게 할 수 있다.

보건전문가들은 우리가 높은 사망률을 유발시킨 후 항생제 시대에 접어들 수 있는 것으로 경고하고 있다. 짧은 시간 내에 감염성 질병을 치료하기 위한 새로운 항생제를 개발하기 위해 제약회사들이 수백만 달러를 지출해야 하기 때문에 최근에는 새로운 항생제가 개발되고 있지 않다. 제약회사들은 당뇨병과 혈압과 같은 매일 장기적으로 복용해야 하는 질병 치료약으로 보다 많은 돈을 벌어들인다. 결과적으로 2016년에 세계적 50대 제약회사 중 5개 회사만이 새로운 항생제를 개발하고 있었다. 그러나 일부 정부와 개인단체들은 보다 효용성이 높은 항생제와 백신을 개발하기 위해 노력하고 있다.

비판적 사고

질병 유발 박테리아가 항생제에 대한 저항을 기르는 속도를 늦추기 위해 우리가 취할 수 있는 세 가지 단계는 무엇인가?

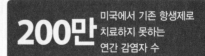

200만 미국에서 기존 항생제로 치료하지 못하는 연간 감염자 수

결핵의 전 세계적 위협

결핵(TB)은 폐 조직을 파괴하고 치료도 하지 못한 채 사망으로 이어질 수 있는 고도의 전염성 박테리아 감염증이다. 결핵에 걸린 많은 사람들은 겉으로는 아프지 않은 것으로 보이며, 대부분의 사람들은 자신이 감염된 사실을 알지 못한다. 치료하지 않고 방치하면 활동성 결핵을 앓고 있는 사람은 대개 다른 사람을 감염시킨다. 치료가 없다면 활동성 결핵 환자의 약 절반이 폐 조직이 파괴되어 사망하게 된다(그림 14.4). WHO에 따르면 결핵은 매년 약 1,040만 명에 이르며 150만 명이 사망한다. WHO에 따르면 인도는 2015년에 세계 어느 다른 나라보다 많은 결핵 감염(280만 명)과 사망(480,000명)이 발생했다.

1990년 이래로 결핵의 확산을 설명하는 몇 가지 요인이 있다. 하나는 결핵 검진 및 통제 프로그램의 부족이다. 특히 새로운 사례의 90% 이상이 발병하는 저개발국에서는 더욱 그러하다. 그래서 연구자들은 결핵을 발견하고 그 영향을 모니터링 하는 새롭고 쉬운 방법을 개발하고 있다(개별적 문제 14.1).

두 번째 문제는 TB 박테리아의 대부분의 균주가 효과적인 항생제 대다수에 대해 유전적 내성을 나타냈다는 것이다(과학적 핵심 14.1). 또한 인구 증가, 도시화 및 항공 여행은 특히 가난하고 혼잡한 지역에서 사람과 사람의 접촉을 크게 늘림으로써 TB의 확산을 도왔다고 할 수 있다. 활동성 결핵 환자는 같은 버스 또는 비행기 탑승 중 여러 사람을 감염시킬 수 있다.

결핵 확산을 늦추려면 활동성 결핵 환자, 특히 만성 기침 환자의 조기 발견 및 치료가 필요하다. 이는 만성 기침 환자가 질병을 퍼뜨리는 주요 방법이다. 그러나 많은 사람들이 결핵의 증상을 보이지 않기 때문에 감염된 사실을 모르고 다른 사람들을 감염시킬 수 있다. 저렴한 4개

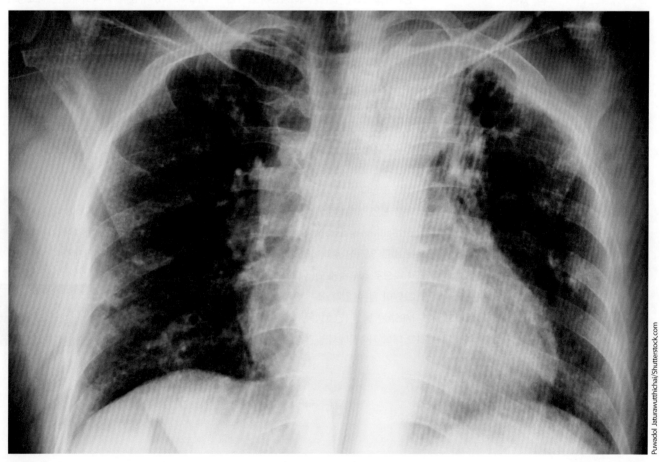

그림 14.4　흉부 엑스레이 사진상 붉은색으로 보이는 부분이 TB 박테리아에 의해 파괴된 폐 조직이다.

Puwadol Jaturawutthichai/Shutterstock.com

하야트 신디: 건강 과학 사업가

사우디아라비아의 겸손한 가정에서 성장한 하야트 신디(Hayat Sindi)는 교육을 받고 과학자가 되어 인류를 위해 뭔가를 하기로 결심했다. 그녀는 사우디 여성으로서는 처음으로 케임브리지 대학교에 입학했다. 그녀는 또한 케임브리지에서 생명 공학 박사 학위를 받은 최초의 여성이며, 케임브리지의 국제 의료 프로그램을 가르쳤다. 그녀는 과학 교육 및 내셔널 지오그래픽 탐험가에 대한 유엔 교육 과학 문화 단체(UNESCO) 친선 대사로 임명되었다.

방문학자로 초청된 신디는 하버드 대학의 한 과학자 팀과 공동으로 세계의 가난한 지역에 저렴한 의료 모니터링을 제공하기 위해 Diagnostics for All이라는 비영리 단체를 공동 설립했다. 하버드 팀은 원격지의 특정 질병 및 의학적 문제를 감지하는 데 사용할 수 있는 간단하고 저렴한 진단 도구를 개발하려고 했다.

그런 도구 중 하나는 우표 크기의 종이로, 작은 채널과 구멍이 나 있는데, 기술자가 진단 화물물질을 채널에 로드한 다음 환자의 혈액, 소변 또는 침을 이 종이에 집어넣는다. 화학물질이 유체와 반응하여 색상을 변화시키는 채널을 통해 이동하고, 결과는 1분 안에 나타난다. 결핵, 간염 및 HIV/AIDS 퇴치를 위해 마약 복용으로 인한 간 기능 저하와 같은 다양한 의료 감염 및 상태를 쉽게 진단할 수 있다. 이 실험은 최소한의 교육만으로 어떤 기술자도 수행할 수 있으며 전기, 깨끗한 물 또는 특수 장비가 필요 없다는 장점이 있다. 사용한 종이는 감염원이 퍼지지 않도록 그 자리에서 태워버린다.

신디 박사는 여성과 소녀, 특히 중동 사람들에게 과학을 추구하는 데 열정을 갖고 있다. 그녀는 "모든 여성이 자신을 믿고 사회를 변화시킬 수 있기를 바랍니다"라고 설명했다.

의 약물을 병용 투여하면 활동성 결핵 환자의 90%가 치료될 수 있다. 그러나 효과를 보기 위해서는 6~9개월 동안 매일 복용해야 한다. 몇 주 후에 증상이 사라지기 때문에 많은 환자들이 완치되어 약 복용을 중단해도 된다고 생각한다. 이런 생각으로 인해 결핵이 재발하여 약물 내성이 강해지고, 다른 사람들을 전염시킬 수 있다.

최근 **다제내성결핵**(multidrug-resistant TB)로 알려진 치명적인 결핵이 확산되고 있다. 세계보건기구(WHO)에 따르면 매년 약 480,000건의 새로운 사례가 발생한다. 이 경우의 절반 이하가 매년 완치되며 평균 1인당 50만 달러 이상을 소비하는 최상의 치료 방법으로만 치료된다. 이 결핵은 매년 약 150,000명의 사람들을 목숨을 앗아간다. 이 질병은 항생제만으로는 효과적으로 치료할 수 없으므로 보건 관계자를 위협할 수 있는 감염자는 완전 격리되어야 하며, 일부는 영구적으로 격리되어야 한다.

바이러스 질병과 기생충은 다수의 사람들을 죽인다

빠르게 진화하는 바이러스는 항생제에 대한 효과가 없으며 다수의 사람들을 죽일 수 있다. 가장 큰 살인 병은 감염된 사람의 체액 또는 공기 중으로 배출되어 전이되는 인플루엔자와 독감 바이러스다(개념 **14.2**). 이들은 쉽게 전이되고 특히 잠재적 독감 바이러스는 몇 달 만에 수백만을 죽일 수 있는 전국적인 유행병으로 전 세계로 확산될 수 있다.

두 번째로 가장 큰 바이러스 살인 병은 에이즈 바이러스(HIV)다(다음 사례 연구 참조). 유엔에이즈프로그램에 따르면, 2015년에 HIV는 대략 210만 명이 감염되며, AIDS의 합병증으로 한해 약 110만 명의 사람들이 사망한다(2005년 사망자 수 200만). HIV는 안전하지 못한 성 접촉, 마약 주삿바늘 공유, 모체에서 태아에게로의 전파 및 감염된 혈액에 노출됨으로써 전염된다.

세 번째로 가장 큰 바이러스 살인 병은 간을 손상시키고 매년 600,000명의 사람들이 사망하는 B형 간염(HBV)이다. WHO에 따르면, 해마다 780,000명 이상이 사망한다. HIV가 전염되는 것과 같은 방식으로 전염된다.

또 다른 치명적인 바이러스성 질병은 에볼라(Ebola)

다. 2014년에 여러 서아프리카국가에서 이 질병이 발병하여 28,500명이 감염되고, 11,300명이 사망했다. WHO에 따르면 에볼라 바이러스는 8일 이내에 감염자의 평균 50%를 죽인다. 2016년에 질병에 대한 100% 보호 효과를 얻고 규제 당국에 의해 평가되는 실험적인 에볼라 백신이 개발되었다. 향후 미국과 다른 선진국에서 에볼라가 퍼질 가능성은 희박하다. 왜냐하면 병원, 감염 관리 및 안전한 매장 절차를 많은 저개발국, 개발도상국보다 쉽게 이용할 수 있기 때문이다.

또 다른 치명적인 바이러스는 웨스트 나일 바이러스(west nile virus)다. 이것은 바이러스를 가진 새들을 먹이로 삼는 흔한 모기에게 물림으로써 인간에게 전염된다. CDC에 따르면 1999년에서 2015년 사이에 이 바이러스는 43,900명에게 심각한 질병을 일으켰으며 약 1,750명이 사망했다.

지카 바이러스(Zika virus)는 2010년과 2016년 사이에 42개 국가에서 급속도로 확산되었는데, 대부분이 라틴 아메리카에서 나타났다. 2015년 브라질에서 100만 명이 넘는 사람들에게 영향을 미쳤다. 황열병과 뎅기열을 전염시키는 모기에 물려 전염된다. 감염된 남성의 정액을 통해 성적으로 전염될 수도 있다. 라틴 아메리카에서 널리 퍼져 있으며 2016년까지 미국의 30개 주에서 발견되었으며, 대부분 따뜻한 남부지역이다. 가장 감염되기 쉬운 사람들은 바이러스를 전염시키는 모기 종이 발견되는 텍사스, 루이지애나 및 플로리다에서 지역에 거주한다. 이 질병은 많은 주택에 창문이나 출입문이 없는 따뜻한 기후의 개발이 덜 된 국가에서 급속하게 확산될 수 있다. 모기는 집 근처 웅덩이에서 번식하기 때문이다.

지카 바이러스는 대부분의 성인에게 거의 영향을 미치지 않는다. 이 바이러스의 주요 관심사는 소두증과 뇌질환 및 실명을 포함하여, 조산 또는 기형아를 출산하는 임신부와 신생아 간의 연결 고리다. 과학자들과 미국 보건 당국자들은 창문과 문틀, 에어컨, 모기 제어 프로그램이 광범위하게 사용되기 때문에 미국에서 주요 질병 발생 위험이 거의 없다고 전했다. 따라서 임신부나 임신을 준비하는 여성은 바이러스가 존재하고 퍼지고 있는 국가로 여행하지 말 것을 권고하고 있다.

과학자들은 역사적으로 모든 전염병의 절반 이상이 원래 야생이나 가축으로부터 인간에게 전염되었다고 추정한다. 그런 질병의 발달은 상대적으로 새로운 생태의학 분야의 성장을 촉진시켰으며, 동물과 인간 사이의 질병의 연결을 추적하는 데 전념했다. 이 분야의 과학자들은 동물과 사람 사이에 질병의 확산을 조장하는 몇 가지 인간 행동을 확인했다.

- 숲을 개간 또는 파편화하여 만든 정착촌, 농장, 및 도시의 확장
- 음식으로 사용하기 위한 야생 동물 사냥. 아프리카와 아시아의 일부 지역에서는 원숭이와 다른 동물을 죽이는 지역 사람들이 정기적으로 영장류 혈액과 접촉하여 HIV의 유인원(침팬지 또는 원숭이)에 노출될 수 있는데, 이는 에이즈의 발생원이다(그림 8.16 참조)
- 야생종의 불법 국제 거래
- 산업화된 고기 생산. 예를 들어 사람들이 동물의 배설물에 오염된 고기를 먹을 때 치명적인 대장균이 때로는 가축에서 사람으로 퍼진다. 동물 가죽 및 잘 처리되지 않은 오염된 고기에서 발견된 살모넬라 박테리아도 식품 매개 질병을 유발할 수 있다.

우리는 매일 자주 비누로 손을 씻음으로써 감염성 질환에 걸릴 가능성을 크게 줄일 수 있다(최소 20초). 면도기나 수건과 같은 개인 용품을 나누지 않고, 상처와 긁힌 자국을 완치될 때까지 붕대로 감아놓음으로써 그런 질병의 확산을 늦출 수 있다. 또한 독감이나 다른 바이러스성 질병이 있는 사람과의 접촉을 피하고 눈, 코, 입을 만지지 않는 것이 도움이 된다.

또 다른 건강을 위협하는 가능성을 증가시키는 요인은 기생충, 특히 말라리아로 인한 전염성 질병이다(다음의 두 번째 사례 연구 참조).

사례연구

HIV/AIDS의 세계적 유행

HIV를 함유한 감염이 원인이 된 AIDS의 확산은 전 세계

주요 건강 위협 요소다. 이 바이러스는 면역체계에 문제를 일으키며 결핵과 카포시 육종(Kaposi's sarcoma)과 같은 희귀 암으로 신체를 취약하게 만든다. HIV에 감염된 사람은 값은 비싸지만 적절한 때 치료를 받는다면 정상적인 삶을 살 수 있다. 그러나 때를 놓치면 에이즈로 발전할 수 있으며 치명적일 수 있다. HIV에 감염된 모든 사람들의 약 20%는 감염을 인지하지 못하고 진단도 받기 전에 수년간 바이러스를 전염시킬 수 있다.

1981년 HIV 바이러스가 확인된 이후, 이 바이러스성 감염은 전 세계적으로 확산되고 있다. 2015년 WHO에 따르면, 전 세계 총 약 367만 명(미국에서 110만 명)이 HIV와 함께 살고 있으며, AIDS의 새로운 사례로 대략 210만 명이 있었다(미국에서 39,500명). 그들 중 절반은 15~24세다.

UNAIDS에 따르면, 1981년부터 2015년까지 약 360만 명이 에이즈 관련 질병으로 사망했다. 질병통제예방센터(CDC)에 따르면, 같은 기간 미국의 AIDS 사망자는 698,000명이 넘고, AIDS는 2015년에 약 110만 명(미국에서 약 7,000명)이 사망(2005년 최대 230만 명)했다. 에이즈로 인해 사하라 사막 이남 아프리카에 거주하는 7억 5,000만 명의 평균 수명은 62세에서 47세로 감소했고, 가장 심각한 영향을 받는 세대는 7개국 모두 40대인 것으로 나타났다.

전 세계적으로 에이즈는 15~49세의 주요 사망 원인이다. 이는 보츠와나(그림 14.5)를 포함한 여러 아프리카 국가의 인구 연령 구조에 영향을 미친다. 보츠와나에서는 2014년에 15~49세에 해당하는 모든 사람들의 25%가 세계에서 세 번째로 높은 감염률을 보였다. 많은 젊은이, 생산적인 교사, 의료 종사자, 농부 그리고 다른 나라의 성인이 조기에 사망하여 교육, 건강관리, 식량 생산, 경제 발전 및 정치적 안정의 감소에 기여했다. 또한 많은 고아를 양산하며 가족해체로 이어졌다.

HIV 감염 치료에는 바이러스의 진행을 늦출 수 있는 항바이러스 약물의 조합이 포함된다. 그러나 에이즈 감염이 널리 퍼진 개발도상국에서는 너무 많은 비용이 들어 사용하기 힘든 실정이다.

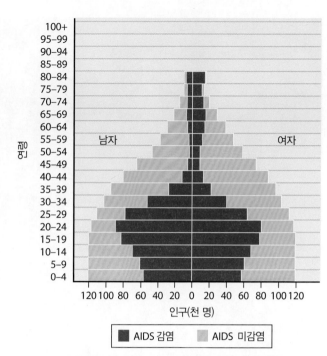

그림 14.5 2014년에 보츠와나에서 15~49세 인구의 25% 이상이 HIV에 감염되었다. 이 그림은 2020년에 보츠와나 인구에 투영된 두 연령 구조[하나는 에이즈 전염 가능성을 포함하고(붉은 막대), 다른 하나는 전염 가능성을 포함하지 않은 경우(노란 막대)]다. **비판적 사고:** 이런 결과가 보츠와나 경제 발전에 어떤 영향을 미칠 것인가?

Compiled by the authors using data from the U.S. Census Bureau, UN Population Division, and World Health Organization.

말라리아: 치명적인 기생충의 확산

전 세계 인구의 44%인 약 320만 명이 말라리아에 걸릴 위험이 있다(그림 14.6). 대부분은 가난한 아프리카 국가에 살고 있다. 말라리아가 발병하기 쉬운 지역으로 여행하는 사람들에게 이 질병은 예방할 수 있는 백신이 없기 때문에 매우 위험하다.

말라리아는 모기의 특정 종에 의해 퍼지는 기생충에 기인한다. 그런 모기가 사람을 물 때, 사람의 피에 스스로 가지고 있던 기생충을 집어 물린 다음 사람에게 넘긴다. 이 기생충은 심한 열, 오한, 땀, 극심한 복통, 구토, 두통 및 다른 질병에 대한 더 큰 감각을 일으키는 희생자의 적혈구를 감염시키고 파괴한다.

WHO와 UNICEF에 따르면 2015년에 말라리아로 인해 약 2억 1,400만 명이 감염되고 438,000명이 죽었다.

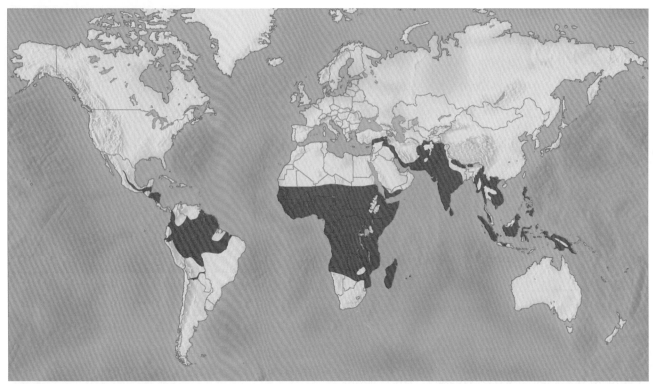

그림 14.6 세계 인구의 약 44%가 말라리아가 유행하는 지역에 살고 있다. 지구온난화로 말라리아는 미국 남부 지역과 같은 온화한 지역으로 퍼질 수 있다.

Compiled by the authors using data from the World Health Organization and U.S. Centers for Disease Control and Prevention.

일부 전문가들은 공중 보건 기록이 많은 분야에서 불완전하기 때문에, 실제로는 합계가 훨씬 더 클 수 있다고 주장한다. 모든 말라리아 사례의 90% 이상이 사하라 사막 남부의 아프리카 지역에서 발생하는데, 대부분의 경우에는 5세 미만의 어린이가 관련된다. 대략 1분마다 5세 미만의 어린이가 말라리아로 사망하고 있고, 말라리아에서 살아남은 많은 어린이들이 뇌 손상을 입거나 학습 능력이 매우 떨어진다.

인간 역사상 말라리아 기생충은 모든 전쟁보다 훨씬 많은 사람들을 죽였을 것이다. 말라리아의 확산은 1950년대와 1960년대에 늪과 습지의 유출이 급격히 증가하여 모기 번식 지역이 급격히 줄어들었던 시기에 늦어졌다. 이 지역에 살충제가 뿌려졌고 사람들의 혈액 내에서 기생충을 죽이기 위한 약이 개발되었다.

그러나 1970년 이후로 말라리아가 다시 급증했다. 말라리아를 전염시키는 대부분의 모기 종은 대부분의 살충제에 대해 유전적 내성을 가지며 기생충은 일반적인 항말라리아제에 대해 유전적으로 내성이 생겼기 때문이다. 기후변화는 말라리아를 운반하는 모기가 열대 지방에서 온난화 지역으로 퍼지도록 함으로써 말라리아의 확산을 도울 것으로 우려되었다.

과학자들은 말라리아 백신 개발에 진전을 보였지만, 현재 유효한 백신은 없다. 또 다른 접근법은 말라리아 지역의 빈곤층에게 무료 또는 저렴한 살충제 처리 베드 넷(그림 14.7)과 창문을 제공하는 것이다. 2000년에서 2014년 사이에 모기장에서 자고 있는 아프리카 인구의 비율은 WHO에 따르면, 2%에서 50% 이상으로 증가했으며 620만 명이 목숨을 구했다.

전염병의 발생률 저감

WHO에 따르면 전염병으로 인한 전 세계 사망률은 1970~2015년 35%에서 16%로 감소했다. 이는 주로 전염병에 대한 예방 접종이 증가했기 때문이다. 1990~2015년 전염병으로 사망한 5세 미만 어린이의

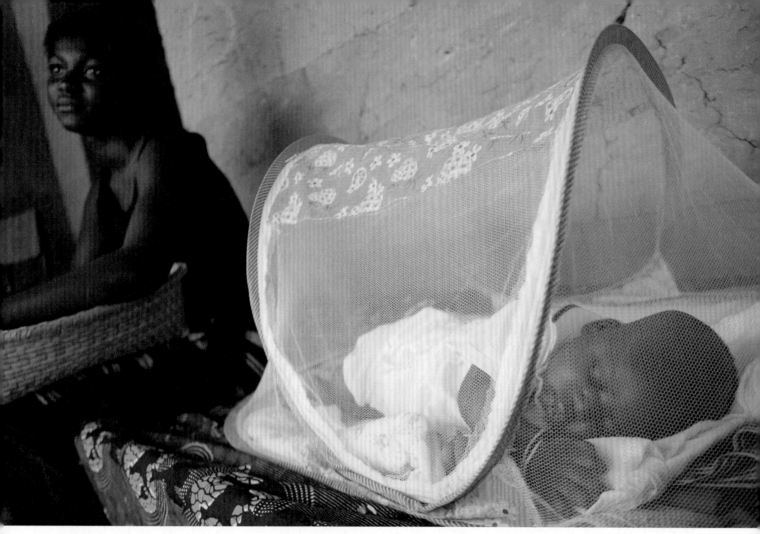

그림 14.7 아프리카 세네갈에 살고 있는 이 아기는 말라리아를 전파하는 모기에 물릴 위험을 줄이기 위해 살충제 처리가 된 모기장 안에서 자고 있다.
Olivier Asselin/Alamy Stock Photo

수를 약 1,200만에서 490만으로 떨어뜨린 것으로 추산된다.

그림 14.8은 특히 저개발국에서 전염병 발병을 예방하거나 줄이는 데 도움이 될 수 있는 조치를 열거하고 있다. WHO는 그림 14.8에 나와 있는 해결책을 실행하면 1년에 5세 미만의 어린이 400만 명의 생명을 구할 수 있다고 추정했다. 녹색 일자리: 전염병 예방

생각해보기

음용수, 화장실 그리고 감염성 질병
전 세계 인구의 1/3인 약 26억 명 이상이 위생적인 화장실 시설을 갖추고 있지 않으며, 10억 명 이상이 마시고 씻고 요리하는 데 사용하는 물을 동물이나 인간의 배설물로 오염된 곳에서 얻는다. 감염성 질병으로부터 질병과 조기 사망을 줄이기 위한 핵심은 간단한 화장실을 제공하고 안전한 식수를 제공하는 데 초점을 맞추는 것이다.

해결책

감염성 질병

- 열대 질병에 대한 연구 및 백신 개발 증대
- 빈곤 및 영양실조 감소
- 식수 품질 개선
- 불필요한 항생제 사용 줄이기
- 가축에 대한 항생제 사용 줄이기
- 주요 바이러스 질병에 대해 예방 접종
- 설사 환자에 경구 재수화 치료법 적용
- HIV/AIDS 감소를 위한 전 지구적 캠페인 실시

그림 14.8 감염성 질병을 예방하거나 감소시키는 방법(특히 개발도상국에서). **비판적 사고:** 가장 중요하다고 생각하는 해결책 세 가지는 무엇인가? 그 이유를 설명하라.
Top: Omer N Raja/Shutterstock.com, Bottom: Rob Byron/Shutterstock.com.

14.3 화학적 위험은 어떻게 인류 건강을 위협하는가?

개념 14.3 암과 선천적 결손의 원인일 수 있고, 인간 면역성, 신경계, 내분비계에 방해를 일으킬 수 있는 화학물질에 대한 관심사가 커지고 있다.

일부 화학물질은 암, 돌연변이 선천적 결손의 원인일 수 있다

독성 화학물질(toxic chemical)은 인간과 동물에게 일시적 또는 영구적인 해 또는 사망의 원인이 될 수 있다. EPA는 인간과 환경적 건강의 관점에서 최상위 다섯 가지 독성물질인 비소, 납, 수은(핵심 사례 연구), 염화비닐(PVC 플라스틱 재료), 폴리염화비페닐(polychlorinated biphenyls, PCBs)을 목록화했다.

잠재적인 독성 약품의 세 가지 주요 형태가 있다. **발암물질**(carcinogen)은 화학물질이며, 방사선의 일부이고, 암으로 촉진시키거나 원인이 될 수 있는 특정 바이러스다. 암은 제어할 수 없는 악성 세포 증식과 신체에 해를 입힐 수 있는 종양 발생 그리고 조기 사망으로 이끄는 질병이다. 발암물질의 예로는 비소, 벤젠, 폼알데하이드, 감마 방사선, PCBs, 라돈, 자외선 복사, 담배에 함유된 특정 화학물질, 염화비닐이 있다.

일반적으로 발암물질에 초기 노출과 암의 자각증상의 출현 사이 10~40년의 시간이 흘러갈지 모른다. 부분적으로 시간상의 차이 때문에, 건강한 많은 십대와 청년이 흡연, 음주, 식사, 또 다른 일일 습관이 그들이 50세에 도달하기 전에 암의 일부 형태로 이끌 수 있는 문제를 가진다.

두 번째 주요 독성물질의 형태인 **돌연변이 유발물질**(mutagen)은 돌연변이 발생의 원인이 되거나 발생 빈도를 증가, 또는 세포에 발견되는 DNA 분자의 변화를 가져오는 원인을 가지고 있다. 대부분의 돌연변이는 유해하지 않지만 일부 암이나 또 다른 장애를 가져올 수 있다. 예를 들어 식품에 함유된 아질산염(NO_2^-)이 인체 내에서 화학반응하여 형성된 아질산(HNO_2)은 방부제가 함유된 와인과 가공식품을 많이 소비하는 사람들에게 위암 발생을 증가시킬 수 있는 돌연변이의 원인이 될 수 있다. 생식세포에 발생된 유해 돌연변이는 자손과 미래 세대에게 전해질 수 있다.

독성물질의 세 번째 형태인 **기형 유발물질**(teratogen)은 태아나 배아에 선천적 결손의 원인 또는 해를 가하는 화학물질이다. 에틸알코올(ethyl alcohol)은 기형 유발물질이다. 임신 기간 동안 섭취하게 되면 저체중 및 신체적, 발달, 행동, 정신적 장애를 가진 자손을 낳게 될 수 있다. 그 외의 다른 기형 유발물질로는 수은(핵심 사례 연구), 납, PCBs, 폼알데하이드, 벤젠, 프탈레이트 및 PCP(천사의 가루) 등이 있다.

일부 화학물질은 인간의 면역체계와 신경계통에 영향을 미친다

1970년 이래, 인간의 몇 가지 연구와 함께 야생과 실험실 동물 연구에서, 환경에서 일부 화학물질에 장기간 노출 시 인체의 면역, 신경, 내분비계를 방해할 수 있다는 것에 대한 증거를 내놓았다(개념 14.3).

면역체계는 질병과 유해 물질로부터 신체를 보호하는 특수 세포와 조직으로 구성된다. 예를 들어 침입 물질을 검출하고 파괴하는 특수 단백질, 즉 **항체**를 형성한다. 비소, 메틸수은(핵심 사례 연구)과 같은 일부 화학물질은 인간의 면역체계를 약화시킬 수 있다. 이는 알레르기 유발 항원과 전염성 박테리아, 바이러스 그리고 원충으로 인한 공격에 취약한 신체로 만들 수 있다.

신경독성물질이라 불리는 일부 환경에 존재하는 천연 화학물질과 합성 화학물질은 인간의 **신경계통**(뇌, 척수, 말초신경)에 해를 입힐 수 있다. 그 영향에는 행동 변화, 학습 능력, 주의력 결핍 장애, 발달 지연, 마비와 사망을 포함하고 있다. 신경독성물질의 대표적인 물질로는 PCBs, 비소, 납, 특정 농약 등이 있다.

메틸수은(핵심 사례 연구)은 환경에 지속적으로 존재하며 DDT처럼 먹이 사슬에서 생물학적으로 확대될 수 있기 때문에 특히 위험한 신경독성물질이다(그림 14.9). 천연자원방위위원회(Natural Resources Defense Council)에 따르면 참치, 청새치, 오렌지 거친 고기, 황새치, 고등어, 그루퍼, 상어와 같은 육식성 물고기는 몸 주위에 수은

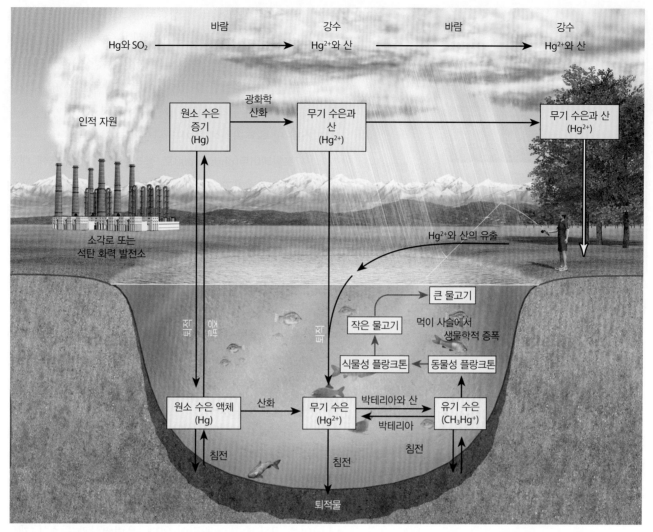

그림 14.9 먹이 사슬에서 대기로부터 수중 생태계로 다른 형태를 띠며 생물학적으로 확대되는 독성 수은의 이동. **비판적 사고:** 당신의 경우 가장 큰 수은 노출 경로는 무엇인가?

농도가 10,000배 이상 높다고 한다.

한 연구에서 EPA 조사에 따르면, 미국 전역의 500개 호수와 저수지에서 검사한 어류의 거의 절반이 안전 수준을 초과한 수은 수준을 나타낸다(그림 14.1). 마찬가지로 미국 지질조사국(U. S. Geological Survey)의 조사에 따르면, 미국 전역의 약 300개 하천에서 수은으로 오염된 물고기를 조사한 결과, 모든 수역에서 발견되었으며 물고기의 1/4이 EPA가 정한 안전 수준을 초과했다.

EPA는 미국에서 가임기 여성 12명 중 1명은 성장 중인 태아를 해칠 만큼 많은 수은을 혈액에 함유하고 있다고 추정하고 있다. 그림 14.10은 인간이 환경에 미치는 수은(핵심 사례 연구)의 방출을 방지하거나 줄이는 방법을 열거해 놓았다.

일부 화학물질은 인간의 내분비계에 영향을 끼친다

내분비계는 인간과 다른 척추동물의 혈류로 극미량의 호르몬을 방출하는 복잡한 네트워크로 되어 있다. 매우 낮은 수준의 이런 화학적 메신저(종종 10억 분의 1 또는 1조 분의 1로 측정됨)는 유성생식, 성장, 발전, 지적 능력, 행동을 제어하는 신체 시스템을 조절한다. 호르몬의 각 유형은 **수용체**(receptor)로 불리는 세포의 특정 부분에 부착하거나 화학적 메신저로 전위되는 것을 허용하는 특별한 분자 형태를 가지고 있다.

수은 오염물질

예방

폐기물 소각 단계적
감소

석탄을 태우기 전
수은 제거

석탄에서 천연가스로
그리고 재생 가능한
에너지원으로 변환

제어

화력 발전소와
소각장에서 수은
배출 감소

수은이 함유된 모든
제품 표시

수은이 함유된
제품과 배터리 수집
및 재생

그림 14.10 주로 화력 발전소와 소각장에서 환경으로 유입되는 수은(핵심 사례 연구)을 통제하거나 차단하는 방법. **비판적 사고:** 가장 중요하다고 생각하는 해결책 네 가지는 무엇인가? 그 이유를 설명하라.

Top: Mark Smith/Shutterstock.com. Bottom: tuulijumala/Shutterstock.com.

특정 살충제 및 기타 합성 화학물질의 분자는 자연호르몬과 유사한 형태를 가지고 있다. 이것은 자연 호르몬의 분자가 부착되도록 하여 인간과 일부 다른 동물들의 내분비계를 방해한다(**개념 14.3**). 이런 분자를 내분비 교란물질(HAAs) 또는 환경 호르몬이라 한다.

HAAs의 예로는 일부 제초제, 유기 인산 농약, 다이옥신, 납, 프탈레이트, 다양한 난연제 및 수은(**핵심 사례 연구**) 등이 있다. BPA(**과학적 핵심 14.2**)를 포함한 일부 HAAs는 호르몬 협잡꾼 또는 **호르몬 모방자**의 역할을 한다. 즉 에스트로겐(여성호르몬)과 화학적으로 유사하여 에스트로겐 수용체 분자와 결합함으로써 내분비계를 방해할 수 있다. **호르몬 차단(hormone blockers)**으로 불리는 다른 HAAs는 수용체에 부착하는 안드로겐(남성호르몬)과 같은 자연호르몬을 막음으로써 내분비계를 방해한다.

에스트로겐 모방과 호르몬 차단은 성기능 발달과 유성생식에 영향을 미칠 수 있는 가능성 때문에 성정체성 파괴자(gender bender)로 불린다. 야생동물, 실험동물, 인간에 대한 수많은 연구에서 수컷 종들이 일반적으로 더 여성스러워지는 것은 호르몬 붕괴에 따른 것으로 시사했다.

또한 갑상선에 의해 생성되는 호르몬에 영향을 미치는 또 다른 HAAs군에 대한 관심이 증가하고 있다. 갑상선 장애를 유발하는 이런 오염물질은 성장, 체중, 뇌 및 행동 장애를 유발할 수 있다. 이런 화학물질 중 일부는 조리 기구의 비 접착면에서 발견되며 특정 직물, 가구, 플라스틱 및 매트리스에 첨가된 난연제로 사용된다.

프탈레이트(phthalates)로 불리는 특정 HAAs에 대한 우려가 커져가고 있다. 이 화학물질은 PVC(polyvinyl chloride) 플라스틱을 부드럽게 하기 위해 사용되는 다양한 제품에서 발견되며, 많은 소비제에 용매제로서 사용한다. 프탈레이트는 수많은 세제, 향수, 화장품, 베이비파우더, 성인 및 유아 바디로션, 선크림, 헤어스프레이, 탈취제, 비누, 매니큐어, 성인 및 유아용 샴푸, 지속적으로 방출하는 코팅된 약품에서 발견되고 있다. 또한 소프트비닐 장난감, 공갈젖꼭지, 혈액 저장백, 정맥주사 저장백, 샤워커튼 그리고 식품 및 음료 용기와 같은 PVC 제품에서도 발견되고 있다.

다양한 프탈레이트의 고용량에 노출시킨 실험동물에서 선천적 결손, 신장과 간 손상, 면역체계 억제 및 비정상적인 성 발달을 유발했다. 연구에 따르면 프탈레이트에 노출된 인간 아기의 경우 여자 아이는 성조숙증, 남자 아이는 정자 손상과 관련이 있다. 유럽연합과 최소 14개의 다른 나라에서 프탈레이트 사용을 금지하고 있다. 그러나 미국의 과학자, 정부규제 담당자 및 제조업자들은 인류 건강과 생식계 위해성에 대해 의견이 나뉘고 있다.

BPA, 프탈레이트 및 기타 HAAs에 대한 우려는 다양한 화학물질의 매우 낮은 수준의 노출로 인한 잠재적인 유해한 건강 영향 평가의 어려움을 강조하고 있는 것이다. 이런 불확실성을 해결하려면 연구하는 데만 수십 년이 걸릴 것이다. 일부 과학자들은 연구 기간 동안 예방책으로 특히 임산부, 유아, 어린이, 십대가 자주 사용하는 제품에 대해서 잠재적으로 유해한 호르몬 교란 물질의 사용을 강력히 줄여가야 한다고 주장한다(그림 14.11).

BPA 유해성 논란

에스트로겐 모방 **비스페놀 A(BPA)**는 다양한 제품에 사용되는 특정 플라스틱의 경화제 역할을 한다. 일부 유아용 병을 포함해 컵, 공갈 젖꼭지, 재사용 가능한 물병, 스포츠 음료 및 주스 병, 전자레인지 요리, 식품 저장 용기 등에서 사용된다. 또한 BPA는 거의 모든 음식과 청량음료 캔 및 유아식과 음식을 담는 캔을 채우는 플라스틱 수지뿐만 아니라 일부 치과 실란트에도 사용된다. 이런 유형의 내부 마감은 용기가 극한의 온도를 견딜 수 있고, 통조림 식품이 캔의 금속과 상호작용하는 것을 막으며 캔의 녹을 방지하며 통조림 식품을 보존하는 데 도움을 준다. 사람들은 카드 단말기 영수증을 만드는 데 사용되는 감열지를 만짐으로써 BPA에 노출될 수도 있다.

CDC 연구에 따르면, 6세 이상 미국인 93%의 소변에서 BPA의 흔적을 발견했다. 소아와 청소년은 일반적으로 성인보다 BPA 수치가 높았다. 이 수준은 EPA가 정한 허용 수준보다 훨씬 낮은 수치였다. 그러나 BPA의 규제 수준은 인류 건강에 미칠 수 있는 영향에 대해 알려진 바가 거의 없었던 1980년대 후반에 설정되었다.

연구 결과 플라스틱이 고온으로 가열될 때 플라스틱의 BPA가 물이나 음식물로 침투할 수 있음을 나타낸다. 온도, 전자레인지 또는 산성 액체에 노출될 수 있다. 하버드 대학교 의과대학 연구진은 1주일 간 폴리카보네이트 병으로 정기적으로 음료를 마신 참가자의 소변에서 BPA 수치가 66% 증가하는 것을 발견했다.

2013년까지 독립적인 실험실에서 발표된 90건이 넘는 연구 결과는 매우 낮은 수준의 BPA에 노출된 실험동물에 대한 여러 가지 심각한 부작용을 보고했는데, 이런 현상에는 뇌 손상, 조기 사춘기, 정자 품질 저하, 특정 암, 심장병, 비만, 간 손상, 면역 기능 장애, 2형 당뇨병, 과다 활동, 학습 장애, 수컷의 발기 부전, 실험동물의 비만 등이 있다.

반면에 화학 산업이 자금을 지원한 12개의 연구에서는 동물실험에서 낮은 농도의 BPA 노출에 의해 생긴 부작용의 증거가 발견되지 않았다. 2008년에 FDA는 식품 및 음료 용기의 BPA가 건강상 위험 요소가 아니라고 결론내렸다. 2015년에 유럽 식품안전청(European Food Safety Authority) 또한 BPA가 사람들의 신체 시스템에 해를 끼칠 정도로 높은 수준으로 나타나지 않는다고 결론지었다. 그러나 프랑스는 모든 식품 캔의 내부 마감에서 BPA를 금지했다.

대부분의 제조업체는 아기 병, 컵, 스포츠 음료 등의 제품에 대해 BPA가 없는 대체품을 제공한다. 많은 소비자들이 #7 재활용 코드가 있는(BPA가 있음을 나타냄) 플라스틱 용기를 피하고 있다. 사람들은 또한 내부 마감된 금속 깡통의 액상 분유 대신 분말 분유를 사용하고 있다. 일부는 플라스틱이나 플라스틱 수지로 만든 것 대신 유리병과 식품 용기를 선택하며, 일부는 플라스틱 컵 대신 유리, 세라믹 또는 스테인리스스틸 커피 잔을 사용한다.

많은 제조업체들이 BPA를 비스페놀S(BPS)로 대체했다. 그러나 연구 결과에 따르면 BPS는 BPA와 유사한 건강 효과를 나타낼 수 있으며 BPS는 BPA와 비슷한 수준의 인간 소변에서 나타나고 있다.

미국에서 사용되는 식품 캔의 대부분을 구성하는 BPA 또는 BPS를 함유한 플라스틱 수지를 대체할 수 있다. 그러나 이런 대체물은 훨씬 더 비싸며, 포함된 일부 화학물질의 잠재적 건강 영향도 평가해야 한다는 문제점도 있다.

비판적 사고

BPA 또는 BPS가 함유된 플라스틱은 모든 아동용 제품에서 사용이 금지되어야 하는가? 설명하라. 그런 플라스틱은 통조림 식품 용기 내부 마감제로 사용을 금지해야 하는가? 이에 대해 설명하고, 대안을 제시하라.

호르몬 교란 물질에 대한 노출

■ 검증된 유기농 제품과 육류를 섭취한다.

■ 가공식품, 포장식품 및 캔 식료품 섭취를 피한다.

■ 유리 또는 세라믹 용기를 사용한다.

■ 유리 용기에 음식과 음료수를 보관한다.

■ 자연 세제 및 개인 위생제품만 이용한다.

■ 비닐이 아닌 천연 섬유로 된 샤워 커튼을 사용한다.

■ 인공 방향제, 섬유 유연제 및 건조 제품 사용을 피한다.

■ 유아용 유리병, BPA 미함유, 프탈레이트 미함유 컵 및 장난감만 사용한다.

그림 14.11 개별적 문제: 당신이 호르몬 교란 물질에 노출되는 것을 감소시키는 방법에 대해서 설명하라. **비판적 사고:** 가장 중요하다고 생각하는 방법 세 가지는 무엇인가? 그 이유를 설명하라.

14.4 어떻게 화학물질의 유해성을 평가할 것인가?

개념 14.4A 과학자들은 실험동물, 중독의 사례보고, 화학물질의 독성을 평가하기 위해 역학 연구를 사용하지만, 이 방법들은 제한적이다.

개념 14.4B 많은 보건과학자들은 잠재적으로 위험한 화학물질의 노출을 감소시키기 위해 오염 예방을 더 크게 강조하고 있다.

많은 인자들이 화학물질의 유해한 건강 영향을 결정한다

독성학(toxicology)이란 인간과 유기체에 대한 화학물질의 유해한 영향을 연구하는 분야다. **독성**(toxicity)이란 어떤 물질이 살아 있는 유기체에 얼마나 부상, 질병, 또는 죽음을 초래하는지를 나타내는 척도다. 독성학의 기본적인 정의는 어떤 합성 또는 천연 화학물질을 충분한 양으로 섭취했을 시 해로울 수 있다는 것이다. 그러나 중요한 질문은 다음과 같다. 화학적인 유해한 원인이 되는 특정 독성 화학물질에서 노출의 수준은 얼마인가?

이것은 화학물질에 노출된 인간의 영향을 평가하는 데 많은 변수들을 포함하고 있기 때문에 답하기 어려운 질문이다. 핵심 인자는 **용량**(dose)이며, 한 사람이 어느 때든지 피부를 통한 흡착, 섭취, 또는 흡입되는 유해 화학물질의 양이다.

연령은 사람이 특정 화학물질에 노출되면 어떻게 영향을 받는지에 영향을 미치는 또 다른 변수다. 예를 들어 독성 화학물질은 대개 노인에게 더 큰 영향을 준다. 태아, 영아 및 어린이는 또한 독성 화학물질에 노출되면 성인보다 더 취약하다. 현재 연구에 따르면 자궁 안에서 화학 오염물질에 노출되면 자폐증, 아동기 천식 및 학습 장애의 증가와 관련이 있을 수 있다.

유아와 어린이는 세 가지 주요 이유로 성인보다 독성물질의 영향에 더 크게 민감성을 가지고 있다. **첫째**, 유아와 아동은 성인보다 일반적으로 더 많은 공기를 들여 마시고, 더 많은 물, 체중당 더 많은 음식을 섭취한다. **둘째**, 그들은 입에 손가락, 장난감, 다른 여러 물건들을 가까이 할 때 먼지나 흙에 있는 독소물질에 노출된다. **셋째**, 아이들은 보통 성인들보다 낮은 면역체계와 신체해독 작용을 가지고 있다.

EPA 규제자들은 아이들이 성인보다 10배 이상의 위해 요소를 가지고 있다고 가정해야 한다는 일부 위해성 결정을 제안했다. 일부 보건학자들은 신중론을 제시하며 성인보다 아이들이 100배의 위해성이 있다고 가정해야 한다고 제시하고 있다.

독성은 특정 독성에 대한 개인적인 민감성을 결정하는 유전자 구성(genetic makeup)에 의존한다. 일부 사람들은 독성에 민감하다—화학물질민감증(multiple chemical sensitivity, MCS)으로 알려짐. 또 다른 요소는 간, 폐, 신장을 포함한 신체의 약물중독치유 시스템이 얼마나 잘 작동하느냐는 것이다.

몇 가지 다른 변수는 화학물질로 인해 유해한 원인이 되는 수준으로 영향을 끼칠 수 있다는 것이다. 한 가지는 그것의 용해도다. 수용성 독성은 환경 도처에 이동할 수 있고 상수도를 통해 얻을 수 있으며 수용액으로 우리 몸 세포 주변을 둘러싼다. 지용성 독성은 세포를 둘러싼 막으로 침투할 수 있는데, 그 이유는 막이 세포를 통해 통과하는 지용성 화학물질과 유사하기 때문이다. 따라서 지용성 독성은 신체 조직과 세포에 축적될 수 있다.

또 다른 요소는 물질의 존속성, 또는 파괴에 대한 저항

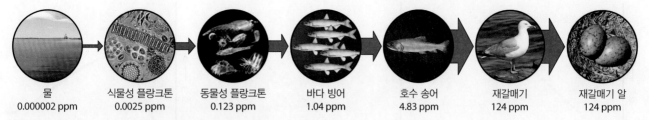

| 물
0.000002 ppm | 식물성 플랑크톤
0.0025 ppm | 동물성 플랑크톤
0.123 ppm | 바다 빙어
1.04 ppm | 호수 송어
4.83 ppm | 재갈매기
124 ppm | 재갈매기 알
124 ppm |

그림 14.12 오대호 수중 먹이사슬에서 폴리염화바이페닐(PCBs)의 생물학적 전달 과정

이다. DDT와 PCBs 같은 많은 화학물질은 환경에서 쉽게 파괴되지 않고 있기 때문에 널리 사용되고 있다. 이것은 많은 사람들과 야생에서 그것과 접촉될 가능성과 인체에 더 많이 잔류하고 유해한 영향으로 오랜 지속성을 가진다는 의미다.

생물학적 축적과 확대(그림 8.12 참조)는 독성의 역할로 활동할 수 있다. 먹이 사슬에 가장 상위에 있는 동물에게 지용성 독성 화학물질의 영향에 더 민감한 것은 그들의 몸에서 독성이 농축되기 때문이다. 화학물질의 예로 DDT, PCBs(그림 14.12), 메틸수은(핵심 사례 연구)을 함유한 생물 농축이 될 수 있다는 것이다.

화학물질 노출로 인한 건강의 손상은 **반응**(response)으로 불려진다. 급성 **영향**(acute effect)인 반응의 한 형태는 현기증 및 메스꺼움에서 죽음에까지 이르는 즉각적이거나 빠른 유해한 반응이다. **만성 영향**(chronic effect)은 유해한 물질의 반복적인 저용량 및 일회량에 노출되어 영구적 또는 지속적으로 초래하는 것이다(예: 신장 및 간 손상).

일부 사람들은 천연 화학물질은 모두 안전하고 합성 화학물질은 모두 유해하다는 편견을 가지고 있다. 사실, 수은(핵심 사례 연구)과 납과 같은 천연 화학물질이 치명적인 데 반해, 우리가 의도적으로 복용하는 많은 의약품을 포함한 합성 화학물질은 매우 안전하다.

과학자들은 다양한 방법으로 독성을 예측한다

독성을 측정하는 데 있어서 가장 널리 사용되는 방법은 살아 있는 동물에 대한 검사를 포함한다. 과학자들은 통제된 조건하에서 특정 물질을 측정 용량으로 실험동물군에 노출시킨다. 실험용 마우스와 랫드는 포유류로서 인체

시스템과 유사한 시스템 기능 때문에 널리 사용되고 있다. 또한 크기가 작고 제어된 실험실 조건에서 빠르게 번식할 수 있다.

과학자들은 실험 유기체에 화학물질의 다양한 용량에 대한 영향 설정과 **용량반응곡선**(dose-response curve)의 결과 수치를 가지고 추산한다(그림 14.13). 한 가지 접근 방법은 **치사량**(lethal dose; 동물을 죽일 수 있는 용량)을 설정하는 것이다. 화학물질의 반수치사량(median lethal dose, LD50)이란 18일 내에 실험동물군(랫드와 마우스)의 50%를 죽일 수 있는 용량으로 보통 체중당 화학물질(mg/kg)로 나타낸다. 그런 다음 과학자들은 실험동물에 대한 화학물질 검사 결과를 토대로 인간에 대한 화학물질의 효과를 외삽 또는 추정하기 위해 수학적 모델을 사용한다.

화학물질의 독성은 크게 달라진다(표 14.1). 일부 독약은 매우 낮은 정량에서 단일 피폭 후 심각한 유해 원인 또는 사망을 일으킬 수 있다. 예를 들어 순수한 니코틴(전자 담배에서 발견됨) 몇 방울을 삼키는 것은 당신을 매우 아프게 만들 것이고, 찻숟가락 한술은 당신을 죽일 수 있다. 물이나 설탕과 같은 다른 화학물질은 너무 큰 복용량에서만 그런 해를 끼치므로 부상이나 사망을 유발할 정도로 신체에 충분히 침투하는 것이 거의 불가능하다. 대부분의 화학물질은 두 극단 사이에 속해 있다.

동물실험에는 단점이 있다. 일반적으로 수백, 수천 마리에 대한 동물실험은 2~5년이 소요되며, 실험물질당 200만 달러 이상 소요될 수 있다. 이런 실험은 실험동물들에게 고통스러울 수 있고, 유해하거나 죽을 수 있다. 동물보호단체들은 실험동물의 사용을 제한하거나 금지하길 원하며, 적어도 실험동물들에게 가능한 인도적인 방법으

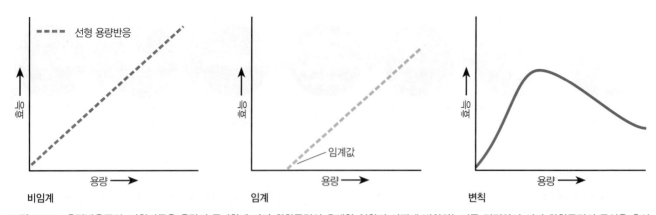

그림 14.13　용량반응곡선. 과학자들은 용량이 증가함에 따라 화학물질의 유해한 영향이 어떻게 변화하는지를 결정하여 여러 화학물질의 독성을 추산한다. 비임계값 모델(왼쪽)에 따라 작용하는 화학물질이 있고, 임계값 모델(가운데)을 따라 작용하는 화학물질도 있다. 어떤 화학물질은 변칙적으로 작용하기도 한다(오른쪽). 이 모든 그래프상에서, 곡선들은 일반적으로 정확하게 선형 또는 직선적으로 변화한다. **비판적 사고:** 일상생활에서 상기 모델과 같이 작용하는 화학물질을 생각해 낼 수 있는가? 어떤 것이 있는가?

표 14.1　독성 등급 및 인간에 대한 평균 치사 용량

독성 등급	LD50(mg/kg)*	평균 치사 용량†	예
초강독성	5 이하	7방울 이하	신경계 가스, 보툴리즘 독성물, 독버섯, 다이옥신(TCDD)
극단적 독성	5~50	7방울~한 숟가락	시안화칼륨, 헤로인, 아트로핀, 파라티온, 니코틴
큰 독성	50~500	한 숟가락~1온스	수은염, 모르핀, 코데인
중간 정도 독성	500~5,000	1온스~1핀트	소금납, DDT, 수산화칼륨, 플루오린화나트륨, 황산, 카페인, 사염화탄소
약간 독성	5,000~15,000	1핀트~1쿼터	에틸알코올, 라이졸, 비누
비독성	15,000 이상	1쿼터 이상	물, 글리세린, 설탕

* 노출된 개체의 50%를 죽이는 복용량이다.
† 상온에서 액상인 물질의 양으로 70 kg의 사람에게 투여할 때 치명적이다.

로 처리되는 것을 보장하길 원하고 있다.

　일부 과학자들은 실험동물이 인간의 생리나 신진대사와 종종 다르기 때문에 실험동물에서 인간에 대해 추론된 데이터의 타당성을 제기한다. 또 다른 과학자들은 적합한 실험동물이 선택되거나 화학물질이 여러 가지 실험동물 종에 독성이 있을 때 이런 실험과 모델이 상당히 잘 작동할 수 있다고 말한다(특히 암 위해성을 드러냄).

　독성 실험에 대한 이 이상의 인도적인 방법을 이용할 수 있고 살아 있는 동물에 대한 실험을 대체하기 위한 그 이상의 것들로 사용되고 있다. 그것들에는 살아 있는 동물을 대신해 컴퓨터 시뮬레이션과 세포의 배양 조직 사용 그리고 박테리아, 달걀 막, 개별 동물세포들이 포함된다. 고속 로봇 실험 장치는 독성 영향 가능성 설정을 돕기 위해 하루에 백만 가지 화합물 이상의 생물학적 활동을 검

진할 수 있다.

　실험실 실험으로 독성 평가에 대한 문제점들이 더 복잡하게 나타난다(**개념 14.4A**). 실생활에서, 우리는 각자 화학물질의 다양성에 노출되어 있으며, 그것의 일부는 단기간 또는 장기간 개별 영향을 높이거나 감소하는 작용을 일으킬 수 있다. 독성학자들은 이미 단일 물질의 독성을 평가하는 데 어려움을 가지고 있다. 그것들은 잠재적 독성물질의 혼합체, 문제의 고립, 그리고 설정 평가의 추가적인 문제점이 과학과 경제적 관점으로 휩싸이는 상호작용이 될 수 있다. 예를 들어 산업체에서 널리 사용되는 500가지 화학물질 중 세 가지에 대한 상호작용 연구에는 2,070만 건의 실험이 수행되어야 한다. 이는 물리적으로나 자본적으로 불가능하다.

　과학자들은 인류 건강에 화학물질의 유해한 영향에

관한 정보를 얻기 위해 몇 가지 다른 방법을 사용한다. 그 예로, 보통 의사들이 작성하는 사례보고(case reports)에서 일부 부작용으로 고통 받는 사람 또는 화학물질에 노출된 후 사망한 사람들에 관한 정보를 알 수 있다. 이런 정보는 종종 의도하거나 의도하지 않은 중독, 약물 과다복용, 살인, 또는 자살 시도들이 포함된다.

대부분의 사례보고는 독성 평가를 하기에 적절한 자료가 되지 못한다. 그 이유는 실제 복용량과 노출된 사람의 건강상태를 종종 알 수 없기 때문이다. 그러나 이런 보고서는 환경적 유해성을 명확하게 제공하고 실험실 조사에 필요한 것을 제시한다.

역학 연구(epidemiological studies) 또한 유용할 수 있다. 이것은 특정 화학물질에 노출된 건강한 사람(실험군)과 화학물질에 노출되지 않은 유사한 유형의 사람들(대조군) 간 비교를 하는 것이다. 그 목적은 독성 화학물질 노출과 건강 문제에 강한지, 보통인지, 약한지, 감지할 수 없는지 간에 통계적으로 연관성이 있는지 없는지를 결정하는 것이다.

역학 연구의 사용 가능성은 네 가지 요인으로 인해 제한될 수 있다. 첫째, 많은 사례에서, 극소수의 사람들에게 통계적 유의성 차이를 검출하기 위해 상당히 높은 수준의 독성물질에 노출된 적이 있다. 둘째, 이런 연구들은 오랜 시간이 소요된다. 셋째, 특정 화학물질에 노출을 통해 관찰된 근접한 관련성을 연결하기가 어렵다. 왜냐하면 사람들은 도처에서 많은 독성물질에 노출되고 그런 화학물질에 대한 민감도가 각기 다를 수 있기 때문이다. 넷째, 사람들이 노출된 적이 없는 화학물질 또는 새로운 기술로부터 유해성을 평가하기 위한 역학 연구를 사용할 수 없다는 것이다.

극미량의 화학물질은 유해한가?

선진국에서 살고 있는 거의 대부분의 사람들은 환경적으로 잠재적인 유해 화학물질에 노출되어 있다(그림 14.14). 이 화학물질의 대부분은 혈액과 신체의 다른 부분에서 극미량 수준으로 축적된다. CDC 연구에 따르면 보통 미국인의 혈액에는 비소 및 BPA와 같은 잠재적으로 유해한 화학물질을 비롯한 212가지 화학물질이 포함되어 있다.

우리는 공기, 물, 식품, 그리고 우리의 신체에 다양한 합성 화학물질의 극미량을 고려해야만 하는가? 모든 경우에 대한 솔직한 답변은 알 수 없다 는 것이다. 왜냐하면 화학물질들의 낮은 수준으로 인한 노출 영향을 결정하기가 어렵기 때문이며 아주 적은 양의 데이터만 있기 때문이다(개념 14.4A).

일부 과학자들은 인체에 잠재적으로 장기적인 영향을 미칠 수 있기 때문에 경고와 함께 합성 화학물질의 극미량에 대해 주목하고 있다. 다른 과학자들은 극미량으로 인한 위협을 사소한 것으로 보고 있다. 그들은 이런 화학물질이 농도가 너무 낮아서 무해하다고 주장한다.

우리는 왜 화학물질의 유해한 영향에 관해 약간만 알고 있는가?

앞에서 살펴보았듯이, 독성 수준과 위해성 평가를 위한 모든 방법에는 심각한 제한이 있지만(개념 14.A), 그것들은 우리가 가지고 있는 것이다. 위해성 평가전문가 Joseph V. Rodricks에 따르면, "독성학자들은 약간의 화학물질, 많은 화학물질 중 약간, 다음으로 대부분의 화학물질 중 단 하나도 없는 것에 관해 상당히 알고 있다."

미국 국립과학아카데미는 상업적으로 사용하는 85,000가지 이상 중 단 10%만이 독성에 대한 전반적인 검사가 진행되었다고 추정했다. 단 2%만이 그것이 발암물질, 돌연변이 유발물질, 또는 기형 발생물질인지 결정하기 위해 적절히 실험을 하고 있다. 상업적으로 사용되는 어떤 화학물질은 인간의 신경계, 내분비계, 면역계에 발생 가능한 손상에 대한 검사가 거의 이루어지지 않고 있다.

불충분한 데이터와 높은 규제비 때문에, 연방정부와 주정부는 미국에서 이용할 수 있는 상업적 화학물질의 99.5% 가까운 사용을 감독하지 못하고 있으며, 그 문제는 일부 저개발국가에게 더 크게 악화시키고 있다.

대부분의 과학자들은 미량의 합성 화학물질이 건강에 미치는 영향에 대해 더 많이 연구하기를 요구하고 있다.

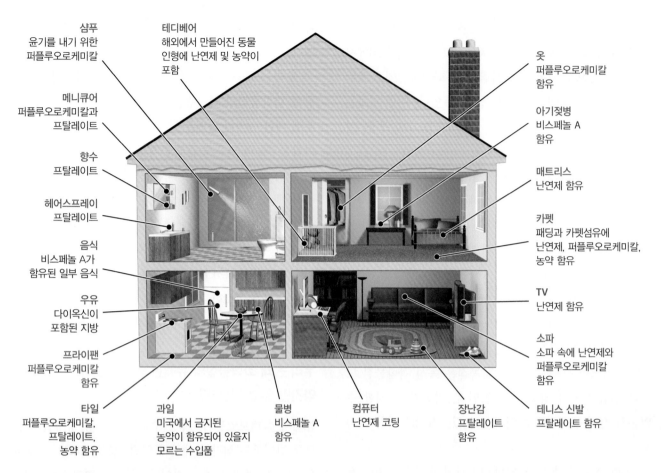

샴푸
윤기를 내기 위한
퍼플루오로케미칼

테디베어
해외에서 만들어진 동물
인형에 난연제 및 농약이
포함

옷
퍼플루오로케미칼
함유

메니큐어
퍼플루오로케미칼과
프탈레이트

아기젖병
비스페놀 A
함유

향수
프탈레이트

매트리스
난연제 함유

헤어스프레이
프탈레이트

카펫
패딩과 카펫섬유에
난연제, 퍼플루오로케미칼,
농약 함유

음식
비스페놀 A가
함유된 일부 음식

우유
다이옥신이
포함된 지방

TV
난연제 함유

프라이팬
퍼플루오로케미칼
함유

소파
소파 속에 난연제와
퍼플루오로케미칼
함유

타일
퍼플루오로케미칼,
프탈레이트,
농약 함유

과일
미국에서 금지된
농약이 함유되어 있을지
모르는 수입품

물병
비스페놀 A
함유

컴퓨터
난연제 코팅

장난감
프탈레이트
함유

테니스 신발
프탈레이트 함유

그림 14.14 대부분의 집에서 잠재적으로 유해한 화학물질이 많이 발견된다. **비판적 사고:** 당신에게 노출되는 화학물질의 장기적인 유해 가능성이 높은지 낮은지에 대해 많은 것을 모른다는 게 사실인가? 왜 그렇다고 생각하는가?

Compiled by the authors using data from U.S. Environmental Protection Agency, Centers for Disease Control and Prevention, and New York State Department of Health.

유해 영향을 최소화하고 건강에 미치는 영향에 대한 불확실성을 고려하기 위해 과학자와 규제 당국은 일반적으로 독성 물질의 노출 허용 수준을 평가된 유해 수준의 1/100 또는 심지어 1/1,000로 설정했다.

오염물질 예방과 사전예방 원칙

우리 주변의 잠재적인 독성 화학물질들에 대해 거의 알지 못하며, 그 영향을 평가하는 것은 매우 어렵고, 시간이 많이 걸리고 비용이 많이 든다. 그렇다면 이것은 어디에서 우리를 떠나는가?

특히, 유럽연합 국가에 속해 있는, 일부 과학자들과 보건당국은 인류 건강을 지키기 위해 오염 예방에 보다 중점을 두고 추진하고 있다(**개념 14.4B**). 그들은 중대한 위해를 야기할 것으로 의심되는 화학물질을 오염 수준으로

환경에 방출해서는 안 된다고 말한다. 오염을 예방하기 위해 독성 및 유해 화학물질에 대한 무해 또는 덜 유해한 대체물을 찾아야 한다는 것을 의미한다. 또 다른 선택권은 미국의 3M과 Dupont 사가 진행하고 있는 것처럼, 환경으로 유출되는 것으로부터 지켜내기 위해 제품 생산 과정 중에 화학물질을 재활용하는 것이다(다음 사례 연구 참조).

오염물질 예방이란 **사전예방 원칙**(precautionary principle)의 시행을 위한 전략이다. 이 원칙에 따르면, 수많은 문제점에 적용시킬 수 있고, 활동, 기술, 또는 화학물질이 인간 또는 환경에 유해할 수 있다는 상당한 예비적 증거가 있을 때, 더 이상의 결정적인 과학적 증거를 기다리는 것보다 이런 유해함을 예방하거나 감소시킬 수 있는 예방조치를 취해야 한다.

우리가 사전예방 원칙을 기본으로 한 오염물질 예방을 이용하는 데 얼마나 가야 하는지에 대한 논란이 있다. 이런 접근과 함께, 새로운 화학물질이나 기술을 도입할 것을 제안하는 사람은 누구나 안전을 지킬 책임이 있다고 주장한다. 이는 위해성을 평가하고 관리하는 방식에 있어서 두 가지 중요한 변화를 요구한다. 첫째, 우리는 새로운 화학물질과 기술이 과학 연구에서 다르게 나타날 때까지 유해하다고 가정한다. 둘째, 현저한 해를 입힐 가능성이 높은 것으로 보이는 기존의 화학물질 및 기술은 안전이 확보될 때까지 시장에서 제거해야 한다.

많은 제조업체와 기업은 사전예방 접근의 광범위한 적용과 오염 예방을 요구하면 고비용이 들고 새로운 화학물질과 기술을 도입하기는 거의 불가능할 것이라고 주장한다. 그들은 과학적 위험 평가에는 항상 불확실성이 따른다는 것을 지적한다.

그러나 사전예방 원칙을 적용하는 것이 기업에 도움이 될 수 있다. 직원 및 사회의 건강 위험을 줄이고, 오염 규제 정책으로부터 자유로우며, 부상당한 사람들의 소송 위협이 감소한다. 또한 회사는 수습보다는 예방에 기반한 오염 문제에 대한 해결책을 찾는 데 중점을 둔다. 회사는 안전한 제품 및 혁신적인 기술을 판매함으로써 이익을 증가시킬 수 있다. 또한 이런 방식으로 작동함으로써 기업 이미지를 향상시킬 수 있다.

마지막으로 지지자들은 인류 건강, 환경 및 미래 세대에 대한 알려진 위험 또는 잠재적 위험을 줄이기 위한 윤리적 책임이 사회에 있다고 주장한다. 이는 윤리적 지속가능성의 원리🌱와 부합된다.

사례 연구

오염물질 예방 급여: 3M

미국에 기반을 둔 3M 회사는 전 세계 100여 개의 공장에서 60,000가지의 서로 다른 제품을 생산한다. 3M은 1975년 오염물질 예방 급여라는 (3P) 프로그램을 시작했다. 그 이후, 이 프로그램은 제품의 일부를 재구성했고, 장치와 과정을 재설계했으며, 위험물질이 포함된 원료사용을 줄였다. 또한 더 많은 폐기물을 재활용하고 재사용했으며 잠재 위험이지만 여전히 유용한 폐기물을 다른 회사에 원료로 판매했다. 2015년 현재 이 프로그램은 200만 톤 이상의 오염물질이 시설에 침투하지 못하도록 막았고, 19억 달러를 절약했다.

3M 회사의 3P 프로그램은 크게 성공했다. 왜냐하면 근로자들이 오염물질을 저감하거나 에너지, 재료 또는 다른 생산에 필요한 원료 사용량을 줄이고, 오염물질 저감을 토대로 돈을 아끼게 될 시 포상을 했기 때문이다. 3M에서 일하는 근로자들은 10,000개 이상의 3P 프로젝트를 완료했다. 1990년 이래로 회사 규모가 커짐에 따라, 유사한 오염물질이나 낭비 방지프로그램과 같은 프로그램이 훨씬 더 깨끗한 제품의 생산으로 이끌었다.

오염 방지 실행

3M 및 다른 회사에서 오염 예방 프로그램을 진행하고 있지만, 미국에서 예방 원칙을 보다 폭넓게 적용하는 데 큰 어려움이 있다. 오염 예방의 핵심은 해로운 화학물질의 사용을 금지하거나 사용을 규제하는 것이다.

전문가들은 2009년 미 의회 청문회에서 미국의 현재 규제 시스템으로 정부가 독성 화학물질의 사용을 제한하거나 금지하는 것을 사실상 불가능하게 한다고 증언했다. 이 시스템하에서 EPA는 미국에서 사용하기 위해 등록된 화학물질 85,000개 중 200개를 테스트해야 한다. 또한 화학물질 중 12개 미만을 관리하는 규정을 발표하기도 했다.

그러나 몇 가지 진전은 있었다. 정치적으로 강력한 석탄 회사와 전기를 생산하는 데 석탄을 태우는 전력 회사로 인해 35년 동안 추진이 지연되고 있다가 2011년, 환경청은 28개 주에서 구형 석탄 화력 발전소에서 방출하는 수은(핵심 사례 연구) 배출과 유해 미립자 통제 규칙을 발행함으로써 원하는 방향으로 나아갔다. 많은 동부 주에서는 수은 및 유해 미립자의 농도가 높은 수준을 보인다. 이는 중서부 지역의 석탄 화력 발전소 및 전기 설비에서 생성되는 오염물질이 바람에 의해 동쪽으로 날아갔기 때문이다(그림 14.15). 이 새로운 대기 오염 표준은 조기 사망

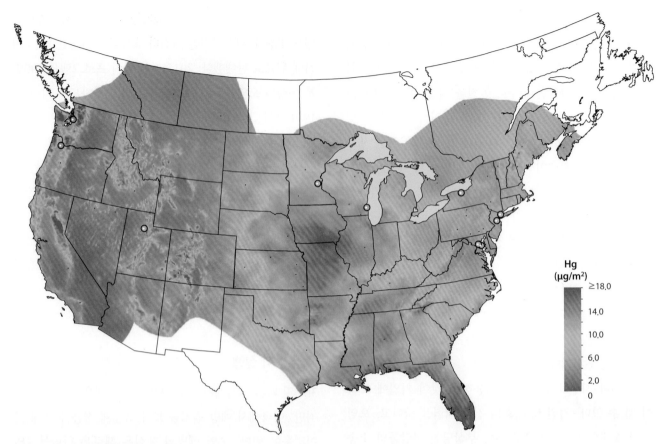

그림 14.15   A2010년 하위 48개 주 대기 중 수은의 습식 침적. 비판적 사고: 왜 미국 동부 절반에서 최고 수준을 보이는가?

Compiled by the authors using data from the Environmental Protection Agency and the National Atmospheric Deposition Program.

11,000명, 치명적이지 않은 심장 발작 20만 건, 천식 발작 250만 건을 예방할 수 있다. 미국 대법원은 2014년에 이런 새로운 EPA 규정을 지지했지만, 의회에서 석탄 화력 발전소 및 산업시설을 규제에서 제외하거나 면제하기 위한 노력이 있었다.

오염 방지는 국제 규모에서도 일어나고 있다. 2000년 스톡홀름 협약은 가장 악명 높은 **잔류성 유기 오염물질(POPs)** 12종(일명 '더티 더즌')의 사용을 금지하거나 폐지하기 위한 국제 협약이다. 이런 독성이 강한 화학물질은 암, 선천적 결손, 면역 시스템 손상, 남성 정자 수 감소 및 정자의 질 저하와 같은 여러 가지 유해한 효과를 나타낸다. 이 목록에는 DDT 및 여덟 가지 다른 살충제, PCBs 및 다이옥신이 포함되어 있다. 2009년에는 9종의 POP가 추가되었으며 일부는 살충제, 의류, 가구 및 기타 소비재에 첨가된 난연제에 널리 사용된다. 이 조약은 2004년에 발효되었지만 미국이 공식적으로 승인하거나 이행하지는 않았다.

미나마타 협약(Minamata convention)으로 알려진 유엔 조약은 환경에 대한 인간과 관련된 대부분의 수은 투입을 줄이기 위해 노력하고 있다(**핵심 사례 연구**). 전반적인 목표는 향후 수십 년 동안 전 세계 수은 배출을 15~35% 줄이는 것이다. 2016년 1월까지 128개국이 서명했으며 미국을 포함한 22개국이 조약을 공식 승인했다. 50개국이 정식으로 승인한 이후에 발효된다. 일단 참여국이 참여하면 5년 안에 최고 수준의 수은 배출 제어 기술을 구현해야 한다. 이 조약은 또한 일반 가정용 제품 및 온도계와 같은 측정 장치에서 수은 사용을 제한한다.

14.5 어떻게 위험을 감지하고 피할 것인가?

개념 14.5 적절한 정보, 위해성에 대한 비판적 생각, 주의 깊은 결정에 따라 직면한 주요 위해성을 감소시킬 수 있다.

가장 큰 건강 위해성은 빈곤, 성, 생활방식의 선택으로부터 온다

위해성 분석(risk analysis)은 위해성 판단과 관련 위해성 평가(위해성 평가; 그림 14.2, 왼쪽), 위해성 순위(위해성 분석 비교), 위해성 감축과 제거에 관한 선택 결정과 의사 결정(위해성 관리; 그림 14.2, 오른쪽), 그리고 제조자 알림 선택과 위해성에 관한 공개(위해성 공유)를 포함한다.

지난 경험, 동물실험 및 기타 평가를 기반으로 한 통계적 확률은 오래된 기술과 화학물질의 위해성을 평가하기 위해 사용된다. 새로운 기술과 제품을 평가하기 위해, 위해성 평가자들은 실제적인 경험과 실험보다는 모델을 기반으로 한 보다 불확실한 통계적 확률을 사용한다.

연간 사망자 수(그림 14.16)와 관련하여 단연코 가장 큰 위해성은 빈곤이다. 빈곤으로 인한 많은 사망자는 영양 실조, 비치명적 감염성 질병에 대한 면역 저하, 안전하지 않은 식수로 전염되는 치명적 전염병에 기인한다.

연구에 따르면 사람들의 삶을 짧게 하는 네 가지 가장 큰 위험은 빈곤, 남성으로 태어남, 흡연(다음 사례 연구 참조), 비만으로 나타난다. 조기 사망의 원인이 될 수 있는 위험 중 일부는 주로 사람들이 만든 생활방식에서 비롯된다(그림 14.17)(**개념 14.1**). 예를 들어 과식과 운동 부족은 비만과 2형 당뇨병으로 이어질 수 있으며, 장기 흡연은 폐암에 걸릴 위험을 높인다.

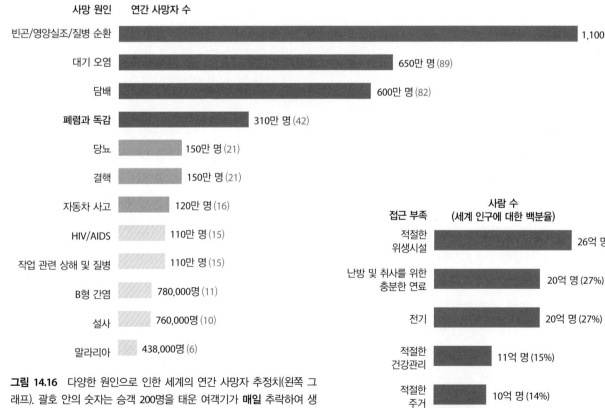

그림 14.16 다양한 원인으로 인한 세계의 연간 사망자 추정치(왼쪽 그래프). 괄호 안의 숫자는 승객 200명을 태운 여객기가 **매일** 추락하여 생존자가 없는 죽음의 통행료를 나타낸다. 빈곤은 조기 사망의 주요 원인이 되는 몇 가지 해로운 영향(오른쪽 그래프)이 있다. **비판적 사고:** 이 원인(왼쪽 그래프) 중 당신에게 가장 위협이 되는 세 가지는 무엇인가?

Compiled by the authors using data from World Health Organization, Environmental Protection Agency, U.S. Centers for Disease Control and Prevention.

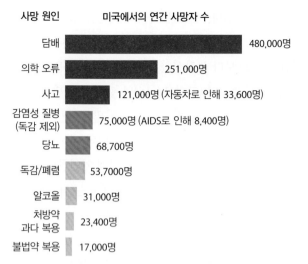

사망 원인	미국에서의 연간 사망자 수
담배	480,000명
의학 오류	251,000명
사고	121,000명 (자동차로 인해 33,600명)
감염성 질병 (독감 제외)	75,000명 (AIDS로 인해 8,400명)
당뇨	68,700명
독감/폐렴	53,7000명
알코올	31,000명
처방약 과다 복용	23,400명
불법약 복용	17,000명

그림 14.17 미국에서의 주요 사망 원인. 일부는 생활방식 선택의 결과이며 예방할 수 있다. **비판적 사고:** 담배로 인한 사망자 수는 독감/폐렴으로 인한 사망자 수의 몇 배인가?

Compiled by the authors using data from U.S. Centers for Disease Control and Prevention.

사례 연구

흡연과 전자 담배

흡연은 성인 사이에서 가장 큰 고통과 조기 사망의 발생 원이자 가장 예방 가능한 요인이다. WHO는 20세기 동안 흡연이 인구 1억의 사망에 기여했으며 정부와 개인이 극적으로 흡연을 줄이거나 하지 않으면 금세기 동안 10억 명이 사망할 수 있다고 추정한다.

WHO와 미국 외과의사는 매년 담배가 심장 질환, 뇌졸중, 2형 당뇨병, 폐 및 기타 암, 기억 장애, 기관지염 및 폐기종을 포함한 25가지 질병으로 인해 약 600만 명의 조기 사망에 기여한다고 추정했다(그림 14.18). 이는 하루 평균 16,400명이 사망하거나 5초마다 약 1명이 사망하는 수치다.

2030년까지 흡연 관련 질환으로 인한 사망자 수는 CDC와 WHO에 따르면 하루 평균 21,900건의 예방 가능한 사망자가 800만 명을 상회할 것으로 예상된다. 이런 사망자의 약 80%는 중국을 비롯한 선진국에서 3억 5,000만 명의 흡연자로부터 발생하는 것으로 예상된다. 중국에서의 연간 흡연 사망자는 약 120만 명으로 매시간 평균 137명이 사망한다. 2050년까지 중국에서의 연간 흡연 사망자는 300만 명에 달할 수 있다. 중국에서 담배를 줄이려

는 노력은 거의 없다. 담배세 일부가 정부의 연간 수입의 10%를 제공하기 때문이다.

질병통제예방센터(CDC)에 따르면, 흡연으로 연간 480,000명 이상의 미국인이 사망한다. 하루 평균 1,315명이 사망하거나 매분 거의 1명이 사망하는 수치다(그림 14.17). 이 사망자 수는 승객 200명을 가득 태운 여객기 6대가 매일 충돌사고로 전원 사망하는 경우의 사망자 수와 대략적으로 동일하다. 흡연은 또한 미국에서 매년 약 860만 건의 질병을 일으킨다.

압도적인 과학적 합의는 담배 연기로 흡입된 니코틴이 매우 중독적이라는 것이다. 영국 정부 연구에 따르면 담배를 한 개 이상 피우는 청소년은 장기 흡연자가 될 확률이 85%인 것으로 나타났다.

연구에 따르면 담배 흡연자는 비흡연자보다 평균 10년 더 빨리 사망한다. 30세에 금연한다면, 조기에 사망할 위험을 거의 피할 수 있다.

영국 연구진의 연구에 따르면 간접흡연으로 인해 전세계적으로 1년에 약 60만 명이 사망하는 것으로 나타났다. 2015년에 CDC는 간접흡연에 대한 일일 노출이 미국에서 연간 약 42,000명의 사망자를 발생시키는 것으로 추정했다.

CDC에 따르면, 미국의 경우 흡연하는 성인의 비율은 1950년대 50%에서 2015년 15%로 떨어졌으며 목표는 2025년까지 10% 미만으로 줄이는 것이다. 이런 감소는 흡연의 유해한 건강 영향, 많은 주에서의 담배세 인상, 담뱃갑에 건강 경고 의무화, 미성년자에게 판매 금지 및 직장, 술집, 식당 및 공공건물에서의 금연에 관한 언론 보도에 기인한다.

어떤 사람들은 다양한 유형의 전자 담배(그림 14.19)를 담배 대신 사용한다. 이 장치는 맛과 냄새를 향상시키기 위해 7,000가지가 넘는 화학물질 중 하나 이상을 포함하는 시럽성 용제에 용해된 순수한 니코틴을 함유하고 있다. 장치의 리튬 이온 배터리는 니코틴 용액을 가열하여 사용자가 흡입하는 액체 입자가 들어 있는 증기로 변환시킨다. 흡연 전자 담배는 vaping이라고 한다. 전자 담배는 독극물인 니코틴 농도가 2%에서 10%까지 다양한 용액으

그림 14.18 일반인 폐(왼쪽)와 폐기종으로 사망한 사람의 폐(오른쪽) 간 다른 점. 주요 원인은 장기간 흡연과 대기 오염 노출에 있다.

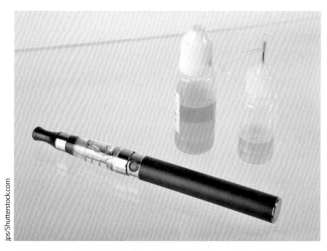

그림 14.19 니코틴 용액(e-juice)으로 재충전할 수 있는 전자담배

로 제조하여 재충전할 수 있다(표 14.1).

전자 담배는 안전한가? 그것을 철저히 평가할 만큼 충분히 오래 되지 않았기 때문에 아직은 아무도 모른다. 전자 담배는 타르 및 일반 담배 연기에서 발견되는 수많은 유해 화학물질의 흡입을 줄이거나 없애준다. 그러나 여전히 일반 담배(2% 니코틴)에서 발견되는 것과 같이 때로는 최고 5배(10% 니코틴) 수준의 중독성 니코틴을 사용자에게 노출시킨다.

예비 연구에 따르면 일부 전자 담배는 미량의 독성 카드뮴, 니켈, 납 및 실험동물에서 암을 유발할 수 있는 몇 가지 물질을 함유하고 있다. 일반 담배 연기에서 발견되지 않는 일부 독소는 몸의 방어 시스템을 지나서 폐 깊숙이 침투할 만큼 작은 독성의 나노 입자다. 비흡연자도 간접흡연으로 담배 연기를 흡입할 수 있다. 아마도 flavorings 및 기타 첨가제에서 비롯된다. 그러나 전자 담배와 암 사이의 직접적인 연관성을 확립하기 위해서는 훨씬 더 많은 연구가 필요할 것이다. 전자 담배 사용자의 입과 얼굴과 손에 또 다른 잠재적 위험은 전자 담배를 때로는 폭발시키거나 발화시키는 값 싸고 규제되지 않은 리튬 이온 배터리다.

위해성 평가 기술

더 복잡한 기술 시스템이 있고 그것을 설계하고 실행하는 데 필요한 인원이 많을수록 시스템 사용의 위험을 예측하는 것이 더 어려워진다. 이런 종합적인 시스템 **신뢰성**—시스템이 실패 없이 작업을 완료할 확률(백분율로 표시)—은 두 가지 요소의 결과물이다.

시스템 신뢰성(%) = 기술 신뢰성(%) × 인간 신뢰성(%)

신중한 설계, 품질관리, 유지 보수 및 모니터링을 통해 핵발전소 또는 심해 유정 굴착장치와 같은 매우 복잡한 시스템은 고도의 기술 신뢰성을 달성할 수 있다. 그러나 인간 신뢰성은 대개 기술 신뢰성보다 훨씬 낮고 예측하기가 거의 불가능하다.

핵발전소의 기술 신뢰성은 95%(0.95)이고 인간 신뢰성은 75%(0.75)라고 가정한다. 그리고 종합적인 시스템 신뢰성은 71%(0.95 × 0.75 = 71%)이다. 설령 우리가 100%(1.0) 신뢰를 가지는 기술을 만들 수 있을지라도, 종합적인 시스템 신뢰성은 여전히 75%(1.0 × 0.75 = 75%)일 것이다.

잠재적으로 오류가 있는 요소를 인간 측면에서 기술 측면으로 옮김으로써 시스템을 보다 확실하게 오류를 방지하도록 만들 수 있다. 그러나 낙뢰와 같은 예상치 못한 사건은 자동 제어 시스템을 파괴할 수 있어, 기계나 컴퓨터 프로그램이 인간의 판단을 완전히 대체할 수는 없다. 또한 어떤 자동 제어 시스템이라도 부품(2010년 멕시코만에서 파열된 BP 유정의 파열 방지 장치, 그림 11.29 참조)은 오류에 빠지기 쉬운 인간에 의해 제조, 조립, 검증, 인증, 검사, 유지된다. 게다가 복잡한 시스템을 모니터링하고 제어하는 데 사용되는 컴퓨터 소프트웨어 프로그램도 사람의 설계 오류로 인해 결함이 있거나 의도하지 않게 오작동을 일으킬 수 있다.

대부분의 사람들은 위해성 평가를 잘 못한다

대부분의 사람들은 그들이 겪는 위험으로부터 상대적 위험을 평가하는 데 능숙하지 못하다. 많은 사람들은 그들이 즐기는 활동으로 인한 높은 사망(또는 상해) 위험도를 부정하거나 대수롭지 않게 여긴다. 여기에는 흡연(하루에 한 갑을 피는 70세 250명 중 1명), 행글라이딩(1,250명 중 1명), 운전(안전벨트 없이 3,300명 중 1명 그리고 안전벨트를 착용한 6,070명 중 1명)이 포함된다.

사실, 많은 사람들이 매일 하는 일 중 가장 위험한 일은 운전하거나 차량에 탑승하는 것이다. 이런 사람들 중 몇몇은 독감에서 폐렴으로 발전하는 것(1/130,000), 핵발전소 사고(1/200,000), 웨스트나일 바이러스(1/1,000,000) 등으로 사망할 가능성을 두려워할 수 있다. 번개(1/3,000,000), 에볼라 바이러스(1/4,000,000), 비행기 충돌사고(1/9,000,000), 뱀에 물림(1/36,000,000), 또는 상어 공격(1/281,000,000)에 죽게 될 가능성에 두려워 할지 모른다.

다섯 가지 요소로 인해 사람들은 기술이나 제품이 전문가의 판단보다 다소 위험하다고 생각할 수 있다. 첫 번째 요인은 **두려움**이다. 연구에 따르면 두려움은 사람들에게 위해성을 과대평가하게 되고 그들이 매일 일상적인 위해성보다 이례적인 위해성에 더 걱정한다고 나타냈다. 연구에서 토네이도, 홍수, 화재, 살인, 암 및 테러리스트 공격에 따른 사망자 수는 과대평가하는 경향이 있으며 독감, 당뇨병, 천식, 심장마비, 뇌졸중 및 자동차 사고로 인한 사망자 수에 대해서는 과소평가하는 경향이 있다고 보여주고 있다.

두 번째 요소인 애매한 위험 예측은 주어진 상황에 대한 **개인의 통제 정도**다. 많은 사람들은 개인적으로 통제할 수 없는 것에 더 큰 두려움을 가지고 있다. 예를 들어 어떤 사람들은 같은 거리를 비행기로 가는 것보다 시간은 훨씬 많이 걸리지만 자동차를 직접 운전해 가는 것이 더 안전하다고 여긴다. 그러나 다음 수치를 보라. 안전벨트를 사용함에도 불구하고, 미국에서 자동차 사고로 사망할 위험은 1/6,070인 반면 항공기 사고로 사망할 위험은 1/9,000,000에 달한다.

위험 평가에 영향을 미치는 세 번째 요소는 위험이 재앙인지 만성인지 여부다. 사람들은 보통 비행기 추락과 같은 재앙적인 사고에 대한 소식에 더 겁을 먹는다. 하지만 흡연으로 인한 사망은 시간이 지남에 따라 훨씬 더 높은 사망자가 발생한다.

네 번째, 일부 사람들은 낙관주의 편견을 가지고 있다. 위험은 다른 사람에게만 적용되고 자신에게는 적용되지 않는다는 믿음이다. 예를 들어 운전 중 다른 사람이 휴대전화로 통화나 문자를 하면 화가 남에도 불구하고, 자신은 운전 중 그런 행위를 해도 전혀 문제가 되지 않는다고 믿는다.

위험 분석에 영향을 미치는 다섯 번째 요소는 사람들이 하는 많은 위험한 것들이 매우 즐겁고 즉각적인 만족감을 준다는 것이다. 그런 활동으로 인한 잠재적인 피해는 나중에 발생한다. 예로 담배를 피우고 너무 많은 음식을 먹는 것이다.

평가와 위해 감소로 인한 보다 나은 방법 획득

평가 및 위해 감소에 대한 네 가지 가이드라인은 다음과 같다(개념 14.5).

- 위해도 비교: 위해 평가는 "당신은 안전하십니까?" 보다 "다른 위해성과 비교할 때 얼마나 위험합니까?"가 핵심 질문이다.
- 받아들일 수 있는 위해량 결정: 대부분의 사람들, 10만 분의 1꼴로 생활습관의 변화로 인한 한계로 환경적 위험에 노출되어, 사망 또는 심각한 질병으로 고통 받는다. 그러나 미국 EPA에서 설정한 허용 기준과 위해 감소를 통해 환경 위해도에 의한 사망률이 백만 분의

1의 확률이 되었다.

- 실제 위해성과 관련된 평가: 뉴스 미디어는 보통 위해성에 대해 우리의 흥미, 신문 구매, 잡지, TV 시청률을 위해서 과장한다. 그 결과 많은 사람은 매일 과장된 보고 자료에 노출되어 사실보다 더 큰 위해성에 가득 차 있다고 믿는다.
- 중요한 생활습관의 선택 및 주의 깊은 평가에 집중: 위해성을 평가할 때, "내가 이것을 통제할 수 있을까?"라고 물어보는 것이 중요하다. 통제할 수 있는 위험에 대해서는 걱정할 필요가 없다. 적어도 흡연 여부, 먹을거리, 마시는 음주량, 운동량, 운전 방법 등을 개인 통제하에 결정함으로써 심장 발작, 뇌졸중 및 특정 암을 줄일 수 있다.

핵심 주제

- 우리는 독감, 에이즈, 결핵, 이질 및 말라리아와 같은 전염성 질병과 암과 선천성 결함을 유발할 수 있는 화학물질에 노출될 위험뿐만 아니라 인간의 면역, 신경 및 내분비계를 파괴할 수 있는 화학물질에 직면해 있다.

- 화학물질에 대한 노출로 인한 피해를 평가하기가 어렵기 때문에 많은 보건 과학자들은 오염 방지에 훨씬 더 중점을 둘 것을 요구한다.

- 정보에 입각하여 위험에 대해 비판적으로 생각하고 신중하게 선택함으로써 우리가 직면한 주요 위험을 줄일 수 있다.

수은의 독성과 지속 가능성

Robert and Jean Pollock/Science Source

이 장을 시작하는 **핵심 사례 연구**에서, 환경에서 주기적으로 검출되는 수은과 수은 화합물들이 인간 신경계, 신장 그리고 폐에 영구손상을 유발할 수 있고 선천적 결손 및 기형아 출산을 유발할 수 있다는 것을 살펴봤다. 이 장에서, 우리는 환경에서 생물학적, 물리적, 문화적 그리고 생활방식에 대한 유해성뿐만 아니라 다른 화학적 유해성에 대해서도 학습했다. 또한 이런 다양한 유해성으로부터 위험의 성질과 심각성을 평가하는 것이 얼마나 어려운가에 대해서도 알게 되었다.

이 장에서 논의된 가장 중요한 사실 중 하나는, 지구적 차원에서, 인류 건강에 가장 위협적인 것은 아사(보통 영양실조와 질병에서 기인)이고, 다음으로 흡연의 위협, 대기오염, 폐렴과 독감 그리고 HIV/에이즈 순이다.

우리가 거의 피할 수 없는 위험 요소도 있지만, 세 가지 **과학적 지속 가능성의 원리**를 적용하여 감소시킬 수 있는 위협도 있다. 예를 들면 우리는 재생 불가능 에너지인 화석연료(특히 석탄)를 사용하는 대신 태양열과 풍력과 같은 다양한 재생 에너지원을 폭넓게 사용함으로써 수은과 다른 오염물질에 대한 노출을 상당 부분 감소시킬 수 있다. 그리고 다양한 제품을 생산하는 과정에서 사용하는 자원과 폐기물을 줄이고 자원을 재활용함으로써 유해 물질에 대한 노출을 줄일 수 있다. 또한 환경 및 보건 문제를 해결하고, 특히 아사를 감소시키고 인구 성장을 조절하는 등 다양한 전략을 구사함으로써 생물 다양성을 모방할 수 있다. 이렇게 실천함으로써, 우리는 역시 지구의 생물 다양성을 보존하고 유익한 환경을 조성할 수 있다.

복습

핵심 사례 연구

1. 수은과 수은 화합물의 독성 영향을 서술하고 우리가 이들 독성물질에 어떻게 노출되는지 설명하라.

14.1절

2. 14.1절의 핵심 개념은 무엇인가? 위해성, 위해성 평가 그리고 위해성 관리에 대해서 각각 정의하고 이들의 차이에 대해서 설명하라. 과학자들이 어떻게 확률을 정의하는지 예를 들어서 설명하라. 생물학적 유해성, 화학적 유해성, 자연적 유해성, 문화적 유해성, 생활방식의 선택에 대한 위해성의 예를 각각 제시하라. **병원체**란 무엇인가?

14.2절

3. 14.2절의 핵심 개념은 무엇인가? 감염성 질병에 대해 정의하라. 박테리아, 바이러스 그리고 기생충에 대해 각각 서술하고 이들의 차이에 대해서 설명하고 각 요소가 유발하는 질병의 예를 제시하라. 전염성 질병과 비전염성 질병에 대해 각각 정의하고 차이에 대해서 설명하고 예를 제시하라. 사망률의 경우, 세계적으로 가장 심각한 감염성 질병 네 가지는 무엇인가? 일반적으로 사용되는 항생제에 대해 박테리아의 유전적 내성에 영향을 미치는 다섯 가지 인자를 제시하라. MRSA란 무엇이며 왜 이것이 위협적인가?

4. 결핵의 전 세계적 위협을 서술하고, 결핵 전파에 영향을

미치는 세 가지 인자를 제시하라. 가장 위협적인 바이러스 살인 병은 무엇이며 어떻게 이들이 전파되는가? B형 간염, 에볼라, 웨스트 나일 그리고 지카 바이러스에 의한 위협을 요약하라. 감염성 질병에 걸리는 확률을 줄이는 최선의 방법은 무엇인가? 생태의학 분야의 핵심은 무엇이며 질병 확산에 대해서 발견한 사항은 무엇인가? HIV/AIDS의 세계적 유행이 인류 건강과 보츠와나의 인구 연령 구조에 미치는 영향을 요약하라.

5. 말라리아란 무엇이며 어떻게 전파되는가? 얼마나 많은 인구가 이런 위협에 직면하는가? 감염성 질병으로부터 세계적 위협을 감소시킬 수 있는 여섯 가지 주요 방법을 제시하라.

14.3절

6. 14.3절의 핵심 개념은 무엇인가? **독성 화학물질**이란 무엇인가? **발암물질, 돌연변이** 및 **기형 유발물질**에 대해 정의하고 차이점을 제시하고 각 경우에 대해 사례를 제시하라. 인간 면역체계, 신경계와 내분비계에 대해 서술하고 각 체계에 위험을 가할 수 있는 화학물질의 예를 제시하라. 신경독성물질은 무엇이며 왜 메틸수은(**핵심 사례 연구**)이 특히 위험한가? 먹이사슬에서 화학물질의 생물학적 전이 과정에 대해서 서술하라. 수은이 환경으로 유입되는 것을 제어하는 여섯 가지 방법은 무엇인가? 내분비 교란 물질은 무엇이며 이들이 유발시키는 위해성은 무엇인가 또한 우리는 이런 위해성을 어떻게 감소시킬 수 있는가? 비스페놀 A에 대한 보건 과학자들의 우려와 비스페놀 A 노출에 대한 논쟁 사항에 대해서 서술하라. 프탈레이트 노출에 대한 우려를 요약하라. 내분비 교란 물질에 대한 노출을 줄이는 여섯 가지 방법을 제시하라.

14.4절

7. 14.7절의 두 가지 핵심 개념은 무엇인가? **독성학, 독성, 용량, 반응**을 정의하라. 화학물질에 의해서 야기되는 유

해 정도에 영향을 미치는 세 가지 인자는 무엇인가? 어린이들이 독성 화학물질에 특히 취약한 세 가지 이유를 제시하라. 동물실험 결과가 어떻게 화학물질의 독성을 추산하는 데 이용하는지에 대해 서술하고 이런 방법의 한계점에 대해 설명하라. **용량반응곡선**이란 무엇인가? 사례보고와 역학 연구 결과가 어떻게 독성을 추산하는 데 이용되는지에 대해 설명하고 이런 방법의 한계점을 고찰하라.

8. 극미량 화학물질의 영향에 대한 논쟁을 요약하라. 우리는 왜 화학물질의 유해성에 대해 거의 알지 못하는가? **사전예방 원칙**은 무엇인가? 화학물질로부터 위협에 대응하기 위해 주의 원칙에 기초한 오염 예방이 왜 논란거리인가에 대해 설명하라. 국가 및 국제 수준에서 오염 방지 규정을 적용하기 위한 노력에 대해서 서술하라. 스톡홀름 협약이란 무엇인가? 미나마타 협약이란 무엇인가?

14.5절

9. 14.5절의 핵심 개념은 무엇인가? 위해성 분석이란 무엇인가? 조기 사망의 경우, 인간이 직면하는 가장 큰 세 가지 위협은 무엇인가? 아사가 건강을 위협하는 여섯 가지 방법은 무엇인가? 건강을 위협하는 흡연에 대해서 설명하고 이런 위협을 감소시킬 수 있는 방법에 대해서 서술하라. 전자 담배가 주는 건강 위협에 대해서 알고 있는 것은 무엇인가? 다양한 기술을 사용함으로써 초래되는 건강 위협을 감소시킬 수 있는 방법은 무엇인가? 위해성에 대한 잘못된 판단을 야기하는 다섯 인자는 무엇인가? 위해성을 평가하고 감소시키는 네 가지 지침을 제시하라.

10. 14장의 세 가지 핵심 주제는 무엇인가? 우리가 세 가지 과학적 지속 가능성의 원리 를 적용하여 환경 중 수은으로부터 위협을 감소시킬 수 있는 방법에 대해서 설명하라.

비판적 사고

1. 당신이 인간 자원으로부터 수은 환경 오염(핵심 사례 연구) 제어를 위한 정책 수립에 주요한 영향을 미치는 국가 전문요원이라고 가정한다. 이런 궁극적 목표를 성공적으로 수행하기 위해 당신의 정책 목표를 서술하고 계획을 요약하라. 당신의 정책을 수행함으로써 야기될 수 있는 문제점을 세 가지 이상 제시하라.

2. (a) 결핵, (b) HIV/AIDS, (c) 말라리아로부터 건강과 생명에 미치는 세계적 위협을 줄이기 위해 당신이 취해야 할 세 가지 행동은 무엇인가?

3. 다음과 같은 제안에 동의 또는 동의하지 않는 이유를 설명하라.

   a. 거의 대부분의 화학물질은 투여량이 과다한 경우 어느 정도 유해성이 야기되기 때문에 우리는 독성물질에 대해 크게 걱정할 필요가 없다.

   b. 유전적 적응성을 통해 우리는 여러 화학물질에 대해 면역성을 가지기 때문에 독성물질 노출에 대해 크게 걱정할 필요가 없다.

   c. 유전공학적 기술을 이용하여 화학물질 노출에 대한 영향을 감소시킬 수 있기 때문에 우리는 독성물질 노출에 대해 크게 걱정할 필요가 없다.

   d. 비스페놀 A로 인해 인간이 사망에 이르게 되었다는 절대적인 과학적 증거가 없기 때문에 우리는 비스페놀 A와 같은 독성물질 노출에 대해 크게 걱정할 필요가 없다.

4. 5세 미만의 어린이가 사용하는 제품에 함유된 비스페놀 A와 같은 환경 호르몬의 사용을 우리는 반대해야 하는가? 그런 반대 운동이 모든 제품으로 확대되어야 하는가? 그 이유를 설명하라.

5. 수많은 산업체에서 종사하는 근로자들은 일반인보다 다양한 독성물질에 높은 농도 수준으로 노출된다. 우리는 그런 화학물질에 대해 작업장 환경 기준을 낮춰야 하는가? 이것이 가지는 경제적 영향은 무엇인가?

6. 당신은 일반 담배와 마찬가지로 전자 담배에도 세금을 부과하고 규제해야 한다고 생각하는가? 그 이유를 설명하라.

7. (a) 당신의 생활방식, (b) 당신의 생활공간, (c) 생계를 위한 당신의 직업으로부터 직면하게 되는 세 가지 주요 위해성은 무엇인가? 이 세 가지 위해성 중 자발적인 것은 무엇인가? 그런 위해성을 감소시키기 위해서 당신이 취할 수 있는 세 가지 단계를 제시하라. 당신이 이미 실천하고 있는 것은 무엇인가? 실천에 옮길 것은 무엇인가?

8. 당신이 생활하는 지역에 존재하는 화학물질의 위해성에 대해서 무엇을 할 것인가를 결정하는 과정에서, 예방 원칙과 화학물질이 잠재적으로 유해하다는 가정에 기초하여 오염 예방을 위한 법률을 제정한다면, 이를 지지할 것인가? 그 이유를 설명하라.

환경과학 실천하기

일반적으로 이용되고 잠재적으로 유해한 화학물질 하나를 선정한다. 그리고 도서관이나 인터넷 정보를 이용하여 **(a)** 그 화학물질이 무엇을 위해서 사용되고 얼마만큼 널리 이용되는가를 확인하고, **(b)** 그 화학물질의 잠재적 유해성을 확인하고, **(c)** 그런 자료에 대한 과학적 증거를 확인하고, **(d)** 이런 위협을 대응하는 해결 방안을 확인한다. 당신의 기숙사

또는 아파트 건물과 같은 연구 지역 한 군데를 선정한다. 이 지역에서, 당신이 조사하고 있는 화학물질의 오염 농도 수준을 결정한다. 그런 화학물질이 포함된 품목 또는 장소를 4~5개 찾은 다음 후 샘플을 기준으로 총량을 추산하면 된다. 조사한 내용들을 요약하여 보고서를 작성한다.

데이터 분석

다음 그래프는 1950~2000년 보츠와나에서 출생 시 기대 수명에 끼치는 에이즈의 영향을 나타내고 있다. 그리고 2050년에 이들 영향에 대해 예측하고 있다. 그래프를 연구한 다음 질문에 답하라.

1. 1950년에서 1995년까지 증가한 보츠와나의 기대 수명은 몇 퍼센트인가?

2. 1995년에서 2015년까지 감소한 보츠와나의 기대 수명은 몇 퍼센트인가?

3. 2015년에서 2050년까지 증가할 것으로 예측되는 보츠와나의 기대 수명은 몇 퍼센트인가?

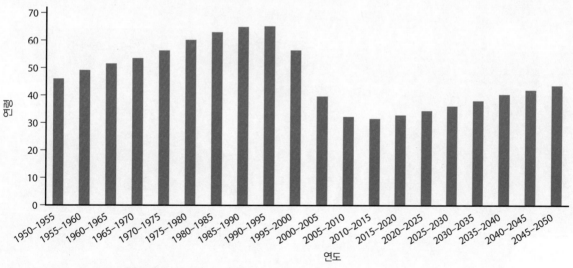

Compiled by the authors using data from United Nations and U.S. Census Bureau.

15장

대기 오염, 기후변화, 오존 감소

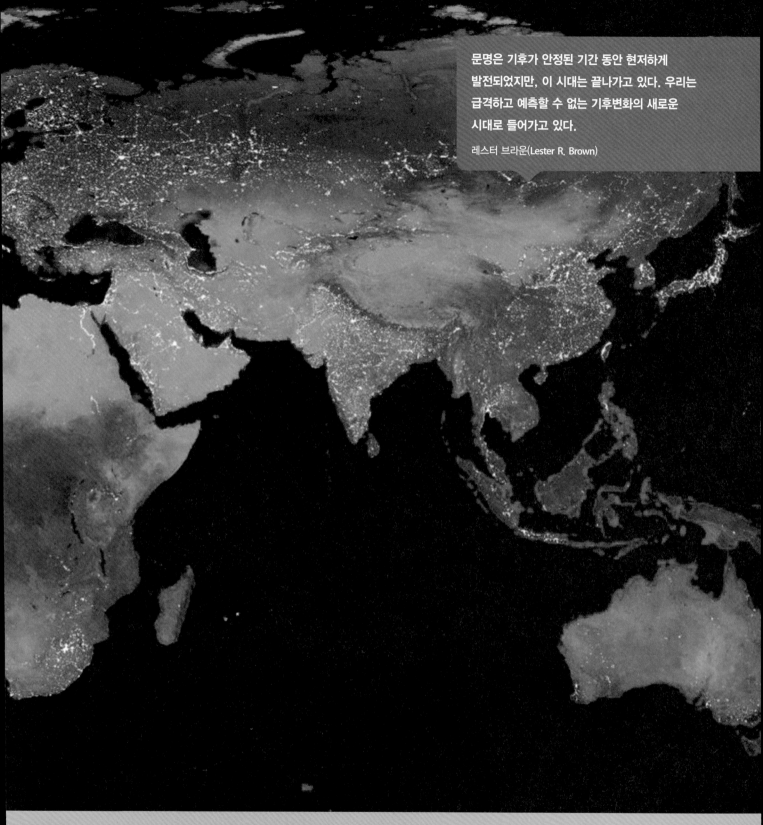

문명은 기후가 안정된 기간 동안 현저하게
발전되었지만, 이 시대는 끝나가고 있다. 우리는
급격하고 예측할 수 없는 기후변화의 새로운
시대로 들어가고 있다.

레스터 브라운(Lester R. Brown)

예상되는 기후변화로 인해 금세기
말까지 해수면이 1 m 상승한다면,
범람할 수 있는 지역
NASA

그린란드의 빙하 융해

그린란드(Greenland)는 59,000명의 인구가 살고 있는 지구상에서 가장 큰 섬으로, 섬의 대부분은 3.2 km 두께의 얼음으로 덮여 있다.

그린란드의 얼음은 여름에 더 빨리 녹는다 (그림 15.1). 녹아내린 얼음은 겨울철에 내리는 눈에 의해 다시 쌓이기는 하지만 최근 들어 그린란드 얼음의 연간 순 감소율은 증가하고 있다.

그린란드에서 이런 현상은 왜 일어나고 있는가? 그것은 지구온난화가 주된 요인이라는 것이 여러 과학적 증거에서 나타나고 있다. **지구온난화**(atmospheric warming)는 최근 30년 이상 지구 저층 대기의 평균 기온을 서서히 증가시키고 있는데, 금세기 동안 지구온난화는 계속 진행되어 지구의 평균기온(**최소 30년 평균값**)에 근간한 기후패턴에 커다란 기후변화를 가져올 가능성이 있다. 이와 관련해, 기후학자들은 인류가 이런 변화에 대해 아무런 관심과 조치를 취하지 않으면 수백 년에서 수천 년에 걸쳐 나타날 수 있는 **기후변화**(climate change)가 단기간에 나타나서 지구의 기후 시스템에 영향을 주게 될 것이라고 경고하고 있다.

그린란드의 얼음이 모두 녹아서 바다로 흘러가게 되면, 지구 해수면의 높이는 약 7 m 정도 상승할 수 있다. 물론, 그린란드에 있는 모든 얼음이 다 녹을 가능성은 매우 낮지만, 수 세기에 걸쳐 그린란드 얼음이 지속적으로 녹게 되면 지구 해수면 높이가 상당히 상승할 수 있다(15장 도입부 사진). 그린란드에서 녹은 얼음의 양은 지난 20년 동안 전 세계 해수면 상승의 1/6에 해당하고 있는 것으로 여러 연구 결과를 통해 알려졌다. 기후학자들은 그린란드에서 얼음이 녹는 현상을 두고, 인간

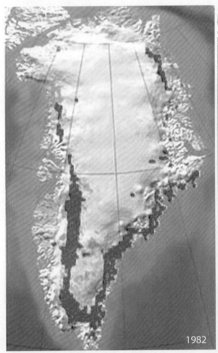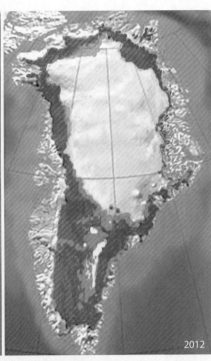

그림 15.1 2012년 여름 동안 녹은 그린란드 빙하의 총 면적(오른쪽 영상의 빨간색 영역)은 1982년 여름에 녹은 양(왼쪽)보다 훨씬 넓다. 이런 경향은 2012년 이래로 계속되고 있다.

Compiled by authors using data from Konrad Steffen and Russell Huff, University of Colorado, Boulder.

활동이 결국 우리 스스로의 생명을 위협할 정도로 지구 기후와 경제에 악영향을 미칠 수 있음을 미리 경고하는 것으로 보고 있다.

1988년, 세계기상기구(WMO)와 유엔환경계획(UNEP)은 과거의 기후변화를 조사하고 미래의 기후변화를 예측하기 위해 정부 간 기후변화 협의체인 IPCC를 설립했다. 이런 IPCC 네트워크에는 기후연구에 130여 개국 2,500명 이상의 학자들이 참여하고 있다.

IPCC와 U. S. National Academy of Sciences(NAS)와 British Royal Society 등 세계의 주요 과학 기관들은 지난 25년 이상의 방대한 연구 결과를 검토한 결과, 기후변화와 관련된 세 가지 주요한 결론을 내렸다. (1) 기후변화는 실제 일어나는 것이며 현재에도 진행되고 있다. (2) 화석연료를 사용하고 산림을 감소시키는 인간 활동이 현재 기후변화에 중요한 역할을 하고 있다. (3) 지금부터라도 기후변화의 속도를 늦추지 않는 한, 해수면 상승, 해양 산성화, 생물의 멸종, 그리고 더욱 심각해지고 있는 폭염 같은 기상 악화가 지속될 것이다.

이 장에서는 대기의 본질과 대기 오염, 기후변화의 원인과 영향, 그리고 성층권 오존감소에 대해서 살펴보고자 한다. 또한 심각한 환경적, 경제적, 정치적 도전에 대처할 수 있는 몇 가지 방법을 모색할 것이다.

15.1 대기의 본질은 무엇인가?

개념 15.1 대기권의 가장 안쪽에 있는 두 층은 생명을 유지시키는 **대류권**과 생명을 보호하는 오존층이 포함된 **성층권**이다.

대기층의 구성

우리는 **대기권**(atmosphere)이라 불리는 지구를 둘러싼 얇은 기체 담요 속에 살고 있다. 대기는 연직방향의 기온 분포에 따라 여러 개의 층으로 구분된다(그림 15.2).

지구 대기 질량의 약 75~80%는 지표면과 가장 가까이에 접한 대기권인 **대류권**(troposphere)에 있다. 대류권은, 적도에서는 해수면으로부터 약 17 km까지, 극에서는 해수면으로부터 약 6 km까지 이어진다. 만약 지구 크기가 사과 정도라고 가정한다면, 우리가 숨 쉬는 공기를 포함한 대류권은 사과 껍질만큼 얇다.

우리가 호흡하는 공기의 99%는 두 가지 기체인 질소(78%)와 산소(21%)로 이루어져 있다. 그 이외의 나머지는 아르곤(0.93%), 이산화탄소(0.04%), 소량의 수증기(위도에 따라 변함), 먼지, 검댕 입자, 그리고 CH_4, 오존, 아산화질소 등 여러 가스다. 대류권에 있는 수증기, 이산화탄소, CH_4, 아산화질소는 에너지를 흡수하고 방출하여 대류권과 지표면을 가열하기 때문에 **온실가스**(greenhouse gases)라고 부른다. 하지만 자연 상태의 온실효과가 없다면, 지구는 생명체가 존재할 수 없을 정도로 추워진다.

대기의 두 번째 층은 지표면으로부터 17~48 km까지 이어지는 **성층권**(stratosphere)이다(그림 15.2). 성층권은 대류권보다 공기량이 적지만, 공기 구성에 있어서 두 가지 큰 차이(수증기가 적고 오존 농도가 높음)를 제외하고는 대류권과 거의 유사하다.

대기 중에 포함된 오존의 대부분은 성층권 하부의 **오존층**(ozone layer)에 집중되어 있는데 해수면으로부터 약 17~26 km 높이에 위치하고 있다. 하부 성층권에 위치한 오존의 자외선 차단효과는 지표면에 도달하는 태양 유해 자외선의 95%를 막아내는 '전 지구적 자외선 차단제' 역할을 함으로써 생명체가 존재할 수 있게 하며, 화상, 각종 피부암, 안암, 백내장, 면역체계 손상으로부터 지켜준다. 또한 대류권에 존재하는 많은 산소가 지표 부근 오존 농도로 바뀌는 것을 막는다. 다시 말해 성층권 오존층을 보존하는 것은 인류의 최우선 과제 중 하나가 되어야 할 정도로 중요하다.

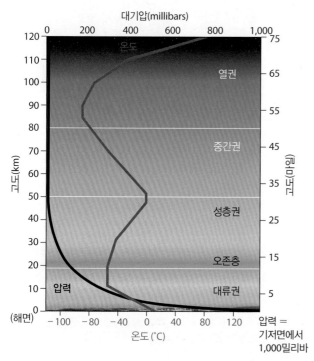

그림 15.2 자연 자본: 지구 대기권은 4개의 층을 포함하는 역동적인 시스템이다. 대기의 평균 온도는 고도(빨간 선)와 유입되는 태양 복사 에너지 흡수량의 차이에 따라 변한다. **비판적 사고:** 대부분의 지구 공기가 왜 대류권 내에 있다고 생각하는가?

15.2 주요 대기 오염 문제는 무엇인가?

개념 15.2A 실외 대기 오염 문제의 주된 세 가지는 석탄 연소에 의한 1차적인 **산업 스모그**, 자동차와 공장에 의한 **광화학적 스모그** 그리고 석탄 연소와 배기가스에 의한 **산성 침적**이다.

개념 15.2B 가장 위협적인 실내 대기 오염은 나무와 석탄의 연소(대부분이 저개발국)에 의한 연기와 검댕, 담배연기 그리고 건축 자재와 청소 용품에 사용되는 화학물질이다.

자연 배출원과 인공 배출원으로부터 발생하는 대기 오염

대기 오염(air pollution)은 생물, 생태계 또는 인간이 만든 물질에 피해를 주거나, 기후를 변화시킬 수 있을 정도로 충분한 농도의 화학물질이 대기 중에 존재하는 것이다. 대기 중에 있는 대부분의 화학물질은 일정 수준 이상의 높은 농도로 존재하게 되면 오염물질이 될 수 있다. 대기 오염의 영향은 미미한 것에서부터 생명에 영향을 주는 것까지 다양하다.

대기 오염은 자연 배출원과 인공 배출원으로부터 발생한다. 자연 배출원은 바람을 타고 이동하는 먼지와 산불에 의한 대기 오염물질, 그리고 화산 분출물과 식물에 의한 휘발성 유기 화학물질을 포함한다. 대부분의 자연적 대기 오염물질은 지구 전역으로 확산되거나 화학적 주기, 강수, 중력에 의해 제거된다. 그러나 화산 폭발이나 산불이 발생하는 지역에서의 화학물질은 일시적으로 위험 수준에 도달할 수도 있다.

인간에 의해 유발되는 대기 오염물질의 대부분은 산업화와 도시 지역에서의 인구, 자동차에 의해 발생되고,

공장 지역에 집중되어 있다. 이런 오염물질은 대부분 발전소와 산업시설(고정 배출원), 자동차(이동 배출원)의 화석연료 연소에 의해 발생한다.

학자들은 실외 대기 오염물질을 두 개의 범주로 구분한다(그림 15.3). **1차 오염물질**(primary pollutants)은 자연적 과정과 인간 활동에 의해 발생한 화학물질 또는 물질이 피해를 줄 만큼 높은 농도로 대기 중에 직접 배출되는 것이다. 대기 중에서 1차 오염물질이 하나 이상 그리고 다른 자연적 요소와 반응하여 새로운 유해 화학물질을 형성할 때, 이를 **2차 오염물질**(secondary pollutants)이라고 부른다.

자동차와 공장이 밀집된 도시 지역은 보통 교외 지역보다 실외 대기 오염 수준이 높다. 그러나 탁월풍(주풍)으로 인해 대기 중에 장기 체류하는 1차 대기 오염물질과 2차 오염물질이 도시와 산업단지로부터 시골이나 교외

그림 15.3 인간에 의한 대기 오염물질은 **이동 배출원**(자동차와 같이)과 **고정 배출원**(산업시설, 발전소, 시멘트 공장 등)으로부터 유입된다. **1차 오염물**질이 대기 중에서 서로 다른 화학물질과 반응하면 **2차 오염물질**을 형성한다.

지역으로 확산될 수도 있다.

지난 40년 동안, 선진국에서의 대기질은 1960년대와 1970년대 시민운동의 영향으로 개선되었고, 이것은 여러 유럽국가에서 대기 오염규제법이 제정되고 시행되는 데 일조했다.

그럼에도 불구하고, 대기 오염 문제는 여전히 전 세계적으로 가장 심각한 환경 문제 중 하나다. 세계보건기구(WHO)는 대기 오염으로 인해 2015년에 650만 명의 사망자가 발생하게 되었는데, 이 중에서 300만 명은 실외 오염으로, 나머지 350만 명은 실내 오염에 의해 사망했다고 추정했다. 고농도의 대기 오염물질에 노출된 사람들 대부분은 대기 오염 규제법이 없거나 미비한 저개발국가의 인구밀도가 높은 도시에 살고 있다.

주요 실외 대기 오염물질

탄소산화물 일산화탄소(CO)는 무색, 무취의 강한 유독성 가스로서, 탄소 함유물질의 불완전 연소 시 생성된다. 주요 배출원은 자동차 배기가스, 산불, 화석연료를 연소시키는 발전소, 공장의 굴뚝, 담배연기 그리고 덮개가 없는 화로와 요리와 난방에 사용되는 비효율적인 스토브다.

일산화탄소는 적혈구 내 헤모글로빈과 결합하여, 혈액이 인체의 세포와 조직으로 산소를 전달하는 능력을 감소시킨다. 이 물질에 장시간 노출되면 심장마비가 올 수도 있고, 천식과 폐기종과 같은 폐질환이 악화될 수도 있다. 또한 고농도의 일산화탄소는 두통, 메스꺼움, 졸림, 혼란, 쇠약, 혼수상태 그리고 사망의 원인이 될 수 있다. 이런 이유로, 가정에서 일산화탄소 감지기를 구비하는 것이 매우 중요하다.

이산화탄소(CO_2)는 무색, 무취의 가스로서 대기 중 이산화탄소의 약 93%는 자연적 탄소 순환의 결과이며(그림 3.16 참조), 나머지는 대기 중 이산화탄소를 증가시키는 화석연료의 사용, 증가된 대기 중 이산화탄소를 제거하는 산림과 녹지의 훼손 등과 같은 인간 활동과 연관되어 있다. 이산화탄소는 지구 대기를 데우고 기후변화를 야기하며, 인류의 건강에 영향을 가져올 정도의 고농도 수준이 되었기 때문에 대기 오염물질로 분류된다. 하지만 여러

많은 과학적 증거에도 불구하고, 이산화탄소가 오염물질이라는 EPA의 결정을 뒤집기 위한 미국 화석연료 산업계의 정치적 압박이 있기도 하다.

산화질소와 질산 일산화질소(NO)는 무색의 가스로서 자동차 엔진, 화력 발전소와 산업공장의 높은 연소 온도에서 질소와 산소가 반응할 때 생성된다. 번개, 토양, 물속의 박테리아 그리고 질소 순환에 의해 일산화질소가 생성된다(그림 3.17 참조).

대기 중에서 일산화질소가 산소와 반응하면 적갈색의 이산화질소(NO_2)가 형성된다. 일산화질소와 이산화질소를 통틀어 **질소산화물**(NO_x)이라고 한다. 대기 중에서 일부 이산화질소가 수증기와 반응하면 산성 **침적**의 위험 요소인 질산(HNO_3)과 질산염(NO_3^-)을 형성하는데, 이와 관련해서는 이 장의 후반부에서 살펴보고자 한다. 일산화질소와 이산화질소는 모두 **광화학 스모그** 형성의 역할을 한다. 대기 오염물질의 혼합물은 교통체증이 심한 도시에서 태양광선에 의한 영향으로 형성된다(아래에서 설명함). 온실가스인 **아산화질소**(N_2O)는 비료와 가축 배설물로부터 방출되고, 화학 연료의 연소에 의해 생성된다.

높은 농도의 질소산화물은 눈과 코 그리고 목을 자극할 수 있고 천식과 기관지염 같은 폐질환을 악화시키며, 식물의 성장을 억제시킬 수 있다. 그리고 질소산화물이 질산과 질산염으로 전환될 때 시정을 감소시키는 역할을 한다.

이산화황과 황산 이산화황(SO_2)은 자극적인 냄새가 나는 무색의 가스다. 대기 중 이산화황의 1/3은 화산 폭발과 자연 배출원으로부터 발생한다. 다른 2/3는 고도로 산업화된(도시 지역에서는 90% 정도) 발전소와 산업시설에서 황이 함유된 석탄의 연소, 정유, 황화광석의 제련 등과 같은 인공 배출원으로부터 발생하다.

대기 중에서 이산화황은 황산(H_2SO_4)의 미세 부유 방울과 황산염(SO_4^{2-})의 부유 입자로 구성된 **에어로졸**로 전환될 수 있다. 이산화황, 황산방울 그리고 황 입자는 시정을 감소시키고 호흡장애를 악화시킨다. 이 화학물질들은 농작물, 나무, 토양 그리고 호수식생에도 악영향을 미칠

수 있다. 또한 금속을 산화시키고, 페인트, 종이, 가죽, 석재에 손상을 초래한다.

미립자 부유 퇴적물(SPM)은 장기간 대기 중에 부유하면서 잔류할 정도로 작고 가벼운 다양한 고체 입자와 액체 방울로 이루어진다. 미국 환경보호국(EPA)은 입자를 미세 또는 PM-10(지름이 $10\,\mu m$보다 작음) 그리고 초미세 또는 PM-2.5(지름이 $2.5\,\mu m$보다 작음)로 구분한다. 실외 공기 중 SPM의 62%는 먼지, 산불, 해염 같은 자연 배출원으로부터 발생하며 나머지 38%는 화력 발전소와 산업 공장, 자동차, 도로건설과 같은 인공 배출원으로부터 발생한다.

이런 입자는 코와 목을 자극하고 폐를 손상시키며, 천식과 기관지염을 악화시키고, 수명을 단축시킬 수 있다. 또한 미립자는 시정을 감소시키고 금속을 부식시키며, 옷과 페인트를 변색시킨다.

오존 무색이고 고반응성 가스인 오존(O_3)은 광화학 스모그의 주요 구성 요소다. 오존은 기침과 호흡장애를 초래할 수 있고 폐와 심장 질환을 악화시키고, 감기와 폐렴에 대한 저항력을 감소시키며, 눈, 코, 목을 자극할 수 있다. 또한 식물, 고무, 타이어, 섬유 그리고 페인트에 손상을 준다.

과학적인 방법으로 측정을 해보면, 인간 활동 때문에 성층권의 유익한 오존의 양은 감소했고, 지표 부근(특히 도시 지역)의 유해한 오존의 양은 증가한 것으로 나타난다. 성층권에 있는 유해한 오존은 대기의 온도를 상승시키고 기후변화를 야기하는 온실가스다. 또한 대기의 온도 상승 완화에 기여할 수 있는 식물의 광합성을 감소시키기도 한다. 감소된 성층권 오존의 심각성에 대해서는 이 장의 마지막 부분에서 설명하고자 한다.

휘발성 유기 화합물(VOCs) 대기 중에 가스 상태로 존재하거나 지면 위의 배출원으로부터 대기 중으로 증발하는 유기 화합물을 휘발성 유기 화합물(VOCs)이라고 부른다. 그 예로 **메테인**(CH_4)은 식물의 잎에서 방출되는 탄화수소와 지구온난화가 이산화탄소보다 단위 분자당 약 25배 높

다. 전 세계 CH_4 배출의 약 1/3은 주로 식물, 습지, 흰개미와 같은 자연 배출원으로부터 발생한다. 나머지는 주로 논, 쓰레기 매립지, 기름, 천연가스정과 배관으로부터의 추출과 같은 인공 배출원과 소(주로 트림에 의한)로부터 발생한다.

나머지 VOCs는 대기 중으로 증발할 수 있는 액체다. 그 예로는 벤젠, 용제로 사용되는 다른 액체, 드라이 크리닝액, 휘발유와 플라스틱, 이 외에도 여러 제품의 다양한 구성 성분에 포함되어 있다.

산업 스모그를 발생시키는 석탄 연소

75년 전, 영국의 런던과 미국의 시카고, 일리노이, 피츠버그, 펜실베이니아와 같은 도시의 발전소와 공장 그리고 가정 난방과 음식 조리를 위해 많은 화석연료를 사용했다. 이런 도시의 주민들은 실외에서, 특히 겨울철에, 건강에 유해한 이산화황과 부유 황산방울 및 고체 입자의 혼합물이 포함된 **산업 스모그**(industrial smog)에 노출되어 있었다. 실내에서도 석탄 연소로 인해 위험한 수준의 입자상 물질과 대기 오염물질에 노출되어 있었다.

오늘날, 대부분의 선진국에서는 오염 제어 설비가 잘 갖추어진 거대한 발전소와 산업시설에서만 석탄이 연소되므로 도시 산업 스모그가 크게 문제되지는 않는다. 그러나 많은 양의 석탄을 집이나 발전소, 그리고 대기 오염 방지시설이 부족한 공장에서 연소시키는 중국, 인도, 우크라이나, 체코(그림 15.4) 그리고 다른 서유럽 국가의 산업화 지역 등에서는 산업 스모그가 여전히 문제가 되고 있다. 석탄에 대한 높은 의존도로 인해 중국에서는 세계 최고 수준의 산업 스모그가 발생하고 있으며 전 세계적으로 가장 오염된 도시 20개 중에서 16개 도시가 중국 내에 있다.

햇빛과 자동차로 인해 발생하는 광화학 스모그

스모그의 또 다른 형태는 **광화학 스모그**(photochemical smog)다. 광화학 스모그는 태양으로부터 오는 자외선 복사에 의한 영향으로 형성되는 1차와 2차 오염물질의 혼합

그림 15.4 체코의 철 및 강철 공장에서 나오는 심한 산업 스모그

JAMES P. BLAIR/National Geographic Creative

물이다. 광화학 반응은 다음과 같이 간단하게 나타낼 수 있다.

$$VOCs + NO_x + 열 + 태양광 \rightarrow \begin{array}{l} 지표\ 오존(O_3) \\ + 그\ 외\ 광화학\ 산화물 \\ + 알데하이드 \\ + 다른\ 2차\ 오염물질 \end{array}$$

광화학 스모그는 오전 출근 시간에 배출되는 배기가스에 포함한 다량의 일산화질소와 VOCs로 인해 발생한다. 일산화질소는 나무, 자동차, 상점(제과점이나 세탁소와 같은)에서 방출되는 VOCs와 함께 복합적으로 반응하여 적갈색의 이산화질소로 전환된다. 대부분이 지표면 오존으로 이루어진 대기 오염 혼합물은 일반적으로 늦은 아침에 최고 수준에 도달하여 사람들의 눈과 기도를 자극한다. 광화학 산화물로 알려진 외부 일부 오염물질은 폐 조직에 영향을 미칠 수 있다.

현대의 모든 도시에서는 광화학 스모그가 발생하지만 맑고 따뜻한 기후와 자동차 수가 많은 도시에서 더욱 잘 발생한다. 그 예로 미국의 로스앤젤레스, 캘리포니아 그리고 솔트레이크시티, 유타와 호주의 시드니, 브라질의 상파울로, 태국의 방콕, 멕시코의 멕시코시티가 있다(그림 15.5).

실외 대기 오염을 감소 또는 증가시키는 요소

실외 대기 오염의 저감에 영향을 미치는 다섯 가지 자연 요소가 있다. 첫째, 공기보다 무거운 입자는 가라앉는다. 둘째, 비와 눈은 일부 대기 오염물질을 세정한다. 셋째, 소금기가 있는 바다 물보라는 대양 너머 육지로부터 유입되는 대기의 많은 오염물질을 씻어낸다. 넷째, 바람은 오염물질을 완전히 제거하고, 깨끗한 공기와 오염물질을 혼

그림 15.5 광화학 스모그는 캘리포니아, 로스앤젤레스에서 심각한 문제다. 대기오염법이 매년 심각한 스모그 일 수를 줄이는 데 도움을 주고 있다. **질문:** 당신이 사는 곳의 광화학 스모그는 얼마나 심각한가?

iStock.com/Lee Pettet

합시킨다. 다섯째, 일부 대기 오염물질은 화학 반응에 의해서 제거된다. 예를 들어 SO_2는 대기 중에서 O_2와 반응하여 SO_3을 형성하고, 이는 다시 수증기와 반응하여 H_2SO_4를 형성하여 대기 중에서 산성비로 떨어진다.

다음의 여섯 가지 요소는 실외 대기 오염을 증가시킬 수 있다. 첫째, 도심지 빌딩은 풍속을 약화시키고, 오염물질의 희석과 제거를 감소시킨다. 둘째, 언덕과 산은 골짜기 아래 공기의 흐름을 감소시킴으로써 지표면에서 오염물질 수준을 점점 증가시킨다. 셋째, 높은 온도는 광화학 스모그 형성을 유발하는 화학 반응을 촉진한다. 넷째, 나무가 우거진 도시 지역에서 나무와 식물로부터 배출되는 휘발성 유기 화합물(VOCs)은 광화학 스모그 형성에 있어서 중요한 역할을 한다.

다섯째, 대기의 연직운동이 대기 오염을 증가시킬 수 있다. 낮 시간 동안 태양은 지표면 부근의 공기를 따뜻하게 한다. 정상적으로 따뜻한 공기와 대부분의 오염물질은 상승하여 위쪽의 찬 공기와 혼합되고 확산된다. 하지만 어떤 대기상태에서 따뜻한 공기층이 일시적으로 지면 근처의 찬 공기 꼭대기에 위치하게 되면, **기온 역전**(temperature inversion)이 발생한다. 찬 공기는 그 위에 있는 따뜻한 공기보다 밀도가 크기 때문에, 지표 근처의 공기는 상승하거나 위의 공기와 혼합되지 않는다. 만약 이런 상태가 지속된다면, 오염물질은 유해한 상태가 되고 지면 근처의 침체된 공기 중에서 치사농도까지 증가할 수 있다.

여섯째는 대기 오염물질의 국가 간 이동이다. 1992년 이후, 미국 내에서 주요 대기 오염물질의 농도는 대기 오염법의 영향으로 감소했다. 그러나 2017년 Lin Melyun을 비롯한 여러 연구자들은 1980년 이후(특히, 1992년 이후), 중국, 인도, 다른 아시아 국가에서 배출된 장기체류 대기 오염물질이 태평양을 횡단하여 미국 서부지역에서의 광화학 스모그 농도가 증가했다는 것을 알아냈다. 이런 영향으로 미국 서부지역에서의 광화학 스모그와 연관된 오존 농도가 65%나 증가되었다.

산성 침적

선진국에 있는 대부분의 화력 발전소, 금속 광석 용광로, 정유공장 등 산업시설은 연료 연소에 의한 배기가스의 환기를 위해 높은 굴뚝을 만든다. 높은 굴뚝은 이산화황, 부유 입자, 질소산화물을 포함한 배기가스를 바람에 의해

희석하고 확산되도록 대기 중의 높은 곳으로 이동시킨다. 이런 바람으로 국지적 대기 오염의 정도는 감소될 수 있지만, 지역적 주풍(탁월풍)은 이산화황이나 질소산화물과 같은 오염물질을 1,000 km까지도 수송할 수 있기 때문에 이 바람의 풍하층에 위치한 지역에서의 대기 오염은 오히려 증가할 수도 있다. 이 과정에서 황산과 질산 그리고 황산이온, 질산이온과 같은 2차 오염물질을 형성시킨다(그림 15.3).

이런 산성 물질은 거의 탁월풍, 강수 그리고 다른 기상 현상에 따라 대기 중에서 2~14일 동안 잔류한다. 이 기간 동안 산성 물질은 습성 침적(산성비, 눈, 안개, 구름 증기로 구성)과 건성 침적(산성 입자로 구성)의 두 가지 형태로 지표면에 떨어진다. 최종 혼합물은 **산성 침적**(acid deposition)이나(그림 15.6), 종종 산성비로 불린다.

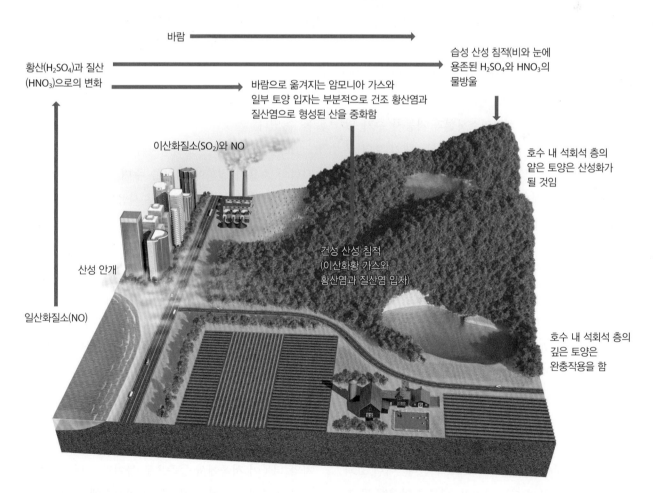

그림 15.6 **자연 자본의 파괴:** pH 5.6보다 낮은 비, 눈, 먼지, 또는 가스와 관련된 **산성 침적**은 일반적으로 산성비라고 불린다. **비판적 사고:** 산성 침적에 기여하는 당신의 일상 활동 세 가지는 무엇인가?

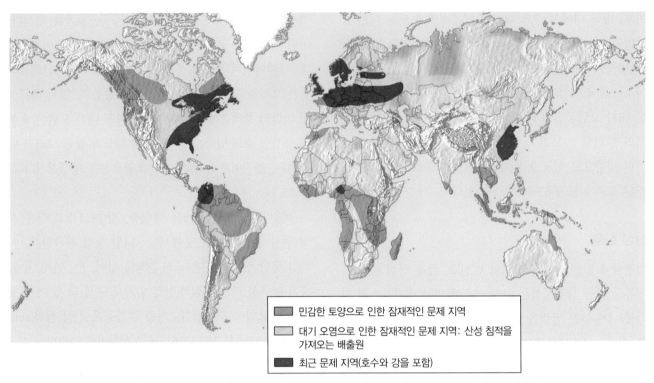

그림 15.7 이 지도는 현재 문제가 있거나 향후 문제가 발생할 수 있는 산성 침적 지역을 나타낸 것이다. 일부 지역은 거대한 대기 오염 유입원을 가지거나, 산성 화합물의 유입을 중화시킬 수 없는 자연적으로 산성 토양과 기반암을 가지는 지역이다. **질문:** 당신은 산성 침적에 의한 영향을 받거나 미래에 받을 수 있는 지역 또는 그 근처에 살고 있는가?

Compiled by the authors using data from World Resources Institute and U.S. Environmental Protection Agency.

산성 침적은 대부분 석탄연소시설과 자동차 수가 많은 도시 지역의 풍하층 지역에서 나타나는 대기 오염 문제(**개념 15.2A**)다. 그림 15.7은 전 지표면에서의 산성 침적이 문제이거나 문제가 될 가능성이 있는 지역을 나타낸 것이다. 일부 지역에서의 토양은 산과 중화반응이나 완충작용을 할 수 있는 혼합물이 함유되어 있다. 산성 침적에 민감한 대부분의 지역에서는 토양층이 얇고 자연적 완충작용을 제공할 수 없는 산성 토양이며, 토양의 완충작용 능력이 수십 년 동안 일어난 산성 침적으로 인해 급격히 감소했다(그림 15.7 초록색 지역과 빨간색 지역).

산성 침적이 대기 오염물질과 결합하면 농작물에 영향을 주고 숲의 토양에 포함된 칼슘이나 마그네슘 같은 필수 영양소에 악영향을 미쳐 식물의 생산성을 감소시킨다. 또한 이런 현상은 토양이 알루미늄, 납, 카드뮴, 수은을 배출하여 나무에 악영향을 미치도록 한다. 이런 효과로 인해 나무를 바로 죽지는 않지만, 나무를 약하게 하고, 한파, 질병, 해충, 가뭄과 같은 스트레스에 취약하게 만

들 수 있다.

또한 산성 침적은 조각상이나 건물에 손상을 입히고, 사람의 호흡기 질환에 영향을 주며, 토양이나 바위에서 배출된 납과 수은이 식수원으로 사용되는 호수로 갈 수도 있고, 이런 중금속은 사람이 먹는 생선에 축적될 수도 있다(14장 **핵심 사례 연구** 참조). 산성 침적으로 증가된 산도 때문에 노르웨이와 스웨덴에 있는 수천 개의 호수와 캐나다 온타리오에 있는 1,200여 개의 호수에는 물고기가 거의 없으며, 미국에서도 수백 개의 호수(대부분 북동쪽에 위치한 호수)에서 이와 비슷한 현상이 나타나고 있다.

미국에서는 주로 중서부에 위치한 오염 제어장치가 없는 오래된 화력 발전소와 산업공장에서 매우 많은 양의 아황산가스와 산성 침적의 원인이 되는 다른 오염물질을 배출한다. 이런 배출원 및 다른 도시의 산업시설과 자동차와 더불어 서쪽에서 동쪽으로 불어가는 탁월풍 때문에 미국 동부의 전형적인 강수는 자연강수에 비해서 적어도 10배 이상의 산성을 띤다. 미국 동부의 산 정상부근 산림

지역과 서부 대도시의 동쪽지역은 일반적인 강수에 비해 레몬주스보다 1,000배 이상 산성이 높은 산성 안개와 이슬로 휩싸여 있다.

또한 어느 한 국가에서 배출된 산성 물질이 바람을 타고 다른 국가로 넘어가면 산성 침적이 국제 문제가 될 수도 있다. 전 세계적으로 가장 심각한 산성 침적은 아시아, 특히 중국에서 발생하고 있는데, 미국 에너지정보국에 따르면, 중국은 전체 에너지의 2/3를 석탄을 이용해 생산해 내고 있고 전기 또한 전체의 2/3를 석탄 연소로부터 해결하고 있다.

산성 침적을 저감하는 방법

그림 15.8은 산성 침적을 저감하는 방법을 나타낸 것이다. 연구에 따르면, 이산화황과 질소산화물, 미립자 발생원이 감소 또는 제거와 같이 예방을 위한 접근이 최선의 방법인 것으로 나타났다. 1994년 이후, 미국 동부지역에서는 산성 침적이 급속히 감소했는데, 여러 이유가 있겠지만 주요한 원인으로는 1990년 미국 청정대기법 개정으로 석탄 화력 발전소와 산업 발전소의 이산화황 배출량과 질소산화물 배출량이 줄어든 것이 크게 작용한 것이다. 그렇지만 이외의 많은 지역에 있는 토양과 물은 여전히

수십 년 동안 산성 침적 현상으로 인해 여전히 산성을 띠고 있다.

산성 침적을 방지하고 해결방안을 마련하는 것은 매우 어려운데, 산성 침적에 영향을 받는 인간 활동지역과 생태계가 산성 침적 발생원으로부터 너무 멀리 떨어져 있기도 하고, 이와 더불어 중국, 인도, 러시아, 호주, 미국 등 대규모 석탄광산을 가진 나라들이 석탄을 사용함으로써 벌어들이는 이익이 너무 크다는 것도 해결방안 마련을 어렵게 하는 이유이기도 하다.

생각해보기

저황탄, 지구온난화 그리고 유독성 수은
미국의 일부 발전소에서는 고황탄을 저황탄(예를 들면 갈탄)으로 변경하면서 SO$_2$ 배출이 감소했다(그림 13.11 참조). 그러나 이는 이산화탄소 배출을 증가시켜 지구온난화와 기후변화에 영향을 미치기도 하는데, 저황탄은 발화점이 낮아 동일한 정도의 전기를 생산하기 위해서는 더 많은 석탄을 연소시켜야 하기 때문이다. 이와 더불어 저황탄은 유독성이 강한 수은과 다른 중금속이 함유되어 있어 저황탄을 연소하면 대기 중으로 더 많은 해로운 화학물질이 방출될 수도 있다.

실내 대기 오염

개발도상국에서는 나무, 숯, 대변, 작물 잔해, 석탄 그리고 그 외 연료의 실내 연소(그림 15.9)와 더불어 낮은 통풍시설로 인해 사람들이 위험한 수준의 미립자 대기 오염에 노출되어 있다(개념 15.2B). WHO 발표에 따르면 저개발국가에서는 매일 평균 9,600명이 실내 대기 오염으로 사망하는 것으로 나타났다.

350만 실내 대기 오염으로 인한 연간 전 세계 사망자 수

실내 대기 오염은 건축 자재와 생산품에 사용되는 화학물질 때문에 선진국에서도 심각한 문제다. 그림 15.10은 현대 가정에서의 전형적인 실내 대기 오염 발생원을 나타낸 것이다.

해결책

산성 침적

예방
석탄 사용 감소
천연가스와 신재생 에너지원 사용 증가
굴뚝으로부터 방출되는 SO$_2$ 미립자와 NO$_x$ 제거와 자동차 배기가스로부터 방출되는 NO$_x$ 제거
SO$_2$의 공해 배출세

정화
산성화된 호수를 중화하기 위한 석회 첨가
산성화된 호수를 중화하기 위한 인산염 비료 첨가
산성화된 토양을 중화하기 위해 석회 첨가

그림 15.8 산성 침적과 그로 인한 피해를 저감하기 위한 여러 가지 방법. **비판적 사고:** 당신이 생각하는 최선의 두 가지 해결책은 무엇인가? 그 이유는?

Top: Brittany Courville/Shutterstock.com. Bottom: racorn/Shutterstock.com.

그림 15.9 네팔에서는 음식 조리를 위해 집안에서 나무를 이용하여 연소시키는데, 이는 거주자의 건강에 위험한 수준의 대기 오염을 유발한다. 가스가 새는 스토브와 난로를 때기 위한 연료에는 목탄, 분뇨, 석탄 등이 있다.

실내 대기 오염에 대한 EPA 연구를 통해 다음의 사실이 밝혀졌다. 첫째, 여러 종류의 오염물질 농도는 일반적으로 실외보다 미국 가정과 상업용 건물의 내부에서 2~5배 높고, 어떤 경우에는 100배 정도 높다. 둘째, 도시 지역에서 교통체증 시간대 오염 농도 수준은 실외 수준보다 18배 이상 높을 수 있다. 셋째, 화학물질에 노출될 경우 건강상 위험이 높아지는데, 이는 도시화된 지역에서는 많은 사람들이 차 안에서 70~98%의 시간을 보내기 때문이다. 특히 흡연자, 5세 미만의 어린이, 고령자, 환자, 임산부, 호흡기와 심장 질환자와 노동자는 실내 대기 오염에 더욱 위험하다. 녹색 일자리: 실내 대기 오염 전문가

EPA와 공중보건기구에 따르면 선진국에서 가장 위험한 네 가지 실내 대기 오염물질은 담배연기(14장 446~447쪽); 여러 종류의 건물자재와 다양한 가정용품으로부터 발생하는 폼알데하이드(그림 15.10); 지하 침전암으로부터 집으로 침투할 수 있는 방사성 라돈-222 가스; 그리고 자동차, 석탄, 연소시설, 나무 연소와 산불로부터 발생하는 다양한 물질의 매우 작은(초미세)입자다.

대기 오염은 위험한 살인자

인체의 호흡기(그림 15.11)는 대기 오염으로부터 인체를 보호하는 역할을 하고 있다. 코털은 큰 입자를 걸러내며 상기도에 있는 끈적끈적한 점액은 미세한 입자를 포착하고, 일부 가스상 오염물질을 용해한다. 많은 수의 점액으로 덮인 섬모라는 털 구조가 상기도에 막을 형성하여 지속적으로 앞뒤로 움직이고 점액을 수송하여 목구멍에 끼인 오염물질을 삼키거나 배출시킨다.

대기 오염물질에 오랫동안 노출되면 면역력에 과부하가 생기거나 약화될 수 있다. 폐 깊은 곳에 박힌 미세한 입자는 폐암, 천식, 심장마비 그리고 뇌졸중을 유발할 수 있으며 흡연을 하거나 오염된 공기에 노출되면, 극심한 호흡곤란을 가져오는 만성 기관지염, 폐기종과 같은 폐질환으로 이어진다.

WHO는 실내외 오염으로 매년 약 650만 명(하루 평균 17,808명)이 사망하는 것으로 보고한 바 있는데, 이를 통해 왜 대기 오염이 전 지구적으로 가장 심각한 환경 문제인지를 나타내고 있는지를 알 수 있다. 중국에서는 매년 150만 명(하루 평균 4,110명)이 대기 오염으로 사망하고 있는데, 중국에서는 엄청난 양의 석탄을 사용하면서도 통제나 규제가 제대로 시행되고 있지 않을 뿐만 아니라, 수백만 대의 자동차도 운행(북경에만 500만대가 운행)되고 있기 때문이다. 중국에서 대기 오염과 관련된 직접적 사망원인은 심장마비, 뇌졸중, 만성 폐질환, 폐암이다. 이와 더불어 인도에서의 산업화로 인한 대기 오염 역시 중국과 마찬가지로 큰 문제가 되고 있다.

650만 실내외 대기 오염으로 인한 전 세계 사망자 수

미국 MIT의 Steven Barrett을 비롯한 여러 학자들이, 주로 미세먼지와 관련된 실외 대기 오염으로 미국에서 매년 200,000명의 사망자가 생겨나고 있다고 했는데, 이 중에서 절반 정도가 자동차와 트럭에 의한 것이고, 나머지 절반은 석탄을 사용하는 발전소나 산업시설에 의한 것

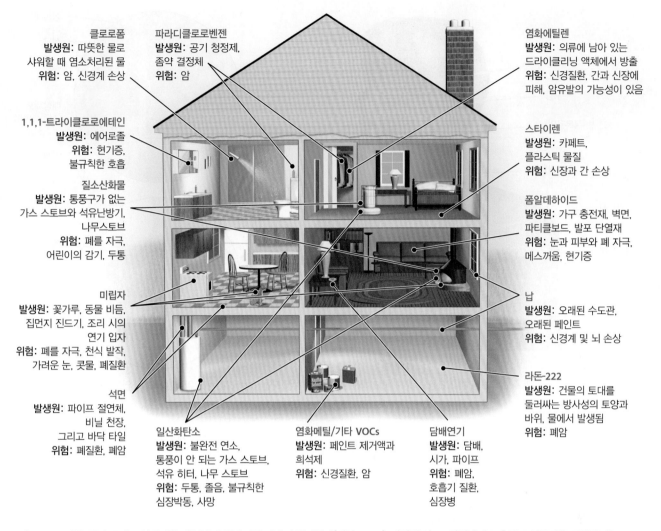

클로로폼
발생원: 따뜻한 물로
샤워할 때 염소처리된 물
위험: 암, 신경계 손상

파라디클로로벤젠
발생원: 공기 청정제,
좀약 결정체
위험: 암

염화에틸렌
발생원: 의류에 남아 있는
드라이클리닝 액체에서 방출
위험: 신경질환, 간과 신장에
피해, 암유발의 가능성이 있음

1,1,1-트라이클로로에테인
발생원: 에어로졸
위험: 현기증,
불규칙한 호흡

질소산화물
발생원: 통풍구가 없는
가스 스토브와 석유난방기,
나무스토브
위험: 폐를 자극,
어린이의 감기, 두통

스타이렌
발생원: 카페트,
플라스틱 물질
위험: 신장과 간 손상

폼알데하이드
발생원: 가구 충전재, 벽면,
파티클보드, 발포 단열재
위험: 눈과 피부와 폐 자극,
메스꺼움, 현기증

미립자
발생원: 꽃가루, 동물 비듬,
집먼지 진드기, 조리 시의
연기 입자
위험: 폐를 자극, 천식 발작,
가려운 눈, 콧물, 폐질환

납
발생원: 오래된 수도관,
오래된 페인트
위험: 신경계 및 뇌 손상

석면
발생원: 파이프 절연체,
비닐 천장,
그리고 바닥 타일
위험: 폐질환, 폐암

라돈-222
발생원: 건물의 토대를
둘러싸는 방사성의 토양과
바위, 물에서 발생됨
위험: 폐암

일산화탄소
발생원: 불완전 연소,
통풍이 안 되는 가스 스토브,
석유 히터, 나무 스토브
위험: 두통, 졸음, 불규칙한
심장박동, 사망

염화메틸/기타 VOCs
발생원: 페인트 제거액과
희석제
위험: 신경질환, 암

담배연기
발생원: 담배,
시가, 파이프
위험: 폐암,
호흡기 질환,
심장병

그림 15.10 많은 실내 공기 오염물질은 대부분의 일반적인 집에서 발견된다(**개념 15.2B**). **비판적 사고:** 당신에게 노출된 오염물질은 무엇인가?
Compiled by the authors using data from U.S. Environmental Protection Agency.

으로 조사되었다(그림 15.12). 예를 들면 실내외 대기 오염으로 사망하는 사람 수가 승객 275명을 가득 태운 여객기가 매일 충돌사고로 전원 사망하는 일이 일어나는 것과 비슷한 수준이며, 이를 통해 수백만 명 이상이 실내외 대기 오염에 의한 천식발작과 호흡기 질환으로부터 고통을 받고 있다.

EPA의 연구에 의하면, 매년 125,000명 이상의 미국인은 버스, 트럭, 트랙터, 건설 기계, 기차, 선박에서 방출되는 검댕을 함유한 디젤 매연으로 암에 걸린다. 또한 Daniel Lack의 연구에 따르면, 디젤엔진으로 운항되는 전 세계 약 100,000대 이상의 외항선은 1억 대의 자동차와 동일한 양의 입자상 오염물질을 방출한다.

15.3 대기 오염을 어떻게 다룰 것인가?

개념 15.3 법률, 경제 그리고 기술 장비는 대기 오염을 제거하는 데 도움을 줄 수 있지만, 최선의 해결책은 그것을 예방하는 것이다.

실외 대기 오염을 감소시키기 위한 법률 규정

미국의 경우, 정부가 대기 오염을 어떻게 감소시켰는지에 대한 좋은 예가 있다(**개념 15.3**). 미 의회는 1970년과 1977년 그리고 1990년에 청정대기법을 통과시켰다. 이런 법과 함께 연방정부는 주요 대기 오염물질에 관해서 대기 오염 규제를 수립하고, 주(states)와 주요 도시를 대상으로 집행했다.

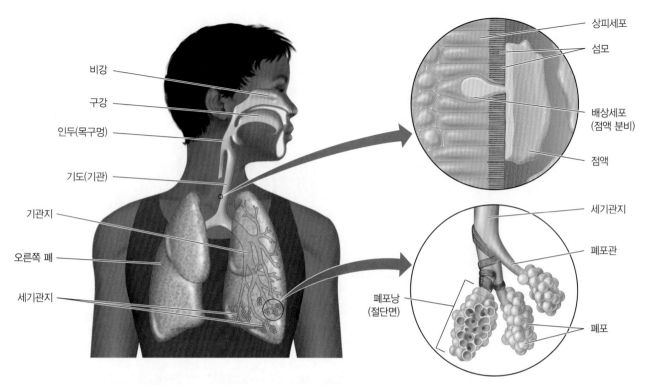

그림 15.11 인간 호흡기계의 주요 요소는 대기 오염으로부터 방어하는 것을 도울 수 있지만, 이런 방어는 오염물질에 의해 압도되거나 망가질 수 있다.

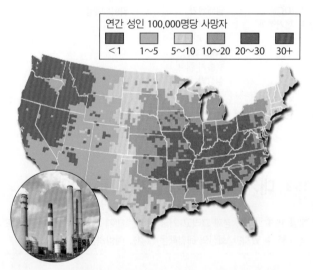

연간 성인 100,000명당 사망자					
<1	1~5	5~10	10~20	20~30	30+

그림 15.12 이 지도는 미국의 대기 오염에 의한 조기사망 분포를 보여주고 있다. 대부분의 오염물질은 화력 발전소에 의해 대기 중으로 매우 작고, 미세하고, 초미세한 입자로 유입된다. **비판적 사고:** 동부지역 또는 미국에서 가장 높은 사망률이 발생하는 이유는 무엇인가? 당신이 미국에 살고 있다면, 당신의 집이나 다니는 학교에서의 위험은 무엇인가?

Brittany Courville/Shutterstock.com

미 의회는 EPA를 통해 여섯 가지 주요 대기 오염물질−일산화탄소(CO), 이산화질소(NO_2), 이산화황(SO_2), 부유 입자 물질(SPM,PM-10보다 작은), 오존(O_3), 납(PB)−에 대한 대기환경기준을 수립했다. 각 기준은 특정 기간 평균 오염물질에 대한 최댓값으로 규정되었으며, 이와 더불어 건강에 심각한 영향을 줄 수 있는 188개 이상의 유해대기오염물질(HAPS)에 대한 국가 표준 배출량도 수립했다.

2016년 EPA 보고서에 의하면, 1980년에서 2015년 사이에 국내총생산, 자동차 주행거리, 에너지 소비, 인구의 급증에도 불구하고 여섯 가지 주요 오염물질의 총 배출량이 65% 정도 감소한 것으로 나타났다(그림 15.13). GOOD NEWS

1970년 이후 미국에서 실외 대기 오염이 크게 감소한 것은 주로 다음의 두 가지 요인 때문이었다. 첫째, 1960년대와 1970년대 초에 미국 시민들은 대기질 개선을 위해 관련법이 제정되고 시행되어야 한다고 주장했다. 미 의회가 청정대기법을 통과시켰던 1970년 이전에는 공장, 발전소, 자동차에 대기질 악화를 막을 수 있는 대기 오염 조절장치가 없었다. 둘째, 미국은 대기질을 통제하고 개선을 추진할 수 있는 매우 부유한 국가다. 이런 요인들 때문

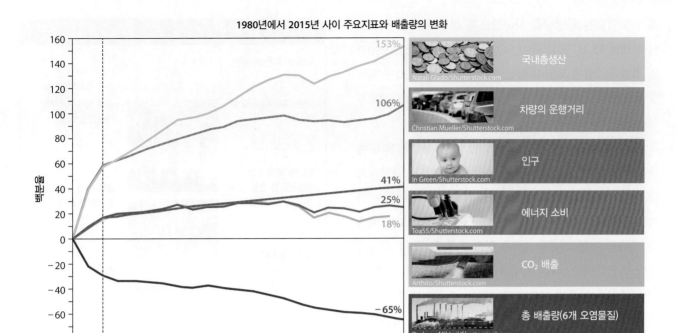

그림 15.13 1980년에서 2015년 사이, 여러 다른 요인에도 불구하고, 주요 대기 오염물질의 배출이 급격히 낮아졌다.

Data and figure from U.S. Environmental Protection Agency

에 오늘날 미국에서 운행되는 자동차는 1970년 이전보다 75% 정도 적게 오염물질을 배출한다.

환경학자는 이와 같은 대기질·개선에 박수와 성원을 보냈지만, 여전히 다음과 같이 미국의 대기 오염법에 대한 강화를 요구하고 있다.

- 대기 오염 예방에 더욱더 중점을 둘 것. 1976년 휘발유에 납사용을 금지한 이후로 대기 중의 납수치가 99% 감소한 것을 보면 예방하는 것(개념 15.3)은 분명히 효과가 있다.
- 청정대기법에 의한 대기 오염 기준을 적용받는 신규 시설과 달리, 이 법에 적용받지 않는 과거에 건설된 약 20,000여 개의 화력 발전소 및 산업시설, 시멘트 공장, 정유 공장, 폐기물 소각장에서 발생하는 배출량을 크게 줄일 것
- 기후변화를 늦추기 위한 노력의 하나로, 자동차 연료 효율 기준을 지속적으로 향상시킬 것
- 자동차와 2사이클의 휘발유 엔진에서 발생하는 배출을 보다 엄격하게 규제할 것. EPA는 가스로 구동되는 잔

디 깎는 기계를 1시간 가동하면 34대의 자동차가 1시간 동안 운행하는 정도의 대기 오염이 발생하는 것으로 분석했다.

- 공항과 선박에 대해서는 더욱 엄격한 대기 오염 규정을 설정할 것
- 실내 대기 오염을 큰 폭으로 감소시킬 것

그러나 미국에서는 대기오염방지법의 강화를 막고, 오히려 법을 약화시키려는 정치적 압력이 있다. 또한 회사 경영진은 엄격한 대기 오염 규제로 인해 많은 비용이 들고, 경제 성장이 더뎌진다고 주장한다. 강력한 규제를 지지하는 사람들은 미국의 대기 오염 제어 기준 시행을 위한 대부분의 산업비용 추정치가 실제로 입증된 금액보다 훨씬 많고 효과적이라고 주장했다. 즉 기준을 이행함으로써 많은 회사들이 새로운 대기 오염 제어 기술을 개발에 동기부여가 되어 일자리와 수입창출에도 기여했다.

실외 대기 오염을 저감하기 위한 시장의 활용

오염물질 배출을 저감하기 위해 대기 오염물질 생산자가

대기 오염물질 할당량을 사고팔도록 정부가 허가하는 것이다(개념 15.3). 예를 들어 SO_2를 저감하기 위해 1990년의 청정대기법은 오염이 가장 심한 21개 주의 110개 화력발전소에서 SO_2에 대한 권리를 사고파는 배출권 거래제를 인정했다.

이를 토대로 각 시설은 1년에 한 번 일정량의 SO_2 배출을 허용하는 오염물질 거래를 할 수 있었다. 할당량보다 적게 방출되는 기업체는 오염물질 거래에서 이익을 가지는 것이다. 해당 기업체는 다른 공장에서의 SO_2 배출량 상쇄를 위한 거래를 할 수 있으며 향후, 공장 확장을 위해 보관하거나, 다른 기업체나 민간단체에 팔 수 있다. EPA 조사에 따르면, 1990~2012년, 배출량 거래 시스템은 산업계에서 예상한 비용의 1/10도 안 되는 비용으로 미국 발전소에서 배출되는 SO_2를 76% 정도 감소시킨 것으로 나타났다.

이와 같이, 시장에 기반을 둔 방안을 지지하는 사람들은 이런 방식이 정부가 시행하는 대기 오염 규제에 비해 비용적으로 저렴하고 더 효율적이라고 주장한다. 이런 방법에 대한 비평가는 낡고 노후된 발전소가 환경에 대한 책임을 회피하기 위해 구매를 하고, 오염을 지속시키는 것을 허락하는 것이라고 주장한다. 어떤 배출량 거래 방법에 대한 궁극적인 성공은 초기 자본이 어떻게 설정되는지, 그리고 대기 오염 방지와 제어에서 지속적인 혁신을 증진하기 위해 기준을 얼마만큼 자주 낮춰줄 것인가의 두 가지 요소에 좌우된다.

실외 대기 오염을 저감하기 위한 다양한 방안

그림 15.14는 발전소와 산업시설과 같이 고정 배출원에서의 이산화황, 질소산화물, 미립자 발생을 저감할 수 있는 여러 방법을 나타낸 것이다.

그림 15.15는 광화학 스모그에 영향을 주는 자동차의 배출을 줄이거나 막는 몇 가지 방법을 나타낸 것이다. 선진국에서는 이런 방법이 효과가 있지만, 저개발국 도시지역에서는 대기 오염 제어 기술이 적용되지 않은 차량들이 급속히 증가하여 대기질이 지속적으로 악화되고 있다. 향후, 10~20년 후에는, 모든 국가에서 기술의 발전에 따

해결책

고정 배출원에 의한 대기 오염

예방	감축 또는 확산
석탄으로부터의 탈황	높은 굴뚝으로부터 배출물질 확산
석탄을 액체 또는 가스연료로 전환	굴뚝 배출 가스 중 오염물질 제거
석탄사용에서 천연가스 및 신재생에너지로 전환	발생하는 오염물질 단위당 부담금 책정

그림 15.14 화력 발전소와 산업시설과 같은 고정 배출원에서 발생하는 황산화물, 질소산화물, 미립자 물질을 예방, 감축, 확산시키기 위한 방법 (개념 15.3) 비판적 사고: 가장 좋다고 생각하는 해결책 두 가지는 무엇인가? 그 이유를 설명하라.

Top: Brittany Courville/Shutterstock.com. Bottom: racorn/Shutterstock.com.

해결책

자동차에 의한 대기 오염

예방	감축
도보, 자전거, 또는 대중교통을 이용	대기 정화시설 필요
연료 효율 개선	일년에 두 번 차량 배기 시스템 점검
오염물질을 많이 배출하는 낡은 차는 운행하지 않음	엄격한 배출 기준 설정

그림 15.15 자동차에 의한 배출물질을 예방하거나 감축하는 방법(개념 15.3) 비판적 사고: 가장 좋다고 생각하는 해결책 두 가지는 무엇인가? 그 이유를 설명하라.

Top: egd/Shutterstock.com. Bottom: Tyler Olson/Shutterstock.com.

른 엔진과 배출시스템의 개선, 전기자동차, 하이브리드 전기자동차, 플러그인 하이브리드 자동차로 인해 대기질이 개선될 것이다(그림 13.24 참조)(개념 15.3).

실내 대기 오염은 우선적으로 저감되어야 한다

실내 대기 오염이 실외 대기 오염에 비해 건강에 덜 해롭지만 약간의 노력으로 실내 대기 오염(개념 15.2B)을 감소시킬 수 있다. 그림 15.16은 실내 대기 오염을 방지하고, 줄일 수 있는 몇 가지 방법을 나타낸 것이다.

저개발국에서는 덮개가 없는 화로(그림 15.9)와 비효율적인 스토브로 인한 실내 대기 오염을 줄일 수 있다. 즉 더 많은 사람들이 보다 효율적으로 연료를 연소하고, 배기가스를 실외로 배출할 수 있도록 저렴한 점토나 금속 오븐을 사용할 수도 있고, 햇볕이 잘 드는 지역에서는 태양열 오븐과 조리기를 사용할 수도 있다(그림 13.35 참조). 그림 15.17은 실내 대기 오염을 저감할 수 있는 방법을 나타낸 것이다.

그림 15.16 실내 대기 오염을 예방하고, 감축하는 방법(개념 15.3) **비판적 사고:** 가장 좋다고 생각하는 해결책 두 가지는 무엇인가? 그 이유를 설명하라.

Top: Tribalium/Shutterstock.com. Bottom: PATSTOCK/AGE Fotostock.

15.4 지구의 기후가 어떻게, 왜 변하고 있는가?

개념 15.4 많은 과학적 증거들을 보면 지구 대기는 주로 인간 활동에 의해 온난화되고, 지구의 기후가 변하고 있다는 것을 알 수 있다.

날씨와 기후는 다르다

기후변화에서 날씨와 기후를 구분하는 것은 무척 중요하다. **날씨**(weather)는 어떤 지역에서의 기온, 강수처럼 기상 변수가 수 시간이나 수일에 걸쳐 단기적으로 나타나는 현상이다. 반면 세계기상협회에 의해 정의되는 **기후**(climate)는 적어도 30년 이상 지구의 평균 날씨의 상태나 특정 지역, 특히 대기의 온도에 의해 결정된다. 학자들은 이런 장기간의 관측값을 이용하여 여러 기후 지역으로 구분했다(그림 7.2 참조).

대기온난화(핵심 사례 연구)는 지구상의 모든 지역이 점점 따뜻해지고 있다는 것을 의미하는 것은 아니다. 대

그림 15.17 **개별적 문제:** 당신은 실내 대기 오염에의 노출을 줄일 수 있다. **비판적 사고:** 실천에 옮길 가장 중요하다고 생각하는 행동 세 가지는 무엇인가? 그 이유를 설명하라.

신, 지구의 평균 기온이 상승하면, 지구의 복잡한 기후 시스템에서의 상호작용에 의해 어떤 지역은 더 따뜻해지고 어떤 지역은 더 추워지게 된다. 그러나 **지구의 평균 기온이 30년 동안 상승**하면서 지구의 기후는 변하고 있다.

기후변화는 새로운 것은 아니지만, 최근 들어 가속화되고 있다

기후변화는 새로운 것도 아니고 특이한 것도 아니다. 과거 35억 년 동안, 여러 자연 요소가 기후변화에 중요한 역할을 했다. 이런 자연 요인으로는 **(1)** 지구를 냉각시키는 운석과 소행성에 의한 대규모 폭발 및 충격 **(2)** 지구를 가열시키나 냉각시킬 수 있는 태양 입사각의 변화 **(3)** 100,000년 주기로 태양 주위를 도는 지구 궤도가 타원형으로 변화 **(4)** 41,000년 주기로 지구축 기울기의 변화 **(5)** 20,000년 주기로 지구 자전궤도의 변화. 이 중에서 요인 3, 4, 5는 밀란코비치(Milankovitch) 주기로 알려져 있다.

(6) 전 지구적 공기 순환 패턴(그림 7.4 참조) **(7)** 빙하가 있는 지역의 크기 변화 **(8)** 온실가스 농도의 변화 **(9)** 해류의 변화가 있다.

여러 연구에 의하면, 지구는 지난 90만 년에 걸쳐 변동하고 있는 것으로 나타났다. 오랜 시간 동안의 대기온난화, 빙하기를 초래한 대기 냉각화가 천천히 반복되고 있다(그림 15.18, 왼쪽 위). 이처럼 얼었다가 녹는 전환기는 빙하기와 간빙기로 알려져 있다.

약 10,000년 동안, 지구는 안정된 평균 지구 기온을 유지하며 간빙기를 경험했다(그림 15.18, 왼쪽 아래). 결과적으로 가장 안정적인 기후에서는 농업이 발전하고 그 후 도시가 성장하며, 인구 증가가 나타났다. 지난 1,000년 동안 지표면 부근의 평균 기온은 상당히 안정적이었다(그림 15.18, 오른쪽 아래). 그러나 1975년 이후로는 지구의 평균 기온이 상승했다(그림 15.18, 오른쪽 위). 즉 지구의 생명과 인간 활동의 근간이 되는 자연적인 온실효과(그

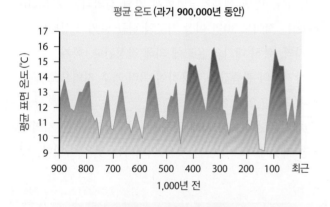

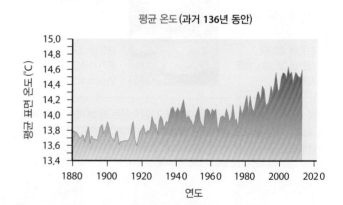

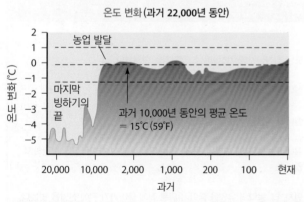

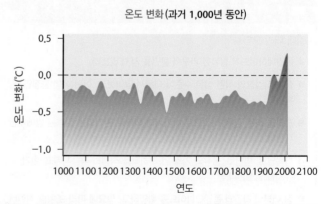

그림 15.18 지표면 근처 대기의 지구 평균 온도가 다른 기간에 걸쳐 크게 변화했다. 상단의 두 그래프는 지구 평균 온도를 추정한 것이고, 하단의 두 그래프는 서로 다른 기간에 걸친 평균 온도 변화를 추정한 것이다. **비판적 사고:** 이 그래프로부터 내릴 수 있는 두 가지 결론은 무엇인가?

Compiled by the authors using data from Goddard Institute for Space Studies, Intergovernmental Panel on Climate Change, National Academy of Sciences, National Aeronautics and Space Administration, National Center for Atmospheric Research, and National Oceanic and Atmospheric Administration.

림 3.3 참조)가 강화되고 있는 것이다. 대기 중 이산화탄소는 농도가 증가함에 따라, 기후변화와 해로운 환경, 건강, 그리고 경제적 효과에 영향을 미치는 오염물질이 되었다.

여러 과학적 증거를 보면, 화석연료를 사용하는 인간 활동으로 인한 이산화탄소 배출량의 증가는 지구의 평균 기온을 증가시켰고, 1975년 이후 기후변화에 중요한 역할을 했다는 것을 알 수 있다(그림 15.18, 오른쪽 위). 이것은 수백 년에서 수천 년 동안 자연 요인에 의해 야기된 과거의 기후변화보다 몇 배 더 빠른 것이다(그림 15.18, 왼쪽 위).

그림 15.18에 나타난 과거의 기온 변화는 여러 자료와 증거를 분석하여 추정한다. 즉 바위와 화석의 방사성 동위원소; 해양 퇴적물의 플랑크톤과 방사성 동위원소; 작은 거품; 검댕 층; 그리고 빙하의 얼음 코어에서 발견되는 다른 층의 고대 공기(그림 15.19)에 갇힌 다른 물질; 호수와 늪의 꽃가루; 나이테 등이다. 그리고 1861년 이후 정기적으로 수행되는 전 세계 40,000개 이상의 관측지점과 위성으로부터의 데이터가 포함된 기온 측정이 있다.

2007~2015년에 IPCC, NAS, 영국 왕립 학회, 미국 국립 대기 및 해양 행정국(NOAA), 미국 항공 우주국(NASA) 및 미국 과학 진흥 협회 등 세계 유수의 과학 단체(AAAS) 및 세계 기후 과학자 중 최소 90%가 모두 다음 네 가지 주요 결론에 도달했다.

1. 지구의 기후는 변화하고 있으며, 우리가 지금 속도를 늦추지 않는 한 가속화될 가능성이 매우 높다.
2. 화석연료(대기 CO_2 첨가)와 산림 개간(대기 CO_2 제거) 같은 인간 활동은 현재의 기후변화에 중요한 역할을 한다.
3. 지금 속도를 늦추지 않는 한, 평균 기온은 증가하고 더 많은 기후변화로 이어질 가능성이 있다.
4. 기후변화를 억제하기 위한 즉각적이고 지속적인 조치는 가능할 뿐만 아니라 감당할 수 있으며, 인류 건강, 경제 그리고 환경에 주요한 이익을 가져올 것이다.

수천 명의 연구원들이 수집한 데이터는 인간에 의해

그림 15.19 빙하 코어는 남극 대륙 부근과 같이 다양한 지점에서 존재하는 고대 빙하 속에 깊은 구멍을 뚫어 추출한다. 빙하 코어 분석을 통해 하층 대기의 과거 구성 요소와 그림 15.2에 나타난 것과 같이 기온 경향, 태양 활동, 강설, 산불 빈도에 대한 정보를 얻을 수 있다.

유발된 기후변화가 지금도 일어나고 있다는 결론에 이르렀다. 다음은 그 증거의 일부다.

- 1906~2016년에, 지구의 평균 기온은 0.94°C 상승했으며, 1975년 이후 증가했다(그림 15.18, 오른쪽 위). 지구 기온이 40년 이상 증가했다는 것은 이론상 기후변화가 일어났다는 것을 의미한다.
- 1861년 이래 가장 더운 10년이 2005년 이후에 나타났다.
- 북극에 떠다니는 여름 해빙은 1979년 이후 대부분 녹고, 줄어들고 있다.
- 그린란드의 빙하(핵심 사례 연구)가 녹는 것을 포함하여, 전 세계 일부 지역에서는 수천 년 동안 존재해온 빙하가 녹고 있다(그림 15.20)
- 알래스카에서 빙하가 녹고 있고, 동토층이 녹고 있다. 해빙 손실과 해수면 상승은 해안선을 사라지게 하고 있으며, 일부 지역은 내륙으로 이전해야 할 것이다.

그림 15.20 글레이셔만 국립공원과 보호구역을 덮고 있는 빙하의 1913년(위)과 2008년(아래)의 차이

Top: W. C. Alden/GNP Archives/US Geological Survey. Bottom: Lisa McKeon/US Geological Survey.

- 세계의 평균 해수면은 1975년 이후 가속적으로 상승해왔다. 이 상승은 대기의 열을 흡수하고 육지의 얼음이 녹아서 해수로 유출되기 때문이다.

- 대류권을 따뜻하게 하는 이산화탄소, CH_4 및 기타 온실가스가 급격히 증가하고 있다.

- 기온이 상승하면서 육지와 해양 그리고 담수에서의 여러 생물종들이 극지방과 육지에서는 기온이 낮은 더 높은 고도로 이동했고, 이동할 수 없는 종들은 멸종에 직면했다.

과학자들 사이에서는 기후변화와 관련된 논쟁이 있는데, 일부 오해의 소지가 있다. 왜냐하면 현재 기후변화의 원인에 대해 전 세계 약 2,500명 기후학자의 중에서 90%가 넘는 사람들 사이에서는 수십 년간의 비교검토 연구와 논의를 했지만 심각한 논쟁이나 의견 불일치가 없었다.

하지만 시민, 국회위원 그리고 대기 중에 이산화탄소를 배출하는 화석연료를 생산하거나 연소하는 회사 관계자들 사이의 정치적 차원에서 기후변화에 대한 격렬한 논쟁과 의견 불일치가 나타난다. 40년 이상 화석연료 사업은 기후가 변화하는지 그리고 인간 활동이 기후변화에 중요한 역할을 하는지 아닌지에 대해 의문을 제기해왔다. 이런 의견은 기후변화를 다루기 위해 어떤 정치적, 경제적 조치를 취해야 하는지에 초점이 맞춰져 있다. 이것은 매우 어렵고 중요한 정치적, 경제적, 윤리적 문제다. 왜냐하면 현대 사회에서의 경제와 생명력은 세계 상업 에너

지의 90%를 공급하고, 기후변화를 가중시키는 엄청난 양의 이산화탄소를 내뿜는 화석연료에 의해 성장하고 있기 때문이다.

기후와 온실효과

온실효과(그림 3.3 참조)는 지구의 평균 기온과 기후를 결정하는 데 중요한 역할을 하는 자연 과정이다. 이것은 지구에 의해 흡수된 태양 에너지의 일부가 적외선 복사로서 대기로 방출될 때 발생한다. 이 복사는 수증기, 이산화탄소, CH_4 그리고 아산화질소를 포함한 공기 중 몇몇 온실가스 분자와 상호작용하면서 그들의 운동 에너지를 증가시키고 저층 대기와 지표면을 따뜻하게 한다.

많은 연구에서의 실험과 기온 측정은 대기과학에서 가장 널리 받아들여지는 과학 이론 중 하나인 온실효과를 확인시켜주었다. 지구상의 생명과 우리의 경제체제는 자연적인 온실효과에 의존한다. 왜냐하면 지구를 15℃의 평균 기온으로 유지시키기 때문이다. 온실효과가 없다면, 우리의 지구는 얼어붙어서 생명체가 살 수 없는 장소가 될 것이다.

대기 중 이산화탄소 농도는 탄소 순환의 일부로(그림 3.16 참조) 대기의 평균 기온을 결정하는 데 중요한 역할을 한다. 고대 빙하의 다양한 깊이에서 얼음 코어 기포(그림 15.19)에서 이산화탄소를 측정한 결과 저층 대기 중 이산화탄소의 농도 변화는 지구 주변의 40만 년(그림

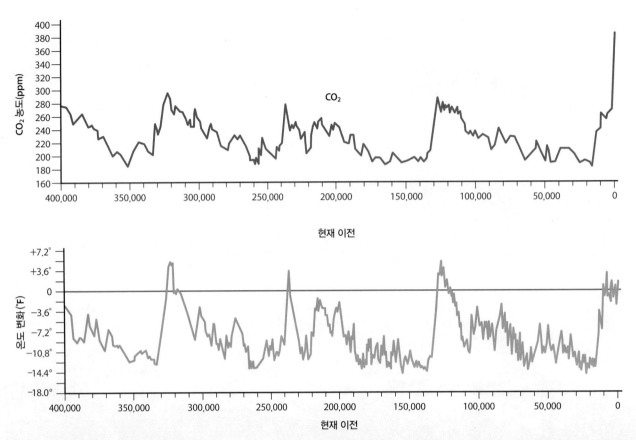

그림 15.21 지난 40만 년 동안 대기 중의 이산화탄소(CO_2) 농도와 지표면 근처의 기온 변화. 이런 데이터는 러시아의 보스토크 연구소에서 채취한 얼음 코어를 분석함으로써 얻어졌다.

Compiled by the authors using data from Intergovernmental Panel on Climate Change, National Center for Atmospheric Research, and F. Vimeux, et al, 2002, *Earth and Planetary Science Letters*, vol. 203: 829–843.

15.21) 동안의 지구 평균 기온 변화와 밀접한 상관관계가 있음을 알 수 있었다. 학자들은 대기 온도와 CH_4 방출 사이의 상관관계와 유사하다고 언급했다.

인간 활동이 현재의 대기온난화에 중요한 역할을 한다

연구에 따르면 과거의 기후변화는 자연적인 요인들 때문이었다. 그러나 1700년대 중반 산업 혁명이 시작된 이래로 화석연료의 연소, 삼림 벌채, 농업에 있어 저층 대기에서의 온실가스, 특히, 이산화탄소의 농도가 크게 증가했다(그림 15.22). 인간 활동으로 배출되는 이산화탄소의 약 80%가 일반적으로 100년 이상 대기 중에 머무르며, 그중 약 20%는 1000년까지 오래 지속된다. NOAA의 학자들에 따르면 지난 40만 년 동안 180~280 ppm 사이의 값을 기록한 후, 대기 중의 이산화탄소 농도가 2016년, 지난 450만 년 동안 그 어느 때보다도 더 높은 404 ppm에 도달했다고 밝혔다.

1억 1,000만
인간 활동으로 인해 매일 대기 중으로 배출되는 CO_2의 평균 톤 수

또 다른 온실가스인 CH_4의 농도도 1970년대 중반 이후 크게 증가했다. 빙하 코어 분석에 따르면 지난 275년 동안 전 세계 CH_4 방출의 약 70%가 가축 사육, 쌀 생산, 천연가스 생산, 토지의 사용, 대규모 댐의 범람 등 인간 활동에 의해 유발되었을 가능성이 있다고 했다. 나머지 30%는 천연자원으로부터 유래했다. 이산화탄소의 경우 최소 100년 동안 대기 중에 존재하지만 CH_4는 약 12년간 대기 중에 존재한다. 하지만 CH_4는 이산화탄소에 비해 25배 이상 대기를 따뜻하게 하는 역할을 한다.

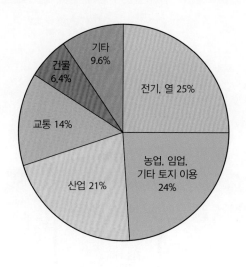

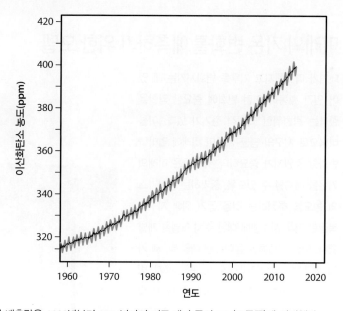

그림 15.22 다양한 배출원으로부터 나오는 이산화탄소(CO_2)(왼쪽)의 연 배출량은 1880년부터 2015년까지 지구 대기 중의 CO_2(오른쪽)에 기여했다.

Compiled by the authors using data from International Energy Agency and U.S. Department of Energy Carbon Dioxide Information Analysis Center (left); Earth Policy Institute BP, *Statistical Review of World Energy*, 2016, Intergovernmental Panel on Climate Change, and National Center for Atmospheric Research (right).

2016년 UN의 통계에 따르면, 가장 이산화탄소를 많이 배출하는 3개국이 중국, 미국, 인도 순으로 나타났다. 이산화탄소 배출원을 비교할 때 학자들은 **탄소 발자국**(carbon footprint)의 개념을 사용한다. 이는 특정기간 동안 개인, 국가, 도시 또는 기타 기관이 생성하는 이산화탄소의 양을 의미한다. **1인당 탄소 발자국**(per capita carbon footprint)은 인구당 평균 탄소 발자국이다. 중국은 가장 큰 국가적 탄소 발자국을 가지고 있으며, 그 뒤는 미국과 인도다. 미국은 1인당 탄소 배출량이 가장 많고 1850년부터는 다른 어떤 나라보다 훨씬 많은 이산화탄소를 배출해왔다.

과학자들이 미래의 기온과 기후변화를 예측하는 데 사용하는 대부분의 증거는 기후 모델을 사용한 것이다(과학적 핵심 15.1).

현재 대기온난화에서의 태양의 역할

태양의 에너지 생산은 지구 온도에 중요한 역할을 하며, 수백만 년에 걸쳐 변화했다. 하지만 기후학자인 Claus Froehlich, Mike Lockwood, Ben Santer는 1975년 이후 지구의 평균 기온 상승의 대부분이 태양 에너지 증가의 결과로 볼 수 없다는 결론을 내렸다(그림 15.18, 오른쪽 위). 대신, 그들은 태양 에너지가 지난 수십 년 동안 감소했다고 밝혔다. 물리학자인 로렌스 리버모어 국립연구소(Richard Muller)와 그의 동료들이 실시한 상세한 데이터 분석을 통해 이 결론을 확증했다.

Froehlich의 분석에 따르면, 1975년 이후, 위성관측 및 연직기상관측에 따르면, 지구의 성층권은 냉각된 반면, 대류권은 따뜻해진 것으로 나타났는데, 이것은 뜨거운 태양이 지구 대기를 위에서 아래로 가열하고 있는 것이 아니라, 대기 아래에서부터 위로 가열이 되고 있는 것을 의미하는 것이다. 즉 인간 활동에 의해 유발된 지표 부근에서의 많은 인공적 가열요소가 지구온난화에 더 중요한 역할을 하고 있음을 나타낸 것이다.

현재 대기온난화에서의 해양의 영향

세계의 바다는 최근 대기온난화와 기후변화의 속도를 늦추는 데 중요한 역할을 했다. 연구에 따르면 바다는 인간 활동에 의해 저층 대기로 퍼진 이산화탄소의 약 25%를 제거한다고 밝혀졌다. 대부분의 이산화탄소는 해양 조류와 식물, 산호초에 탄소 화합물의 형태로 저장되고 결국 수억 년 동안 해저에 저장된다.

바다는 또한 저층 대기로부터 열을 흡수한다. 로렌

미래의 기온 변화를 예측하기 위한 모델

대기가 따뜻해지고 기후를 변화시키는 데 있어 인간 활동이 이런 변화에 중요한 역할을 한다는 광범위한 과학적 증거가 있다. 이를 바탕으로 지구의 평균 기온이 미래에 얼마나 변화할 것인지가 중요하다. 학자들은 미래의 기온을 예측할 수 있도록, 증가하는 온실가스의 농도를 추정하는 것을 돕기 위해 지구의 복잡한 기후 시스템에 대한 수치 모델을 개발했다. 이런 모델들은 들어오는 태양 빛, 세 가지 자연적인 밀란코비치 주기, 구름, 육지, 빙하, 해빙, 해류, 온실가스, 대기 오염물질 및 지구의 복잡한 기후 시스템 내의 다른 요인 간 상호작용을 시뮬레이션 한다.

학자들은 슈퍼컴퓨터를 이용하여 매년 개선되는 모델을 실행하고 그 결과를 바탕으로 평균 기온을 비교하고 미래의 지구 기온의 변화를 예측하는 데 사용한다. 그림 15.A는 기후 모델에 사용되는 지구 기후 시스템의 몇 가지 주요 상호작용에 대해 매우 단순하게 요약했다.

기후 모델은 이용 가능한 데이터와 대기 중 이산화탄소 및 CH_4의 농도와 같은 미래 변화에 대한 다른 가정에 기초하여, 저층 대기의 평균 기온이 변화할 가능성이 있는 예측을 제공한다. 예측이 실제로 일어나는 것과 얼마나 잘 일치하는가는 가정의 유효성, 모델(그림 15.A)에 내장된 변수, 사용된 데이터의 정확도에 따라 달라진다.

과학적 연구가 절대적인 증거나 확실성을 제공하지 않는다는 것을 명심할 필요는 있다. 하지만 과학은 우리에게 다양한 수준의 확실성을 제공한다. 2014년 IPCC 보고서에 따르면, 과거 기후 데이터의 분석과 24개 이상의 기후 모델 사용에 기초하여 인간 활동, 특히 화석연료의 연소가 1975년 이후 관측된 대기온난화에서 중요한 역할을 했을 가능성이 매우 높다고 했다(그림 15.18, 오른쪽 위). 연구자들은 수천 개의 연구와 수천 번 실행

그림 15.A 이 그림은 하층 대기에서 평균 온도와 온실가스의 상호작용을 결정하는 주요 과정을 간략히 나타낸 것이다. 빨간색 화살표는 대기가 온난해지는 과정을 보여주며, 파란색 화살표는 대기가 냉각되는 과정을 보여준다. **비판적 사고:** 적설과 결빙의 감소가 왜 지구온난화를 가중시킨다고 생각하는가?

한 후의 모델 결과가 실제 과거의 온도 관측과 일치하기 위해서는 인간 활동 요소를 모델링에 포함해야 한다는 결론에 이르렀다(그림 15.B).

그러나 지구의 평균 기온의 예측된 변화에 대한 과학적 불확실성이 높다. 현재의 기후 모델에 따르면, 금세기 말까지 지구의 기온은 1.5°C에서 4.5°C 증가할 것으로 예측된다. 이

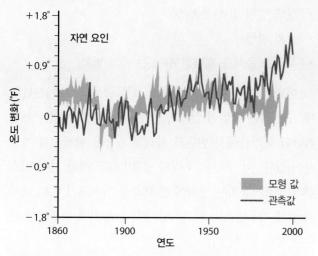
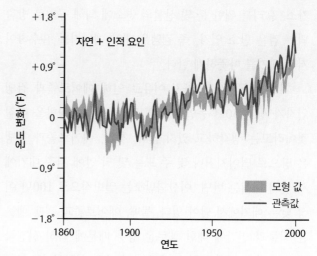

그림 15.B 1860년부터 2000년 사이의 기간에 대한 모델링된 예측 자연 요인(왼쪽)만을 사용한 값과 자연 및 인적 요인(오른쪽)의 조합으로 실제 기후 데이터를 비교한 결과다. 과학자들은 인적 요인이 모형에 포함될 때 실제 데이터가 예측과 훨씬 더 가깝다는 것을 발견했다.

Compiled by the authors using data from Intergovernmental Panel on Climate Change.

런 수치 모델은 우리가 기온을 예측하기 위해 수십 년 안에 가지고 있는 최고이자 유일한 도구다. 이것은 또한 기후변화와 기후 모델의 개선에 관한 데이터와 연구를 해야 할 필요성을 보여준다.

비판적 사고

지구의 기온이 가장 높은 예상치(4.5℃)에 도달한다고 할 때, 이것이 우리의 생활방식이나 우리 후손들의 생활방식에 영향을 끼칠 수 있는 세 가지 요인은 무엇인가?

스 리버모어 국립연구소(Lawrence Livermore National Laboratory)에서 실시한 2016년 연구에 따르면, 1970년대 이후 온실가스 오염으로 대기 중의 열의 90% 이상이 바다로 흡수되었다. 따라서 1970년 이후로 바다의 평균 온도가 상승하게 되었다.

세계 해양에 의한 CO_2와 열의 흡수는 대기온난화 속도와 기후변화 속도를 늦추고 있다. 그러나 이것은 해양 생태계에 해로운 영향을 미칠 수 있는 해양 산성화의 심각한 문제를 야기한다(과학적 핵심 9.3 참조).

현재 대기온난화에서의 구름의 영향

따뜻한 온도는 여러 지역에서 상대적으로 습도가 높아지는 지표수의 증발을 증가시킨다. 이는 더 많은 구름을 만들어 대기를 시원하게 하거나 따뜻하게 한다. 낮은 고도에서의 두껍고 연속적인 적운의 증가는 더 많은 햇빛을 우주로 반사시킴으로서 냉각효과를 가져오고, 높은 고도에서의 얇고 긴 권운의 증가는 더 많은 햇빛이 지표면에 도달하도록 하고 일부 열이 우주로 빠져나가지 못하게 함으로써 낮은 대기를 따뜻하게 한다.

2014년 기후에 대한 NAS 보고서에 따르면 가장 최근의 연구에서 구름의 전 지구적 변화에 의한 영향이 대기온난화를 증가시킬 가능성이 있다는 것을 보여준다고 한다. 이 효과를 평가하고 그것이 미래의 기온에 어떻게 영향을 미칠지를 예측하기 위해서는 더 많은 연구가 필요하다.

대기온난화에서의 실외 대기 오염의 영향

2014년 IPCC 보고서에 따르면, 인간 활동에서 발생하는 에어로졸 형태의 대기 오염은 그 크기와 여러 요인에 따라 온실효과와 구름 형성을 방해하거나 강화시킬 수 있다.

화석연료 연소에 의해 생성된 황산염 입자와 같은 대

부분의 에어로졸은 들어오는 햇빛을 반사하고 저층 대기를 냉각시키는 경향이 있다. 그러나 화석연료, 디젤 배기가스, 요리를 위한 불 및 산불의 연소에 의해 공기로 방출되는 검은 탄소 입자, 즉 검댕은 태양 에너지를 흡수하여 저층 대기를 따뜻하게 한다.

기후학자들은 두 가지 이유로 인해 에어로졸과 검댕 입자가 향후 50년 동안 지구의 평균 기온에 영향을 미칠 것이라고는 생각하고 있지 않다. 첫째, 에어로졸과 검댕은 땅으로 떨어지거나 몇 주 또는 몇 달 안에 저층 대기에서 씻겨 내리는 반면, 이산화탄소는 일반적으로 100년 이상 낮은 대기에서 남아 있다. 둘째, 에어로졸과 검댕 배출은 식물과 인간에 대한 해로운 영향 때문에 특히 선진국에서는 대기 오염 통제 규정에 의해 감소되고 있다.

15.5 기후변화가 가져온 영향은 무엇인가?

개념 15.5 현재와 예상되는 기온변화와 이로 인한 결과인 기후변화는 해수면 상승, 농작물 및 야생 동물의 터전 변화 그리고 더 극단적인 날씨 등 심각하고 오래 지속되는 결과를 초래할 수 있다.

급격한 대기온난화는 심각한 결과를 초래할 수 있다

과거 기온의 변화는 대부분 수천 년에 걸쳐 일어났다(그림 15.18, 왼쪽 위). 현재의 문제를 시급하게 만드는 것은 인류가 금세기 동안 저층 대기의 평균 기온이 급격히 증가할 것으로 예상하고 있다는 것이다. 세계 기후학자들의 90%에 따르면, 이것은 지난 10,000년 동안 우리가 가졌던 온화한 기후를 변화시킬 가능성이 매우 높다고 한다(그림 15.18, 왼쪽 아래).

기후 연구 및 최악의 기후 모델 예측은 상승하는 기온이 금세기 동안 다음과 같은 결과를 초래할 가능성이 있음을 나타낸다.

- 해수면 상승으로 인한 저지대 해안 도시에서의 홍수 (15장 도입부 사진)
- 더 심한 가뭄

- 더 강하고 오래 지속되는 열파
- 더 파괴적인 폭풍과 홍수
- 산림 벌채 및 산불 발생
- 종의 멸종
- 우리가 음식을 재배할 수 있는 곳의 변화

이런 영향은 아마도 식량 안보를 줄이고, 대기온난화에 가장 작은 책임이 있으며, 빈곤에 대처할 수 없는 가장 가난한 국가들에서 빈곤과 사회적 갈등을 발생시킬 가능성이 있다. 이 모델은 우리의 생활방식과 생활 지원 시스템과 상호작용하는 방식에 큰 변화를 가져오기 위해 금세기 안에 기후변화의 파괴적인 영향을 동시에 다루어야 한다는 것을 보여준다.

과학자들은 연구를 통해, 수백 년에서 수천 년 동안 지속될 수 있는 **기후변화 티핑 포인트**(climate change tipping point)를 초과하는 지구 기후시스템의 몇 가지 요소를 찾아냈다. 그림 15.23은 몇 가지 기후변화 티핑 포인트를 나타낸 것이다.

최근의 기후 모델에 따라, 기후변화를 늦추는 행동을 하지 않을 때 예상되는 몇 가지 결과에 대해 더 자세히 살펴보자.

- 대기 중 탄소(C) 농도가 450 ppm일 때
- 하계 동안 그린란드의 해빙이 융해될 때
- 그린란드 빙상의 축소 및 융해
- 해양 산성화의 심각화, 플랑크톤 개체수 이상, 바다의 이산화탄소(CO_2) 흡수능 저하
- 북극 영구 동토층이 녹으면서 배출된 많은 양의 메테인(CH_4)
- 서남극 대륙 얼음의 파괴와 융해
- 아마존 우림의 심각한 파괴 및 면적 감소

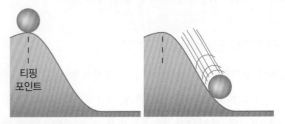

그림 15.23 환경학자와 기후학자들은 발생 가능한 기후변화 티핑 포인트를 제시했다.

얼음과 눈의 용해

모델 결과에 따르면 극지방의 기후변화가 가장 심하게 나타날 것으로 예측되었다. 지난 50년 동안 기온 측정 결과를 보면, 극지방에서의 대기가 나머지 지역의 대기보다 훨씬 더 따뜻해진 것으로 나타났다.

극지방의 온난화가 증가함에 따라 더 많은 눈과 얼음이 녹을 것이고 더 어둡고 덜 반사되는 땅과 바닷물 표면이 드러나게 할 것이다. 이로 인해 극지방의 대기온난화가 더 증가될 것이고, 더 많은 얼음과 눈이 녹고, 순 피드백 루프에 따라, 극지방의 온도는 더욱 상승될 것이다(그림 2.12 참조).

주로 북극의 대기와 북극해의 온도 때문에 해빙으로 뒤덮인 지역과 10월마다 측정된 해빙의 양이 줄어들었다(그림 15.24의 그래프). 2016년 10월에는, 단기적인 기상 조건의 변화로 인해 1981년 인공위성을 통해 얼음 범위를 관찰하기 시작한 이래, 면적이 가장 적었다. 전반적으로 예상되는 장기 추세는 북극이 계속해서 따뜻해지고, 여름 평균 얼음이 얇아지면서, 줄어들 것이다.

2014년 IPCC 보고서에 따르면 학자들이 우려하는 기후변화 티핑 포인트의 하나는 여름의 북극 빙하가 녹는 것이다. 현재의 추세가 지속되면, 여름 북극의 빙하는 2050년에는 사라질 수도 있다. 이는 지구 전체에 영향을 줄 수 있는 극단적이고 오래 지속되는 날씨와 기후의 변화를 초래할 것이다.

북극 온난화의 또 다른 영향은 그린란드(**핵심 사례 연구**)에 있는 얼음을 포함한 극지방의 얼음을 더 빨리 녹이는 것이다. 이 용해는 북극해에 담수를 더하고 있으며, 금세기 동안 해수면의 상승에 기여할 것으로 보인다. 자연 사진작가 제임스 발로그(James Balog)는 전 세계 빙하가 극적으로 녹는 것에 대한 강력한 시각적 기록을 만들었다(개별적 문제 15.1).

또 다른 거대한 빙하는 지구의 산악빙하다. 지난 25년

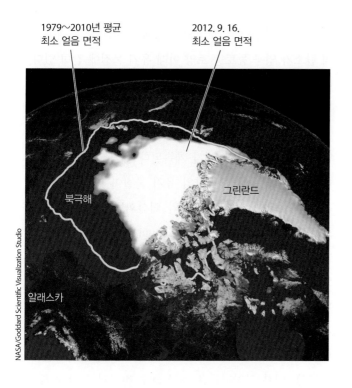

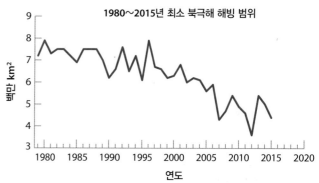

그림 15.24 엄청난 융해: 상승하는 평균 기온과 해양 온도는 여름 동안 점점 더 많은 북극해 해빙이 녹는 원인이 되었다. 이 위성 이미지에 추가된 노란색 선(왼쪽)은 2012년에 흰 얼음으로 덮인 여름철 최소 얼음 면적과 대비되는 1979~2010년 여름철 평균 최소 얼음 면적을 보여주고 있다. 그래프(오른쪽)는 해빙 용융이 일반적으로 증가하고 있음을 보인다. **비판적 사고:** 어떤 것이 더 빨리 감소하고 있는가, 여름철 해빙의 면적인가? 아니면 여름철 해빙의 부피인가?

Compiled by the authors using data from U.S. Goddard Space Flight Center, National Aeronautics and Space Administration, National Snow and Ice Data Center.

제임스 발로그: 빙하 융해 탐사

제임스 발로그(James Balog)는 세계적인 사진작가로서 생물 다양성의 손실, 북미의 오래된 숲에 대한 위협, 빙하가 녹고 있는 것처럼 기후변화와 같은 주요 환경 문제에 대해 인류에게 경고하기 위해 그의 창의성과 기술을 사용해왔다.

2007년에, 그는 세계 많은 빙하의 빠른 융해에 대한 세계에서 가장 광범위한 연구인 얼음 조사에 착수했다. 발로그는 30분 또는 1시간마다 세계 각지에서 22개 빙하의 사진을 찍은 카메라 시스템을 개발했으며, 그 결과를 사용하여 녹고 있는 빙하에서 엄청난 양의 얼음이 수 시간 내에 사라지는 비디오를 만들어냈다. 이 사진들은 빙하학자들과 다른 과학자들에게 중요한 자료로 제공되었고, 따뜻한 대기에서 오는 기후변화가 현재 큰 영향을 미치고 있다는 것을 일반 대중들에게 명확하고 극적으로 보여주었다.

발로그는 내셔널 지오그래픽, NOVA 다큐멘터리 등에서 작품 활동을 했고, 장편 영화 수상작 〈빙하를 따라서(Chasing Ice)〉는 국제적으로 찬사를 받았다. 그의 저서 《Ice: Portraits of the World's Vanishing Ice describes the astounding loss of ice》는 2012년까지 다양한 빙하에서 얼음의 놀라운 손실을 설명한다.

발로그가 꾸린 비영리 단체 Earth Vision Trust는 기후변화에 대한 시각적 메시지를 전파하고, 빙하의 녹는 연구에 자금을 지원하고, 사람들에게 행동을 촉구하는 임무를 가지고 있다. 그는 "보는 것이 믿는 것입니다. 저는 빙하에서 증거를 보기 전까지는 기후변화 회의론자였습니다. 기후변화는 현실이고, 지금이 행동할 때입니다"라고 말했다.

동안, 전 세계의 많은 산악 빙하는 천천히 녹고 있으며 그 면적도 감소하고 있다. 산악빙하는 추운 계절에는 물을 얼음으로 저장하고, 더운 계절에는 얼음을 물로 변화시켜 물 순환(그림 3.15 참조)에서 중요한 역할을 한다.

남아메리카의 안데스 산맥에 있는 산악빙하의 약 80%가 천천히 줄어들고 있다. 이 가운데 볼리비아, 페루, 에콰도르 관개용수와 수력발전의 원천으로 빙하에 의존하는 5,900만 명의 사람들은 심각한 물, 전력, 식량 부족에 직면할 수 있다.

미국의 기후 모델에 따르면 콜롬비아, 새크라멘토 및 콜로라도 강 유역에 사는 사람들은 2050년까지 강의 수위를 증가시키는 겨울철 강설량이 70%까지 줄어들 것으로 예상되므로 위험에 직면할 수 있다고 한다. 미국 몬태나 주 빙하 국립공원에는 한때 150개의 빙하가 있었지만, 2016년에 25개의 빙하만 남아 있었다(그림 15.20).

영구 동토층 해빙으로 인한 CH_4 배출

영구 동토층은 알래스카, 캐나다, 북반구 시베리아의 노출된 땅의 약 25%로 토양의 아래에 존재한다. 거대한 양의 탄소가 영구 동토층 토양 아래 유기 물질에 갇혀 있다. 더 따뜻한 온도에 노출되면 영구 동토층은 부드러워지고 녹게 된다.

이 해빙은 이미 알래스카와 시베리아 일부 지역에서 일어나고 있다. 이 추세가 계속된다면 영구 동토층 아래에서 발견되는 상당한 양의 유기 물질이 미생물에 의해 분해되어 막대한 양의 CH_4와 이산화탄소를 대기 중으로 방출하게 될 것이다. Ted Schuur와 다른 학자들이 세계 영구 동토층에서 이산화탄소가 저장되어 있는 탄소의 5~15%가 이번 세기 동안 방출될 수 있다고 말한다. 이는 대기온난화를 가속시키고, 영구 동토층을 더 녹이고 기후변화를 초래할 수 있는 또 다른 순 피드백 루프에 의해 더 가중된 대기온난화와 기후변화를 초래할 것이다(그림 15.23). 일부 과학자들은 북극 호수 바닥과 북극해 해저의 영구 동토층이 해빙되어 온실가스 CH_4가 방출되는 것을 우려하고 있다(그림 15.25).

그림 15.25 과학자들은 알래스카의 북극 호수 바닥에서 나온 CH_4의 큰 방울을 점화한다.

해수면 상승

좋은 소식: 세계의 바다는 화석연료와 인간 활동으로 인한 온실가스의 방출 증가의 결과로 대기에 추가된 열의 약 90%를 흡수함으로써 기후변화를 늦추는 것을 도왔다.

나쁜 소식: 바다가 더 많은 열을 저장할 때 팽창하게 된다. 이것은 빙하에서 녹은 물이 바다로 흘러들어온 물과 함께 세계의 평균 해수면을 상승시키게 된다. 연구에 따르면 지난 10년간 바닷물의 열팽창은 지구 해수면 상승의 약 1/3을 유발했다고 한다.

2014년 IPCC의 기후 모델에 따르면 금세기 말까지 지구 평균 해수면이 0.4~0.6 m 상승하며, 20세기 일어났던 상승의 약 10배가량 증가할 것으로 예측했다. 더 많은 데이터를 이용하여 Climate Central의 Benjamin Strauss 연구팀이 실시한 2016년의 연구에 따르면 2100년까지 해수면이 1.1~1.2 m 상승할 수 있으며, 그중에서 50~66% 가 그린란드의 얼음이 녹으면서 비롯된다고 한다(**핵심 사례 연구**). 그러나 NOAA의 연구에 따르면 2017년과 같은 최악의 사례로 가속화된 용해는 금세기 동안 기온이 계속 상승함에 따라 그린란드와 서남극 대륙의 얼음이 녹는 양이 증가하여 해수면이 약 2.4 m 상승으로 이어질 수

있다고 한다.

기후 모델에 따르면 해수면 상승은 해류와 바람과 같은 요인들 때문에 전 세계적으로 균일하지 않을 것이라고 한다. 예를 들어 해안 학자인 John Pethick은 2100년까지 방글라데시의 해수면에 계획된 지구 평균 해수면 상승보다 몇 배 높은 4 m까지 상승할 것으로 예상한다. 게다가, 미국 지질조사국에 따르면 미국 대서양 연안 일부 지역의 해수면이 지구 평균보다 4배 더 빠르게 상승하고 있다고 한다.

2014년 기후변화에 대한 IPCC 및 NAS 보고서에 따르면, 금세기 동안 해수면이 1 m 상승(폭풍 해일로 인한 효과 제외)할 경우 다음과 같은 심각한 영향을 미칠 수 있다고 한다.

- 세계 쌀 생산의 대부분을 차지하는 해안, 습지, 산호초, 삼각주의 최소 1/3이 퇴화되거나 파괴
- 세계 연안 어업들의 중단사태
- 담수 연안 대수층의 바닷물 오염으로 인해 음용과 관개에 사용되는 지하수 공급 저하
- 특히 플로리다(그림 15.26), 텍사스, 루이지애나, 뉴저지, 사우스캐롤라이나, 노스캐롤라이나 등 미국 해안 주에서 침수 및 저지대 섬과 해안선 파괴

그림 15.26 해수면이 1 m 상승할 경우, 플로리다 주에서 빨간색으로 표시된 영역이 침수될 것이다.

Compiled by the authors using data from Jonathan Overpeck, Jeremy Weiss, and the U.S. Geological Survey.

그림 15.27 인도양의 몰디브(인구 295,000명)와 같은 저지대 섬 나라들에게 해수면 상승은 재난 을 의미할 수 있다.
Malbert/Dreamstime.com

- 세계에서 가장 가난하고 인구 밀도가 높은 나라 중 하나인 방글라데시와 같은 저지대 국가의 광범위한 지역에서 홍수 발생
- 베니스, 런던, 뉴올리언스 같은 세계 해안 도시의 홍수(15장 도입부 사진에서 빨간색 음영 지역)로 인해 현재 미국 인구의 절반에 가까운 1억 5,000만 명 이상의 인구 이동
- 몰디브(그림 15.27)와 피지 등 저지대 섬나라의 침몰

더 심각한 가뭄

가뭄은 대기의 높은 온도로 인한 증발이 장기간 강수량을 초과할 때 발생한다. 대기 학자인 Aiguo Dai와 그의 동료들이 속한 국립센터의 연구에 따르면, 현재 전 세계 육지의 최소 30%(극지역을 제외한 면적이며, 아시아의 면적과 유사)가 극심한 가뭄에 시달리고 있다고 한다. NASA의 기후학자들이 실시한 연구에 따르면, 2059년까지 세계 육지 면적의 45%가 더 심한 가뭄을 겪을 수 있다고 한다.

자연적인 순환 과정 또한 심각한 가뭄을 유발할 수 있기 때문에 특정적으로 심각한 가뭄을 대기온난화와 결부시킬 수는 없지만 대기 중 여분의 열은 토양으로부터 물을 증발시킨다. 기후학자들의 연구에 따르면, 건조 지역에서의 토양 습기의 감소는 가뭄을 연장시키고 원인에 상관없이 그것들을 더 심각하게 만든다고 한다.

오랜 가뭄은 나무와 다른 식물들의 성장을 감소시킬 수 있으며, 대기로부터 이산화탄소가 제거되는 현상을 감소시킨다. 이는 숲과 풀을 말라버리게 하고, 대기 중 이산화탄소를 증가시키는 산불의 빈도를 증가시킬 수 있다. 기후학자들은 더 길고 강렬한 가뭄으로 인한 이런 영향이 대기온난화를 가속시키고 장기간의 가뭄, 더 건조한 조건 및 더 많은 산불을 초래할 수 있다고 예측한다. 이는 하나 이상의 기후변화 티핑 포인트를 초월할 수 있는 순 피드백 루프의 또 다른 예시다(그림 15.23).

더 심한 극한 기상

폭염, 홍수, 허리케인과 같은 특정 극단적인 기상현상을 기후변화와 연결시키기에는 충분한 증거가 없다. 하지만 대기 중에 더 많은 열이 추가됨에 따라 기후학자들은 기후변화로 인해 극한 기상 현상의 전반적인 빈도와 강도가 증가할 것으로 예상한다. 예를 들어 폭풍은 더 강해지고, 폭염은 더 심해질 것이다. 또한 기후 모델은 더 많은 수증기와 함께 대기 중에 있는 물 순환이 더 강화되면서

폭설이나 강우로 인해 일부 지역에 더 높은 수준의 홍수가 발생할 것이라고 예상한다.

1950년 이후 폭염은 더 자주 발생하며, 더 길고, 경우에 따라 더 강렬해졌다. 대기온난화는 대기 중에 있는 가스 분자의 운동 에너지를 증가시키기 때문에 이런 경향은 일부 지역에서 계속될 것이다. 이는 열에 관련된 사망자의 수를 증가시키고, 농작물 생산을 감소시키며, 사막을 확장시킨다. 예를 들어 2013년 유럽의 폭염으로 인해 70,000명의 조기 사망자가 발생했다. 동시에, 더 따뜻한 대기가 더 많은 수증기를 가지며, 미국 동부를 포함한 다른 지역은 폭우나 장기간의 강설로 인해 더 강한 수준의 홍수가 나타났다. 2010년 IPCC는 지구온난화로 인해 허리케인과 태풍의 발생 빈도는 감소하지만 강도는 더욱 강해져 이로 인한 피해가 증가할 것으로 예측했다.

생물 다양성의 위협

최근 IPCC 보고서에 따르면, 기후변화가 전 대륙에 걸쳐 생태계를 변화시키고 생물 다양성을 해칠 가능성이 높다고 한다. 기후학자 Chris Jones의 과학 연구에 따르면, 지구 기온이 가장 높은 예측량 만큼 증가한다면(과학적 핵심 15.1), 세계 생물 다양성의 센터로 불리는 아마존 열대 우림의 최대 85%가 초원으로 바뀔 수 있다고 한다.

연구에 따르면 가장 취약한 생태계는 산호초, 극해 해안 습지, 높은 고도의 숲으로 대기가 따뜻해짐에 따라 2,100종의 멸종으로 인해 최소 17%가 멸종할 것으로 보인다.

- 북극의 북극곰과 해마, 남극의 펭귄을 포함한 추운 기후에서 사는 동식물
- 고지에서 사는 종
- 범위가 제한된 종
- 산호 등의 온도 변화에 대한 내성이 제한된 종

이런 멸종들의 주된 원인은 서식지의 손실이다. 반면에 따뜻한 기후에서 번성하는 식물과 동물종은 개체군이 증가할 수 있다.

따뜻한 기후는 나무를 손상시키는 곤충과 곰팡이의 개체 수를 증가시키고 있다. 학자들에 따르면, 이는 캐나다의 소나무 숲과 알래스카의 미국 서부 및 가문비나무 숲의 최근 심각한 곤충 피해를 설명하는 데 도움이 된다고 한다(다음 사례 연구 참조). 기후변화는 기존 주와 국립공원, 야생 동물 보호구역, 황무지와 습지에서 발견되는 생물 다양성을 위협한다.

기후변화는 또한 해양 생태계를 위협한다. 산호초는 특히 수온 상승에 대한 내성이 제한적이기 때문에, 쉽게 영향을 받을 수 있다. 과도한 열이 산호초를 형성하는 작은 폴립의 먹이가 되는 조류를 죽게 만들어, 알록달록한 산호초는 탈색된다. 산호초 전문가 Terry Hughes의 2017년 연구에 따르면, 호주의 그레이트 배리어 리프(great barrier reef)를 비롯하여 많은 산호초가 죽어가고 있다고 한다.

알래스카: 기후변화의 영향 미리보기

알래스카는 기후변화의 대부분의 영향에 대한 주요 지표다. 미국의 다른 지역보다 약 2배 정도 더 따뜻해지고 있고, 온난화는 가속화되고 있다.

결과적으로 2015년에 알래스카 빙하 5개를 제외한 모든 빙하가 감소했고, 해빙이 줄어들고 있다. 해안의 바다 얼음은 여름에 더 일찍 녹고 지난 몇 년 동안 가을에 다시 녹고 있다. 바다 얼음이 줄어들면서 해안 마을은 침식과 폭풍으로 인한 홍수와 피해로 어려움을 겪는다.

정부는 해수면 상승으로 인해 홍수가 발생할 위험이 있는 이누이트와 다른 토착민을 위한 이주 지역으로 적어도 31개의 알래스카 해안 마을을 확인했다. 정부는 이 중 일부는 적절한 부지를 찾았고, 재정적 여유가 된다면, 더 높은 내륙으로 이전할 계획이다. 그러나 이주는 수년이 걸릴 수 있다. 한편 그 사이에 커다란 겨울 폭풍은 그런 마을을 범람시킬 수 있다.

알래스카의 85%를 덮고 있는 영구 동토층 토양의 여름 해빙이 온실가스인 CH_4와 이산화탄소를 대기 중으로 방출하고 있다. 부드러워진 토양은 나무가 뿌리째 뽑히고

도로와 건물이 움직이고 가라앉는 것을 쉽게 만든다. 영구 동토층이 녹은 일부 지역에서는 호수와 습지가 배수지가 되었다. 이런 변화는 새, 물고기, 포유류 그리고 나무 중에서 몇몇 종이 새로운 서식지로 이주하거나 멸종에 직면하는 데 영향을 미쳤다.

알래스카의 따뜻한 기후는 화이트 가문비 숲의 많은 지역을 파괴시킨 딱정벌레 개체군의 급격한 증가로 이어졌다. 곤충 피해와 함께 숲이 마르면서 화재 피해가 크게 증가할 가능성이 있다.

식량 생산에 대한 위협

만약 대기가 예상대로 온난화된다면 농부들은 변화하는 기후와 강화된 물 순환으로 인해 극적인 변화에 직면하게 된다. IPCC에 따르면, 작물 생산성은 캐나다 중서부 지역, 러시아 그리고 우크라이나 지역에서의 중위도에서 고위도로 갈수록 증가할 것으로 예상된다. 그러나 이런 북부 지역의 토양은 일반적으로 식물 영양분이 부족하기 때문에 작물 생산량의 증가가 제한적일 수 있다. 만약 온난화가 심해지며 작물 생산량이 감소할 것이다.

더 높은 온도, 더 강한 가뭄 그리고 더 강한 폭우는 몇몇 농업 지역에서 농작물 수확을 감소시킬 수 있다. 온난화된 세계에서 관개용수 공급이 줄어들고, 증가하는 해충은 몇몇 지역에서 농작물의 생산량을 감소시킨다.

기후변화 모델은 열대 및 아열대 지역, 특히 동남아시아와 중앙아메리카의 농업 생산성과 식량 안보의 감소를 전망한다. 해수면 상승으로 인한 삼각주의 범람은 작물 생산량을 감소시킬 수 있는데, 이는 지역에 따라 부분적으로 관개용수를 공급하는 일부 대수층에 소금물이 침투할 것이기 때문이다. 이런 범람은 또한 해안 양식장에서의 물고기 생산에도 영향을 미칠 것이다. 빙하가 녹은 물이 흘러가는 강 주변의 농장지역 식량 생산량은 감소할 것이며, 가뭄이 더 심하고 길게 이어지는 건조지역에서도 식량 생산이 줄어들 것이다.

IPCC에 따르면 북반구 지역에서는 온난화에 의해 한동안 식량이 풍부해질 수도 있다고 한다. 그러나 학자들은 금세기 후반에 온도가 계속 상승함에 따라 식량 생산이 감소할 것이라고 경고한다. 그 결과 기후변화로 인한 식량 생산 감소로 인해 세계에서 가장 가난한 사람들 중 수천만 명이 기아와 영양실조에 직면할 수 있다.

보건, 국가 안보, 경제에 대한 위협

IPCC와 다른 여러 기관의 보고서에 따르면, 일부 지역에서 더욱 빈번하고 오래 지속되는 폭염은 사망자와 질병을 증가시킬 것이다. 반면에, 추운 날씨로 사망하는 사람은 줄어들 것이다. 그러나 하버드대학의 연구에 따르면 금세기 후반, 열 관련 사망자 수의 증가는 추위와 관련된 사망자 수의 감소를 초과하는 것으로 나타났다.

더 따뜻하고 더 많은 이산화탄소를 포함한 대기에서는 웨스트 나일 바이러스, 라임병, 1973년 이후 10배 증가한 뎅기열과 같은 질병을 옮기는 모기나 진드기를 포함한 곤충들이 빠르게 번식하게 된다. 온난화는 세균, 독성 곰팡이 그리고 알레르기와 천식 발작을 일으키는 꽃가루를 생산하는 식물에게 유리하게 작용할 것이다. 또한 곤충, 해충 및 잡초가 번식하고 퍼지며, 작물 수확량을 감소시킬 가능성이 있다.

높은 기온과 수증기는 많은 도시 지역에서 광화학 스모그를 증가시키는 데 기여할 것이며, 이는 심장 질환과 호흡기 질환으로 인한 사망과 질병을 증가시킬 수 있다.

미국 국방부와 NAS에 의한 최근 연구를 보면 기후변화의 오차가 미국의 국가 안보에 영향을 미칠 수 있다고 경고한다. 이런 영향은 식량과 물 부족, 빈곤, 환경 악화, 실업, 사회 불안, 수천만의 환경 피난민의 집단 이주, 정치적 불안정 그리고 취약한 정부의 약화를 포함한다. 기후변화 계획을 주요 요소로 포함시킨 미국 국방부에 따르면 이런 모든 요인은 테러를 증가시킬 수 있다고 한다.

기후변화는 또한 인간 경제에도 타격을 줄 수 있다. 세계 경제 포럼에서 실시한 2015년 전문가 750명을 대상으로 한 설문조사에 따르면, 기후변화에 대한 대응이 세계 경제에 미치는 위협보다 더 중요하며, 그 위험이 증가하고 있다고 한다. 예를 들어 멕시코 만을 따라 1 m 정도 범람될 가능성이 있는 지역은 미국 근해 에너지 생산의 90%, 석유와 천연가스 공급치의 30%, 31개 주 및 200만 명의 주민을 수용하고 있는 항구의 본거지다. 그러므로 이 지역 홍수는 국가의 에너지 공급, 경제, 국가 안보에 대한 위협이 된다.

점점 더 많은 경제학자들과 주요 다국적 기업들은 더욱 심한 가뭄, 홍수 그리고 극단적인 기상 현상이 경제 생산성 저하, 공급망의 붕괴, 식품 및 기타 상품에 대한 높은 비용 그리고 기업과 투자자에게 재정적 위험을 증가시키는 데 기여할 것이라는 점을 인식하고 있다. 기후변화의 이런 해로운 영향은 수천만의 사람들이 다른 지역으로 이주하도록 강요받으면서 삶과 경제를 붕괴시킬 것이다.

15.6 기후변화를 어떻게 늦출 수 있는가?

개념 15.6 우리는 에너지 낭비를 줄이고 청정하고 재생 가능한 에너지원을 사용함으로써 인류 건강을 증진시키고 소비를 감소시켜 온실가스 배출량과 기후변화로 인한 위험을 저감시킬 수 있다.

기후변화를 다루는 것은 어렵다

세계 기후학자들과 분석가들 중 적어도 90%에 따르면, 예상되는 기후변화의 위험을 줄이는 것은 인류가 직면한 가장 시급한 과학적, 정치적, 경제적, 윤리적 문제 중 하나다. 그러나 이런 복잡한 문제의 다음과 같은 특징들로 인해 문제 해결에 어려움을 만든다.

- 전 세계적인 문제다. 이 위협에 대처하기 위해서는 장기간의 국제 협력이 필요하다.
- 장기적인 정치적 문제다. 기후변화는 현재 일어나고 있으며 이미 해로운 영향을 미치고 있지만, 대부분의 유권자와 공무원들은 이를 긴급한 문제로 보고 있지 않다. 현재 공무원들은 단기적인 문제에 중점을 두는 경향이 있으며 기후변화의 피해가 가장 크게 닥칠 이번의 마지막 반세기 동안은 공무원으로 일하고 있지 않을 것이다. 또한 금세기 후반 기후변화로 심각한 피해를 입을 사람들의 대부분은 아직 태어나지도 않았다.
- 기후변화의 유해하고 유익한 영향은 고르게 퍼지지 않는다. 캐나다, 러시아, 뉴질랜드와 같은 고위도 국가들

은 일시적으로 작물 수확량이 더 높고, 겨울에 사망자가 줄어들며, 난방비가 적게 나올 수 있다. 그러나 방글라데시와 같은 대부분의 가난한 국가들은 더 많은 홍수와 사망자들을 볼 수 있다.

- 화석연료의 사용을 급격히 줄이는 것과 같은 제안된 해결책은 논란의 여지가 있다. 이런 해결책들은 경제와 생활방식을 혼란에 빠뜨릴 수 있고, 경제적으로 큰 영향을 주는 화석연료 및 여러 회사의 이익을 위협할 수 있다.
- 예측된 온도 변화와 영향은 불확실하다. 현재의 기후 모델은 예측된 기온 상승(과학적 핵심 15.1)과 해수면 상승의 폭이 넓게 나타난다. 따라서 기후변화에 따른 해로운 영향이 온건하거나 급변할지에 대한 불확실성이 있다. 이것은 위험을 피하거나 관리하도록 계획하기 어렵게 한다. 또한 기후 모델의 불확실성을 줄이기 위한 보다 과학적인 연구가 시급하다는 것을 강조한다. 그러나 미국에서는 기후변화 연구 및 대기 측정에 대한 정부 자금 지원을 줄이겠다는 정치적 압력이 있다.

우리는 무엇을 선택할 수 있는가?

지구의 기후변화를 다루는 데 두 가지 방법이 있다. 첫 번째, 완화다. 이것은 가장 해로운 영향을 줄이거나 피하기 위해 기후변화를 늦추는 것이다. 다른 접근은 적응이라고 하는 것으로 우리가 행동하기에 늦은 감이 있어 일부 기후변화는 불가피하다는 점과 해로운 영향에 적응해야 한다는 점을 인식하는 것이다. 대부분의 분석가들은 두 가지 접근 방법의 결합을 요구한다.

우리가 기후변화에 접근하는 방법에 상관없이 대부분의 기후학자들은 가장 시급한 우선순위는 기후변화 티핑 포인트을 피하는 것이라고 주장한다(그림 15.23). 예를 들어 Gavin Foster와 다른 기후학자들의 2017년 연구에 의하면 현재 속도로 대기에 이산화탄소가 계속 추가될 경우 수십 년 이내에 이산화탄소의 티핑 포인트인 450 ppm을 넘어서고 2050년에는 900 ppm에 도달할 가능성이 높다는 결과가 나왔다. 기후 모델은 티핑 포인트을 피하는 것이 수백 년 또는 수천 년 동안의 중요한 기후변화를 막을 수 있다고 예측한다.

온실가스 배출량 저감

기후학자들은 기후변화의 심각한 피해를 피하기 위해 산업 혁명 이전의 지구 평균 기온을 기준으로 지구 평균 기온 상승을 2.0℃로 제한해야 한다는 것에 대부분 동의한다. 이런 온도 한계를 유지하려면 화석연료(특히 석탄)의 사용을 줄임으로써 이산화탄소 배출량을 현저히 줄여야 하며, 에너지 효율을 크게 높이고, 태양력, 풍력 및 지열 에너지와 같은 청정하고 저탄소 에너지 자원에 대한 의존도를 훨씬 높여야 한다(개념 15.6).

문제는 세계 각국과 에너지 회사들은 화석연료를 태우면서 기후학자들이 안전하다고 하는 이산화탄소 기준의 5배를 배출한다. 기온의 티핑 포인트를 초과하지 않도록 화석연료 사용량을 줄인다는 것은 세계 석탄 매장량의 82%, 모든 천연가스 및 북극의 석유 매장량의 50%를 땅에 버리는 것을 의미한다. 현재 정치적으로 강한 영향력을 행사하는 화석연료 회사와 세계 대부분 국가의 경제 복지는 화석연료 매장량의 전부 또는 대부분을 사용하는 것에 달려있다. 이것이 기후변화를 늦출 것인지, 어떻게 할 것인지에 대한 강렬한 정치적, 경제적, 윤리적 논쟁을 일으키는 원인이다.

인간이 화석연료 의존성에서 벗어나기가 어렵기는 하지만 향후 50년 안에 가능할 것이라고 주장하는 학자들과 분석가들이 점차 늘고 있다. 그들은 인간이 에너지 자원을 목재에서 석탄으로 그 후에는 석유를 거쳐 지금은 천연가스로 전환했으며 각 전환에는 50년이 걸렸다고 지적한다. 인간은 향후 50년 동안 에너지 효율과 재생 가능한 에너지로 이동할 수 있는 지식과 능력을 갖추고 있다.

그림 15.28은 향후 50년 동안 인간 활동으로 인한 기후변화를 완화시키는 방법을 제시하고 있다(개념 15.6). 왼쪽 열의 항목은 이산화탄소를 줄이기 위한 예방 방법이며, 오른쪽 열의 항목은 대기에서 과도한 이산화탄소를 제거하기 위한 정화 방법이다.

2014년 IPCC의 보고서에 따르면 이산화탄소 배출량을 줄임으로써 기후변화 위협에 대처하는 데 관련된 좋은 소식이 있다.

- 우리는 향후 20~30년 동안 하이브리드, 플러그인 하이브리드, 전기 자동차로 전환할 수 있으며 태양, 바람과 같은 저탄소 재생 에너지원으로부터 생산된 전기로 배터리를 충전할 수 있다.
- 저탄소 풍력 터빈 및 태양 전지의 전력 가격이 급격히 하락하면서 재생 가능 에너지로의 전환이 가속화되고 있으며 이런 기술에 대한 투자가 증가하고 있다. 2008년부터 2015년 사이에 태양 전지로 인한 전기 생산 비용은 80% 이상, 풍력 발전 비용은 50% 이상, 배터리 비용은 70% 이상 감소했다. 미국의 경우, 텍사스는 풍력과 태양력으로 세계 5개국을 제외한 모든 국가보다 많은 전기를 생산한다.
- 기술자들은 합리적인 넷-제로(이산화탄소 배출이 제로) 탄소 배출 건물을 설계했으며 기존 건물의 탄소 발자국을 줄이는 방법을 알고 있다.
- 기후변화를 다루는 것은 일자리와 수익성 있는 사업을 창출할 것이다.
- 많은 기업 CEO들은 기후변화의 둔화를 세계적인 투자 기회로 보고 있다.

대기로부터 이산화탄소 제거

일부 학자들과 기술자들은 공장의 매연 배출로 인한 대기에서 이산화탄소의 일부를 제거하고 주변 환경의 다른 지역에 격리하거나 저장하기 위한 정화 전략을 설계하고 있다(그림 15.28, 오른쪽). **탄소 포집 및 저장**(carbon capture and storage, CCS)으로 알려진 한 가지 전략은 석탄을 연소하는 전력 및 산업시설의 굴뚝 배출하는 이산화탄소 가스의 일부를 제거하고 일부는 압력을 가해 액체로 만든 후 지하 저장소에 저장한다(그림 15.29).

아이슬란드에서 실험 중인 또 다른 접근법은 추출된 이산화탄소를 물에 녹여 현무암과 같은 다공성 암석의 칼슘, 마그네슘 또는 철과 반응시켜 방해석이라는 광물로 만드는 방법이 있다. 이 방법은 이산화탄소를 영원히 가둬둔다. 그러나 이 공정은 많은 양의 물을 필요로 하며 물과 이산화탄소의 혼합물을 적절한 종류의 암석 퇴적물로 운반해야 한다.

예방	정화
화석연료 사용 감소(특히 석탄)	나무 심기와 숲과 습지 보존을 통한 CO_2 제거
석탄 대신 천연 가스 사용	바이오 숯을 이용해 토양에서 탄소 제거
노후화된 천연 가스 파이프라인과 공장 수리	지하 깊은 곳에서 CO_2 제거(새어 나오지 않도록)
에너지 효율성 증진	
재생 가능한 에너지 자원 사용	
삼림 벌채 감소	바다 깊은 곳에서 CO_2 제거(새어 나오지 않도록)
지속 가능한 농업, 삼림관리	
온실가스 배출에 대한 세금 부과	굴뚝, 운송수단에서 발생하는 CO_2 제거

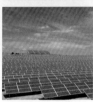

그림 15.28 대기온난화를 늦추고 기후변화를 일으키는 방법(**개념 15.6**). **비판적 사고:** 가장 좋다고 생각하는 해결책 다섯 가지는 무엇인가? 그 이유를 설명하라.

Top: Mark Smith/Shutterstock.com. Center: racorn/Shutterstock.com. Bottom: pedrosala/Shutterstock.com.

현재 기술상 CCS 방식에는 크게 네 가지 문제점이 있다.

- 엄청난 비용을 들임에도 불구하고, 공장의 매연에서 일부 이산화탄소만 제거하고 저장할 수 있다.
- 자동차 배기가스, 식량 생산 및 재배를 위한 고의적인 산림 연소에서 발생하는 이산화탄소의 방대한 배출을 다루지 않고 있다.
- 많은 에너지를 필요로 하는데, 이는 화석연료를 더 많이 사용하고 이산화탄소와 기타 대기 오염물질을 더 많이 배출할 수 있다.
- 제거된 이산화탄소는 대기로부터 영원히 격리되어야 한다. 이산화탄소 저장소에서 대규모의 누출과 작지만 연속적인 누출은 단기간에 대기온난화와 기후변화를 극적으로 증가시킬 수 있다.

지금까지, 이산화탄소 포획 및 저장을 위한 실험적인 프로젝트는 그다지 효과적이지 못했고 비용도 많이 들었

다. 미국의 전력 회사들은 높은 비용으로 인해 전기 소비자들의 비용이 크게 증가될 것이기 때문에 CCS 공장을 짓는 것을 꺼려한다.

이산화탄소를 제거하기 위한 다른 접근법은 넓은 지역에 나무를 심고, 철분 펠릿으로 바다를 기름지게 하여 대기에서 이산화탄소를 제거하는 식물성 플랑크톤의 개체 수를 늘리는 방법이 있다. 예비 실험은 철분 펠릿 계획에 효과가 없을 수도 있으며 해양 생태계를 파괴할 수도 있음을 나타낸다.

일부 환경학자들에 의하면, 대부분의 CCS는 비싸고, 위험하며, 비효율적인 정화 솔루션(그림 15.28, 오른쪽)으로 저렴하고, 빠르며, 안전한 예방 접근법(그림 15.28, 왼쪽)을 사용하면 보다 효과적이라고 한다.

지오엔지니어링 해결책

제안된 또 다른 해결책은 **지오엔지니어링**(geoengineering) 방법으로, 이는 지구 온실효과의 증가를 막기 위해 특정 자연 조건을 조작하는 것이다. 이런 제안 중 한 예가 그림 15.30에 나와 있다. 방법 중 하나는 대류권의 온난화를 늦추기 위해 들어오는 햇빛의 일부를 우주로 반사시키기 위해 성층권에 대량의 황산염 입자를 주입할 것을 제안한다. 다른 학자들은 같은 목적으로 지구로 들어오는 햇빛을 반사시키기 위해 지구 위 궤도에 거대한 거울을 배치할 것을 촉구했다. 또 다른 계획은 구름을 더 희고 반사율을 높이기 위해 컴퓨터로 제어되는 하늘에 바닷물을 분사시키는 해양 선박의 대형 함대를 배치하는 것이다.

일부 기후학자들은 성층권에 황산염을 주입하는 것인데, 이것은 우리가 모르는 다른 영향으로 인해 너무 위험할 수도 있다고 한다. 예를 들어 황산염이 너무 많은 햇빛을 반사시키면 전 지구적 강수 패턴을 변화시키고 특정 지역에서 이미 위험한 가뭄을 악화시킬 수 있을 만큼 증발을 줄일 수도 있다. 또한 Simone Tilmes의 연구에 따르면 이 방법에 관련된 반응으로 방출되는 염소는 지구의 중요한 성층권에 있는 오존층의 감소를 가속화할 수 있다고 지적했는데 이는 15.7절에서 설명한 바 있다.

일부 학자들에 따르면, 대부분의 이런 기술적 해결이

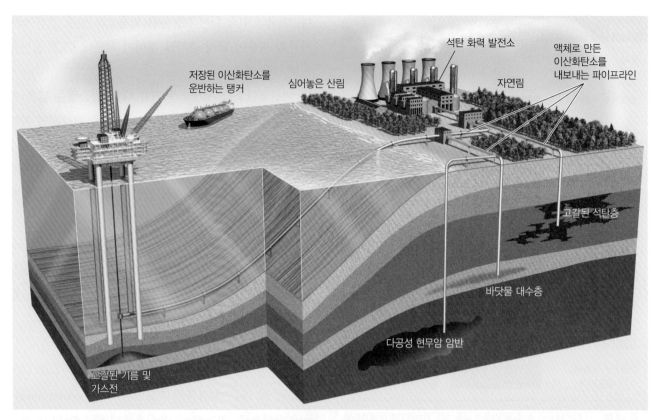

그림 15.29 굴뚝 배출 및 대기로부터 이산화탄소의 일부를 제거하고 해저 지하의 토양, 식물, 깊은 지하 저장소 및 퇴적물에 저장(격리)하기 위해 제안된 탄소 포집 및 저장(CCS) 계획 일부. **비판적 사고:** 여기 제안된 전략 중 어떤 것이 가장 효과적일 것이며 어떤 것이 가장 효과적이지 않을 것이라 생각하는가? 그 이유를 설명하라.

가지는 주된 문제점은, 이 방법들이 성공할 경우 화석연료의 지속적인 사용을 정당화하는 데 사용될 수 있다는 것이다. 이것은 하층 대기의 이산화탄소 농도가 계속 증가할 수 있게 하며 해양 산성화의 심각한 문제를 야기할 수 있다.

또한 기후변화를 늦추거나 방지하기 위해 지오엔지니어링 계획을 사용할 수 있다고 생각하면 화석연료에 의존하던 것에서부터 에너지 효율을 크게 향상시키고 저탄소 재생 에너지 자원을 더 많이 사용하는 시대로의 변화가 향후 50년보다 늦춰질 수 있다. 대부분의 기후학자들과 경제학자들은 우리가 그런 지연을 감당할 수 없다고 말한다.

온실가스 배출 감소를 위한 정부의 조치

정부는 그림 15.28에 제시된 해결책을 촉진하기 위한 다음의 일곱 가지 주요 전략을 사용할 수 있다(**개념 15.6**).

- 온실가스 배출 규제를 위한 EPA의 권리를 주장하는 2014년 대법원의 결정에 따라 공중 보건 및 복지를 해칠 수 있는 기후변화 대기 오염물질로서 이산화탄소와 CH_4을 규제한다. 이에 대한 반대자들은 그런 규정을 연기하거나 약화시키거나 의회가 온실가스 규제를 금지하는 청정대기법을 변경하고 이산화탄소가 대기 오염물질이라는 EPA의 판결을 취소하도록 하고 있다.

- 향후 50년 동안 가장 오염된 화력 발전소를 단계적으로 가동을 중단시키고 청정한 천연가스와 풍력 및 태양력 발전과 같은 재생 에너지로 대체한다.

- 이산화탄소, CH_4 각각의 배출량과 화석연료 사용량 또는 탄소 배출량에 대한 에너지세를 도입한다(그림 15.31). 이런 세금 인상은 소득, 임금 및 이익에 대한 세금 감면 또는 미국 소비자에게 직접적으로 분기별 세금 환급으로 상쇄할 수 있다. 다시 말해 급여와 이익

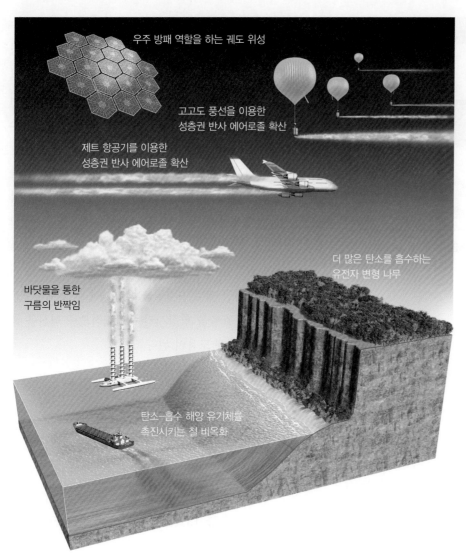

그림 15.30 지오엔지니어링 계획에는 더 많은 햇빛을 우주로 반사하는 방법이 포함된다. **비판적 사고:** 가장 실현 가능성이 있다고 생각되는 접근법 세 가지는 무엇인가? 그 이유를 설명하라.

우주 방패 역할을 하는 궤도 위성

고고도 풍선을 이용한 성층권 반사 에어로졸 확산

제트 항공기를 이용한 성층권 반사 에어로졸 확산

더 많은 탄소를 흡수하는 유전자 변형 나무

바닷물을 통한 구름의 반짝임

탄소–흡수 해양 유기체를 촉진시키는 철 비옥화

상충 관계

탄소세와 에너지세

장점	단점
관리가 쉽다.	세법이 복잡해질 수 있다.
탄소의 순가격을 책정할 수 있다.	법의 맹점에 취약하다.
모든 배출에 적용할 수 있다.	적게 배출하는 곳에 대한 보상이 없다.
세입을 예측할 수 있다.	정치적으로 선호하지 않는다.

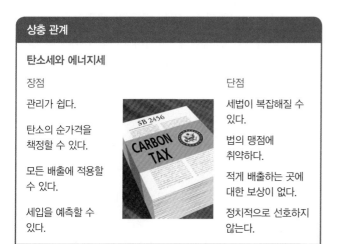

그림 15.31 온실가스 배출을 줄이기 위한 탄소세와 에너지세의 장점과 단점. **비판적 사고:** 가장 중요하다고 생각하는 장점 및 단점을 두 가지씩 제시하고 그 이유를 설명하라.

이 아니라, 에너지를 소비하고 환경세를 내는 것이다. 아일랜드, 스웨덴, 브리티시컬럼비아 주는 이미 탄소세를 시행 중이다. 2014년 중국과 72개국, World Bank와 1,000개가 넘는 기업들이 탄소 배출에 가격을 매길 것을 요구했다. 그러나 세금 수준이 충분히 높지 않고 이산화탄소 배출량 감소 목표에 따라 수준이 높아지지 않으면 탄소세는 효과적이지 않을 것이다.

- 배출권 거래제 시스템(470쪽 및 그림 15.32)의 도입은 시장의 이산화탄소와 CH_4의 배출량 감소에 도움을 준다. 정부는 한 국가 또는 지역의 배출량 상한제를 설정하고, 특정 오염물질 배출을 위한 허가를 발급하며, 오염물질을 시장에 거래하도록 허가한다. 이 접근

그림 15.32 온실가스 배출을 줄이기 위한 배출권 거래제 정책의 장점과 단점. **비판적 사고:** 가장 중요하다고 생각하는 장점 및 단점을 두 가지씩 제시하고 그 이유를 설명하라.

법은 원래의 배출 가스가 배출량의 심각한 감소를 촉진할 만큼 충분히 낮게 설정되어 있고 이산화탄소 배출을 줄이기 위한 보다 효과적인 기술 개발을 촉진하기 위해 정기적으로 낮추는 경우에만 작동한다.

- 10~20년에 걸쳐 화석연료 산업과 지속 불가능해진 산업화된 식량 생산에 대한 정부 보조금과 세금 공제를 단계적으로 폐지한다. 대신 에너지 효율이 높은 기술, 저탄소 재생 에너지, 지속 가능한 식품 생산에 대한 보조금 및 세금 감면을 실시한다(그림 10.28 참조).

- 청정에너지 대안의 비용을 낮추는 혁신에 초점을 맞춘 연구 및 개발 노력에 집중한다.

- 세계 온실가스의 12~17%를 차지하는 삼림 벌채를 줄이기 위한 노력을 지원하고 국제적인 식목 활동을 촉진하기 위한 협약을 구상한다(9장 **핵심 사례 연구** 참조).

환경경제학자들과 World Bank 총재를 비롯한 점점 더 많은 기업의 CEO들은 심각한 기후변화의 재앙적인 환경 및 경제적인 영향을 피하기 위해 너무 늦기 전에 탄소 배출량을 억제하는 가장 좋은 방법으로 탄소에 가격을 책정할 것을 요구하고 있다. 이를 위해 전체 비용 책정의 **지속 가능성의 원리** 🌱에 따라 연료의 가격에 화석연료를 사용함으로써 발생되는 유해한 환경 및 보건 비용을 포함시킴으로써 이를 촉진시킬 수 있다.

하지만 화석연료의 가격을 높이는 법률과 규정을 수립하는 것은 화석연료 및 전기 산업의 엄청난 정치적 경제적 힘과 상업적 에너지의 90%를 화석연료에 의존하고 있는 사회로 인해 정치적으로 논란이 있고, 어렵다. 반대하는 사람들은 또한 화석연료의 가격을 올리면 경제와 소비자들에게 피해를 줄 것이라고 주장한다.

그러나 경제학자들과 다른 지지자들은 기후변화를 늦출 수 있을 만큼 화석연료 가격을 인상하는 것이 두 가지 이유로 경제적 이점이 단점보다 훨씬 크다고 주장한다. 첫째, 환경 및 건강상의 이익으로 인해 소비자와 정부의 비용이 절감한다. 둘째, 화석연료 가격이 높을수록 저렴한 저탄소 재생 에너지 자원을 혼합하여 탄소 배출량을 줄이고 에너지 효율을 향상시키며 단계적으로 혁신을 촉진함으로써 경제에 도움이 된다.

국제 기후변화 조약

과거 각국 정부들은 국제 기후 협상에 들어갔다. 1997년 12월, 161개국 대표단이 대기온난화와 기후변화를 늦추기 위한 조약을 협상하기 위해 일본 교토에서 만났다. 교토 의정서의 첫 번째 단계는 2005년 2월에 발효되었으며 전 세계 194개국 중 187개국(미국 제외)이 2009년 말까지 이 협정을 비준했다.

참여한 나라들 중 37개의 선진국은 조약이 만료되는 2012년까지 이산화탄소, CH_4, 수증기 배출량을 일정 수준으로 줄이기로 합의했다. 그러나 이 중 16개국이 실패했다. 중국을 포함한 저개발국들은 이런 감축으로 경제 성장을 억제할 수 있기 때문에 여기서는 제외되었다.

2015년 196개국 대표단이 세계 기후변화 협정을 달성하기 위한 또 다른 시도로 프랑스, 파리에서 만났다. 역사적인 합의서에 각국의 정부들은 다음과 같이 동의했다.

- 지구 평균 기온의 증가를 2°C(3.6°F) 이하로 유지하는 목표를 수령

- 온실가스 배출량을 일정량 줄이겠다는 약속

- 진도를 평가하고 목표를 높이기 위해 5년마다 만남

이 협정은 55개국(미국 제외)이 비준한 후 2016년 11월

에 발효되었다.

독일, 중국, 인도는 석탄 사용을 줄이고 풍력 및 기후변화에 막대한 투자를 함으로써 배출 감소 목표를 초과한 목표를 달성하고 있으며 미국 정부에 합의를 철회하라는 압력을 가하고 있다. 2017년 미국 대통령은 조약에서 미국은 철회할 것이라고 발표했다.

365개 이상의 크고 작은 미국 기업들이 협약에 대한 약속을 재확인했으며 미국의 협상 철회에 반대했다. 또한 미국 정부가 미국의 온실가스 배출 감축 목표를 달성하고, 기후변화의 환경적, 경제적 위협이 심각하고 커지고 있는 상황에서 세계 리더로 남을 것을 촉구했다. 그러나 2017년 이후 미국 정부의 기후변화 대책에 대한 반대 노력으로 인해 미국은 충족시키기로 약속한 온실가스 감축 목표에 도달하지 못할 가능성이 크다. 이것은 다른 국가들 역시 목표를 달성하기를 꺼리게 만들고 기후변화의 위협을 줄이기 위한 전 세계적인 노력을 크게 약화시킬 수 있다. 또한 중국을 기후변화 대응의 국제 리더로 만들 수 있다.

기후학자들은 18년 간의 국제 협상 끝에 도달한 파리 기후 협약에 찬사를 보낸다. 그러나 일부 사람들은 이 국제 협정이 긴급한 세계 환경 및 경제 문제에 비해 약하고, 느리고, 부적절한 대응이라고 생각한다. 국가들은 법적으로 목표를 달성할 의무가 없다. 또한 경제를 위해 기후변화에 큰 영향을 줬던 부유한 국가들이 빈곤 국가들이 목표를 달성하도록 돕는 데 쓰일 5,000억 달러를 2020년까지 모금하는 데 합의하지 못했다. 기후과학자들은 비록 조약의 모든 약속들이 완전히 존중한다 할지라도 금세기 동안 심각한 환경 및 경제 문제를 예방할 수 있을 만큼 대기 온도를 낮추지는 못할 것이라고 예상한다.

이 장의 시작에서 언급했듯이 기후변화를 늦추는 것은 어렵고 논쟁의 여지가 있다. 그러나 기후 및 환경과학자, 경제학자 및 기업 CEO들이 증가함에 따라 기후변화를 늦춤(그림 15.33)으로써 생기는 이점은 장기적인 경제적 및 환경적 위험보다 훨씬 크다.

그림 15.33 기후변화의 속도를 늦추는 이점은 있다.

각 국가, 주, 도시 및 기업의 탄소 배출량을 감소시키기 위한 방안

일부 국가들은 앞으로 일어날 기후 혼란을 해결하기 위해서 노력하고 있다. 코스타리카는 2030년까지 순 탄소 배출량을 0까지 감소시켜 첫 번째 **탄소중립국**이 되는 것을 목표로 하고 있다. 전기 생산량 중 78%를 재생 가능한 수력 발전으로부터 생산하고 나머지 18%는 재생 가능한 풍력 에너지와 지열 에너지로부터 생산하고 있다.

중국은 다른 어느 나라보다도 온실가스 배출량이 많다. 그러나 저탄소 태양광 전지, 태양열 온수기, 풍력 터빈, 고급 배터리, 플러그인 및 모든 전기 자동차의 개발 및 판매 분야에서 세계적인 선두 국가로 빠르게 성장하고 있다. 중국은 온실가스 배출량과 석탄에 대한 의존도를 낮추고 금세기 가장 급성장하는 일부 사업의 선두 주자가 되는 것이 경제를 활성화하는 방법으로 본다.

일부 미국의 주 및 지방 정부는 기후변화에 맞춰서 나아가고 있다. 2016년까지 적어도 21개의 미국 주에서 온실가스 배출량을 줄이기 위한 목표를 설정했거나 다국적 프로그램에 가입했다. 캘리포니아는 2030년까지 저탄소 재생 가능한 에너지를 이용하여 총 전기 생산량 중 33%를 생산하는 계획을 세웠다. 이 주는 탄소 배출을 줄이고 일자리를 창출하는 정책을 시행할 수 있음을 보여주고 있다. 1990년부터 전 세계 650개 이상의 도시들(미국의 450개 이상의 도시 포함)은 각 도시별 온실가스 배출량을 감소시키기 위한 프로그램을 계획했다.

미국의 몇몇 대기업인 알코아, 듀퐁, 포드 자동차, 제너럴 일렉트릭 그리고 셀오일의 기업주들은 미국 기후행동파트너십(U. S. Climate Action Partnership)을 조직하기 위해서 환경단체와 협력했다. 파트너십은 "우리 관점에서 기후변화에 대한 도전은 미국 경제에 위험이 되기보다는 경제 성장의 기회가 될 것이다"라며 정부가 기후변화에 대한 법을 제정해야 한다고 주장했다. 각 기업들은 기후변화를 늦추고 돈을 절약하는 방법으로 탄소 배출량을 줄이기 위해 노력하고 있다. 많은 기업들은 이제 "녹색에 금이 있다"고 인식하고 있다.

탄소 배출량을 감소시키기 위한 대학의 방안

많은 대학들 또한 탄소 배출을 줄이기 위해 많은 노력을 하고 있다. 애리조나 주립대학은 다른 대학보다 큰 태양 전기판을 보유하고 있다. 미국 메인에 위치한 애틀랜틱 대학은 2007년부터 탄소중립 대학으로 선정되어 전력의 100%를 재생 가능한 에너지로부터 얻는다. 학생들은 유기농 공장 인근에 바람 터빈을 세워 캠퍼스, 지역 학교, 그리고 푸드 뱅크에 유기농 제품을 공급하기 위한 전력을 생산한다.

캘리포니아 대학교 어바인 캠퍼스는 2008년과 2015년 사이에 에너지 소비를 24% 줄였다. 시애틀의 워싱턴 대학의 학생들은 학교가 재생 가능 에너지원으로부터 전기를 구입할 수 있도록 비용을 인상하는 것에 동의했다. 그리고 점점 더 많은 학교 단체들이 화석연료 회사에 대한 기부금 투자를 중단함으로써 기후변화를 늦추도록 학교의 관리자들에게 요구하고 있다.

> 생각해보기
>
> **학 교 가 할 수 있 는 것**
> 여러분의 학교가 탄소 배출량을 줄이기 위해 취해야 할 세 가지 사항은 무엇인가? 지금 취하고 있는 조치가 있는가?

각각의 개인이 변화를 가져올 수 있다

인류는 금세기 동안 기후 혼란과 지구온난화를 가속화시키고 있다. 우리가 화석연료로 생성된 에너지를 사용할 때마다 대기 중에 이산화탄소를 배출하게 된다. 그러나 미국인의 평균 탄소 배출량의 2/3는 음식, 쉼터, 의류, 자동차, 컴퓨터 및 기타 모든 소비재와 서비스의 공급 과정에서 배출되는 탄소에서 비롯된다.

탄소 배출량에서 중요한 점은 우리의 식단이다. 식품은 생산 및 배달로 인한 온실가스가 다양하게 발생한다. 예를 들어 가공 식품은 신선한 과일 및 채소보다 생산에 더 많은 에너지가 필요하므로 온실가스 배출량이 더 크다. 육류 생산, 특히 공장식 농장에서 만들어지는 경우 곡물 및 채소 생산보다 온실가스 배출량이 훨씬 높게 나타난다. 또한 소고기 생산 및 소비로 인한 온실가스 배출량은 같은 양의 닭고기를 생산하고 먹는 것에 비해 12배 높다. 식품을 신중하게 선택함으로써 탄소 배출량을 줄일 수 있다.

배출량 계산기를 사용하여 탄소 배출량을 배울 수 있으며, 몇 개는 온라인에서 사용할 수 있다. 그림 15.34에는 이산화탄소 배출량을 줄일 수 있는 몇 가지 방법이 나와 있다. 한 사람이 각각의 단계를 밟는 것은 온실가스 배

> **우리는 무엇을 할 수 있는가?**
>
> CO_2 배출 줄이기
> - 탄소 배출량을 계산해본다(여러 유용한 웹사이트가 있다).
> - 걷기, 자전거, 카풀, 대중교통 이용, 연료 효율이 높은 자동차를 이용한다.
> - 재활용과 재사용으로 쓰레기를 줄인다.
> - 에너지 효율이 높은 기기, 소형 형광등, 또는 LED등을 사용한다.
> - 따뜻한 물이나 찬물로 세탁하고 빨래건조대에서 빨래를 말린다.
> - 창문 커튼을 닫아 열을 유지한다.
> - 압력이 낮은 샤워기를 사용한다.
> - 육류 소비를 줄이거나 하지 않는다.
> - 집은 절연처리하고 공기가 새지 않도록 막는다.
> - 에너지 효율이 높은 창문을 설치한다.
> - 온수기는 49℃로 설정한다.
> - 나무를 심는다.
> - 배출량을 줄이기 위해 노력하는 기업의 제품을 구매한다.

그림 15.34 당신은 연간 이산화탄소 배출량을 줄일 수 있다. **비판적 사고:** 현재나 미래에 실천할 수 있는 항목은 어느 것인가?

출을 줄이는 데 작은 기여를 하지만 수백만 명의 사람들이 그런 조취를 취한다면, 세계적인 변화가 일어날 수 있을 것이다.

기후변화에 대한 준비

전 지구 기후 모델(global climate models, GCM)에 따르면 대기 중 온실가스의 농도를 안정화시키기 위해서 2050년까지 온실가스의 배출량을 50~85% 감소시킬 필요가 있다고 한다. 온실가스 배출량을 감소시키는 것은 식물이 2°C 이상 가열되는 것을 막고, 전 세계의 급격한 기후변화로 인해 예측되는 해로운 영향을 감소시킬 수 있다.

그러나 온실가스 배출량을 급감시키는 것은 어렵기 때문에 많은 분석가들은 배출량을 대폭 줄이기 위해 연구하고 있으며, 우리 또한 예상되는 기후변화로 인한 부정적 영향을 감소시키기 위한 준비를 시작해야 한다. 그림 15.35는 이를 수행하기 위한 몇 가지 방법을 나타낸 것이다.

예를 들어 기관에서는 폭풍해일 대비 완충지로 맹그로브 숲을 확장하는 프로젝트를 수행하고 있다. 고지대에 대피소를 세우고 강수량 증가와 해수면 상승으로 인한 산사태를 방지하기 위해 경사면에 나무를 심는다. 방글라데시와 같은 저지대 국가에서는 해수면 상승과 더 강력해진 폭풍으로 집을 잃은 수백만의 환경 난민을 위한 계획을 세우고 있다.

미국의 일부 해안 지역 공동체는 새로운 주택과 건축물을 높은 지대에 짓거나 생존을 위해 위험 지대인 현재의 해안선에서 멀리 떨어져 짓도록 요구한다. 2012년, 허리케인 샌디에 의한 홍수의 여파로 뉴욕시는 지하철을 위한 새로운 홍수벽과 수문을 계획하고 있다. 보스턴은 해수면 상승을 예상해서 하수 처리장 중 하나를 오픈시켰다. 일부 도시들은 점점 더 강력한 열파가 발생했을 때 주민들을 보호하기 위해 냉각 센터를 설립할 계획이다.

네덜란드는 대부분의 인구가 해수면 아래에 살고 있으며, 800년 이상 북해의 상승을 막기 위해 제방을 짓는

그림 15.35 해결책: 기후변화의 장기적인 해로운 영향에 대비할 수 있는 방법. **비판적 사고:** 가장 중요하다고 생각하는 세 가지 적응 단계는 무엇인가? 그 이유를 설명하라.

것으로 유명하다. 네덜란드 국가 정부와 국민들은 기후변화를 다루기 위한 200년 계획을 수립하고 있다.

15.7 성층권의 오존이 고갈된 원인은 무엇이고, 우리가 할 수 있는 일은 무엇인가?

개념 15.7A 특정 화학물질의 광범위한 사용은 성층권의 오존 농도를 감소시키며, 이 때문에 해로운 자외선이 지표에 더 많이 도달한다.

개념 15.7B 오존 감소를 막기 위해서 오존을 파괴하는 화학물질의 생산과 사용을 제한하는 국제적인 협약을 체결해야 한다.

오존층을 파괴하는 특정 화학물질

성층권의 오존(그림 15.2)은 지표에 도달하고 우리와 다른 많은 종에게 유해한 자외선 자외선(UV-A 및 UV-B)의 약 95%를 차단한다.

그러나 기상학자들의 관측 결과를 통해 남극 대륙 위의 성층권(그림 15.36)과 1970년대 이후 북극 위 오존 농도가 계절적으로 감소한 것을 알 수 있었다. 이런 관측을 통해 열대지방을 제외한 모든 곳에서 오존층은 얇아지는 것으로 나타났다. 그중 남극 대륙의 오존이 감소된 영역을 오존홀(오존구멍)이라 한다. 더 정확하게는 오존층 파괴가 고도와 지역에 따라 변하기 때문에 얇아진 오존(ozone thinning)이다.

이런 관측과 수학적, 화학적 모델을 기반으로 연구한 결과, 성층권의 오존 감소는 인간과 지구의 먹이 사슬을 유지하는 데 있어 태양광을 사용하는 1차 생산자(대부분 식물)에게 심각한 위협이 된다는 것이다(**개념 15.7A**).

이 문제는 1930년에 CFC를 처음 발견하면서부터 시작되었다. 과학자들은 곧 CFCs와 유사한 화합물인 프레온(Freon)을 개발했다.

CFCs와 프레온은 무반응, 무취, 불연성, 무독성, 비부식성의 화학적 특성을 지난 화합물로 꿈의 화학물질로 알려졌다. 또한 제조비가 저렴하여 일반적으로 에어컨과 냉장고의 냉매제, 분무기의 분사제, 컴퓨터 칩과 같은 전자제품 세척제 그리고 곡물의 저장고와 선창의 훈증약, 절연제, 포장재 등에 사용된다.

CFCs는 믿어지지 않을 만큼 매우 좋은 물질이었다. 하지만 1974년에 화학자인 셔우드 롤런드(Sherwood Rowland)와 마리오 몰리나(Mario Molina)(개별적 문제 15.2)는 공동 연구를 통해 CFCs가 성층권에 영구적으로 존재하면서 지표에 들어오는 자외선을 차단하는 오존을 파괴하는 화학물질임을 입증했다. 관측과 모델의 결과에 따르면 1950년대 이후 배출된 CFCs 및 오존을 감소시키는 화학물질로 인해 1976년 이후에 성층권에서 관측된 오존 감소의 75~85%가 나타났다고 했다.

대류권에 진입한 후, 이 수명이 긴 화학물질은 결국 성층권에 도달했다. 그곳에서 오존이 형성되는 것보다 더 빠른 속도로 오존을 파괴하기 시작했다. 이런 오존의 붕괴는 생명과 세계 경제를 유지하는 데 도움이 되는 지구의 가장 중요한 천연자원 중 하나를 파괴한다. 대류권을 통한 상승 중에는 CFCs는 낮은 대류권을 따뜻하게 하는 온실가스 역할도 한다.

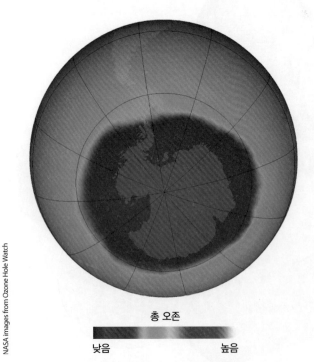

총 오존

낮음　　　　　　　높음

NASA images from Ozone Hole Watch

그림 15.36　자연 자본의 파괴: 이 위성 사진은 2016년 9월 동안 남극 지역의 거대한 오존홀을 보여준다. 이 사진의 중심부에는 오존의 농도가 50% 이상 감소(어떤 지역은 100%)된 넓은 지역을 보여준다.

오존 농도의 감소를 걱정하는 이유는?

우리는 왜 오존의 감소에 관심을 가지는가? 그림 15.37은 성층권의 오존 농도 감소로 인해 발생할 수 있는 악영향에 대한 내용이다. 그 이유 중 하나는 생물학적으로 해로운 UV-A와 UV-B 자외선이 보다 쉽게 지표면에 도달하기 때문이다(개념 15.7A). 이는 백내장, 화상, 피부암의 원인이 된다. 그림 15.38은 인체에 해로운 자외선을 스스로 차단하는 방법을 소개했다.

또한 오존 감소로 인한 자외선 복사량 증가는 남극 바다에 있는 식물성 플랑크톤을 감소시킨다. 식물성 플랑크톤과 같은 작은 크기의 해양성 식물은 해양 먹이 사슬의 토대를 이루며, 대기 중의 이산화탄소를 제거하는 중요한 역할을 한다. 따라서 자외선 복사의 증가로 인한 해양 식물의 감소는 정상적인 생태계의 역할을 방해한다. 또한 성층권의 오존층 감소는 전 지구적으로 탄소 순환을 변화시키며, 해양이 대기 중 이산화탄소를 제거하는 능력을 감소시킴으로써 지구온난화를 더욱 가속화시킬 수 있다.

자연 자본의 파괴

오존 붕괴의 영향

인체 건강과 구조
- 심한 화상
- 백내장, 피부암 발병률 증가
- 면역체계 억제

식량 및 산림
- 곡식 생산량 감소
- 플랑크톤 감소로 인한 해산물 공급량 감소
- 자외선에 민감한 나무종의 임지 생산력 감소

야생
- 일부 종에 백내장 발병률 증가
- 자외선에 민감한 수생 생물종 감소
- 플랑크톤 감소로 인한 수생 생물의 먹이 그물 교란

대기 오염과 기후변화
- 산성비 증가
- 광화학 스모그 증가
- 실외 페인트 및 플라스틱제 부식
- 대류권에서 CFCs의 온실가스 역할

그림 15.37 성층권의 오존 농도의 감소가 미치는 악영향(개념 15.7A). **비판적 사고:** 가장 위협적이라고 생각하는 악영향 세 가지는 무엇인가? 그 이유를 설명하라.

우리는 무엇을 할 수 있는가?

자외선에 노출되는 시간 줄이기
- 자외선이 강한 오전 10시부터 오후 3시까지는 외출을 삼가한다.
- 인위적으로 선탠을 하지 않는다.
- 낮 동안에는 UV-A와 UV-B로부터 스스로를 보호하기 위해서 긴 옷이나 선글라스를 착용하도록 한다.
- 흐린 날에도 자외선은 여전히 영향을 미침을 인지한다.
- 만약 항생제나 피임약을 복용할 경우 햇빛에 노출되지 않도록 한다.
- 태양에 노출될 때, 적어도 15가지 성분이 포함된 자외선 차단제를 사용하도록 한다.
- CFC 배출량을 줄이기 위해 노력하는 기업으로부터 제품을 구매한다.

그림 15.38 유해한 자외선에 대한 노출을 줄일 수 있는 방법. 이미 실천하고 있는 예방책은 무엇인가?

성층권의 오존 감소

관련 분야 연구자의 말에 따르면 우리는 오존 농도를 감소시키는 화학물질의 생산을 즉시 중단해야만 한다(개념 15.7B). 그러나 모델 결과 1960년의 오존 수치로 돌아가기 위해서는 약 60년 정도가 소요되며, 1950년 이전의 오존 수치로 회복하기 위해서는 약 100년 정도가 소요된다.

1987년, 36개국의 정상들은 캐나다 몬트리올에서 몬트리올 의정서를 체결했다. 몬트리올 의정서의 목표는 1989년에서 2000년까지 그 밖의 오존을 감소시키는 물질을 제외한 CFCs의 배출량을 35%까지 감소시키는 것이다. 1989년, 남극 상공에 생긴 오존홀에 대한 더 많은 연구 결과가 제시되면서 93개국의 정상들은 회의를 더 자주 가졌고, 1992년에 코펜하겐 의정서를 체결했다. 또한 개정안을 통해 오존 농도를 감소시키는 데 주요한 화학물질을 단계적으로 금지했다.

몬트리올 의정서는 세계에서 가장 성공적인 세계 환경 협정으로 간주된다. 전 지구적 환경 문제를 해결하기 위해 정부와 기업의 협력을 통한 예방책을 강구한 중요한 전례를 세웠다.

이 협정이 성공한 데에는 세 가지 이유가 있었다. 첫째, 심각한 문제에 대한 설득력 있고 극적인 과학적 증거가 있었다. 둘째, CFCs는 몇몇 국제 기업에서 생산되었으며 이는 해결책을 찾는 것에 대한 기업들의 저항이 적다는 것을 의미했다. 셋째, 정부의 금지로 인해 민간분야

셔우드 롤런드와 마리오 몰리나: 탐구, 용기, 고집의 과학 이야기

1974년, 캘리포니아 대학 어바인 캠퍼스의 과학자 셔우드 롤런드(Sherwood Rowland)와 마리오 몰리나(Mario Molina)는 CFCs가 성층권에 존재하는 오존의 평균 농도를 감소시키는 것을 발견했다. 그들은 스프레이에 사용되는 CFCs를 즉각 중단시키고 대체물질을 제안함으로써 과학계와 280억 달러 규모의 CFC 산업에 충격을 주었다.

이 두 과학자는 연구를 통해 네 가지 주요한 결론을 내렸다. **첫째,** 일단 CFCs가 대기 중으로 배출되면, 영구적으로 대기 중에 잔류하게 된다.

둘째, 이런 화합물들은 11~20년에 걸쳐 하층 대기에서 대류, 불규칙적인 흐름, 공기의 난류 혼합을 통해 성층권으로 유입되어 그 농도가 증가하게 된다. **셋째,** 일단 CFCs가 성층권에 도달하면, CFC 분자는 고에너지의 UV(자외선) 복사에 의해 분해된다. 이때 반응성이 높은 불소(F) 원자, 브로민(Br) 원자, 염소(Cl) 원자가 방출되고, 화학적인 반응을 통해 오존(O_3)을 산소분자(O_2)와 산소원자(O)로 분해시킨다. 그 결과 성층권에는 오존이 형성되는 속도보다 분해되는 속도가 더 빨라졌다. **넷째,** 각 CFC 분자는 그 형태에 따라 65~385년 동안 성층권에서 잔류할 수 있다. 그 동안 방출된 염소원자는 수백 개의 오존 분자(O_3)를 산소 분자(O_2)로 분해할 수 있다.

듀폰사를 필두로 한 CFC 산업은 매우 영향력 있으며, 많은 이윤과 일자리를 창출할 수 있다. 따라서 CFC를 생산하는 산업체들은 롤런드와 몰리나의 추정과 결론에 대해 반박했다. 하지만 두 연구자의 기본 이론과 연구 결과를 통해 증명된 결과는 여타 과학자들, 공무원, 대중매체를 통해 보편화되었다. 14년 후인 1988년에 듀폰사는 CFCs가 오존층을 파괴한다는 사실을 받아들였고, CFCs 생산을 중단하는 데 동의했다. 듀폰사는 CFCs 생산을 중단하는 대신에 회사의 화학자들을 통해 고가의 대체품을 개발하여 판매하기로 합의했다.

롤런드와 몰리나는 CFCs에 대한 그들의 업적을 인정받아 1995년에 노벨 화학상을 수여받았다.

에서 경제적이고 창조적으로 더욱 수익성이 있는 대체 화학물질을 발견했기 때문에 CFC 판매는 수년간 감소할 것이다.

대체물질 중 가장 광범위하게 사용되는 것은 수소화불화탄소(HFCs)다. 하지만 HFCs 또한 온실가스 역할을 한다. HFC 분자는 이산화탄소 분자보다 지구온난화에 만 배 이상 더 강력한 영향을 미친다. IPCC는 전 지구적으로 HFCs의 사용이 빠르게 증가하고 있으며, 성층권에서 오존을 고갈시키지 않거나 대류권에서 온실가스로 작동하지 않는 대체물로 신속하게 바꿔야 한다고 경고했다. 몇몇 기업은 시험단계이지만 HFC의 대체물을 개발했다.

성층권 오존 보호에 대한 국제 협약이 효과를 발휘하고 있다. 2016년 NASA 과학자들의 연구에 따르면, 9월, 10월에 최고조에 달했던 남극 대륙(그림 15.36)의 성층권 오존 감소 지역이 2005년부터 2015년 사이 미국 대륙의 1/3에 해당하는 크기로 줄어들었다. 계속 나아진다면, 오존층은 2050년에는 1980년 수준으로 돌아갈 수 있다.

성층권 오존 문제에 대한 전 지구적인 협의는 현재 196개국이 참여했고, 심각한 환경 문제에 대응하여 많은 나라의 국제적인 협력을 보여주는 중요한 예시가 된다(**개념 15.7B**). 이것은 또한 상생 해법의 지속 가능성의 원리의 한 예다.

GOOD NEWS

핵심 주제

- 우리는 야외 및 실내의 대기 오염을 예방하며 줄이고, 성층권 오존 감소를 줄이는 데 최우선 순위를 두어야 한다.

- 금세기 동안 급격한 기후변화로 인해 예측되는 해로운 영향을 감소시키기 위해서는 온실가스 배출량을 급격히 줄이고 에너지 효율을 높이며 저탄소 재생 에너지 자원을 더 사용해야 한다.

- 우리는 기후변화에 대비할 수도 있지만, 그보다는 기후변화를 줄이기 위해 온실가스 배출량을 크게 줄임으로써 경제적, 생태적, 건강상의 중요한 이점을 실현할 수 있다.

그린란드의 빙하 융해와 지속 가능성

이 장에서는 화석연료 연소, 곡물 재배지를 확보하기 위한 넓은 면적의 삼림파괴와 같은 인간 활동은 대기 중 유해한 오염물질과 온실가스 농도를 증가시키는 것을 배웠다. 이는 수백만 명의 인류 보건에 악영향을 미치고, 지구온난화를 가속시키며, 이는 결국 금세기 동안 예상되는 기후변화의 결과라고 할 수 있다.

기후변화로 인해 육지와 해빙이 빠르게 녹고 있으며(핵심 사례 연구), 가뭄 발생, 해수면 상승 그리고 생물 다양성 감소가 나타나고 있다. 이와 같은 영향으로 인해 기후변화는 더욱 가속화되고 있다. 또한 생태계에 악영향을 미치는 특정 화학물질의 사용이 성층권이 오존 농도를 어떻게 감소시키는지 알아야 한다.

우리는 또한 화학물질을 널리 사용하는 것이 식물과 동물의 건강 문제를 초래할 수 있는 성층권의 오존층을 어떻게 감소시켰는지 배웠다. 세계의 국가들이 이를 바꾸기 위한 국제적인 노력을 실행했다.

우리는 대기 오염, 기후변화, 성층권 오존 파괴의 해로운 영향을 줄이기 위해 여섯 가지 지속 가능성의 원리를 적용할 수 있다. 우리는 화석연료보다 직접적이고 간접적인 형태의 태양 에너지에 더 의존함으로써 대기 오염과 온실가스를 유발하고, 오존을 감소하는 물질의 배출을 줄일 수 있다. 화석연료와 원자력을 대신하여 재활용하고 우리가 지금보다 훨씬 더 광범위하게 물질 자원을 재사용한다. 우리는 시장 가격에 화석연료 사용의 해로운 환경 및 건강 비용을 포함시킴으로써 이런 목표를 달성할 수 있다. 경제와 환경 모두에 이익이 되는 이런 위협에 대한 상생 해

Konrad Steffen University of Colorado/CIRES

법을 찾고, 우리가 지금 즐기는 것만큼 더 나은 조건으로 환경 및 생명유지 시스템을 미래 세대에 전달한다.

복습

핵심 사례 연구

1. 지구온난화와 기후변화를 정의하라. 그린란드의 녹고 있는 빙하의 이야기를 그 과정이 기후변화와 어떻게 관련되어 있는지, 그리고 금세기 동안 전 세계에 미칠 수 있는 영향을 요약하라.

15.1절

2. 15.1절의 핵심 개념은 무엇인가? 대기권, 대류권, 성층권, 오존층을 정의하라. 온실가스를 정의하고 두 가지를 예를 제시하라. 오존층이 중요한 이유는 무엇인가?

15.2절

3. 15.2절의 핵심 개념은 무엇인가? 대기 오염이란 무엇인가? 1차 오염물질과 2차 오염물질을 구분하고, 각각에 대해서 예를 들어 설명하라. 주요 실외 오염물질을 제시하고 이들 각 오염물질의 유해한 영향에 대해서 설명하라. 산업 스모그와 광화학 스모그를 구분하여 설명하라. 실외 대기 오염을 저감할 수 있는 다섯 가지 자연적인 요소와 더욱 악화시킬 수 있는 여섯 가지 자연적인 요소를 간략히 서술하라. 기온 역전은 무엇이며 대기 오염에 어떤 영향을 미치는가? 산성 침적은 무엇이며, 어떻게 생성되고, 어떤 성분이 채소, 호수, 건축물, 건강에 해로운 영향을 주는가? 산성 침적을 저감하는 세 가지 주요 방법을 설명하라.

4. 개발도상국에서 발생하는 실내 대기 오염의 주 오염원은 무엇인가? 선진국에서 발생하는 실내 대기 오염물질

중 가장 위험한 물질 네 가지는 무엇인가? 대기 오염물질과 이와 관련된 질병에 대한 인체 방어에 대해서 간략히 서술하라. 매년 전 세계적으로 얼마나 많은 사람들이 대기 오염으로 인해 사망하는가?

15.3절

5. 15.3절의 핵심 개념은 무엇인가? 미국에서 대기오염방지법의 이용과 개선방안을 요약하라. 대기 오염을 줄이기 위한 배기가스 거래 프로그램의 장점과 단점을 나열하라. 발전소와 자동차에서 배출되는 오염물질의 양을 줄이는 주요 방법을 나열하라. 실내 대기 오염을 줄이는 네 가지 방법은 무엇인가?

15.4절

6. 15.4절의 핵심 개념은 무엇인가? 날씨와 기후를 정의하고 구분하라. 지난 90만 년, 10,000년, 1,000년, 그리고 1975년 이후 대기온난화와 냉각의 추세를 요약하라. 과학자들은 어떻게 과거의 온도와 기후에 대한 정보를 얻을 수 있을까? IPCC와 다른 과학 기구에 지구 대기 온도 변화에 관한 세 가지 주요 결론을 나열하라. 인간에 의해 야기된 기후변화가 지금 일어나고 있다는 것을 뒷받침하는 과학적 증거 8개를 나열하라. 왜 "과학자들에 의한 기후변화 토론"이라는 문구가 오해의 소지가 되는가?

7. 온실효과는 무엇이고 지구에서의 생명에 왜 그렇게 중요한가? 대기온난화에서 이산화탄소 배출은 어떤 역할을 하는가? 그리고 이런 배출물의 두 가지 주요 원인은 무엇인가? 탄소 발자국을 정의하라. 1인당 탄소 발자국을 정의하라. 과학자들이 어떻게 모델을 사용하여 미래의 대기 기온 변화를 예측하는지를 설명하라. (a) 해양, (b) 구름 덮개 및 (c) 실외 대기 오염의 각 요소가 세기 동안의 평균 기온과 예상되는 기후변화에 어떻게 영향을 미칠 수 있는지를 설명하라.

15.5절

8. 15.5절의 핵심 개념은 무엇인가? 기후변화 티핑 포인트를 정의하고, 다섯 가지 가능한 예를 나열하라. 기후변화가 어떻게 영향을 미치는가에 대한 과학자들의 예측을 요약하라. 얼음과 눈, 영구 동토층, 해수면, 심각한 가뭄, 극단적인 날씨, 생물 다양성, 식량 생산, 인간의 건강, 경제와 국가 안보.

15.6절

9. 15.6절의 핵심 개념은 무엇인가? 예상되는 기후변화를 다루는 다섯 가지 이유는 무엇인가? 기후변화를 다루는 두 가지 기본적인 접근법은 무엇인가? 기후변화를 늦추기 위한 다섯 가지 주요 예방 전략과 네 가지 정화 방법을 나열하라. 기후변화에 대한 다섯 가지 좋은 소식을 나열하라. 탄소 포집 및 저장(CCS)란 무엇인가? 탄소 포집 및 저장과 관련한 네 가지 문제점을 나열하라. 지오엔지니어링을 정의하고, 기후변화의 위협에 대처하기 위해 제안된 두 가지 전략을 설명하라. 지오엔지니어링 전략에 의존하는 것의 주요한 잠재적 문제는 무엇인가? 정부가 예상되는 기후변화를 늦추기 위해 할 수 있는 일곱 가지 일을 나열하라. (a) 탄소나 에너지 세금 (b) 기후변화를 줄이기 위한 거래 상한제를 사용하는 것의 주요한 장점과 단점은 무엇인가? 2015년 국제 파리 기후변화 협약의 제한 사항을 요약하라. 탄소 발자국을 줄일 수 있는 다섯 가지 방법을 나열하라. 예상되는 기후변화의 장기적인 영향에 대비할 수 있는 다섯 가지 방법을 나열하라.

15.7절

10. 15.7절의 두 가지 핵심 개념은 무엇인가? 인간 활동이 어떻게 성층권의 오존을 고갈시켰는가? 그로 인한 다섯 가지 피해를 나열하라. 과학자 셔우드 롤런드와 마리오 몰리나가 이 위협에 대해 전 세계에 어떻게 경고했는지에 대해 설명하라. 세계는 성층권에서 오존 파괴의 위협을 줄이기 위해 무엇을 했는가? 15장의 세 가지 핵심 주제는 무엇인가? 우리가 대기 오염, 기후변화, 오존파괴의 문제에 여섯 가지 지속 가능성의 원리를 어떻게 적용할 수 있는지에 대해 설명하라.

비판적 사고

1. 금세기 동안 그린란드의 빙하(**핵심 사례 연구**)의 절반이 녹았다는 확실한 증거가 있다면, 예상되는 기후변화를 늦추기 위한 방안에 대해 논의하라. 만약 그렇다면 우리가 할 수 있는 것들에 대해 요약하라. 그렇지 않다면 그런 방안을 반대하는 이유는 무엇인가?

2. 누군가 당신에게 이산화탄소는 탄소 순환의 한 부분이며 매일 숨을 내쉬면서 대기에 더해지는 자연적인 화학물질이기 때문에 대기 오염물질로 분류되지 않는다고 말할 수 있다. 당신은 이런 잘못된 이유를 고려할 것인가? 설명하라.

3. 중국의 석탄 연소는 중국과 그 이웃 국가들에게 대기 오염 문제를 발생시켰고, 그것은 기후변화를 예측하는 데 기여했다. 게다가, 중국에서 발생하는 오염물질은 현재 태평양 지역을 횡단하여 북미의 서부연안까지 확산되고 있다. 당신은 중국이 미국과 같은 다른 나라처럼 개발을 위해서 석탄을 최대로 사용해도 된다고 생각하는가? 설명하라. 중국의 대안은 무엇인가? 만약 중국이 석탄에 대한 의존도를 급격히 줄여야 한다고 생각한다면, 또한 당신은 미국이 석탄 사용을 급격히 줄일 것을 요구하겠는가? 설명하라.

4. 왜 당신이 기후학자들이 **(a)** 기후변화는 지금 일어나는지 **(b)** 인간 활동이 기후변화에 중요한 역할을 하는지 **(c)** 인간 활동이 기후변화의 속도를 늦추고 예상되는 환경, 건강 및 경제적 영향을 회피하거나 지연시킬 수 있다는 것에 대해 적어도 90%에 동의하는지 또는 동의하지 않는지 설명하라.

5. 대기온난화로 인한 예상되는 기후변화의 속도를 늦추기 위해 그림 15.28에 나열된 각 전략을 지지하거나 반대하는 이유를 설명하라.

6. 일부 과학자들에 따르면, 온난한 대기의 온도를 낮추기 위해서는 우리는 매년 성층권에 엄청난 양의 황산염 입자를 주입해야 한다고 한다. 이는 입사되는 햇빛을 다시 우주로 반사시키는 역할을 한다. 이런 지구 공학적 계획에 찬성 또는 반대한다면 그 이유는 무엇인가?

7. 당신이 대기에 직접적으로 온실가스를 배출하는 세 가지 소비 패턴이나 다른 측면의 생활방식은 무엇인가? 만약 있다면, 예상되는 기후변화를 늦추기 위해서 그런 습관들을 기꺼이 포기할 수 있겠는가?

8. 축하한다! 당신은 세계를 담당하게 되었다. **(a)** 실외 대기 오염 **(b)** 실내 대기 오염 **(c)** 기후변화 **(d)** 성층권 오존층 파괴와 같은 각각의 문제를 다루기 위한 전략을 설명하라.

환경과학 실천하기

지난 30년간 우리가 살고 있는 지역의 평균 연간 온도와 평균 연간 강수량의 추세에 대한 데이터를 수집한다. (인터넷의 기상 사이트, 학교 도서관, 지역 TV 및 라디오 기상학자, 지역 기상청 등 가능한 소스). 가능한 여러 연도의 데이터를 찾고 이 기간 동안의 평균 온도와 강수량이 증가했는지, 감소했는지 또한 거의 같은지 여부를 결정하기 위해 이 데이터를 그래프로 그린다. 데이터 검색, 결과 및 결론을 요약한 보고서를 작성한다.

데이터 분석

석탄은 연소 중에 기체 SO_2로 방출되는 불순물로 황(S)을 포함하는 경우가 많으며, SO_2는 EPA가 감시하는 여섯 가지 주요 대기 오염물질 중 하나이다. 미국 청정대기법은 대형 석탄 화력보일러의 황 배출량을 발생되는 열량 100만 Btus(영국 열 단위)당 0.54 kg(1.2 pounds)로 제한한다. (1 metric ton = 1,000 kg = 2,200 pounds = 1.1 ton; 1 kg = 2.2 pounds)

1. 발전소에서 태운 석탄이 미터톤당 2,750만 Btus의 열용량을 가지고 있다는 것을 고려할 때, 금세기 동안 kg의 수치를 결정한다.

2. 연소 중에 석탄의 모든 유황이 대기로 방출된다면, 석탄이 함유할 수 있는 최대 황 함량은 몇 %이며, 미국 청정대기법의 기준을 충족하는가?

16장

고형 폐기물과 유해 폐기물

다음에 올 자연의 예; 폐기물의 잠재적 가치의 이해

군터 파울리(Gunter Pauli)

텍사스에서 근로자들이 재활용과 재사용을 위해서 수천 개의 컴퓨터 모니터로부터 수상관을 떼어내고 있다.

Peter Essick/National Geographic Creative

요람에서 요람까지의 설계

제품의 생애 주기(전 과정)은 요람으로는 제품이 제조된 순간 시작되어 무덤으로는 매립장의 고형 폐기물로 또는 버려지는 쓰레기로 폐기되는 것이다.

설계자 윌리엄 맥도너(William McDonough)는 **요람에서 무덤까지**라는 제품의 수명주기 관점을 버리기를 원한다. 그는 **요람에서 요람까지**의 접근을 주장한다. 제품을 고형 폐기물로 매립지에 묻히거나 쓰레기로 버려지는 물질이라는 개념보다 지속적인 순환의 일부로 생각한다. 1970년대 경영 분석가 발터 슈타헬(Walter Stahel)이 최초 탐구한 접근법이 맥도너 작업의 기초가 된다. 그는 모든 제품이나 부품이 다른 제품에서 반복 재사용되는 경제를 구상했다. 더 이상 유용하지 않는 부분은 **생물학적 영양소** 순환의 물질과 화학물질로 재사용되도록 분해할 수 있다(그림 16.1, 왼쪽). 재사용되는 일부는 **기술적 영양소**가 될 수 있다(그림 16.1, 오른쪽).

그들의 책에서, **요람에서 요람까지** 그리고 **업사이클**에 대해 맥도너와 화학자 미하엘 브라운가르트(Michael Braungart)는 이 비전을 우리의 유해 환경의 영향을 줄이거나 유익 환경의 영향을 가지는 관점을 제시했다. 그들은

우리가 고형 폐기물과 오염을 잠재적으로 유용하고 경제적으로 가치 있는 물질과 화학물질로 생각할 것을 요구한다. "이런 폐기물을 어떻게 제거할 수 있을까?" 대신에 "이런 자원에서 얼마나 많은 돈을 받을 수 있을까? 그리고 어떻게 폐기물과 오염물질로 끝나지 않게 설계할 것인가?"라고 요구한다고 한다.

이런 사고방식은 생물권의 영양소처럼 재활용되거나 재사용될 수 있도록 제품을 설계하는 것을 의미한다. 이런 접근 방법으로, 사람들은 쓰레기통이나 쓰레기차를 자원용기라고 생각할 수도 있고, 쓰레기통을 우리가 재활용할 수 있는 것들로 채워진 도시 광산이라고 생각할 수도 있다. 그들은 쓰레기를 버리기 위한 것이 아니라 다른 목적으로 재사용하기 위한 경제적으로 귀중한 재료로 생각할지도 모른다.

요람에서 요람까지의 설계는 지구 화학적 순환의 지속 가능성의 원리가 될 수 있게 하는 생물계 모방(1장 핵심 연구 사례 참조)의 한 유형이다. 예를 들어 이 접근 방식을 적용하는 의자 제조업체는 하나의 부품이 파손될 때 다른 부품의 대부분이 새 의자를 제조할 때 재사용될 수 있도록 의자를 설계하고

제작한다. 가능한 생분해 물질은 달아 없어지거나, 환경에서 분해되어 폐기되거나, 자연 영양염 순환의 일부가 된다. 같은 관점에서 맥도너는 자연에서 쓰레기는 음식과 같다고 했다.

이 관점을 적용하는 방법은 많다. 한 중요한 방법은 제품과 제조공정에서 **독성 물질을 제거하도록 설계**하는 것이다. 만약 제품에 독성 중금속을 사용해야 하는 경우, 해당 제품에 비독성 물질을 사용하게 재설계 하는 것이다. 또 다른 전략은 **제품 대신 서비스를 판매**하는 것이다. 예를 들어 카펫을 제품이 아니라 바닥에 덮는 서비스로 생각하자. 카펫 회사는 카펫을 소유하고 그것을 사용자에게 임대한다. 회사는 서비스의 일환으로 정기적으로 낡은 카펫을 교체해주고 낡은 카펫을 재활용하여 새 카펫을 만든다.

이 장에서, 인간 활동으로 인해 발생하는 고형 및 유해 폐기물의 문제를 살펴볼 것이다. 우리는 또한 요람에서 요람까지의 접근 방식을 적용할 수 있는 방법으로 폐기물의 발생을 방지하고 줄임으로써 보다 지속 가능한 저폐기물 경제로 전환하는 방법을 다룰 것이다.

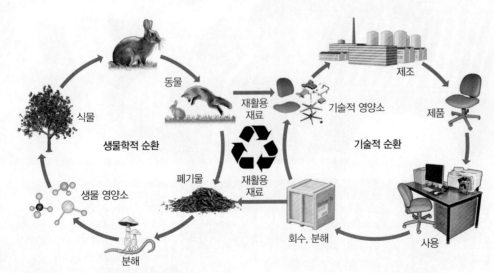

그림 16.1 요람에서 요람까지의 설계 및 제조는 모든 제품을 재사용하고, 폐기해야 하는 모든 구성 요소를 생분해되도록 만드는 것을 목표로 한다. 기술적 영양소와 생물학적 영양소를 연계함으로써, 자연을 모방하고 그것을 영양소로 전환함으로써 본질적으로 쓰레기를 없앤다.

16.1 고형 폐기물 및 유해 폐기물과 관련된 환경 문제는 무엇인가?

개념 16.1A 고형 폐기물은 오염에 기여하면서도 재활용과 재사용할 수 있는 가치 있는 자원을 포함한다.

개념 16.1B 유해 폐기물은 자연 자원의 저해, 건강 문제, 조기사망뿐만 아니라 오염에 기여한다.

고형 폐기물이 쌓이다

자연계에서, 근본적으로 쓰레기는 없다. 왜냐하면 한 유기체의 폐기물은 먹이 사슬과 먹이 그물에서 다른 유기체의 영양소나 원재료가 되기 때문이다. 영양소의 이런 자연 순환이 화학적 순환의 지속 가능성의 원리🌱의 기초다.

인간은 태우거나 매립장에 매립되거나 쓰레기로 버려지는 엄청난 양의 고형 폐기물을 생산함으로써 이 원리를 위반하고 있다. 연구와 경험을 통해, 자연을 모방함으로써, 잠재적으로 자원, 돈 그리고 그에 따른 환경 피해의 최대 80%를 줄일 수 있다.

폐기물의 대다수를 차지하는 범주는 **고형 폐기물**(solid waste)이다. 액체나 기체가 아닌 원치 않는 그리고 폐기되는 물질이다. 고형 폐기물에는 두 가지 주요한 유형이 있다. 첫째, 사람들에게 상품과 서비스를 공급하는 광산(그림 12.8 참조), 농장, 산업에 의해 생산된 **산업 고형 폐기물**(industrial solid waste)이다. 건설 및 철거 폐기물도 포함된다. 두 번째는 쓰레기로 불리는 **도시 고형 폐기물**(municipal solid waste, MSW)이다. 이는 공장과 달리 사업장과 가정에서 발생되는 종합 고형 폐기물이다. MSW로는 종이, 판지, 음식물 쓰레기, 캔, 병, 가구, 플라스틱, 철, 유리, 나무 그리고 전자제품 또는 전자부품 폐기물 등이 포함된다. 상당량의 세상의 MSW는 결국 강이나 호수, 해양 등 자연에 쓰레기로 버려진다(그림 16.2). 어떤 자원 전문가들은 우리가 생산하는 폐기물의 이름을 MSW에서 MWR(mostly wasted resources, 일반 폐기 자원)으로 바꿔야 한다고 주장한다.

선진국에서는 대부분의 MSW를 수집하여 위생 매립하거나 소각로에서 소각한다. 수많은 저개발국가에서는 단순 투기식으로 매립하기 때문에 대부분의 가난한 사람

그림 16.2 도시 고형 폐기물: 다양한 도시 고형 폐기물이 외딴 산지에 버려져 있다.

들은 종종 사용할 수 있거나 팔 수 있는 물품을 찾아 생활을 연명한다. 미국은 세계에서 가장 많은 MSW 발생국이다(다음 사례 연구 참조).

사례 연구

미국의 고형 폐기물

미국은 총 산업 및 도시 고형 폐기물 배출과 1인당 산업 및 도시 고형 폐기물 배출량이 세계에서 선두를 달리고 있다. 전 세계 인구의 4.3%에 불과한 인구로, 미국은 전 세계의 25%에 해당하는 산업 및 도시 고형 폐기물을 배출한다. 미국 환경보호국(EPA)에 따르면 미국에서 배출하는 고형 폐기물의 98.5%는 광업(76%), 농업(13%), 산업(9.5%)으로 구성된다. 나머지 1.5%가 도시 고형 폐기

물인 MSW이다.

매년, 미국인들은 폐기물로 가득 찬 쓰레기차가 지구의 적도를 거의 여섯 번 에워싸기에 충분할 정도로 MSW를 발생한다. 매년 버려지는 평균 고형 폐기물을 미국의 높은 소비 경제와 관련시켜 고려해보자.

- 지구의 적도를 세 번 둘러싸기에 충분한 타이어
- 연결한다면, 달에 7번 왕복할 수 있는 일회용 기저귀의 양
- 델라웨어 주를 덮을 만큼 충분한 카펫
- 지구에서 달까지 여섯 번 왕복할 수 있는 양의 비회수 플라스틱 병
- 약 1천억 개의 플라스틱 쇼핑백, 즉 하루에 2억 7,400만 개(매초 평균 3,200개)의 쇼핑백
- 뉴욕시에서 캘리포니아 주 샌프란시스코까지 가로지르는 높이 3.5 m의 벽을 세울 수 있는 충분한 사무용지
- 지구의 적도를 436번 둘러싸기에 충분한 250억 개의 발포 플라스틱 커피 컵
- 1,650억 달러어치의 음식

대다수 이런 폐기물은 매우 천천히 분해되거나 전혀 분해되지 않는다. 납, 수은, 유리 및 발포 플라스틱은 분해되지 않는다. 알루미늄캔은 분해되는 데에 500년이 걸리기도 한다. 일회용 기저귀는 분해되는 데에 550년까지 걸릴 수 있으며, 플라스틱 쇼핑백은 분해되는 데 1,000년 이상 걸릴 수 있다.

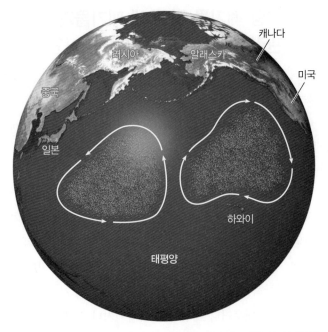

그림 16.3 북태평양 쓰레기 섬은 수면 아래 떠다니는 작은 플라스틱 입자들이 천천히 소용돌이치며 두 개의 거대한 덩어리를 이루었다. 다섯 개의 다른 거대한 쓰레기 섬이 세계의 다른 대양에서 발견되었다.

이 폐기물의 약 80%는 해변에서 쓸려오거나 날아오고, 폭풍 시 배수구에서 쏟아져 들어오고, 바다로 열린 강과 하천을 따라 떠내려간다. 나머지 대부분은 화물선과 유람선에서 바다로 버려진 쓰레기다.

인간이 만든 지구의 가장 큰 쓰레기 더미인 북태평양 쓰레기 섬은 최소 텍사스 주 규모의 면적을 차지하고 있다. 이런 추정치는 플라스틱으로 가득 찬 더미가 대부분 해수면 바로 아래에서 계속 소용돌이치고 있어 확인하기도 측정하기도 어렵다.

연구에 따르면 작은 플라스틱 입자들이 결국 잠재적으로 위험한 화학물질을 포함한 미세 입자로 분해된다는 것이다. 이런 미세한 플라스틱 입자에 함유된 오래 지속되는 독소는 먹이 사슬과 먹이 그물에 고농도로 축적될 수 있고 생선 샌드위치와 다른 형태의 해산물에 영향을 미칠 수 있다.

또 다른 연구에서는 미세 플라스틱 입자는 해양 포유동물, 조류, 어류에게 해를 입힐 수 있는데, 먹이로 착각하여 플라스틱을 삼켜버리기 때문이다. 그들은 플라스틱을 소화할 수 없기 때문에, 위를 채워 아사하거나 중독으

사례 연구

해양 쓰레기 섬: '멀리'라는 것은 없다

1997년 해양 연구원 찰스 무어(Charles Moore)는 하와이 제도 근처의 북태평양 한 가운데서 천천히 회전하는 플라스틱 덩어리와 다른 고형 폐기물을 발견했다. 그것은 북태평양 쓰레기 섬으로 알려져 있다(그림 16.3). 이 쓰레기는 대부분 바다 표면 위에나 바로 아래 부유하는 작은 입자다. 이들은 나선형으로 회전하는 해양 조류인 소용돌이에 갇혀 있다.

로 죽을 수 있다.

거대한 태평양 쓰레기 섬이 발견된 이후, 세계의 다른 해양에서 5개의 거대한 소용돌이 쓰레기 섬이 발견되었다. 모두 합쳐, 이 쓰레기 더미는 전 육지 면적보다 더 큰 바다 면적을 차지한, 내던져진 인간 문명의 거대한 오염 유산이다. 과학자들은 2050년까지 바다에 유입 플라스틱 양이 두 배가 될 것으로 예측한다.

우리는 플라스틱 제품을 사용하고 폐기할 때마다 그런 쓰레기 더미에 기여하는 위험을 감수해야 한다. 우리는 그것을 버려서 처리했다고 생각할지 몰라도 이런 상황을 벗어나는 방법은 없다.

불행히도 이 거대한 해양 폐기물을 처리할 실행 방법과 회피 방법이 없다. 유일한 유용한 접근법은 고형 폐기물의 배출량을 줄여 거대한 쓰레기 섬이 더 커지는 것을 방지하는 것이다.

유해 폐기물은 심각하고도 점점 더 커지고 있는 문제다

또 다른 폐기물의 주요 범주는 **유해(독성) 폐기물**(hazardous waste)이다. 독성, 부식성 또는 인화성이 있기 때문에 격렬하게 폭발적인 화학 반응을 일으키거나 질병을 야기할 수 있어 인류 건강이나 환경을 위협하는 물질이다. 산업 용제, 병원 의료 폐기물, 납과 산을 함유한 자동차 배터리, 가정용 살충제, 수은과 카드뮴을 함유한 건전지, 소각로, 석탄 화력발전소 공장에서 발생되는 회분 및 슬러지를 예로 들 수 있다. 많은 가정용품에 해로운 화학물질이 있다는 것을 알게 되면 놀랄지도 모른다(그림 16.4).

극히 유해한 폐기물로 핵발전소나 핵무기 시설에서 배출되는 고준위 방사성 폐기물이 있다(13장 385~387쪽 참조). 이런 폐기물은 적어도 10,000년 동안 안전하게 저장되어야 한다. 60년 넘게 연구를 했지만 과학자들과 정부는 이런 위험한 폐기물을 과학적이고 정치적으로 안전하게 격리시킬 수 있는 방법을 찾지 못했다.

유엔환경계획(UNEP)에 따르면, 선진국들은 세계 유해 폐기물의 80~90%를 생산한다. 미국은 가장 유해한 폐기물을 생산한다. 중국은 적절한 오염 통제 없이 급속

그림 16.4 유해 화학물질은 많은 가정에서 발견된다. 미국 의회는 이런 많은 가정용 화학물질과 다른 품목의 폐기물을 정부 규제에서 제외시켰다. **질문:** 당신이 사는 곳에서는 어떤 화학물질을 발견할 수 있는가?

Top: tuulijumala/Shutterstock.com. Center: Katrina Outland/Shutterstock.com. Bottom: Agencyby/Dreamstime.com.

하게 산업화를 지속하면서 1위와의 간격을 좁히고 있다.

사례 연구

E-폐기물: 심각한 유해 폐기물 문제

더 이상 쓸모가 없어졌거나(16장 도입부 사진) 새 모델이 출시될 때 휴대전화, 컴퓨터, 텔레비전 및 기타 전자장치에 어떤 일이 일어나는가? 그것은 미국과 전 세계에서 가장 빠르게 증가하고 있는 고형 폐기물 문제인 **전자 폐기물**, 즉 e-폐기물이 된다. 미국과 중국은 e-폐기물 생산량에서 선두를 다투고 있다.

2000~2014년 미국의 e-폐기물 재활용량은 10%에서 29%까지 증가했다. 많은 양의 잔존 e-폐기물은 매립장이

나 소각로로 보내어진다. 그들 중 상당량은 금, 희토류 금속 그리고 재활용되거나 재사용의 가치 있는 물질을 포함하고 있다.

미국에서 나오는 상당량의 재활용되거나, 매립되거나, 소각되지 않은 e-폐기물은 중국, 인도, 그리고 다른 아시아와 아프리카 등 노동력이 싸고 환경 규제가 약한 나라로 수출된다. 어린이가 많은 그곳의 노동자들은 유가 금속과 재사용 가능한 물질을 회수하기 위해 e-폐기물을 해체하고 태우고 산 처리한다. 이런 과정에서 그들은 납이나 수은과 같은 독성 금속과 다른 유해 화학물질에 노출된다. 나머지 폐기물은 수로나 들판에 버려지거나 불태워져 많은 사람들이 독성 화학물질에 노출된다.

선진국이 저개발국가로 유해 폐기물을 이동시키는 것은 바젤협약(International Basel Convention)에 의해 금지되었다. 이 협약에도 불구하고, 전 세계 많은 e-폐기물이 공식적으로 유해 폐기물로 분류되지 않거나 일부 국가에 불법적으로 수출하고 있다. 미국은 바젤협약을 비준하지 않았기 때문에 합법적으로 e-폐기물을 수출할 수 있다.

16.2 고형 폐기물을 어떻게 처리할 것인가?

개념 16.2 고형 폐기물에 대한 지속 가능한 접근은 우선 고형 폐기물을 적게 발생시키고, 재사용·재활용하며, 마지막 남은 것은 안전하게 폐기하는 것이다.

폐기물 관리

사회는 두 가지 방법으로 고형 폐기물을 처리할 수 있다. 하나는 환경 유해성을 감소시키는 데 초점을 맞춘 **폐기물 관리**(waste management)다. 이런 접근 방식은 "고형 폐기물로 무엇을 할 수 있는가?"라는 질문에서 시작된다. 일반적으로 폐기물을 함께 혼합한 다음 매립하거나, 소각하거나, 다른 지역으로 운송하는 것이다.

다른 방법은 폐기물을 훨씬 적게 발생시키고, 재사용, 재활용하거나 가능한 한 퇴비화하는 **폐기물 감량**(waste

reduction)이다(**개념 16.2**와 **핵심 사례 연구**). 이 접근법은 "어떻게 하면 그렇게 많은 고형 폐기물을 발생시키지 않을 수 있는가?"와 "자연이 그러하듯이 우리가 발생시킨 고형 폐기물을 어떻게 자원으로 사용할 수 있는가?"라는 질문으로 시작한다.

많은 폐기물 전문가들은 폐기물 관리 및 폐기물 감량에 대한 다양한 조직적 계획 수립으로 **통합 폐기물 관리**(integrated waste management)를 선호한다(그림 16.5). 그림 16.6은 EPA와 국립과학원(National Academy of Sciences)의 과학 기반 폐기물 관리 목표와 실제 폐기물 데이터에 기반 한 폐기물 관리 경향을 비교한 것이다.

과학자들이 제시한 우선순위에 따라 이런 선택을 더 자세히 살펴보자.

폐기물 감량의 4R

고형 폐기물 처리의 보다 지속 가능한 접근은 덜 발생시키고, 재사용이나 재활용을 하고, 남은 것을 안전하게 폐기하는 것이다(그림 12.7, 왼쪽). 이런 폐기물 감량화 접근법(**개념 16.2**)은 과학자들이 제시한 우선순위 순서로 아래에 열거한 4R를 기반으로 한다.

- **Refuse**(자제): 사용하지 마라.
- **Reduce**(감량): 적게 사용하라.
- **Reuse**(재사용): 반복해서 사용하라.
- **Recycle**(재활용): 사용한 자원을 유용한 물건으로 바꾸고 재활용된 재료로 만든 제품을 구입하라. 재활용의 중요한 유형은 **퇴비화**(composting)다. 박테리아와 기타 분해자를 이용하여 정원 전지 쓰레기, 야채 음식 찌꺼기 및 생분해성 유기성 폐기물을 토양을 비옥하게 개선하는 데 사용하여 자연 순환을 모방한다.

처음 세 개의 R는 폐기물 발생 전 억제를 통한 폐기물 방지적 측면에서의 접근법으로 우선되는 방안이다. 재활용이 중요하지만 그것은 발생된 폐기물을 다룬다. 일부 과학자와 경제학자들은 사회가 4R 전략에 따라 발생되는 고형 폐기물의 80%까지 제거할 수 있을 것으로 추정한다. 이것은 지구의 화학적 순환의 지속 가능성의 원

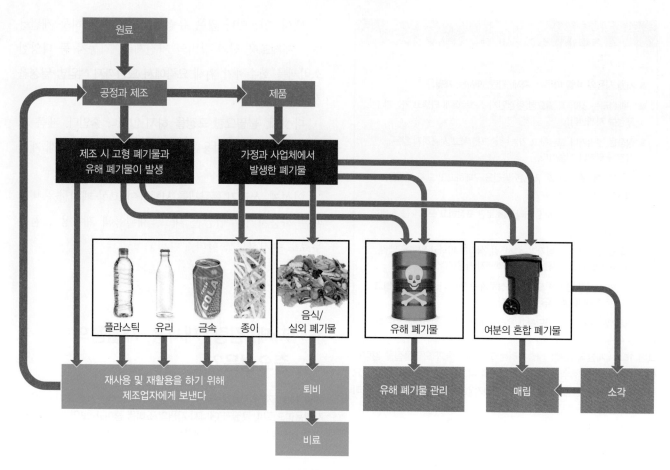

그림 16.5 자원 사용을 거부하거나 감량, 재사용, 재활용, 퇴비화함으로써 폐기물을 줄일 수 있으며, 매립장에 매립과 소각으로 폐기물을 **관리**할 수 있다. 대부분의 나라는 일차적으로 매립과 소각에 의존한다. **비판적 사고:** 당신이 배출한 고형 폐기물은 어떻게 되는가?

Mariyana M/Shutterstock.com.; Sopotnicki/Shutterstock.com.; Scanrail1/Shutterstock.com.; chris kolaczan/Shutterstock.com.; vilax/Shutterstock.com.; MrGarry/Shutterstock.com.; Le Do/Shutterstock.com.

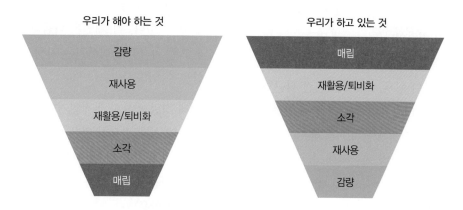

그림 16.6 미국 국립과학원이 권장하는 도시 고형 폐기물 처리의 우선순위(왼쪽)와 미국의 실제 폐기물 처리 실태(오른쪽)의 비교. **비판적 사고:** 왜 대부분의 나라가 왼쪽의 목록에 열거된 과학적 우선순위를 따르지 않는다고 생각하는가?

Compiled by the authors using data from U.S. Environmental Protection Agency, U.S. National Academy of Sciences, Columbia University, and *BioCycle*.

고형 폐기물

- 자원 사용의 4R를 따른다: 자제, 감량, 재사용, 재활용
- 구매하려는 것이 꼭 필요한 물건인지 스스로에게 되묻고 가능한 한 포장을 자제한다.
- 상품을 빌리거나 교환하고 가능한 중고를 사고 사용하지 않는 물건을 팔거나 기증한다.
- 재사용, 재활용, 퇴비화 가능한 물건을 구매하고 반드시 재사용, 재활용, 퇴비화한다.
- 제품 구입 시 포장하지 않거나 최소로만 포장하고 포장재를 최대한 재활용한다.
- 일회용 종이가방, 비닐가방, 접시, 컵, 식기를 피하고 일회용 냅킨, 일회용 면도기를 사용할 수 있을 때까지 사용한다.
- 완전히 신선한 음식을 요리하고 심하게 포장된 가공식품을 피하고 가능한 한 대량 생산품을 구매한다.
- 원치 않는 광고물은 차단하고 온라인 매체, 광고, 전자책을 읽는다.

그림 16.7 개별적 문제: 배출하려는 고형 폐기물과 오염물질을 감량하여 자원과 재정을 절약할 수 있다. **비판적 사고:** 실천에 옮길 가장 중요하다고 생각하는 행동 세 가지는 무엇인가? 그 이유를 설명하라. 이미 실천하고 있는 것은 무엇인가?

리를 따르게 된다. 그림 16.7에 고형 폐기물 발생을 줄이기 위해 폐기물 감량의 4R의 사용 방안에 대한 목록을 기술했다.

다음은 산업과 공동체에서 자원 사용, 폐기물 및 오염을 줄이고 요람에서 요람까지의 설계, 제조 마케팅을 개선하기 위한 여섯 가지 전략이다(핵심 사례 연구).

첫째, 유해 화학물질을 사용하지 않거나 줄이기 위해 산업공정을 변경한다. 1975년 이후, 3M사는 이런 접근법으로 19억 달러를 절감했다(14장 443쪽 사례 연구 참조).

둘째, 재료와 에너지를 적게 사용하도록 제조공정과 제품을 재설계한다. 예를 들어 일반 자동차의 무게는 더 가벼운 강철, 알루미늄, 마그네슘, 플라스틱 및 복합소재를 사용하여 1960년대 이후 약 1/4만큼 감소되었다.

셋째, 쉽게 수리, 재사용, 재제조, 분해, 재활용할 수 있는 제품을 개발한다. 예를 들어 기업이 임대한 일부 제록스 복사기는 재사용 가능하거나 재활용 가능한 부품으로 제작되어 제조비용에서 10억 달러를 절감할 수 있게 계획되었다.

넷째, 일본이나 많은 유럽 국가들이 그러하듯 재활용 또는 재제조용 전기 장비와 가전제품, 자동차 등 다양한 소비재를 회수하기 위해 요람에서 요람까지 책임법 달성을 기업에 요구한다.

다섯째, 불필요한 포장을 하지 않거나 줄인다. 제품 포장에 다음 체계를 적용한다. 포장하지 않기, 포장재 재사용, 포장재 재활용.

여섯째, 쓰레기 종량제를 시행하여 고형 폐기물을 버릴 때는 사용자가 부담금을 내고, 재활용과 재사용 물품은 무료로 수거하도록 한다.

16.3 자제, 감량, 재사용, 재활용의 중요성은?

개념 16.3 자원 사용을 거부하거나 줄이고 사용하는 제품을 재사용하고 재활용함으로써, 물질과 에너지 자원의 소비를 줄이고, 오염과 천연 자본의 붕괴를 줄이고, 돈을 절약한다.

하찮게 버리는 경제에 대한 대안

현재의 산업 사회에서 우리는 점점 재사용 가능한 물건들을 일회용품으로 대체해 왔고, 그 결과 고형 폐기물의 양이 증가했다. 4R를 적용하여, 사회는 이런 추세를 늦추거나 멈출 수 있다. 각 개인은 다음과 같은 질문을 통해 오염과 고형 폐기물로 이어지는 자원 소비를 줄이고 지침으로 삼을 수 있다.

- 내게 정말 필요한 물건인가? (자제)
- 나한테 실제 필요한 것은 이 중 몇 개인가? (감량)
- 나는 이 물건을 한 번 이상 사용할 것인가? (재사용)
- 나는 사용 후 이 제품을 다른 것으로 활용할 수 있는가? (재활용)

요람에서 요람까지의 설계(핵심 사례 연구)는 재사용을 새로운 수준으로 끌어올린다. 윌리엄 맥도너(William McDonough)(개별적 문제 16.1)에 따르면, 재사용 경제로 변환시키는 핵심은 설계에 있다. 그는 일부 컴퓨터, 사진 복사기, 자동차 및 기타 제품 제조업체는 더 이상 유용

윌리엄 맥도너

윌리엄 맥도너(William McDonough)는 건축가, 디자이너 그리고 상상력이 풍부한 사상가로, 건물, 제품 그리고 도시에 대한 지구 친화적인 디자인에 열정을 쏟았다.

맥도너는 폐기물을 불량설계의 결과물로 제자리를 찾지 못한 자원으로 보았다. 그는 또한 인간이 점점 더 많은 양의 화학물질을 환경에 방출하는 속도가 지구의 자연적인 화학적 순환으로 그것들을 제거할 수 있는 속도보다 빨라지고 있다고 지적한다.

맥도너의 디자인에 대한 접근법은 오벌린 대학의 Adam Joseph Lewis Center for Enviromental Studies를 포함한 많은 프로젝트에 적용되었다. 건축가들과 디자이너들은 그것을 환경 친화적 디자인의 가장 중요하고 고무적인 예 중 하나로 보고 있다. 그것은 더 이상 재활용될 수 있는 재활용, 비독성 물질로 사용된다. 태양과 지구의 내부로부터 열을 얻고, 태양전지로부터 전기를 얻고, 13% 더 많은 에너지를 생산한다. 부두의 온실은 건물의 하수와 폐수를 정화시키는 식물과 동물의 생태계를 포함하고 있다. 빗물은 모아서 습지대와 과수원, 채소밭을 포함한 주변 녹지 공간을 관개하는 데 사용된다.

맥도너는 타임지에서 "지구상의 영웅"으로 인정받았다. 그는 또한 수많은 디자인상과 세 개의 대통령상을 받았다. 그는 요람에서 요람까지의 설계를 바탕으로 우리가 받은 것보다 다음 세대에 더 잘 전달할 수 있다고 믿는다.

하지 않을 때 수리나 재제조를 위해 소비자들로부터 제품을 회수할 수 있도록 제품을 설계했다.

생각해보기

> **자연에서 배우기**
> 맥도너와 그의 사업 파트너인 화학자 미하엘 브라운가르트는 환경적이고 경제적으로 지속 가능한 디자인을 사용하여 우리가 만드는 화학물질과 제품을 재사용하고 재활용함으로써 자연을 모방할 것을 요구한다.

요람에서 요람까지의 설계를 구현하는 한 가지 방법은 정부가 특정 품목의 폐기를 금지하거나 엄격하게 제한하는 것이다. 예를 들어 유럽연합은 쓰레기 매립지와 소각로에서 전자 폐기물의 반입을 금지하고 전자제품 제조업체들이 수명이 다한 그들의 제품을 회수하여 재처리하도록 했다. 이런 프로그램의 비용을 충당하기 위해 소비자들은 전기 제품에 대해 재활용 세금을 납부하는데, 이는 전체 비용 책정의 지속 가능성의 원리를 구현하는 한 예다. 일본과 중국 또한 반환 방식을 적용한다. 미국에는 연방의 반환법이 없지만, 20개 이상의 주들이 그런 법을 가지고 있고, 몇 개의 주가 더 그것을 고려하고 있다.

정부는 또한 특정한 일회용품의 사용을 금지해왔다.

예를 들어 핀란드는 재사용할 수 없는 모든 음료 용기를 금지했고, 그 결과 핀란드의 탄산음료, 맥주, 와인, 증류주 용기의 95%가 다시 채워진다. 충전용 배터리를 사용하면 기존의 폐기 배터리 양을 줄임으로써 유독성 폐기물을 줄일 수 있다. 최신 충전용 배터리는 완전히 충전되어 사용하지 않을 때 최대 2년 동안 충전할 수 있으며 약 15분 내에 충전할 수 있다.

많은 나라들에서 관광지에 비닐봉지가 버려져 있다. 비닐봉지는 분해되는 데 400~1,000년이 걸릴 수 있고, 그것을 먹으려 하거나 그 안에 갇힌 동물들을 죽일 수 있다. 엄청난 양의 비닐봉지, 플라스틱 제품들, 고체 쓰레기가 결국 바다에 흘러들어 간다(그림 16.3). 많은 사람들이 식료품과 그들이 구매한 다른 물건들을 운반하기 위해 일회용 종이나 비닐 봉투 대신에 재사용 가능한 천 가방을 사용하고 있다.

재사용 가능한 가방의 사용을 장려하기 위해 덴마크, 아일랜드, 대만, 영국, 네덜란드 정부는 플라스틱 쇼핑백에 세금을 부과한다. 아일랜드에서, 가방당 약 25%의 세금을 부과하여 사람들이 재사용 가능한 가방을 사용하게 하여 플라스틱 가방 쓰레기를 90%까지 줄였다. 2014년 우리는 무엇을 할 수 있는가?

재사용

- 재사용이 가능한 유리 용기에 담긴 음료를 산다.
- 재사용이 가능한 도시락 용기를 사용한다.
- 재사용이 가능한 용기에 냉장식품을 담는다.
- 충전용 건전지를 사용하고 유효 수명이 다한 건전지를 재활용한다.
- 먹다 남은 음식은 재사용이 가능한 잔반통에 넣어둔다.
- 재사용이 가능한 바구니나 옷가방에 식료품과 다른 물품을 넣어 옮긴다.
- 가능한 한 중고 가구, 자동차 등 중고 제품을 산다.

그림 16.8 개별적 문제: 구매한 물건 재사용 방안. **질문:** 실천에 옮긴 사항은 어느 것이며 그것이 당신에게 어떻게 작용했는가?

유럽연합은 일회용 비닐봉지 사용을 80% 줄이는 지침을 통과시켰다.

미국 캘리포니아 주는 하와이와 함께 식료품점과 다른 선별된 소매점에서 일회용 비닐봉지 사용을 금지했다. 또한 133개의 미국 도시나 카운티에서도 금지되었고, 플라스틱 산업계에서는 금지에 대해 격렬한 로비를 했다. 그림 16.8에는 다양한 항목을 재사용하는 몇 가지 다른 방법을 목록화했다.

재활용

요람에서 요람까지의 접근(핵심 사례 연구)은 재사용을 최우선으로 생각하지만 재활용에 의존한다. 요람에서 요람까지 제조의 기술 주기에서 낡은 품목은 재활용되거나 이상적으로 분해되어 생물학적 영양소가 되는 생물학적 순환으로 보내진다(그림 16.1).

맥도너와 브라운가르트는 재활용을 업사이클링과 다운사이클링의 두 가지 범주로 나눈다. 이상적으로는 모든 폐기물은 업사이클링으로 재활용품보다 더 유용한 형태로 다시 순환하는 것이 바람직하다. 다운사이클링에서 재활용된 제품은 여전히 유용하지만 원래 제품만큼 유용하거나 수명이 길지는 않다.

가정과 작업장은 재활용할 수 있는 다섯 가지 주요 재료인 종이 제품, 유리, 알루미늄, 철 및 일부 플라스틱을 생산한다. 이들 재료는 두 가지 방법으로 새로운 유용한 제품으로 재처리될 수 있다. **1차 재활용**(primary recycling)은 같은 목적의 재료로 다시 사용하는 것이다. 한 예로 사용한 알루미늄 캔을 새로운 알루미늄 캔으로 재활용하는 것이다. **2차 재활용**(secondary recycling)은 샌들을 만드는 데 사용되는 타이어와 같이 다른 제품을 만들기 위해 폐자재를 재활용하는 것이다.

재활용은 세 단계를 거친다. 재활용을 위한 자재 수집, 재활용된 자재들을 새로운 제품으로 전환, 그리고 재활용된 자재를 포함하고 있는 제품들의 판매와 구매. 재활용은 이 세 단계를 모두 거쳐야 환경적으로, 경제적으로 성공을 거둔 것이다.

퇴비화는 자연의 영양염 순환을 모방한 또 다른 형태의 재활용이다. 그것은 정원 쓰레기, 야채 음식 찌꺼기, 그리고 다른 생물 분해성 유기 폐기물을 부엽토로 분해시키기 위해 박테리아를 사용한다. 그 결과 유기물질은 토양에 더해져서 식물에 영양을 공급하고, 토양 침식을 늦추고, 보수력을 증가시키고, 농작물 수확량을 향상시킨다.

정원 퇴비화 용기에서 유기성 폐기물을 가끔 뒤집어 주거나 작은 퇴비화 드럼통을 회전시켜 폐기물을 섞어 분해 과정을 빠르게 할 수 있다. 미국에서는 약 3,000개의 도시 퇴비 프로그램으로 미국 도시 폐기물의 약 60%에 상당하는 정원 폐기물을 재활용한다(그림 16.9). 그러나 퇴비를 오염시키고 농작물과 잔디에 비료를 주는 데 안정성을 해치는 독성 물질은 제거되어야 한다.

모델 대신 실제 데이터를 바탕으로 한 최근의 연구에서 미국이 MSW의 약 24%를 재활용 또는 퇴비화한다고 지적했다. 이는 EPA 추정치인 34%보다 상당히 낮은 수치다. 전문가들은 교육과 적절한 환경적인 인센티브를 통해 미국인들은 화학적 순환의 지속 가능성의 원리를 유지하여 최소한 80%의 MSW를 재활용하고 퇴비시킬 수 있다고 말한다.

경제협력개발기구(OECD)에 따르면 독일은 재활용 분야에서 세계 1위다. MSW의 65%를 재활용하고, 소비자는 재활용품을 분류하고 전국에 있는 색으로 구분된 통에 넣는다. 한국은 2위를 차지하며 MSW의 59%를 재활

그림 16.9 대규모 도시 쓰레기 퇴비화 지역
imging/Shutterstock.com

용한다. 오스트리아, 스위스, 스웨덴, 벨기에, 네덜란드는 모두 MSW의 50% 이상을 재활용한다. 쓰레기의 1%만 재활용하는 터키가 마지막에 위치해 있다.

현재 미국 내 모든 플라스틱 쓰레기의 무게 기준 7%만 재활용되고 있다. 이 낮은 비율은 플라스틱 수지의 종류가 다양하기 때문이다. 여러 종류의 플라스틱을 함유한 상품에서 서로 다른 플라스틱을 분리하기 힘들다. 그러나 플라스틱의 재활용과 분해 가능한 바이오플라스틱의 개발로 진척이 이루어지고 있다(과학적 핵심 16.1).

엔지니어 마이크 비들(Mike Biddle)은 고부가가치 플라스틱을 재활용하기 위한 16단계 자동 연결 상용 프로세스를 개발했다. 혼합된 고형 폐기물에서 비소성 물질로부터 플라스틱을 분리하고, 유형에 따라 플라스틱을 분리하고, 새로운 플라스틱 제품을 만드는 데 사용할 수 있는 펠릿으로 변환한다. 그의 업적으로, 비들은 세계 경제 포럼에서 기술 선구자로 선정되었으며 세계에서 가장 중요한 환경상을 받았다.

그림 16.10은 재활용의 장점과 단점을 보여준다(**개념** 16.3). 재활용의 경제성 여부는 경제적 환경적 이점과 비용에 좌우된다. 재활용 프로그램의 비관론자들은 재활용에 들어가는 비용과 재활용 지원 위원회가 세금으로 기금을 조달하기 때문에 조세 저항이 있다고 한다.

재활용 지지자들은 재활용에 따른 순경제, 건강 및 환

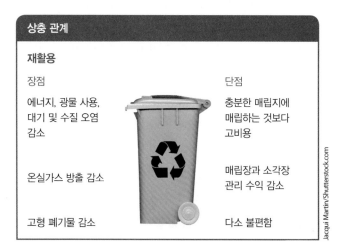

상충 관계	
재활용	
장점	단점
에너지, 광물 사용, 대기 및 수질 오염 감소	충분한 매립지에 매립하는 것보다 고비용
온실가스 방출 감소	매립장과 소각장 관리 수익 감소
고형 폐기물 감소	다소 불편함

Jacqui Martin/Shutterstock.com

그림 16.10 고형 폐기물 재활용의 장점과 단점(**개념** 16.3). **비판적 사고:** 가장 중요하다고 생각하는 장점 및 단점을 한 가지씩 제시하고 그 이유를 설명하라.

바이오플라스틱

플라스틱은 오래 지속되기 때문에 일단 버려지면 완전히 분해되지 않는다. 게다가 오늘날 대부분의 플라스틱은 석유에 기반을 둔 화학물질로 만들어진 유기 중합체로 만들어진다. 이런 화학물질을 처리하는 것은 유해 폐기물을 발생시키고 물과 공기 오염을 유발한다. 하지만 어떤 제품은 바이오플라스틱으로 만들어지고 있다. 이런 플라스틱은 생물학적으로 만들어진 화학물질이기 때문에 보통 더 환경 친화적이다.

포드 자동차를 개발하여 포드 자동차 회사를 설립한 헨리 포드(Henry Ford)는 콩과 삼으로 만든 **바이오플라스틱**의 개발에 대한 연구를 지원했다. 1914년 사진을 보면 그가 도끼를 이용해 콩 바이오플라스틱으로 만든 포드 자동차의 몸통을 두드리는 것을 볼 수 있는데, 이것은 강도와 저항력을 입증한 것이다. 하지만 석유가 저렴해지고 널리 보급됨에 따라 석유화학 플라스틱이 시장을 장악했다.

현재, 기후변화와 석유 사용과 관련된 다른 환경 문제에 직면하여, 화학자들은 생분해되고 더 환경적으로 지속 가능한 플라스틱을 만들기 위한 노력을 강화하고 있다. 이 바이오플라스틱은 옥수수, 콩, 사탕수수, 스위치그래스(switchrgrass), 닭 깃털 및 가정 쓰레기의 일부 성분과 같은 식물로 생산할 수 있다.

일부 바이오플라스틱은 다른 것들보다 더 환경 친화적이다. 예를 들어 몇몇 바이오플라스틱은 많은 양의 에너지, 물 그리고 석유화학 비료가 필요한 비옥한 농업을 통해 재배된 옥수수로 만들어져서 생태 발자국이 매우 크다. **바이오플라스틱**을 평가하고 선택할 때, 과학자들은 소비자가 플라스틱이 어떻게 만들어졌는지, 얼마나 오래 걸리는지 그리고 해로운 화학물질로 분해되는지에 대해 알 것을 권고한다.

비판적 사고

바이오플라스틱이 환경을 어떻게 오염시킬 수 있는가?

경적 이점이 재정적 비용을 훨씬 능가한다는 것을 보여주는 연구를 지적한다(그림 16.10, 왼쪽). EPA는 매년 미국에서 재활용과 퇴비화를 통해 기후변화를 일으키는 이산화탄소 배출량을 3,600만 대의 승용차가 배출하는 이산화탄소 배출량과 거의 동일한 양으로 줄일 수 있다고 추정한다. 게다가 미국의 재활용 산업은 약 110만 명의 사람을 고용하고 있고, 미국의 재활용률을 두 배로 증가시키면 약 100만 개의 새로운 일자리가 창출될 것이다.

재활용을 통해 돈을 버는 도시들은 고가의 두 트럭 시스템 대신 재활용이 가능한 물질과 재활용이 불가능한 물질 모두에 대해 단일 수집체계를 사용하는 경향이 있다. 성공적인 시스템은 또한 종량제 방식을 사용한다. 그들은 쓰레기를 수거할 때 무게에 따라 요금을 부과하지만 재활용과 재활용 가능한 물질은 수거하지 않기 때문에 독일처럼 시민과 기업은 쓰레기와 재활용품을 종류별로 분류하도록 요구한다. 캘리포니아 주 샌프란시스코는 이런 시스템을 사용하며 MSW의 80%를 재활용, 퇴비로 쓰거나 또는 재사용한다.

16.4 고형 폐기물의 소각과 매립의 장점과 단점은 무엇인가?

개념 16.4 고형 폐기물의 매립과 소각 기술은 잘 발전되어 있다. 그러나 소각은 대기와 수질 오염 및 온실가스를 배출하고, 매립 폐기물은 수질 오염을 초래한다.

고형 폐기물 소각의 장점과 단점

세계적으로 MSW는 800개가 넘는 대규모 폐기물 에너지화 소각장(그림 16.11)에서 연소되며 미국에는 86개가 있다. 미국은 MSW의 약 9%만 소각한다. 그 이유 중 하나는 과거 소각장이 오염이 심하고 열악한 소각로 규제로 인한 나쁜 인식 때문이다. 이와는 대조적으로 덴마크는 MSW의 절반 이상을 유럽 대기 오염 기준을 훨씬 초과하는 첨단 폐기물 에너지화 소각장에서 소각한다. 그러나 모든 소각장은 독성 화학물질을 함유한 재를 생산하며, 기본적으로 영원히 어딘가에 안전하게 보관되어야 한다.

그림 16.12에는 고형 폐기물 소각의 장점과 단점이 기술되어 있다. 최첨단 소각장이 있음에도 불구하고, 많은 미국 시민, 지방 자치 단체 및 환경과학자들은 소각장

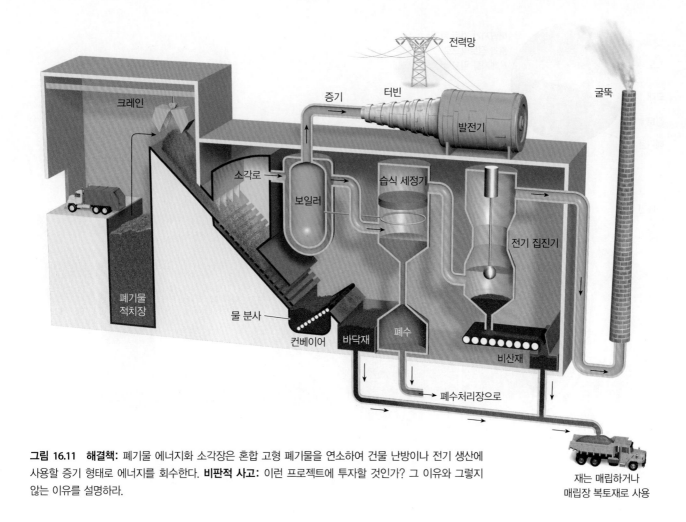

그림 16.11 해결책: 폐기물 에너지화 소각장은 혼합 고형 폐기물을 연소하여 건물 난방이나 전기 생산에 사용할 증기 형태로 에너지를 회수한다. **비판적 사고:** 이런 프로젝트에 투자할 것인가? 그 이유와 그렇지 않은 이유를 설명하라.

이 폐기물 증기로 수익을 내려면 대규모의 폐기물이 공급되어야 하므로 폐기물 소각로를 반대한다. 이런 연소 가능한 폐기물에 대한 높은 수요는 폐기물을 줄이고 재사용과 재활용을 증가시키려는 노력을 저해한다.

고형 폐기물의 매립의 장점과 단점

미국에서는 모든 MSW의 무게 기준으로 약 53%가 위생 매립장에 매립된다. 캐나다는 80%, 일본은 15%, 덴마크는 4%다. 두 가지 유형의 쓰레기 매립장이 있다. **위생 매립장**(sanitary landfill)(그림 16.13)이라고 하는 새로운 매립장에는 고형 폐기물을 차수막 위에 쌓고 매일 토양이나 플라스틱 폼으로 복토한다. 이 공정은 폐기물을 건조 상태로 유지하고 매립지의 침출수가 누출되는 것을 방지한다. 복토는 또한 화재의 위험을 줄이고, 악취를 감소시키며, 해충의 접근을 막는다.

상충 관계	
폐기물 에너지화 소각장	
장점	단점
폐기물 부피 감소	단점 높은 건설 비용
에너지 생산	유해 폐기물 발생
재 속의 유해 물질을 농축하여 매립	CO_2와 다른 오염물질 배출
에너지 판매로 비용 절감	폐기물 발생 조장

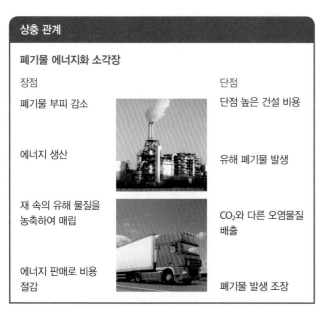

그림 16.12 고형 폐기물 소각의 장점과 단점(**개념 16.4**). 유해 폐기물 소각은 서로 상충 관계에 있다. **비판적 사고:** 가장 중요하다고 생각하는 장점 및 단점을 한 가지씩 제시하고 그 이유를 설명하라.

Bottom: Dmitry Kalinovsky/Shutterstock.com, Top: Ulrich Mueller/Shutterstock.com.

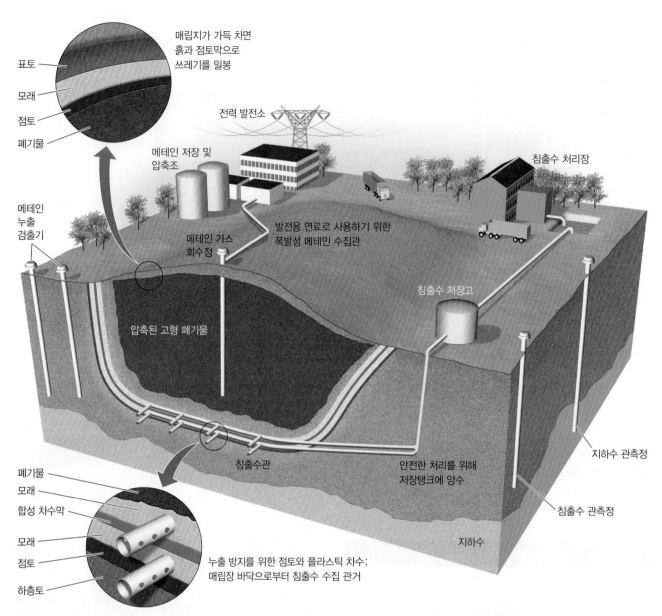

표토
모래
점토
폐기물

매립지가 가득 차면
흙과 점토막으로
쓰레기를 밀봉

전력 발전소

침출수 처리장

메테인 저장 및
압축조

메테인
누출
검출기

메테인 가스
회수정

발전용 연료로 사용하기 위한
폭발성 메테인 수집관

침출수 저장고

압축된 고형 폐기물

폐기물
모래
합성 차수막
모래
점토
하층토

침출수관

안전한 처리를 위해
저장탱크에 양수

지하수 관측정

침출수 관측정

지하수

누출 방지를 위한 점토와 플라스틱 차수;
매립장 바닥으로부터 침출수 수집 관거

그림 16.13   해결책: 최신식 위생 매립장은 오래된 매립장의 문제점에서 환경 문제를 제거하거나 최소화 하도록 설계되었다. **비판적 사고:** 일부 전문가들은 이런 매립장도 결국 누설이 커지고 유독성 침출수를 누출할 수 있다고 주장한다. 이런 문제가 발생하리라 생각하는가?

잘 설계된 위생 매립장의 바닥과 옆면에는 침출수를 수집하는 두 개의 관과 방지 시스템이 있다. 일부 매립지에는 폐기물이 혐기성 분해될 때 생산된 강한 온실 가스인 메테인을 수집하고 연소시키는 시스템이 있다. 수집된 메테인은 전기를 생산하는 연료로 연소되며, 이는 기후변화 물질인 CO_2를 대기에 방출한다.

종이 제품은 쓰레기 매립장에서 가장 큰 비율을 차지한다. 그 외 다른 물질로는 정원 쓰레기, 플라스틱, 금속, 나무, 유리, 음식물 쓰레기가 있다. 일부 고형 폐기물은 미

국 매립장에서 처리되지 않는다. 예를 들어 타이어, 폐유, 오일 필터, 소형 초승달 전구와 온도계와 같은 수은이 들어 있는 품목, 전자제품 및 의료 폐기물이 있다. 일부 폐기된 매립장은 태양광 발전소로 사용된다. 그림 16.14는 고형 폐기물 처리를 위한 위생 매립장 사용의 장점과 단점을 보여준다.

두 번째 형태의 매립지는 쓰레기가 버려져 있는 들판이나 큰 구덩이로 가끔 쓰레기를 태우기도 하는 **단순 매립장**(open dump)이다. 이는 선진국에서는 드물지만 많은

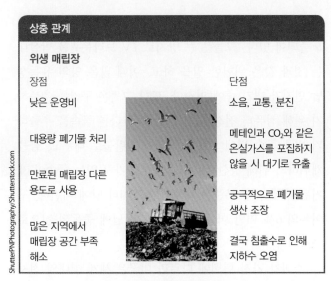

상충 관계

위생 매립장

장점	단점
낮은 운영비	소음, 교통, 분진
대용량 폐기물 처리	메테인과 CO_2와 같은 온실가스를 포집하지 않을 시 대기로 유출
만료된 매립장 다른 용도로 사용	궁극적으로 폐기물 생산 조장
많은 지역에서 매립장 공간 부족 해소	결국 침출수로 인해 지하수 오염

ShutterPNPhotography/Shutterstock.com

그림 16.14 고형 폐기물 처리를 위한 위생 매립장 사용의 장점과 단점 (**개념 16.4**). **비판적 사고:** 가장 중요하다고 생각하는 장점 및 단점을 한 가지씩 제시하고 그 이유를 설명하라.

저개발국의 주요 도시 근처에서 널리 이용되고 있다. 중국은 주로 시골의 부실 쓰레기장이나 열악하게 설계되고 관리되는 매립장에 쓰레기가 버려져 순식간에 산더미처럼 쌓인다.

16.5 유해 폐기물을 어떻게 처리할 것인가?

개념 16.5 유해 폐기물에 대한 지속 가능한 접근법은 먼저 그것을 적게 생산하는 것이고, 다음으로 재사용과 재활용이며, 그러고 나서 덜 위험한 물질로 변환하며, 최종적으로 남은 것을 안전하게 보관하는 것이다.

유해 폐기물은 특별한 방법으로 취급요함

그림 16.15는 미국 국립과학원에서 수립한 유해 폐기물 처리를 위한 세 가지 우선순위를 제안하는 통합관리 방법을 보여준다. 적게 생산하고, 가능한 유해성이 적은 물질로 전환하고, 안전한 저장소에 장기적으로 따로 보관한다 (**개념 16.5**). 덴마크는 이 우선순위에 따르지만, 대부분의 나라는 그렇지 않다.

고형 폐기물처럼 유해 폐기물 관리의 최우선은 오염 방지와 폐기물 감량화다. 산업체에서는 이 접근 방식으로

유해 폐기물 발생 최소화

- 유해 폐기물 발생을 줄이거나 없애도록 산업 공정 변경
- 유해 폐기물의 재활용과 재사용

저유해성 또는 비유해성 물질로 전환

- 자연 분해
- 소각
- 열처리
- 화학적, 물리적, 생물학적 처리
- 공기나 물에서 희석

영구 저장소에 보관

- 매립
- 지하 주입정
- 지표면 저장
- 지하 염처리

그림 16.15 유해 폐기물 통합 관리: 미국 국립과학관은 유해 폐기물 처리에 대해 이와 같은 우선순위를 제안했다(**개념 16.5**).

독성 또는 유해 물질의 대체물을 찾으려고 한다. 그런 다음 가능하면 산업 프로세스 내에서 사용하는 유해 물질을 재사용하거나 재활용한다. 또한 요람에서 요람까지의 접근법에 따라 위험 폐기물을 다른 제품을 만들기 위한 원료로 판매할 수 있다(**핵심 사례 연구**).

유럽연합에서 생산된 산업 유해 폐기물의 최소 33%는 다른 산업계에서 사용하기 위한 원료로 판매되는 정화소에서 교환된다. 이런 폐기물의 생산자는 폐기 비용을 지불할 필요가 없으며, 수령자는 저가의 원료를 받는다. 미국의 유해 폐기물의 약 10%는 이런 정화소를 통해 교환되며 그 규모가 상당히 증가할 수 있다. 전자 폐기물도 재활용될 수 있다. 왜냐하면 그것은 귀중한 물질을 포함하고 있기 때문이다(다음 사례 연구 참조).

사례 연구

E-폐기물의 재활용

일부 국가에서는 대부분이 어린이(그림 16.16)인 전자

그림 16.16 방글라데시 다카(Dhaka)에서 어린 소녀가 배터리에서 주석과 납을 떼어내기 위해 망치질을 하고 있다. 이 사업장의 노동자는 대다수 여성과 어린이다.

폐기물 재활용 노동자가 전자 폐기물을 분해하여 재활용 또는 재활용을 위해 판매할 수 있는 유가금속 또는 기타 부품을 추출할 때 유독성 화학물질에 노출되는 경우가 많다.

유엔에 따르면, 전 세계 많은 전자 폐기물이 중국으로 간다. 그 폐기물들은 작은 항구도시 구이유(Guiyu)로 들어가고, 그곳의 대기는 산성 가스와 플라스틱을 태우는 지독한 악취가 난다. 5,500개 이상의 소규모 전자 폐기물 회사에는 어린아이를 포함하여 30,000명이 넘는 근로자들이 위험한 환경에서 저임금으로 수백만 대의 버려진 컴퓨터, 텔레비전, 휴대전화에서 금, 구리와 같은 희유금속(12장 347쪽 사례 연구 참조)을 추출하는 일을 하고 있다.

이 노동자들은 보통 마스크나 장갑을 끼지 않고, 환기가 되지 않는 방에서 일하며, 독성 화학물질의 혼합물에 노출되어 있다. 그들은 큰 망치로 TV 브라운관을 박살내는 것과 같은 위험한 일을 하고, 이때 많은 양의 유독성 납 먼지가 대기 중에 퍼진다. 또한 그들은 구리를 추출하기 위해 컴퓨터 전선을 태우고, 납과 다른 금속을 추출하기 위해 금속 병에 회로판을 넣어 석탄불로 태우고, 금을 채취하기 위해 강산으로 불을 끈다. 가치 있는 금속이 제거된 후에 남은 부품은 태우거나 강이나 땅에 버린다. 구이유의 6세 미만 아동 중 약 82%가 납에 중독된 것으로 추정된다.

소비자 가전 협회에 따르면 미국은 세계 최대의 전자 폐기물 생산국이며 2014년에 약 29%를 재활용했다고 한다(2009년 19%에서 상승). 2015년까지 총 28개의 주와 콜롬비아 주가 매립장과 소각로에 컴퓨터와 TV를 처분하는 것을 금지시켰다. 이런 조치는 고부가 전자 폐기물 재활용 산업의 초석이 되었다. 2015년까지 뉴욕시와 함께 28개 주에서 전자제품 제조사가 재활용을 위해 제품을 회수하도록 하는 법을 제정했다. 2016년, 애플은 29개 팔을 가진 재활용 로봇 리암(Liam)을 도입, 연간 120만 대의 아이폰을 분해하여 재활용할 수 있는 부품을 절약했다.

미국 연방정부법에 요람에서 요람까지의 접근(**핵심 사례 연구**)법에 따라 제조업자는 그들이 생산한 모든 전자제품을 회수하여 국내에서 재활용하도록 했다. 그것은 재활용 비용이 일반적으로 그런 프로그램의 비용을 능가하는 유럽연합의 법과 유사할 수 있다. 그런 법이 없다면, 전자 폐기물 재활용에 대한 인센티브는 거의 없다.

테이크백(회수) 프로그램은 중요하다. 그러나 유일한 장기적 해결책은 전기 및 전자제품이 독성 물질을 사용하지 않고도 생산되고 수리, 제조 또는 재활용되도록 설계된 요람에서 요람까지(**핵심 사례 연구**)의 접근법이다.

생각해보기

> **전자 폐기물 재활용**
> 모든 전자제품에서 재활용 비용을 지불할 수 있는가? 할 수 있는 이유와 할 수 없는 이유를 말하라.

James P. Blair/National Geographic Creative

유해 폐기물 해독

덴마크에서는, 기업과 가정에서 나오는 모든 유해한 독성 폐기물을 철저히 수집하여 전국의 교환소에 운송한다. 그리고 큰 가공시설로 옮겨져, 폐기물의 3/4은 물리적, 화학적, 생물학적 방법으로 해독한다. 나머지는 세심하게 설계되고 감시되는 매립장에 묻는다.

유해 폐기물을 해독하는 **물리적 방법**으로는 숯이나 레진을 사용해 유해 고형물을 거르고, 액상 폐기물을 증류하여 유해 화학물질을 분리하며, 이런 화학물질을 용액에서 침전시키는 것이 포함될 수 있다. 특히 수은에 오염된 폐기물과 같은 치명적인 폐기물은 유리, 시멘트, 세라믹에 캡슐화해서 안전한 저장고에 넣는다. **화학적 방법**은 화학 반응을 통해 유해 화학물질을 해독 또는 덜 유해한 화학물질로 전환하는 데 사용된다.

일부 과학자들과 기술자들은 미래에는 **생물학적 방법**으로 유해 폐기물이 처리될 것이라고 생각한다. 그런 방법 중 하나는 **생물 정화**로, 박테리아와 효소가 유독하거나 위험한 물질을 파괴하거나 그것들을 무해한 화합물로 융합시키는 데 사용된다. 생물 정화는 종종 오염된 토양에 사용된다. 대부분의 물리적, 화학적 방법보다 작업 시간이 더 오래 걸리지만 비용은 훨씬 적게 든다.

식물 환경 정화는 유해 폐기물을 처리하는 또 다른 생물학적 방법이다. 그것은 자연 또는 유전공학 식물을 사용해 오염된 토양과 물에서 오염 성분을 흡수하고, 거르고, 제거한다. 이 방법은 아직 평가 중이며 다른 대안에 비해 느리다.

유해 폐기물을 소각하여 분해하고 무해한 화학물질로 변환할 수도 있다. 이것은 고형 폐기물 소각과 같은 장, 단점을 가지고 있다(그림 16.12).

플라스마 가스화는 전기 에너지 아크를 사용해 무산소 상태에서 유해 폐기물을 증발시키는 또 다른 열처리 방법이다. 이 과정으로 부피 기준 폐기물의 99%를 처리하고, 합성 가스 연료를 생산하며, 유독한 금속과 기타 물질을 유리화한다. 고비용 때문에 널리 쓰이지 않는다.

유해 폐기물의 저장

감량, 재사용 및 재활용을 하고(그림 16.15, **개념 16.5**) 남은 유해 폐기물은 땅에 묻거나 안전한 저장소에 장기간 저장한다. 실제 매립은 비용이 적게 들며 미국과 대다수의 나라에서 가장 널리 사용되는 방법이다.

가장 흔한 매립 유형은 매우 고압으로 액상 유해 폐기물을 파이프를 통해 깊은 지하의 건조하고 다공성 바위에 양수하는 **깊은 우물 처리법(deep-well disposal)**이다. 암반층은 식수와 관개수로 이용하는 대수층의 훨씬 아래 놓여 있다(그림 11.25 참조). 이론적으로, 유해 액체는 다공성 암반층에 흡수되고 불투수층인 점토와 암반에 의해 지하수와 격리된다. 비용이 저렴하다.

그러나 그런 부지가 제한적이고 공간도 제한되어 있다. 때로는 폐기물이 심정에서 지하수로 유출되어 불행히도 지하수를 따라 이동한다. 깊은 우물 처리법은 폐기물을 감소시킨다기보다 유해 폐기물의 생산을 촉진한다.

미국에서는 액상 유해 폐기물의 거의 2/3가 심정에 주입된다. 이 양은 셰일암반에 갇힌 천연가스와 오일을 생산하기 위해 유압식 균열 또는 수압사출(그림 13.1 참조)을 사용함으로써 급격하게 증가하고 있다. 수압사출은 많은 양의 액체 유해 폐기물을 발생시키며, 이는 지하수를 오염시키고 지진의 위험을 증가시킬 수 있다(과학적 핵심 13.1 참조).

많은 과학자들은 미국의 깊은 우물 처리법에 대한 현행 법규가 부적절하다고 보고 있다(다음 사례 연구 참조). 그림 16.17은 액상 유해 폐기물의 깊은 우물 폐기의 장점과 단점을 열거하고 있다.

일부 액상 유해 폐기물은 저류지, 구덩이 또는 라군에 저장되는데 이를 **지표면 저류(surface impoundment)**라고 한다. 가끔 저류지에는 폐기물을 저장하기 위해 차수막을 설치하기도 한다. 차수막을 사용하지 않거나 누출 시 농축된 폐기물이 지하수로 스며들 수 있다. EPA가 실시한 연구에 따르면 미국 유해 폐기물 저류지의 70%가 차수막이 없어 지하수 공급을 위협할 수 있다고 했다. EPA는 누

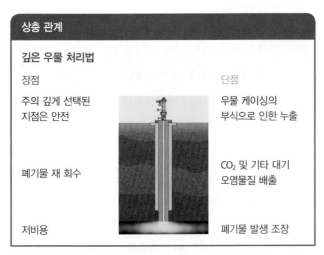

상충 관계

깊은 우물 처리법

장점 | 단점
주의 깊게 선택된 지점은 안전 | 우물 케이싱의 부식으로 인한 누출
폐기물 재 회수 | CO_2 및 기타 대기 오염물질 배출
저비용 | 폐기물 발생 조장

그림 16.17 액상 유해 폐기물을 깊은 우물 처리할 때의 장점과 단점. **비판적 사고**: 가장 중요하다고 생각하는 장점 및 단점을 한 가지씩 제시하고 그 이유를 설명하라.

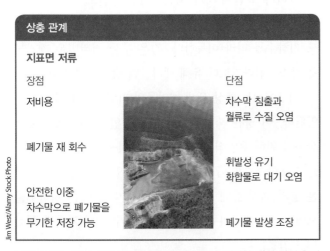

상충 관계

지표면 저류

장점 | 단점
저비용 | 차수막 침출과 월류로 수질 오염
폐기물 재 회수 | 휘발성 유기 화합물로 대기 오염
안전한 이중 차수막으로 폐기물을 무기한 저장 가능 | 폐기물 발생 조장

그림 16.18 액상 유해 폐기물을 지표면 저류에 저장할 때의 장점과 단점. **비판적 사고**: 가장 중요하다고 생각하는 장점 및 단점을 한 가지씩 제시하고 그 이유를 설명하라.

출 가능성을 경고한다.

지표면 저류는 덮여 있지 않아 유해 화학물질이 증발하여 공기를 오염시킬 수 있다. 게다가 폭우와 폭풍으로 인해 홍수로 연못이 넘칠 수 있다. 그림 16.18에는 이 방법의 장점과 단점을 기술했다.

가끔 파괴할 수 없고 해독 또는 안전하게 소각할 수 없는 고독성 물질(수은, 14장 핵심 사례 연구 참조)을 세심하게 설계되고 관리되는 안전 유해 폐기물 매립장(secure hazardous waste landfill)에 매립한다(그림 16.19). 이 방법은 고비용이므로 극히 제한적으로 사용된다. 그림

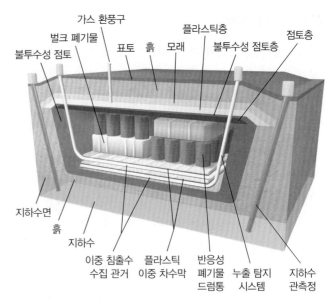

그림 16.19 **해결책**: 유해 폐기물을 안전 유해 폐기물 매립장에 격리 처리하여 저장한다.

우리는 무엇을 할 수 있는가?

유해 폐기물

■ 농약 및 기타 유해 화학물질의 사용을 피하고 가능한 최소량을 사용한다.

■ 상업적 가정용 세제 대신 유해성이 적은 물질을 사용한다. 예를 들면 금속에 광택을 내고, 표면을 닦고, 녹과 곰팡이를 제거할 때 식초를 사용한다. 그리고 식기를 닦거나, 탈취, 녹을 제거할 때 베이킹소다를 사용한다.

■ 농약, 페인트, 용제, 기름, 부동액 및 기타 유해 화학물질을 화장실이나 배수구에 흘려보내거나 거리에 쓰레기로 빗물 배수관으로 버리지 않는다.

■ 수은이 함유된 오래된 형광전구를 일반 가정 쓰레기로 버리지 않는다. 많은 제품 소매상은 이런 전구를 무료 재활용하게 한다.

그림 16.20 **개별적 문제**: 우리는 유해 폐기물 발생을 줄일 수 있다(**개념 16.5**). **비판적 사고**: 가장 중요하다고 생각하는 두 가지는 무엇인가? 그 이유를 설명하라.

16.20에는 유해 폐기물의 배출을 줄일 수 있는 몇 가지 방법을 기술했다.

사례 연구

미국의 유해 폐기물 규제

몇몇 미국 법은 유해 폐기물의 관리와 저장을 규제하는 데 도움이 된다. 미국에서 생산된 모든 유해 폐기물의 약

5%는 자원보전재생법(Resource Conservation and Recovery Act, RCRA)에 따라 규제되며, 1976년 미국 의회에서 통과되고 1984년에 개정됐다.

RCRA하에서 EPA는 몇 가지 유형의 유해 폐기물 관리 표준을 정했다. 승인된 방법으로 일정량의 폐기물을 생산하고 폐기할 수 있도록 기업에 허가서를 발행한다. 허가증 소유자들은 요람에서 무덤까지(cradle-to-grave) 시스템을 사용한다. 즉 생성시점(요람)에서 승인된 폐기시설(무덤)까지 이동 과정을 추적한 폐기 증명서를 EPA에 제출해야 한다. RCRA의 출발은 좋았으나 전자 폐기물을 포함한 미국에서 발생된 유해 독성 폐기물의 95%가 이런 규제를 받고 있지 않는다.

생각해보기

유해 폐기물

미국에서 생산된 유해 폐기물의 95%가 규제되지 않는 이유가 무엇이라고 생각하는가? 그런 폐기물을 더 규제해야 한다고 생각하는가? 경제적 고려를 해야 한다고 생각하는가? 요람에서 요람까지의 접근법이 유해 고형 폐기물 저감을 촉진하리라 보는가?

독성물질제어법(Toxic Substances Control Act, TSCA) 또한 1976년부터 적용되어왔다. 목적은 많은 제품의 제조에 사용되거나 재료로서 사용되는 수천 개의 화학물질의 안전을 규제하고 보장하는 것이다. 이 법에 따르면, 기업들은 시장에 새로운 화학제품이 출시되기 전 EPA에 고시해야 하지만 제품의 안정성에 대한 데이터를 제공할 필요는 없다. 다시 말해 EPA가 유해하다는 것을 보여주지 않는 한 새로운 화학물질은 안전한 것으로 간주된다.

1976년 TSCA가 통과되었을 때 제조업체의 강력한 압력을 받아 약 62,000개의 화학물질이 안전 테스트를 받지 않고 계속 사용되었다. 그 법은 또한 EPA가 새로운 화학물질의 충분한 유해성을 설명하기 매우 어렵게 만들었다. 또한 EPA는 기존 또는 새로운 화학물질의 안전성 평가를 위한 자금 지원을 제한했다.

그 결과 1976년부터 EPA는 이 법을 사용해 현재 사용되고 있는 85,000개 화학물질 중 5개만 금지시켰다. 2016년에 의회는 TSCA를 개정하여 EPA가 다음과 같은 다섯 가지 조치를 취할 것을 요구했다.

- 기존의 모든 화학물질과 새로운 화학물질을 검토하고, 불합리한 위험이 내재하는 화학물질을 식별하여 위험을 규제하거나 제거한다.
- 환경에 지속되고 인간에 축적되는 것으로 알려진 화학물질을 빠르게 검토한다.
- 새로운 화학물질이 시장에 나오기 전 관련 안전기준에 대해 검토한다.
- 유아, 소아, 임산부, 화학작업자, 노인과 같은 취약계층의 화학물질 영향을 고려한다.
- 기업은 화학물질 데이터를 작성해야 한다.

이것은 도움이 되는 개선 사항이지만 EPA가 수천 개의 화학물질을 평가하는 데 기업으로부터 충분한 자금지원을 요구하지 않는다고 비평가들은 지적한다. 환경연구단체(EWG)의 분석은 적절한 자금 후원에도 EPA가 90가지 우선 화학물질의 위험을 평가하려면 28년, 그런 화학물질에 대한 규제를 확정하려면 20년, 법규 시행에는 35년이 더 필요하다고 한다. 제조업체들로부터 장기간의 소송에 직면하게 될 것이다. 즉 2016년 개정 법률하에서 사용되는 85,000개 화학물질의 90개만 평가하고 규제하는 데는 약 83년이 걸릴 것이다.

1980년에 의회는 포괄적환경대응책임보상법(Comprehensive Environmental Response, Compensation, and Liability Act, CERCLA)을 통과시켰다. 슈퍼펀드법(Superfund Act)으로 알려져 있으며 EPA가 관리한다. 이 법의 목적은 EPA가 승인한 방법을 사용하여 유해 폐기물이 환경을 오염시킨 슈퍼펀드 부지를 식별하고 이를 정화하는 것이다. 인류 건강에 대한 즉각적이고 심각한 위협을 주는 슈퍼펀드 부지는 전국긴급지역목록(NPL)에 등록되어 가능한 한 빨리 정화될 수 있게 일정이 잡힌다.

2017년 7월 현재, 슈퍼펀드 목록에 1,336곳이 있었고, 제안된 53곳과 함께, 393곳이 정화되어 목록에서 제외되었다. 폐기물 관리 연구소(Waste Management Research Institute)는 최소한 10,000곳이 우선순위 목록에 있어야 하며, 이곳을 정화하려면 법적 비용을 제외하고 약 1조 7,000억 달러가 들 것이라고 추산하고 있다. 이것은 폐기물 감량화와 오염 예방이 사후처리에 의존하는 것보다 경제적, 환경적으로 더 가치 있다는 것을 보여주는 확연한 예다.

1984년, 의회는 시민에게 그 지역에서 어떤 독성 화학물질이 소각되거나 방출되는지 알 권리를 주기 위해 슈퍼펀드법을 재정했다. 이것은 매년 대형 제조시설에 방출되는 650개의 독성 화학물질을 보고하도록 요구했다. 미국에 거주하고 있는 경우 EPA의 유해화학물질배출목록(TRI)에서 해당 지역에 어떤 독성 화학물질이 저장 및 방출되는지 확인할 수 있다.

오염자가 유해 폐기물 처리장을 정화하는 데 비용을 지불하도록 설계된 슈퍼펀드법은 전국의 불법 폐기물 처리장 수를 크게 줄였다. 그것은 또한 폐기물 생산업자가 법적 책임이 두려워 폐기물 생산을 줄이고 더욱더 재사용과 재활용을 하도록 압박했다. 하지만 1995년, 오염자로부터의 압력으로 미국 의회는 슈퍼펀드 법안을 후원했던 석유와 화학 회사에 대한 세금을 갱신하지 않았다. 그 이후로 책임자를 알아낼 수 없을 때는 납세자와 오염자가 아닌 이들이 복원을 위해 돈을 지불한다(지점당 평균 2,600만 달러). 그 결과 정화 속도가 느려졌다.

16.6 어떻게 저폐기물 경제로 전환할 것인가?

개념 16.6 저폐기물 경제로 전환하기 위해 개인이나 기업은 자원 이용을 줄이고, 지역, 국가, 지구 수준에서 대다수의 고형 및 유해 폐기물을 재사용, 재활용해야 한다.

시민들은 조치를 취하도록 할 수 있다

미국에서는 개인과 단체가 수백 개의 소각장, 쓰레기 매립지, 유해 또는 방사성 폐기물처리 공장, 그리고 지역사회 내와 근처의 화학 공장 건설을 막기 위한 풀뿌리(상향

식) 캠페인을 조직하여 농성, 콘서트 항의집회를 했고 청원서에 서명을 받고 입법을 위해 국회의원에게 제출했다.

소각장과 매립지로 인한 건강의 위험은 전국 평균으로는 상당히 낮으나 관련시설 근처에 사는 사람들에 대한 위험성은 보다 높다. 제조업자와 폐기물산업 관계자들은 특정 상품과 서비스의 생산에서 발생되는 독성 및 유해 폐기물에 대해 어떤 조치가 있어야 한다고 지적한다. 그들은 지역 시민들이 "우리 집 뒷마당은 안 된다(NIMBY)"라고 해도 누군가의 뒷마당에 버려질 것이라 주장한다.

많은 시민들은 이 주장을 받아들이지 않는다. 그들은 독성 유해 폐기물을 다루는 가장 좋은 방법은 미국 국립과학원이 제안(그림 16.15)한 오염과 폐기물 방지에 초점을 맞춤으로써 그것을 적게 생산하는 것이라 주장한다. 그들은 목표가 "누구의 뒷마당에도 안 된다(NIABY)"나 "지구상에는 안 된다(NOPE)"가 되어야 한다고 주장한다.

국제 조약

수십 년 동안, 몇몇 국가는 폐기나 처리를 위해 정기적으로 다른 나라로 유해 폐기물을 수송해왔다. 1992년 이후 국제협정인 바젤협약으로 참가국들이 그들의 허가 없이 전자 폐기물을 포함한 유해 폐기물을 선적하거나 다른 나라를 지나갈 수 없게 했다.

2016년까지 183개국이 비준(선승인 후시행)했다. 미국은 협약에 서명했지만 비준하지 않았다. 1995년, 그 조약에서 산업국가에서 저개발국가로 유해 폐기물 이송을 불법으로 개정했다. 이런 금지조치가 도움은 되지만 고수익성 유해 폐기물의 불법 운송을 근절할 수 없을 것이다. 유해 폐기물 밀수업자들은 뇌물, 위조 허가증, 유해 폐기물을 재활용 가능한 물질로 둔갑한 라벨을 포함한 일련의 방법을 사용하여 법망을 피한다.

2001년에 122개국의 대표들은 잔류성 유기 오염물질(Persistent Organic Pollutants, POPs)에 대한 스톡홀름 협약으로 알려진 국제 조약을 수립했다. POPs는 환경에 잔류하는 제조업체에서 생산하는 유기 화학물질이다. 이

조약으로 먹이 사슬에서 가장 높은 영양 단계를 차지하는 인간과 동물의 지방조직에 축적될 수 있는 12가지의 널리 사용되는 잔류성 유기 오염물질의 사용을 규제하기 시작했다. 환경에 잔류되기 때문에, POPs는 바람과 물을 따라 먼 거리를 이동할 수 있다.

일명 '더티 더즌'으로 불리는 12가지 화학물질 목록에는 DDT와 8개의 염소계 농약, PCBs, 다이옥신, 퓨란이 올랐다. 그 이후, 다른 화학물질들을 추가했다. 혈액 검사와 통계 표본 추출을 근거로 뉴욕 마운틴 시나이 의과대학의 의료연구진은 지구상의 거의 모든 사람들이 자신의 몸에 일부 POPs의 검출 가능한 수준이라고 결론지었다. 2016년까지 미국을 제외한 180개국이 조약을 강화하는 데 비준했다. 규제 대상 POPs 목록이 증가할 것으로 예상된다. 그러나 이 비자발적인 지구 화학 실험의 장기 건강 영향은 대부분 알려져 있지 않다.

2000년 스웨덴 국회는 2020년까지 환경에 잔류하고 살아 있는 조직에 축적될 수 있는 모든 잠재적 유해 화학물질을 금지하는 법을 제정했다. 이 법에서는 정부가 위험성을 입증하도록 하지 않고 기업이 사용하는 화학물질에 대한 위해성 평가를 하여 화학물질의 안정성을 입증도록 한다. 다시 말해 미국과 대부분의 다른 나라에서 현재의 정책과 반대로 무죄가 입증될 때까지 화학물질들은 유죄로 간주된다. 미국에서는 특히 잠재적 유해 화학물질을 생산하고 사용하는 대부분의 제조업체에서 이런 접근법에 대해 강한 반발이 있다.

재사용과 재활용의 장려

재사용과 재활용이 잘 되지 않는 이유는 무엇인가? **첫째,** 이런 전략은 시장 가격에 숨겨진 유해 환경 비용과 보건 비용이 포함되지 않은 저렴한 일회성 제품과 경쟁해야 한다. 이는 전체 비용 책정의 지속 가능성의 원리🌱를 위반하는 것이다.

둘째, 대부분의 국가에서 자원 추출 산업이 재사용과 재활용 산업보다는 세금 감면과 보조금을 받음으로써 경제 활동 분야에서 불공정하다.

셋째, 재활용 재료에 대한 수요와 가격의 변동으로 대

다수 정부, 기업 및 개인들이 재활용 재료로 만들어진 상품을 구매하는 것을 최우선 순위로 삼지 않는다.

어떻게 하면 재사용과 재활용을 장려할 수 있을까? 정부는 자재의 재사용과 재활용에 대한 보조금과 세금 혜택은 늘리고, 신규 자원으로 만드는 상품에 대한 지원금과 세금 혜택은 줄일 수 있다. 또 다른 전략은 재사용과 재활용이 되지 않는 폐기물을 무게에 따라 비용을 부과하는 쓰레기 종량제(fee-pre-bag)를 상향시키는 것이다. 텍사스 주 포트워스 시는 이 프로그램을 도입하여 가정에서의 쓰레기 재활용률을 21%에서 85%로 늘렸다. 그 도시는 재활용 프로그램에서 투자로 60만 달러의 손실이 있었으나 기업에 재활용 재료를 판매하여 연간 100만 달러의 수익을 올렸다.

정부는 또한 기업이 소비자들이 사용하고 난 방전된 전자제품, 포장지 등을 회수하거나 재사용, 재활용하도록 요구하는 법을 통과시킬 수 있다. 일본과 일부 유럽연합 국가들은 그런 법을 시행하고 있다. 또 다른 전략은 이런 제품의 수요를 증가시키고 가격을 낮추는 데 도움을 주기 위해 정부가 재활용 제품을 구매하도록 장려하거나 요구하는 것이다.

정부의 개입이 있건 없건 간에 일부 기업은 물질을 재사용하고 재활용함으로써 돈을 절약할 수 있는 방안을 모색하고 있다. 일부는 자연에서 배우고 자원 교환망의 일부가 되고 있다(다음 사례 연구 참조).

생체모방과 산업 생태계: 자연의 복제

보다 지속 가능한 사회의 중요한 목표는 산업 제조 공정을 자연이 폐기물을 처리하는 방식을 모방하여 재설계함으로써 보다 깨끗하고 지속 가능하게 하는 것이다. 이는 생체모방(1장 **핵심 사례 연구** 참조)으로 불린다. 화학적 순환의 지속 가능성의 원리🌱에 따르면, 한 유기체의 배설물은 다른 유기체의 영양분이 되며 자연에서는 본질적으로 폐기물이 없다는 것을 설명한다.

생체모방은 두 가지 중요한 단계를 포함한다. 첫 번

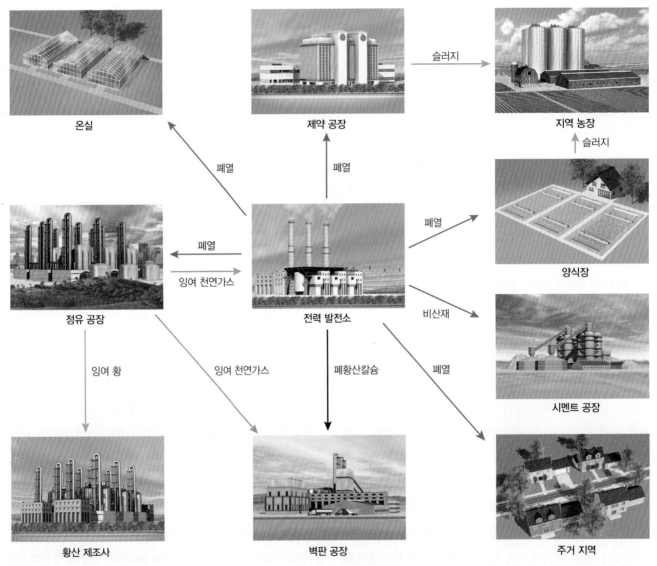

그림 16.21 해결책: 덴마크의 칼룬보르의 **생태 산업단지**는 자연 생태계의 먹이 사슬을 모방하여 폐기물 생산을 줄인다. 한 사업체의 폐기물은 다른 사업의 원재료가 된다. 자연계의 화학적 순환의 모방이다. **비판적 사고:** 당신이 살고 있는 곳이나 학교 인근에 생태 산업단지가 있는가? 없다면, 어디에 어떻게 그와 같은 생태계를 조성하면 좋겠는가?

째, 어떻게 자연계가 수백만 년 동안 환경 조건 변화에 대응했는가를 연구하는 것이다. 두 번째, 인위적 시스템 내에서 다양한 환경적 도전을 다루기 위해 자연계의 대응을 인간 시스템 내에서 복사 또는 적용하려고 노력하는 것이다.

산업에서 자연을 모방하는 한 방법은 그들이 사용한 대다수의 물질과 화학물질을 매립, 소각, 또는 다른 장소로 반출하지 않고 재사용, 재활용하는 것이다. 산업계는 제조업체의 폐기물이 다른 자재의 원료가 되게 **자원 교환망**을 설정할 수 있다. 이런 접근은 자연 생태계의 먹이 사슬과 유사하며 요람에서 요람까지 개념의 직접적인 적용이다(핵심 사례 연구).

이것은 덴마크의 칼룬보르(Kalundborg)에서 있는 일로, 이곳에서는 발전소와 인근 공장, 농장, 주택들이 돈을 절약하고 **생태 산업단지** 또는 **생태 산업공원** 내에서 낭비와 오염물질을 줄이기 위해 협력하고 있다. 그림 16.21에서는 발생 폐기물을 교환하고 자원으로 변환시킨다. 이것은 오염과 낭비를 없애고 재생 불가능 금속과 에너지 자원을 지역 경제에 유통되지 않게 한다.

생태 산업단지는 기업에 많은 경제적 이익을 제공한

다. 재활용을 장려하고 폐기물 발생을 방지함으로써 고형 폐기물 관리, 오염 통제, 오염 규제에 따르는 비용을 절감할 수 있다. 그들은 또한 회사가 그들의 행동으로 인한 환경적인 피해를 본 사람들의 소송을 줄일 수 있다. 또한 기업은 근로자가 독성 및 유해 물질에 노출되는 것을 줄임으로써 건강과 안전을 향상시켜 회사의 건강 보험 비용을 절감한다. 또한 생체모방은 기업이 전 세계에 판매할 수 있는 새롭고, 환경적으로 유익하며, 자원 집약적 화학 물질, 프로세스 및 제품을 출시하도록 고무한다. 오늘날, 100개 이상의 그런 공원들이 미국과 중국을 포함한 세계의 건강한 장소에서 운영되고 있으며, 더 많은 공원들이 건설되거나 계획되고 있다.

핵심 주제

- 고형 폐기물을 처리하는 우선순위는 먼저 발생량을 최소화하고, 다음으로 가능한 한 많이 재사용하거나 재활용하고, 최종으로 남은 것은 안전하게 소각하거나 매립하는 것이다.

- 유해 폐기물을 처리하는 우선순위는 먼저 발생량을 최소화하고, 다음으로 가능한 한 많이 재사용하거나 재활용하고, 이를 덜 유해한 물질로 전환하고, 남은 것은 안전하게 저장하는 것이다.

- 고형 폐기물을 폐기물 자원으로 인식하고, 유해 폐기물은 애초에 생성하지 말아야 할 물질로 인지한다.

요람에서 요람까지의 접근법과 지속 가능성

요람에서 요람까지의 접근: 요람에서 요람까지의 재료 설계, 제조 및 사용에 대한 접근법은 고형 폐기물 및 유해 폐기물의 양을 줄이기 위한 중요한 전략이다. 이 접근법은 자연을 모방함으로써 모든 버려진 물질과 물질을 산업과 자연 순환 내에서 순환하는 영양소로 본다. 또한 인간 활동의 해로운 환경 영향을 유익한 영향으로 전환할 기회를 제공한다. 가능한 지속 불가능한 고폐기물, 무책임한 경제로부터 지속 가능한 저폐기물, 감량–재사용–재활용 경제로 전환하는 과제다.

그런 전환은 여섯 가지 지속 가능성의 원리를 필요로 한다. 화석연료와 핵발전소(긴 수명, 유해 방사선 폐기물 생성)의 의존을 많이 줄이고 태양, 풍력, 흐르는 물로부터의 재생 에너지에 의존하여 고형, 유해 폐기물의 발생을 줄일 수 있다. 가능한 한 물질을 재사용하고 재활용함으로써 자연의 화학적 순환 과정을 모방할 수 있다. 다양한 접근법을 사용하여 폐기물을 감소시키고 및 오염 방지를 강화하는 통합 폐기물 관리는 생물 다양성의 자연 모방과 요람에서 요람까지의 한 방안이다.

소비자 경제에 유해 환경 및 건강 비용을 시장 가격에 더 많이 포함시키면 전체 비용 책정의 지속 가능성의 원리를 적용하는 데 도움이 되며, 사람들의 자제, 감량 재사용 및 재활용에 대한 장려가 될 수 있다. 이를 통해 환경을 조성하고, 4Rs 기반의 새로운 일자리와 사업을 창출하며, 건강 및 환경 혜택을 통한 동반이익이 될 수 있다. 이를 통해 1인당 자원 소비량이 줄어 고형 폐기물 및 유해 폐기

물 발생량이 적어질 수 있다. 이 모든 조치들은 우리가 지금까지 누려왔던 것보다 더 살기 좋은 환경을 미래 세대에 건네주게 될 것이다.

복습

핵심 사례 연구

1. 요람에서 요람까지 설계의 개념을 설명하라. 왜 그것이 생체모방의 실제 유형인가? 그것을 적용시킬 두 가지 방안을 기술하고 간략히 설명하라.

16.1절

2. 16.1절의 두 가지 핵심 개념은 무엇인가? 고형 폐기물, 산업 고형 폐기물, 도시 고형 폐기물(MSW) 및 유해(독성) 폐기물을 구분하고 예를 들어 설명하라. 미국에서 생산된 고형 폐기물의 형태와 발생원을 요약하고 폐기물이 어떻게 되는지 설명하라. 왜 전자 폐기물이 점점 더 큰 문제가 되는가? 태평양 거대 쓰레기 섬은 무엇이며 어쩌다 그렇게 되었는가? 어떻게 해양 생물에 해를 주는지 설명하고 섬의 성장을 막을 방안을 제시하라.

16.2절

3. 16.2절의 핵심 개념은 무엇인가? 폐기물 관리, 폐기물 감량 및 통합 폐기물 관리를 정의하고 차이를 설명하라. 저명한 과학자의 고형 폐기물을 처리를 위한 우선순위와 미국의 실제 관행과 비교하라. 우리가 생산하는 고형 폐기물처리의 자제, 감량, 재사용, 재활용, 퇴비화의 차이점을 설명하라. 왜 환경적인 관점에서 선호하는 행동을 환경적 관점에서 자제, 감량, 재사용을 선호하는 이유를 설명하라. 산업과 지역사회가 자원 사용, 폐기물 및 오염을 줄일 수 있는 여섯 가지 방법을 기술하라.

16.3절

4. 16.3절의 핵심 개념은 무엇인가? 자제, 감량, 재사용, 재활용의 중요한 이유와 개별적으로 예를 제시하라. 요

람에서 요람으로의 설계가 어떻게 재사용을 새로운 단계로 들어서게 하는가? 다양한 제품을 재사용하는 다섯 가지 방안을 기술하라.

5. 업사이클링과 다운사이클링의 차이점은 무엇인가? 1차 재활용과 2차 재활용을 구별하라. 재활용의 세 가지 중요한 단계는 무엇인가? 전자 폐기물을 특히 재활용하는 이유는 무엇인가? 바이오플라스틱이란 무엇인가? 재활용의 주요 장점과 단점은 무엇인가?

16.4절

6. 16.4절의 핵심 개념은 무엇인가? 고형 폐기물 및 유해 폐기물 소각의 주요 장점과 단점은 무엇인가? 위생 매립장과 단순 매립장의 차이점을 기술하라. 위생 매립장에 고형 폐기물을 매립하는 것의 주요 장점과 단점은 무엇인가?

16.5절

7. 16.5절의 핵심 개념은 무엇인가? 과학자들이 유해 폐기물을 다룰 때 가장 우선적으로 고려해야 할 사항은 무엇인가? 재활용을 위해 전자 폐기물을 저개발국가에 보내는 문제점을 요약하라. 유해 폐기물을 해독하는 세 가지 방안을 설명하라. 생물 정화란 무엇인가? 식물 환경 정화란 무엇인가? 유해 폐기물 소각의 주요 장점과 단점은 무엇인가?

8. 액상 유해 폐기물을 깊은 우물 처리법과 지표면 저류에 저장할 때의 주요 장점과 단점은 무엇인가? 안전 유해 폐기물 매립장이란 무엇인가? 유해 폐기물 감량의 네 가지 방안을 기술하라. 미국의 유해 폐기물 규정을 요약하라.

16.6절

9. 16.6의 핵심 개념은 무엇인가? 어떻게 풀뿌리 활동이 미국에서 고형 폐기물과 유해 폐기물 관리를 개선시켰는가? 재활용을 저해하는 세 가지 요인은 무엇인가? 재사용과 재활용을 장려하는 세 가지 방안은 무엇인가? 재사용, 재활용, 퇴비화를 통해 어떻게 돈을 절약하고 수익을 올리는지에 대해 세 가지 예를 제시하라. 바젤협약과 잔류성 유기 오염물질(POPs)을 관리하는 조약을 통한 국제 수준의 유해 폐기물 규제에 대해 설명하라. 생체모방을 폐기물 문제에 어떻게 적용하는가? 생태 산업단지란 무엇이며 그 이점은 무엇인가?

10. 16장의 세 가지 핵심 주제는 무엇인가? 요람에서 요람까지의 설계 및 제조(핵심 사례 연구)가 여섯 가지 지속 가능성의 원리 🌱에 어떻게 적용되는지 설명하라.

비판적 사고

1. 일상에서 사용하는 제품 중 요람에서 요람까지의 설계 및 제조(핵심 사례 연구)에 의한 제품을 세 가지 찾아라. 이런 각 제품에 대해 환경에 유해하지 않는 방법으로 여러 차례 재사용, 재활용할 수 있도록 설계, 개발해보라.

2. 컴퓨터, 텔레비전, 휴대전화 및 기타 전자제품 제조업자들이 수명이 다한 제품을 수리하거나, 다시 제조하거나, 재활용하기 위해 환경적인 면에서 책임을 지며 재활용업자들의 건강을 해치지 않는 방식으로 회수해야 한다는 것에 대해 어떻게 생각하는가? 설명하라. 이런 회수 계획에 지출되는 비용을 충당하기 위해 추가 비용을 지불할 의향이 있는가? 만약 그렇다면, 각 제품당 몇 퍼센트까지 추가 비용을 지불할 의향이 있는가?

3. 정기적으로 한 번 사용하고 버리는 세 가지 물건을 생각해보자. 이런 일회용 품목 대신 사용할 수 있는 재사용 가능한 품목이 있는가?

4. 정기적으로 물건 사기를 거부함으로써 소비량을 줄일 수 있다고 생각하는가? 만약 그렇다면, 그중 세 가지는 무엇인가? 이것이 우리가 해야 할 일이라고 생각하는가? 설명하라.

5. Change World Technologies라는 회사는 바이오매스를 기름으로 바꾸는 자연 시스템을 모방하여 컴퓨터 부품이나 노후 타이어, 칠면조의 뼈와 깃털 및 기타 폐기물

을 기름으로 전환하는 것을 시험 공장을 만들어 실험해 왔다. 이런 공정이 기술적, 경제적으로 실현 가능하다고 밝혀지면 왜 폐기물의 양이 증가하는지 설명하라.

6. (a) 위생 매립장, (b) 유해 폐기물의 지표면 저류, (c) 유해 폐기물의 깊은 우물 처리 또는 (d) 고형 폐기물 소각로가 당신의 지역 사회에 있는 것을 반대하는가? 이런 시설들에 대해 당신의 의견을 말하라. 이런 처리 시설들이 당신의 지역 사회에 있는 것을 반대한다면, 당신의 지역 사회가 발생시킨 유해성 고형 폐기물을 어떻게 처리해야 한다고 생각하는가?

7. 당신의 학교는 유해성 고형 폐기물을 어떻게 처리하는가? 재활용 프로그램이 있는가? 그것은 얼마나 잘 작동하는가? 당신의 학교는 재사용을 장려하는가? 만약 그렇다면, 어떻게 장려하는가? 폐기물 방지를 장려하는가? 만약 그렇다면, 어떻게 장려하는가? 유해 폐기물 수집 시스템이 있는가? 만약 그렇다면, 그것을 설명하라. 학교의 폐기물 감소 및 관리 시스템을 개선할 수 있는 세 가지 방법을 나열하라.

8. 축하한다! 당신은 세계를 담당하게 되었다. (a) 고형 폐기물 및 (b) 유해 폐기물을 처리하기 위한 전략에서 가장 중요한 세 가지 구성 요소를 나열하라.

환경과학 실천하기

평소처럼 일주일 동안 당신이 생성하는 쓰레기를 수거한다. 총 중량을 측정한다. 종이, 플라스틱, 금속, 유리와 같은 주요 범주로 분류한다. 그런 다음 각 범주의 무게를 재고 측정한 총 폐기물 양의 가중치를 기준으로 그 비율을 계산한다. 이 폐기물은 몇 퍼센트의 무게로 재활용될 수 있는 물질로 구성되는가? 일회용 컵 대신 커피 머그처럼 재사용 가능한 대체 재료를 사용할 수 있는 비율은 얼마인가? 그 품목들의 무게로 몇 퍼센트를 얻을 수 있을까? 이런 질문에 대한 답을 친구들과 비교해보라. 친구들과 함께, 모든 결과를 조합하고 학과 전체를 위해 같은 분석을 해보라. 이 결과를 사용하여 전체 클래스에 대해 동일한 값을 추정할 수 있다. 이 결과를 사용하여 학교의 전체 학생 모집단에 대해 동일한 값을 추정할 수 있다.

생태 발자국 분석

미국에서의 도시 고형 폐기물 배출량은 하루 평균 1인당 2 kg(4.4 pounds)이다. 다음 파이 차트의 데이터(EPA의 최신 자료)를 이용하여 해마다 발생되는 폐기물 총 무게를 각 범주마다 킬로그램(과 파운드)으로 계산하여 각 미국인의 대표적 연간 도시생활 폐기물 생태 발자국을 계산해보라 (1 kg = 2.2 pounds). 표를 완성하라.

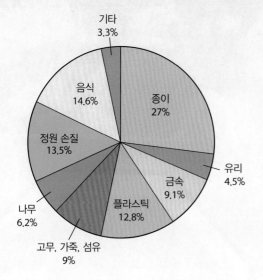

미국에서 배출하는 도시 고형 폐기물, 2013(최신 자료).
Compiled by the authors using data from the U.S. Environmental Protection Agency

폐기물 범주	연간 1인당 MSW 발자국
종이와 판지	
정원 손질	
음식물 쓰레기	
플라스틱	
금속	
나무	
고무, 가죽, 섬유	
유리	
기타/잡동사니	

17장

환경 경제, 정치, 세계관

환경을 보호하는 데 드는 비용이 얼마나 될지 묻는 질문에 한 가지 더 질문을 해야 한다. 우리가 하지 않으면 우리 문명에 드는 비용은 얼마나 될까?

게이로 닐슨(Gaylord Nelson)

천연가스 추출을 위한 수압 파쇄 기법 사용을 반대하는 뉴욕의 시위 행렬
Richard Levine/Alamy Stock Photo

핵심 질문

미국 캠퍼스의 녹화

1980년대 중반 이래로 전 세계적으로 대학 캠퍼스와 공립 및 사립학교에서 환경에 대한 관심이 높아졌다. 미국에서는 수백 개의 대학이 지속 가능성을 추구하고 학생들에게 **지속 가능성**(sustainability)에 대한 교육을 제공하기 위해 앞장서 왔다. 지속 가능성이란 매우 장기적인 미래까지 지구의 자연계와 인간 문화 시스템이 생존하고, 번영하며, 변화하는 환경 조건에 적응하는 능력을 말한다.

예를 들어 오하이오 주 오벌린 대학 (Oberlin College of Ohio)의 학생들 그룹은 교수진과 건축가들과 함께 건물에서 사용하는 것보다 30% 더 많은 전기를 생산하는 태양 광 패널로 구동되는 보다 지속 가능한 환경 연구 센터(그림 17.1)를 설계했다. 닫힌 루프 지열 우물은 냉난방을 제공한다. 태양열 온실에서는 식물과 다른 생물로 채워진 일련의 개방형 탱크가 건물의 폐수를 정화한다. 건물은 빗물을 집수하여 다양한 식물 및 동물 종을 포함해 주변 잔디, 정원, 초원에 관개를 한다.

시에라 클럽(Sierra Club)은 2016년에 메인 주의 College of the Atlantic을 가장 친환경적인 대학으로 평가했다. 수업의 35% 이상이 환경 문제와 관련이 있으며 교수진의 75%가 지속 가능성 연구를 수행한다. 학교는 재생 가능한 자원(풍력으로부터 93%, 태양으로부터 7%)으로부터 모든 전기를 얻는다. 2013년부터 대학의 기부금은 화석연료에 대한 투자를 전혀 하지 못했다.

시애틀에 있는 워싱턴 대학(University of Washington)에서는 캠퍼스에서 제공되는 음식의 절반 이상이 캠퍼스 농장 및 다른 소규모 지역 생산자로부터 나온다. 제공되는 모든 계란은 울타리가 없는 암탉으로부터 유기농으로 생산된 것이다. 이것은 학교 비용을 절약하고 에너지 사용과 온실가스 배출을 줄인다.

캘리포니아 대학교 샌디에이고 캠퍼스 (UCSD)는 새로운 정원 조경을 위해 가뭄에 잘 견디는 토착 식물만을 사용하여 캠퍼스에 많은 물을 저장한다. 이 정원은 역사적으로 가뭄으로 고통 받는 이 지역 잔디에 물을 공급하고 있다. UCSD 소속 차량의 1/3 이상이 모두 전기차이며 학교는 55대의 차량을 바이오 연료로 작동시킨다. 위스콘신 주립대학교 오시코시 캠퍼스(University of Wisconsin–Oshkosh)는 생물소화조(biodigester)를 통해 인근 농장의 분뇨를 캠퍼스 건물 난방에 사용되는 에너지의 20%를 공급하는 연료로 전환한다. 학교는 또한 풍력으로부터 전기의 20%를 얻는다.

코네티컷 대학교(University of Connecticut)는 거의 600개의 지속 가능성 강좌가 있으며 교수진의 40%는 환경 지속 가능성과 관련된 연구를 수행한다. 학생들은 식당에 얼마간 재료를 공급하는 유기농 농장을 운영한다.

캠퍼스를 푸르게 만드는 것 외에도, 대학은 점차 환경 지속 가능성 과정과 프로그램을 제공하고 있다. 파이퍼 대학교(Pfeiffer University)에서는 많은 학생들이 내셔널 지오그래픽 탐험가인 Luke Dollar 교수와 함께 마다가스카르를 방문하여 그 나라의 멸종 위기종과 생태계에 대한 연구에 참여했다.

이는 앞으로 수십 년 동안 우리 사회와 경제를 더욱 지속 가능하게 만들기 위해 지도력을 발휘할 학생들을 교육시키는 수많은 교육기관의 몇몇 예일 뿐이다. 이 장은 환경 문제와 해결책을 경제적, 정치적, 윤리적 측면에서 고려한다.

Robb Williamson/NREL

그림 17.1 오하이오 주 오벌린 대학의 아담 조셉 루이스 환경 연구 센터

17.1 경제 체제는 생물권과 어떻게 관련되어 있는가?

개념 17.1 생태경제학자와 대부분의 지속 가능성 전문가는 인간 경제 체제를 생물권의 하위 시스템으로 간주한다.

___

경제 체제는 자연 자본에 의존한다

경제학(economics)은 사람들의 필요와 욕구를 충족시키기 위해 재화와 서비스의 생산, 유통, 소비를 다루는 사회 과학이다. 시장 기반 경제 체제에서 소비자와 판매자는 재화와 서비스를 어떻게 생산하고, 유통하고, 소비할

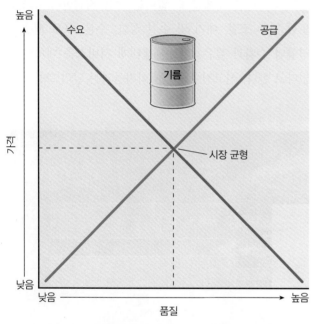

그림 17.2 자유 시장 경제 체제에서 팔리는 제품의 수요 곡선과 공급 곡선. 공급, 수요 및 가격을 제외한 모든 요소가 고정되어 있으면, 공급 곡선과 수요 곡선이 교차하는 지점에서 **시장 균형**이 이루어진다. **데이터 분석**: 기름 공급이 증가하면 도표에서 시장 균형점은 어떻게 바뀌는가?

것인가에 대한 경제적 의사 결정을 하기 위해 상호작용한다. 진정한 자유 시장 경제 체제에서, 모든 경제적 결정은 공급과 수요의 경쟁적 상호작용에 의해서만 좌우된다(그림 17.2). **공급**은 생산자가 주어진 가격으로 판매할 수 있는 재화 또는 서비스의 양이다. 수요는 소비자가 주어진 가격으로 기꺼이 살 수 있는 상품 또는 서비스의 양이다. 재화나 서비스에 대한 수요가 공급보다 많으면 가격이 상승한다. 공급이 수요보다 많으면 가격이 하락한다.

대부분의 경제 체제는 재화와 서비스를 생산하기 위해 세 가지 유형의 **자본** 또는 자원을 사용한다(그림 17.3). **자연 자본**(natural capital)(그림 1.3 참조)은 모든 삶과 경제를 지원하는 지구의 자연 과정에서 생산된 자원과 생태계 서비스를 포함한다. **인적 자본**(human capital)에는 노동, 조직 및 경영 기술, 혁신을 창출하는 인간의 물리적, 정신적 재능이 포함된다. **생산 자본**(manufactured capital)은 인간이 자연 자본을 사용하여 만들어낸 기계류, 재료 및 공장을 포함한다.

경제 모델

경제 성장(economic growth)은 국민, 주, 도시 또는 회사가 사람들에게 재화와 서비스를 제공할 수 있는 능력이 증대하는 현상을 말한다. 오늘날 전형적인 산업 국가는 더 많은 재화와 용역을 생산하기 위해 경제 체제를 통해 자연 자본과 에너지 자원의 흐름을 증대시킴으로써 경제 성장을 신장하려는 **고속 처리 경제**(high-throughput economy)에 의존한다(그림 17.4). 그런 경제는 값진 재화와 서비스를 생산한다. 그러나 많은 양의 고품질 물질

자연 자본   생산 자본   인적 자본   재화와 서비스

그림 17.3 대부분의 경제 체제에서 재화와 서비스를 생산하기 위해 사용되는 세 유형의 자본

과 에너지 자원을 유성 흡수 장치(공기, 물, 토양 및 유기물)에 유입되는 폐기물, 오염 및 저품질 열로 변환된다.

경제 발전(economic development)은 식량, 거주지, 육체적 경제적 안전 및 건강 증진과 같은 품목에 대한 기본적 인간 요구를 충족시킴으로써 인간 복지 향상에 기여

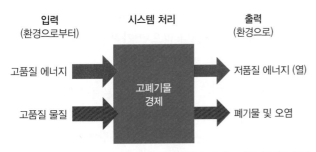

그림 17.4 세계 대부분의 선진국의 **고속 처리 경제**는 경제 성장을 촉진하기 위해 끊임없이 증가하는 에너지 및 물질 자원의 흐름에 의존한다. **비판적 사고:** 일상 활동을 통해 물질 및 에너지의 처리량을 정기적으로 증가시키는 세 가지 방법은 무엇인가?

하는 경제를 창출하는 데 초점을 맞추고 있다. 국가별 경제 성장 및 경제 개발 수준은 매우 다르다.

200년 넘게 경제학자들은 경제 성장에 한계가 있는지 논란을 벌였다. 신고전주의 경제학자들은 경제 성장의 잠재력이 본질적으로 무한하며 회사의 이익과 노동자에게 일을 제공하기 위해 필요하다고 전제한다. 신고전주의 경제학자들은 자연 자본을 중요하게 생각하지만 고갈되거나 저하될 수 있는 자원을 본질적으로 대체할 수 있다고 가정한다.

생태경제학자들은 의견이 다르다. 그들은 깨끗한 공기, 깨끗한 물, 비옥한 토양 및 생물 다양성과 같은 많은 중요한 천연자원을 대체할 수 없다는 점을 지적한다. 그들은 또한 기후 조절, 대기 및 수질 정화, 수분, 표토 재생 및 영양염 순환과 같은 중요한 생태계 서비스를 대체할 수 없다고 한다. 신고전주의 경제학자들과는 달리 그들은 인

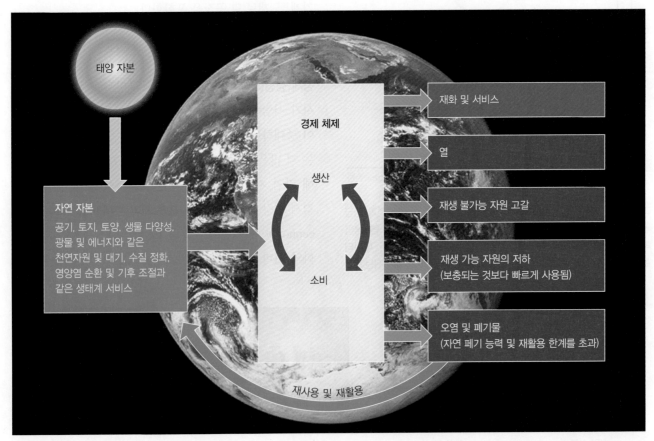

그림 17.5 **생태경제학자**는 모든 인간 경제가 태양과 지구의 천연자원으로부터 제공되는 자원과 서비스에 의존하는 생물권의 하위 시스템으로 간주한다. **비판적 사고:** 이 모델에 동의하는가, 동의하지 않는가? 설명하라.

Photo: NASA.

간의 경제 체제를 지구의 대체할 수 없는 자연 자본을 구성하는 천연자원과 생태계 서비스에 크게 의존하는 생물권의 하위 시스템으로 간주한다(그림 17.5)(개념 17.1)

생태경제학자들에 따르면, 경제 성장은 모든 인간 경제 체제가 의존하는 대체 불가능한 다양한 형태의 천연자원을 고갈시키거나 저하시킬 때 지속 불가능해진다. 연구에 따르면 인간의 행동은 아마도 네 가지 지구 위험한계(생태학적 티핑 포인트)를 초과한 것으로 추산한다(과학적 핵심 3.3 참조). 일부 추산에 따르면 인류는 현재 1.5개의 지구의 재생 가능 자원을 사용하고 있으며 2030년까지 2개의 지구를 사용하게 된다. 이 기간 이후에도 지속될 수는 없다. 즉 우리는 할당된 것 이상을 사용하여 미래 세대로부터 재생 가능 자원을 빌리고 있다.

2 2030년의 세계 예상 인구가 재생 가능 자원 전체를 지속적으로 사용하는 데 필요한 지구의 수

생태경제학자인 로버트 코스탄자(Robert Costanza)와 그의 동료들은 지구의 주요 생물군에 의해 제공되는 17가지 생태계 서비스의 가치가 연간 적어도 125조 달러에 달할 것으로 추정했다. 이는 전 세계가 2016년에 재화와 서비스에 지출한 752억 달러보다 1.7배 더 크다는 것이다.

그림 17.6은 세계 생태계 서비스의 금전적 가치를 보수적으로 추정했다.

대부분의 생태 및 환경경제학자들은 **환경적으로 지속 가능한 경제 발전**(environmentally sustainable economic development)을 요구한다. 그것은 환경적으로 유익하고 지속 가능한 형태의 경제 성장을 장려하고 천연자원을 악화시키는 환경적으로 해로운 형태의 경제 성장을 억제하기 위해 정치 및 경제 체제를 사용한다.

생각해보기

> **경제 성장**
> 당신이 살고 있는 나라의 경제는 지속 가능하다고 생각하는가 또는 지속 가능하지 않다고 생각하는가? 설명하라.

자원의 미래 가치 예측

경제학자, 기업 및 투자자가 자원의 가치를 결정하는 데 사용하는 도구 중 하나는 할인율로, 이는 미래가치를 현재가치로 환산해 주는 비율을 말한다. 그것은 오늘날의 자원 가치가 미래보다 높을 수 있다는 생각에 기반을 둔다. 따라서 미래가치는 할인되어야 한다. 할인율의 크기(일반적으로 백분율로 표시)는 숲과 같은 자원이 어떻게 사용되고 관리되는지에 영향을 미치는 핵심 요소다.

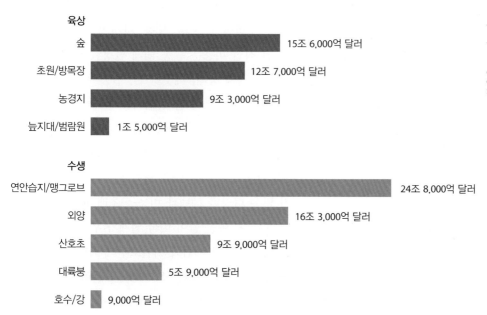

육상

- 숲 — 15조 6,000억 달러
- 초원/방목장 — 12조 7,000억 달러
- 농경지 — 9조 3,000억 달러
- 늪지대/범람원 — 1조 5,000억 달러

수생

- 연안습지/맹그로브 — 24조 8,000억 달러
- 외양 — 16조 3,000억 달러
- 산호초 — 9조 9,000억 달러
- 대륙붕 — 5조 9,000억 달러
- 호수/강 — 9,000억 달러

그림 17.6 자연 자본: 매년 세계의 주요 육상 및 수생 생태계가 제공하는 생태계 서비스의 추정 금전적 가치

Compiled by the authors using data from Robert Costanza et al., "Changes in the Value of Ecosystem Services," *Global Environmental Change*, Elsevier, 2014

예를 들면 제로 할인율로, 오늘 100만 달러 상당의 삼나무 숲에서 나온 목재는 50년 후에도 여전히 100만 달러의 가치가 있을 것이다. 그러나 미국 관리소, 예산국, 세계은행 및 대부분의 기업은 일반적으로 자원의 미래가치를 연간 10%의 할인율을 적용하여 추산한다. 몇 년이 지나면 삼나무 숲은 점차 가치가 줄어들 것이며 10,000달러 미만으로 떨어지는 데는 45년이 걸리지 않을 것이다. 할인율을 적용하면 자원의 소유자가 나무를 가능한 한 빨리 자를 것이라는 경제적 관점에서 의미가 있다.

그러나 이런 경제적 분석은 산림에서 제공되는 생태계 서비스의 엄청난 경제적 가치를 고려하지 않았다(그림 9.2, 왼쪽 및 그림 17.6 참조). 그런 서비스로는 강수량의 흡수와 물 및 기타 영양분의 점진적 방출, 자연 재해 통제, 수질 및 공기 정화, 토양 침식 방지, 과도한 대기 이산화탄소의 제거 및 저장, 다양한 산림 서식지 내에서의 생물 다양성 보존이 포함된다.

높은 할인율로 인해 이런 중요한 경제 및 생태계 서비스를 유지하기가 어렵다. 이런 경제적 가치가 포함된다면 현재 제공되는 생태계 서비스에 대해 보다 넓은 삼나무 숲을 보존하고 삼나무 제품의 대체재를 찾는 것이 더 시급할 것이다. 그러나 이런 생태계 서비스는 지구 전체와 미래 세대에게 필연적이지만, 현재 삼나무 소유주에게 금전적 수익을 제공하지 않는다.

할인율을 설정하는 것은 어렵고 논쟁의 여지가 있다. 지지자들은 (5~10%에 달하는) 높은 할인율을 적용하는 몇 가지 이유를 언급했다. 그중 하나는 인플레이션이 자원에 대한 미래 소득의 가치를 감소시킬 수 있다는 주장이다. 또 다른 주장은 소비자 선호도의 혁신이나 변화가 제품이나 자원을 쓸모없게 만들 수 있다는 것이다. 예를 들어 삼나무처럼 보이게 만든 플라스틱 합성물은 이 목재의 미래사용 및 시장 가치를 감소시킬 수 있다.

비평가들은 할인율이 높으면 즉각적인 보상을 위해 신속하게 자원을 개발할 것을 촉구하기 때문에 사실상 재생 가능한 천연자원을 장기간 지속 가능하게 사용하는 것은 불가능하다고 지적한다. 그들은 노령림과 같은 독특하고 희귀하고 대체할 수 없는 자원을 보호하기 위해 0% 또는 심지어 마이너스 할인율을 적용해야 한다고 주장한다. 마이너스 할인율은 시간이 지남에 따라 숲 또는 기타 자원의 경제적 가치를 증가시킨다. 일부 경제학자들은 생태계 서비스가 지속적으로 저하됨에 따라 가치가 더 높아질 것이므로 마이너스 할인율이 의미 있는 유일한 형태라고 주장한다. 그들은 −1~−3%의 할인율이 재생 불가능 및 재생 가능한 자원을 보다 천천히 그리고 보다 지속 가능한 방식으로 사용하는 것이 수익성이 있다고 지적한다.

생각해보기

> **할인율**
> 숲이 우거진 지역을 소유한 경우, 숲의 나무와 같은 자원에 대한 할인율을 높게, 보통으로, 0 또는 마이너스로 적용할 것인가? 설명하라.

비용 편익 분석

오염을 통제하고 자원을 관리하는 방법에 대한 경제적 결정을 내리는 데 널리 사용되는 또 하나의 도구는 **비용 편익 분석**이다. 이 과정에서 분석가는 오염 제어 규정을 시행하고, 강에 댐을 건설하고, 산림을 보존하는 것과 같은 예상되는 비용과 이익을 비교한다.

비용 편익 분석은 특정 규정이나 프로젝트에 의해 누가 편익을 얻고 누가 해악을 끼치는지를 결정하고 그런 편익과 해악의 현재와 미래의 금전적 가치(비용)를 산정하는 것을 포함한다. 토지, 노동, 자재 및 오염 제어 기술과 관련된 직접 비용은 종종 쉽게 산정된다. 분석가들은 인명, 건강, 청정 공기, 깨끗한 물, 멸종 위기종, 숲 또는 습지 등 자연 자본과 같은 간접비용에 대해 예상 가격표를 붙일 수 있다. 그러나 이런 금전적 가치 추정치는 평가자의 가정, 가치 판단 및 할인 요인에 따라 크게 다르다.

이런 단점으로 인해 비용 편익 분석은 오류가 발생할 여지가 많은 다양한 혜택과 비용을 초래할 수 있으며 논쟁의 원천이다. 예를 들어 미국 업계가 후원한 비용 편익 분석은 미국 근로자를 염화 비닐로부터 보호하기 위해 작성된 규정을 준수하는 데 650~900억 달러의 비용이 소요될 것으로 추정했다. 결국 규정을 준수하는 데 10억 달러도 안 되는 비용이 든다. 경제 정책 연구소(Economic Policy Institute)의 한 연구에 따르면 미국 환경 규제안을 준수하기 위해 산업계가 예상한 비용은 산업계가 그런 규제 준수를 피하거나 지연시키기 위해 종종 부풀려졌다.

공정하고 정확하게 수행한다면 비용 편익 분석은 경제적 결정을 내리는 데 유용한 도구가 될 수 있지만 항상 불확실성을 포함한다. 환경경제학자는 환경의 일부와 관련된 비용 편익 분석의 가능한 남용 및 오류를 최소화하기 위해 다음 지침을 권고한다.

- 사용된 모든 가정을 기술한다.
- 관련된 생태계가 제공하는 생태계 서비스에 대한 추정치를 포함시킨다.
- 모든 영향을 받는 인구 집단의 장단기 혜택 및 비용을 예측한다.
- 대안 행동 과정의 비용과 편익 비교한다.

17.2 환경 문제를 다루기 위해 어떻게 경제학을 이용할 것인가?

개념 17.2 우리는 재화와 서비스를 생산하는 데 드는 환경 및 보건 비용을 시장 가격(**전체 비용**)으로 포함시키고, 환경에 유익한 재화와 서비스에 보조금을 지급하고, 임금 대신 공해 및 폐기물에 세금을 부과함으로써 자원을 보다 지속 가능하게 사용할 수 있다.

전체 비용 책정

사람들이 재화와 서비스에 대해 지불하는 **시장 가격** 또는 **직접 가격**은 일반적으로 간접 또는 **외부 비용**과 환경을 제공하고 사용하는 것과 관련된 인류 건강에 대한 모든 비용을 포함하지 않는다. 이런 비용은 종종 간접비용이라고 한다.

예를 들어 누군가 새 차를 구입하면 가격에는 재료비, 인건비, 운송비 및 판매자의 이익에 대한 **직접** 또는 **내부** 비용이 포함된다. 차량을 사용할 때 자동차 소유자는 휘발유, 유지 보수, 수리 및 보험에 직접적인 추가 비용을 지불한다.

그러나 자동차를 만들기 위한 원자재의 추출 및 가공은 에너지 및 광물자원을 사용하고, 토지를 교란하며, 고형 및 유해 폐기물을 생산하며, 공기와 물을 오염시키고 기후변화 온실가스를 대기로 방출한다. 이런 숨겨진 외부 비용은 사람, 경제 및 지구의 생명유지 시스템에 단기 및 장기적으로 해로운 영향을 미친다. 이런 유해한 외부 비용은 자동차의 시장 가격에 포함되어 있지 않기 때문에 대부분의 사람들은 자동차 소유와 연결하지 않는다. 그럼에도 불구하고 자동차 구매자 및 사회의 다른 사람들은 건강 악화, 건강 보험 및 보험료 증가, 공해 방지를 위한 높은 세금 부담 및 자연 자본 감소의 형태로 이런 간접비용을 앞으로 지불해야 한다.

생태경제학자들과 환경 전문가들은 재화와 서비스의 시장 가격에 환경과 인류 건강에 해를 끼칠 것으로 예상되는 비용을 포함할 것을 요구한다. 이것이 **전체 비용 책정**(full-cost pricing)이며, 여섯 가지 지속 가능성의 원리 중 하나다. 재화와 서비스의 시장 가격에 유해 환경 비용 및 보건 비용을 포함시키지 않는 것은 우리가 직면한 환경 문제의 주요 원인 중 하나가 된다(1장 19~20쪽 참조).

그것의 지지자들에 따르면, 전체 비용 책정은 자원 낭비, 오염 및 환경 파괴를 줄이고 인류 건강을 향상시킬 것이다. 또한 생산자가 보다 자원 효율적이고 오염이 적은 생산 방법을 개발하도록 유도할 것이며, 소비자에게 자신이 구매하는 재화 및 서비스가 환경 및 건강에 미치는 영향을 알릴 것이다. 예를 들어 석탄 화력 발전의 석탄과 광산의 유해 환경 비용 및 보건 비용(그림 17.7)이 석탄 화력의 시장 가격에 포함된다면 석탄은 훨씬 비싸고 에너지 효율이 향상될 것이며 천연가스, 태양 및 풍력과 같이 환경적인 피해가 덜 할 것이다.

전체 비용 책정을 실천으로 옮기면 일부 산업 및 기업이 사라지거나 스스로 재구성될 수 있다. 새로운 기업도 나타날 것이다. 이것은 역동적이고 창조적인 자본주의 경제에서 정상적이고 활력을 주는 과정이다. 전체 비용 책정으로의 전환이 10~20년에 걸쳐 이루어진다면 일부 환경적으로 유해한 사업체가 수익성이 높고 환경적으로 유

그림 17.7　노천 석탄 광산과 전기를 생산하기 위해 석탄을 태우는 유해한 환경 영향의 대부분은 전기 요금에 포함되지 않는다.

Andreas Reinhold/Shutterstock.com

익한 사업체로 변모하기에 충분한 시간을 가질 수 있을 것이다.

　전체 비용 책정이 더 널리 사용되지 않는 데에는 세 가지 이유가 있다. 첫째, 대부분의 유해한 제품과 서비스 생산자는 제품에 더 많은 비용을 부과해야 하며, 일부는 사업을 중단해야 한다. 당연히 이 생산자들은 그런 가격 책정에 반대한다. 둘째, 많은 환경 및 건강 비용을 예측하기 어렵다. 셋째, 환경적으로 유해한 많은 사업체는 정부의 보조금 및 세금 감면 혜택을 얻기 위해 정치적, 경제적 힘을 이용하여 이익을 늘리고 경우에 따라 사업을 유지한다.

환경적으로 도움이 되는 보조금 이동

어떤 **보조금**은 환경을 파괴하거나 건강에 해를 끼치는 방향으로 작용하여 역효과를 조성하기도 한다. 예를 들면 광물과 화석연료를 추출하고, 공유지에서 나무를 베고, 농장에서 저비용 용수를 사용하는 데 보조금 및 세제 혜택이 남용되고 있다.

　환경과학자인 노먼 마이어스(Norman Myers)에 따르면 그런 **보조금과 세제 혜택**으로 인해 세계 정부(납세자)에게 연간 최소 2조 달러(평균 380만 달러)의 비용이 든다. 또한 마이어스는 정부의 보조금 및 세금 감면이 평균 미국인 납세자에게 연간 2,000달러의 비용이 소요될 것으로 추산한다.

　환경과학자들과 생태경제학자들은 환경적으로 해로운 보조금과 세제 혜택을 단계적으로 폐지하고, 환경적으로 도움이 되는 보조금과 세제 혜택을 단계적으로 도입할 것을 촉구한다. 오염 방지, 폐기물 방지, 지속 가능한 임업 및 농업, 물 공급 보전, 에너지 효율 개선, 재생 에너지 사용 및 예상되는 기후변화를 완화하기 위한 조치에 관여하는 기업은 보조금 및 세금 감면 혜택을 더 많이 받게 된다.

유해 환경 보조금과 세제 혜택을 받는 **강력한 이익단체**는 많은 시간과 돈을 로비에 쏟거나 정부에 보조금을 계속 늘리고, 심지어는 늘리는 데 영향을 미치기 때문에 20~30년에 걸친 이런 보조금 전환은 쉽지 않을 것이다. 그들은 또한 정부가 태양 에너지와 풍력 에너지와 같은 보다 환경 친화적인 경쟁자에 대해 보조금을 지급하지 않도록 **로비**에 나서고 있다. 일본, 프랑스, 벨기에를 비롯한 여러 국가들이 조금씩 보조금을 교체하기 시작했다.

생각해보기

보조금

환경적으로 해로운 정부 보조금 및 세금 감면을 단계적으로 폐지하고 향후 20~30년 내에 환경적으로 유익한 보조금 및 세제 혜택을 단계적으로 도입하는 것을 선호하는가? 설명하라. 이 일을 돕기 위해 할 수 있는 일 세 가지는 무엇인가? 그런 보조금 전환이 우리의 생활방식에 어떤 영향을 미칠 수 있는가?

임금과 이익 대신 공해와 폐기물에 세금을 부과한다

많은 분석가들은 대부분의 국가에서 세금 제도는 거꾸로 가고 있다고 한다. 더 많은 일자리, 소득 및 이익 추구, 혁신을 원하는 우리를 낙담시키고, 우리가 원하지 않는 오염, 자원 낭비 및 환경 파괴를 고무시키고 있다. 보다 환경적으로 지속 가능한 경제 및 정치 체제는 노동, 소득 및 부에 대한 세금을 낮추고 오염, 폐기물 및 환경 파괴를 유발하는 환경 활동에 대한 세금을 인상한다. 경제학 분야에서 8명의 노벨 경제상 수상자를 포함해 약 2,500명의 경제학자들이 이 **세금 전환** 개념을 지지했다.

제안자는 보다 환경적으로 지속 가능하고 환경세로의 성공적인 전환을 위해서도 세 가지가 필요하다고 지적한다.

- 사업체가 변화를 계획할 수 있도록 10~20년에 걸쳐 환경세를 도입한다.
- 소득세, 급여세 또는 기타 세금을 환경세와 동일한 액

상충 관계

환경세 및 수수료

장점	단점
전체 비용 책정에 대한 도움	안전망이 제공되지 않는 한 저소득층이 불리
기업이 환경에 이로운 기술과 제품을 개발하도록 장려함	세금 및 수수료의 최적 수준을 결정하기 어려움
기존 세무 기관으로도 쉽게 관리	너무 낮게 책정하면 부유한 오염자는 돈으로 세금을 흡수할 수 있음

그림 17.8 공해와 자원 낭비를 줄이기 위한 환경세 도입의 장점과 단점.
비판적 사고: 가장 중요하다고 생각하는 장점 및 단점은 무엇인가? 그 이유를 설명하라.

Top: Chuong Vu/Shutterstock.com, 하단: EduardSV/Shutterstock.com.

수만큼 감액하여 세금이 순 증가하지 않도록 한다.

- 연료, 물, 전기 및 음식과 같은 생필품에 대한 새로운 세금으로 인해 재정적으로 어려움을 겪을 빈곤층과 중산층에 대해 안전망을 설계한다.

그림 17.8은 환경세 적용의 장점과 단점을 나열한다. 유럽과 미국의 여론 조사에 따르면 유권자들에게 세금 전환에 대해 설명하면 그중 70%가 이 아이디어를 지지한다. 코스타리카, 스웨덴, 독일, 덴마크, 스페인, 네덜란드는 소득, 임금 또는 두 가지 모두에 대해 세금을 삭감한 반면 여러 가지 환경적으로 유해한 활동에 대한 세금은 인상했다. GOOD NEWS

미의회에서는 주로 자동차, 화석연료, 광업, 화학 및 기타 정치적으로 강력한 산업 분야의 반대에 부딪쳐 환경세를 제정하지 않았다. 반대자들이 환경세로 인해 생산자가 재화와 서비스의 가격을 올려 경제와 소비자에게 악영향을 끼칠 것이라고 주장했기 때문이다. 게다가 대부분의 유권자들은 새로운 세금에 반대할 수 있는 조건을 갖추었으며 세금의 순증가 없이 환경의 질을 개선하는 세금 감면 방식의 경제적, 환경적 이점에 대해 교육을 받지 못했다.

환경 지표

경제 성장은 주로 한 나라의 영역 내에서 회사와 조직, 외국 기업, 국내 기업 등 모든 경제 주체가 생산해낸 최종 생산물의 연간 시장 가격인 **국내총생산**(gross domestic product, GDP)의 변화율로 측정된다. 1인당 경제 성장률의 변화는 1년의 중간쯤에 GDP를 국내총인구로 나눈 **1인당 GDP**(per capita GDP) 지표로 측정된다.

GDP와 1인당 GDP 지표는 국가의 경제 산출물을 계량하고 비교하는 데 표준화된 유용한 방법을 제공한다. GDP는 유익하고 유해한 환경 및 건강 영향을 고려하지 않고 그런 산출물을 계량하도록 의도적으로 만들어진 것이다. 환경경제학자와 생태경제학자 및 환경과학자들은 환경 지표와 인간의 행복을 점검하는 데 도움을 주는 새로운 지표(환경 지표)의 도입과 발전을 요구하고 있다.

이런 지표 중 하나가 순발전 지표(genuine progress indicator, GPI)로 GDP와 기본 수요를 충족시키는 유익한 거래의 추정치에서 환경 비용, 건강 비용 그리고 사회 비용과 같이 예측되는 유해한 비용은 뺀다. GPI에 포함된 유익한 거래의 예로 무료자원봉사, 가족 구성원에 대한 건강관리, 보육 및 가사 노동 등이 포함된다. GPI 값을 구하기 위해 공제되는 유해한 비용에는 환경 오염, 자원 고갈과 파괴 및 범죄와 같은 것이 포함된다.

또 다른 환경 지표는 글로벌 녹색 경제 지수(GGEI)다. 전문가 집단의 분석을 기반으로 기후변화, 에너지 효율성, 시장 및 투자, 천연자원에 대한 리더십 분야에서 60개 국가의 성과를 측정한다. 2016년 GGEI에서 상위 5위권 국가는 스웨덴, 노르웨이, 핀란드, 스위스 및 독일이었다. 미국은 30위다.

개발되고 있는 환경 지표는 완벽하지 않다. 그러나 그런 지표가 없다면 인류 건강, 환경 및 지구의 자연 자본에 대한 인간 활동의 전반적인 영향을 점검하고 인류가 직면한 환경 문제에 대한 해결책의 효과를 평가하는 것은 어렵다.

공해 및 자원 낭비를 줄이기 위한 시장의 활용

장려가 기본인 규정 시스템에서 정부는 허용 가능한 수준의 총 오염 또는 자원 사용을 정하고, 한계를 지정하거나 이 수준이 지켜질 수 있도록 하며, caps에 의해 관리되는 공해와 자원 사용 허가제를 회사에게 주거나 판다.

이런 배출권 거래제를 통해 전체적인 할당을 사용하지 않는 허가 소지자는 미래의 확장에 대한 보증으로 허가제를 사용하거나 다른 회사에 팔 수 있다. 미국에서는 이산화황(15장 470쪽 참조)과 몇몇 다른 대기 오염물질의 방출을 감소시키기 위해 이런 방법을 도입했다. 거래권은 해로운 지역 또는 지구적인 영향과 함께 생물 다양성을 보존하는 데 도움을 주고 온실가스와 다른 공해 물질을 감소시키는 국가 사이에도 적용되도록 했다.

그림 17.9는 거래 가능한 공해와 자원 사용 허가제에 대한 장점과 단점을 나열했다. 이런 프로그램의 효과는 얼마나 높거나 낮은 보호 장치가 정착되었는가와 이 보호 장치가 감축되는 정도에 좌우된다고 볼 수 있다.

제품 대신 서비스 판매

환경적으로 유리한 경제를 지향하는 한 가지 접근법은 특정 상품을 직접 파는 대신에 특정 상품이 제공하는 서비

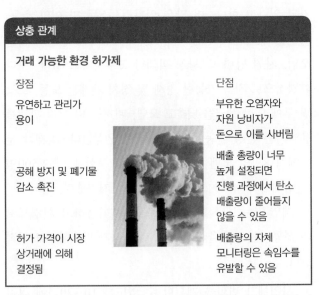

상충 관계	
거래 가능한 환경 허가제	
장점	단점
유연하고 관리가 용이	부유한 오염자와 자원 낭비자가 돈으로 이를 사버림
공해 방지 및 폐기물 감소 촉진	배출 총량이 너무 높게 설정되면 진행 과정에서 탄소 배출량이 줄어들지 않을 수 있음
허가 가격이 시장 상거래에 의해 결정됨	배출량의 자체 모니터링은 속임수를 유발할 수 있음

그림 17.9 공해와 자원 낭비를 감소시키기 위한 거래 가능한 공해와 자원 사용 허가제의 장점과 단점. **비판적 사고:** 가장 중요하다고 생각하는 장점 및 단점을 두 가지씩 제시하고 그 이유를 설명하라.

M. Shcherbyna/Shutterstock.com

스를 판매하는 것이다. 이런 접근 방식을 통해 제조업자 또는 서비스 제공자는 그들의 제품이 재료를 최소한의 양만큼 사용하고, 가능한 오래 사용하며, 에너지 효율적으로 생산되거나 사용될 때 가능한 적은 오염을 만들어내고 유지, 수리, 재사용 또는 재활용이 쉬우면 더욱 많은 돈을 벌 수 있다.

이런 경제 전환이 몇몇 회사에서 이루어지고 있다. 1992년 이래, 제록스(Xerox) 사는 문서 서비스를 제공하기 위해 복사기를 파는 대신에 그들의 복사기를 임대해 주고 있다. 소비자의 서비스 계약이 만료가 되면, 제록스에서 기계를 도로 가져가 재사용하거나 재제조한다. 회사는 쓰레기 매립지나 소각로로 제품을 보내지 않겠다는 목표가 있다. 비용을 절약하기 위해, 제록스는 가능한 적은 부품을 사용하고, 에너지 효율적이며 소음, 열, 오존 및 화학 폐기물을 가능한 한 적게 배출하도록 제품을 디자인한다.

유럽에서 캐리어(Carrier) 사는 냉난방 설비 판매에서 실내 냉난방 서비스 제공으로 전환하고 있다. 이 회사는 내구성이 뛰어나고 재구성 또는 재활용이 쉬운 에너지 효율적 장비를 설치 및 임대함으로써 보다 높은 수익을 올리고 있다. 또한 캐리어 사는 단열재를 추가하고 열 손실을 제거하여 사무실과 가정의 에너지 효율을 높임으로써 고객이 에너지를 절약할 수 있도록 도와줌으로써 수익을 창출한다.

빈곤 감소는 환경 및 인류 건강 향상

빈곤(poverty)은 사람들이 식량, 물, 주거지, 건강관리 및 교육에 대한 기본적인 욕구를 충족할 충분한 돈이 없을 때 발생한다. 세계은행에 따르면, 빈곤은 세계 인구의 1/3에 해당하는 25억 명에 달하는 삶의 방식이다. 그들은

그림 17.10 세 살짜리 여자 아이가 아이티, 포르토프랭스(Port-Au-Prince)의 한 빈민가 판잣집에서 자고 있다.

하루에 3.1달러 이하의 소득으로 산다. 세계 인구 1/5은 하루에 1.9달러 이하의 소득으로 생계를 유지하기 위해 안간힘을 쓰고 극심한 빈곤 속에 살고 있다(그림 17.10).

일부 분석가들은 부유한 나라와 빈곤한 국가의 격차가 벌어지고 소수의 슈퍼 리치와 전 세계 나머지 사람들의 격차가 크게 벌어지는 것에 놀랐다. 옥스팜에 의한 2016년 연구에 따르면, 세계에서 가장 부유한 8인의 자산이 세계 인구의 절반인 하위 50% 극빈층의 자산에 해당한다고 한다. 일부 경제학자들은 이 부의 일부가 극빈층과 중산층으로 이동할 것이라고 말한다. 거의 30년 동안 낙수 효과 대신 부유한 개인, 기업 및 국가에 증가하는 비율로 대부분의 부를 집중시키고 있다고 지적했다.

빈곤은 기아, 영양실조, 전염병 및 더 짧은 수명과 같은 여러 가지 유해한 건강 영향을 초래한다(그림 14.16, 오른쪽 참조). 빈곤은 또한 우리가 직면한 환경 문제의 다섯 가지 주요 원인 중 하나로 확인되었다(18쪽). 빈곤과 그 유해한 영향을 줄이기 위해 정부, 기업, 국제 전문 기

관 및 부자들은 다음과 같은 것을 수행할 수 있다.

- 매년 수백만 명을 죽이는 영양실조 및 전염병 퇴치를 위한 대규모 글로벌 노력을 기울인다.

- 모든 어린이와 전 세계의 약 8억 명의 문맹인 성인을 대상으로 보편적인 초등학교 교육을 제공한다. 문맹은 자신의 삶이나 자녀들의 삶을 개선할 희망이 거의 없는 많은 실업자의 창출에 기여함으로써 국가 내 테러와 분쟁을 조장할 수 있다.

- 저개발국가가 여성의 사회적 및 경제적 지위를 높이고, 빈곤을 줄이며, 가족계획에 대한 접근성을 제공함으로써 인구 증가를 줄이는 데 도움을 준다.

- 미국 및 중국과 같은 국가들의 높은 생태계 및 1인당 생태 발자국을 급격히 줄이는 데 초점을 맞춘다.

- 시골 마을을 위한 태양 전지 발전 설비 및 지속 가능한 농업 프로젝트와 같은 소규모 사회 기반 시설에 대규모로 투자하여 개발도상국가가 보다 효율적이고 환경 친화적인 경제로 나아갈 수 있도록 지원한다.

- 소득을 증가시키고자 하는 가난한 사람들이 대출 기관에서 소액, 저금리 대출을 받을 수 있도록 장려한다(다음 사례 연구 참조).

생태학자이자 내셔널 지오그래픽 탐험가 사샤 크레이머(Sasha Kramer)는 기아, 토양 고갈 및 수질 오염 문제를 동시에 해결하기 위해 빈곤하고 생태적으로 악화된 아이티에서 일해 왔다. 그녀가 속한 비영리 단체는 인류 폐기물을 수거하여 퇴비로 전환하는 건식 퇴비 화장실을 전국으로 보냈다. 아이티 농부들은 고갈된 토양을 재건하고 식량 생산을 증진하는 데 사용할 수 있다. 이 과정은 또한 아이티의 물 공급에서 인간의 폐기물을 없애고 수인성 전염병의 위험한 위협을 감소시킨다.

GOOD
NEWS

사례 연구

소액 대출

세계의 유능한 사람들은 대부분 빈곤에서 벗어나 자신과 가족을 위해 더 나은 삶을 누릴 수 있도록 일하고 충분히

벌고 싶어 한다. 소규모 대출을 통해 농장이나 중소기업을 시작하는 데 필요한 자금을 마련할 수 있다. 그러나 대출에 담보로 할 만한 신용 기록이나 자산은 거의 없다.

30년 이상 동안, 파격적인 소액 대출(microlending) 또는 소액 금융(microfinance)은 빈곤 속에 살고 있는 많은 사람들이 이 문제를 해결하는 데 도움이 되었다. 1983년 경제학자 무하마드 유누스(Muhammad Yunus)는 빈곤율이 높고 인구가 급속히 증가하는 방글라데시에 그라민 은행(Grameen Bank)을 설립했다. 시중 은행과 달리 그라민 은행은 본질적으로 대출자와 방글라데시 정부가 소유하고 운영한다. 창업 이래, 은행은 일반 은행에서 대출을 받을 자격이 없는 방글라데시의 760만 명의 빈곤층에게 저금리로 50달러에서 500달러까지 대출을 해주어 80억 달러에 이르렀다.

대출을 받는 사람의 대부분은 여성이며, 이들은 중소기업을 시작하고, 작물을 심고, 작은 관개용 펌프를 구입하고, 우유와 계란을 생산하고 판매할 수 있는 소와 닭을 사고, 운송용 자전거를 사기 위해 대출을 받는다. 소액 대출은 농촌 마을의 보육 센터, 보건 진료소, 조림 프로젝트, 식수 공급 프로젝트, 문맹 퇴치 프로그램, 소규모 태양열 및 풍력 시스템을 개발하는 데에도 사용된다(그림 17.11).

그라민 은행의 평균 대출 상환율은 95% 이상이다. 이는 일반 은행의 대출 평균 상환율의 거의 두 배에 해당하며 그라민 은행은 지속적으로 수익을 올리고 있다. 일반적으로 그라민에서 대출을 받은 사람 중 약 절반이 대출을 받은 후 5년 이내에 빈곤선 위로 이동한다.

GOOD
NEWS

2006년 유누스와 그의 동료들은 사람들의 삶을 변화시키는 소액 대출의 선구적인 노력으로 노벨 평화상을 공동 수상했다. 그는 "각 인류의 에너지와 창조력을 최대한 발휘하여 빈곤에 대한 해답을 제시한다"고 밝혔다. 그라민 소액 대출 모델을 기반으로 한 은행은 미국을 포함한 58개국으로 퍼져 5억 명에 이르는 것으로 추정된다.

새천년 개발 목표

2000년에 세계 여러 나라들은 굶주림과 빈곤을 급격히

National Renewable Energy Laboratory

그림 17.11 인도 시골 마을의 여성들이 소액 대출을 받아 소형 태양 전 지판(지붕 위에 설치됨)을 구입하여 생활에 필요한 전기를 공급하고 있 다. 이는 태양 에너지의 지속 가능성의 원리를 적용한 것이다.

감소시키고, 건강관리를 향상시키며, 전 세계적으로 초등 교육을 제공하고, 여성에게 권한을 주며, 2015년까지 환 경적으로 지속 가능한 것으로 이행해가겠다는 **새천년 개 발 목표**를 세웠다. 2015년 유엔은 진척 사항을 발표하는 데, 목표 달성에 있어 혼란스런 결과를 보였다. 대부분의 국가에서 초등교육 확대에 대한 성과는 좋았으나 국회에 서 여성 대표는 대부분의 나라에서 개선되지 않았다. 많 은 나라에서 청결한 식수를 모든 시민들에게 제공하는 데 성과를 거두었지만, 일부 국가에서는 매우 열악했다.

선진국은 이런 목표를 달성하기 위해 연간 국가 소득 의 0.7%를 저개발국에 기부하기로 약속했다. 지금까지

덴마크, 룩셈부르크, 스웨덴, 노르웨이, 네덜란드만이 약 속한 대로 기부했다. 세계에서 가장 부유한 미국은 국가 소득의 0.16%만을 기부하고, 다른 부유한 나라인 일본은 스웨덴이 기부한 0.9%에 비해 얼마 안 되는 0.18%만을 기부했다.

생각해보기

새천년 개발 목표
당신이 살고 있는 나라가 새천년 개발 목표인 연간 국가 소득의 최소 0.7%를 기부해야 한다고 생각하는가? 설명하라.

더 환경 친화적인 경제로의 전환

물질 및 에너지 변화(41~43쪽 참조)를 지배하는 세 가지 과학 법칙과 여섯 가지 지속 가능성의 원리는 끊임없 이 증가하는 물질 및 에너지 흐름(그림 17.3)에 기반하고 앞으로 수십 년 동안 고처리량(고폐기물) 경제로부터 벗 어나 우리의 환경 및 자원 문제를 해결할 수 있는 최상의 장기간 해결책이라고 제안한다. 에너지 효율 향상과 물질 재사용 및 재활용을 기반으로 지속 가능한 **저처리량(저폐 기물) 경제**(low-throughput (low-waste) economies)를 개 발하는 것이 목표다(그림 17.12). 그림 17.13은 이 형태 의 보다 환경적으로 지속 가능한 경제 발전의 일부 구성 요소를 보여준다.

환경의 질을 향상시키고 환경의 지속 가능성을 위 해 노력하는 것은 이익과 많은 새로운 **녹색 일자리**(그림 17.14)와 함께 새로운 주요 성장 산업을 창출했다. Eco-tech Institute에 따르면 2014년 미국에서 380만 건의 녹 색 일자리가 있었는데, 주로 풍력 및 태양 에너지 분야에 서 빠르게 성장했다.

보다 지속 가능한 경제로의 전환은 정부와 산업체가, 특히 독일이 최근 해온 것처럼, 에너지 효율 및 재생 가능 에너지 분야에서 연구 개발에 대한 지출을 크게 늘려야 할 것이다.

세계 최대 카펫 타일 제조업체인 미국의 인터페이스 (Interface) 사의 창립자인 레이 앤더슨(Ray Anderson,

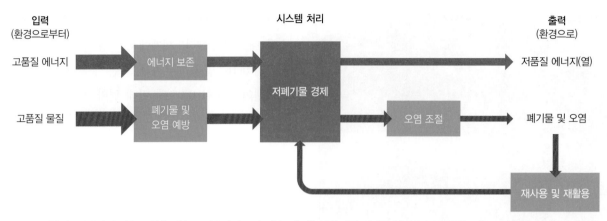

그림 17.12 해결책: 자연에서 얻은 교훈을 배우고 적용하면 보다 지속 가능한 저폐기물 경제를 설계하고 관리하는 데 도움이 될 수 있다. **비판적 사고:** 학교가 지속 불가능한 경제 및 환경 관리를 감소시킬 수 있는 세 가지 방법은 무엇이며 지속 가능한 방식을 촉진할 수 있는 세 가지 방법은 무엇인가?

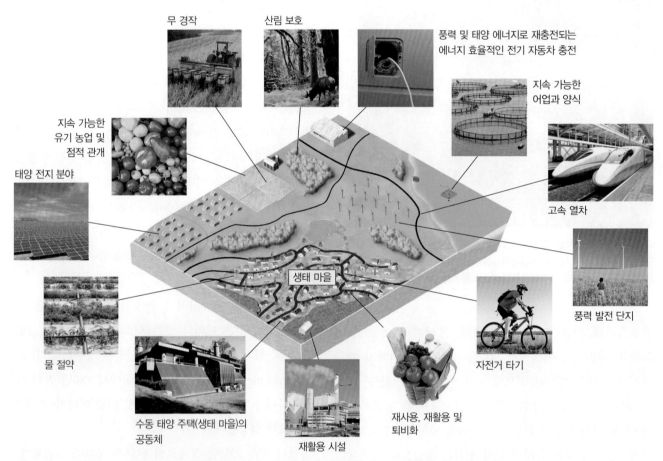

그림 17.13 해결책: 보다 환경적으로 지속 가능한 경제 발전의 일부 요소. **비판적 사고:** 그런 경제에 의해 생성될 수 있는 세 가지 새로운 유형의 직업은 무엇인가?

Photos going clockwise starting at "No-till cultivation": Jeff Vanuga/National Resource Conservation Service, Natalia Bratslavsky/Shutterstock.com, Pi-Lens/Shutterstock.com, Vladislav Gajic/Shutterstock.com,hxdbzxy/Shutterstock.com, Varina C/Shutterstock.com, Kalmatsuy/Shutterstock.com, Brenda Carson/Shutterstock.com, Alexander Chaikin/Shutterstock.com, National Renewable Energy Laboratory/U.S. Department of Energy, iStock.com/anhong, pedrosala/Shutterstock.com, Robert Kneschke/Shutterstock.com

환경적으로 지속 가능한 회사 및 일자리

수경재배	환경법
생물 다양성 보호	환경 나노 기술
바이오 연료	연료전지 기술
	지리정보시스템(GIS)
기후변화 연구	지열 지질학자
생물 보존	수소 에너지
	수문학자
생태관광	해양과학
에너지 효율적인	오염 예방
제품 설계	재사용 및 재활용
	제품 대신 서비스
환경 화학	판매
환경 디자인 및 건축	태양광 전지 기술
환경 경제	지속 가능한 농업
	지속 가능한 임업
환경 교육	도시 원예
	도시 계획
환경공학	폐기물 감소
환경 사업가	유역 수문학자
	물 절약
환경 건강	풍력 에너지

그림 17.14 녹색 일자리: 환경에 해가 되는 사양 산업은 감소할 것으로 예상되는 반면, 일부 주요 환경 사업과 일자리는 금세기에 번성할 것으로 예상된다. 다양한 친환경 일자리에 대한 자세한 내용은 이 책의 웹 사이트를 참조하라. **비판적 사고:** 이런 일자리 중 일부는 지속 가능성의 원리를 적용하는 데 어떻게 도움이 될 수 있는가?

Top: goodluz/Shutterstock.com. Second from top: goodluz/Shutterstock.com.
Second from bottom: Dusit/Shutterstock.com. Bottom: Corepics VOF/Shutterstock.com.

1934~2011)은 기업을 더욱 지속 가능하게 만드는 길을 열었다. 1994년 그는 진정한 지속 가능한 기업을 만들기 위한 계획을 발표했다. 16년 이내에 인터페이스는 물 사용량을 74%, 순 온실가스 배출량을 32%, 고형 폐기물을 63%, 화석연료 사용을 60%, 에너지 사용량을 44% 줄였다. 이런 노력으로 인터페이스는 4억 3,300만 달러 이상 절감했으며 회사의 이익은 3배가 되었다. 앤더슨은 다른 사업체가 지속 가능성을 향한 길에서 시작하도록 돕기 위해 인터페이스의 일부를 컨설팅 그룹으로 만들었다.

17.3 어떻게 보다 지속 가능하고 타당한 환경 정책을 이행할 것인가?

개념 17.3 개인은 환경 정책의 수립 및 시행에 영향을 미치는 정책 과정에 참여하기 위해 함께 노력할 수 있다.

환경 법규

정부는 환경 문제를 해결하는 데 중요한 역할을 담당한다. 즉 환경법, 규제 및 하나 이상의 정부 기관에서 설계, 구현 및 시행하는 프로그램으로 구성된 **환경 정책**(environmental policy)을 개발하여 이를 수행한다(다음 사례 연구 참조). 오염 표준을 제정하고 환경에 유해한 화학물질의 배출을 규제하며, 공공 숲, 공원 및 황무지와 같이 천천히 재생되는 자원의 지속 불가능한 사용으로부터 보호하는 법을 제정하고 시행하는 것을 포함한다. 전형적인 **정책 생명주기**는 **(1)** 문제 인식, **(2)** 정책 형성, **(3)** 정책 실행, **(4)** 경험에 기반을 둔 정책 조정의 4단계로 구성된다.

미국과 다른 여러 국가의 대부분의 환경 규제는 일반적으로 **명령 및 통제** 접근법을 통해 시행되는 법률을 통과시키는 것을 포함한다. 비판가들은 이런 전략이 불필요하게 비용을 증가시키고 혁신을 저해할 수 있다고 말한다. 정부 규제 중 많은 부분이 예방 대신 수습에 집중하기 때문이다. 일부 규제는 또한 기업이 오염 및 폐기물을 줄이기 위한 혁신적인 방법을 찾기에는 너무 짧은 규제 준수 기한을 설정하기도 한다.

많은 경제학자와 환경 및 기업 경영인이 선호하는 다른 접근 방식은 **인센티브 기반 환경 규제**를 사용하는 것이다. 특정 시장의 모든 회사가 동일한 고정 절차를 따르거나 동일한 기술을 사용하도록 요구하는 대신 정부는 장기 목표를 수립하고 목표를 달성하지 못하면 막대한 처벌을 할 수 있다. 이 접근법은 시장의 경제적 힘을 사용하여 오염과 자원 낭비를 줄이는 혁신적인 기업의 사업을 장려한다.

법안이 통과되고, 예산이 늘어나며, 규칙이 공식화되는 상황에서 선거와 임명을 통해 선출된 공무원들은 많은 경쟁적인 **특수이익집단**이 가하는 압력을 잘 조절해야 한다. 이런 집단은 각각 그들에게 유리한 이유만으로 법안을 통과시키고, 보조금을 장려하며, 세제 특혜를 내세우고, 또 다른 규칙을 세우며, 그들의 위치가 불리하면 법과 규칙을 약화시키거나 철회를 요구한다. 법인회사와 같은 몇몇 특수이익집단은 **영리기관**이다. 그 외에 노동조합과 환경단체와 같이 이익을 추구하지 않는 기관을 **비영리-비정부조직(NGOs)**이라 부른다.

민주주의의 안정과 점진적인 변화를 위한 설계는 매우 바람직하지만 민주 정부의 여러 특징들은 환경 문제를 다루는 능력을 저해한다. 생물 다양성 손실 및 기후변화와 같은 문제는 복잡하고 보이지 않으며 이해하기 어렵다. 수십 년에 걸쳐 개발되고 오래 지속되는 효과를 가지며 통합된 장기적인 솔루션이 필요하다. 그러나 지방 선거와 전국 선거는 대부분의 민주주의 국가에서 2년 동안, 대부분의 정치인들은 재선을 위해 많은 시간을 보낸다. 그들은 장기적이고 복잡한 문제보다는 단기적인 단일 문제에 집중하는 경향이 있다.

일부 분석가들은 환경과학이 환경 정책 수립에 중요한 역할을 해야 한다고 주장한다. 그러나 많은 경우 정치 지도자들은 지구의 자연계가 어떻게 작동하는지, 그리고 그 체계가 모든 생명, 경제, 사회를 어떻게 지원하는지에 대한 이해가 거의 없거나 전혀 없다.

사례 연구

미국 환경법

1950년대와 1960년대 미국은 오염 통제법과 규정 없이 경제가 급성장하면서 심각한 오염과 환경 악화를 경험했다. 이것은 1960년대 후반과 1970년대에 시민들의 방대한 시위로 미국 의회가 다수의 주요 환경법을 통과시켰다(그림 17.15). 대부분은 미국 환경의 10년으로 알려진 1970년대에 제정되었다. 이 법을 시행하는 것은 오염과 환경 파괴를 줄이기 위한 많은 신기술로부터 수백만의 일자리와 이익을 제공했다. 이것은 또한 미국 시민의 건강을 향상시켰다.

미국의 환경법은 일반적으로 다섯 가지 범주에 속한다. 첫 번째 유형은 특정 인간 활동의 환경영향평가를 요구한다. 이것은 1970년에 통과된 최초의 그리고 가장 광범위한 연방환경법, 국가환경정책법(NEPA)에 의해 대표된다. NEPA하에서, **환경영향평가(EIS)**는 모든 주요 연방 프로젝트에 대해 개발되어야 한다. 환경 품질에 영향을 미친다. EIS는 제안된 프로젝트가 필요한 이유를 설명하고, 유익하고 유해한 환경 영향을 파악하고, 유해한 영향을 줄이는 방법을 제안하고, 프로젝트 대안에 대한 평가를 제시해야 한다.

두 번째 주요 유형의 환경법은 **오염 수준에 대한 표준**을 설정한다(468쪽 청정대기법 참조). 세 번째 유형은 **특정 종, 자원 및 생태계**(205쪽 멸종위기종보호법, 230쪽 황무지법 참조)를 제쳐두고 보호한다. 네 번째 유형은 안전을 위한 새로운 물질을 선별하고 **표준을 설정**한다(325쪽 안전음용수법 참조). 다섯 번째 유형은 **자원 보전을 권장**한다(523쪽 자원보전재생법 참조).

미국 환경법은 특히 일부 형태의 오염을 통제하는 데 효과적이었다. 그러나 1980년 이후 조직이 잘되고 지원이 잘된 운동들은 기존의 미국 환경법 및 규정을 약화 또는 폐지하고 환경보호국을 폐지하며 공유지의 용도를 변경하기 위해 강력한 캠페인을 벌였다(사례 연구 참조).

환경법 및 규제에 강력하게 반대하는 주요 세 단체는 다음과 같다.

- 법률 및 규정이 자신의 이익, 부 및 권력에 위협이 된다고 보는 기업 경영인 및 기타 힘 있는 사람들
- 환경법이 사유 재산권 및 일자리에 위협이 된다고 보는 시민
- 거의 또는 전혀 없는 연방 기금으로 주 및 연방 법률 및 규정을 이행해야 하거나 특정 규정에 동의하지 않는 주정부 및 지방 공무원

추가 환경법 및 규정에 반대하는 또 다른 문제는 환경 문제의 초점이 더러운 굴뚝이나 강처럼 눈에 잘 띄는 것에서 복잡하고 장기적이고 눈에 잘 띄지 않는 환경 문제로 옮겨 갔다는 것이다. 여기에는 생물 다양성 손실, 지하수 오염 및 기후변화가 포함된다.

1969	■ 국가 환경정책법(National Environmental Policy Act)에 의거 환경보호국(Environmental Protection Agency, EPA)이 창설됨. 모든 주요 연방 활동에 환경영향평가 요구
1970	■ 청정대기법(Clean Air Act). 국가 대기 질 표준 제정
	■ 해양 및 수질을 점검하기 위해 미국 국립해양대기청(NOAA) 설립
1971	■ 의회가 납 함유 페인트의 가정용 사용을 제한
1972	■ 청정수법(Clean Water Act). 미처리 하수 및 기타 오염물질의 표층수로의 배출 제한
	■ 해양포유류보호법(Marine Mammal Protection Act). 모든 해양 포유류를 사냥, 포획 및 괴롭힘으로부터 보호
	■ 미국에서 DDT 금지
1973	■ 멸종위기종보호법. 멸종 위기종의 확인 및 서식지 보호
	■ EPA가 납 휘발유 사용을 단계적으로 중단하기 시작
1974	■ 안전음용수법. EPA가 국가 수질 기준을 설정하고 점검하도록 지시
1975	■ 연방 의회가 자동차 공기 오염을 방지하기 위해 배기관 배출 표준을 설정
	■ 동부의 황무지법(Eastern Wilderness Areas Act). 8만 헥타르(20만 에이커)의 숲을 보호
1976	■ 독성물질관리법. PCB 및 기타 독성 물질에 대한 규제를 설정
	■ 자원보전재생법. EPA에 독성 폐기물 관리를 위한 권한을 부여
1977	■ 토양및수질보전법. 토양 침식 및 물 낭비를 통제하기 위한 국가 표준을 설정
1978	■ CFCs(오존층 파괴 물질)에 대한 연방 정부의 금지령 제정
1980	■ 슈퍼펀드법. 오염자에게 책임을 물리고 무단 투기된 유해 폐기물을 청소하기 위한 기금을 설립
1986	■ 비상계획및지역사회권리법. 특정 산업체는 독성 물질의 저장, 방출 및 이전 시 EPA에 보고해야 함

그림 17.15 1969~1986년 미국에서 제정된 주요 환경법 및 개정 법규

2000년 이래 미국의 환경법 및 규제를 약화시키기 위한 노력이 점차 확대되었다. 그러나 독립적인 여론 조사에 따르면 미국 국민의 80% 이상이 환경법을 강력히 지지하고 있다. 그러나 여론 조사에서는 미국 국민의 10% 미만(경제 침체 시 2~3%만)이 환경을 국가의 가장 긴급한 문제로 간주하고 있음을 보여준다. 결과적으로 환경 문제는 종종 투표함이나 재정 형편에 넘어가지 않는다.

보다 환경적으로 지속 가능한 사회로 전환하기 위해 미국 시민(및 다른 민주 국가의 시민)은 생태적으로 지식이 풍부하고 환경적으로 관련이 있는 지도자를 선출하고 지원해야 한다. 급속도로 늘어나는 시민들은 선출된 지도자들이 환경 문제와 다른 중요한 사회적 우려와 관련하여 1980년 이후 미국 의회를 사실상 마비시켰던 정치적 교착 상태를 종식시키기 위해 정당을 뛰어 넘어 노력해야 한다고 주장하고 있다.

사례 연구

미국의 공유지 관리: 정책의 적용

어떤 나라도 미국처럼 공공 용수, 자원 채굴, 유흥 또는 야생 서식지를 위해 땅을 확보해 두지 않았다. 연방 정부는 모든 미국인이 소유하는 나라의 공유지 중 대략 28%를 관리한다. 연방 공유지의 3/4은 알래스카에 있으며 나머지 1/5은 서부에 있다(그림 17.16).

일부 연방 공유지는 다목적으로 사용된다. 예를 들어 **국유림 시스템**은 155개의 국유림과 22개의 국립 초원 지

그림 17.16 자연 자본: 미 연방 정부가 관리하는 국가 숲, 공원 및 야생동물보호구역 지도다. **비판적 사고:** 연방 공유지가 더 많아져야 또는 적어져야 한다고 생각하는가? 설명하라.

Compiled by the authors using data from U.S. Geological Survey and U.S. National Park Service.

대로 구성되어 있다. 미국 산림청(USFS)의 관할하에 있는 이 땅은 벌목, 채광, 가축 방목지, 농사, 기름과 가스 추출, 오락, 분수계, 토양 그리고 야생자원의 보존을 위해 사용된다.

토지 관리국(Bureau of Land Management, BLM)은 연방 정부가 관리하는 모든 토지의 40%와 미국 전체 토지의 13%를 관리한다. 대부분 서부 주와 알래스카에서 나타난다. 광산, 석유 및 가스 채취 및 가축 방목에 주로

그림 17.17 캘리포니아 주 요세미티 국립공원에 솟아 있는 엘 캐피탠 바위산. 아래로 머시 강이 흐르고 있다.
RICHARD NOWITZ/National Geographic Creative

사용된다.

미국 어류 및 야생 동물 관리국(USFWS)은 562개의 **국립야생보호구역**을 관리한다. 대부분의 보호구역은 물새들의 서식지와 번식지를 보호하며, 사냥꾼들이 잡으려는 대형 사냥감을 보호한다. 대부분의 보호구역에서 허용되는 활동은 사냥, 덫치기, 낚시, 석유 및 가스 개발, 채광, 벌목, 방목, 농업 및 일부 군사 활동을 포함한다.

일부 다른 공유지를 사용하는 데에는 더욱 제한이 많다. 국립공원관리청(NPS)이 운영하는 **국립공원시스템**에는 59개의 주 공원(그림 17.17)과 358개의 국립 휴양지, 기념물, 기념탑, 싸움터, 유적지, 공원 도로, 산책로, 강, 해변 및 호숫가가 있다. 국립공원에서는 캠핑, 하이킹, 스포츠 낚시 및 뱃놀이만 허락되는 반면, 국립 휴양지에서는 스포츠 피싱, 광업 및 석유 및 가스 시추가 허용된다.

가장 규율이 심한 공유지는 **국립야생지역보존시스템**을 구성하는 762개로 도로가 없는 지역이다. 이 지역은 다른

공유지 내에 있으며 인근 땅을 관리하는 기관에 의해 관리된다. 이 지역의 대부분은 하이킹, 스포츠 피싱, 캠핑 및 무동력 보트타기와 같은 활동을 위해서만 사용된다.

많은 연방 공유지는 귀중한 석유, 천연가스, 석탄, 지열, 목재 및 광물자원이 들어 있다. 1800년대 이래, 이들 땅의 자원을 어떻게 사용하고 관리할지에 치열한 논란이 있어 왔다.

대부분의 보존생물학자, 환경경제학자는 공유지를 관리하는 데 네 가지 원칙이 적용되어야 한다고 믿었다.

1. 이 땅은 우선적으로 생물 다양성, 야생동물의 서식지와 생태계를 보호하기 위해 사용되어야 한다.
2. 어느 누구도 공유지의 자원을 사용하거나 추출하기 위해 정부 보조금이나 세제 혜택을 받아서는 안 된다.
3. 미국인은 그들의 자산을 사용하는 데 공평한 보상을 받을 권리가 있다.

4. 공유지의 자원을 사용하는 사람이나 자원을 추출하는 사람들은 환경 파괴에 따른 완전한 책임을 져야 한다.

이 생각에 강하게 그리고 실질적으로 반대하는 사람들이 있다. 개발업자, 자원 추출자, 많은 경제학자 그리고 많은 시민은 공유지를 그들에게 광물과 목재 및 기타 자원을 제공하고 단기간 경제 성장을 증가시키는 데 유용한 것으로 생각한다. 그들은 위에 제시된 네 가지 원칙이 시행되는 것을 막는 데 성공했다. 예를 들어 최근 몇 년간 예산 및 책정 분석 결과에 따르면 정부는 채굴, 화석연료 추출, 벌목과 방목지와 같은 목적으로 미국의 공유지를 사용하는 개인 소유 회사들에게 연평균 10억 달러(하루 평균 270만 달러)의 보조금과 세금우대 조치를 해주었다.

일부 개발업자와 자원 추출자들은 더 많은 경제 개발과 자원을 추출하기 위해 연방 토지를 개척하고자 했기 때문에 이들 토지에 대한 연방 정부의 규제를 줄이거나 없애려고 했다. 아래에는 지난 몇 년 동안 그들이 의회에 제출한 다섯 가지 제안이 있다.

1. 공유지나 자원을 기업이나 개인에게 팔거나 경영권을 주나 지방 정부에 넘길 것

2. 공유지와 관련 규정상 행정부에 들어가는 연방 기금을 삭감할 것

3. 국유림에 있는 노령림을 베어 목재와 바이오 연료를 만들고 그 지대를 나무 농장으로 대체할 것

4. 국립공원, 국립야생보호구역 및 황무지에서 기름 추출, 채굴, 노상외주행차 그리고 상업 발전을 위해 개방할 것

5. 국립공원 관리 규제를 제한하거나 철회하고 민간 기업 주도 새로운 건축물과 테마파크를 건설하는 20년 건설 프로그램을 시행할 것

> **생각해보기**
>
> **미국의 공유지**
> 위에 열거된 미국 공유지 사용 및 관리를 변경하기 위한 다섯 가지 제안을 지지하거나 반대하는 이유를 설명하라.

환경 정의

환경 정의(environmental justice)는 모든 사람이 인종, 성별, 나이, 국적, 소득, 사회 계층 또는 정치적 요인에 관계없이 환경 위험으로부터 보호받을 수 있는 이상이다.

연구에 따르면 미국 내 오염 공장, 유해 폐기물 투기, 소각장 및 매립지의 상당 부분은 주로 소수 민족으로 구성된 지역 사회에 위치하고 있다. 다른 연구에 따르면 일반적으로 백인 거주 지역의 독성 폐기물은 아프리카 계 미국인, 라틴계 및 아메리카 원주민이 거주하는 지역의 유사한 지점보다 빠르고 완전하게 처리된다.

미국과 세계의 많은 다른 지역에서 이런 환경 차별은 **환경 정의 운동**으로 알려진 노력을 증대시켰다. 이 운동의 지지자들은 정부, 기업 및 환경 단체들에게 환경적 불의를 인식하고 그것을 방지하기 위해 행동하도록 압력을 행사한다. 이 운동은 목표를 향한 진전을 이루었다.

일부 정치인과 기업 경영인은 경제가 새로운 발전소, 고속도로, 매립지, 소각장 및 기타 잠재적으로 파괴적인 시설을 어디에 건설할지에 대한 결정에서 주요 요인이 되어야 한다고 제안한다. 그러나 종종 이런 지역에는 개발자 및 기업보다 정치력이 훨씬 적은 저소득층 거주민이 살고 있다. 많은 분석가들은 환경 정의의 윤리적 원칙이 경제적 요인만큼이나 중요하다고 주장한다. 이 정치 투쟁은 세계 대부분의 지역에서 해결되지 않은 채로 남아 있다.

> **생각해보기**
>
> **환경 정의**
> 당신은 환경 정의의 원칙이 소각장과 같은 환경적으로 유해한 시설을 어디에 건설할지에 대한 정치적 결정에서 동등한 무게, 더 많은 무게 또는 더 적은 무게를 가져야 한다고 생각하는가? 설명하라.

환경 정책 원칙

환경과학자, 경제학자 및 정치 과학자들은 환경 피해를 줄이고 입법자와 개인이 기존 또는 제안된 환경 정책을 평가하는 데 도움이 되는 몇 가지 원칙을 제안했다.

- **가역성 원칙:** 해로운 것으로 밝혀지더라도 되돌릴 수 없는 결정은 피한다. 본질적으로 돌이킬 수 없는 두 가지 비가역적인 활동에는 석탄 화력 발전소의 독성 석탄재 발생과 원자력 발전소의 치명적인 방사성 폐기물 발생이 있다. 두 경우 모두 위험한 폐기물은 수천 년 동안 안전하게 저장해야 한다.
- **사전 예방 원칙:** 활동이 인류 건강이나 환경을 위협한다고 실질적인 증거가 나타나면 증거의 일부가 결정적이지 않더라도 그런 위해를 예방하거나 줄이기 위한 조치를 취한다.
- **예방 원칙:** 문제가 발생하거나 악화되는 것을 방지하는 결정을 한다.
- **순에너지 원칙:** 시장에서 경쟁하기 위해 정부 보조금 및 세제 혜택을 필요로 하는 낮거나 부정적인 순에너지(그림 13.3 참조)를 내는 에너지 자원 및 기술의 광범위한 사용을 금지하거나 제한한다. 원자력(전체 연료 사이클 고려), 타르 샌드, 셰일 오일, 옥수수로 만든 에탄올, 수소 연료 등이 그 예다.
- **오염자 부담 원칙:** 규제를 개발하고 환경세와 같은 경제적 도구를 사용하여 오염자가 발생시킨 오염물질과 폐기물을 처리하는 비용을 부담하도록 한다. 이것은 오염과 폐기물을 줄이고 예방하는 혁신적인 방법의 개발을 촉진한다.
- **환경 정의 원칙:** 오염, 환경 파괴 또는 환경법의 실행으로 인해 발생하는 불공정한 부담금은 어떤 집단도 부담하지 않는다.
- **포괄적인 원칙:** 각 문제를 개별적으로 처리하는 비효율적인 해결책, 단기적인 해결책 대신 상호 연결된 문제의 근본 원인을 다루는 장기적인 해결책에 중점을 둔다.
- **트리플 라인 원칙:** 정책 결정 시 경제적, 환경적, 사회적 요구를 조화시킨다.

그런 원칙을 구현하는 것은 쉽지 않다. 전 세계의 정책 입안자가 보다 환경 친화적인 글쓰기를 해야 한다. 또한 정치인과 시민들 사이의 강력한 논쟁, 다양한 신념에 대한 상호 존중 및 상생 해법의 **지속 가능성의 원리** 를 실현하여 열정적으로 환경 문제를 다루어야 한다. 이것은 긴급한 환경 문제에 대한 해결책은 정치인과 다른 견해를 가진 사람들 사이에 솔직함, 혁신성 및 타협이 필요하다는 것을 의미한다.

당신이 변화의 주역이다

이 책의 주요 주제는 개개인의 역할이 중요하다는 것이다. 역사에 따르면 중요한 변화는 개개인이 변화를 가져오기 위해 타인과 협력은 **상향방식**이다. 개별 시민과 조직된 시민 단체(17장 도입부 사진 참조)의 풀뿌리 압력이 없었다면 오늘날 오염과 환경 악화는 훨씬 더 심했을 것이다(**개념 17.3**).

인터넷, 디지털 기술 및 소셜 미디어의 성장에 따라 개인의 역량이 강화되었다. 소셜 네트워킹 덕분에 시민 단체의 수, 국가 및 글로벌 행동 네트워크, 환경 및 기타 문제에 중점을 둔 NGO가 급속히 증가했다. 그림 17.18은 민주주의에 살고 있는 개인이 정부 정책에 영향을 주고 변화시킬 수 있는 방법을 열거한다.

여러 가지 방법으로 환경 리더십을 발휘할 수 있다. 첫째, 자신의 생활방식과 가치를 바탕으로 유익한 환경 변화가 가능하다는 것을 다른 사람들에게 예시를 보여 리드할 수 있다(개별적 문제 17.1). 필요한 것만 구입하고, 일회용품을 더 적게 사용하고, 지속 가능하게 생산된 음식을 먹고, 자원 사용의 4R(자제, 감량, 재사용, 재활용)를 실천하고, 탄소 발자국을 줄이기 위해 생활방식을 조정하고, 걷거나, 자전거를 타고, 대중교통을 이용하여 직장이나 학교에 간다.

둘째, 우리는 캠페인이나 후보를 지지함으로써, 또한

시우테즈칼 마르티네즈

시우테즈칼 마르티네즈(Xiuhtezcatl Roske-Martinez)는 2000년에 태어나 콜로라도 볼더 근처의 아름다운 숲과 개울에서 즐겁게 어린 시절을 보내며 부모로부터 환경 보호에 대해 배우게 되었다. 그의 아버지는 모든 생명은 신성하며 존경 받고 돌봐야 한다고 믿는 아즈텍이다. 그의 어머니는 지구의 물, 공기 및 대기를 보호하려는 노력의 일환으로 비영리조직 Earth Guardians를 공동 설립했다.

어린 시절, 시우테즈칼은 인간 활동의 유해한 영향에 관해 많은 것을 듣고 주변의 숲이 변해가고 있음을 발견했다. 겨울 기온은 나무를 죽일 만큼 충분히 낮지 않았으나 개체 수가 폭발하고 있던 딱정벌레 때문에 죽어 가고 있었다. 죽은 나무는 큰 화재에서 더 많은 나무를 파괴한 연료로 작용했다.

시우테즈칼에게 이런 기후변화의 영향은 현실적이고 무서웠으며, 그것이 동기부여가 되었다. 6세 때, 그는 기후변화 랠리에서 첫 연설을 했다. 그 후로 그는 역동적이고 매우 효과적인 환경 운동가가 되기 위해 자연스럽게 리더십 역량을 키워나갔다.

그는 볼더 시의회가 공원에서 살충제 사용을 중단하고 비닐봉지에 사용료를 부과하며 전력 회사가 재생 가능 에너지에 더 의존하도록 요구하는 데 도움을 주었다. 그는 기자 회견을 조직하고 연설했으며, 비닐봉지의 유해한 환경 영향에 대한 멀티미디어 프레젠테이션을 제작하고, 시의회 회의에서 연설했고, EPA 청문회를 앞두고 집집마다 다니면서 수십 차례 집회와 행진을 조직했다. 12세 때, 그는 브라질의 지속 가능한 개발에 관한 2012년 Rio+20 유엔 정상 회의에서 기후변화에 관해 이야기할 것을 요청 받았다. Earth Guardians의 청소년 리더인 시우테즈칼은 환경 교육과 인식을 증진하고 다른 사람들이 행동하도록 격려하기 위해 지구의 여러 지역에 Earth Guardian Crews를 설립했다.

우리는 무엇을 할 수 있는가?

환경 정책에 영향

- 이슈를 모은다.
- 공청회에서 당신의 의견을 알린다.
- 당신의 의견을 선출된 대표자들에게 알리고 그들의 환경 문제에 대한 입장을 이해한다.
- 당신의 의견을 지지하는 후보자에게 돈과 시간을 투자한다.
- 투표한다.
- 회사를 운영한다.
- 변화를 추구하는 비정부조직(NGO)을 구성하거나 가입한다.
- 기업과 부자의 부당한 영향을 줄이는 선거 자금 개혁을 지지한다.

그림 17.18 개별적 문제: 환경 정책에 영향을 줄 수 있는 방법. **비판적 사고:** 가장 중요하다고 생각하는 방법 세 가지는 무엇인가? 실천에 옮긴다면 어느 것을 선택하겠는가?

선출직 공무원들과 연대를 가짐으로써 이미 존재하는 경제와 정치 시스템이 환경을 개선할 수 있도록 움직일 수 있다.

환경 작가이자 행동주의자인 빌 맥키번(Bill McKibben)은 "먼저 정치인을 바꾸고 전등에 대해 걱정하라"고 말한다. 또한 유해한 물질이나 정책을 만들어내는 회사의 물품이나 서비스를 구매하지 않는 것으로 그 회사에 메시지를 전달할 수 있으며 그들에게 우리가 선택한 것이 무엇인가를 알릴 수 있다. 또한 이 책의 전반에 걸쳐 강조되어 있고 그림 17.14와 이 책의 웹사이트에 제시되어 있는 빠르게 성장하는 환경 경력직을 선택함으로써 환경 품질을 향상시킬 수 있다.

셋째, 지역 사무소에서 일할 수 있다. 거울을 보라. 어쩌면 당신은 공무원으로서 변화를 가져올 수 있는 사람일지도 모른다.

넷째, 환경 문제에 대한 더 나은 해결책을 제안하고 작업할 수 있다. 리더십은 단순히 뭔가를 지지하거나 반대하는 것 이상이다. 또한 문제에 대한 해결책을 제시하고 사람들이 이를 달성하기 위해 함께 노력하도록 설득하는 것도 포함된다.

일부 환경 활동에 적극적인 시민과 지도자에게 동기를 부여하는 두 가지 중요한 요소가 있다. 첫째, 사회과학자들의 연구에 따르면, 사회 변화는 인구의 5~10%만 적극적으로 지원해도 정치적 티핑 포인트를 갖기에 충분하다. 둘째, 경험에 의하면 그런 임계 질량에 도달하면 대부분의 사람들이 생각하는 것보다 훨씬 빨리 사회 변화를 일으킬 수 있다는 것을 보여주었다. **GOOD NEWS**

환경 단체의 역할

지구 보전, 환경 및 환경 정의 운동의 선두 주자는 국제, 국가, 주 및 지방 수준에서 일하는 수만 명의 비영리조직NGO다. 이런 조직의 영향력 증대는 환경 결정 및 정책에 영향을 미치는 가장 중요한 변화 중 하나다. NGO의 규모는 구성원 수가 적은 풀뿌리 집단에서부터 대규모의 주요 조직에 이르기까지 다양하다. 세계자연보호기금(WWF)은 100개국에서 운영되는 보호 단체로서 미국에 120만 명을 비롯해 전 세계적으로 500만 명의 회원을 보유하고 있다. 대규모 회원을 보유한 다른 국제단체에는 그린피스(Greenpeace), 자연보호협회(Nature Conservancy), 자연보전연맹(Conservation International) 및 천연자원보호협의회(Natural Resources Defense Council) 등이 있다. 미국에서는 800만 명이 넘는 시민이 환경 문제를 다루는 30,000개 이상의 NGO에 소속되어 있다. 그들은 작은 풀뿌리 집단에서 대규모의 막대한 재정 지원을 받는 주류 집단에 이르기까지 다양하며 주로 후자는 전문 변호사, 과학자, 경제학자, 로비스트 및 기금 모금인이 있다.

가장 큰 환경 단체는 미국 정치 체제 내에서 강력하고 중요한 세력이 되었다. 그들은 의회가 환경법을 통과시키고 강화하도록 설득하는 데 도움을 주었고(그림 17.15), 이 법을 약화시키거나 폐지하려는 시도에 맞서 싸웠다. 정치 분석가인 콘라드 폰 몰트케(Konrad von Moltke)에 따르면 "시민 단체가 아닌 경우 환경을 위해 무엇이든 할 정부는 없다"고 전했다. 풀뿌리 NGO의 전 세계적 네트워크는 상향식 정치, 사회적, 경제적 및 환경적 변화를 낳고 시민 중심의 글로벌 지속 가능성 운동으로 부상할 수 있다.

학생 환경 그룹

수백 개의 캠퍼스 환경 단체와 많은 고등학교 환경 단체가 학교와 지역 사회를 보다 지속 가능하게 만드는 길을 선도하고 있다(핵심 사례 연구). 이 단체의 대부분은 학교의 환경 및 개혁을 위해 교직원 및 행정 직원과 협력한다.

미국 위스콘신 주 애슐랜드(Ashland)에 있는 노스랜드 대학(Northland College)의 학생들은 150명의 학생을 수용할 수 있고 풍력 발전기, 태양전지 패널, 재활용품으로 만든 가구와 물 없는(퇴비) 화장실을 갖춘 친환경 삶과 배움센터(Environmental Living and Learning Center)를 설계하는 데 중요한 역할을 했다(그림 17.19). 노스랜드 학생들은 대학의 지속 가능성 프로그램에 자금을 지원하기 위해 학기당 40달러의 녹색 요금를 부과하기로 결정했다.

미국 펜실베이니아 주 칼라일(Carlisle)에 있는 디킨슨 대학(Dickinson College)은 교육 과정 전반에 걸쳐 지속 가능성을 통합하고, 풍력 발전을 통해 모든 전력을 충당한다. 1990년부터 캘리포니아 주 쿠퍼티노(Cupertino)에 있는 디앤자 커뮤니티 대학(De Anza Community College)은 지속 가능성 개념을 커리큘럼에 통합해왔다. 또한 학생, 교직원, 행정관 및 지역 사회 주민들로 이루어진 LEED-platinum 인증 키르슈(Kirsch) 환경 연구센터를 설립했다.

많은 학생들이 캠퍼스나 학교에 대해 **환경 감사**를 실시한다. 그들은 결과 데이터를 수집하여 자신의 캠퍼스 또는 학교를 보다 환경적으로 지속 가능하게 만들고, 이 과정에서 비용을 절약할 수 있도록 변화를 제시한다. 이런 감사는 재활용 프로그램을 실행 또는 개선하고, 지역 유기농 농장에서 식량을 더 많이 구입하고, 건물의 에너지 효율을 향상시키며, 화석연료에서 재생 에너지로 전환하고, 교육 과정 전반에 걸쳐 환경 지속 가능성의 개념을 구현하도록 대학 식품 서비스를 설득하는 데 중점을 둔다.

다른 학생들은 기관 투자에 중점을 두었다. 2015년에는 400개가 넘는 학생 주도형 캠페인을 통해 대학 및 대

Courtesy of Northland College

그림 17.19 친환경 삶과 배움센터는 위스콘신 주 애슐랜드에 있는 노스랜드 대학의 기숙사 겸 만남의 장소다. 노스랜드 학생들은 기존 건물보다 더 지속 가능하도록 건물을 설계하는 데 중요한 역할을 했다.

학교에 석탄 발전과 같은 환경적으로 유해한 산업에 기금을 투자하는 것을 중단하도록 압력을 가했다. 그들은 또한 자신의 학교가 신재생 에너지에 대한 투자를 증대하고 기부금으로 다른 환경적으로 유익한 사업을 하기 위해 노력한다.

생각해보기

캠퍼스 녹지
학교가 환경 지속 가능성(핵심 사례 연구)을 높이고 학생들에게 환경 지속 가능성에 대해 교육시키기 위해 취할 수 있는 주요 조치는 무엇인가?

지구 환경 보호

국가들은 합법적으로 군사 안보와 경제 안보에 관여해왔다. 그러나 생태학자들과 많은 경제학자들은 모든 경제가 지구의 자연 자본에 의해 뒷받침된다고 지적한다(그림 1.3 참조). 따라서 환경 안보, 경제 안보, 국가 안보는 상호 연관되어 있다.

환경과학자 노먼 마이어스(Norman Myers)에 따르면, "국가 안보는 더 이상 힘과 무기만으로 싸우는 것이 아니

다. 유역, 경작지, 숲, 유전 자원, 기후 및 기타 인자와 점점 더 많이 관련된 국가 안보가 군사 안보만큼이나 중대하다고 할 수 있다." 마이어스와 다른 분석가들은 모든 국가가 전 분야에 있어서 환경 안보 문제를 외교 및 행정 정책의 핵심 쟁점으로 두어야 한다고 주장한다.

국제 환경 단체

다양한 국제 환경 기구들은 글로벌 환경 정책을 수립하고 환경 안보와 지속 가능성을 향상하는 데 도움을 준다. 아마도 유엔환경계획(UNEP), 세계보건기구(WHO), 유엔개발계획(UNDP), 식량농업기구(FAO) 등 많은 단체가 있는 유엔이 가장 큰 영향을 미쳤을 것이다.

환경 결정을 내리고 영향을 미치는 다른 조직은 세계은행, 지구환경기금(GEF) 및 국제자연보전연맹(IUCN)이다. 제한된 기금에도 불구하고, 이들 및 기타 국제기구는 다음과 같은 중요한 역할을 수행해왔다.

- 환경 문제에 대한 이해 확산
- 환경에 대한 데이터 수집 및 평가
- 국제 환경 협약 체결 및 감시
- 지속 가능한 경제 개발 및 빈곤 퇴치를 위한 보조금

및 대출 제공

- 100개국 이상의 환경법 및 기관 설립 지원

일부 분석가들은 UN 안전보장이사회의 명령에 따라 장기적인 국제 안보를 위협하는 기후변화와 같은 환경 문제를 다루는 우선순위 수준을 높이기 위한 환경안보협의회의 창설을 제안했다.

17.4 주요 환경 세계관에는 어떤 것이 있는가?

개념 17.4 주요 환경 세계관은 사람들의 필요와 욕구, 즉 인간의 삶과 경제를 뒷받침하는 생물권의 전반적인 건강과 생태계 중에 무엇이 더 중요한지에 따라 다르다.

환경 세계관의 차이

사람들은 환경 문제가 얼마나 심각한 것인지, 우리가 무엇을 해야 하는지에 대해 의견이 다르다. 이런 갈등은 부분적으로 환경 세계관의 차이로 인해 발생한다. 1장에서 언급했듯이 **환경 세계관(environmental worldview)**은 자연 세계가 어떻게 작동하는지 그리고 환경과 어떻게 상호작용해야 한다고 생각하는지에 대한 가정과 신념이다.

환경 세계관은 부분적으로 환경에 대한 인간의 행동에 있어 무엇이 옳고 그른지에 대한 **환경 윤리(environmental ethics)**에 의해 결정된다. 환경윤리학자 Robert Cahn에 따르면

> 환경 윤리의 주된 요소는 지구와 모든 서식 동물을 보살피는 것이며, 다른 사람들에게 피해를 끼치는 일시적인 개인 이익 추구를 조절하기 위한 이기적이지 않은 마음가짐을 가지는 것, 그리고 지구에 가능한 한 가벼운 발자국을 남기도록 매일을 살아가는 것이다.

다양한 환경 세계관을 가진 사람들은 동일한 데이터로 연구하고 논리적으로 일관성 있게 데이터를 분석해도 매우 다른 결론에 도달할 수 있다. 이것은 다른 가정과 가치로 시작하기 때문에 발생한다.

인간 중심 환경 세계관

인간 중심 환경 세계관(human-centered environmental worldviews)은 주로 사람들의 필요와 욕구에 중점을 둔다. 행성 관리 세계관(planetary management worldview)에서는 인간을 지구의 가장 중요하고 지혜롭고 지배적인 종으로 본다. 인간 종은 지구를 관리하고 지배할 수 있어야 한다고 믿는다. 이 견해는 다른 종과 자연의 일부가 인간에게 얼마나 유용한지에 따라 평가되어야 한다고 주장한다.

인간 중심의 또 다른 환경 세계관은 집사 세계관(stewardship worldview)이다. 이 견해는 사람들이 지구의 책임 있는 관리자 또는 청지기가 될 윤리적 책임이 있다고 가정한다. 또한 우리는 환경적으로 유익한 형태의 경제 성장과 발전을 장려하고 환경적으로 유해한 형태를 억제할 것을 촉구한다. 집사 관점에서 볼 때, 우리가 지구의 자연 자본을 고갈시키거나 저하시킬 때 우리는 지구와 미래 세대에 빚을 지는 것이다. 이는 지구의 생명유지 시스템을 적어도 현재 즐기는 것 이상의 좋은 상태로 남겨 두어 이 빚을 갚을 윤리적 책임이 있음을 의미한다.

어떤 사람들은 인간 중심 세계관은 결국 실패할 것이라고 믿는다. 인간이 현재 지구의 효과적인 관리자 또는 청지기가 되기에 충분한 지식을 가지고 있지 않거나 그런 지식을 쌓을 수 없다고 판단하기 때문이다. 인간 중심 세계관 비평가들은 우리가 지구의 육지와 물의 대부분을 차지하고, 지구의 기후를 변화시키며, 지구 해양을 산성화하고, 종의 멸종을 크게 증가시키며, 네 가지 지구 위험한계, 즉 생태학적 티핑 포인트를 초과할 가능성이 높다고 지적한다(과학적 핵심 3.3 참조).

우리는 지구가 어떻게 작동하는지, 그것이 우리의 삶과 경제를 어떻게 뒷받침하는지에 대해 많은 것을 배웠지만(그림 17.4), 여전히 한줌의 토양에서, 숲의 일부에서, 바다의 밑바닥에서 그리고 행성의 다른 부분에서 어떤 일이 일어나고 있는지 알아야 한다. 생물학자 데이비드 에렌펠드(David Ehrenfeld)는 이에 대해 "우리는 그 어떤 경우로도 종합적이고 성공적인 지구 관리법을 보여주지 못했고, 심지어 이론에서조차 그런대로 잘 관리할 만큼

생물권 2: 겸손에 대한 교훈

1991년에는 8명의 과학자(남자 4명, 여자 4명)가 자생적 생명유지 시스템으로 설계된 2억 달러 규모의 유리와 강철로 만들어진 생물권 2에서 지냈다(그림 17.A). 이 프로젝트의 목표는 지구의 생명유지 시스템인 생물권 1에 대한 이해를 높이는 것이다.

서로 연결된 돔의 밀폐된 시스템은 애리조나 주 투손(Tucson) 근처 사막에 지어졌다. 이 건물은 열대 우림, 사바나, 사막, 호수, 개울, 담수 및 해수 습지, 산호초가 있는 작은 바다를 포함한 인공 생태계로 구성되어 있다.

생물권 2는 지구의 자연 화학적 순환 시스템을 모방하도록 설계되었다. 물은 바다와 다른 수생 시스템에서 증발되고 응축되어 열대 우림의 강우량을 제공한다. 강수량은 토양을 통해 습지로 다시 흐르고 다시 바다로 되돌아와 주기를 다시 시작한다.

이 시설에는 생명유지 기능을 유지하는 데 도움을 주기 위해 선택된 작은 영장류, 닭, 고양이 및 곤충을 포함하여 4,000종 이상의 식물과 동물이 거주했다. 인간과 동물의 배설물 및 기타 폐기물은 식물 성장을 돕기 위해 비료로 처리되고 재활용되었다. 햇빛과 외부 천연가스 발전기는 에너지를 제공했다. 생물권 입주자들은 2년 동안 갇혀 있어야 했으며 집중적인 유기 농업을 이용하여 작물을 길렀다. 그들은 식물에 의해 정화된 공기를 마시고 자연 화학적 순환 과정에 의해 정화된 물을 마셔야 했다.

처음부터 예기치 못한 많은 문제가 발생하고 생명유지 시스템이 흐트러지기 시작했다. 대기 중의 산소 농도는 토양 속 유기물이 그것을 이산화탄소로 전환시킬 때 감소했다. 생물권 입주자들이 질식하지 않도록 외부에서 산소를 추가로 주입해야 했다.

첫 얼음이 언 후 열대 조류가 사망했다. 개미종은 건물 안으로 들어와 급증하여 기존의 곤충종 대부분을 죽였다. 전체적으로 생물권 작은 동물 25종 중 19종(76%)이 멸종했다. 2년이라는 기간이 끝나기 전에 풍매식물 곤충이 멸종하여 대부분의 식물종이 불행한 운명을 맞게 되었다.

많은 문제에도 불구하고 시설의 쓰레기와 폐수는 재활용되었다. 많은 노력으로 생물권 입주자들은 CO_2 농도가 높아 잡초가 왕성하게 성장함에도 불구하고 식량의 80%를 생산해 공급할 수 있었다. 그러나 그들은 지속적인 굶주림과 체중 감소로 고통 받았다.

그림 17.A 애리조나 주 투손 근처에 건설된 생물권 2는 자생적 생명유지 시스템으로 설계되었다.

Joseph Sohm/Corbis Documentary/Getty Images

결국, 2억 달러의 지출로 2년간 8명을 위한 생명유지 시스템을 유지하지 못했다. 이 프로젝트를 평가한 생태학자 코헨(Joel E. Cohen)과 틸먼(David Tilman)은 "아직까지 자연 생태계가 인간에게 무료로 제공하는 생명유지 시스템을 설계하는 방법에 대해 아는 사람은 아무도 없다"고 결론 내렸다.

비판적 사고

지금까지 자연이 인간에게 무료로 제공해온 생명유지 시스템을 이제 과학과 공학이 제공할 수 있을 것이라고 생각하는가? 설명하라.

지구를 충분히 이해하고 있지 않다"라고 말했다. 이런 믿음은 생물권 2 프로젝트의 실패(과학적 핵심 17.1)로 나타났다.

생명 중심 세계관과 지구 중심 환경 세계관

생명 중심 세계관(life-centered worldviews)은 모든 형태의 생명체가 인간에 대한 잠재력이나 실제 사용 여부에 관계없이 생물권의 구성원으로서의 가치를 지니고 있다고 주장한다. **지구 중심 세계관**(earth-centered worldviews)은 또한 이 견해를 유지하고 전체 생물권, 특히 생태계와 그들이 제공하는 생태 서비스를 포함하도록 확대한다.

결국 모든 종은 멸종하게 된다. 그러나 생명 중심 세계관을 가진 대부분의 사람들은 두 가지 이유로 종의 멸종을 앞당기지 말아야 할 윤리적 책임이 있다고 생각한다. 하나는 각 종이 환경 조건의 변화에 따라 변화함으로써 지구의 생명을 계속 유지하는 데 도움이 되는 다양한 유전 정보의 고유한 부분이라는 것이다. 또 다른 이유는 모든 생물종들이 생태계 서비스 제공에 참여함으로써 경제적 혜택을 제공할 잠재력이 있다는 것이다.

지구 중심 세계관을 가진 사람들은 지구의 생물 다양성, 생태계 서비스 및 현재와 미래 지구의 생명을 위한 생명유지 시스템의 기능을 보전하고 윤리적 책임을 다할 것이라고 믿는다. 그들은 인간이 세계를 책임지고 있지 않으며 인간 경제는 생물권의 하위 시스템이며(그림 17.5), 지구의 자연 자본에 전적으로 의존하고 있다고 주장한다.

집사 세계관과 지구 중심 세계관을 가진 사람들은 우리가 지구를 구할 윤리적 의무가 있다고 믿는다. 미국의 농부이며 철학자이자 시인인 웬델 베리(Wendell Berry)는 이것을 '거만한 무지'라고 부른다. 그와 다른 사람들은 지구를 구할 필요가 없다고 지적한다. 인간 활동으로 인한 자연적인 요인과 환경 악화로 인해 환경 조건이 크게 변했지만 지구는 38억 년 동안 엄청난 다양성을 유지해왔다.

베리와 다른 분석가들에 따르면, 우리가 해야 할 일은 우리의 생명유지 시스템을 저하시키고 세계 종의 절반을 멸종위기로 몰아가는 것을 피하기 위해 우리 문명을 바꾸는 것이다. 이 분석가들에게 구원이 필요한 대상은 인간 문명이며, 아마도 인간종일 것이다. 우리는 경제를 지탱하고 삶을 유지하기 위해 생물권을 파괴하는 데 너무 멀리까지 가버렸다.

지구 중심 세계관은 **환경 지혜 세계관(environmental wisdom worldview)**이라도 하는데, 여러 면에서 행성 관리 세계관과 반대되는 개념이다. 이 견해에 따르면

- 우리는 삶의 공동체이자 모든 삶을 유지하는 생태 과정의 일부다.
- 우리는 세계를 책임지고 있지 않다. 대신, 우리는 파괴될 수 없는 자연의 과학 법칙의 적용을 받는다.
- 인간 경제와 다른 시스템은 지구의 생명유지 시스템의 하위 시스템이다(그림 17.5).
- 우리는 자연을 정복하려고 시도하는 대신 자연과 함께 작동하는 법을 배워야 한다. 우리는 38억 년 동안 지구상에서 생명이 어떻게 지속되었는지를 배우고 자연에서 얻은 교훈(환경적 지혜)을 적용하여 보다 간단하고 지속 가능한 삶으로 안내할 수 있다.
- 지구의 생명유지 시스템을 악화시키지 않으면서 우리는 이익을 위해 행동한다. 지구 관리는 지구가 한다.
- 우리는 지구를 물려받은 상태 또는 더 좋은 상태로 전달할 윤리적 책임이 있다. 이는 윤리적 지속 가능성의 원리에 따라 유지된다.

17.5 어떻게 더 지속 가능하게 살아갈 것인가?

개념 17.5 우리는 환경적으로 지식을 습득하고, 자연에서 배우고, 지구상에서 더 간단하고 가볍게 생활하고 활동적인 환경 시민이 됨으로써 더욱 지속 가능하게 살 수 있다.

환경에 대한 지식 쌓기

우리는 과학적 증거와 동의를 통해 우리와 다른 종들이 의존하는 지구의 생명유지 시스템을 저하시키는 종임을 널리 인정한다. 금세기 동안 이런 행동은 인간 문명을 위협하고 세계 다른 종의 절반까지 쓸어버릴 가능성이 높다. 문제의 일부는 지구의 생명유지 시스템이 어떻게 작동하는지, 우리의 행동이 어떻게 생명유지 시스템에 영향을 미치는지, 지구를 향한 우리의 행동을 어떻게 바꿀 수 있는지에 대한 무지에서 기인한다. **환경 지식**의 토대를 이루는 다음의 세 가지 중요한 아이디어를 이해하는 것이 이런 무지를 극복해가는 출발점이다.

1. 자연 자본은 지구의 생명과 인간 경제를 지원하기 때문에 중요하다.
2. 인간의 생태 발자국은 엄청나며 빠르게 확장하고 있다.
3. 우리가 지구 위험한계, 즉 생태학적 티핑 포인트(과학적 핵심 3.3)를 초과하면 그로 인한 해로운 결과는 수백 년에서 수천 년 동안 지속될 수 있다.

좀 더 지속 가능하게 사는 법을 배우려면 환경 친화적인 시민을 배출하기 위한 환경 교육의 토대가 필요하다. 환경 지식 기반 구축을 위해 그림 17.20에 요약된 몇몇 주요 질문에 답하고 주요 주제에 대한 기본적인 이해가 바탕이 되어야 한다. 우리는 이 과정과 이 책을 통해 환경 지식 교육의 기초를 쌓기 시작했으며 더 많이 지속 가능한 삶을 살기를 바란다.

지구에서 배우기

일반적인 환경 교육은 중요하다. 그렇지만 그것으로 충분한가? 많은 분석가들은 아니라고 답한다. 그들은 우리에

- 지구상의 생명체는 어떻게 살아가는가?
- 우리는 지구와 다른 생명체와 어떻게 연결되어 있는가?
- 내가 소비하는 것은 어디에서 왔으며, 사용한 후에는 어디로 가는가?
- 환경 지식이란 무엇인가?
- 나의 환경 세계관은 무엇인가?
- 인간으로서 나의 환경적 책임은 무엇인가?

주요 주제

- 기본 개념: 지속 가능성, 자연 자본, 지수 성장, 환경 수용력
- 지속 가능성의 원칙
- 환경사
- 두 가지 열역학 법칙과 질량 보존의 법칙
- 생태계의 기본 원리: 먹이 사슬, 영양염 순환, 생물 다양성, 생태 천이
- 인구 변천
- 지속 가능한 농업과 임업
- 토양 보존
- 지속 가능한 물 사용
- 재생 불가능 광물자원
- 재생 불가능 에너지 자원과 재생 가능 에너지 자원
- 기후 파괴와 오존 붕괴
- 오염 방지 및 폐기물 감소
- 환경적으로 지속 가능한 경제 및 정책 시스템
- 환경 세계관 및 윤리

그림 17.20 위와 같은 질문에 답하고 주요 주제를 이해함으로써 환경 지식이 증진될 수 있다(개념 17.5). **질문:** 이 과목을 수강한 후에는 여기에 나온 질문에 답하고 위에 제시된 주요 주제에 대해 기본적으로 이해를 하고 있을 것 같은가?

게 자연의 경제 가치뿐만 아니라 생태적, 미적, 영적 가치를 인식해야 한다고 말한다. 이 분석가들에 따르면, 문제는 단지 우리가 환경 지식이 부족해서가 아니라 많은 사람들이 자연과의 연관성에 대한 무지와 자연이 어떻게 작동하고 우리의 생명을 유지시키는지에 대한 이해 부족으로부터 온다고 한다. 이것은 지구와 우리 스스로에 대해 보다 책임감 있는 행동을 하도록 하는 도덕적 능력을 감

소시킬 수 있다.

점점 더 많은 분석가들은 우리가 자연으로부터 배울 것이 많다고 주장한다. 그들은 우리가 별 아래 서고, 숲에 앉고, 바다의 힘과 능력을 체험함으로써 경외감, 의문, 신비함, 놀라움 그리고 겸손함을 느낄 수 있다고 주장한다(그림 17.21). 우리는 한줌의 토양을 손에 쥘 수 있고, 우리를 살게 하는 그 토양에 미생물의 풍부한 삶을 관찰할 수 있다. 우리는 나무와 산과 바위 또는 벌집을 보거나 새 소리를 들으며 지구의 생명유지 과정을 통해 그들이 어떻게 우리와 연결되고, 우리는 어떻게 그들과 연결되어 있는지 느낄 수도 있을 것이다.

이런 자연에 대한 직접적인 경험들은 구매하거나 기술로 또는 연구실에서 재생되지 않으며 유전공학으로 복제될 수 없는 복잡한 삶의 거미줄의 일부를 밝혀낼 수 있을 것이다. 자연으로부터 얻는 귀중한 선물을 이해하고 직접 경험하는 것을 좀 더 지속 가능하게 살아가고 우리 스스로의 삶과 문화를 보존할 수 있도록 해주는 도덕적인 책임감을 기르도록 도움을 줄 것이다.

일부 심리학자 및 다른 분석가에 따르면 자연을 경험하고 이해하는 것이 건강한 삶을 위해 필요하다. 저널리스트 리처드 루브(Richard Louv)는 자연과의 접촉 부족으로 인해 발생할 수 있는 불안, 우울증, 주의력 결핍 장애를 비롯한 광범위한 문제를 설명하기 위해 **자연 결핍 장애**(nature-deficit disorder)라는 용어를 만들었다. 루브는 실내에서 주로 놀고 자연스럽게 세계를 디지털로 보는 어린이들, 특히 인류의 역사에서 새로운 것에서 이 문제가 특히 분명하다고 주장한다.

도시 생활은 인터넷, 휴대전화 및 기타 전자 장치의 광범위한 사용과 함께 자연 결핍 장애에 기여하며, 이는 환경 문제의 5대 주요 원인 중 하나로 간주된다(20쪽). 많은 환경 지도자들이 사람들이 자연과 직접 연결되도록 돕고 있다(개별적 문제 17.2).

지구 중심의 철학자들은 뿌리를 내리기 위해서는 개울, 산, 숲, 마당, 우리가 알고 있는 사랑스런 감정으로 경험할 수 있는 지구의 많은 부분을 발견할 필요가 있다고 말한다. 생물학자 스티븐 제이 굴드(Stephen Jay

그림 17.21 자연을 경험하는 것은 지구의 자연 자본을 보호하고 보다 지속 가능하게 살 필요성을 이해하는 데 도움이 될 수 있다.

djgis/Shutterstock.com

Gould)에 따르면 "우리가 사랑하지 않는 것을 구하기 위해 싸우지 않을 것이다." 우리가 장소의 일부가 되면 그것은 우리의 일부가 된다. 그런 다음 우리는 해를 방어하고 상처를 치유하도록 돕는다(그림 17.22). 우리는 환경 보호론자인 알도 레오폴드(Aldo Leopold)가 "우리 마음에 타오르는 초록 불꽃"이라고 불렀던 것을 발견하고 활용할 수 있으며 이를 지구와 서로 존중하고 서로 작용하는 힘으로 사용한다.

더 간단하게 생활하기

수십만 년에서 수백만 년 사이의 시간대에, 지구는 회복하고 견디고 많은 상처를 치유할 수 있다. 우리는 인간의 행동으로 인해 온난하고 때로는 가혹한 기후, 더 적은 물 공급, 산성 해양, 토양 황폐화 확대, 종의 대멸종 증가, 주요 생태계 서비스의 저하 및 광범위한 생태적 붕괴가

Joel W. Rogers/Corbis Documentary/Getty Images

그림 17.22 캐나다의 밴쿠버에 사는 이 여성과 다른 사람들은 캐나다의 브리티시컬럼비아 주에 있는 노령림을 벌채하는 데 항의하고 있다.

후안 마르티네즈: 인간과 자연의 재연결

내셔널 지오그래픽 탐험가인 후안 마르티네즈(Juan Martinez)는 자연과의 연결의 가치에 대해 직접 배웠다. 이제 그는 다른 사람들, 특히 불우한 청소년에게 그 가치를 주입시키고 있다.

마르티네즈는 캘리포니아 로스앤젤레스의 한 가난한 지역에서 자랐다. 소년 시절 그는 갱 문화에 휩쓸리게 되었다. 그의 선생님 중 한 명이 마르티네즈의 잠재력을 알아보고 그에게 학교의 Eco Club에 가입함으로써 낙제한 수업을 만회할 수 있는 기회를 주었다.

마르티네즈는 그 기회를 잡았고, 클럽에서 와이오밍의 그랜드 티톤(Teton) 산으로 여행을 계획했을 때, 그는 기회에 뛰어 들었다. 마침내 그는 "내가 처음 계곡 위로 솟아 있는 산을 보았을 때를 묘사할 말을 아직도 못 찾겠어. 들소도 보고 별빛으로 가득 찬 하늘도 보면서 그 풍경 속을 걷는 느낌은 압도적이었지"라고 말했다.

그 경험이 마르티네즈의 삶을 변화시켰다. 현재 그는 환경 단체, 기업, 정부, 교육 기관 및 개인과 자연의 재연결을 위한 연결 고리를 만드는 단체인 Children and Nature Network의 리더십 개발 담당 이사다. 환경 지도자로서의 그의 업적은 많은 사람들이 비슷한 일을 하도록 고무시켰다.

마르티네즈는 환경 교육에 관한 백악관 포럼에 대한 초대장을 포함해 그의 노력에 대해 많은 공로를 인정받았다. 그러나 그의 가장 큰 보상은 그의 노력이 다른 사람들을 돕는 방법을 보는 것이다.

이루어지는 지구상에 살고 있다.

우리가 태도를 바꾸지 않는다면 과학자들은 이런 유해한 환경 변화가 더욱 심해질 것이라고 경고한다. 그림 17.23은 환경과학자와 윤리학자가 개발한 지속 가능한 생활을 위한 열두 가지 지침이다. 환경 문제, 문맹 퇴치, 현재와 미래 세대를 위해 환경적으로 책임 있는 행동으로 전환하라는 지구의 교훈이 담겨 있다.

일부 분석가들은 과도하게 소비하는 습관을 가진 사람들에게 보다 단순하고 지속 가능하게 사는 법을 배우도록 촉구한다. 물질적인 것을 통해 행복을 추구하는 것은 거의 대다수의 종교와 철학에서 어리석음으로 여겨진다. 그러나 오늘날의 광고 메시지는 사람들로 하여금 행복을 달성하기 위해서는 원하는 것을 점점 더 많이 채워 점점 더 많은 것을 구매하도록 장려한다. 미국의 유머 작가이자 소설가인 마크 트웨인(Mark Twain, 1835~1910)은 "문명은 불필요한 필수품의 증가다"라고 밝혔다.

어떤 사람들은 **자발적 단순함**의 라이프 스타일을 채택하고 있다. 그것은 비자발적 단순함인 빈곤과 혼동되어서는 안 된다. 자발적 단순함은 사람들에게 덜 유해한 환경

지속 가능한 생활

- 지구를 모델 및 교사로 삼아 자연이 스스로를 유지하는 방식을 추구한다.
- 지구의 자연 자본을 보호하고 인간 활동으로 인한 생태 피해를 복구한다.
- 오염 및 자원 낭비 방지에 중점을 둔다.
- 수요를 줄이고 물질 및 에너지 자원을 보다 효율적으로 사용하여 자원 소비, 폐기물 및 오염을 줄이다.
- 모든 것을 재사용, 재활용 및 수리하고 폐기물을 자원으로 사용하여 자연을 복사한다.
- 태양 에너지 및 풍력 에너지와 같은 깨끗하고 재생 가능한 에너지 자원에 더 많이 의지한다.
- 기후변화를 늦춘다.
- 인구 증가를 줄이고 인구 규모를 점차적으로 줄이다.
- 생물 다양성과 문화 다양성을 경축하고 보호한다.
- 인간을 위한 사회 정의와 우리를 살아 있게 해주는 다른 종의 생태 정의를 촉진한다.
- 빈곤을 퇴치한다.
- 지구를 우리가 물려받은 상태 또는 더 좋은 상태로 유지한다.

그림 17.23 지속 가능한 생활을 위한 열두 가지 지침

그림 17.24　더 가볍게 살기: 생태 발자국을 축소하고 유익한 환경 영향을 확대할 수 있는 여덟 가지 방법(**개념 17.5**). **비판적 사고:** 이미 실천하고 있는 항목은 어느 것인가? 앞으로 실천할 항목은 어느 것인가?

에서 생활하는 법을 배우고 유해한 환경 영향이 적은 재화와 서비스를 이용하고 유익한 환경 영향을 유발하는 것을 포함한다(**개념 17.5**). 그들의 목표는 적게 소비하고 더 많이 공유하며 단순하게 살고 친구를 사귀고 가족을 보물로 삼고 삶을 즐기는 것이다. 그들의 좌우명은 "쇼핑은 적게, 삶은 풍성하게"이다.

자발적 단순함을 실천하는 것은 인도의 철학자이자 지도자인 마하트마 간디(Mahatma Gandhi)의 **충분함의 원칙**을 적용하는 방법이다. "지구는 모든 사람의 필요를 충분히 안정적으로 채워주고 있지만 모든 사람의 욕망을 채워주는 것은 아니다. 우리가 필요 이상의 것을 취하면 우리는 남의 것을 갈취해야 하며, 미래 세대에 빚을 지게 되고, 환경과 다른 종을 파괴하게 될 것이다." 세계의 주요 종교의 대부분은 비슷한 가르침을 가지고 있다.

더 간단하고 지속 가능한 생활에 정말로 필요한 것은 무엇인가? 풍요로운 사회의 사람들은 과도한 물질적 소유물을 원하는 것 대신에 필요로 보는 것을 조건으로 하기 때문에 이는 쉬운 질문이 아니다. 많은 사람들이 자신의 삶에서 의미를 찾는 방법으로 점점 더 많은 물건을 사는 데 빠져 있으며, 종종 쇼핑 중독으로 큰 빚을 지기도 한다.

이 책을 통해 지구상의 생태 발자국 크기와 영향을 줄임으로써 우리가 지구상에서 더 살 수 있는 방법 목록을 접하게 되었다. 그림 17.24는 어떤 사람들이 더 간단하고 지속 가능하게 살기를 선택하는 여덟 가지 주요 방법을 열거하고 있다.

우리가 직면한 환경 문제의 심각성은 압도적이며 많은 사람들로 하여금 유죄, 두려움, 냉담하고 무력감을 느끼게 할 수 있다. 우리는 거부, 무관심 및 무능력으로 이어지는 다음 두 가지 일반적인 정신적 함정을 인식하고 피함으로써 이런 고정되지 않은 감정을 뛰어 넘을 수 있다.

- 비관론(희망은 없다)
- 맹목적인 기술 낙관주의(과학과 기술이 우리를 구할 수 있다)

이런 함정을 피함으로써 우리는 절망과 두려움의 감정으로 움직이지 않고 현실적인 희망의 감동을 주는 힘을 얻고 영감을 얻는다.

생각해보기

정신적 덫
이런 함정에 빠졌는가? 그렇다면 자신이 덫에 걸린 것을 알고 있는가? 어떻게 하면 자유로워질 수 있다고 생각하는가?

다음은 포틀랜드 대학(Portland University)의 졸업

생을 대상으로 한 기업가이자 환경 작가인 폴 호켄(Paul Hawken)의 연설이다.

미래에 대해 비관적인지 낙관적인지 묻는 질문에 대답은 항상 같습니다. 지구상에서 일어나는 일에 대해 과학적으로 살펴본 결과 비관적이지 않은 경우 데이터를 이해하지 못합니다. 그러나 이 지구와 가난한 사람들의 삶을 회복시키기 위해 노력하는 사람들을 만나고 낙천적이지 않으면 당신은 맥박이 없습니다. … 당신은 돌보는 사람들과 함께합니다.

우리 생애 동안 지속 가능성 혁명을 유발할 수 있다

그림 17.25는 지속 가능성 혁명을 가져올 수 있는 중대한 문화 변화다. 보다 지속 가능한 삶의 방식으로 전환하기 위한 세부 계획을 수립하고 추진하는 운동의 리더 중 한 사람으로 레스터 브라운(Lester R. Brown)이 있다. 워싱턴 포스트 지(The Washing Post)는 그를 '세계에서 가장 영향력 있는 사상가 중 한 명'이라고 불렀고, 2011년에는 외교 정책으로 그를 세계 최고 사상가 중 한 명으로 선정했다. 환경적, 경제적으로 지속 가능한 미래로의 전환을 위한 브라운의 계획 B는 (1) 인구 증가 안정, (2) 기후변화 안정, (3) 빈곤 퇴치, (4) 지구 자연 지원 시스템 복원 등 네 가지 주요 목표를 가지고 있다.

우리는 해야 할 일이 무엇인지 알고 지구를 대하는 방식을 바꿀 수 있고 따라서 우리의 생명유지 시스템과 우리 자신을 바꿀 수 있다. 역사 또한 사람들이 우리가 생각하는 것보다 더 빨리 변화를 가져올 수 있음을 보여준다. 더 이상 효과가 없는 아이디어와 관행을 남겨두고 우리 모두가 직면한 환경 문제에 대한 해결책을 모색해야 한다. 우리는 이 책 전체에 걸쳐 그런 해결책을 제시했다.

일부 회의론자들은 지속 가능성 혁명에 대한 생각이 이상적이고 비현실적이라고 말하면서 기업가인 폴 호켄은 "세계에서 가장 비현실적인 사람은 냉소적이지 꿈꾸는 사람이 아니다"고 주장했다. 또한 애플 사의 공동 창립자고 스티브 잡스(Steve Jobs)에 따르면, "자신들이 세상을 바꿀 수 있을 것이라 생각할 만큼 미친 사람들이야 말로 실제를 이룰 사람들이다"라고 말한다. 이 사람들과 다른 개인들이 이상적이고 비현실적인 아이디어를 내놓을 용기가 없었다면, 우리가 지금 찬양하는 환경이나 기타 업적은 거의 없을 것이다.

지속 가능성 혁명의 핵심은 개인이 중요하다는 것이다. 우리의 선택과 행동은 모두 변화를 가져온다. 우리 모두가 함께하고 있으며 상황은 절망적이지 않다. 우리는 함께 노력하여 환경 혼란을 피하고 지금보다 나은 모습의 지구(우리의 유일한 집)를 물려주고 떠나는 세대가 될 수 있다. 살아 있는 것은 얼마나 흥분되는 시간인가.

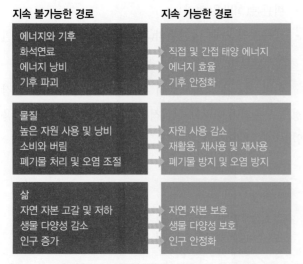

지속 불가능한 경로	지속 가능한 경로
에너지와 기후 화석연료 에너지 낭비 기후 파괴	직접 및 간접 태양 에너지 에너지 효율 기후 안정화
물질 높은 자원 사용 및 낭비 소비와 버림 폐물 처리 및 오염 조절	자원 사용 감소 재활용, 재사용 및 재사용 폐기물 방지 및 오염 방지
삶 자연 자본 고갈 및 저하 생물 다양성 감소 인구 증가	자연 자본 보호 생물 다양성 보호 인구 안정화

그림 17.25 해결책: 과학자들이 강조한 지속 가능한 혁명을 이루기 위해 우리가 이루어야 되는 몇몇 주요 문화 변화 목록. **비판적 사고:** 가장 중요하다고 생각하는 세 가지는 무엇인가? 그 이유를 설명하라.

핵심 주제

- 보다 지속 가능한 경제 체제는 재화와 서비스의 생산과 사용, 환경적으로 유익한 재화와 용역에 대한 보조, 임금과 이익 대신 세금 공해와 폐기물의 보조금, 빈곤 감소를 위한 환경 및 건강에 대한 유해한 비용을 시장 가격에 포함시키는 것이다.

- 개인은 함께 노력하며 환경 정책의 수립 및 시행에 영향을 미치는 정책 과정의 일원이 될 수 있다.

- 보다 지속 가능하게 산다는 것은 환경 지식을 가지고, 자연에서 배우고, 더 간단하게 살고, 적극적인 환경 시민이 되는 것을 의미한다.

캠퍼스 녹화와 지속 가능성

전 세계의 대학생들은 적어도 많은 대학 캠퍼스 내 및 주변 지역 사회에서 지속 가능한 환경 정책을 수립할 수 있음을 보여주었다(핵심 사례 연구). 인간은 빈곤과 영양실조를 없애고 문맹 퇴치를 돕고 전염병을 크게 줄이며 인류를 안정시키고 지구의 자연 자본을 보호하는 정책을 실행하는 능력과 자원을 갖추고 있다. 우리는 세 가지 과학적 지속 가능성의 원리를 적용하여 태양 에너지 및 기타 재생 가능 에너지원에 훨씬 더 많이 의존하고, 우리가 생산한 것을 훨씬 더 재사용하고 재활용하고, 가능한 한 우리의 삶과 경제를 뒷받침하는 생물 다양성을 복원하며 보호한다.

국가 및 국제 정책 입안자는 경제적, 정치적, 윤리적 세 가지 지속 가능성의 원리의 지침이 될 수도 있다. 정치 분야에서는 가장 많은 사람들에게 이익을 가져다주고 환경에 도움이 되는 상생 해법을 찾기가 더 어려워질 것이다. 이런 해결책에는 재화 및 서비스를 생산하고 사용하는 데 드는 유해한 환경 및 건강 비용을 내부화하는 것이 포함되어야 한다(전체 비용 책정). 우리가 장기적인 지속 가능성에 진정으로 관심이 있다면, 세상을 최소한 우리가 물려받은 상태 또는 더 좋은 상태로 전달할 윤리적 책임이 있다.

보다 지속 가능한 사회와 경제로의 전환은 우리가 생각하는 것보다 훨씬 빠르게 발생할 수 있다. 우리는 환경 및 정치 미래에 영향을 미치는 문제에 대해 정치적으로 인식하고, 정보를 얻고, 적극적으로 대응함으로써 이런 변화에 참여할 수 있다.

복습

핵심 사례 연구

1. 지속 가능성을 정의하고 대학 진흥에서 대학이 어떻게 중요한 역할을 하는지에 대한 네 가지 예를 제시하라.

17.1절

2. 17.1절의 핵심 개념은 무엇인가? 경제학이란 무엇인가? 수요와 공급은 무엇이며 가격과 어떻게 관련되어 있는가? 자연 자본, 인적 자본 및 생산 자본을 구별하라. 경제 성장을 정의하라. 고속 처리 경제란 무엇인가? 경제 발전과 환경적으로 지속 가능한 경제 발전을 구별하라. 자원의 미래 가치를 추정하기 위해 할인율 사용에 관한 논쟁을 요약하라. 비용 편익 분석의 사용 및 한계에 대해 설명하라.

17.2절

3. 17.2절의 핵심 개념은 무엇인가? 재화 및 서비스가 대부분의 사람들이 생각하는 것보다 실제로 더 비싼 이유는 무엇인가? 전체 비용 책정은 무엇이며 재화 및 서비스의 시장 가치를 결정하기 위해 그것을 사용함에 있어 어떤 이점이 있는가? 널리 사용되지 않는 세 가지 이유를 설명하라. 보조금을 정의하라. 왜곡된 보조금과 세제 혜택은 무엇이며 환경 문제에 어떻게 기여하는가? 향후 20~30년 동안 환경적으로 해로운 것으로부터 환경에 이익이 되는 보조금 및 세금 감면으로의 전환을 제안하라. 왜 일부 분석가들은 전형적인 세금 시스템을 거꾸로 발견하는가? 세금 환급으로 환경 품질이 어떻게 개선될 수 있는가? 세금 감면을 위한 세 가지 요건을 열거하라. 환경세의 주요 장점과 단점은 무엇인가?

4. 국내총생산(GDP)과 1인당 GDP를 정의하고 구분하라. 순발전 지표(GPI)란 무엇이며 GDP와 다른 점은 무엇인가? 환경 지표가 중요한 이유는 무엇인가? 오염 및 자원 사용을 통제하기 위한 환경 규제를 시행하기 위해 배

출권 거래제 접근법을 사용하는 주요 장점과 단점은 무엇인가? 제품 대신 서비스를 판매할 때 환경에 어떤 이점이 있는가? 이 접근법의 두 가지 예를 제시하라.

5. 빈곤이란 무엇이며 빈곤은 인구 증가, 환경 저하 및 인류 건강과 어떻게 관련되어 있는가? 정부, 기업, 대출 기관 및 개인이 빈곤 퇴치를 도울 수 있는 여섯 가지 방법을 열거하라. 소액 대출은 무엇이며 빈곤과 환경에 어떻게 도움이 될 수 있는가? 새천년 개발 목표는 무엇이며 목표를 달성하기 위해 어떤 진전이 있었는가? **저처리량(저폐기물) 경제**란 무엇인가? 보다 환경적으로 지속 가능한 경제 발전의 여섯 가지 구성 요소를 열거하라. 보다 환경적으로 지속 가능한 경제에서 중요한 5개의 친환경 사업 또는 일자리를 소개하라.

17.3절

6. 17.3절의 핵심 개념은 무엇인가? **환경 정책**을 정의하라. 정책 수명 주기의 네 가지 구성 요소를 나열하라. 명령 및 통제와 인센티브 기반 또는 혁신 친화적인 정부 규정을 구별하고 두 번째 접근법의 장점을 나열하라. 특수이익집단이란 무엇인가? 네 가지 예를 제시하라. 민주적인 정부 형태로 미국과 같은 국가에서 환경 정책을 개발하고 시행하는 것이 왜 어려운가? 1970년대 미국의 환경법이 통과되면서 미국 시민은 어떤 역할을 했는가? 미국 환경법의 5개 카테고리를 열거하라. 1980년대 이후 미국의 반 환경 운동의 효과성에 대해 설명하라. 미국 환경법 및 규정에 강력하게 반대한 세 단체는 무엇인가? 미국 공유지의 네 가지 주요 유형은 무엇인가? 이 땅의 관리에 대한 정치적 논쟁을 요약하라.

7. **환경 정의**란 무엇이며 왜 중요한가? 의사 결정자가 환경 정책을 수립할 때 사용할 수 있는 여덟 가지 원칙을 열거하라. 민주주의 국가의 개인이 환경 정책에 영향을 줄 수 있는 네 가지 방법은 무엇인가? 환경적 리더십을 제공하는 세 가지 방법은 무엇인가? 풀뿌리 및 주류 환경

단체의 역할에 대해 설명하라. 학생과 교육 기관이 보다 지속 가능한 생활방식으로 전환하는 방법을 주도한 두 가지 사례를 제시하라. 경제 및 군사 안보와 관련하여 환경 안보의 중요성을 설명하라. 지구 환경 정책을 형성하는 데 도움이 되는 네 가지 중요한 조직은 무엇인가? 국제 환경 단체의 다섯 가지 업적을 열거하라.

17.4절

8. 17.4절의 핵심 개념은 무엇인가? **환경 세계관**이란 무엇인가? **환경 윤리**란 무엇인가? 인간 중심 세계관이란 무엇인가? 행성 관리 세계관과 집사 환경 세계관을 구별하라. 우리가 지구를 효과적으로 관리할 수 있는지에 대한 논쟁을 요약하라. 생물권 2 프로젝트의 실패로 얻은 생태 교훈을 요약하라. 생명 중심 세계관과 지구 중심 세계관을 정의하라. 우리가 지구를 구해야 한다고 생각하는 것이 왜 잘못인가? 우리는 무엇을 구해야 하는가? 환경 지혜 세계관의 핵심 원칙은 무엇인가?

17.5절

9. 17.5절의 핵심 개념은 무엇인가? 환경 지식의 토대를 이루는 세 가지 기본 원칙은 무엇인가? 우리가 어떻게 지구에서 배울 수 있는지에 대한 두 가지 예를 제시하라. **자연 결핍 장애**란 무엇이며 왜 중요한가? 자발적 단순함의 생활방식을 채택한다는 것은 무엇을 의미하는가? 가볍게 살기 위한 첫 걸음은 무엇인가? 지속 가능한 생활을 위한 열두 가지 지침 중 여섯 가지를 열거하라. 개인이 지속 가능하게 생활하기 위해 취할 수 있는 여덟 가지 중요한 단계를 열거하라. 지속 가능성 혁명의 일부가 될 수 있는 중요한 문화 변화를 열거하라.

10. 17장의 세 가지 핵심 주제는 무엇인가? 여섯 가지 **지속 가능성의 원리** 🌱 중 일부를 적용하여 대학생이 대학 기관의 정책을 어떻게 변경했는지 설명하라.

비판적 사고

1. 지속 가능한 미래로의 전환에서, **(a)** 당신의 대학과 **(b)** 당신이 해야 하는 가장 중요한 일 세 가지를 각각 나열하라.

2. 향후 20년 동안 재화 및 서비스의 환경 및 건강 비용이 전체 비용을 보다 정확하게 반영할 때까지 시장 가격에 점진적으로 추가된다고 가정하라. 그런 완전한 비용 책정 과정이 우리의 삶이나 우리 후손들의 삶에 끼칠 수 있는 해로운 영향과 유익한 영향은 무엇인가?

3. 그림 17.13에서 볼 수 있는 보다 환경적으로 지속 가능한 경제 발전의 구성 요소 중 가장 중요한 발전 요소라고 생각하는 세 가지는 무엇인가? 그 이유를 설명하라. 가장 중요하지 않다고 생각하는 세 가지는 무엇인가? 그 이유를 설명하라.

4. 일부 분석가들이 환경 정책 결정을 위해 권장하는 553쪽에 나열된 여덟 가지 원칙에 각각 동의하는지 또는 동의하지 않는지 설명하라. 가장 중요하다고 생각하는 세 가지는 무엇인가? 그 이유를 설명하라.

5. 다음 진술에 왜 동의하는지 또는 동의하지 않는지 설명하라. **(a)** 미국에서 생물학자와 일부 경제학자가 공유지 이용을 위해 제안한 네 가지 원칙(551~552쪽) **(b)** 개발업자와 자원 추출자가 제안한 다섯 가지 제안(552쪽).

6. 이 장에서 몇 가지 환경 세계관을 요약했다. 당신이 선호하는 환경 세계관은 어느 것인가? 어떤 세계관에도 동의할 수 없다면, 당신의 환경 세계관은 무엇인가? 이 과목을 수강한 결과 환경 세계관이 바뀌었는가? 그렇다면 어떻게 바뀌었는가? 이 질문들에 대한 답을 친구들과 비교해보라.

7. 다음 진술에 왜 동의하는지 또는 동의하지 않는지 설명하라. **(a)** 모든 사람은 원하는 만큼의 자녀를 가질 권리가 있다. **(b)** 모든 사람들은 원하는 만큼의 자원을 사용할 권리가 있다. **(c)** 개인은 그들이 소유한 땅에서 환경, 이웃 또는 지역 사회에 해가 되는지의 여부와 관계없이 원하는 것을 할 수 있는 권리가 있다. **(d)** 다른 종들은 인간의 필요에 의해 존재한다. **(e)** 모든 생명체는 인간에 대한 유용성과 관계없이 존재할 권리가 있다. 당신의 대답은 질문 6에서 설명한 환경 세계관을 구성하는 신념과 일치하는가? 그렇지 않다면 설명하라.

8. 평생 지속 가능한 혁명을 가져올 합리적 기회가 있다고 생각하는가? 설명하라. 이 과목이 끝날 무렵 미래의 전망은 공부를 시작했을 때보다 희망적인가 덜 희망적인가? 이 질문들에 대한 답을 친구들과 비교해보라.

환경과학 실천하기

수질 오염, 기후변화, 인구 증가, 생물 다양성 손실 또는 이 과정에서 공부한 다른 문제와 같은 환경 문제를 선택한다. 학생, 교직원, 직원 및 지역 주민들에게 특정 환경 문제와 관련하여 다음과 같은 질문이 담긴 설문 조사를 실시한다. 좋은 샘플을 얻으려면 가능한 한 많은 사람들을 참여시킨다.

카테고리를 만든다. 예를 들어 각 응답자가 남성인지 여성인지 확인한다. 이런 카테고리를 작성하면 각 사람을 응답자 풀에 배치하게 된다. 나이, 정치적 성향 및 기타 요소에 관한 다른 질문을 추가하여 풀을 보다 세밀하게 조정할 수 있다.

설문 조사 질문

질문 1 1에서 10의 척도로 환경 문제에 대해 얼마나 잘 알고 있는가?

질문 2 1에서 10의 척도로 당신이 개인으로서 환경 문제에 영향을 미치는 방법에 대해 어떻게 인식하고 있는가?

질문 3 1에서 10의 척도로 환경 문제에 대해 더 많이 배우는 것이 얼마나 중요한가?

질문 4 1에서 10의 척도로 한 개인이 환경 문제에 긍정적인 영향을 미칠 수 있는지 확인하라.

질문 5 1에서 10의 척도로 정부가 환경 문제와 관련하여 적절한 수준의 지도력을 제공하고 있는지 확인하라.

1. 데이터를 수집하고 결과를 분석하여 응답자 풀 간의 차이점을 측정하라.

2. 데이터에서 추출할 주요 결론을 나열하라.

3. 조사 결과를 학교 웹 사이트나 지역 신문에 알려라.

생태 발자국 분석

반 친구들과 함께 캠퍼스에 대한 생태 발자국을 분석하라. 파트너 또는 소규모 집단과 협력하여 재활용 또는 퇴비, 물 사용, 음식 서비스 관행, 에너지 사용, 건물 관리 및 에너지 절약, 캠퍼스 외부 여행 또는 환경 유지 관리, 학교 및 장소에 따라 하나 이상의 학교 측면을 연구하고 조사하라. 당신은 더 많은 영역을 조사하기를 원할 수도 있다. 당신은 또한 캠퍼스 전체를 연구하거나 기숙사, 사무실, 강의실, 대지 그리고 다른 지역과 같은 소규모 연구실로 세분할 수도 있다.

1. 연구 집단을 결정한 후 분석을 시작한다. 분석의 일환으로 선택한 주제와 관련된 생태학적 영향을 결정하는 데 도움이 되는 질문 목록을 작성하라. 예를 들어 물 사용과 관련하여 당신은 얼마나 많은 물이 사용되는지, 파이프와 수도꼭지 누수로 인해 추정되는 손실량은 얼마인지 그리고 학교의 월평균 수도세는 얼마인지를 물을 수 있다. 이런 질문들을 당신의 연구를 위한 기초로 삼으라.

2. 결과를 분석하고 학급과 공유하여 선택한 영역 내에서 학교의 생태 발자국을 줄이기 위해 무엇을 할 수 있는지 결정한다.

3. 학교 관계자들과 회의를 준비하여 실천 계획을 공유한다.

환경과학개론 16판 번역에 참여하신 분

김유근·박근태·박문기·박종길·박흥재·성기준·신병철·양성봉
염정헌·오진우·유미선·이부용·이순환·이창한·이화운·정우식
조완근·조태동·함세영   (가나다 순)

환경과학개론 16판

2020년 3월 1일 인쇄
2020년 3월 5일 발행

저   자 ◉ G. Tyler Miller · Scott E. Spoolman
역   자 ◉ (사)한국환경과학회
발 행 인 ◉ **조 승 식**
발 행 처 ◉ (주)도서출판 **북스힐**
         서울시 강북구 한천로 153길 17
등   록 ◉ 제 22–457 호

 (02) 994-0071

 (02) 994-0073

 www.bookshill.com
bookshill@bookshill.com

잘못된 책은 교환해 드립니다.

값 33,000원

ISBN 979-11-5971-265-4